Dicionário de dúvidas, dificuldades e curiosidades da língua portuguesa

LUIZ ANTONIO SACCONI

Direção Geral: Julio E. Emöd
Supervisão Editorial: Maria Pia Castiglia
Editoração Eletrônica: Alberto Massanobu Honda
Capa: Fernando Mendes
Impressão e Acabamento: RR Donnelley

**Dicionário de dúvidas, dificuldades e
curiosidades da língua portuguesa**
Copyright © 2005 por **editora HARBRA ltda**.
Rua Joaquim Távora, 629
04015-001 – São Paulo – SP
Promoção: (0.xx.11) 5084-2482 e 5571-1122. Fax: (0.xx.11) 5575-6876
Vendas: (0.xx.11) 5549-2244, 5571-0276 e 5084-2403. Fax: (0.xx.11) 5571-9777

Todos os direitos reservados. Nenhuma parte desta edição pode ser utilizada ou reproduzida – em qualquer meio ou forma, seja mecânico ou eletrônico, fotocópia, gravação, etc. – nem apropriada ou estocada em sistema de banco de dados, sem a expressa autorização da editora.

ISBN 85-294-0274-X

Impresso no Brasil   *Printed in Brazil*

Finalmente

Era uma aspiração antiga: elaborarmos uma obra que pudesse ser, ao mesmo tempo, fonte segura de consulta e também servir de leitura amena dos estudiosos de língua portuguesa.

Este **Dicionário de dúvidas, dificuldades e curiosidades da língua portuguesa**, que agora surge, ao lado do *best-seller* **Não erre mais!** (já na 28.ª edição) como seu bom companheiro, é sobretudo prático e extremamente simples, como todas as nossas obras. Destina-se a resolver problemas da nossa língua cotidiana, que legitimamente possam ocorrer a professores, jornalistas, advogados, secretárias, estudantes de todos os níveis, enfim, todos aqueles que se empenham em falar ou escrever de acordo com a norma culta, quando o uso desta se fizer necessário.

Não nos preocupamos com longas e eruditas justificações filológicas, nem tampouco usamos abreviaturas. Mínimas foram as digressões. Como se perceberá ao longo da obra, não temos nenhuma objeção aos estrangeirismos, que só enriquecem a nossa língua, muito longe de deturpá-la, como imaginavam e ainda imaginam hoje alguns puristas. Não deixamos, todavia, de dar guarida às formas e expressões legitimamente portuguesas, quando elas devem predominar. Os principais casos de regência verbal e de regência nominal se encontram tratados na obra de forma criteriosa e nunca dantes de forma tão minuciosa, estamos absolutamente certos disso.

Queremos crer, enfim, que tanto consulentes quanto leitores ficarão plenamente satisfeitos, já que poderão encontrar aqui grande parte de todas as suas dúvidas, novas ou antigas, além de tomarem conhecimento das mais interessantes curiosidades da nossa língua.

Luiz Antonio Sacconi.

a / em (datas)

Usa-se indiferentemente **a** ou **em**, nas datas: *O Brasil foi descoberto **a** (ou **em**) 22 de abril. A independência do Brasil se deu **a** (ou **em**) 7 de Setembro de 1822. Nasci **a** (ou **em**) 18 de dezembro de 1907.*

a ≠ há

Convém não confundir. A preposição **a** se usa quando a sua substituição por *faz* não é possível. Ex.: *Daqui **a** pouco chegaremos. As aulas terão início **a** primeiro de fevereiro. Estamos **a** cinco minutos de Salvador. O Flamengo marcou o seu gol **a** dois minutos do final do jogo. O cometa passou **a** milhares de quilômetros da Terra. A invenção da imprensa remonta **a** séculos. **A** trinta dias da compra vence a duplicata.* A forma verbal **há** se usa apenas em substituição a *faz*. Ex.: *Não viajo **há** muito tempo. **Há** cem anos foi descoberta a existência desse cometa. Cobramos a nota promissória **há** trinta dias. De **há** muito venho insistindo nisso.*

a álcool

Sem acento grave no **a**: *carro a álcool.* (*Álcool* é palavra masculina, que não admite **à**.)

abacate

Usada como adjetivo, na indicação da cor, não varia: *camisas **abacate**, meias **abacate**, blusas **abacate**.*

abacaxi

Sem acento: nas palavras oxítonas, o **i** nunca recebe acento quando forma sílaba com consoante. Por isso, também sem acento: ali, aqui, anis, Araci, Assis, assisti, Barueri, bisturi, Cambuci, caqui, chantili, chassi, colibri, consegui, croqui, Davi, edis, escrevi, esqui, Fani, feri, frenesi, funis, fuzis, gentis, gibi, haraquiri, Jeni, Juquiri, guarani, guri, infantis, jabuti, javali, Luci, Madri, mandi, menti, Moji, Morumbi, ouvi, Paracambi, Paris, parti, Peri, Poti, quati, rubi, saci, sapoti, siri, sucuri, sutis, Tibaji, Tuiuti, tupi, xixi, etc. V. **caju**. Adj. corresp.: *bromeliáceo*. Assim, *plantação de abacaxis = plantação bromeliácea; cultura de abacaxis = cultura bromeliácea*.

abafado

Rege *com* ou *em* (agasalhado em excesso): *Nas ruas de Montreal só se viam pessoas abafadas **com** (ou **em**) grossas roupas de lã.*

abaixado

Rege *a* ou *para*, no sentido de inclinado, curvado: *A mangueira tinha os galhos abaixados **a**o (ou **para** o) chão, de tão carregados.*

abaixar ≠ baixar

Convém não confundir. **Abaixar** se usa em todos os casos (***abaixar** o volume do rádio*, ***abaixar** o tom de voz*, ***abaixar** as calças*, ***abaixar** as persianas*), exceto em dois, quando se dá preferência ao emprego de **baixar**: 1) quando não há complemento: *O custo de vida **baixou**. O nível das águas do rio está **baixando**. **Baixou** o dólar.* 2) quando o complemento é nome de parte do corpo: ***Baixe** a cabeça! **Baixou** os olhos, envergonhada. **Baixe** o dedinho, querida!* Quando, porém, se inclina para baixo qualquer parte do corpo com uma finalidade bem-definida, usa-se ainda *abaixar*. Ex.: ***Abaixei** a cabeça para passar pela porta. **Abaixou** os olhos para possibilitar o exame médico. **Abaixe** os braços para eu poder passar! **Abaixou** o dedinho para a mãe ver o dodói.*

abaixo ≠ a baixo

Convém não confundir. **Abaixo** se emprega em todos os casos, menos quando se faz oposição a *alto*. Ex.: *Vá lá **abaixo** e traga-me dois guaranás! Na escala hierárquica, major é **abaixo** de coronel. O viaduto veio **abaixo**. **Abaixo** os corruptos!* Mas: *Ela me olhou de alto **a baixo**, e eu a medi com os olhos de alto **a baixo**.*

abaixo ≠ embaixo

Convém não confundir. **Abaixo** se usa quando há idéia de movimento, do contrário se emprega **embaixo**. Ex.: *O índice de popularidade do presidente veio **abaixo**, mas o seu índice já estava lá **embaixo**. Vá lá **abaixo** e traga-me dois guaranás! Deixava sempre um revólver **embaixo** do travesseiro. O barquinho de papel foi enxurrada **abaixo**. O bote desapareceu rio **abaixo**.*

abaixo-assinado

Rege *a favor de* (ou *contra*) ou *por*: *Redigi um abaixo-assinado a favor **da** (ou **pela**) ecologia. Assinei um abaixo-assinado **contra** a matança de baleias.*

abaixo-assinado ≠ abaixo assinado

Convém não confundir. **Abaixo-assinado** é o documento; faz no plural *abaixo-assinados*. **Abaixo assinado** é cada um dos indivíduos que assinam esse documento. Ex.: *Arrolaram-me como **abaixo assinado** de um **abaixo-assinado** com o qual não concordo. Os membros desta comissão, **abaixo assinados**, exigem o cumprimento de todas as normas do estatuto. Luísa, **abaixo assinada**, foi quem redigiu este **abaixo-assinado**.*

à bala

Preferível com acento: *A polícia foi recebida **à bala**.*

abalado

Rege *com* ou *por*, na acepção de chocado: *Ficou muito abalado **com** (ou **por**) essa morte. O povo ficou abalado **com** a (ou **pela**) renúncia de Jânio Quadros.* Na acepção de pouco firme, inseguro, rege *em*: *Um homem abalado **em** suas convicções políticas não pode dirigir um partido.*

abandonado
Rege *de* ou *por*: *Quando se viu abandonado **da** (ou **pela**) mulher, desesperou. Camões morreu abandonado de (ou **por**) todos.* Na acepção de largado, deixado, rege *em*: *A polícia arrombou a porta da casa e encontrou muitos documentos abandonados **no** chão.* Na acepção de entregue, rege *a*: *É uma juventude doente, abandonada **às** drogas.*

abandono
Rege *a* (entrega; conformidade), *de* (renúncia ou afastamento definitivo): *O abandono **aos** sonhos provoca quase sempre decepções e amarguras, quando não se realizam. Ao cabo de tantas decepções e fracassos, resolveu deixar tudo nas mãos de Deus, mas o abandono **ao** destino não lhe trouxe a mulher amada. O abandono **de** emprego possibilita demissão por justa causa. O abandono **do** lar por parte de qualquer dos cônjuges desestabiliza a família.* Nesta mesma acepção pode pedir ainda *a favor de* ou *em favor de*: *Seu abandono **da** herança **a** (ou **em**) favor **do** irmão mais novo era previsível.* Rege *de...por* (troca, permuta): *O abandono **de** palavras vernáculas **por** estrangeirismos não é uma boa prática.*

abarcar o mundo com as pernas
É a frase correta. O povo usa "abraçar", verbo inexistente. *Querer abarcar o mundo com as pernas* ou *Querer abarcar o céu com as duas mãos* são frases que possuem idêntico significado: querer fazer tudo, realizar tudo, ganhar tudo. Existe um provérbio, pouco popular, que se lhe assemelha em significado: *Quem tudo **abarca**, pouco ata.* Como o povo quase o desconhece, mudou nele o verbo, de *abarcar* para "abraçar".

abarrotado
Rege *com* ou *de*: *A polícia apreendeu um caminhão abarrotado **com** (ou **de**) cocaína. As crianças traziam os bolsos abarrotados **com** (ou **de**) bolinhas de gude.*

abastecido
Rege *de*: *A mesa estava abastecida **de** bom vinho. Um carro abastecido **de** boa gasolina dura muito mais.* A regência "abastecido com" deve ser desprezada.

abatido
Rege *de* ou *por*, na acepção de extenuado ou enfraquecido: *Cheguei abatido **de** (ou **por**) um dia inteiro de viagem. Abatido **da** (ou **pela**) doença, emagreceu vinte quilos.* Na acepção de deduzido, descontado, rege *de* ou *em*: *Qual foi o valor abatido **do** (ou **no**) preço da gasolina?*

abatimento
Rege *de* ou *em*, na acepção de desconto: *O abatimento **do** (ou **no**) preço do carro foi fundamental para eu fechar o negócio. Esta loja não vende com nenhum abatimento **de** (ou **em**) preços.*

abaular
O hiato permanece durante toda a conjugação: *abaúlo, abaúlas, abaúla, abaulamos, abaulais, abaúlam* (no pres. do ind.); *abaúle, abaúles, abaúle, abaulemos, abauleis, abaúlem* (no pres. do subj.). Não se diz, portanto, "abáulo", "abáules", "abáule", etc.

abdicação
Rege *de*: *A abdicação **da** autoridade na sala de aula é inaceitável em qualquer professor que se preze. O povo brasileiro aceita tudo, menos a abdicação **da** liberdade.* A regência "abdicação a" deve ser desprezada. Pode pedir, ainda *em* ou *a* (ou *em*) *favor de*: *A abdicação **da** coroa **no** (ou **a favor de**) seu filho mais velho foi aceita imediatamente pela população. A abdicação **da** herança **no** (ou **em favor de**) seu irmão mais novo já era esperada.*

abdicar
Pode ser usado como transitivo direto ou como transitivo indireto, indiferentemente: *O funcionário demitido abdicou todos (ou **de todos**) os seus direitos trabalhistas. Os povos que logo esquecem seu passado abdicam rapidamente a (ou **da**) própria liberdade. O rei abdicou a (ou **da**) coroa.* Pode pedir, ainda *em* ou *a* (ou *em*) *favor de*: *O rei abdicou **da** coroa **em** (ou **a favor de**) seu filho mais velho. Abdiquei **da** herança **em** (ou **em favor de**) meu irmão mais novo.*

abdome / abdômen
São ambas formas corretas, mas a primeira tem preferência. O plural da segunda é *abdomens* (sem acento).

abdome ≠ ventre
Convém não confundir. **Abdome** é a parte do corpo entre o tórax e a pélvis. Contém os órgãos do aparelho digestório (estômago, baço, fígado, pâncreas, intestinos e a menor parte do esôfago) e da excreção (rins, bexiga, etc.). Nas mulheres, contém ainda os ovários e o útero. **Ventre** é o abdome acrescido da idéia de fecundidade ou de atividade funcional. Por isso é que saímos do *ventre* materno, por isso é que houve a Lei do *Ventre* Livre e também é por isso que muita gente sofre de prisão de *ventre* (e não de "abdome").

à beça
Sempre com acento e com *ç*: *comer **à beça**.*

abecedário / á-bê-cê / alfabeto
Estas três palavras são sinônimas (coletivo de letras), mas não perfeitas; **abecedário** e **á-bê-cê** se usam melhormente no plano da instrução elementar. Ex.: *Meu filho tem cinco anos e já conhece o **abecedário** (ou o **á-bê-cê**).* Mas: *O **alfabeto** português tem vinte e três letras.*

abelhudo ≠ oferecido
Convém não confundir. O *abelhudo* é o que se mete naquilo que não lhe diz respeito ou naquilo a que não é chamado; é o enxerido, o intrometido, sempre fofoqueiro, mas nunca perigoso. O **oferecido** é o que, com algum fim oculto ou escuso, apresenta-se onde não é convidado; é o intruso, sempre maldoso, sempre perigoso, porque costuma ter um objetivo maligno.

abençoar

Conj.: *abençôo, abençoas, abençoa, abençoamos, abençoais, abençoam* (pres. do ind.); *abençoe, abençoes, abençoe, abençoemos, abençoeis, abençoem* (pres. do subj.). Note: *abençôo* (embora muitos digam "abençuo") e *abençoe* (embora muitos escrevam "abençoi"). Usa-se *Deus o abençoe, meu filho!*, e não *Deus "lhe" abençoe, meu filho!* Por este verbo se conjugam todos os terminados em *-oar*.

abençoar ≠ benzer

Convém não confundir. **Abençoar** é deitar bênção a alguém ou algo, para torná-lo feliz ou venturoso: *O padre **abençoou** o casal, depois de uni-los para sempre. O Papa saiu à sacada da basílica e **abençoou** os fiéis da praça.* **Benzer** é lançar bênção a alguém ou algo, acompanhada de preces e com os devidos ritos, para invocar a proteção divina, livrando, assim, de coisas malignas: *Depois de três acidentes seguidos, mandei **benzer** o carro. Vovó **benzeu** o nenê, que estava com quebranto.* Enfim, *abençoar* é ação de eclesiásticos, e a bênção é sempre preventiva; *benzer* é deles e também de leigos, às vezes curandeiros, oportunistas, etc., e a benzedura é sempre um ato exigido por um fato desagradável ou maléfico.

aberração ≠ absurdo ≠ contra-senso

Convém não confundir. **Aberração** é qualquer erro cometido que cause indignação individual ou coletiva. Recentemente, instalaram uma CPI no congresso nacional, a qual se notabilizou por *aberrações* de todos os matizes, onde corruptos notórios invocaram a proteção divina por terem se tornado milionários na loteria esportiva. Um de nossos jornais, então, saiu-se com esta: *A capacidade de membros do congresso de produzir aberrações não cessa de **surpreender**.* A *aberração* é um erro, mas não tão forte que se possa confundir com *absurdo* ou com *contra-senso*. **Absurdo** é tudo aquilo que é tão contrário à razão e ao bom-senso, que beira o ridículo. O confisco do dinheiro público, em março de 1990, foi uma *aberração*, mas seria *absurdo* se aquele governo não devolvesse o dinheiro a seus verdadeiros donos. **Contra-senso** é tudo aquilo que contraria o senso ou o juízo das pessoas; é paradoxo. Toda guerra é um *contra-senso*; todo desmatamento indiscriminado é um *contra-senso*; a poluição da água e do ar é um *contra-senso*, porque dependemos desses elementos para viver.

aberto

Rege *a* na acepção de receptivo, franqueado ou acessível: *Este é um governo aberto **a**o diálogo. É uma exposição aberta **a**o público. É um curso aberto **a** qualquer interessado.* A regência "aberto para" deve ser desprezada. Na acepção de que tem acesso ou comunicação visual, rege *contra, para* ou *sobre*: *Era uma janela aberta **contra** (ou **para**, ou **sobre**) um belo jardim.*

abertura

Rege *de...a*: *A abertura **d**o mercado **a**o capital estrangeiro foi salutar para a economia. A abertura **d**os portos **à**s nações amigas foi uma providência estratégica..* A regência "abertura de...para" deve ser desprezada. Rege *para* ou *sobre*, na acepção de acessibilidade, comunicação visual: *O que valorizava aquele imóvel era justamente a abertura de todas as suas janelas **para** (ou **sobre**) um bosque.* Na acepção de possibilidade, rege *para*: *Cada fraqueza dos pais é uma abertura **para** novos desmandos dos filhos. Cada hora perdida na mocidade é uma abertura **para** a desgraça no futuro.*

abespinhado

Rege *com* ou *contra*: *O velho ficava abespinhado **com** (ou **contra**) as crianças que viviam fazendo barulho na calçada.*

abestalhado ≠ abobado

Convém não confundir. **Abestalhado** é aquele que assume atitudes de bobo ou de tolo ante algo que lhe impressiona muito o espírito; é o aparvalhado. Quem não fica *abestalhado*, ao trafegar nas estradas federais brasileiras, onde cada buraco enorme parece disputar com o outro ainda maior a capacidade que cada um tem de prejudicar, ferir e matar pessoas? **Abobado** (ou *abobalhado*) é aquele que é um tanto bobo ou que age como bobo. O indivíduo *abobado* se impressiona com qualquer fato, até o de que a Terra é redonda e gira no espaço. Acredita em cegonhas, mesmo depois de adulto. Mas duvida que o homem chegou à Lua. Desses, há muitos.

abiscoitar

Sempre com **oi** fechado: *abiscoito, abiscoitas, abiscoita, abiscoitamos, abiscoitais, abiscoitam* (pres. do ind.); *abiscoite, abiscoites, abiscoite, abiscoitemos, abiscoiteis, abiscoitem* (pres. do subj.). *Se você, que é inteligente, não **abiscoita** prêmio nenhum, como quer que eu **abiscoite**?*

abismado

Rege *com*, na acepção de muito admirado, espantado, assombrado, mas antes de verbo só aceita *por*: *Estou abismado **com** tudo o que aconteceu. Fiquei abismado **por** saber da verdade.* Na acepção de absorto, concentrado, rege *em*: *Estava abismado **em** profundas reflexões, quando ela chegou. Ficava horas e horas abismado **n**aquela música.*

abismo

Adj. corresp.: *abissal*. Portanto, *profundidades de abismo = profundidades abissais*.

abjeto

Rege *a*: *Essa foi uma medida abjeta **à** consciência nacional. Ele não suportou atitude tão abjeta **à** honra de sua família e reagiu com violência.*

ablação ≠ ablução ≠ oblação

Convém não confundir. **Ablação** é extração: *a **ablação** de um dente, a **ablação** da próstata.* **Ablução** é lavagem, principalmente do corpo ou de parte dele: *a **ablução** do corpo com sabonete líquido; a **ablução** do rosto pela manhã; a **ablução** das mãos antes das refeições.* **Oblação** é oferenda feita a Deus ou aos santos: *as religiões e suas **oblações**.*

abóbada
Cuidado ao escrever esta palavra! Oito, entre dez pessoas, escrevem-na errado: "abóboda". A esses convém lembrar que só existe *teto abo**ba**dado*, e não *teto "abobodado"*. Por extensão, qualquer coisa com a parte superior curvada recebe essa denominação: *abóbada celeste, abóbada palatina, abóbada de caverna*, etc.

abóbora
Adj. corresp.: *cucurbitáceo*. Portanto, *plantação de abóboras = plantação cucurbitácea*. Na indicação da cor, a palavra não varia: *blusas **abóbora**, camisas **abóbora***.

abolir
Este verbo não tem a primeira pessoa do singular do pres. do ind. ("abulo"); conseqüentemente não possui todo o pres. do subj., que dessa pessoa deriva. As formas inexistentes deste verbo devem ser substituídas por equivalentes de verbos sinônimos, tais como *suprimir, revogar, anular*, etc. Antôn.: *restabelecer, restaurar*. Por este verbo se conjugam: *aturdir, banir, bramir, brandir, brunir, carpir, colorir, comedir, delinqüir, delir, demolir, descomedir, desmedir, detergir, disjungir, esculpir, espargir, exaurir, explodir, expungir, extorquir, fremir, fulgir, fundir, haurir, jungir, insculpir, pungir, refulgir, retorquir, ruir* e *urgir*. Na língua contemporânea, porém, alguns desses verbos já se conjugam integralmente, como é o caso de *banir, carpir, demolir, esculpir, explodir, fundir* e *insculpir*.

abonação
Rege *de*: *O uso dos escritores clássicos constitui abonação **da** construção que empreguei nessa frase*. A regência "abonação a" deve ser desprezada.

abonado
Rege *com, de* ou *por* (coisa), *de* ou *por* (pessoa) e *como* ou *de* (predicativo): *Essa biografia é abonada **com** o (ou **d**o, ou **pe**lo) testemunho de contemporâneos do biografado. Trata-se de uma construção abonada **d**os (ou **pel**os) melhores escritores da língua. Trata-se de uma construção abonada **como** (ou **de**) legítima*.

abono
Rege *de* (coisa) e *a* ou *para* (pessoa): *O uso dos escritores clássicos constitui abono **da** construção por mim empregada. Não foi permitido nenhum abono **de** faltas. Posso lhes adiantar, em abono **da** verdade, que se trata de pessoa responsável. Não saiu ainda o abono **a**os (ou **para** os) funcionários públicos*. Para coisa, convém desprezar a regência "abono a".

a bordo
Sem acento (*toalete a bordo*): antes de palavra masculina, não se usa *à*.

aborígine
Habitante primitivo de um país; nativo; indígena; autóctone. Atenção para a grafia: esta palavra tem dois *ii*, embora muitos escrevam "aborígene" (e tem registro em alguns dicionários), por influência de *origem*. Curioso é que os dicionários que registram também "aborígene", só trazem *aboriginal, aboriginário*, e nunca "aborigenal" nem muito menos "aborigenário".

aborrecido
Rege *a*, na acepção de maçante, desagradável, *com* na de amolado, chateado e *de* ou *por* na de execrado, detestado: *Sua principal preocupação era não ser aborrecido **a** nenhuma visita. O diretor ficou aborrecido **com** o que ouviu. Era um morador aborrecido **de** (ou **por**) todos os vizinhos*.

aborrecimento
Rege *a, de* ou *por*: *Tomei grande aborrecimento **a** (ou **de**, ou **por**) viagens longas. Ele confessou que tinha enorme aborrecimento **a** (ou **de**, ou **por**) todo e qualquer corrupto*. Significa aversão ou asco.

aborrescência / aborrescente
São neologismos. *Aborrescência* significa idade em que o adolescente causa, por sua própria natureza, os maiores transtornos aos pais. Quantos adolescentes não há, hoje, na fase da *aborrescência*! *Aborrescente* é adjetivo e substantivo comum-de-dois: *ter um filho aborrescente; os aborrescentes sofrem, de maneira geral, de problemas psicológicos*. Como se trata de criação vocabular tomada das primeiras sílabas de *aborrecer* e das últimas de *adolescência* ou de *adolescente*, escreve-se com *sc*.

aborto / abortos
Sempre com o **o** tônico fechado.

abraçado
Rege *a, com* ou *em*: *A mãe chorava, abraçada **a**o (ou **com** o, ou **n**o) corpo do filho morto. O rapaz, abraçado **à** (ou **com** a, ou **n**a) namorada, tremia de medo!* Na acepção de adotado, rege *de* ou *por*: *É uma teoria abraçada **de** (ou **por**) muitos cientistas de respeito*.

"abracar"
É forma tão boa quanto "*drento*", "*treta*", "*prefume*", "*drobar*", "*vrido*", etc. Mas isso não impede que mereça registro em certos dicionários. *Querer **abarcar** o mundo com as pernas* ou *Querer **abarcar** o céu com as duas mãos* são as frases que existem e de mesmo significado: querer fazer tudo, realizar tudo, ganhar tudo. Existe um provérbio que se lhe assemelha em significado: *Quem tudo **abarca**, pouco ata*.

abrasileirar
Sempre com **ei** fechado e bem-pronunciado: *abrasileiro, abrasileiras, abrasileira, abrasileiramos, abrasileirais, abrasileiram* (pres. do ind.); *abrasileire, abrasileires, abrasileire, abrasileiremos, abrasileireis, abrasileirem* (pres. do subj.). *Se esse norueguês vier mesmo, ela diz que o **abrasileira** em três tempos. Querem que ela **abrasileire** o holandês em dois meses*.

abreviação

É a redução de palavras até o limite permitido pela compreensão. Eis as principais: *Araça* (Araçatuba), *auto* (automóvel), *Belô* (Belo Horizonte), *Caraguá* (Caraguatatuba), *cine* (cinema), *extra* (extraordinário), *Floripa* (Florianópolis), *foto* (fotografia), *Itapê* (Itapetininga), *Itaquá* (Itaquaquecetuba), *metrô* (metropolitano), *Minas* (Minas Gerais), *moto* (motocicleta), *ônibus* (auto-ônibus), *Pinda* (Pindamonhangaba), *pneu* (pneumático), *pólio* (poliomielite), *pornô* (pornografia), *postal* (cartão-postal), *quilo* (quilograma), *rádio* (radiograma), *Sampa* (São Paulo). É também ato ou efeito de abreviar, abreviatura: *a **abreviação** de um serviço, a **abreviação** de uma viagem*. *Abreviamento* é forma desusada.

abreviar ≠ encurtar

Convém não confundir. **Abreviar** é diminuir (tempo, extensão), é tornar breve. Podemos *abreviar* o tempo de um serviço, as férias, uma palavra. **Encurtar** é fazer menos longo. Um motorista pode *encurtar* um percurso, tomando um caminho desconhecido de outros motoristas. O povo costuma dizer *cortar caminho*. Ao *encurtar* um percurso, todavia, um motorista pode não *abreviá*-lo. Se encontrou um grande congestionamento, *encurtou* o percurso, mas não o *abreviou*, absolutamente.

abreviatura

É a redução na grafia de certas palavras, geralmente as limitando à letra inicial ou às letras iniciais e, às vezes, à letra inicial com a final. Ex.: *p.* ou *pág.* (página), *cal* (caloria), *Sr.* (Senhor). Quando abreviamos uma seqüência de palavras, temos a *sigla*, que é um caso especial de *abreviatura*. É também ato ou efeito de abreviar, abreviação: *a **abreviatura** de um serviço, a **abreviatura** de uma viagem*. Das três formas (*abreviação, abreviatura, abreviamento*), o português contemporâneo tem reservado *abreviação* para os significados expostos e *abreviatura* para enunciar reduções de palavras, enquanto *abreviamento* se vai tornando um arcaísmo. Havendo *abreviatura* no final de um período, o ponto abreviativo vale também como ponto final; portanto, não se usam dois pontos ("etc..").

abrir

Este verbo só tem um particípio: *aberto* ("abrido" caiu em desuso): *Você tem **aberto** muitos livros ultimamente? As crianças haviam **aberto** a correspondência do pai, por isso foram castigadas.*

abrupto

A pronúncia rigorosa é *ab-rúpto* (*ladeira **abrupta***), mas na língua cotidiana só se ouve "a-brúp-to". Diz-se o mesmo de *abruptamente*.

abscissa

Apesar de ser assim, nove entre dez professores de Matemática escrevem-na assim: "abcissa".

absolutamente

Esta palavra adquiriu valor negativo, a exemplo de *sequer*: – Você foi lá? – *Absolutamente*. (= De jeito nenhum.) Pode aparecer reforçada por outra negativa: – Você foi lá? – *Não, absolutamente*. (= Não, de jeito nenhum.) Ou, então: – Você foi lá? – *Absolutamente não*. – Obrigaram você a confessar? – *Não me obrigaram a confessar absolutamente*. Sobre sua pronúncia correta, v. o item seguinte.

absoluto

Pronuncia-se *àb-solúto* (*em **absoluto***), mas muitos pronunciam "abissoluto". Diz-se o mesmo de *absolutamente*.

absolvição

Adj. corresp.: *absolutório*. Portanto, *sentença de absolvição = sentença absolutória*.

absorto

Rege *ante* ou *diante de* na acepção de extasiado, mas *em* na acepção de concentrado: *Os turistas alemães ficaram absortos **ante** as (ou **diante** das) maravilhosas praias brasileiras. As crianças estão absortas **n**os desenhos animados da televisão.*

abstêmio

Pronuncia-se *ábs-têmio*, mas há os que insistem em dizer "abistêmio" e até "abstêmico". Rege *de*: *Homem abstêmio **de** qualquer tipo de bebida alcoólica*.

abstêmio ≠ abstinente

Convém não confundir. **Abstêmio** é o que não ingere álcool; **abstinente** é quem evita voluntariamente não só álcool, mas qualquer outra coisa que possa causar algum prazer. Quem não toma nem mesmo cerveja é *abstêmio*; os católicos são *abstinentes* de carne na Sexta-Feira Santa, e os padres são, em princípio, *abstinentes* sexuais.

abstraído

Rege *de*, na acepção de desinteressado e na de distraído, mas *em* na de concentrado, absorto: *É um homem abstraído **de** quaisquer prazeres materiais. As crianças pareciam abstraídas da nossa conversa, mas na verdade estavam bem atentas. Encontrei-o abstraído **n**os estudos.*

absurdo

Pronuncia-se *àb-surdo*, mas há os que dizem "abissurdo". V. **aberração**.

abundância / abundante

Regem *de* ou *em*: *É uma região notável por sua abundância **de** (ou **em**) petróleo. A abundância **de** (ou **em**) volume de água do rio Amazonas fascina os turistas. Região abundante **de** (ou **em**) petróleo.*

abusão

É palavra feminina: *a **abusão**, **uma** abusão*. *Não passar por baixo de escada é pura **abusão**.*

abutre
Adj. corresp.: *vulturino*. Portanto, *hábitos de abutre = hábitos vulturinos*.

acabar
O maior problema deste verbo se relaciona com a concordância. Como se usa quase sempre antes do sujeito, é comum encontrá-lo só no singular, independentemente do número em que se encontra o sujeito. Exemplos com seu uso correto: **Acabaram** *as férias*. **Acabam** *neste instante ambas as reuniões*. *Não* **acabavam** *aquelas saudades*. Se vier acompanhado de auxiliar, este é que varia: *Quando* **vão** *acabar as férias? Quando* **deverão** *acabar estas saudades?*

à cabeça
Em Portugal se usa **à cabeça**: *À cabeça ela nunca traz absolutamente nada. Levava à cabeça o seu velho boné. Ela vinha com uma lata de água à cabeça*. No Brasil, prefere-se **na cabeça**. Na norma culta ainda se dá preferência à construção legitimamente portuguesa.

a cacetadas
Sem acento (*ser morto a cacetadas*): antes de palavras no plural, o *a* não recebe acento grave.

acalmar ≠ amainar ≠ aplacar
Convém não confundir. **Acalmar** é pôr em sossego o que está agitado, o que está perturbado: *Procurei* **acalmar** *o ânimo dos briguentos. Um beijo da mulher amada quase sempre* **acalma** *a fúria do namorado ciumento*. **Amainar** é pôr em sossego o que está agitado, provocando estragos: *Uma boa surra* **amaina** *o espírito de uma criança traquinas. Uma tempestade* **amaina**. **Aplacar** é sossegar ou moderar quem está irado ou o que está agudo (dor, desejo, etc.): *Não é fácil* **aplacar** *a ira de um pai que teve a filha adolescente grávida e solteira. Não há analgésico que* **aplaque** *certas dores, mas um beijo quase sempre tem o divino dom de* **aplacar** *todos os desejos. Ou aguçá-los...*

acampamento militar
Adj. corresp.: *castrense*. Portanto, *área de acampamento militar = área castrense*.

acanhado ≠ tímido ≠ encabulado
Convém não confundir. **Acanhado** é o que, sem desembaraço nem iniciativa, mostra-se arredio, desconfiado. *Todo matuto é naturalmente acanhado*. **Tímido** é o acanhado inseguro. Para tomar a iniciativa de ir conversar com a garota que incessantemente olha para ele numa festa é uma luta! Às vezes demora tanto, que cansa e desanima a pretendente. Como soem ser românticos, agradam às mulheres. **Encabulado** é o envergonhado ou vexado. A simples presença de um desconhecido em seu ambiente o deixa sem ação, ruborizado, sem fala. Se uma pretendente, finalmente, toma a iniciativa de vir falar com ele, baixa a cabeça e fica vermelho como pimentão. Costuma ficar calado, ouvindo e só consegue dar resposta com um olhar de soslaio. Um pouco de insistência e muita paciência vencem-no, finalmente. Mas isso depois de meses!

acanhado
Rege *com* (pessoa), *com* ou *por* (coisa) e *de* ou *em* (verbo) [tímido]: *Criança acanhada com estranhos. Criança acanhada com a* (ou *pela*) *presença de estranhos. Sentiu-se acanhada* **de** (ou **em**) *contar o que aconteceu*. Na acepção de limitado ou escasso, rege *de* ou *em*: *Ministério acanhado* **de** (ou **em**) *verbas*.

acanhamento
Rege *com* (pessoa) e *de* ou *em* (verbo): *Por que tanto acanhamento* **com** *seu próprio pai? Não sinta acanhamento* **de** (ou **em**) *confessar tudo o que fez!*

ação
Rege *em* ou *sobre*: *A ação da ferrugem* **n**o (ou **sobre** o) *ferro é sempre destruidora. A ação desse cosmético* **n**a (ou **sobre** a) *pele é rápida*. Na acepção de ocorrência, acontecimento ou na de processo ou demanda judicial, rege *contra*: *Qualquer ação* **contra** *a família do juiz será considerada uma agressão à sociedade. Mover uma ação* **contra** *o Estado*. Na acepção de luta, rege *por*: *É preciso manter viva a ação* **pel**a *liberdade e* **pel**a *democracia*.

ação ≠ ato
Convém não confundir. **Ação** é um exercício e tem sempre relação com um agente, com um praticante da ação verbal: *ação de acampar, ação de julgar*. **Ato** é o efeito do exercício e relaciona-se com um paciente, com o que sofre a ação verbal: *ato de pensar, ato de julgar*. Assim, na expressão *o julgamento do juiz*, o substantivo *julgamento* indica ação de julgar, pois *juiz* é o agente, ele pratica a ação do verbo, ele julga. Já nestoutra expressão, *o julgamento do réu*, o substantivo *julgamento* exprime ato de julgar, pois réu é o paciente, sofre a ação verbal, ele é julgado.

acareação / acareamento
São ambas formas corretas, mas a primeira é mais usada: *O delegado promoveu a* **acareação** (ou *o* **acareamento**) *entre as partes*.

acarpetar / carpetar
São ambas formas corretas, mas não "encarpetar". Os ambientes *acarpetados* (ou *carpetados*) são mais aconchegantes. E *carpetar* o quarto fica muito mais barato (garantimos) que "encarpetar" a casa toda...

a casa
É a expressão que se usa com palavras e verbos dinâmicos, principalmente em Portugal. No Brasil, prefere-se empregar *em casa*: *Sua volta* **a casa** *foi fundamental para evitar o crime. Fui ao escritório, mas tive de voltar* **a casa**, *para buscar os documentos*. Repare: não se usa o acento grave no **a**.

acatado
Rege *de* ou *por* (pessoa) e *em* (coisa): *São pais muito aca-*

tados *dos* (ou *pelos*) filhos *em* todos os seus conselhos. Trata-se de um cientista acatado *de* (ou *por*) todos os colegas *em* todas as suas teorias.

acautelado
Rege *contra*, na acepção de prevenido, precavido; *contra* ou *de*, na acepção de resguardado; e *em*, na de guardado: *Viajei ao Sul acautelado **contra** o frio. Depois daquele seqüestro, a família toda ficou acautelada **contra** (ou **de**) outra ação do mesmo tipo.*

a cavalo
Sem acento (*bife **a cavalo**; andar **a cavalo***): antes de palavra masculina não se usa *à*. V. **"de" a cavalo**.

aceder
É transitivo indireto: *O comprador acedeu às condições de pagamento da construtora. O filho sempre acedia à vontade dos pais. Depois de hesitar um instante, acedi ao pedido dele. Embora não simpatizasse com eles, acedi ao convite para o jantar.*

aceitar
Tem dois particípios: *aceitado* (regular) e *aceito* (irregular). O regular se usa com *ter, haver, ser* e *estar*, enquanto o irregular se emprega com *ser* e *estar*. Ex.: *Não **tenho aceitado** provocações. Provocações não têm **sido aceitas** por mim.* Na língua cotidiana, porém, encontramos: *Ele não tem "aceito" desaforos. Ela não havia "aceito" o meu convite.*

aceito
Rege *de* ou *por*: *Foi uma decisão aceita **da** (ou **pela**) maioria.* Quando se trata de predicativo, admite *como* ou *por*: *Meu filho foi o aluno aceito **como** (ou **por**) monitor da turma.*

acelerado, marche!
É assim que os instrutores militares devem ordenar a seus subordinados, embora alguns prefiram chamá-los de bandidos, ordenando: *"Celerado", marche!*

acenar
Quem acena, acena *com* alguma coisa *a* (ou *para*) alguém: *Acenei **com** a mão **a** (ou **para**) todos os que ficavam. O motorista acenou **com** o braço **às** (ou **para** as) crianças. O rapaz acenou-nos **com** a cabeça. Os que ficavam acenavam **com** ambas as mãos **a**os (ou **para** os) que partiam. Duas garotas acenaram-me **com** o braço, para lhes dar carona.* Há, contudo, quem acene "a mão", quem acene "o braço", quem acene "a cabeça", etc. Em sentido figurado, só admite *a...com* ou apenas *com*: *O presidente acenava **a**o congresso **com** a possibilidade de novas cassações. O presidente acena **com** a possibilidade de novas emissões de medidas provisórias.*

acender
Possui dois particípios: *acendido* (regular) e *aceso* (irregular). O regular se usa com os verbos *ter* e *haver*; o irregular, com *ser* e *estar*. *As crianças **tinham acendido** todas as lâmpadas da casa. Todas as lâmpadas da casa **foram acesas** pelas crianças.* Na língua cotidiana, porém, encontramos: *As crianças tinham "aceso" todas as lâmpadas da casa. Os funcionários do estádio ainda não haviam "aceso" todos os holofotes, quando as equipes entraram em campo.* De um repórter de televisão: *O incêndio foi provocado por um rapaz que teria "aceso" um isqueiro.* No sentido de pegar fogo, inflamar-se, arder ou no de iluminar-se, é pronominal (*acender-se*): *Fósforo molhado não **se** acende. A lâmpada estava **se** acendendo sozinha.* V. **apagar**.

acender ≠ ascender
Convém não confundir. **Acender** é provocar fogo ou luz e tem como substantivo *acendimento*: **acender** *um fósforo*, **acender** *uma lâmpada; o acendimento de um fósforo de uma lâmpada;* **ascender** é subir, elevar-se e tem como substantivo *ascendimento* ou *ascensão*: *o balão **ascendeu** rapidamente; o ascendimento (ou a ascensão) do balão foi rápido(a).*

acento ≠ assento
Convém não confundir. **Acento** é inflexão de voz ou sinal que indica tal inflexão (*a palavra ônibus tem **acento***); **assento** é, entre outras coisas, qualquer lugar que serve para sentar-se com alguma comodidade (banco, cadeira, poltrona, etc.): *todo ônibus tem muitos assentos.*

acerca de ≠ a cerca de ≠ há cerca de
Convém não confundir. **Acerca de** = a respeito de, sobre (falar *acerca de* futebol); **a cerca de** = a quase, a aproximadamente (fiquei *a cerca de* um metro da atriz); **há cerca de** = faz (cheguei *há cerca de* dois minutos).

acervo
Conjunto de bens que compõem o patrimônio de alguém, de um grupo ou de uma nação. Pronuncia-se *acêrvo*.

accessível / acessível
Como ambas as formas existem, são boas também as duas maneiras de dizer: *akcessível* e *acessível*. V. item seguinte. Regem *a*, na acepção de compreensível e *por* na de atingível: *Física nuclear não é um assunto acessível **a** qualquer pessoa. O topo da montanha só é acessível **por** um bondinho.*

acesso
Rege *a*, na acepção de chegada, aproximação ou na de promoção, *de* na de ataque, e *para* na de trânsito, passagem: *Tivemos acesso **à** gruta, depois de alguns minutos de caminhada. Não tive acesso **a**os documentos. O acesso **a** esse cargo só é possível mediante concurso. Ter acesso **de** vômito. De repente, tive um acesso **de** riso. O acesso **para** o interior é feito por várias auto-estradas, em São Paulo. Este caminho de terra é o único acesso **para** a praia.*

accessório / acessório
Como ambas as formas existem, são boas também as duas maneiras de dizer: *akcessório* e *acessório*. V. item anterior. Regem *a*: *Os documentos acessórios **a**o processo já foram anexados pelo advogado.*

achar ≠ encontrar

Convém não confundir. **Achamos** aquilo que buscamos; **encontramos** aquilo que, sem buscarmos, se nos apresenta à frente. Assim, *achamos* uma carteira que perdemos, se nos pusemos a procurá-la, com êxito; se não demos pela perda e, casualmente, a temos novamente de posse, a *encontramos*. Alguém, percorrendo as prateleiras de uma livraria, *acha* o tão desejado livro que procura; antes, porém, pode *encontrar* outro que lhe cause ainda maior satisfação e proveito que aquele que achou.

à chave

Preferível com acento: *fechar à chave*.

à chuva

No português lusitano se usa **à chuva**; no português brasileiro, prefere-se **na chuva**. Na norma culta ainda se dá preferência à construção legitimamente portuguesa: *Se vocês ficarem à chuva, poderão ficar resfriados, entrem! Aguardei-a todo aquele tempo à chuva.*

acidente ≠ incidente

Convém não confundir. **Acidente** é desastre, ou seja, todo acontecimento imprevisto, indesejável ou infausto, que ocorre casualmente, resultando, em geral, em danos, perdas, etc.; é, enfim, o incidente que resulta em danos ou perdas de vida. Uma colisão de veículos com várias mortes é um *acidente*; a queda de um avião é um *acidente*. **Incidente** é todo acontecimento imprevisto (geralmente de pouca ou nenhuma gravidade) durante o curso de outro, que se toma por principal, é qualquer fato (agradável ou não), possível de acontecer dentro do quadro de expectativas reinante; é o acontecimento normal, embora não corriqueiro, num evento. Um copo de água que caia, durante uma palestra, justamente no momento em que o palestrante vai levá-lo à boca é um *incidente*, assim como *incidente* será uma discussão entre os participantes do debate que se segue a uma palestra. Ocorrerá *acidente*, todavia, se aquele mesmo copo de água se quebrar, e os cacos de vidro ferirem alguém. Durante um jogo da seleção brasileira de futebol, um de nossos jogadores chutou uma bola à meta adversária; o balão bateu no ferro traseiro do travessão e foi de encontro ao rosto de um cinegrafista atrás do arco, provocando-lhe ferimentos graves na região ocular. Foi um *incidente*, porque o fato era possível, e não impossível de acontecer. *Acidente* seria se, durante o jogo, caísse um meteorito na cabeça do referido cinegrafista, fato absolutamente inusitado, incomum num jogo de bola e muito improvável. Se uma fogosa namorada, ao dar um beijo no namorado, morde-lhe os lábios, ferindo-o, o fato não deixa de constituir um *acidente*; mas *incidente* será se, ao beijá-lo, o infeliz deixar cair a dentadura...

acima ≠ a cima ≠ em cima

Convém não confundir. **Acima** significa escrito anteriormente (*a explicação acima é boa*); anteriormente (*o endereço citado acima*); para cima de determinado ponto (*está vendo aquele andar cheio de flores na varanda? eu moro um andar acima*); na parte superior (*fui lá acima e nada vi*); da parte inferior para a superior (*seguir rio acima*); em grau ou categoria superior, para cima (*carteira de motorista? só de 18 anos acima*); maior em quantidade ou número (*livros com cem páginas e acima ficavam na prateleira de baixo*) e maior que zero na escala de temperatura (*estamos com 15ºC acima*). Entra na locução *acima de*: *Coronel é posto acima de capitão. O Brasil está acima de tudo.* **A cima** se usa em oposição a *baixo*: *Ela me olhou de baixo a cima.* **Em cima** se contrapõe a *embaixo*: *Estou aqui em cima*. Entra na locução *em cima de*, que se contrapõe a *embaixo de*: *O livro está em cima de onde?*

aclimação

É melhor forma que *aclimatação*: *A aclimação de uma planta ao frio. A aclimação de uma ave siberiana no Brasil não será fácil.*

aclive ≠ declive

Convém não confundir. **Aclive** é qualquer inclinação vista de baixo para cima; é inclinação ascendente. **Declive** é qualquer inclinação de cima para baixo; é inclinação descendente. Como se vê, são antônimos.

acne

É palavra feminina: *a acne, uma acne, duas acnes*.

acoimar

Sempre com **oi** fechado: *acoimo, acoimas, acoima, acoimamos, acoimais, acoimam* (pres. do ind.); *acoime, acoimes, acoime, acoimemos, acoimeis, acoimem* (pres. do subj.). *Eu o acoimo de corrupto. Ela o acoima de infiel.*

açoitar

Sempre com **oi** fechado: *açoito, açoitas, açoita, açoitamos, açoitais, açoitam* (pres. do ind.); *açoite, açoites, açoite, açoitemos, açoiteis, açoitem* (pres. do subj.). *Eu não açoito ninguém. Ela açoita seus cães, sem dó.*

acompanhado

Rege *de* ou *por*: *A menina voltou acompanhada dos* (ou *pelos*) *pais. O presidente chegou acompanhado de* (ou *por*) *cinco seguranças.*

aconchegar

Sempre com **e** fechado, a exemplo de *chegar: aconchego, aconchegas, aconchega, aconchegamos, aconchegais, aconcheguem* (pres. do ind.); *aconchegue, aconchegues, aconchegue, aconcheguemos, aconchegueis, aconcheguem* (pres. do subj.).

aconselhar

Como transitivo direto e indireto, significa procurar convencer (*aconselhei o rapaz a não reagir*) ou recomendar (*não o aconselho a sair sem um casaco; a religião sempre aconselhou aos fiéis o melhor caminho*). Como se vê, aconselha-se alguém a alguma coisa (quando aparece a + infinitivo) e aconselha-se a alguém alguma coisa (quando não aparece *a + infinitivo*). Eis mais estes exemplos: **Aconselhei**-*o a ficar quieto*. **Aconselhei**-*lhe que ficasse quieto*. Como pronominal, significa tomar conselho e rege *com*: **Aconselhe-se** *com alguém de sua confiança! Resolveu, por fim,* **aconselhar-se** *com um padre*.

acontecer
Rege *a*, mas no português do Brasil muito se vê este verbo empregado com a preposição *com*: *Aconteceu* **a***os pais da criança sofrer um grave acidente.* (= Aconteceu-lhes sofrer um grave acidente.) Se a verdadeira preposição fosse *com*, não seria possível a substituição do objeto indireto por *lhe*. Como o sujeito deste verbo aparece quase sempre posposto, há uma tendência na língua popular de deixarem-no sempre no singular, mesmo que o sujeito esteja no plural, fato semelhante ao que ocorre com *existir*: "Acontece" *coisas incríveis na política brasileira*. (Corrija-se: *Acontecem*.) "Acontecia" *muitos acidentes nesse cruzamento*. (Corrija-se: *Aconteciam*.) *Neste ano já* "aconteceu" *muitas coisas na minha vida*. (Corrija-se: *aconteceram*.) V. **ocorrer**.

acontecer / acontecido
Regem *a* (de preferência) ou *com*: *Isso acontece* **a** (ou **com**) *todo o mundo. Só hoje vim a saber do fato acontecido* **a** (ou **com**) *sua família*.

acontecer "de"
Não é da norma culta, mas a língua contemporânea vai conhecendo cada vez mais a construção deste verbo com a preposição *de*: *Aconteceu "de" chover exatamente na hora do jogo. Na hora da raiva, muitas vezes acontece "de" alguém dizer coisas de que depois se arrepende*. Retirada a preposição, a construção fica perfeita, mas não popular. O mesmo fenômeno lingüístico acontece com *ameaçar, dar, entender, evitar, inventar* e *resolver*.

acoplado
Rege *a* ou *com*, tanto na acepção de conectado, ligado quanto na de vinculado: *Havia um sistema já acoplado* **a** (ou **com**) *outro. Esse plano já veio acoplado* **a***o* (ou **com** *o*) *o anterior*. O substantivo *acoplamento* rege as mesmas preposições.

acordar
É verbo intransitivo (*acordar*), e não pronominal ("acordar-se"): *Acordei cedo. Nunca* **acordo** *tarde. A que horas você* **acordou**? *Acordamos às 6h*. Há, contudo, quem "se" acorde.

acordeom / acordeão
São boas ambas as formas, mas não "acordeon". Quem toca *acordeom* (ou *acordeão*) se diz *acordeonista*. Não se confunde o *acordeom* com a *harmônica* ou *sanfona*; esta, que é menor, tem também o teclado menor, parecido com pequenos pistons; aquela, além de ser maior e mais vistosa, tem o teclado semelhante ao do piano.

acordo
Tanto o singular quanto o plural têm o **o** tônico fechado. Atenção para a regência: *O proprietário e eu chegamos a um acordo* **acerca d***o* (ou **n***o*, ou **no tocante a***o*, ou **sobre** *o*) *preço do imóvel*.

"a" cores
Não. V. **em cores**.

a coronhadas
Sem acento (*ser morto* **a coronhadas**): antes de palavras no plural, não se usa acento no *a*.

acorrer
Ir ou vir apressadamente. Rege *a*: *A crise fez que os correntistas acorressem* **a***os bancos, para zerar suas contas*. Com este verbo (interessante!), o brasileiro não usa a preposição "em", tão comum entre nós com os verbos de movimento. V. **chegar em casa**.

acostumado / acostumar / acostumar-se
Regem *a*: *Não estou acostumado* **a** *esse tipo de comportamento. É um povo acostumado* **a***o trabalho. Acostumar os filhos* **à** *leitura. Nunca vou me acostumar* **a** *fumaça de cigarro*. O uso da preposição *com*, nestes três casos, se bem que vulgarizado, deve ser desprezado, mormente na linguagem elegante: trata-se de um brasileirismo perfeitamente dispensável.

acostumar ≠ costumar
Convém não confundir. **Acostumar** é fazer (alguém ou algo) contrair hábito: *acostumar os filhos a ler; acostumar o corpo a dormir cedo*. **Costumar** é ter por hábito, usar ou ser costumeiro, habitual: *costumo dormir tarde; costumo me levantar cedo; costumo almoçar ao meio-dia; costuma nevar por aqui nesta época*. Note: **acostumar** pede sempre complemento verbal + a + infinitivo; **costumar** pede sempre um infinitivo. É por isso que aquele que se *acostumou* a tomar vários aperitivos diariamente *costuma* morrer de cirrose.

Acre
Estado brasileiro da Região Norte. Abreviatura: AC. Quem nasce no Acre é *acriano* (mas o vocábulo oficial é "acreano", um grande equívoco).

acreditar
É transitivo direto ou transitivo indireto: *É difícil acreditar o* (ou *no*) *que ela diz. Você acredita tudo* (ou *em tudo*) *o que ouve? Zósimo delegado?! Eis aí uma coisa que* (ou *em que*) *nem ele próprio acredita*. No português contemporâneo, todavia, mais se usa como transitivo indireto.

a crédito
Sem acento no *a*: *comprar* **a** *crédito*.

acrescentar
Rege **a**: *acrescentar vitamina* **a***o leite, acrescentar flúor* **à** *água, acrescentar um dia* **a***o mês de fevereiro*. A regência com a preposição "em" deve ser desprezada. V. **acréscimo, adição** e **adicionar**.

acrescentar "mais"

Visível redundância. Um grande jornal paulista, no entanto, noticiou recentemente que a USP está "acrescentando mais" aulas práticas a seus currículos. Aulas, de qualquer tipo, sempre serão bem-vindas...

acrescido

Rege *a* ou *de*: *Tive as despesas de hoje acrescidas* **às** (ou **das**) *anteriores, por isso é que a quantia gasta foi vultosa. Suas economias, acrescidas* **às** (ou **das**) *minhas, já dão para comprar a casa.*

acréscimo

A exemplo de *adição*, rege *a*: *o acréscimo de vitamina* **a** *o leite, o acréscimo do flúor* **à** *água; o acréscimo de um dia* **a** *o mês de fevereiro.* Muitos usam a preposição "em", neste caso.

acriano

É a forma correta. O Vocabulário Oficial, no entanto, registra "acreano". A vogal de ligação, nesse caso, no entanto, em todas as palavras é -i-, e não "-e-". Repare: *açoriano, camoniano, draconiano, goethiano, iraquiano, machadiano, raquiano*, etc.

acrobata / acróbata

Ambas as prosódias existem na língua, mas a mais popular é a primeira.

-açu

Sufixo tupi, cujo correspondente em português é -*guaçu*. Tanto um quanto outro só se ligam por hífen ao vocábulo seguinte, se este termina por vogal nasal ou acentuada. Ex.: *arumã-açu, acará-açu*. Do contrário, não se usa o hífen: *babaçu, Mojiguaçu*, etc. Antôn.: -*mirim*.

açúcar

É palavra masculina: *o açúcar,* **um bom** *açúcar*. O povo costuma, na pronúncia, omitir o *r* e, assim, diz "açúca". Adj. corresp.: *açucareiro* (de açúcar ou da cana-de-açúcar: *indústria* **açucareira**) ou *sacarino* (de açúcar ou próprio de açúcar: *teor sacarino; gosto sacarino*).

açucarar

É verbo intransitivo (*açucarar*) ou pronominal (*açucarar-se*): *Há méis que* **açucaram** (ou *se* **açucaram**) *e meles que não* **açucaram** (ou *não se* **açucaram**).

açude ≠ barragem

Convém não confundir. **Açude** é represamento de uma corrente para desviar as águas a lugar mais ou menos afastado do leito, a fim de ser aproveitada para agricultura ou uso humano. *O Ceará está cheio de açudes.* **Barragem** é construção, pequena ou grande, que se ergue transversalmente num vale, para acumular água de uma corrente e gerar energia elétrica. *São muito conhecidas as* barragens *do São Francisco e de Sobradinho.*

acudir

Conj.: segue *fugir*. Este verbo é transitivo direto na acepção de correr para ajudar ou socorrer; apressar-se no socorro ou ajuda a: *Ninguém* **acudiu** *o menino que se afogava. O menino se afogou porque ninguém o* **acudiu**. É transitivo indireto na acepção de auxiliar ou ajudar, geralmente em circunstância difícil: *Nas provas, os professores não podem nem devem* **acudir a** *os alunos que estejam com dúvidas. Quando precisava de dinheiro, quem* **lhe acudia** *era o tio. Ela não sabia fazer a conta, e o namorado* **lhe acudiu**. *Quem foi* **acudir a** *o motorista atolado fui eu.*

acúleo ≠ espinho

Convém não confundir. **Acúleo** é protuberância vegetal aguda e facilmente destacável do caule, porque nasce da sua epiderme. *As roseiras têm* acúleos. **Espinho** é protuberância vegetal dura e aguda que nasce do lenho, intimamente ligada ao caule de certas árvores. *Os limoeiros, as cidreiras e certas laranjeiras têm* espinhos. Em sentido figurado só se emprega *espinho*. E a vida está cheia deles...

acumular ≠ cumular

Embora possamos usar um pelo outro, no português contemporâneo já se vai firmando alguma diferença de emprego entre estes dois verbos. **Acumular** se usa mormente por reunir em grande quantidade (*acumular grande fortuna*) ou por exercer ao mesmo tempo, ser beneficiado simultaneamente por (*acumular os cargos de diretor e professor; acumular aposentadorias*). **Cumular** tem sido reservado para o significado de dotar, prover, cercar, prodigalizar: *O chefe sempre a cumulou de gentilezas. Ela só se sente segura quando a cumulam de atenções.*

acurado ≠ apurado

Convém não confundir. **Acurado** é cuidadoso, rigoroso: *Farei um estudo* **acurado** *do assunto. A polícia procedeu a um* **acurado** *exame no local do crime. Após* **acuradas** *diligências, chegou-se ao autor do crime.* **Apurado** é fino, aguçado (*ter ouvido* **apurado**) ou refinado, seleto (*ter gosto* **apurado**).

"a" curto prazo

Prefere-se o emprego da preposição **em** nesta expressão (**em** *curto prazo*): *empréstimo* **em** *curto prazo;* **no** *curto prazo, teremos problemas com as exportações.*

acusação

Rege *a* ou *contra*: *Todas as acusações* **a** (ou **contra**) *mim são falsas e levianas. O homem, então, desfechou grave acusação* **à** (ou **contra a**) *ex-mulher.* Às vezes pede ainda *sobre*: *Chovem acusações* **a** *o* (ou **contra o**) *correio* **sobre** *extravios de cartas e encomendas.*

acusar

Quando pede predicativo, este pode vir regido de *como, de* ou *por*. *Acusam o rapaz* **como** (ou **de**, ou **por**) *estuprador. Querem acusá-lo* **como** (ou **de**, ou **por**) *mandante do crime.*

à custa de
E não *"às custas de"*: *Formou-se **à custa de** muito sacrifício. Ele vive **à custa d**a mulher.* V. **a expensas de**.

adágio ≠ aforismo ≠ máxima
Convém não confundir. **Adágio** é frase popular, curta e anônima, na qual se dá um conselho fundado na experiência; é o mesmo que *ditado, provérbio* e *rifão*. Ex.: *Nem tudo o que reluz é ouro. Quem tudo quer tudo perde.* **Aforismo** é frase breve, muitas vezes sem verbo, que encerra uma verdade geral ou uma observação sutil. Ex.: *Cada macaco no seu galho. Casa de ferreiro, espeto de pau. Cada cabeça, cada sentença.* **Máxima** é mensagem breve e sábia de autor quase sempre conhecido; é o mesmo que *pensamento*. Ex.: *"De três coisas precisam os homens: prudência no ânimo, silêncio na língua e vergonha na cara."* (Sócrates)

Adão
Adj. corresp.: *adâmico*. Portanto, *tempos de Adão = tempos adâmicos*.

adaptar
Tem o **p** debilmente pronunciado durante toda a conjugação, principalmente nas formas rizotônicas (as que têm a tonicidade no radical), em que a vogal que o antecede é tônica: *adapto, adaptas, adapta, adaptamos, adaptais, adaptam* (pres. do ind.); *adapte, adaptes, adapte, adaptemos, adapteis, adaptem* (pres. do subj.). O povo, no entanto, costuma dizer "adapito", "adapita", "adapite", "adapitem", etc.

ademais / demais / ao demais / de mais a mais
Todas existem e se equivalem; significam além disso, além do quê, além do mais: ***Ademais*** (ou qualquer das outras), *quem descobriu o erro fui eu; por isso, tenho o direito de opinar.* ***Demais*** (ou qualquer das outras), *quem está envolvido nisso não somos nós; portanto, não há por que nos preocuparmos.* A última expressão é mais enfática que as outras.

adentrar
Entrar em. Ex.: *Os jogadores já **adentraram** o gramado. Os ladrões **adentraram** a casa na calada da noite. Só mesmo pessoas muito corajosas conseguem **adentrar** essa mata, à noite.* Muitos usam "adentrar em", confundindo com o sinônimo.

adentro / dentro
Usa-se indiferentemente: *Os ladrões irromperam porta **adentro** (ou porta **dentro**). Foi entrando mar **adentro** (ou mar **dentro**); quando percebeu, já estava em ponto que não dava pé e quase se afogou.* No princípio era apenas *dentro*, que ganhou um *a* protético por analogia com *acima* e *abaixo*.

adepto ≠ partidário
Convém não confundir. **Adepto** é o que já assimilou completamente os princípios ou dogmas de uma seita, partido, etc.; é um apaixonado da sua religião, seita, partido, corrente de opinião, moda, etc. Estão aí os *adeptos* do PT e da Igreja Universal do Reino de Deus. **Partidário** é apenas o simpatizante de uma corrente de opinião, causa política, religiosa, etc. A noção de *adepto* é bem mais forte que a de *partidário*, porque aquele é um conhecedor profundo da tese que abraçou, por isso também a professa; o *partidário* tem apenas uma queda por ela. Você é *partidário* da pena de morte?

adequado
Rege *a* na acepção de apropriado, conveniente, mas *com*, na de compatível: *Muitos acham que o parlamentarismo é o sistema político adequado **a**o povo brasileiro. Deve ser tomada uma medida adequada **a** cada caso. A pena deve ser adequada **com** o tipo de crime. O médico deve prescrever medicação adequada **com** a gravidade da doença. Use sempre uma linguagem adequada **com** a do seu interlocutor!*

adequar
Só tem as formas arrizotônicas (as que têm acento fora do radical). Portanto, no pres. do ind. só existem *adequamos* e *adequais*. O presente do subjuntivo não existe. O povo, no entanto, usa "adequo", "adequa", "adequam", "adeque", "adeqüem", etc., em frases assim: *"Adeqüe" seu padrão de vida a seu salário!* As formas inexistentes deste verbo devem ser supridas com equivalentes de verbos sinônimos, como *amoldar, adaptar, ajustar, acomodar*, etc.

aderência / aderente
Regem *a* (preferível) ou *com*: *É um pneu cuja aderência **a**o (ou **com** o) solo confere ao veículo grande segurança. A aderência de alimento cozido **a**o (ou **com** o) fundo, numa panela de téflon, é menor que a aderência **a** uma (ou **com** uma) panela comum. Um pneu aderente **a**o (ou **com** o) solo dá mais confiança ao motorista. Alimento aderente **a**o (ou **com** o) fundo de uma panela de téflon não deve ser removido com o uso de objetos metálicos.*

a desoras
Fora de horas; altas horas da noite: *Voltar para casa **a desoras**. Telefonar a alguém **a desoras**. Sair de casa **a desoras**.*

a despeito de / em despeito de
As duas expressões existem e se equivalem: *Sua proposta, a (ou em) despeito de ser excelente, não nos interessa.*

adestrar ≠ ensinar ≠ instruir
Convém não confundir. **Adestrar** é treinar ou exercitar pessoas e animais: ***adestrar*** *um policial, um cão.* **Ensinar** é transmitir conhecimentos a uma pessoa por meio de lições, para o aperfeiçoamento do espírito: ***ensinar*** *crianças e adultos.* **Instruir** é preparar alguém por um método sistemático, a fim de deixar pronto para agir, para servir à sociedade. Um professor deve não só *ensinar*, como também *instruir* seus alunos. Podemos *adestrar* pessoas e animais, porque o adestramento pressupõe apenas habilidade mecânica, e não envolve o espírito, como o ensino e a instrução.

adeus

Pode ser substantivo e interjeição (*adeus!*), que no Brasil se usa nas despedidas; em Portugal, porém, é muito empregada como saudação. Pl. (do subst.): *adeuses*. Forma-se de *a* (prep.) + *Deus*, de frases como *entrego-te a Deus* ou *recomendo-te a Deus*, usadas antigamente nas despedidas.

adiantar

Este é um verbo que facilmente leva a erro de concordância, quando seu sujeito é um infinitivo. Assim, é comum encontrarmos frases como esta: *Os brasileiros venceram por qualidades que não "adiantam" discutir*, em que seu autor está certo de que o sujeito de *adiantar* é *qualidades* (representado pelo pronome relativo *que*). Não é. O sujeito de *adiantar* é, na verdade, o infinitivo (*discutir*): afinal, o que é que não adianta? É *discutir*; portanto, o verbo deve ficar no singular. Este verbo é intransitivo ou pronominal, na acepção de andar (relógio ou outro maquinismo) mais rápido que o normal: *Relógio bom não **adianta** (ou **se adianta**) nem atrasa. Meu relógio **adiantou** (ou **se adiantou**) dois minutos de ontem para hoje*. V. **atrasar**.

adiantar nada / de nada adiantar

São expressões equivalentes: *Reclamar não **adianta nada***. Ou: ***De nada adianta** reclamar*.

adiar ≠ procrastinar ≠ protelar

Convém não confundir. **Adiar** é transferir para outro dia: ***adiar** uma reunião, **adiar** uma audiência, **adiar** um jogo de futebol*. **Procrastinar** é adiar continuamente. Quantos noivos não há que vivem *procrastinando* o casamento? Quantos executivos não existem, ainda, que vivem *procrastinando* sua viagem de férias? **Protelar** é retardar propositadamente, para contrariar, desgastar ou criar embaraço. Há pessoas que vivem *protelando* o pagamento de suas dívidas; há noivos que *protelam* o casamento só para irritar os futuros sogros.

adição

A exemplo de *acréscimo*, rege **a**: *O que é fluoração? É a **adição** do flúor **à** água de consumo. Os anos bissextos são aqueles em que se dá a **adição** de um dia **ao** mês de fevereiro. A despesa veio em adição **às** outras, já vultosas e impossíveis de pagar*. V. **acrescentar, acréscimo** e **adicionar**.

adição ≠ soma ≠ total

Convém não confundir. **Adição** é a operação de somar, cujo símbolo é +. **Soma** é o resultado de uma adição. Assim, na *adição* $2 + 2 = 4$, a ***soma*** é 4. **Total** é o número obtido com a *adição* de duas ou mais *somas*. Assim, se $2 + 2 = 4$ e $6 + 3 = 9$, o ***total*** das *somas* é 13.

adicionar

Rege *a*: *adicionar vitamina **ao** leite, adicionar flúor **à** água, adicionar um dia **ao** mês de fevereiro*. Muitos usam a preposição "em". V. **acrescentar, acréscimo** e **adição**.

adido

No mundo diplomático, *adido* é o funcionário auxiliar de uma embaixada, sem pertencer ao quadro diplomático nem estar subordinado a chefes, que trabalha numa repartição em tarefas bem-definidas ou específicas. Rege a preposição **a**, embora alguns jornalistas usem "de": *O adido cultural **à** embaixada brasileira explicou que tudo não passou de um mal-entendido. Suaçuna era um adido **a**o consulado. Conversei com o adido **a** imprensa da embaixada*. (Note que esse *a* que antecede a palavra *imprensa* é mera preposição, por isso não traz o acento grave, indicador da crase, já que ali ela não ocorre; tanto não ocorre que os jornalistas costumam usar "de" em seu lugar.) Fem.: *adida*.

à direita

É invariável: *virar **à direita**, dobrar **à direita***. Alguns, no entanto, preferem virar "às" direita e dobrar "às" direita.

a distância

Sem acento grave no **a**, quando a distância for indeterminada ou desconhecida: *Os guardas observavam a manifestação popular **a distância**. Ponha-se **a distância**! Quero ver essa gente **a distância***. Mesmo quando existem adjetivos, não se usa o acento: *Ponha-se **a** grande distância! Quero ver essa gente a boa distância. Acompanhei o espetáculo **a** razoável distância*. Quando a distância for determinada ou conhecida, o acento no **a** será de rigor: *Os guardas observavam a manifestação popular **à** distância de cem metros*. Grandes escritores vacilaram aqui.

adivinhar

Cuidado no escrever esta palavra e todas da mesma família: com -*i*- depois do -*d*-: *adivinha, adivinhação*, etc.

adjacente

Rege *a*: *As cadeiras adjacentes **a** minha estavam reservadas a autoridades. Todas as ruas adjacentes **a** nossa estão com o tráfego interrompido*.

adjetivo gentílico = adjetivo pátrio?

Não. Os *gentílicos* são nomes que se referem a raças e povos. Assim, latino, germânico, vândalo, israelita, semita e visigodos, por exemplo, são *adjetivos gentílicos*. Os *pátrios* são nomes que se referem a lugar. Portanto, israelense, romano, alemão, turco e brasileiro, por exemplo, são *adjetivos pátrios*.

adjutório / ajutório

As duas são corretas, mas a primeira é preferível.

admiração

Rege *a* ou *por*: *Tenho grande admiração **a** (ou **por**) tudo o que vem do Japão. Sinto muita admiração **a** (ou **por**) essa gente*. Pode, ainda, reger *ante* ou *perante*: *As crianças enchiam-se de admiração **ante** (ou **perante**) os brinquedos do parque de diversões*.

admirado
Rege *de*: *Estou muito admirado **de** tudo o que eu vi. Os turistas ficaram admirados **d**a beleza e **d**o charme da mulher brasileira.* A regência "admirado com" deve ser desprezada. Na voz passiva, admite *de* ou *por*: *O Brasil é um país admirado **de** (ou **por**) muitos povos.*

admirar
Por ser verbo transitivo direto, usa-se assim: *ela **o** admira, eu **a** admiro, ela **os** admira, eu **as** admiro.* No Nordeste, todavia, é comum as pessoas substituírem o pronome *o* (e variações) por *lhe* (e variação). E então dizem: *Eu "lhe" admiro muito, viu, seu cabra-da-peste, eu "lhe" admiro muito.* (E ainda repetem...) Este verbo pode aparecer com sujeito oracional; neste caso só tem uso no singular e pode ser ou intransitivo ou transitivo indireto: *Não admira que ele tenha mudado tanto. Não lhe admira que agora ele só vista Armani? Muito me admira que esse avaro tenha dado uma esmola.*

admissão
Rege *a* ou *em*: *Minha admissão **à** (ou **n**a) empresa foi feita mediante concurso. Sua admissão **a**o (ou **n**o) Ministério se deu já no final do governo. Fiz meu exame de admissão **a**o (ou **n**o) ginásio com 11 anos de idade.*

admitir
Quando ocorre predicativo, este aceita *como* ou *por*: *Não admito esse homem **como** (ou **por**) meu superior.*

admoestar ≠ advertir
Convém não confundir. **Admoestar** é chamar à atenção gentilmente, mas com alguma seriedade; é repreender com moderação, brandamente: *O chefe **admoestou** a nova secretária logo no primeiro dia de trabalho. O guarda se limitou a **admoestar** o motorista imprudente.* **Advertir** é repreender com autoridade e geralmente de modo formal: *O professor o **advertiu** pelo seu mau comportamento.* Naturalmente, o presidente não iria *advertir* o ministro em público.

a domicílio
Sempre sem acento grave no **a**. Esta locução é equivalente de *a casa* e só se emprega, na norma culta, com verbos e nomes dinâmicos: *ir **a** domicílio* (= ir a casa), *levar **a** domicílio* (= levar a casa), *ida **a** domicílio* (= ida a casa), *chegada **a** domicílio* (= chegada a casa), etc. V. **em domicílio**.

"a" Dona
Não se usa o artigo antes desta palavra. Portanto: *Eu não vi Dona Maria hoje. Eu não conheço Dona Marta.* V. **Dona**.

adoração
Rege *a* ou *por*: *Os pais têm verdadeira adoração **a** (ou **por**) essa filha. Sempre tive adoração **a** (ou **por**) três coisas: mulher, música e carros. Os brasileiros de bom-gosto têm adoração **à** (ou **pel**a) bossa nova.*

adorado
Na voz passiva ou não, aceita *de* ou *por*: *É um presidente adorado **de** (ou **por**) todos os brasileiros. Os palhaços são adorados **d**as (ou **pel**as) crianças.*

adormecer ≠ dormir
Convém não confundir. **Adormecer** é pegar no sono. Quem está exausto pode encostar-se a um canto e *adormecer* com a maior facilidade. Quem passou pelos terminais rodoviários do país sabe muito bem o que é *adormecer*. **Dormir** é pegar no sono para a ele se entregar e nele se conservar, é entregar-se inteiramente ao sono, o que implica horas. Os especialistas aconselham que todos *durmamos* oito horas por dia. Os bebês costumam *dormir* quase vinte horas por dia. Um guarda-noturno pode até *adormecer*, que isso não é nenhum pecado, mas se *dormir* já não pode ser chamado guarda-noturno.

adornado
Rege *com* ou *de*: *As ruas estavam adornadas **com** (ou **de**) bandeirolas e faixas de boas-vindas ao ilustre visitante. Ela trajava um vestido adornado **com** (ou **de**) fitas coloridas.*

adorno
Tanto o singular quanto o plural têm **o** tônico fechado.

adotado
Rege *em* ou *para*: *A melhor solução adotada **n**esse (ou **para** esse) caso foi a nossa. Qual foi a gramática adotada **em** (ou **para**) sua escola?* Quando exerce a função predicativa, admite *como* ou *por*: *Por vários anos tive aquele homem adotado **como** (ou **por**) meu sogro, por amor a sua filha.*

adrede
Significa de propósito, propositadamente, acintosamente, intencionalmente: *A vítima, **adrede** atropelada, foi imediatamente socorrida por populares.* Ou antecipadamente, previamente: *Um testemunho **adrede** combinado.* Pronuncia-se *adrêde*, mas só se ouve "adréde". Como já se trata de forma adverbial, não se admite "adredemente", embora haja quem use: *Isso foi "adredemente" preparado.* (E ainda com esta pronúncia: "adrèdemente"!) Um dicionário recém-publicado traz a maravilha: "adredemente". V. **chave, chefe** e **sobressair**.

adubado
Rege *com*, *de* ou *por*: *As terras estão adubadas **com** (ou **de**, ou **por**) bom fertilizante e, certamente, produzirão boa safra.*

adulado
Rege *de* ou *por*: *Criança muito adulada **d**os (ou **pel**os) pais é um risco para o futuro dela e também deles.*

adular ≠ lisonjear
Convém não confundir. **Adular** é louvar exagerada, vil e servilmente, com intenção de agradar para tirar alguma vantagem, é agradar interesseiramente. Na adulação

há sempre amabilidades fingidas, nunca justas. **Lisonjear** é dirigir todo tipo de coisas agradáveis a alguém, com o fim precípuo de lhe ganhar o afeto, a simpatia, podendo ser justas ou fingidas. O adulador elogia tudo e todos, chegando até a sacrificar sua própria opinião sem o menor constrangimento. O que importa é agradar à pessoa que lhe interessa. O lisonjeiro é mais fino, mais inteligente, muito mais perigoso que o adulador. Por isso, o homem prudente deve desprezar a adulação, mas temer a lisonja. Além desses, existe outro tipo de traste: o *bajulador*. Este é o que adula com baixeza, não se importando de humilhar-se para conseguir agradar ao bajulado. É o que o povo chama com propriedade *puxa-saco*.

adversário ≠ inimigo

Convém não confundir. **Adversário** é o que está em disputa contra outra pessoa, é o oponente; podem ser até muito amigos e até irmãos fraternais, como o caso das irmãs norte-americanas, campeãs de tênis. Pronuncia-se *àdversário*, embora muitos digam "adìversário". **Inimigo** é aquele que odeia a outro, procurando sempre lhe fazer mal, destruí-lo, se possível, como acontece principalmente nas guerras.

advertência

Rege *a* ou *contra*: *O governo fez séria advertência à* (ou ***contra** a*) *embaixada da França. A sua advertência às* (ou ***contra** as*) *manifestações populares pouco resultado prático apresentou*. Na acepção de aviso, rege *acerca de, a respeito de* ou *sobre*: *Há em cada elevador uma advertência **acerca d**o* (ou ***a respeito d**o*, ou ***sobre** o*) *peso máximo a ser transportado por viagem*. Pode reger *a ... contra* (ou *de*, ou *para*, ou *sobre*): *Já houve advertência **a**os motoristas **contra** a* (ou ***d**a*, ou ***para** a*, ou ***sobre** a*) *adulteração dos combustíveis nesses postos*.

advertido

Rege *contra, de* ou *sobre*: *Advertido **contra** os* (ou ***d**os* ou ***sobre** os*) *perigos da cidade grande, desistiu de se mudar. Advertida **contra*** (ou ***d**a*, ou ***sobre** a*) *aproximação do furacão, a população começou a estocar água e alimentos*.

advertir

Quem adverte, adverte alguém de alguma coisa: *Os guardas rodoviários estão advertindo os motoristas da forte neblina na serra. Adverti-o de que não tinha razão*. Note: em nenhum dos casos, se usa a preposição "para", nem a preposição "contra", preposição esta que bem se usa com o verbo alertar: *Os Estados Unidos alertaram Israel contra prováveis atentados suicidas*. Podemos construir, indiferentemente: *Os guardas rodoviários advertem os motoristas **d**a forte neblina na serra* ou *Os guardas rodoviários advertem **a**os motoristas que há forte neblina na serra*. Ou seja, na acepção de comunicar em advertência, prevenir, lembrar, podemos advertir alguém de alguma coisa ou advertir alguma coisa a alguém.

advogado

Adj. corresp.: *advocatício*. Portanto, *honorários de advogado = honorários advocatícios*.

a e i o u

Pronuncia-se **a é i ó u**: as vogais **e** e **o**, quando pronunciadas isoladamente, soam abertas: TV **E**, vitamina **E**, Mercedes-Benz série **E**; grupo **O** da Copa do Mundo; turma **O** da escola.

à eletricidade

Preferível com acento: *rádio **à eletricidade***.

à entrada

Em Portugal se usa **à entrada**; no Brasil, prefere-se **na entrada**. Na norma culta ainda se dá preferência à construção legitimamente portuguesa: *Ela me encantou logo **à entrada**. Havia um aviso logo **à entrada** da casa: Cão bravo*.

à época / na época

Ambas as expressões se equivalem: ***À*** (ou ***Na***) ***época** eu tinha 15 anos. Aumentam as vendas no comércio **à*** (ou ***na***) ***época** do Natal*.

aero-

Não exige hífen: *aerobalística, aerobarco, aeroclube, aerodinâmico, aeródromo, aeroespacial, aerofotogrametria, aerólito, aeromoça, aeromodelismo, aeronáutica, aeronave, aeroporto, aerossondagem, aerotransporte, aerovia, aeroviário*, etc. O **e** sempre soa aberto: *aéro*. Note a grafia de *aeroclube*. Há muitos clubes que se intitulam "Aero Clube".

aerólito

Note: é palavra proparoxítona, mas muitos dizem "aerolíto", por influência justamente da prosódia do sinônimo, *meteorito*.

aerossol

Apesar de ser assim, muitos preferem comprar "aerosól" e, naturalmente, pronunciam "aèrozól". Pl.: *aerossóis*. V. **aero-**.

aerostato / aeróstato

Todo e qualquer aparelho aéreo cuja sustentação é assegurada por um gás mais leve que o ar. São principalmente os balões e os dirigíveis. Ambas as prosódias existem. A pessoa que dirige um aeróstato se diz *aeróstata* ou *aeronauta*.

à esquerda

É invariável: *virar **à esquerda**, dobrar **à esquerda***.

à esquina

Em Portugal se usa **à esquina**: *Esperar alguém **à esquina**. O acidente aconteceu ali **à esquina**. O carro estava estacionado **à esquina***. No Brasil, prefere-se **na esquina**. Na norma culta prefere-se a construção legitimamente portuguesa.

"aético"

Está sendo usada, mas é malformada. Quando se criam palavras, convém ao menos saber criá-las, à luz de algum conhecimento ou mesmo de alguma coerência lingüística. Em nossa língua, palavras iniciadas por consoante recebem o prefixo *a-*, quando se deseja a negação. Veja: *acéfalo, agnóstico, amoral, apartidário, apolítico, ateu, atípico*, etc. Palavras iniciadas por *vogal* ou por *h*, porém, recebem o prefixo *an-*. Veja: *analfabeto, analgésico, anarquia, anelétrico, anemia, anestesia, anidro, anônimo*. Como se vê, em ambos os casos a norma vale tanto para as palavras portuguesas quanto para as gregas. Ninguém ainda ousou empregar *"aarquia", "aemia", "aalgésico", "aônimo", "aalfabeto"*. Por quê? Ora, porque seria interessante ver um analfabeto dizer a outro: *Coloque-se no seu devido lugar, seu "aalfabeto"!* Destarte, se temos a palavra *ético* (iniciada por vogal), toda a coerência deste mundo nos leva a ajuntar *an-*: *anético*. Alguns seres humanos, todavia, caracterizam-se pela total falta de coerência. Daí...

à exceção de / com exceção de

As duas locuções são boas e se equivalem: *Todos ali são bandidos, **à** (ou **com**) **exceção de** um ou outro. **À** (ou **Com**) **exceção de** Matemática, nas demais disciplinas ela só conseguia nota máxima. Todo o mundo elogiou a festa, **à** (ou **com**) **exceção** dela.*

a expensas de

Sempre sem acento: *Ele vive **a expensas d**a mulher. Viajou **a expensas d**a firma. Concluiu o curso **a expensas d**a namorada.* V. **à custa de**. Não existe a locução "às expensas de", assim como não existe "às custas de", mas ela consta em certo dicionário. Nele, porém, normal.

afabilidade

Rege *com* ou *para com*: *O senador baiano não demonstra nenhuma afabilidade **com** (ou **para com**) seus adversários.* V. **afável**.

à faca

Preferível com acento: *matar alguém **à faca**.*

a facadas

Sem acento, já que antes de palavras no plural não se usa o acento grave, indicador da crase: *morto **a** facadas; morto **a** pauladas; morto **a** cacetadas; morto **a** porretadas.*

à falta de / na falta de

As duas expressões existem e se equivalem: *À (ou Na) **falta de** cães, caça-se com gatos. À (ou Na) **falta de** bons professores, faz-se o quê? À (ou Na) **falta de** dinheiro vivo, negociávamos com cheques.*

à fantasia

Preferível com acento: *baile **à fantasia**.*

afastar "para trás"

Visível redundância: em *afastar* já existe a idéia de *para trás*. Certa feita, ouviu-se de alguém preocupado: *"Afaste para trás", senão o carro da frente não sai!* Mais preocupado ficou a pessoa que estava ali, ao lado...

afável

Amável, cortês ou delicado no trato com outrem. Rege *com* ou *para com*: *O senador baiano não é nada afável **com** (ou **para com**) seus adversários.* V. **afabilidade**.

a favor de / em favor de

As duas expressões existem e se equivalem: *O povo estava **a favor d**as (ou **em favor d**as) reformas. Falei **a favor d**o (ou **em favor d**o) candidato do governo. A população é francamente **a favor d**a (ou **em favor d**a) pena de morte.*

afear ≠ enfear

Convém não confundir. **Afear** é tornar feio: *O excesso de maquiagem afeia o rosto.* **Enfear** é tornar feio com algum propósito ou má intenção: *Ela usou um quilo de maquiagem só para enfear o rosto e parecer desinteressante aos rapazes.* Ambos os verbos ganham um i nas formas arrizotônicas (as que têm o acento no radical): *afeio/enfeio, afeias/enfeias, afeia/enfeia, afeamos/enfeamos, afeais/enfeais, afeiam/enfeiam* (pres. do ind.); *afeie/enfeie, afeies/enfeies, afeie/enfeie, afeemos/enfeemos, afeeis/enfeeis, afeiem/enfeiem* (pres. do subj.).

afeição

Na acepção de ligação afetiva, apego sincero, rege *a* ou *por*: *Os alunos tomaram afeição **à** (ou **pel**a) professora. Que me lembre, nunca na vida tomei afeição a (ou **por**) gato, mas sempre tive muita afeição a (ou **por**) cachorro. Sentir afeição **a**os (ou **para com** os) filhos.* Na acepção de inclinação, queda, rege *por*: *ter afeição **pel**a música, **pel**os esportes radicais.* Na acepção de ligação, elo, conexão, relação, rege *entre*: *Os radicais de esquerda negam veementemente a afeição **entre** seu regime dos sonhos e a liberdade.*

afeição ≠ afeto

Convém não confundir. A única diferença entre estes dois termos não está no significado, mas na aplicação: **afeição** se aplica a pessoas, animais e coisas, enquanto **afeto** só se usa para pessoas. Assim, manifestamos *afeição* a nossos amigos, à leitura, ao nosso cão, mas muito *afeto* a nossos filhos, a nossos pais e também a nossos vizinhos, por que não?...

afeiçoar-se

Rege *a* ou *de*: *O rapaz se afeiçoou **à** (ou **d**a) professora. O ganso se afeiçoou **a**o (ou **d**o) velho e o acompanhava por todos os lugares.*

afeito ≠ afoito

Convém não confundir. **Afeito** é acostumado, habituado: *estar **afeito** à nova vida; já estar **afeito** aos rigores do inverno canadense; um povo **afeito** ao trabalho.* **Afoito** é afobado, ansioso, precipitado: *Na lua-de-mel, nenhum dos dois deve ser afoito, principalmente o varão.*

afeminar / efeminar

São formas equivalentes. Também equivalentes são suas derivadas: *afeminação, efeminação; afeminado, efeminado.*

aferir ≠ auferir

Convém não confundir. **Aferir** é conferir (pesos, medidas, etc.) de acordo com o estabelecido (*aferir balanças, latas de óleo, taxímetros, etc.*); **auferir** é obter, colher (*auferir lucros, vantagens, benefícios, etc.*). Conj.: seguem *ferir*.

aferrado

Rege *a* (apegado) e *em* (preso): *Homem aferrado às tradições. Gente aferrada a muitos preconceitos. O cão tinha os dentes aferrados na perna do carteiro.*

aferro

Rege *a* antes de nome e *em* antes de verbo: *Não posso compreender esse teu aferro às tradições. Não posso compreender esse teu aferro em seguir essas tradições.*

afeto

Rege *a*, *com*, *para com* ou *por* (ligação afetiva, sentimento sincero de apego) e *a* (afeiçoado, simpatizante; inclinado, dedicado; relativo, pertinente; subordinado a, da alçada ou competência de): *Tenho grande afeto a* (ou *com*, ou *para com*, ou *por*) *essa gente. Seu afeto à* (ou **com** *a*, ou **para com** *a*, ou **pela**) *família era de todos conhecido. A menina cresceu com muito afeto à* (ou **com** *a*, ou **para com** *a*, ou **pela**) *madrasta. O francês não é nada afeto aos costumes ingleses, e vice-versa. Compositor afeto à música clássica. Verba afeta à Educação. A questão afeta a esse rapaz ainda não teve solução. É uma questão afeta à presidência.*

afetuoso

Rege *com* ou *para com*: *pai afetuoso com* (ou **para com**) *os filhos.*

afiar ≠ aguçar ≠ amolar

Convém não confundir. **Afiar** é dar fio a alguma coisa, é preparar-lhe o corte, afinando: *afiar facas, navalhas, tesouras, etc.* **Aguçar** é tornar agudo ou pontiagudo: *aguçar um lápis, um espeto, etc.* **Amolar** é tornar fino (gume) por fricção em pedra ou em rebolo: *amolar facas, navalhas, tesouras, etc.* Destarte, podemos *afiar* uma faca sem *amolá*-la, mas sempre que a *amolamos* a estamos *afiando*.

aficionado

Rege *a* (de preferência) ou *de*: *Ser torcedor aficionado ao* (ou **do**) *Palmeiras. Os aficionados ao* (ou **do**) *automobilismo.* Há os que usam "aficionado por" e, ainda mais grave, os que só empregam "afeccionado". Até um dicionário recém-publicado a emprega em pelo menos um de seus verbetes (v. *micreiro*). Mas essa forma não existe. Nem mesmo no espanhol, sua língua de origem, ela existe. Mas nesse dicionário, ela tem guarida. Aliás, outros grandes equívocos encontraram seu nicho na mesma obra.

afilhado ≠ afiliado

Convém não confundir. **Afilhado** é homem, tanto em relação a seus padrinhos quanto em relação a seu protetor. **Afiliado** é adjetivo: que se afiliou (*emissora afiliada*), que é sócio ou membro (*ser afiliado ao PT*). Possui a variante *filiado*.

afiliado ≠ associado

Convém não confundir. Diz-se que uma emissora é **afiliada** quando a emissora principal não tem nela nenhuma participação acionária. Diz-se que uma emissora é **associada**, quando a emissora principal tem nela alguma participação acionária.

afim ≠ a fim de

Convém não confundir. **Afim** é que tem afinidade, semelhança ou parentesco: *Esses funcionários desempenham funções afins. São indivíduos de famílias afins. O espanhol e o romeno são línguas afins com o* (ou *do*) *português. Quais são as ciências afins com a* (ou *da*) *química? O p e o t são consoantes afins na articulação.* **A fim de** equivale a *para*: *Fui lá a fim de ajudar, e não de atrapalhar. Saímos a fim de nos divertir.* Os jovens usam *afim* por disposto (a qualquer coisa): *Vou ao cinema, Najibe. Estás "afim"?* e a inexistente locução "afim de" por interessado: *Você está "afim de" me namorar? Jeni está muito "afim de" você, Hersílio.* Se o uso for em três palavras, o erro é menor: *Vocês estão a fim de se corrigir?*

afinal ≠ enfim

Convém não confundir. **Afinal** indica vitória, depois de vencidos todos os obstáculos; equivale a *finalmente*: *Depois de tanto lutar, conseguiu, afinal, formar todos os filhos.* É também muito usada por *afinal de contas*: *Afinal, você casa ou não casa?, perguntou-lhe o pai da moça.* **Enfim** indica alívio, conforto por algo que demorava a findar ou por algo ansiosamente desejado; equivale à expressão *até que enfim*: *Enfim, o presidente acabou tomando medidas contra a violência.* Depois da festa de casamento, costuma dizer o noivo à noiva: *Enfim, sós.* Só um pouco mais tarde poderá dizer: *Afinal, consegui...*

afinado

Rege *com* ou *por*: *As declarações do vice têm de ser afinadas com as* (ou **pel**as) *do presidente. Não ouvi de vocês nenhuma idéia afinada com a* (ou **pel**a) *minha.*

afinidade

Rege *com* ou *entre*: *Há muita afinidade do presidente com o povo. Há muita afinidade entre o presidente e o povo.*

afixar / afixado

Regem *a* (preferível) ou *em*: *afixar cartazes aos* (ou *nos*) *muros, aos* (ou *nos*) *postes, às* (ou *nas*) *árvores, às* (ou *nas*) *paredes. Havia muitos cartazes afixados aos* (ou **n**os) *muros.*

aflição

Rege *ante*, *diante de* ou *perante*, *com* ou *por* e *para* ou *por* (verbo): *A aflição do homem ante a* (ou **diante d**a, ou **perante** a) *morte é suavizada com a possibilidade de vida eterna. Sua aflição com o* (ou **pel**o) *estado de saúde do filho era compreensível. Por que tanta aflição para* (ou *por*) *chegar logo?!*

afligir

Tem dois particípios: *afligido* (regular) e *aflito* (irregular); o primeiro se usa com *ter, haver, ser* e *estar*; o segundo, com *ser* e *estar*. *A expectativa de guerra* **tem afligido** *a população. A população* **está aflita** *com a expectativa de guerra.* Portanto, não se usa "tem aflito".

aflito

Rege *ante, diante de* ou *perante, com* ou *por*: *Por que o homem se sente tão aflito* **ante** *a* (ou **diante d***a*, ou **perante**) *a morte? Ela está aflita* **com** *a* (ou **pel***a*) *chegada de seu primeiro neto. A população está aflita* **com** *o* (ou **pel***o*) *aumento da violência nas grandes cidades.*

afluir / afluxo

Regem *a* ou *para*: *Os grandes rios afluem* **a***o* (ou **para** *o*) *mar. Levas de torcedores afluem neste instante* **a***o* (ou **para** *o*) *Maracanã. É intenso neste instante o afluxo de veículos* **a***o* (ou **para** *o*) *estádio. É sempre bem-vindo o afluxo de capitais* **a***o* (ou **para** *o*) *Brasil.* Conj. de *afluir*: segue *atribuir*.

a folhas / na folha / às folhas

Usa-se indiferentemente: *a folhas 18, na folha 18* ou *às folhas 18*. Se a folha for a primeira, naturalmente, só se empregam as duas últimas: *na folha 1, à folha 1*. O numeral fica invariável: *a folhas vinte e* **um**, *na folha vinte e* **um**, *às folhas vinte e* **um**; *a folhas trinta e* **dois**, *na folha trinta e* **dois**, *às folhas trinta e* **dois**. Se a folha for a primeira: *na folha um, à folha um*. Embora também possa ser abreviada com *f.*, a palavra *folha* aparece geralmente com a abreviatura *fl.*, de pl. *fls.*

à fome

V. **matar a fome** ≠ **matar à fome**.

afônico ≠ rouco

Convém não confundir. Fica **afônico** aquele que perdeu a fala, por alguma anomalia temporária ou permanente do aparelho fonador. Uma forte gripe nos pode deixar *afônicos*. Fica **rouco** o que, em razão de uma infecção nas cordas vocais, tem a voz grossa, cavernosa e abafada. O indivíduo *rouco* ainda consegue se comunicar pela fala; a pessoa *afônica* se vê completamente incapacitada disso.

afora / fora

Usam-se indiferentemente: *Vou viajar por este Brasil* **afora** (ou **fora**). *Todos colaboraram,* **afora** (ou **fora**) *você. Quantas vezes não quis sair-me por essa estrada* **fora** (ou **afora**), *desaparecer daqui!* No princípio era apenas *fora*, que ganhou um *a* protético por analogia com *acima* e *abaixo*.

aforismo

Apesar de ser assim, há quem goste de "aforismas". V. **cataclismo**.

África

Este nome faculta o uso do artigo, quando regido de preposição. Assim, podemos empregar, indiferentemente: *Morei* **em** *África* quanto *Morei* **na** *África*; *Estive* **em** *África* quanto *Estive* **na** *África*; *Vou* **a** *África* quanto *Vou* **à** *África*, e assim por diante. A primeira construção é própria do português de Portugal; no Brasil, corre apenas a segunda. Seu adjetivo contraído é *afro-*: *cultura afro-asiática*.

afronta / afrontoso

Regem *a* ou *para*: *Foi uma afronta* **à** (ou **para** a) *dignidade do povo tal declaração. Esse gesto é uma afronta* **a** (ou **para**) *nossa família. É uma declaração afrontosa* **a** (ou **para**) *todo o povo brasileiro. Trata-se de um procedimento afrontoso* **às** (ou **para** as) *leis do país.*

afrouxamento

Rege *de* ou *em*: *Com o afrouxamento* **d***a* (ou **n***a*) *disciplina, a escola se tornou comum, igual a todas as outras, ou seja, medíocre. Os ladrões se aproveitaram do afrouxamento* **d***a* (ou **n***a*) *vigilância policial para efetivar o roubo.*

afrouxar

Sempre com **ou** fechado: *afrouxo, afrouxas, afrouxa, afrouxamos, afrouxais, afrouxam* (pres. do ind.); *afrouxe, afrouxes, afrouxe, afrouxemos, afrouxeis, afrouxem* (pres. do subj.). Portanto, ninguém "afróxa" o nó da gravata.

afta bucal

Ao contrário do que muita gente pensa, não há redundância nesta combinação. As aftas, sem embargo de ocorrerem mais na mucosa bucal, também aparecem nas mucosas genitais. V. **prepúcio do pênis**.

afundar ≠ afundar-se

Convém não confundir. **Afundar** é ir ao fundo, imergir; **afundar-se** é ir a pique, naufragar, soçobrar. Alguns dicionários não registram tal diferença. Um mergulhador *afunda*, mas logo volta à tona; já o Titanic *se afundou*. Muito diferente é um submarino *afundar*, e outro *afundar-se*: para aquele se trata de operação rotineira; para este, nem tanto...

afunilar

É verbo pronominal (*afunilar-se*), e não intransitivo ("afunilar"), na acepção de estreitar-se ou de convergir: *A estrada* **se afunila** *naquele ponto. Os recursos acabaram* **se afunilando** *para os bancos maiores, depois da liquidação dessa casa bancária.*

Agamênon / Agamêmnon

Na mitologia grega, rei lendário de Micenas, irmão de Menelau e chefe supremo dos gregos, na Guerra de Tróia. As duas formas existem, mas a pronúncia é a mesma; há, todavia, quem diga "Agame**nom**".

ágape

É palavra masculina: *o ágape,* **um** *ágape,* mas muitos a tomam por feminina. *Ágape* é, hoje, banquete ou refeição de confraternização, realizada geralmente por motivos sociais ou políticos, mas pode também ser empregada para definir uma refeição entre amigos. Antigamente, porém, era a refeição fraternal que os primeiros cristãos tomavam em comum, depois proibida pela Igreja, por degenerar em orgia.

à garoa

No português lusitano se usa **à garoa**; no português brasileiro, prefere-se **na garoa**. Na norma culta ainda se dá preferência à construção legitimamente portuguesa: *As crianças ficaram à garoa e podem apanhar resfriado por causa disso.*

agarrado

Rege *a* ou *em* (grudado), *com* (ligado, afeiçoado) ou *por* (preso, seguro): *A menina ficou o tempo todo agarrada à* (ou **n**a) *saia da mãe. Nos momentos mais aflitivos, ela está sempre agarrada **com** Deus. O menino era muito agarrado **com** a mãe. O soldado trazia o ladrão agarrado **pel**o braço. O pai levou-o agarrado **pel**a orelha.*

agarração / agarramento

As duas formas existem e se equivalem. Regem *a* (ligação estreita ou apego; apego avarento) e *com* (namoro indecoroso): *Como se explica esse teu agarramento à madrasta? Por que tanto agarramento **a**o dinheiro, se nada vais levar, quando morreres? Quando viram aquela agarração do rapaz **com** a moça na varanda, os pais dela puseram-no para fora.*

agarrar

Na acepção de segurar-se, é pronominal e rege *a*: *agarrar-se **a**o poste, agarrar-se à saia da mãe, agarrar-se **a**o braço de alguém*. No português do Brasil, no entanto, esse verbo aparece sem o pronome e com a preposição *em*: *agarrar no poste, agarrar na saia da mãe, agarrar no braço de alguém.*

a gás

Sem acento grave no **a**: *carro **a** gás, fogão **a** gás.*

à gasolina

Preferível com acento: *carro **à** gasolina.*

agastado / agastamento

Regem *com* ou *contra*: *Depois daquele episódio, o professor ficou agastado **com** (ou **contra**) toda a classe. Ele vive agastado **com** (ou **contra**) os funcionários. Seu agastamento com (ou contra) os filhos é sempre passageiro.*

a gente

Usa-se de preferência apenas na língua falada, mas sempre com o verbo na terceira pessoa do singular: *a gente **vai**, a gente **quer**, a gente **sabe**, a gente **foi**,* etc. O povo é dado a usar: *a gente "vamos", a gente "queremos", a gente "sabemos", a gente "fomos"*, em razão da noção de coletividade desse nome. **A gente**, que (convém repetir) se deve usar apenas na língua falada, emprega-se por: **1.** Turma, pessoal: *A gente de televisão ganha bem. A gente do escritório começa a trabalhar às 9h. Às sextas-feiras vou, com a gente do trabalho, à happy hour.* **2.** Eu: *A gente nunca sabe o que vai acontecer amanhã, por isso eu poupo. A gente vive como pode aqui, sozinho.* **3.** Nós: *A gente vai à praia todos os dias. A gente lá de casa não costuma sair à noite. A gente se ama.* **4.** O ser humano em geral; o homem: *A gente vive a um ritmo cada vez mais acelerado, na vida moderna.* O adjetivo que modifica esta expressão pode ficar indiferentemente no masculino ou no feminino, ainda que o falante seja do sexo masculino: *Quando a gente sai à noite, fica **tensa**, **nervosa**, por causa dos assaltos, disse o estudante.* Os adjetivos *tensa* e *nervosa* poderiam também estar no masculino. Na língua escrita, porém, essa mesma frase deve ser construída assim: *Quando **se** sai à noite, **fica-se** tenso, nervoso, por causa dos assaltos, disse o estudante.* Ou assim: *Quando **saímos** à noite, **ficamos** tensos, nervosos, por causa dos assaltos, disse o estudante.* A palavra *gente*, quando dá idéia de plural, possibilita concordância ideológica (silepse de número): *A gente da roça pode não ser extrovertida, estudada, culta, mas não **são** burros. A gente lá de casa não costuma sair à noite nem mesmo para ir à farmácia, pois **temos** medo de assaltos. Coisa interessante é gente da zona rural. Como **são** quietos!* Não se usa a palavra *gente* no plural: "as gentes", a não ser quando se aplica a dois ou mais adjetivos: *as gentes brasileira e uruguaia*. Seu uso freqüente, ainda que apenas na língua falada, denota pobreza de vocabulário.

ágil / agilidade

Regem *de* ou *em*: *Jogador ágil **de** (ou **n**o) drible. Aluno ágil **de** (ou **em**) cálculo. Ministro ágil **de** (ou **n**a) solução de problemas. A sua agilidade **de** (ou **n**o) drible o fazia temido pelas defesas adversárias.*

agilitar / agilizar

A forma rigorosamente portuguesa é a primeira; a segunda foi criada pelo povo, que se deixou levar pelo maior número de verbos formados com *-izar* do que com *-itar*, em nossa língua. *Agilitar*, no entanto, deveria ser tão corrente e popular quanto *debilitar* (débil + -itar), *facilitar* (fácil + -itar), *habilitar* (hábil + -itar), etc.

agir

É verbo regular: *ajo, ages, age, agimos, agis, agem* (pres. do ind.); *aja, ajas, aja, ajamos, ajais, ajam* (pres. do subj.).

aglutinação / aglutinado

Regem *a* ou *com*: *Na palavra **burocracia** existe aglutinação de um elemento **a** (ou **com**) um elemento grego. Em **burocracia** há um elemento francês aglutinado **a** (ou **com**) um grego.*

agoniado

Rege *com* ou *por*: *Fiquei agoniado **com** a (ou **pel**a) goleada sofrida por meu time.*

agora "de" pouco

Construção da língua popular. Na norma culta se usa *agora há pouco*: *Ela chegou agora **há** pouco. Eu a vi agora **há** pouco, lá na praça.*

agorinha

Diminutivo afetivo do advérbio *agora*. Os advérbios, em princípio, são palavras invariáveis. Na língua cotidiana, todavia, alguns deles sofrem variação de grau: são os diminutivos afetivos, entre os quais *agorinha*, *cedinho*, *depressinha*, *devagarinho* ou *devagarzinho*, *longinho*, *pertinho*, *à tardinha*, *de manhãzinha*, etc.

agradado

Rege *de* (satisfeito): *São funcionários agradados dos salários que recebem. É um povo agradado do governo que tem.*

agradar

É transitivo indireto (satisfazer), sempre que o sujeito for coisa: *A alta dos juros não agradou ao mercado. O filme não agradou ao público. O jogo não agradou à torcida. Essa situação lhe agrada?* Se o sujeito for pessoa, usa-se como transitivo direto ou como transitivo indireto, indiferentemente: *Por mais que ele se esforce, não consegue agradar o (ou ao) chefe. Não consegue agradá-lo (ou agradar-lhe), por mais que se esforce.* É transitivo direto (fazer as vontades de; contentar; mimar): *Ela procura agradar o chefe com beijinhos. Nunca agrade crianças: é sempre muito perigoso!* V. **desagradar**.

agradável

Rege *a* ou *para* (amável no trato, simpático) e apenas *para* (satisfatório, prazeroso): *A secretária procura ser agradável a (ou para o) chefe. Seja sempre agradável a (ou para) todos! A viagem foi agradável para as crianças, mas não para os pais. Para você, o divórcio pode ser agradável; para mim, não. Esses jogos eletrônicos devem ser muito agradáveis para os que não têm o que fazer.*

agradável de

Depois desta expressão, não se usa o pronome *se*, e o infinitivo fica invariável: *música agradável de ouvir, livros agradáveis de ler.*

agradecer

É verbo transitivo direto ou transitivo indireto (mostrar-se agradecido), com objeto indireto de pessoa e direto de coisa: *Agradecemos aos fregueses a preferência. Agradeci a meus amigos o favor que me prestaram.* Na língua popular se vê esta construção: *Agradecemos os fregueses "pela" preferência. Agradeci a moça "pelo" favor prestado.* Ou seja: o povo gosta de agradecer alguém "por" alguma coisa. Omitindo-se o objeto indireto, temos: *Agradecemos a preferência* (e não *"pela" preferência*). *Agradeci o favor prestado* (e não *"pelo" favor prestado*).

agravante

É palavra feminina: *a agravante, uma agravante: A preparação, a intenção, o planejamento, é uma agravante do crime.* V. **atenuante**.

agravar ≠ apelar

Convém não confundir. **Agravar** é recorrer (o advogado) para a mesma autoridade que julgou. **Apelar** é recorrer para instância ou grau superior. O termo genérico é *recorrer* (reclamar contra julgamento considerado injusto).

agravo

Rege *a* (ofensa, injúria), *contra* (motivo de queixa) e *de* (recurso contra): *Considero essa declaração um agravo a nosso país. Que agravo tens contra mim, afinal? O advogado disse que apresentará agravo da sentença.*

agredir

Conj.: *agrido, agrides, agride, agredimos, agredis, agridem* (pres. do ind.); *agrida, agridas, agrida, agridamos, agridais, agridam* (pres. do subj.). Nos demais tempos, é regular. Por *agredir* se conjugam *cerzir, denegrir, prevenir, progredir, regredir* e *transgredir*.

agregação / agregado / agregar / agregar-se

Regem *a*: *Minha agregação a esse movimento foi espontânea. Trata-se de político agregado ao movimento dos sem-terras. O Exército agregará cem mil soldados a seu efetivo. Eu jamais me agregaria a uma corrente de pensamento dessas.*

agressão

Rege *a* (coisa) e *contra* (pessoa): *Temos de coibir com urgência as agressões ao meio ambiente, à fauna, à flora. Isso é uma agressão às nossas tradições. Não posso aceitar tais agressões contra mim. Foram inúmeras as agressões contra o árbitro.* A regência "agressão a", em relação a pessoa, deve ser desprezada.

agressão ≠ ataque

Convém não confundir. **Agressão** é início de hostilidades ou invasão de um Estado a outro. Ocorre de modo repentino, inesperado e provoca o agredido à luta. **Ataque** é ofensiva militar contra um inimigo ou posição inimiga. É geralmente previsto e produzido por causas conhecidas. Suponhamos dois países em paz; quando menos se espera, um acomete ao outro, sem prévia declaração de guerra. Está consumada a *agressão*. Mas, quando dois exércitos se dirigem um contra o outro, o que acomete primeiro pratica um *ataque*, e não uma "agressão". Adolf Hitler praticou a princípio inúmeras *agressões*; depois, em meio à guerra, realizou muitos *ataques*. O mesmo fez Saddam Hussein, em 1990, com o Kuwait.

agressivo / agressividade

Regem *com*, *contra* ou *para com* (pessoa) e *contra* (coisa): *A criança se mostrava agressiva com (ou contra, ou para com) todo o mundo. Os animais selvagens são naturalmente agressivos com (ou contra, ou para com) o homem. A agressividade da criança com (ou contra, ou para com) a babá era compreensível. Vivemos num mundo injustificavelmente agressivo contra o meio ambiente, contra a fauna, contra a flora. A agressividade do mundo moderno contra o meio ambiente é injustificável.*

agro-

Não exige hífen: *agroaçucareiro, agroecologia, agroecossistema, agroexportador, agrogeologia, agroindústria, agropastoril, agropecuária, agroquímica, agrossocial, agrotécnico, agrotóxico, agrovia*, etc. Só quando significa *ácido, azedo*, é que se liga por hífen ao outro elemento: *agro-doce*, que também se grafa *agridoce*.

"a" grosso modo
V. **grosso modo**.

água
Adj. corresp.: *aquático* (que vive na água) e *hídrico* (de água, da água ou baseado na água). Portanto, *planta da água = planta aquática; abastecimento de água = abastecimento hídrico; recursos da água = recursos hídricos; dieta baseada na água = dieta hídrica*.

água fervente / água fervendo
As duas expressões são boas: *Ele sofreu queimadura de **água fervente** (ou de **água fervendo**)*. No plural, todavia, só usamos *águas ferventes*, já que gerúndio (*fervendo*) não varia.

água mineral
A pessoa que só consome água mineral se diz *agüista*.

aguar
Conj.: *águo, águas, água, aguamos, aguais, águam* (pres. do ind.); *águe, águes, águe, agüemos, agüeis, águem* (pres. do subj.). Há, no entanto, quem defenda a pronúncia "aguo", "agua", "agúe", "agúem", etc.

aguardar
Podemos construir, indiferentemente, quando o complemento é pessoa: *Aguardarei vocês* (ou **por** *vocês*) *no saguão do hotel*. Quando o complemento é coisa, só cabe esta construção: *Continuo aguardando notícias dela*.

aguardar ≠ esperar
Convém não confundir. **Aguardar** é apenas estar com a atenção voltada para determinado fato ou acontecimento. **Esperar** é não só aguardar um fato ou acontecimento, como prever seu êxito. Um time de futebol *aguarda* um jogo e *espera* sempre a vitória. Um candidato a deputado *aguarda* o dia da eleição e *espera* ansioso o sufrágio a seu favor. **Esperar** implica aguardar com esperança; assim, um namorado abandonado *espera* que ela volte, assim como uma sogra interesseira *espera* que dê certo. Há um sábio ditado: *Quem **espera** sempre alcança*. Note que aí não caberia "aguarda", por razões óbvias. Quando estamos na ante-sala de um consultório médico, *aguardamos* a nossa vez, mas *esperamos* ter do clínico diagnósticos sempre amenos. Na língua contemporânea, porém, já não se observa tal diferença.

aguardente
É palavra feminina: **a** *aguardente*, **uma** *aguardente*, **boa** *aguardente*, **má** *aguardente*.

aguardente ≠ cachaça ≠ pinga
Convém não confundir. **Aguardente** é o produto da destilação do caldo da cana, assim como do vinho, de cereais ou de quaisquer frutos que possam passar pelo processo de fermentação. No Brasil, como é mais comum a aguardente de cana, muitos pensam que a aguardente só pode ser de cana-de-açúcar. **Cachaça** é a aguardente de má qualidade, que resulta da primeira fervura do caldo da cana, encontrada e muito tomada em botecos. **Pinga** é o nome popular da aguardente de cana, também chamada carinhosamente de *caninha*. Trata-se de um nome que surgiu do verbo *pingar*, pois a caninha escorre aos *pingos* da bica do tonel.

aguardo
Usa-se com a preposição **a** anteposta, e não "em". Portanto, todos ficamos **a**o aguardo de notícias ou ficamos **a**o aguardo de providências do governo. Note que também todos ficamos **à** espera de notícias, ficamos **à** espera de providências do governo, e não "na" espera. Aliás, sempre **a**o aguardo, sempre **à** espera...

água salobra
Apesar de ser assim, o povo insiste em beber *água "saloba"*, que nunca faz bem.

aguçado
Rege *com* ou *por*: *Tive a curiosidade aguçada **com** (ou **por**) aquele fato. Meu apetite ficou ainda mais aguçado **com** (ou **por**) aquele cheiro de camarão cozido*.

agüentar
É pronominal (arcar com as conseqüências, arrumar-se, arranjar-se; manter-se firme): *Você votou nele, agora se agüente! Agüente-se nessa ponta da corda, que me agüentarei nesta!* Existe, porém, a frase feita *agüentar firme* (resistir com determinação): *Se sua mulher desconfiar que você tem uma amante, negue e agüente firme!*

águia
A águia é o símbolo da perspicácia, da sutileza, da genialidade, da inteligência sutil. Figuradamente, significa pessoa velhaca, espertalhona (*os mascates são uns águias*). Adj. corresp.: *aquilino* (*nariz de águia = nariz aquilino*). Voz: *crocitar, grasnar, gritar, guinchar*.

Águia de Haia
É expressão feminina: **a** *Águia de Haia*. *Rui Barbosa foi chamado **a** Águia de Haia*. V. item anterior.

agulha
Adj. corresp.: *acicular*. Portanto, *objeto semelhante a uma agulha = objeto acicular*.

à hora de / na hora de
Ambas as expressões existem: *Não se fuma **à** (ou **na**) hora **d**as refeições. Ele tinha o hábito de ler as manchetes do dia do jornal **à** (ou **na**) hora **d**o café-da-manhã*.

"a-histórico"
É cacografia. A palavra rigorosamente correta é *anistórico* (v. **"aético"**). Mas, além de *"a-histórico"*, existem ainda os que grafam *"aistórico"*, que pode dar as mãos a *"aético"* e saírem juntas para as trevas.

aicebergue
É o aportuguesamento legítimo (mas ainda não oficial) do inglês *iceberg*. Há, todavia, os que preferem escrever ainda em inglês a adotar a forma aportuguesada. Por que aportuguesar *nylon* e *checkup* e deixar *iceberg* de fora?

AIDS ou aids
É sigla inglesa; daí por que deveríamos pronunciar *êids*. A sigla portuguesa é *SIDA* ou *sida* (síndrome da imunodeficiência adquirida), de adjetivo *sidético*. Os brasileiros, no entanto, pronunciam "áids" e não têm a menor idéia do que é *sida*. Nós somos o único povo latino que adota a sigla inglesa e ainda pronuncia *"áids"*. Fico, então, a pensar, cá com meus botões: por que também não colocamos "bandáid" num ferimento? Por que também não tomamos "sprite"? Por que também não calçamos "níke" ou vestimos Calvin "klêin"? Por que também não andamos em "hiluks"? Por que nenhum brasileiro vai a "miâmi"? E a resposta não me vem. Fico danado!... Nossos jornalistas escrevem, ainda, "Aids", ou seja, dão a uma síndrome o *status* de nome próprio. Nomes de doenças e de síndromes não precisam vir com inicial maiúscula. Fizeram o mesmo com *sars*, que, aliás, deveria ser *srag*.

a instâncias de
Com insistentes pedidos de. Sempre sem acento no *a*: *A instâncias da mãe, ele resolveu não viajar.*

air bag
Este anglicismo se substitui em português por *bolsa-de-ar* ou *bolsa inflável*. Pronuncia-se *ér bég*.

à janela
Em Portugal se usa **à janela**; no Brasil, prefere-se **na janela**. Na norma culta ainda se dá preferência à construção legitimamente portuguesa: *Ele só viaja à janela. As crianças gostam de ir à janela, no ônibus.*

Ájax
Herói grego da Guerra de Tróia que salvou Aquiles e, depois, num rasgo de inveja, com uma punhalada, suicidou-se quando Aquiles presenteou Ulisses com a sua armadura, e não a ele, *Ájax*. Considerado o mais famoso guerreiro grego, depois de Aquiles, deu nome a um famoso clube holandês. Apesar de ser paroxítono, muitos dizem "Ajáx".

ajoelhado
Rege *a*, *ante* ou *perante* (junto ou à frente) e *em* ou *sobre* (em cima): *Encontrei-a ajoelhada à* (ou **ante** *a*, ou **perante** *a*) *imagem de Nossa Senhora Aparecida. Ele ficou ali horas ajoelhado ao* (ou **ante** *o*, ou **perante** *o*) *túmulo do pai, orando. Encontrei-a ajoelhada no* (ou **sobre** *o*) *banco da igreja. O professor o obrigou a ficar ajoelhado em* (ou **sobre**) *tampinhas de refrigerante por meia hora. Encontrei-a ajoelhada no* (ou **sobre** *o*) *túmulo.*

ajoelhar
É intransitivo ou pronominal, indiferentemente: *Sempre* **ajoelho** (ou **me ajoelho**) *ante imagens santas.* **Ajoelhe** (ou **Ajoelhe-se**) *aí, seu vagabundo!*

ajuda
Rege *a* (pessoa) e *em* (coisa): *Quando vai chegar a ajuda* **a***os pobres? Quer ajuda* **n***a faxina?* Quando o complemento é coisa desagradável, rege *contra*: *A ajuda* **contra** *a fome é pequena, mas valiosa. Vocês receberam ajuda* **contra** *essa epidemia?* Antecedida de *em*, aparece combinada com *a* ou *de*: *Durante aquela crise, todos os países vieram* **em** *ajuda* **à** (ou **d***a*) *América Latina.* A regência "ajuda para" deve ser desprezada.

ajudado
Rege *de* ou *por*: *Ele é um homem realmente ajudado* **d***a* (ou **pel***a*) *sorte: já ganhou quatro vezes na megassena!*

ajudante
Fem.: *a ajudante* ou *a ajudanta*. Com hífen: *ajudante-geral*.

ajudar
É transitivo direto: *Deus o ajude! Os países ricos devem ajudar os países pobres. Os alunos procuram ajudar os funcionários da escola na limpeza. A população tem ajudado o governo no combate à inflação.* Exceção: *ajudar à missa*. Usa-se como transitivo direto ou como transitivo indireto, indiferentemente, porém, se vem seguido de infinitivo transitivo direto: *Ajudei* **as** (ou **às**) *crianças a construir o castelo de areia. Ajudei-o* (ou *Ajudei-lhe*) *a escrever a carta. Ajude* **a** (ou **à**) *prefeitura a manter a cidade limpa!* Se o infinitivo for intransitivo, transitivo indireto ou pronominal, usa-se apenas com objeto direto de pessoa: *Ajudei-o a fugir. Ajudei o homem a pensar no assunto. Ajudem* **uma criança** *a ser feliz!*

ajuizar
Conj.: *ajuízo, ajuízas, ajuíza, ajuizamos, ajuizais, ajuízam* (pres. do ind.); *ajuíze, ajuízes, ajuíze, ajuizemos, ajuizeis, ajuízem* (pres. do subj.).

ajuntar ≠ juntar
Convém não confundir. Ambos os verbos significam *reunir, acumular*, mas **ajuntar** só se usa com objeto direto: **ajuntar** *experiência,* **ajuntar** *dinheiro,* **ajuntar** *fortuna,* **ajuntar** *os trapos,* **ajuntar** *algo do chão*, etc. **Juntar** se usa quando existem objeto direto e objeto indireto: **juntar** *o útil ao agradável,* **juntar** *provas aos autos*. Pronominalmente só se usa *juntar-se*: **Junte-se** *aos bons e será um deles!* **Juntei-me** *aos que exigiam o fim da impunidade*. Alguns dicionários não estabelecem a diferença.

ajustamento / ajuste

Regem *a* ou *com* (coisa) e *com* (pessoa): *Já está havendo um ajustamento* (ou *ajuste*) *da economia* **às** (ou **com as**) *leis de mercado. Não houve ajustamento* (ou *ajuste*) *de preço* **com** *os compradores, daí por que a venda não saiu*. Podem, ainda, reger *entre* (pessoas) ou *com* (pessoa) + *sobre* ou equivalente (coisa): *Não houve ajustamento* (ou *ajuste*) *de preço* **entre** *as partes, daí por que a venda não saiu. Não houve ajustamento* (ou *ajuste*) **com** *o comprador* **sobre** *o* (ou **em relação a***o*, ou **quanto a***o*) *preço do imóvel, por isso a venda não saiu*.

Alagoas

Estado da Região Nordeste. Abreviatura: AL (sem o ponto). Usa-se com artigo ou não: *o Estado de* (ou *das*) *Alagoas. Moro em* (ou *nas*) *Alagoas. Vou a* (ou *às*) *Alagoas*.

alano

Membro dos alanos, povo da Cítia (região da Ásia), invasor da península Ibérica no séc. V. Note: é palavra paroxítona (*alâno*), mas há quem diga "álano", talvez por influência de *álamo*, que nada tem a ver com *alano*.

à lapela

Em Portugal se usa **à lapela**; no Brasil, muitos usam **na lapela**. Na norma culta ainda se dá preferência à construção legitimamente portuguesa: *trazer um lenço* **à lapela**; *levar o distintivo do partido* **à lapela**.

alarde

Rege *de*: *Fazer alarde* **de** *um fato. Muito alarde se fez* **d***o fato de o presidente ter sido recebido com vaias no congresso da CUT*.

alargar

É verbo intransitivo ou pronominal, indiferentemente: *O rio Tietê* **alarga** (ou **se alarga**) *bastante neste ponto. O rio Tejo* **alarga** (ou **se alarga**) *em Lisboa. Toda baía* **alarga** (ou **se alarga**) *para o interior*.

alarma ≠ alarme

São corretas ambas as formas, com leve preferência para *alarme*, que tem origem no italiano *all'arme* = às armas, mas nos chegou através do francês *alarme*.

alarmado

Rege *com* ou *de*: *A população está alarmada* **com** (ou **de**) *tanta violência. Os servidores públicos, de repente, se viram alarmados* **com** *a* (ou **d***a*) *reforma da previdência*. Antes de infinitivo, só rege *de*: *A população está alarmada* **de** *ver tanta violência*.

alazão

Fem.: *alazã*. Pl.: *alazães* ou *alazões*.

alastrado

Rege *a*, *em*, *por* ou *sobre*: *A mancha de óleo alastrada* **a** (ou **em**, ou **por**, ou **sobre**) *boa parte do mar, causou um desastre ambiental arrasador*.

alastrar

É verbo pronominal: *A mancha de óleo* **se alastrou** *por boa parte do mar. Os boatos* **se alastram** *rapidamente. Se você quiser que um segredo* **se alastre** *imediatamente, conte-o a Juçara! O incêndio* **se alastrou** *por todo o quarteirão. A doença* **se alastrou** *rapidamente*.

albornoz

Manto de lã com capuz, usado principalmente pelos árabes. É substantivo masculino (*o albornoz, um albornoz*) e pronuncia-se *albornóz*, mas há quem diga "albornôz".

alcagüeta / alcagüetagem / alcagüetar / alcagüete

São as formas perfeitas. O povo, no entanto, já está retirando a sílaba inicial (**al**), não se sabe muito bem por quê.

Alcáçar / Alcácer

Nome da fortaleza construída em Sevilha, Espanha, pelos cristãos, durante as guerras dos séculos XIV e XV, empreendidas contra os mouros, mais tarde usado pelos reis espanhóis. São ambas formas corretas e aportuguesamentos do espanhol *Alcázar*.

alçar

Rege *a* (erguer, levantar): *alçar os braços* **a***o ar, brincar de alçar o filho* **a***o teto*.

alcíone

Apesar de ser palavra proparoxítona, há quem diga "alciône". O nome próprio também é *Alcíone* (figura da mitologia grega, filha de Éolo).

álcool

Pl.: *álcoois*, que se pronuncia *álcoòis*. Há dois *álcoois* nos postos de combustível: o hidratado e o anidro. Dois grandes dicionários, no entanto, registram "alcoóis" como plural. É provável que, neste caso, um, desconhecedor, tenha colado do outro, equivocado.

alcova

Pronuncia-se *alcôva*, mas há quem goste de "alcóva".

alcunha ≠ cognome ≠ epíteto

Convém não confundir. **Alcunha** (palavra feminina: *a alcunha*) é nome acessório ou qualificativo, geralmente sarcástico ou irônico, que se atribui a alguém por efeito de sua atividade profissional, defeito físico ou moral, etc. Ex.: *Tiradentes, Zé Corcunda, Chico Maneta, Maria Sapatão, Juca Kfuro*, etc. Quando sucede ao nome do registro civil da pessoa, torna-se *vulgo*. Ex.: *José Severino da Cruz,* **vulgo** *"Zé Lambreta", declara que foi testemunha do crime*. **Cognome** é qualificativo de caráter histórico. Ex.: *Filipe,* **o Belo**. *Alexandre,* **o Grande**. **Epíteto** é palavra, expressão ou frase que torna mais viva a idéia expressa pelo substantivo. Ex.: *Frank Sinatra,* **a Voz**. *Elis Regina,* **a Pimentinha**. *Chacrinha,* **o Velho Guerreiro**.

aldeão
Aquele que nasce ou habita em aldeia. Fem.: *aldeã*. Pl.: *aldeãos, aldeães, aldeões*. Adj. corresp.: *paganal*. Assim, costumes *de aldeão* = costumes *paganais*.

alegre / alegria
Regem *com* ou *por* (nome) e *de, em* ou *por* (verbo): *Ficou muito alegre **com** a* (ou ***pela***) *visita dos amigos. Estou alegre **com** a* (ou ***pela***) *sua chegada. Ficou muito alegre **de*** (ou ***em***, ou ***por***) *receber os amigos. Estou alegre **de*** (ou ***em***, ou ***por***) *vê-la chegar. Sentiu alegria **com** a* (ou ***pela***) *visita dos amigos. Sentiu alegria **de*** (ou ***em***, ou ***por***) *receber os amigos*.

alegre ≠ contente
Convém não confundir. **Alegre** está quem manifesta ou demonstra um estado de alma prazeroso, delicioso. O povo fica *alegre* quando a seleção brasileira de futebol conquista uma Copa do Mundo. **Contente** está quem se encontra com o ânimo em situação agradável. Um indivíduo *alegre* é o *contente* que se manifesta exteriormente: brinca, pula, abraça, ri, etc.; uma pessoa *contente* é aquela que está com o ânimo em situação agradável, é aquela que está plenamente satisfeita interiormente. O povo está *contente* com o governo. Uma pessoa *contente* não é necessariamente *alegre*, porque a alegria é manifestação exterior; o contentamento, uma situação interior. Na alegria, a pessoa pula, brinca, abraça, beija, etc.; o contentamento não necessita disso. Pode, assim, alguém estar *alegre*, mas não estar *contente*; pode estar *contente*, sem estar *alegre*. A alegria pode fingir-se; o contentamento não. Um povo *alegre* nem sempre está *contente* (exemplo disso temos bem próximo). Há povos, todavia, que nunca demonstram alegria e, no entanto, estão sempre muito *contentes*. O homem *alegre* nem sempre é feliz, mas há pessoas que nunca demonstram alegria e, no entanto, são muito felizes.

aleijar
Sempre com **ei** fechado: *aleijo, aleijas, aleija, aleijamos, aleijais, aleijam* (pres. do ind.); *aleije, aleijes, aleije, aleijemos, aleijeis, aleijem* (pres. do subj.). O povo, no entanto, é muito dado a dizer "aléjo", "aléja", "aléje", etc.

aleitar ≠ amamentar
Convém não confundir. **Aleitar** é dar de mamar a (usando a mamadeira ou qualquer outro dispositivo que o valha): *A babá aleitou o bebê antes de dormir. A veterinária aleita o filhote de golfinho. O funcionário do zôo já aleitou o filhote de chimpanzé*. Conclui-se daí que a combinação "aleitamento materno" é impropriedade. **Amamentar** é dar de mamar a (usando os peitos): *Toda mãe deve amamentar seu bebê. Criança amamentada pela mãe desenvolve mais anticorpos*.

Alemanha
Adjetivo que entra como elemento não final de compostos: **germano-** ou **teuto-**: *pacto **germano**-soviético; aliança **teuto**-francesa*. Aquele que nasce na Alemanha é *alemão*, de fem. *alemã* (*crianças alemãs, mulheres alemãs, conquistas alemãs*) e pl. *alemães*. Atenção: *alemães* é forma estritamente masculina; daí por que não há propriedade na concordância "crianças alemães", "mulheres alemães", como às vezes encontramos. O diminutivo plural de *alemão* é *alemãezinhos*, e não "alemãozinhos".

alergia / alérgico
Regem *a* ou *por*: *Sinto alergia **a*** (ou ***por***) *cigarro. Sou alérgico **a*** (ou ***por***) *cigarro*.

alerta
É originalmente advérbio e, como tal, não varia: *As Forças Armadas continuam **alerta**. Os guardas estão **alerta**. Ficamos **alerta** sempre que ouvimos nosso cão latir*. A língua cotidiana parece não observar tal concordância. Como substantivo, varia normalmente: *os alertas; vários alertas*. A palavra *alerta* provém do italiano *all'erta* (ao alto), que era a voz de comando com que se ordenava aos soldados que se levantassem e prestassem atenção às sentinelas, que ficavam no topo das montanhas. Assim, em rigor, na frase *Os guardas estão alerta*, a palavra *alerta* é adjunto adverbial de lugar, e *estar*, verbo intransitivo, e não de ligação. Isso originalmente. Mas o plural *alertas* vai tomando assento na língua moderna, sendo às vezes usado como adjetivo, como se vê em Clarice Lispector, *A cidade sitiada*, p. 83: *A moça aguardava com a inteligência morta, os sentidos **alertas***. Vai, inevitavelmente, acabar passando a ser considerada adjetivo. Mas não custa vê-la ainda como realmente é: advérbio. Rege *a...contra* (ou *para*, ou *sobre*): *O diretor da escola fez um alerta **a**os pais **contra*** (ou ***para***, ou ***sobre***) *os perigos do consumo de drogas*.

alertar
É transitivo direto (tornar alerta, atento, esperto) e transitivo direto e indireto, regendo *contra* (advertir, prevenir, precaver) e *de* ou *sobre* (tornar alerta; prevenir): *O barulho alertou a polícia. Os cientistas alertaram a população mundial **contra** a possível escassez de água potável no mundo daqui a alguns anos. Alertei-o **do*** (ou ***sobre*** *o*) *risco que estava correndo*. Não se usa "alertar para" nem alertar "coisa", já que só se alerta pessoa: *As empresas aéreas deveriam alertar os passageiros "para" riscos à saúde. O ministro da Saúde alertou que o cigarro mata*. Usa-se muito este verbo na acepção de "advertir" ou no de "despertar": *Os Estados Unidos voltam a "alertar" a Síria. É preciso "alertar" as consciências para as questões ambientais*.

alevantar / levantar
São ambas formas corretas: *levantar* (ou *alevantar*) *um peso, levantar* (ou *alevantar*) *a cabeça; veja: o Sol já se alevanta* (ou *levanta*).

alfabeto
V. **abecedário**.

alface
É palavra feminina: ***a*** *alface*, ***uma*** *alface, alface **macia***. Dim.: *alfacinha*. *Alfacinha* designa, ainda, a pessoa que nasce em Lisboa. Ou seja: é sinônimo de lisboeta. Os lisboetas receberam essa alcunha, porque gostam muito de alface.

alfaiate
Fem.: *alfaiata*. Em cinema, teatro e televisão, é o encarregado de organizar e conservar os figurinos, além de auxiliar os artistas a vesti-los. Fem.: *camareira*.

alforje
Duplo saco, fechado nas extremidades e aberto no meio, para equilibrar a carga sobre animais ou no ombro das pessoas. Pronuncia-se *alfôrje*.

algaravia
Confusão de vozes; vozerio: *Ao apagarem-se as luzes de repente, o teatro virou uma algaravia só*. Pronuncia-se *algaravía*, mas há quem diga "algarávia".

algarismos romanos
Lêem-se de I a X como ordinais; de XI em diante, como cardinais. Assim ano I = ano primeiro; século VI = século sexto; ano VIII a.C. = ano oitavo antes de Cristo; Pio X = Pio décimo; Pio XI = Pio onze; Luís XV = Luís quinze, etc. Na sucessão de papas, reis, príncipes, anos, séculos, capítulos, etc., ou se empregam os algarismos romanos, ou, então, os algarismos arábicos devidamente, ou seja: ano 1º, século 6º, Pio 10º, etc., mas alguns jornalistas têm usado os arábicos desta forma: ano "1", século "6", Pio "10", prática que leva o leitor a equívoco. Não se usam algarismos romanos onde cabem perfeitamente os arábicos. Por exemplo: Rua *"XV"* de Novembro. Por quê? Porque, quem escreve assim autoriza outros a escrever também Largo *"II"* de Julho, Avenida *"VII"* de Setembro, o que nos obriga a ler: Largo *"Segundo"* de Julho, Avenida *"Sétimo"* de Setembro. Os algarismos romanos, de I a X, como já vimos, lêem-se como ordinais. Não há logradouro público chamado *"XXXI"* de Março. Nem *"XXI"* de Abril. Há rua chamada *"XXV"* de Março? Ou Avenida "XIII" de Maio?

algoz
Usa-se *o algoz* tanto para o homem quanto para mulher. Pl.: *algozes*. Tanto o singular quanto o plural se pronunciam com a vogal tônica fechada (*algôz, algôzes*), mas o povo não diz assim de jeito nenhum. Influência de *feroz, ferozes*?

alguém ≠ algum
Convém não confundir. **Alguém** se refere a qualquer pessoa, de identidade desconhecida ou escondida propositadamente. Ex.: *Se vier alguém me procurar, diga que não estou. Alguém roubou o meu dinheiro. Alguém anda falando mal de ti, Susana*. **Algum** se refere limitadamente a uma pessoa ou coisa indeterminada, de determinado número ou classe. Ex.: *Desconfio que algum de meus credores esteja hoje por aqui. Algum desses televisores é importado? Algum de vocês é palmeirense?* Essa é a razão pela qual usamos *algum deles*, e não "alguém deles".

algum
Em frases negativas e posposto a nome no singular, tem valor de *nenhum*: *Não tenho dinheiro algum = Não tenho dinheiro nenhum. Não vi pessoa alguma = Não vi pessoa nenhuma. Nunca lhe fiz mal algum = Nunca lhe fiz mal nenhum*. Não se pospõe a nomes no plural.

alguma vez / algumas vezes
Usa-se uma pela outra: *Alguma vez* (ou *Algumas vezes*) *íamos ao teatro, outra(s) ao cinema. Nas férias das crianças, costumávamos ir alguma vez* (ou *algumas vezes*) *ao interior*.

algum de vocês
Exige o verbo no singular a expressão que tem um pronome indefinido nesse número: *Algum de vocês concorda com essa greve? Cada um de nós é culpado por isso. Nenhum de vocês sabe disso? Qual de nós viverá para ver isso?* Se o referido pronome estiver no plural, a concordância se fará com o pronome que se lhe segue: *Alguns de nós concordamos com essa greve? Quais de nós viveremos para ver isso?*

alguns ≠ certos
Convém não confundir. Os dois são pronomes indefinidos, mas o primeiro se aplica a seres que mal se conhecem ou, então, a seres que não convém, por algum motivo, indicar; e o segundo se usa para seres conhecidos, cuja indicação, por alguma razão, não é conveniente revelar. *Alguns* deputados não merecem o mandato que exercem; é bom que *certas* pessoas saibam disso. *Algumas* pessoas imaginam que vamos sair da crise, coisa que a *certos* grupos não interessa.

alho
Col.: *alhada* ou *réstia* (quando em corda). Adj. corresp.: *aliáceo*. Assim, plantação *de alho* = plantação *aliácea*; bafo *de alho* = bafo *aliáceo*; cheiro *de alho* = cheiro *aliáceo*.

alho-porro / alho-porró / alho-porrô / alho-poró
São formas corretas, todas quatro. Existem, ainda, as correspondentes reduzidas *porro, porró, porrô* e *poró*.

Alhambra
Fortaleza e residência dos reis mouros, construída sobre uma colina, em Granada, o mais requintado exemplo da arquitetura mourisca na Espanha. Pronuncia-se como se não houvesse o *h*: *Alambra*.

alheado / alheamento
Regem *a* ou *de*: *Ele já vivia alheado a* (ou *de*) *todos os prazeres da vida. É compreensível seu alheamento aos* (ou *dos*) *prazeres da vida, depois de tudo o que lhe aconteceu*.

alheio
Rege *a* (indiferente), *a* ou *de* (contrário, oposto; diverso; impróprio) e *de* (isento): *O velho Suaçuna parecia já alheio a tudo: aguardava apenas a chegada da morte. Ninguém fica*

*alheio **a** uma presença como a de Daniella Cicarelli. Não se admite que o congresso seja completamente alheio **a**os (ou **d**os) interesses do país. Meus propósitos são totalmente alheios **a**os (ou **d**os) do meu grupo. Suas opiniões, sempre alheias **a**o (ou **d**o) assunto em pauta, irritavam os presentes. Sempre fui alheio **de** maldades com quem quer que seja. É uma pessoa alheia **de** falsidades.*

aliá

No Sri Lanka é a fêmea do elefante. No Brasil e em Portugal, no entanto, só existe um feminino para elefante: *elefanta*. "Elefoa" é corruptela. V. **elefante**.

aliado

Rege *a, com* ou *de: Os alemães, aliados **a**os* (ou **com** *os,* ou **d**os) *italianos e japoneses, formaram o Eixo, na II Guerra Mundial. Sua competência, aliada **à*** (ou **com** *a,* ou **d**a) *boa-vontade, produzirá excelentes resultados.* Pode pedir, ainda, *a favor de* (ou *por*) ou *contra: A Itália, aliada **à*** (ou **com** *a,* ou **d**a) *Alemanha **a favor d**o* (ou **pel**o) *nazifascismo. A Itália, aliada **à*** (ou **com** *a,* ou **d**a) *Alemanha **contra** a Inglaterra e a França.*

aliança

Rege *a* ou *com: A aliança dos italianos e japoneses **a**os* (ou **com** *os*) *alemães formou o Eixo, na II Guerra Mundial.* Pode pedir, ainda, *a favor de* (ou *por*) ou *contra: A aliança da Itália **à*** (ou **com** *a*) *Alemanha **a favor d**o* (ou **pel**o) *nazifascismo acabou em tragédia. A aliança da Itália **à*** (ou **com** *a*) *Alemanha **contra** a Inglaterra e a França redundou em total fracasso.* Admite ainda *contra...a favor de* (ou *por*): *A aliança da Itália **à*** (ou **com** *a*) *Alemanha e Japão **contra** os aliados, **a favor d**as* (ou **pel**as) *pretensões de Hitler de dominar a Europa redundou em fracasso.*

aliança ≠ coalizão

Convém não confundir. **Aliança** é acordo de vontades, realizado de modo formal e solene, geralmente entre nações com propósitos comuns; é o mesmo que *pacto*. **Coalizão** é aliança temporária de pessoas, facções, partidos ou nações. Em época de eleições, é comum haver *coalizão* de partidos, mesmo os mais antagônicos. Numa cidadezinha do litoral cearense, notável certa vez foi a *coalizão*, para a eleição do prefeito local, entre o PFL e o PC do B.

álibi

Prova da presença de alguém (acusado ou indiciado) em lugar diverso daquele em que se deu o crime. Com acento, obrigatoriamente, por se tratar de palavra proparoxítona. Não importa que seja latinismo: sua forma gráfica é perfeitamente compatível com a índole da língua portuguesa; daí a exigência do acento gráfico. Repare que outros latinismos na mesma situação também se acentuam: *álbum, bílis, cútis, fórum, incontinênti, mapa-múndi, médium, quórum, vírus,* etc. Já *deficit, habitat* e *superavit* são latinismos que não recebem acento, porque suas formas gráficas são incompatíveis com o português, que não possui palavras terminadas em *-t*.

aliciar ≠ seduzir

Convém não confundir. **Aliciar** é atrair com promessas de vantagens: *aliciar eleitores, aliciar trabalhadores para fábricas no exterior*. **Seduzir** é atrair ardilosamente, convencendo com arte e manha, fazendo desviar-se do bom caminho: *seduzir menores*. A carga semântica deste verbo é tão pejorativa, que muitos o usam por *desvirginar*.

alienar ≠ vender

Convém não confundir. **Alienar** é ceder bens, títulos, etc., gratuitamente ou não: *alienar um carro*. **Vender** é alienar mediante ônus. Quem doa um título *aliena*, não *vende*.

aligator / aligátor

Ambas as prosódias existem. Pl.: *aligatores* (ô).

Aliguiéri

Aportuguesamento do italiano *Alighieri* (que se pronuncia *Alighiêri*).

alimária

Apesar de ser assim, muita gente diz "alimaría".

alimentação

Rege *com* ou *de...com: A alimentação **com** frutas e legumes é saudável e não engorda. A alimentação **d**o computador **com** esses dados é que teria provocado todo esse problema.*

alimentado

Rege *a* ou *com: Passou dez dias no mato, alimentado **a*** (ou **com**) *brotos de bambu e água da chuva. Estava sendo alimentado **a*** (ou **com**) *pão e água.* Na voz passiva, rege *de* ou *por: As crianças eram alimentadas **d**os* (ou **pel**os) *próprios pais, e não **de*** (ou **por**) *babás.*

alimpar / limpar

São ambas formas corretas: *alimpar* (ou *limpar*) *os sapatos; alimpar* (ou *limpar*) *a cara*.

alinhado

Rege *a* ou *com: Esta parede tem de ficar alinhada **à**quela* (ou **com** *aquela*). *Quero vê-lo alinhado **a*** (ou **com**) *todos os seus colegas, na fila. O Brasil é um país alinhado **a**os* (ou **com** *os*) *países emergentes.*

alinhamento

Rege *de...a* (ou *com*, ou *por*) ou *de...em: O alinhamento **d**esta parede **à**quela* (ou **com** *aquela,* ou **por** *aquela*) *é de rigor. Antes da entrada nas salas de aula, havia o alinhamento **d**os alunos **em** filas duplas.* Na acepção de adesão ou engajamento político, rege apenas *de... a* (ou *com*): *O alinhamento do Brasil **a**os* (ou **com** *os*) *países emergentes é uma prática coerente da nossa política externa.*

alíquota

Pronuncia-se *alícota*, embora haja dicionários que também registrem "alíkuota".

alisar ≠ alizar
Convém não confundir. **Alisar** é verbo (*alisar os cabelos*); **alizar** é substantivo masculino e significa revestimento de madeira que cobre as ombreiras de portas e janelas.

alísios
Apesar de ser assim, há quem use "alíseos".

alistado / alistamento / alistar-se
Regem *em*: *Estar alistado **n**o Exército. Seu alistamento **n**o Exército é certo. Alistei-me **n**o Exército*. A regência com a preposição "a" deve ser desprezada.

alívio
Rege *a*, *de* ou *para*: *A reforma da previdência foi um alívio **a**o* (ou ***d**o*, ou ***para** o*) *caixa do governo. A esperança de alcançar a vida eterna é um alívio **a*** (ou ***de***, ou ***para***) *todos os sofrimentos*.

Aljubarrota
Cidade histórica de Portugal, na Estremadura. Nela se deu a mais importante batalha da história de Portugal, quando as forças de Castela, sob o comando de D. João I, foram derrotadas pelo exército de D. João I, de Portugal, em 1385, que, ajudado pelos ingleses, garantiu a independência de Portugal. A palavra tem o **o** tônico fechado.

alma
Adj. corresp.: *anímico*. Portanto, *arroubos da alma* = *arroubos anímicos*; *sentimentos da alma* = *sentimentos anímicos*.

alma ≠ espírito
Convém não confundir. **Alma** é a parte imaterial e imortal do homem, sede da vontade, do entendimento e da sensibilidade. **Espírito** é a parte imaterial e imortal do ser humano, sede dos seus pensamentos e sentimentos. É por isso que procuramos ter paz de *espírito*, e não paz de "alma". O *espírito* não tem nenhuma relação com o corpo. Deus, os anjos, os demônios, são *espíritos*, e não "almas". As substâncias espirituais que animaram os corpos humanos, todavia, mesmo depois de separadas deles, chamam-se *almas*. Assim, dizemos: as *almas* do purgatório, as *almas* do outro mundo. Em alusão ao demônio, afirmou magistralmente o padre Antônio Vieira: *É espírito, vê as almas*.

almejar
Sempre com **e** fechado: *almejo, almejas, almeja, almejamos, almejais, almejam* (pres. do ind.); *almeje, almejes, almeje, almejemos, almejeis, almejem* (pres. do subj.).

almirante
Tratamento: *Vossa Excelência* (V. Ex.ª). Fem.: *almiranta* (que se usa mais como adjetivo: *nau almiranta* = embarcação onde está o almirante). Há visível redundância na expressão *almirante "da Marinha"*, já que este posto só é possível a oficiais da Marinha.

almoço
Tanto o singular quanto o plural têm o **o** tônico fechado. Em Portugal, todavia, se diz *almóços*.

alocução
Discurso breve, feito em ocasião solene. Sendo já em sua essência *breve*, constitui visível redundância a combinação "breve alocução", observada nesta frase: *O governador foi elogiado e, depois, em "breve alocução", agradeceu os elogios*.

alojar
É verbo intransitivo ou pronominal (hospedar-se; acampar), indiferentemente: *Ele **alojou*** (ou ***se alojou***) *no melhor hotel da cidade. As tropas **alojaram*** (ou ***se alojaram***) *na periferia da cidade*. É, porém, rigorosamente pronominal (fixar-se, estabelecer-se): *A bala **se alojou** na cabeça da vítima*.

"a" longo prazo
Prefere-se o emprego da preposição **em** nesta expressão (***em** longo prazo*): *empréstimo **em** longo prazo*; ***n**o longo prazo, teremos problemas com as exportações*.

alopata / alópata
Que ou profissional da medicina que segue a alopatia. Ambas as prosódias existem, mas a primeira é a mais usual.

alpargata / alpercata / alpergata
São corretas todas três, mas a mais vulgar é a primeira. Existe ainda *alparca*, que só se usa em Portugal. A palavra vem do árabe *al-bargat*, pl. de *barga* = sandália.

Alpes
Como se usa apenas no plural, exige verbo e determinantes também no plural. Ex.: *Os Alpes vivem cobertos de neve, permanecendo, portanto, sempre gelados*. Aquele que habita os Alpes, aquilo que cresce nos Alpes e, por extensão, o que vive nas alturas superiores a 1.000m, se dizem *alpinos*.

alpiste ≠ alpisto
Ambos são substantivos masculinos, mas convém não confundir: **alpiste** é alimento para pássaros; **alpisto** é caldo de carne que se serve aos doentes.

alteração
Rege *de* ou *em* e *de... de... em* (ou *para*): *Haverá alteração **da*** (ou ***na***) *mão de direção nesta rua, a partir de amanhã. Houve alteração **d**os originais, **de** encenador **em*** (ou ***para***) *encanador, na composição da obra*.

alterado
Rege *de...em* (ou *para*): *Tive meu nome alterado **de** Luiz **em*** (ou ***para***) *Luís*.

alterar ≠ modificar ≠ mudar
Convém não confundir. **Alterar** é dar outro aspecto, dar nova disposição, dar diferente sentido. Os diretores de

um clube esportivo podem desejar *alterar* os seus estatutos, sem que o fato comprometa a boa convivência entre os associados. Uma palavra retirada num texto pode *alterar*-lhe todo o sentido. **Modificar** é promover alguma mudança na maneira de ser ou de existir, sem tocar na essência. Todos nós podemos *modificar* o nosso comportamento, em nome da boa convivência. O homem está *modificando* a natureza e, infelizmente, para pior. **Mudar** é fazer de outra forma o que existia, é transformar, trocar. Por isso, *mudar* o regulamento de um clube implica até estabelecer normas inteiramente diversas das que regulavam o funcionamento da sociedade. É revolucionar o corpo do estatuto. Quando se *muda* o regime de um país, adota-se muitas vezes um sistema político oposto ao que estava vigendo. Em Cuba, no ano de 1959, houve *mudança* de regime; no Peru, em 1992, houve *modificação* no regime; a cada eleição se *alteram* os quadros dos escalões mais altos do governo. O Brasil não *alterou* nem *modificou* a moeda em 1994; *mudou*-a.

altercação

Rege *com...sobre* ou *entre...sobre* (pessoa) e *sobre* (coisa): *Evite altercações* **com** *pessoas de baixo nível* **sobre** *futebol e religião. As alterações* **entre** *pessoas de baixo nível* **sobre** *futebol e religião quase sempre redundam em brigas. São inteiramente inúteis as altercações* **sobre** *gostos pessoais, portanto, evite-as!*

altercar

É verbo transitivo indireto e intransitivo, e não pronominal: *Quando se trata de Flamengo, ele* **alterca** *com todo o mundo. Ele e o vizinho viviam* **altercando***, bastava encontrarem-se.*

alternado

Rege *com*, *de* ou *por*: *Teve uma infância alternada* **com** (ou **de**, ou **por**) *alegrias e tristezas. Foi um jogo alternado* **com** (ou **de**, ou **por**) *lances bonitos e jogadas grosseiras.*

alternância

Rege *de* ou *de...com...em*: *A alternância* **de** *poder é uma das características básicas do sistema democrático. A alternância* **de** *frutas* **com** *legumes* **na** *dieta faz bem ao sistema gastrintestinal.* Neste caso, pode não aparecer o terceiro elemento: *A alternância* **de** *sons fortes* **com** *sons fracos cria uma cadência.*

alternativa

Rege *a*: *A prática regular de exercícios físicos é a melhor alternativa* **ao** *sedentarismo. Colecionar coisas é uma boa alternativa* **ao** *ócio.*

altitude ≠ altura

Convém não confundir. **Altitude** é altura em relação ao nível do mar. Campos do Jordão (SP) fica numa *altitude* de 1.628m. **Altura** é elevação ou distância acima de determinado nível, tanto do mar como da terra. É também a dimensão de um corpo considerada verticalmente, da base ao cume. Ainda: tamanho de uma pessoa. Você sabe qual é a *altura* do maior pico brasileiro? Você sabe qual vai ser a *altura* do novo prédio que será construído no local do antigo World Trade Center? Afinal, você sabe qual é a sua *altura*?

altivez ≠ empáfia ≠ orgulho ≠ arrogância

Convém não confundir. **Altivez** é a arrogância própria de quem se considera o maioral, o dono do mundo; não há ninguém superior a ele, que é incapaz de se humilhar perante quem quer que seja. Esse é o significado pejorativo do termo. Pode haver a *altivez* altamente positiva: é a isenção de humildade e de qualquer tipo de baixeza, é o mesmo que brio. Quantos condenados políticos não há neste mundo afora que morreram com *altivez*, própria dos verdadeiros heróis? Os japoneses, ao fim da II Guerra Mundial, assinaram a rendição com grande *altivez*. **Empáfia** é a arrogância própria do homem vazio, oco, afetado, por isso mesmo, ridículo. Muitas vezes deve dinheiro e favores a todo o mundo, mas faz questão de manter a postura arrogante, sem sentido. A *empáfia* costuma provocar indiferença e desprezo. **Orgulho** é o elevado conceito, legítimo ou não, que o indivíduo tem de si próprio, de seus familiares, daquilo com que ele simpatiza ou do que ele vê como digno de alto valor e honra. Você sente *orgulho* de ser brasileiro? Sente *orgulho* de seu filho? Sente *orgulho* de ser corintiano? O orgulhoso tem, contudo, uma virtude: pode modificar-se. **Arrogância** é o orgulho atrevido. O arrogante se mostra insolente, não se contém em si próprio, não se emenda jamais, por isso é intolerável. Todos temos na vida exemplos de uns e outros. Às vezes muito mais próximos estão eles do que imagina a nossa vã filosofia...

alto

Superl. sint. erudito: *supremo* (Supremo Tribunal Federal) ou *sumo* (Sumo Pontífice).

alto e bom som

É esta a expressão perfeita, ou seja, sem a anteposição da preposição *em*: *dizer alto e bom som*, ou seja, dizer abertamente, em voz alta e clara, sem receio de ser ouvido.

alto-falante

É assim que se escreve, pois *alto* aqui é advérbio e significa *em volume alto*. Muitos, todavia, querem que seus automóveis tenham "auto-falante", já que para eles o "auto-falante" nada mais é que um falante de auto (automóvel). Maravilha! Pl.: *alto-falantes*. O interessante é que existe a variante *altifalante* (que ninguém usa).

alto mar

Sem hífen. Os dicionários que registram "alto-mar" deveriam manter a coerência, trazendo também "mar-alto". Por que não o fazem? Convém reparar, ainda, como escrevem os espanhóis: *alta mar*. E como escrevem os franceses: *haute mer*. Se esse não é um bom caminho, como será o de certos dicionários? Adj. corresp.: *equóreo*. Portanto, *horizonte do alto mar = horizonte equóreo*.

alucinado
Rege *com*, *de* ou *por*: *Vendo-se alucinado **com** o* (ou ***do***, ou ***pelo***) *poder, teve de renunciar, por ter alternado cinismo com safadeza. O rapaz ficou alucinado **com** a* (ou ***da***, ou ***pela***) *garota, a quem queria conquistar de qualquer maneira*.

aludido material
V. **artigo**.

aludir
É verbo transitivo indireto que não admite como complemento o pronome *lhe*(*s*), mas apenas *a ele* (e variações): *Sempre soube da existência dos discos-voadores, mas nunca aludi **a eles***. Na linguagem forense, há advogados que usam: *A vítima alude "que..."*, em vez de *A vítima alude ao fato de que...*

alugado / aluguel
Regem *a* ou *para*: *Teve seu imóvel alugado **a*** (ou ***para***) *turistas. O aluguel **a*** (ou ***para***) *turistas sempre é mais caro*.

alugam-se apartamentos
É a construção gramatical. Sempre que houver uma construção semelhante, ou seja, *verbo transitivo direto + pronome se + substantivo no plural*, o verbo deve estar obrigatoriamente no plural. Outros exemplos: *Vendem-se casas. Cobrem-se botões. Aviam-se receitas. Dão-se aulas particulares. Aceitam-se sugestões. Trocam-se CDs.* V. **precisa-se de empregados**.

aluguel / aluguer
São ambas formas corretas; a primeira faz no pl. *aluguéis*; a segunda, usada apenas no meio forense, *alugueres*.

aluguel ≠ locação
Convém não confundir. **Aluguel** é a cessão de posse de uma propriedade ou mesmo de um serviço, mediante contrato formal, por tempo e preço determinados, é arrendamento. Casas e terrenos são *alugados*. **Locação** é a cessão de posse de bens e serviços por curto espaço de tempo, mediante preço previamente acordado. Filmes e carros são *locados*.

alumiar ≠ iluminar
Convém não confundir. **Alumiar** é dar alguma luz ou claridade a: *Uma só vela **alumiava** o ambiente. As estrelas **alumiam** o céu*. **Iluminar** é dar luz ou claridade com profusão, em abundância: *O Sol **ilumina** a Terra*. Antigamente, tínhamos carros cujos faróis apenas *alumiavam* a estrada; hoje, eles realmente *iluminam*, tamanho o progresso alcançado no setor. Note, ainda, que todos dizemos *Deus o ilumine!*, e não *Deus o "alumie"!*

aluno
Col.: *classe*. Adj. corresp.: *discente*. Portanto, *disciplina de aluno = disciplina discente*.

aluno ≠ discípulo
Convém não confundir. **Aluno** é, em rigor, aquele que desde a infância é educado por alguém e dele recebeu os ensinamentos; hoje se diz *aluno* todo aquele que freqüenta uma escola, ou seja, passou a ser sinônimo de estudante. **Discípulo** é aquele que recebe lições de um mestre ou líder e adota a sua doutrina, procurando seguir-lhe os passos. Cristo, assim como Sócrates, teve *discípulos*.

alusão / alusivo
Regem *a*: *O presidente fazia alusão **a** seu ministro da Fazenda. O discurso do presidente, alusivo **a** seu ministro da Fazenda, foi um encômio*.

aluvião
É palavra feminina (*a aluvião, uma aluvião*): *O presidente recebeu **uma** aluvião de perguntas dos repórteres. O cantor recebe por semana **uma** aluvião de cartas de seus fãs*.

alvará
É palavra masculina: *o alvará, um alvará*.

alvejar
Sempre com **e** fechado: *alvejo, alvejas, alveja, alvejamos, alvejais, alvejam* (pres. do ind.); *alveje, alvejes, alveje, alvejemos, alvejeis, alvejem* (pres. do subj.). *Este sabão em pó **alveja** mais a roupa que aquele. Espero que ele não me **alveje**, ao atirar*.

alvi-
Não exige hífen em nenhum caso este elemento: *alviceleste, alvinegro, alvirrubro, alviverde*, etc.

alvo
Rege *a* (mira) e *de* (motivo principal): *As cabinas da polícia carioca estão servindo de alvo **a**os bandidos. O árbitro acabou sendo alvo **a**os arremessos de pedras dos torcedores. Ao dar essa declaração, o ministro acabou sendo alvo **de** todo tipo de críticas. O alvo **d**a ira popular era o ministro da Saúde*.

alvorecer ≠ aurora
Convém não confundir. **Alvorecer** é a claridade mais tímida do dia, indicadora de que naquele instante a noite está se desfazendo. É o mesmo que *alvorada* e precede a *aurora*. **Aurora** é a primeira luz matinal, a luz rósea que desponta no horizonte anunciando a chegada do astro-rei e, com ele, um novo dia.

alvoroço
Tanto o singular quanto o plural têm o **o** tônico fechado.

amabilidade
Rege *com* ou *para com*: *Todos notaram a sua amabilidade **com*** (ou ***para com***) *a nova secretária*. V. **amável**.

amaciado
Rege *com* ou *por*: *Teve os cabelos amaciados **com*** (ou ***por***) *cremes importados. Teve os passos amaciados **com*** (ou ***por***) *sapatos de sola de borracha*.

amado
Rege *de* ou *por*: *Sentiu-se amado de* (ou *por*) *todos quantos o rodeavam. Qual seria a personagem infantil mais amada das* (ou *pelas*) *crianças?*

amainar
Sempre com o ditongo **ai** nasalado, assim como dizemos *paina* e *faina*: *amaino, amainas, amaina, amainamos, amainais, amainam* (pres. do ind.); *amaine, amaines, amaine, amainemos, amaineis, amainem* (pres. do subj.). *Não há nada que amaine o mau-humor do chefe, quando seu time perde.*

a maioria de / a maior parte de
Fazendo parte do sujeito qualquer destas expressões, pode haver duas concordâncias: *A maioria dos brasileiros votou* (ou *votaram*) *nele. A maior parte dos brasileiros está* (ou *estão*) *descontente(s) com ele.* Ou seja: a concordância se faz com *maioria* ou com *parte* ou com o nome no plural que se lhe segue.

a "mais" preferida / o "mais" preferido
Redundância: na palavra *preferida* ou *preferido* já existe a idéia de *mais*. V. **a "menos" preferida** e **o "menos" preferido**.

amaldiçoado
Rege *de* ou *por*: *Morreu amaldiçoado de* (ou *por*) *todos os parentes, mas amado de todos os amigos. Esse parece ser um povo amaldiçoado de* (ou *por*) *Deus.*

amálgama
É palavra masculina (*o amálgama, um amálgama*): *Aquele presidente era um amálgama de virtudes e defeitos. O político defendeu o amálgama entre a democracia e o socialismo.* Há dicionários que a registram, equivocadamente, como feminina.

amancebar-se
Sempre com **e** fechado: *amancebo-me, amancebas-te, amanceba-se, amancebam-se* (pres. do ind.); *me amancebe, te amancebes, se amancebe, se amancebem* (pres. do subj.). *Meus amigos torcem para que eu me amancebe com minha vizinha. Ele disse que não se amanceba com ninguém.*

amanhã
Como substantivo, significa época próxima futura, futuro: *O amanhã a Deus pertence.* Pl.: *amanhãs*. No entanto, já houve jornalista que escreveu, para nos aterrorizar ainda mais: *Depois de uma guerra nuclear não haverá "amanhães".* Para ele, talvez haja poucos...

amanhecer "o dia"
Visível redundância. Em *amanhecer* já existe a idéia de raiar o dia: *Será que já amanheceu?* Certa feita, no pára-choque de um caminhão, uma mensagem "filosófica": *Quer você acorde ou não, "o dia amanhecerá".* Caminhoneiros de todo o mundo, uni-vos no merecimento do perdão!

amanteigar
Sempre com **ei** fechado e bem-pronunciado: *amanteigo, amanteigas, amanteiga, amanteigamos, amanteigais, amanteigam* (pres. do ind.); *amanteigue, amanteigues, amanteigue, amanteiguemos, amanteigueis, amanteiguem* (pres. do subj.). *Se eu não amanteigo o meu pão, ninguém amanteiga.* Como se vê, ninguém "amantéga" coisa nenhuma.

à mão / à mão armada
Preferível com acento: *lavar à mão, assalto à mão armada*.

a mãos-cheias / às mãos-cheias / a mancheias
Em grande quantidade. As três expressões existem. *No Oriente Médio existe petróleo a mãos-cheias. Nas grandes cidades existem bandidos às mãos-cheias. Mulheres lindas? No Brasil existem a mancheias.*

à máquina
Preferível com acento no **a** inicial: *bater à máquina*. No português lusitano, usa-se **à máquina**: *Trabalhei o dia todo à máquina*. No Brasil, prefere-se **na máquina**. Na norma culta ainda se dá preferência à construção legitimamente portuguesa.

amar
Por ser verbo transitivo direto, usa-se assim: *ela o ama, eu a amo, ela os ama, eu as amo*. No Nordeste, todavia, é comum substituir o pronome *o* (e variações) por *lhe* (e variação). Então, comumente se ouve: *Eu ainda "lhe" amo, minha bichinha!* Amor safado!...

amargo
Superl. sint. erudito: *amaríssimo*. Portanto, *remédio muito amargo = remédio amaríssimo*.

amargurado
Rege *com, de* ou *por*: *Amargurado com a* (ou *da*, ou *pela*) *morte do filho, deixou de freqüentar a sociedade. Sinto-me amargurado com* (ou *de*, ou *por*) *uma dúvida atroz: caso ou descasco esta laranja?* Há casos em que só admite *de* ou *por*: *Aquele era um coração amargurado de* (ou *por*) *remorsos.*

amarrado
Rege *a* (pref.) ou *em* (atado; absorto) e *em* (ligado moral ou amorosamente): *Deixei o cão amarrado ao* (ou *no*) *poste. Os seqüestradores o deixaram amarrado a* (ou *em*) *uma árvore, sem água nem comida. Ficou horas ali, amarrado à* (ou *na*) *leitura do livro. Viveu toda a vida amarrado no pecado. Estou amarrado nessa mulher. É verdade que também ela está amarrada em mim?* No primeiro caso, justifica-se a preferência pela preposição *a*, por ser a regência legitimamente portuguesa; no português do Brasil é que mais se usa "em".

amarrar / amarrar-se
Na norma culta, regem a preposição *a*: *amarrar o cavalo **a** uma árvore; amarrar o bote **a** um tronco, amarrar o cão **a** um poste; amarrar o povo **a** vãs esperanças. Amarrar-se **a** uma opinião. Amarrar-se **à** leitura de um livro. Amarrar-se **à** professora.* No português do Brasil, contudo, usa-se muito a preposição *em*, mas apenas em sentido próprio: *amarrar o cavalo **num** árvore; ele se amarrou **num** poste.*

amassado
Rege *com* ou *por*: *Teve o carro amassado **com** (ou **por**) um ônibus. Eram pães amassados **com** o (ou **pelo**) suor de gente fétida, sem nenhum senso de higiene.*

amável
Rege *com* ou *para com*: *ser amável **com** (ou **para com**) todos.* V. **amabilidade**.

amazona ≠ cavaleira
Convém não confundir. **Amazona** é a mulher que pratica a equitação, que anda a cavalo; **cavaleira** também é a mulher que anda a cavalo, mas pode ser uma peoa da zona rural, tocadora de gado ou de rebanho, sem o charme, o traje e a técnica da *amazona*.

Amazonas
Adj. pátrio: *amazonense* ou *baré*. Baré é o nome de um grupo indígena que habita a região e deu nome também ao nascido no Estado. *Amazonas* é uma palavra que nos vem do grego: *a-* = não, sem + *mazós* = seio. Segundo a lenda, as lendárias guerreiras chamadas amazonas amputavam o seio direito, para poderem usar melhor o arco, nas lutas que empreendiam.

Amazônia
Área setentrional do continente sul-americano, na qual se situam vários países, além da bacia hidrográfica do rio Amazonas e a maior floresta equatorial do mundo. A pessoa que nasce ou habita na Amazônia se diz *amazônida*. Adj. corresp.: *amazônico* ou *amazônio* (*região amazônica, animais amazônios*).

âmbar
Esta palavra, quando usada como adjetivo, na indicação da cor, não varia: *meias âmbar, sapatos âmbar*.

ambição / ambicioso
Regem *de* ou *por*: *A ambição **do** (ou **pelo**) poder o levou à revolução. Garotas adolescentes, ambiciosas **da** (ou **pela**) fama da passarela, fazem rigorosos e nem sempre saudáveis regimes para emagrecer.*

ambição ≠ cobiça ≠ ganância
Convém não confundir. **Ambição** é a avidez ou desejo muito forte de conseguir posição social, honras, fama, sucesso, cargos, dignidades, riquezas, bens, dinheiro, etc., para satisfação do amor-próprio. A *ambição* tanto leva ao sucesso quanto ao fracasso. **Cobiça** é a avidez de riquezas. A *cobiça* de Fernão Dias Pais Leme o levou à morte, na serra das Esmeraldas. **Ganância** é a ânsia imoderada do lucro. A *ganância* traz infelicidade, porque o ganancioso, que pode ser riquíssimo, nunca está satisfeito. O ganancioso está para o lucro, assim como o guloso está para o prato de comida: não é a fome ou a necessidade que determina a sua vontade, mas a pobreza de espírito.

ambidestro
Que ou aquele que usa as duas mãos com a mesma facilidade. Pronuncia-se *ambidêstro*, mas há quem diga "ambidéstro". V. **destro**.

ambos os dois / ambos de dois / ambos e dois
São formas pleonásticas e algo esquecidas, ao menos no português falado contemporâneo. Mas estão longe de ser erradas. Encontram-se apenas aqui e ali, no meio literário. Camilo Castelo Branco, p. ex., escreveu: *Quebrado tivesse eu as pernas **ambas de duas** quando casei*. (Que drástico arrependimento!) Certa vez perguntaram a Rui Barbosa qual forma era correta: *bêbado* ou *bêbedo*? O baiano respondeu: *São-no **ambas as duas***. Aqui me parece existir realmente a necessidade de reforçar a idéia de dualidade; há, portanto, pertinência. Nós mesmos não a conseguimos evitar no verbete **frente a**.

ambrosia ≠ ambrósia
Convém não confundir. **Ambrosia** é o manjar dos deuses do monte Olimpo; em sentido figurado, manjar delicioso. **Ambrósia** é nome de uma planta e também nome de mulher.

ambulante ≠ marreteiro ≠ camelô
Convém não confundir. **Ambulante** é o que compra e vende mercadorias aqui e ali, sem ter local fixo de trabalho. Um vendedor de pipocas e amendoins é *ambulante*, assim como todos os vendedores de praia, com suas cestas de sanduíches naturais, refrigerantes, sucos, etc. **Marreteiro** é o vendedor de bugigangas que se estabelece num ponto central da cidade, sem pagar imposto, fornecer notas fiscais nem dar satisfação ao fisco. Trabalha, geralmente, com produtos contrabandeados. **Camelô** é o vendedor de bugigangas que grita, chamando os interessados e, normalmente, enaltecendo as qualidades das quinquilharias que vende. É um produto social em extinção.

ameaça
Rege *a* ou *contra*: *Não havia nenhuma ameaça **à** (ou **contra a**) segurança nacional. Há rumores de ameaça **ao** (ou **contra** o) regime. É cada vez mais crescente a ameaça **à** (ou **contra** a) floresta amazônica.* A regência "ameaça para" deve ser desprezada.

ameaça ≠ ameaças / ameaço / ameaços
Convém não confundir. **Ameaça** é palavra, atitude ou

gesto intimidativo (**ameaça** de greve, de agressão, de guerra) ou promessa de fazer algum malefício (receber **ameaça** de morte). **Ameaças, ameaço** ou **ameaços** são sinal ou prenúncio de um mal ou de algo indesejável [tive umas **ameaças** (ou um **ameaço**, ou uns **ameaços**) de infarto]. Assim, não há propriedade em dizer que alguém teve "uma ameaça" de infarto nem que existe "ameaça" de tempestade. Ameaças, ameaço e ameaços são palavras que se aplicam indiferentemente ao que independe da vontade humana, ao contrário de ameaça.

ameaçado
Rege de ou por (quando o complemento é o praticante da ação verbal): É uma população inteira ameaçada **de** (ou **por**) hordas de traficantes e seqüestradores. Quando o complemento não pode ser o praticante da ação, e antes de infinitivo, rege apenas de: Ele esteve ameaçado **de** morte. Ele esteve ameaçado **de** ficar cego. Pode, ainda, reger em: Quando se vê ameaçado **em** seus interesses, ele reage violentamente.

ameaçar
Usa-se com o pronome o (e variações): Ela **o** ameaçou denunciá-lo à justiça. Eles não têm noção do perigo que **os** ameaça. O bandido **a** ameaçou de morte.

ameaçar "de"
Não é da norma culta, mas a língua contemporânea vai conhecendo cada vez mais a construção deste verbo com a preposição de: Ameaçou "de" quebrar tudo na empresa, se não recebesse aumento. Retirada a preposição, a construção fica perfeita, de acordo com a norma culta. O mesmo fenômeno lingüístico ocorre com acontecer, dar, entender, evitar, inventar e resolver.

à medida "em" que
Em nossa língua, não existe tal locução, que se substitui por à medida que: **À medida que** caminhávamos, mais dor nos pés sentíamos. Ela ri **à medida que** folheia o jornal. V. **na medida em que**.

amedrontado
Rege com, de ou por: Ela ficou amedrontada **com** as (ou **d**as, ou **pel**as) ameaças do ex-namorado e se mudou da cidade. As mulheres ficaram amedrontadas **com** aquele (ou **d**aquele, ou **por** aquele) casarão, que diziam ser assombrado.

a meias
É essa a locução que significa meio a meio, em colaboração ou em sociedade: fazer sociedade **a meias**, plantar **a meias**, comprar uma fazenda **a meias**, etc. O povo usa a "meia". V. **paredes-meias**.

ameixa
Adj. corresp.: pruniforme. Portanto, grão semelhante a ameixa = grão pruniforme; órgão semelhante a uma ameixa = órgão pruniforme.

âmen ≠ amém
São ambas corretas. **Âmen** é palavra hebraica e significa assim seja! Pl.: amens (paroxítona e sem acento, a exemplo de hifens, nuvens, etc.). **Amém** é forma aportuguesada. Pl.: améns. A pessoa que costuma dizer amém a tudo, ou seja, que sempre está concordando com tudo, se diz amenista.

amendoim
Apesar de ser assim, muitos insistem em dizer "minduim". Como alcunha é ótimo: Zé Minduim. Mas só.

ameno
Rege com ou para com: Um chefe ameno **com** (ou **para com**) todos.

a "menos" preferida / o "menos" preferido
Não. A palavra preferida ou preferido não admite modificadores. V. **a "mais" preferida / o "mais" preferido**.

a menos que "não"
A locução a menos que já tem sentido negativo; equivale a a não ser que. Daí por que dispensa o advérbio. Portanto: **A menos que** cessem as hostilidades, os dois países poderão entrar em guerra novamente. Iremos à praia amanhã bem cedo, **a menos que** chova.

América
Adj. reduzido: américo- (comércio américo-europeu). A palavra América foi criada em 1507 pelo cartógrafo alemão Martin Waldseemüller (1470?-1522?), em homenagem ao navegador italiano Américo Vespúcio, que – segundo a tradição – descobriu o Novo Mundo. Muitos a usam por Estados Unidos: Vou morar na América. Vou viver na América. Vou morrer na América. Pois vá!

à mesa
Convém sempre usar **à** (e não "na"), nesta expressão, quando existe a idéia de proximidade ou contigüidade. Assim, por exemplo: sentar-se **à** mesa, acomodar-se **à** mesa, estar **à** mesa, etc. Reserve a expressão com **na**, quando existir a idéia de posição superior. Assim, por exemplo: Sentar-se **na** mesa não é coisa de gente civilizada.

a meus pés / em meus pés
São ambas expressões corretas, mas não com combinação (aos) ou contração (nos). Portanto: Ela se ajoelhou a meus pés (ou em meus pés). Há os que usam "aos" meus pés e "nos" meus pés. O pronome possessivo pode ser trocado por seus, teus, nossos e vossos: a **seus** pés, em **seus** pés; a **teus** pés, em **teus** pés, etc.

a meu ver / em meu ver / em meu modo de ver
São expressões corretas, mas não com combinação (ao) ou contração (no): **A** meu ver isso está errado. **Em** meu ver isso não vai acabar bem. **Em** meu modo de ver, ela ainda o ama. Há quem use "ao" meu ver, "no" meu ver e "no" meu modo de ver.

amígdala / amídala
São ambas formas corretas, mas a preferida é a primeira. Hoje, porém, cientificamente, se usa *tonsila*. Adj. corresp.: *amigdaliano, amigdálico* ou *amigdalino: inflamação amigdaliana, extração amigdálica, cirurgia amigdalina*. No meio científico, porém, prefere-se *tonsilar*.

amigo ≠ colega
Convém não confundir. **Amigo** é aquele que é ligado a outrem por laços de amizade. **Colega** é pessoa que estuda na mesma escola, divide o mesmo quarto, trabalha na mesma firma, tem o mesmo cargo, exerce a mesma função ou tem a mesma profissão, participa do mesmo jogo ou da mesma competição, etc. Nem todo *amigo* é *colega*; nem todo *colega* é *amigo*.

amigo-da-onça
É assim que se grafa tal palavra, que teria surgido em virtude de uma caça que fizeram dois amigos, no fundo, no fundo, não lá muito amigos. Ao adentrarem a floresta, um começou a falar com o outro, com visível má intenção:
— *Se mecê topasse agora com uma baita de uma onça, o que fazia,* cumpade?
— *Eu pegava a espingarda e mandava chumbo nela!*
— *E se o tiro* faiasse*, cumpade?*
— *Se o tiro faiasse, eu saía correno!*
— *E se ela também saísse correno atrais, cumpade?*
— *Bem, se ela saísse correno atrais, eu trepava na primeira arve que encontrasse.*
— *E se ela trepasse também, cumpade?*
— *Bem, aí, então, eu pulava daquela arve pra otra.*
— *E se ela pulasse também, cumpade?*
Percebendo que a intenção do "amigo" era obrigar a onça a devorá-lo, pergunta, finalmente, o acuado caçador:
— *Péra aí, culega: afinar, mecê é meu amigo ou é amigo da onça?*
Diz-se que foi assim que teria surgido a palavra *amigo-da-onça* (naturalmente, com hífen), espécime que se encontra em todos os lugares, para todos os gostos. Principalmente muito perto de nós...

amilase / amílase
Ambas as pronúncias são aceitas; a primeira é a mais usual, a segunda é a gramaticalmente mais aceita. A maioria das palavras que trazem o elemento *-ase* (= enzima) são, preferencialmente, paroxítonas.

à minha / a minha
É facultativo o uso do acento grave no *a*, antes de pronomes possessivos, com exceção daqueles que acompanham nomes de parentesco. Portanto: *Ela está à* (ou *a*) *minha espera. Cheguei a* (ou *à*) *minha residência há pouco.* Mas: *Pedi um favor a minha irmã. Dei um bom presente a minha mãe.* A razão é simples: também facultativo é o emprego do artigo antes de pronomes possessivos. É indiferente dizer ou escrever: **Minha** *espera foi longa* ou **A minha** *espera foi longa*. Mas sempre: **Minha** *irmã é virginiana.* **Minha** *mãe é pisciana.*

aminoácido
Apesar de ser assim, oito entre dez professores de Biologia, escrevem "amino-ácido".

amiudar
Durante a conjugação, as formas rizotônicas apresentam acento no *u*: *amiúdo, amiúdas, amiúda, amiúdam* (pres. do ind.); *amiúde, amiúdes, amiúde, amiúdem* (pres. do subj.).

amizade
Rege *a* ou *por* (afeição, carinho especial) e *com* (ligação ou relação amistosa) ou *entre*: *Tudo isso ela fez só por amizade a*os (ou *pel*os) *colegas. Tenho grande amizade a* (ou *por*) *essa gente. Tenho-lhe grande amizade, Marisa! Minha amizade* **com** *ele é de longa data. Travei amizade* **com** *todo o mundo no clube. A amizade* **entre** *nós é de longa data. Existe amizade sincera* **entre** *mulheres?*

amizade ≠ amor
Ninguém confunde, mas cabem algumas observações. **Amizade** é o sentimento de grande afeição, respeito e natural apego que une pessoas entre si durante longo tempo; é o estado de querer bem a outrem pelo tempo de conhecimento e pela confiança mútua surgida. Trata-se de uma das maiores riquezas da vida, embora tão frágil quanto as flores do campo, submetidas a um devastador vendaval. **Amor** (quem não sabe?) é o sentimento profundo e caloroso de atração que um sexo experimenta pelo outro. Tem estreito relacionamento com a *amizade*, de que se distingue mormente pelo fato de ser mais vivo, mais ardente e geralmente menos durável. A *amizade* nasce nos gestos, nos atos, na estima, compreendidos num relacionamento mais ou menos longo. O *amor* nasce nos olhos, pode ser até instantâneo e não dispensa todos os ingredientes necessários à formação da *amizade*. Diferentemente da *amizade*, o *amor* costuma ser uma ilusão, pois, ao mesmo tempo que cresce com a esperança, diminui com a posse. Dizem que o *amor*, para ser verdadeiro, tem de ser eterno. O que, no entanto, há neste mundo que seja eterno? O *amor* e a amizade andam tão juntos, são sentimentos tão unidos e compatíveis, que ambas as palavras possuem a mesma raiz: *am-*, que significa *união*. Também o verbo *namorar* traz essa raiz. Por isso, muitos afirmam que a pessoa que fala em *amizade*, mormente com o sexo oposto, intenciona, em verdade, amar, já que a *amizade*, em qualquer plano, nada mais é que o *amor* sem suas naturais conseqüências. Houve já quem afirmasse, com certa sabedoria: Entre um homem e uma mulher a *amizade* só pode ser uma passarela para o *amor*. De fato, quem ama dispensa primeiramente *amizade*; esses dois nobres sentimentos se inter-relacionam na mais doce intimidade.

amnésia / amnesia
Ambas as prosódias são boas, mas a primeira é a mais vulgar.

amoitar
Sempre com **oi** fechado: *amoito, amoitas, amoita, amoita-*

mos, amoitais, amoitam (pres. do ind.); *amoite, amoites, amoite, amoitemos, amoiteis, amoitem* (pres. do subj.). Na língua popular se ouve muito "amóito", "amóita", "amóite", etc.

amoldado
Rege *a*: *Usou uma linguagem amoldada **a** seu interlocutor.* A regência "amoldado com" deve ser desprezada.

amolecido
Rege *com* ou *por*: *Teve o coração amolecido **com** as* (ou ***pelas***) *lágrimas da mãe. Antes de serem levados ao fogo, os polvos são amolecidos **com** (ou **por**) pancadas, senão se tornam duros demais para serem consumidos.*

amor
Rege *a, de, para com* ou *por* (pessoa ou ser irracional) e *a, de* ou *por* (coisa): *Ter amor **a**os* (ou ***d**os*, ou ***para com** os*, ou ***pel**os*) *filhos. Ter amor **a**os* (ou ***d**os*, ou ***para com** os*, ou ***pel**os*) *animais. Ter amor **à*** (ou ***da***, ou ***pela***) *Pátria. Ter amor **a**o* (ou ***d**o*, ou ***pel**o*) *clube do coração. Ter amor **à*** (ou ***da***, ou ***pela***) *natureza*. A regência *amor de* tem sido evitada, por propiciar cacofonia (*amor da Pátria, amor do próximo*), mas é essa, justamente, a preferida dos clássicos. Encontramos tal regência ainda em *Pelo **amor de** Deus, não faça isso!* Adj. corresp. (no sentido material ou carnal): *erótico*. Portanto, *cenas de amor = cenas eróticas*.

amora
Adj. corresp.: *rubiforme*. Portanto, *pedra semelhante a amora = pedra rubiforme; órgão semelhante a uma amora = órgão rubiforme*.

amoral ≠ imoral
Convém não confundir. **Amoral** é que não é nem moral nem imoral, que não é susceptível de ser qualificado moralmente, que não se baseia num padrão moral, que não tem consciência dos valores morais, ou seja, é moralmente neutro. Assim, todo recém-nascido é *amoral*, todo animal é *amoral* e toda ciência é *amoral*. Os antigos índios, da época do Descobrimento, eram *amorais*. Já **imoral** é que viola os princípios morais de uma comunidade, principalmente de caráter sexual; é o mesmo que contrário à moral, ofensivo aos bons costumes, obsceno, indecente. Um atentado ao pudor é *imoral*, os tarados são *imorais*, alguns filmes também são *imorais*. Uma atitude também se considera *imoral*, se o indivíduo que a cometeu agiu de forma justamente oposta à que ficou combinada.

amorfo
Pronuncia-se *amórfo*.

amoroso
Rege *com* ou *para com*: *pai amoroso **com*** (ou ***para com***) *os filhos; pessoa amorosa **com*** (ou ***para com***) *os animais*.

amortecido
Rege *com* ou *por*: *Os ruídos são amortecidos **com*** (ou ***por***) *material fonoabsorvente, de modo que o interior do carro fica muito silencioso. Teve os passos amortecidos **com*** (ou ***por***) *sapatos de sola de borracha*.

à mostra / à amostra
São expressões equivalentes. *A moda agora é deixar o umbigo **à mostra*** (ou ***à amostra***).

amostra / mostra
São ambas formas corretas: *Você teve aqui, uma pequena **amostra*** (ou ***mostra***) *de como podemos usar duas palavras, indiferentemente, uma pela outra. Você foi à **mostra*** (ou ***amostra***) *do pintor?*

amparado
Rege *a* ou *em* (apoiado), *a, em* ou *contra* (escorado) e *de* ou *por* (protegido), se o complemento for pessoa, mas *de* ou *contra*, se o complemento for coisa: *Andava amparado **a*** (ou ***em***) *um velho guarda-chuva. Desci a escada amparado **a**o* (ou ***n**o*) *braço dela. Quando cheguei, encontrei-o totalmente bêbado, amparado **à*** (ou ***na***, ou ***contra** a*) *parede. Sentia-se amparado **d**o* (ou ***pel**o*) *presidente e, por isso, achava-se no direito de achacar empresários. O Brasil é um país totalmente amparado **de*** (ou ***contra***) *furacões*.

amparo
Rege *a* (ajuda, assistência), *a* ou *em* (apoio) e *a, em* ou *contra* (escora): *É um fundo de amparo **a**os idosos. O amparo **a**o* (ou ***n**o*) *velho guarda-chuva permitia que ele andasse pela casa toda. O amparo **à*** (ou ***na***, ou ***contra** a*) *parede ainda lhe dava algum equilíbrio para andar*.

ampersand
Nome inglês do sinal &, equivalente de *e*: *Casa Grande & Senzala, Casseta & Planeta*. Pronuncia-se *émpersènd*.

ampliação
Rege *de...a* (ou *para*): *O Ministério da Educação determinou a ampliação do ensino fundamental **a*** (ou ***para***) *nove anos*.

amputar ≠ decepar
Convém não confundir. **Amputar** é cortar cirurgicamente membro do corpo ou parte dele, geralmente por necessidade: *amputar um braço, uma perna, um dedo*. **Decepar** é destacar do tronco um membro, cortando violentamente (a machadadas, p. ex.): *Ao rachar lenha, **decepou** um dedo*.

amuado
Rege *com* ou *contra* (antes de nomes) e *por* (antes de verbo): *O presidente andava meio amuado **com*** (ou ***contra***) *seu vice. Andava meio amuado **por** ter de fazer tantos exercícios de fisioterapia*.

a muito custo / com muito custo
As duas expressões existem e se equivalem: ***A*** (ou ***Com***) *muito custo conseguimos demovê-lo da idéia. Estava rico, mas tudo o que conseguiu foi **a*** (ou ***com***) *muito custo*.

amuleto ≠ talismã
Convém não confundir. **Amuleto** é qualquer objeto (figa, medalhinha, etc.) que se usa para se proteger de influências malignas, diabólicas, etc. **Talismã** é qualquer objeto (anel, pedra, etc.) que se usa para trazer sorte.

análise
Rege *a*, *de* (crítica) e *de* ou *sobre*: *A análise **a**o (ou **d**o) novo código civil foi feita por grandes juristas. Fiz uma análise **a**o (ou **d**o) projeto de reforma da ortografia. Proceder à análise **d**os (ou **sobre** os) dados de uma pesquisa de opinião.*

analista-contábil
Com hífen. Da mesma forma: *analista-financeiro* e *analista-econômico-financeiro*.

analogia
Rege (*por*)...*com* (ou *de*), *de*...*com*, *entre* ou *com*: *Usamos laringe, no feminino, por analogia **com** o (ou **d**o) gênero de faringe. A analogia **de** uma palavra **com** outra propiciou mudança de gênero de uma delas. A analogia **entre** as duas palavras provocou mudança de gênero de uma delas. Esse fato teria analogia **com** o anterior?*

análogo
Rege *a* ou *a*...*em* e *em*: *Um exemplo análogo **a** esse é difícil encontrar. Sua situação é análoga **à** minha **em** tudo. São textos análogos **n**a forma e **n**o conteúdo.*

anão
Pl.: *anãos* ou *anões*. Dim. pl.: *anãozinhos* ou *anõezinhos*.

anão ≠ pigmeu
Convém não confundir. O **anão** apresenta má conformação, desarmonia de membros e certas características somáticas muito próprias; o **pigmeu** é sempre bem-conformado, proporcional, pode ser até elegante. Além do quê, a palavra *anão* se aplica também a animais e plantas; *pigmeu* só se aplica ao ser humano.

a não ser / a não serem
V. **a ser / a serem**.

anãozinho
Diminutivo afetivo. Em *anão* já existe a idéia de diminuição, de pequenez. Não há, todavia, inconveniente no uso desse diminutivo, já que, além dos aspectos puramente gramaticais, há que também se levar em conta o aspecto afetivo da comunicação. A terminação *-zinho*, nesse caso, imprime ao termo afetividade, não tendo nenhum valor gramatical.

anátema
Rege *a* ou *contra*: *A Igreja sentenciou um anátema **a** (ou **contra**) esse rei. Os puristas fulminam anátemas **a**os (ou **contra** os) estrangeirismos.*

ancião
Fem.: *anciã*. Pl.: *anciãos*. Antigamente também se usavam *anciões* e *anciães*.

ancião ≠ velho
Convém não confundir. **Ancião** é o homem já avançado em idade, digno de respeito e até de veneração, pela sua sapiência e enorme cabedal de conhecimentos que adquiriu ao longo da vida. Existem muitos *anciãos* no Tibete, onde são venerados por todo cidadão de respeito. **Velho** é simplesmente o homem que tem muitos anos de existência. Por despertar a idéia de que o *velho* está perto do fim da sua existência, não é palavra polida para ser dirigida a quem quer que seja, a não ser para manifestar desprezo ou zombaria.

andar
Antes de numerais ordinais, fica no singular ou vai ao plural, se o artigo vem repetido: *o primeiro e o segundo **andar** (ou **andares**) do prédio*. Se não houver repetição do artigo, o plural será de rigor: *o primeiro e segundo **andares** do prédio*. Outros exemplos: *os condôminos do 5º e do 6º **andar** (ou **andares**); os condôminos do 5º e 6º **andares***. V. **série**.

andar ≠ caminhar
Convém não confundir. **Andar** é mover-se dando passos para diante. Com mais de um ano de idade, todo ser humano normal *anda*. **Caminhar** é andar por prazer, por esporte, ou com algum objetivo bem-definido. *Vamos, caminhemos até a praia!*

andebol / handebol
São formas aportuguesadas do inglês *handball*. Como a primeira é incompreensível, porque não é compatível com a forma que lhe dá origem, prefira a segunda.

Andes
Como se usa apenas no plural, exige verbo e determinantes também no plural. Ex.: *Os Andes ficam cobertos de neve o ano inteiro. Conheço todos os Andes*. Aquele que habita os Andes ou aquilo que cresce nos Andes se diz *andícola*. Quem nasce na região se denomina *andino*. O adjetivo contraído é *ando-* (*região **ando**-chilena*).

andorinha
Dim. irregular: *andorinho* (s.m.). Adj. corresp.: *hirundino*. Portanto, *migração de andorinhas* = *migração hirundina*; *pios de andorinha* = *pios hirundinos*.

anel
Adj. corresp.: *anelar* ou *anular* (linguagem científica). Portanto, *nebulosas semelhantes a anel* = *nebulosas anulares*. Dim. pl.: *aneizinhos*. Jamais: "anelzinhos".

anético
V. **"aético"**.

aneurisma
É palavra masculina: *o aneurisma*, **um** *aneurisma*.

anexação
Rege *a* ou *de...a*: *Há várias cidades periféricas que desejam anexação* **à** *capital. No início do século XX, houve a anexação* **do** *Acre* **ao** *Brasil. A anexação* **da** *Polônia* **à** *Alemanha foi uma das principais causas da II Guerra Mundial.*

anexar "junto"
Visível redundância: quem anexa já junta. Por isso, basta usar *anexar*. *O advogado* **anexou** *várias provas aos autos. Anexe a nota fiscal à mercadoria!*

anexo
Rege *a*: *Havia uma construção anexa* **ao** *edifício do congresso. O que representa essa foto anexa* **aos** *documentos?* Concorda normalmente com o nome a que se refere: *As fotos vão* **anexas**. **Anexas** *vão as fotos. Os documentos seguem* **anexos**. **Anexos** *seguem os documentos. A nota fiscal remeto* **anexa**. **Anexa** *remeto a nota fiscal.* A expressão "em anexo" deve ser desprezada. Não se usa, ainda, *anexo* por *anexado*, na voz passiva, como neste exemplo: *Novas provas foram "anexas" aos autos.* V. **apenso** e **incluso**.

anfitrião
Fem.: *anfitrioa* (ô) ou *anfitriã* (pop.). Pl.: *anfitriões* (a forma "anfitriãos" não é aconselhada).

anglo-
Adjetivo reduzido de *Inglaterra* (v.).

angra ≠ baía ≠ enseada ≠ golfo
Convém não confundir. **Angra** é braço de mar que penetra na terra, formando porto natural; é uma pequena enseada. **Baía** é braço marinho ou lacustre que entra na terra por pequena e estreita boca, que depois se alarga. **Enseada** é braço de mar que penetra na terra, alargando-se pelo interior da costa; é uma pequena baía onde as embarcações podem abrigar-se. **Golfo** é grande porção de mar que entra profundamente pela terra e por larga e ampla boca.

angústia / angustiado
Regem *de* ou *por*, mas *angustiado* ainda rege *com* (antes de nome): *A angústia* **do** (ou **pelo**) *sofrimento do filho era muito grande naquela mãe. A angústia* **de** (ou **por**) *ver os filhos com fome o torturava. Sentindo-se angustiado* **com** *a* (ou **da**, ou **pela**) *certeza da morte próxima, suicidou-se. Ficava angustiada* **de** (ou **por**) *ver seus filhos passando fome.*

anhanguera / anhangüera
Diabo velho. As duas pronúncias existem, mas a segunda é preferível. Grafa-se com inicial maiúscula, quando aplicada ao bandeirante Bartolomeu Bueno da Silva.

anil
Esta palavra, quando usada na indicação da cor, não varia: *meias anil, camisas anil*.

animado
Rege *com*, *de* ou *por* (nome) e *de* ou *por* (verbo): *Estava animado* **com** *o* (ou **do**, ou **pelo**) *novo emprego. Ficou animado* **de** (ou **por**) *poder voltar a casa mais cedo.*

animar-se
Rege *de* (ficar animado, entusiasmar-se) e *a* (sentir-se com coragem, atrever-se): *Ela sempre* **se anima de** *saber dos fracassos do ex-marido. Sempre* **me animo de** *ver as derrotas do seu time. Os palmeirenses* **se animaram de** *saber da desclassificação do Corinthians da Taça Libertadores da América. Não* **me animo a** *sair de casa com essa violência toda. Ao pressentir negativas, o rapaz nem* **se animava a** *pedir um beijo à namorada.* Há quem construa assim: *Os palmeirenses "se animaram com" a desclassificação do Corinthians da Taça Libertadores da América.*

ânimo
Rege *com* ou *para com* (pessoa), *para* (coisa) e *de* ou *para* (verbo): *O chefe sempre demonstrava bom ânimo* **com** (ou **para com**) *a nova secretária. Já não tinha ânimo* **para** *o trabalho. Não teve ânimo* **de** (ou **para**) *prosseguir viagem.*

animosidade
Rege *a*, *com*, *contra* ou *para com* e *entre...em*: *A animosidade* **aos** (ou **com** *os*, ou **contra** *os*, ou **para com** *os*) *imigrantes africanos na Alemanha é grande. Cresce cada vez mais a animosidade* **entre** *pais e filhos* **na** *decisão do horário de volta para casa, nos sábados à noite.*

aniquilar
O **u** não soa: *anikilar*. *Saudade, torrente de paixão, emoção diferente, que aniquila a vida da gente, e eu não sei nem mesmo de onde vem* (e não "anikuila", como canta alguém esse trecho da linda canção).

anistia
Rege *a* ou *para*, *de...a* (ou *para*) [pessoa] e *de...contra* (coisa): *A anistia* **aos** (ou **para** *os*) *exilados políticos foi uma concessão do governo militar. A anistia* **de** *crimes políticos* **aos** (ou **para** *os*) *exilados se deu no governo de Ernesto Geisel. A anistia* **de** *crimes* **contra** *a segurança nacional foi concedida na mesma ocasião.*

anistia ≠ perdão
Convém não confundir. **Anistia** é ato emanado de autoridade pública, anulando as penas cometidas por criminosos comuns ou políticos. Alguns presos recebem *anistia* no Natal. Em 1982 houve grande *anistia* política no Brasil. **Perdão** é remissão de pena, castigo, culpa, dívida, ofensa, etc. A *anistia* difere do *perdão*, porque não supõe delito que cause infâmia. O anistiado é beneficiado sem desonra nem deslustre. O *perdão* puro e simples, sem caráter político,

pressupõe sempre um delito e comumente feio, grave, ofensivo. A palavra *anistia* surgiu por efeito de uma lei com esse nome, decretada por Trasibulo (sem acento, o nome é paroxítono), vencedor dos trinta tiranos que escravizaram Atenas, a mando de Esparta. Pela *anistia*, ninguém podia ser perseguido pelos delitos políticos cometidos durante a tirania; concedia perdão e esquecimento geral. *Anistia* se decompõe em *a-* (prefixo negativo) + *-nist-* (radical grego = me lembro) + *-ia* (sufixo). A *anistia* se caracteriza, portanto, pelo esquecimento dos delitos comuns aos políticos.

anistórico
Apesar de ser assim, há quem prefira usar "aistórico" e até "a-histórico"! V. **anético**.

"a" nível de
V. **em nível de**.

anjo
Adj. corresp. (em sent. fig.): *angelical*. Portanto, *doçura de anjo = doçura angelical; expressão de anjo = expressão angelical*. O adj. *angélico* não é sinônimo perfeito, já que se aplica literalmente à figura do anjo: *coro angélico; falange angélica*. Dicionários há que registram tais adjetivos como sinônimos. Não são.

à noite / de noite
São expressões equivalentes: *Estudo à* (ou *de*) *noite*. Mas apenas: *de dia* (*dormir de dia*).

ano-luz
Pl.: os *anos-luz*.

anomalia
Rege *de* ou *em*: *O vitiligo é uma anomalia da* (ou *na*) *pigmentação da pele. O plural de gol, no português do Brasil, é uma anomalia da* (ou *na*) *flexão dos nomes assim terminados*.

ano passado / no ano passado / o ano passado
As três expressões existem e se equivalem: *Estive na China ano passado* (ou *no ano passado* ou *o ano passado*). *Ano passado* (ou *No ano passado* ou *O ano passado*) *ficamos campeões*. V. **mês passado** e **semana passada**.

anos-luz
É invariável: *dois anos-luz, mil anos-luz*.

à nossa / a nossa
V. **à minha / a minha** e **à sua / a sua**.

anos sessentas
Construção corretíssima. Questionável é a concordância *anos "sessenta"*. V. explicações detalhadas sobre o assunto no livro **Não erre mais!**.

anotação
Rege *a* (pref.), *em* ou *sobre*: *O jurista fez anotações ao* (ou *no*, ou *sobre o*) *novo código civil. Fiz várias anotações a esse* (ou *nesse*, ou *sobre esse*) *dicionário*.

anseio
Rege *de* ou *por*: *O anseio de* (ou *por*) *liberdade de alguns cubanos fá-los arriscar-se em embarcações improvisadas, em direção a solo norte-americano. No anseio do* (ou *pelo*) *lucro excessivo, esse comerciante acabou perdendo fregueses*.

ânsia
Rege *de* ou *por* antes de nome e *de, em* ou *por* antes de verbo: *Por que tanta ânsia da* (ou *pela*) *perfeição? Mantenha sempre acesa no coração a ânsia da* (ou *pela*) *liberdade! Sempre tive ânsia de* (ou *em*, ou *por*) *beijá-la*.

ânsia ≠ ânsias
Convém não confundir. **Ânsia** é o mesmo que *ansiedade*: *A ânsia de saber o resultado do vestibular é grande*. **Ânsias** é náusea: *O mau cheiro lhe provocou ânsias*. Ou nojo: *Esse homem me dá ânsias só de ver*.

ansiar
Conj.: *anseio, anseias, anseia, ansiamos, ansiais, anseiam* (pres. do ind.); *anseie, anseies, anseie, anseemos, anseeis, anseiem* (pres. do subj.). Usa-se com a preposição *por* ou não, indiferentemente: *Nossos filhos ansiavam o* (ou *pelo*) *seu retorno. Todos ansiávamos chegar* (ou *por chegar*) *à praia*.

ansiedade
Rege *de, para* ou *por*: *Notava-se no rapaz a natural ansiedade de* (ou *para*, ou *por*) *dançar a valsa com a namorada. Tenho grande ansiedade de* (ou *para*, ou *por*) *vê-la novamente*.

ansioso
Rege *de* ou *por* (nome), *para* ou *por* (verbo) e *que, para que* ou *por que* (oração desenvolvida): *O povo estava ansioso da* (ou *pela*) *chegada da comitiva presidencial. Desde já estou ansioso do* (ou *pelo*) *seu breve regresso, Beatriz. Estamos ansiosos de* (ou *por*) *notícias dela. Estou ansioso para* (ou *por*) *abraçá-la. Os estudantes estão ansiosos que* (ou *para que*, ou *por que*) *o ano acabe, para que cheguem as férias*. A construção original, todavia, é com *por que*.

antagônico
Rege *a*: *A opinião do vice-presidente sobre a taxa de juros era antagônica à do presidente e à do ministro da Fazenda*.

antagonismo
Rege *a* (oposição), *com* ou *entre* (incompatibilidade) e *de...com* (ou *contra*) ou *entre* (rivalidade): *Revela-se no regime cubano, cada vez mais, um forte antagonismo à liberdade, que é um dos direitos fundamentais do homem. A grande característica de qualquer ditador é o antagonismo aos direitos do povo. É um regime cujo antagonismo com a religião é notório. Existe natural antagonismo entre ditadura e democracia. É antigo o antagonismo do futebol carioca com* (ou *contra*) *o futebol paulista. É de todos conhecido o antagonismo entre os futebóis carioca e paulista*.

Antártica

É esta a palavra que define corretamente o continente situado principalmente dentro do círculo antártico e assimetricamente centrado no pólo Sul. Forma-se de *ant-* + *artic-*. Assim como temos o *Ártico* (e não o "Ártido"), que em grego significa *Ursa*, no extremo oposto temos a *Antártica*, região da qual não era possível avistar a Constelação da Ursa Maior. Por isso, o que convém mesmo é você fazer uma expedição à *Antártica*. Se fizer à "Antártida", pode acabar morando numa gelada... Mas, afinal, onde é que foram encontrar a tal da *"Antártida"*? No genitivo grego? Na Atlântida? Ora, sejamos razoáveis! As cartas geográficas sérias de todos os países do mundo só trazem *Antarctica* (em português, prescinde-se do *c*). Nenhuma delas traz "Antárti**da**". Há até gramáticos que defendem a forma "Antártida". Pois é. Os livros de Geografia? Cuidado: alguns deles também trazem a definição de *ilha* desta forma: *porção de terra cercada de água "por todos os lados"*. Bom? Bom não, ótimo, porque agora os livros de Geografia acabam de ganhar mais uma excelente companhia: um grande dicionário, tão aplaudido pela mídia, quando do seu lançamento. Que beleza! O mundo está ficando, de fato, cada vez mais frio, mais gelado...

ante

Preposição que não admite outra preposição posposta: "ante a". Portanto: *Ante isso, nada mais pude afirmar. Ante a admiração geral, também nós nos admiramos. Ante o ocorrido, que mais poderíamos declarar? Ante um juiz é quando mais se mente.* Alguns advogados são mestres em construir frases assim: *Ante "ao" exposto, peço a Vossa Excelência a absolvição do réu. Ante "à" acusação geral, o réu ficou sem reação. Ante "ao" ocorrido, nada mais pôde ser feito.* V. **perante**.

ante-

Prefixo que exige hífen apenas antes de *h, r* e *s*: *ante-histórico, ante-rosto, ante-sala*. Em qualquer outro caso, não há hífen. Portanto: *anteato, anteaurora, anteboca, antebraço, antecâmara, antecena, anteclássico, anteconjugal, antecontrato, antecoro, antecrepuscular, antedata, antedatar, antediluviano, antedizer, anteduna, antefosso, antegosto, antegramatical, antejulgamento, antejulgar, antelábio, antemanhã, antemão, antemeridiano, antemesa, antemurado, antemuro, antenasal, antenatal, antenome, antenupcial, anteocupação, anteontem, antepassado, antepasto, antepenúltimo, anteporta, anteprojeto, antetítulo, antevéspera, antevisão, antevocálico*, etc.

antecedente

Rege *a*: *No dia antecedente à posse, foi acometido de um mal, internou-se num hospital e de lá só saiu para o cemitério.*

anteceder

É transitivo direto ou transitivo indireto, na acepção de *acontecer antes*: *Muitas manifestações antecederam a* (ou *à*) *revolução. Um silêncio sepulcral antecedeu o* (ou *ao*) *ataque. O artigo sempre antecede um* (ou *a um*) *substantivo.* Sendo assim, admite tanto o pronome *o* (e variações) quanto *lhe(s)*: *Em seu discurso, o presidente criticou aquele que o* (ou *lhe*) *antecedeu.*

antecedido

Rege *de* ou *por*: *A ingestão de qualquer medicamento deve ser antecedida da* (ou *pela*) *leitura da bula.*

antecessor ≠ predecessor

Convém não confundir. **Antecessor** é o que precede imediatamente. **Predecessor** é o que foi antes do antecessor e todos os outros para trás. O Papa pode, assim, rezar por intenção de seu *antecessor* e, depois, por intenção de seus *predecessores*. Lula teve como *antecessor*, na presidência da República, Fernando Henrique Cardoso; seus *predecessores* foram Sarney, Itamar, Figueiredo, Collor, etc.

antecipação

Rege *de...a* (pessoa) e *sobre* (coisa) [adiantamento], *de...de...para* (transferência para antes), *a...em* ou apenas *em* (precedência) e *a...de* (ou *acerca de*, ou *a respeito de*, ou *quanto a*, ou *sobre*) [notícia prévia]: *A antecipação de salário a qualquer funcionário está proibida na empresa. Sobre a antecipação de qualquer quantia sobre os direitos autorais incidirá a correspondente alíquota do imposto de renda. Houve antecipação da consulta médica, de terça para segunda-feira. A sua antecipação aos colegas nas respostas das perguntas do professor frustrava a classe toda. Sua antecipação nas respostas das perguntas do professor frustrava toda a classe. A antecipação aos repórteres de* (ou *acerca de*, ou *a respeito de*, ou *quanto a*, ou *sobre*) *qualquer item da pauta da reunião ministerial seria considerada uma deslealdade ao governo, portanto, passível de punição.*

antecipar

Antôn.: *procrastinar, postecipar* (neologismo).

antedatar ≠ pré-datar

Convém não confundir. **Antedatar** é pôr data anterior em escrito ou documento, para fazer supor que foi elaborado na data a que se refere: ***Antedatei*** *o documento para não pagar multa.* Em muitos casos, *antedatar* papéis constitui crime. **Pré-datar** é pôr data futura em algum documento: ***Pré-datei*** *o cheque para o dia 15 de abril.* (Entende-se que a pessoa marcou data posterior àquela em que assinou o cheque.)

anteontem

V. **bobagem**.

anteparo

Rege *a* ou *contra* e *entre*: *Construiu um muro, que serve de anteparo aos* (ou ***contra*** *os*) *fortes ventos que vêm do mar. Um muro alto serve de anteparo entre o mar e a casa.*

anteposição

Rege *de...a*: *A anteposição do interesse público aos interesses pessoais é uma característica marcante dos nossos parlamentares. A anteposição do artigo aos nomes próprios é uma característica do português do Brasil.*

antes de mais nada

Expressão já consagrada, se bem que passível de censura. Há, por isso, quem prefira usar em seu lugar *antes de tudo*, *antes de qualquer coisa* ou mesmo *primeiro de tudo*.

antes que

É esta a locução conjuntiva, e não "antes de que", como muito se encontra, principalmente em obras traduzidas por maus profissionais. Por isso: ***Antes que*** *eu me esqueça, perdoe-me por tudo!*

antever ≠ prever

Convém não confundir. **Antever** é ver antes, é ver com antecedência: ***antever*** *um obstáculo*, ***antever*** *uma dificuldade*. Na antevisão há necessariamente a aplicação dos olhos. **Prever** é adivinhar antecipadamente: ***prever*** *um resultado*, ***prever*** *um desastre*, ***prever*** *a morte de alguém*. No ato de *antever* se pressupõe uma realidade, um fato certo; no de *prever* tal não ocorre obrigatoriamente. Todos podemos *antever* um desastre, bastando que apliquemos os olhos ao fato de uma locomotiva, em alta velocidade, estar prestes a colidir com um veículo que lhe obsta a passagem. Poucos, porém, podem *prever* o infausto acontecimento, sem estar diante da cena. Aquele que *antevê* é testemunha física do fato; não assim o que *prevê*.

anti-

Prefixo que só exige hífen antes de palavras iniciadas por *h*, *r* e *s*: *anti-horário*, *anti-religioso*, *anti-semita*. Em qualquer outro caso, não há hífen. Portanto, escreva sempre: *antiabortivo, antiácaro, antiácido, antiacne, antiaderente, antiaéreo, antialcoólico, antialérgico, antiamericano, antianaeróbio, antianêmico, antiansiedade, antianticorpo, antiarte, antiasmático, antiautoritário, antibacteriano, antibalístico, antibiograma, antibomba, antibrasileiro, anticâncer, anticárie, anticaspa, antichoque, anticlássico, anticomunista, anticoncepcional, anticongelante, anticonjugal, anticonstitucional, anticorpo, anticorrosivo, anticosmético, anticristão, anticristo, antidemocrata, antidepressivo, antiderrapante, antideslizante, antidetonante, antidiabético, antidiarréico, antieconômico, antienvelhecimento, antiescravista, antiestético, antiestresse, antiético, antieufônico, antifascista, antifebril, antigás, antiglobalização, antigonorréico, antiguerra, antiimperialismo, antiincêndio, antiindustrial, antiinfeccioso, antiinflacionário, antiinflamatório, antiintelectual, antijogo, antimancha, antimatéria, antimíssil, antimofo, antimonárquico, antimuçulmano, antiodor, antiofídico, antiortopédico, antioxidante, antipacifista, antipetista, antiplaca, antipólio, antipoliomielite, antipoluente, antipulga, antitabagismo, antitanque, antitártaro, antiterrorista, antitosse, antitraça, antitucano, antivírus*, etc.

antiácaro / anticárie / anticaspa, etc.

Sempre que se unir o prefixo *anti-* a um substantivo, não haverá variação no plural. Ex.: colchões *antiácaro*, equipamentos *antialarme* (ou *anti-roubo*), cremes dentais *anticárie* (ou *antiplaca*, ou *antitártaro*), xampus *anticaspa*, produtos *antifumo*, dispositivos *antifurto*, manifestações *antiguerra*, etc.

"anti-Brizola" / "anti-Chávez" / "anti-Maluf"

Não são formas corretas, porque o prefixo *anti-* não exige hífen antes de *b* nem antes de *c*, nem antes de *m*. Sendo assim, escreveríamos, então, "antiBrizola", "antiChávez", "antiMaluf"? Não. Usar letra maiúscula no meio de uma palavra não é da índole da nossa língua. Portanto, o melhor mesmo é usar o que ela tem a nos oferecer: *antibrizolista, antichavista, antimalufista*.

antídoto

Rege *a*, *de*, *contra* ou *para*: *O leite é um excelente antídoto **a*** (ou ***contra***, ou ***de***, ou ***para***) *muitos venenos. O melhor antídoto **à*** (ou ***contra** a*, ou ***d**a*, ou ***para** a*) *tristeza é o trabalho.* A redundância *antídoto contra* se tornou fato lingüístico e é, portanto, regência admitida.

antigamente ≠ outrora

Convém não confundir. **Antigamente** diz respeito a tempos passados muito distantes. *Antigamente os professores recebiam salários justos e viviam com dignidade.* **Outrora** se usa para contrastar o passado com o presente. *Outrora os professores recebiam salários decentes e compatíveis com a sua importância na sociedade; hoje, nem sequer percebem o salário que recebem.*

antigo

Superl. sint. erudito: *antiqüíssimo*. Portanto, *povo muito antigo = povo antiqüíssimo*. Note; o **u** soa.

antiguidade / antigüidade

Existem ambas as prosódias.

antílope

É palavra masculina: ***o*** *antílope*, ***um*** *antílope*.

Antioquia

Antioquia é atualmente a cidade de Antakya, da Turquia. Foi fundada por volta de 300 a.C. por Seleuco Nicátor, com o nome de *Antiokheia* (cidade de Antíoco) e se tornou a capital do império selêucida, além de grande centro do Oriente helenístico. Conquistada pelos romanos, por volta de 64 a.C., conservou seu *status* de cidade livre e foi a terceira cidade do império depois de Roma e Alexandria, chegando a ter cerca de 500 mil habitantes. Foi evangelizada por Pedro, Paulo e Barnabé. Famoso se tornou o seu terceiro bispo, Santo Inácio, que sofreu glorioso martírio no Coliseu, lançado às feras. Foi em *Antioquia* que se deu o primeiro esforço cristão para converter os judeus e também o lugar em que, pela primeira vez, os discípulos foram chamados de *cristãos*. Na Colômbia existe uma cidade com este nome. Muitos dizem "antiókia".

antipatia
Rege *a*, *contra*, *de* ou *por*: *Ter profunda antipatia **a**os (ou **contra** os, ou **d**os, ou **pel**os) bregas*.

antipático
Rege *a* ou *com* (pessoa) e apenas *a* (coisa): *Sempre fez questão de ser antipático **a**os (ou **com** os) bregas. A maioria dos servidores era antipática **à** reforma da previdência*.

antipatizado
Rege *de* ou *por*: *Saiu do governo antipatizado **de** (ou **por**) todos os colegas*.

antipatizar
Não é verbo pronominal: ***Antipatizei** com todo o mundo lá da sua casa. Ela **antipatizou** comigo. Nós **antipatizamos** com esse tipo de turista*. O povo usa, respectivamente, "antipatizei-me", "antipatizou-se", "antipatizamo-nos". V. **simpatizar**.

antiplaca
É esta a palavra correta: *creme dental **antiplaca***. Não varia no plural: *cremes dentais **antiplaca***. V. **anti-** e **antiácaro** / **anticárie** / **anticaspa**, etc.

antípoda
Rege *a* ou *de*: *Os japoneses são os antípodas **a**os (ou **d**os) brasileiros*.

antiquado ≠ obsoleto
Convém não confundir. As duas palavras indicam coisa antiga, que já não se usa, mas a segunda acrescenta a essa idéia algum desprezo ou ridículo. Um vestido *antiquado* pode ainda ser usado, desde que a pessoa aprecie velharias; um vestido *obsoleto*, todavia, compromete a reputação da mulher que o veste, tornando-a objeto de chacota ou de desprezo, porque o *obsoleto* pressupõe sempre a existência de outro melhor ou mais adequado que o substitua.

antitártaro
É esta a palavra correta: *creme dental antitártaro*. Não varia no plural: *cremes dentais **antitártaro***. V. **anti-** e **antiácaro** / **anticárie** / **anticaspa**, etc.

antítese
Rege *a* (contraposição) e *de* (oposto): *O realismo se consolidou como antítese **a**o romantismo. O bem é a antítese **d**o mal*. Significa *contraste* na combinação *em antítese com*: *É uma medida **em antítese com** a do governo*.

Antofagasta
Cidade do Norte do Chile e importante porto do Pacífico. É este seu nome correto, embora haja até dicionários que tragam "Antofogasta".

Antônio
Com acento circunflexo, no português do Brasil; por isso, devemos dizer *Antônio*, e não "António", que é a escrita e a pronúncia dos portugueses. Tem vários hipocorísticos: *Tom, Tonhão, Tonho, Tôni* (com a variante caipira *Tone*), *Toninho, Totó, Totonho*, etc. A primeira sílaba de todos esses hipocorísticos tem a vogal fechada, mas como muitos pronunciam "António", quase só se ouve "Tònhão", "Tóhno", "Tóne", "Tòninho", "Tòtonho". V. **quilômetro**.

anuência
Rege *a* antes de nome e *em* antes de verbo: *Agradeço a sua anuência **a**o meu pedido. Sua anuência **a**o casamento da filha não foi fácil. Agradeço a sua anuência **em** acolher o meu pedido*.

anuir
Rege *a* ou *em* (nome) e apenas *em* (verbo): *Os empresários anuíram **a** (ou **em**) tudo o que os funcionários reivindicaram. O pai da moça não queria anuir **a**o (ou **n**o) casamento de jeito nenhum. O presidente anuiu **em** nos receber. O pai da moça não anuiu **em** casar a filha com o rapaz*. Se o complemento tem início com a conjunção *que*, pode-se omitir a preposição *em*: *O professor anuiu **que** (ou **em que**) usássemos a calculadora durante a prova*. Este verbo não aceita a forma pronominal *lhe(s)*, mas apenas *a ele* (ou variações): *O casamento se realizou, mas foi difícil ao pai da moça anuir **a ele***.

anzolzinho
Dim. pl.: *anzoizinhos* (zòi). Nunca "anzolzinhos".

ao aguardo
V. **aguardo**.

ao ano / por ano
Estas expressões se equivalem: *Ganha cem mil reais **a**o (ou **por**) ano. A inflação era de 85% **a**o (ou **por**) ano*. V. **ao dia / por dia** e **ao mês / por mês**.

ao arrepio de
Locução prepositiva que equivale a *contra*: *Ninguém deve fazer greve **ao arrepio d**a lei*.

ao colo
É a construção legitimamente portuguesa: *A mãe aguardou horas com o bebê **ao colo**. Carregar crianças **ao colo***. No Brasil muito se usa *no colo*.

ao computador
É a construção legitimamente portuguesa: *Trabalhei o dia todo **a**o computador*. No Brasil, constrói-se **no computador**.

ao contrário / pelo contrário
São expressões equivalentes: *A defesa do time é boa, mas o ataque, **ao** (ou **pelo**) **contrário**, é um desastre! Eu economizo o que posso; ela, **ao** (ou **pelo**) **contrário**, gasta até o que não pode*. Atenção, porém: só existe uma locução prepositiva: *ao contrário de*, e não "pelo contrário de". Ex.: ***Ao contrário d**o que informou o serviço de meteorologia, choveu*. Da mesma forma,

só existe *do contrário* (= em caso contrário), e não "pelo contrário": *Faça logo isso, **do contrário** estará despedido. Paga-me o que deves, **do contrário** serás um homem morto!*

ao de leve / de leve

Estas expressões se equivalem: *Bati à porta **ao de leve** (ou **de leve**); ninguém me atendeu. Teresa passava a mão pelo rosto do filho bem **ao de leve** (ou **de leve**), carinhosamente.*

ao demais / além disso / além do quê

Estas expressões se equivalem: *Eu não estava lá; **ao demais** (ou **além disso**, ou **além do quê**) nada tenho que ver com problemas familiares dos outros. Lurdes foi despedida porque trabalhava mal; **ao demais** (ou **além disso**, ou **além do quê**), sempre comparecia atrasada ao trabalho.*

ao depois

V. **depois / ao depois**.

ao dia / por dia

Estas expressões se equivalem: *Ganha vinte reais **ao** (ou **por**) dia. A inflação era de 1% **ao** (ou **por**) dia.* V. **ao ano / por ano** e **ao mês / por mês**.

ao encontro de ≠ de encontro a

Convém não confundir. **Ao encontro de** indica situação favorável, conformidade de idéias; **de encontro a** sempre dá idéia de contrariedade, oposição, choque, confronto. Ex.: *Um aumento de salários sempre vem **ao encontro dos** funcionários. Um aumento de horas de trabalho, sem remuneração, sempre vem **de encontro aos** funcionários.* Muita diferença de significado existe entre estas duas frases: *A criança foi **ao encontro da** mãe, assim que a viu* e *A violência do acidente levou a criança **de encontro à** mãe, machucando-a.* Repare ainda nestas duas frases: *O vício de fumar ia **ao encontro dos** preceitos de minha mulher, que também fumava, mas **de encontro aos** preceitos de meus filhos.*

ao + infinitivo

Neste tipo de construção, o infinitivo varia obrigatoriamente. Ex.: ***Ao entrarmos**, encontramos tudo revirado. **Ao ouvirem** isso, todos ficaram preocupados. **Ao derreterem-se**, as amostras de gelo deixaram grossas camadas de sedimentos negros.*

ao invés de ≠ em vez de

Convém não confundir. **Ao invés de** indica situação contrária, oposição: *Subi, **ao invés de** descer. Chorou, **ao invés de** sorrir. Calou, **ao invés de** falar.* **Em vez de** indica substituição, simples troca e equivale a *em lugar de*: ***Em vez de** ir ao cinema, foi ao teatro. **Em vez de** ir ao quarto, foi à cozinha. **Em vez de** estudar, fica brincando.*

ao largo

Equivale a *a distância, com pouca intimidade*: *Eis lá um navio que passa **ao largo**! Eles se tratam **ao largo**.*

ao largo de

Equivale a *longe de* ou *imperceptível a*: *Um submarino desapareceu **ao largo da** costa do Mediterrâneo. O mercado passa **ao largo da** crise política.*

a olhos vistos

Expressão invariável: *Nossa economia progride **a olhos vistos*** (e não: *a olhos "vista"*, concordando com *economia*). *As negociações avançam **a olhos vistos*** (e não: *a olhos "vistas"*, concordando com *negociações*).

ao meio-fio

Na norma culta se usa **a**o meio-fio: *Estacionem seus veículos **ao meio-fio**, e não no meio da rua!* Na língua popular, contudo, se encontra **n**o meio-fio.

ao menos / pelo menos

Estas expressões se equivalem: *Diga-me **ao** (ou **pelo**) **menos** que ainda gosta de mim! Seja **ao** (ou **pelo**) **menos** educada perante estranhos! Dê-me **ao** (ou **pelo**) **menos** um beijo de despedida!*

ao mês / por mês

Estas expressões se equivalem: *Juros de 1% **ao** (ou **por**) mês. Ganha mil reais **ao** (ou **por**) mês.* V. **ao dia / por dia** e **ao ano / por ano**.

ao mesmo tempo que

É esta a expressão correta, a que muitos inserem a preposição "em", erroneamente: *ao mesmo tempo "em" que*: *Ninguém canta **ao mesmo tempo que** assobia.*

ao microfone

Em Portugal costuma-se falar *ao microfone*; no Brasil, *no microfone*. Na norma culta ainda se dá preferência à construção legitimamente portuguesa: *Venha cá, falar **a**o microfone, para que todos a ouçam, Hortênsia! Quem estava **a**o microfone era um jovem repórter.*

ao ombro

Em Portugal costuma-se encostar a cabeça *ao ombro* de alguém; no Brasil, *no ombro*. Na norma culta ainda se dá preferência à construção legitimamente portuguesa: *O pintor trazia uma escada **a**o ombro. O lavrador cantava, levando a enxada **a**o ombro. A velhinha portava uma mantilha **a**os ombros.*

aonde ≠ onde

Na norma culta, não se confundem: **aonde** se usa com verbos, nomes e expressões que dão idéia de movimento; **onde** se emprega nos demais casos. Ex.: ***Aonde** você vai?* Mas: ***Onde** você está? Aconselharam sua vinda **aonde**?* Mas: *Aconselharam sua estada **onde**? Vocês deram um pulo **aonde**?* Mas: *Vocês ficaram **onde**? Já sei **aonde** você quer chegar.* Mas: *Já sei **onde** você vai se hospedar.* Na língua cotidiana, todavia, usa-se *aonde* sem nenhum critério. Existem até os que usam "Daonde", principalmente quando estão ao telefone: *"Daonde" fala?* Só falta, agora, aparecer um corajoso que pergunte, muito curioso: *"Naonde" vocês estavam?*

ao outro dia / no dia seguinte
Estas expressões se equivalem: *No dia primeiro eu estava em Petrópolis;* **ao outro dia** (ou **no dia seguinte**) *já me encontrava em Recife. Conversamos ela e eu animadamente num dia;* **ao outro dia** (ou **no dia seguinte**), *ambos estávamos zangados um com o outro, inexplicavelmente.*

ao ouvido
Em Portugal se cochicha *ao ouvido* de alguém; no Brasil, *no ouvido*. Na norma culta ainda se dá preferência à construção legitimamente portuguesa.

ao peito
Em Portugal se traz um crucifixo *ao peito*; no Brasil, *no peito*. Na norma culta ainda se dá preferência à construção legitimamente portuguesa.

ao pescoço
Em Portugal se usam cordões *ao pescoço*; no Brasil, *no pescoço*. Na norma culta ainda se dá preferência à construção legitimamente portuguesa.

ao piano
Em Portugal se toca e canta *ao piano*; no Brasil, *no piano*. Na norma culta ainda se dá preferência à construção legitimamente portuguesa.

ao ponto de
V. **a ponto de**.

ao que se / pelo que se
Usa-se indiferentemente uma expressão pela outra: **Ao** (ou **Pelo**) **que se** *diz, a situação econômica brasileira vai bem.* **Ao** (ou **Pelo**) **que se** *depreende, ninguém é culpado de nada.* **Ao** (ou **Pelo**) **que se** *conclui, o acidente foi provocado, e não casual.*

ao redor / em redor
Estas expressões se equivalem: *Olhei* **ao** (ou **em**) **redor** *e não vi ninguém.*

ao redor de / em redor de
São expressões equivalentes: *Havia muitas pessoas* **ao** (ou **em**) **redor** *da mesa. As crianças permaneceram todo o tempo* **ao** (ou **em**) **redor** *da mãe. Ao redor de usa-se ainda por aproximadamente, cerca de: Calcula-se que o prêmio da megassena desta semana chegue* **ao redor de** *quarenta milhões de reais.*

ao relento / ao sereno
Em Portugal se dorme *ao relento* e *ao sereno*; no Brasil, *no relento, no sereno*. Na norma culta ainda se dá preferência à construção legitimamente portuguesa.

aos + minutos
Quando nos referimos a horas, usamos naturalmente *às*, porque *horas* é palavra feminina: *às 15 horas, às 18 horas*, etc. Mas quando nos referimos a minutos, empregamos naturalmente *aos*, porque *minutos* é palavra masculina: *aos 15 para as 4, aos dez para as 8*, etc. E assim também, portanto: *Cheguei* **aos** *quinze para a meia-noite. A reunião começará a partir* **dos** *dez para as oito. A sessão teve início antes* **dos** *cinco para as nove. O filme começou* **aos** *cinco para as dez. O ônibus sai* **a**os *vinte para as seis.*

ao sol
Em Portugal, se fica *ao sol*; no Brasil, *no sol*. Na norma culta ainda se dá preferência à construção legitimamente portuguesa: *Se você ficar muito tempo* **a**o *sol, poderá ter problemas de pele mais tarde. Aguardei-a todo o tempo ali,* **a**o *sol.*

ao telefone
Em Portugal, se fala *ao telefone*; no Brasil, *no telefone*. Na norma culta ainda se dá preferência à construção legitimamente portuguesa.

ao vento
Em Portugal se fica *ao vento*; no Brasil, *no vento*. Na norma culta ainda se dá preferência à construção legitimamente portuguesa: *Se você ficar* **ao vento** *muito tempo, poderá apanhar resfriado.*

ao volante
Em Portugal, dorme-se *ao volante*; no Brasil, *no volante*. Na norma culta ainda se dá preferência à construção legitimamente portuguesa.

apagar
É verbo pronominal, e não intransitivo: *As luzes do estádio já* **se apagaram**. *O incêndio* **se apagou** *sozinho. Um dos faróis do meu carro* **se apagou** *de repente.*

à página / a páginas / na página
Estas expressões se equivalem: *Encontrei dois erros* **à página** (ou **a páginas**, ou **na página**) *18 do livro. A frase se encontra* **à página** (ou **a páginas**, ou **na página**) *30 da revista.*

à paisana
Sempre com acento: *militar* **à** *paisana*.

apaixonado
Rege *de* ou *por*: *De repente, o rapaz se viu apaixonado* **d**a (ou **pel**a) *vizinha. O brasileiro é um povo apaixonado* **de** (ou **por**) *futebol.*

a par ≠ ao par
Convém não confundir. **A par** é ciente, inteirado: *Estou* **a par** *de tudo.* **Ao par** é expressão relacionada com o câmbio: *O real, em 1997, estava* **ao par** *com o dólar.*

aparecer
É verbo intransitivo, e não pronominal: *Ela gosta de* **aparecer**. *Ele está dizendo isso só para* **aparecer**. *Se você gosta de* **aparecer**, *por que não coloca uma melancia na cabeça?* Mas o povo continua gostando de *"se" aparecer*.

Aparecida

É este o nome da cidade paulista, e não "Aparecida do Norte".

aparecimento ≠ aparição

Convém não confundir. **Aparecimento** é ato de aparecer, em sentido lato: *o aparecimento de um amigo, o aparecimento de um político na televisão, o aparecimento de uma oportunidade boa na vida, o aparecimento de um jacaré nas imundas águas do rio Tietê, o aparecimento de um erro numa obra*, etc. **Aparição** é particularmente o aparecimento de seres sobrenaturais e também se aplica a fenômenos celestes: *a aparição da Virgem Maria, a aparição de um anjo, a aparição de um fantasma, a aparição do Sol, a aparição de um cometa*.

aparelhar

Sempre com **e** fechado: *aparelho, aparelhas, aparelha, aparelhamos, aparelhais, aparelham* (pres. do ind.); *aparelhe, aparelhes, aparelhe, aparelhemos, aparelheis, aparelhem* (pres. do subj.). *O governo aparelha os hospitais de todo o país. Os governadores querem que o governo federal aparelhe todos os seus hospitais.*

apartamento

Abrev.: *ap.* ou *apart.*, mas quase todo o mundo usa "apto.", abreviatura que nunca existiu.

apartar ≠ afastar ≠ separar

Convém não confundir. **Apartar** é pôr à parte (o que está junto): *Aparte as laranjas podres da caixa!* **Afastar** é pôr a certa distância, é pôr longe: *Afaste as cadeiras, para que as pessoas não fiquem tão juntas!* **Separar** é pôr à parte, aprontando: *Separei as mercadorias que iriam ser despachadas.*

aparte

É palavra masculina: *o aparte, um aparte*. No diminutivo, mantém naturalmente esse gênero: *um apartezinho*. Mas muita gente continua pedindo "uma apartezinha" por aí.

a partir de

Sem acento no **a** (*mercadorias a partir de R$5,00*): antes de verbo não se usa **à**.

apatia / apático

Regem *a* ou *por*: *A apatia desse povo a (ou por) futebol é impressionante! O povo norte-americano era apático a (ou por) futebol.*

a pauladas

Sem acento (*ser morto a pauladas*): antes de palavras no plural, o **a** não recebe acento.

apavorado

Rege *com*: *Hersílio ficou apavorado com a idéia de perder a namorada. Os fazendeiros estão apavorados com as invasões de suas terras.* Como particípio, rege *por*. *Apavorado por essa notícia, os fazendeiros começaram a se armar.*

apaziguar

Conj.: *apaziguo, apaziguas, apazigua, apaziguamos, apaziguais, apaziguam* (pres. do ind.); *apazigúe, apazigúes, apazigúe, apazigúemos, apazigúeis, apazigúem* (pres. do subj.). Apesar de tudo, há muita gente que "apazígua" os ânimos. Apazigua?

apaziguar ≠ pacificar

Convém não confundir. **Apaziguar** é restituir a paz (entre pessoas): *O professor apaziguou o ânimo dos alunos briguentos.* **Pacificar** é restituir à paz (região ou país): *Não será fácil pacificar o Oriente Médio.*

a pé

Sempre sem acento no **a**: *andar a pé*. Não se usa, ainda, "de a pé" por *a pé*: vou *a pé*, vim *a pé* (e não: vou *"de" a pé*, vim *"de" a pé*).

apear

É verbo intransitivo ou pronominal, indiferentemente: *Eu apeei (ou me apeei) e fui até lá. Apeie (ou Apeie-se), compadre, vamos tirar uma prosa! Ele não quer apear (ou apear-se), pois está com pressa.*

apedrejar

Sempre com **e** tônico fechado: *apedrejo, apedrejas, apedreja, apedrejamos, apedrejais, apedrejam* (pres. do ind.); *apedreje, apedrejes, apedreje, apedrejemos, apedrejeis, apedrejem* (pres. do subj.). *Esses que apedrejam o congresso não são brasileiros, são bastardos*, disse o deputado. Apesar de tudo, muita gente há por aí que "apedréja" a língua...

apedrejar ≠ depredar ≠ lapidar

Convém não confundir. **Apedrejar** é atirar pedras em: *apedrejar gatos*. **Depredar** é atirar pedras em, com intenção de danificar, causar prejuízo ou saquear: *depredar um ônibus, depredar um supermercado*. **Lapidar** é atirar pedras em, para matar, é matar a pedradas: *Lapidaram Santo Estêvão.*

apegado / apegar-se a / apego

Regem *a*: *Pessoa apegada a dinheiro. Filho muito apegado à mãe. Os carrapichos se apegam facilmente às calças. A manga da minha camisa se apegou à maçaneta da porta. Esse teu apego a dinheiro é patológico. O seu apego à mãe o tornou afeminado.*

apelação

Rege *de...de...para*: *Apelação de uma sentença de um tribunal para outro*. Pode haver omissão do segundo complemento ou dos dois últimos: *A apelação da sentença para outro tribunal já foi feita. A apelação da sentença é uma opção do advogado.* Rege *para* (expediente escuso): *apelar para a ignorância, apelar para a violência.*

apelar

Rege *para*: *Não se conformando com a sentença, o advogado apelou **para** o Superior Tribunal de Justiça. Apelo **para** o alto espírito de compreensão de Vossa Excelência, a fim de solucionar este caso. Desesperado, apelou até **para** a macumba, para se livrar daquela mulher. Quando não consegue vencer na discussão, apela **para** a violência.* A regência "apelar a" deve ser desprezada. V. **apelo**.

apelo

Rege *a* ou *a...em favor de* (solicitação digna) e *por* (clamor): *O promotor fará um apelo **ao** STF. Fiz um apelo **às** autoridades **em favor d**a preservação da floresta amazônica. Há um grande apelo **por** moradias no país.*

apenar ≠ penalizar

Convém não confundir. **Apenar** é punir (*apenar o réu*) ou fazer sofrer, supliciar: *A inflação elevada só **apena** os mais pobres.* **Penalizar** é causar pena, dor ou aflição a, é afligir, desgostar: *A morte de um político sério **penaliza** a população. **Penaliza**-nos o fato de não podermos ajudar os mais necessitados.* Conclui-se daí que a frase *Fui "penalizado" por algo que não cometi*, comum na língua cotidiana, não é própria.

apêndice

Rege *a*: *Foi feito um apêndice **à** obra.* Quando em combinação com a preposição *em*, rege *a* ou *de*: *Foi redigido um comentário **em** apêndice **à** (ou **d**a) nova edição dessa obra.*

apêndice supurado

É o apêndice que exige imediatos cuidados médicos, pois está cheio de pus. Já o *apêndice "estuporado"* exige mesmo é um bom puxão de orelha.

apenso

É o mesmo que *anexo*: *As fotos vão **apensas**. Os documentos seguem **apensos**. **Apensa** remeto a nota fiscal. **Apensas** remeto as notas fiscais.*

aperceber

É transitivo direto ou pronominal (perceber; dar-se conta): *O tempo passa e mal **apercebemos que** estamos envelhecendo. O tempo passa e mal **nos apercebemos** de que estamos envelhecendo.*

aperitivo

Rege *de* ou *para*: *Esses salgadinhos são apenas um aperitivo **d**a (ou **para** a) refeição.*

apertado

Rege *a, contra* ou *em* (muito unido), *com, de* ou *por* (aflito) e *entre* (fixo): *De medo de assalto, as mulheres caminham pelas ruas do centro da cidade com a bolsa apertada **ao** (ou **contra** o, ou **n**o) peito. Vivia apertado **com** (ou **de**, ou **por**) mil preocupações. Tinha sempre um charuto apertado **entre** os dentes.*

apertar

Rege *a* ou *contra* e *entre* (comprimir): *A mulher apertou o crucifixo **ao** (ou **contra** o) peito e aguardou a morte. Apertar alguém **entre** os braços.*

apesar de o

É assim que se usa, quando o artigo antecede um sujeito: ***Apesar de o** frio ser intenso, não vestia agasalho.* Quando o artigo não antecede sujeito, ocorre a contração: ***Apesar do** frio intenso, não vestia agasalho.*

apesar de que

É esta a locução conjuntiva existente em nossa língua. Equivale a *embora, ainda que*: *Casou a filha com o rapaz, **apesar de que** soubesse que ela não o amava.* Na língua popular, todavia, ela aparece sem o necessário *de*: "apesar que".

apetite

É palavra masculina: *o apetite, **um** apetite, **muito** apetite, **bom** apetite.* Rege *de, para* ou *por*: *Há sempre um apetite do público **de** (ou **para**, ou **por**) novidades. Os obesos sentem inusitado apetite **de** (ou **para**, ou **por**) doces e todo tipo de guloseimas.*

apetite ≠ fome

Convém não confundir. **Apetite** é desejo de comer (por prazer), é apetência. **Fome** é sensação de fraqueza ou desconforto, quando se tem grande necessidade de comer. *O mendigo tem fome. Caipirinha não abre a fome, mas o apetite.* E à mesa desejamos sempre *Bom apetite!*, e não "Boa fome!".

ápice ≠ cimo ≠ topo

Convém não confundir. **Ápice** é a parte mais alta de uma coisa: *o **ápice** da pirâmide*. **Cimo** (ou *cume*, ou *pico*) é a parte mais alta de um monte. **Topo** é a parte mais alta em que uma coisa termina: *o **topo** da escada, o **topo** do edifício, o **topo** do telhado.*

apiedar-se

No português contemporâneo, conjuga-se regularmente: *apiedo-me, apiedas-te, apieda-se*, etc.: *Que Deus **se apiede** dessa gente!* Antigamente, se conjugava este verbo com base na forma arcaica *piadade*: *apiado-me, apiadas-te, apiada-se*, etc.

à pilha

Preferível com acento: *barbeador **à** pilha.*

a pique de

Esta locução é equivalente de *a ponto de, prestes a*: *Ela estava **a pique de** ceder, quando o pai chegou.*

apito ≠ assobio

Convém não confundir. **Apito** é o silvo produzido por um instrumento próprio: *o **apito** do trem; o **apito** do árbitro.* **Assobio** é o som agudo produzido pelo ar comprimido entre os lábios. Qualquer criança pode *apitar*, basta ter um apito à boca; nem toda criança sabe *assobiar*. Há até adultos que não o conseguem.

aplaudido
Rege *de* ou *por*: *O presidente saiu do recinto aplaudido **de** (ou **por**) todos. O ator quer no teatro sentir-se aplaudido **d**a (ou **pel**a) platéia.*

aplauso
Rege *a*: *Os aplausos da platéia **a** seu desempenho eram mais do que justos. O apresentador pediu aplausos **a**o cantor.* A regência "aplauso para" deve ser desprezada.

aplicação
Rege *de...a* (imposição), *de...em* ou *de...em...sobre* (aposição), *de...em* (investimento; ação de desferir) e *a* ou *em* (dedicação, devoção): *A aplicação **de** multas **a**os motoristas infratores está sendo exagerada na cidade. A aplicação **de** qualquer enfeite **n**um vestido tem de ser bem-feita. A aplicação **de** compressa de gelo **n**o tornozelo, **sobre** o local afetado, ameniza a dor. A aplicação **de** dinheiro **em** imóveis sempre foi rentável, ao longo do tempo. A aplicação **d**esse golpe **n**o adversário foi decisiva para o encerramento da luta. É elogiável sua aplicação **a**os (ou **n**os) estudos.*

aplicado
Rege *a* (imposto), *a* ou *em* (dedicado, devotado), *em* (investido) e *em* ou *sobre* (aposto): *As multas aplicadas **a** motoristas infratores têm aumentado muito ultimamente. É um aluno aplicado **a** (ou **em**) pesquisas. Ele tem muito dinheiro aplicado **em** imóveis. Uma compressa de gelo aplicada **n**o (ou **sobre** o) local lesionado ameniza a dor.*

apodrecer
É verbo intransitivo ou pronominal, indiferentemente: *Abacates **apodrecem** (ou **se apodrecem**) com facilidade.*

apodrecido
Rege *em* ou *por*: *É uma juventude apodrecida **n**os (ou **pel**os) piores vícios. Era um governo apodrecido **n**a (ou **pel**a) corrupção.*

apoiado
Rege *a*, *em* ou *sobre* (amparado) e *em* (baseado, fundado): *Encontrei-o apoiado **a**o (ou **n**o, ou **sobre** o) ombro do pai. Só conseguia andar apoiado **a** (ou **em**, ou **sobre**) uma cadeira. Era uma pregação apoiada **n**a Bíblia. Trata-se de um trabalho de tese apoiado **n**a fala brasileira, e não **n**a fala portuguesa.*

apoiar-se
Rege *a*, *em* ou *sobre*: *O velho só conseguia descer a escada apoiando-se **a**o (ou **n**o, ou **sobre** o) corrimão. A velhinha caminhava apoiando-se **à** (ou **n**a, ou **sobre** a) bengala.*

apoio
Rege *a* ou *em* (arrimo), apenas *a* (aprovação), *a* ou *de* (apoiamento) e *a favor de* ou *contra* (sustentação): *Sem o apoio **a** (ou **em**) uma bengala, não conseguia andar. Está fraco o apoio **a**o governo. O apoio **a** (ou **de**) qualquer candidato não será feito diretamente pelo presidente. O apoio **a favor d**a proposta do governo aumentava no congresso. O crescente apoio **contra** a reforma da previdência deixou o governo preocupado.* Antecedida da preposição *em*, aparece combinada com *a* ou *de*: *Em apoio **a** (ou **de**) sua tese falaram vários cientistas.*

apoio logístico
É esta a expressão correta, mas há quem use apoio "longístico"! Não é ir longe demais?

apólogo ≠ fábula ≠ parábola
Convém não confundir. **Apólogo** é a narrativa agradável, mais ou menos longa, geralmente dialogada, que encerra uma lição de sabedoria e oculta o sentido moral até a conclusão. Machado de Assis escreveu o *apólogo A agulha e a linha*. **Fábula** é a narrativa curta e agradável, que encerra uma verdade ou lição moral e na qual intervêm animais. É famosa a *fábula A raposa e as uvas*. **Parábola** é a estória curta e simples que encerra uma verdade moral ou lição religiosa. Cristo ensinava ao povo por meio de *parábolas*.

apontado
Rege *a*, *contra* ou *para*: *Tinha uma arma apontada **à** (ou **contra** a, ou **para** a) cabeça.*

a ponto de
É esta a locução que se usa nas frases de valor consecutivo, e não "ao" ponto de: *Ela chorou, **a** ponto de desmaiar.* Usa-se corretamente *ao ponto*, quando *ponto* é um simples substantivo de emprego relativo, regendo a preposição *de*: *Vamos chegar **ao** ponto de tratar esgotos para retirar água para beber.*

apor
Rege *a*: *apor endereço **a**o envelope; apor talheres **a**os pratos; apor assinatura **a** um abaixo-assinado; analfabeto, teve de apor o polegar **a**o documento.* A regência "apor em" deve ser desprezada.

apor ≠ opor
Convém não confundir. **Apor** é aplicar ou, então, ligar, prender: *apor assinatura a um documento, apor observações a um escrito; apor um clipe à correspondência, apor cavalos a uma carroça.* Por isso, também: *A assinatura **aposta** ao documento era falsa.* **Opor** é contrapor, resistir, impugnar, responder contradizendo: *opor vetos a um projeto de lei, opor resistência, opor argumentos, opor obstáculo, opor embargos à sentença judicial.* Por isso, também: *O veto **oposto** à emenda foi rejeitado.*

à porta
Em Portugal, todos batem *à porta*; no Brasil, prefere-se bater *na porta*. Na norma culta ainda se dá preferência à construção legitimamente portuguesa: *Estão batendo **à** porta. Quem está ali **à** porta? Ela me aguardou **à** porta de casa das 8h às 10h da noite. O ônibus passa **à** porta de casa.* Mesmo porque ônibus que passe **n**a porta de alguém pode ser algo destruidor...

aportar
Na norma culta, rege apenas a preposição *a*: *Aportar **a** Santos, **a**o Rio de Janeiro, **a** Salvador*. Há dicionários, no entanto, que trazem exemplos com a preposição *em*.

após
Não aceita a preposição *a* posposta ("após a"). Portanto: *Após o sinal, vire à direita! Após o filme, assista ao videoteipe do jogo entre Flamengo x Vasco!*

após ≠ depois
Convém não confundir. **Após** se usa, em rigor, para posterioridade no espaço: *após o sinal, após a cerca, após o muro, após a curva*. **Depois** se usa para posterioridade no tempo: *Falaremos disso **depois**: agora estou muito ocupado. **Depois** do jogo, assista a um filme inédito! Escove os dentes **depois** das refeições! Há vida **depois** da morte?* Na língua contemporânea, todavia, usa-se um pelo outro. Na televisão se vê até: *"Após ao" jogo, assista "um" filme inédito!*

aposentado / aposentadoria
Regem *de* ou *em*: *Àquela altura, ele já estava aposentado **d**o (ou **n**o) banco, por isso pôde assumir a presidência do Banco Central. Sua aposentadoria **d**o (ou **n**o) banco permitiu a sua nomeação ao cargo.*

aposentar-se ≠ jubilar-se ≠ reformar-se
Convém não confundir. **Aposentam-se** os funcionários públicos em geral, os comerciários, os industriais, os operários em geral. **Jubilam-se** os professores ou educadores. **Reformam-se** os militares.

aposição
Rege *de...a*: *A aposição **de** adjetivos **a** substantivos pode não ser aleatória.* Antecedida da preposição *por*, aparece combinada com *a*: *Há muitos substantivos que, **por** aposição **a** outro substantivo, muitas vezes indicando cor, não variam no plural.*

aposta
Rege *de...em*: *A aposta **de** vultosa quantia **n**um azarão podia dar-lhe gordo prêmio, mas era muito arriscado.* Quando o complemento é rigorosamente pessoa, rege *com*: *Quer fazer uma aposta **com**igo?*

apostar "como"
Melhor é *apostar que*: *Aposto **que** hoje chove. Aposto **que** ela me viu.* V. **jurar**.

apostila
Rege *a*: *Foi feita uma extensa apostila **a** esse dicionário*.

apostila ≠ apostilha
São formas equivalentes, nestas acepções: **1.** Nota complementar a um escrito, para esclarecer alguma dúvida ou acrescentar algo importante ao texto; **2.** Comentário ou explicação feita à margem de um escrito; **3.** Anotação de lição de classe, resumida em opúsculo ou brochura; **4.** Esse opúsculo ou brochura; e **5.** Registro de curso acrescentado ao diploma. Nas acepções 3 e 4, admite-se também a variante *postila*, que é muito pouco usada.

aposto
No plural, tem **o** tônico aberto.

apóstolo
No sentido próprio (discípulo de Cristo) não tem feminino, mas nas demais acepções, sim: *apóstola*: *Essa senadora é **a apóstola** do socialismo xiita*.

apóstrofo ≠ apóstrofe
Convém não confundir. **Apóstrofo** é sinal gráfico (') usado para indicar supressão de letra(s); **apóstrofe** é figura de linguagem. Portanto, em *copo d'água* existe *apóstrofo*.

a pouco ≠ há pouco
Convém não confundir. Use **a pouco** quando for possível a posposição de palavras como *tempo* ou *metro(s), quilômetro(s)*: *Daqui **a pouco**, o jogo começará.* (= *Daqui a pouco tempo, o jogo começará.*) *O acidente aconteceu **a pouco** de mim.* (= *O acidente aconteceu a poucos metros de mim.*) Use **há pouco** quando for possível a sua substituição por *faz pouco tempo*: *Chegou **há pouco** e já está saindo!* (= *Chegou faz pouco tempo e já está saindo!*)

a pouco e pouco / pouco a pouco / pouco e pouco / aos poucos
São expressões que se equivalem. *A menina, **a pouco e pouco** (ou **pouco a pouco**, ou **pouco e pouco**, ou **aos poucos**) foi se acalmando, até que adormeceu.*

aprazer
Verbo irregular (causar prazer, agradar); só se usa nas terceiras pessoas (do sing. e do pl.): *apraz, aprazem* (pres. do ind.); *aprouve, aprouveram* (pret. perf.); *aprazia, apraziam* (pret. imperf.); *aprouvera, aprouveram* (pret. mais-que-perf.); *aprouvesse, aprouvessem* (pret. imperf. do subj.); *aprouver, aprouverem* (fut. do subj.): *Não me **apraz** ter contato com essa gente. Não lhe **aprouve** o espetáculo? Não nos **aprazíam** aqueles tipos de filme.* Por ele se conjuga *desprazer* (desagradar): *Namorar no escurinho **despraz** a essa garota. A proposta que fiz para a compra do carro **desprouve** a seu dono. É bem possível que esse acordo proposto pelos Estados Unidos **despraza** tanto a árabes quanto a judeus.*

a prazo
Sem acento (antes de palavra masculina não ocorre a crase): *comprar **a** prazo, vender **a** prazo, compras **a** prazo, vendas **a** prazo.* V. **à prestação** e **à vista**.

apreciação
Rege *acerca de, a respeito de*, ou *de*, ou *quanto a*, ou *sobre* (avaliação, julgamento): *A apreciação acerca dos (ou **a respei-**

to dos, ou *dos*, ou *quanto aos*, ou *sobre os*) originais estavam a cargo de um experiente profissional, na editora. Queria sua apreciação *acerca deste* (ou *a respeito deste*, ou *deste*, ou *quanto a este*, ou *sobre este*) dicionário.

apreciado

Rege *de* ou *por*: *É um ator apreciado de* (ou *por*) *todo o público brasileiro. São produtos apreciados de* (ou *por*) *boa parte dos consumidores.*

apreço

Rege *a, de, para com* ou *por* (pessoa), mas apenas a, de ou por (coisa): *O brasileiro está aprendendo a ter apreço aos* (ou *dos*, ou *para com os*, ou *pelos*) *políticos? Sempre tive grande apreço aos* (ou *dos*, ou *para com os*, ou *pelos*) *meus professores, com exceção de um, justamente o de Matemática. Você não tem apreço à* (ou *da*, ou *pela*) *vida? Sempre foi um homem sem nenhum apreço ao* (ou *do*, ou *pelo*) *dinheiro.*

apreensão

Rege *acerca de, a respeito de, com, de, por, quanto a* ou *sobre* (grande inquietação, preocupação) e *de...a* (confisco): *É natural que todos tenhamos apreensão acerca do* (ou *a respeito do*, ou *com o*, ou *do*, ou *pelo*, ou *quanto ao*, ou *sobre o*) *futuro da democracia no Brasil. A apreensão dos documentos ao motorista foi feita legalmente.*

apreensivo

Rege *acerca de, a respeito de, com, de, por, quanto a* ou *sobre* (preocupado): *Os brasileiros estávamos apreensivos acerca do* (ou *a respeito do*, ou *com o*, ou *do*, ou *pelo*, ou *quanto ao*, ou *sobre o*) *futuro da democracia no Brasil.*

aprender ≠ apreender

Convém não confundir. **Aprender** é adquirir conhecimento de (algo útil), pelo estudo, instrução ou experiência: *aprender uma língua*. **Apreender** é perceber ou assimilar mentalmente: *Não foi fácil apreender o significado daquelas palavras.*

aprendido

Rege *com* ou *de* (pessoa) e *de* ou *em* (coisa): *São lições aprendidas com os* (ou *dos*) *grandes mestres da língua. São regras aprendidas das* (ou *nas*) *melhores gramáticas.*

apresentação

Rege *de...a* ou apenas *a*: *A apresentação dela a mim foi feita por um amigo. Quando foi feita a apresentação desse novo modelo de automóvel ao mercado? Nunca faço apresentação de amigos a estranhos. A peça publicitária foi concluída, para apresentação ao cliente.*

à pressa / às pressas

São locuções adverbiais equivalentes: *Sair à pressa* (ou *às pressas*). *Comer às pressas* (ou *à pressa*). A locução original é a primeira, mais usada em Portugal; por analogia com outras (*às cegas, às claras, às favas, às vezes*, etc.) é que passou a ser usada também no plural, principalmente entre nós, brasileiros.

apressado

Rege *em* (nome) e *a, em* ou *para* (verbo): *Sempre foi apressado no trabalho. Está apressado a* (ou *em*, ou *para*) *ir ao trabalho.*

apressar-se

Rege *a* ou *em*: *As comissárias de bordo não se apressavam a* (ou *em*) *servir o almoço. Ao ouvirem a sirena policial, os ladrões se apressaram a* (ou *em*) *fugir.*

à prestação

Preferível com acento: *comprar à prestação, vender à prestação, vendas à prestação.* V. **a prazo** e **à vista**.

a primeira vez que

Esta expressão não admite a preposição "em" antes do *que*: *A primeira vez que ela beijou, ficou enojada. A primeira vez que a namorei, não a beijei. Foi esta a primeira vez que a vi chorando.* Diz-se o mesmo para *a segunda vez que, a terceira vez que, a última vez que*, etc.

a princípio ≠ em princípio

Convém não confundir. **A princípio** significa inicialmente, no começo: *A princípio confiei nela*. **Em princípio** é o mesmo que teoricamente, em termos, em tese, de modo geral: *Em princípio, todo acusado é inocente*. Assim, podemos afirmar que no Brasil, em princípio, todos são iguais perante a lei. Podemos afirmar, ainda, que todo casamento é, *a princípio* e *em princípio*, uma verdadeira maravilha, um mel com açúcar. Depois bem, depois é o fim...

aprisionado

Rege *a* ou *em*: *São políticos aprisionados aos* (ou *nos*) *velhos modelos de fazer política.*

à procura de / em procura de

São expressões equivalentes. *A mãe saiu à* (ou *em*) *procura do filho. Estamos à* (ou *em*) *procura de melhores soluções para os nossos problemas. Os nordestinos vêm a São Paulo à* (ou *em*) *procura de melhores condições de vida.*

aprontar ≠ preparar

Convém não confundir. **Aprontar** é pôr em estado de servir imediatamente ou quase imediatamente: *aprontar o almoço, aprontar um animal para montaria*. **Preparar** é aprontar com certa antecedência. Os bóias-frias *preparam* o almoço em casa para comê-lo no trabalho. O estrangeiro que chega a um país *prepara* a documentação para ser vistoriada pelas autoridades alfandegárias, assim que desembarca no aeroporto. É por isso que dizemos, antes de causar uma surpresa qualquer: *Prepare o coração!*, e não "Apronte" o coração!

à proporção de / na proporção de

Ambas as expressões existem: *A arrecadação não aumentava à* (ou **na**) **proporção d**o *número de torcedores que compareciam ao estádio, o que era um sinal de desvio e prejuízo para os clubes.*

apropriado

Rege *a* ou *para* (adequado, conveniente) ou apenas *para* (adaptado): *Esses não são os meios mais apropriados **a**os* (ou **para** *os*) *nossos objetivos. Eis a ocasião apropriada **a*** (ou **para**) *uma boa conversa. O carro tem um motor especial, apropriado para corridas.* Cuidado para não usar "apropiado"!

aprovação

Rege *a* (concordância, beneplácito), *de* (apreciação positiva) e *de...em* ou apenas *em* (habilitação): *Não se notava na expressão do pai nenhuma aprovação **às** atitudes do filho. A aprovação **d**os projetos do governo depende da maioria no congresso. A aprovação **d**esses candidatos **n**o concurso está sub judice. Muitos candidatos conseguiram aprovação **n**o concurso de forma irregular.*

aproveitado

Rege *em* ou *para* (economizado): *O óleo aproveitado **n**a* (ou **para** *a*) *fritura dos pastéis dá para fritar os bolinhos.*

aproveitar

É pronominal (servir-se, valer-se), quando usado com a preposição *de*: ***Aproveitaram-se d****a estada do presidente na cidade para lhe pedir recursos para o município. Os ladrões **se aproveitaram d**a confusão para fugir. **Aproveito-me d**a ocasião para cumprimentá-lo. O rapaz **se aproveitou d**a confiança que lhe depositaram e surripiou a patroa.*

aproximação

Rege *de...a* (ou *com*) [restabelecimento de relações ou de laços de amizade], *com* (relação, ligação íntima) e *entre* (relação amistosa ou proveitosa): *A aproximação do Brasil **a*** (ou ***com***) *Cuba se deu logo depois do fim do governo militar. A aproximação **com** o povo é uma característica do regime democrático. A aproximação **entre** os dois povos resultou em benefício para o país. A aproximação **entre** as duas culturas beneficiou a ambas.*

aproximado

Rege *a* ou *de*: *Era um objeto voador não identificado de forma aproximada **à*** (ou ***d****a*) *de um charuto.*

aprumado

Rege *em* ou *sobre*: *Como andava a cavalo pela primeira vez, ela troteava sem estar devidamente aprumada **n**a* (ou ***sobre*** *a*) *sela, o que conferia um ar jocoso à situação.*

aptidão

Rege *a* ou *para*, antes de nome e *de* ou *para*, antes de verbo, e *em* (habilidade, perícia): *Não se exige nenhuma aptidão **a**o* (ou **para** *o*) *cargo. Ela tem aptidão **à*** (ou **para** *a*) *matemática. Ela mostrou grande aptidão **de*** (ou ***para***) *dirigir caminhões. Será que essa gente reúne aptidões adequadas **de*** (ou ***para****) governar o país? Só se adquire alto grau de aptidão **em** marcenaria, com os anos, com a experiência.*

apto

Rege *a* ou *para* (capacitado) e *em* (aprovado, habilitado), antes de nome, mas *para*, antes de verbo: *Você já está apto **a*** (ou ***para***) *esse tipo de trabalho? Você se considera apto **a*** (ou ***para***) *exercer esse cargo? Foi considerado apto **em** Português. Foi considerado apto **para** dirigir veículos automotores.*

apud

Latinismo que significa *de acordo com, conforme se lê em.* Emprega-se principalmente em bibliografia, para indicar a fonte de uma citação indireta. Por exemplo: *Camões, Os lusíadas,* **apud** *Antenor Nascentes, O idioma nacional.* Abrev.: *ap.* Pronuncia-se *ápud.*

apuração

Rege *de* (contagem) e *de* ou *sobre* (investigação, averiguação): *Agora, a apuração **de** votos é quase instantânea, nas eleições brasileiras. A apuração **d**esse* (ou ***sobre*** *esse*) *crime está a cargo da polícia federal. O povo exige apuração **d**o* (ou ***sobre*** *o*) *escândalo que desviou trinta bilhões de dólares do país para contas no exterior.*

apurado

Rege *em* (esmerado, requintado), *em* (apressado, afobado) e *de* ou *em* (arrecadado ou obtido): *Trata-se de um dos jornalistas mais apurados **n**a pena que este país já conheceu. Estou aqui apurado **n**o trabalho e me vem essa gente pedir isto e aquilo! O governo está apurado **em** esclarecer esse escândalo. O lucro apurado **d**essa* (ou ***n****essa*) *venda será reinvestido no mesmo negócio.* V. **acurado/apurado**.

apuro

Rege *de* ou *em* (esmero, requinte) e *com* ou *em* (pressa): *É um jornalista que se caracteriza pelo apuro **de*** (ou ***n****a*) *linguagem. O apuro **com** os* (ou ***n****os*) *preparativos de viagem me fez esquecer muitas coisas.*

aquecido

Rege *com* ou *por*: *No inverno rigoroso, convém ter as mãos aquecidas **com*** (ou ***por***) *luvas. Trazia o alimento aquecido **com** o* (ou ***pel****o*) *calor do próprio corpo.*

a que horas?

É desta forma que se pergunta, e não com omissão da preposição: ***a** que horas você acordou?;* ***a** que horas voltaremos?;* ***a** que horas nos encontraremos?; vamos almoçar **a** que horas?; você chegou **a** que horas da madrugada, minha filha?*

à queima-roupa

Sempre com acento: *tiro **à** queima-roupa.*

aquela manhã / naquela manhã

Expressões que indicam tempo podem ser usadas com a preposição *em* ou sem ela, indiferentemente: **aquela** noite / naquela noite, aquela semana / naquela semana, aquela tarde / naquela tarde, aquele ano / naquele ano, aquele dia / naquele dia, aquele domingo / naquele domingo, aquele mês / naquele mês: *Aquela* (ou *Naquela*) *manhã choveu muito. Aquela* (ou *Naquela*) *noite a Lua estava linda! Aquela* (ou *Naquela*) *semana eu deveria estar fora do país. Aquela* (ou *Naquela*) *tarde tudo ficou acertado entre os dois. Aquele* (ou *Naquele*) *ano compramos um carro importado. Aquele* (ou *Naquele*) *dia aconteceu de tudo na cidade. Aquele* (ou *Naquele*) *domingo começamos a namorar. Aquele* (ou *Naquele*) *mês a empresa quase vai à falência.*

aquele / aquilo

Aquele (e variações) e *aquilo* usam-se em referência a seres que se encontram longe do falante e do ouvinte: *Aquela camisa que seu irmão está vestindo é minha. Aquela estrela é de que constelação? Aquilo que eles carregam pesa 50kg. Aquele* (e variações) também se emprega na expressão de emoções as mais variadas, sem nenhuma referência a distância: *Aquele canalha! Ele me paga! Aquela vigarista que não me procure mais!* Contraído com a preposição *de*, posposto a substantivo, emprega-se apenas no plural. Ex.: *Nunca vi um cometa daqueles. A vida me aprontou uma daquelas!*

aquele / este

Quando nos referimos a pessoas ou coisas já mencionadas, usamos *aquele* (e variações) para o que foi citado em primeiro lugar e *este* para o que foi mencionado por último. Ex.: *Luís e Hilda estudaram na Europa; esta em Paris, aquele em Londres. Convidei Marisa e seu irmão para irmos à festa; este aceitou prontamente, aquela recusou educadamente. Ao conversar com Isabel e Luís, notei que este se encontrava nervoso e aquela, tranqüila.*

aquele cara

Esta expressão pode ser dirigida tanto a homem quanto a mulher. *Cara*, no sentido de *indivíduo, sujeito*, é nome sobrecomum. Por isso, ao brigar com uma mulher, pode falar dela deste jeito, sem medo de ofendê-la: *Aquele cara quase me deixa maluco de paixão e, de repente, vai saindo assim da minha vida, sem ao menos pedir licença!* Esteja certo de que nenhum ser humano são ou sensato vai censurá-lo por isso! V. **cara**.

aquele "um" / aquela "uma"

Evite usar por *aquele sujeito, aquela pessoa*, etc. Na língua popular, contudo, muito se ouve: *Você é amigo daquele "um"?! Você já namorou com aquela "uma"?!*

aqui ≠ aí

Convém não confundir. **Aqui** é o lugar em que está a pessoa. **Aí** é o lugar em que está a pessoa com quem se fala. Ex.: *Aqui, a violência continua solta; e aí, Luís? Aqui ainda não se criou vergonha na cara; e aí, Manuel?*

Aquidabã

Nome do rio em cujas margens o ditador Francisco Solano López foi preso, a 1º de março de 1870, pelas forças brasileiras comandadas pelo gen. Câmara. Como não quis se entregar, foi morto junto à barranca do rio, de espada na mão, encerrando-se, assim, a Guerra do Paraguai. Este nome tem sido usado em muitos logradouros públicos de inúmeras cidades brasileiras, nos quais aparece com "an" final ("Aquidaban").

aquiescência

Rege *a* antes de nome e *em* antes de verbo: *A sua aquiescência ao pedido da filha foi conseguida a custo. Sua aquiescência em colaborar conosco foi conseguida a custo.*

aquiescer

Rege *a* ou *em* (nome), mas apenas *em* (verbo): *Ela, finalmente, aquiesceu ao* (ou *no*) *meu convite. O governo não aquiescerá a* (ou *em*) *novo aumento de preços. O professor aquiesceu ao* (ou *no*) *adiamento da prova. O professor aquiesceu em adiar a prova.*

aquinhoado

Rege *com* ou *de*: *O Brasil é um país aquinhoado com* (ou *de*) *muitas terras férteis. Uma pessoa aquinhoada com* (ou *de*) *tanto talento deveria estar em melhor ambiente.*

ar ≠ ares

Convém não confundir. **Ar** é atmofera, camada gasosa que envolve a Terra: *ar puro, ar rarefeito*, etc. **Ares** são maneiras, modos, jeito: *Há pessoas que assumem ares de doutor. O filho não tem nenhuns ares do pai*. Significa, ainda, *clima: mudar de ares, os ares do campo.*

Aracaju

Capital de Sergipe. É um dos poucos nomes de cidades que admitem o uso do artigo. Podemos usar, portanto, indiferentemente: *Moro em* (ou *no*) *Aracaju. Já estive em* (ou *no*) *Aracaju. Acabo de chegar de* (ou *do*) *Aracaju.* Mesmo assim, o povo prefere o emprego desse nome sem o artigo. Quem nasce em Aracaju é *aracajuano* ou *aracajuense*.

aragem ≠ brisa

Convém não confundir. **Aragem** é um movimento suave do ar, observado na leve agitação das folhas de uma árvore, insuficiente para afastar calor intenso. É vento característico das regiões interioranas. **Brisa** é um vento suave e fresco, mais forte que a *aragem*. Sua força é suficiente para tornar o clima ameno, agradável. É vento típico das regiões costeiras.

arará

Fêmea do *cupim*.

árbitro

Rege *de* ou *em* e *entre*: *Quem foi o árbitro desse* (ou *nesse*) *jogo? O árbitro entre árabes e judeus será o papa.*

árbitro ≠ juiz

Convém não confundir. **Árbitro** é o magistrado designado especialmente para dirimir um litígio: *O Papa foi escolhido como árbitro na disputa sobre as ilhas Falkland, entre a Inglaterra e a Argentina*. Também significa mediador de jogos esportivos: *Esse árbitro não apita pênalti de jeito nenhum!* **Juiz** é aquele que, formado em Direito, prestou concurso e adquiriu autoridade para julgar pelo que se alega e prova, segundo a lei; é magistrado: *Todo juiz deve ser absolutamente justo e imparcial.* Uma competição esportiva, assim, nunca tem a direção de um *juiz*, mas de um *árbitro*. O *juiz* guia-se por leis; o *árbitro*, por regras. Um *juiz* não pode exercer outra função senão a de magistrado; um *árbitro*, normalmente é professor, engenheiro, contador (mas nunca ladrão...).

arbusto
V. **árvore**.

arca ≠ balaio ≠ baú ≠ cesta ≠ cesto ≠ jacá
Convém não confundir. **Arca** é uma caixa grande de madeira, de vime ou de bambu, com tampa, para guardar ou esconder coisas. **Balaio** é um cesto de palha, de bambu, de taquara, etc., sem asas, em formato de bacia. **Baú** é uma caixa com tampa (convexa ou plana), feita geralmente de madeira encourada, usada para guardar roupa, documentos, etc. **Cesta** é recipiente e utensílio feito geralmente de verga entrelaçada, descoberto e com alça, em forma de vaso, usado para conter ou transportar coisas. **Cesto** é cesta sem alça, pequena e estreita: *cesto de pão*. A *cesta*, além de maior, é em geral mais grosseira que o *cesto*. **Jacá** é cesto grande, cilíndrico e grosseiro, feito de taquara ou de cipó, usado no transporte de comestíveis no dorso dos animais.

arcebispo
Adj. corresp.: *arquiepiscopal*. Portanto, *poder de arcebispo = poder arquiepiscopal; paço de arcebispo = paço arquiepiscopal.*

arco-íris
Pl.: os *arco-íris*.

ar-condicionado ≠ ar condicionado
Convém não confundir. **Ar-condicionado** é o aparelho ou sistema que controla a umidade e a temperatura do ambiente, é o condicionador de ar: *ar-condicionado importado; conserto do ar-condicionado*. Tem como plural *ares-condicionados*. **Ar condicionado** é o ar que sai do ar-condicionado e pode ser quente ou frio: *Qualquer ar condicionado me faz mal. Sair dos 35 graus da rua e entrar no ar condicionado do escritório me foi fatal para pegar o resfriado.*

ardente
Rege *de* ou *em*: *Encontrei-o com o corpo ardente de (ou em) febre.*

ardil ≠ armadilha ≠ cilada ≠ emboscada ≠ estratagema
Convém não confundir. **Ardil** é qualquer expediente sutil, astucioso de enganar, em que as verdadeiras intenções são cobertas com fingidas aparências; é o mesmo que *trapaça, embuste, logro*. **Armadilha** é a cilada que deu certo. Às vezes a polícia monta uma *armadilha* perfeita para os corruptos. E descobrem-se muitos políticos... **Cilada** é ardil camuflado, disfarçado e feito de surpresa. Qualquer sogra desconfiada pode armar uma *cilada* para o genro considerado infiel. **Emboscada** é cilada para matar. Usa-se principalmente em guerras. **Estratagema** é ardil bélico para enganar o inimigo na guerra.

ardor
Rege *por* (entusiasmo) antes de nome e *de* ou *em* antes de verbo: *O ardor **pela** competição é próprio dos espíritos superiores. Seu ardor **pel**o luxo e conforto já vinha da infância. É perfeitamente compreensível o ardor das crianças **pel**os programas de desenhos animados pela televisão. É natural o ardor das crianças **de** (ou **em**) assistir a programas de desenhos animados pela televisão.*

área ≠ ária
Convém não confundir. **Área** é superfície: *Um terreno de cinco mil metros quadrados de **área***. **Ária** é peça musical para uma só voz: *Quem canta a **ária** da ópera?*

areia
Esta palavra, quando usada como adjetivo, na indicação da cor, não varia: *sapatos **areia**, meias **areia***. V. **bomba, cassete, cinza, creme, esporte, gelo, jambo, laranja, monstro, padrão, pastel, pirata, relâmpago, surpresa, tampão** e **vinho**.

arejar
Sempre com **e** fechado: *arejo, arejas, areja, arejamos, arejais, arejam* (pres. do ind.); *areje, arejes, areje, arejemos, arejeis, arejem* (pres. do subj.).

aréola ≠ auréola
Convém não confundir. **Aréola** é o círculo escuro ou rosado em volta do bico das mamas; é o mesmo que *halo*. Significa, ainda, círculo que se forma em torno das borbulhas da vacina, da varíola ou de outras erupções cutâneas. **Auréola** é o círculo luminoso simbólico que envolve a cabeça dos santos, nas imagens, ao qual também se chama *halo*.

a respeito de / com respeito a
As duas expressões se equivalem: *Já conversamos muito **a respeito d**isso (ou **com respeito a** isso). Você já falou com o chefe **a respeito de** (ou **com respeito a**) aumento de salário? Nada se falou na reunião **a respeito d**o (ou **com respeito a**o) alto custo de vida.*

aresto ≠ arresto
Convém não confundir. **Aresto** (é) é decisão judicial modelar e irrecorrível, é o mesmo que acórdão: *O juiz se baseou num aresto para dar a sentença*. **Arresto** (é) é apreen-

são judicial preventiva de bens não litigiosos de um devedor, para servir de garantia de pagamento de dívida, é o mesmo que embargo.

Argentina

Este nome exige sempre o artigo: *a* Argentina. Portanto, em manchetes de jornal: *Firmado acordo entre o Brasil e a Argentina*. Os jornalistas, contudo, acham que, por ser uma palavra pequena, o artigo não tem importância. Então, escrevem em manchetes: *Firmado acordo entre "Brasil" e "Argentina"*. Eles escrevem assim, mas não falam assim. Nunca nenhum deles afirmou que já esteve "em" Argentina nem muito menos que gosta "de" Argentina. V. **artigo**.

argüição

Rege *a...de* ou *de...a* (acusação) e *a...sobre* (exame; interrogatório): *A argüição a um ministro de corrupto é da maior gravidade. A argüição de corrupto a um ministro é da maior gravidade. A argüição aos candidatos sobre seus hábitos de higiene era um dos itens da entrevista. A argüição às testemunhas sobre detalhes do crime foi feita várias vezes pelo magistrado.*

argüir

Conjuga-se por *atribuir*, mas suas formas têm acento no *u*, quando este for tônico e seguido de *e* ou de *i*; e trema, quando for átono: *arguo, argúis, argúi, argüimos, argüis, argúem* (pres. do ind.).

aríete

Máquina de guerra que os antigos utilizavam para arrombar os fortes portões das muralhas. Na língua popular se ouve "ariête".

a rigor

Em rigor, esta expressão é cópia fiel do francês *à la rigueur*. Vulgarizou-se entre nós em razão da expressão *traje a rigor*. Convém usarmos palavras, expressões e construções estrangeiras somente quando absolutamente necessárias, ou seja, quando as que temos não satisfazem plenamente à mensagem que desejamos. Este, portanto, é um caso de preferência, e não de transgressão. Eu de minha parte continuo preferindo assim: **Em** *rigor, o português é uma continuação do latim*. Se temos o nosso, por que procurar semelhante no vizinho? Nada existe de purismo nessa preferência.

Aristobulo

Nome de homem. É paroxítono, mas há quem diga "Aristóbulo".

aritmética, arimética

Ambas as formas existem, mas a corrente é apenas a primeira.

arma

Adj. corresp. a *sem arma*: *inerme*. Portanto, *soldados sem armas = soldados inermes; polícia sem armas = polícia inerme*.

armada ≠ esquadra ≠ frota

Convém não confundir. **Armada** é o conjunto dos navios de guerra de um país. **Esquadra** é o conjunto dos navios de guerra de um país, com o objetivo de proteger os navios mercantes ou de hostilizar o inimigo no mar ou em terra, comandados por oficial superior. **Frota** é o conjunto dos navios mercantes ou de guerra de um país. Já foi sinônimo de *esquadra*, quando se usava *frota armada*, expressão que se reduziu para *armada*. **Flotilha**, todavia, conserva a idéia bélica.

armadilha

Rege *a* antes de nome e *de* ou *para* antes de verbo: *A prática do gatilho salarial, ao invés de beneficiar os trabalhadores, era uma armadilha a toda a classe. Comprou uma armadilha de (ou para) apanhar ratos.*

armar

É verbo pronominal (formar-se, preparar-se, falando-se de fenômenos da natureza): *Está se armando uma chuva daquelas! Uma tempestade se armou rapidamente: tivemos de retornar. Quando se armavam furacões na costa da Flórida, todos ficávamos apavorados. No Brasil nunca se armam tornados, terremotos e furacões. Em compensação...*

aroma ≠ fragrância ≠ cheiro

Convém não confundir. **Aroma** é o cheiro bom e duradouro que emana das drogas (resinas, óleos, bálsamos, etc.) e das árvores (cabriúva, cravo, canela, etc.). **Fragrância** é o cheiro agradável e efêmero de origem floral. A rosa, o jasmim, a margarida, exalam *fragrâncias*. **Cheiro** é uma sensação, agradável ou não, percebida pelo sentido do olfato. Um perfume tem *cheiro* bom ou ruim; todo ser humano tem um *cheiro* próprio, seu, de mais ninguém, que agrada ou repulsa (principalmente às mulheres).

arquejar

Respirar com dificuldade, arfar, ofegar. Sempre com **e** fechado: *arquejo, arquejas, arqueja, arquejamos, arquejais, arquejam* (pres. do ind.); *arqueje, arquejes, arqueje, arquejemos, arquejeis, arquejem* (pres. do subj.).

arquétipo

Apesar de ser proparoxítona, há quem use "arquetipo".

arquitetado

Rege *a* ou *contra*: *Isso é uma armadilha arquitetada a (ou contra) todos os trabalhadores*. Na voz passiva, só rege *por*: *Uma brincadeira arquitetada por colegas*.

arrabalde ≠ subúrbio

Convém não confundir. **Arrabalde** é o conjunto de todos os bairros de uma cidade, afora o centro. **Subúrbio** é o arrabalde distante, fora da cidade, mas pertencente à sua jurisdição. Note a sua formação: *sub- + -urb-*.

arraigado

Rege *a* ou *em*, mas de preferência *a* (aferrado, apegado) e de preferência *em* (enraizado): *Ele é um homem arraigado **a** velhos hábitos e costumes. Os indígenas são povos arraigados **a** suas terras. Essa gente é muito arraigada **às** tradições e conquistas do passado. Essas flores estão arraigadas **n**a pedra? Há muitos estrangeirismos arraigados **em** nosso idioma.*

arraigar

Conj.: *arraígo, arraígas, arraíga, arraigamos, arraigais, arraígam* (pres. do ind.); *arraígue, arraígues, arraígue, arraiguemos, arraigueis, arraíguem* (pres. do subj.). Por este se conjuga **desarraigar**.

arrancada

Rege *contra* ou *sobre* (investida, combate) e *para* (avanço): *A arrancada **contra** (ou **sobre**) o adversário se deu nos últimos assaltos da luta. A arrancada **contra** (ou **sobre**) a crise começou neste governo. O governo, agora, promete uma arrancada **para** o desenvolvimento. A arrancada da equipe **para** as primeiras colocações da tabela se deu justamente com o novo treinador.*

arrancado

Rege *a* ou *de*: *Havia várias folhas arrancadas **à** (ou **d**a) agenda. Eram nomes de amigos de infância arrancados **à** (ou **d**a) memória a fórceps.*

arranco / arranque

São formas equivalentes. Regem *contra* ou *sobre* (investida) e *para* (avanço): *O arranco **contra** (ou **sobre**) a crise foi dado neste governo. O arranque **para** o sertão foi dado pelos bandeirantes.*

arranhado

Rege *com, de* ou *por*: *Tinha as costas todo arranhadas **com** (ou **de**, ou **por**) espinhos. Chegou com o rosto todo arranhado **com** as (ou **d**as, ou **pel**as) unhas da mulher.*

arrasado

Rege *com* ou *por*: *Ficou arrasado **com** a (ou **pel**a) goleada que o seu time sofreu em pleno Parque Antártica.*

arrear ≠ arriar

Convém não confundir. **Arrear** é pôr arreios em (cavalgadura); **arriar** é baixar, descer, fazer vir abaixo, colocar no chão: *arriar as calças, arriaram os quatro pneus do carro; arriar a bandeira; arriar os pacotes do supermercado*. **Arrear** ganha um *i* nas formas rizotônicas (as que têm tonicidade no radical): *arreio, arreias, arreia, arreamos, arreais, arreiam* (pres. do ind.); *arreie, arreies, arreie, arreemos, arreeis, arreiem* (pres. do subj.). **Arriar** é verbo regular: *arrio, arrias, arria*, etc.

arrebatado

Rege *a* ou *de* (tirado com violência; arrancado) e *com, de* ou *por* (extasiado): *As pessoas eram arrebatadas **às** (ou **d**as) suas casas, para dar lugar à corte real. Os aplausos arrebatados **à** (ou **d**a) platéia eram-lhe inteiramente merecidos. A garota ficou arrebatada **com** os (ou **d**os, ou **pel**os) elogios do rapaz, sem perceber que tudo aquilo era pura lábia.*

arrebitado / rebitado

Ambas corretas: *nariz **arrebitado** (ou **rebitado**)*.

arredio

Rege *a* ou *de*: *Os gatos selvagens são arredios **a** (ou **de**) qualquer aproximação humana. Permanecerei arredio **à** (ou **d**a) política.*

arrefecimento

Rege *de* ou *em* (coisa) [esfriamento] e *com* ou *para com* (pessoa) [perda de interesse, frieza]: *O arrefecimento **d**o (ou **n**o) seu entusiasmo pelo rapaz se deveu a intrigas. O arrefecimento dela **com** (ou **para com**) o rapaz se deveu a intrigas.*

arreglo

Acordo, composição, ajuste: *plano de arreglo político*. Há pessoas que provocam, provocam e, depois, durante a briga, pedem *arreglo*. A palavra, espanholismo puro, foi modificada no seio popular para *arrego*, que é, portanto, corruptela desse estrangeirismo.

arremedar / remedar

Ambas são formas boas: *O filho **arremedou** (ou **remedou**) o pai e foi castigado. Esse palhaço **arremeda** (ou **remeda**) qualquer político.*

arremessado

Rege *a* (lançado voluntariamente) e *contra* (lançado com força ou agressivamente): *Com toda a carga arremessada **a**o mar, o navio pôde ser salvo. Com a explosão, pessoas foram arremessadas **contra** muros e postes. O míssil arremessado **contra** o Iraque acertou o alvo em cheio.*

arremessar

Rege *a* ou *em*, quando há intenção de quebrar ou ferir: *Duas crianças arremessavam bolas de neve **a** (ou **em**) nossas vidraças. Os manifestantes arremessavam paus e pedras **a**os (ou **n**os) policiais.* Se não houver a referida intenção, constrói-se: *O jogador arremessou a camisa à torcida.*

arremessar-se

Rege *a* ou *em*: *Os surfistas se arremessavam **às** (ou **n**as) enormes ondas num desafio constante e ameaçador.*

arremesso

Rege *de...a* (ou *em*, ou *contra*, ou *sobre*) [lançamento] e apenas *contra* ou *sobre* (ataque, investida): *O arremesso de pedras **a**o (ou **n**o, ou **contra** o, ou **sobre** o) árbitro atentava contra a sua integridade física. O arremesso dos tanques **contra** (ou **sobre**) as posições inimigas foi decisivo nessa batalha.*

arremetida

Rege *a, contra* ou *sobre* (investida) e *em* (arrojo, audácia): *Essa operação obrigou as tropas brasileiras a algumas arremeti-*

das fulminantes **às** (ou **contra** *as*, ou **sobre** *as*) *posições inimigas. As primeiras arremetidas da mulher brasileira* **na** *prática do futebol se fizeram sentir na década de 1990.*

arrepender-se
É verbo essencialmente pronominal, mas muito se ouve na língua cotidiana: *Eu "arrependi" de ter feito isso.*

arrependido / arrependimento
Rege *de* ou *por*: *Estava profundamente arrependida* **do** (ou **pelo**) *crime. O criminoso não sentiu o menor arrependimento* **do** (ou **pelo**) *covarde ato que praticou.*

arrepiado
Rege *com, de* ou *por* (aterrorizado) e *em* (eriçado): *O próprio juiz ficou arrepiado* **com** *a* (ou **da**, ou **pela**) *confissão do criminoso. Aos poucos ela ia ficando arrepiada* **em** *carícias do namorado.*

arrepiar
É verbo pronominal, e não intransitivo: *Eu* **me arrepio** *fácil. Ela* **se arrepia** *toda quando ouve esses ruídos macabros.*

arrimado
Rege *a, contra, em* ou *sobre* (apoiado) e *a* ou *em* (estribado, baseado, fundado): *Ele, agora, só conseguia andar arrimado* **a** (ou **contra**, ou **em**, ou **sobre**) *uma bengala. Estávamos arrimados* **a** *uma* (ou **numa**) *teoria furada.*

arriscar
É verbo pronominal, e não intransitivo: *Eu não* **me arriscaria** *a dizer uma coisa dessas. Você* **se arriscaria** *a viajar num avião desses? Há um ditado popular sábio: Quem espera por sapatos de defunto* **arrisca-se** *a andar toda a vida descalço. O povo, contudo, gosta mesmo é de "arriscar"...*

arrochar ≠ arroxar
Convém não confundir. **Arrochar** é apertar muito (*arrochar o cinto*), reduzir em valor real (*arrochar salários*) ou pressionar muito economicamente (*arrochar os professores*). **Arroxar** é tornar roxo. *O frio, quando intenso,* **arroxa** *as extremidades dos pés e das mãos.*

arrocho
Rege *de* ou *em* (coisa) e *contra* (pessoa): *O arrocho* **do** (ou **no**) *salário docente redundou num ensino cada vez mais precário. O arrocho* **contra** *os professores persiste até hoje.*

arrogância / arrogante
Regem *de* ou *em* (coisa) e *com* ou *para com* (pessoa): *Sua arrogância* **de** (ou **em**) *comportamento* **com** (ou **para com**) *os pais da moça foi fundamental para o fim do namoro. Um rapaz arrogante* **de** (ou **em**) *comportamento com os futuros sogros pode ser fatal para o relacionamento do casal. Sua arrogância* **com** (ou **para com**) *os pobres era evidente. Era muito arrogante* **com** (ou **para com**) *os pobres.*

arrojado / arrojo
Regem *de* ou *em*: *Empresário arrojado* **de** (ou **nos**) *empreendimentos. Empresário caracterizado pelo arrojo* **de** (ou **nos**) *empreendimentos.*

arrombar
É verbo pronominal, e não intransitivo: *Minhas calças* **arrombaram-se** *bem nos fundilhos. A terra, naquele instante,* **arrombou-se** *ali formidavelmente, em conseqüência do violento terremoto. Dois açudes* **arrombaram-se** *no Ceará. Uma tubulação de gás* **arrombou-se** *em Guarulhos (SP).*

arrostar
É este o verbo que significa encarar corajosamente, enfrentar: *O governo precisa* **arrostar** *os que não pretendem as reformas, desejando a falência do Estado brasileiro.* Há quem fuja a este verbo como o diabo foge à cruz e prefira usar redundâncias, como "encarar de frente" e "enfrentar de frente". É preciso arrostar essa gente...

arroto
Tanto o singular quanto o plural têm **o** tônico fechado.

arroz
Pl.: *arrozes*. Costumamos usar *um grão de arroz, dois grãos de arroz*, por isso é que parece estranho este plural. A cultura deste cereal se diz *rizicultura* ou *orizicultura*; aquele que se dedica à cultura do arroz se diz *rizicultor* ou *orizicultor*. *Orizicultura* e *orizicultor* têm origem no grego *oryza*, mas chegaram até nós pelo latim *oryza*; já *rizicultura* e *rizicultor* sofreram influência do francês *riz* (arroz), que tem origem também no grego *oryza*. O povo diz *arrôiz*. Há algum inconveniente nisso? Não. Note que todos dizemos *páis* (paz), *fáis* (faz), *vocêis* (vocês), etc. Na língua falada, essa epêntese (intercalação de fonema no meio da palavra) é perfeitamente normal. Adj. corresp.: *orizóideo*. Portanto, *grão semelhante a arroz* = *grão orizóideo*; *órgão semelhante a um grão de arroz* = *órgão orizóideo*.

arroz-doce
Pl.: *arrozes-doces*.

arruinado
Rege *com, em* ou *por*: *Àquela altura, a credibilidade do governo já estava arrruinada* **com** (ou **em**, ou **por**) *tantos escândalos de corrupção.*

arruinar
Conj.: *arruíno, arruínas, arruína, arruinamos, arruinais, arruínam* (pres. do ind.); *arruíne, arruínes, arruíne, arruinemos, arruineis, arruínem* (pres. do subj.). Na língua cotidiana, todavia, aparece muito "arrúino", "arrúina", etc. *As drogas* **arruínam** *a saúde e acabam com a vida.* Uma ameaça pode vir assim: *Cuidado, que eu "arrúino" sua vida, hem!* Uma preocupada mãe, a um leve ferimento do filho, pode sair-se com esta, para amedrontá-lo: *Não mexa, que "arrúina"!* Uma adolescente indecisa pode sair-se com esta: *Estou querendo loucamente pôr um pearcing na língua, mas tenho medo que "arrúine".* Isso tudo arruína, sim, a boa língua...

arruinar ≠ destruir
Convém não confundir. Os dois verbos indicam extermínio ou extinção de alguma coisa, mas **destruir** exprime sempre uma vontade, ao passo que **arruinar** supõe circunstância involuntária e casual. Os aliados *destruíram* todas as forças alemãs. O tempo *arruína* tudo; a beleza, a juventude, a vida. Por isso é que dizemos que um prédio ameaça *ruína*, e não "destruição": neste caso suporia vontade, algo que aí não pode existir.

Ártemis
Na mitologia grega, deusa virgem da caça, dos animais selvagens e da Lua, irmã gêmea de Apolo, identificada com a deusa romana Diana. Apesar de ser nome proparoxítono, há quem diga "Artêmis".

artéria ≠ veia
Convém não confundir. **Artéria** é qualquer vaso que conduz sangue do coração a todas as partes do corpo. **Veia** é o vaso que conduz sangue venoso ou vermelho-escuro (pouco oxigenado) ao coração, exceto a veia pulmonar, que carrega sangue oxigenado. O povo usa, por extensão, a palavra *veia* por qualquer vaso sangüíneo. As paredes das *veias*, todavia, são formadas por três camadas de tecidos muito mais finas e menos elásticas que as das *artérias*.

arterio-
Não exige hífen: *arteriocapilar, arteriofibrose, arteriomotor, arterionecrose, arteriopressão, arteriosclerose, arteriospasmo, arteriovenoso, arterioversão*, etc.

artesãos ≠ artesões
Convém não confundir. **Artesãos** são artistas manuais, homens que exercem com habilidade uma arte manual. Tem como feminino *artesãs*. **Artesões** são adornos arquitetônicos aplicados em tetos, abóbadas, etc. Não tem feminino: trata-se de coisa.

articulação
Rege *de...com, entre* (relação, ligação) e *de...em* (estruturação): *A articulação de um osso com outro. A articulação entre os ossos. É importante a articulação **d**a linguagem **com** o pensamento. É importante a articulação **entre** a linguagem e o pensamento. A articulação **d**a sociedade **em** classes econômicas é obra do capitalismo.*

articulado
Rege *a* ou *com* (em articulação ou ponto de encaixe) ou *com* (ligado): *Um osso articulado **a** (ou **com**) outro. Um deputado deve estar sempre articulado **com** suas bases eleitorais.*

artigo[1]
Rege *acerca de, a respeito de* ou *sobre*: *Escreveu vários artigos **acerca d**essa (ou **a respeito d**essa, ou **sobre** essa) cobrança abusiva de impostos no Brasil, que beira a extorsão. Seu artigo **acerca d**a (ou **a respeito d**a, ou **sobre** a) medida provisória foi lido pelo presidente.*

artigo[2]
Na linguagem forense, campeia a omissão do artigo em caso que a língua não admite. São exemplos colhidos em alguns autos: ***Dito** documento é falso. **Referida** arma não é a do crime. **Mencionada** testemunha não é digna de fé. **Aludido** material foi encontrado distante do local do crime.* A inclusão de um **o** ou de um **a** antes das palavras em destaque não ocuparia tanto espaço; por isso, cremos firmemente nessa correção por parte de advogados, promotores e juízes. V. **Argentina**. Não se usa artigo no plural antes de palavra no singular, mesmo que haja uma série delas. Ex.: *A 5ª, 6ª e 7ª séries ficaram sem aula hoje. Transcrevi **o** 2º, 3º e 4º parágrafos.*

artista
Rege *de* ou *em*: *Ele é um artista **d**o (ou **n**o) malabarismo. Paulinho da Costa é um artista **d**a (ou **n**a) percussão.*

arvoado
Tonto, atoleimado, abestalhado: *Todos temos ou tivemos um vizinho arvoado.*

arvorar
Antes de predicativo do objeto, usa-se ou não a preposição *em*: *Arvoraram-no delegado* (ou *em delegado*) *da cidade. Eles se arvoraram chefes* (ou *em chefes*) *do bando.*

árvore
Não tem aumentativo sintético, a não ser *arvorezona* (regular). O povo costuma usar "arvão": *Me protegi da chuva debaixo do "arvão"*. Quanto ao diminutivo sintético, temos *arvoreta*, mas o povo tem "arvinha". *Arvoreta* não se confunde com *arbusto* (pequena árvore, cujo caule ramifica desde a base). O arbusto pode ter até 3m de altura. *Arbusto* tem diminutivo (erudito): *arbústulo*.
As árvores *farfalham*; suas folhas *murmulham*. Adj. corresp.: *arbóreo*. Portanto, *sombra de árvore = sombra arbórea; ramos de árvore = ramos arbóreos*.

árvore oca "por dentro"
Visível redundância. Não pode haver, neste mundo que Deus criou, nenhuma árvore oca "por fora". Os esquilos moram em *árvores ocas*. Basta isso para que o pensamento esteja completo. Ou não?

asa
Adj. corresp.: *alado*. Portanto, *animal de asas = animal alado; cavalo de asas = cavalo alado*. Quando a idéia é de semelhança, o adjetivo é *ansiforme*. Assim, *concha semelhante a asa = concha ansiforme*.

à saída
Em Portugal se usa **à saída**; no Brasil, prefere-se **na saída**. Na norma culta se prefere a construção legitimamente portuguesa: *Feche a porta **à** saída. Ele me acenou **à** saída. **À** saída do teatro, surgiram dois problemas.*

às avessas

Ao contrário; do avesso: *vestir a blusa às avessas; fazer tudo às avessas*. Pronuncia-se *àzavéssas*, mas há gente que diz tudo "àzavêssas".

ascendência

Rege *em* ou *sobre* (influência moral): *É um pai que já não tem ascendência nos (ou sobre os) filhos. O goleiro tinha ascendência no (ou sobre o) time todo.*

ascensão

Rege *a* (pref.) ou *para* (elevação, subida): *Sua ascensão ao (ou para o) céu se deu ao terceiro dia. A ascensão de D. Pedro I ao (ou para o) trono ocorreu em 1822. Como foi a ascensão dos alpinistas ao (ou para o) pico do monte?*

ascensor ≠ elevador

Convém não confundir. **Ascensor** é a cabina móvel que transporta cargas em edifícios em construção, em direção vertical. **Elevador** é a cabina móvel que transporta verticalmente passageiros em edifícios e tem acabamento compatível com o nível da construção. Os operários de uma obra sobem os andares utilizando um *ascensor*, mas os executivos de um grande edifício comercial se utilizam de um *elevador*. Enfim, as obras têm *ascensores*; os edifícios prontos, acabados, têm *elevadores*.

asco

Rege *a*, *de* ou *por* antes de nome, mas apenas *de* antes de verbo: *Sinto profundo asco a (ou de, ou por) cigarro e a (ou de, ou por) fumantes. Tenho asco de falar com fumantes.*

às costas

No português lusitano se usa **às costas**; no português brasileiro, prefere-se **nas costas**. Na norma culta ainda se dá preferência à construção legitimamente portuguesa: *As crianças levam pesadas mochilas às costas, o que pode, mais tarde, trazer-lhes problemas sérios de coluna.*

a ser / a serem

Usa-se uma ou outra expressão, quando há plural, embora seja preferível a primeira, sempre: *As crianças a ser (ou a serem) matriculadas chegam a cem. São esses os decretos a ser (ou a serem) assinados pelo governador*. Da mesma forma se procede com a negação: *Ninguém gosta de recessão, a não ser (ou a não serem) os economistas, que têm oportunidade de aparecer. Ele não tinha amigos, a não ser (ou a não sermos) nós.*

às escâncaras

Abertamente, à vista de todos: *Eles se beijam hoje em praça pública, na frente dos pais, às escâncaras e não sentem absolutamente pejo nenhum.* Há quem beije "às escancaras", influência de uma das formas do verbo *escancarar*. *Por que escancaras tanto as pernas?*

Ásia

Este nome faculta o uso do artigo, quando regido de preposição. Assim, podemos empregar, indiferentemente: *Morei em Ásia* quanto *Morei na Ásia; Estive em Ásia* quanto *Estive na Ásia; Vou a Ásia* quanto *Vou à Ásia*, e assim por diante. A primeira construção é própria do português de Portugal; no Brasil, corre apenas a segunda. Seu adjetivo contraído é *ásio-*: *cultura ásio-africana*.

as mais das vezes / o mais das vezes / no mais das vezes

São expressões equivalentes: *Naquele tempo só saía um beijinho no rosto da namorada, e isso só acontecia **as mais das vezes** (ou **o mais das vezes**, ou **no mais das vezes**). Quando saía, era uma festa interior!*

asno

Adj. corresp.: *asinino*. Portanto, *teimosia de asno = teimosia asinina*.

asno ≠ burro ≠ jumento

Convém não confundir. Sempre em sentido figurado, **asno** é o homem cuja incapacidade é notória. **Burro** é o estúpido ou falto de inteligência que se presume entendido de coisas que ignora. É a melhor qualificação para todo aquele que persiste no erro cometido. **Jumento** é o que tem alguma capacidade, mas trabalha em proveito alheio, mesmo que isso lhe cause algum prejuízo ou embaraço.

à sombra

Em Portugal, os burros ficam *à sombra*; no Brasil, *na sombra*. Na norma culta ainda se dá preferência à construção legitimamente portuguesa: *Você deixou o carro à sombra ou ao sol?*

a sós

Esta locução se usa tanto para o singular quanto para o plural, diferentemente de *por si só*: *Depois do casório, é natural que o casal queira ficar a sós. O delegado quis ficar a sós com o bandido, para ver se lhe arrancava mais alguma confissão interessante. Os pais da garota nunca os deixavam a sós no namoro.*

aspas

Nomes de escola ou de qualquer outra instituição não devem vir entre aspas; basta o uso das iniciais maiúsculas. Portanto: *Escola Estadual Castro Alves, Casa Rui Barbosa, Sociedade Amigos de Machado de Assis, Colégio Dante Alighieri*, etc. As aspas aparecem depois da pontuação somente quando abrangem todo o período: *"O culto do vernáculo faz parte do brio cívico."* Caso contrário, a pontuação ficará depois delas: Napoleão Mendes de Almeida afirmou: *"O culto do vernáculo faz parte do brio cívico"*. Quando já existem aspas numa citação, ou numa transcrição, use aspas simples: *"Um espartano, convidado a ouvir alguém que imitava o canto do rouxinol, respondeu firmemente: 'Já ouvi o rouxinol'."* Citações isoladas podem aparecer sem as aspas: *Uma mãe leva vinte anos para fazer de seu filho um homem, e outra mulher faz dele um tolo em vinte minutos. (Robert Frost.)* Quando fazem parte de um texto, porém, as aspas são obrigatórias: Brendan Behan afirmou com muita propriedade: *"Os críticos literários são como os eunucos num harém: sabem como fazer a coisa, vêem-na sendo feita todos os dias; mas são incapazes de fazê-la por conta própria"*. Ainda neste caso podemos prescindir das aspas, se colocarmos a citação em espaço próprio. Por exemplo: Brendan Behan afirmou com muita propriedade:

Os críticos literários ... própria.

aspecto / aspeto

São ambas formas corretas, mas a primeira é a mais usual.

aspereza / áspero

Regem *de* ou *em* (coisa) e *com* ou *para com* (pessoa): *A aspereza **de** (ou **n**o) atendimento aos fregueses prejudica as vendas de qualquer estabelecimento comercial. Era uma loja de balconistas ásperos **com** (ou **para com**) os fregueses. Sua aspereza **com** (ou **para com**) as crianças a tornou odiada. Era um professor áspero **de** (ou **n**o) trato com os alunos. Era um professor muto áspero **com** (ou **para com**) os alunos.*

áspero

Superl. sint. erudito: *aspérrimo*. Portanto, *mãos muito ásperas = mãos aspérrimas*.

aspersão

Rege *de...em* (ou *sobre*): *Não se deve fazer aspersão de inseticida **em** (ou **sobre**) alimentos.*

áspide

Pequena serpente. É palavra feminina: ***a** áspide, **uma** áspide*.

aspiração / aspirante

Regem *a* ou *de*: *A aspiração **a** (ou **de**) potência econômica do nosso país é legítima. A aspiração desse povo **à** (ou **d**a) liberdade é antiga. Somos um país aspirante **a** (ou **de**) potência econômica. É um povo aspirante **à** (ou **d**a) liberdade.* A regência "aspiração por" deve ser desprezada.

aspirar

É transitivo indireto [desejar ardentemente; ter uma grande ambição (por algo muito importante ou valioso)]: *aspirar **a** um diploma, aspirar **a** um emprego melhor, aspirar **à** fama, aspirar **a**o cargo de chefe, aspirar **à** presidência da República, aspirar **(a)** chegar em primeiro lugar na competição*. Como se vê, antes de infinitivo, é facultativo o uso da preposição. Só aceita *a ele* (e variações) como complemento pronominal, dispensando *lhe* (e variação): *Quando o emprego é bom, todos aspiram **a** ele*. A regência "aspirar por" deve ser desprezada.

asqueroso

Rege *a*: *É uma pessoa asquerosa **a** seus próprios colegas.*

assacado

Rege *a* ou *contra* (imputado): *Algumas incorreções assacadas **a**o (ou **contra** o) autor não têm fundamento.*

assaltado

Rege *de* ou *por*: *Vi-me assaltado **d**a (ou **pel**a) tentação de beijá-la ali mesmo. De repente, fomos assaltados **de** (ou **por**) uma nuvem de pernilongos.*

assalto

Rege *a* ou *de* (coisa) e *a* ou *contra* (pessoa): *O assalto **à** (ou **d**a) loja foi feito por dois indivíduos. Foram registrados na madrugada de hoje vários assaltos **a** (ou **contra**) taxistas.*

assassino ≠ homicida

Convém não confundir. **Assassino** é o que mata alguém intencionalmente. **Homicida** é o que mata alguém voluntária ou involuntariamente. Aquele que mata em legítima defesa não é *assassino*, mas não deixa de ser um *homicida*.

assediado

Rege *com*, *de* ou *por* (coisa), mas apenas *de* ou *por* (pessoa): *Quando chegava o ministro para seu trabalho diário, era assediado **com** (ou **de**, ou **por**) mil perguntas dos repórteres. Entrou para fazer o exame assediado **com** (ou **de** ou **por**) muitas dúvidas. Quando se via assediado **d**as (ou **pel**as) fãs, sempre achava um jeito de logo se desvencilhar delas.*

assédio

Rege *a* ou *de* (operação militar) e *a...com* (insistência impertinente, perseguição): *O assédio **à** (ou **d**a) praça podia provocar a rendição do inimigo. O assédio dos repórteres **a**o ministro **com** perguntas, algumas disparatadas, irritou-o.*

assédio ≠ cerco ≠ sítio

Convém não confundir. **Assédio** é uma série de manobras ameaçadoras de um exército, junto a um reduto, durante algum tempo. **Cerco** é o assédio militar ou policial, a fim de provocar rendição ou entrega; é o mesmo que *bloqueio*: *o **cerco** ao inimigo; o **cerco** a um cativeiro*. **Sítio** é o cerco duradouro (de forças militares) ao reduto inimigo, para provocar a sua rendição. *Moscou sofreu sítio alemão durante meses, na II Guerra Mundial.*

assegurar ≠ asseverar ≠ atestar ≠ garantir

Convém não confundir. **Assegurar** é afirmar com absoluta segurança, mostrando convicção íntima. *O guia nos assegurou que conhecia o caminho de volta. O pai assegurou ao futuro genro que a filha era virgem*. **Asseverar** é afirmar seriamente, é declarar solenemente. *A governadora asseverou que vai acabar com a violência no Rio de Janeiro*. **Atestar** é afirmar categoricamente, por ter sido testemunha: *O rapaz **atestou**, na delegacia, que o acidente foi casual. As três crian-*

ças *atestaram* que viram a Virgem. **Garantir** é afirmar como certo: *Garanto* que ela está mentindo. Você **garante** que ela vem? Quem *assegura* tem mais convicção do que aquele que *garante*; quem *assevera* declara sempre com alguma formalidade; e não pode *atestar* quem não viu.

assemelhar / assemelhar-se
Regem *a* ou *com*: *Esse teu gesto te assemelha **a** (ou **com**) um animal. Este governo se assemelha **a**o (ou **com** o) anterior?*

assentado
Rege *em* ou *sobre*: *Ficava ali assentado **n**aquele (ou **sobre** aquele) toco horas e horas a fio. O inseto assentado **em** (ou **sobre**) seu prato não era uma muriçoca, era uma dengue.*

assentamento
Rege *de...em*: *O assentamento dos sem-terras na fazenda se deu depois de muita negociação.*

assentimento
Rege *a* ou *em* (anuência; acordo): *Ninguém esperava que ela pudesse dar o seu assentimento **a** (ou **em**) tantas falcatruas. Quem foi que deu assentimento **a** esse (ou **n**esse) casamento?*

assentir
Concordar, consentir, aquiescer, anuir. Rege *a* ou *em* antes de nome e apenas *em* antes de verbo ou de oração desenvolvida: *O pai da moça não queria assentir **a**o (ou **n**o) casamento de jeito nenhum. O pai da moça não queria assentir **em** casar a filha com aquele rapaz. O pai da moça não queria assentir **em** que a filha casasse com aquele rapaz.* Neste caso, pode-se omitir a preposição: *O pai da moça não queria assentir que a filha casasse com aquele rapaz.* Não aceita *lhe* (ou variação) como complemento pronominal, mas apenas *a ele* (ou variações): *Falava-se em casamento, mas o pai da moça não queria assentir **a** **ele** de jeito nenhum.*

assento
Rege *em* (apoio; cadeira ou cargo) e *de* (registro): *A falta de assento **n**o congresso fez o governo retirar o projeto. O ex-governador teve assento **n**a câmara apenas por uma legislatura. O contador fez o assento **d**o pagamento no livro.*

assiduidade / assíduo
Regem *a* (presença regular ou freqüente; que se faz presente constantemente ou freqüentemente) e *em* (aplicação, dedicação; muito aplicado ou dedicado, que faz com freqüência, regular): *A sua assiduidade **à**s aulas era elogiada pelos professores. Era um aluno assíduo **a** todas as aulas. Sua assiduidade **n**as pesquisas acabou recompensando com essa grande descoberta. Por ser assíduo **n**as pesquisas, acabou fazendo grande descoberta. Sua assiduidade **n**os exercícios físicos o deixou com um corpo escultural. Era assíduo **n**os exercícios físicos.*

assim como
Intercalada entre os sujeitos, esta expressão exige que o verbo concorde com o primeiro sujeito. Ex.: *Eu, assim como vocês, **sou** brasileiro. O Brasil, assim como todos os países em desenvolvimento, **apoiou** a decisão. Nós, assim como elas, **chegaremos** a um acordo.* V. **bem como**.

assimilação
Rege *de...a* (ação de tornar semelhante), apenas *de* (absorção) e *entre* (semelhança): *A assimilação **de** uma cultura **a** outra. A assimilação **d**a língua dos povos vencidos **a**o latim era natural e espontânea. Essa palavra passou assim ao português por assimilação **d**a vogal átona **à** consoante fricativa posterior. A assimilação **d**o oxigênio, nesse animal, se faz pelos poros. A assimilação **entre** esses dois casos é mera coincidência.*

assinado
Rege *com* (adv. de modo), *de* (complemento nominal): *Seu nome era assinado **com** a inicial E (Efigênia), depois passou a ser assinado com a inicial I (Ifigênia), concretizando-se, assim, a correção. Era um documento assinado **d**o próprio punho do presidente.* Na voz passiva, rege *por*: *O contrato foi assinado **pel**o autor da obra em 1987.*

assinar
É pronominal (escrever a própria assinatura ou o próprio nome de modo pessoal): *Você **se assina** Manoel ou Manuel? Meus filhos não **se assinam** como os registrei. Nós dois **nos assinamos** Luiz, com z. Eu **me assino** Sacconi, com dois cc. Como você se assina: Clarice ou Clarisse?*

Assis
Nome de cidade paulista e de cidade italiana. Quem nasce em Assis (SP) é *assisense*; quem nasce em Assis, terra natal de São Francisco, é *assísio*.

assistência
Rege *a* ou *de* (ato de assistir), *em...a* ou apenas *a* (ajuda, amparo) e *de...junto a* (presença): *A assistência **a**o (ou **d**o) filme não era obrigatória. Todo o mundo deve reclamar assistência **em** saúde **a**os pobres. A sua assistência **a**os lavradores era permanente. É indispensável a assistência **de** um advogado **junto a** qualquer réu.*

assistente-comercial
Com hífen.

assistir
É verbo transitivo direto (prestar assistência, socorrer ou acompanhar oferecendo conforto espiritual ou material): *Três advogados assistem o réu e o assistem sem nenhum interesse pecuniário. Maria assistiu o Filho ao pé da cruz.* É transitivo indireto (estar presente, presenciar, ver atentamente): *Assisti **a** um filme interessante ontem. Faz tempo que não assisto **à** televisão. A que canal você mais assiste? Você assistiu **a**o jogo de ontem?* Neste caso, só aceita *a ele* (e variações) como complemento, dispensando *lhe* (e variação): *O filme é bom, mas pouca gente tem assistido **a ele**.* Embora, em princípio, os verbos transitivos indiretos não possam ser empregados na voz passiva, este é um dos casos excepcionais. Por isso, podemos construir sem cometer impropriedade: *O filme foi assistido por muita gente.*

assistir ≠ ver

Convém não confundir. **Assistir** é ver por algum espaço de tempo, com o espírito atento e até certo ponto crítico. **Ver** é apenas aplicar o sentido da visão, é perceber pela visão. Basta não ser cego para *ver*. Podemos *ver* um amigo na rua, na praia, no cinema, no estádio. Uma criança que mal aprendeu a andar *vê* televisão, mas uma pessoa normal e razoavelmente escolarizada *assiste* à televisão. Uma criança de quatro anos vai ao estádio e apenas *vê* o jogo; um adulto *assiste* a ele. Isso não impede que haja adulto que vá ao estádio e apenas *veja* o jogo, por não entender absolutamente nada de futebol.

assoalho / soalho

São ambas formas corretas, assim como *assoalhar* e *soalhar*: *Casa com **assoalho** (ou **soalho**) de madeira. Esse carro não tem aquela tradicional divisão no **assoalho** (ou **soalho**). **Assoalhar** (ou **Soalhar**) a sala toda.* As primeiras formas são as mais usuais.

assoar / assoar-se

Regem *a* ou *em*: *A criança assoava o nariz **a**o (ou **n**o) lenço. Nunca assoe o nariz **a** (ou **em**) lenço alheio! A criança assoava-se **a**o (ou **n**o) lenço da mãe. Nunca se assoe **a** (ou **em**) lenço alheio!* Conj.: *assôo, assoas, assoa, assoamos, assoais, assoam* (pres. do ind.); *assoe, assoes, assoe, assoemos, assoeis, assoem* (pres. do subj.). O povo costuma dizer "assuo", "assue": *Eu "assuo" o nariz no lenço. "Assue" o nariz, rapaz!*

assoar ≠ assuar

Convém não confundir. **Assoar** é limpar o nariz; **assuar** é vaiar, apupar.

assoberbado

Rege *com*, *de* ou *por* (sobrecarregado): *Estar assoberbado **com** (ou **de**, ou **por**) mil preocupações. Aluno assoberbado **com** (ou **de**, ou **por**) deveres escolares.*

assobio / assovio

São ambas formas corretas. Da mesma forma: *assobiar* e *assoviar*.

associação

Rege *a* (filiação), *com* (conluio), *de* (combinação), *de...a* (filiação), *de...a* (ou *com*) [ligação], *de...em* (junção, união): *A associação **a** nosso clube é inteiramente gratuita. Sua associação **com** maus elementos pode levá-lo à cadeia, por isso evite qualquer associação **com** esse tipo de gente! A associação **de** cores tornou a tela mais interessante. A associação **de** jovens **a** esse partido é constante. A associação **de** cheiro **a** (ou **com**) imagem é instantânea. A associação **de** carro alemão **a** (ou **com**) carro muito duro não é gratuita: todo veículo alemão é extremamente duro. O processo de composição de palavras consiste na associação **de** dois ou mais vocábulos **n**uma nova unidade vocabular.*

associado

Rege *a* ou *com*; *em* (em parceria) e *a* (ou *com*) [ligado]: *Trata-se de uma empresa associada **a** (ou **com**) uma multinacional. São, enfim, empresas associadas **n**os mesmos interesses. Carro alemão e carro duro: uma coisa está sempre associada **à** (ou **com** a) outra. Quais são as línguas modernas associadas **a**o (ou **com** o) português?*

associar

Rege *a* ou *com*: *O fumante está aprendendo a associar tabaco **a** (ou **com**) câncer, e no dia que a juventude associar droga **a** (ou **com**) morte, algo mudará.*

associar-se

Rege *a* ou *com* (tornar-se sócio) e apenas *a* (juntar-se, aliar-se; compartilhar, dividir): *Associei-me **a**os (ou **com** os) editores, para publicar a obra. É uma empresa que tem interesse em associar-se **a** (ou **com**) uma multinacional. Nunca se associe **à**s más companhias! Eu nunca me associaria **a** uma gangue. Agora, ela queria se associar **à** minha alegria, mas antes não quis se associar **à** minha tristeza.*

assolado

Rege *de* ou *por*: *Era um mar assolado **de** (ou **por**) piratas. As ruas da cidade estão assoladas **de** (ou **por**) pedintes.*

assombrado

Rege *ante*, *com*, *de*, *diante de*, *perante* ou *por*: *Ficou assombrado **ante** a (ou **com** a, ou **d**a, ou **diante d**a, ou **perante** a, ou **pel**a) violência da manifestação. Fiquei assombrado **ante** a (ou **com** a, ou **d**a, ou **diante d**a, ou **perante** a, ou **pel**a) minha própria imagem, ali, no espelho.*

assombro

Rege *ante* ou *diante de* (coisa) e *de* (pessoa): *Manifestou seu assombro **ante** a (ou **diante d**a) traição de que estava sendo vítima. Declarou, com assombro **d**os companheiros, que estava mudando de ideologia.*

assoprar / soprar

São ambas formas corretas. Da mesma forma: *assopro* e *sopro*, cujos plurais têm também o **o** tônico fechado.

assovio / assobio

V. **assobio / assovio**.

assumir

Subst. corresp.: *assunção*. Ex.: *O novo presidente adoeceu gravemente horas antes de sua assunção ao cargo. Sua assunção de responsabilidades vem desde os quinze anos de idade.*

assunto

Rege *a* (motivo) e *de* ou *para* (tema): *Falar em futebol é fornecer assunto **a** discussões. Não dê assunto **a** polêmicas! O escândalo foi assunto **de** (ou **para**) conversa por muito tempo. Qual é o assunto **d**a (ou **para** a) aula de hoje?*

Assurbanipal

Rei da Assíria, também conhecido por Sardanapalo pelos gregos. Note: é palavra oxítona; pronuncia-se *àssurbãnipál*. Alguns, no entanto, insistem em dizer "Assùrbanípal".

assustado

Rege *com*, *de* ou *por*: *O povo vive assustado **com** a* (ou ***da***, ou ***pel**a*) *falta de segurança*.

assustar

É verbo intransitivo ou pronominal (sentir ou tomar susto): *Eu **assusto*** (ou ***me assusto***) *à toa. Nós **assustamos*** (ou ***nos assustamos***), *quando soubemos o preço do quilo do açúcar. Ela **assustou*** (ou ***se assustou***) *comigo, no escuro*. É apenas pronominal (ter medo): *Daquele dia em diante, sempre que a criança o via, **assustava-se**. Não sou pessoa de **se assustar** de ameaças. Você é desses que **se assustam** de cara feia?* Note a regência: no primeiro caso, *com*; no segundo, *de*.

asterisco

Sinal gráfico em forma de estrelinha (*). Os que usam "asterístico" devem desconhecer o fato de que a palavra se forma de *aster* (latim) = estrela + sufixo diminutivo *-isco*, também presente em *chuvisco* e *pedrisco*.

à sua / a sua

É facultativo o uso do acento grave no *a*, antes de pronomes possessivos, com exceção daqueles que acompanham nomes de parentesco. Portanto: *Estou **à*** (ou ***a***) *sua espera. Cheguei **a*** (ou ***à***) *sua residência há pouco*. Mas: *Pedi um favor **a** sua irmã. Dei um bom presente **a** sua mãe*. V. **à minha, a minha**.

atacado

Rege *de* ou *por*, na voz passiva: *Nunca foi atacado **de*** (ou ***por***) *ladrões. Atacado **de*** (ou ***por***) *uma febre muito alta, ficou de cama vários dias*.

atado

Rege *a* ou *em* (amarrado, preso; ligado) ou apenas *a* (dependente): *Ficou ali, nu, atado **a*** (ou ***em***) *um tronco. Era um político atado **a*** (ou ***em***) *doutrinas superadas, já retrógradas. São políticos atados **a*** (ou ***em***) *interesses escusos. O recebimento do dinheiro por parte do eleitor vendido estava atado **à** eleição do candidato*.

atalho ≠ senda ≠ trilha ≠ vereda

Convém não confundir. **Atalho** é o caminho estreito, fora da estrada normal, isolado e primitivo, que encurta distâncias. **Senda** é o desvio muito estreito, de difícil passagem. **Trilha** é o caminho estreito, aberto entre obstáculos. **Vereda** é a trilha indistinta, que marca apenas o rumo a seguir.

atanazar / atazanar / atenazar

São formas corretas todas três, mas as únicas que se explicam pela formação são a primeira (*a-* + *tanaz*, antiga variante de *tenaz* + *-ar*) e a última (*a-* + *tenaz* + *-ar*). As demais são corruptelas que se firmaram como variantes. Além de apertar com tenaz, significa, figuradamente, atormentar; chatear: *Há crianças que atenazam a vida dos adultos e adultos que atanazam a vida das crianças. Ambos nos atazanam...*

ataque

Rege *a* ou *contra*: *Os ataques **a**os* (ou ***contra** os*) *políticos da oposição continuavam. Eram fulminantes os ataques alemães **às*** (ou ***contra** as*) *fortalezas inimigas. Haverá novo ataque **à*** (ou ***contra** a*) *poupança nesse governo?*

atar

É verbo pronominal (ater-se, seguir, sujeitar-se) e rege *a*: *Ate-se **a**os preceitos legais! Atemo-nos **a**o teor do texto! Atei-me **à** letra da lei*.

à tarde / de tarde

São expressões equivalentes: *Estudo **à*** (ou ***de***) *tarde*. Mas apenas: *de dia* (*dormir **de dia***).

à tardinha

V. **agorinha**.

atarefado

Rege *com* ou *em* antes de nome e apenas *em* antes de verbo: *Estava atarefada **com** os* (ou ***n**os*) *preparativos do casamento da filha. Estava atarefada **em** preparar o casamento da filha*.

ataúde ≠ caixão

Convém não confundir. **Ataúde** é o caixão de defunto luxuoso. **Caixão** é redução de *caixão de defunto* e o mesmo que féretro e esquife.

até / até o

É indiferente, no português do Brasil, o uso de *até* e de *até o* ou *até a*: *ir até o* (ou *até ao*) *escritório; voltar até a* (ou *até à*) *escola; ser Flamengo até a* (ou *até à*) *morte*. Em Portugal, todavia, usa-se apenas *até a*: *Fui **até à** farmácia e depois voltei **até a**o escritório. Sou Benfica **até à** morte*. Se, todavia, a palavra seguinte não exige artigo, cabe o uso obrigatório de apenas *até*: *Fui **até** Guarujá. Dê um pulo **até** aqui! Ela veio **até** mim. Ficarei aqui **até** dezembro. A incisão poderá chegar **até** 2cm*. Como a palavra *casa* (= lar) não admite nunca o uso do artigo, assim como *terra*, antônima de bordo, usaremos sempre: *fui até casa; nadei até terra*.

atear fogo

Usa-se com *a* (pref.) ou *em*: *atear fogo **a**o* (ou ***n**o*) *colchão; atear fogo **a**o* (ou ***n**o*) *corpo; atear fogo **à**s* (ou ***n**as*) *matas*.

a tempo ≠ há tempo

Convém não confundir. Use **a tempo** por *no momento certo* e **há tempo** por *faz tempo*: *O socorro chegou **a tempo**. O socorro chegou **há tempo***.

a tempo de / em tempo de

São expressões equivalentes: *Chegamos ainda **a** (ou **em**) tempo de assistir à primeira aula. Os bombeiros saíram **a** (ou **em**) tempo de debelar o incêndio ainda no primeiro andar.*

a tempo e a hora(s)

Esta expressão equivale a *no momento certo ou oportuno*: *A polícia chegou **a tempo e a hora**. O revendedor queria porque queria que eu comprasse um veículo novo, mas só vou trocar de carro **a tempo e a horas**.*

atenção

Rege *a*, *em* ou *para* (concentração mental num único ser, interesse); *com* ou *para com* (cuidado, dedicação, zelo; consideração, deferência, respeito): *Repare na atenção das crianças **a**o (ou **n**o, ou **para** o) desenho animado da televisão! Crianças, atenção agora **a**o (ou **n**o, ou **para** o) que eu vou dizer! Atenção **a**o (ou **n**o, ou **para** o) horário dos exames! Foi, então, que comecei a prestar atenção **à**quela garota (ou **n**aquela, ou **para** aquela) garota. Prestem atenção **a**o (ou **n**o, ou **para** o) que o professor está dizendo! A prefeitura tinha uma atenção especial **com** (ou **para com**) aquela praça, que sempre estava muito limpa. Pais têm que ter atenção **com** (ou **para com**) os filhos. Você não tem atenção **com** (ou **para com**) os sentimentos dos outros?* Antecedida da preposição *em*, aparece combinada com *a*: ***Em** atenção **a** seu pedido, estamos enviando-lhe dois frascos de nosso produto.* Chamamos (ou despertamos) a atenção de alguém *para* (ou *sobre*) alguém ou alguma coisa: *O vaidoso é justamente o oposto do tímido: adora despertar a atenção **para** (ou **sobre**) si. Chamei a atenção dela **para** (ou **sobre**) o excesso de batom.* V. **atenções**.

atencioso

Rege *com* ou *para com* (gentil, cortês): *São garçons atenciosos **com** (ou **para com**) os fregueses. Seja sempre atencioso **com** (ou **para com**) os colegas!*

atenções

Rege *com* ou *para com* (atos de cortesia ou de dedicação indicadores de afeição; consideração): *Ela sempre teve demasiadas atenções **com** (ou **para com**) o chefe. Ele é todo atenções **com** (ou **para com**) a nova secretária. Por que tantas atenções **com** (ou **para com**) esse mequetrefe?*

atender

Usa-se assim: *Ninguém o atendeu na loja? Estamos em reforma, para melhor atendê-lo.* Muitos, todavia, usam "lhe" no lugar do *o*, transformando o verbo transitivo direto em indireto. Rege *a* (coisa): *atender **a** um pedido, atender **a** um apelo, atender **a**o telefone, atender **à** porta, atender **a**o portão. Sua proposta não atende **a**os interesses da nossa empresa. O salário que me ofereceram não atende **a**o meu padrão de vida.* Quando o complemento é pessoa, pode ser usado com essa preposição ou não: *O diretor atendeu o (ou **a**o) pai do aluno. O presidente não quis atender os (ou **a**os) manifestantes.* Há dicionaristas que o registram como transitivo direto na primeira acepção.

atendimento

Rege *a* ou *de*: *O atendimento **a**os (ou **d**os) fregueses era feito do lado de fora da farmácia, por causa dos constantes assaltos. O atendimento **a** (ou **de**) qualquer pedido nosso era imediato.*

atentado

Rege *a* ou *contra*: *Esse regime é um atentado **à** (ou **contra** a) liberdade. O atentado **a**o (ou **contra** o) presidente chocou a nação.*

atentar

Rege *contra* (cometer atentado ou ofensa) e *em* ou *para* (olhar atentamente, reparar, observar; levar em conta ou em consideração): *Vais atentar **contra** a vida do presidente?! Esse espetáculo atenta **contra** a moral da família brasileira. Atentem **n**o (ou **para** o) que acaba de dizer o presidente! É preciso atentar **n**a (ou **para** a) sinalização de trânsito. Atentemos sempre **n**os (ou **para** os) conselhos dos mais velhos!*

atentatório

Rege *a*, *contra* ou *de*: *Foi um gesto atentatório **a**o (ou **contra** o, ou **d**o) pudor. O filme foi censurado por ser atentatório **a**os (ou **contra** os, ou **d**os) bons costumes.*

atento

Rege *a*, *em* ou *para* (alerta; concentrado): *O delegado está atento **a** (ou **em**, ou **para**) tudo o que ocorre na cidade. O governo continua atento **a** (ou **em**, ou **para**) qualquer atividade suspeita de contestadores do regime. Eu viajava calmamente, atento **à** (ou **n**a, ou **para** a) paisagem, quando aconteceu o acidente. O empregado deve estar sempre atento **a**o (ou **n**o, ou **para** o) serviço que está fazendo.*

atenuante

É palavra feminina: ***a** atenuante, **uma** atenuante.* V. **agravante**. Rege *a* ou *de*: *O socorro à vítima de atropelamento é uma atenuante **a**o (ou **d**o) crime.*

até o / até pelo

Em expressões temporais, é indiferente o uso de uma ou de outra: *O pessoal dançou e pulou **até o** (ou **até pel**o) amanhecer. Bernadete costumava ler **até a** (ou **até pel**a) madrugada. Ficou na farra **até a** (**até pel**a) meia-noite.*

aterrado / aterrorizado

Regem *com*, *de* ou *por*: *A população está aterrada (ou aterrorizada) **com** (ou **de**, ou **por**) tanta violência. Fiquei aterrado (ou aterrorizado) **com** a (ou **d**a, ou **pel**a) grosseria da moça.*

aterrar / aterrissar

São ambas formas corretas. A primeira é legitimamente portuguesa (*a-* + *terra* + *-ar*); a segunda é um galicismo que vingou. Subst. corresp.: *aterragem, aterrissagem*. Vinícius de Morais, ao compor a letra de *Samba do avião*, usou com muita propriedade *aterrar*, mas alguém (que não poeta, naturalmente) pensou, com pesar, que *aterrar* poderia ser confundido com *aterrorizar*. E, ao cantar a canção, mudou para *pousar*. O sentido é o mesmo, porque avião que aterra, pousa, mas a música perdeu muito, não só em originalidade, mas também em beleza. Há dicionaristas que registram "aterrizar", mas incompreensivelmente não registram "aterrizagem". Por quê, ninguém sabe.

aterrar ≠ aterrorizar

Convém não confundir. **Aterrar** é causar terror a alguém. Uma casa assombrada *aterra* as pessoas. **Aterrorizar** é encher de terror. Um furacão *aterroriza* todo o mundo que está na sua mira. *Aterrar* sempre traz um componente de mistério, ausente em *aterrorizar*. Assim, uma assombração ou a possibilidade de sua aparição *aterra* os membros de uma família toda; mas uma guerra nuclear *aterroriza* a humanidade.

ateu

Fem.: *atéia*. Antôn.: *deísta*. A palavra nos vem do grego *atheos* = sem Deus, em que *a-* = sem + *theos* = Deus.

atiçado

Rege *a* ou *contra* (açulado), apenas *a* (incitado, impelido) e *de* ou *por* (estimulado): *Esse carteiro, só hoje, já teve três cães atiçados **a** (ou **contra**) si. Atiçado **à** briga, o pit bull jamais se acovarda. Ela vivia atiçada **d**a (ou **pel**a) paixão por um homem que nunca lhe quis.*

atilado

Rege *em* (sensato, ponderado, correto, escrupuloso; esmerado, apurado) e *para* (esperto, vivo, sagaz): *É um empresário atilado **n**o relacionamento com todos os seus funcionários. Nunca vi uma pessoa tão atilada **n**a linguagem quanto Camilo. Tenho um filho atilado **para** negócios.*

atinar

Rege *com* (descobrir por dedução, conjeturas, indícios, etc., encontrar, achar; compreender ou perceber por indícios, dedução, conjeturas, raciocínio, etc., descobrir; ter consciência, dar-se conta; lembrar-se, recordar; encontrar, acertar) e *para* (atentar, levar em conta; dirigir-se a algum lugar, guiado pelo tino): *Preciso atinar **com** uma forma de concretizar meu sonho. Ela ainda não atinou **com** o verdadeiro motivo da separação. As crianças não atinam **com** as preocupações que causam aos pais. Ainda não consegui atinar **com** o número do telefone dela. Os passageiros, em pânico, não atinavam com a saída de emergência da aeronave. Os adolescentes fazem sexo sem atinar **para** as responsabilidades que a atividade sexual representa. Os pais atinaram **para** Goiânia, à procura do filho.* Na primeira acepção, ainda é possível construir este verbo como transitivo direto: *Preciso atinar uma forma de concretizar meu sonho.*

atingido

Rege *em*: *De repente, o árbitro caiu, atingido **n**a cabeça. Considerou-se atingido **n**a sua honra e reagiu.* Na voz passiva, rege *de* ou *por*: *De repente, o árbitro caiu, atingido **de** (ou **por**) uma bala.*

atingir

É verbo estritamente transitivo direto: *As despesas atingem vultosa quantia. O ator atingiu o auge da fama. As indenizações atingem milhões de reais. As bombas atingiram o alvo com precisão.* O mais curioso é que surgiu um dicionário que registra este verbo também como transitivo indireto. Mas nesse, tudo é perfeitamente normal...

à tinta

Preferível com acento: *escrever **à** tinta*. Mas: *escrever **a** lápis* (porque *lápis* é palavra masculina).

a tiracolo

Sem acento no **a** (*bolsa **a** tiracolo*): antes de palavra masculina não se usa o **a** com acento grave.

atirado

Rege *a* (chegado), *a*, *contra* ou *em* (arremessado), *a* ou *em* (jogado), apenas *em* (ousado), *para* (lançado, arrojado) e *sobre* (espalhado): *Se não fosse tão atirado **às** mulheres, podia ser confundido com um gay. Na capital, era atirado **a** uma vida muito agitada, sem tempo para nenhum tipo de lazer. Muitas pedras foram atiradas **à** (ou **contra** a, ou **n**a) comitiva presidencial. Na colisão, o passageiro foi atirado **a**o (ou **contra** o, ou **n**o) pára-brisa, fraturando a cabeça. Havia muito documento atirado **a**o (ou **n**o) lixo. Ele é muito atirado **em** negócios. Encontrei-a com a cabeça atirada **para** trás. Ao chegar a casa, o material escolar foi logo atirado **para** um canto. Havia muitas roupas atiradas **sobre** a cama. Encontrei-o com aquele corpanzil todo atirado **sobre** o sofá.*

atirar

Rege *a*, *contra* ou *em*: *A polícia evitou quanto pôde atirar **a**os (ou **contra** os, ou **n**os) bandidos.*

atirar-se

Rege *a*: *Os surfistas se atiram **às** ondas corajosamente. Atirou-se de joelhos **a**os pés da amada e pediu perdão. Atirar-se **a**os braços do ser amado. Atirar-se **a**os vícios, **à** bebida, **à** delinqüência. Atirar-se **às** pesquisas de laboratório.* No português do Brasil ainda se usa com a preposição *em*, mas apenas com substantivos concretos: *Os surfistas se atiram **n**as ondas corajosamente. Atirou-se de joelhos **n**os pés da amada e pediu perdão. Atirar-se **n**os braços do ser amado.*

atitude

Rege *ante*, *com*, *para com*, *perante* ou *diante de* (pessoa) e *ante*, *com relação a*, *diante de*, *em face de* e *perante* (coisa): *Qual deve ser a atitude de um cavalheiro **ante** (ou **com**, ou **para com**, ou **perante**, ou **diante de**) uma dama, numa hora dessas? O professor deve desenvolver no educando atitudes críticas **ante** os (**com relação a**os, ou **diante d**os, ou **em face d**os, ou **perante** os) fatos cotidianos.*

ato

Rege *contra* (ou *a favor de*) e *por* (coisa) e *com* ou *para com* (pessoa): *Realizou-se ali um ato **contra** as (ou **a favor*** *d*as) *reformas. Participar de um ato **pel**a democracia, **pel**a liberdade de expressão. O povo brasileiro sempre teve atos de solidariedade **com** (ou **para com**) os flagelados, seja da seca, seja das inundações.*

ato ≠ ação
V. **ação ≠ ato**.

à toa ≠ à-toa
Convém não confundir. **À toa** é locução adverbial, pospõe-se a verbo e tem dois significados: **1.** em vão (*trabalhar à toa, esforçar-se à toa*) e **2.** sem ocupação (*ficar à toa; estar à toa na vida*). **À-toa** é adjetivo, pospõe-se a substantivo e tem vários significados: de má qualidade, vagabundo, ordinário (*caneta à-toa*); insignificante (*quantia à-toa, presentinho à-toa*); fútil, superficial, simples (*probleminha à-toa, servicinho à-toa*); e sem caráter, ordinário, calhorda, canalha (*homem à-toa, mulher à-toa*).

a toda a hora / a toda hora
Ambas as expressões são boas: *Ela sai **a toda a hora** (ou **a toda hora**)*.

a toda a prova / a toda prova
Ambas as expressões são boas: *Político honesto **a toda a prova** (ou **a toda prova**)*.

a toda a velocidade / a toda velocidade
As duas expressões são boas: *Saiu **a toda a velocidade** (ou **a toda velocidade**)*.

a todo o custo / a todo custo
Ambas as expressões são boas: *Ela quer viajar **a todo o custo** (ou **a todo custo**)*.

a todo o momento / a todo momento
As duas expressões são boas: *O carro encrencava **a todo o momento** (ou **a todo momento**)*. Diz-se o mesmo da expressão que tem *instante* no lugar de *momento*.

atolar
É verbo pronominal, e não intransitivo: *O carro **se** atolou, e tivemos de dormir ali mesmo. Espero que não **nos** atolemos aqui*. Um dicionário recém-publicado (o do "tira-teima") prefere, no entanto, que todos os carros do mundo "atolem". Nele, normal.

atônito
Rege *ante, com, de, diante de, perante* e *por*: *Ficamos todos atônitos **ante** o (ou **com** o, ou **d**o, ou **diante d**o, ou **perante** o, ou **pel**o) que nos contaram. Os turistas, atônitos **ante** a (ou **com** a, ou **d**a, ou **diante d**a, ou **perante** a, ou **pel**a) violência no Rio de Janeiro, retornaram a seus países de origem imediatamente. O mundo ficou atônito **ante** as (ou **com** as, ou **d**as, ou **diante d**as, ou **perante** as, ou **pel**as) execuções sumárias em Cuba, em pleno século XXI*.

atordoado
Rege *com, de* ou *por*: *Ficou atordoado **com** as (ou **d**as, ou **pel**as) idéias malucas da filha. Todos ficamos atordoados **com** os (ou **d**os, ou **pel**os) tantos gritos de criança. Saí da casa dela, atordoado **com** o (ou **d**o, ou **pel**o) **não** recebido*.

atormentado
Rege *com, de* ou *por*: *É um pai atormentado **com** (ou **de**, ou **por**) tanta responsabilidade. Vive atormentada **com** (ou **de**, ou **por**) visões*.

atracação
Rege *de...a* ou *de...com*: *A atracação **d**o navio **a**o cais se deu ontem. A atracação **de** uma embarcação **com** outra era comum*.

atracado
Rege *a* ou *com* (encostado), *a, com* ou *em* (agarrado) e *com* (em luta corporal): *Havia dois navios atracados **a**o cais. Havia uma embarcação atracada **com** outra. Encontrei-a atracada **a**o (ou **com** o, ou **n**o) travesseiro. Tem um filho que é atracado **a**os (ou **com** os, ou **n**os) livros. Vivia atracado **com** o irmão mais novo*.

atração
Rege *a, de, para* ou *por* (coisa) e apenas *por* (pessoa): *Ela sente uma atração mórbida **a**o (ou **d**o, ou **para** o, ou **pel**o) perigo. Os espíritos malignos sentem forte atração **a**o (ou **d**o, ou **para** o, ou **pel**o) mal. Nunca senti atração **por** essa garota*.

atraente
Rege *a* ou *para*: *As garotas se enfeitam para se tornarem atraentes **a**os (ou **para** os) rapazes, e estes fazem loucuras ao volante de um veículo para aparecerem para elas: ambos se enganam*.

atraído
Rege *a* ou *para*: *Muitos estudantes foram atraídos **a**o (ou **para** o) partido. Fomos atraídos **a** (ou **para**) uma emboscada. Na voz passiva, rege apenas *por*: *A polícia foi atraída **pel**o barulho. O macho foi atraído **pel**o cio*.

atrás de / detrás de / por detrás de / por trás de
Estas expressões se equivalem: *Ficamos escondidos **atrás d**a (ou **detrás d**a, ou **por detrás d**a, ou **por trás d**a) porta. **Atrás d**o (ou **Detrás d**o, ou **Por detrás d**o, ou **Por trás d**o) meu prédio passa uma grande avenida. **Atrás de** (ou **Detrás de**, ou **Por detrás de**, ou **Por trás de**) tudo havia o dedo do presidente*.

atrasar
Este verbo é intransitivo (coisa que chega atrasada) e pronominal (pessoa que chega tarde ou atrasada): *O ônibus **atrasou**, e ele chegou mais tarde ao trabalho. Se o trem **atrasar**, não chegaremos a tempo. Os trens europeus dificilmente **atrasam**. O chefe **se atrasou**, chegando mais tarde ao trabalho. Quem **se atrasar** não fará a prova. Sempre **me atraso** à primeira aula da segunda-feira*. Há, no entanto, certos dicionários que registram o verbo pronominal como intransitivo. É normal...

atrativo

Rege *para* ou *por*: *Sentir um grande atrativo **para** a* (ou ***pela***) *carreira diplomática.*

através de

É locução prepositiva e, como tal, sempre termina por preposição. Portanto, devemos construir sempre: *Ouvi a notícia através **d**o rádio. O cheque foi liquidado através **d**o serviço de compensação. O gol foi marcado através **de** Robinho. Soubemos da contusão do jogador através **d**o médico do clube.* Alguns jornalistas, mormente os esportivos, sentem uma comichão danada em omitir a preposição nesta locução. Convém acrescentar que, antigamente, se usava *através de* apenas em casos que evidenciassem passagem de algo de um lado a outro. Assim, p. ex.: *A luz passa através do cristal. Fantasmas passam através de paredes.* No português contemporâneo, tal exigência carece de sentido. Os puristas, todavia, só aceitam construções assim: *Ouvi a notícia **pel**o rádio. É **mediante** os jornais que se toma conhecimento dos fatos. O cheque foi liquidado **pel**o serviço de compensação. Soubemos da contusão do jogador **pel**o médico do clube.* Mas os puristas estão atualmente tão fora de moda, que nem devemos perder tempo com eles.

atravessado

Rege *com, de* ou *por* (perfurado) ou apenas *em* e *em* ou *sobre* (cruzado): *Teve a parede do quarto atravessada **com** (ou **de**, ou **por**) uma bala vinda do morro. Ainda a tenho atravessada **n**a garganta. A polícia encontrou o corpo atravessado **n**a* (ou ***sobre** a*) *cama.*

atrelado / atrelamento

Regem *a*: *Um vagão atrelado **a**o outro. É uma pessoa atrelada **a** uma ideologia ultrapassada. O atrelamento **a** essa seita o desvirtuou.*

atrevido

Rege *com* (nome) e *em* (verbo): *Não seja atrevido **com** sua namorada! Você foi atrevido **em** dar-lhe um beijo em público.*

atrevimento

Rege *com* (nome) e *de* (verbo): *Que atrevimento **com** sua namorada, rapaz! Teve o atrevimento **de** me desmentir.*

atribuição

Rege *de...a*: *A atribuição **de** inteligência **a** um robô é o próximo passo para identificar o homem com a máquina.*

atribuir

Conj.: *atribuo, atribuis, atribui, atribuímos, atribuís, atribuem* (pres. do ind.); *atribua, atribuas, atribua, atribuamos, atribuais, atribuam* (pres. do subj.). Por ele se conjugam: *abluir, afluir, aluir, anuir, argüir, concluir, confluir, contribuir, constituir, defluir, desobstruir, destituir, diluir, diminuir, distribuir, estatuir, evoluir, excluir, fruir, imbuir, incluir, influir, instituir, instruir, intuir, obstruir, poluir, possuir, refluir, restituir, retribuir, substituir* e *usufruir.*

atroz

Rege *a* ou *para* (concreto) e *em* (abstrato): *O som dos trios-elétricos são atrozes **a**o* (ou ***para** o*) *ouvido. Os ditadores costumam ser atrozes **n**a vingança.*

atuação

Rege *de...em* ou *sobre*: *A atuação **d**a ferrugem **n**o* (ou ***sobre** o*) *ferro é lenta, mas implacável.*

atuante

Rege *em* ou *sobre*: *O goleiro é muito atuante **em*** (ou ***sobre***) *os companheiros. Ser atuante **n**o* (ou ***sobre** o*) *seu meio profissional.*

atulhado

Rege *com* ou *de*: *Cesta atulhada **com*** (ou ***de***) *frutas e legumes. Barcos frágeis atulhados **com*** (ou ***de***) *gente. Os estádios vivem hoje atulhados **com*** (ou ***de***) *torcedores e também **com*** (ou ***de***) *cafajestes.*

aturar ≠ suportar ≠ tolerar

Convém não confundir. **Aturar** é sofrer ou agüentar (coisa molesta, penosa e repugnante) com resignação e muita paciência. *Os garis **aturam** a labuta diária. Não é fácil **aturar** um bêbado.* Quem *atura* sofre muito, duramente e sempre com certa repugnância. **Suportar** é sofrer conformadamente, é sofrer com paciência e resignação. *Um povo **suporta** a calamidade de uma guerra. Cristo **suportou** duros sofrimentos no caminho do Calvário.* **Tolerar** é sofrer ou agüentar em silêncio, sem reclamar, por impotência, fraqueza, boa educação, etc. *A mãe tolera os vícios do filho. Uma mulher apaixonada tolera um marido grosseiro.*

aturdido

Rege *com, de* ou *por*: *A população está aturdida **com** a* (ou ***d**a*, ou ***pel**a*) *violência. Minha mente vivia aturdida **com*** (ou ***de***, ou ***por***) *desconfianças e suspeitas de todos os tipos.*

audácia

Rege *de* ou *em* (verbo), *em* (nome abstrato) e *contra* (nome concreto): *Ela teve a audácia **de*** (ou ***em***) *me dizer não. Sua audácia **n**a argumentação o levou à vitória no debate. Essa audácia **contra** a namorada lhe custou caro.*

audácia ≠ descaramento

Convém não confundir. **Audácia** é o arroubo ou impulso da alma que nos leva a cometer ações arriscadas e extraordinárias, desprezando quaisquer obstáculos e perigos; é a ousadia da alma, é o atrevimento descomedido. Há pára-quedistas e pilotos que se caracterizam pela *audácia*. *A mãe considerou uma **audácia** do rapaz beijar a filha na sua frente.* **Descaramento** é a falta absoluta de vergonha na cara, é cinismo, atrevimento, petulância. O homem descarado não se guia por moral nenhuma; é capaz de dirigir palavras obscenas a uma garota em plena rua, sem a menor cerimônia, sem o menor constrangimento; não tem noção do ridículo moral a que se expõe e no qual se encontra atolado. O homem audaz, ao contrário, merece respeito, é quase um sonhador, um idealista, e não mede esforços na demonstração do seu valor; enfrenta um tigre ou a futura sogra, se preciso for, para conquistar seus objetivos ou o objeto do seu amor.

audio-
Não exige hífen: *audioamplificador, audiocomando, audiocontrole, audiofone, audiofreqüência, audiorreator, audiosseletividade, audiossinal, audiotransformador, audiovisual, audiovoltagem*, etc.

auferir ≠ aferir
V. **aferir ≠ auferir**.

aula
Rege *a* (pessoa) e *de* ou *sobre* (coisa): *Suas aulas **a**os colegas **de** (ou **sobre**) arte culinária eram muito proveitosas. Suas aulas a meus filhos **de** (ou **sobre**) informática valeram a pena.*

a última vez que
V. **a primeira vez que**.

aumentado
Rege *a* (acrescido), *com*, *de* ou *por* (acrescido) ou *de...para* (ampliado): *Quais foram os bens aumentados **a**o seu patrimônio? Teve o patrimônio aumentado **com** (ou **de**, ou **por**) inúmeros bens. A décima edição da obra saiu aumentada **com** (ou **de**, ou **por**) muitas páginas. A edição foi aumentada **de** mil páginas **para** mil e quinhentas páginas.*

aumentar
Quando usado como intransitivo, o adjunto adverbial de quantidade não vem antecedido de preposição, mas quando usado como transitivo direto, sim: *Em dois anos, ela aumentou 8cm. A venda de cerveja aumenta 60% no carnaval. A cirurgia aumentou sua altura **em** 8cm. A indústria de cerveja aumenta suas vendas **em** 60% no carnaval.*

aumentar "ainda mais"
Visível redundância. Podemos usar, sem nenhuma desvantagem da comunicação, *aumentar muito, aumentar consideravelmente*, etc. Diariamente se encontra na mídia uma frase como esta: *A poluição "aumenta ainda mais" no inverno, em São Paulo.* Ora, em *aumentar* já existe a idéia de *mais*. Portanto, "aumentar mais", "aumentar ainda mais" e "aumentar muito mais" são redundâncias desprezíveis, tão desprezíveis quanto "diminuir menos", "reduzir menos", "subir pra cima" e "descer pra baixo". Aquela frase fica muito melhor se concebida assim: *A poluição aumenta **muito** (ou aumenta **consideravelmente**) no inverno, em São Paulo.*

aumento
Rege (*de*)...*a* ou *para* (pessoa) e *de* ou *em* (coisa) e *de...de...para* (coisa): *O aumento **de** salário **a**os (ou **para os**) professores é uma necessidade urgente. O aumento **a**os (ou **para os**) servidores só acontecerá em maio. O aumento **d**o (ou **n**o) preço da gasolina revoltou a população. O último aumento **d**as (ou **n**as) alíquotas do imposto de renda foi escorchante. O aumento **d**o salário mínimo foi **de** R$200,00 **para** R$240,00.*

à unha
Preferível com acento: *pegar o touro **à** unha*.

aura ≠ áurea
Convém não confundir. **Aura** é cada um dos princípios filosóficos que têm interferência nas vidas animal e vegetal. Há pessoas que têm boa *aura*. Significa, ainda, além de outras coisas, a emanação, radiação ou halo invisível de luz e de cor em volta de uma pessoa, como se vê nas fotografias Kirlian. *Já fotografei a minha **aura***. **Áurea** é feminino de *áureo* (relativo a ouro, dourado; figuradamente: magnífico, grandioso): *uma pulseira **áurea**; viver uma época **áurea**, uma fase **áurea**.* Chamou-se *Lei Áurea* a assinada em 1888 pela princesa Isabel, abolindo a escravatura no Brasil.

auscultação / auscultar
Apesar de ser assim, muitos usam "ascultação" e "ascultar".

ausência / ausente
Regem *a*, *de* ou *em*: *A ausência **a**o (ou **d**o, ou **n**o) trabalho implicará desconto no salário. Sua ausência **à** (ou **d**a, ou **n**a) reunião não fez nenhuma diferença. Aquele que estiver ausente **a**os (ou **d**os, ou **n**os) treinos coletivos será multado. Ela esteve ausente **às** (ou **d**as, ou **n**as) minhas aulas.*

austeridade / austero
Regem *com* ou *para com* (pessoa) e apenas *em* (coisa): *É uma escola que prima pela austeridade **com** (ou **para com**) os alunos, e isso agrada aos pais. Voltará a austeridade **n**a disciplina, **n**os costumes? É uma escola cujos professores são austeros **com** (ou **para com**) os alunos, e isso agrada aos pais. Escola austera **n**a disciplina. Sociedade austera **n**os costumes. Prefeito austero **n**os gastos públicos.* Apesar de ser palavra paroxítona (*austéro*), há quem pronuncie "áustero".

auto-elétrico
Oficina especializada em consertos da parte elétrica dos veículos automotivos. Há quem use "auto-elétrica". Pl.: *auto-elétricos*.

auto-escola
Aqui, um composto formado de dois substantivos: *auto* (redução de *automóvel*) e *escola*. A regra para a formação do plural de compostos diz que, nesse caso, variam ambos os elementos. O plural, então, seria *autos-escolas*. Seria. Ocorre que o povo viu em *auto* não a redução de *automóvel*, mas o prefixo *auto-*, de *autocontrole, automedicação*, etc., que é, naturalmente invariável. E, assim, surgiu e acabou ficando o plural *auto-escolas*. Repare, porém, que ninguém usa frases assim: *Os "auto" seguiam em alta velocidade.* Há

muitos "auto" importados no Brasil. O povo muda, muitas vezes, por falsas analogias. Eis outros plurais com o mesmo elemento inicial: *auto-estradas, auto-ônibus, auto-rádios.*

autogol / autogolpe

Como em Portugal se usa *autogolo* por *gol contra*, alguns jornalistas esportivos criaram, aqui, por analogia, o *autogol*. Por causa dessa analogia, que parece até aceitável, outros jornalistas criaram o *autogolpe* (golpe de Estado perpretado pelo próprio chefe do governo), que também acabará vingando.

automação / automatização

A melhor forma é a segunda, mas a primeira, cópia do inglês, acabou incorporando-se ao nosso léxico. Note que o verbo é *automatizar*, e não "automatar".

automobilismo ≠ automotivo (ou automóvel)

Modalidade esportiva praticada com automóveis de alto desempenho. Automobilista é a pessoa que pratica o automobilismo. **Automobilismo** é, portanto, um adjetivo que se refere a automobilismo: *corridas automobilísticas*. Daí por que há impropriedade na combinação "indústria automobilística", em referência às montadoras. O que há, na verdade, é a indústria *automotiva* ou a indústria *automóvel* (usado em Portugal), o veículo *automotivo* ou o veículo *automóvel*, o setor *automotivo* ou o setor *automóvel*.

autópsia / autopsia

Ambas as escritas e prosódias existem, mas a corrente é a primeira. Interessante observar que *autópsia*, em rigor, significa *exame de si mesmo*, mas não se emprega em tal acepção na língua contemporânea. A palavra rigorosamente correta para designar o exame cadavérico feito por um médico-legista é *necropsia*, que o povo diz "necrópsia", justamente por influência da prosódia de *autópsia*.

autor ≠ escritor

Convém não confundir. **Autor** é o que escreve e publica livro, estória, artigo ou qualquer obra literária ou científica de mérito. **Escritor** é o que escreve e publica obra de mérito e com estilo. Aquele que faz um livro de Matemática é *autor*, mas não *escritor*. Machado de Assis foi *autor* e *escritor*.

autoridade

Rege *em* (especialista), *com* ou *sobre* (ascendência moral), *sobre* (prestígio, influência) e *para* (credibilidade): *Ele é uma das maiores autoridades na língua portuguesa. Um presidente deve ter autoridade com (ou sobre) seus ministros. É um jornalista que sempre teve grande autoridade sobre a opinião pública. Este governo tem autoridade para fazer as reformas.*

autorizado

Rege *a* ou *para*: *O presidente está autorizado pelo voto a (ou para) fazer as reformas. As visitas só estavam autorizadas a (ou para) entrar, se estivessem de terno e gravata.*

autorizar

Quem autoriza, autoriza alguém a alguma coisa: *Autorizei-o a entrar. Autorizei-o a que entrasse*. Há, no entanto, quem construa: Autorizei "a que ele entrasse".

auxiliado

Rege *de* ou *por* (pessoa) e *com* e *em* (coisa): *Vi-me, de repente, auxiliado até de (ou por) meus inimigos. Fui auxiliado pelo BNDES com um vultoso empréstimo, para lançar a obra. Ele foi muito auxiliado no lançamento dessa obra.*

auxiliar

Rege *de, em* ou *para*: *Este dicionário tem a pretensão de ser um valioso auxiliar do (ou no, ou para o) estudo da língua portuguesa.*

auxílio

Rege *a* ou *para... em* (pessoa) e *em* ou *para* (coisa) e *a* (pessoa)...*contra* (coisa): *O auxílio aos (ou para os) microempresários nas suas necessidades financeiras é uma preocupação do atual governo. Os cientistas brasileiros contam com pouco auxílio em (ou para) suas pesquisas. O auxílio aos pobres contra a fome não deve resumir-se apenas a essa quantia.*

avalancha / avalanche

As duas formas convivem no português contemporâneo, mas a primeira é aportuguesada; a segunda, galicismo puro. Há certa preferência entre nós pela forma francesa, assim como existe preferência por *champanhe*, em detrimento de *champanha*; por *madame*, em detrimento de *madama*, por *popeline*, em detrimento de *popelina*, etc.

avaliar ≠ estimar

Convém não confundir. **Avaliar** é determinar o valor ou o preço de alguma coisa, com certa base, com certo conhecimento: ***avaliar** um carro usado,* ***avaliar** uma jóia*. **Estimar** é calcular a esmo o preço ou o valor de alguma coisa: ***estimar** uma tela de Picasso,* ***estimar** um livro raro*. Em suma: quem *avalia* tem idéia exata de quanto algo realmente vale; sabe o que está fazendo. Quem *estima* apenas julga que determinado bem vale o preço que foi encontrado; é quase o mesmo que o popular *chutar*; pode, por isso, errar longe.

avanço

Rege *contra* (investida), *para* (passo adiante), *sobre* (melhoria, progresso): *A nova descoberta é um avanço contra o vírus HIV. Toda descoberta científica é um avanço para o bem-estar da coletividade. Seu novo emprego representa um grande avanço sobre o anterior.*

avaro / avarento

Regem *de* ou *em* (coisa) e *com* ou *para com* (pessoa)...*em* (coisa): *Chefe avaro (ou avarento) de (ou em) elogios. A natureza foi avara (ou avarenta) com (ou para com) os povos do Oriente Médio em água, mas generosa em petróleo.*

avaro ≠ avarento

Convém não confundir. **Avaro** (que muitos dizem "ávaro") é aquele que, alimentando a paixão de juntar dinheiro cada vez mais, é unha-de-fome ou pão-duro em todas as circunstâncias; **avarento** é aquele que nunca dá nada ou que dá muito pouco. O **avaro** só pensa em guardar ou acumular dinheiro, não o usufruindo jamais. É um fanático e motivo de orgulho de todos os herdeiros... Já o **avarento** é o que não dá nada de seu ou que dá muito pouco em relação ao que poderia dar. É um mesquinho e o terror dos netos, que o chegam a considerar desumano. Em suma: o **avaro** não dá nunca; o **avarento** dá, mas só uma merreca.

ave de rapina

Adj. corresp.: *acipitrino*. Portanto, *hábitos de ave de rapina = hábitos acipitrinos*.

à vela

Preferível sempre com o acento: *barco à vela*.

Ave, Maria, cheia de graça...

A vírgula após *Ave* é de rigor, pois essa palavra significa *salve*; *Maria* é vocativo, e os vocativos vêm separados por vírgula obrigatoriamente.

ave-maria

Oração católica. Pl.: as *ave-marias*.

averiguação

Rege *de* ou *sobre*: *A polícia já fez averiguação **do** (ou **sobre** o) caso. Cabe à equipe técnica do corpo de bombeiros a averiguação **das** (ou **sobre as**) causas do incêndio*.

averiguar

Conj.: *averiguo, averiguas, averigua, averiguamos, averiguais, averiguam* (pres. do ind.); *averigúe, averigúes, averigúe, averigüemos, averigüeis, averigúem* (pres. do subj.). Alguns dizem eu "averíguo", ele "averígua", etc.

aversão

Rege *a* ou *por* (nome) e *em* (verbo): *Toda mulher tem aversão **a** (ou **por**) baratas. Todo ser inteligente tem aversão **a** (ou **por**) cigarro. Sinto aversão **em** ver gente fumando em restaurantes*.

aves

Adj. corresp.: *aviário, avícola, avicular* e *aviculário*. Portanto, *exposição de aves = exposição aviária* (ou *avícola*, ou *avicular*, ou *aviculária*), *censo de aves = censo avícola* (ou *aviário*, ou *avicular*, ou *aviculário*).

avessas

V. **às avessas**.

avesso

Rege *a*: *Sou avesso **a** cigarro, avesso **a** fumaça de cigarro, avesso **a** fumante e avesso **a** dono de restaurante que permite a difusão de fumaça tóxica pelo ambiente*. Esta palavra entra na expressão *do avesso* ou *pelo avesso* (*blusa **do** avesso*, *meias **pelo** avesso*), mas o povo consegue usar uma terceira, inexistente: "no avesso".

avestruz

É palavra masculina: *o avestruz*, **um** *avestruz*, **dois** *avestruzes*. Há dicionários que registram a palavra também como feminina.

aviãozinho

Pl.: *aviõezinhos*.

avidez / ávido

Regem *de* ou *por*: *Crianças têm grande avidez **de** (ou **por**) doces. Estou ávido **de** (ou **por**) informações dela*.

avir-se com ≠ haver-se com

Convém não confundir. **Avir-se com** é entender-se, objetivando acordo, conciliação: *Depois de muito brigarem, procuraram avir-se um com o outro. Com minha família me avenho eu. Eles lá que se avenham!* **Haver-se com** é ajustar contas com, é entender-se com o pressuposto do confronto, e não da conciliação: *Ela disse isso de mim?! Deixe estar, que eu vou haver-me com ela. Se você bater nela, terá de haver-se comigo*. Conj. de *avir*: *avenho, aváns, avém, avimos, avindes, avêm* (pres. do ind.): *avenha, avenhas, avenha, avenhamos, avenhais, avenham* (pres. do subj.).

avisado

Rege *de* ou *sobre* (alertado) e *contra* (prevenido): *A população não havia sido avisada **da** (ou **sobre a**) possibilidade de terremoto. Devemos estar sempre avisados **contra** os narcotraficantes*.

avisar

Quem avisa, avisa alguém de alguma coisa: *Avisei o guarda **do** acidente. Avisaram-me **da** chegada de uma encomenda no correio*. Quando um dos objetos é oracional, também se admite a construção avisar a alguém alguma coisa: *Avisei-lhe que deveria prestar depoimento amanhã*. Na acepção de aconselhar, recomendar ou na de chamar a atenção, advertir, rege *para*: *O pai avisou-o **para** largar o cigarro. Avisei-o **para** não mexer nas minhas coisas. Estão avisando os motoristas **para** que diminuam a velocidade. Avisei-os **para** que trancassem todas as portas e janelas*.

aviso

Rege (*a*)...*de* (ou *sobre*): *O aviso **à** população **da** (ou **sobre a**) possibilidade de terremoto foi feito a tempo. A empresa já recebeu aviso **do** (ou **sobre**) o vencimento do título*.

à vista

Preferível com acento: *pagar **à** vista, comprar **à** vista, compras **à** vista, vender **à** vista, vendas **à** vista, terra **à** vista*.

à vista de / em vista de

São expressões equivalentes: *À* (ou *Em*) *vista dos pesados impostos, a empresa faliu. À* (ou *Em*) *vista dos últimos acontecimentos, o governo mandou investigar.*

avistar ≠ divisar

Convém não confundir. **Avistar** é ver de longe: *Uma águia avista, a 200m de altura, uma presa no meio do mato. Cabral avistou terra a 21 de abril.* **Divisar** é ver (algo difícil), discernindo, distinguindo, percebendo nitidamente: *Divisei um barco em alto mar. Divisei-a na multidão da praia.* Quem olha ao longe *avista*; quem olha ao longe e, sem embargo da distância, distingue coisas difíceis de perceber, *divisa*.

avo

Em matemática: palavra que, juntada ao denominador de uma fração (de 10 em diante), designa o numeral fracionário ou numerador correspondente. Por exemplo: 1/12 = um doze *avo*, ou seja, um duodécimo; 2/12 = dois doze avos, isto é, dois duodécimos. Note: a palavra concorda com o numerador. Há, no entanto, até dicionários que registram *um doze "avos"*. Como trazem também vários inconvenientes e inúmeros absurdos, não é de admirar.

avô

Assim como *sogro*, tem no plural **o** tônico aberto, quando se aplica aos homens e mulheres; em referência apenas aos homens, o **o** tônico é fechado. Portanto: *Luís e Luísa, avós de Susana, vieram ao aniversário. Luís e Filipe, avôs de Hortênsia, cumprimentaram o casal.*

avoado

Palavra eminentemente brasileira. Significa distraído, desatento, aéreo: *Aluno avoado, geralmente, não passa o ano. Ele vive avoado, por isso nunca sabe nada.* Também significa atrapalhado, confuso: *Você quer trânsito mais avoado que o de São Paulo?*

avocar ≠ evocar

Convém não confundir. **Avocar** é chamar à sua presença (*avocar um transeunte, para lhe pedir informações*) ou atrair, chamar a si (*o governo avocou grande parte dos congressistas a sua causa*). **Evocar** é chamar para perto, trazendo à lembrança ou à presença, mediante preces, invocações, exorcismos, etc.: *Evocar a alma de um parente. Evocar almas do outro mundo. Não convém evocar o passado.* Um dicionário recém-publicado traz ambos os termos como sinônimos.

avós

Adj. corresp.: *avoengo*. Portanto, *tradição dos avós* = *tradição avoenga; herança dos avós = herança avoenga.*

avultar

É verbo intransitivo, e não pronominal: *Aristóteles avulta entre os filósofos antigos, e Einstein avulta entre os cientistas de todos os tempos. As baixas norte-americanas avultavam no Vietnã, no final da guerra. Avulta a influência do senador baiano no congresso. Avulta o prestígio do PT, por causa da excelente administração do presidente Lula.* Um dicionário recém-publicado, no entanto, traz este verbo também como pronominal. Nele, no entanto, tudo é perfeitamente normal.

axé-*music*

É palavra feminina: *a axé-music.* Pronuncia-se *achémiúzik*. Pl.: *axés-musics*. Há dicionários que não registram seu plural.

axioma

Pronuncia-se *àksiôma* (pref.) ou *àssiôma*.

azáfama

Note: é palavra proparoxítona. Muitos, no entanto, pretextam que não lêem livros por causa da "azafâma" do dia a dia. O pecado vem justamente daí...

azálea / azaléia

Ambas as formas e prosódias são corretas, mas a primeira é melhor que a segunda, justamente a mais vulgar.

azar

Rege *com* (pessoa) e *em* (coisa): *Tenho muito azar **com** mulheres de olhos verdes. Quem tem azar **n**o jogo, tem sorte no amor?*

azedar

É verbo intransitivo ou pronominal: *Fora da geladeira, o leite azeda* (ou *se azeda*). Um dicionário recém-publicado (o do "tira-teima") só o registra neste caso como intransitivo. Nele, normal.

azeite de dendê

Sem hífen. Há um dicionário que registra equivocadamente "azeite-de-dendê". Ora, quem registra "azeite-de-dendê" tem de ser coerente e registrar também "azeite-de-oliva", "óleo-de-soja", "óleo-de-milho", "óleo-de-amendoim", etc.

à zero hora

Sempre com acento: *Cheguei **à** zero hora. Voltei **à** zero hora.* Quando antecedida da preposição *entre*, não há acento: *O viaduto ficará fechado ao trânsito entre **a** zero hora e as seis horas.*

aziago

Note: a palavra é paroxítona, mas muitos dizem "azíago".

azinhavre / zinabre

As duas formas existem.

azo

Rege *a* (nome ou oração desenvolvida) e *de* ou *para* (verbo): *Sua reação deu azo **a** suspeitas. Sua reação deu azo **a** que suspeitassem de você. Ninguém lhe deu azo **de** (ou **para**) se manifestar, por isso cale-se! Ela me deu azo **de** (ou **para**) falar no assunto. Ainda não encontrei azo **de** (ou **para**) viajar.*

azul-celeste / azul-ferrete / azul-marinho / azul-turquesa

Não variam: *meias* **azul-celeste** (ou **azul-ferrete**, ou **azul-marinho**, ou **azul-turquesa**).

azulejar

Sempre com **e** fechado: *azulejo, azulejas, azuleja, azulejamos, azulejais, azulejam* (pres. do ind.); *azuleje, azulejes, azuleje, azulejemos, azulejeis, azulejem* (pres. do subj.).

azulejo azul

Não há redundância. **Azulejo** nada tem que ver com *azul*; a palavra nos vem do árabe *az-zulaig*, diminutivo de *zuluj* (pedras lisas); o *a* inicial é o artigo definido, *al*, cujo *l* se assimilou ao *z*. Portanto, há não só o *azulejo azul*, como o *azulejo branco*, o *azulejo verde*, o *azulejo amarelo*, etc.

B

babador / babadouro

Apesar de, em rigor, *babador* designar aquele que baba, no português do Brasil virou sinônimo de *babadouro* (resguardo de pano onde se baba). Em verdade, todo bebê baba no *babadouro*, já que a terminação *-douro* indica lugar: *bebedouro, matadouro,* etc. Os adultos brasileiros, porém, exigiram que todos os bebês babassem também no *babador*. Então, eles babam...

bacanal

É palavra feminina: **a** *bacanal*, **uma** *bacanal*.

bacharel

Aquele que se formou em faculdade de direito ou, por extensão, aquele que tem diploma universitário: *bacharel em Economia, bacharel em Letras, bacharel em Jornalismo, bacharel em Filosofia*. Fem.: *bacharela: Minha filha é bacharela em direito*. Alguns preferem usar este substantivo como comum-de-dois: *o/a bacharel*. Abrev.: *b.el* ou *bel*. *Bacharel*, portanto, não é sinônimo de advogado; o *bacharel* é aquele que concluiu o curso de graduação em faculdade de direito; o *advogado* é o profissional do direito e é filiado à Ordem dos Advogados do Brasil (OAB). Um dicionário recém-publicado, no entanto, confunde alhos com bugalhos. Nele, normal.

baço

Adj. corresp.: *esplênico*. Portanto, *extração do baço = extração esplênica; perfuração do baço = perfuração esplênica*.

badejo

Pronuncia-se, em rigor, *badéjo*, mas a pronúncia usual é "badêjo".

bafejar

Sempre com **e** fechado: *bafejo, bafejas, bafeja, bafejamos, bafejais, bafejam* (pres. do ind.); *bafeje, bafejes, bafeje, bafejemos, bafejeis, bafejem* (pres. do subj.).

bafo ≠ sopro

Convém não confundir. **Bafo** é o ar exalado pelos pulmões durante a respiração, num impulso voluntário. Quantas vezes não fizemos ver o nosso *bafo* num vidro ou num espelho? **Sopro** (ou *assopro*) é o ar que expelimos voluntariamente dos pulmões, com direção certa. Ao apagarmos a velinha de aniversário, dirigimos-lhe um *sopro*, assim também quando desejamos aliviar uma leve queimadura na pele.

bagdali

Pessoa que nasce em Bagdá, capital do Iraque. Note: a palavra é oxítona (*bagdali*), mas nos telejornais só se ouve "bagdáli".

Bahia

Escreve-se com *h* meramente por tradição. No dia 5 de agosto de 1943, durante uma sessão da Academia Brasileira de Letras, o acadêmico Pedro Calmon propôs que o nome *Bahia*, quando se referisse ao Estado e à cidade, fosse gravado com *h*, pois assim é desde 1549, data da origem da cidade de Salvador (que se chamava então Bahia). A proposta foi aprovada na sessão de 12 do referido mês e ano. Só os derivados é que não têm *h*: *baiano, baianada, baião*, etc.

baía de Guanabara

Baía carioca, descoberta a 1º de janeiro de 1506 pela esquadra de André Gonçalves. Note: com inicial minúscula (**b**) e **de**. Há, no entanto, muitos que escrevem: "Baía da" Guanabara. Essa foi descoberta pelos jornalistas.

bairro

Abrev.: *b.* (com o ponto). Usado antes de nome, aparece com maiúscula: *B. da Lapa*.

baixado

Rege *de...a* ou *para*: *Dinheiro baixado* **d***a caderneta de poupança* **à** (ou **para** *a*) *conta-corrente*.

baixar

V. **abaixar ≠ baixar**.

baixo-ventre

Adj. corresp.: *alvino*. Portanto, *dor no baixo-ventre = dor alvina*.

Bajé

É este o verdadeiro nome da cidade gaúcha, cujos habitantes, porém, preferem o uso da forma tradicional, *Bagé*. Por tradição histórica secular, podemos manter inalterada a grafia original de um nome de cidade. Isso não significa dizer que somos obrigados a mantê-la. Assim, podemos grafar *Bagé* (por tradição) e *Bajé* (pela ortografia vigente). Como sempre me pautei pela coerência, prefiro a segunda forma. Adotada a primeira, como é que se sai um professor que tem de explicar a seu aluno que aquele que nasce em *Bagé* é *bajeense*? Confira outros casos semelhantes no livro **Não erre mais!**

bala ≠ caramelo

Convém não confundir. Ambos são pedacinhos de doce, feitos de ingredientes e sabores os mais diversos, geralmente envoltos em papel especial, mas a **bala** é de consistência firme e traz geralmente sabores de frutas, como tangerina, abacaxi, limão, ou de ervas, como hortelã ou menta. O **caramelo**, ao contrário, é mole e tem no leite seu ingrediente essencial, por isso cede maciamente à pressão dos dentes. Há os *caramelos* de chocolate, coco, amendoim, etc. As conhecidas *balas toffee* nada mais são que *caramelos*.

balanço

Rege *de...em* (ou *sobre*); *de* ou *sobre* (análise) e *entre* (comparação, cotejo; hesitação): *O secretário de Segurança fez um balanço das incursões policiais nas* (ou *sobre as*) *favelas. Fiz um balanço da* (ou *sobre a*) *minha vida. O governo fez um balanço das* (ou *sobre as*) *probabilidades de vitória do seu candidato. O balanço entre renda e despesas ainda nos é favorável. Esse balanço do governo entre fazer ou não fazer as reformas é que compromete a sua credibilidade.*

balbúrdia ≠ confusão

Convém não confundir. **Balbúrdia** é grande desordem, acompanhada de vozerio. Quando um professor entrava na sala (antigamente), cessava, como num passe de mágica, toda a *balbúrdia*. Hoje, mesmo na sua presença, a *balbúrdia* continua... A entrada dos torcedores no estádio é sempre uma *balbúrdia*. **Confusão** é grande balbúrdia, que torna impossível estabelecer a ordem. Um alarme falso causa *confusão* num prédio. Uma briga entre torcedores causa a maior *confusão* nas gerais do estádio.

Bálcãs

Península do Sudeste europeu. Adj. reduzido, que entra em compostos: **balcano-** (*população* **balcano**-*russa*). Apesar de a prosódia portuguesa ser Bal**cãs** (oxítona), vingou entre nós a prosódia inglesa. Usa-se sempre no plural: *os Bálcãs*. Exige verbo e determinantes sempre no plural: *Os Bálcãs voltaram novamente à tranqüilidade. Visitei os velhos Bálcãs.*

balé

Note: com *é*, e não com "ê".

balela ≠ boato ≠ rumor

Convém não confundir. **Balela** é notícia falsa, mentira: *Essa balela foi até manchete de jornais.* **Boato** é notícia de procedência anônima, falsa ou verdadeira, geralmente maldosa, de conhecimento público: *Corre um boato a respeito desses dois amiguinhos inseparáveis...* **Rumor** é boato muito vago, sem muito alarido: *Havia, àquela época, rumores de golpe de Estado, que nunca chegou a se concretizar.* Sendo assim, a ver-se pela sua própria definição, não pode haver "fortes rumores", sob pena de contra-senso.

Baltasar

Grafa-se com *s*, mas o que mais se vê é a escrita deste nome com *z*.

baluarte

Rege *de...contra* ou apenas *contra*: *Ele sempre foi um baluarte da democracia contra as ditaduras. É um baluarte contra a corrupção.*

bancas de jornal / bancas de revista

Compramos jornais e revistas em bancas de *jornal* ou em bancas de *revista*: não há necessidade de pluralizar o segundo elemento em expressões desse tipo. Note que também nos compostos de formação semelhante, pluralizamos apenas o primeiro elemento: *pés*-de-moleque, *frutas*-do-conde, *testas*-de-ferro, etc. Estão no mesmo caso: casas de *aluguel*, relógios de *pulso*, pilhas de *rádio*, escovas de *dente*, casas de *massagem*, fitas de *máquina*, camas de *casal*, rádios de *cabeceira*, antenas de *automóvel*, toalhas de *mesa*, indústrias de *automóvel*, pulseiras de *relógio*, etc.

banda ≠ orquestra

Convém não confundir. **Banda**, em rigor, é um conjunto de músicos que tocam instrumentos de sopro e de percussão, geralmente dirigidos por um maestro. Eram famosas as grandes *bandas* (*big bands*) norte-americanas das décadas de 1930, 1940 e 1950, formadas principalmente para dançar. No Brasil, *banda* é o conjunto musical que executa marchas, dobrados e valsinhas, quase sempre num coreto de jardim (o público a trata carinhosamente de *bandinha*). **Orquestra** é um conjunto mais sofisticado, composto de instrumentos mais nobres e de músicos mais abalizados. A *banda* nunca traz violinos, violoncelos, fagotes ou quaisquer outros instrumentos de corda. Atualmente, a juventude usa *banda* para designar qualquer conjunto musical de *rock* e ritmos quejandos.

bandear

É verbo pronominal (transferir-se de um bando ou lado para outro) e rege indiferentemente *a*, *em* ou *para*: *Os melhores deputados se bandearam ao* (ou *no*, ou *para o*) *partido do governo. Os melhores radialistas já se tinham bandeado à* (ou *na*, ou *para a*) *nova emissora. Se acontecer isso, nós nos bandearemos para a oposição, disse o senador governista.* Certo dicionário, no entanto, registra-o também como intransitivo nesta acepção. Não é.

bandeira ≠ entrada

Convém não confundir. **Bandeira** era a expedição armada oficial que desbravava os sertões, nos fins do séc. XVI, a fim de cativar os índios e descobrir minas de ouro e pedras preciosas. Seus integrantes se diziam *bandeirantes*, cujo representante maior foi Fernão Dias Pais Leme. **Entrada** era o mesmo tipo de expedição, mas não oficial, pois era organizada por particulares. Tinha, ainda, em relação aos indígenas, objetivo diferente: escravizá-los.

bandeirar
Atuar como bandeirinha ou assistente de arbitragem em: *Quem vai **bandeirar** a final do campeonato?* Sempre com **ei** fechado: *bandeiro, bandeiras, bandeira, bandeiramos, bandeirais, bandeiram* (pres. do ind.); *bandeire, bandeires, bandeire, bandeiremos, bandeireis, bandeirem* (pres. do subj.).

bandeja
Apesar de ser assim, há quem goste de receber tudo de "bandeija".

bandônion
É esta a palavra com que designamos por aqui o acordeom argentino quadrado, empregado tradicionalmente no tango. Um dicionário recém-publicado, no entanto, registra "bandoneon". Ora, mas em português não se grafam palavras oxítonas com *-on* final, a não ser em casos especialíssimos, de nomes científicos ou de drogas (*interferon*, p. ex.)!

bangue-bangue
Aportuguesamento do inglês *bang-bang*. Pl.: *bangue-bangues*.

banguela
Palavra que se aplica tanto a homem quanto a mulher: *Luís é banguela, Luísa é banguela.* Muitos acham que o homem pode ser "banguelo". Não pode.

banguelinha
Como deriva de *banguela* (é), dizemos *banguelinha* (è), ou seja, com **e** levemente aberto.

banhado
Rege *de* ou *em* (umedecido) e *por*, na voz passiva: *Rosto banhado **de** (ou **em**) lágrimas. O Egito é banhado **pel**o rio Nilo.*

banho-maria
Pl.: os *banhos-maria*. É plural especial, preferível a *banhos-marias*.

baquelita / baquelite
São ambas formas corretas: a primeira, aportuguesada; a segunda, afrancesada. É marca registrada (*Bakélite*), portanto nome próprio que se tornou comum, a exemplo de *bombril, gilete*, etc.

barato
Pode ser adjetivo (varia) ou advérbio (não varia): *obra **barata**, carros **baratos**, roupas **baratas**. Essa obra custa **barato**. Esses carros custam **barato**? Vendo **barato** minha loja.* V. **caro**.

barbaria / barbárie
Ambas as formas são corretas.

bárbaro
Rege *em* (rude, grosseiro) e *com* ou *para com* (brutal, perverso, cruel): *Homens bárbaros **n**os modos, **n**os costumes, **em** tudo. Governantes bárbaros **com** (ou **para com**) o povo.*

bárbaro ≠ selvagem
Convém não confundir. **Bárbaro**, para os gregos e romanos, era todo e qualquer estrangeiro, porque se julgavam superiores nas artes e na civilização. Todos os povos germânicos (vândalos, suevos, alanos, hunos, godos, etc.) que invadiram e arrasaram o império romano do Ocidente, no séc. V, eram *bárbaros*. **Selvagem**, como o próprio nome indica, é o homem que habita as selvas, ignora a arte de escrever, possui organização social precária (não tem polícia, professa religião absurda, guia-se por leis grosseiras) e cultiva principalmente os exercícios do corpo, como a caça, a pesca, o pastoreio, etc. O homem *selvagem* vive quase como um animal. Quando Cabral aqui aportou, encontrou *selvagens*, os índios. Vez que outra, ainda mesmo hoje se encontram povos *selvagens* em algum ponto do território nacional. O povo *selvagem* que tem vida errante e não possui habitação fixa se diz *nômade*. *Bárbaro* é o povo que, sem atingir o estádio da verdadeira civilização, conhece a arte de escrever, tem organização social melhor que a do *selvagem*, pois possui polícia, magistrados, contrai aliança com outras nações, etc., além de ser bélico por natureza. Sua língua não é polida, nem sua legislação ordenada; não se entrega ao cultivo das ciências nem das artes. É o estado de transição dos povos *selvagens* para o de maior civilização, ou de retrogradação das nações civilizadas para o estado selvagem. Daí por que o povo que queira ser considerado civilizado deve cultivar principalmente aquilo que é o seu maior patrimônio cultural: o idioma.

barganhar / berganhar
São ambas formas corretas, com preferência para a primeira. Seus substantivos correspondentes são, respectivamente, *barganha* e *berganha*. Apesar de haver duas formas corretas, ainda há os que usam "braganhar" e "breganhar"; "braganha" e "breganha".

Bariloche
Cidade turística da Patagônia, conhecida como a Capital dos Lagos. É um dos centros turísticos mais importantes da Argentina. Pronuncia-se *bàrilóche*, mas há os que dizem "bàrilôche".

barraca ≠ barraco
Convém não confundir. **Barraca** é tenda de acampamento feita de lona ou de plástico. *Todos podemos armar barraca na praia.* Também: tenda de feira e casa rústica e pobre. **Barraco** é barraca de favela, feita de madeira de caixotes, folhas de latas e qualquer outro material improvisado. Há pessoas que conseguem trocar seu *barraco* até

por uma bicicleta velha. O *barraco* é, assim, casa ainda mais pobre que a barraca. No Rio de Janeiro se usa *barracão* por *barraco*; nesse caso, como se vê, não tem valor aumentativo. Quem já não ouviu a famosa canção *Barracão de zinco?*

barranca ≠ barranco

Convém não confundir. Ambos são terrenos altos e íngremes, mas **barranca** se aplica apenas a rio, sendo, portanto, equivalente de *ribanceira*; **barranco** se aplica a estrada e também a rio. Portanto: *barranca de rio; barranco de rio, barranco de estrada.*

barreira

Rege *a*, ou *contra*, ou *para*: *O general era uma barreira* **às** (ou **contra** *as*, ou **para** *as*) *pretensões do ministro. A estrada está cheia de barreiras* **a***o* (ou **contra** *o*, ou **para** *o*) *avanço das tropas inimigas. O governo instituiu algumas barreiras alfandegárias* **à** (ou **contra** *a*, ou **para** *a*) *importação de automóveis.*

basculante

Portas, janelas e caminhões podem ser *basculantes*, mas muita gente acha que eles podem ser muito mais: "basculhantes" e até "vasculantes" e "vasculhantes". Ainda não.

baseado

Rege *em* ou *sobre*: *Conclusão baseada* **em** (ou **sobre**) *fatos, e não baseada* **em** (ou **sobre**) *hipóteses.*

básico

Rege *a* ou *para*: *A credibilidade é uma condição básica* **à** (ou **para** *a*) *governabilidade. O exame da OAB consiste em testar conhecimentos básicos* **a***o* (ou **para** *o*) *exercício da advocacia.*

basta

Rege *a* ou *em*: *É preciso dar um basta* **à** (ou **na**) *violência,* **a** *esse* (ou **n***esse*) *estado de coisas.*

bastante

É palavra variável, quando pronome indefinido ou como adjetivo: *Devemos comer* **bastantes** *frutas. Tenho* **bastantes** *compromissos hoje. Vi* **bastantes** *amigos na festa. Duas pessoas são* **bastantes** *para erguer esse automóvel. Não houve provas* **bastantes** *para a condenação do réu. Temos frutas* **bastantes** *para a ceia de Natal?* Só quando advérbio, não varia: *Elas comem* **bastante***. Essas crianças estão* **bastante** *doentes. Essas pessoas vivem* **bastante** *mal.*

bastar

Este verbo é meio complicado, principalmente quando seu complemento deve ser um pronome oblíquo. O povo, então, usa pronome reto. Repare: *Basta-lhe querer, e ficamos em apuros.* Essa é a construção gramaticalmente perfeita. O povo, no entanto, usa assim: *Basta "ele" querer.* Aquela mesma frase no plural seria: *Basta-lhes querer, e ficamos em apuros.* O verbo não varia, porque seu sujeito não é *lhes*, mas *querer*: afinal, o que basta? É *querer*. O povo, que pouco ou nada entende de análise sintática ou da estrutura da língua, usa assim: *Basta "eles" querer.* Ou seja: o povo considera "-eles" sujeito de absolutamente coisa nenhuma, já que não leva nenhum verbo ao plural. Quando usado como verbo intransitivo, então, o povo não o varia jamais. Em vez de dizer ou escrever: ***Bastam*** *duas aulas para aprender isso,* ***Bastavam*** *dez quilos de carne para o churrasco,* ***Bastarão*** *estes pés de alface para a salada,* só sai mesmo, respectivamente, "Basta", "Bastava" e "Bastará". Depois de tanta complicação promovida por verbo, o melhor mesmo é dizer: Basta! (Agora, sim, no singular...)

bastidores

É palavra só usada no plural quando equivale a lado íntimo ou curioso, pouco sabido do público: *os bastidores da política, os bastidores das televisões.* Há, no entanto, quem use apenas "bastidor" neste caso.

batalha

Rege *com* ou *contra* (combate) e *por* (empenho, esforço): *Na batalha* **com** (ou **contra**) *os mouros, em Alcácer-Quibir, morreu o rei D. Sebastião. A batalha* **pel***o pão de cada dia.*

batalhar ≠ brigar ≠ combater ≠ guerrear

Convém não confundir. **Batalhar** é travar batalha, ou seja, combate entre exércitos. *O exército brasileiro* ***batalhou*** *heroicamente na Guerra do Paraguai.* **Brigar** é lutar corpo a corpo. *Torcedores vivem* ***brigando*** *nos estádios, muitas vezes até com a polícia.* **Combater** é bater-se com, opor-se a: *O exército brasileiro* ***combateu*** *os movimentos guerrilheiros na década de 1970.* **Guerrear** é entrar em conflito bélico com outro povo: *Os Estados Unidos queriam porque queriam* ***guerrear*** *contra o Iraque.*

batavo

Nome pelo qual também são conhecidos os holandeses, já que Batávia era o antigo nome da Holanda. Note: a palavra é paroxítona (*batávo*).

bater

Rege *contra* ou *em* (chocar-se): *O automóvel bateu* **contra** (ou **em**) *um poste.* Se o sujeito é pessoa, usa-se *com...em*: *Bati* **com** *o automóvel* **n***um poste. O motorista bateu* **com** *o ônibus em vários veículos.* Na acepção de dar com força, também se usa *com...em*: *Ao me levantar, bati* **com** *a cabeça* **n***a aba da mesa. Bati* **com** *a cara* **n***a porta de vidro do banco.* Na acepção de soar, dar (horas), concorda sempre com o número de horas: ***Bate*** *agora* **uma** *hora.* ***Batem*** *agora* **duas** *horas.* ***Bateu*** *há pouco* **meia-noite***.* ***Bateram*** *há pouco* **onze e meia***. Bastava* **baterem** *seis horas, e ela já estava saindo do emprego.* Se acompanhado de verbo auxiliar, só este varia: ***Devem*** *estar batendo agora* **duas** *horas. Ouça:* **estão** *batendo* **doze** *horas!* V. **dar** e **soar**.

bater a porta ≠ bater à porta ≠ bater na porta

Convém não confundir. **Bater a porta** é fechá-la imprimindo força ou violência: *Ao sair, não bata a porta! Ela* *apanhou do pai, porque bateu a porta do carro.* **Bater à porta** é bater junto a ela, a fim de que alguém abra ou atenda: *Bati à porta várias vezes, mas ninguém me atendeu. Não foi essa a porta a que bati. Foi essa a casa a cuja porta batemos ontem?!* **Bater na porta** não é atitude inteligente: é dar pancadas nela. Alguém o faz?

batida

Rege *contra* ou *em* (colisão, choque) e *por* (diligência policial; exploração): *A batida do automóvel **contra** o* (ou ***n**o*) *poste aconteceu de madrugada. A batida policial **por** drogas deu bons resultados. Os policiais efetuaram uma batida **pel**as imediações do crime, para ver se encontravam seu autor.*

bauxita

Apesar de a pronúncia ser *bauchita*, há os que dizem "bauksita", pronúncia recomendada até por gramáticos.

bávaro

Aquele que nasce na Bavária, o maior Estado da Alemanha, também conhecido como Baviera, cuja capital é Munique. Note: a palavra é proparoxítona, mas há os que dizem "baváro".

bê-á-bá

Primeiras noções: *aprender o **bê-á-bá** de informática.* Há, no entanto, os que escrevem "beabá".

beatificar ≠ canonizar

Convém não confundir. **Beatificar** é permitir que seja venerado como santo por certas comunidades ou categorias de fiéis; é declarar beato. Para a beatificação é necessária a comprovação de apenas um milagre. **Canonizar** é declarar santo (a Igreja). Para a canonização, é necessária a comprovação de dois ou mais milagres.

beato ≠ carola

Convém não confundir. **Beato** é o devoto exagerado. **Carola** é a pessoa exagerada e ostensivamente devota e que jamais falta a uma cerimônia religiosa. Os *beatos* se limitam a ir a todas as cerimônias eclesiásticas; os *carolas*, além disso, estão a todo o instante atrás dos padres, como tiriricas difíceis de desgrudar.

bêbado / bêbedo

As duas formas existem; a primeira é popular, a segunda é rigorosamente gramatical.

bebê

É palavra masculina sempre, mesmo que se refira a menina: *Ela é **um** bebê saudável. Sua filha é **um** bebê **lindo**!* E o diminutivo é sempre *bebezinho*: *Ela é **um** bebezinho saudável. Sua filha é **um** bebezinho **lindo**!* Não se usa, portanto, "a bebê" nem muito menos "a bebezinha", aberração semelhante a "o criancinho", que jamais se usou. (Ou já?) V. **nenê / neném**.

Beccaria

Cesare Bonesana (1738-1794), o marquês de *Beccaria*, foi o economista e criminalista italiano que introduziu a cátedra de Economia Política nos cursos de Direito. Foi *Beccaria* o primeiro economista a aplicar a matemática à economia. A partir da sua obra *Dos delitos e das penas* (1764), foram criados os fundamentos jurídicos da Declaração dos Direitos do Homem e do Cidadão, documento básico da Revolução Francesa. Pronuncia-se *bekaría*, embora muitos digam "bekária".

bécher / béquer

Recipiente de vidro cilíndrico, semelhante a um copo, de uso em laboratório. As duas formas existem, mas a primeira é preferível. Pl.: *bécheres / béqueres*.

beco

Abrev.: *b.º*, a maiúscula aparece antes de nome: ***B.º** da Passagem*.

bedelhar

Sempre com **e** fechado: *bedelho, bedelhas, bedelha, bedelhamos, bedelhais, bedelham* (pres. do ind.); *bedelhe, bedelhes, bedelhe, bedelhemos, bedelheis, bedelhem* (pres. do subj.). *Gente educada não **bedelha**.*

beibedol

É o aportuguesamento do inglês *baby-doll*. Há, todavia, os que preferem escrever ainda em inglês a adotar a forma aportuguesada. Estão entre esses os próprios elaboradores do Vocabulário Oficial.

bêicon

É o aportuguesamento do inglês *bacon*. Há, todavia, os que preferem escrever ainda em inglês a adotar a forma aportuguesada. Estão entre esses os próprios elaboradores do Vocabulário Oficial.

beijo ≠ beijoca ≠ ósculo

Convém não confundir. **Beijo** é o toque carinhoso com os lábios, fazendo leve sucção. É o deleite dos adolescentes. **Beijoca** é o beijo cordial, por isso quase nunca dado na boca, terminado por um estalido; toma-se, por isso, como aumentativo. É o beijo que garotas dão em senhores, avós e crianças, para lhes demonstrar carinho e afeição. **Ósculo** é o beijo dado como prova de amizade, respeito, veneração; é o beijo cerimonioso, formal. Os fiéis dão *ósculos* na mão do Papa. Foi com um *ósculo* que Judas traiu a Cristo.

beiju / biju

São ambas formas corretas, na acepção de bolo feito com massa de tapioca ou de mandioca. A primeira é gramatical; a segunda, popular. Usa-se, no entanto, apenas *biju* para moça bonita: *Minha vizinha é um **biju**!* Ninguém, portanto, tem vizinha que é um "beiju".

belchior
Negociante de objetos usados. Pronuncia-se *belchiór*. *Belchior*, que é corruptela de *Belquior*, era o nome do primeiro adeleiro estabelecido no Rio de Janeiro. O nome, por derivação imprópria, passou a designar todos os que compram e vendem roupas e trastes usados. Houve, porém, uma época em que estava fazendo sucesso um cantor com este nome, ao qual muitos davam a pronúncia "Belkiôr".

beliche
É palavra masculina: *o beliche*, *um beliche*.

belo ≠ bonito ≠ lindo
Convém não confundir. **Belo** é tudo o que tem beleza, combinação de qualidades que impressionam agradavelmente os sentidos, principalmente a visão e a audição. As praias brasileiras são *belas*. As misses costumam ser *belas*. Não há espírito superior que não ache *bela* a Nona Sinfonia, de Beethoven. **Bonito** é tudo o que agrada à visão ou aos ouvidos, sem chegar a entusiasmar, como o que é belo ou é lindo: uma mulher *bonita*, uma música *bonita*. **Lindo** é tudo aquilo que, sendo mais que bonito, encanta logo à primeira vista: garota *linda*, mulher de mãos e pés *lindos*. No *bonito* não há o componente da perfeição, existente no *belo*, nem a intensidade de qualidade existente no *lindo*.

bem-disposto
Rege *a* ou *para* (de boa disposição, animado) e *com* ou *para com* (bem-humorado): *É um homem bem-disposto **a** (ou **para**) qualquer tipo de trabalho. É um chefe sempre bem-disposto **com** (ou **para com**) todos os seus funcionários.*

bem-educado
Rege *com* ou *para com*: *Sempre foi bem-educado **com** (ou **para com**) os colegas.*

bem-estar
Pl.: *bem-estares*. V. **mal-estar**.

bem-me-quer
Pl.: os *bem-me-queres*.

bem-vindo
É com esta forma que se dão, em cartazes, boas vindas a um visitante ou turista, e não assim: "benvindo", que é um modo meio grosseiro de receber. Portanto: ***Bem-vindo** a Salvador! **Bem-vindos**, amigos!*

Bendengó
Nome do maior meteorito (5.360kg e 2,20m de comprimento) caído no Brasil (sertão baiano, 1784). A forma "Bendegó" é corruptela.

beneficência
Rege *com* ou *para com* (caridade, generosidade): *Uso de beneficência **para com** os pobres.* Note: a palavra termina por *-cência*, e não por "-ciência". Muita gente, ainda, costuma ir ao Hospital da "Beneficiência" Portuguesa. É preciso, no entanto, aprender a ir ao hospital que realmente traz saúde: o da *Beneficência* Portuguesa.

beneficente
Note: a palavra termina por *-cente*, e não por "-ciente". Superl. sint.: *beneficentíssimo*. Portanto, *sociedade muito beneficente = sociedade beneficentíssima*.

beneficiado
Rege *com*, *de* ou *por*: *Como era primário, foi beneficiado **com** o (ou **do**, ou **pelo**) sursis. O bairro foi beneficiado **com** (ou **de**, ou **por**) vários melhoramentos pelo atual prefeito.*

benefício
Rege *a* ou *para*: *Esse embaixador prestou grandes benefícios **a**o país.* Antecedida da preposição *a* ou *em*, aparece combinada com *de*: *Tudo isso foi feito **a** (ou **em**) benefício **d**o país.*

benéfico
Rege *a* ou *para*: *Erva benéfica **à** (ou **para** a) saúde. Chuva benéfica **à** (ou **para** a) lavoura. Clima benéfico **a**os (ou **para** os) asmáticos.* Superl. sint.: *beneficentíssimo*. Portanto, *clima muito benéfico = clima beneficentíssimo*.

beneplácito
Rege *a* ou *em* (consentimento): *Sem o beneplácito dos avós da noiva **a**o (ou **n**o) casamento, a cerimônia não seria realizada.*

benevolência / benevolente
Regem *com* ou *para com* (pessoa), *de* (verbo) e *em* (coisa): *Na cadeia, quem demonstra benevolência **com** (ou **para com**) os criminosos? Não espere dessa gente benevolência **com** (ou **para com**) os pobres. Teve a benevolência **de** me receber e ouvir. O juiz não mostrou nenhuma benevolência **n**o julgamento. O juiz foi benevolente **com** (ou **para com**) o criminoso. Foi benevolente **de** me receber e ouvir. O juiz foi benevolente **n**o julgamento.*

benévolo
Rege *com* ou *para com* (pessoa) e *em* (coisa): *Era rigorosa com os filhos, mas extremamente benévola **com** (ou **para com**) estranhos. Era benévola **n**o julgamento de atos praticados por estranhos, mas rigorosa com quaisquer atitudes dos filhos.*

bengala ≠ baguete
Convém não confundir. **Bengala** é o pão francês, comprido e cilíndrico, afinado nas pontas; é o mesmo que *bisnaga*. **Baguete** é o pão francês, fino, cilíndrico e longo, mais fino que a bengala. A *bengala* tem mais miolo que a *baguete*.

bengali
Pessoa que nasce em Bengala, região que compreende Bangladesh e o Nordeste da Índia, na baía de Bengala. Como se vê, a palavra é oxítona (*bengali*), mas nos telejornais só se ouve "bengáli".

benigno
Rege *a*, *com* ou *para com* (pessoa) e *em* (coisa): *Pai muito benigno aos* (ou *com os*, ou *para com os*) *filhos. Pai benigno nas punições aos filhos.*

benquisto
Rege *a*, *com*, *de* ou *por*: *Presidente benquisto ao* (ou *com o*, ou *do*, ou *pelo*) *povo. Professor benquisto aos* (ou *com os*, ou *dos*, ou *pelos*) *alunos.*

benza-o Deus!
Expressão invariável: ***Benza-o Deus***, *que mulher feia!* É uma locução interjetiva, portanto, não muda nunca, e indica admiração ou alívio: *As crianças já chegaram.* ***Benza-o Deus!*** *Tudo já passou. Ninguém se feriu.* ***Benza-o Deus!***

benzer-se ≠ persignar-se
Convém não confundir. **Benzer-se** é fazer o sinal-da-cruz. **Persignar-se** é fazer quatro cruzes, três pequenas com o dedo polegar, na testa, na boca e no peito, e depois a cruz grande como quando se benze.

benzinho
Tratamento usado na intimidade de pessoas que se querem bem; equivale a *amorzinho*. Como esta, é palavra que se usa tanto para o homem quanto para a mulher: *Marisa, meu **benzinho**, perdoe-me!* ***Benzinho***, *você ainda está zangada comigo?* O homem que diz à mulher amada: "*Benzinha*", *eu te amo!*, está, no mínimo, blefando. V. **brotinho**.

berrão
Berro que soa a grande distância. Pronuncia-se *bèrrão*.

besouro
Pronuncia-se *bezôuro*, mas muitos dizem "bizôrro".

bexiga
Adj. corresp.: *vesical*. Portanto, *câncer da bexiga = câncer vesical; extração da bexiga = extração vesical.*

bi-
Este prefixo não exige hífen: *biatômico*, *biaxial*, *bicampeão*, *bicampeonato*, *bicentenário*, *bimotor*, *birrelativo*, *bissexual*, etc.

bibliografia
Rege *de* ou *sobre*: *Ele conhece toda a bibliografia do* (ou *sobre o*) *romantismo brasileiro.*

bifurcar
É pronominal, e não intransitivo: *A estrada **se bifurca** logo ali na frente.*

bigodão / bigodinho
Ambas se pronunciam com o primeiro **o** aberto.

bijuteria
Aportuguesamento do francês *bijouterie*. Há quem escreva "bijouteria".

bilhão / bilião
São ambas formas corretas: *Ganhei um **bilhão** (ou **bilião**) de reais na loteria.* V. **mil**.

bílis / bile
As duas formas existem, mas prefere-se a segunda. Adj. corresp.: *biliar*. Portanto, *função da bílis = função biliar.*

bímano
Que tem duas mãos: *O homem é um animal bímano.* Apesar de a palavra ser proparoxítona, há quem diga "bimâno".

bimensal ≠ bimestral
Convém não confundir. **Bimensal** é que aparece, acontece ou se publica duas vezes por mês, é quinzenal: *revista bimensal, pagamento bimensal.* **Bimestral** é que aparece, acontece ou se publica de dois em dois meses ou por bimestre: *provas bimestrais, reajustes bimestrais de salário.*

biópsia / biopsia
Ambas as prosódias existem no português contemporâneo, mas convém saber que a primeira só existe por influência de *autópsia*; a segunda é a rigorosamente gramatical. V. **necropsia**.

biótipo / biotipo
Ambas as formas e prosódias são boas, mas a primeira tem preferência, embora a segunda seja mais vulgar.

birra
Rege *a* (aversão), *a*, *com*, *de* ou *por* (antipatia) e *em* (teimosia, teima): *Tenho birra a cigarro e a fumantes. Tomou birra aos* (ou *com os*, ou *dos*, ou *pelos*) *carros da montadora, por causa do atendimento precário dos seus funcionários e revendedores. A birra da criança em não ir à escola causou-lhe bom castigo.* A expressão *andar de birra* (estar zangado ou aborrecido) rege *com*: *Ela anda de birra com o marido.*

bispo
Adj. corresp.: *episcopal*. Portanto, *hábito de bispo = hábito episcopal; paço de bispo = paço episcopal.*

blasfemar
Sempre com **e** fechado: *blasfemo, blasfemas, blasfema, blasfemamos, blasfemais, blasfemam* (pres. do ind.): *blasfeme, blasfemes, blasfeme, blasflememos, blasfemeis, blasfemem* (pres. do subj.). *Essas velhotas **blasfemam** o dia inteiro.* Há quem use "blasfemia", "blasfemiam": *Essa gente "blasfemia" o dia todo!* O verbo é *blasfemar*, e não "*blasfemiar*", ainda que o substantivo seja *blasfêmia. Por que essa gente **blasfema** o dia todo?*

blefe
A pronúncia portuguesa é *bléfe*, mas querem alguns que ela seja de acordo com o inglês *bluff*, ou seja, *blêfe*. Qual delas é um blefe?...

blêizer
Aportuguesamento do inglês *blazer*. Pl.: *blêizeres*.

blitz
Palavra alemã, abreviatura de *Blitzkrieg*. Pl.: *blitze*. *Os fiscais fizeram várias* blitze *na galeria Pajé, em busca de contrabandos.*

bloqueio
Rege *a*, *contra* ou *de*: *O presidente Kennedy ordenou que se fizesse um bloqueio naval* **a** *(ou* **contra**, *ou* **de***) Cuba, em 1962.*

BMW
Pronuncia-se *bê eme vê* (à alemã) ou *bê eme dáblio* (à inglesa e também à portuguesa).

boa-fé / má-fé
O Vocabulário Oficial registra *boa-fé*, a par de *má-fé*, com hífen, mas sem hífen *boa-vontade, má-vontade, bom-gosto, mau-gosto, bom-senso, mau-senso*, etc. Durma-se...

boa-noite ≠ boa noite
Convém não confundir. **Boa-noite** é saudação ou cumprimento que se dirige a alguém, à noite, à chegada ou à partida: *Ela me deu* **um boa-noite** *frio, muito estranho. Ele deu* **um boa-noite** *a todos e se recolheu.* Note: é nome masculino. Pl.: *boas-noites*. Já **boa noite** (sem hífen) é noite agradável: *Apesar do seu boa-noite frio, eu tive* **uma boa noite**. *Desejo uma boa noite a todos!* Note que o gênero é, agora, feminino (de *noite*). Diz-se o mesmo de **boa-tarde/boa tarde** e **bom-dia/bom dia**.

boa parte de
O verbo fica no singular ou vai ao plural, indiferentemente: *Boa parte dos brasileiros* **gosta** *(ou* **gostam***) de futebol.*

boa-tarde ≠ boa tarde
Convém não confundir. V. **boa-noite ≠ boa noite**.

boate ≠ cabaré
Convém não confundir. **Boate** é casa noturna de diversões, freqüentada quase sempre por público seleto, que bebe, dança, ouve música em volume alto e assiste a vários tipos de apresentação artística. **Cabaré** é casa noturna de diversões, onde os freqüentadores (nem sempre seletos) bebem, dançam, ouvem música e assistem a apresentações de mulheres nuas ou seminuas.

boato falso
Redundância? Não. O boato pode ser falso ou verdadeiro, pois significa notícia de procedência anônima, falsa ou verdadeira, geralmente maldosa, de conhecimento público. Assim, podemos dizer perfeitamente: *O boato era verdadeiro: o real foi desvalorizado.* Ou: *O boato era falso: o dólar se valorizou.*

boa-vida ≠ boa vida
Convém não confundir. **Boa-vida** é a pessoa que não tem nada com que se preocupar e procura gozar a vida da melhor forma possível, com o mínimo esforço: *Esse teu vizinho é mesmo um* **boa-vida**: *solteiro, mora sozinho, só anda de Mercedes-Benz e na companhia de lindas mulheres.* Pl.: *boas-vidas*. **Boa vida** é vida boa, confortável: *A* **boa vida** *do campo.*

boa-vontade
Disposição favorável e espontânea; interesse, empenho e dedicação sinceros: *Ela faz tudo sempre com a melhor boa-vontade.* Embora o Vocabulário Oficial registre apenas *boa vontade*, sem hífen, é de bom-senso a hifenização, porque se trata, em verdade, de um substantivo composto. Só assim considerado é que podemos construir: *Fiz tudo com* **a melhor** *boa-vontade*. Caso contrário, temos de empregar: *Fiz tudo com a "melhor vontade"*, construção descabida. O interessante é que esse mesmo Vocabulário Oficial registra *má-fé*. Por que só *má-fé*? Rege *com* ou *para com* (pessoa) e *para* ou *por* (coisa): *Juçara nunca mostrou boa-vontade* **com** *(ou* **para com***) os colegas. Você nunca mostrou boa-vontade* **para** *os (ou* **pel***os) meus problemas. O diretor demonstrou muita boa-vontade* **para** *(ou* **por***) meu caso.* V. **bom-gosto, bom-humor** e **bom-senso**.

bobagem
Fato ou afirmação impensada, tola, inconveniente, improcedente ou censurável: asneira; besteira. Muitos não pronunciam integralmente essa e outras palavras terminadas nesse ditongo nasal e ficam no "bobage", no "corage", no "garage", no "onte", no "anteonte" (quando não "onteonte"), no "viage", no "orde", no "paje", no "passage", no "penuge", no "personage", no "raspage", no "reportage", no "rodage", no "vage", no "vantage", no "viage" e nas demais palavras de mesma terminação. Convém evitar, pois tal prática não é nem correta nem muito menos elegante. Recentemente disse o presidente Lula, num rasgo de clarividência e bom-senso: *Não agüento mais presidente latino-americano ficar jogando a culpa das desgraças do Terceiro Mundo no imperialismo. Isso é uma* **bobagem**. Corroboro, com todas as letras e fonemas: bo-ba-ge**m**.

bobo
Adj. corresp.: *truanesco*. Portanto, *atitudes de bobo* = *atitudes truanescas; comportamento de bobo* = *comportamento truanesco*.

bobo ≠ tolo ≠ otário
Convém não confundir. **Bobo** é aquele que só diz ou faz coisas que a ninguém interessa; é o que se mostra desinteressante, porque só diz ou comete bobagens. Aquele adolescente que, com a namoradinha, só conversa sobre carros, motos e quejandos, é seguramente *bobo*. **Tolo** é

aquele que só pratica asneiras, geralmente por ser ingênuo ou pouco inteligente; é o bobo ignorante e pretensioso. Aquele adolescente que tem relações sexuais com a namoradinha e não usa camisinha, é, sem dúvida, *tolo*. **Otário** é aquele que, por ser simplório, é fácil de enganar. Aquele adolescente que ficou no sábado à noite em casa porque acreditou que a namoradinha não ia sair é, positivamente, um *otário*...

boca

Adj. corresp.: *bucal* (saúde bucal, lesões bucais, câncer bucal) e *oral* (som oral, sexo oral, prova oral). Esta palavra não admite pronome possessivo, quando a idéia de posse é clara: *Não abri a boca.* (E não: Não abri a "minha" boca.) *Cala a boca!* (E não: Cala a "tua" boca!). *Limpe a boca!* (E não: Limpe a "sua" boca!) Quando a idéia de posse não for clara, naturalmente aparecerá o pronome: **Minha** *boca está suja?* **Sua** *boca é bonita.*

bocejar

Sempre com **e** fechado: *bocejo, bocejas, boceja, bocejamos, bocejais, bocejam* (pres. do ind.); *boceje, bocejes, boceje, bocejemos, bocejeis, bocejem* (pres. do subj.).

bochechar

Sempre com **e** fechado: *bochecho, bochechas, bochecha, bochechamos, bochechais, bochecham* (pres. do ind.): *bocheche, bocheches, bocheche, bochechemos, bochecheis, bochechem* (pres. do subj.).

bochinche / bochincho / bochicho / bachinche

São corretas todas estas formas, se bem que é a primeira que tem mais guarida etimológica, já que a palavra é puro empréstimo do espanhol platino. Significa, entre outras coisas, pequeno boato, rumor: *Corre um* **bochinche** *por aí que vai haver novo confisco.*

bodão / bodinho

A primeira é aumentativo de *bode*; a segunda, diminutivo. Ambas têm, na primeira sílaba, o **o** levemente aberto.

bodas

Pronuncia-se *bôdas*, e não "bódas": *bode* com *bodas* nada têm em comum...

"bodas" de prata de fundação de uma empresa

Conforme se viu pela definição de *bodas*, acima, não podem existir "bodas" de prata de fundação. A palavra que se aplica a esse caso é *jubileu*, e não "bodas".

bode

Adj. corresp.: *hircino*. Portanto, *barba de bode = barba hircina; cheiro de bode = cheiro hircino.*

bode expiatório

Pessoa que leva a culpa pelos erros dos outros: *A secretária acabou sendo o bode expiatório de toda a operação fraudulenta*. Note que se usa como se fosse nome sobrecomum: *o bode expiatório* (tanto a homem quanto a mulher). Claro está que ninguém usaria *a cabra expiatória* em referência a mulher. Mas há quem use "bode respiratório".

boêmia / boemia

Ambas as pronúncias existem: a primeira é rigorosamente gramatical e a única usada em Portugal; a segunda é a popular e praticamente a única empregada no Brasil. De fato, o brasileiro não gosta de viver na *boêmia*; o que ele quer mesmo é viver na *boemia*, prosódia surgida não só por causa de conhecida canção popular, consagrada na voz de Nélson Gonçalves, mas também porque rima com *orgia*, palavra que lhe é semanticamente afim. Foi na Boêmia, contudo, antigo reino, que hoje faz parte da República Checa, que se deu aos ciganos, costumeiramente vagabundos e boas-vidas (ou tidos assim), o nome de *boêmios*. Os boêmios habitualmente bebiam e saíam cantando pelas ruas, perturbando o sono dos que não apreciavam a *boêmia*, embora amassem a Boêmia. O termo, pois, não significa apenas vida airada, vadiagem, vagabundagem, mas também define uma forma desorganizada e sonhadora de vida, sem preocupações materiais, sem interrogações ao futuro. O boêmio faz o que agrada ao espírito, aos ideais. É um romântico a seu modo e geralmente de muito talento. A literatura e a música não só brasileira, mas do mundo todo são pródigas deles.

boi

Adj. corresp.: *bovino*. Portanto, *carne de boi = carne bovina; couro de boi = couro bovino.*

bolão / bolinha

Ambas se pronunciam com o primeiro **o** aberto.

bólide / bólido

Ambas as formas existem, mas a primeira (feminina) é rigorosamente gramatical; a segunda (masculina), a mais usual.

Bolívar

Revolucionário sul-americano, chamado *o Libertador*. Simón Bolívar (1783-1830) nasceu em Caracas e libertou não só a Venezuela, mas também o Peru e a Bolívia do domínio espanhol. Note: a palavra é paroxítona, mas alguns insistem em dizer "Bolivár".

bolivo-

Adjetivo contraído correspondente ao nome *Bolívia*: *amizade* **bolivo**-*peruana, aliança* **bolivo**-*brasileira.*

bolso

Tanto o singular quanto o plural têm **o** tônico fechado.

bom

Rege *a* ou *para* (benéfico), *com, para* ou *para com* (bondoso), *de* ou *para* (próprio, adequado) e *em* (versado, experto, craque; compreensivo, gentil): *Clima bom **a**os* (ou ***para** os*) *asmáticos. Patrão bom **com*** (ou ***para***, ou ***para com***) *os empregados. Essa água é boa **de*** (ou ***para***) *beber. Aluno bom **em** português. O diretor foi muito bom **em** me atender agora, porque tenho de viajar.*

bomba

Esta palavra, quando usada como adjetivo, por bombástico, sensacional ou inesperado, surpreendente, não varia: *revelações **bomba**, notícias **bomba**, testemunhas **bomba***. V. **cassete, cinza, creme, esporte, gelo, jambo, laranja, monstro, padrão, pastel, pirata, relâmpago, surpresa, tampão** e **vinho**.

bom-caráter

Pl.: *bons-caracteres*. Subst. corresp. (neologismo): *bom-caratismo*.

bom de

Depois de *bom de* não se usa o pronome *se*: *carro bom de dirigir, água boa de beber*.

bom-dia ≠ bom dia

Convém não confundir. V. **boa-noite ≠ boa noite**.

bom êxito

Não há redundância (*êxito* = resultado). Na língua contemporânea é que a palavra adquiriu o sentido de sucesso ou resultado favorável: *Ao desejar conquistar a moça, não teve êxito*. Não há erro, contudo, em usar aqui *bom êxito*, cuja expressão antônima é *mau êxito* (= insucesso): *A demissão do treinador se deveu ao mau êxito da equipe brasileira nas Olimpíadas*.

bom-gosto

Gosto refinado, seleto, acurado: *Ela é uma mulher de muito bom-gosto*. Apesar de não oficial, o hífen é uma questão de bom-senso. Só considerado como nome composto é que podemos construir: *Fiz tudo com **o melhor** bom-gosto*. Sua omissão nos obriga a construir: *Fiz tudo com o "melhor gosto"*, sem cabimento. V. **boa-vontade, bom-humor** e **bom-senso**.

bom-humor

Boa disposição do espírito: *Ela, hoje, está de muito bom-humor*. Apesar de não oficial, o hífen é uma questão de bom-senso. Só considerado como nome composto é que podemos construir: *Recebi tudo com **o melhor** bom-humor*. Sua omissão nos obriga a construir: *Recebi tudo com o "melhor humor"*, sem cabimento. V. **boa-vontade, bom-gosto** e **bom-senso**.

bom-senso

O hífen, aqui, é apenas uma questão de bom-senso. V. **boa-vontade, bom-gosto** e **bom-humor**.

bondade

Rege *com* ou *para com* (pessoa), *de* (cortesia, gentileza) e *de* ou *em*, ambos antes de verbo: *Sua bondade **com*** (ou ***para com***) *os alunos acabou prejudicando-o. Ele teve a bondade **de** me acompanhar até o elevador. Tenha a bondade **de** entrar! Queira ter a bondade **de** aguardar um instante! O cego agradeceu a bondade do garoto **de*** (ou **em**) *ajudá-lo a atravessar a rua.*

bondoso

Rege *com, para* ou *para com* (pessoa) e *de* ou *em* antes de verbo: *É um pai bondoso **com*** (ou ***para***, ou ***para com***) *os filhos. Ela foi bondosa **de*** (ou **em**) *me ouvir.*

bonecão / bonequinha

Ambas se pronunciam com o **e** aberto.

borboleta

Adj. corresp.: *papilionáceo*. Portanto, *coleção de borboletas* = coleção *papilionácea; asas de borboleta* = *asas papilionáceas*.

bordo

Esta palavra, em princípio, só deveria ser empregada em referência a navio. Como, porém, não existe nenhum termo equivalente para a aviação, a palavra passou, por analogia, a ser usada também nessa área: *As comissárias servirão o jantar a **bordo**. Os comissários de **bordo** tranqüilizaram os passageiros*. Tal analogia ganhou tantos domínios, que já se vê em ônibus de certas empresas, na parte lateral, a inscrição: *Toilette a bordo*. A bem da verdade, em português: *Toalete a bordo*. Mas o saborzinho francês denota certa sofisticação. E o passageiro, naturalmente, se sentirá mais importante.

bordô

Não varia: *camisas **bordô**, carros **bordô***.

bororo ≠ bororó

Convém não confundir. **Bororo** é indígena que vive em Mato Grosso. **Bororó** é uma espécie de veado do Brasil central, o menor da fauna brasileira. Índios não apreciam muito a confusão...

borrifado

Rege *com, de* ou *por*: *Chegou com o rosto todo borrifado **com** a* (ou ***da***, ou ***pela***) *chuva. Encontrei o chão todo borrifado **com*** (ou ***de***, ou ***por***) *sangue.*

bossa nova ≠ bossa-nova ≠ Bossa Nova

Convém não confundir. A **bossa nova** é o ritmo musical, misto de *jazz* com samba, de melodia e harmonia novas, excepcionalmente inovadoras, surgido no final da década de 1950, em Ipanema, bairro carioca; muitos dizem apenas *bossa*. *O Brasil precisa reencontrar urgentemente o cami-*

nho da **bossa nova**, que é o verdadeiro rumo da sua cultura musical. Já **bossa-nova** é da bossa nova (*samba* **bossa-nova**; *cantores* **bossa-novas**) ou, em sentido figurado, da moda, do momento (*presidente* **bossa-nova**; *penteados* **bossa-novas**). Note o plural especial: *bossa-novas*. **Bossa Nova** é o nome do movimento ou, com mais propriedade, do surto cultural da música popular brasileira, iniciado em 1958, no Rio de Janeiro, com o propósito de renovar a forma rítmica, harmônica e melódica da música popular da época e valorizar as suas letras, com o ressurgimento do sentimento da beleza da vida, dos encantos da terra e da paixão à mulher amada. Constitui-se na principal arrancada da nossa cultura musical rumo ao belo, à perfeição. Mas... tornemos à *bossa nova*. Como é um misto de *jazz* com samba, a *bossa nova* agradou em cheio ao mais exigente dos músicos norte-americanos, que o chamam com propriedade *o jazz brasileiro*. *Garota de Ipanema, Ela é carioca, Samba do avião, Samba de uma nota só* e *Corcovado* são as cinco músicas que marcaram o auge da *bossa nova*, tanto no Brasil quanto no exterior. Não por acaso, todas cinco são composições de Tom Jobim, o gênio da *bossa nova* e um dos maiores compositores da música popular brasileira de todos os tempos. Hoje, incompreensivelmente, ouve-se mais *bossa nova* nos Estados Unidos e no Japão que no Brasil. **O Brasil precisa merecer a bossa nova** – eis a frase proverbial de Tom Jobim. Merece? Hoje o mundo canta e toca *bossa nova*. E o Brasil?

bota-fora
Cerimônia de lançamento de um navio ao mar. Pl. (especial): *bota-foras*.

botar
Não há nenhuma inconveniência no uso deste verbo no sentido de *pôr*: *botar* o feijão no fogo; *botar* tudo o que ganha na caderneta de poupança; *botar* o dedo no fogo; *botar* a casa à venda. Muitos pensam que só as galinhas é que botam. Como se vê, nem sempre...

boto ≠ golfinho ≠ toninha
Convém não confundir. Os três são cetáceos, mas o **boto** vive apenas em água doce, enquanto o **golfinho** (ou *delfim*) e a **toninha** vivem no mar. O que distingue os golfinhos das toninhas é o focinho: rombudo nestas e fino naqueles. Na região amazônica e no folclore amazonense, o peixe-boi é comumente chamado de "boto".

brabo / bravo
São ambas formas corretas, mas a primeira costuma ser empregada em casos especialíssimos. Por exemplo: *A coisa 'tá* **braba**! *O frio daqui é* **brabo**! Em relação a pessoas e a animais, usa-se mormente *bravo*: *Sua namorada sempre é* **brava** *desse jeito? Seu cão é* **bravo**? Diz-se o mesmo de *brabeza* e *braveza*.

braço
Adj. corresp.: *braquial* e *braçal*. Portanto, *osso do braço = osso braquial; trabalho feito com o braço = trabalho braçal*.

brado ≠ clamor
Convém não confundir. **Brado** é grito de saudação ou de vitória. Quando a seleção brasileira de futebol chega trazendo conquistas, ouve-se o *brado* dos torcedores. Com o *brado* do Ipiranga, Independência ou Morte!, D. Pedro tornou o Brasil independente. **Clamor** é grito queixoso dos que pedem socorro, exigem justiça ou reivindicam algo que entendem de seu direito. Quando a população sai às ruas indignada e exigindo o fim da violência e da impunidade, ouve-se o *clamor* público. Quando os torcedores palmeirenses, depois de uma derrota de seu time, revoltam-se e quebram tudo no estádio, reclamando a saída de um presidente incompetente e relapso e a contratação de bons jogadores, tem-se o *clamor* da família alviverde.

braguilha
Abertura dianteira das vestes masculinas (calças, calções, cuecas, etc.), que se fecha com botões ou com zíper; vista: *As garotas estavam rindo, porque ele chegou com a braguilha aberta*. A forma "barguilha" é corruptela e só tem uso em meio de gente inculta.

brando / brandura
Regem *com* ou *para com* (pessoa) e *em* (coisa): *Um professor brando* **com** (ou **para com**) *os alunos pode não ser rigorosamente pedagógico. O Papa sempre se mostrou brando* **com** (ou **para com**) *os fiéis. Sua brandura* **com** (ou **para com**) *os filhos lhe poderá trazer sérios problemas mais tarde. O Papa, na sua costumeira brandura* **com** (ou **para com**) *os fiéis, recebeu e abençoou a todos. Pai brando* **n**as *punições. A brandura* **n**as *penas incentiva o crime*.

branquejar
Sempre com o **e** fechado: *branqueja, branquejam; branqueje, branquejem*, etc.

brasão
Adj. corresp.: *heráldico*. Portanto, *conhecimentos de brasões = conhecimentos heráldicos*.

Brasil
Nome cuja origem se deve ao pau-brasil, madeira cor de brasa, muito abundante na costa atlântica brasileira, no séc. XV. Hoje, praticamente não existe, em razão da ganância e do desmatamento. Exige sempre o artigo: **o** *Brasil*. Portanto, em manchetes de jornal: *Firmado acordo entre* **o** *Brasil e a Argentina*. Os jornalistas, contudo, acham que, por ser uma palavra pequena, o artigo não tem nenhuma importância. Então, escrevem em manchetes: *Firmado acordo entre "Brasil" e "Argentina"*. Eles escrevem assim, mas não dizem assim. Nunca nenhum deles afirmou que já mora "em" Brasil; nem muito menos que gosta "de" Brasil. Por algo será... V. **artigo**. No âmbito internacional a grafia é com *z Brazil*. V. **brasis**.

brasileiro

Brasileiro era, no século XVI, aquele que extraía pau-brasil e o comerciava. Nosso país ainda se chamava Terra de Santa Cruz. Mais tarde, quando o nome passou a Brasil, os que aqui nasciam eram chamados pelos portugueses colonizadores de *brasilienses*, denominação que perdurou até 1822, ano da nossa independência. Hoje *brasiliense* é adjetivo que se aplica ao que nasce em Brasília. Depois de 1822, os aqui nascidos, em vez de se chamarem *brasilienses* ou *brasilenses*, palavras que trazem os sufixos denotadores de naturalidade, passaram a ser chamados *brasileiros*, talvez em homenagem aos comerciantes da tão cobiçada madeira, que já não existe praticamente em nosso país, tamanha a fúria com que era extraída, para pagar sobretudo as dívidas de Portugal com a Inglaterra. Pau-brasil hoje em nossa terra só mesmo como árvore de estimação. Debite-se isso aos portugueses. O sufixo -*eiro*, em rigor, não se presta a designar origem ou naturalidade. Em nossa língua existem apenas quatro adjetivos pátrios que o trazem: *brasileiro, campineiro, mineiro* e *poveiro* (de Póvoa de Varzim, Portugal, cidade natal de Eça de Queirós). Mas *campineiro*, na realidade, era o que vivia ou trabalhava nas campinas; *mineiro*, o que trabalhava nas minas; *poveiro* é o único adjetivo inexplicável quanto à presença do referido sufixo. A verdade, porém, é que tais nomes acabaram sendo consagrados como pátrios.

brasilo-

É esta a forma contraída do adjetivo *brasileiro*; usa-se obrigatoriamente como elemento inicial de um composto: *acordo **brasilo**-argentino, amizade **brasilo**-uruguaia*. Nossos jornalistas usam *fronteira "brasileiro-argentina", amizade "brasileiro-uruguaia"*, etc. Por que não usam também *francês* no lugar de *franco-* em *amizade franco-brasileira*? Por que não usam também *inglês* no lugar de *anglo-* em *aliança anglo-americana*? Causam naturalmente estranheza o *acordo **brasilo**-paraguaio*, a *fronteira **brasilo**-argentina*, a *amizade **brasilo**-uruguaia*. Por quê? Justamente porque os jornalistas nunca usam assim. Há (ou havia?) até um banco que se autodenomina *"brasileiro-iraquiano"*.

brasis

Usa-se por *tipos de Brasil* e por *regiões brasileiras*: *Há dois **brasis**: um rico e um pobre. Precisamos viajar mais por estes **brasis** a fora*.

breca

Breca é o nome de uma divindade diabólica, ou seja, o diabo. Assim, quando se constrói: *Essas crianças são levadas da breca*, tem-se uma voz passiva. Na voz ativa, a frase é esta: *A breca leva essas crianças*. A construção *Essas crianças levaram a breca* está consagrada, mas existe nela, em rigor, uma impropriedade, já que não são as crianças que levam. Antigamente, os puristas propugnavam por esta construção: *As crianças, levou-as a breca*. Hoje – com a breca! – ninguém ousaria mudar para tanto.

brejão / brejinho

Ambas se pronunciam com o **e** levemente aberto.

brejo

Adj. corresp.: *palustre*. Portanto, *flores do brejo = flores palustres*.

"breve" alocução

Visível redundância. V. **alocução**.

"breve" menção

Redundância: toda *menção* é breve, a exemplo de toda *alocução*. Quem faz *"breve menção"* também pode exercitar *"telepatia mental"*, que tudo é farinha do mesmo saco.

brigadeiro "da Aeronáutica"

Redundância: só há brigadeiros na Aeronáutica.

brindar

Na acepção de beber à saúde ou ao sucesso de alguém, usa-se como transitivo direto ou como transitivo indireto, indiferentemente: *Os convidados brindaram os (ou **a**os) noivos e os deixaram partir para a lua-de-mel. Os torcedores brindaram os (ou **a**os) novos campeões brasileiros de futebol*. Na acepção de presentear é, como este, transitivo direto e indireto: *Os convidados brindaram os noivos **com** muitos presentes. Os torcedores brindaram os novos campeões **com** litros de vinho*.

brocha ≠ broxa

Convém não confundir. **Brocha** é preguinho de cabeça larga e chata; é o mesmo que *tacha*. **Broxa** é pincel grande e grosso para caiação ou pintura ordinária. Na linguagem chula também se aplica ao homem sexualmente impotente.

brócolis

Palavra só usada no plural (*os brócolis*): **Os brócolis** *subiram muito de preço na última semana*. A variante *brócolos* não corre no português do Brasil.

bronze

Adj. corresp.: *brônzeo* ou *êneo*. Portanto, *estátua de bronze = estátua brônzea* ou *estátua ênea; objeto de bronze = objeto brônzeo* ou *objeto êneo*.

brotinho / broto

Em sentido figurado, adolescente (geralmente garota) que chama a atenção pela beleza, graça e formosura: *Rosa era **um brotinho** cobiçado por todo o colégio*. Também significa namorado(a): *Ele está esperando **o seu broto***. Note: é palavra masculina, mesmo em referência a mulher. V. **benzinho**.

broto / brotos

Pronunciam-se ambas com o **o** tônico fechado.

bruma ≠ cerração ≠ neblina

Convém não confundir. **Bruma** é o nevoeiro marinho espesso que impede totalmente a visão a curta distância. **Cerração** é o nevoeiro muito denso, principalmente nas manhãs de inverno em terra ou no mar, que impede a visão a grande distância. **Neblina** é a névoa densa, rasteira, carregada de umidade; é o mesmo que *nevoeiro*.

brutalidade / bruto

Regem *com* ou *para com* (pessoa) e *de* ou *em* (coisa): *Sua brutalidade **de** (ou **nas**) palavras **com** (ou **para com**) algumas pessoas o tornou antipatizado ante todo o grupo. Foi bruto **de** (ou **nas**) palavras **com** (ou **para com**) algumas pessoas, o que o tornou antipatizado perante todo o grupo.*

bruxa ≠ feiticeira ≠ maga

Convém não confundir. **Bruxa** é a mulher que, por ter supostamente poderes sobrenaturais, pelo pacto que tem com o poder maligno, é dada a realizar coisas maravilhosas, de ordinário más. Geralmente representa o mal nas estórias infantis. **Feiticeira** é a mulher que sabe preparar feitiços, com os quais pode criar amores, ódios e causar malefícios de todos os tipos. **Maga** é a mulher versada em magia. As *magas* dizem ter relação com os espíritos do bem; as *bruxas* e *feiticeiras*, de sua vez, têm relações diretas (ou desejam tê-las) e muito estreitas com os espíritos do mal.

bucho ≠ buxo

Convém não confundir. **Bucho** é estômago de animais, exceto as aves. Popularmente, significa estômago humano, barriga: *Encheu o bucho e foi dormir*. Como gíria, é mulher muito feia: *Sua namorada é um bucho!* **Buxo** é arbusto que se usa como ornamento de jardins.

buco-

Não exige hífen: *bucofaringe, bucolabial, bucomaxilofacial, buconasal*, etc.

búfalo

Adj. corresp.: *bufalino*. Portanto, *criação de búfalos = criação bufalina*.

bufê / bufete

A segunda também tem o **e** tônico fechado: *bufête*.

bugre

Fem.: *bugra*. V. **bugue**.

bugue

Pequeno veículo leve, esportivo, de quatro rodas e pneumáticos largos, para duas ou quatro pessoas, aberto nas laterais e atrás, próprio para transitar em terrenos arenosos, dunas e praias. Em algumas regiões do Nordeste, muitos se referem a esse veículo usando a palavra "bugre".

bum

É o aportuguesamento do inglês *boom*. Há, todavia, os que preferem escrever ainda em inglês a adotar a forma aportuguesada. Estão entre esses os próprios elaboradores do Vocabulário Oficial.

buraco ≠ furo

Convém não confundir. **Buraco** é qualquer pequena abertura redonda ou arredondada, natural ou artificial: *o **buraco** vaginal, o **buraco** da agulha, o **buraco** da fechadura, o **buraco** do tatu*. **Furo** é qualquer abertura feita com violência, com o uso da força. Uma bala, assim como uma broca, abre *furos*.

burburinho ≠ murmúrio

Convém não confundir. **Burburinho** é rumor ou sussurro contínuo e indefinido, provocado por vozes de muita gente que fala ao mesmo tempo: *o burburinho de uma platéia, o burburinho das grandes feiras internacionais*. **Murmúrio** é som baixo, contínuo e indistinto, como o produzido pelas abelhas num enxame, pela viração que agita as folhagens, pela água que cai sobre pedras ou pelas pequenas ondas que quebram na praia. Significa, ainda, sussurro ou fala em voz baixa: *O murmúrio do ministro ao pé do ouvido do presidente foi registrado pela imprensa.*

burocracia

Apesar de a palavra ter apenas um *r*, muitos dizem "burrocracia". Seria por alusão a esse tipo de administração ou à morosidade de tal tramitação? Com a palavra, os burocratas (para alguns, "burrocratas"...).

busca

Antecedida da preposição *em* ou da crase *à*, aparece combinada com *de*: *Foi uma verdadeira corrida da população **em** (ou **à**) busca **de** alimentos. O jogador se transferiu para a Espanha **em** (ou **à**) busca **de** melhores salários. Os velhinhos aqui vêm **em** (ou **à**) busca **de** paz e compreensão.*

buscar ≠ procurar

Convém não confundir. A grande diferença entre **buscar** e **procurar** está na idéia de empenho, presente no primeiro verbo e ausente no segundo. Uma pessoa que *busca* um livro, tem necessidade dele, por isso se aplica em encontrá-lo: *Buscou o livro em todas as livrarias da cidade, mas em vão*. Alguém que *procura* um livro, talvez por já saber onde encontrá-lo, não manifesta muito empenho: *Foi à livraria, procurou o livro que desejava no setor especializado, encontrou-o, foi ao caixa, pagou e saiu*. Quem *procura* sempre sabe da existência daquilo que deseja; quem *busca* ignora se há ou não aquilo que pretende. Quando se diz *procurar agulha em palheiro*, já se sabe que a agulha existe. Ou seja: quem *procura* sempre encontra, basta desejar; quem *busca* nem sempre encontra, ainda que muito deseje. Quantas pessoas não há que *buscam* a felicidade? Quantas não há que *buscam* em vão o ser amado?

C

cabana ≠ casebre ≠ palhoça ≠ tugúrio
Convém não confundir. **Cabana** é casinha rústica, de madeira, coberta de sapé; é o mesmo que *choça* e *choupana*. **Casebre** é casinha velha e paupérrima. **Palhoça** é casebre de paredes de barro ou de tijolo, coberto de palha. **Tugúrio** é habitação extremamente pobre, própria dos povoados mais ermos e distantes do Nordeste.

cabeça
Não admite pronome possessivo, quando a idéia de posse é clara: *Rapei a cabeça.* (E não: Rapei a "minha" cabeça.) *Bati a cabeça na porta!* (E não: Bati a "minha" cabeça na porta). *Ela machucou a cabeça.* (E não: Ela machucou a "sua" cabeça.) Quando a idéia de posse não for clara, naturalmente aparecerá o pronome: ***Minha*** *cabeça foi rapada pelos veteranos.* ***Sua*** *cabeça é assim mesmo?!* Adj. corresp.: *cefálico*. Portanto, *massa da cabeça = massa cefálica*.

cabeçalho
Apesar de ser assim, há quem use "cabeçário".

cabeleireiro
Se a palavra nos vem de *cabeleira*, não podemos ter "cabelereiro", "cabeleleiro" nem muito menos "cabelelero", palavras que muito se vêem e ouvem aqui e ali. Na corte de Luís XV havia aqueles que cuidavam das cabeleiras de toda a nobreza; eram, naturalmente, os *cabeleireiros*. Postas as cabeleiras de lado, posteriormente, continuaram a chamar *cabeleireiros* aqueles que passaram a cuidar, então, dos cabelos das pessoas. Portanto, hoje todos deveríamos estar freqüentando cabeleiros, e não *cabeleireiros*. Deveríamos.

cabelo
Adj. corresp.: *capilar*. Assim, *loção de cabelo = loção capilar*, *tônico do cabelo = tônico capilar*. Usamos *cabelo* (no singular), e não necessariamente *cabelos*, quando nos referimos ao conjunto de pêlos da nossa cabeça: *Cortei o* ***cabelo*** *hoje. Lave o* ***cabelo*** *com o xampu e depois o enxágüe bem! Vá pentear esse* ***cabelo****! Ela quer nadar, mas não quer molhar o* ***cabelo****.* Sendo assim, usaremos também: *secador de* ***cabelo*** (pl.: *secadores de cabelo*), *corte de* ***cabelo*** (pl.: *cortes de cabelo*), etc. Note que nos exemplos vistos não foi usado nenhum pronome possessivo, isto porque não se diz nem se escreve *Cortei o "meu" cabelo hoje, Lave o "seu" cabelo com o xampu*, etc.

caber
Este é um verbo que facilmente leva a erro de concordância, quando seu sujeito é um infinitivo. Assim, é comum encontrarmos frases como esta: *Estes são problemas que "cabem" ao diretor resolver*, em que seu autor está certo de que o sujeito de *caber* é *problemas* (representado pelo pronome relativo *que*). Não é. O sujeito de *caber* é, na verdade, o infinitivo (*resolver*): afinal, o que é que não cabe? É *resolver*, portanto, o verbo deve ficar no singular. Conj.: *caibo, cabes, cabe, cabemos, cabeis, cabem* (pres. do ind.); *cabia, cabias, cabia, cabíamos, cabíeis, cabiam* (pret. imperf. do ind.); *coube, coubeste, coube, coubemos, coubestes, couberam* (pret. perf. do ind.); *coubera, couberas, coubera, coubéramos, coubéreis, couberam* (pret. mais-que-perf. do ind.); *caberei, caberás, caberá, caberemos, cabereis, caberão* (fut. do pres.); *caberia, caberias, caberia, caberíamos, caberíeis, caberiam* (fut. do pret.); *caiba, caibas, caiba, caibamos, caibais, caibam* (pres. do subj.); *coubesse, coubesses, coubesse, coubéssemos, coubésseis, coubessem* (pret. imperf. do subj.); *couber, couberes, couber, coubermos, couberdes, couberem* (fut. do subj.); em razão do seu próprio significado, não possui imperativo; *caber, caberes, caber, cabermos, caberdes, caberem* (infinitivo pessoal); *caber* (infinitivo impessoal); *cabendo* (gerúndio); *cabido* (particípio). Em relação a este verbo, há uma passagem interessante: Juquinha era um aluno relapso, que não conseguia acompanhar os demais colegas da sala de aula. Vivia dizendo *nós "fumo"*, *não "cabeu"*, *"peguemo"*, etc. Sua professora não se cansava de corrigi-lo. Num dia de pouca paciência, quando ele repetiu *não "cabeu"*, a professora o fez ficar depois da aula para escrever cem vezes numa folha de caderno a palavra *coube*. Ao escrever noventa e cinco vezes, percebeu que a folha não ia ter espaço suficiente. Então, aproveitou aquele pequeno vão da folha para escrever: *"Fessora, num terminei por causa que num cabeu"*. Dali por diante passou a ser chamado pelos colegas Juquinha Kfuro.

cabina / cabine
As duas formas existem, mas dá-se preferência à primeira, aportuguesada. V. **champanha**, **valise / valisa** e **vitrina**.

cabo ≠ promontório
Convém não confundir. **Cabo** é porção de terra que avança pelo mar, com pouca elevação. **Promontório** é porção de terra que avança pelo mar com grande elevação, terminando geralmente em formação rochosa alcantilada.

cabra
Adj. corresp.: *cabrum* (de fem. *cabrua*) e *caprino*. Portanto, *rebanho de cabras = rebanho cabrum* ou *rebanho caprino*; *criação de cabras = criação cabrua* ou *caprina*.

cabra-da-moléstia / cabra-da-peste
É assim que se escrevem estas palavras. Alguns dicionários as registram sem hífen. O fato de a palavra exercer função adjetiva, no entanto, implica a competente hifenização. Se *cabra-de-chifre, cabra-de-eito, cabra-de-peia, cabra-feio, cabra-macho* e *cabra-sarado* são palavras hifenizadas, e esses mesmos dicionários trazem assim (corretamente, diga-se), por que não também *cabra-da-moléstia* e *cabra-da-peste*?

cabreúva / cabriúva
Ambas as formas existem. O nome oficial da cidade paulista, todavia, é *Cabreúva*.

caça

Adj. corresp.: *venatório* e *cinegético*. Portanto, *temporada de caça = temporada venatória; apetrechos de caça = apetrechos cinegéticos*. Rege *a* ou *de*: *Está proibida a caça **a** (ou **de**) animais silvestres. É crime a caça **às** (ou **das**) baleias.*

caça com cães

Adj. corresp.: *cinegético*. Portanto, *arte da caça com cães = arte cinegética*.

caçar ≠ cassar

Convém não confundir. **Caçar** é perseguir para abater (aves e animais): *Ir à África para **caçar** leões e veados*. **Cassar** é anular ou cancelar (licença, autorização, direito, etc.) e também privar dos direitos políticos: ***cassar** uma liminar; **cassar** uma concessão; **cassar** mandatos*.

cacarecos / cacaréus

As duas formas existem, mas dá-se preferência à segunda.

cacarejar

Sempre com o **e** fechado: *cacareja, cacareje*, etc.

cacho

Adj. corresp.: *racemiforme*. Portanto, *colônias (de bactérias) semelhantes a cacho = colônias racemiformes*.

Cachoeiro de Itapemirim

É este o verdadeiro nome da cidade capixaba. Muitos, no entanto, usam *"Cachoeira do" Itapemirim*, cidade que ainda não foi fundada. V. **Campos do Jordão**.

cachorro

Em rigor, filhote ou cria de cão: *Comprei dois **cachorros** de rottweiler*. Por extensão: qualquer cão. Tanto o singular quanto o plural têm **o** tônico fechado. V. **cão**.

caçoada

Rege *com*: *O jornalista fez **caçoada** com o presidente e foi preso. Gente educada não faz **caçoada** com os mais velhos*. A regência "caçoada de" deve ser desprezada. V. **caçoar**. Não se confunde a *caçoada* com a *sátira*, que é a zombaria dos defeitos ou das falhas de alguém, sem levar em conta suas qualidades e virtudes. É própria dos críticos menores.

caçoar

Rege *com* ou *de*: *O jornalista caçoou **com** o (ou **do**) presidente e foi preso. Gente educada não caçoa **com** os (ou **dos**) mais velhos*. Conj.: *caçoo, caçoas, caçoa, caçoamos, caçoais, caçoam* (pres. do ind.); *caçoe, caçoes, caçoe, caçoemos, caçoeis, caçoem* (pres. do subj.). Como se vê, não existem formas como "caçuo", "caçua", "caçue", etc., muito encontradas na língua popular. V. **caçoada**.

cacoépia / cacoepia

São boas ambas as prosódias. V. **ortoépia / ortoepia**.

cacófato

Tipo de cacofonia que consiste na produção de som obsceno. Ex.: *Hil**ca ga**nha sempre. O Juventus não mar**ca gol**!* Só existe cacófato quando o som produzido é obsceno; quando não, o que há, em verdade, é *cacofonia*. Ex.: *Dei um beijão na bo**ca dela**. Ela tinha tudo o que queria. O **nosso hino** é bonito. Paguei um real **por cada** limão*. Os cacófatos, devemos evitar, por motivos óbvios; as cacofonias, nem sempre se pode escapar a elas. V. **por cada** e **uma mão**.

cada

Usa-se facultativamente a preposição *a* antes de *cada*, tanto nas expressões de distância no tempo quanto nas de distância no espaço: *Há um telefone de emergência nesta estrada **(a) cada** quilômetro. O aluguel sobe **(a) cada** seis meses. **(A) cada** cem metros se viam dois guardas. Recebo um telefonema **(a) cada** dez minutos. Febre terçã é aquela que se manifesta **(a) cada** três dias. **(A) cada** sessenta segundos se forma um minuto. **(A) cada** dia as crianças aprendem mais. **(A) cada** hora que passa, mais se intensifica meu desespero*. V. **cada um**.

cadafalso ≠ catafalco

Convém não confundir. **Cadafalso** é o tablado em lugar público no qual os condenados sofrem pena capital; é o mesmo que *patíbulo*, mas este termo possui caráter infamante, desonroso, inexistente em *cadafalso*. Um bandido merece o *patíbulo*; um condenado político, porém, como foram a rainha Maria Antonieta ou o revolucionário Montesquieu, sobe ao *cadafalso*, e não ao *patíbulo*. **Catafalco** é o estrado decorado e suntuoso que se levanta no meio de um grande recinto (igreja, museu, etc.), no qual se coloca o féretro, por ocasião das exéquias. Há ocasiões em que a família do finado dispensa o *catafalco*, preferindo velá-lo sobre um tapete.

cada um

Exige o verbo no singular: *Cada um dos repórteres **queria** a sua vez. Cada uma das crianças **levava** uma mochila às costas. Cada um de nós **pagará** caro por esse desmatamento da Amazônia. Cada um de vocês **tem** responsabilidade nisso*. No final da frase, não se usa "cada" por *cada um* ou *cada uma*. Assim, por exemplo: Comprei abacaxis a dez reais "cada". Vi na feira melancia a vinte reais "cada".

"cada 1 KM"

Há vários inconvenientes neste aviso, que aparece ou já apareceu em várias estradas do Brasil: primeiro, *cada*, neste caso, já traz o conceito de unidade, por isso dispensa o numeral; segundo, *cada* deve ser antecedido da preposição *a*; terceiro, a abreviatura de *quilômetro* é *km* e deve vir logo após o numeral, sem nenhum espaço entre eles; quarto, como este não é caso de uso de numeral, não se pode também empregar a abreviatura. Portanto, seria este o aviso civilizado que deveríamos encontrar ou ter encontrado nas estradas: *Nesta rodovia há fone de emergência **a cada quilômetro***. Ou, se o quiserem reduzido: *Fone de emergência - a cada quilômetro*. De *dois* em diante, cabe o emprego do numeral: *a cada 2km, a cada 3km*, etc.

cadáver

Há uma lenda em torno desta palavra, que alguns acreditam ser retirada das iniciais da expressão *carne dada aos vermes,* em razão de nos túmulos, antigamente, haver quase sempre a inscrição: CA. DA. VER, isto é, *caro data vermibus* (= carne dada aos vermes). Na verdade, *cadaver* (em latim, sem acento) é um particípio latino (de *cadere* = morrer) que significa *que morreu, morto.*

cadê?

É contração e corruptela de *que é de?,* assim como as variantes *quedê?* e *quedê?.* Assim, quando perguntamos: *Cadê a ética?,* estamos, na verdade, perguntando: *Que é da ética?* Quando queremos saber: *Cadê o dinheiro do povo?,* na verdade, estamos querendo saber *Que é do dinheiro do povo?* Quando o povo todo pergunta: *Quedê a segurança pública?,* na verdade, está pedindo o que lhe é de direito... São admissíveis apenas na língua falada. Devem ser evitadas na língua escrita, mas volta e meia também a encontramos na língua culta escrita. Encampá-la abre o precedente perigoso de qualquer dia destes sermos também obrigados a aceitar na escrita *sacomé?* (= sabe como é?): É tudo uma questão de tempo, *sacomé?*

cadeia ≠ calabouço ≠ masmorra

Convém não confundir. **Cadeia** é qualquer prisão ou cárcere comum: *Corrupto, seqüestrador e narcotraficante têm de mofar na cadeia.* **Calabouço** é lugar da cadeia, frio e escuro, para onde vão grandes criminosos. É próprio dos regimes autoritários ou das ditaduras. **Masmorra** é a prisão subterrânea, úmida, fria, escura e medonha. Para ela vão os bandidos que merecem punição severa e até desumana.

cadeira ≠ cadeiras

Convém não confundir. **Cadeira** é assento, peça que o homem inventou para poder sentar-se. **Cadeiras** são quadris, ancas: *estar com dor nas cadeiras.*

cadente ≠ candente

Convém não confundir. **Cadente** é que cai ou está caindo, além de ritmado: *estrela cadente; batucada cadente.* **Candente** é que está muitíssimo quente, em brasa: *ferro candente.* Em sentido figurado, *ardente, ardoroso: olhar candente, súplica candente.*

caderneta

Embora seja assim, há muitos que gostam mesmo é de portar uma "cardeneta".

caderno espiral

É o caderno que existe, que toda papelaria tem à disposição. Mas muita gente chega às livrarias perguntando por caderno "aspiral". Este é o tipo de caderno que só mesmo os extraterrestres podem um dia trazer...

caduco ≠ decrépito

Convém não confundir. **Caduco** é que perdeu as forças do espírito, por senilidade. Diz-se apenas de pessoas: *ter um bisavô caduco.* **Decrépito** é muito velho, alquebrado e já no final da vida. Diz-se de pessoas e animais: *ter um avô decrépito e um cavalo decrépito.* O *caduco* costuma provocar problemas e dar muito trabalho a quem dele cuida; o *decrépito,* ao contrário, é sereno, calmo, tranqüilo, apenas aguarda o seu derradeiro momento, para despedir-se.

café

Usada como adjetivo, na indicação da cor, não varia: *calças café, carros café, lenços café.* V. **areia, bomba, cassete, chave, cinza, creme, esporte, gelo, jambo, laranja, padrão, pastel, pirata, relâmpago, surpresa, tampão** e **vinho.**

café-da-manhã

Desjejum: *Meu café-da-manhã é apenas uma colher de mel.* Sempre com hífen. Como se vê, num *café-da-manhã* não há necessariamente consumo de café.

cãibra / câimbra

São ambas formas corretas, mas dá-se preferência à primeira.

caído

Rege *de...ao* (ou *em,* ou *sobre*): *Havia muitas notas de cem reais caídas do carro-forte à* (ou *na,* ou *sobre a*) *calçada. Eram muitos os abacates caídos do pé ao* (ou *no,* ou *sobre o*) *chão.*

caipirismo

Costumam alguns tachar de caipiras os paulistas do interior que trocam o l pelo r e dizem *arto, tarco, iguar,* ou que pronunciam o r guturalmente: *intêriôrrr.* Convém saber que isso nada tem de caipirismo. A razão é puramente histórica. Ocorre que, nas regiões banhadas pelo legendário rio Tietê, utilizado pelos bandeirantes, as pessoas realmente trocam o l pelo r, por influência da língua dos indígenas, que não conheciam o som lê, mas apenas o som do r brando, o mesmo de *caro* e *barato.* Os bandeirantes, preocupados em se aproximar dos índios (e de suas riquezas), faziam o que podiam para serem compreensíveis, para serem amáveis, gentis. Assim, toda palavra que tinha lê sofria a natural modificação, num processo inverso ao que ocorre com a personagem infantil Cebolinha, que troca o r pelo l (lambdacismo). Começou, então, dessa forma o hábito de trocar o l pelo r, fenômeno conhecido pelo nome de rotacismo, muito comum nas cidades paulistas de Tatuí, Tietê, Cerquilho, Piracicaba, Limeira, Laranjal, Porto Feliz, Indaiatuba, Itu, Salto, Capivari, Monte-mor, Campinas, etc., onde ninguém, absolutamente ninguém deixa de tomar uma *Schincariór...* Esse hábito tem provocado, ao longo dos tempos, inúmeras brincadeiras. Diz-se, por exemplo, que, nessas cidades, os pintinhos já saem da casca fazendo *pir-pir,* em vez de *piu-piu;* diz-se, também, que os cachorros latem *ar-ar,* em vez de *au-au;* e os gatos miam *miar-miar,* em vez de *miau-miau.* Tudo brincadeira, tudo lenda. Existem, ainda, os mais sarcásticos, que contam esta: após terminar de fazer a barba de um freguês, o barbeiro Angelim, o melhor e mais careiro da cidade, pergunta ao freguês, Dinho, que já está com o rosto liso como maçã, mas ainda continua sentado na cadeira: *Arco o tarco?* O freguês, insatisfeito ante ambas as sugestões, faz, então, a sua opção: *Vérva*. Ou seja: Dinho não queria *álcool*, porque lhe queimava a pele; não queria *talco*, porque isso não era coisa de homem; preferiu mesmo *Água Velva*, que lhe deixaria o rosto perfumado, sem perder a fama de macho. E vivam os bandeirantes!...

cair

Rege *a* ou *em*: *O helicóptero caiu **a**o* (ou ***n**o*) *mar. Os veículos que se chocaram caíram **a** uma* (ou *n**uma***) *ribanceira.* Em sentido figurado, todavia, só se usa *cair **em***: *cair **n**o conto do vigário, cair **n**a vida, cair **n**a real*, etc. Conj.: caio, cais, cai, caímos, caís, caem (pres. do ind.); caia, caias, caia, caiamos, caiais, caiam (pres. do subj.). Por este verbo se conjugam: abstrair, atrair, contrair, decair, descair, distrair, esvair, extrair, recair, retrair, sair, sobressair, subtrair e trair.

cair "de" domingo

Nenhum aniversário cai "de" domingo, nem "de" segunda-feira, "de" terça-feira, etc. Aniversário bom cai *num* domingo, *numa* segunda-feira, *numa* terça-feira, etc. O Natal, neste ano, vai cair *em* que dia da semana? Ah, vai cair *num* sábado? Que bom!

cair "um tombo"

Visível redundância. Para não se machucar ainda mais, prefira *levar um tombo*, que, sem embargo de alguma dor, é sempre mais saudável...

cair verbo numa prova

Não há problema algum no uso do verbo *cair* neste caso, que tem até explicação: na velha (e boa) escola, os professores procediam a um sorteio para saber qual o assunto que iria constar das provas ou dos exames. Empregavam, então, muitas bolinhas numeradas, cada uma correspondendo a um ponto ou lição. Depois de misturá-las, faziam apenas uma delas **cair** na mesa. Daí ao *caiu verbo, caiu o teorema de Pitágoras, caiu corpo humano, caiu mecânica, caiu Guerra do Paraguai*, etc., foi apenas um passo.

Cairo

É um dos poucos nomes de cidade que exigem obrigatoriamente o artigo: *O Cairo tem mais de dez milhões de habitantes. Cheguei ao Cairo de madrugada. Gostei do Cairo.* Quem nasce no Cairo é *cairota*.

cáiser

Aportuguesamento do alemão *Kaiser* (= imperador). A palavra vem do latim *Caesar* (= César). Pl.: *cáiseres*.

caixa

Convém distinguir **o caixa** (pessoa que trabalha junto a uma caixa pagadora ou recebedora) de **a caixa** (recipiente, com tampa ou não, que serve para guardar objetos e produtos de todos os tipos). Por extensão, *o caixa* é qualquer dispositivo que executa as mesmas funções da referida pessoa. Sendo assim, aquela morena bonita que trabalha no seu banco, pagando cheques ou recebendo contas, é *um caixa* eficiente. E, também, só existem *caixas eletrônicos, caixas automáticos* e *caixas exclusivos*. Só para firmar conhecimento, veja estas frases: *Marisa, **o caixa**, faz aniversário hoje. Elisa saiu **do caixa** e veio falar comigo. O dinheiro já está na caixa do banco, para que **o caixa**, Isabel, cumpra a sua obrigação. Como sou bom correntista, o banco me reserva **um caixa exclusivo**, na agência, para atendimento personalizado. Os bancos não podem ficar com **seus caixas descobertos**.* Neste exemplo, *caixa* está por *fundo em dinheiro*.

caixa de fósforos

É assim que se usa (*fósforos*), no plural: substantivos pospostos a palavras de idéia coletiva devem estar sempre no plural. Portanto: *bando de **cafajestes**, caixa de **fósforos**, caixa de **sapatos**, caixa de **chinelos**, caixa de **bombons**, caixa de **ferramentas**, caixa de **marchas**, cambada de **corruptos**, carrada de **razões**, carteira de **cigarros**, fardo de **papéis**, maço de **cigarros**, nuvem de **gafanhotos**, par de **sapatos**, porção de **balas**, saco de **maldades**, saco de **pancadas**, turma de **trouxas***, etc.

caixa postal

Não admite vírgula posposta: *Caixa Postal 18, Cx. Postal 538*, etc.

cajá

É palavra masculina: ***o** cajá, **um** cajá*.

caju

Sem acento: nas palavras oxítonas, o **u** nunca recebe acento quando forma sílaba com consoante. Por isso, também sem acento: angu, babaçu, bambu, Bangu, Bauru, Botucatu, caju, Cajuru, canguru, Caracu, Carandiru, Caruaru, Caxambu, chuchu, compus, cururu, dispus, Embu, Guaçu, hindu, Iguaçu, Ipauçu, Itaipu, Itu, jaburu, jacu, Jesus, Marilu, obus, Pacaembu, pacu, Paiçandu, Paraguaçu, Peru, Piraju, propus, ragu, repus, sagu, supus, sururu, tabu, tatu, Turiaçu, uirapuru, urubu, zebu, etc. V. **abacaxi**.

cal

É palavra feminina: ***a** cal, **uma** cal, cal hidratada, cal viva, cal nova. Quando viu a mulher, ficou branco tal qual **a** cal. O susto a fez branca como **a** cal.* Pl.: *cais* (Brasil); *cales* (Portugal). Adj. corresp.: *calcário*. Portanto, *produtos de cal = produtos calcários; extração de cal = extração calcária*.

calafetação ≠ calefação

Calafetação é vedação: *Os automóveis nacionais não tinham, antigamente, bom serviço de calafetação*. **Calefação** é aquecimento em recinto fechado (casa, apartamento, escritório, etc.) ou o sistema que proporciona esse aquecimento: *Toda casa nos Estados Unidos tem sistema de calefação*.

calar

É verbo intransitivo ou pronominal, indiferentemente: *Diante de tanta injustiça, não podia mesmo calar* (ou *me calar*). *Ao invés de confessar, calou* (ou *calou-se*).

calça

Alguns preferem o seu emprego apenas no plural (*as calças*), mas a verdade é que a língua popular, tanto em Portugal quanto no Brasil, prefere o uso de *calça* para o singular e de *calças* para o plural. De notar, porém, que *jeans* é palavra de plural em inglês, e não de singular; *pantalonas* também se usa apenas no plural, assim como *xortes* (do inglês *shorts*). Em inglês, os termos relacionados com peças de vestuário duplas, são todos pluralizados: *jeans, trousers, pants, shorts*. Se o povo se norteasse por alguma coerência, só usaria *as calças*; mas a coerência não é, nem nunca foi virtude popular. Esta palavra não admite pronome possessivo, quando a idéia de posse é clara: *Rasguei a calça na cerca.* (E não: Rasguei a "minha" calça na cerca.) *Quer vender a calça?* (E não: Quer vender a "sua" calça?) Quando a idéia de posse não for clara, naturalmente aparecerá o pronome: **Minha** *calça está rasgada atrás?* **Sua** *calça é nova?*

calcado

Rege *em* (baseado, fundado) e *sobre* (modelado): *É um romance calcado **n**a vida de Lampião. É uma constituição calcada **sobre** a norte-americana.*

calçado

Rege *com* ou *de* (pavimentado) e *com*, *de* ou *em* (vestido, protegido): *Rua calçada **com** (ou **de**) paralelepípedos. Ela chegou calçada **com** (ou **de**, ou **em**) sandálias havaianas.*

calçamento

Rege *de...com* ou apenas *de*, ou apenas *com*: *Foi feito na cidade o calçamento **d**as ruas e avenidas **com** paralelepípedos. Quando será feito o calçamento **d**as ruas? Será feito apenas calçamento **com** paralelepípedos?*

calcanhar

Adj. corresp.: *talar*. Portanto, *fratura de calcanhar = fratura talar; dor nos calcanhares = dor talar; músculos do calcanhar = músculos talares.*

calção ≠ caução

Convém não confundir. **Calção** é roupa de banho, xortes: *Não pôde nadar, porque não trouxe calção.* **Caução** é qualquer garantia que assegura o cumprimento de ajuste, tratativa ou obrigação: *O preso foi libertado sob caução. Depositei uma caução em dinheiro, para a garantia do negócio.*

calcar

Rege *em* ou *sobre* (basear, fundar, modelar): *Calcaram o nosso regime presidencialista **n**o (ou **sobre** o) norte-americano.*

calçar

Revestir pés, pernas ou mãos com o vestuário que lhes é próprio. Portanto, *calçamos* sapatos, meias, luvas, etc. Muita gente pensa que luvas só se *vestem*. Não; também se *calçam*. Calças, cuecas e calcinhas é que se *vestem*. De preferência...

calcinhas

Ainda que em rigor se deva usar esta palavra somente no plural, vê-se muito apenas *calcinha*, forma que, como *calça*, está vingando. Melhor, por enquanto, todavia, é ficar com *as calcinhas* (sempre no plural). Esta palavra não admite pronome possessivo, quando a idéia de posse é clara. Ex.: *Ela veste calcinhas azul-claras.* (E não: Ela veste "suas" calcinhas azul-claras.) *Ela estava sem calcinhas no sambódromo.* (E não: Ela estava sem "suas" calcinhas no sambódromo). *Tirei as calcinhas e vesti o biquíni.* (E não: Tirei as "minhas" calcinhas e vesti o biquíni.) Quando a idéia de posse não for clara, naturalmente aparecerá o pronome: **Minhas** *calcinhas são novas.* **Suas** *calcinhas são de que cor?*

caleidoscópio / calidoscópio

As duas formas existem, mas dá-se preferência à segunda.

calejado

Rege *em* (com calos; experiente, tarimbado): *Ele traz as mãos calejadas **n**o trabalho. É um marceneiro bastante calejado **n**a profissão.*

calejar

Sempre com **e** fechado: *calejo, calejas, caleja, calejamos, calejais, calejam* (pres. do ind.); *caleje, calejes, caleje, calejemos, calejeis, calejem* (pres. do subj.).

calhar

Na acepção de *coincidir* ou *acontecer por acaso* e antes de infinitivo, usa-se facultativamente a preposição *de*: *Calhou (de) virmos à mesma festa.*

calidoscópio / caleidoscópio

As duas formas são corretas; a primeira é rigorosamente gramatical; a segunda, mais popular.

calombo ≠ galo

Convém não confundir. **Calombo** é o inchaço ou saliência que se forma na pele, muitas vezes por efeito de picadas de mosquitos. **Galo** é o calombo resultante de pancada ou contusão, muitas vezes por efeito de uma violenta batida contra uma porta.

calúnia ≠ difamação

Convém não confundir. **Calúnia** é a afirmação falsa ou leviana, maliciosamente destinada a macular a reputação ou a honra de uma pessoa. **Difamação** é a tentativa leviana e maliciosa de destruir o bom nome ou o prestígio de alguém, alardeando a grande número de pessoas fato ofensivo à reputação. Na *calúnia*, não há necessariamente a intenção de manchar o nome de alguém entre grande número de pessoas. Aquele que atenta leviana e maldosamente contra a moral de uma pessoa, junto a um colega ou a um amigo, *calunia*, e não difama. Se, todavia, se dirige a um órgão de imprensa para fazê-lo, *difama*.

câmara / câmera

São ambas corretas, no sentido de máquina de filmar ou de fotografar. À pessoa que opera tal máquina também chamamos *câmara* ou *câmera*. **Câmara** apresenta ainda estes significados: **1.** qualquer recinto ou compartimento fechado, destinado e equipado para um propósito (*câmara de tortura*, *câmara de gás*, *câmara frigorífica*, *câmara de combustão*) e **2.** corporação deliberativa municipal, estadual, federal, etc. (*câmara de vereadores*, *câmara de deputados*). Entra também em uma série de expressões: *câmara de comércio*, *câmara de compensação*, *câmara de eco*, *câmara-de-ar*, *câmara setorial*, *música de câmara*, *Câmara Brasileira do Livro*, etc.

camarada

Rege *de* (íntimo) e *com* ou *para com* (compreensivo, condescendente): *Sou camarada do presidente. Sempre fui um professor camarada com (ou para com) os alunos*.

cambiante

É palavra masculina: *o cambiante*, *um cambiante*.

cambiar

Conjuga-se normalmente: *cambio, cambias, cambia, cambiamos, cambiais, cambiam* (pres. do ind.); *cambie, cambies, cambie, cambiemos, cambieis, cambiem* (pres. do subj.). Há, no entanto, quem "cambeie" o carro como um piloto de fórmula 1 (mas só até o próximo poste...).

Camboja

País do Sudeste asiático, também conhecido como Campuchéia. Alguns jornais insistem em trazer "Cambodja" e também "Campuchéa".

camelo ≠ dromedário

Convém não confundir. **Camelo** é o mamífero ruminante de grande porte, duas corcovas, originário da Ásia, usado como animal de carga nas regiões desérticas. **Dromedário** é animal semelhante, mas de pescoço curto e uma só corcova. Os *dromedários* são especialmente treinados para viagens rápidas. São originários do Norte da África.

caminhão / camião

V. **caminhoneiro / camioneiro**.

caminho ≠ estrada ≠ via ≠ auto-estrada

Convém não confundir. **Caminho** é qualquer espaço aberto destinado ao trânsito de pessoas ou de veículos. Antes das estradas, só havia *caminhos*. D. Pedro I descia e subia o Caminho do Mar, a cavalo. **Estrada** é o caminho mais ou menos longo, construído com mais ou menos arte, por engenheiros. Compreende as rodovias e as ferrovias. **Via** é qualquer meio de comunicação por terra, mar, lago, rio, ar. No Brasil, costuma-se chamar *via* à auto-estrada de pistas duplas: *Via Anhangüera, Via Castelo Branco, Via Dutra*, etc. **Auto-estrada** é a estrada com traçado arrojado, moderna, geralmente com três ou mais pistas de cada lado, destinada ao tráfego intenso e de maior velocidade média que as estradas comuns. Em São Paulo, a Rodovia dos Imigrantes e a Rodovia dos Bandeirantes são *auto-estradas*.

caminhoneiro / camioneiro

São ambas formas corretas; a primeira, eminentemente popular; a segunda, rigorosamente gramatical. Vejamos por quê. A palavra *caminhão* vem do francês *camion*. Mas como de *camion* poderia sair *caminhão*? O fato não se explica, a não ser por influência da palavra *caminho*, aqui no Brasil. Em Portugal se emprega *camião*, forma saída do vocábulo original francês; em espanhol, o vocábulo é *camión*. De *camion* ou de *camião* só poderiam derivar formas como *camioneiro* (e não *caminhoneiro*, já que nunca houve, em língua nenhuma, o radical *caminhon-*, nem se pode tomar o *n* como interfixo, pois, neste caso, teríamos uma derivada de *caminho*, e não de *caminhão*); *camionagem* (e não *caminhonagem*), *camioneta* (e não *caminhoneta*), etc. Daí por que damos preferência às formas coerentes: *camionagem, camioneiro* e *camioneta*, ao mesmo tempo que aceitamos as populares *caminhonagem, caminhoneiro* e *caminhoneta* (forma que o povo ainda rejeita, preferindo *caminhonete*) como fatos lingüísticos, assim como temos *estrela* (em vez de *estela*), *ferrolho* (em vez de *verrolho*), etc.

caminhoneta / caminhonete / camioneta / camionete

As quatro formas existem, tendo **e** fechado as terminadas com -*a*.

camisa

Não admite pronome possessivo, quando a idéia de posse é clara. Ex.: *Vesti a melhor camisa e saí*. (E não: Vesti a "minha" melhor camisa e saí.) *Ele perdeu a camisa preferida, nessa briga*. (E não: Ele perdeu a "sua" camisa preferida, nessa briga.) Quando a idéia de posse não for clara, naturalmente aparecerá o pronome: ***Minha** camisa está suja?* ***Sua** camisa é emprestada?*

camisa verde e "branco"

O verde e o branco são, sem dúvida, as cores mais simpáticas que Deus nos deu: o verde representa a natureza, a esperança; o branco, a pureza. Por isso, muita gente já nasce verde *branca*, sentindo-se feliz, muito feliz o resto da vida (com alguns altos e baixos, é bem verdade, mas são coisas da vida...) Em São Paulo, a mais antiga escola-de-samba se chama Camisa Verde e "Branco". Sem querer estragar o samba de quem quer que seja, mas sou obrigado a confessar que a *Camisa Verde e **Branca*** é bem mais pura, tem mais ritmo, o som soa melhor... *Branco* é adjetivo, por isso deve variar de acordo com o substantivo a que se refere (camisa). Se estraguei o ritmo e a cadência de algum aficionado à escola Camisa Verde e "Branco", creio que mereço perdão...

campesino ≠ campestre

Convém não confundir. **Campesino** é do campo, rural: *costumes campesinos, hábitos campesinos, clima campesino.* **Campestre** é do campo aberto, verde, geralmente cultivado e agradável de ver. Um lugar *campestre* comunica paz, serenidade, abundância e prosperidade. Por isso é que se diz *paisagem **campestre**, prazeres **campestres**, delícias **campestres*** e não *campesinas.*

Campinas

Quem nasce em Campinas (SP) é *campineiro* ou *campinense* (esta forma é menos usual, mas também legítima). Na cidade existem duas academias de letras: a Academia *Campineira* e a Academia *Campinense*. Ambas brigam, desde tempos imemoráveis, pelo adjetivo mais próprio.

campo

Adj. corresp.: *agreste, campesino, campestre* ou *rural*. Portanto, *vida no campo = vida agreste* ou *vida campesina* ou *vida campestre* ou *vida rural*.

Campos do Jordão

Cidade serrana paulista. Quem nasce em Campos do Jordão é *jordanense*. Note: é *do*, e não "de". V. **Cachoeiro de Itapemirim**.

campus

Latinismo. Significa espaço, área ou conjunto de terras que pertence a uma universidade ou a um hospital. Pronuncia-se *kâmpus*. Pl.: *campi* (pronuncia-se *kâmpi*). A exemplo de *álbum, bônus, vírus, ânus, grátis, cútis, dura-máter, factótum, fórum, pia-máter, lótus,* mapa-*múndi, álibi, quórum,* etc., já deveria ter sido aportuguesado. Nós, particularmente, usamos acentuar todas as palavras latinas que se enquadrem na índole da língua portuguesa, tais como *máxime, a prióri, a posterióri, quântum,* etc., ou seja, palavras ou expressões que se enquadrem em qualquer das nossas regras de acentuação gráfica. O que não me parece razoável é acentuar latinismos que não têm a roupagem portuguesa, casos de *"déficit", "superávit", "hábitat",* etc. Não há palavras portuguesas terminadas em *t*. Quem não quiser usar os latinismos *câmpus, câmpi,* poderá usar as palavras portuguesas *o campo, os campos*. Não é mais simples? Assim, evitar-se-iam gafes como esta, encontrada num jornal: *Em 1985, o reitor da Unimep dividia o espaço de um dos "campus" da instituição com jovens palestinos.* Se português já está difícil essa gente acertar, imagine, então, latim!

camundongo

Embora seja assim, há até dicionário que traz "camondongo".

cana ou cana-de-açúcar

Adj. corresp.: *arundináceo*. Portanto, *plantação de cana-de-açúcar = plantação arundinácea.*

Canaã

Antiga região situada entre o rio Jordão, o mar Morto e o mar Mediterrâneo, a terra prometida por Deus a Abraão. Também: antigo nome da Palestina, dado pelos israelitas antes da ocupação romana. Quem nascia ou habitava em Canaã era *cananeu*, de feminino *cananéia*. Há quem escreva, ainda no século XXI, "Canaan". Existe até uma cidade cearense com este nome, e não com aquele...

canalização / canalizado

Regem *de...para*: *A canalização **de** verbas **para** a educação depende desse orçamento. As verbas canalizadas **d**este ministério **para** a educação deverão retornar brevemente.*

canalzinho

Pl.: *canaizinhos*. Nunca: "canalzinhos".

canapé ≠ canapê

Convém não confundir. **Canapé** é assento (estofado ou não) com encosto e braços para várias pessoas. Difere do *divã*, que é o assento sem braços nem encosto, e do *sofá*, que é o móvel estofado com braços e dois ou três espaldares. **Canapê** é pequena fatia de pão servida como aperitivo, na qual se põem condimentos os mais diversos.

câncer

Pl.: *cânceres*: *Morreu porque tinha vários **cânceres**.*

candango

Nome que os africanos davam aos portugueses, no séc XVI. No Brasil, este nome se aplicou a cada um dos trabalhadores braçais de Brasília, em referência ao homem de fora, geralmente do Nordeste, que se fixou na nova região apenas porque havia trabalho. Deu-se este nome também a cada um dos primeiros habitantes de Brasília, que hoje mais se conhecem por *brasilienses*. A palavra tem origem no quimbundo *kangundu*.

candeeiro

Embora seja assim, há muitos que gostam mesmo é de levar "candieiro".

candelabro ≠ castiçal

Convém não confundir. **Candelabro** é o lampadário decorativo, de várias ramificações, cada qual com um bocal para lâmpada. **Castiçal** é o utensílio com um só bocal, para segurar velas.

candidato

Rege *a...por* e *a* ou *de*: *Sair candidato **a**o senado **pel**o PRP. Ele é forte candidato **à** (ou **da**) vaga.* Esta palavra é da mesma família de *cândido* (alvo, branco; em sentido figurado: puro, inocente, ingênuo, sincero), já que tem origem no latim *candidatus* = vestido de branco, de *candidus* = alvo, branco. É que os pretendentes a cargos públicos, na Roma antiga, vestiam togas brancas, muito alvas, para mostrar a sua pureza ou lisura de intenções. Antes, tudo muito branco; depois...

candidatos a
Depois desta expressão, só cabe o emprego do masculino singular, porque se faz referência à profissão, ao cargo, à função, destinados a pessoas de ambos os sexos. Portanto: *candidatos a **vereador**, candidatos a **deputado**, candidatos a **senador**, candidatos a **prefeito**, candidatos a **faxineiro**, candidatas a **ministro**, candidatas a **goleiro** do time.* V. **promover a / foram promovidos a**.

candidatura
Rege *a...por* ou apenas *a*: *Sua candidatura à câmara pelo PRP gorou. Quem apoiará sua candidatura à presidência?*

canecão / canequinha
Ambas se pronunciam com o **e** aberto.

canelão / canelinha
Ambas se pronunciam com o **e** aberto.

cangote / cogote
As duas formas existem, mas dá-se preferência à segunda.

canhota
Pronuncia-se *canhóta*. V. **canhoto**.

canhoto
Tanto o singular quanto o plural têm **o** tônico fechado. V. **canhota**.

canibal
Esta palavra surgiu de um erro de leitura. Cristóvão Colombo, quando descobriu a América, em 1492, ao fazer referência a silvícolas antropófagos em seu diário de viagem, anotou *caribales* (plural de *caribal*, em espanhol), ou seja, habitantes do Caribe. Quem leu a palavra, porém, trocou o *r* pelo *n*, fato inverso ao ocorrido com o nome de Millôr Fernandes, que se chama Milton Fernandes. Surgiam, assim, os *canibais*.

canja "de galinha"
Visível redundância: toda canja é sopa feita de caldo de *galinha*. Por isso, cautela e *canja* nunca fazem mal a ninguém. Nesse dito popular também se pode usar *caldo*; aí, então, é que entra a galinha: Cautela e *caldo de galinha* nunca fizeram mal a ninguém. Pura verdade...

cânon / cânone
As duas formas existem. Pl.: *cânones*.

cansar
É verbo intransitivo ou pronominal, indiferentemente: *O povo **cansou** (ou **se cansou**) de ouvir promessas vãs. Não **canso** (ou **me canso**) de ver mulher bonita em Salvador. **Cansei** (ou **Cansei-me**) de te esperar, Juçara.*

cão
Fem.: *cadela*. Pl.: *cães*. Aum. irregular: *canzarrão, canaz.* Col.: *cainçada, cainçalha, caniçada, canzoada, cachorrada*. Dim. pl.: *cãezinhos*. Adj. corresp.: *canino*. Portanto, *fúria de cão = fúria canina; ração de cão = ração canina*. V. **cachorro**.

caolho
Tanto o singular quanto o plural têm **o** tônico fechado.

capacete ≠ elmo
Convém não confundir. **Capacete** é a armadura protetora da cabeça. Os motoqueiros estão obrigados a trafegar com eles, assim como os operários da construção civil são obrigados a trabalhar com eles. **Elmo** é o capacete enfeitado com cristas, penachos, etc. e viseira, usado antigamente pelos cavaleiros, para a proteção da cabeça e do rosto.

capacidade
Rege *de* ou *para*: *Perdi a capacidade **de** (ou **para**) me surpreender com nossa classe política. Músico de grande capacidade **de** (ou **para**) improvisão. Admiro essa capacidade dela **de** (ou **para**) fazer amizade.*

capacitar
Rege *a* ou *para*: *O Brasil se capacita **a** (ou **para**) conquistar mercados para seus produtos.*

capaz
Rege *de* (competente) e *para* (apto, habilitado): *Essa mulher é capaz **de** tudo. Será que ele é capaz **de** administrar este país? É um hotel capaz **para** hospedar grandes personalidades mundiais. Ele se diz capaz **para** dirigir caminhão.* Na acepção de *provável* ou *possível*, é de uso eminentemente popular: *É **capaz** que hoje chova. É **capaz** que ela venha. Era **capaz** mesmo de ela dar um tapa na cara dele.* Pode não ser gramatical este emprego, mas que é expressivo, ninguém duvida.

capela ≠ ermida
Convém não confundir. **Capela** é a pequena igreja sem categoria de matriz. **Ermida** é a pequena igreja em lugar ermo.

capiau
Fem.: *capioa* (ô).

Capibaribe
Rio pernambucano de 248km. Significa *rio das capivaras*. Muita gente, porém, anda velejando no rio "Capiberibe", o que é um perigo.

capital
Rege *a*, *em* ou *para*: *Esses foram fatores capitais **à** (ou **na**, ou **para** a) instalação da indústria automotiva em nosso país.*

capitânia
É esta a palavra oficial, e não "capitânea".

capitão
Pl.: *capitães*. Fem.: *capitã* (a forma *capitoa* caiu em desuso). As polícias militares, hoje, têm *capitãs* (mas alguns repórteres insistem em usar "a capitão").

capitulação
Rege *a* ou *ante* ou *diante de* ou *perante*: *A capitulação do Japão **às** (ou **ante** as, ou **diante d**as, ou **perante** as) forças aliadas se deu em agosto de 1945.*

capricho ≠ caprichos
Convém não confundir. **Capricho** é cuidado, esmero e carinho: *fazer um serviço com capricho*. Significa, ainda, vontade súbita que sobrevém inexplicavelmente: *o capricho da paixão; ser despedido por capricho do patrão*. **Caprichos** são inconstância, irregularidade, volubilidade: *Nada é eterno; os caprichos do destino mudam e alteram tudo. O futebol tem muitos caprichos.*

captar
Conj.: *capto, captas, capta, captamos, captais, captam* (pres. do ind.); *capte, captes, capte, captemos, capteis, captem* (pres. do subj.). Apesar de a pronúncia ser, entre as rizotônicas, *cápto, cápta, cáptam, cápte, cáptem*, etc., há os que dizem "capito", "capita", "capitam", "capite", "capitem", etc.

capitão
Fem.: *capitã* (a forma *capitoa* está em desuso). Dim. pejorativo: *capitanete* (ê). Pl.: *capitães*. Dim. pl.: *capitãezinhos*. O tratamento devido a capitão é *Vossa Senhoria* (V. Sª).

Capri
Pequena ilha italiana do mar Tirreno, apreciado balneário, por seu clima e suas belezas naturais. Pronuncia-se *cápri*. Quem nasce em Capri é *capriota*.

capucino / capuchino
Aportuguesamentos do italiano *cappuccino*.

capuz
Adj. corresp.: *cuculiforme*. Portanto, *folha semelhante a capuz = folha cuculiforme; chapéu semelhante a um capuz = chapéu cuculiforme*.

cara ≠ rosto ≠ face
Convém não confundir. **Cara** é a parte anterior da cabeça do homem e de alguns animais. Não é palavra depreciativa: Machado de Assis, nosso maior escritor, usou *cara* em *Quincas Borba* quinze vezes e em nenhuma com intenção pejorativa: *Levantou-se, lavou a cara e saiu. A cara do cavalo é grande.* Há manuais de redação, porém, que advertem: "***rosto*** *é que se emprega, quando se trata de pessoas, e não* ***cara***". Perdoai-lhes, Senhor, que eles não sabem o que escrevem! Com certeza, os autores desses manuais de redação que proliferam por aí, não leram *Quincas Borba*. E ler Machado de Assis, de vez em quando, faz um bem danado! **Rosto** é a cara humana: *Levantou-se, lavou o rosto e saiu*. **Face** é a maçã do rosto, a parte da cara que vai dos olhos ao queixo: *Passou pó na face e ficou mais bonita*. Nas expressões menos elegantes ou pejorativas, é bem verdade, só aparece *cara*, quase nunca *rosto* nem *face*: *levar um tapa na cara, não ter vergonha na cara, cara-de-pau, ficar com cara de asno*, etc. V. **aquele cara**.

caracol ≠ caramujo
Convém não confundir. **Caracol** é um pequeno molusco terrestre ou de água doce, de casca fina, enrolada em espiral. **Caramujo** é um molusco marinho comestível, semelhante ao caracol, mas de tamanho maior e de casca grossa.

caracolzinho
Pl.: *caracoizinhos*. Nunca: "caracolzinhos".

caractere
Palavra usada em informática para significar qualquer letra, número, símbolo ou sinal de pontuação, geralmente composto de oito *bits* ou um *byte*, usado para representar dados ou informações, na saída de um computador. A palavra é muito malformada, pois os "informáticos" simplesmente tomaram o plural *caracteres*, retiraram o *s* e decidiram que essa seria a palavra. Ora, mas o singular de *caracteres* é *caráter*, e não "caractere"! Pouco se lhes importou: a informática é uma ciência completamente alheia aos compromissos lingüísticos. Ao menos no Brasil. Em Portugal e na Espanha é *carácter*, e ninguém ousa usar singular tão simplório. No Brasil, que não tem *carácter*, deveria ser *caráter*. Mas não temos. É uma pena. Se a moda pegar, qualquer dia destes estaremos falando não mais em *repórter*, mas em "reportere"; ninguém por aqui mais falará em *mulher*, mas em "mulhere". Então, sem dúvida, estaríamos enlouquecendo...

caracteres
Pl. de *caráter*. Diz-se como se escreve: *caràctéres*. Evite dizer "caráteres".

característica / caraterística
Ambas as formas existem, assim como *característico* e *caraterístico, caracterizar* e *caraterizar*.

característico
Rege *a* ou *de*: *A ironia é um característico **a** esse (ou **d**esse) escritor.*

Caraíbas
Nome de um mar que faz parte do oceano Atlântico, também chamado mar das Antilhas e mar do Caribe. Apesar de o acento estar no **i**, há os que dizem "Caráibas".

caramanchão / camaranchão

As duas formas são corretas; a primeira, mais usual; a segunda, praticamente desusada. Apesar disso, alguns gostam mesmo é de ficar no "carramanchão".

caranguejo

Apesar de ser assim, há muita gente que gosta mesmo é de um "carangueijo". Em Fortaleza (CE), por exemplo, há restaurantes especializados em "carangueijadas"...

caranguejo ≠ siri

Convém não confundir. **Caranguejo** é o crustáceo comestível, de corpo chato, oito pernas e duas garras em pinça, muito encontrado em mangues e brejos perto do mar. São anfíbios, vivem tanto em água doce como em água salgada, cavam tocas e se alimentam de qualquer tipo de detritos. Sua carne é muito apreciada. **Siri** é um crustáceo também anfíbio, que tem nadadeiras no último par de pernas e o costume de se enterrar nas areias das praias. A única diferença entre eles, como se vê, está nas últimas pernas, terminadas em nadadeiras nos siris.

caráter

Pl.: *caracteres* (té). Se vingar a reforma ortográfica que está prevista para sair não se sabe quando, escreveremos no singular *carácter*, como em Portugal. V. **caractere**.

carboidrato

Apesar de ser assim, nove entre dez professores de Biologia, escrevem "carbohidrato", quando não "carbo-hidrato".

cardeal

Adj. corresp.: *cardinalício*. Portanto, *chapéu de cardeal = chapéu cardinalício; hábitos de cardeal = hábitos cardinalícios*. Como adjetivo, significa *principal: pontos **cardeais***. A forma rigorosamente correta é *cardial* (não abalizada pelo Vocabulário Oficial), dada a sua origem (latim *cardinalis*). Onde foram encontrar o **e**, ninguém sabe.

cardíaco ≠ cordial

Convém não confundir. **Cardíaco** é do coração (no sentido próprio): *ataque cardíaco, atrofia cardíaca, músculo cardíaco*. **Cordial** é do coração (no sentido figurado), equivale a *sincero: abraço cordial, amizade cordial, antipatia cordial*.

cardio-

Não exige hífen: *cardiocateterismo, cardiopulmonar, cardiorrenal, cardiorrespiratório, cardiovascular*, etc.

Cardoso

Pl.: os *Cardosos* (ô). V. **Pedroso**.

carecer

Significa *não ter, não possuir*: Os governos brasileiros de antigamente diziam que nosso país *carecia* de petróleo. Hoje se prova o contrário. Como quem não tem *precisa*, passou este verbo a significar também *precisar*: *Não careço de ajuda. O Brasil carece de políticos capazes e honestos*. Antes de infinitivo, pode-se omitir a preposição: *Carecemos (de) entrar no Primeiro Mundo*.

carência / carente

Rege *de* ou *em*: *A carência de* (ou *em*) *vitaminas debilita o organismo. Um organismo carente de* (ou *em*) *vitaminas está mais sujeito a enfermidades*.

carga

Rege *a, contra* ou *sobre*: *Contrários à reforma da previdência, os servidores se dedicaram agora a fazer carga aos* (ou *contra os*, ou *sobre os*) *parlamentares, para a sua não-aprovação*.

cargo ≠ função

Convém não confundir. **Cargo** é a posição que traz título honroso, vantagens, benesses, etc., mas também acarreta o peso de importantes deveres. A presidência da República é, sem dúvida, um *cargo*, que poucos ocupam com a competência desejada. **Função** é a obrigação decorrente de *cargo*. Ser presidente da República é uma *função* que somente deveria ser exercida por quem realmente estivesse preparado para fazê-lo. Um candidato a deputado aspira ao *cargo* para exercer a *função* em nome de seus representantes, que o elegem. Hoje no Brasil, porém, estão sobre isso querendo mudar todo o conceito: o candidato a deputado aspira ao *cargo* para exercer a *função* que o povo jamais lhe outorgou: majorar deslavada e descaradamente seus próprios vencimentos, por exemplo. O *cargo* deveria ser ocupado apenas por aqueles que pretendessem exercer a *função* pública gratuitamente, por amor ao povo, à sua causa, por amor à Pátria, aos interesses dela. No mais, é tudo o que está (ou estava?) em Brasília. Triste!

caridade

Rege *com, de* ou *para com*: *É preciso ter caridade com os* (ou *dos*, ou *para com os*) *pobres. Se um dia eu cair doente, quem terá caridade comigo* (ou *de mim*, ou *para comigo*)?

caridoso

Rege *com* ou *para com*: *É preciso ser caridoso com* (ou *para com*) *os pobres*. Há uma curiosidade que envolve esta palavra. Na realidade, ela tem uma sílaba a menos, já que de *caridade* só poderia derivar *caridadoso* (= caridade + -oso). Essa queda de sílaba em palavra recebe o nome especial de *haplologia*, fenômeno lingüístico prestes a ocorrer também a *competitividade* (o povo diz "competividade"), *paralelepípedo* (ouve-se muito "paralepípedo"), *toxicidade* (muitos só dizem "toxidade"), *embalsamamento* (que o povo reduz para "embalsamento"), etc.

carinho

Rege *com, para com* ou *por* (pessoa), mas apenas *com* ou *por* (coisa): *O carinho dos pais com os* (ou *para com os*, ou *pelos*) *filhos é fundamental no desenvolvimento harmônico da personalidade. Ela sempre teve muito carinho com* (ou *por*) *todas as suas bonecas*.

carinho ≠ carícia

Convém não confundir. **Carinho** é demonstração de amizade, afeto ou mesmo de amor, sem a participação da sensualidade. **Carícia** é toque afetuoso, amoroso, cheio de ternura, acompanhado de sensualidade ou não. O *carinho* pode ser representado apenas por um toque, um gesto, uma ação, etc., por menor que seja; não há necessidade de afago, contato de pele, básico na *carícia*. Pode haver *carinho* no singelo envio de uma carta de agradecimentos ou num cartão de Natal, em que certamente nunca haverá nem sequer laivos de *carícia*, que é basicamente toque afetuoso, cheio de ternura, acompanhado de sensualidade ou não. A mãe que afaga um filho faz, naturalmente, *carinho*; o namorado que, num cantinho escuro, massageia delicada e ritmadamente os seios da amada, faz *carícias*. Finalmente, é preciso acrescentar que o *carinho* pode e deve existir normalmente entre pessoas do mesmo sexo, o que já não é tão normal no caso da *carícia*.

carinhoso

Rege *com* ou *para com* (pessoa) e *em* (coisa): *Babá carinhosa **com** (ou **para com**) as crianças. Babá carinhosa **n**o trato com as crianças.*

Carlos Magno

Rei dos francos, tribo germânica que no séc. IX estendeu seu império a territórios que hoje compreendem a França, a Itália, a Alemanha, a Áustria, a Suíça, a Holanda e a Bélgica, conhecido como o sacro império romano. Foi talvez a maior figura da Idade Média. Adj. corresp.: *carlovíngio, carolíngio*. Portanto, período de Carlos Magno = *período carlovíngio*; domínio de Carlos Magno = *domínio carolíngio*.

carnaval

Folia que caracteriza os três dias imediatamente anteriores à Quarta-Feira de Cinzas, mais o sábado. Sempre com inicial minúscula, apesar da insistência de alguns jornalistas em grafar a palavra com inicial maiúscula. A origem do *carnaval* vem de manifestações populares que ocorriam na Roma antiga, durante as Saturnálias, que eram festas em honra ao deus Saturno, mas na verdade Baco e Momo é que dividiam as honras no festejo, que aconteciam nos meses de novembro e dezembro. O *carnaval* surgiu, assim, como uma festa de rua. Durante as comemorações, em Roma, acontecia uma aparente quebra de hierarquia da sociedade, já que escravos, filósofos, populares e tribunos se misturavam em praça pública. Não era raro ocorrerem verdadeiras bacanais (que eram festas em honra de Baco). No início da era cristã, por determinação da Igreja, esses festejos, considerados mundanos, só deveriam ser realizados antes da Quaresma. Os italianos, então, passaram a chamar aos festejos *carnevale*, sugerindo que nesses dias se podia usar e abusar da carne, porque depois viria um período de abstinência (afinal, a Quaresma é o período em que tradicionalmente os católicos não comem carne ? e de nenhuma espécie). Estava decretada a folia carnal. O *carnaval* foi introduzido no Brasil pelos portugueses, que o chamavam *entrudo*. Tomou um aspecto singular, ao assimilar elementos locais, principalmente oriundos da cultura negra da Bahia e do Rio de Janeiro, como o samba. Dentre as diversas manifestações do *carnaval* no Brasil, o desfile das escolas-de-samba do Rio de Janeiro e os blocos baianos, com o acompanhamento de trios-elétricos, são, sem dúvida, o ponto alto da festa. Os bailes de salão, com seus desfiles de fantasias e marchinhas carnavalescas, perderam o encanto e, conseqüentemente o interesse, em razão dos carnavais de rua, cada vez mais animados. No Recife e em Olinda, os blocos percorrem diversos bairros da cidade, dançando o frevo. A partir da década de 1950 e até hoje, o *carnaval* tem sido a maior manifestação de cultura popular do Brasil, ao lado do futebol.

carnegão / carnicão

As duas formas existem, mas a segunda é preferível.

carneiro

Adj. corresp.: *arietino*. Portanto, *pele de carneiro = pele arietina; exposição de carneiro = exposição arietina*.

carnificina ≠ chacina

Convém não confundir. **Carnificina** é a matança cruel de muitas pessoas ou de animais. Numa guerra, normalmente, se praticam *carnificinas*. **Chacina** é a brutal matança de pessoas. No Rio de Janeiro, ficou famosa a *chacina* da Candelária. Mas continua havendo *chacinas* diariamente nas grandes cidades brasileiras.

caro

Pode ser adjetivo (varia) ou advérbio (não varia): *obra **cara**, carros **caros**, roupas **caras**. Essa obra custa **caro**. Esses carros custam **caro**? Essas roupas custam **caro**.* V. **barato**.

caroço

No plural, o **o** tônico é aberto: *carŏços*. Dim. pl.: *caròcinhos*.

carpete ≠ tapete

Convém não confundir. **Carpete** é o tecido grosso, fixo ou colado, que cobre inteiramente um piso. **Tapete** é o tecido pesado e resistente, solto ou avulso, próprio para cobrir ou decorar pisos e ambientes. Em geral, não cobre inteiramente um piso, como o carpete.

carpir

Verbo defectivo para a gramática tradicional, no entanto, a exemplo de *polir*, já se admite sua conjugação normalmente: *carpo, carpes, carpe, carpimos, carpis, carpem* (pres. do ind.); *carpa, carpas, carpa, carpamos, carpais, carpam* (pres. do subj.).

carqueja
Apesar de ser assim, há muita gente por aí comprometendo a saúde, tomando chá de "carquejo".

carrasco
É substantivo sobrecomum e sempre masculino: *Josefina era **um carrasco** impassível e cruel. Minha vizinha foi **o carrasco** no enforcamento de ontem*. Há quem neste caso use "carrasca", forma só boa para os carrascos da língua... Em sentido figurado: pessoa cruel, desumana: *Neusa é **o carrasco** da turma*. Deriva de nome próprio: Belchior Nunes *Carrasco*, algoz em Lisboa antes do séc. XVIII que ficou célebre. Depois dele, *carrasco* ficou sendo a profissão do executor da pena de morte.

carreata
A língua aceita qualquer neologismo, desde que bem-formado e necessário, por alguma deficiência do idioma. *Carreata* surgiu por analogia com *passeata*, por isso me parece palavra tolerável. Existem, todavia, apressadinhos que já estão a inventar *"tratorata"* e até *"misturata"*. Isso fará que, qualquer dia destes, ainda acabemos por ter a "onibusata", a "carroçata", a "motocicletata", a "bicicletata", a "patinetata", a "aviãozata", a "naviozata" e até a "trentata", palavras que estão, muito a propósito, bem próximo de *pateta*.

carreta ≠ cegonha
Convém não confundir. **Carreta** é o caminhão de carroceria grande, para o transporte de carga pesada; é o mesmo que *jamanta*. **Cegonha** é o caminhão próprio para transportar veículos automóveis.

carroceria / carroçaria
São corretas ambas as formas, mas no Brasil se usa mais a primeira.

carrossel
Apesar de ser assim, há muita gente que leva os filhos aos parques de diversão para brincar no "carroussel".

carta
Rege *a* ou *para*: *Carta aberta **à** (ou **para**) população*. V. **envelope ou sobrescrito: preenchimento**.

carta ≠ epístola ≠ missiva
Convém não confundir. **Carta** é qualquer comunicação por escrito, endereçada a uma ou mais pessoas, dando notícias, felicitando, tratando de assuntos de interesse, etc. **Epístola** é carta solene que versava assunto grave e de interesse, enviada pelos apóstolos aos fiéis, nos primórdios do cristianismo: *as epístolas de São Paulo*. Por extensão, significa qualquer carta trocada entre figuras célebres. **Missiva** é qualquer carta ou bilhete que se envia a alguém. Como se vê pela própria definição, pode não ser uma *carta*.

carteira de cigarros
É assim que se usa (*cigarros*), no plural: substantivos pospostos a palavras de idéia coletiva devem estar sempre no plural. Portanto: *carteira de **documentos**, carteira de **papéis**, carteira de **ações**, carteira de **anotações*** e, naturalmente, *carteira de **cigarros***.

cartesiano
Relativo a Descartes. Termo muito usado em matemática: *coordenadas cartesianas; plano cartesiano*.

cartum ≠ charge
Convém não confundir. **Cartum** é o desenho caricaturesco ou humorístico, com ou sem legenda, que apresenta uma figura pública ou representada simbolicamente, sem o componente da crítica. **Charge** é o desenho caricaturesco, satírico ou humorístico em que se representa pessoa (geralmente político do momento), fato ou idéia corrente, sempre com o componente da crítica; é o mesmo que caricatura.

casa
Adj. corresp.: *domiciliar*. Portanto, *prisão em casa = prisão domiciliar; festa em casa = festa domiciliar*. Esta palavra, desacompanhada de modificador, significa lar, residência daquele que fala ou daquele a quem se faz referência, e usa-se sem o artigo: *Estou em casa. Quero falar com seu marido. Ele está em casa?* Sendo assim, se o verbo for de movimento: *Cheguei a casa. Quero falar com seu marido. Ele já chegou a casa?* Não se acentua o *a*, porque se trata de mera preposição. (*Crase*, convém sempre lembrar, é a fusão de dois *aa*; havendo apenas um *a*, não pode haver fusão; conseqüentemente, não pode haver o acento grave no *a*, pois esse acento, hoje, só existe para indicar que houve crase.) Se *casa* vem acompanhada de modificador, o artigo é obrigatório. Ex.: *Estou na casa de um amigo. Quero falar com seu marido. Ele está na casa do vizinho?* Se o verbo for de movimento, naturalmente, agora haverá crase: *Cheguei à casa dela muito cedo. Quero falar com seu marido. Ele já chegou à casa do vizinho?* Outros exemplos esclarecedores: *Ontem estive na casa do meu cunhado. Estávamos na casa de um velho amigo. Passaremos pela casa deles*. Não vindo com modificador, a palavra *casa* repele o artigo: *Ontem estive em casa e não vi meu cunhado. Estávamos em casa. Passaremos por casa para apanharmos os meus documentos*. V. **até / até o**, **palácio** e **terra**.

casa ≠ domicílio ≠ lar
Convém não confundir. **Casa** é qualquer construção, da mais humilde à mais suntuosa, destinada à habitação humana; é o mesmo que *habitação, morada, residência*. **Domicílio** é o lugar onde a pessoa estabelece a sua residência para ali ficar por longo tempo ou definitivamente. É o lugar onde a pessoa pode ser encontrada com facilidade. **Lar** é a habitação familiar. Pressupõe um conjunto de pessoas. A pessoa que vive só não tem *lar*, mas sim *casa, habitação, morada, residência*. Uma pessoa pode ter *casa* no campo, na praia, na serra, mas *domicílio* (que pode ser até um hotel, uma pousada, uma pensão) na cidade; pode ter *casa* na cidade, porém, *domicílio* no campo. Uma pessoa tem *do-*

micílio somente onde está radicada, onde mora, onde facilmente pode ser encontrada. Por essa razão, os órgãos de segurança ou do fisco só têm interesse em saber sobre o *domicílio* do cidadão, e não sobre sua *residência*, porque a esta ele pode comparecer uma vez por ano, ou mesmo uma vez a cada dez anos.

casamento
Adj. corresp.: *conjugal*. Portanto, *relacionamento de casamento = relacionamento conjugal; fidelidade de casamento = fidelidade conjugal*.

casamento ≠ matrimônio ≠ núpcias
Convém não confundir. **Casamento** é a união entre homens e mulheres, segundo as leis civis e religiosas. **Matrimônio** é o sacramento pelo qual se realiza o casamento religioso. **Núpcias** são as solenidades legais, o rito e o aparato com que se costuma celebrar o matrimônio. Podem duas pessoas casar e não haver *núpcias*. Jesus Cristo elevou o *matrimônio* à dignidade de sacramento. Pode haver *casamento* sem *matrimônio*, mas este sem aquele é impossível. Pessoas que se juntam apenas pelo amor que os une casam, não contraem *matrimônio*.

casar
É verbo intransitivo ou pronominal (unir-se a alguém por casamento; combinar; harmonizar-se): *Eu não **casei** (ou **me casei**) nem nunca **casarei** (ou **me casarei**). Ela **casou** (ou **se casou**) de véu e grinalda. Nós já **casamos** (ou **nos casamos**) duas vezes. Azul não **casa** (ou **se casa**) com preto. Preto e azul são cores que não **casam** (ou **se casam**).*

casas geminadas
Apesar de ser assim, há muita gente que mora em "casas germinadas", correndo sério risco de morrer com germes. (Na língua...) Casas gêmeas só podem ser mesmo *geminadas*.

casalzinho
Pl.: *casaizinhos*: **casaizinhos** *de namorados*.

cascata ≠ cachoeira ≠ catarata
Convém não confundir. **Cascata** é pequena queda-d'água, ou uma série delas, natural ou artificial, que se precipita de uma superfície rochosa íngreme. *A cascata da casa da Dinda ficou famosa.* **Cachoeira** é a queda-d'água numa corrente normal de um rio, formando cachões: *cachoeira de Paulo Afonso*. **Catarata** é a queda-d'água de grande volume, grande altura, que provoca grande estrondo: *a catarata do Niágara, as cataratas do Iguaçu*. A *catarata* é, portanto, muito maior que a *cachoeira*. Além disso, a grande diferença entre uma *cachoeira* e uma *catarata* provém da impressão que causa a este ou àquele sentido: ao da visão (*cachoeira*) ou ao da audição (*catarata*). Se quisermos dar ênfase ao alvoroço das águas (cachões), diremos *cachoeira*; se tivermos em vista fazer sentir o estrondo causado pelo gigantesco volume de água que cai, chamaremos *catarata*.

casimira
Apesar de ser assim, há muita gente que prefere vestir terno de "cassimira".

caso
Rege *de* ou *para*: *Este é um caso **de** (ou **para**) polícia. Seu caso é **de** (ou **para**) pensar.* Como conjunção, exige o presente ou o pretérito imperfeito do subjuntivo, mas nunca o futuro. Portanto: ***Caso** eu **vá** à praia, levarei as crianças.* (E não: *Caso eu "for" à praia, levarei as crianças.*) ***Caso** vocês **vão** ao supermercado, tragam-me açúcar!* (E não: *Caso vocês "forem" ao supermercado...*) ***Caso** eu **fosse** lá, te avisaria.* Há, no entanto, quem use: *Caso eu "for", eu te aviso.* Melhor não avisar não...

cassação
Rege *de...a*: *A cassação **d**a concessão **a** essa emissora provocou grande confusão em Brasília. A cassação **d**o mandato **a** esse parlamentar foi justa.*

cassete
Esta palavra, quando usada como adjetivo não varia: *fitas **cassete**, aparelhos **cassete***. V. **bomba, cinza, creme, esporte, gelo, jambo, laranja, monstro, padrão, pastel, pirata, relâmpago, surpresa, tampão** e **vinho**.

cassetete
Pronuncia-se *cassetéte*, mas há os que dizem "cassetête". A palavra nos vem do francês *casse-tête* (= vinho que sobe à cabeça). Por que alguns pronunciam "cassetête", se na expressão francesa *tête-à-tete* (= cabeça a cabeça, depois cara a cara), nunca ninguém disse "tête a tête"?

castanho-escuro
Pl.: *castanho-escuros*: *cabelos **castanho-escuros**, olhos **castanho-escuros***. Há quem use cabelos "castanhos"-escuros, olhos "castanhos"-escuros. Note na próxima apresentação de misses. É matemático.

cataclismo
Note: a última sílaba é com **mo**, e não com "ma". V. **aforismo**.

catalão
Natural ou habitante da Catalunha, região histórica e autônoma do Nordeste da Espanha, na qual se localiza a província de Barcelona. Fem.: *catalã*: *crianças catalãs*. Pl.: *catalães*.

catálogo
Apesar de ser assim, muita gente pede "catálago" disso, "catálago" daquilo.

cataplasma
É palavra feminina: *a cataplasma, uma cataplasma*. Há dicionários, contudo, que a registram também como masculina.

cateter
Pronuncia-se *catetér*, mas muitos dizem (princ. os médicos) "catéter". O plural, *cateteres* (teté), eles dizem "catéteres"! É preciso cuidado, ao se submeter a uma cirurgia com médico que diz "catéter", "catéteres". Pode ser arriscado: é sempre perigoso lidar com um instrumento que não existe. Os nomes terminados em *-er* são oxítonos. Confira: *colher, masseter, mister, mulher, talher, ureter*, etc. Seus plurais são sempre paroxítonos: *colheres, masseteres, misteres, mulheres, talheres, ureteres*, etc.

cateto
Termo matemático. No Brasil se diz *catêto*; em Portugal, *catéto*; mas a prosódia mais adequada, é *cáteto*, que não se usa.

cativo
Rege *a* ou *de* (submisso, subordinado): *O poder judiciário não pode ser cativo **a**o (ou **d**o) executivo.*

catorze / quatorze
Ambas as grafias existem, mas a pronúncia deve ser apenas *catorze*. Portanto, mesmo que a escrita seja *quatorze*, pronuncia-se *catorze*. Sempre há, todavia, os que dizem "kuatorze". V. **cociente / quociente**, **cota / quota** e **cotidiano / quotidiano**.

catucar / cutucar
Ambas as formas existem. Também variantes são *catucão* e *cutucão*, *catucada* e *cutucada*.

caubói
Aportuguesamento do inglês *cowboy*.

caudal
É palavra masculina (*o caudal*, **um** *caudal*), mas há dicionários que a registram também como feminina.

causo
Na língua popular, *caso, conto, estória*: *Era homem cheio de **causos**. Todo o mundo apreciava ouvir os **causos** que ele contava.*

cautela
Rege *com, contra* ou *para com* [reserva (e sempre com pessoa)], *com, contra* [prevenção (e sempre com coisa)], *em* [muito cuidado (com pessoa ou coisa e antes de verbo)]: *É preciso ter muita cautela **com** (ou **contra**, ou **para com**) estranhos. Tenha sempre muita cautela **com** (ou **contra**) fogos de artifício. Ela sempre teve cautela **n**os namorados que arrumou. Ele sempre teve cautela **n**os negócios. A cautela **em** manter a boca fechada é sempre salutar.*

cauteloso
Rege *com* (pessoa) e *em* (coisa): *Ser cauteloso **com** estranhos. Ser cauteloso **em** qualquer tipo de negócio.*

cavaleiro ≠ cavalheiro
Convém não confundir. **Cavaleiro** é aquele que anda ou está a cavalo. **Cavalheiro** é aquele que é gentil, fino, educado. Nem todo *cavaleiro* é *cavalheiro*; poucos *cavalheiros* são *cavaleiros*.

cavalheirismo / cavalheiro
Regem *com* ou *para com*: *Esse cavalheirismo **com** (ou **para com**) as mulheres é calculado. Foi um gesto cavalheiro **com** (ou **para com**) as colegas.*

cavalheiro de indústria
Pessoa inescrupulosa que vive dando golpes, trapaceando, enganando os outros ou tentando sempre levar vantagem em tudo; escroque; vigarista; picareta. Apesar de a palavra que entra nessa expressão seja *cavalheiro*, há os que usam "cavaleiro". Por quê? Talvez porque em inglês e em francês seja, respectivamente, *knight of industry, chevalier d'industrie*. Os portugueses, como são mais cavalheiros que os ingleses e franceses, optaram, porém, pelo cavalheirismo de expressão...

cavalo
Adj. corresp.: *eqüestre* ou *hípico*. Portanto, *estátua de cavalo = estátua eqüestre*. *Cavalar* é do cavalo ou da raça do cavalo: *trote cavalar; gado cavalar*. Em sentido figurado, significa exagerado: *dose cavalar de antibiótico. Eqüino* ou *eqüídeo* é do cavalo ou com ele relacionado: *gripe eqüina; espécime eqüídeo*.

cavalo-vapor
Abrev.: *cv*. Pl.: *cavalos-vapor* (= cavalo-de-vapor). Usa-se também apenas *cavalo* ou *cavalo de força*. Os ingleses e norte-americanos usam um cavalo designado pela sigla HP (*horse-power*).

cavoucar
Sempre com **ou** fechado e bem-pronunciado: *cavouco, cavoucas, cavouca, cavoucamos, cavoucais, cavoucam* (pres. do ind.); *cavouque, cavouques, cavouque, cavouquemos, cavouqueis, cavouquem* (pres. do subj.). Portanto, ninguém "cavóca".

cavoucar / cavucar
São ambas formas corretas na acepção de *cutucar*. Assim, não devemos *cavoucar* (ou *cavucar*) o ouvido, nem muito menos *cavucar* (ou *cavoucar*) o nariz.

Caxemira
Antigo Estado da Índia, situado na fronteira do Afeganistão e da China, território administrado desde 1972 pela Índia (a parte sul) e pelo Paquistão (a parte norte). Há jornalistas que escrevem "Cachemira".

CD
Pl.: CDs. Há, todavia, quem usa "CD's".

CEAGESP ou Ceagesp

Sigla de *Companhia de Entrepostos e Armazéns Gerais de São Paulo*. Como se trata de uma *companhia*, a sigla tem o gênero feminino: *a Ceagesp*. V. **CEASA** ou **Ceasa**.

cear

Note: sem **i**. E assim também: *ceado, ceando*. O substantivo, no entanto: *ceia*.

CEASA ou Ceasa

Sigla de *Centrais de Abastecimento S. A.* Como se trata de locução substantiva no plural, a fixação do gênero se efetua tendo em vista a idéia que está por trás dessa locução, qual seja a de *entreposto* ou *armazém geral*. Portanto: *o Ceasa*. Note que também usamos **a** PAN (= **P**rodutos **A**limentícios **N**acionais S. A.), prevalecendo aí a idéia de *empresa*. V. **CEAGESP** ou **Ceagesp**.

cecear ≠ ciciar

Convém não confundir. **Cecear** é pronunciar os fonemas /s/ e /z/ tocando a ponta da língua nos incisivos superiores. É moda hoje em Brasília... **Ciciar** é falar em voz baixa. É prática antiga em Brasília...

cê-cedilha

Letra *c* com cedilha (ç); nome do *ç*. Diz-se também *cê cedilhado*. Pl.: *cês-cedilhas*.

cedinho

V. **agorinha**.

cedíssimo

Advérbios não aceitam o sufixo *-íssimo*, mas alguns constituem exceção, principalmente na língua cotidiana. Daí por que sempre recomendamos a nossos filhos (principalmente em São Paulo e no Rio de Janeiro) que cheguem *cedíssimo*.

cegar ≠ segar

Convém não confundir. **Cegar** é privar da visão ou tirar o fio de instrumento cortante a (uma lâmina): *Observar o eclipse solar sem proteção à vista pode cegar. De tanto usar cortando cana, cegou o facão*. **Segar** é ceifar ou cortar e também acabar com, pôr fim a: *segar a grama, segar o trigo; terremotos segam milhares de vidas*.

cego

Rege *a* ou *para* (insensível) e *de* (falto; alucinado): *Não podemos ser cegos aos (ou para os) males alheios. Era um presidente cego às (ou para as) necessidades do povo. Ele é cego de um olho. Chegou cego de dor. Estava cego de amor*.

cegonha

Adj. corresp.: *ciconídeo*. Portanto, *hábitos de cegonha = hábitos ciconídeos*.

ceifar

Sempre com **ei** fechado: *ceifo, ceifas, ceifa, ceifamos, ceifais, ceifam* (pres. do ind.); *ceife, ceifes, ceife, ceifemos, ceifeis, ceifem* (pres. do subj.).

cela ≠ sela

Convém não confundir. **Cela** é quartinho simples de prisão, de convento, etc. **Sela** é arreio acolchoado que se coloca num animal para cavalgá-lo.

célebre

Superl. sint. erudito: *celebérrimo*. Portanto, *cientista muito célebre = cientista celebérrimo*.

celerado ≠ facínora

Convém não confundir. **Celerado** é aquele que praticou ou é capaz de praticar grandes crimes. **Facínora** é o que é contumaz na prática de grandes crimes.

"celerado", marche!

V. **acelerado, marche!**

célere

Muito veloz, rápido, ligeiro: *um veículo célere*. Superl. sint. erudito: *celérrimo*. Portanto, *veículo muito célere = veículo celérrimo*.

celtiberos

Note: é palavra paroxítona: *celtíberos*. Muitos, no entanto, continuam falando em "celtíberos".

celulase

Esta é a prosódia usual, preferida tanto no meio popular quanto no meio científico. Existe, porém, a variante *celúlase*, que ninguém usa.

celulóide

Apesar de ser assim, há muitos que têm brinquedos de "celilóide".

cemento ≠ cimento

Convém não confundir. **Cemento** é a substância óssea que recobre a raiz dos dentes e também a substância usada na obturação de dentes, incrustações e outras restaurações. **Cimento** é produto da pulverização de calcários ricos em argila, o qual, misturado com água, areia e brita, é usado nas construções, para fazer concreto.

censo ≠ senso

Convém não confundir. **Censo** é recenseamento: *Pelo censo de 2000, somos mais de 170 milhões de habitantes*. **Senso** é juízo claro, noção: *Ele não tem senso de responsabilidade*.

censura

Rege *a* ou *de*: *Num Estado verdadeiramente democrático, não se admite a censura à (ou da) imprensa*.

censurar
É verbo transitivo direto; daí por que se usa com o pronome o (e variações), e não "lhe(s)": *Não **o** censuro por isso, censuro-**o**, sim, por aquilo.*

centígrado
Até 1948, usou-se o termo *centígrado*, na escala de temperatura. Depois desse ano, passou-se a usar internacionalmente *Celsius*. Portanto, no Rio de Janeiro, no verão, pode fazer 44 graus *Celsius* (= 40°C). No Sul, no inverno, faz 0°C (= zero grau *Celsius*). Muitos usam apenas *grau(s)*.

centroavante / centromédio
Não há hífen em tais palavras.

"Centro-Sul"
É uma região brasileira que ainda não existe. Mas, se existe, nem mesmo o IBGE a conhece. Os jornalistas brasileiros, no entanto, referem-se a essa região quase todos os dias. O IBGE divide o Brasil apenas nestas regiões: Norte, Nordeste, Centro-Oeste, Sudeste e Sul. Será que o IBGE se esqueceu mesmo da Região "Centro-Sul"?!...

centuplicação
Ato ou efeito de centuplicar. Curioso: nem este nem aquele dicionário registram a palavra. Não é uma curiosidade estranha?

CEP
Sigla de *código de endereçamento postal*. Pl.: CEPs, mas muitos escrevem "CEP's". O **CEP** é formado atualmente por oito algarismos, sendo apenas os três últimos separados dos demais por um hífen (p. ex.: 04530-050, 18530-000). Não se usa ponto nem se deixa espaço entre os algarismos.

cercado
Rege *de* ou *por*: *É um presidente cercado **d**a (ou **pel**a) estima da população. De repente, o ator se viu cercado **de** (ou **por**) fãs.*

cerda
Pêlo (de animal) curto e duro. Por extensão: fio sintético, curto e duro de uma escova: *as cerdas das escovas dentais*. Pronuncia-se, em rigor, *cêrda*, mas no Brasil só se diz "cérda", justamente porque nomes semelhantes, com a mesma terminação a partir da vogal tônica, pronunciam-se com *e* aberto. Confira: *Lacerda, lerda, merda*, etc.

cerebelo
No Brasil se diz *cerebêlo*; em Portugal, *cerebélo*.

cereja
Usada como adjetivo, na indicação da cor, não varia: *camisas **cereja**, meias **cereja**, blusas **cereja**.*

cerrar ≠ serrar
Convém não confundir. **Cerrar** é fechar ou, então, apertar, unir: *O comércio **cerra** as portas às 18h. O dentista pediu que ele **cerrasse** os dentes, para ver como estava sua oclusão.* **Serrar** é cortar: *serrar madeira*.

certeza
Rege *de* ou *sobre*: *Tenho certeza **de** (ou **sobre**) sua eleição. Ninguém tem certeza **d**o (ou **sobre** o) dia da morte.* Antes de orações desenvolvidas, só se usa a preposição *de*, que pode estar elíptica: *Tenho certeza que vencerei.*

certificar
Quem certifica, certifica alguém de alguma coisa: *Certifique os interessados de que não há vagas! Certifiquei o pessoal da reunião de amanhã.* Muitos certificam "alguma coisa a alguém" e constroem: "Certifique-lhes que não há vagas". V. **cientificar**.

certo
Rege *com* (ajustado, conforme), *de* (convencido), *em* (seguro, firme) e *para* (seguro, certeiro; ideal): *Deixei meu relógio certo **com** o da matriz. Estou certo **d**a vitória. Os meteorologistas estavam tão certos **n**as suas previsões, que falharam. Deu um chute certo **para** o gol. Ela é o tipo certo **para** o que queremos.* Em orações desenvolvidas, no segundo caso, a preposição pode estar elíptica: *Estou certo que vou vencer.*

cervo / cerva
Ambas as formas têm o **e** aberto (*cérvo, cérva*), mas repórteres e locutores insistem em pronunciar "cêrvo" e "cêrva". Não se confunde com *servo* (criado, serviçal): *mansão de muitos servos*.

cessão
Rege *de...a*: *A cessão **de** um assento **a** uma gestante. A cessão **de** bens **a** uma entidade filantrópica.*

cessão ≠ seção ≠ sessão
Convém não confundir. **Cessão** é ação ou efeito de ceder: *a cessão dos direitos autorais; a cessão do assento no ônibus a uma gestante*. **Seção** ou *secção* é ação ou efeito de cortar, de seccionar: *a seção de um tecido, a secção de uma reta*. Também significa segmento, divisão: *as seções de uma loja*. **Sessão** é o período de tempo durante o qual se realiza parte de um trabalho (*fazer terapia em vinte sessões*), é o tempo durante o qual está reunida uma corporação (*sessão do congresso*), é a reunião para a prática do espiritismo (*sessão espírita*) e é, finalmente, o espaço de tempo em que funciona qualquer espetáculo (*sessão de cinema*).

cessar-fogo
Fica invariável no plural: *os cessar-fogo*.

cesta ≠ sexta ≠ sesta

Convém não confundir. **Cesta** é utensílio de transporte: *encher a cesta de frutas*. **Sexta** é numeral que corresponde a seis: *a sexta volta*. **Sesta** (é) é descanso depois do almoço, pestana: *tirar uma sesta*.

ceticismo / cético

Regem *acerca de, a respeito de, em relação a, quanto a* e *sobre* (forte dúvida) e *diante de* ou *em face de* (descrença): *Quando se vêem incêndios cada vez em maior número por toda a Amazônia, quando se vêem baleias morrendo em harpões assassinos, quando se vêem animais silvestres, pobres seres indefesos, sendo caçados e mortos indiscriminadamente, em razão da ganância do ser humano, aumenta o ceticismo **acerca d**o (ou **a respeito d**o, ou **em relação a**o, ou **quanto a**o, ou **sobre** o) futuro da humanidade. Estou profundamente cético **acerca d**o (ou **a respeito d**o, ou **em relação a**o, ou **quanto a**o, ou **sobre** o) futuro da humanidade. Há certo ceticismo **diante d**a (ou **em face d**a) política econômica que se pratica no país. O povo está cético **diante d**a (ou **em face d**a) política econômica que se pratica no país.*

chá

Adj. corresp.: *teáceo*. Portanto, *folhas de chá = folhas teáceas*.

chachachá

Embora seja assim, ainda há os que preferem dançar "chá-chá-chá"...

chamar

Na acepção de qualificar ou na de apelidar, usa-se de quatro maneiras diferentes, indiferentemente: 1. Chamar alguém palhaço. = Chamei-o palhaço. 2. Chamar alguém *de* palhaço. = Chamei-o *de* palhaço. 3. Chamar *a* alguém palhaço. = Chamar-*lhe* palhaço. 4. Chamar *a* alguém *de* palhaço. = Chamar-*lhe de* palhaço. 1. Como erra demais quando fala, a turma o chama Juca Kfuro. 2. Como só diz bobagem, a turma o chama *de* Juca Kfuro. 3. Como ninguém mais acredita nele, a turma *lhe* chama Juca Kfuro. 4. Como só diz asneira, a turma *lhe* chama *de* Juca Kfuro. Na acepção de fazer vir, é transitivo direto e indireto e rege *a*: *Chamam-me a*o telefone. *O professor sempre o chama a*o quadro-negro. Na língua popular, contudo, se encontra a preposição *em* neste caso. Na acepção de ter por nome é pronominal: – *Como você **se chama**? – Eu **me chamo** Luís*.

chamar a atenção de alguém

Pedir o cuidado dele para algum fato: **Chamei a atenção do motorista** *para o carro que vinha na contramão*. (= **Chamei-lhe a atenção** *para o carro que vinha na contramão*.) *A filha **chamou a atenção da mãe** para o comportamento do pai*. (= *A filha **chamou-lhe a atenção** para o comportamento do pai*.) V. item seguinte.

chamar alguém à atenção

Adverti-lo, admoestá-lo: *Chamei-o à atenção na frente de todo o mundo. Chamaram o rapaz à atenção na frente da namorada, e ele não gostou. Ela errou, e eu a chamei à atenção. A filha **chamar a mãe à atenção** em público não é bom comportamento*. (= *A filha **chamá-la à atenção** em público não é bom comportamento*.) V. item anterior.

chamejar

Sempre com o **e** fechado: *chameja, chameje*, etc.

chaminé

É palavra feminina: **a** *chaminé*, **uma** *chaminé*.

champanha

É palavra masculina: **o** *champanha*, **bom** *champanha*, **um** *champanhe* **francês**, **dois** *champanhes* **importados**. A imprensa brasileira prefere a forma *champanhe*, variante que mais se aproxima do francês (*champagne*). V. **cabine / cabina**, **valise / valisa** e **vitrina**.

chamuscar ≠ crestar ≠ tostar

Convém não confundir. **Chamuscar** é queimar de leve, passando por pequena chama; é o mesmo que *sapecar*: *chamuscar o couro; chamuscar um vidro*. **Crestar** é queimar de leve, por efeito de calor ou frio intensos. Também significa queimar levemente, só até ficar seca a crosta. *A geada cresta as folhagens e as hortaliças. Crestei o milho para comer*. **Tostar** é queimar até ficar escuro. *O fogo alto tostou o arroz*.

chance

Rege *a...de* (ou *para*): *Dê chance **a** seu filho **de** (ou **para**) ele provar que está certo! Não haverá nova chance **a**os candidatos **de** (ou **para**) realizar a prova*.

chantagem

Rege *com* ou *contra*: *Fez chantagem **com** (ou **contra**) o próprio irmão*.

charanga ≠ fanfarra

Convém não confundir. **Charanga** é pequena banda mais de fazer barulho que de tocar. Em dias de jogos de futebol, os estádios ficam cheios de *charangas*. **Fanfarra** é a bandinha que acompanha desfiles escolares, geralmente em dias cívicos. No 7 de Setembro se ouvem *fanfarras* pela cidade.

charge

Rege *contra*: *Ele é mestre nas charges **contra** políticos*.

charlatão

Fem.: *charlatã* e *charlatona*. Pl.: *charlatães* (pref.) e *charlatões*.

chassi

Apesar de ser assim, há muita gente que ainda fala em "um chassis".

chatérrimo / chatésimo

Evite. Prefira ser *chatíssimo* mesmo!

chato

Houve uma época (que não vai muito longe) em que as mães proibiam as filhas de usar a palavra *chato*, na acepção mais usada hoje: *maçante, cacete, aborrecido*. Tudo porque lembrava o piolho que prefere viver na região pubiana. Não era, portanto, elegante dizer que os políticos eram *chatos*. Muito menos que eram *cacetes*. Dizia-se, então, que eles eram *aborrecidos*. Não era minimizar os fatos?

chau

É assim que deveríamos nos despedir sempre. Trata-se de aportuguesamento do italiano *ciao*, palavra que passou a ser usada em Milão, até alcançar Roma em 1925. Nós, brasileiros, usamos *chau* somente nas despedidas; os italianos usam *ciao* tanto nas despedidas quanto nas chegadas. Dicionários há por aí que registram "tchau", porque? penso eu, – a pronúncia, em italiano, é *txao*. Em português não; aqui nós nos despedimos sem esse esdrúxulo *t* inicial: **chau!** Mas os dicionários insistem em nos mandar "tchau"...

chauvinismo / chovinismo

As duas formas coexistem, mas é melhor dar preferência à segunda, que reflete um aportuguesamento completo. Diz-se o mesmo em relação a *chauvinista / chovinista*.

chave

Esta palavra, usada como adjetivo, significa *principal* (a exemplo de *chefe*), e não se liga por hífen ao substantivo nem varia no plural: *eleitor chave*, de plural *eleitores chave*; *elemento chave*, de plural *elementos chave*; *palavra chave*, de plural *palavras chave*; *peça chave*, de plural *peças chave*; *posto chave*, de plural *postos chave*; *questão chave*, de plural *questões chave*, etc. Há dicionários que registram algumas dessas palavras com hífen. V. **areia, bomba, cassete, cinza, creme, esporte, gelo, laranja, monstro, padrão, pastel, pirata, relâmpago, surpresa, tampão** e **vinho**.

Chechênia

É esta a grafia correta dessa região da Rússia. Muitos, no entanto, escrevem "Tchetchênia".

checo

Quem nasce na República Checa é *checo* (que se pronuncia *tchéko*). Mas no Brasil inventaram a novidade de incluir na escrita esse *t* da fala e, então, escrevem República "Tcheca". Bem, daí quem nasce ali é "tcheco". Mas não é português...

chefão / chefinho / chefona

Todas três se pronunciam com o **e** levemente aberto.

chefe

Usa-se *o chefe* para o homem e *a chefe* para a mulher (nunca "a chefa"). Na função de adjetivo, equivale a *principal* (a exemplo de *chave*) e não se liga por hífen ao substantivo, nem varia no plural: *mordomo chefe*, de plural *mordomos chefe*, etc. Exceção: *carro-chefe* (que, na verdade, também poderia dispensar o hífen). Sempre que um substantivo passa a fazer a função de adjetivo, não deve variar no plural. V. **chave** e **padrão**.

chegada

Rege *de...a* e *de...de*: *A chegada dos pentacampeões ao Brasil foi triunfal. Para que horário está prevista a chegada da aeronave da Europa?* A regência "chegada de...em" deve ser desprezada: *A "chegada do PT no" poder se deu através de eleições livres.*

chegado

Rege *a* (vindo; afeiçoado), *a* ou *contra* (apertado), *a* ou *em* (dado, viciado) e *de* (vindo): *O criminoso era um homem chegado há pouco a São Paulo. Ele era muito chegado ao pai. As mulheres caminham pelo centro da cidade com as bolsas chegadas ao* (ou **contra** *o*) *peito, para não serem roubadas. Nunca fui chegado a fumo, a bebidas e a drogas. As mercadorias chegadas do Paraguai são de boa qualidade?*

chegar

Tem apenas um particípio: *chegado*. A forma participial "chego", tão apreciada de alguns, não tem nenhum cabimento. Portanto: *Eu tinha chegado cedo. Por ter chegado tarde, foi castigada pelos pais.* V. **chegar em casa**.

chegar em casa

Trata-se de uso eminentemente brasileiro este da preposição *em* com verbos de movimento. O brasileiro é muito dado a chegar *em* casa, a voltar *em* casa, a ir *em* casa, a retornar *em* casa, a regressar *em* casa, etc., enquanto o português prefere chegar *a* casa, voltar *a* casa, ir *a* casa, retornar *a* casa, regressar *a* casa, etc. Interessante é que mesmo no Brasil ninguém diz *chegar "no" lar*, mas apenas *chegar ao lar*. Por que será?... Interessante é que mesmo no Brasil, muitas vezes, se usa apenas a preposição *a*: **O povo chega ao poder**. Essa foi a manchete de uma revista semanal. Haveria, afinal, alguma elegância nesta: **O povo chega "no" poder**? V. **acorrer**.

cheia ≠ enchente ≠ inundação

Convém não confundir. **Cheia** é a elevação das águas de rios, riachos, ribeiros, etc., que passam a correr também fora do seu leito, alagando as terras das proximidades. **Enchente** é a grande cheia, que alaga não só as adjacências de rios, riachos, etc., como também boa parte de terras circunvizinhas, causada geralmente por fortes chuvas. **Inundação** é a enchente gigantesca, que cobre casas e alaga extensas porções de terra. A *cheia* ainda possibilita locomoção a vau, não impossibilitando o tráfego de veículos automóveis. O rio Tietê, em São Paulo, não raro provoca *cheias*, já que suas águas, quando se avolumam, não alcançam senão algumas ruas e avenidas vicinais. Alguns rios e riachos da cidade de São Paulo provocam, principalmente nos meses de janeiro e fevereiro, *enchentes*. O rio Itajaí, em Santa Catarina, por sua vez, quando transborda, provoca *inundações*, já que as cidades próximas ficam inteiramente à mercê das suas águas. *Inundações* também houve no Meio-Oeste americano recentemente, em que casas foram totalmente submersas pelas águas de grandes rios.

cheinho / cheíssimo
Sempre assim, e não com dois ii: "cheiinho", "cheiíssimo". Só os adjetivos que têm consoante antes da terminação *-io* é que recebem dois *ii*, tanto no diminutivo quanto no superlativo: *feinho, feíssimo* (de *feio*), mas *seriíssimo* (de *sério*), *friíssimo* (de *frio*). Os adjetivos que recebem flexão diminutiva equivalem a superlativos. Daí por que *cheinho* = muito cheio e *feinho* = muito feio.

cheirar
Rege *a* (exalar certo cheiro; parecer): *Sua camisa cheira **a** cigarro. Isso está cheirando **a** cambalacho. Esse escândalo já está cheirando **a** pizza.*

cheiro
Rege *a* ou *de*: *Estou sentindo cheiro **a** (ou **de**) borracha queimada. A boca da infeliz tinha cheiro **a** (ou **de**) ovo podre. Ele não suporta cheiro **a** (ou **de**) cigarro.*

cheque ≠ xeque
Convém não confundir. **Cheque** é ordem escrita a banco para pagar a quantia nele especificada; é ordem de pagamento à vista. **Xeque** é redução de *xeque-mate*; é chefe de tribo; e é também perigo: *O xeque, ao passar um cheque sem fundos, colocou em xeque todo o seu prestígio.*

cheque nominativo
Cheque que traz o nome do favorecido. Usa-se também *cheque nominal*, mas não com a mesma propriedade. Os bancários só defendem o *cheque nominativo*, porque no seu jargão, *nominal* é o valor unitário atribuído a ações e outros bens sob custódia, para efeito de contabilização unificada.

chibata ≠ chicote ≠ relho
Convém não confundir. **Chibata** é o instrumento de punição feito de cipó, próprio para punir soldados e marinheiros. **Chicote** é o instrumento de punição feito de couro ou cordel entrelaçado e com pequeno cabo. **Relho** é açoite feito de uma só tira de couro cru torcido.

chicle / chiclete
São ambas formas corretas: um *chicle*, um *chiclete*. Alguns usam "um chicletes": é o mesmo que tomar "um chopes" e comer "um pastéis"...

chimpanzé / chipanzé
Ambas as formas existem, mas a primeira tem preferência; a segunda é meramente popular.

China
Quem nasce na China é *chim* ou *chinês*. O adjetivo pátrio reduzido é **sino-**: *aliança **sino**-americana; amizade **sino**-coreana*. É um nome que sempre exige o artigo: *A China é o país mais populoso do mundo. Estive **na** China ano passado. Gostei **da** China*. Os jornais, no entanto, costumam trazer: *"China" e "Estados Unidos" divergem*. Eu também...

chinelo / chinela
Calçado sem salto. Ambas as formas existem, mas a segunda é melhor. A palavra tem origem no latim *planella*, mas nos chegou através do italiano genovês *cianella*. Por que, então, o povo começou a usar *chinelo*? Os portugueses não usam nem uma nem outra; preferem *sapatos de quarto*.

Chipre
Quem nasce em Chipre é *cipriota*. Note: não se usa o artigo antes deste nome. Há, no entanto, repórteres e apresentadores de televisão que insistem em dizer "no" Chipre, transformando em masculino o que é feminino (Chipre): *Chipre foi **conquistada** por Ricardo Coração de Leão em 1191.*

chiquérrimo
Esta forma superlativa, no entanto, é meramente popular, não tem nenhum amparo gramatical. Presta-se muito, no entanto, para ironias ou sarcasmos: *O vestido dela era da época napoleônica: estava "chiquérrima"!* Há os que, no afã de exagerar ainda mais, usam "chiquésimo". De um mau-gosto falconiano.

chisbúrguer
Pl.: *chisbúrgueres*. Há os que usam "chisbúrguers".

choco
No plural, o **o** tônico soa aberto: *chócos*.

chofer
Pl.: *choferes*. O **e** soa sempre aberto: *chofér, choféres*.

chope
Há os que escrevem "chopp". Pior: há os que bebem "um chopes".

choque
Rege *de...contra* (ou *em*) e apenas *contra* ou *para* (como ção): *O choque do ônibus **contra** o (ou **no**) muro não produziu vítimas graves. A revelação da identidade do criminoso foi um choque **contra** a (ou **para**) família da vítima.*

choro
Rege *de* ou *por*: *De que vale o choro **de** (ou **por**) tanto tempo perdido? De nada.*

choro ≠ pranto
Convém não confundir. **Choro** é ato ou efeito de chorar. **Pranto** é o choro queixoso e soluçante. Os recém-nascidos choram, não pranteiam; as viúvas, nos velórios, *pranteiam*.

chouriço
Pronuncia-se como se escreve, mas muitos dizem "churiço".

chover

Em sentido figurado, varia normalmente: **Choveram** garrafas na cabeça do árbitro. **Chovem** balas todos os dias em certos bairros do Rio de Janeiro. **Chovem** críticas ao governo pelo excesso de impostos. Chovem asneiras nos jornais, todos os dias. Do edifício **choviam** dólares. **Choveram** cães e gatos, cabras e lagartos. **Choviam** mísseis em toda a capital iraquiana. Você está esperando que lhe **chovam** propostas? **Choverão** candidatos a esse cargo. Se vem com verbo auxiliar, este é que varia: **Estão** chovendo bons goleiros no Parque Antártica. **Costumam** chover garotas interessadas em desfilar.

chuchu

Apesar de ser assim, há quem insista em comer "xuxu".

chumbo

Adj. corresp.: *plúmbeo*. Portanto, *resíduos de chumbo = resíduos plúmbeos*.

chupim

É a grafia oficial, a nosso ver equivocada, já que se trata de palavra de origem indígena, e todas as palavras de origem indígena com o mesmo fonema se grafam com *x*. Repare: *abacaxi, xavante, xará, Xapuri, xará, xexéu, xué*, etc. Ademais, como a palavra vem do tupi *xo'pi*, a grafia correta seria ainda com *o* (*xopim*).

chutar / chute

Regem *a* ou *contra* (dar chute): *chutar ao* (ou **contra** *o*) *gol, chutar à* (ou **contra** *a*) *linha de fundo; chutar à* (ou **contra** *a*) *trave; chutar ao* (ou **contra** *o*) *travessão; chute ao* (ou **contra** *o*) *gol, chute à* (ou **contra** *a*) *linha de fundo*, etc. A expressão verbal *dar chutes*, porém, usa-se com *em*: *Ele deu chutes em todos, até na mãe!*

chute

É aportuguesamento do inglês *shoot*, que significa *tiro, arremesso*. Os jogadores de basquete, assim, também *chutam*, também *dão chutes*. Muita gente desavisada, no entanto, acha que só se chuta com os pés; *foot* (= pé), porém, nada tem que ver com *shoot*. Assim, quem pedir a alguém que *chute com os pés* não incorrerá em redundância. *Chute* rege *a* ou *contra*, assim como *chutar*. Portanto, podemos treinar *chutes ao* (ou *contra o*) *gol*; podemos também *chutar* a bola *à* (ou *contra a*) *lateral* ou *chutar contra a* (ou *à*) *linha de fundo*. Já a expressão *dar chute*, assim como *dar murro, dar tapa* e *dar pontapé*, usa-se com a preposição *em*. Por isso, podemos *dar chutes em* todo o mundo, sem problema nenhum. Este aportuguesamento, em rigor, deveria ser escrito com *x* (*xute*), já que o grupo *sh*, tanto do inglês quanto das línguas orientais, dá *x* em português. Confira: *shampoo* deu *xampu, sheriff* deu *xerife, shän doong* deu *xantungue*, etc.

chuva

Adj. corresp.: *pluvial*. Portanto, *águas da chuva = águas pluviais*.

cianeto / cianureto

Ambas as formas existem: *cápsula de **cianeto*** (ou *cianureto*).

cicatrizar

É verbo intransitivo ou pronominal, no sentido próprio e no figurado: *A ferida logo **cicatrizou*** (ou *se **cicatrizou***). *Uma paixão não correspondida só **cicatriza*** (ou *só se **cicatriza***) *com outra paixão*.

Ciclope

Nome de cada um dos gigantes que, segundo a mitologia grega, descendiam de Urano e Géia e possuíam um só olho no meio da testa. Pronuncia-se *ciclópe*, mas muitos dizem "cíclope". O adjetivo *ciclópico* equivale a gigantesco, colossal: *estátua ciclópica*.

cidadão

Fem.: *cidadã*. Pl.: *cidadãos* (muitos usam "cidadões"). Em 1997, tivemos até um ministro da Justiça que não tirava o *"cidadões"* da boca. Na verdade, somos *cidadãos*. No Brasil, às vezes, nem tanto...

cidade

Adj. corresp.: *urbano*. Portanto, *paisagem de cidade = paisagem urbana, perímetro da cidade = perímetro urbano*.

cidra ≠ sidra

Convém não confundir. **Cidra** é fruto: *doce de **cidra***. **Sidra** é vinho de maçã: *tomar uma **sidra***.

cientificar

Quem cientifica, cientifica alguém de alguma coisa: *Cientifique os interessados de que não há vagas! Cientifiquei o pessoal da chegada das visitas*. Há quem cientifique "alguma coisa a alguém" e, então, constrói: *"Cientifique-lhes que não há vagas!"*. V. **certificar**.

cifrão

O *cifrão* se escreve com um traço (que deve atravessá-lo de alto a baixo), e não com dois traços superpostos: **$**. Não invente, usando, por exemplo, **S**.

cincerro

Sineta cilíndrica e geralmente tosca que pende do pescoço do animal que guia os demais da manada ou do rebanho. Pronuncia-se *cincêrro*.

cínico ≠ descarado

Convém não confundir. **Cínico** é o que se vangloria de sua falta de vergonha. **Descarado** é o que não tem vergonha na cara; é o mesmo que *cara-de-pau*. Ambos são mórbidos, calculistas, mas o *cínico* é passivo, ainda que extremamente arrogante, enquanto o *descarado* é ativo e covardemente petulante. As mulheres solteiras conhecem muito bem um e outro.

cinqüenta

Ordinal corresp.: *qüinquagésimo*. Portanto, quem está no *50º* distrito policial, está no *qüinquagésimo* DP. Note o trema (pronuncia-se *cuincuagézimo*) e a grafia: muitos insistem em escrever "cincoenta", principalmente em cheques, imaginando que a palavra tenha algo a ver com *cinco*. Nunca teve. V. **ordinais**.

cinza

Esta palavra, quando usada como adjetivo, na indicação da cor, não varia: *ternos **cinza**, camisas **cinza**, carros **cinza***. Também não há variação em composto que traz a palavra *cinza*: *carros cinza-claro, automóveis cinza-azulado, motos cinza-claro, camisas cinza-escuro*. V. **areia, bomba, cassete, chave, creme, esporte, gelo, jambo, laranja, monstro, padrão, pastel, pirata, relâmpago, surpresa, tampão** e **vinho.**

circuito

Pronuncia-se *circúito*, mas há quem prefira dizer "circuíto" e até "circuíte". Locutores e repórteres despreparados só dizem "curcuíto" de Monza, "circuíto" de Ímola, etc. São, justamente, pessoas que em suas casas já tiveram vários "curte-circuítes"...

circunspecto / circunspeto

Ponderado nos atos e nas palavras; comedido; prudente: *chefe circunspecto **com** seus subordinados; ministro circunspecto **em** suas declarações*. São ambas formas corretas. Note: rege *com* (pessoa) e *em* (coisa). São, ainda, ambas corretas as formas *circunspecção* e *circunspeção*.

cirigüela

Nome de uma árvore e de um fruto de casca amarela. O Vocabulário Ortográfico da Língua Portuguesa, editado pela Academia Brasileira de Letras em 1998, registra incompreensivelmente *ciriguela* e também *seriguela* (ambas sem trema). A palavra correta, contudo, é *cirigüela*. Pode até parecer brincadeira, mas ambas as formas não são compatíveis com o étimo. Mas são as oficiais. A correta não é a oficial. Durma-se com um barulho desses! Há dicionários que registram "cerigüela" e "serigüela": é caso único na língua haver duas palavras de mesmo significado, sendo uma escrita com *c* e a outra com *s* inicial. E as duas formas, ainda, estão erradas! Quem é que dorme?!

círio ≠ sírio

Convém não confundir. **Círio** é a vela grande de cera e também a procissão que parte de um lugar para levar essa vela a outro lugar. Todos conhecemos o *círio* de Belém. **Sírio** é o que nasce na Síria.

cirurgião

Fem.: *cirurgiã*. Pl.: *cirurgiões* e *cirurgiães*. No Brasil se prefere a primeira forma, daí por que só se vêem ***cirurgiões*-dentistas**.

cisma

É palavra masculina, na acepção de dissidência de opiniões: ***O** cisma no PT seria influência direta **do** cisma na Igreja?* É palavra feminina, na acepção de mania, idéia fixa: *Ela tem **a** cisma da perseguição.*

cisma / cismado

Regem *com* ou *de*: *Sempre tive cisma **com** (ou **de**) mulheres de olhos verdes. Olhei para ela, cismado **com** (ou **do**) seu silêncio ante aquela barbárie.*

cisto

Esta é a forma correta, embora no Brasil muito se use "quisto", que deve ser desprezada.

ciúme

Usa-se *o ciúme, os ciúmes; um ciúme, uns ciúmes*, mas não: "o ciúmes", "um ciúmes". Mas quantas pessoas não há que volta e meia dizem, referindo-se à namorada ou a uma filha: *Ela tem "um ciúmes" de mim!*

ciúme ≠ inveja

Convém não confundir. **Ciúme** é o apego excessivo ao ser amado, acompanhado do temor de que ele se incline para outro ou de que receba algum dano; é, enfim, o receio de perder o que lhe pertence. **Inveja** é a paixão torpe que procede dos sentimentos de desgosto e cobiça pelo bem alheio. Tem *inveja* aquele que deseja, sem poder conquistar, algo que a outro pertence. Tem *ciúme* o que não quer perder o ser amado. A *inveja* é uma paixão torpe, o tormento das almas vis; se puder, arranca os olhos a quem lhe faz sombra. O *ciúme*, por sua vez, tem nobre origem, pois nasce do amor-próprio e da idéia vantajosa que cada um tem da superioridade do seu merecimento. A *inveja* se concentra, rói o coração do invejoso e não ousa aparecer a descoberto. O *ciúme* não se esconde, não se envergonha de se manifestar. Os invejosos mais sentem os bens alheios que os males próprios; entristecem com a existência da felicidade alheia, que parecem ver como atentado à sua superioridade. A *inveja* contém um componente de inferioridade; habita o coração dos infelizes por natureza e frustrados por vocação. Enfim, tem-se *ciúme* do que se possui e *inveja* do que os outros possuem.

cível

Palavra eminentemente da terminologia jurídica, usada por oposição a *criminal*: *juiz do **cível**, ação **cível**, vara **cível***.

civilidade ≠ civismo ≠ patriotismo

Convém não confundir. **Civilidade** é o conjunto de formalidades observadas entre si pelos cidadãos, em sinal de respeito mútuo e consideração; é o mesmo que *cortesia, polidez, urbanidade*. Todo cavalheiro tem desenvolvido dentro de si alto grau de *civilidade*. **Civismo** é a virtude do cidadão que se dedica inteiramente ao bem da Pátria, respeita os seus símbolos, cultiva o idioma nacional, cumprindo rigorosa e prazerosamente seus deveres de membro da sociedade. Não se confunde com **patriotismo**, que pressupõe, além do amor, a vontade férrea de dedicar-se às causas da Pátria, idéia inexistente no civismo. Pode uma pessoa ter *civilidade* sem demonstrar *civismo*; pode ter alto grau de *civismo* sem manifestar nenhuma *civilidade*. O verdadeiro cidadão, aquele que é digno da cidadania, não pode prescindir dessas duas virtudes, já que ambas são indispensáveis à boa formação moral.

civilização ≠ cultura
Convém não confundir. **Civilização** é o estado avançado da sociedade humana, em que se chega a um alto nível de cultura, ciência e governo. A *civilização* japonesa não se alcançou da noite para o dia. **Cultura** é o conjunto de experiências humanas acumuladas durante muito tempo. Há países que têm muita *civilização* e nenhuma *cultura*, e vice-versa. Quando aqui aportaram os descobridores, encontraram povos de nenhuma *civilização*, mas de razoável *cultura* própria.

clã
É palavra masculina: *o clã dos Matarazzos, o clã dos Kennedys, o clã petista*.

clamar
É transitivo direto ou transitivo indireto (exigir, reclamar): *A família da vítima clama* (ou *clama por*) *justiça*.

clamor
Rege *a...por* e *contra*: *O clamor da população às autoridades por mais segurança ainda não chegou até Brasília? Há um clamor geral contra a corrupção.*

clandestino ≠ secreto
Convém não confundir. **Clandestino** é tudo aquilo que é mantido ou feito em segredo, geralmente a fim de ocultar seus objetivos ilícitos: *reunião clandestina; encontro clandestino*. **Secreto** é tudo aquilo que é conhecido de uma só pessoa ou de poucas pessoas: *código secreto, missão secreta, passagem secreta*.

clarineta / clarinete / clarineto
As três formas existem, todas com **e** tônico fechado, mas a mais usada entre nós é a primeira.

classificação
Rege *de...a* (ou *para*) e *de...em*: *A classificação do time à* (ou *para a*) *fase seguinte do campeonato foi conseguida a duras penas. A classificação dos substantivos em concretos e abstratos é muito antiga*.

classificar
É verbo pronominal (qualificar-se para outra fase de uma competição esportiva): *O Palmeiras se classificou com facilidade*. Muitos, no entanto, corretos na dúvida, erram na pergunta: *Será que o Palmeiras "classifica"?*

clemência / clemente
Regem *com* ou *para com*: *O juiz teve clemência com* (ou *para com*) *o réu. Deus tem sempre muita clemência com* (ou *para com*) *os pecadores. A clemência do vencedor com* (ou *para com*) *o vencido é um ato de grandeza. O juiz foi clemente com* (ou *para com*) *o réu. A sociedade moderna parece não ser nada clemente com* (ou *para com*) *os miseráveis.*

cliente ≠ freguês
Convém não confundir. **Cliente** é a pessoa que utiliza os serviços de um profissional liberal. **Freguês** é aquele que freqüentemente compra coisas numa mesma loja, num mesmo armazém, num mesmo supermercado, etc. ou aquele que costuma ir sempre a um mesmo bar, restaurante, etc. A palavra é estrita ao comércio, seja legal, seja ilegal. Assim, travestis e prostitutas também têm *fregueses*. Engenheiros, dentistas, advogados, arquitetos, etc. ou quaisquer outros profissionais liberais têm *clientes*, e não "fregueses". Jocoso é imaginar um advogado dizendo que tem muitos "fregueses", embora muitos não vejam nenhuma jocosidade no oposto: um comerciante dizer que tem muitos "clientes". A graça é a mesma.

clipe
Usa-se *o clipe, um clipe*, embora haja quem diga "o clipes", "um clipes".

clitóris
A prosódia aconselhada é esta, mas há registro da prosódia *clítoris*, em razão do étimo grego *kleitoris*. Em espanhol, a palavra é proparoxítona.

côa / côas
Acentuam-se estas formas do verbo *coar*. *Ninguém côa café como côas*.

coabitar com
Pleonasmo que se tornou fato lingüístico.

coação
Rege *sobre* ou *sobre...para*: *Qualquer coação sobre qualquer membro do júri constitui crime. O advogado exerceu coação sobre as testemunhas para depoimento a favor de seu cliente.*

coalhar
É verbo intransitivo ou pronominal, indiferentemente: *O leite rapidamente coalhou* (ou *se coalhou*).

coar
Conj.: *côo, côas, côa, coamos, coais, coam* (pres. do ind.): *coe, coes, coe, coemos, coeis, coem* (pres. do subj.). Há quem "cue" café e saia dizendo: *Eu "cuo" o melhor café do mundo! É forte!...*

coberto
Rege *com, de* ou *por*: *Era uma casa coberta com* (ou *de*, ou *por*) *sapé. Trazia a cabeça coberta com* (ou *de*, ou *por*) *um manto*.

cobiça / cobiçoso
Regem *de* ou *por*: *A cobiça do (ou pelo) petróleo do país motivou a guerra. País cobiçoso do (ou pelo) petróleo iraquiano, invadiu o país e tomou conta dos poços.*

cobra ≠ serpente
Convém não confundir. **Cobra** é qualquer ofídio, venenoso ou não. **Serpente** é a cobra venenosa, peçonhenta. Foi uma *serpente* que tentou Eva no Paraíso, e não uma "cobra". Os adjetivos *ofídico* e *viperino* se relacionam com *serpente*, e não com "cobra".

cobrão, cobrinha
Ambas se pronunciam com o primeiro **o** aberto.

cobre
Adj. corresp.: *cúpreo* e *cúprico*. Portanto, *objetos de cobre* = *objetos cúpreos* (ou *cúpricos*).

cobrelo
Certa doença de pele, à qual o povo dá o nome de "cobreiro", por julgar que ela provém de cobra que passou sobre a roupa. Pronuncia-se *cobrêlo*.

cobrir
Conj.: *cubro, cobres, cobre, cobrimos, cobris, cobrem* (pres. do ind.); *cubra, cubras, cubra, cubramos, cubrais, cubram* (pres. do subj.). Tem, hoje, apenas um particípio: *coberto*, já que "cobrido" caiu em desuso: *Ele tem coberto todas as propostas dos seus adversários. Os pais haviam coberto os filhos, na cama, por causa do frio.* Por ele se conjugam: *descobrir, dormir, encobrir, engolir, recobrir* e *tossir*.

coca-cola
Pl.: as *coca-colas*. É pl. especial, mas admite-se ainda as *cocas-colas*, plural que não nos parece eufônico.

cóccix
Adj. corresp.: *coccígeo* e *coccigiano*. Portanto, *fratura do cóccix* = *fratura coccígea* (ou *coccigiana*). Pronuncia-se, respectivamente, *cóksis, còksígeo, còksigiano*.

cócegas
Sempre foi palavra usada apenas no plural: *as cócegas*. Apareceu agora um dicionário (o do "tira-teima") que a registra no singular ("cócega"), mas, incoerentemente, só registra a expressão *ter cócegas na língua*... Nele, normal.

cocheira ≠ estábulo ≠ estrebaria
Convém não confundir. **Cocheira** é o lugar fechado e coberto onde se alojam cavalos. **Estábulo** ou *curral* é o lugar coberto em que se juntam e recolhem bois e vacas para abrigo ou alimentação. **Estrebaria** é o lugar fechado e coberto onde se recolhem cavalgaduras e seus arreios.

Cochinchina
Embora seja assim, ainda há os que têm esperança de ir para a "Conchinchina".

cochinilha / cochonilha
Pequeno inseto, muito nocivo às árvores frutíferas, cafeeiros e ervas-mates, de cuja fêmea se extrai um corante vermelho, de mesmo nome. As duas formas existem, mas a primeira tem preferência, em razão de sua etimologia (espanhol *cochinilla*). Não se confunda com *coxinilho* ou *coxonilho* (manta de lã, usada sobre a sela do cavalo), que tem origem no castelhano platino (*cojinillo*).

cocho ≠ coxo
Convém não confundir. **Cocho** é recipiente feito geralmente de um tronco cavado, onde se dá de comer ou de beber aos animais. **Coxo** é aquele que manca ou coxeia. *Os coxos não bebem em cochos.*

cociente / quociente
Ambas as grafias existem, mas se pronuncia apenas *cociente*. V. **catorze / quatorze**, **cota / quota** e **cotidiano / quotidiano**.

cocó ≠ coque
Convém não confundir. **Cocó** é o penteado feminino que consiste em enrolar os cabelos no cocuruto; é o mesmo que *birote*. **Coque** é o mesmo penteado, mas na parte posterior da cabeça, próximo da nuca. Pouco se usa hoje.

codorna
Embora seja assim, ainda há muita gente que não vale uma "cadorna".

coeficiente ≠ fator
Convém não confundir. **Coeficiente**, em matemática, é o número ou símbolo algébrico prefixado como o multiplicador para uma quantidade variável ou desconhecida. Por exemplo: em $5x$ e ax, 5 e a são os *coeficientes* de x. **Fator** é cada um dos dois ou mais números, elementos ou quantidade que, quando multiplicados juntos, formam um produto dado; é o mesmo que *multiplicador*. Por exemplo: 5 e 3 são *fatores* de 15; a e b são *fatores* de ab. O *coeficiente* é sempre um símbolo prefixado com valor desconhecido; não assim o *fator*. Um grande banco nacional anunciou certa vez que tinha o menor "coeficiente" do mercado para financiamentos. Em verdade, tinha o melhor *fator*.

coelho
Adj. corresp.: *cunicular*. Portanto, *hábitos de coelho* = *hábitos cuniculares; criação de coelhos* = *criação cunicular*.

coeso
Todos pronunciamos *coêso*, mas alguns dicionários insistem em registrá-la com timbre aberto: *coéso*. Só os portugueses dizem assim.

coexistir com
Pleonasmo que se tornou fato lingüístico.

cofrão / cofrinho
Ambas se pronunciam com o primeiro **o** aberto.

cogitação

Rege *de* (ideação) e *sobre* (reflexão): *A cogitação **d**o golpe de Estado era feita nos quartéis. Fazer longas cogitações **sobre** o sentido da vida.*

cogitar

É verbo transitivo direto ou transitivo indireto (rege *de* ou *em*) e significa pensar cuidadosa e demoradamente sobre: *Ainda não cogitamos esse* (ou ***d**esse*, ou ***n**esse*) *assunto. Esse é um assunto **de*** (ou ***em***) *que ainda nem cogitei. Os generais alemães cogitaram o* (ou ***d**o*, ou ***n**o*) *incêndio de Paris.* Antes de infinitivo, significa pretender ou pensar e se usa com ou sem a prep. *em*: *Estamos cogitando (em) fazer uma viagem ao exterior. Não cogitamos (em) sair daqui tão cedo.* Não se cogita "sobre" como se leu recentemente: *Passou-se a cogitar teoricamente "sobre" a possibilidade de produzir órgãos e tecidos para transplante ou para reposição.* No Brasil, tem sido usado este verbo como equivalente de pensar na hipótese de: *O Palmeiras não cogita a contratação desse jogador. Ele nem cogita a possibilidade de casar.*

cogumelo

Pronuncia-se *cogumélo*, mas há quem diga "cogumêlo".

coincidir com

Pleonasmo que se tornou fato lingüístico.

coisa / cousa

São ambas formas corretas: a primeira, mais usada no Brasil; a segunda, corrente em Portugal.

coisíssima nenhuma

Absolutamente nada: *Ela não faz **coisíssima nenhuma** o dia inteiro.* Também significa de jeito nenhum: *Não volto mais lá **coisíssima nenhuma**. Minha filha não vai casar com esse traste **coisíssima nenhuma**!* Trata-se de expressão eminentemente popular, usada para conferir ênfase à comunicação. O povo juntou, neste caso, um sufixo formador de adjetivo superlativo a um substantivo, tipo de formação anômala e ímpar na língua. V. **mesmíssimo** e **primeiríssimo**.

colaboração

Rege *com* (pessoa) e *em* (coisa): *Não houve colaboração dos estudantes **com** os grevistas. Está havendo colaboração de agentes policiais **n**a fuga dos presos.*

colaborador

Rege *com* ou *de* (pessoa) e *de* ou *em* (coisa): *Foi preso por ser colaborador **com** os* (ou ***d**os*) *grevistas. Ele era apenas um colaborador **d**o* (ou ***n**o*) *jornal, e não um jornalista filiado a ele.*

colaborar

Rege *com* [cooperar, concorrer (sempre antes de nomes que enunciam seres animados)], *em* [trabalhar com uma ou várias pessoas (em qualquer coisa), cooperar) e *para* [cooperar, concorrer (sempre antes de nomes que enunciam seres inanimados)]: *As minhocas colaboram **com** os agricultores. O bandido está colaborando **com** a polícia, indicando todos os seus comparsas. Colaborei **n**a campanha desse candidato. Quem mais colaborou **n**o trabalho receberá recompensa maior. As minhocas colaboram **para** a fertilidade da terra. A corrupção e a impunidade colaboram **para** a desesperança do povo.*

cola-tudo

É palavra masculina: *o cola-tudo, **um** cola-tudo*. Não varia no plural: *os cola-tudo.*

coldre

Embora a pronúncia aconselhada seja *cóldre*, o povo só diz "côldre".

cólera

Em qualquer acepção, é palavra feminina: *a cólera*. Apareceu agora um dicionário (o mesmo do "tira-teima") que a registra também como masculina. Há jornais que só trazem "o" cólera. Todos provocam, sem dúvida, muita cólera...

coleta

Recolhimento: *a coleta do lixo, a coleta de sangue, a coleta de donativos, a coleta de urina*. Pronuncia-se *coléta. Coleta* (ê) é a trança de cabelo que os toureiros espanhóis usam na parte posterior da cabeça. V. **colheita** ≠ **coleta**.

coletivo "para todos"

Visível redundância. Recentemente, porém, um jogador da seleção brasileira de futebol, pentacampeão mundial, ao ser homenageado em sua cidade natal (Paulista, em Pernambuco) disse aos repórteres que depois das homenagens daria *uma entrevista coletiva "para todos"*. Seria interessante que a entrevista fosse apenas *coletiva*.

coletivos partitivos

Frase iniciada por coletivo partitivo deve trazer repetido, no outro segmento, o coletivo usado: ***Metade** de mim a amava, **metade** não. **Metade** dos turistas voltou de ônibus, **metade** voltou de avião. **Parte** dos automóveis novos partia por terra, **parte** por mar. **Parte** dos operários veio trabalhar, **parte** não.* A imprensa costuma não repetir o coletivo, substituindo-o por "e a outra". Assim, p. ex.: *Metade de mim a amava, "e a outra" não. Parte dos automóveis novos partia por terra, "e a outra" por mar.* Os jornalistas fazem, na verdade, confusão, com estoutro tipo de construção, correto: *Uma garota queria ir à festa, **a outra** não. Uma carreta transportava automóveis, **a outra** não. Uma filha gostava do pai, **a outra** não.* Essas frases estão corretas, porque não trazem no seu início nenhum coletivo partitivo. Daí a não-necessidade de repetição.

colheita ≠ coleta

Convém não confundir. No português contemporâneo, essas palavras ganham cada qual seu próprio significado. **Colheita** é termo que se relaciona apenas e tão-somente com produtos agrícolas: *colheita de café, colheita de milho, colheita de soja, colheita de laranjas*, etc. **Coleta** é palavra que se refere a todos os outros tipos de recolhimento: *coleta de lixo, coleta de sangue, coleta de urina, coleta de fezes, coleta de donativos*.

colheita ≠ safra

Convém não confundir. **Colheita** é o conjunto de todos os produtos agrícolas de certo período. **Safra** é o conjunto de toda a produção agrícola de um ano. É por isso que se diz, com propriedade, que a *safra* deste ano será recorde.

colher "das" de sopa

É bobagem. As bulas trazem (ou traziam?) essa asneira: tome uma colher "das" de sopa, porque aquele que a concebeu imaginou que, se mandasse tomar uma *colher de sopa*, a pessoa poderia querer tomar a própria colher. É muita imaginação e muita confiança na burrice alheia. Quem quiser espantar a tosse, a bronquite e a rouquidão, sem efeitos colaterais, que tome sempre uma *colher de sopa* ou uma *colher de chá* de qualquer bom xarope! E esqueça os inventores!

colisão

Rege *de* ou *entre*: *Houve ali uma colisão* ***de*** *(ou* ***entre****) dois caminhões.*

colmeia

Apesar de no Brasil se abrir a vogal tônica (influência do nome de uma personagem de revista em quadrinhos, Zé *Colméia*), apesar de constar até num dicionário, na língua legitimamente portuguesa só existe *colmeia*, do espanhol *colmena*. Onde só existem fonemas nasais, não pode haver tamanha abertura.

colmo

Tanto o singular quanto o plural com **o** tônico fechado.

colocação

Não convém usar esta palavra por *argumento, exposição*. Assim, p. ex.: *Achei interessante a sua "colocação"*. Também não convém usar o verbo colocar por expor. Assim, p. ex.: *Você "colocou" bem a questão*.

colocar

Evite dar a este verbo a acepção de expor, apresentar, muito comum na língua falada dos pobres de vocabulário: *Você "colocou" bem a questão. Ela "colocou" bem o problema.* (E provocou outro...) Também não há propriedade no emprego de "colocação" por exposição, apresentação, apesar do abono de um dicionarista. Há certos dicionários que, realmente...

cologaritmo

Esta é a grafia correta deste nome matemático. Há, todavia, dicionários que registram "co-logaritmo", a par de *colocutor*. Durma-se com o barulho!...

Colômbia

Adj. contraído: **colombo**-: *acordo* ***colombo****-brasileiro; relações* ***colombo****-venezuelanas*.

colono

Tanto o singular quanto o plural têm **o** tônico fechado.

colorir

Não tem a primeira pessoa do singular do pres. do ind. ("coloro") e, conseqüentemente, todo o pres. do subj., que dessa pessoa deriva. Curiosamente, seu sinônimo, *colorar*, é verbo regular, portanto, possui não só a forma *coloro* (ó) como *colora* (ó) e *coloram* (ó).

colosso

Tanto o singular quanto o plural têm **o** tônico fechado.

coluna ≠ pilar ≠ pilastra

Convém não confundir. **Coluna** é a peça arquitetônica geralmente ornada de trabalhos artísticos, a qual serve de apoio a outras. **Pilar** é a coluna vertical de alvenaria que sustenta isoladamente uma construção, sem as proporções nem os ornamentos das colunas. **Pilastra** é o pilar quadrangular, com as proporções e os ornamentos das colunas e aderente à parede por uma das faces.

com / de

Usa-se indiferentemente *com* ou *de*, nas expressões que indicam quantidade: *Comprei um automóvel* ***com*** *(ou* ***de****) quatro portas. Li ontem um livro* ***com*** *(ou* ***de****) trezentas páginas. Aos domingos, é um jornal* ***com*** *(ou* ***de****) mais de cem páginas.*

coma

É palavra masculina (estado mórbido): *o coma*, **um** *coma, coma* ***hepático****, coma* ***nervoso****, coma* ***alcoólico****, coma* ***diabético***.

com a melhor intenção

É a expressão popular: *Fiz tudo com a melhor intenção*. Em rigor, fazemos tudo **na** *melhor intenção*.

comandante

Fem.: *comandanta*. Abrev.: *com*. (com o ponto).

comando

Rege *de* ou *sobre*: *O comando* ***do*** *(ou* ***sobre*** *o) time era exercido com pulso de ferro pelo treinador.*

combalido

Rege *com, de* ou *por*: *Organismo combalido* ***com*** *a (ou* ***da****, ou* ***pela****) falta de vitaminas.*

combate

Rege *a, contra* ou *de* e *entre*: *O combate* ***ao*** *(ou* ***contra*** *o, ou* ***do****) narcotráfico tem de ser feito com vigor. O governo parece não estar disposto ao combate* ***à*** *(ou* ***contra*** *a, ou* ***da****) violência. O combate* ***entre*** *iraquianos e iranianos durou quase uma década.*

combinado ≠ selecionado
Convém não confundir. **Combinado**, em esporte, é o time formado da mescla de jogadores de algumas equipes, para representar entidade, estado ou país. **Selecionado** é o time formado de craques de vários clubes, para a disputa de jogos importantes; é o mesmo que *seleção* e *escrete*.

combinar
É verbo intransitivo ou pronominal, indiferentemente (estar de acordo, harmonizar-se): *Nossos gênios não combinam* (ou *não se combinam*). Um dicionário recém-publicado só o registra como pronominal, em mais um de seus inúmeros equívocos. Nessa mesma acepção, pode ser usado como transitivo indireto, com pronome ou não: *Meu gênio não combina* (ou *não se combina*) *com o dela*. Na acepção de associar-se, coligar-se, entrar em combinação, usa-se com dois objetos indiretos, sendo o segundo representado por oração reduzida: *Os filhos combinaram com o pai em fazer uma grande surpresa à mãe. Combinei com meus amigos em encontrá-los na praia*. Só condenam esta construção aqueles que se norteiam por um gramaticalismo estreito: os grandes escritores da nossa língua assim empregaram o verbo. O reprovável, sim, é substituir a preposição *em* por "de": *Os filhos combinaram com o pai "de" fazer uma grande surpresa à mãe. Combinei com meus amigos "de" encontrá-los na praia*. Um famoso dicionário, no entanto, fornece exemplo justamente com a preposição impugnada: *O professor combinou com a classe "de" prorrogar a entrega do trabalho*.

comburente ≠ combustível
Convém não confundir. **Comburente** é o corpo que mantém a combustão. **Combustível** é a substância ou mistura de substâncias capaz de desprender quantidade razoável de energia em relação ao próprio volume ou massa, num processo de combustão. Os derivados de petróleo, os álcoois, o gás de iluminação, o carvão de pedra, a lenha, são *combustíveis*, mas o oxigênio e o cloro são *comburentes*, que se encontram quase sempre em estado gasoso; só em circunstâncias especiais se apresentam como líquidos ou sólidos. É o caso dos explosivos, em que o *comburente* está intimamente misturado com o *combustível*. Os combustíveis nucleares não se enquadram na definição clássica de *combustível*, pois o desprendimento de energia que propiciam não decorre de um processo de combustão.

começado
Rege *com* ou *por*: *Palavra começada com* (ou *por*) *vogal*.

começar
Antes de infinitivo, usa-se *começar a* ou *por*: *Começa a chover. Ele começou a chorar assim que viu a mãe. A coisa começou a subir. O presidente começou por agradecer a presença de todos*. Na língua cotidiana, há uma tendência a se omitir a preposição *a*: "Começa chover". Ele "começou chorar". O grande problema do emprego deste verbo, todavia, se relaciona com a concordância. Como aparece quase sempre antes do sujeito, é comum encontrá-lo só no singular, independentemente do número em que se encontra o sujeito. Exemplos do uso correto: ***Começaram*** *as férias*. ***Começam*** *neste instante ambas as reuniões. Não* ***começavam*** *as sessões na hora marcada*. Se vier acompanhado de auxiliar, este é que varia: *Quando* ***vão*** *começar as férias? Quando* ***deverão*** *começar as reuniões?*

comediante
Podemos usar, indiferentemente, *o/a comediante* ou *o comediante, a comedianta*. V. **humorista ≠ comediante**.

com ele (e variações)
Não se usa *com ele* (e variações), quando o pronome se refere ao sujeito, caso em que se substitui por *consigo*: *Ele ficou revoltado* ***consigo*** *mesmo*. (E não: *Ele ficou revoltado "com ele" mesmo*.) *Ela não se conforma* ***consigo*** *mesma. Eles só estão preocupados* ***consigo*** *mesmos. Elas não estão satisfeitas* ***consigo*** *mesmas*.

comemoração
Rege *de*: *A comemoração* ***do*** *pentacampeonato de futebol será na Avenida Paulista. O domingo é observado como dia de descanso e culto pela maioria dos cristãos, em comemoração* ***da*** *Ressurreição de Cristo. Faremos uma festa em comemoração* ***do*** *quinto aniversário da empresa. Em comemoração* ***da*** *sua chegada, fogos!* A regência "comemoração a" e a combinação "em comemoração a" devem ser desprezadas.

comemorativo
Rege *de*: *Monumento comemorativo* ***do*** *centenário de fundação de uma empresa. Placa comemorativa* ***do*** *sesquicentenário de uma cidade. Foi lançado um selo comemorativo* ***das*** *últimas Olimpíadas*. A regência "comemorativo a" deve ser desprezada.

comensal ≠ conviva
Convém não confundir. **Comensal** é aquele que come à mesma mesa, num almoço ou jantar qualquer, sem nenhuma pompa nem nenhumas formalidades. **Conviva** é o que participa do mesmo banquete, com todas as formalidades pertinentes a tal evento.

comentar "sobre"
Não existe esta regência na norma culta. Quem comenta, comenta alguma coisa. E só. Um dicionário, porém (aquele), fornece no verbete *comentar* exemplo errôneo do emprego deste verbo. Nele, normal.

comentários
Rege *sobre*: *Tecia eu comentários* ***sobre*** *a legitimidade das eleições naquele ano, quando houve o protesto de uma pessoa*. Quando os comentários resultam de pacientes estudos sobre um assunto, rege *a*: *O eminente jurista Clóvis Bevilaqua é autor de excelentes comentários* ***a****o Código Civil brasileiro*.

comer
Todas as formas deste verbo têm a vogal **o**, da primeira sílaba, fechada: *como, comes, come, comem*, etc. Muitos, no entanto, dizem "cóme", "cómem", etc. Por que também não dizem "cómo"?

comercializar ≠ comerciar

Convém não confundir. **Comercializar** é tornar comercial ou objeto de compra e venda, é fazer entrar no tráfego comercial. Dignidade é coisa que não se *comercializa*. Voto também. Não se deve *comercializar* o corpo, mas as prostitutas o fazem. É altamente imoral *comercializar* o voto dos eleitores, mas alguns políticos o fazem. **Comerciar** é negociar: O Brasil *comercia* muito com todos os países da América do Sul, com os Estados Unidos, com a Itália, etc. Quem *comercia* carros usados ganha mais dinheiro do que aquele que *comercia* frutas e legumes.

cometer ≠ perpetrar ≠ praticar

Convém não confundir. **Cometer** é praticar (ações más): *cometer pecados, erros, faltas, falhas, injustiça*. **Perpetrar** é ser responsável por: *perpetrar barbáries, perpetrar chacinas, perpetrar violências*. Sempre indica dano a outro ser, ao contrário de *cometer*, que supõe prejuízo apenas a quem age, ao autor. **Praticar** é levar a efeito (ações boas ou más): *praticar caridade; praticar crimes*.

comichão

É palavra feminina: *a* comichão, **uma** *comichão*.

comido

Rege *de* ou *por*: *Móvel comido **de** (ou **por**) cupim. Empresa comida **de** (ou **por**) dívidas.*

comiseração

Rege *com, de, para com* ou *por*: *Sentir comiseração **com** (ou **de**, ou **para com**, ou **por**) todos aqueles que não têm o que comer. É grande a nossa comiseração **com** as (ou **das**, ou **para com** as, ou **pelas**) vítimas do incêndio.*

comissão

Rege *em* ou *sobre*: *Recebi boa comissão **na** (ou **sobre a**) venda da casa. O vendedor aqui recebe um salário fixo, mais comissão **nas** (ou **sobre as**) vendas.*

comitiva ≠ cortejo ≠ séquito

Convém não confundir. **Comitiva** é o grupo de pessoas que acompanha autoridade ou qualquer outra de alta categoria: *o presidente e sua comitiva, a rainha e sua comitiva*. **Cortejo** é qualquer grupo de pessoas ou veículos que acompanha algo ou alguém: *o cortejo carnavalesco, o cortejo fúnebre, o cortejo feminino de um cantor*. **Séquito** é o grupo de pessoas que segue outra(s), por dever, obrigação, etc. Todo marajá ou coronel sempre tem seu *séquito* de puxa-sacos ou de seguranças.

com nós / conosco

Só se admite o uso da primeira quando aparecer posposta alguma palavra reforçativa: *As crianças vieram com nós **próprios**. Quais de vocês irão com nós **outros**? O jornalista já conversou com nós **dois** sobre isso. Queremos estar em paz com nós **mesmos**.* Também é *com nós* que se usa antes de aposto: *Quem neste país está com nós, **professores**?* Do contrário, só se usa *conosco*: *As crianças vieram **conosco**. Quais de vocês irão **conosco**? O jornalista já conversou **conosco** sobre isso. Queremos estar em paz **conosco**.*

comoção

Rege *com* ou *por*: *Houve muita comoção do mundo todo **com** a (ou **pela**) morte do piloto brasileiro.*

comoção ≠ emoção

Convém não confundir. **Comoção** é abalo emocional violento, altamente desagradável, experimentado pela alma ou pelo físico; é impressão emocional forte e violenta. **Emoção** é também abalo, mas geralmente agradável, experimentado pela alma, é excitação psíquica. A perda de um ente querido nos causa grande *comoção*, do mesmo modo que grande *comoção* nos causa uma queda ou pancada. Já o nascimento de um filho causa a quaisquer pais *emoção*. Uma grande surpresa nos causa *emoção*, assim como um grandioso espetáculo, uma audição musical, um filme dramático. Ficamos *comovidos* com o sofrimento das pessoas, com a miséria; ficamos *emocionados* com a alegria do povo, com a conquista de um campeonato mundial. Ninguém fica comovido com algo bom ou agradável. A conquista da Lua pelo homem provocou *emoção* em todo o mundo; poderia ter causado *comoção* se alguma catástrofe houvesse no caminho da conquista, ou mesmo depois dele, como o que ocorreu com a nave espacial Columbia, em 2003. Tanto a *emoção* quanto a *comoção* podem arrancar lágrimas; umas, gostosas e gratificantes de sentir; outras, difíceis e duras de esquecer.

como "sendo"

Não existe esta combinação em nossa língua, na qual "sendo" é perfeitamente dispensável: *A vítima foi identificada **como** Ari da Silva. Considero-o **como** meu melhor amigo. Fez falta?* V. **sendo "que"**.

"como um todo"

Expressão tão estranha quanto *antes de mais nada*. Ambas caem num vazio enorme, mas são muito empregadas na língua cotidiana. Convém substituí-la por *na sua totalidade, no seu conjunto*: *O cidadão e a sociedade **na sua totalidade** condenam os atos de vandalismo desses movimentos sociais. A inflação fragiliza a economia no seu conjunto. O goleiro e a equipe **no seu conjunto** não foram bem hoje.*

comovido

Rege *com, de* ou *por*: *Comovido **com** a (ou **da**, ou **pela**) situação do rapaz, dei-lhe uma ajuda. Estou comovido **com** o (ou **do**, ou **pelo**) seu gesto.*

compadecer

Este verbo, no português contemporâneo, usa-se mormente como pronominal, tanto na acepção de sentir compaixão (rege *de*) quanto na de harmonizar-se, conciliar-se (rege *com*): *Deus se compadeceu **da** miséria moral do homem e enviou o Seu Filho para morrer em nosso lugar. Compadeci-me **do** seu precário estado físico. A generosidade se compadece **com** a humildade. Um juiz não pode compadecer-se **com** o crime organizado.*

compadecido
Rege *ante, com, de, diante de* ou *perante*: Compadecido **ante** a (ou **com** a, ou **d**a, ou **diante d**a, ou **perante** a) desgraça daquele homem, ofereci-lhe todo tipo de auxílio ou colaboração.

compaixão
Rege *com, de, para com* ou *por*: Tenhamos compaixão **com** os (ou **d**os, ou **para com** os, ou **pel**os) pobres de espírito!

companheiro
Rege *de* ou *em*: Éramos companheiros **d**as (ou **n**as) peladas dos fins de semana.

companhia
Pronuncia-se como se escreve, embora quase todo o mundo diga "compania": *companhia aérea, companhias internacionais, companhia limitada, companhia boa, andar em más companhias*. Convém lembrar que *companhia* pertence à mesma família de *acompanhar* e *companheiro*, e nunca se ouviu ninguém dizer "acompanar" nem "companeiro". Abrev.: *cia.* ou (mais propriamente, mas pouco usada): *c.ia*, geralmente com a inicial maiúscula, mas não obrigatoriamente.

comparação
Rege *de...a* (ou *com*) ou *entre*: A comparação de um carro nacional **a** (ou **com**) um carro importado já é possível ser feita, coisa impraticável há poucos anos. A comparação **entre** os carros nacionais e os importados já é possível. Antecedida da preposição *em*, aparece combinada com *com* ou *de*: Quem sou eu, **em** comparação **a** (ou **com**, ou **de**) essa gente?

comparado
Rege *a* ou *com, em...a* ou *com* e *entre*: Um carro importado, há bem pouco tempo, só podia ser comparado **a** (ou **com**) outro importado, e não **a**o (ou **com** o) nacional. Você não é ninguém, comparado **a** (ou **com**) ela. O carro nacional é comparado **em** acabamento **a**o (ou **com** o) carro importado?

comparar / comparar-se / comparável
Regem *a* ou *com*: Não queira comparar a beleza de nossas praias **às** (ou **com** as) praias venezuelanas! O sabor da pinha não se compara **a**o (ou **com** o) da graviola. Carro importado nem se compara **a** (ou **com**) carro nacional. Não me comparo **a** (ou **com**) você. O carro nacional, hoje, é comparável **a**os (ou **com** os) importados?

comparecer
Rege *a* (nomes abstratos) ou *em* (nomes concretos) e *ante* ou *perante* (antes de nomes relacionados com o judiciário): Não compareci **à** reunião de ontem. Os alunos não compareceram hoje **às** aulas. Não compareci **n**o escritório ontem. Os alunos não compareceram hoje **n**a escola. Compareceu **ante** (ou **perante**) o tribunal de cabeça erguida. Compareci **ante** (ou **perante**) o juiz para ser interrogado. O substantivo *comparecimento* se usa da mesma forma: É obrigatório o comparecimento **às** reuniões. Todos exigiam o seu comparecimento **a**o encontro de pais e mestres. Quando se deu seu comparecimento **n**o escritório? Hoje é facultativo o comparecimento **n**a escola. Seu comparecimento **ante** (ou **perante**) o juiz foi voluntário. Embora não seja considerado impropriedade o emprego de uma preposição pela outra, em qualquer caso, convém observar a referida distinção. Note, porém, que paira certa deselegância na construção em que *em* antecede nome abstrato: Compareci **n**as comemorações. Comparecemos **n**os festejos. Todos compareceram **n**o encontro de casais. É obrigatório o comparecimento **n**as reuniões.

compartilhar / compartir
São verbos transitivos diretos ou transitivos indiretos: *Casar é compartilhar os* (ou **d**os) *sucessos e fracassos de cada um dos cônjuges. Compartimos as* (ou **d**as) *mesmas opiniões. Ninguém quis compartilhar a* (ou **d**a) *minha tristeza, mas todos quiseram compartilhar a* (ou **d**a) *minha alegria, quando ganhei na megassena. Os empregados querem compartir os* (ou **d**os) *lucros da empresa.*

compartilhar com
Pleonasmo que se tornou fato lingüístico.

compassivo
Rege *com* ou *para com* (pessoa) e *para* (coisa): Sempre fui muito compassivo **com** (ou **para com** os) necessitados. Sempre fui compassivo **para** as desgraças alheias.

compelido
Rege *a* (forçado, obrigado, coagido) e *de* ou *por* (estimulado, forçado): De repente, o rapaz se viu compelido ao casamento pelo pai da moça. Quando o homem se vê compelido **d**a (ou **pel**a) fome, pode chegar a matar. Chegou ao crime, compelido **d**as (ou **pel**as) circunstâncias.

competência
Rege *com* (concorrência), *em* (capacidade) e *de* ou *para* (antes de verbo): As pequenas indústrias de refrigerante não agüentam a competência **com** as grandes indústrias e quebram ou são absorvidas por estas. Ninguém nega sua competência **n**a sua especialidade. Ninguém nega sua competência **de** (ou **para**) articular o encontro dos contrários em política.

competente
Rege *em* (especializado; capaz) e *para* (apto, habilitado; certo; adequado): Foi reclamar no setor competente **n**o assunto. Era um médico muito competente **n**a sua especialidade. Consideraram-no competente **para** o cargo. Não é este o foro competente **para** acolher seu pedido. Qual é o setor administrativo competente **para** receber o pagamento?

competição
Rege *com* ou *entre* (concorrência, para pessoa), *com...em...por* (pretensão), *de... com* (disputa), *em* (concorrência, para coisa) e *entre* (concorrência, para coisa): A competição **com** as demais candidatas foi honesta. A competição **entre** as candidatas foi honesta. A competência **com** outros cientistas em pesquisas pelo Prêmio Nobel não tem semelhança na história da

*premiação. A competência **d**o meu time **com** o seu sempre foi acirrada. A competição **n**as vendas de carros naquela revendedora era salutar e motivadora. A competição **entre** os jornais e as revistas foi acirrada apenas em determinada época; depois os dois tipos de periódicos se acomodaram em seus próprios escaninhos.*

competir

Muitos pensam que não existem as formas "compito", "compita", etc. O verbo *competir* é apenas irregular, e não defectivo. Por isso, estas frases estão perfeitas: *Se me aborrecerem, não compito mais. Espero que ela compita como eu compito.* Este é um verbo que facilmente leva a erro de concordância, quando seu sujeito é um infinitivo. Assim, é comum encontrarmos frases como estas: *Estas são providências que nos "competem" tomar, São estes os esclarecimentos que me "competiam" dar, Esses são problemas que não nos "competem" a nós resolver,* em que seu autor está certo de que o sujeito de *competir* é o termo anterior, no plural, respectivamente, *providências, esclarecimentos* e *problemas* (representados pelo pronome relativo *que*). Não é: o sujeito é a oração iniciada pelo infinitivo; daí por que os verbos entre aspas devem estar no singular, e não no plural. V. **caber**, **faltar** e **restar**.

competitividade

Nove entre dez pessoas pronunciam esta palavra errado, "comendo" uma sílaba: "competividade". Esta palavra se diz assim: com**PE**ti**TI**vidade. As pessoas erram justamente porque já a começam pronunciando errado: "**COM**pe-**TI**tividade". Daí, sente a natural dificuldade de repetir a sílaba e acaba "comendo" uma das sílabas gêmeas.

complacência / complacente

Regem *com* ou *para com* (pessoa), apenas *com* (coisa) e *de* ou *em* (verbo): *Você tem muita complacência **com** (ou **para com**) seus filhos. É uma escola que manifesta demasiada complacência **com** (ou **para com**) os alunos na disciplina. A complacência **com** o crime configura outro crime. Espero que tenha a complacência **de** (ou **em**) me ouvir até o fim. Você é muito complacente **com** (ou **para com**) seus filhos. Autoridade complacente **com** o crime é inaceitável. Ele foi complacente **de** (ou **em**) me ouvir até o final.*

complemento / complementar

Regem *a* ou *de*: *A sobremesa é sempre um complemento **às** (ou **das**) refeições, e não sua essência. A sobremesa é um alimento complementar **às** (ou **das**) refeições.*

complemento ≠ suplemento

Convém não confundir. **Complemento** é tudo o que completa um todo, para torná-lo perfeito ou mais satisfatório. *Um bom vinho é sempre o **complemento** ideal de uma boa refeição. Um **complemento** à aposentadoria é sempre muito bem-vindo. Ela vai fazer um curso de **complemento** de formação em enfermagem. Como **complemento** da formação de seus ealunos, a escola dispõe de vários meios humanos e técnicos.* **Suplemento** é parte que se ajunta a um todo para ampliá-lo ou para aperfeiçoá-lo, é aditamento a uma coisa já feita, que supre o que lhe faltava, mas à qual não se pode chamar de completa. *As vitaminas são **suplementos** alimentares. Os jornais trazem **suplementos** de quase todos os assuntos, principalmente aos domingos. O **suplemento** a um diploma. O **suplemento** personalizado é fornecido junto com a câmera digital. Este terceiro **suplemento** à 25ª edição da obra inclui alterações significativas.*

complicar

É pronominal (piorar, agravar-se): *A saúde de Manuel **se complica** a cada dia. A situação do presidente **se complicava** cada vez mais, culminando na renúncia. Sem dólares no bolso, nos Estados Unidos, tudo **se complica**.* Há quem o use como intransitivo, principalmente os jornalistas.

componente

É palavra masculina: ***os** componentes de um computador, **um** componente **novo** num mecanismo, numa cultura.* Um dicionário recém-publicado, no entanto, embasado em Euclides da Cunha, que usou a palavra como feminina (num deslize compreensível), registra a palavra nos dois gêneros. Mas esse é o dicionário dos erros e equívocos (é aquele, do "tira-teima"), por isso: normal. Prefira o que a língua sempre teve: *o componente*.

comprar

Quem compra, compra alguma coisa *a* ou *de* alguém: *Comprei este carro **a** (ou **de**) um amigo. Não compro nada **a** (ou **de**) estranhos.*

compreensão

Rege *de* (entendimento), *com* ou *para com* (tolerância e sempre como complemento de pessoa), *para* (tolerância e sempre como complemento de coisa) e *por* (benévolo, indulgente): *A compreensão **d**esses problemas não é fácil para uma criança. A compreensão dos pais **com** (ou **para com**) os filhos é de fundamental importância na sua formação. A compreensão dos pais **para** os problemas dos filhos é importante. É um chefe que sempre manifestou compreensão **pel**os subordinados.*

compreensivo

Rege *com* ou *para com*: *Pai compreensivo **com** (ou **para com**) todos os filhos. É uma sociedade bastante compreensiva **com** (ou **para com**) as tendências da juventude.*

comprimento ≠ cumprimento

Convém não confundir. **Comprimento** é a extensão de um objeto, do começo ao fim: *o **comprimento** de uma régua, o **comprimento** de uma mesa, o **comprimento** de uma vara.* **Cumprimento** é ato ou efeito de cumprir: *o **cumprimento** de uma promessa, o **cumprimento** de um dever, o **cumprimento** de uma obrigação.* Significa, ainda, *saudação*: *não corresponder ao **cumprimento** de alguém; dar um **cumprimento** frio a alguém.*

comprometer-se com
Redundância consagrada: *Ela não quer se **com**prometer **com** ninguém.*

comprometido
Rege *a...com* ou *com...em, com* e *em*: *Estou comprometido **a** essa missão **com** meus chefes.* (Ou: *Estou comprometido **com** meus chefes **n**essa missão.*) *É um político comprometido **à** rejeição dessa proposta do governo **com** a oposição.* (Ou: *É um político comprometido **com** a oposição **n**a rejeição dessa proposta do governo.*) *Todo parlamentar é naturalmente comprometido **com** suas bases eleitorais, assim como todo ator é comprometido **com** seu público. A receita do governo está quase toda comprometida **com** o pagamento do funcionalismo. São estudantes comprometidos **n**o mesmo ideal. Havia muitos empresários comprometidos **n**esse empreendimento.*

compromisso
Rege *com* ou *para com, de* (verbo), *entre* e *perante*: *O homem tem um compromisso sério **com** (ou **para com**) a natureza, que ele não está cumprindo. O homem tem de assumir já o compromisso **de** não desmatar, **de** não matar, **de** não poluir, **de**, enfim, não pôr fim. Os atores flagrados aos beijos e abraços declararam que não há absolutamente nenhum compromisso **entre** eles. Ao ser criado, o homem assumiu tacitamente um compromisso **perante** Deus: preservar o meio em que iria viver, até por questão de sobrevivência. Nunca cumpriu.*

compulsão
Rege *a* ou *para*: *É uma pessoa que tem compulsão **a**o (ou **para** o) crime. Os supermercados criam um ambiente propício à compulsão **a**o (ou **para** o) consumo.*

computar
Não se conjuga na 1ª, nem na 2ª nem na 3ª pessoa do singular do presente do indicativo. Sendo assim, também não possui todo o presente do subjuntivo e todo o imperativo negativo. As formas inexistentes são supridas por formas de verbos sinônimos ou, então, por expressões equivalentes: *avaliar, procurar computar*, etc.: *Antes de agir, eu sempre avalio* (ou *procuro computar*) *os prós e os contras.*

cômputo
Cálculo: *No **cômputo** geral, ainda lucramos.* Muitos dizem "compúto".

com quanto ≠ conquanto
Convém não confundir. **Com quanto** é um conjunto formado de preposição (*com*) e pronome interrogativo (*quanto*); varia normalmente: ***Com quanto** dinheiro ficaram eles? Você sabe **com quantos** paus se faz uma canoa? **Com quanta** água se faz gelatina? **Com quantas** moedas estamos?* **Conquanto** é conjunção equivalente de *embora*: *As paixões são como os ventos: necessários para dar movimento à natureza, **conquanto** muitas vezes causem temporais.*

com referência a / em referência a
As duas expressões se equivalem: *Temos muito que conversar **com** (ou **em**) referência a esse assunto.*

comum
Rege *a, com, de* ou *em* (pertencente a dois ou mais, igualmente), *entre* (semelhança; corriqueiro) e *para* (natural): *É um território comum **a** (ou **com**, ou **de**, ou **em**) dois países. É uma parede comum **a** (ou **com**, ou **de**, ou **em**) duas casas. O que há de comum **entre** esta edição da obra e a anterior? Trata-se de um fenômeno comum **entre** os esquimós. **Para** os pais daquela época as relações sexuais entre namorados não era nada comum.*

comungar
É intransitivo, e não pronominal: ***Comunguei** cedo. Ela se confessou, mas não quis **comungar**. Você não **comunga** nunca?! Faz bom tempo que não **comungo**. Seus pais querem que ela **comungue** todos os dias.* Diferentemente é **confessar** (v.). Rege *com, de* ou *em* (estar de acordo): ***Comungo com** os (ou **d**os, ou **n**os) mesmos ideais da Revolução Francesa. Não comungo **com** os (ou **d**os, ou **n**os) sentimentos de meus amigos.*

comunicação
Rege *de...a* (notificação; transmissão), *com* (contato; acesso) e *para* (meio de acesso): *A comunicação **d**o assalto **à** polícia só foi feita no dia seguinte. A comunicação **de** movimento **a** esse maquinismo se faz por engrenagens. A comunicação **com** a torre do aeroporto foi feita sem problemas. A comunicação **com** a ilha só é possível através de barcos. Esta rua estreita é a única comunicação **para** a praia.*

comunicamos-lhes
V. **comunicar**.

comunicar
Quem comunica, comunica alguma coisa a alguém: *Comuniquei o roubo à polícia.* (E não: *Comuniquei "a polícia sobre o roubo".*) *Vocês já comunicaram o fato aos pais da moça?* (E não: *Vocês já comunicaram "os pais da moça sobre o fato"?*) Na verdade, todos comunicamos uma coisa, e não uma pessoa. É verbo intransitivo ou pronominal, indiferentemente, na acepção de corresponder-se: *Eu **comunico** (ou **me comunico**) muito por fax. Os homens hoje **comunicam** (ou **se comunicam**) através de satélites.* Não perde o *s* final, na 1ª pessoa do plural do presente do indicativo, quando se lhe acrescenta *lhe(s)*: ***Comunicamos-lhe** que estamos procedendo ao conserto solicitado. **Comunicamos-lhes** que já não temos interesse nos seus produtos.* V. **enviar** e **informar**.

comutação
Rege *de...em* (substituição) e *de...por* (troca): *A comutação **d**a pena de morte **em** prisão perpétua foi concedida. A comutação **de** um fonema **por** outro numa palavra.*

com vista(s) a
Expressão legítima, assim como *com vista(s) em*. Neste caso, *vista(s)* está por *propósito, intenção, intuito* e nada tem que ver com órgão da visão. Sendo assim, use-a sem receio, como se vê nestes exemplos: *A secretária agrada o chefe **com vista(s) a** um* (ou **n**um) *aumento de salário. O Flamengo treina **com vista(s) à*** (ou **n**a) *final do torneio.*

conceito

Rege *de* ou *sobre*: *Formar conceito ou **de** (ou **sobre**) alguém. É um treinador que tem um novo conceito **de** (ou **sobre**) futebol. Esse modelo de veículo mudou todo o conceito **de** (ou **sobre**) carros médios. Conceito **de** (ou **sobre**) galáxia: é um conjunto de estrelas, gases e poeiras limitadas e juntas por uma atração gravitacional comum.*

concentração

Rege *de...a* (acumulação) ou *em* (aplicação): *A concentração **de** recursos **n**um só tipo de investimento é arriscada. A concentração da garotada **n**a tela de televisão era total.*

concentrado

Rege *em*: *A riqueza está concentrada **n**as mãos de poucos. Estar concentrado **n**o trabalho que está fazendo. A garotada está concentrada **n**a televisão.*

concepção

Rege *de* (ou *acerca de*, ou *a respeito de*, ou *sobre*): *Sua concepção **de** (ou **acerca de**, ou **a respeito de**, ou **sobre**) disciplina é semelhante à minha.*

concerto ≠ conserto

Convém não confundir. **Concerto** é composição sinfônica ou reunião, conjunto: *Foi ao Teatro Municipal assistir a um **concerto**. Que papel deve exercer o Brasil no **concerto** das nações?* **Conserto** é ato de consertar: *Quanto ficou o **conserto** do carro?*

concessão

Rege *a* (condescendência, transigência) e *de...a* (outorga): *O credor fez muitas concessões **a**o devedor. A concessão **de** privilégios **a** alguns funcionários foi cortada.*

conciliação

Rege *de...com* ou *entre*: *A conciliação **d**o governo **com** o congresso é necessária. A conciliação **entre** o governo e o congresso é necessária.*

concílio ≠ conclave

Convém não confundir. **Concílio** é o conjunto de bispos convocados pelo Papa para tratar de assuntos dogmáticos, doutrinários e disciplinares: *o concílio de Trento (séc. XVI), o concílio Vaticano II (1962-65).* **Conclave** é a reunião privada de cardeais para a eleição de um novo papa. A palavra se formou do latim *cum clave* (com chave), que é como todo *conclave* deve ser realizado. Antigamente, a Capela Sistina era fechada *com chave* até que saísse um novo papa, eleito pelo colégio dos cardeais.

conclamação

Rege *de...a* (chamamento, convocação): *A conclamação **d**a população **à** passeata era feita por alto-falantes instalados em veículos.*

concordância

Rege *com* ou *entre* (acordo), *de...com* ou *entre*: *A concordância **com** (ou **entre**) os sócios é fundamental para o sucesso da empresa. A concordância **d**o verbo **com** o sujeito é de rigor. A concordância **entre** o verbo e o sujeito é de rigor.* Antecedida da preposição *em*, aparece combinada com *sobre* e *com*: *Não são todos os membros da família que estão **em** concordância **sobre** esse casamento. É necessário que nossa conduta e atitude estejam **em** concordância **com** a verdade.*

concordar

Quem concorda, concorda com alguém em alguma coisa; o verbo concordar exige muitas vezes, portanto, dois objetos indiretos, um representado por um nome e outro representado por uma oração: *Concordo com você em que esse presidente é honesto.* Antes da oração desenvolvida, podemos omitir a preposição: *Concordo com você que esse presidente é honesto.* Sem o primeiro objeto, temos: *Concordo (em) que esse presidente é honesto.* Nas orações reduzidas, não se omite a preposição: *Ela concordou **em** tê-lo como marido.*

concorde

Rege *com...em* (de acordo), *a* ou *com* (de acordo) e *em*: *Todos estão concordes **com** o diretor **n**esse assunto. A prática nem sempre está concorde **à** (ou **com** a) teoria. Os trabalhadores estavam concordes **n**um ponto: a manutenção do emprego, mesmo que para isso fosse necessário reduzir seus salários. Diante disso, todos os parlamentares foram concordes **em** invadir o Iraque. Ante isso, todos os parlamentares foram concordes **em** que o país invadisse o Iraque.*

concorrência

Rege *a* ou *com* (competição), *com...a* ou *a...com* (disputa), *de* (concomitância, simultaneidade), *de...a* (afluência) e *para* (ato administrativo): *A minha loja fazia concorrência **à** (ou **com** a) dele, mas sempre com escrúpulo, mas a recíproca nunca foi verdadeira. A concorrência **com** garotas mais novas ao título não a incomodava. A concorrência **a**o emprego **com** gente mais experiente não o preocupava. A concorrência **de** ações sobrecarrega o judiciário. Neste momento a concorrência **de** torcedores **a**o estádio é grande. O governo abriu concorrência **para** a aquisição de material escolar.*

concorrente

Rege *a* (disputante) ou *para* (coexistente): *São milhares os candidatos concorrentes **a** essa vaga. As concorrentes **a**o título de Misse Brasil desfilaram. São inúmeros os fatores concorrentes **para** o sucesso de uma microempresa.*

concorrer

Rege *a* (candidatar-se ou apresentar-se a um cargo, emprego, concurso, etc.; ser um entre os possíveis ganhadores ou vencedores de alguma coisa; tomar parte em concurso, disputa ou competição): *Muitos professores concorreram **a**o último concurso ao magistério. Concorri **a** uma bolsa de estudos na universidade. Não concorri **a**o prêmio da megassena, porque esqueci de jogar. Concorri **a**o cargo de senador. Num campeonato, as equipes concorrem **a**o título de campeão. Muitos escritores concorreram **a** essa vaga na Academia Brasileira de Letras.* Rege *com* [ter o mesmo objetivo que outro(s), disputar, competir]: *Os atletas brasileiros vão concorrer **com** os melhores do mundo, nas Olimpíadas. Nossa empresa é pequena, não tem condições de concorrer **com** as gigantes do mercado.* Rege *em* (existir simultaneamente, coexistir; concordar, convir, acordar): *Concorrem **n**a figura do presidente a ética e grande popularidade. **N**essa garota concorrem muitos defeitos e poucas qualidades. Os ex-cônjuges concorrem **n**os pontos fundamentais e discordam nos pontos secundários do acordo proposto pelo advogado.* Rege *com...para* (ou vice-versa) ou apenas *para* (dar dinheiro ou contribuição de outra forma para um fim, ajudar, colaborar; contribuir, cooperar: *Os empresários concorreram **com** milhões **para** a eleição desse candidato. Concorremos **para** a campanha do agasalho **com** mil reais. Concorri **para** a vitória do meu time. Vários fatores concorreram **para** que houvesse a enchente. Tudo concorria **para** o sucesso da missão.*

concorrer com
Pleonasmo que se tornou fato lingüístico.

concurso
Rege *a* ou *para* (disputa para provimento de cargo ou de função), *em* (colaboração, contribuição) e *para* (exame): *Aguardou muito tempo o concurso **a** (ou **para**) uma vaga nessa empresa. Quando foi feito o último concurso **à** (ou **para** a) cadeira de Matemática? Qual foi o real concurso do povo **n**a aprovação das reformas? Fiz um concurso **para** a carreira militar. Você foi aprovado no concurso **para** juiz?*

conde d'Eu
Pronuncia-se *conde dê* (o *e* soa bem fechado, à francesa). O conde d'Eu (1842-1922) era um príncipe francês, neto do rei Luís Filipe, nascido *Louis Philippe Marie Fernand Gaston*, que casou (1864) com a princesa Isabel, herdeira do trono brasileiro. Nomeado marechal do Exército brasileiro, comandou as tropas durante a fase mais aguda da Guerra do Paraguai, obtendo uma série de grandes vitórias. Exerceu a regência, quando D. Pedro II viajou para a Europa. Proclamada a República (1889), deixou o Brasil, junto com a família imperial, indo morar no Castelo d'Eu, na França. Em 1922, quando retornava ao Brasil para participar das festividades do I Centenário da Independência, morreu a bordo do navio em que viajava. Há muitos logradouros públicos, em várias cidades brasileiras, com este nome. O povo diz *conde "deu"*.

condenação
Rege *a* ou *de* (reprovação) e *de...a* (pena, punição): *A condenação **a**o (ou **d**o) emprego de inúmeros estrangeirismos é um exagero só aceito entre os puristas. A condenação **d**o réu **a** trinta anos de prisão não satisfez a família da vítima.*

condensação
Rege *de...em*: *A condensação **d**o relatório **em** três páginas possibilitou a apreciação rápida da matéria.*

condescendência / condescendente
Regem *a* (anuência, concordância), *a* ou *com* (complacência, tolerância), *com* ou *para com* (pessoa) e *em* (coisa): *É desaconselhável a pronta condescendência dos pais **a** todas as vontades dos filhos. Os professores hoje têm muita condescendência **a**os (ou **com** os) erros dos alunos. Os mais experientes devem ter condescendência **com** (ou **para com** os) novatos. A polícia não pode ter condescendência **com** (ou **para com**) bandidos. São professores que demonstram muita condescendência **n**a disciplina. São pais sempre condescendentes **à**s vontades dos filhos. Os professores de hoje são muito condescendentes **a**os (ou **com** os) erros dos alunos. Os mais experientes devem ser condescendentes **com** (ou **para com** os) novatos. A polícia não pode ser condescendente **com** (ou **para com**) bandidos. São professores muito condescendentes **n**a disciplina. Os professores dessa escola são muito condescendentes **com** (ou **para com**) os alunos **n**a disciplina.*

condição
Rege *de* ou *para* (possibilidade) e *para* (caráter, índole): *A equipe, formada de jogadores inexperientes, não tinha condição **de** (ou **para**) melhor desempenho ante um adversário tão poderoso. É um treinador que não tem condição **para** mandar.*

condicionado
Rege *a*: *A compra da casa está condicionada **à** venda do automóvel.*

condicionamento
Rege *de...a*: *Os estudantes não gostaram muito do condicionamento **d**o crédito educativo **a** toda aquela série de exigências.*

condigno
Rege *a* ou *de*: *Deram-lhe uma recepção condigna **à** (ou **d**a) sua importância.*

condizer com
Redundância consagrada: *Seu padrão de vida não con**d**iz **com** seu salário.*

condoído
Rege *de*: *Fiquei condoído **d**aquele sofrimento e me propus colaborar. Condoídos **d**a desgraça que se abateu sobre aquele povo, enviamos-lhes alimentos, remédios e roupas.*

condômino
Apesar do acento circunflexo, muitos dizem "condómino", que é justamente a pronúncia lusitana. Mas em Portugal se escreve também *condómino*.

condor
Pronuncia-se *condôr*, embora haja os que insistam em dizer "côndor", até há pouco tempo a pronúncia oficial. Pl.: *condores* (ô).

condução
Rege *de...* *a* (ou *para*) [transporte] e *de...em* (posse): *A condução de uma cidade **a** (ou **para**) outra era feita por vans. A condução **do** funcionário **n**o cargo se deu por mandado judicial.* A regência *de...a*, no segundo caso, deve ser desprezada.

conetivo / conectivo
Ambas as formas existem.

conferência ≠ palestra
Convém não confundir. **Conferência** é a lição formal e catedrática sobre assunto importante, na qual o conferencista discorre magistralmente e não admite apartes. **Palestra** é a mesma lição, porém, durante a qual ou depois dela se pressupõe discussão ou debate sobre o assunto tratado. O palestrante quase sempre admite apartes e está sempre disposto a aceitar conceitos distintos dos seus, em relação ao tema abordado. Não assim o conferencista, que, douto sobre o assunto, sobre ele discorre sem deixar margem a dúvidas ou a complementos. Proferem *conferências*, enfim, os doutos, os sábios, os grandes profissionais especializados em suas áreas de atuação; fazem *palestras* os eruditos.

confessar
É pronominal [declarar pecado(s) a um confessor], e não intransitivo: ***Confesso-me*** *toda semana. Você não **se confessa** nunca? Nós, aqui em casa, **nos confessamos** regularmente.* Na acepção de reconhecer (falta, crime má ação ou fraqueza), mediante revelação, forçada ou espontânea, é que esse verbo é intransitivo: *O bandido se recusa a **confessar**, por isso pode apanhar.* V. **comungar**.

confiança
Rege *com* (familiaridade), *de* (desrespeito), *em* (crédito, fé) e *para* (convicção íntima): *Ela não gosta de ter nenhuma confiança **com** vizinhos. Teve a confiança **de** me desmentir na cara! Não tenho confiança **n**essa gente; Tenha confiança **em** Deus. Não tive confiança **para** prosseguir. É um político que fala sem confiança **para** o que diz.*

confiança ≠ fé
Convém não confundir. **Confiança** é a segurança baseada em esperança: *ter confiança em Deus; ter confiança no presidente.* **Fé** é a segurança fundada em pressentimentos: *Os brasileiros sempre temos fé na seleção.*

confidência
Rege *a* (pessoa) e *acerca de, a respeito de, em relação a, quanto a* e *sobre* (coisa): *O presidente não é de fazer confidências nem **a** sua mulher. Ninguém fez nenhuma confidência **acerca da** (ou **a respeito da**, ou **em relação à**, ou **quanto à**, ou **sobre a**) reforma agrária.*

confirmação
Rege *de...a* (pessoa) e *de...em* (coisa): *A confirmação **d**essa notícia **a**os repórteres foi feita pelo ministro. A confirmação **do** ministro **n**o cargo foi feita pelo próprio presidente.* Antecedida de *em*, aparece combinada com *de*: ***Em*** *confirmação **da** minha tese, opinou o senador.* ***Em*** *confirmação **d**essa verdade, levantaram-se vários cientistas.* ***Em*** *confirmação **do** que digo, estão aí os fatos.* Não convém usar "em confirmação a".

confisco ≠ desapropriação
Convém não confundir. **Confisco** é a apreensão em proveito do fisco ou do governo: *O confisco do dinheiro do brasileiro em 1991 foi um acinte à cidadania e ao bom-senso.* **Desapropriação** é a privação da propriedade, em nome de um benefício público: *A desapropriação da área se deve à construção do novo aeroporto. O governo procedeu à desapropriação de milhares de hectares de terra, para a construção dessa estrada. Haverá muita desapropriação, para a promoção da reforma agrária.*

confissão
Adj. corresp.: *confessional*. Portanto, *sigilo de confissão = sigilo confessional*. Rege *de...a* e *sobre* (coisa): *A confissão **d**os pecados **a**o padre era muito natural naquela época. Eles nunca fizeram confissões **sobre** a verdadeira condição da economia de seu país.*

conflagração
Apesar de ser assim, há muita gente que deseja mesmo é uma "confraglação" e até uma "conflagação".

confluência / confluente
Regem *a* ou *para*: *A confluência do Amazonas **a**o (ou **para** o) mar. O Amazonas é um rio confluente **a**o (ou **para** o) mar.*

conformação / conformado
Regem *a* ou *com*: *É visível a conformação do sertanejo **à** (ou **com** a) sua sorte. O sertanejo é um homem conformado **à** (ou **com** a) sua sorte.*

conformar
Rege *a* ou *com* (harmonizar, conciliar, adequar): *Procure conformar seu padrão de vida **a**o (ou **com** o) seu salário!*

conforme
Rege *a* (ajustado, afinado), *com* (igual, idêntico; coerente) e *em* (afinado, concorde): *É uma idéia muito conforme **à** minha. As declarações contidas na entrevista não parecem conformes **a**o pensamento do autor. As xérox devem estar conformes **com** o original. No exercício da presidência, ele tem se mostrado conforme **com** as promessas de campanha. O presidente e o ministro são homens conformes **n**o objetivo de fazer o país crescer.* Usada sem a preposição, esta palavra adquire função prepositiva ou conjuntiva: *Dançar **conforme** a música. Fiz tudo **conforme** combinamos.* V. **consoante**.

conformidade
Rege *a* ou *com* (resignação) e *de...com* ou *entre* (harmonia, correspondência, adequação): *A conformidade do serta-*

*nejo **à** (ou **com** a) sua sorte é histórica. A conformidade **d**os gestos **com** a emoção era uma das grandes virtudes de Hitler em seus discursos. Deve haver conformidade **entre** gestos e emoção no discurso.* Antecedida de *em*, pode aparecer combinada com a preposição *com*: *Agiu **em** conformidade **com** a lei. Escreva sempre **em** conformidade **com** as regras ortográficas em vigor! **Em** conformidade **com** o disposto no artigo tal...* Outras combinações, neste caso, devem ser desprezadas.

conforto
Tanto o singular quanto o plural têm o **o** tônico fechado.

confrade
Membro de confraria e, por extensão, companheiro, colega, camarada. Fem.: *confreira*.

confraternizar
É verbo intransitivo, e não pronominal: *Os jogadores e o árbitro, ao final da partida, **confraternizaram**. Acabam de **confraternizar** os presidentes dos dois países. No Natal e na passagem de ano, as pessoas **confraternizam** e esquecem as suas diferenças.*

confusão
Rege *de...com* ou *entre, de e entre...acerca de* (ou *a respeito de*, ou *em relação a*, ou *em torno de*, ou *quanto a*, ou *sobre*): *A confusão **de** sanfona **com** acordeom é comum. A confusão **entre** sanfona e acordeom é comum. Essa confusão **de** idéias é própria dele. Existe muita confusão **entre** boa parte das pessoas **acerca d**a (ou **a respeito d**a, ou **em relação à**, ou **em torno d**a, ou **quanto à**, ou **sobre** a) palavra cadáver, que muitos acreditam significar carne dada aos vermes.* Neste último caso, a primeira regência pode ser omitida: *Existe muita confusão acerca da...palavra cadáver, ...*

congelamento / congelação
Ambas são variantes na acepção de *esfriamento*: *congelação* (ou *congelamento*) *de alimentos*, *congelação* (ou *congelamento*) *da água*. Em sentido figurado, porém, só se emprega *congelamento*: *congelamento de salários*, *congelamento de preços*, *congelamento do aluguel*, *congelamento da dívida externa*.

congênere
Rege *a* ou *de* e *em*: *As revistas são publicações não concorrentes dos jornais, mas congêneres **a** eles (ou **d**eles). São obras congêneres **em** conteúdo.*

congestionar
Na acepção eminentemente brasileira de *engarrafar* (trânsito), é transitivo direto e pronominal, mas não intransitivo (conforme se registra alhures): *Os caminhões congestionam o trânsito nas estradas. As estradas **se** congestionam com o tráfego de tantos caminhões.*

congratulação
Rege *com* ou *para com...por* ou apenas *por*: *A congratulação **com** (ou **para com**) os pentacampeões mundiais **por** tão importante conquista não podia ser diferente, ou seja, com muitos fogos e alegria. Os pentacampeões receberam em Brasília congratulações **pel**a conquista.*

congruência
Rege *de...com* ou *entre*: *É preciso que haja congruência **d**a teoria **com** a prática. É preciso haver congruência **entre** a teoria e a prática.*

congruente
Rege *a* (apropriado) e *com* (coerente): *Esses exercícios não são congruentes **à** sua massa muscular. Às vezes, a prática não é congruente **com** a teoria.*

conhecer
Por ser verbo transitivo direto, usa-se assim: *ela **o** conhece, eu **a** conheço, ela **os** conhece, eu **as** conheço*. No Nordeste, todavia, é comum substituir o pronome *o* (e variações) por *lhe* (e variação). Então, comumente se ouve: *Eu não "lhe" conheço, o que é que você quer comigo?!* Convém conhecer?...

conhecido
Rege *a* ou *de* (habitual, familiar), *como* ou *por* (chamado, denominado) e *de* ou *por* (na voz passiva): *A voz e o cheiro do dono têm de ser bem conhecidos **a**os (ou **d**os) cães, para que eles não confundam alhos com bugalhos, principalmente à noite. Esse fato era segredo de família, portanto só conhecido **a** (ou **de**) seus membros. O governador começou a ser conhecido **como** (ou **por**) larápio. O fenômeno é conhecido **como** (ou **por**) El Niño. Esse fenômeno é conhecido **de** (ou **por**) todos os meteorologistas.*

conhecimento
Rege *de* ou *sobre* (ciência), *com* (contato, relacionamento, amizade) e *em* (experiência): *Não tenho conhecimento **d**esse (ou **sobre** esse) assunto. A mulher tem perfeito conhecimento **d**as (ou **sobre** as) farras do marido. Na faculdade, travou conhecimento **com** um mundo de gente, de todas as partes do país. Falta-lhe conhecimento **n**o assunto.*

conivência / conivente
Regem *com* (pessoa)*...em* (coisa): *A conivência **com** o marido **n**o crime é notória. A mulher foi conivente **com** o marido **n**o crime.*

conivência ≠ cumplicidade
Convém não confundir. **Conivência** é a dissimulação ou silêncio em situação criminosa de que participou diretamente. **Cumplicidade** é o envolvimento num crime sem perpetrar o ato principal; é co-autoria em crime. A colaboração ou a ajuda num crime faz de uma pessoa cúmplice; a dissimulação ou o silêncio acerca dessa colaboração faz dela conivente. Uma pessoa pode, assim, ser cúmplice de um ato culposo sem ser conivente, mas este será sempre cúmplice. Ou seja, todo conivente é cúmplice, no entanto nem todo cúmplice é conivente.

conjetura / conjectura
Ambas as formas existem. Usam-se com *acerca de, a respeito de* e *sobre*: *Não posso fazer conjeturas **acerca d**o* (ou ***a respeito d**o,* ou ***sobre** o*) *dia de amanhã.*

conjetura ≠ conjuntura
Convém não confundir. **Conjetura** é a inferência ou julgamento baseado em evidência incompleta ou equívoca; é o juízo precipitado, a adivinhação, a especulação, a suposição: *Podemos formular conjeturas acerca das próximas eleições. Raciocinar por conjeturas é sempre muito perigoso.* **Conjuntura** é a situação resultante da confluência de circunstâncias: *Como a conjuntura não lhe era favorável, não quis tocar em assunto tão delicado.* Significa, ainda, oportunidade, combinação de fatos que propiciam uma crise.: *Naquela conjuntura não se podia reivindicar aumento de salários. A explosão demográfica era uma preocupação a mais naquela conjuntura mundial.*

conjugação
Rege *de...com*: *A conjugação de talento **com** trabalho produz arte.* Antecedida de *em*, aparece com a preposição *com*: *Devemos reciclar os professores **em** conjugação **com** o aumento de seus salários.*

cônjuge
Cada um dos casados em relação ao outro; consorte. Para a distinção de sexo, usam-se as palavras *masculino* (o cônjuge masculino) e *feminino* (o cônjuge feminino). Assim, naturalmente, quando o contexto não permite o emprego apenas de *o cônjuge.* Pronuncia-se como se escreve: *cônjuge.* Há, no entanto, quem diga "cônjugue".

conjuntamente
Rege *com*: *A reciclagem dos professores deve ser feita conjuntamente **com** a substancial melhoria de seus salários.*

conjuração ≠ conspiração
Convém não confundir. Os dois termos pressupõem a união de pessoas para cometer atos subversivos, mas a **conspiração** é o passo inicial da **conjuração**, que sempre supõe um propósito, uma intenção nova ou antiga. A *conspiração*, ao contrário, pode ser meramente casual. *Conjuração* se toma geralmente em mau sentido, porque, de fato, sempre o é para a situação vigente, mas foi graças a uma *conjuração* que demos os primeiros passos para a independência política. Podem algumas pessoas conspirar sem chegar a conjurar. Na verdade, todos os dias estamos, ao menos mentalmente, conspirando, seja contra autoridades do governo, seja contra pessoas que vivem à nossa volta. A *conspiração* é a maquinação diabólica própria de espíritos revolucionários; a *conjuração*, não menos diabólica, coabita espíritos resolutos, práticos, decididos a ir à luta. A *conjuração* é, assim, a fase mais adiantada da *conspiração*. O movimento de independência liderado por Tomás Antônio Gonzaga, Cláudio Manuel da Costa e Joaquim José da Silva Xavier, o Tiradentes, entre outros, chamou-se *Conjuração Mineira*, a que muitos, impropriamente, chamam "Inconfidência Mineira".

conjurar ≠ esconjurar ≠ exorcizar
Convém não confundir. **Conjurar** é expulsar com clamor, em nome de Deus, um demônio do corpo de alguém. **Esconjurar** é conjurar imprecando, maldizendo, proferindo até palavrões contra o espírito maligno. **Exorcizar** é expulsar (o eclesiástico), de pessoa ou lugar, suposto espírito do demônio, mediante adjurações e cerimônias verbais ou rituais.

conosco
V. **com nós / conosco**.

conquista
Rege *de...a...por* ou *de...a* (ou *para*) e *sobre*: *A conquista **d**o Acre **à** Bolívia **pel**o Brasil foi feita de forma tranqüila. A conquista de adeptos **a** (ou ***para***) sua causa não foi difícil. O projeto Fome Zero é uma conquista do brasileiro **sobre** a miséria.*

conquistado
Rege *a* (tomado; atraído, aliciado): *O Acre foi conquistado **à** Bolívia de forma tranqüila. Os fiéis conquistados **a** essa seita são obrigados a colaborar mensalmente com ela.*

consagração
Rege *de...a* ou apenas *a*: *A consagração **d**a vida **a**o bem público é para poucos. A consagração **às** letras e **às** artes lhe aprimorou a comunicação.*

consagrado
Rege *a*: *O tempo consagrado **a**o estudo é o mais precioso de todos.*

consangüíneo / consangüinidade
Note: em ambas as palavras o *u* tem trema, portanto soa. V. **sangüinário / sangüinário**.

consciência
Rege *de* ou *sobre* (nome) e apenas *de* (oração): *Ela não tinha consciência **d**o* (ou ***sobre** o*) *mal que fazia a seus filhos, procedendo assim. Ela não tinha consciência **de** que prejudicava seus filhos. Tenho consciência **de** ter feito o que pude para salvá-la.* Esta palavra não admite pronome possessivo, quando a idéia de posse é clara. Ex.: *Perdi a consciência.* (E não: Perdi a "minha" consciência.) *Ela está com a consciência limpa.* (E não: Ela está com a "sua" consciência limpa.) *Estou com a consciência tranqüila.* (E não: Estou com a "minha" consciência tranqüila.) *Estamos com a consciência pesada.* (E não: Estamos com a "nossa" consciência pesada.) Quando a idéia de posse não for clara, naturalmente aparecerá o pronome: ***Minha** consciência está limpa. **Sua** consciência está suja. **Nossa** consciência está tranqüila.*

consciencioso
Rege *com* ou *para com...em* ou apenas *em*: *Trata-se de um médico consciencioso **com** (ou **para com**) seus pacientes nos diagnósticos que faz. É um médico consciencioso **n**os diagnósticos que faz.*

consciente / cônscio
Regem *de*: *As pessoas devem estar conscientes (ou cônscias) **d**a gravidade do problema ambiental no mundo.*

conscientização
Rege *de...para* (ou *sobre*) ou apenas *para* (ou *sobre*): *É fundamental a conscientização de todos **para** (ou **sobre**) a preservação do meio ambiente. Se todos tivessem a sua conscientização **para** (ou **sobre**) os males do cigarro, não haveria a indústria do tabaco no mundo.*

conseguir
É verbo transitivo direto, por isso não aceita a preposição "com" antes de oração desenvolvida: *Os pais conseguiram que a sua única filha casasse com um político famoso. O governo conseguiu que a inflação cedesse.* Volta e meia se encontra "conseguir com que".

conselho
Rege *a respeito de* ou *sobre*: *O pai lhe deu conselho **a respeito d**a (ou **sobre** a) maneira de se comportar no Exército.*

consenso
Rege *entre... em* (verbo ou palavra derivada de verbo) ou *entre...acerca de* (ou *a respeito de*, ou *em relação a*, ou *quanto a*, ou *sobre* (coisa): *Não houve consenso **entre** os professores **em** escolher o material didático para a escola. Não houve consenso **entre** os professores **n**a escolha do material didático. Não houve consenso **entre** os professores **acerca d**o (ou **a respeito d**o, ou **em relação a**o, ou **quanto a**o, ou **sobre** o) material didático a ser escolhido para a escola.*

consenso "geral"
Visível redundância: *consenso* já significa *unanimidade de opinião, opinião geral.*

consentâneo
Rege *a* (apropriado) e *com* (coerente): *É uma medida consentânea **à** solução da crise. É um governo consentâneo **com** os seus princípios políticos.*

consentir
Pode ser transitivo direto ou transitivo indireto, indiferentemente e rege *com* ou *em* (coisa) e apenas *em* (oração): *O pai não consentiu o (ou **com** o, ou **n**o) casamento da filha. Na verdade, o governo consente o (ou **com** o, ou **n**o) vandalismo dos membros desses movimentos sociais. O presidente acabou consentindo a (ou **com** a, ou **n**a) entrevista. Os pais consentiram **em** casar a única filha com aquele rapaz. O pai dela não consentiu **(em)** que viajássemos juntos. Não posso consentir **(em)** que você termine nosso noivado, sem me explicar os motivos de sua atitude.* Embora se possa omitir a preposição *em*, com as orações desenvolvidas, convém empregá-la. Como transitivo direto e indireto, rege *a* (pessoa): *O pai não consentiu o namoro **à** filha. O rapaz não consente **à** namorada que saia de casa.*

conseqüência
Rege *de...em* (ou *sobre*): *A conseqüência **d**os raios ultravioleta **n**a (ou **sobre** a) pele das pessoas pode ser um câncer. A conseqüência **d**a alta do dólar **n**a (ou **sobre** a) inflação é matemática.* Antecedida de *como, em* ou *por* pode aparecer combinada com *a* ou *de*: *A inflação sobe **como** (ou **em**, ou **por**) conseqüência **à** (ou **d**a) alta do dólar.*

conseqüente
Rege *a* (seguinte) e *com* ou *em* (coerente): *A eleição conseqüente a esta pode ser ainda mais rápida. É um partido conseqüente **com** (ou **em**) seus princípios! Os evangélicos sempre foram muito conseqüentes **com** (ou **em**) suas crenças.*

conservar
É rigorosamente pronominal na acepção de manter-se, ficar, permanecer: ***Conserve-se** a distância, por favor! Nas rodovias brasileiras, os motoristas devem **conservar-se** à direita.* Apesar de ser assim, os avisos nas nossas rodovias alertam: "Conserve a direita". Seria de se perguntar: Com quê? Com bombril, com saponáceo ou com sabão em pó?...

conservar ≠ preservar
Convém não confundir. **Conservar** é proteger de prejuízo ou dano, é impedir que se acabe ou deteriore: *conservar livros, conservar discos, conservar o carro, conservar os cabelos bem-penteados, conservar o bronzeado, conservar as carnes, conservar os alimentos em geral.* **Preservar** é manter intacto: *preservar uma área ecológica, preservar o meio ambiente, preservar monumentos históricos, preservar a camada de ozônio, preservar a paz. Conservar* se refere geralmente a um indivíduo e sempre ao presente; *preservar* diz respeito mais à coletividade e a um futuro possível. Quem se põe a *preservar* algo sempre se mostra disposto a agir em defesa do objeto da preservação, participando de passeatas, manifestações, etc. Declarou certa vez um governo amazonense: *Devemos procurar **conservar** a Amazônia; **preservar** é burrice.*

consideração
Rege *a, com, para com* ou *por* (apreço, estima, respeito) e *acerca de* ou *a respeito de* ou *sobre* (reflexão, comentário, observação): *Tenho muita consideração **a** (ou **com**, ou **para com**, ou **por**) todos os meus colegas. Ter consideração **a**o (ou **com** o, ou **para com** o, ou **pel**o) sentimento dos outros. Fiz algumas considerações **acerca de** (ou **a respeito de**, ou **sobre**) esses costumes indígenas.* Antecedida de *por*, aparece combinada com *a* ou *de*: *Tudo o que fiz foi **por** consideração **a** (ou **de**) meus colegas.*

considerado
Os predicativos representados por substantivos, tanto os do sujeito quanto os do objeto, vêm antecedidos de *co-*

mo ou não, indiferentemente: *Esse presidente é considerado um homem de bem* (ou **como** *um homem de bem*). *O povo o considera um homem honesto* (ou **como** *um homem honesto*). Os predicativos representados por adjetivos, no entanto, não aceitam *como*: *Esse presidente é considerado competente. O povo o considera competente.*

considerar

Por ser verbo transitivo direto, usa-se assim: *ela **o** considera, eu **a** considero, ela **os** considera, eu **as** considero*. No Nordeste, todavia, é comum substituir o pronome *o* (e variações) por *lhe* (e variação). Então, comumente se ouve: *Saiba, Nonato, que eu "lhe" considero muito, seu cabra-da-peste!* Seria verdade?...

consignar

Conj.: *consigno, consignas, consigna, consignamos, consignais, consignam* (pres. do ind.); *consigne, consignes, consigne, consignemos, consigneis, consignem* (pres. do subj.). O *g* se pronuncia debilmente e nas formas rizotônicas o acento recai no *i*: *consígno, consígnas, consígna*, etc., e não "consiguino", "consiguinas", "consiguina", etc.

consigo

No português do Brasil, este pronome só se deve empregar com sentido reflexivo, ou seja, em referência ao sujeito da oração: *Trouxe os documentos **consigo**? Ela fala **consigo** mesma. Quando ela ia ao médico, levava sempre o marido **consigo**.* Não pode referir-se à pessoa com quem se fala, equivalendo a *com você, com o senhor*, etc. Assim, por exemplo: *Juçara, quero falar "consigo" a sós. Manuel, estou muito aborrecido "consigo". Concordo inteiramente "consigo", meu amigo!* Em Portugal, porém, tal emprego é normal.

consistir

Este verbo rege *em* (ser formado ou composto, compor-se), e não "de": *O esqueleto humano consiste **em** muitos ossos. Minha biblioteca consiste **em** algumas obras raras. A Terra consiste **em** três quartos de água. A dieta das modelos consiste **em** alface, **em** alface e **em** alface...*

consoante

Rege *a* ou *com*: *Era um costume consoante **a**o* (ou ***com** o*) *gosto daquela época. O traje tem de ser consoante **à*** (ou ***com** a*) *importância da festa.* A exemplo de *conforme*, também exerce a função de preposição: *Dançou consoante a música.*

consolação / consolo

Rege *a* ou *de*: *Para consolação* (ou *consolo*) ***às*** (ou ***d**as*) *vítimas da catástrofe, esteve presente no hospital, em visita a elas, o presidente da República.*

consonância

Rege *de...com* ou *entre*: *A consonância **d**a linguagem **com** os gestos é fundamental nesta representação teatral. A consonância **entre** linguagem e gestos é fundamental nesta representação.*

conspiração

Rege *contra*: *A conspiração **contra** o governo de João Goulart começou nos quartéis.*

constante

Rege *de* ou *em* (incluído) e apenas *em* (firme, contínuo): *Seu nome era constante **de*** (ou *em*) *todas as listas de aprovados. É uma palavra constante **d**os* (ou ***n**os*) *melhores dicionários. O rapaz era constante **em** seus pontos de vista.*

constar

Rege *de* ou *em* (estar registrado ou consignado): *Segundo consta **d**os* (ou ***n**os*) *autos, o fato não se deu bem assim. Essa palavra não consta **d**o* (ou ***n**o*) *meu dicionário.* Na acepção de *ser do conhecimento geral, correr*, só se usa na terceira pessoa do singular: *Consta que o chupa-cabras era, na verdade, um extraterrestre.* Ainda só nessa pessoa e número se usa o verbo constar quando significa *chegar ao conhecimento* e, neste caso, pode ser transitivo indireto: *Não me consta que ela ainda o ame.*

consternação / consternado

Regem *com* ou *por*: *Havia muita consternação **com*** (ou ***por***) *essa notícia, em Brasília. Todos ficaram consternados **com*** (ou ***por***) *essa morte.*

constituído

Rege *de* ou *por* e *em* (antes de predicativo): *Era um grupo constituído **de*** (ou ***por***) *vários intelectuais. A nação brasileira é constituída **de*** (ou ***por***) *várias raças. O tio foi constituído **em** procurador do menor.*

constituir

Pode ser transitivo direto ou pronominal. Como transitivo direto: *O ouro **constitui** uma das riquezas nacionais. Essa mulher **constitui** a minha razão de viver. O caso vai **constituir** um problema a mais para a polícia. Esse assunto ainda **constitui** segredo.* Como pronominal, rege *em*: *O ouro **se constitui n**uma das riquezas brasileiras. Essa mulher **se constitui n**a minha razão de viver. O caso vai **constituir-se** num problema a mais para a polícia. Esse assunto ainda **se constitui** em segredo.* Muitos confundem o emprego deste verbo com o de *tornar-se* e, assim, não empregam a preposição. Em Portugal, porém, é comum esta construção: *Ela se tornou "em" grande sucesso de vendas.* No Brasil, não.

constrangido

Rege *a*: *O ministro, não querendo sair de livre e espontânea vontade, foi constrangido **à** demissão.*

construído

Rege *com* ou *de* e *sobre*: *Casa construída **com*** (ou ***de***) *taipa. É um ensino construído **sobre** modelo pedagógico ultrapassado.*

construir

Conj.: *construo, constróis* (ou *construis*), *constrói* (ou *cons-*

truí), construímos, construís, constroem (ou *construem*) (pres. do ind.); *construa, construas, construa, construamos, construais, construam* (pres. do subj.). As formas entre parênteses existem, mas já se consideram arcaizantes. Por ele se conjugam *destruir* e *reconstruir*.

consubstanciado

Rege *a* ou *com* (identificado) e *em* (materializado, corporificado, concretizado): *Eram ideais consubstanciados às* (ou *com as*) *aspirações do povo. O ideal de beleza dos gregos está consubstanciado nas estátuas de seus escultores*.

consubstancial

Rege *a* ou *com*: *A língua falada não é menos consubstancial à* (ou *com a*) *literatura que a língua escrita. Na Santíssima Trindade, o Filho é consubstancial ao* (ou *com o*) *Pai*.

consuetudinário

Baseado nos usos e costumes; costumeiro: *direito consuetudinário*. Pronuncia-se *consuètudinário* (o *e* soa levemente aberto). A palavra deriva de *consueto* (usual, costumado), que tem *e* tônico aberto.

cônsul

Representante diplomático(a) de uma nação em país estrangeiro, para cuidar de assuntos comerciais e ali prestar assistência a cidadãos de seu país. Nesta acepção é substantivo comum-de-dois no português contemporâneo: *o cônsul, a cônsul*. O feminino *consulesa* se reserva à esposa do cônsul. Poucos dicionários registram a diferença. E os ranhetas não aceitam a distinção de jeito nenhum. Esquecem-se de que a língua é um fenômeno dinâmico. Note que *embaixadora* é a chefe de embaixada; *embaixatriz*, a esposa do embaixador. Na ONU não há embaixatrizes, mas apenas embaixadoras. Num consulado, há *cônsules*, e não *consulesas*. Pl.: *cônsules*.

consulta

Rege *a* (pesquisa), *acerca de, a propósito de, sobre* (objeto de pesquisa) e *com...sobre* (busca de diagnóstico, conselho, informação, orientação, instrução, etc.): *Fiz uma consulta ao dicionário. Antes de oficializar a medida, o governo resolveu fazer uma consulta à população. Fiz consulta acerca dessa* (ou *a propósito dessa*, ou *sobre essa*) *pessoa nos arquivos policiais. Os alunos fazem consulta acerca dos* (ou *a propósito dos*, ou *sobre os*) *planetas. Faça uma consulta com seu cardiologista sobre essa dor no braço esquerdo! A beata resolveu fazer a sua costumeira consulta com o padre sobre o problema*.

consultado

Rege *acerca de, a propósito de, a respeito de* e *sobre*: *Foram dezenas de especialistas consultados acerca do* (ou *a propósito do*, ou *a respeito do*, ou *sobre o*) *problema*.

consultar

É verbo transitivo direto, e não pronominal: *Consultei um bom médico. Vou consultar um advogado. A beata consultou o padre*. Portanto, não se constrói: *Eu "me consultei com" um bom médico. Ela "se consulta" sempre "com" esse padre*. Repare que nunca ninguém "se consultou com" o travesseiro. As pessoas prudentes consultamos o travesseiro, naturalmente.

consumação obrigatória

Expressão consagrada, mas merece reparos. Quem vai a um barzinho com a namorada, a noiva, ou até com a mulher, muitas vezes está obrigado a consumir um limite mínimo de bebida ou de comida, fixado pela casa. Diz-se, então, que o bar cobra *consumação obrigatória*. Mas o substantivo correspondente de *consumir* é *consumição*, e não *consumação*, que pertence à família de *consumar*. Entre nós, brasileiros, essa troca já se consumou. Não deixa de ser uma consumação obrigatória...

consumar

É comum o equívoco deste verbo com *consumir*, mormente no presente do subjuntivo. Assim é que muitos usam: *Não podemos permitir que a burrice se "consuma" no país. O jogador quer que sua transferência para o futebol italiano se "consuma" logo*. Cabe, nas duas frases, naturalmente, a forma *consume*.

consumido

Rege *de* ou *por* e *em*: *Era um homem que vivia consumido de* (ou *por*) *preocupações. O tempo consumido no estudo é o de melhor proveito*.

consumir ≠ desperdiçar ≠ dilapidar ≠ dissipar ≠ esbanjar ≠ malbaratar

Convém não confundir. **Consumir** (que se conjuga por *fugir*) é gastar até o fim: *consumir toda a fortuna da família*. **Desperdiçar** é gastar inutilmente, sem proveito: *desperdiçar alimentos, desperdiçar energia, desperdiçar recursos*. **Dilapidar** é gastar (grande fortuna ou dinheiro público) à toa e em grande quantidade. Quem dilapida, todavia, não esgota necessariamente o dinheiro que tem à disposição. **Dissipar** é gastar (dinheiro, recursos, energia, etc.) à toa, em extravagâncias, futilidades, gratificações, etc.: *dissipar a fortuna na caça ao prazer; dissipar as energias em serviços menores*. **Esbanjar** é gastar rapidamente e à toa, sem critério: *esbanjar o salário em prostíbulos; cozinheira que esbanja muito óleo*. **Malbaratar** é gastar ou empregar mal (dinheiro), por fazer pouco-caso dele: *malbaratar tudo o que ganha*.

conta-giros / conta-gotas

Apesar de ser sempre assim, há quem use "o conta-giro", "o conta-gota". Pl.: os *conta-giros*, os *conta-gotas*.

contagiado

Rege *com, de* ou *por*: *Todo o mundo na repartição foi contagiado com o* (ou *do*, ou *pelo*) *vírus da gripe*.

contágio
Rege *com* ou *entre* e *de...com* (ou *por*): *O contágio **com** (ou **entre**) pessoas portadoras da doença é um risco. O contágio de crianças **com** (ou **por**) esse vírus é comum.*

contaminação
Rege *com*, *entre* e *de*: *A contaminação **com** pessoas infectadas é muito fácil nesse caso. A contaminação **entre** pessoas da mesma família é comum nesse caso. A contaminação **do** lençol freático reduz drasticamente a quantidade de água potável disponível para a população.*

contaminado
Rege *com*, *de* ou *por*: *O lençol freático foi contaminado **com** (ou **de**, ou **por**) metais pesados. O que existe é uma juventude inteiramente contaminada **com** a (ou **da**, ou **pela**) droga e **com** (ou **de**, ou **por**) valores espúrios.*

contar
Rege *com* (incluir no número ou na conta; esperar; dispor de; confiar em; ter como certo; esperar ajuda ou favor de; imaginar, supor): *Conto **com** você para o meu jantar. O aniversariante não contava **com** tanta gente, por isso faltou comida e bebida. É um ministério que conta **com** pouca verba. Eu sabia que não podia contar **com** essa gente. O candidato contava **com** os votos de sua família, que não vieram. O prefeito conta **com** a colaboração da população na manutenção da limpeza da cidade. A polícia não contava **com** a reação violenta dos manifestantes.* É, porém, transitivo direto (ter, possuir; ter de existência ou idade): *O exército cubano **conta** um milhão de soldados. Ela **conta** hoje 50 anos.*

contato
Rege *com*, *de* ou *entre*: *O contato **com** (ou **de**, ou **entre**) pessoas infectadas, neste caso, é fatal. Viveu bons anos no contato direto **com** a (ou **da**) natureza. O futebol é um esporte de contato **entre** os atletas. Era incomum o contato direto do povo **com** o (ou **do**) presidente. O contato **entre** o presidente e o povo é uma característica desse presidente.* Existe a variante contacto.

contêiner
Pl.: *contêineres*. Há os que usam "contêiners".

contemplação
Rege *com* ou *para com* (consideração, benevolência, condescendência) e *de* (apreciação): *Os senhores não tinham nenhuma contemplação **com** (ou **para com**) os escravos. Os guardas de trânsito estão multando sem nenhuma contemplação **com** (ou **para com**) os motoristas infratores. Tende mais contemplação **com** (ou **para com**) os defeitos alheios! Ficou absorto, na contemplação **da** paisagem.*

contemporaneidade
Embora seja assim, há muita gente que acredita na "contemporaniedade" das coisas.

contemporâneo
Rege *a* ou *de*: *Machado de Assis é contemporâneo **a** (ou **de**) Rui Barbosa.*

contente
Rege *com* (nome) e *de*, *em* ou *por* (verbo): *Estou contente **com** o serviço desse empregado. Estamos contentes **com** essa empregada. Estou contente **de** (ou **em**, ou **por**) poder colaborar contigo.*

conter
Como deriva de *ter*, não existem as formas "conti", "conteu", "contia", "contiam", "conteram", comuns na língua popular, mas apenas, respectivamente, *contive*, *conteve*, *continha*, *continham*, *contiveram*.

contestação
Rege *a* (negação; réplica, resposta) e *de* (impugnação): *Há contestação de muitos cientistas **à** teoria do bigue-bangue. Houve contestação **à** argüição. Houve contestação **do** resultado das eleições.*

conteste ≠ contraditório
Convém não confundir. **Conteste** é que está de acordo, é concorde. Depoimentos *contestes* são depoimentos uniformes, iguais, sem discrepâncias, como se fossem prestados por uma só pessoa ou, literalmente, como se as cabeças de todos os depoentes se unissem, formando uma só no momento do depoimento. *Conteste* nada mais é que, literalmente, testa com testa e tem como antônimo *contraditório*. Da mesma forma, *inconteste* não significa incontestável, mas sim que não foi testemunhado: *acidente inconteste, crime inconteste, casamento inconteste, atitudes incontestes*. Ou, ainda, contradizente, discrepante, contrário: *depoimentos incontestes, opiniões incontestes, provas incontestes*. Incontestável é que não pode ser contestado, questionado, negado. Apesar da diferença de significado existente entre *inconteste* e *incontestável*, há jornais que continuam trazendo: *Líder "inconteste" de audiência no país, a Rede Globo inicia sua fase de expansão no exterior. É "inconteste" que a maconha é uma porta que se abre para outras drogas.* Sem dúvida, *incontestável*.

contíguo
Rege *a* ou *com*: *Deram-me um apartamento contíguo **a**o (ou **com** o) de Daniella Cicarelli, no hotel! Nossa chácara era contígua **à** (ou **com** a) do ex-presidente.*

continuação
Rege *a* ou *de*: *A continuação **a**os (ou **d**os) trabalhos ficou a meu cargo.* Antecedida de *de* ou *em*, aparece combinada com *a*: *De (ou Em) continuação **à** campanha contra a dengue, foram tomadas inúmeras providências importantes.*

continuação ≠ continuidade
Convém não confundir. **Continuação** é prosseguimento, prorrogação, prolongamento: *a continuação de uma greve, a continuação de um trabalho, a continuação de uma leitura*. **Continuidade** é extensão ininterrupta, é sucessão ou fluxo ininterrupto; relaciona-se com elo, nexo, ligação: *a continuidade de uma trama, num romance. Uma novela, para despertar interesse, tem de ter continuidade entre um capí-*

tulo e outro, responsabilidade do contra-regra, e não apenas *continuação*. Um governo pode ter *continuidade* se for eleito o candidato situacionista, mas nem por isso terá *continuação*. A *continuidade* pressupõe tudo o que é contínuo, sem interrupção no seu todo; um deslizamento de terra compromete a *continuidade* de uma rodovia, impedindo a *continuação* da viagem; se a *continuidade* de um cabo de aço ficar comprometida, poderá haver um acidente. Muitos, no entanto, continuam falando em "continuidade" de greve. Quando justa, deve se lutar pela *continuação* de uma greve. Se uma estrada já não tem *continuidade*, não haverá *continuação* da viagem. Foi feliz um jornalista, ao escrever, logo após a posse de Lula na presidência da República: *José Aníbal afirma que o PSDB vai colaborar com o novo governo porque há* **continuidade**.

continuar
O grande problema do emprego deste verbo se relaciona com a concordância. Como aparece quase sempre antes do sujeito, é comum encontrá-lo só no singular, independentemente do número em que se encontra o sujeito. Exemplos do uso correto: **Continuam** *as manifestações por todo o país*. **Continuavam** *as greves. Espero que não* **continuem** *na televisão esses programas políticos. Você não queria que* **continuassem** *as invasões de terras? Até quando* **continuarão** *esses desmandos?*

continuidade
Rege *a*: *É preciso dar continuidade lógica e temporal* **à** *telenovela. O governo paulista, querendo dar continuidade* **à** *Rodovia Castelo Branco, abriu licitação para as obras.*

contorno
Tanto o singular quanto o plural têm **o** tônico fechado.

contra
Não se pode condenar o emprego desta preposição nas comparações do tipo: *A inflação foi de 80%* **contra** *um aumento de salário de apenas 30%. A taxa de desemprego no Brasil é de 22%* **contra** *5% nos Estados Unidos.*

contração
Rege *de...com*: *A contração* **da** *preposição a* **com** *o artigo a produz uma fusão a que se dá o nome especial de crase.*

contradição
Rege *a* ou *de* (oposição), *com* (incoerência) e *entre* (oposição): *Há muita contradição* **a** *essa (ou* **d***essa) teoria. A testemunha entrou em contradição* **com** *o que acabara de afirmar. Há contradição* **entre** *a teoria e a prática.* Antecedida de *em*, aparece combinada com a preposição *com*: *Ele faz um governo* **em** *contradição* **com** *todos os ideais do seu partido.*

contrafação
Apesar de ser assim, muitos insistem na "contrafacção" da palavra.

contraído
Rege *de* (adquirido), *de* (reduzido) e *em* (encolhido, apertado, crispado): *A doença foi contraída* **de** *um colega de escola. Bondoso é forma contraída* **de** *bondadoso. Tinha o rosto contraído* **em** *trejeitos, cada um mais estranho que outro.*

contralto
Voz feminina mais grave, entre o soprano e o tenor ou cantora que tem essa voz: *Teresa é um contralto famoso, o melhor contralto que já tivemos*. Note: embora se refira a mulher e a coisas eminentemente femininas, a palavra é masculina: **o** *contralto,* **um** *contralto; ela é* **bom** *contralto.* V. **soprano**.

contrapartida
Rege *a* ou *de*: *A contrapartida* **a** *esse (ou* **d***esse) sucesso todo era, além de prestígio, a renovação de contrato em bases mais generosas.*

contrapeso
Rege *a* ou *de*: *Tem na diversão do dia-a-dia profissional um ótimo contrapeso* **a***o (ou* **d***o) baixo salário e* **a***os (ou* **d***os) ossos do ofício.*

contraposição
Rege *a*: *A contraposição aos interesses da empresa é que foi a causa maior da sua demissão*. Antecedida de *em*, aparece combinada com *a*: *A linha política do governo estava* **em** *contraposição* **a***os ideais do partido.*

contrariado
Rege *com* (aborrecido, desgostoso) e *em* (impedido, obstado): *Ficou contrariado* **com** *a mulher, por desmenti-lo. Ficou contrariado* **com** *o desmentido da mulher. Contrariado* **em** *sua indicação pelo partido, desistiu da vida pública.*

contraste
Rege *de...com* (diferença marcante), *entre* e *em*: *É visível o contraste* **d***esta geração* **com** *a anterior. Há visível contraste* **entre** *as duas gerações. O contraste* **n***a forma de vestir entre a mãe e a filha era enorme.* Antecedida de *em*, aparece combinada com a preposição *com*: *O preto sempre se destaca,* **em** *contraste* **com** *o branco.*

contravenção
Rege *a* ou *de* (infração, transgressão; violação): *Agir em contravenção* **à** *(ou* **d***a) lei. Comportar-se em contravenção* **a***os (ou* **d***os) princípios de sua fé.*

contravir
Rege *a* (desrespeitar, infringir): *Um dos cônjuges contraveio* **a***o acordo firmado dias antes. Ninguém deve contravir* **às** *leis. A filha saiu, contravindo* **às** *ordens do pai.*

contribuição

Rege *a* (ou *com*, ou *em*, ou *para*) [colaboração material] e *em* ou *para* [colaboração cultural]: *Esta doação é apenas uma pequena contribuição da empresa **à** (ou **com** a, ou **na**, ou **para** a) campanha contra a fome. A contribuição dos idiomas indígenas e africanos **no** (ou **para** o) léxico português é significativa.*

contribuir

Rege *com* ou *para* [dar (dinheiro, roupa, comida, etc.) para um fundo comum], *para* (ter parte em algum resultado) e *com* [fornecer ou escrever (artigos, teses, etc.) para periódicos]: *Contribuiu **com** (ou **para**) a campanha do agasalho. Contribuímos **com** (ou **para**) a construção de uma creche. Contribuí **com** (ou **para**) o Natal dos pobres. O excesso de confiança contribuiu **para** a derrota da equipe. As promessas não cumpridas da campanha anterior contribuíram **para** que esse candidato não se reelegesse. Ele sempre contribui **com** belos artigos no jornal do bairro. Contribuiu **com** um poema no jornal da escola.*

controle

Rege *de* ou *sobre* (domínio) e apenas *sobre* (monitoramento, fiscalização): *O controle **dos** (ou **sobre** os) impulsos é importante num momento destes. Já parece certo o controle **da** (ou **sobre** a) inflação. É preciso maior controle **sobre** certos agentes penitenciários. O médico lhe pediu maior controle **sobre** a taxa de colesterol.* Esta palavra, quando substantivo, tem o *o* tônico fechado, assim como o plural: *controle, controles: O **controle** das emoções. O **controle** do surto da dengue. Os **controles** dos televisores.* Só como forma verbal é que tem o *o* tônico aberto: *Espero que o governo **controle** o surto da dengue. Todos esperamos que **controles** teus impulsos.*

controvérsia

Apesar de ser assim, muitos ainda alimentam a "controversa". Rege *com* (divergência) e *acerca de*, *a respeito de* ou *sobre* (polêmica): *As controvérsias **com** os patrões já foram superadas. Há muita controvérsia **acerca d**a (ou **a respeito d**a, ou **sobre** a) existência dos discos-voadores.*

conturbar ≠ perturbar

Convém não confundir. **Conturbar** é pôr em desordem e confusão (no senso exterior), é provocar agitação a, é agitar: *conturbar a ordem pública*. **Perturbar** é pôr em desordem e confusão (no senso interior): *Aquela carta dela me perturbou inteiramente. A presença dela ali muito me perturbava.* Usa-se, no entanto, na língua cotidiana, *perturbar* por *conturbar*: *A notícia "perturbou" a ordem pública. Os manifestantes "perturbaram" a reunião de cúpula.* O inconveniente maior, contudo, está no emprego de *conturbar* por *perturbar*: *Aquela carta dela me "conturbou" inteiramente. Perturbar* está relacionado com emoção, componente que não existe em *conturbar*, que a substitui por agitação.

convalescença

Embora seja assim, há muitos (até escritores e gramáticos) que continuam no firme desejo de entrar em "convalescência". Isto é: continuam doentes. V. **nascença**.

convencer

Usa-se assim: *ela **o** convenceu, eu **a** convenci, ela **os** convenceu, eu **as** convenço*. No Nordeste, todavia, é comum substituir o pronome *o* (e variações) por *lhe* (e variação). Então, comumente se ouve: *Falei, falei, até que "lhe" convenci.* Será? Rege *a* (antes de infinitivo) e *de* (antes de nome ou de oração desenvolvida): *Convenci-os **a** voltar ao trabalho. Convenci-o **da** miséria em que se encontrava. O rapaz convenceu a namorada **de** que ela estava errada.* Neste último caso, ainda, pode haver elipse da preposição, se bem que não muito aconselhável: *O rapaz convenceu a namorada que ela estava errada.* Como verbo pronominal, também rege *de* (que se pode omitir): *Convenci-me (de) que havia sido injusto com ela e lhe pedi perdão.*

convencido

Rege *a* (verbo) e *de* (nome e oração): *Ele foi convencido **a** renunciar. Estou convencido **da** tua inocência. Estou convencido **de** que és inocente. Estava convencida **de** que o casamento era uma maravilha.* Nas orações desenvolvidas, pode haver elipse da preposição, se bem que não muito aconselhável: *Estou convencido que és inocente. Estava convencida que o casamento era uma maravilha.*

conveniente

Rege *a* ou *para*: *A época era conveniente **às** (ou **para** as) viagens internacionais.*

convento

Adj. corresp.: *monástico* ou *monacal*. Portanto, *paz de convento = paz monástica; silêncio de convento = silêncio monacal*.

convento ≠ mosteiro

Convém não confundir. **Convento** é a casa de religiosos que vivem em comum, como irmãos, sujeitos às mesmas regras. **Mosteiro** é a casa religiosa onde vivem monges ou monjas, sob a autoridade de abade ou de abadessa. Pressupõe solidão e vida contemplativa; daí por que os *mosteiros* eram sempre construídos em lugares escuros, despovoados, longe do burburinho dos grandes centros urbanos.

convergir

Rege *para* ou *sobre*: *Todos os olhares convergiram **para** (ou **sobre**) mim. Todos os comentários convergiram **para** (ou **sobre**) a derrota do Brasil na Copa.*

conversa / conversar

Regem *acerca de*, *a respeito de* ou *sobre*: *A conversa **acerca de** (ou **a respeito de**, ou **sobre**) futebol antigamente não agradava às mulheres. Era importante o assunto **acerca d**o qual (ou **a respeito d**o qual, ou **sobre** o qual) conversavam?*

conversão

Rege *de...a* (mudança de religião, costumes, etc.) e *de...em* (troca, substituição): *A conversão **de** católicos **ao** protestantismo era grande. A conversão **de** reais **em** dólares é relativamente fácil.*

convés ≠ tombadilho
Convém não confundir. **Convés** (de pl. *conveses*) é a parte da cobertura superior de um navio, na qual os passageiros passeiam e conversam; é o mesmo que *deque*: *Apesar do forte vento, muita gente ainda passeia no **convés***. **Tombadilho** é a parte mais elevada do navio, entre a popa e o mastro de ré.

convicção
Rege *de* ou *sobre* e *acerca de*, *a respeito de*, *em relação a*, *quanto a* ou *sobre*): *A convicção **da** (ou **sobre** a) virgindade da filha é que a fez reagir assim. Havia ali muita convicção **acerca da** (ou **a respeito da**, ou **em relação à**, ou **quanto à**, ou **sobre a**) reencarnação.*

convicto
Rege *de*: *Estou convicto dos meus sentimentos por ela. Estamos todos convictos de que vocês serão muito felizes no casamento*. Neste último caso, que é de oração desenvolvida, pode haver elipse da preposição: *Estamos todos convictos que vocês serão muito felizes no casamento.*

convidado / convidativo / convite
Regem *a* ou *para*: *Fomos convidados **a** (ou **para**) um banquete. O lugar aqui é muito convidativo **à** (ou **para a**) meditação. O convite **ao** (ou **para o**) banquete já foi feito. Dizem que o casamento é um verdadeiro convite **ao** (ou **para o**) sofrimento.*

convidar
É transitivo direto (*quem o convidou?*) ou transitivo direto e indireto (rege *a* ou *para*): *Convidei-a **a** (ou **para**) ir ao cinema. Amigos me convidaram **a** (ou **para**) jantar. O calor nos convida **a** (ou **para**) tomar vários banhos diariamente*. Antes de substantivo ou de pronome relativo, todavia, convém usar somente a preposição *para*: *Amigos me convidaram **para** um jantar. Fomos convidados **para** um baile. Não fui à recepção **para** a qual me convidaram. Irei ao banquete **para** o qual ontem fui convidado.*

convir
Rege *em* (concordar): *Convim **na** opinião da maioria. Demorou, mas comprador e vendedor acabaram convindo **no** preço do carro*. Com oração desenvolvida, a preposição pode estar elíptica: *Convenha (em) que tenho razão! Ela conveio comigo (em) que era cedo para falarmos em casamento. Não quiseram convir (em) que eu pagasse a conta sozinho.*

convite
Rege *a* ou *para*: *Essa mulher é um enorme convite **ao** (ou **para o**) pecado. Este automóvel é um convite **à** (ou **para a**) velocidade.*

convivência / convívio
Regem *com* ou *de* e *de* ou *entre*: *Sinto-me na convivência (ou no convívio) **com** os (ou **dos**) meus animais domésticos. Natal é dia para estar na convivência (ou no convívio) **com** os (ou **dos**) familiares. Seria mesmo impossível, no Oriente Médio, a convivência (ou o convívio) **de** (ou **entre**) árabes e israelenses? É cada vez mais difícil a convivência (ou o convívio) **de** (ou **entre**) pais e filhos.*

conviver com
Pleonasmo que se tornou fato lingüístico.

conviver "juntos"
Visível redundância. Ou se usa *viver juntos* ou apenas *conviver*. *Quanto tempo vocês **vivem juntos** (ou **convivem**)?*

convocação
Rege *de...a* (ou *para*): *Já está sendo feita a convocação **de** reservistas **a** (ou **para**) apresentação imediata aos quartéis. A convocação **de** jogadores **à** (ou **para a**) nova seleção será feita amanhã. A convocação **de** ministros **à** (ou **para a**) reunião já foi feita.*

convocado
Rege *a* ou *para*: *O vice-presidente também foi convocado **à** (ou **para a**) reunião ministerial. Convocado **a** (ou **para**) comparecer em juízo, negou-se a fazê-lo, daí a razão de sua prisão.*

convolar
Rege *para* (trocar, mudar de estado): *Divorciou-se e, de repente, convolou **para** novas núpcias. O deputado convolou do PMDB **para** o PT. O juiz convolou o arresto **para** penhora. Convolou-se o comodato **para** locação*. As regências "convolar a" e "convolar em" devem ser desprezadas.

cooperação
Rege *com...em* (ou *para*) e *entre*: *A cooperação dos alunos **na** (ou **para a**) limpeza da escola ajuda na redução de gastos. A cooperação **entre** policiais e bandidos é inaceitável.*

cooperar
Rege *com* ou *para* (coisa) e apenas *com* (pessoa) [colaborar ou contribuir (com dinheiro, ajuda, trabalho, informação, compreensão, etc.) e *em* (atuar ao mesmo tempo e para o mesmo fim): *Coopere **com** (ou **para**) o progresso do país! Cooperei **com** (ou **para**) a campanha do agasalho. Cooperem **com** (ou **para**) a limpeza da cidade! Cooperei **com** as autoridades. Coopere sempre **com** a polícia! Cada órgão da administração pública deve cooperar **na** eficácia da máquina do Estado. Cada membro da nossa sociedade deve cooperar **na** solução dos nossos problemas.*

coordenação
Rege *de...a* (ou *com*): *A coordenação de uma oração **a** (ou **com**) outra é feita mediante conjunções coordenativas.*

coordenado
Rege *a* ou *com*: *É um trabalho coordenado **ao** (ou **com** o) Ministério da Saúde. Havia uma oração coordenada **à** (ou **com** a) outra.*

Copacabana

Famoso bairro carioca, que dá nome a famosa praia, chamada poeticamente *Princesinha do Mar*. Quem nasce em *Copacabana* é chamado(a) *copacabanense*. Quando nos referimos ao bairro, o adjetivo que acompanha este nome deve estar no masculino: *O roubo aconteceu em **pleno** Copacabana*. Quando nos referimos à praia, o adjetivo fica no feminino: *O arrastão aconteceu em **plena** Copacabana*.

copão / copinho

Ambas se pronunciam com o primeiro **o** aberto.

copioso

Rege *de* ou *em*: *O dicionário é copioso **de** (ou **em**) exemplos*.

copirraite

É o aportuguesamento do inglês *copyright*, mas muitos ainda insistem em escrever esta forma, preterindo aquela. O **o** soa aberto: *có*.

copo d'água / copo de água / copo dágua

As três formas são boas de grafar esta expressão.

copo d'água ≠ copo com água

Convém não confundir. **Copo d'água** é copo cheio de água. Pede-o quem está com muita sêde. **Copo com água** é copo com alguma água. Pede-o, por exemplo, quem precisa tomar um comprimido contra dor de cabeça.

copo d'água "gelado"

Se for para tomar, peça um copo dágua *gelada*: é mais saudável...

coração

Adj. corresp.: *cardíaco* (sentido lato); *cordial* (sentido figurado). Portanto, *ataque do coração* = *ataque cardíaco*; *amigo do coração* = *amigo cordial*.

coradouro / quarador / quaradouro

As três formas existem, mas a primeira é preferível. O *coradouro* é o lugar ao ar livre e ao sol onde se estendem peças de roupa, para corar ou clarear.

coragem

Rege *de*, *em* ou *para*: *A coragem **da** (ou **na**, ou **para** a) mudança da política econômica surgiu com este governo. A coragem **de** (ou **em**, ou **para**) fazer as reformas de que o país precisava teve este governo*.

corajoso

Rege *em* (nome) e *em* ou *para* (verbo): *Ela foi corajosa **na** manifestação dos seus sentimentos perante o rapaz. Ele foi corajoso **em** (ou **para**) fazer as mudanças que o Brasil reclamava*.

corbelha

Pronuncia-se *corbêlha*.

corça

Fêmea do *corço*. Pronuncia-se *côrça*, mas o povo só diz "córça". Existe um modelo de veículo nacional com o nome *Corsa*, grafia correta, já que não se refere ao animal, mas a uma espécie de veículo puxado por homens, para o transporte de pessoas, existente na ilha da Madeira.

corço

Pronuncia-se *côrço*. Também com **o** fechado o feminino e o plural: *corça*, *corços*. Não confunda com *corso*.

corcovo

No plural, o **o** tônico é aberto.

cor-de-rosa

Não varia: *camisas cor-de-rosa*, *meias cor-de-rosa*, etc. Se se usar apenas *rosa*, também não haverá variação: *lenços rosa*, *camisas rosa*, *meias rosa*, etc.

cordial / cordialidade

Regem *com* ou *para com*: *Ele sempre foi cordial **com** (ou **para com**) os colegas. A cordialidade **com** (ou **para com**) os colegas só o beneficia no trabalho*.

Corinthians

O nome oficial deste popular clube paulista é *Sport Club Corinthians Paulista*. Os jornais começaram a trazer a forma "Coríntians", na tentativa de aportuguesamento. A emenda ficou muito pior que o soneto, já que em português não existem palavras terminadas em *-an* ou *-ans*, mas apenas em *-ã*, *-ãs*. Assim, se quisessem aportuguesar corretamente, fariam assim: *Coríntiãs* (forma com que nem palmeirense iria concordar). Neste caso cabe estrita fidelidade ao nome original: *Corinthians*. Já o adjetivo *corintiano* não deve trazer o *h*. É caso semelhante ao de *Bahia*, em que o adjetivo se grafa sem o *h*: *baiano*. Os torcedores corintianos, todavia, às vezes levam faixas ao estádio com a forma "corinthiano". Haveria algum "bahiano" entre eles? O nome tem origem em *corinthians* (corintianos), aqueles que nasciam ou habitavam em Corinto, antiga cidade grega. Os antigos corintianos, tidos por boas-vidas, gostavam muito de luxo e de luxúria. Os atuais, nem tanto... Para encerrar, apenas uma recomendação, pronuncie claramente os fonemas finais; nunca diga "coríntia"! V. **Palmeiras**.

córner

Pl.: *córneres*. Há, no entanto, quem use "córners".

corno / coro

Ambas, no plural, têm o **o** tônico aberto.

coronel

Fem.: *coronela*. Adj. corresp.: *coronelesco* ou *coronelício*: ordem *coronelesca*; solicitação *coronelícia*. Abrev.: *cel.* ou *c.el.* O tratamento devido a *coronel* é *Vossa Senhoria* (V. Sª).

corpo

O plural tem o **o** tônico aberto. Dim. pl.: *còrpinhos*.

corpo-a-corpo ≠ corpo a corpo
Convém não confundir. **Corpo-a-corpo** é a luta física ou contato físico entre pessoas: *Naquela época, as guerras não passavam de **corpo-a-corpo**. É um jogador que gosta do **corpo-a-corpo**.* Pl.: os *corpo-a-corpo* (inv.). **Corpo a corpo** é uma expressão, e equivale a de corpo contra corpo: *Naquela época, as guerras eram feitas **corpo a corpo**.*

corpo de delito
Há repórteres que não conseguem dizer esta expressão por inteiro. Só sai "corpo delito".

correção
Adj. *correcional: Órgão incumbido de atividades **correcionais**.*

correio
Adj. corresp.: *postal*. Portanto, *caixa do correio = caixa postal; entregas do correio = entregas postais*.

correlação
Rege *de...com* ou *entre: A correlação **d**este crime **com** o outro me parece precipitada. A correlação **entre** os dois crimes me parece precipitada.*

correlacionado
Rege *a* ou *com* e *entre: Estaria esse crime correlacionado **à**quele (ou **com** aquele)? Estariam ambos esses crimes correlacionados **entre** si?*

correlato / correlativo
Regem *a* ou *com: Há muitas palavras correlatas (ou correlativas) **a** (ou **com**) essa em nossa língua. Dizem que nenhum idioma possui termo correlato (ou correlativo) **a** (ou **com**) saudade.*

corre-mão
V. **corrimão / corre-mão**.

correr atrás do "prejuízo"
Só os danados da sorte têm interesse nessa corrida. Aqueles que desejam dar a volta por cima ou, melhor, os que preferem inverter uma situação adversa, correm atrás do *lucro* (que é o que interessa).

correspondência
Rege *a* ou *para* (retribuição), *de...com* (relação), *de...entre, com...acerca de* (ou *a respeito de*, ou *a propósito de*, ou *sobre*) [troca de cartas] e *para* (informação escrita): *Eu só exigia dela correspondência **a**os (ou **para** os) meus sentimentos. Numa misse, é quase sempre obrigatória a correspondência **d**a beleza **com** a simpatia. Nem sempre há correspondência **d**e sentimentos **entre** namorados. Durou muito tempo minha correspondência **com** ela **acerca de** (ou **a respeito de**, ou **a propósito de**, ou **sobre**) literatura. Uma correspondência **para** a polícia informava o verdadeiro criminoso.*

correspondente
Rege *a* ou *de: Qual é o substantivo correspondente **a**o (ou **d**o) verbo assumir? Qual é no russo o termo correspondente **a** (ou **de**) saudade?*

corretagem ≠ corretora
Convém não confundir. **Corretagem** é a agência ou o local onde se compra e vende imóvel, fundo de ações, etc. É, também, atividade ou serviço de corretor. **Corretora** é instituição que atua no mercado de títulos e valores mobiliários.

corretivo / corretório
Ambos os adjetivos significam *que corrige*. Portanto: *lente **corretiva** (ou corretória)*.

correto / corrigido
V. **corrigir**.

corrida
Rege *a* ou *para: A corrida **a**os (ou **para** os) bancos quase provoca uma crise sem precedentes no país. Não há necessidade dessa corrida **a**o (ou **para** o) estádio: há muitos lugares.*

corrido
Rege *de* (expulso; envergonhado, vexado) e *de* ou *por* (perseguido): *O rapaz saiu corrido **d**a casa da noiva. Saiu corrido **d**o evento, em razão do fracasso de público. É um bandido corrido **d**a (ou **pel**a) polícia há um mês.*

corrigir
É verbo abundante, mas no português contemporâneo se usa apenas o particípio regular (*corrigido*) nos tempos compostos (*tinha corrigido*) e na voz passiva (*foi corrigido*), pois o particípio irregular (*correto*) se tornou um adjetivo e não conservou o significado de *corrigir*, já que se usa como sinônimo de isento de erros, certo, apropriado: *frase correta, uso correto, conduta correta*. Por isso, uma *frase **correta** =* frase certa (caráter estático) e uma *frase **corrigida** =* frase que sofreu correção (caráter dinâmico).

corrimão / corre-mão
Ambas as grafias são boas; a primeira, no entanto, faz no plural *corrimãos* (pref.) e *corrimões*; a segunda só faz *corre-mãos*.

corroído
Rege *de* ou *por: O ferro já estava todo corroído **de** (ou **por**) ferrugem. Ela sempre foi uma pessoa corroída **de** (ou **por**) mil dúvidas.*

corso / corsos
Sempre com o **o** tônico fechado.

corte
Rege *de* ou *em: É preciso fazer vultoso corte **d**os (ou **n**os) gastos públicos. A que se deve esse violento corte **de** (ou **em**) investimento por parte dos empresários?*

cortejar
Sempre com **e** fechado: *cortejo, cortejas, corteja, cortejamos, cortejais, cortejam* (pres. do ind.); *corteje, cortejes, corteje, cortejemos, cortejeis, cortejem* (pres. do subj.).

cortês / cortesia

Regem *com* ou *para com* (pessoa) e *em* (coisa ou oração): *Rapaz cortês* **com** *(ou* ***para com****) todas as garotas. Ele sempre foi muito cortês* **em** *tudo o que faz. Ela foi cortês* **em** *me acompanhar até o elevador. A cortesia do brasileiro* **com** *(ou* ***para com****) turistas é conhecida de todo o mundo. Todos notam sua cortesia* **em** *tudo o que faz. Agradeci-lhe a cortesia* **em** *me acompanhar até o elevador.*

cortesão

Fem.: *cortesã*. Pl.: *cortesãos* (pref.) e *cortesões*.

cortesia ≠ reverência ≠ mesura

Convém não confundir. **Cortesia** é o gesto em testemunho de respeito e agradecimento, feito geralmente por mulheres, que consiste em curvar os joelhos e baixar ligeiramente o corpo, após uma apresentação pública. Vê-se muito nos espetáculos circenses. **Reverência** é o sentimento de respeito, acompanhado de veneração. Demonstramos *reverência* ante uma pessoa ou uma imagem santa. **Mesura** é a leve inclinação da cabeça, em sinal de respeito. As pessoas educadas fazem *mesuras*, quando encontram um mestre; *cortesia*, quando deparam com senhoras respeitáveis; *reverência*, ante a figura maiúscula do Papa.

coruja

Adj. corresp.: *estrigídeo*. Portanto, *hábitos de coruja = hábitos estrigídeos; pios de coruja = pios estrigídeos*.

corvo

No plural, o **o** tônico é aberto.

cós

No português contemporâneo, é invariável: os *cós*. Antigamente, porém, se usava *coses* no plural.

co-seno

Apesar de ser assim, dez, entre dez professores de Matemática, escrevem "cosseno". Entender de trigonometria é *também* importante...

coser ≠ cozer

Convém não confundir. **Coser** é costurar, unir com pontos as bordas de (ferida) e tem como substantivo correspondente *cosedura* e *costura*. **Cozer** é cozinhar e tem como substantivo correspondente *cozimento* ou *cozedura*: *cozer o arroz,* **cozer** *o feijão*.

COSIPA / Cosipa

Sigla de **Co**mpanhia **Si**derúrgica **Pa**ulista, empresa de economia mista, produtora de aços e laminados planos, localizada em Cubatão (SP), fundada em 1953 e privatizada em 1993. A verdadeira e correta sigla seria **COSSIPA** ou **Cossipa**, porque as letras mediais correspondem a **Si**derúrgica. Todavia, quiseram diferente. Já com a adotada sigla **MERCOSUL** ou **Mercosul**, grafa-se com um **S** apenas, e todos lêem *mercossul*. É a inteligência a serviço da língua...

costa ≠ costas

Convém não confundir. **Costa** é litoral, região à beira-mar: *O Brasil possui extensa costa*. **Costas** são dorso, lombo: *Nós, seres humanos, temos costas*. Assim, ninguém tem dor "na costa", mas *nas costas*. Nenhum país tem "costas", mas *costa*.

costão / costinha

Respectivamente, aum. e dim. de *costa*. Ambas se pronunciam com o primeiro **o** aberto.

costas

Adj. corresp.: *lombar* (usa-se geralmente com nomes abstratos) e *dorsal* (usa-se com nomes concretos). Portanto, *dores nas costas = dores lombares; espinha das costas = espinha dorsal*.

costumar

V. **acostumar ≠ costumar**.

costume ≠ hábito

Convém não confundir. **Costume** é o modo de agir muito geral. **Hábito** é o modo de agir muito particular, pessoal. Uma pessoa tem *hábito*; um povo tem *costumes*. Por isso é que nunca se ouviu falar em *usos e "hábitos"* de um povo. Assim, convém estar sempre atento na diferença: *Tenho o* **hábito** *de me deitar tarde. Ela adquiriu o* **hábito** *de escovar os dentes desde criança. O povo paulista tem o* **costume** *de trabalhar muito. O brasileiro sempre teve o salutar* **costume** *de receber bem os turistas*.

costumes

Adj. corresp.: *consuetudinário*. Portanto, *práticas baseadas nos costumes = práticas consuetudinárias; Direito fundado nos costumes = Direito consuetudinário*.

costurado

Rege *a*: *Havia retalhos costurados* **à** *colcha*.

cota / quota

Ambas as grafias existem, mas se pronuncia apenas *cota*. V. **catorze / quatorze, cociente / quociente, cotidiano / quotidiano, cotista / quotista** e **cotizar / quotizar**.

cotado

Rege *a* ou *em* (com preço fixado pelo mercado) e *para* (qualificado): *O dólar estava cotado* **a** *(ou* ***em****) noventa centavos em 1996. O candidato mais cotado* **para** *o cargo é esse*.

cotejar

Sempre com **e** fechado: *cotejo, cotejas, coteja, cotejamos, cotejais, cotejam* (pres. do ind.); *coteje, cotejes, coteje, cotejemos, cotejeis, cotejem* (pres. do subj.).

cotejo
Rege *de...com* ou *entre*: *No cotejo **de** um carro importado **com** um nacional, no item acabamento, quem ganha? No cotejo **entre** um carro importado e um nacional, no item acabamento, quem ganha?*

cotidiano /quotidiano
Ambas as grafias existem, mas se pronuncia apenas *cotidiano*. V. **catorze / quatorze, cociente / quociente, cota / quota** e **cotizar / quotizar**.

Cotingüiba
Rio do Nordeste brasileiro e nome de um clube esportivo do Estado de Sergipe. Note: o **u** soa, mas ainda há os que dizem "cotinghiba".

cotista / quotista
Ambas as grafias existem, mas se pronuncia apenas cotista. V. **catorze / quatorze, cociente / quociente, cota / quota** e **cotidiano / quotidiano**.

cotizar / quotizar
Ambas as grafias existem, mas se pronuncia apenas *cotizar*. V. **catorze / quatorze, cociente / quociente, cota / quota** e **cotidiano / quotidiano**.

cova ≠ jazigo ≠ mausoléu ≠ sepulcro ≠ tumba ≠ túmulo
Convém não confundir. Todos são *sepulturas*, mas a **cova** é a abertura mais ou menos ampla e profunda feita na terra, para enterramento de muitos cadáveres ou de carcaças animais. **Jazigo** é a pequena construção existente nos cemitérios, na qual se depositam féretros, ataúdes, ossos ou cinzas dos membros de uma família. **Mausoléu** é a sepultura magnífica, suntuosa. **Sepulcro** é o túmulo com campa (pedra) ou qualquer outra construção acima do solo. **Tumba** é a cova bem-cuidada, mas sem nenhuma construção acima do solo. **Túmulo** é a sepultura com um monte de terra por cima, geralmente em formato abaulado.

co-valência, co-valente
São estas as grafias corretas. O prefixo *co-* é daqueles que exigem hífen antes de qualquer letra, com algumas exceções, é bem verdade, entre as quais não figuram, todavia, as palavras acima. Portanto, os dicionários que trazem "covalência" e "covalente" devem proceder à correção.

covarde / covardia
Regem *ante, com* ou *perante* (pessoa), mas apenas *ante* e *perante* (coisa): *Era um governo covarde **ante** (ou **com**, ou **perante**) os poderosos. A covardia **ante** (ou **com**, ou **perante**) os poderosos era a característica daquele governo. Por que ser covarde **ante** (ou **perante**) as adversidades? A covardia **ante** (ou **perante**) as adversidades caracteriza fraqueza do espírito.*

coxa
Adj. corresp.: *crural*. Portanto, *osso da coxa = osso crural; músculos da coxa = músculos crurais*.

cozinha
Adj. corresp.: *culinário*. Portanto, *arte de cozinha = arte culinária; receitas de cozinha = receitas culinárias*.

crânio
Em sentido figurado, usa-se apenas no masculino: *Ivã é **um crânio** em informática. Teresa é **um crânio** em matemática.* Há quem usa "crânia" em referência a mulher. Crânio?

crase
Crase é o nome de um fenômeno. Que fenômeno? Fenômeno de fusão de duas vogais (a + a = **à**). Não é nome do acento grave. Esse acento apenas indica que houve fusão de duas vogais, ou seja, que houve *crase*. Sendo assim, não tem nenhum sentido esta pergunta: "Esse **a** tem crase?" O **a** não tem crase em lugar nenhum! Nem tem sentido "crasear o **a**", porque a crase, como disse, é um fenômeno, e os fenômenos não se fazem, não obedecem a ordens, simplesmente acontecem. Sendo um fenômeno (nunca é demais repetir), a *crase* independe da nossa vontade. Quando alguém inadvertidamente não acentua o **a** craseado, ou que sofreu *crase*, isso não significa que o fenômeno deixou de ocorrer. O fenômeno ocorreu, apenas deixou de ser indicado graficamente (mediante o uso do acento grave). De outro lado, quando se coloca o acento no **a** desnecessariamente, não se indica absolutamente coisa nenhuma, a não ser a ignorância do assunto, porque, se o fenômeno não se dá, não deverá ser por nossa augusta boa-vontade que o fará. O assunto *crase* é tão malcompreendido, tão mal ensinado, que é um verdadeiro deus-nos-acuda no dia-a-dia da língua. Já ouvi alguém até escrever: "Falta crase aí". Ora, falta crase! Num desses manuais de redação da vida se encontra este título: "Uso da crase". Sim, senhor, **uso da crase**! Crase, então, se usa?! Vai aqui uma advertência: ninguém, absolutamente ninguém, aprenderá a usar o acento da crase se antes não souber **o que é crase**. E poucos sabem o que é crase. V. **Nossa gramática**, que transformou as 25 regras de crase em apenas 2.

"creação"
Hoje já não se faz distinção entre *creação* e *criação*, como antigamente, quando *criar* e todas as derivadas só se reservavam para as obras divinas. Os homens apenas "creavam", faziam "creações". Hoje se usa *criar* e derivadas para todos os sentidos. Evoluímos... Por isso, só existem *criações* infantis, mas ainda há certas confecções que insistem nas suas "creações".

credibilidade
Rege *ante, junto a* e *perante*: *A credibilidade **ante** a (ou **junto à**, ou **perante** a) população se conquista pouco a pouco. Como está a credibilidade do país **ante** a (ou **junto à**, ou **perante** a) comunidade financeira internacional?*

creditado
Rege *a* (pessoa) e *em* (coisa): *O dinheiro foi creditado **a** esse correntista. O dinheiro foi creditado **n**a conta desse correntista.*

crédito
Rege *a* ou *para, com* ou *para com* (pessoa) [prestígio], *de* (direito de receber), *em* (bom conceito ou boa fama): *É preciso que o governo ofereça mais crédito às* (ou *para as*) *exportações. Ele fazia e desfazia, porque tinha crédito com* (ou *para com*) *o presidente. Meu crédito aí é de quanto? Ter crédito na praça.*

creme
Esta palavra, quando usada como adjetivo, na indicação da cor, não varia: *camisas creme, meias creme, blusas creme*. V. **areia, bomba, cassete, chave, cinza, esporte, gelo, jambo, laranja, monstro, padrão, pastel, pirata, relâmpago, surpresa, tampão** e **vinho**.

crença
Rege *em*: *A crença na vida eterna é que ameniza um pouco toda a aflição do ser humano ante a morte. A crença em Deus não é uma exigência, é um conforto.*

crente
Rege *de* ou *em* (nome), mas apenas *de* (oração): *Os crentes do* (ou *no*) *islã não pensam assim. Estou crente do* (ou *no*) *sucesso desse empreendimento. Estou crente da* (ou *na*) *vitória. Estou crente de que venceremos. Estou crente de podermos vencê-los.* No caso de oração desenvolvida, a preposição pode estar elíptica: *Estou crente que venceremos.*

crepúsculo vespertino
Não há redundância nesta combinação, já que há também o *crepúsculo matutino. Crepúsculo*, afinal, é a luminosidade incerta e difusa do céu, vista ao *alvorecer* e ao *entardecer*.

crer
Conj.: *creio, crês, crê, cremos, credes, crêem* (pres. do ind.); *cri, creste, creu, cremos, crestes, creram* (pret. perf.); *cria, crias, cria, críamos, críeis, criam* (pret. imperf.); *crera, creras, crera, crêramos, crêreis, creram* (pret. mais-que-perf.); *crerei, crerás, crerá, creremos, crereis, crerão* (fut. do pres.); *creria, crerias, creria, creríamos, creríeis, creriam* (fut. do pret.); *creia, creias, creia, creiamos, creiais, creiam* (pres. do subj.); *cresse, cresses, cresse, crêssemos, crêssseis, cressem* (pret. imperf.); *crer, creres, crer, crermos, crerdes, crerem* (fut.); *crê* (tu), *creia* (você), *creiamos* (nós), *crede* (vós), *creiam* (vocês) [imperativo afirmativo]; *não creias* (tu), *não creia* (você), *não creiamos* (nós), *não creiais* (vós), *não creiam* (vocês) [imperativo negativo]; *crer, creres, crer, crermos, crerdes, crerem* (infinitivo pessoal); *crer* (infinitivo impessoal); *crendo* (gerúndio); *crido* (particípio).

crer ≠ acreditar
A diferença é sutil e se pode medir nesta frase: **Acredito** *em tudo o que dizes, mas* **creio** *que és um impostor.* Isto é: dou inteiro crédito às tuas palavras, mas no íntimo tenho a certeza de que és um vilão. Também há diferença entre *crer em Cristo* (crer nEle, no que Ele é) e *crer a Cristo* (crer no que Ele diz). Os judeus não *crêem em Cristo* nem *crêem a Cristo.* Não *crêem em Cristo*, porque não O julgam divino; não *crêem a Cristo*, porque julgam que Suas palavras não são verdadeiras. Todos os discípulos de Cristo *a Ele criam*, já que não podiam ainda *nEle crer*. Hoje há pessoas que *crêem em Cristo*, mas não na Igreja; *crêem a Cristo*, mas não na Bíblia. Isto é: não sabem nem mesmo no que *crêem*.

criança
Adj. corresp.: *infantil* ou *pueril*. Portanto, *choro de criança = choro infantil; atitudes de criança = atitudes pueris.*

criança "pequena"
Visível redundância. Há, no entanto, muita gente que diz não poder sair à noite, para se divertir, porque tem *criança "pequena"* em casa. Desculpa esfarrapada...

criar "novos"
Visível redundância. O importante é *criar* empregos, sem *gerar novos* impostos...

crioulo
Apesar de ser assim, muita gente ainda escreve como "criolo" doido...

crisântemo
Flor da planta do mesmo nome, cultivada para ornamentação. No Japão, é símbolo da perfeição e da longevidade. Note: é proparoxítona, mas muitos costumam dizer "crisantêmo".

crise
Rege *de...com* ou *entre*: *A crise do legislativo com o executivo foi passageira. A crise entre o legislativo e o executivo foi passageira.*

crise "caótica"
Visível redundância. Apesar de tudo, muita gente ainda acredita que o Brasil está vivendo uma crise "caótica" na segurança pública. Dá até para acreditar...

crisma
É palavra masculina (óleo sagrado) e palavra feminina (sacramento da confirmação). Um dicionário recém-publicado não consigna a diferença. O óleo, no entanto, nunca será "a" crisma, nem o sacramento jamais será "o" crisma.

cristalino
Rege *a* ou *para*: *É cristalino ao* (ou *para o*) *eleitor que esse candidato mente descaradamente.*

cristão
Superl. sint.: *cristianíssimo*. Portanto, *pessoa muito cristã = pessoa cristianíssima.*

critério
Rege *em* (nome) e *para* (verbo): *Houve critério no julgamento? É preciso que haja critério para julgar, caso contrário se perde o crédito.*

crítica

Rege *a* ou *contra* (censura) e *acerca de*, ou *a respeito de*, ou *de*, ou *em relação a*, ou *sobre* (apreciação, análise): *A crítica* **às** (ou **contra as**) *reformas só partia dos setores interessados em não perder privilégios. Não foi bem recebida pelos intelectuais a nova crítica* **acerca d***essa* (ou ***a respeito d****essa*, ou **d***essa*, ou **em relação a** *essa*, ou **sobre** *essa*) *obra literária.*

crítico

Rege *a*, *com*, *em relação a* ou *para com* (analista observador, com objetivo quase sempre escuso) e *de* (analista profissional): *Ele gosta de ser crítico* **a** (ou **com**, ou **em relação a**, ou **para com**) *todos os colegas, mas não admite que sejamos críticos* **a** (ou **com**, ou **em relação a**, ou **para com**) *ele. Ele é o mais respeitado crítico* **de** *arte do Brasil.*

cromossomo

Apesar de ser assim, muitos professores de Biologia têm "cromossoma".

crônica

Rege *de* ou *sobre*: *Ela gosta de ler essas crônicas* **de** (ou **sobre**) *fatos cotidianos que se publicam nos jornais.*

croqui

Embora seja assim, ainda há muito engenheiro procurando fazer "um croquis". Naturalmente, acompanhado de "um chopes" e de "um pastéis"...

crosta

Pronuncia-se *crôsta*: *as* **crostas** *do pão, a* **crosta** *de uma ferida, a* **crosta** *terrestre.*

cru

Sem acento: o **u** não recebe acento quando forma sílaba com consoante. Portanto: *nu, tu, pus,* etc., todas sem acento.

crucial ≠ cruciante

Convém não confundir. **Crucial** é extremamente importante, principalmente em relação a um resultado; é o mesmo que *decisivo*: *O sucesso ou o fracasso neste empreendimento será* **crucial** *para o nosso futuro. Chegou o momento* **crucial** *da decisão do campeonato.* **Cruciante** é torturante, terrivelmente aflitivo: *situação econômica* **cruciante***, doença* **cruciante***.*

crucificação / crucifixão

As duas formas existem, mas a primeira é mais usada (e mais recente que a outra).

cruel

Superl. sint. erudito: *crudelíssimo.* Portanto, *homem muito cruel = homem crudelíssimo.* Rege *com*, ou *para*, ou *para com* (pessoa ou ser irracional), e *em* (coisa ou verbo): *Homem cruel* **com** (ou **para**, ou **para com**) *os filhos. Treinador cruel* **com** (ou **para**, ou **para com**) *os animais. Homem cruel* **n***o trato com quaisquer pessoas. Era um juiz cruel* **em** *julgar narcotraficantes.*

crueldade

Rege *com*, *contra* ou *para com* (pessoa ou ser irracional) e *em* (coisa ou verbo): *A crueldade* **com** (ou **contra**, ou **para com**) *os filhos levou-o a ser odiado por eles. A crueldade desse treinador* **com** (ou **contra**, ou **para com**) *os animais foi punida com prisão. Era um homem que se caracterizava pela crueldade* **n***o trato com quaisquer pessoas. A crueldade desse juiz* **em** *julgar narcotraficantes ficou famosa.*

cruza / cruzamento

Rege *de...com* ou *entre*: *Meu cão era apenas um filhote, mas bravíssimo, cruza* (ou *cruzamento*) **de** *pit bull* **com** *rotweiller. A cruza* (ou *O cruzamento*) **entre** *pit bull e rotweiller produz cães bravíssimos.*

cruzamento

Rege *de...com* ou *entre*: *Do cruzamento* **d***o índio* **com** *o negro nascem os cabos-verdes ou cafuzos. Do cruzamento* **entre** *o índio e o negro nascem os cabos-verdes ou cafuzos. O acidente aconteceu no cruzamento* **d***a Rua da Paz* **com** *a Rua do Amor. O acidente aconteceu no cruzamento* **entre** *a Rua da Paz e a Rua do Amor.*

cruzar

É transitivo indireto e intransitivo ou pronominal (encontrar-se, vindo em sentidos opostos): *Ela* **cruzou co***migo agora há pouco, na rua. Todo veículo que* **cruza com** *outro, na estrada, deve dar luz baixa. Muitos veículos* **cruzavam** (ou **se cruzavam**) *à frente do posto da polícia rodoviária, naquela rodovia, a mais de 150km/h, e nada acontecia.*

Cuba

Como se trata de uma ilha, os determinantes (artigo, adjetivo, etc.) devem estar no feminino: *Cuba foi assolad****a*** *por um furacão. Cuba joga desfalcad****a*** *hoje, no mundial de vôlei.* **A própria** *Cuba voltará a ser capitalista.* **Toda** *Cuba é muito bonita. Cuba amanheceu envolt****a*** *por nuvens ameaçadoras.*

cuchê

Diz-se de um tipo de papel liso e brilhante. Há quem continue escrevendo em francês (*couché*).

cuidado

Rege *com*, *para com* ou *por* (pessoa ou ser irracional), *com* (coisa: zelo), *em* (coisa: atenção) e *de* ou *em* (verbo): *Babá que dedica todo o cuidado* **com** *o* (ou **para com** *o*, ou **pel***o*) *nenê. Treinador que tem todo o cuidado do mundo* **com** *os* (ou **para com** *os*, ou **pel***os*) *animais sob sua responsabilidade. Ela tem um cuidado* **com** *esses discos e livros! O que notei nesse trabalho foi o extremo cuidado do pintor* **n***os detalhes. Ela revela, desde criança, muito cuidado* **n***a ortografia. Tive o cuidado* **de** (ou **em**) *lhe deixar alguns trocados.*

cuidadoso

Rege *com*, *para com* ou *por* (pessoa), *com*, *de*, *em relação a*, *em referência a* ou *quanto a* (coisa) e *de* ou *em* (verbo): *É um marido muito cuidadoso **com** (ou **para com**, ou **pela**) mulher. Aluno cuidadoso **com** (ou **de**, ou **em relação a**, ou **em referência a**, ou **quanto a**) seu material escolar. Os homens são hoje muito cuidadosos **com** a (ou **da**, ou **em relação à**, ou **em referência à**, ou **quanto à**) aparência. Ela foi cuidadosa **de** (ou **em**) não abrir a porta para o estranho.*

cujo

É um pronome relativo que não admite artigo posposto. Portanto: *O homem, **cujo pai** morreu, está passando mal. O homem, **cuja mãe** morreu, está passando bem. O homem, **cujos filhos** morreram, está passando bem. O homem, **cujas filhas** morreram, está passando bem.* Quando *cujo* (ou uma de suas variações) se refere a dois ou mais substantivos, não varia no plural, concordando sempre com o elemento mais próximo: *Meu amigo, de **cuja** seriedade e honestidade ninguém duvida, não mentiu.* A língua cotidiana evita quanto pode o emprego deste pronome relativo, preferindo "que" em seu lugar: *A mulher "que" o filho morreu vive sozinha. O carro "que" os pneus estouraram era importado.* Convenha que é mais elegante construir: *A mulher **cujo** filho morreu vive sozinha. O carro **cujos** pneus estouraram era importado.* Também não se deve usar este pronome relativo no lugar de *que* ou *o qual*, como neste exemplo: *O acidente feriu gravemente o motorista, "cujo" foi levado às pressas para o hospital.*

culpa

Rege *de*, *em* ou *por* (coisa e verbo): *Nenhum dos motoristas teve culpa **d**esse (ou **n**esse, ou **por** esse) acidente. Ela atribuiu ao marido a culpa **d**o (ou **n**o, ou **pel**o) fracasso no casamento. Não tive culpa **de** (ou **em**, ou **por**) ter chegado atrasado.*

culpado

Rege *com* ou *para com* (pessoa), *de*, *em* ou *por* (coisa) e apenas *de* ou *por* (verbo): *Quem agride a natureza e maltrata os animais é muito culpado **com** (ou **para com**) Deus. Ele não se diz culpado **d**esse (ou **n**esse, ou **por** esse) erro. Em casa, era sempre ele o culpado **de** (ou **por**) tudo o que acontecia de ruim. O culpado **de** (ou **por**) termos chegado atrasados não fui eu.*

cultivar

Em botânica, é substantivo feminino: *a cultivar, uma cultivar* e define toda variedade vegetal resultante de uma seleção, de uma mutação ou de uma hibridização (natural ou provocada) e cultivada por suas qualidades agronômicas: *a cultivar manga-burbom; a cultivar laranja-da-terra.* Forma-se da expressão inglesa *cultivated variety* = variedade cultivada. Ora, quando uma palavra surge da união de sílabas de uma expressão, ela toma o gênero da palavra principal dessa expressão (em português é sempre a primeira; em inglês, invariavelmente, a última). Portanto, não há o que discutir: *a cultivar* (manga, rosa, ameixa carmesim, etc.). O fato de em francês e em espanhol *cultivar* ser palavra masculina, ainda que *varieté* e *variedad* sejam nomes femininos, não significa que devamos necessariamente dar à palavra o mesmo gênero. Correto está, pois, o redator de um suplemento agrícola de um grande jornal paulista, quando escreveu: ***Endive** em francês é chicória. O nome botânico desta hortaliça é **chicorium endivia** e no Brasil temos diversos tipos: escarola, catalonha, crespas, lisas, etc. Não conhecemos no mercado **cultivares francesas**.* (O dicionário do "tira-teima", p. ex., registra-a como masculina. Nele, normal.)

culto

Rege *a*, *de*, *para com* ou *por* (pessoa ou santo), mas apenas *a*, *de* ou *por* (coisa): *Todos devemos prestar culto **a**os (ou **d**os, ou **para com** os, ou **pel**os) gênios da humanidade. É muito forte no Brasil o culto **a** (ou **de**, ou **para com**, ou **por**) Nossa Senhora Aparecida. O culto **à**s (ou **d**as, ou **pel**as) imagens é combatido por algumas religiões.*

cumeeira

Apesar de ser assim, há muita gente que vive na "cumieira". A palavra deriva de *cume*.

cúmplice

Rege *com...de* (ou *em*, ou *por*) e *com* (ou *de*)*...em*: *A mulher é cúmplice **com** o marido **d**o (ou **n**o, ou **pel**o) crime. A mulher é cúmplice **com** o (ou **d**o) marido **n**o crime.*

cumplicidade

Rege *com* (pessoa), *de...com* (pessoas)*...em* (coisa), apenas *em* (coisa) e *entre...em*: *A cumplicidade **com** o criminoso lhe valeu bons anos de cadeia. A cumplicidade **d**o marido **com** a mulher **n**esse crime é notória. A cumplicidade **n**esse crime lhe valeu bons anos de cadeia. A cumplicidade **entre** o marido e a mulher nesse crime é notória.*

cumprimento

V. **comprimento** ≠ **cumprimento** e **em cumprimento a** / **em cumprimento de**.

cumprir

É transitivo direto (fazer; executar), mas quando se deseja ênfase, emprega-se com a preposição *com*: *O Brasil espera que cada um cumpra seu dever. Cumpra **com** suas obrigações! Cumpra **com** sua palavra!*

cupê ≠ sedã

Convém não confundir. **Cupê** é o carro esporte ou de passeio, de duas portas, dois ou mais lugares, teto rígido e duas janelas laterais, no qual os assentos traseiros ficam em compartimento fechado. **Sedã** é o veículo de duas ou quatro portas, com teto rígido e porta-malas saliente do habitáculo; é o mesmo que três-volumes.

cupim

Fêmea: *arará*. Note bem: *arará* não é feminino de cupim, é a *fêmea* dele. V. explicação sobre o assunto em **Nossa gramática**, no item *Gênero dos substantivos*.

curiosidade
Rege *de* (verbo) e *por* (nome): *Era grande minha curiosidade **de** vê-la. Por que tanta curiosidade de saber sobre o que eles conversam? Era grande minha curiosidade **pel**a visita dela. Por que tanta curiosidade **pel**a conversa deles?* V. **curioso**.

curioso
Rege *de* ou *por* (interessado) e apenas *de* (profissional sem diploma, prático): *Estou **curioso de** (ou **por**) saber como ela está. Selma ficou **curiosa de** (ou **por**) conhecer o rapaz que lhe escrevera. Cássio é um **curioso de** mecânica de automóvel. Você entende mesmo de eletricidade ou é apenas um **curioso d**o assunto?*

curta-metragem
Pl.: *curtas-metragens*.

curtume
Apesar de ser assim, há muita gente que ainda gosta de um "cortume".

curvado
Rege *a, ante, diante de, perante* ou *sobre* (com as devidas mudanças de situação): *Encontrei-o curvado **a**o (ou **ante** o, ou **diante d**o, ou **perante** o, ou **sobre** o) túmulo do pai.*

cuscuz
Espécie de bolo salgado ou doce, dependendo da região onde é feito. Pl.: os *cuscuz* (inv.).

cuspe / cuspo / cuspida
As três formas são boas, mas ainda há quem dê "guspidas" com "guspe" ou "guspo", o que torna a sujeira um pouco maior... Quanto ao verbo, só existe *cuspir*. E uma grande quantidade de cuspo é uma *cusparada*, embora muita gente goste mesmo é de dar uma "gusparada". Na língua...

cuspido e escarrado
Expressão popular que significa *muito parecido*: *Ele é o pai, cuspido e escarrado*. Trata-se de corruptela de *esculpido e encarnado*. O povo, que pouco sabe o que é *esculpido*, mas conhece muito bem o que é *cuspido*; esse mesmo povo, que tem muito pouco contato com *carne*, mas sabe como ninguém o que é *escarrado*, não teve dúvida em formar a expressão em epígrafe. Ficou.

custar
Na acepção de ser difícil ou penoso, tem sempre como sujeito um infinitivo: *Custa-me acreditar numa coisa dessas. Custou-me crer no que estava vendo. Custa-lhes ajudar os outros? Custou-nos entender o que ele queria.* No português do Brasil, todavia, usa-se o infinitivo precedido da preposição *a*: *Custa-me a acreditar. Custou-me a crer.* Não satisfeito com o acréscimo, o povo brasileiro inventou mais esta construção, que, por enquanto, é inaceitável: *"Eu custo" a acreditar numa coisa dessas. "Eu custei" a crer no que estava vendo. "Vocês custam" a ajudar os outros? "Nós custamos" a entender o que ele queria.* Não tem cabimento, porque não é a pessoa que custa, mas sim o fato.

custoso
Rege *a* ou *para* (nome) e *de* (verbo): *É custoso **a**o (ou **pa**ra o) governo reduzir impostos? Esse é um problema custoso **de** resolver?*

cútis ≠ pele ≠ tez
Convém não confundir. **Cútis** é a parte da pele humana sentida pelo tato; é o mesmo que *derme*: *cútis macia e aveludada*. **Pele** é o tegumento estendido sobre todo o corpo dos animais, não só do homem: *pele cheia de sardas, pele enrugada*. **Tez** é a superfície da pele, principalmente da face, considerada quanto à cor: *Os nórdicos têm tez clara; os povos do Mediterrâneo, tez morena. Os furiosos se apresentam muitas vezes com a tez vermelha.* O povo usa *pele* por *tez*.

cutucar / catucar
V. **catucar / cutucar.**

czar / tsar
As duas formas existem, mas a segunda é preferível, porque corresponde à pronúncia eslava. Fem.: *czarina* ou *tsarina*. O filho do czar ou tsar era o *czaréviche* ou *tsaréviche*, e a princesa herdeira era a *czarevna* ou *tsarevna*.

D

dáblio
Nome da letra *w*. Há dicionários que registram "dábliu" e até "dabliú".

dadivoso
Rege *com* ou *para com*: *Chefe dadivoso **com** (ou **para com**) a secretária.*

dado
Rege *a* (afeito, chegado), *com* (afável, simpático) e *como* ou *por* (predicativo): *Homem dado **à** bebida. Marido dado **a** bater na mulher. Rapaz dado **com** todo o mundo. O menino era dado **como** (ou **por**) morto.*

dados
Rege *acerca de, a respeito de* ou *sobre*: *Precisamos de dados **acerca d**a (ou **a respeito d**a, ou **sobre** a) vida pregressa desse homem.*

daí
Pede *a*, nas frases temporais: *Daí **a** cinco minutos chegou a polícia. Daí **a** alguns minutos chegou o pai da moça. Só daí **a** anos voltei a vê-la. Daí **a** um pouquinho começou o filme. Daí **a** quinze dias eles retornaram.* V. **daqui**.

dama ≠ damas
Convém não confundir. **Dama** é mulher de boa famí-

lia e posição social, é mulher distinta, de conduta ilibada. **Damas** é jogo de damas, jogo de salão disputado por dois jogadores, sobre um tabuleiro axadrezado.

Dâmocles

Cortesão que vivia invejando a sorte de Dionísio, o Velho, tirano de Siracusa. Certo dia, Dionísio resolveu satisfazer-lhe a ambição, transmitindo a *Dâmocles* o poder durante um dia. Mandou, então, que se sentasse na sua cadeira, acima da qual ordenou que colocassem uma espada pendente de um fio muito tênue, que a qualquer momento poderia deixar escapar a espada sobre a sua cabeça. Queria o tirano demonstrar-lhe, com tal atitude, as constantes ameaças que pairam sobre o poder. Daí a expressão *a espada de Dâmocles* significar, hoje, ameaça permanente, perigo sempre iminente. Note: o nome é proparoxítono.

danado

Rege *com* ou *contra* (furioso), *para* (esperto, habilidoso) e *por* (apaixonado, louco): *Ficou danado com (ou contra) a vida e com (ou contra) todo o mundo, por causa do que lhe aconteceu. Rapaz danado para conquistar as garotas. A mulher dele é danada para negócios. As mulheres de hoje são danadas por um chope. Sempre fui danado por morenas e por jabuticaba.*

dança

Adj. corresp.: *coreográfico*. Portanto, *espetáculo de dança = espetáculo coreográfico*.

dano / danoso

Regem *a* ou *para*: *O contrabando é um dano ao (ou para o) país como um todo. É um clima danoso à (ou para a) saúde.* Antecedida de *em*, a palavra *dano* aparece combinada com *de*: *O aumento de impostos beneficia o governo e vem em dano de toda a população, que trabalha quatro ou cinco meses no ano, só para sustentar a administração pública.*

dão-se aulas

É a construção gramatical. Sempre que houver uma construção semelhante, ou seja, verbo *transitivo direto + pronome se + substantivo no plural*, o verbo deve ir obrigatoriamente ao plural. Alguns professores, no entanto, anunciam pelos jornais: *"Dá-se" aulas particulares de português.* Dão?

daqueles

Posposto a um substantivo antecedido do artigo indefinido, equivale a um adjetivo e se usa sempre no plural: *Eu jamais faria uma coisa daquelas. Quem é que saía de casa com um frio daqueles? Fizemos um esforço daqueles e nada conseguimos. Um país daqueles não pode querer encarar o poderio dos Estados Unidos. Foi uma festa daquelas!* V. **desses** e **destes**.

daqui

A exemplo de *daí*, pede *a* nas frases temporais: *Daqui a Criciúma é longe. Daqui a Lajes são três horas de carro. Você sabe qual é a distância exata da Terra à Lua? Daqui à praia são duas quadras. Só daqui a anos vou voltar a vê-la. Daqui a alguns minutos chegaremos. Daqui a um minuto estaremos de volta. Daqui a quinze dias retornaremos. Estaremos aqui daqui a um pouquinho.*

dar

Na indicação de horas, varia normalmente, concordando com o número de horas: *Deram duas horas. Deu uma hora. Quando deram seis horas, todos saímos.* Se vem acompanhado de auxiliar, só este varia: *Estão dando duas horas. Estavam dando seis horas. Só deveríamos sair da empresa, quando estivessem dando seis horas.* Se o sujeito não vier representado pelo número de horas, o verbo, naturalmente, concordará com ele: *Deu duas horas o relógio da matriz. Quando o despertador deu seis horas, eu me levantei.* V. **bater** e **soar**. Não perde o *s* final, na 1ª pessoa do plural do presente do indicativo, quando se lhe acrescenta *lhe(s)*: ***Demos**-lhe(s) muitos presentes.* Conj.: *dou, dás, dá, damos, dais, dão* (pres. do ind.); *dei, deste, deu, demos, destes, deram* (pret. perf. do ind.); *dava, davas, dava, dávamos, dáveis, davam* (pret. imperf. do ind.); *dera, deras, dera, déramos, déreis, deram* (pret. mais-que-perf. do ind.); *darei, darás, dará, daremos, dareis, darão* (fut. do pres.); *daria, darias, daria, daríamos, daríeis, dariam* (fut. do pret.); *dê, dês, dê, demos, deis, dêem* (pres. do subj.); *desse, desses, desse, déssemos, désseis, dessem* (pret. imperf. do subj.); *der, deres, der, dermos, derdes, derem* (fut. do subj.); *dá* (tu), *dê* (você), *demos* (nós), *dai* (vós), *dêem* (vocês) [imperativo afirmativo]; *não dês* (tu), *não dê* (você), *não demos* (nós), *não deis* (vós), *não dêem* (vocês) [imperativo negativo]; *dar, dares, dar, darmos, dardes, darem* (infinitivo pessoal); *dar* (infinitivo pessoal); *dando* (gerúndio); *dado* (particípio).

dar a / dar em

Usa-se indiferentemente, quando se trata de abraços, beijos, murros, coices, pontapés, etc.: *Dei um forte abraço a (ou em) minhas filhas. Elisabete deu um beijo ao (ou no) pai e partiu. Um dos rapazes deu violento murro ao (ou no) guarda. A mula deu um fortíssimo coice ao (ou no) cavaleiro. O jogador deu um pontapé ao (ou no) árbitro e foi expulso do jogo.*

dar à luz alguém

É assim que se usa: *dar à luz gêmeos, dar à luz sêxtuplos, dar à luz um lindo bebê, dar à luz uma meninona. Luz* aí está por mundo; assim, *dar à luz alguém* = dar ao mundo alguém. Há, contudo, os que insistem em "dar a luz a".

dar "de"

Não é da norma culta, mas a língua contemporânea vai conhecendo cada vez mais a construção deste verbo com a preposição *de*: *Ela agora deu "de" ser surfista. Deu na cabeça dele "de" ser motorista de táxi.* Retirada a preposição, a construção fica perfeita, mas não popular. O mesmo fenômeno lingüístico se dá com *acontecer, ameaçar, entender, evitar, inventar* e *resolver*.

dar "de graça"

Visível redundância. Quem dá já entrega de graça.

dardejar

Sempre com **e** fechado: *dardejo, dardejas, dardeja, dardejamos, dardejais, dardejam* (pres. do ind.); *dardeje, dardejes, dardeje, dardejemos, dardejeis, dardejem* (pres. do subj.).

dar entrada

Rege *a*: *dar entrada **a** um processo; dar entrada **a** um pedido*.

dar murro em ponta de faca / dar murro em faca de ponta

As duas expressões existem, mas a primeira é mais popular.

dar parte a alguém alguma coisa

É assim que se constrói: *A mulher deu parte à polícia que a vizinha a roubou. A moça deu parte ao delegado que o rapaz a estuprou. Deram parte ao chefe que estava havendo boicote na seção.* A construção "dar parte de alguém" ou "de alguma coisa", portanto, deve ser desprezada.

dar-se ao trabalho / dar-se o trabalho

Qualquer destas construções é aceita. A primeira é oriunda da língua popular, já que sintaticamente não se justifica; a segunda é plenamente justificável do ponto de vista sintático, pois o verbo *dar* é transitivo direto e indireto: quem dá, dá alguma coisa a alguém. Assim, em *dar-se o trabalho* temos um objeto direto (*o trabalho*) e um objeto indireto (*se*). Vejamos ambas as construções em frases: *Ela nem sequer **se deu o** (ou **ao**) **trabalho** de me ligar. Você acha que ele vai **se dar o** (ou **ao**) **trabalho** de responder à sua carta?* Note que em castelhano se usa *Me doy el trabajo de hacerlo* (sem a preposição) e em francês: *Je me donne la peine de faire* (também sem a preposição). Também se constroem indiferentemente: *dar-se ao incômodo / dar-se o incômodo* e *dar-se ao luxo / dar-se o luxo: Ela não se deu ao* (ou *o*) *incômodo de me acompanhar até o elevador. O líder comunista romeno se dava ao* (ou *o*) *luxo de ter torneiras de ouro nos banheiros!*

dar um pontapé

As expressões *dar um pontapé, dar um murro, dar um soco* e *dar uma cotovelada* não exprimem movimento para a língua portuguesa. (O que não impede, naturalmente, que uma pessoa leve um soco ou pontapé e seja lançada a quilômetros de distância, como sói acontecer nos filmes de caubói.) Não exprimem movimento ? convém insistir? segundo as normas da língua portuguesa, e não da lógica, evidentemente. Podemos, assim, *dar um pontapé **em** alguém, dar um murro **n**a mesa, dar um soco **n**a parede* e até *dar uma cotovelada **n**a moça aqui do lado*, que não está fazendo mal a ninguém...

dar um pulo

Usa-se com a preposição *a*, de preferência, mas no Brasil muito se vê com a preposição *em*: *Dar um pulo "na" farmácia*. Em verdade, quem dá um pulo, dá um pulo **a** algum lugar: *Dei um pulo **à** farmácia para comprar um analgésico. Vamos dar um pulo **a**o supermercado?* Podemos usar, ainda, a preposição **até**: *dar um pulo **até** a farmácia, **até** o supermercado*.

data com números

Nas datas com números, usam-se hifens (18-12-2003) ou barras (18/12/2003). O uso dos pontos, prática vista em certo dicionário, não é recomendável.

datado

Rege *de* ou *em*: *Carta datada de* (ou ***em***) *18 de dezembro. Pedido datado **de** (ou **em**) 5 do corrente. A carta era datada **de** (ou **em**) Jabuticabal. Poema datado **de** (ou **em**) 1847*.

data venia

É expressão latina muito usada no meio jurídico; significa *com sua permissão, discordarei de Vossa Excelência*. Quando um advogado, em audiência com algum magistrado, deste discorda em algum ponto ou questão, é comum pedir-lhe *data venia*. Também quando dois advogados, numa situação formal, divergem, um pode apartear o outro, usando a expressão latina. Equivale pouco mais ou menos a dizer: *respeito o seu ponto de vista* (ou *a sua decisão*), *mas me permita discordar, oferecendo o meu* (ou *a minha*). Pronuncia-se *dáta vênia*.

Davi / David

Ambas as formas são boas, com leve preferência pela primeira. Adj. corresp.: *davídico*.

DD.

É a verdadeira abreviatura de *digníssimo*, e não "D.D.".

DDD

Abreviatura de *discagem direta a distância*. Se é *discagem* (palavra feminina), lê-se: **a** DDD. Mas por que, então, todo o mundo faz **um** DDD? Porque deram à sigla o gênero da letra D (**um** D).

de...a

A preposição que se correlaciona com a preposição *de* é *a*: *A idade das crianças varia **de** cinco **a** oito anos. Foram dolorosos os dias que mediaram **de** 20 **a** 30 de abril daquele ano*. V. **entre...e**.

"de" a cavalo

Nunca ande nem viaje assim: é perigoso. Prefira simplesmente *andar **a** cavalo, viajar **a** cavalo*, pois quem *anda "de" a cavalo* ou *viaja "de" a cavalo*, só tem mesmo que esperar coisa ruim: um grande tombo, por exemplo. V. **a cavalo** e **"de" a pé**.

de admirar, de esperar, de estranhar, etc.

É assim que se usa, ou seja, sem o emprego do pronome *se* entre a preposição e o infinitivo, sempre que esta combinação equivaler a um adjetivo: *É **de admirar** o que houve.* (= É *admirável* o que houve.) *Uma reação violenta da* moça será ***de compreender***. (= será *compreensível*.) Essas notícias não são ***de crer***. É ***de entender*** que isso tenha ocorrido. Foi ***de espantar*** a reação dela. É ***de esperar*** que isso não mais ocorra. É ***de estranhar*** que ela não me tenha telefonado. Era ***de impressionar*** a sua disposição. Foi ***de notar*** a sua irritação. Tais arbitrariedades não são ***de tolerar***. É ***de temer*** um retrocesso político. Mas: *É de se perguntar: que país é este? Será de se responder: este é um país que vai pra frente...*

"de" a pé

Nunca vá nem venha assim: é arriscado, pode se torcer ou até quebrar o pé. Quem não quer ter problemas com o pé, vai *a pé* e também volta *a pé*. Já os que gostam de riscos e principalmente de riscos preferem vir e voltar *"de" a pé*. V. **"de" a cavalo**.

debaixo ≠ de baixo

Convém não confundir. **Debaixo** significa em plano inferior: *Na casa debaixo morava um primo meu. Espero que ainda haja pessoas vivas aí debaixo*. **De baixo** se usa isoladamente (*roupa de baixo*), em oposição a *de cima* (*olhei-a de baixo a cima*), para exprimir lugar de onde parte algo (*a barata saiu de baixo da saia da mulher*) e quando equivale a inferior (*um porão fica sempre na parte de baixo da casa*).

debandada

Rege *de...para* e apenas *para*: *Houve uma debandada de jogadores do Palmeiras para o Cruzeiro. Naquele ano ocorreu uma debandada de nisseis e sanseis para o Japão.*

debandar

É verbo intransitivo ou pronominal, indiferentemente [fugir desordenadamente (muitos indivíduos)]: *Ao chegar à praia, a turma foi logo debandando (ou debandando-se). O inimigo acabou debandando (ou debandando-se). Quando a tropa de choque chegou, os manifestantes debandaram (ou se debandaram).*

debate

Rege *com* (ou *entre*)*...acerca de* (ou *a respeito de*, ou *sobre*): *O debate com (ou entre) os deputados acerca da (ou a respeito da, ou sobre a) crise econômica trouxe alguma luz.* As primeiras preposições podem não aparecer: *O debate acerca da (ou a respeito da, ou sobre a) taxa de juros esclareceu muita coisa.*

debênture

É palavra feminina: ***a*** *debênture*, ***uma*** *debênture*.

debitar

Rege *a*: *Debitaram à minha conta bancária quantia que não saquei. Debite à empresa todos os gastos que tivemos durante a viagem! Ela gastou os tubos e mandou debitar tudo à minha conta: mas é muito folgada! Quem mandou debitar a mim as despesas que vocês fizeram?*

débito

Rege *com* ou *para com*: *Estar em débito com (ou para com) alguém. O débito do Brasil com (ou para com) os bancos internacionais é altíssimo.*

de bronze / de mármore / de mogno

Apesar de só existirem objetos e monumentos ***de*** *bronze*, há quem insista em vender objetos e monumentos *"em" bronze*. Apesar de só existirem estátuas ***de*** *mármore*, há quem insista em dizer que tem em casa uma estátua *"em" mármore*. Embora só existam móveis ***de*** *mogno*, há marceneiros que se esmeram em fazer móveis *"em" mogno*.

debruçado / debruçar-se

Regem *a, em* ou *sobre*: *Encontrei-a debruçada à (ou na, ou sobre a) janela. A mãe se debruçou ao (ou no, ou sobre o) caixão do filho e dali não arredou o pé. Nunca se debruce à (ou na, ou sobre a) mesa!*

de bruços

Apesar de ser assim, há muita gente que continua dormindo "de bruço".

decaído

Rege *de...a* ou apenas *de*: *Decaído de matador a perna-de-pau, agora era um jogador vaiado pela própria torcida. Era agora um jogador decaído de todo o prestígio do passado.*

decalcomania

É palavra feminina: ***a*** *decalcomania*. V. **decalque**.

decalque

É palavra masculina: ***o*** *decalque*. V. **decalcomania**.

Decâmeron

Um dos maiores livros do mundo, obra clássica da literatura mundial, coleção de fascinantes e quase sempre licenciosos contos escritos entre 1348 e 1353 pelo poeta e novelista italiano Giovanni Boccaccio (pronuncia-se *bokátcho*), que viveu entre 1313 e 1375. Usa-se também, se bem que raramente, *Decamerão*.

decano

Membro mais velho ou mais antigo de um grupo ou associação: *Ele é o decano dos escritores brasileiros. Quem é o decano da sua universidade? Você sabe qual é o decano dos ministros?* Note: a palavra é paroxítona (*decâno*), mas isso não impede que muitos digam "décano", por influência de *década*.

decapitação "da cabeça"

Visível redundância.

decapitar ≠ degolar

Convém não confundir. **Decapitar** é cortar a cabeça de alguém por ordem superior. Herodes mandou *decapitar* São João Batista. Muitos líderes importantes da Revolução Francesa foram *decapitados* no Reino do Terror. **Degolar** é separar a cabeça do corpo de alguma pessoa ou de algum animal ou, ainda, dar um golpe profundo na garganta ou no pescoço: *Na guerra, os mouros **degolavam** os seus inimigos. Algumas reses sofrem **degola**. Alguém pode ser **degolado** entre o elevador e o piso.*

decente
Rege *a* ou *para* (pessoa) e *de* ou *em* (coisa): *O pai queria um serviço decente **à** (ou **para** a) filha. Era um homem decente **de** (ou **em**) atitudes.*

decepção / decepcionado
Regem *ante, com, diante de, em face de* ou *perante*, ou apenas *com*: *Minha decepção **ante** aquele (ou **com** aquele, ou **diante d**aquele, ou **em face d**aquele, ou **perante** aquele) não dela foi muito grande. Fiquei decepcionado **ante** aquele (ou **com** aquele, ou **diante d**aquele, ou **em face d**aquele, ou **perante** aquele) não dela. A decepção do povo **com** o governo era geral. O povo estava decepcionado **com** o governo.*

decidir
Na acepção de tomar decisão sobre, deliberar, determinar; estatuir, dispor, pode ser usado como transitivo direto ou como transitivo indireto: *O presidente decidirá o (ou **d**o) novo salário mínimo na próxima semana. A constituição decide o (ou **d**o) direito de greve.* Como verbo pronominal, rege *a* (resolver, tomar sua decisão) e *por* (manifestar-se, pronunciar-se): *Depois de muitos médicos e hospitais, decidiu-se **a** deixar o cigarro. Quando me decidi **a** renunciar ao cargo, já era tarde. Depois de tantas idas e vindas, decidi-me **pel**a compra do carro. O júri decidiu-se **pel**a condenação do réu.*

decisão
Rege *acerca de, a respeito de, a propósito de, em relação a, quanto a* ou *sobre*: *A decisão **acerca d**a (ou **a respeito d**a, ou **a propósito d**a, ou **em relação à**, ou **quanto à**, ou **sobre** a) data do início dos bombardeios era do presidente.*

decisivo
Rege *a* ou *para*: *Aquele era um dia decisivo **a**o (ou **para** o) futuro do Iraque.*

declaração
Rege *a...acerca de* (ou *a respeito de*, ou *a propósito de*, ou *sobre*) e *de*: *Suas declarações **à** imprensa **acerca d**a (ou **a respeito d**a, ou **a propósito d**a, ou **sobre** a) taxa de câmbio influíram na cotação do dólar. Recebeu uma declaração **de** amor.*

declinação
Rege *de* (recusa), *em...de...para* (inclinação) e *para* (propensão; declínio): *A declinação **de** honrarias é muito própria de sua personalidade. Há uma leve declinação **n**o terreno **d**a rua **pa**ra seu interior. É um espírito que tem declinação **para** o mal. Para alguns, a Rússia sofreu uma declinação **para** o capitalismo, e não uma evolução.*

declinar
É transitivo direto ou transitivo indireto, na acepção de recusar, rejeitar, rechaçar: *Convidado para assumir um ministério, o empresário declinou a (ou **d**a) honraria. Como o pai declinou a (ou **d**a) responsabilidade dos atos do filho menor, não havia quem condenar.*

de cócoras
Apesar de ser assim, há os que preferem ficar "de cócora" e até "de cocre". Isso faz um mal para as juntas!...

decorado
Rege *com* ou *de*: *Túmulo decorado **com** (ou **de**) flores.*

decorrer
Concorda normalmente com o sujeito, que vem quase sempre posposto: ***Decorreram** dois meses já da nossa separação. **Decorrem** do talento do cantor os inúmeros convites que recebe para apresentações. **Decorriam** muitas coisas interessantes naquelas férias, mas nenhuma que realmente me empolgasse. Quantas horas já **decorreram** desde que eles partiram?*

decorrido
Rege *de, desde* ou *sobre*: *Já seis meses decorridos **de** (ou **desde**, ou **sobre**) sua posse: e as mudanças na economia?*

decotar / decote
Apesar de ser assim, muita gente ainda há que gosta de "degotar" a blusa e usar "degote".

decreto-lei
Decreto com força de lei, emanado do poder executivo, por estar este, excepcionalmente, acumulando as funções do poder legislativo. Pl.: *decretos-leis*. Quando especificado, usam-se iniciais maiúsculas: **D**ecreto-**L**ei nº 1.318, de 18/12/2002.

dedicação
Rege *a* ou *por*: *Cientista de grande dedicação **à**s (ou **pel**as) pesquisas. Pai que demonstra muita dedicação **a**os (ou **pel**os) filhos.*

dedicado
Rege *a*: *Dia dedicado **à**s crianças. Poema dedicado **à** mulher amada.*

dedicatória
Rege *de...a*: *A dedicatória **d**a obra **a**o pai foi um ato de consciência.*

dedo
Adj. corresp.: *digital*. Portanto, *impressões de dedo = impressões digitais*. Esta palavra não admite pronome possessivo, quando a idéia de posse é clara: *Machuquei o dedo.* (E não: Machuquei o "meu" dedo.) *Cortei o dedo.* (E não: Cortei o "meu" dedo). *Ele amputou o dedo.* (E não: Ele amputou o "seu" dedo.) Quando a idéia de posse não for clara, naturalmente aparecerá o pronome: ***Meu** dedo está dolorido. **Seu** dedo está engessado, por quê?*

de esguelha

Apesar de ser assim, muita gente continua olhando "de esgueia" e até "de esgueio".

defensável / defendível / defensível

As três formas existem.

deferência / deferente

Regem *a*, *com* ou *para com*: *Apesar de toda aquela deferência **à** (ou **com** a, ou **para com** a) ex-mulher, não queria conversa com ela. Era patente a deferência do diretor **a** (ou **com**, ou **para com**) alguns professores. Nosso guia era muito deferente **a** (ou **com**, ou **para com**) todos. Um balconista deferente **a**os (ou **com** os, ou **para com** os) fregueses.*

de férias / em férias

Ambas as expressões existem: *As crianças já estão **de** (ou **em**) férias.* Uma curiosidade: está claro que todos temos o direito tanto de *sair **de** férias* quanto de *entrar **em** férias*. Notou? Trocamos o verbo justamente por seu antônimo, e o significado não mudou.

deferir ≠ diferir

Convém não confundir. **Deferir** é despachar favoravelmente: *O juiz deferiu a pretensão do requerente. A câmara deliberou deferir a petição.* O substantivo correspondente é *deferimento*. **Diferir** é distinguir, diferençar: *O que **difere** um governo totalitário de um autoritário? Não é fácil **diferir** uma concha de outra.* O substantivo correspondente é *diferimento*.

defesa

Rege *a* (ou *de*) [pessoa]...*contra*, apenas *a* ou *de* (pessoa), apenas *contra* (pessoa ou coisa) e *de* (coisa)...*contra*: *É um órgão que promove a defesa **a**o (ou **do**) consumidor **contra** os maus comerciantes. É um órgão de defesa **a**o (ou **do**) consumidor. Que defesa tinha antes o consumidor **contra** os maus comerciantes? Nenhuma. Esse fenômeno é uma reação da natureza, uma espécie de defesa sua **contra** os excessos praticados pelo seu maior predador, o homem. O novo presidente se comprometeu, por juramento, na defesa **d**a democracia **contra** qualquer tipo de ameaça.*

defeso (ê) ≠ defesso (é)

Convém não confundir. **Defeso**, como adjetivo, é proibido, impedido; como substantivo, é período do ano em que é proibido caçar ou pescar: *É defeso aos pescadores pescar lagostas no defeso*. **Defesso** é cansado, exausto: *Não é com tropas defessas que se vencem guerras.*

deficiência / deficiente

Regem *de* ou *em*: *A deficiência **de** (ou **em**) vitaminas debilita o organismo. Um organismo deficiente **de** (ou **em**) vitaminas é mais susceptível a doenças.*

deficit

Este latinismo não deve ter acento ("déficit"), embora seja desta maneira que se registre em certos dicionários. Os latinismos só deverão receber acento na língua portuguesa quando sua grafia não for incompatível com a índole do idioma. *Álibi, álbum, grátis, vírus,* etc., todos latinismos, recebem acento, por essa razão, possuem terminações comuns à língua portuguesa. Já *deficit* não se enquadra entre eles, porque em português não existe palavra terminada em *t*. V. **superavit**.

definhar

É verbo intransitivo ou pronominal (ir consumindo-se aos poucos; murchar): *O sidético **definha** (ou **se definha**) até à morte. Sem água, qualquer planta **definha** (ou **se definha**).*

definição

Rege *de* (significação precisa) e *sobre* (decisão): *Não é fácil dar a definição **de** tempo. Ele queria uma definição rápida da editora **sobre** a publicação da obra.*

defluxo

Pronuncia-se *deflússo*, embora haja quem tenha "deflúkso".

de forma a / de maneira a / de modo a

São expressões não rigorosamente portuguesas, mas já totalmente incorporadas ao nosso idioma: *Entre **de forma a** não acordar as crianças! Faça tudo **de maneira a** não levantar suspeita!. Discursou **de modo a** emocionar os ouvintes.* O condenável está em desenvolver tais expressões desta maneira: *Entre "de forma a que" não acorde as crianças! Faça tudo "de maneira a que" não levante suspeita! Discursou "de modo a que" emocionasse os ouvintes.*

de forma geral / de maneira geral / de modo geral

Convém construir assim, ou seja, sem o artigo depois da preposição: ***De forma geral**, os problemas e escândalos no Brasil acabam terminando em pizza. **De maneira geral**, os pais são seres protetores. **De modo geral**, as mulheres têm horror a baratas.*

de forma que / de maneira que / de modo que

Expressões invariáveis: *Ganhou na megassena, **de forma que** agora pode comprar tudo o que quer. O Brasil vai ter eleições gerais este ano, **de maneira que** alguma coisa deve mudar. Ela está bem de saúde, **de modo que** já pode viajar.* Há, porém, quem aprecie usar "de formas que", "de maneiras que" e "de modos que".

defrontar

Tanto na acepção de *topar, deparar* quanto na de *enfrentar, encarar, arrostar,* é transitivo indireto, como pronominal ou não: *Foi na praia que voltei a **defrontar** (ou **defrontar-me**) com ela. Ele não teve suficiente coragem para **defrontar** (ou **defrontar-se**) com o ex-marido da sua mulher.*

defronte a / defronte de

Inicialmente, existiam apenas duas expressões para indicar a mesma circunstância de lugar: *defronte de* e *em frente de*. Esta última, com o passar do tempo, ganhou uma paralela: *em frente a*, que acabou influenciando a outra; passou a existir, então, também *defronte a*: *Aguardei-a **defronte a**o* (ou ***d**o*) *cinema. Estávamos defronte **a*** (ou *de*) *nossa casa*. Hoje, há uma tendência de se reservar a primeira como equivalente de *diante de*, *em frente de*, além de *frente a frente com* (*acovardar-se **defronte a** um adversário*); a segunda para os casos de comparação: *Você é feia defronte **de** sua irmã. Quem sou eu defronte **de** você?*

defunto ≠ finado

Convém não confundir. **Defunto** e **finado** são termos que se usam por eufemismo, em lugar de *morto*; só se aplicam ao ser humano. *Defunto* designa um cadáver; *finado* indica uma alma que está no purgatório. As famílias mandam dizer missa pela alma de um *defunto*, quase sempre de corpo presente. A Igreja ora pelos *finados*, no dia 2 de novembro. *Defunto* é o que ainda não foi enterrado. Depois da inumação, já não há *defunto*, mas apenas *finado*, *falecido*. É por isso que não se diz: *A família, até hoje, tem muita saudade do "defunto", mas sim do **finado**, do **falecido***.

degelar

É intransitivo ou pronominal, indiferentemente: *Os cubos de gelo já **degelaram** (ou **se degeleram**). Carne congelada não **degela** (ou **se degela**) facilmente*.

degeneração / degenerado

Regem *de...em* (ou *para*): *O ciúme nada mais é que a degeneração **d**o amor próprio **n**o* (ou ***para** o*) *egoísmo. O ciúme nada mais é que um sentimento degenerado **d**o amor próprio **n**o* (ou ***para** o*) *egoísmo*.

degenerar

É verbo intransitivo, e não pronominal: *Em más companhias, qualquer pessoa **degenera**. A sociedade romana acabou **degenerando**, ao longo do tempo. A maioria dos casamentos, hoje, **degenera** logo nos primeiros quatro anos*.

degenerar "para um aspecto ruim"

Visível redundância: em *degenerar* já existe a idéia de *ruim* ou *pior*.

deglutir ≠ engolir ≠ ingerir ≠ tragar

Convém não confundir. **Deglutir** é engolir com esforço: *A sucuri levou muito tempo para **deglutir** o jacaré*. **Engolir** é introduzir sólido no estômago: *engolir alimentos; engolir um prego*. **Ingerir** é introduzir líquido no estômago: *ingerir muito leite*. **Tragar** é engolir com avidez, de uma só vez, sem mastigar: *O leão **tragou** dois quilos de carne!*

degradado

Rege *de* (privado, destituído) e *de...para* (rebaixado): *Envolvido com o narcotráfico, o tenente foi degradado **de** sua patente. O nível de alerta contra o terrorismo foi degradado **d**o vermelho **para** o laranja*.

degradê

É o aportuguesamento desejável do francês *dégradé*. Interessante o Vocabulário Oficial: já aportuguesou *peignoir*, *soutien*, *nylon* e tantos outros estrangeirismos, mas ainda não aportuguesou *dégradé*. São essas e outras coisas que subtraem o respeito.

degredado

Rege *de...para* ou apenas *para* (desterrado, exilado): *Um político degredado **de** sua cidade natal **para** uma região tão distante dela não pode viver em paz. A maioria dos rebeldes mineiros degredados **para** a África morreram e nunca mais voltaram*.

degredo

Rege *para*: *O degredo **para** a África naquela época equivalia à pena de morte, com a economia dos serviços do carrasco*.

"de" greve

V. *em* greve.

de há muito

Equivale a *faz muito tempo*: ***De há muito** que não chove por aqui. **De há muito** que não vejo Beatriz. Dinossauros não existem **de há muito***.

"de" hipótese nenhuma

V. **em hipótese nenhuma**.

deitado

Rege *a* (lançado, arremessado, atirado; atribuído, imputado) e *em* ou *sobre* (estendido em posição horizontal): *Algumas das pedras deitadas **a**o árbitro atingiram-no com gravidade. Foi um crime deitado **a** um inocente, que ficou anos na cadeia, injustamente. Encontrei-a deitada **n**a* (ou ***sobre** a*) *cama*.

deitar

É verbo pronominal, e não intransitivo: ***Deito-me** tarde todos os dias. Ela **se deitou** no chão, e não no sofá. Nunca **nos deitamos** cedo. A que horas vocês **se deitam**? **Deitamo-nos** à meia-noite. Quando **me deito**, já caio no sono. **Deitei-me** um pouco mais tarde ontem*. A omissão do pronome só se admite na comunicação despretensiosa; na língua culta, não deve ocorrer. V. **levantar**.

deixado

Rege *a* (abandonado), *a* ou *para* (doado, ofertado), *de* (desabituado) e *em* ou *sobre* (posto, colocado): *Crianças deixadas **à** rua. Foram bens deixados **a** (ou **para**) instituições de caridade. Encontrei-o anos mais tarde, já deixado **d**o vício. Deixada a bengala **n**a (ou **sobre** a) mesa, viu-se impossibilitado de caminhar*.

deixar

Com infinitivo, usam-se os pronomes oblíquos átonos, e não os pronomes retos: *Deixe-**me** ver! Deixei-**os** sair. Deixem-**nos** falar! Deixaram-**no** entrar? Ninguém **me** deixou dormir*. O povo, contudo, usa assim: Deixe "eu" ver! Deixei "eles" sair. Deixem "eles" falar! Deixaram "ele" entrar? Ninguém deixou "eu" dormir. Se o pronome estiver no plural, note: o infinitivo não varia, fica no singular. Se, no lugar do pronome, houver um substantivo, podemos variar ou não o infinitivo: *Deixei os rapazes sair* (ou *saírem*). *Deixem os meninos falar* (ou *falarem*)! Se, porém, o infinitivo vier imediatamente após, ficará sempre no singular: *Deixei sair os rapazes. Deixem falar os meninos!* Repare que há uma passagem bíblica, em que Jesus diz: *Deixai vir a mim as criancinhas!* Na acepção de abrir mão, parar com, é pronominal (*deixar-se*): **Deixe-se** *de estórias, rapaz, e vá logo dizendo a verdade!* **Deixe-se** *desse orgulho idiota e procure-a!* **Deixemo-nos** *de lero-lero e vamos aos fatos!* **Deixem-se** *de conversa fiada, rapazes!* **Deixei-me** *do orgulho tolo e fui procurá-la.*

delação ≠ dilação

Convém não confundir. **Delação** é denúncia: *As **delações** anônimas têm ajudado muito a polícia a evitar e a elucidar crimes. O governo italiano estimulou a **delação** da Máfia e acabou com ela. A polícia brasileira instituiu a **delação** premiada contra o crime organizado. O lado bom da CPMF está no seu poder de **delação** contra os casos de sonegação.* **Dilação** é prorrogação: *O jogo teve uma **dilação** de oito minutos. Todas as empresas que se instalarem a partir de agora no Estado terão como estímulo a **dilação** do prazo para o recolhimento do ICMS em 48 meses. Protocolar petição requerendo **dilação** de prazo para o recolhimento de um imposto.*

delegado

Rege *a* (representante): *O delegado brasileiro **a** essa conferência de paz foi Rui Barbosa.*

delegar poderes

Esta expressão rege *a* ou *em*, indiferentemente: *O comerciante saiu de férias e delegou poderes **a**o (ou **n**o) filho mais velho para resolver qualquer negócio. O presidente delegou inteiros poderes **a**o (ou **n**o) ministro para a solução do caso.*

"dele" mesmo

Não se usa por *de si mesmo*. Ex.: *Ele só fala "dele" mesmo.* O pronome reflexivo da 3ª pessoa é *si*, e não *ele* (e variações): *Ele só fala **de si** mesmo. Ela só gosta **de si** mesma. Eles só falam **de si** mesmos. Elas só gostam **de si** mesmas.* Com outra preposição: *Ele só se interessa **por si** mesmo. Ela só se esforça **por si** mesma. Eles só respondem **por si** mesmos. Elas só se responsabilizam **por si** mesmas.*

deletar

Anglicismo da informática que vingou completamente. O verbo inglês *to delete*, porém, tem origem no latim *delere, delet-* = apagar. Significa apagar ou suprimir (algo já digitado num computador). O substantivo correspondente é *deleção*, mas já há quem use *deletação*.

deletério

Rege *a* ou *para* (nocivo, danoso, prejudicial): *Os climas desta região são deletérios **à** (ou **para** a) saúde. Filmes e revistas deletério **a**os (ou **para** os) costumes.* Há quem use "deletérico".

delgado ≠ fino ≠ sutil ≠ tênue

Convém não confundir. **Delgado** é de pequeno diâmetro ou grossura em relação à altura ou ao comprimento: *tábua **delgada**, coluna **delgada**.* **Fino** é de pouca grossura: *livro **fino**; ser **fina** de corpo.* **Sutil** é composto de partículas minutíssimas: *as gotículas **sutis** dos espreis.* **Tênue** é fisicamente longo, fino e frágil: *fio **tênue**.*

deliberação

Rege *de* (resolução) e *acerca de* (ou *a respeito de*, ou *sobre*) [reflexão]: *A deliberação **d**o horário de os filhos chegarem ficou a cargo da mãe. O presidente prometeu fazer deliberação **acerca d**a (ou **a respeito d**a, ou **sobre a**) reivindicação e dar resposta em breve.*

delicadeza / delicado

Regem *com* ou *para com* (nome) e *de* (verbo): *Ele é de uma grande delicadeza **com** (ou **para com**) mulheres bonitas. Ele chegou cheio de delicadeza **com** (ou **para com**) ela, mas foi logo levando um bofetão. Ele é muito delicado **com** (ou **para com**) mulheres bonitas. Ele foi todo delicado **com** (ou **para com**) ela, mas acabou levando um bofetão. Tenha a delicadeza **de** se retirar! Ele até que foi delicado **de** se retirar pacificamente!*

delinqüente

Embora o termo possa ser aplicado a maiores de idade, tende a ser específico a menores, já que àqueles se aplica com mais propriedade o termo *criminoso*. Daí por que para a Febem só vão *delinqüentes*; para a cadeia, criminosos. A *delinqüência* é própria dos menores de idade.

demais ≠ de mais

Convém não confundir. **Demais** é advérbio e equivale a muito, excessivamente, demasiado (*falar **demais**, comer **demais**; agora é tarde **demais***) e extremamente (*ser compreensivo **demais**, pessoa boa **demais***). Usa-se também como palavra denotativa de adição (= além disso, ainda por cima, de mais a mais) e como substantivo (= restantes, outros): *Essa mulher não lhe convém; **demais**, ela já foi casada três vezes. Dois passageiros morreram no acidente; os **demais** estão no hospital em estado grave.* **De mais** é locução adjetiva equivalente de: a mais (*receber troco **de mais***), de anormal (*beijar alguém na boca tem alguma coisa **de mais**?; não tem nada **de mais***), desproposital ou descabido (*passar tempo **de mais** no banheiro; falar o tempo todo em mulher e gostar de sair só com homem já é **de mais**; ter amor **de mais** pelos filhos; isso de socorro a bancos já está ficando **de mais***) e incrível (*essa é **de mais!***) Há casos, todavia, em que a dúvida se acentua, e a confusão pode reinar. Por exemplo: *Havia gente **demais** ali* ou *Havia gente **de mais** ali*? As duas frases estão perfeitamente corretas, dependendo do significado que se queira imprimir a cada uma delas. Se havia **muita** gente, gente em excesso, usamos **demais** (porque modifica o verbo). Se havia apenas gente a mais, numa idéia de simples acréscimo de pessoas (sem a idéia de excesso), empregamos **de mais** (porque modifica o substantivo). Num namoro, três sempre é de mais, principalmente quando a terceira pessoa é a mãe da garota... Num Celta, se houver dez pessoas, há gente **demais**; se, contudo, forem quatro as pessoas, e uma delas não pertencer ao grupo, ser-lhe estranha, há gente **de mais**. Poucos conhecem a diferença de emprego entre *demais* e *de mais*; daí por que só se vê a forma *demais*, o que não deixa de ser erro *de mais*, entre tantos outros.

de mais a mais
Locução denotativa de adição, equivalente de além disso, demais: *Essa mulher não lhe convém;* **de mais a mais**, *ela já saiu de três casamentos e tem oito filhos.*

demanda
Rege *com* (disputa, litígio) e *de* ou *por* (procura): *A demanda* **com** *a Bolívia, no caso do território do Acre, durou pouco tempo. A demanda* **de** *(ou* **por***) carros importados foi reduzida drasticamente, com a alta do dólar.*

demandar
É transitivo direto (mover-se em direção a, dirigir-se a): *Muitos torcedores neste momento* **demandam** *o Maracanã. Milhares de veículos* **demandam** *neste instante o Morumbi. São muitos os caminhões que* **demandam** *o Sul do país. Os torcedores que* **demandam** *o Pacaembu ainda não sabem que o jogo foi adiado.* Muitos (principalmente os jornalistas esportivos) usam este verbo, no entanto, como transitivo indireto: *demandam "ao" Maracanã, demandam "ao" Morumbi,* etc.

de maneira geral
V. **de forma geral** / **de maneira geral** / **de modo geral**.

de maneira que / de modo que
V. **de forma que** / **de maneira que** / **de modo que**.

de manhã / pela manhã
Ambas as expressões são corretas: *Estudo* **de manhã** *(ou* **pela manhã***)*. Mas apenas: *de dia* (*dormir* **de dia**).

de manhãzinha
V. **agorinha**.

demão
V. **mão de tinta**.

"de" menor
Não convém ser *"de" menor* nem muito menos ser *"de" maior*. Melhor mesmo é *ser menor* e *ser maior*.

demente "mental"
Visível redundância.

demitir ≠ despedir ≠ dispensar
Convém não confundir. **Demitir** é mandar embora por razões alheias à vontade do patrão, chefe, empresa, etc. A recessão e os juros altos obrigam as empresas a *demitir*. **Despedir** é mandar embora por não prestar ou por não servir àquele ou àquela que contratou. A grosseria com os fregueses ou a preguiça no serviço obrigam as empresas a *despedir*. **Dispensar** é mandar embora por já não serem necessários os serviços prestados. O encerramento de atividades de uma empresa ou a automação acelerada forçam as empresas a *dispensar*.

democrata-cristão
Pl.: *democrata-cristãos*.

de modo geral
V. **de forma geral** / **de maneira geral** / **de modo geral**.

de modo que
V. **de forma que** / **de maneira que** / **de modo que**.

de molde a
Trata-se de locução recente na língua, equivalente a *de modo a*: *O orador falou* **de molde a** *empolgar os ouvintes. O candidato trabalha* **de molde a** *poder vencer já no primeiro turno.* Em rigor, a locução deveria ser conjuntiva (*de molde que*), assim como é preferível o uso de *de modo que, de forma que, de maneira que* a *de modo a, de forma a, de maneira a*: *O orador falou* **de molde que** *empolgou os ouvintes. O candidato trabalha* **de modo que** *possa vencer já no primeiro turno.* A grande influência da língua francesa sobre a portuguesa, já no século XIX, fez-nos usar *de modo a, de forma a, de maneira a* e, agora, *de molde a*. Como não tenho absolutamente nada contra os estrangeirismos, desde que necessários ou já definitivamente consagrados, eis aí mais uma opção de construção que se afigura ao leitor.

demolir
Não tem a primeira pessoa do singular do presente do indicativo ("demulo") nem o presente do subjuntivo inteiro ("demula", "demulas", etc.). Portanto, temos, no presente do indicativo: *demoles, demole, demolimos, demolis, demolem*. Apesar disso, há quem use: *Se o senhor quiser, eu "demulo" já essa casa. O senhor quer que eu "demula" já essa casa?* Melhor será *pôr abaixo*.

demonstrar / demostrar
São ambas formas corretas, assim como *demonstração* e *demostração*.

demora
Rege *a* ou *em* (atraso) e *em* (estada, permanência): *A demora* **a***o (ou* **n***o) atendimento é comum nos hospitais públicos. A demora* **a** *(ou* **em***) atender-nos valeu ao funcionário uma admoestação de seu superior. A demora do nosso avião* **em** *solo será de no máximo trinta minutos, informou o comandante, sobre a próxima escala.*

demorar

Este verbo é intransitivo em três acepções (**1.** tardar a acontecer, a voltar ou a vir; **2.** custar a ser feito; **3.** ficar ou permanecer num lugar durante um tempo maior do que o normal ou o previsto, deter-se) e verbo pronominal em duas (**4.** levar tempo, tardar, custar; **5.** tornar o movimento ou o desenvolvimento de uma coisa mais lento, atrasar-se): **1.** *As mudanças na política econômica **demoraram**, mas vieram. Vou até a casa, mas não **demoro**. A resposta dela **demorou**, mas valeu a pena: foi positiva.* /// **2.** *O serviço no seu automóvel vai **demorar**; o senhor aguarda?* /// **3.** *Se você **demorar** muito na praia hoje, com este sol, vai ficar todo vermelho! Tive que **demorar** na capital, para solucionar todas as questões pendentes.* /// **4.** *O juiz **demorou-se** a (ou em) dar a sentença. Não **se demore** a (ou em) responder à minha carta! Por que o árbitro **se demorou** tanto a (ou em) dar início ao jogo?* (Evite usar "demorar-se para" ou "demorar para", nesta acepção!) /// **5.** *Eu **me demorei** um pouco mais hoje no meu passeio pela beira-mar. **Demorei-me** não mais que cinco minutos no banheiro: perdi o avião. Não **se demorem**, crianças: já está na hora de começarem as aulas! Se você **se demorar** um minuto, eu não a esperarei!*

demos-lhes

V. **dar**.

"de" nada

Quem responde a um *obrigado* deve fazê-lo portuguesmente, ou seja: *por nada*. Afinal, não dizemos a alguém que nos prestou grandes favores: *Obrigado **por** tudo?* Se não quiser usar *por nada*, opte, então, por qualquer destas expressões: *não há de quê; não seja por isso; obrigado você*, etc. Quem responde *"de" nada* são os espanhóis. Mas os espanhóis nem dizem obrigado; dizem *gracias*. V. **obrigado**.

dengue

É palavra feminina, quando se trata de doença e do mosquito: *a dengue hemorrágica, cuidado com a picada da dengue!*

de noite / à noite

São expressões que se equivalem: *De (ou À) noite costumamos sair*.

denominar

O predicativo pode vir com ou sem a preposição *de*: *Denominaram-no Anhangüera (ou **de** Anhangüera). Ele se denomina filósofo (ou **de** filósofo). A cidade hoje se denomina Ancara (ou **de** Ancara).*

dente "da boca"

Redundância. Está certo que pode haver dente de pente, dente de engrenagem, etc. Mas se alguém lhe disser que extraiu todos os dentes "da boca", só evite beijar essa boca...

dentes

Não admite pronome possessivo, quando a idéia de posse é clara: *Já escovei os dentes.* (E não: Já escovei os "meus" dentes.) *Você escovou os dentes, menina?* (E não: Você escovou os "seus" dentes, menina?) *Escovamos os dentes e fomos dormir.* (E não: Escovamos os "nossos" dentes e fomos dormir.) Quando a idéia de posse não for clara, naturalmente aparecerá o pronome: ***Meus** dentes são branquinhos. **Seus** dentes estão firmes? **Nossos** dentes nunca doeram.*

dentre

Contração de duas preposições: *de* e *entre*. Usa-se para destacar, num universo, um elemento, uma classe, um grupo, equivalendo, grosso modo, a *do meio de*: ***Dentre** todas as mulheres, Maria foi escolhida por Deus. **Dentre** os pentacampeões de futebol, o mais aplaudido foi o goleiro. **Dentre** os destaques dos atletas que foram às Olimpíadas está uma garotinha de dez anos. **Dentre** as árvores mais importantes da região amazônica, encontra-se a espécie* Carapa guianensis Aubl.*, cuja madeira é muito cobiçada pela indústria. **Dentre** todos os profissionais, só os advogados agem dessa forma? Por que os homossexuais são odiados **dentre** todas as minorias?*

dentro

Rege *de* ou *em* (no interior de; no íntimo de): *A cerveja está **dentro do** (ou **dentro no**) congelador. **Dentro de** (ou **Dentro em**) mim mora um anjo.*

denúncia

Rege *a, a...contra*, apenas *contra* e *de* ou *sobre*: *Têm sido feitas denúncias **às** autoridades, que não tomam providências. Têm sido feitas denúncias **às** autoridades **contra** a violência, mas nenhuma providência foi tomada até o momento. Chegaram inúmeras denúncias **contra** policiais. Foi nomeada uma comissão para investigar denúncias **de** (ou **sobre**) corrupção nesse órgão estatal.*

denúncia ≠ pronúncia

Convém não confundir. No sentido jurídico, **denúncia** é a peça inicial de ação penal do Ministério Público. **Pronúncia** é o ato de o juiz aceitar a denúncia, para julgamento posterior. Na *denúncia*, o representante do Ministério Público indica alguém como possível criminoso, já que ainda não há apresentação de provas; na *pronúncia*, o juiz aceita a denúncia, para julgamento posterior.

deparar

Este verbo é transitivo direto (encontrar por acaso ou inesperadamente, topar; avistar, ver) e pronominal (encontrar-se): *Deparei o (ou com o) presidente na rua, em Brasília. Na rua, a gente **depara** muitas vezes o que nunca espera. **Deparei-me** com o presidente na rua, em Brasília.* Quando o complemento é *coisa*, usa-se de preferência como transitivo direto: *Deparei um erro grave no livro. Deparamos uma pedra no meio do caminho.* Quando o complemento é *pessoa*, emprega-se indiferentemente como transitivo direto ou como transitivo indireto, como vimos acima. Seu emprego como pronominal, junto da preposição *com*, é recente na língua (influência de *encontrar-se com*). Os clássicos o construíam como pronominal, sim, mas sem a preposição e como unipessoal. Assim, por exemplo: ***Deparou-se****-me um erro no livro de José de Alencar. As muitas oportunidades de estudar que* ***se*** *lhe* ***depararam*** *não foram aproveitadas.* ***Deparam-se****-nos agora dois enormes problemas, aparentemente sem solução.* ***Deparava-se****-lhes um obstáculo quase intransponível para o casamento: a oposição dos pais da moça.*

departamento: abreviatura
A abreviatura de *departamento* é *depart.*, e não *"depto."*, que é a que, justamente, todo o mundo usa.

departamento de pessoal
É este o verdadeiro nome do departamento de recursos humanos das empresas, e não o "departamento pessoal".

de pé / em pé
Ambas as expressões existem. As pessoas podem ficar ***de*** *pé* ou ***em*** *pé*, podem viajar ***em*** *pé* ou ***de*** *pé*. V. **pé**.

dependência
Rege *com* ou *para com* e *entre*: *Essa moça tem uma forte relação de dependência* ***com*** (ou ***para com***) *esse rapaz. Há uma dependência do verbo* ***com*** (ou ***para com***) *o sujeito da oração. Existe uma forte relação de dependência* ***entre*** *essa moça e esse rapaz. Há uma dependência* ***entre*** *o verbo e o sujeito da oração.* Rege *de*, e não *"a"*, principalmente quando *dependência* vem seguida de um adjunto adnominal iniciado pela preposição *de*: *A dependência dos filhos* ***d****os pais, assim como das mulheres* ***d****os maridos, é cada vez menor, na sociedade brasileira.*

dependurado
Rege *de*, *em* e *sobre*: *Havia dois sininhos dependurados* ***d****a vara do pastor. O retrato de seus avós estava dependurado* ***n****a parede. Há um lustre de cristal dependurado* ***sobre*** *a mesa principal do saguão do hotel.*

dependurar / pendurar
Ambas as formas existem. Pode *dependurar* (ou *pendurar*) a camisa no cabide! Mas, atenção: no supermercado, no bar, na quitanda, você só pode *pendurar* a conta; ninguém "dependura" conta em estabelecimento nenhum. O dia 11 de agosto é o dia do *pendura*, na Faculdade de Direito da USP, e não do "dependura".

depois / ao depois
Usam-se indiferentemente: *Chegamos ao Rio de Janeiro, almoçamos, conversamos um pouco e* ***depois*** (ou ***ao depois***) *fomos passear na Avenida Atlântica. Este assunto não se pode deixar para* ***depois*** (ou para ***ao depois***). *Estivemos em Lisboa, Madri e Paris; só* ***depois*** (ou ***ao depois***) *fomos a Londres.*

depois
Rege *de* (nome ou infinitivo): *Depois* ***d****o namoro, vem o noivado; depois do noivado, o casamento. Depois* ***de*** *namorar vinte anos, era natural que a moça quisesse casar!* A elipse da preposição é obrigatória, se, em vez do nome ou do infinitivo, vem oração desenvolvida: *Ela nunca mais foi a mesma,* ***depois*** *que casou.*

depor
Rege *em* ou *sobre*: *Antes de entrar na cela, o prisioneiro depôs todos os seus pertences* ***n****uma* (ou ***sobre*** *uma*) *mesa.*

depor ≠ destituir
Convém não confundir. **Depor** é tirar, à força ou por medida excepcional, de cargo elevado ou dignidade. *Depõe*-se um presidente, um ditador, um rei. **Destituir** é demitir subalternos. Um presidente pode *destituir* ministros, e estes podem *destituir* seus secretários, e assim por diante.

deportação
Rege *de...para*: *A última deportação* ***de*** *brasileiros clandestinos nos Estados Unidos* ***para*** *o Brasil se deu semana passada.*

depredar / depredação
Embora seja assim, ainda há muitos que apreciam "depedrar" a língua e causar "depedrações". São os que só pensam em *pedra*.

depressão ≠ recessão
Convém não confundir. No âmbito da Economia, **depressão** é o período marcado por redução drástica das atividades econômicas, com altíssimas taxas de desemprego, queda violenta nas bolsas de valores, de preços e salários, etc. É um grande desastre econômico e social. A *depressão* da década de 1930 abalou o mundo. **Recessão** é a diminuição da atividade econômica a ponto de causar milhões de desempregados, mas se trata de redução muito menos intensa da atividade econômica que a que se tem na *depressão*. A *recessão* se caracteriza por um nível de desemprego de até 25%; na *depressão*, esse índice pode subir para 40 ou 50%. O quadro da economia se torna dramático, tenso e, à ausência de estadistas, costuma provocar convulsões sociais de conseqüências imprevisíveis.

depressinha
V. **agorinha**.

deputado
Rege *a...por*, ou apenas *por*: *Candidatar-se a deputado* ***a****o congresso* ***por*** *Goiás. Elegeu-se deputado* ***à*** *assembléia legislativa* ***pel****o PT. Ele é deputado* ***por*** *São Paulo, mas ela é deputada* ***pe****lo Rio Grande do Norte.* V. **senador**.

de quarentena durante três meses: incoerência?
Não. A expressão *de quarentena* significa *isolado, em separado*, e não há nenhuma necessidade de que o período de isolamento seja de quarenta dias. Podemos ter, perfeitamente, uma quarentena de sessenta dias ou de três meses.

"de" que

Constitui impropriedade grosseira tal emprego antes de oração objetiva direta: *Ela disse "de" que já não me amava. Acredito "de" que o país possa sair da crise ainda este ano. Eu já comentei "de" que esse jogador não serve ao Palmeiras. Eu sempre disse "de" que as coisas poderão piorar para o Vasco. Creio "de" que tudo já passou. O presidente afirmou "de" que a inflação está controlada.* Qual a função desse "de" nas orações? Nenhuma. É apenas um vagabundo...

de repente

Apesar de ser assim, muitos querem ainda mais depressa e sugerem a pressa extrema desta forma: "derrepente". Principalmente em concursos e vestibulares!

derivar

É verbo transitivo indireto ou pronominal (originar-se, provir; resultar): *Jibóia **deriva** (ou **se deriva**) do tupi. O queijo e o iogurte **derivam** (ou **se derivam**) do leite.*

derma / derme

São sinônimos (camada subjacente à epiderme); *derma*, porém, é palavra masculina (**o** *derma*), enquanto *derme* é feminina (**a** *derme*).

derradeiro ≠ último

Convém não confundir. **Derradeiro** se aplica a tudo o que é definitivamente acabado, o que não terá nada que se lhe siga em tempo algum. Alguém que morre dá o *derradeiro* suspiro, já que não poderá vir a fazê-lo nunca mais. **Último** é apenas o que está ou vem no final por uma circunstância, no tempo e no espaço. Alguém que foi salvo de afogamento pode ter dado o último suspiro antes de entrar em coma, mas, recuperando-se depois, dará outros suspiros para uma vida muitas vezes cheia de alegrias. O *derradeiro* filho é aquele que não terá outro depois de si; o *último* filho é o que, circunstancialmente, está no final de uma série. Poderá ter muitos, ainda, atrás de si. É o *último* até que outro não chegue. No ano de 1945 terminou a *última* guerra mundial. Terá sido a *derradeira*?

derramado

Rege *em*, *por* ou *sobre*: *Havia café derramado **na** (ou **pela**, ou **sobre** a) toalha da mesa.*

derreter

É verbo pronominal (tornar-se líquido, liquefazer-se, fundir-se; chorar; sumir-se, desaparecer): *O gelo **se derreteu** em poucos minutos. Juçara **se derrete** por qualquer coisinha, principalmente quando vê o namorado com outra. Onde está o engraçadinho que fez isto? Por certo **se derreteu**.*

derrubado

Rege *de...a*, apenas *a* e *sobre* (caído): *Havia um guardanapo derrubado **da** mesa **ao** tapete. Vi-a com a cabeça derrubada **ao** ombro do namorado. Usava um boné com a pala derrubada **sobre** uma das orelhas.*

DERSA / Dersa

Sigla de *Desenvolvimento Rodoviário S.A*. Grafa-se inteiramente com letras maiúsculas ou apenas com a primeira maiúscula, indiferentemente. Como as siglas são do mesmo gênero da primeira palavra que as formam, *Dersa* é **o**, e não "a". Não importa que seja empresa. O SBT também é empresa (***Sistema** Brasileiro de Televisão*). Apesar da evidência, ainda há quem continue falando em "a" Dersa. Há quem continue escrevendo "a" Dersa.

"de" sábado

Não: *aos sábados*. Quando uma ação se repete regularmente, em determinado dia da semana, usa-se o nome do dia no plural, precedido da preposição *a*: ***Aos sábados*** *não há aula.* ***Às segundas-feiras*** *tenho aula de Português.* ***Aos domingos*** *fico em casa.*

desabafar

É verbo intransitivo: *Depois que ela desabafou, sossegou. Quando ficar irritado, grite, xingue, chute, desabafe: faz bem ao estômago e à alma!* Há quem o use, neste caso, como pronominal ("desabafar-se"): *Eu "me desabafei" com ela. Ela "se desabafou" comigo.* Como transitivo indireto, rege *contra* (descarregar, descontar): *Passa contrariedades no trabalho e depois vem **desabafar contra** os filhos. Ele leva broncas do chefe e, em casa, **desabafa contra** a mulher.* Há quem use a preposição "em" por *contra*, neste caso.

desabafo

Rege *com...contra* ou apenas *contra*: *O desabafo **com** a mãe **contra** as agressões do marido acabou redundando em divórcio. Fiz um desabafo **contra** todas as espécies de hipocrisia.*

desabar

Rege *em*, *em cima de* ou *sobre* (cair pesadamente, largar o corpo inteiramente): *Ao chegar, desabou **na** (ou **em cima da**, ou **sobre** a) cama, de tão cansado! Quando cheguei, desabei **no** (ou **em cima do**, ou **sobre** o) sofá.*

desabitado ≠ deserto ≠ ermo ≠ inabitado

Convém não confundir. **Desabitado** é que já foi habitado, estando momentaneamente sem habitante. A guerra faz cidades inteiras *desabitadas*. A seca prolongda provoca imensas regiões *desabitadas* no sertão nordestino. **Deserto** é sem gente nenhuma, sem ninguém, sem vivalma. Estacionar o carro com a namorada em lugar *deserto* é perigoso em todos os sentidos. **Ermo** é desabitado ou deserto e muito afastado. Estacionar o carro, mesmo sem a namorada, em lugar *ermo* do Rio de Janeiro é assalto ou morte na certa. **Inabitado** é que não é nem nunca foi habitado. Um apartamento *inabitado* é o que nunca teve morador; um apartamento *desabitado* é o que já teve morador, mas no momento se encontra sem ele.

desabituado

Rege *a* ou *de*: *Ela ficou rica e desabituada **a**os (ou **d**os) afazeres domésticos.*

desabrochar
É intransitivo ou pronominal, indiferentemente: *Este ano, as rosas **desabrocharam** (ou **se desabrocharam**) cedo.*

desabono
Antecedida de *em*, aparece combinada com a preposição *de*: *O presidente nada quis declarar **em** desabono **d**o ministro demissionário.*

desacostumado
Rege *a* ou *de*: *Ficando vários dias com os olhos vendados, era natural que eles estivessem desacostumados **à** (ou **d**a) luz. O presidente estava desacostumado **a** (ou **de**) viajar.* Curioso aqui é que *acostumado* rege *com*, mas *desacostumado*, seu antônimo, não.

desafeto
Rege *a* (contrário, adverso, oposto) e *de* (inimigo; rival): *É um povo desafeto **a**os partidos radicais. O ex-governador baiano era o maior desafeto **d**a senadora alagoana. Os corintianos são, disparado, os maiores desafetos **d**os palmeirenses.*

desafinar
É verbo intransitivo ou pronominal (entrar em desarmonia): *João Gilberto não **desafinava** (ou **se desafinava**), ao contrário, começava com ele a redenção da música popular brasileira. Nesse conjunto, quem **desafinar** (ou **se desafinar**) perde o lugar.*

desafio
Rege *a* (nome) e *para* (verbo): *A torre de Pisa é um desafio **à** lei da gravidade. A equipe toda aceitou o desafio **para** se classificar antes das últimas rodadas da competição.* Antecedida de *em*, aparece combinada com a preposição *com* ou *de*: *Viajando a 250km/h, você acaba entrando em desafio **com** a (ou **d**a) morte!*

desafogo
Rege *com...sobre* ou apenas *sobre* (desabafo): *O desafogo **com** a mãe **sobre** as agressões do marido acabou redundando em divórcio. O desafogo **sobre** os incríveis problemas da sua administração emocionou a população.* Tanto o singular quanto o plural têm o tônico fechado.

desaforo
Rege *a* (atrevimento, impertinência) e *contra* (insulto): *Considero um desaforo **a**o consulente remetê-lo a todo o instante a este ou àquele verbete, quando se pode dar a definição no verbete consultado. A senadora alagoana fez o seu discurso, com inúmeros desaforos **contra** os partidários do senador baiano.* Tanto o singular quanto o plural têm o tônico fechado.

desafronta
Rege *a* ou *de*: *Esse gesto agressivo representa a desafronta **à** (ou **d**a) humilhação que os brasileiros sofrem ao desembarque, nos aeroportos do Primeiro Mundo.* Antecedida de *em*, aparece combinada com *a* ou *de*: *Escreveu uma nota **em** desafronta **a**o (ou **d**o) ultimato que recebeu.*

deságio
Rege *de...sobre* ou apenas *sobre* (desconto): *Houve um deságio **de** 0,5% **sobre** a receita. Houve um deságio **sobre** a importância devida. A compra da dívida foi feita com 60% de deságio **sobre** o valor de face.*

desagradado
Rege *com* ou *de*: *Alguns militantes do partido estavam francamente desagradados **com** a (ou **d**a) política do presidente que eles ajudaram a eleger. Sentindo-se desagradado **com** o (ou **d**o) espetáculo, o público vaiou.*

desagradar
Sempre transitivo indireto: *O filme desagradou **a**o público. A notícia desagradou **a**o presidente. Isso **lhe** desagrada? Não é minha intenção desagradar-**lhe**,* mas este verbo é rigorosamente transitivo indireto, por isso não aceita o (e variações) como complemento pronominal. Um que outro escritor de renome o empregou, num vacilo compreensível, como transitivo direto. V. **agradar**.

desagradável
Rege *a* ou *para* (antipático no trato; que causa má impressão) ou apenas *para* (insatisfatório, aborrecido): *Ela faz questão de ser desagradável **a** (ou **para**) todo o mundo. Notícia desagradável **a**o (ou **para** o) governo: a inflação voltou. Todo ruído acima de 70 decibéis é desagradável **a**o (ou **para** o) ouvido. A viagem foi desagradável **para** os pais, mas não **para** as crianças.*

desagradável de
Depois desta expressão, não se usa o pronome *se*, e o infinitivo fica invariável: *música desagradável de ouvir, livros desagradáveis de ler.*

desagrado
Rege *com* ou *para com*: *O desagrado **com** (ou **para com**) a política econômica do governo se transformou em manifestações violentas nas ruas. As duas equipes manifestaram desagrado **com** (ou **para com**) o árbitro do jogo.*

desagravo
Rege *a* ou *de*: *Representantes do movimento negro realizaram um ato de desagravo **à** (ou **d**a) governadora. Foi redigida uma carta de desagravo **a**o (ou **d**o) deputado.* Antecedida da preposição *em*, aparece combinada com *a* ou *de*: *Os evangélicos publicaram uma nota em desagravo **a**o (ou **d**o) Deus único e verdadeiro da Bíblia.*

desaguar
É verbo intransitivo ou pronominal, indiferentemente: *O Amazonas é um rio que **deságua** (ou **se deságua**) no mar.*

desamor
Rege *a*, *de* ou *por*: *Desde criança, ele sempre demonstrou o mais refinado desamor **a** (ou **de**, ou **por**) parentes. Os suicidas têm desamor **à** (ou **d**a, ou **pel**a) vida. A corrupção deslavada, a inércia do governo, a letargia da justiça, a violência desenfreada,*

um sistema de ensino falido, um futuro sem perspectiva, a apatia do povo, tudo isso provoca na juventude um desamor **a**o (ou **d**o, ou **pel**o) Brasil.

desamoroso

Rege *com*, *para* ou *para com*: *Pais desamorosos **com** (ou **para**, ou **para com**) os filhos.*

desanimado / desânimo

Regem *com* (pessoa), *com*, *de* ou *por* (coisa) e apenas *de* (verbo): *Os pais andam desanimados **com** os filhos. Está desanimado **com** o time. Os pais andam desanimados **com** o (ou **d**o, ou **pel**o) comportamento e atitudes dos filhos. Está desanimado **com** as (ou **d**as, ou **pel**as) derrotas do time. Os torcedores estão desanimados **de** ver tanta violência nos estádios. O desânimo dos pais **com** os filhos é notório. É visível o desânimo da torcida **com** o time. Todos vêem o desânimo dos pais **com** o (ou **d**o, ou **pel**o) comportamento e atitudes dos filhos. O desânimo da torcida **com** as (ou **d**as, ou **pel**as) derrotas do time se reflete na baixa arrecadação de todos os seus jogos. O desânimo **de** ver tanta violência nos estádios é notório.*

desanimar

É verbo intransitivo ou pronominal, indiferentemente: *Eu **desanimei** (ou **me desanimei**), e o povo também já **desanimou** (ou **se desanimou**). Vá em frente: não **desanime** (ou não **se desanime**)! Por que **desanimamos** (ou **nos desanimamos**) facilmente quando as coisas não correm a nosso favor?*

desaparelhar

Sempre com **e** fechado: *desaparelho, desaparelhas*, etc.

desapego

Rege *a*, *de* ou *por*: *Com o desapego **a**o (ou **d**o, ou **pel**o) vício, sua vida começou a mudar. Aquele seu desapego **à** (ou **d**a, ou **pel**a) família tinha forte razão de ser.*

desapercebido ≠ despercebido

Convém não confundir. **Desapercebido** é desprevenido: *A chuva me pegou **desapercebido**. Os ladrões procuram pegar suas vítimas completamente **desapercebidas**, para alcançarem êxito no delito.* Significa também desprovido: *Como eu estava inteiramente **desapercebido** de dinheiro, ela pagou o jantar. As tropas ficaram cercadas e completamente **desapercebidas** de víveres.* Trata-se de palavra de uso tão restrito, que seria preferível esquecê-la, nunca empregá-la, para não provocar confusão com sua parônima, que tem uso mais freqüente. Quem diria, hoje, que está *desapercebido* de dinheiro? Quem afirmaria a seu professor, num dia de prova, que está *desapercebido* de conhecimentos para fazer a prova? **Despercebido** é não percebido ou não notado, imperceptível: *Esse fato me passou completamente **despercebido**. É um erro que facilmente passa **despercebido** de qualquer profissional de revisão.*

desapreço

Rege *a*, *de* ou *por*: *Os portugueses têm fortes razões históricas para ter profundo desapreço **a**os (ou **d**os, ou **pel**os) galicismos, mas os brasileiros não.*

desapropriar / desapropriação

Apesar de ser assim, há muita gente que quer "desapropiar", para se aproveitar da "desapropiação".

desaprovação

Rege *a* (discordância) e *de* (apreciação negativa): *Não se notava na expressão do pai nenhuma desaprovação **à**s atitudes do filho. A desaprovação popular **de** mais um imposto pode trazer conseqüências nas próximas eleições.*

desatenção / desatencioso

Regem *a* (coisa) e *com* ou *para com* (pessoa): *A desatenção **à**s placas de sinalização pode causar acidentes fatais nas estradas. Foi despedido por causa de sua desatenção **com** (ou **para com**) os fregueses. Comete grande desatenção **com** (ou **para com**) o palhaço aquele que não ri de suas graças. Aluno desatencioso **à**s aulas. Balconista desatencioso **com** (ou **para com**) os fregueses.*

desatento

Rege *a*: *Aluno desatento **à**s aulas. Motorista desatento **à**s placas de sinalização.*

desatino ≠ despautério ≠ disparate

Convém não confundir. **Desatino** é o ato próprio de doido, é a falta de tino; é o mesmo que *loucura*. Casar em tempo de vacas magras é *desatino*, tão grande ou maior, talvez, que vender areia no deserto ou picolé a esquimó. A paixão também provoca *desatinos*, principalmente por parte do homem. **Despautério** é disparate tão grande, que nem merece atenção ou consideração. Afirmar, por exemplo, que todo jacaré é peixe e que todo parlamentar é honesto e competente é *despautério* tão grande quanto sustentar que aquele presidente não era cínico nem safado. **Disparate** é o ato, a atitude ou a afirmação tão incoerente, tão sem nexo nem propósito, que até provoca riso; é o mesmo que *despropósito*. Ao responder ao professor que o coletivo de cabelos era peruca, o aluno cometeu um *disparate*. Idêntico *disparate* cometeu aquele autor de livro de Geografia, segundo o qual Minas Gerais tinha mar. Quer exemplo de *disparate* em uma pergunta? Um telespectador falava pelo telefone com uma apresentadora de televisão, ex-dançarina de um conjunto musical moderno. *De que Estado você fala?* perguntou ela. *De Brasília*, respondeu ele. *Sim, mas de que Estado?*, voltou a perguntar a loira. *Disparate* é coisa comum, principalmente na televisão brasileira. Ligue!

desautorar / desautorizar

Usam-se as duas formas, na acepção de tirar a autoridade, desacreditar: *Foi despedido, porque tentou **desautorar** (ou **desautorizar**) o chefe, na frente dos colegas. Com essa declaração, o presidente **desautorou** (ou **desautorizou**) o ministro publicamente.* Como pronominais: *É uma professora que facil-*

mente *se desautora* (ou *se desautoriza*) *ante os alunos. Quem não cumpre a palavra,* **desautora-se** (ou **desautoriza-se**).

descansado
Rege *de* (aliviado) e *em* ou *sobre* (apoiado): *Com o casamento da filha, agora tinha o espírito descansado* **de** *preocupações. Quando entrei na sua sala, estava com os pés descansados* **na** (ou **sobre** a) *mesa do escritório, feito caubói. É uma tese descansada* **em** (ou **sobre**) *opiniões abalizadas.*

descanso
Rege *a* ou *para* (alívio, paz), *de* (pausa, interrupção) e *para* (tempo livre, folga): *A morte foi um descanso* **a** (ou **para**) *esse sofredor. Depois do descanso* **d***o trabalho, foi jogar bola. Ainda não tive descanso nem* **para** *ir almoçar.*

descargo / desencargo
Em rigor, *desencargo* significa *desobrigação de um encargo, de um trabalho, de uma responsabilidade*: *Um filho que se forma é mais um* **desencargo** *de família para o pai. Uma filha que se casa é mais um* **desencargo** *de família para os pais. O funcionário ficou satisfeito com o* **desencargo** *de vigiar o depósito. Os alunos agradeceram ao professor o* **desencargo** *de lhe apresentarem os deveres escolares todos os dias.* No português contemporâneo, todavia, usa-se *desencargo* por *descargo* (= alívio, desafogo): *Só fui lá falar com ela por* **descargo** (ou **desencargo**) *de consciência. O árbitro deu o pênalti por* **descargo** (ou **desencargo**) *de consciência.*

descarrilar / descarrilhar
Ambas as formas são corretas, com preferência para a primeira, porque a palavra se forma de *des-* (= fora) + *carril* (= trilho) + *-ar*. Diz-se o mesmo de *descarrilamento* e *descarrilhamento*. As formas "desencarrilhar" e "desencarrilhamento" é que não são aconselháveis.

Descartes
Adj. corresp.: *cartesiano*. Portanto, *teorema de Descartes = teorema cartesiano.*

descascar
Apesar de ser assim, há muita gente que anda "decascando" o abacaxi.

descaso
Rege *a, com, para com* ou *por*: *O descaso, por décadas,* **à** (ou **com** a, ou **para com** a, ou **pel**a) *educação causou esse caos que hoje impera no ensino brasileiro.*

descer
No português lusitano, todos descem **a**o andar térreo; no português do Brasil quase todos descem **n**o andar térreo. Ou seja, usa-se *descer* **a** em Portugal; prefere-se *descer* **em**, no Brasil. Na norma culta ainda se dá preferência à construção legitimamente portuguesa.

descer "para baixo"
Visível redundância, assim como *descer "lá embaixo".*

descida
Rege *a* ou *de...a*: *A descida* **à** *caverna assustava. A descida da nave* **a**o *solo de Marte foi tranqüila. A descida* **d**a *árvore* **a**o *chão levou dez minutos. A descida* **d**o *último andar* **a**o *térreo só podia ser feita pela escada.*

descoberta / descobrimento
A primeira significa, em rigor, *invenção, invento*, e tem sido muito usada, no português contemporâneo, pela segunda (*ato de descobrir*): *O que você acha da* **descoberta** (= invenção) *de Santos Dumont? Não foi uma grande* **descoberta** (=invenção) *esse novo planeta?* Note que todos usamos: *Essa* **descoberta** *é sua ou é de seu amigo?* (E não: *"Esse descobrimento" é seu ou é de seu amigo?*) *A* **descoberta** (= descobrimento) *de um novo sítio arqueológico no Piauí animou os cientistas. A* **descoberta** (= descobrimento) *de petróleo em Campos revitalizou a economia fluminense. A* **descoberta** (= descobrimento) *do Brasil foi mesmo feita por Cabral?* Note que todos usamos *a época* **d**os **descobrimentos** (e não "das descobertas"). A confusão provém do fato de que todo *descobrimento* produz uma *descoberta* (aquilo que vem expresso como complemento nominal): respectivamente, *um novo sítio arqueológico, petróleo, Brasil.*

descobrir
Só tem o particípio irregular, *descoberto*: *Quando percebeu que a mãe havia descoberto a verdade, ela confessou.* "Descobrido" caiu em desuso. Conj.: segue o verbo *cobrir*.

descompostura
Rege *contra* ou *em*: *A descompostura* **contra** (ou **n**o) *filho em público deixou este arrasado. O professor passou uma descompostura* **contra** os (ou **n**os) *alunos que não fizeram seus deveres.*

desconfiança
Rege *com, contra, de* ou *para com* (nome), apenas *de* (antes de oração), *em* (pessoa) e *acerca de* (ou *a respeito de*, ou *a propósito de*, ou *em relação a*, ou *quanto a*, ou *sobre*): *Essa desconfiança* **com** o (ou **contra** o, ou **d**o, ou **para com** o) *filho não tinha razão de ser. A desconfiança do povo* **com** *aquele* (ou **contra** *aquele*, ou **d**aquele, ou **para com** *aquele*) *governo era sentida nas ruas. Havia nele uma leve desconfiança* **de** *estar sendo inconveniente. Havia nele uma leve desconfiança* **de** *que estivesse sendo inconveniente. A verdade é que havia desconfiança do Palácio do Planalto* **n***esse candidato. Ainda campeia muita desconfiança* **acerca d**a (ou **a respeito d**a, ou **a propósito d**a, ou **em relação à**, ou **quanto à**, ou **sobre** a) *lisura com que foram feitas certas privatizações.*

desconfiar

É transitivo direto (*supor, achar* e sempre com objeto oracional) e transitivo indireto (*duvidar; suspeitar* e sempre com nome): *Eu já desconfiava que o meu time iria perder. Desconfio que eles estão namorando. Alguns duvidaram da sua capacidade de administrar o país. Ela desconfia até da sombra.* Não se constrói, portanto: *Eu já desconfiava "de" que o meu time iria perder. Desconfio "de" que eles estão namorando.* Um dicionário recém-publicado registra o verbo transitivo direto como transitivo indireto. Nele, porém, é tudo normal.

descongelar

É verbo pronominal: *Os cubos de gelo já se descongelaram. Carne congelada não se descongela rapidamente, a não ser no microondas.*

desconhecido

Rege *a, de, para* ou *por*: *Era uma pessoa desconhecida às* (ou *das*, ou *para as*, ou *pelas*) *pessoas da cidade.*

desconsideração

Rege *a, com* ou *para com*: *Houve grande desconsideração à* (ou *com a*, ou *para com a*) *autoridade do ministro. Por que tanta desconsideração aos* (ou *com os*, ou *para com os*) *pobres?*

descontentamento / descontente

Regem *com, contra* ou *de*: *O descontentamento do povo com essa* (ou *contra essa*, ou *dessa*) *política é visível. O povo anda descontente com o* (ou *contra o*, ou *do*) *governo.*

descontrole

Como substantivo, tem o **o** tônico fechado, assim como o plural: *descontrole, descontroles: O descontrole das emoções. O descontrole dos gastos públicos.* Só como forma verbal é que tem o **o** tônico aberto: *Espero que você não se descontrole durante a reunião. Todos esperamos que não te descontroles mais.*

descorar

É verbo intransitivo ou pronominal, indiferentemente: *O papel de parede descora* (ou *se descora*) *com o tempo. Ao saber do fato, a mãe descorou* (ou *se descorou*).

descortês / descortesia

Regem *com* ou *para com* (pessoa) e *em* (verbo): *Ser descortês com* (ou *para com*) *os fregueses da casa. Você foi descortês em não cumprimentar as visitas e em bater a porta, ao sair. Por que tanta descortesia com* (ou *para com*) *os fregueses da casa? Não entendi a sua descortesia em não cumprimentar as visitas e em bater a porta, ao sair.*

descortino

Apesar de ser assim, ainda há muita gente que impressiona pelo seu "descortínio".

descrença / descrente

Regem *com* ou *em* (pessoa) e *de* ou *em* (coisa): *A descrença com a* (ou *na*) *classe política se refletiu nas urnas. A descrença do* (ou *no*) *futuro é grande por aqui. O povo está descrente com a* (ou *na*) *classe política. A população anda descrente do* (ou *no*) *futuro.*

descrever

É verbo transitivo direto: *Descreva esse assunto! Descreva o seqüestro que você presenciou!* Muitos constroem este verbo como transitivo indireto: *Descreva "acerca desse" assunto! Descreva "sobre" o seqüestro que você presenciou!* Influência da regência do verbo *escrever*, que se usa corretamente desta forma: *Escreva acerca desse assunto! Escreva sobre o seqüestro que você presenciou!*

descrever ≠ dissertar ≠ narrar

Convém não confundir. **Descrever** é retratar com palavras as partes de um ser (pessoa, paisagem, ambiente, animal, cena, etc.) quanto às suas características. Na descrição, que é essencialmente estática e pode ser objetiva ou subjetiva, os detalhes têm grande importância. A descrição é um excelente meio de avaliar o poder de observação de quem escreve, já que nela os sentidos têm papel primordial. O leitor deve ser levado a *ver* e a *sentir* o objeto descrito. A descrição é, enfim, um "retrato verbal" de pessoas, objetos, cenas ou ambientes. **Dissertar** é discorrer sobre um tema cuidadosa e profundamente, com bastante reflexão. É sobretudo raciocinar, refletir, por isso a dissertação avalia com maior precisão a capacidade de um indivíduo em desenvolver um assunto. A dissertação nada mais é que o ato de discorrer de modo crítico e minucioso acerca de um assunto. É uma seqüência de conceitos, opiniões, juízos. É o momento de apresentar o talento como prova de competência. Os argumentos utilizados na dissertação devem ser convincentes, além de ser um espelho da realidade. Toda dissertação deve constar de três partes distintas: 1) a *introdução*, que é a exposição geral do assunto a ser tratado, com a apresentação da idéia ou do ponto de vista que vai ser defendido; 2) a *argumentação* ou o *desenvolvimento*, em que se desenvolve a idéia ou o ponto de vista; aqui a argumentação, os fatos e dados que os comprovem são fundamentais para sedimentar a posição defendida; e 3) a *conclusão*, que é o desfecho coerente do desenvolvimento. Na conclusão, o autor deve retomar a idéia inicial, para concluí-la de forma coerente, satisfatória, quando não apoteótica. **Narrar** é contar ou historiar um fato real ou imaginário, obedecendo à ordem temporal. O fundamental na narração é que o fato seja interessante, a ponto de prender a atenção do leitor. A narração nada mais é que uma seqüência de episódios, vividos por personagens; daí ser extremamente dinâmica, ao contrário da descrição, que não pressupõe movimento. Toda narração compreende: 1) o *enredo*, que é a estrutura da narrativa, o desenrolar dos fatos. Todo enredo se constitui de incidentes, intrigas, etc.; daí por que todo enredo está centrado num conflito; 2) o *narrador*, que é o "dono" do enredo, aquele que narra os fatos. O narrador pode participar das ações como personagem; temos, então, uma narrativa na primeira pessoa. Neste caso, predomina a interpretação dos fatos pela personagem-narrador. Quando o narrador não se envolve nos fatos, mas observa tudo o que ocorre, temos uma narrativa na terceira pessoa. Neste caso, o narrador é consciente, sabe de tudo, até dos pensamentos e sentimentos das personagens. A opção por uma personagem-narrador ou por um narrador onisciente caracterizará o foco narrativo ou ponto de vista, ou seja, sob qual situação, por qual modo de ver o leitor toma conhecimento dos fatos; 3) as personagens, que são os indivíduos que vivem os fatos. A personagem principal se diz protagonista; o seu oponente é o antagonista (popularmente vilão ou bandido); 4) o *ambiente*, que é o espaço, o cenário pelo qual transitam as personagens e se desenrolam os acontecimentos; e 5) o *tempo*, que é a época, o momento em que se dão os fatos. Os jornalistas fazem narração na maior parte das vezes. Os romances, as novelas e os contos são, igualmente, narrações. Um locutor, quando se põe a contar um espetáculo esportivo, nada mais faz que uma narração, embora uns floreiem mais que outros, não sem antes cometerem, naturalmente, uma série de disparates...

descrição ≠ discrição
Convém não confundir. **Descrição**, como se viu no item anterior, é um dos três tipos de discurso, ao lado da dissertação e da narração, no qual se procura pintar ou descrever todos os detalhes de um fato, de uma pessoa, de um fenômeno, de uma coisa, etc. **Discrição** é qualidade de discreto. A *discrição* é uma qualidade fundamental no ser humano, assim como a *discrição* de um barzinho é essencial para atrair pessoas. Antôn.: *indiscrição*. Muitos usam "discreção" e "indiscreção".

descriminalizar ≠ descriminar
Convém não confundir. **Descriminalizar** é declarar oficialmente a isenção de crime; é eliminar penalidades criminais. *O novo código **descriminalizou** muitas transgressões, mas **descriminalizar** o uso das drogas é loucura.* O substantivo correspondente é *descriminalização*: *Há quem seja a favor da **descriminalização** do uso da maconha.* **Descriminar** é inocentar, absolver. *A comissão parlamentar de inquérito **descriminou** todos os deputados envolvidos em corrupção.* Um juiz *descrimina* um réu. A sociedade pode *descriminalizar* um vício. Note, porém, que não se descriminalizam "as drogas", mas sim a prática, o uso, o hábito, o vício. O substantivo correspondente é *descriminação*: *Só cabe ao júri a **descriminação** desse réu.*

descriminar ≠ discriminar
Convém não confundir. **Descriminar** é inocentar, absolver (v. item anterior). **Discriminar** é distinguir e também segregar: *saber **discriminar** as cores; **discriminar** as minorias étnicas.*

descuidado / descuido
Regem *de* ou *em* (nome), mas apenas *em* (verbo): *Mulher descuidada **da** (ou **na**) aparência. O que mais se vê hoje são jornalistas completamente descuidados **da** (ou **na**) linguagem. O descuido **do** (ou **no**) traje causou-lhe a perda do emprego. O descuido **da** (ou **na**) linguagem parece ser, hoje, uma característica de certos jornalistas. Mulher descuidada **no** vestir. O descuido **no** trajar causou-lhe a perda do emprego.*

desculpa
Rege *de* ou *por*: *O rapaz pediu desculpas **de** (ou **por**) não ter colaborado com os colegas. Foram bem recebidas pelos colegas as desculpas **de** (ou **por**) sua ausência da festa.*

desculpa ≠ perdão
Convém não confundir. **Desculpa** é razão apresentada para nos livrarmos de culpa ou para nos justificarmos de repreensão certa ou eventual. Quem se desculpa tem consciência de que cometeu falha, mas sabe também que ela não surgiu de um propósito, ou seja, não foi cometida propositadamente. Uma pessoa que viaja e não se lembra de se despedir de um amigo pede *desculpa*, e não "perdão". **Perdão** é remissão de pena, castigo, culpa, dívida, ofensa, etc. Pede *perdão* quem reconhece a falta ou o erro cometido, mostrando-se arrependido com isso, aceitando a sua condição de culpado. Um rapaz furioso, que desfere um tapa na pobre da namorada e depois cai em arrependimento, deve pedir *perdão*, e não "desculpa". Se, por outro lado, a apaixonada namorada, ao preparar a doce boca, beija o companheiro e lhe arranca um pedaço dos lábios, essa pobre infeliz deve pedir *desculpa*, mil *desculpas*, mesmo sabendo que, naquela boca, com certeza, nunca mais vai poder depositar nenhum dos seus calorosos beijos. No *site* da Folha de S. Paulo, porém, se leu recentemente: *Um dos autores do atentado de Báli pede "desculpas" à família das vítimas.* Ora, o sujeito planeja um atentado terrorista, concretiza-o, mata centenas de pessoas, depois pede "desculpas" à família das vítimas?!

desculpar
Quem desculpa, desculpa alguém de alguma coisa: *Desculpe-me do atraso: o trânsito está infernal! Desculpem-nos do transtorno: estamos trabalhando para o seu maior conforto! Desculpem-nos da nossa falha!* No português contemporâneo, tem sido usada ainda a preposição *por*, em substituição a *de*: *Desculpem-me pelo atraso! Desculpem-nos pelo transtorno! Desculpem-nos pela nossa falha!* Note: se o objeto direto é pessoa e o objeto indireto é coisa, frases como estas são completamente descabidas: Desculpe "o atraso"! Desculpem "o transtorno"! Desculpem "a nossa falha"! Não se desculpam "coisas", mas sim pessoas. Desculpe-me de ter-me alongado, caro leitor!

desculpar-se
Rege *de* (pedir desculpa): *Desculpei-me **do** atraso com os meus colegas. Você já se desculpou **do** transtorno que lhes causou?*

descurar
Não dispensar os devidos cuidados a; desleixar: *foi um governo que descurou por completo a (ou da) saúde pública.* **2.** Não fazer caso de; não ter cuidado com; não cuidar; descuidar; negligenciar: *descurar o (ou do) traje, a (ou da) aparência.*

desde...até

A preposição correlata de **desde** é **até**, e não "a": *A idade das crianças varia **desde** cinco **até** oito anos. Foram dolorosos os dias que mediaram **desde** 20 **até** 30 de abril daquele ano.* Há certos gramáticos que abalizam o emprego da preposição "a".

desde "de"

Erro comum: *desde*, como preposição que é, não precisa da companhia de outra. Volta e meia lemos ou ouvimos frases assim: *Está chovendo desde "de" manhãzinha. Desde "de" 1960 não acontecem terremotos por aqui. Desde "de" 1945 não há guerras mundiais.* Basta retirar a má companhia ("de"), para que as frases fiquem perfeitas.

desdém / desdenhoso

Regem *a, de, para com* ou *por*: *Era um presidente que demonstrava desdém **a**o (ou **d**o, ou **para com** o, ou **pel**o) povo. Esse desdém **à**s (ou **d**as, ou **para com** as ou **pel**as) normas da língua não convém a nenhum bom jornalista. Era um presidente desdenhoso **a**o (ou **d**o, ou **para com** o, ou **pel**o) povo. As mulheres costumam ser desdenhosas **à**queles (ou **d**aqueles, ou **para com** aqueles, ou **por** aqueles) que as amam.*

desdenhar

É transitivo direto ou indireto, indiferentemente (não dar o devido valor ou a mínima importância, menosprezar, fazer pouco caso): *Não desdenhe a (ou **d**a) capacidade do rapaz! Ele é dado a desdenhar o (ou **d**o) trabalho dos outros. O candidato do governo desdenha as (ou **d**as) pesquisas, que apontam favoritismo para seu oponente. É um treinador que desdenha os (ou **d**os) craques do time, para aparecer com mais brilho que eles.*

desdizer-se ≠ retratar-se

Convém não confundir. **Desdizer-se** é desistir de uma afirmação feita, é dizer o contrário daquilo que foi dito antes e, por isso, declarar como infundado e falso tudo o que se havia dado como verdadeiro. **Retratar-se** é desaprovar expressamente o que se tinha feito, sustentado ou defendido, quer de palavra, quer por escrito. O homem que *se desdiz* passa por volúvel e é pouco respeitado; o que *se retrata* destrói todo o efeito do que havia sustentado e defendido. As testemunhas, por exemplo, *desdizem-se*, porque sua consciência a isso as obriga; um delator, por sua vez, *retrata-se* e deste modo destrói a delação.

desdouro

Rege *a* ou *para*: *O trabalho braçal não é desdouro **a** (ou **para**) ninguém.*

de segunda a sexta-feira

Sem acento no **a**: *Atendemos de segunda **a** sexta-feira, no horário comercial.*

de segunda mão / em segunda mão

Ambas as locuções existem: *Comprei um carro **de** (ou **em**) segunda mão. Ela compra tudo **de** (ou **em**) segunda mão.* Usa-se, no entanto, apenas **em** primeira mão: *Notícia **em** primeira mão.*

desejar "votos"

Redundância: na palavra *voto* já existe a idéia de desejo. Assim, *desejar "votos"* é rigorosamente o mesmo que *escrever "um escrito", falar "uma fala"* ou *pescar "um peixe"*. Votos se *formulam*, se *expressam*. Portanto: *Formulo-lhe votos de muitas felicidades.* Ou: *Desejo-lhe muitas felicidades.* E a felicidade se fará...

desembargador: abreviatura

O Vocabulário Ortográfico da Língua Portuguesa (VOLP) registra três abreviaturas para *desembargador*: *desemb., des.dor* e *des.or*. Para *desembargadora* ficariam reservadas, portanto: *desemba., des.dora* e *des.ora*. Apesar disso, no meio jurídico se usa muito *des.* (para o homem) e *desa.* (para a mulher).

desembolsar "do bolso"

Visível redundância. Não faltam, todavia, aqueles que constroem frases assim: *Se for para eu desembolsar "do bolso" todo esse dinheiro, prefiro não comprar o carro.* Pois não compre!...

desencanto / desencantado

Regem *com, de* ou *por*: *O desencanto **com** a (ou **d**a, ou **pel**a) classe política é uma realidade no país. A população anda desencantada **com** a (ou **d**a, ou **pel**a) classe política.*

desencargo

V. **descargo**.

desenganado

Rege *de* (desiludido) e *de* ou *por* (sem esperança de sobrevivência): *Depois do escândalo, ele ficou desenganado **d**a política. O doente foi desenganado **d**a (ou **pel**a) equipe médica.*

desenraizar

Durante a conjugação, a tonicidade recai no **i**, nas formas rizotônicas: *desenraízo, desenraízas, desenraíza, desenraízam* (pres. do ind.); *desenraíze, desenraízes, desenraíze, desenraízem* (pres. do subj.).

desenterrar ≠ exumar

Convém não confundir. **Desenterrar** é tirar de debaixo da terra: *desenterrar um tesouro, desenterrar cadáveres*. **Exumar** é desenterrar cadáveres ou ossadas, com um propósito bem-definido: levá-los a exame, transferi-los de sepultura, etc. O desenterro se dá por qualquer motivo; a exumação não.

desenxabido / desenxavido

As duas formas são corretas.

desequilíbrio

Rege *em* e *entre*: *O desequilíbrio **n**as contas públicas causa deficit. O desequilíbrio **entre** receita e despesa causa dívidas.*

deserdado

Rege *de* ou *por*: *Ator deserdado **de** (ou **por**) talento. Filho deserdado **d**os (ou **pel**os) pais.*

desesperado / desespero

Rege *com, de* ou *por*: *A mãe ficou desesperada **com** a* (ou ***d**a*, ou ***pel**a*) *prisão do filho, a quem sabia inocente. O desespero **com** a* (ou ***d**a*, ou ***pel**a*) *morte do pai se justificava plenamente.*

desesperança

Rege *a propósito de, em relação a* ou *quanto a*: *A desesperança do povo **a propósito d**o* (ou ***em relação a**o*, ou ***quanto a**o*) *futuro do país era visível.*

desesperar

É verbo intransitivo ou pronominal (perder a esperança, desanimar), indiferentemente: *Não **desespere*** (ou ***se desespere***): *vá em frente! Não **desesperei*** (ou ***me desesperei***) *dos meus objetivos na vida.* É, porém, rigorosamente pronominal (irritar-se a ponto de ficar desesperado; afligir-se a ponto de ficar desesperado): *Ante aquela tamanha traição, ela **se desesperou**. A mãe **se desesperou** de ver a filha morta.*

desfalcado / desfalque

Rege *de* ou *em*: *O time entrou em campo desfalcado **d**e* (ou ***em***) *cinco titulares. O desfalque **d**e* (ou ***em***) *cinco titulares compromete o rendimento de uma equipe.*

desfavorável

Rege *a* ou *para*: *O acordo é desfavorável **a**o* (ou ***para*** *o*) *Brasil.*

desfazer

Na acepção de não dar o devido valor ou a mínima importância, menosprezar, desdenhar, rege *de* ou *em*: *O candidato do governo desfaz **d**as* (ou ***n**as*) *pesquisas, que apontam favoritismo para seu oponente. O dirigente corintiano desfez **d**o* (ou ***n**o*) *River Plate, e seu time foi eliminado pela equipe argentina. Ele é dado a desfazer **d**as* (ou ***n**as*) *coisas alheias. Você foi, sim, um dos que desfizeram **d**a* (ou ***n**a*) *capacidade desse presidente!*

desfechar

Sempre com o **e** fechado: *desfecho, desfechas, desfecha, desfechamos, desfechais, desfecham* (pres. do ind.); *desfeche, desfeches, desfeche, desfechemos, desfecheis, desfechem* (pres. do subj.).

desforra

Rege *contra*: *Não aceitando a derrota, a seleção argentina se apressou em pedir desforra **contra** o Brasil.*

desforra ≠ vingança

Convém não confundir. **Desforra** (ó) é a retribuição ou compensação de uma desvantagem anteriormente sofrida; é o mesmo que *revanche*. A seleção brasileira de futebol pode perder um jogo e pedir *desforra*. **Vingança** é o ato de infligir mal a quem praticou outro. Na *desforra* não existe a idéia de violência contida na *vingança*.

desfrutar

Por influência do sinônimo *gozar*, indiferentemente transitivo direto ou indireto, este verbo passou a ser usado na língua contemporânea também como transitivo indireto: *Ele ainda não desfrutou **d**o dinheiro que ganhou na megassena*. Dá-se preferência, contudo, ao seu emprego como transitivo direto: *Ele ainda não **desfrutou** o dinheiro que ganhou na megassena. **Desfrute** o clima do Nordeste! Ele nunca **desfrutou** muito crédito na praça. Os filhos **desfrutam** só agora a herança. Ele **desfruta** bom prestígio na cidade.*

desgosto / desgostoso

Regem *com, de* ou *por*: *Senti certo desgosto **com** a* (ou ***d**a*, ou ***pel**a*) *ausência de meus amigos. Tive grande desgosto **com** a* (ou ***d**a*, ou ***pel**a*) *perda desse colega. Fiquei desgostoso **com** a* (ou ***d**a*, ou ***pel**a*) *ausência de meus amigos. Ainda me sinto desgostoso **com** a* (ou ***d**a*, ou ***pel**a*) *perda desse colega.*

designação

Rege *de...para* ou apenas *para*: *A designação **d**esse professor **para** o ministério foi bem recebida pela classe política. Sua designação **para** o cargo era só uma questão de tempo.*

designar

Conj.: *designo, designas, designa, designamos, designais, designam* (pres. do ind.); *designe, designes, designe, designemos, designeis, designem* (pres. do subj.). O **g** se pronuncia debilmente e nas formas rizotônicas o acento recai no **i**: *des**i**gno, des**i**gnas, des**i**gna*, etc., e não "desiguino", "desiguinas", "desiguina", etc.

desilusão / desiludido

Regem *com* ou *de*: *A desilusão **com** o* (ou ***d**o*) *governo não demorou muito a se manifestar. O povo anda desiludido **com** a* (ou ***d**a*) *classe política.*

desimpedido

Rege *a*: *Com essa decisão, o campo estava desimpedido **à** instalação da CPI.*

desinchar

É verbo intransitivo ou pronominal, indiferentemente: *Meu joelho já **desinchou*** (ou ***se desinchou***). *Só depois de muito tempo é que sua perna veio a **desinchar*** (ou ***desinchar-se***).

desinteligência

É palavra que consta em qualquer grande dicionário. Significa *desentendimento*. Curioso é que não há registro do adjetivo; *"desinteligente"*, portanto, para todos os efeitos, não existe, até prova em contrário.

desinteressar-se

Rege *de*: *Desinteressei-me **d**a casa, depois que soube do preço. Desinteressei-me **d**a política, depois dessa decepção. Nunca pude pensar que um dia Cristina pudesse desinteressar-se **de** mim.* A regência "desinteressar-se por" deve ser desprezada.

desinteresse / desinteressado

Regem *de, em* ou *por* (nome), mas apenas *em* (verbo): *Esse desinteresse **d**as* (ou ***n**as*, ou ***pel**as*) *eleições tinha explicação. O desinteresse feminino **de*** (ou ***em***, ou ***por***) *futebol é coisa do passado. O desinteresse popular **de*** (ou ***em***, ou ***por***) *teatro é apenas* *aparente. O povo se tornou, então, desinteressado **d**as* (ou **n**as, ou **pel**as) *eleições. Seu desinteresse **em** ir votar era explicável. Sentiu-se, então, desinteressado **em** colaborar.* A regência "desinteresse a" deve ser desprezada. *Desinteresse*, como substantivo, tem sempre **e** tônico fechado: *desinterêsse*. A forma verbal, porém, tem **e** tônico aberto: *desinterésse*. Ex.: *Espero que ela não se **desinteresse** por mim.* V. **interesse**.

desjejum / dejejum

As duas formas existem. Há dicionários que registram ainda *dedejum, dejejua, dejejuadouro, dejua, dejuação, desjejua*, palavras usadas apenas nesta ou naquela região, somente por esta ou aquela pessoa.

desleal / deslealdade

Regem *a, com* ou *para com* (pessoa) e *em* (coisa): *Foi uma atitude desleal **a*** (ou ***com***, ou ***para com***) *todos os colegas. Não posso compreender sua deslealdade **a*** (ou ***com***, ou ***para com***) *seus colegas. Jornalista desleal **n**as informações. Sua deslealdade **n**as informações custou-lhe o emprego.*

desleixo / desleixado

Regem *de* ou *em*: *Seu desleixo **d**o* (ou ***n**o*) *traje é atávico. Família desleixada **d**o* (ou ***n**o*) *traje.*

deslizar

É verbo intransitivo ou pronominal, indiferentemente: *Uma lágrima **deslizou*** (ou ***se deslizou***) *pela sua face. Os patinadores **deslizam*** (ou ***se deslizam***) *na pista de gelo. As rodas **deslizavam*** (ou ***se deslizavam***) *no terreno escorregadio. Os surfistas **deslizam*** (ou ***se deslizam***) *pelas enormes ondas do Havaí. As crianças gostam de **deslizar*** (ou ***deslizar-se***) *pelo tobogã do parque aquático.*

deslize

Rege *com* ou *para com* (pessoa) e *de* (coisa): *Não perdôo seus deslizes **com*** (ou ***para com***) *as visitas. Ninguém soube explicar a razão desse seu deslize **d**os hábitos de cortesia.*

deslumbrado / deslumbramento

Regem *ante, com, diante de* e *perante*: *Os turistas ficaram deslumbrados **ante** o* (ou ***com** o*, ou ***diante d**o*, ou ***perante** o*) *espetáculo das cataratas do Iguaçu. Esse deslumbramento dos turistas **ante** o* (ou ***com** o*, ou ***diante d**o*, ou ***perante** o*) *espetáculo das cataratas do Iguaçu é normal.*

desmancha-prazeres

Pessoa que atrapalha ou impede o divertimento, a alegria ou o prazer dos outros: *Hortênsia sempre foi uma desmancha-prazeres da nossa turma.* Há quem use "desmancha-prazer".

desmazelo

Rege *de* ou *por* (nome) e *em* (verbo): *O desmazelo **d**a* (ou **pel**a) *linguagem é uma das características de certos jornalistas. Esse desmazelo **n**o escrever não ajuda, só incomoda e confunde o leitor.*

desmentido

Rege *a* ou *de*: *O porta-voz do governo saiu-se com um desmentido **à*** (ou ***d**a*) *declaração do ministro.*

desmerecer

Na acepção de não merecer, ser indigno de, não estar à altura de, usa-se como transitivo direto ou como transitivo indireto, indiferentemente: *Desmerecer um* (ou ***de** um*) *prêmio. Esse rapaz desmerece minha* (ou ***de***) *minha filha. É um profissional que desmerece a* (ou ***d**a*) *fama que goza.*

desmistificar ≠ desmitificar

Convém não confundir. **Desmistificar** é pôr a nu (no aspecto ético ou moral), é desmascarar. Alguém que sempre passou por milagreiro pode ser desmistificado, após algumas acuradas investigações. Há pessoas que se dizem médicos, sem ao menos terem aprendido a fazer um curativo. Quando a polícia chega ao "consultório", desmascara-as, ou seja, *desmistifica*-as. Há pessoas, ainda, que precisam muitas vezes ocupar altos cargos públicos para, afinal, serem desmistificadas. No Brasil já houve até um presidente assim. **Desmitificar** é destruir o caráter mítico em torno de uma pessoa tida por especial, um monstro sagrado, um semideus, desiludindo ou decepcionando grande número de pessoas; é, enfim, reduzir um mito à dimensão da objetividade. Parte da imprensa norte-americana se esforça hoje por *desmitificar* o presidente Kennedy. Muitos torcedores brasileiros, nós inclusive, *desmitificaram* Zico, no exato instante em que ele errou aquele incrível pênalti contra a França, na Copa do Mundo de 1986, no México. Inesquecível e imperdoável! É também mostrar a verdadeira face ou realidade de alguma coisa, ou seja, é fazer ver uma coisa como ela realmente é: *Esse professor desmitificou a matemática como uma coisa difícil, chata e só de cálculo. Ele desmitificou o ensino da matemática.*

desmontar

É verbo intransitivo ou pronominal, indiferentemente: *Eu **desmontei*** (ou ***me desmontei***) *do cavalo e comecei a correr. Ela **desmontou*** (ou ***se desmontou***) *do carro e foi a pé para casa.*

desmoronar

É verbo pronominal: *O viaduto **se desmoronou** antes de ser concluído. Quando há desnível cultural e intelectual no casamento, tudo logo **se desmorona**.*

desobedecer

A exemplo de *obedecer*, é sempre transitivo indireto: *desobedecer **a**os pais, desobedecer **à**s ordens, desobedecer **a**os sinais de trânsito, desobedecer **a**o regulamento. Os filhos de hoje são muito dados a desobedecer **a** conselhos.* Este tipo de verbo, normalmente, não admite seu emprego na voz passiva, mas *desobedecer* constitui uma das poucas exceções à regra. Portanto, esta construção é perfeita: *O pai foi desobedecido pelo filho.*

desodorante
   Rege *contra*: *Você não usa desodorante **contra** a transpiração?*

desonra / desonroso
   Regem *a* ou *para*: *O serviço de gari não é desonra (ou desonroso) **a** (ou **para**) ninguém.*

despacho
   Rege *com* e *de...a* (ou *para*): *O despacho do presidente **com** o ministro da Educação foi rápido. O despacho **de** encomendas **a** (ou **para**) o exterior não é barato.*

despedaçar ≠ dilacerar
   Convém não confundir. **Despedaçar** é partir em pedaços. Uma pedra pode *despedaçar* o pára-brisa de um veículo. **Dilacerar** é despedaçar violentamente, rompendo, rasgando, mediante o uso de garras, dentes, instrumentos contundentes, etc. Um leão pode *dilacerar* um búfalo ou uma zebra.

despedida
   Rege *a* ou *de*: *A despedida **à** (ou **da**) cidade, para nunca mais voltar, se deu há vinte anos. A despedida **à** (ou **da**) família foi feita às pressas.*

despedir
   Conjuga-se pelo verbo *pedir*, mas os clássicos antigos o conjugavam assim: *despido, despidas*, etc., ou seja, regularmente. Passou a ser conjugado irregularmente, isto é, *despeço, despedes*, etc., por influência justamente da conjugação de *pedir*.

despeitado
   Rege *a* ou *de*: *Hortênsia ficou despeitada **com** a (ou **da**) preferência que foi dada a sua irmã, no concurso.*

despeito
   Rege *contra* ou *por*: *O despeito de Hortênsia **contra** (ou **pela**) preferência dada a sua irmã era visível.* Antecedida de *a* (ou de *em*), aparece combinada com a preposição de, para formar a locução prepositiva *a despeito de* (= apesar de): ***A despeito da** chuva, ninguém se molhou. **Em despeito de** tantas adversidades, vencemos.*

despejar
   Sempre com o **e** fechado: *despejo, despejas, despeja, despejamos, despejais, despejam* (pres. do ind.); *despeje, despejes, despeje, despejemos, despejeis, despejem* (pres. do subj.). *Espero que você não me **despeje** todos os seus problemas!*

despender
   O verbo tem **e** na primeira sílaba, mas o substantivo correspondente, **i**: *dispêndio*. *O presidente do Palmeiras não quer **despender** quantia nenhuma na compra de craques, então, prefere o **dispêndio** do dinheiro do clube em cabeças-de-bagre.*

despensa ≠ dispensa
   Convém não confundir. **Despensa** é lugar da casa onde se guardam mantimentos. **Dispensa** é a licença dada por uma razão bem-definida. Quem está doente pode pedir *dispensa* do trabalho.

despercebido
   Rege *a, de* ou *para* (não notado): *O erro passou despercebido **ao** (ou **do**, ou **para** o) setor de revisão da editora.*

despercebido ≠ desapercebido
   V. **desapercebido ≠ despercebido**.

desapercebido
   Rege *de* (desprevenido): *A chuva me pegou desapercebido **de** guarda-chuva. Vocês me pegaram totalmente desapercebido **de** dinheiro.*

desperdiçado
   Rege *com* ou *em*: *Tive boa parte do dia hoje desperdiçada **com** a (ou **na**) espera das visitas, que se atrasaram mais de seis horas. Ter a saúde desperdiçada **com** (ou **em**) drogas.*

desperdiçar / esperdiçar
   Ambas as formas são corretas.

despesa
   Rege *com* ou *de*: *As despesas **com** (ou **de**) transporte são pagas pela empresa. Os universitários têm muitas despesas **com** (ou **de**) livros.*

despojo
   No plural, o **o** tônico é aberto.

desporto / desporte / esporte
   As três formas são corretas, se bem que as duas primeiras são mais usadas em Portugal: *Esse atleta é a glória do **desporto** (ou **desporte**, ou **esporte**) nacional. Desporto* se pronuncia com o **o** tônico fechado (*despôrto*), mas *desporte* e *desportos* se dizem com essa mesma vogal aberta (*despórte, despórtos*). Note que temos a Confederação Brasileira de *Desportos*.

déspota
   Rege *com, para* ou *para com*: *Era um diretor déspota **com** (ou **para**, ou **para com**) os professores.*

desprazer
   V. **aprazer**.

despreocupação
   Rege *com, de* ou *por*: *Foi viver no campo, para sua total despreocupação **com** os (ou **dos**, ou **pelos**) problemas urbanos.*

despreocupado
   Rege *de*: *Andava despreocupado **dos** problemas financeiros. Vive despreocupado **da** saúde. Está, hoje, totalmente despreocupado **da** vida.*

desprestígio

Rege *a* ou *de*: *O desprestígio **a**o (ou **d**o) ministro não partia do Palácio do Planalto*. Antecedida de *em*, aparece combinada com *de*: *A declaração foi dada **em** desprestígio **d**o governo*.

desprevenido

Rege *de...contra*, apenas *contra* e *para*: *O advogado se sentiu momentaneamente desprevenido **de** argumentos para provar a inocência do seu cliente. A população parece inteiramente desprevenida **contra** a dengue. A equipe estava desprevenida **para** uma partida decisiva*.

desprezado

Rege *de* ou *por*: *Sentiu-se desprezado **de** (ou **por**) todos*.

desprezo

Rege *a*, *de*, *para com* ou *por*: *Tenho o mais profundo desprezo **a**os (ou **d**os, ou **para com** os, ou **pel**os) fumantes. Em qualquer ditadura o que mais há é um profundo desprezo **à** (ou **d**a, ou **para com** a, ou **pel**a) opinião pública*.

desproporcionado / desproporcional

Regem *a* ou *com*: *A vingança foi desproporcionada (ou desproporcional) **à** (ou **com** a) ofensa recebida*.

desquite / desquitado

Regem *de*: *Quando se deu o seu desquite **de** Hersílio, Hortênsia? O seu processo de desquite **d**a segunda mulher como anda? O meu desquite **d**a nona mulher acabou de sair. Àquela época ele já estava desquitado **d**a mulher*. A regência "desquite com", que sofreu clara influência de *divórcio com*, deve ser desprezada.

desquite ≠ divórcio

Convém não confundir. **Desquite** é a dissolução da vida conjugal apenas com separação de corpos e bens. O desquitado não pode contrair novo casamento, porque no *desquite* não se dá a dissolução do vínculo. **Divórcio** é a dissolução legal do casamento, é a anulação total do matrimônio. No *divórcio*, os ex-cônjuges são livres para contrair novo casamento, porque ocorre a dissolução de todo e qualquer vínculo entre um e outro. É como se o casamento não tivesse acontecido.

desrespeito

Rege *a*, *de*, *com*, *para com* ou *por* (pessoa), mas apenas *a*, *de* e *por* (coisa): *Nada justifica esse desrespeito **a**os (ou **d**os, ou **com** os, ou **para com** os, ou **pel**os) aposentados, que têm de ficar horas e horas em filas, para receberem seus minguados reais. É um motorista que manifesta desrespeito **à**s (ou **d**as, ou **pel**as) regras de trânsito*.

desses

Posposto a um substantivo antecedido do artigo indefinido, equivale a um adjetivo e se usa sempre no plural: *Eu jamais faria uma coisa **desses**. Com um frio **desses** e ainda você sai de casa por aí? Depois de um esforço **desses**, vocês ainda nada conseguiram?! Um país **desses** não pode querer encarar o poderio dos Estados Unidos*. Pode, ainda, aparecer antes de um substantivo no plural: *É um filho que nunca me proporciona **desses** prazeres. Ela nunca me dedicou **dessas** atenções*. V. **daqueles** e **destes**.

destaque

Rege *a* ou *para*: *O jornal deu especial destaque **a** (ou **para**) essa matéria*.

destarte / dessarte

As duas formas existem. Usam-se por diante disso, desta maneira, assim sendo, por esta forma: *O acusado se diz pai da criança, **destarte** (ou **dessarte**) não há mais o que discutir*. São muito encontradas na linguagem jurídica: *Os requisitos de certeza e liquidez são condições essenciais para prosperidade do crédito tributário. **Destarte**, se são trazidos aos autos provas e esclarecimentos capazes de comprometê-lo em sua totalidade, falece a ação fiscal. **Destarte**, nego provimento ao recurso. **Dessarte**, tanto a coletividade quanto o indivíduo resultam prejudicados. **Dessarte**, presentes os requisitos para a concessão da liminar, acima demonstrados e com base no art. 12 ...* Para encerrar, convém ressaltar que destarte ou dessarte não é advérbio, mas palavra denotativa de continuação. V. **Nossa gramática**.

destelhar

Sempre com **e** fechado: *destelho, destelhas, destelha, destelhamos, destelhais, destelham* (pres. do ind.); *destelhe, destelhes, destelhe, destelhemos, destelheis, destelhem* (pres. do subj.). *Enquanto eu **destelho** esta parte, você **destelha** a outra. Esse vento forte **destelha** qualquer casa. Espero que essa ventania não **destelhe** minha casa*.

destes

Posposto a um substantivo antecedido do artigo indefinido, equivale a um adjetivo e se usa sempre no plural: *Eu jamais pronunciaria um palavrão **destes**. Com um frio **destes**, quem consegue sair de casa? Quem é que é louco de viajar com um tempo **destes**? Depois de um esforço **destes**, tenho de chegar lá. Ela disse que não teria coragem de viver num país **destes**. Um país **destes** não pode passar por tantas e constantes crises*. Pode, ainda, aparecer antes de um substantivo no plural: *Thunderbird 57: já não se fazem **destes** carros*. V. **daqueles** e **desses**.

destilar / destilação

Apesar de ser assim, há os que insistem em "distilar", em fazer "distilação".

destinação

Rege *de...a* (ou *para*): *A destinação de merenda **à**s (ou **para** as) escolas era regular, mas a corrupção a tornou bastante irregular...*

destinado

Rege *a* ou *para*: *As verbas destinadas **à** (ou **para** a) Educação ainda não são suficientes*.

destinar
Rege *a* ou *para*: *O pai destinou **à** (ou **para** a) filha mais nova a melhor propriedade, ao fazer o testamento. O governo destinou essas terras **a**os (ou **para** os) índios. Ele queria destinar o filho **a** (ou **para**) padre.*

destino
Rege *a* ou *para*: *É preciso dar um destino **a** (ou **para**) esse material.* Antecedida de *com*, aparece combinada com *a* ou *para*: *Partimos, então, **com** destino **a** (ou **para**) Cuba.*

destorcer ≠ distorcer
Convém não confundir. **Destorcer** é desfazer a a retorção ou o retorcimento, é endireitar (o que estava torcido ou retorcido): ***destorcer** a cortina, o fio do telefone, um prego, uma corda.* **Distorcer** é desvirtuar, deturpar: *Os maus jornalistas e repórteres têm o vezo de **distorcer** as palavras daqueles que lhes dão entrevista. São esses mesmos jornalistas e repórteres que **distorcem** notícias e fatos, traindo o entrevistado e enganando o leitor.*

destra
Pronuncia-se *dêstra*: *Você usa mais a canhota que a **destra**?*

destratar ≠ distratar
Convém não confundir. **Destratar** é maltratar com palavras, é tratar com desrespeito, desrespeitar. *A balconista que **destrata** os fregueses merece ser despedida.* **Distratar** é desfazer, anular, rescindir: *distratar um contrato, distratar uma sociedade, distratar um noivado.*

destrinçar / destrinchar
São ambas formas corretas, mas a segunda é um brasileirismo.

destrinçar (ou destrinchar) ≠ trinchar
Convém não confundir. **Destrinçar** ou **destrinchar** (variante brasileira) é expor minuciosamente (*destrinçar um assunto*), investigar minuciosamente (*destrinçar o passado de alguém*) e resolver (*o professor **destrinçou** o teorema em segundos*). **Trinchar** é retalhar pelas juntas (carnes que serão servidas à mesa): ***trinchar** um frango, um peru assado.* A forma variante *destrinchar*, nascida aqui no Brasil (os portugueses a desconhecem) surgiu justamente por influência de *trinchar*. Daí por que o povo a usa também por *trinchar*.

destro
Pronuncia-se *dêstro*, mas há quem insista em dizer "déstro".

destroço
No plural, o **o** tônico é aberto.

destróier
Pl.: *destróieres*. Nunca: "destróiers".

destruir
Assim como *construir*, admite formas duplas no presente do indicativo: *destruo, destróis* (ou *destruis*), *destrói* (ou *destrui*), *destruímos, destruís, destroem* (ou *destruem*).

de sua vez / por sua vez
São expressões equivalentes: *O presidente, **de** (ou **por**) sua vez, não aceitou receber os manifestantes.*

desumanidade / desumano
Regem *com* ou *para com*: *É inaceitável tamanha desumanidade **com** (ou **para com**) os animais. Ele sempre foi desumano **com** (ou **para com**) os animais. Houve muita desumanidade **com** (ou **para com**) os prisioneiros de guerra. Foi um país desumano **com** (ou **para com**) seus prisioneiros de guerra.*

desvalido
Note: é paroxítona (*desvalído*). *As ruas vivem cheias de menores **desvalidos**. Os **desvalidos** é que constituem os sem-tetos e sem-terras.*

desvantagem
Rege *em* ou *para*: *Jogar com desvantagem **n**o empate. Lutar com desvantagem **n**a força física, mas com enorme vantagem na inteligência. O gatilho salarial acabou sendo uma desvantagem **para** os trabalhadores, porque alimentava a inflação.*

desvantajoso
Rege *a* ou *para*: *O gatilho salarial foi um instrumento de reposição salarial altamente desvantajoso **a**os (ou **para** os) trabalhadores.*

desvão
Espaço entre dois planos: *O **desvão** do telhado serve de lar tanto a pombas quanto a morcegos. O **desvão** da escada.* Pl.: *desvãos*.

desvario / desvairo
Ambas são formas corretas e usam-se uma pela outra nestas acepções: 1. ação, palavra ou pensamento incoerente e sem sentido; disparate; desatino; 2. transtorno ou insanidade mental; loucura; demência; 3.*fig.* coisa fora do normal ou monstruosa; monstruosidade; 4.*fig.* desmando; abuso; desacerto; erro grave.

desvelo
Rege *com, para com* ou *por* (pessoa); apenas *com* ou *por* (coisa) e apenas *em* (verbo): *É um médico que tem desvelo **com** (ou **para com** ou **por**) seus pacientes. É um cirurgião que tem desvelo **com** (ou **por**) seus instrumentos. É um médico que tem desvelo **em** ajudar seus pacientes.*

desviado
Rege *de...para* ou apenas *para*: *O motorista teve a atenção desviada **d**o trânsito **para** o enorme buraco na pista e quase se envolve num grave acidente. O motorista teve a atenção desviada **para** um enorme buraco na rua e quase provoca um acidente.*

desviar
É pronominal (afastar-se, separar-se): *Se não **me desviasse** daquele enorme buraco na pista, estaríamos envolvidos num grave acidente. Ele **se desviou** de sua intenção de ser engenheiro. Nunca **te desvies** do bom caminho! Ao fazer a sua redação no vestibular, não **se desvie** do tema proposto, sob pena de reprovação.*

desvio
Rege *de...de...para* ou apenas *para*: *O desvio **da** atenção **do** motorista **do** trânsito **para** o buraco na pista quase foi fatal. Havia ainda o risco de desvio do governo ainda mais **para** a esquerda.*

detalhe
No início do século XIX, foi uma palavra considerada execrável pelos puristas, que não admitiam este galicismo em nossa língua. Preferiam que usássemos *minúcia*, *pormenor* e até *minudência*. Não obstante a ira contra este francesismo, a palavra ganhou vulgaridade, graças ao seu vigor expressivo. E não foi só o povo brasileiro que a encampou, mas também o povo espanhol, o italiano, o inglês, o alemão, o dinamarquês, o sueco, o russo. Os puristas acabaram caindo em total descrédito quando quiseram que usássemos *sabão aromatizado* por *sabonete* (que é galicismo), *semicúpio* por *bidê* (que também é galicismo), *ludopédio* por *futebol* (que é um anglicismo) e tantos outros inconvenientes semelhantes.

de tarde / à tarde
Expressões equivalentes: ***De*** (ou ***À***) ***tarde*** *tenho aula de jiu-jítsu.*

detectar / detector
Não prescindem do *c*, mas não são poucos os que usam "detetar" e "detetor". Subst. corresp.: *detecção* (mas muitos usam "detetação").

deter
Conj.: segue o verbo *ter*. Assim, não existem as formas "deti", "deteu", "detia", "detiam", "deteram", comuns na língua popular, mas apenas, respectivamente, *detive*, *deteve*, *detinha*, *detinham*, *detiveram*.

deteriorar
É verbo pronominal: *A farinha **se deteriora** com a umidade. As relações entre Israel e os países árabes **se deterioraram** muito ultimamente.*

detestado
Rege *a* ou *de*: *Os corruptos são indivíduos detestados **de** (ou **por**) toda a sociedade.*

detetive ≠ investigador
Convém não confundir. **Detetive** é aquele cujo trabalho é investigar crimes, vigiar pessoas suspeitas, colhendo informações, tirando fotos, etc. **Investigador** é o funcionário da Secretaria da Segurança Pública que trabalha sob as ordens de um delegado na investigação de casos policiais.

detrás
Traseiro: *Criança deve ir sempre no banco **detrás**. O ônibus bateu no carro na parte **detrás**.* Muitos usam em duas palavras: "de trás".

detrimento
Antecedida de *em*, aparece combinada com *de*: *Trabalhar **em** detrimento **do** país.*

deus-nos-acuda
Apesar de ser assim, há muita gente que "Deus nos acuda"...

devagarinho / devagarzinho
Ambas as formas existem: a primeira é do português do Brasil. V. **agorinha**.

dever
Rege *com* ou *para com* (nome) e *de* (verbo): *Um presidente tem um grande dever **com** (ou **para com**) o povo. Um pai tem deveres **com** (ou **para com**) os filhos. Todo homem de bem tem o dever **de** proteger a natureza.*

dever / dever de
Hoje se emprega *dever* por *dever de*, mas convém registrar a diferença. **Dever**, em rigor, se emprega quando há idéia de necessidade: *Você **deve** pagar suas dívidas. As crianças **devem** dormir cedo.* **Dever de** se usa quando há idéia de dúvida ou incerteza: *Susana já **deve de** estar dormindo a estas horas. O que ela **deve de** estar pensando de mim?* Não é obrigatório, mas me parece saudável fazer a distinção, que poucos conhecem.

dever ≠ deveres
Convém não confundir. **Dever** é obrigação, compromisso: *dever militar*, *dever de cidadão*, *dever de pai*. **Deveres** são tarefas escolares. Nossos filhos fazem *deveres* e não "dever". Professor passa *deveres*, e alunos obedientes fazem *deveres*. Todo aluno tem um *dever*: fazer os seus *deveres* da melhor forma possível. *Dever*, no singular, é coisa bem mais penosa: *dever de pai moderno* = não contrariar o filho, em nenhuma hipótese; *dever de cidadão honrado* = conhecer inteira a letra do Hino Nacional; *dever* de brasileiro de brio = conhecer o idioma pátrio o suficiente para não dizer asnices; *dever* de político = não roubar nem ajudar a outrem nesse mister; *dever* do contribuinte = chorar, chorar, chorar...

dever ≠ obrigação
Convém não confundir. Tanto uma quanto outra palavra pressupõem regra imposta à vontade, com a diferença de que na primeira tal regra é imposta pela moral, pelo decoro, pela razão; na segunda, pela lei, por um código, o que implica sanções. Todos temos o **dever** de nos levantar ao som do Hino nacional, mas não "obrigação". Ninguém sofre sanção se permanecer sentado, nesse caso. De outro lado, todos temos a **obrigação** de socorrer aquele

que foi por nós atropelado; se não o fizermos, estaremos sujeitos a sanções previstas no código penal. Um pai tem o *dever* de estudar os filhos, que têm o *dever* de reconhecer o esforço paterno, mas não "obrigação".

dever + se + infinitivo

Quando ocorrer esta combinação, caracterizando a voz passiva, o verbo *dever* deve ir de preferência ao plural, se o substantivo posposto ao infinitivo estiver no plural: *Devem-se expulsar os radicais do partido?* (= Devem ser expulsos os radicais do partido?) *Não se devem dar alimentos aos animais, no zoológico.* (= Não devem ser dados alimentos aos animais, no zoológico.) *Deviam-se pesquisar os preços antes de comprarmos.* (= Deviam ser pesquisados os preços, antes de comprarmos.) Muitos autores, alguns de nomeada, usaram, no entanto, o verbo *dever* no singular, neste caso.

de vez em quando

Esta locução adverbial tem várias equivalentes: *de quando em quando, de tempos em tempos, de tempo a tempo, de tempo em tempo, de vez em vez, de quando em vez* e *de quando em onde.*

"de vez que"

Esta locução não existe na língua. Em seu lugar convém usar *porque, pois, uma vez que,* ou *porquanto: Luís deve ter viajado, **pois** não o vi hoje. A crise deve se complicar, **porquanto** o governo não está disposto a tomar providência nenhuma.* Alguns advogados acham elegante usar "de vez que" e até "vez que": *O atropelador fugiu, "de vez que" não foi encontrado pela polícia.* Elegância é, de fato, um conceito muito relativo...

devido a

Locução já consagrada na língua por *em razão de, em virtude de, por causa de: **Devido à** chuva, não saímos. O preço da gasolina subiu **devido à** alta do dólar. O acidente só ocorreu **devido à** existência de óleo na pista. Os barcos de pesca não saíram hoje, **devido a**o mau tempo.* Só é condenável a omissão da preposição: *O acidente só ocorreu "devido óleo" na pista. Os barcos de pesca não saíram hoje, "devido o" mau tempo.* Esta locução não se usa antes de infinitivo: *O acidente só ocorreu devido a "haver" óleo na pista.* (Há quem use ainda: *O acidente só ocorreu "devido haver" óleo na pista,* cometendo dois erros na mesma frase.) Quando o *verbo + devido* equivalem a *se deve* varia normalmente: *A doença é devida à fragilidade de seu organismo.* (= A doença se deve à fragilidade de seu organismo.) *Os incêndios na Europa são devidos ao forte calor.* (= Os incêndios na Europa se devem ao forte calor.)

devoção

Rege *a, com, para com* ou *por* (pessoa), mas apenas *a* ou *por* (coisa): *Ter devoção **a**os (ou **com** os, ou **para com** os, ou **pe**los) filhos. Os nordestinos têm muita devoção **a**o (ou **com** o, ou **para com** o, ou **pel**o) padre Cícero. Ao homem caberia a obrigação de ter grande devoção **à** (ou **pela**) natureza. O brasileiro tem devoção **a**o (ou **pel**o) trabalho.*

devorado

Rege *de* ou *por: Teve o estômago devorado **de** (ou **por**) úlceras. É uma mulher devorada **de** (ou **por**) inveja.*

dia 1.º / no dia 1.º

É indiferente o uso da contração nesta expressão de tempo: ***Dia 1.º*** (ou ***No dia 1.º***) *eu saio de férias.* ***Dia 10*** (ou ***No dia 10***) *os empregados recebem seu salário.* Só não vale mesmo é usar *dia "um", no dia "um".*

diabete / diabetes

Ambas as formas são corretas, mas o gênero é um só: masculino (***o*** *diabetes,* ***um*** *diabetes*). Há dicionários que registram os dois gêneros.

dia-a-dia ≠ dia a dia

Convém não confundir. **Dia-a-dia** equivale a cotidiano ou a dia após dia: *É sempre aborrecida a rotina do **dia-a-dia**. Não é fácil meu **dia-a-dia**. Ter um **dia-a-dia** cheio de asnices.* **Dia a dia** equivale a todos os dias, dia após dia, diariamente: *O mal do casamento está justamente em um ver a cara do outro, **dia a dia**. Sua fortuna aumenta **dia a dia**. O Sol nasce **dia a dia**.*

diafragma

Adj. corresp.: *frênico.* Portanto, *os músculos **do diafragma** são estriados = os músculos **frênicos** são estriados.*

diagnóstico ≠ prognóstico

Convém não confundir. **Diagnóstico** é a identificação ou determinação da natureza e da causa de uma doença pelos sintomas. Os médicos fazem *diagnósticos.* **Prognósticos** é a predição de fatos futuros mediante estudo de sinais, sintomas, regras, fatos históricos, etc. Os astrólogos fazem *prognósticos.*

diálogo

Apesar de ser assim, sempre há aqueles que preferem o "diálago".

diamante

Adj. corresp.: *diamantino* e *diamantífero* (de diamante), *adamantino* (em relação a seu brilho ou à sua rijeza). Portanto, *exportação de diamantes = exportação diamantina; joalheiro que atua no setor de diamantes = joalheiro que atua no setor diamantífero; rocha que contém diamantes = rocha diamantífera; brilho de diamante = brilho adamantino.*

diapasão

É palavra masculina: *o diapasão,* **um** *diapasão.*

diarréia ≠ disenteria

Convém não confundir. **Diarréia** é a evacuação do ventre, líquida e freqüente, causada geralmente por problemas gastrintestinais; é o mesmo que *desarranjo, destempero*. **Disenteria** é a inflamação intestinal, especialmente do colo, causada por irritantes químicos, bactérias, protozoários ou parasitos. A *diarréia* é um efeito e pode ser causada até por problemas emocionais; a *disenteria* não.

dia sim, dia não / dia sim, outro não

É assim que se usa, sem o artigo "um" antes do substantivo *dia*: *Aqui chove dia sim, dia não. Ela me visita dia sim, outro não*. V. **mês sim, mês não / mês sim, outro não** e **semana sim, semana não / semana sim, outra não**.

diatribe

É palavra feminina: ***a*** *diatribe,* ***uma*** *diatribe*.

dica

Rege *de* ou *sobre*: *Eu lhe dei algumas dicas **d**os (ou **sobre** os) melhores restaurantes da cidade*.

diesel

Diz-se de um tipo de motor de combustão interna que tem alta taxa de compressão e de um tipo de óleo, próprio para esse tipo de motor. Pronuncia-se *dízel*. A palavra deriva de nome próprio: Rudolf *Diesel* (1858-1913), engenheiro alemão que inventou e patenteou em 1892 esse tipo de motor. Como passou a nome comum, poderá ser aportuguesada: *dísel*. O Vocabulário Oficial ainda não cogitou do aportuguesamento.

diferença

Rege *de...a* (ou *para*) ou *entre* e *com* (desavença, rixa): *A diferença de um país **a** (ou **para**) outro é grande. A diferença **entre** um país e outro é grande. Tenho uma velha diferença **com** esse sujeito*.

diferençar ≠ diferenciar

Convém não confundir. **Diferençar** é estabelecer diferença entre duas ou mais coisas, é distinguir, discriminar: *As crianças já estão **diferençando** as letras do alfabeto. Saber diferençar uma nota falsa de uma verdadeira. Diferençar os bons dos maus. Ela não sabe **diferençar** uma panela de uma frigideira e ainda quer casar!* **Diferenciar**, que pode ser intransitivo ou pronominal, é alterar, mudar, transformar, é ocorrerem diferenças, geralmente graduais, na mesma coisa: *A cor dos carros **diferencia** (ou **se diferencia**) com o passar do tempo. A cor dos olhos dela **diferencia** (ou **se diferencia**) de acordo com a cor da roupa que ela veste*. Se formos a certos dicionários, veremos que há registro desses verbos como sinônimos. Pois é.

diferente

Rege *de* ou *em*: *Povo diferente **de** (ou **em**) cultura. País diferente **de** (ou **em**) mão de direção, no trânsito*.

diferimento ≠ deferimento

V. **deferir ≠ diferir**.

diferir

É verbo intransitivo, e não pronominal: *Seus objetivos **diferem** muito, por isso o casamento gorou. São povos que **diferem** em tudo*.

difíceis de + infinitivo

Não se usa o infinitivo no plural, mesmo que o adjetivo esteja no plural: *Problemas difíceis de **resolver**. Livros difíceis de **ler**. Carros difíceis de **dirigir**. Empresas difíceis de **trabalhar**. Essas coisas são difíceis de **ser** provadas*. V. **difícil de**.

difícil

Rege *a* ou *para* (nome) e *de* (verbo): *É difícil **a**o (ou **pa**ra o) presidente mudar radicalmente a política econômica. É um caso difícil **de** resolver*.

difícil de

Não se usa o pronome *se* depois da preposição: *Problema difícil de resolver. Livro difícil de ler. Carro difícil de dirigir. Empresa difícil de trabalhar*. V. **difíceis de + infinitivo**.

dificuldade

Rege *a* ou *para* (pessoa), *de, em* ou *para* (verbo) e *em* (coisa): *A dificuldade **a**os (ou **para** os) novatos era natural. Sente dificuldade **de** (ou **em**, ou **para**) aprender. Sempre sentiu dificuldade **n**a pronúncia dessa palavra*.

difuso ≠ prolixo

Convém não confundir. Um discurso **difuso** é aquele cheio de palavras imprecisas e frases longas. Um discurso **prolixo** é aquele exageradamente extenso e cansativo, caracterizado por minúcias inúteis. O que não raciocina direito ou não consegue concatenar direito as idéias produz um discurso *difuso*, ou seja, nos deixa sem entender coisa nenhuma; o que não tem o poder de síntese e se perde em detalhes sem importância nos dá um discurso *prolixo*, ou seja, nos causa tédio e, conseqüentemente, sono. Ambos são altamente desinteressantes e só neste particular é que se identificam.

digladiar / digladiador

Apesar de ser assim, muitos insistem em "degladiar" com a língua, revelando-se um "degladiador" inútil...

dignar-se

Usa-se com a preposição *de* ou não, indiferentemente: *Sua Excelência dignou-se receber* (ou *dignou-se **de** receber*) *os estudantes. Espero que Vossa Excelência se digne me conceder* (ou *se digne **de** me conceder*) *deferimento*. Não se usa "a" no lugar da preposição *de*. Durante a conjugação, as formas rizotônicas têm acento no **i**: *digno-me, dignas-te, digna-se, dignam-se* (pres. do ind.); *digne-me, dignes-te, digne-se, dignem-se* (pres. do subj.).

dignitário
É a forma rigorosamente correta, mas a influência de *dignar-se* e do espanhol *dignatario* (sem acento) já está levando o idioma a aceitar a variante *dignatário*, que, sem embargo disso, deve ser evitada. Os jornalistas, todavia, adoram os *dignatários* e repelem os *dignitários*. Num editorial de O Estado de S. Paulo: *Lula se dá bem nos palácios do mundo porque sua história fascina os **dignatários** com quem entra em contato.* No Diário Vermelho, do PC do B: *Um **dignatário** religioso em Basra mostrou-se furioso ontem com os britânicos, advertindo que eles não devem interferir na política local.*

dignos de + infinitivo
Não se usa o infinitivo no plural, mesmo que o adjetivo esteja no plural. Portanto: *São exemplos dignos de **ser** seguidos.* Se achar importante, consulte o capítulo *Emprego do infinitivo*, em **Nossa gramática**.

digressão ≠ divagação
Convém não confundir. **Digressão** é o desvio passageiro do assunto principal, para se ocupar com outros mais ou menos relacionados. **Divagação** é o ato de discorrer saindo do assunto principal, enveredando por outros que com ele não têm relação alguma.

diminuição
Rege *de* ou *em*: *É preciso que haja grande diminuição **das** (ou **nas**) despesas, para que não haja deficit.*

diminutivo
Apesar de ser assim, há muita gente que prefere o "diminuitivo".

dinamite
É palavra feminina: ***a** dinamite, **uma** dinamite.*

dinheiro
Adj. corresp.: *pecuniário*. Portanto, *bens em dinheiro = bens pecuniários*.

dinossauro
Apesar da escrita (*sauro* = lagarto), muita gente prefere pronunciar como troglodita: "dinozauro"...

diplomacia
Rege *com* ou *para com*: *É preciso usar de diplomacia **com** (ou **para com**) as crianças.*

direção
Antecedida de *em*, aparece combinada com *a* ou *de*: *Ir em direção **à** (ou **da**) praia. Caminhar em direção **ao** (ou **do**) mar.* V. **perder a direção**.

direcionado
Rege *a* ou *para*: *Um foco de luz direcionado **ao** (ou **para** o) quadro. É um governo cuja política está direcionada **à** (ou **para** a) educação.*

direito
Rege *a* ou *de* (coisa), *a*, *de* ou *para* (verbo) e *em* ou *sobre* (pessoa): *O direito **a** (ou **de**) greve é constitucional. Os trabalhadores têm o direito **a** (ou **de**, ou **para**) entrar em greve. Os senhores tinham direitos absolutos **n**os (ou **sobre**) seus escravos.*

Direito
Adj. corresp.: *jurídico*. Portanto, *obra de Direito = obra jurídica*.

direto
Pode ser adjetivo (varia) e advérbio (= diretamente; não varia): *Tomei a estradinha direta para a fazenda. São vôos diretos, sem escalas. Saímos e fomos **direto** para a praia. A bola foi **direto** para a linha de fundo. As crianças estão indo **direto** para a escola.* Os principais adjetivos que funcionam como advérbios, tais quais nesse e noutros casos vistos anteriormente, encontram-se em **Nossa gramática**.

diretor-
Anote a grafia de cada uma destas palavras, sempre com hífen: *diretor-administrativo, diretor-comercial, diretor-executivo, diretor-financeiro, diretor-geral, diretor-industrial, diretor-jurídico, diretor-presidente, diretor-social, diretor-superintendente, diretor-técnico, diretor-vice-presidente, sócio-diretor, sócio-gerente*. Mas sem hífen: *diretor adjunto* e *diretor substituto*.

dirigido
Rege *a* ou *para* (endereçado) e *contra* (apontado): *A ordem dirigida **ao** (ou **para** o) coronel era terminante. Havia duas armas dirigidas **contra** os reféns.*

discordância
Rege *em* ou *acerca de*, ou *a respeito de*, ou *em relação a*, ou *quanto a*, ou *sobre*: *A discordância **n**a (ou **acerca d**a, ou **a respeito d**a, ou **em relação à**, ou **quanto à**, ou **sobre** a) política econômica era geral dentro do próprio governo.*

disco-voador
Com hífen. Pl.: *discos-voadores*. Os dicionários ainda não acordaram para a grafia correta deste nome, assim como tarde acordaram (alguns) para a grafia *de dona de casa*. Também ainda não acordaram para a grafia *de azeite de dendê*. Ou seja: há muita gente ainda dormindo...

discreto
Rege *com* (pessoa) e *acerca de*, ou *a respeito de*, ou *em*, ou *em relação a*, ou *quanto a*, ou *sobre* (coisa): *Seja discreto **com** ela **acerca d**esse (ou **a respeito d**esse, ou **n**esse, ou **em relação a** esse, ou **quanto a** esse, ou **sobre** esse) assunto!*

discrição, indiscrição
Apesar de ser assim, muita gente ainda usa "discreção" e "indiscreção".

discriminação
Rege *a* ou *contra* (distinção preconceituosa, pessoa) e *de*

(coisa); e *de...em* ou *entre* (distinção): *Não há discriminação **a**os (ou **contra** os) árabes e judeus no Brasil. Não há discriminação **de** raça e cor no Brasil. É preciso fazer a discriminação **d**os povos indígenas **em** aculturados e não aculturados. É preciso fazer a discriminação **entre** o bem e o mal.* V. **descriminar** ≠ **discriminar**.

discussão
Rege *com* (pessoa) e *acerca de, a propósito de, de, em torno de* ou *sobre* (coisa): *A discussão com ela foi passageira. Foi adiada a discussão **acerca d**esse (ou **a propósito d**esse, ou **d**esse, ou **em torno d**esse, ou **sobre** esse) problema.*

disenteria
Apesar de ser assim, há muita gente por aí que sofre de "disintiria" e até de "desinteria" crônica. Para não errar, basta lembrar *que dis-* = dificuldade + *enter* = intestino.

disfarçado / disfarçar / disfarçar-se / disfarce
Regem *de* (pref.) ou *em*: ***De*** *(ou **Em**) que você saiu disfarçado no carnaval? Ela saiu disfarçada **de** (ou **em**) gueixa. O pai disfarçou o filho **de** (ou **em**) veadinho, no carnaval. Disfarçou-se **de** (ou **em**) mulher e foi para a rua, brincar. Seu disfarce **de** (ou **em**) pirata divertiu o pessoal.* V. **disfarçar**.

disfarçar
É pronominal (despistar, dissimular), e não intransitivo: ***Disfarça-te**, que vem gente! **Disfarcemo-nos**, que o delegado está por aí! Procurei **disfarçar-me** quanto pude, para não revelar meu pejo.* V. **disfarçado**.

disjuntor
Apesar de ser assim, há muito "eletrecista" por aí que instala "dijuntor".

disparado
Não varia, quando equivale a *de longe*, porque é advérbio: *No jogo de damas, as mulheres ganham dos homens **disparado**. Nossas filhas são, **disparado**, as mais bonitas da cidade. As uvas chilenas são, **disparado**, as mais saborosas do mundo!*

disparate
Rege *contra*: *Cometer vários disparates **contra** o bom-senso.*

dispersão
Rege *de...em* (ou *por*): *A dispersão dos torcedores **n**o (ou **pelo**) estádio era tranqüila até aquele momento.*

dispersar
É verbo intransitivo ou pronominal, indiferentemente (debandar): *Terminado o comício, a multidão **dispersou** (ou **se dispersou**). A concentração humana se demorou a **dispersar** (ou **dispersar-se**).*

disperso
Rege *em, por* ou *sobre*: *Havia muitas roupas dispersas **n**a (ou **pel**a, ou **sobre** a) cama.*

displicência / displicente
Regem *com* ou *para com* (pessoa) e *em* (coisa): *A displicência **com** (ou **para com**) os filhos redundou em problemas. A displicência **n**a educação dos filhos redundou em problemas. Pai displicente **com** (ou **para com**) os filhos. Pai displicente **n**a educação dos filhos.*

disponível / disponibilidade
Regem *para*: *Trabalhador disponível **para** qualquer serviço. Seu espírito era de grande disponibilidade **para** a aventura.*

disposição
Rege *a, de* ou *para* (verbo), mas apenas *a* ou *para* (nome): *Sua disposição **a** (ou **de**, ou **para**) aprender era grande. O que é de admirar nele é sua grande disposição **à** (ou **para** a) pesquisa.*

disposto
Rege *a* ou *para* (inclinado, dado, propenso) e apenas *a* (decidido): *Era uma polícia disposta **à** (ou **para** a) violência. É um professor pouco disposto **a** (ou **para**) brincadeiras. Estou disposto **a**o pagamento da dívida. Ele está disposto **a** perdoar.*

disputa
Rege *com* (ou *entre*)...*acerca de* (ou *a respeito de*, ou *quanto a* ou *sobre*) e *entre*: *A disputa **com** a Bolívia **acerca d**o (ou **a respeito d**o, ou **quanto a**o, ou **sobre** o) Acre foi pacífica. A disputa **entre** a Bolívia e o Brasil **acerca d**o (ou **a respeito d**o, ou **quanto a**o, ou **sobre** o) Acre foi pacífica.*

disque-denúncia
Pl.: *disque-denúncias*.

disse a que veio
Frase que equivale a *cumpriu o seu papel*. Usa-se tanto para pessoas quanto para coisas: *Esse presidente ainda não **disse a que veio**. Esse pneu já **disse a que veio**, por isso vamos trocá-lo.*

dissecação / dissecção
As duas formas existem, com preferência pela segunda: *Presenciei a **dissecção** (ou **dissecação**) de uma flor.*

disseminação
Rege *de...em* (ou *por*): *A disseminação **d**a prática do futebol **n**o (ou **pel**o) mundo se deveu aos ingleses.*

disseminado
Rege *em* ou *por*: *O futebol disseminado **n**o (ou **pel**o) mundo naquela época ainda era rudimentar.*

dissertação
Rege *acerca de, a respeito de, a propósito de* ou *sobre*: *Estava perfeita a dissertação **acerca d**o (ou **a respeito d**o, ou **a propósito d**o, ou **sobre** o) Brasil.*

dissimular ≠ fingir ≠ simular

Convém não confundir. **Dissimular** é mostrar o contrário do que se quer ocultar. *Ante o delegado, qualquer ladrãozinho tenta dissimular honradez.* **Fingir** é aparentar o contrário do que realmente é. *Há muitas pessoas que fingem ser amigas.* **Simular** é fazer parecer real o que não é. *Certo tipo de mulheres gosta de simular desmaios, para angariar carinhos.*

dissuadir

É verbo transitivo direto e indireto e pronominal: *Ninguém conseguiu dissuadi-la de casar com o rapaz. Não foi fácil dissuadi-lo daquela sua intenção. Ela diz que não se dissuade de casar com o rapaz. Dissuadi-me de pedir empréstimo em banco.* Subst. corresp.: *dissuasão*.

distância

Rege *de...a* (ou *até*) e *entre*: *A distância daqui a* (ou *até*) *Salvador é grande. Há uma grande distância entre o discurso do candidato e as ações do prefeito.*

distinguir

A exemplo de extinguir, o **u** não soa: *distinghir*. Aqueles que já aprenderam a distinguir o certo do errado não mais pronunciam "distingüir", "distingüindo", "distingüido". Tem conjugação regular: *distingo, distingues, distingue, distinguimos, distinguis, distinguem* (pres. do ind.); *distinga, distingas, distinga, distingamos, distingais, distingam* (pres. do subj.). Há quem use "distinguo", "distinguas", etc.

distintivo ≠ divisa ≠ emblema ≠ símbolo

Convém não confundir. **Distintivo** é a figura ou o grupo de letras que serve como sinal representativo de um clube, escola, sociedade, etc.: *o distintivo da Sociedade Esportiva Palmeiras*. **Divisa** é a palavra, expressão ou frase adotada por pessoa, família, entidade, Estado, país, etc., para exprimir objetivo e intenções, além de indicar o caráter e o sentimento dominante. *A divisa de Minas Gerais é Libertas quae sera tamen*. **Emblema** é a figura ou o desenho que indica pensamento, ideal político ou moralidade. *A suástica é o emblema dos nazistas*. **Símbolo** é a figura ou a imagem que representa, por associação, semelhança ou convenção, algo abstrato. *O cão é o símbolo da fidelidade.*

distrair

É verbo pronominal (divertir-se; descuidar-se): *É preciso tirar férias, distrair-se um pouco. Bastou ao homem se distrair, o ladrão lhe levou a carteira. Saí, para distrair-me um pouco.*

dito documento

V. **artigo**.

divagação

Rege *por* (passeio; devaneio) e *sobre* (digressão): *A divagação pelo bosque lhe fez bem. A divagação pelo mundo da fantasia nem sempre traz alegria. O professor fazia divagações sobre a matéria.*

divergência

Rege *com* (pessoa)...*acerca de* (ou *a respeito de*, ou *a propósito de*, ou *em*, ou *em relação a*, ou *em torno de*, ou *quanto a*, ou *sobre*) e *entre*: *A divergência com o diretor acerca do* (ou *a respeito do*, ou *a propósito do*, ou *no*, ou *em relação ao*, ou *em torno do*, ou *quanto ao*, ou *sobre o*) *horário das aulas persistia. A divergência entre o diretor e os professores persistia.*

diversificar

É verbo intransitivo (tornar-se variado, variar; distinguir-se, diferençar-se), e não pronominal: *A linha brasileira de produção de veículos diversificou muito ultimamente. Sua opinião diversifica da minha.* Há, contudo, muita gente que gosta de *"se" diversificar*, de ter opiniões que *"se" diversifiquem* das demais.

divertir

É verbo pronominal (passar momentos alegres ou agradáveis), e não intransitivo: *Você se divertiu bastante no carnaval, Mônica? Espero que você tenha se divertido muito aqui, Lurdes. Eu me diverti à beça na festa.* Conj.: segue *ferir*.

dívida

Rege *a*, *com* ou *para com* (coisa), mas apenas *com* ou *para com* (pessoa): *A dívida dos Estados à* (ou *com a*, ou *para com a*) *União está sendo renegociada novamente. Tenho uma dívida com* (ou *para com*) *meu fornecedor.*

dividido

Rege *em*; *com*, *entre* ou *por*; *em* ou *entre* (repartido) e *sobre* (divergente): *Palavra dividida em sílabas. O produto do roubo era dividido com os* (ou *entre os*, ou *pelos*) *ladrões. População dividida em* (ou *entre*) *favoráveis e contrários à guerra. Era um governo dividido sobre a taxação dos inativos.*

divisa

Rege *de...com* e *entre*: *A divisa do Estado de São Paulo com o Estado do Paraná. A divisa entre os Estados de São Paulo e do Paraná.*

divisa ≠ fronteira ≠ limite

Convém não confundir. **Divisa** é o limite de território estadual ou municipal: *a divisa entre os Estados de São Paulo e do Paraná; a divisa entre Santos e São Vicente*. **Fronteira** é o limite internacional de um país: *a tríplice fronteira brasilo-argentino-paraguaia*. **Limite** se usa para ambos os casos.

divorciado

Rege *com* ou *de*: *É um governo divorciado com o* (ou *do*) *povo. Viver divorciado com a* (ou *da*) *realidade.*

divórcio

Rege *com*: *Quando se deu o seu divórcio com Hersílio, Hortênsia?* V. **desquite**.

dizer "para"

Não é combinação aconselhável, mormente na língua

culta. Há, todavia, quem só use assim: *Minha namorada me disse "para" eu não sair hoje de casa*. Os amantes de verdade dizem diferente: *Minha namorada me disse **que não saísse** hoje de casa*. Um pai realmente consciente e preocupado recomenda: *Diga-lhe que volte antes da meia-noite!* O pai desleixado, negligente, prefere: *Diga "para" ele voltar antes da meia-noite!* (E o filho não volta...)

diz-que-diz / diz-que-diz-que / diz-que-me-diz-que
Tais nomes se equivalem e não variam no plural.

DNER
Pronuncia-se *dê ene é* (e não "ê") *erre*.

dó
Rege *de* ou *por*: *Tenho muito dó **d**os* (ou ***pel**os*) *pobres. Tenho um dó grande **de*** (ou ***por***) *crianças que passam fome. Quanto dó senti **d**ela* (ou ***por** ela*)*!* Note: a palavra é masculina: *o dó*, **um** *dó*, **muito** *dó*, **quanto** *dó*. Há, no entanto, quem tenha "muita" dó.

dó ≠ pena
Convém não confundir. **Dó** é a dor moral sentida pela infelicidade ou infortúnio de alguém. Sentimos *dó* daquele que perdeu tudo o que tinha; sentimos *dó* do infeliz, do miserável, do cego, do ignorante. **Pena** é a dor moral sentida por ver alguém sofrer. Sentimos *pena* do canceroso, do sidético, dos mutilados de guerra; enfim, sentimos *pena* de todos os que sofrem de mal físico ou espiritual. Daí por que também sentimos *pena* dos apaixonados não correspondidos, mas não "dó". E ela, Beatriz, nunca teve *pena* de mim...

do avesso / pelo avesso
As duas expressões são boas: *Suas meias estão **do*** (ou ***pelo***) *avesso*. Havendo duas expressões corretas, ainda há os que usam uma terceira, inexistente: *"no" avesso*.

dobra ≠ prega ≠ ruga
Convém não confundir. **Dobra** é qualquer dobradura: *as dobras de um papel, de uma cartolina*. Prega é a dobra feita propositadamente em tecido ou fazenda: *saia de pregas*. **Ruga** é a dobra na pele causada por velhice, vento, sol, etc.

dobrar
É verbo intransitivo ou pronominal (curvar-se, inclinar-se, vergar-se), mas apenas intransitivo (duplicar): *Vários galhos **dobraram*** (ou ***se dobraram***) *com a forte ventania. A vara **dobrou*** (ou ***se dobrou***)*, mas não quebrou. Nunca **dobrei*** (ou ***me dobrei***) *a ela. A população brasileira **dobrou** em cinqüenta anos.*

dobro
Tanto o singular quanto o plural têm o **o** tônico fechado.

doçaria
Apesar de ser assim, há muita gente que insiste em comer doces em "docerias".

dócil ≠ obediente ≠ submisso
Convém não confundir. **Dócil** é fácil de lidar ou de ensinar: *criança dócil aos pais*. **Obediente** é que faz o que é ordenado: *aluno obediente, filho obediente*. **Submisso** é que está sempre disposto a obedecer à vontade superior, com humildade ou subserviência. *Os escravos tinham de ser submissos*.

do contrário
V. **ao contrário / pelo contrário**.

documentário / documento
Regem *acerca de*, ou *a propósito de*, ou *a respeito de*, ou *de*, ou *sobre*: *Os cineastas fizeram um documentário **acerca d**as* (ou ***a propósito d**as*, ou ***a respeito d**as*, ou ***d**as*, ou ***sobre** as*) *riquezas da flora e da fauna desta região. Desapareceram todos os documentos acerca **d**essa* (ou ***a propósito d**essa*, ou ***a respeito d**essa*, ou ***d**essa*, ou ***sobre** essa*) *investigação*.

doçura
Rege *com* ou *para com*: *A doçura da professora **com*** (ou ***para com***) *os alunos, incompreensivelmente não a fazia estimada por eles*.

doente
Rege *de* (enfermo) e *por* (aficionado; apaixonado): *Ele é doente **d**os pulmões. Sou doente **por** música. Ele é doente **pel**o Palmeiras*.

doido
Rege *com* (esfuziante), *de* (esfuziante), *para* (ansioso) e *por* (aficionado; apaixonado): *A torcida está doida **com** a goleada que o seu time infligiu ao adversário. A torcida ficou doida **de** alegria. Ela está doida **para** casar. Ele é doido **por** cinema. Sou doido **por** morenas*.

dois / dous
São ambas formas corretas, mas a primeira é mais usual no Brasil; a segunda, em Portugal.

dois gêmeos: redundância?
Sim. *Gêmeo* significa *nascido do mesmo parto*. Só se usa numeral de três em diante: três (trigêmeos), quatro (quadrigêmeos), cinco (quintigêmeos), seis (sextigêmeos), etc.

dois-pontos ≠ dois pontos
Convém não confundir. **Dois-pontos** é sinal de pontuação (:) que se usa geralmente para introduzir uma explicação ou citação: *Na invocação das cartas, é preferível usar o dois-pontos a usar a vírgula (p. ex.: Prezados Senhores:)*. Pl.: os *dois-pontos* (inv.). **Dois pontos** são um ponto depois do outro (..): *Quando um período termina por abreviatura, não há necessidade de usar dois pontos (p. ex.: etc..)*. Muitos estranham,

ao terem de usar *o dois-pontos*, mas não estranham absolutamente, ao empregarem *o dois-quartos* (= apartamento de dois quartos), *o dois-tempos* (= motor de dois tempos), *o dois-toques* (treino de futebol), etc. V. **ponto-e-vírgula**. Na invocação das cartas, usamos o dois-pontos, de preferência à vírgula, ainda que se trate de um vocativo, termo que normalmente exige a vírgula. Trata-se um uso especial dessa pontuação. Assim, grafamos *Prezados Senhores:* ou *Caro amigo Luís:* E a palavra que começa o parágrafo deve estar com inicial maiúscula. Ex.:

Prezados Senhores:
Solicitamos-lhes a fineza de...

dois quartos / dois terços, etc.
Apesar de indicarem fração, tais expressões exigem o verbo no plural, concordando com *dois*: *Dois quartos da plantação **foram dizimados** pela nuvem de gafanhotos. Dois terços dos nossos bens **ficaram** com o advogado. Dois sextos da população **passam** fome.*

dolo
Pronuncia-se *dólo*, rimando, portanto, com *pólo*.

doloroso
Rege *a* ou *para*: *Foram dias dolorosos **à** (ou **para** a) família*.

Dom / Dona
Têm a mesma abreviatura e se usam preferencialmente com maiúscula: D.: D. Pedro I, D. Isabel Cristina; D. Ivo, D. Maria. Só aparecem antes de nome. *Dom*, redução do latim *dominus* = senhor, é título honorífico dado a reis, príncipes e dignitários da Igreja Católica. V. **Dona**.

do meu ponto de vista
É esta a expressão aconselhável: ***Do meu ponto de vista**, essa guerra vai ser devastadora para o país vencido*. Muitos usam *"sob" meu ponto de vista*, galicismo perfeitamente dispensável.

domiciliado
Rege *em*: *São pessoas domiciliadas **em** prédios públicos*.

domingo / no domingo
Usa-se indiferentemente: ***Domingo** (ou **No domingo**) iremos ao clube. O que você fez **domingo** (ou **no domingo**)?* Antes dos nomes que designam os dias da semana, usam-se ou não as contrações no, na, etc.: ***Sábado** (ou **No sábado**) estive em Nova Iorque. **Segunda-feira** (ou **Na segunda-feira**) não haverá expediente*. Assim também com as locuções de tempo: ***Semana passada** (ou **Na semana passada**) geou nesta região. **Mês que vem** (ou **No mês que vem**) iremos a Teresópolis. **Dia 18** (ou **No dia 18**) sairei em férias*. Às vezes, usa-se apenas o artigo: *A semana passada geou nesta região. O mês que vem iremos a Teresópolis*.

Dona
Não aceita **à** anteposto, mas apenas **a**: *Entreguei o pacote **a** Dona Maria. Você deu **a** Dona Rosa o que eu pedi?* V. **"a"** Dona e Dom / Dona.

dona de casa
Sempre sem hífen. Há, contudo, um velho dicionário que insiste em trazer "dona-de-casa". Por que diabos também não traz "ajuda-de-custo", "anjo-da-guarda", "dor-de-barriga", "estrada-de-ferro", "livro-de-ponto", "madeira-de-lei", "ponto-de-vista", "sala-de-estar", etc.? É um mistério!...

do ponto de vista
É esta a expressão correta, mas muitos insistem em usar "sob o ponto de vista". Do ponto de vista dos bons gramáticos, está errado...

do que / que
Nas comparações, usamos indiferentemente *que* ou *do que*: *A Lua é menor **que** (ou **do que**) a Terra. Esse lutador é mais grande **que** (ou **do que**) forte*.

dor de cabeça ≠ dor na cabeça
Convém não confundir. **Dor de cabeça** é dor interna e nem sempre tem causa definida; pode aparecer inesperadamente; é o mesmo que *cefaléia*; sana-se com um bom analgésico. **Dor na cabeça** é dor externa, com causa bem-definida. Assim, uma pessoa muito ocupada, preocupada ou tensa pode chegar ao fim do dia com *dor de cabeça*, mas não necessariamente com *dor na cabeça*. Alguém, contudo, que dê uma cabeçada numa porta de vidro, fica (é compreensível) com *dor **na** cabeça* por algum tempo e, por causa disso, pode também até ficar com *dor **de** cabeça*. Mas só com *dor **de** cabeça* ficará o dono da porta, se ela se quebrar, e aquele que ficou com *dor **na** cabeça* não puder ressarci-lo do prejuízo...

dorso
Tanto o singular quanto o plural têm o **o** tônico fechado.

dotação
Rege *de...a* (ou *para*): *A dotação de verbas **a** (ou **para**) um Ministério*.

dotado
Rege *com* ou *de*: *Todo homem equilibrado é dotado **com** (ou **de**) bom-senso*. A regência "dotado em" deve ser desprezada.

dotar
Rege *com* ou *de*: *Deus a dotou **com** (ou **de**) grande talento. A natureza dotou essa mulher **com** (ou **de**) singular beleza. Os constituintes dotaram o país **com** (ou **de**) uma carta magna extremamente minuciosa, complicada e até injusta*.

dote ≠ dotes
Convém não confundir. **Dote** é o conjunto de bens que a mulher leva para o marido, a fim de ajudar a suportar os

encargos do casamento. Todo Portugal foi um *dote* recebido por Afonso Henriques. Significa, ainda, riqueza, haveres, bens. **Dotes** são qualidades, predicados, virtudes: *pessoa de excelentes dotes*. Assim, quem casa apenas pelo *dote* pode estar preparando a cama da infelicidade para toda a vida; quem, todavia, casa pelos *dotes* do seu cônjuge talvez tenha um futuro de paz no casamento. Certa vez um noivo desconfiado perguntou à noiva, inteligente e sutil, se ela estava mais interessada nos seus *dotes* ou no seu *dote*. Ela respondeu: *Não sou nunca pelo singular; sou sempre mais pelo plural*. E foram felizes para sempre...

dourar

Sempre com **ou** fechado e bem-pronunciado: *douro, douras, doura, douramos, dourais, douram* (pres. do ind.); *doure, doures, doure, douremos, doureis, dourem* (pres. do subj.). Há, no entanto, quem prefira dizer eu "dóro" a pílula, ela "dóra" o frango como ninguém.

doutor

Rege *em...por* e *de* ou *em* (versado): *Ele é doutor em letras pela Universidade de São Paulo. Ele é doutor de* (ou *em*) *gramática*. Abrev.: *Dr.* e *Dr.ª* (ambas de preferência com inicial maiúscula).

Drácon

Legislador ateniense, famoso pelas leis rigorosas que promulgava. Adj. corresp.: *draconiano*, que passou a significar muito severo, extremamente rigoroso (*governo draconiano*). Note: o nome é paroxítono.

dragão

Fem.: *dragoa*.

drible / driblar

Apesar de ser assim, há muita gente que anda "dibrando" a língua com "dibres" fenomenais...

driblar ≠ fintar

Convém não confundir. **Driblar** é mover a bola para a frente, pela sucessão rápida de toques curtos ante o adversário. É o que fazia magistralmente bem o ponta Garrincha. **Fintar** é mover a bola para a frente, usando a ginga do corpo ante o adversário. É o que faz muito bem o atacante Robinho, do Santos Futebol Clube, que à finta acrescentou a *pedalada*, terror dos zagueiros (principalmente corintianos...). No drible, predomina a habilidade do jogador no uso dos pés; na finta, prevalece o jogo de cintura.

drope

No singular, *drope*; no plural, *dropes*. Há, no entanto, quem usa "o dropes", "um dropes", "meu dropes": é o mesmo que tomar "um chopes" e comer "um pastéis".

druida

Sacerdote de uma ordem religiosa pré-cristã, entre os celtas da antiga Gália (França), a Bretanha e a Irlanda. Fem.: *druidesa* e *druidisa*. Pronuncia-se *drúida*, rimando com *cuida*, embora alguns insistam em dizer "druída".

dúbio ≠ duvidoso

Convém não confundir. **Dúbio** é que encerra dúvida calculada, com segunda intenção: *olhar dúbio, frase dúbia*. **Duvidoso** é que inspira desconfiança, suspeito: *decoração de gosto duvidoso, mulher de vida duvidosa, produtos de origem duvidosa*.

dublê

Aportuguesamento do francês *doublé*.

Dublin

O nome da capital da Irlanda se pronuncia *Dâblin* (e não *"Dúblin"*).

dundum

É palavra feminina: **a** *dundum*, **uma** *dundum*. A dundum é um tipo de bala que provoca ferimentos gravíssimos.

dúplex

O povo diz "dupléks", talvez porque lhe estejam muito distantes os apartamentos e casas *dúplex*. Repare: não varia no plural, embora a variante *dúplice* varie normalmente: casas *dúplices*; os *dúplices*).

durante o tempo em que

É esta a expressão correta, ou seja, sem a omissão da preposição: **Durante o tempo em que** *estiveram casados, não brigavam; agora, que são apenas amigos, brigam*.

dureza

Rege *com* ou *para com*: *A dureza dos antigos professores* **com** (ou **para com**) *seus alunos era virtude ou defeito?*

duro

Rege *com* ou *para com* (pessoa) e *de* ou *para* (verbo): *Chefe duro* **com** (ou **para com**) *seus subordinados. É um presidente duro* **com** (ou **para com**) *os banqueiros. Terra dura* **de** (ou **para**) *trabalhar. Gente dura* **de** (ou **para**) *chorar*.

duro de

Não se usa o pronome *se* depois da preposição. Portanto: *Problema duro de resolver. Livro duro de ler. Carro duro de dirigir. Osso duro de roer*.

duros de + infinitivo

Não se usa o infinitivo no plural, mesmo que o adjetivo esteja no plural. Portanto: *Problemas duros de resolver. Livros duros de ler. Carros duros de dirigir. Ossos duros de roer*.

dúvida

Rege *acerca de, a respeito de, em relação a, em torno de, quanto a* ou *sobre* (nome), mas apenas *de* ou *em* (verbo): *Já não há dúvida* **acerca d**a (ou **a respeito d**a, ou **em relação à**, ou *em torno d*a, ou *quanto à*, ou *sobre a*) existência de vida em outros planetas, além do sistema solar. *O pai não teve dúvida de* (ou *em*) *pedir a prisão do filho assassino*. Antes de oração desenvolvida usa-se apenas *de*, que pode aparecer em elipse: *Tive dúvida (de) que fosse ele o assassino. Não há dúvida (de) que o Brasil é um país rico em petróleo.*

duvidar

Antes de oração desenvolvida ou reduzida, usa-se com a preposição *de*, que, porém, pode aparecer elíptica: *Os bandidos não duvidaram (de) estar sendo perseguidos pela polícia. Ninguém mais duvida (de) que o Brasil possui petróleo.* Antes da conjunção *se*, todavia, a preposição não aparece: *Duvido se você faz mesmo mágicas.*

duzentos

Ordinal corresp.: *ducentésimo*. Portanto, *ser o 200º da fila = ser o ducentésimo da fila*. V. **ordinais**.

dúzia(s)

Abrev.: *dz* (com o ponto), tanto para o singular quanto para o plural: *1 dz. de laranjas, 5dz. de bananas.*

DVD

Pl.: DVDs. Há, no entanto, quem use "DVD's".

E

E / e

Lê-se aberta (*é*) esta vogal, quando usada isoladamente. Portanto, sempre com som aberto: letra **e**, vogal **e**, vitamina **E**, turma **E**, grupo **E** da Copa do Mundo de Futebol, IBGE, TRE, OEA, DNER, UBE, ECT, BNDE, DER, ficar para RE (recuperação), classe **E** da sociedade, Tafman **E**. Não confunda letra **e** (é) com conjunção **e** (ê). Quando dizemos *Ela e ele comeram pão e bolachas*, temos a conjunção **e**, que, naturalmente, soa **i**, na cadeia da fala. V. **O / o**.

é bom

Esta expressão fica sempre invariável, quando há idéia de indeterminação: *É bom toda a cautela neste caso. É bom muita calma no trânsito. É bom água com açúcar para susto. É bom prudência nesse caso. É bom ações policiais rápidas e de surpresa nas favelas. É bom estudos mais aprofundados sobre o assunto. É muito bom bens, mas é melhor a felicidade. É bom apenas frutas e legumes no verão.* Claro está que o verbo pode sofrer variações: *Será bom toda a cautela neste caso. Seria bom ações policiais rápidas e de surpresa nas favelas.* Se houver artigo, o adjetivo varia: *É boa a cautela que você tomou. São bons os bens, mas é melhor a felicidade.* Como se viu pelos dois primeiros exemplos, pronomes indefinidos não interferem na flexão da expressão, que continuará invariável. V. **é necessário** e **é preciso**.

ebulição ≠ efervescência

Convém não confundir. **Ebulição** é fervura: *O ponto de ebulição da água é de 100ºC.* **Efervescência** é agitação branda de um líquido: *Para se tomar um Sonrisal, é preciso colocá-lo em efervescência.* Quando há excitação do líquido pelo calor, a *ebulição* é a fase posterior à *efervescência*, na qual o líquido se agita mais intensamente, assim como se vê na água fervendo. Quando pomos água para esquentar, primeiro ela entra em *efervescência*, criando borbulhas, depois, então, ferve.

é capaz

V. **capaz**.

echarpe

É palavra feminina: *a echarpe, uma echarpe*. O gênero da palavra *lenço* tem exercido influência sobre os desavisados, que a usam como masculina.

eclampsia

A prosódia rigorosamente correta é esta, mas a corrente é *eclâmpsia*, variante popular.

eclipse

É palavra masculina: *o eclipse, um eclipse*.

écloga / égloga

Ambas as formas existem, mas a primeira é a mais usual.

eco

Rege *em* ou *sobre* (repercussão): *Já se faz sentir o eco das ruas nos (ou sobre os) parlamentares.*

econômico

Rege *de* ou *em* (parcimonioso), mas apenas *em* (poupado): *Ninguém nunca viu nenhum político econômico de (ou em) palavras. Ninguém nunca viu nenhum filho de rico econômico nos gastos.*

eczema

É palavra masculina: *o eczema, um eczema*.

edifício

Abrev.: *edif.*

edito ≠ édito

Convém não confundir. **Edito** é ordem emanada de autoridade soberana, com força de lei. Provém do executivo ou do legislativo. **Édito** é ordem judicial que se afixa a lugares públicos, a fim de que todos dela tomem conhecimento; é o mesmo que *edital*. Provém do judiciário.

editorial

Rege *acerca de, a propósito de, a respeito de* ou *sobre*: *Lenildo escreveu naquele dia um editorial acerca do (ou a propósito do, ou a respeito do, ou sobre o) nosso trabalho.*

educar

Usa-se assim: *Seus pais não o educaram, não? Quem o educou desse jeito?* Muitos, no entanto, principalmente no Nordeste, usam "lhe" no lugar do *o*, transformando o verbo transitivo direto em indireto.

educar ≠ ensinar ≠ instruir

Convém não confundir. **Educar** é promover o desenvolvimento das faculdades físicas, morais ou intelectuais de alguém. É dever dos pais e obrigação do Estado. **Ensinar** é transmitir conhecimentos a alguém, por meio de lições. É obrigação do professor. **Instruir** é preparar alguém por um método sistemático, a fim de deixar pronto para agir, para servir à sociedade. É obrigação de cada um de nós.

"e" etc.

Ainda que tenha sido prática de muitos escritores de nomeada, não convém utilizar **e** antes de **etc.**, pois na abreviatura já existe esse **e**: *etc.* = e outras coisas.

efebo

Pronuncia-se *efêbo*.

efeito

Rege *em* ou *sobre* (impressão; dano): *Os espetáculos circenses produzem bom efeito nas (ou sobre as) crianças. O efeito do craque no (ou sobre o) cérebro é devastador.*

efêmero ≠ passageiro

Convém não confundir. **Efêmero** é tudo aquilo que dura muito pouco tempo, é tudo aquilo que é breve ou transitório: *A rosa tem vida efêmera. A juventude é muito efêmera.* **Passageiro** é tudo aquilo que dura pouco, mas vai e volta: *Briguinhas de namorados são passageiras. Toda dor é passageira. Chuvas de verão são passageiras.*

efeminado /efeminar

V. **afeminar / efeminar**.

Éfeso

Célebre cidade da antiga Grécia que hoje faz parte da Turquia e se chama Izmir. Note: é nome proparoxítono.

efetivação

Rege *de...em* ou apenas *em*: *A efetivação desse servidor no cargo foi feita mediante mandado de segurança. Sua efetivação no emprego se deu em que ano?*

eficaz / eficácia

Regem *contra* (ativo), *em* ou *sobre* (válido) e *para* (efetivo): *Droga eficaz contra a sida. Os ateus dizem que as orações não têm eficácia contra as tentações do demônio. A pena de morte é eficaz na (ou sobre) a redução da criminalidade? O governo adotou medidas eficazes para baixar a inflação.*

eficaz ≠ eficiente

Convém não confundir. **Eficaz** é qualquer coisa que produz o efeito desejado: *um antibiótico eficaz, um chá eficaz nas febres, uma terapia eficaz, uma campanha eficaz contra o uso de drogas, tomar medidas eficazes contra o tráfico de drogas.* **Eficiente** é qualquer pessoa, grupo, organização, etc. que consegue produzir o efeito desejado com o mínimo tempo, esforço, custo ou desgaste: *um atleta ou jogador eficiente, um governo eficiente, um professor eficiente, um funcionário eficiente.*

eficiente

Rege *a* (pessoa) e *em* (coisa): *Secretária eficiente ao chefe. Secretária eficiente no trabalho.*

"Efigênia"

Esta grafia não existe desde 1943. Deu lugar a *Ifigênia*. O Vaticano só reconhece a Santa Ifigênia. Mas muita gente continua passando, em São Paulo, pelo viaduto Santa "Efigênia". Qualquer dia, isso cai...

efígie

Figura, imagem ou retrato principalmente em vulto ou relevo: *a efígie de Cabral na antiga nota de mil cruzeiros.* Há os que confundem *efígie* com *esfinge*, monstro com cabeça e peito de mulher, asas de ave e corpo de leão. É bem provável que a *efígie* de Machado de Assis saia estampada na nota de R$200,00. Os gênios sempre merecem.

egoísmo ≠ egotismo

Egoísmo é o amor exagerado de si mesmo, com esquecimento do(s) outro(s); é a tendência de se considerar a si próprio o centro de todos os benefícios, em detrimento de outrem. **Egotismo** é o amor exagerado ou senso fútil da própria personalidade, do próprio valor, da própria importância, dos próprios direitos pessoais. O *egoísta* pode até ter amigos, mas só os aceita se nada sofrer e tudo gozar, sem dar absolutamente coisa nenhuma em troca. O *egotista* sempre se sente o mais importante do grupo ou da turma, o mais capaz, o mais versátil, o mais humano, o mais tudo. Sem sê-lo. Faz referência a si próprio quando fala e escreve. O *egoísta* não vacila em prejudicar o outro para se beneficiar; o *egotista* não chega a tanto, embora não se comprometa na ajuda a ninguém. Nenhum desses dois conceitos se confunde com o de *amor-próprio*, que é o respeito por si mesmo e por sua própria dignidade, valor e princípios.

Eiffel

Convém pronunciar *eifél*.

Einstein

Pronuncia-se *ain-chtáin*: o encontro *ei* alemão soa *ai*.

eis aqui

Expressão perfeita, que alguns querem acoimar como redundante: *Eis-me aqui, gente!*

eis que

Não se usa com propriedade esta locução em substituição a *porque, pois* ou *porquanto*. Assim, por exemplo: *Deve chover logo, "eis que" nuvens plúmbeas se acumulam no horizonte*. *Eis que* se usa com propriedade, quando a situação é de imprevisto, equivalendo a *de repente*, exprimindo surpresa: *Quando menos esperávamos,* **eis que** *desaba uma tempestade!*

eis senão quando

Expressão que equivale a inesperadamente, subitamente: *O ambiente era de festa;* **eis senão quando** *a alegria se transforma em incontrolável revolta. A conversa estava animada;* **eis senão quando** *recebo um telefonema misterioso, que nos deixou a todos preocupados.*

eixo

Adj. corresp.: *axial*. Portanto, *ruptura do eixo = ruptura axial*.

elefante

Fem.: *elefanta*. A suposta forma feminina "elefoa" surgiu de um lapso tipográfico numa gramática antiga; *aliá* também não serve. O curioso é que alguns ainda dizem "eliá".

elegantérrimo

Evite usar esta extravagância, própria de pessoas pedantes ou não completamente escolarizadas.

eleger

Rege *como, para* ou *por*, no predicativo do objeto: *Elegeram aquele rapaz* **como** (ou **para**, ou **por**) *presidente: deu no que deu. Elegeram-no* **como** (ou **para**, ou **por**) *deputado*. Ainda é possível a construção sem a preposição: *Elegeram aquele rapaz presidente. Elegeram-no deputado*. Este verbo tem dois particípios: *elegido* (regular) e *eleito* (irregular), que se usam indiferentemente, quando o auxiliar é *ter* ou *haver*: *O povo tem* **elegido** *ou tem* **eleito** *candidatos?* Na voz passiva, só se usa *eleito: Ele foi* **eleito** *com grande votação*.

elegia

Rege *a* ou *para*: *Elegia* **a** *o (ou* **para** *o) meu primeiro amor.*

eleição

Rege *de...a* (ou *para*) ou apenas *de*: *A eleição de Lula* **à** (ou **para** *a*) *presidência da República se deu sem quebra da ordem constitucional. No próximo ano haverá eleição* **de** *prefeitos*.

eleiçoeiro / eleitoreiro

Ambas as formas existem: *promessas* **eleiçoeiras***, dívida* **eleitoreira**. Apesar de existirem duas formas corretas, há os que encontram uma terceira, inexistente, "eleiçoreiro". O assunto me enseja uma sugestão: os candidatos que fizessem, nas campanhas, promessas e depois as esquecessem, deveriam sofrer processo de *impeachment*. Assim, evitar-se-ia que candidatos inescrupulosos alcançassem cargos públicos mediante estelionato eleitoral. Está claro que se qualquer beócio prometer uma barra de ouro para cada eleitor, será eleito. Até quando aturaremos estelionatos eleitorais?

eleito

Rege *a* ou *para* (nome) ou apenas *para* (verbo): *Os eleitos* **a**o (ou **para** *o*) *senado ainda não tomaram posse. Ele foi eleito* **para** *ser o salvador da pátria*.

eletricista

Apesar de ser assim, há muita gente por aí que aprecia levar choques, procurando "eletrecistas"...

eletro-

Não exige hífen: *eletrodoméstico, eletroeletrônico, eletroidráulico, eletroímã, eletroóptica, , eletrorretinograma*, etc.

eletrocussão

Esta é a palavra correta. Há dicionários, no entanto, que trazem "eletrocução". Aliás, há certos dicionários hoje em dia que trazem muito mais...

eletrodo / elétrodo

Ambas as prosódias são boas; a primeira é popular; a segunda, gramatical.

elevação

Rege *de...a*: *A elevação* **de** *um sindicalista* **à** *presidência da República é uma vitória da democracia*.

elevado

Rege *a* (predicativo) ou *de...a* (ou *para*): *Ele foi elevado* **a** *presidente. O capital social da empresa foi elevado* **de** *10* **a** (ou **para**) *20 mil reais*.

elidir ≠ ilidir

Convém não confundir. **Elidir** é eliminar, suprimir. É comum, na escrita, algumas pessoas elidirem a segunda vogal da palavra *adivinhar*, escrevendo "advinhar". **Ilidir** é destruir, refutando, rebatendo. *Um advogado pode elidir as provas apresentadas,* **ilidindo** *a argumentação do contendor*.

Elísios, Campos

Na mitologia grega, lugar destinado aos heróis ou pessoas virtuosas depois da morte. Note: com *-ios*.

elo "de ligação"

Visível redundância: todo elo é de ligação.

elogiar ≠ gabar ≠ louvar

Convém não confundir. **Elogiar** é exaltar as qualidades de alguém, fornecendo as razões. É próprio das pessoas sérias, que expõem os méritos do elogiado. **Gabar** é elogiar perante todo o mundo. É próprio dos que desejam a atenção geral sobre si. *Os mascates gabam as bugigangas que vende*. **Louvar** é enaltecer alguém sem dar as razões. É próprio dos aduladores.

elogio

Rege *a* ou *de*: *A comunidade internacional tem feito rasgados elogios **a**o (ou **d**o) governo, principalmente em razão de sua política econômica. Fez-se um elogio **a** (ou **de**) Machado de Assis. Já não são novidade os elogios de turistas **a** (ou **de**) nossas praias.*

elucubração / lucubração

As duas formas existem, mas a gramatical é a segunda.

"em aberto"

Os jornalistas usam e abusam desta expressão, como equivalente de *por resolver*. *D. Mauro diz que programa Fome Zero está "em aberto". PT deixa "em aberto" apoio à taxação de inativos.* Até a usam simplesmente por *aberto*: *Vagas "em aberto".* A verdade é que a língua rejeita locuções adjetivas formadas de *em + adjetivo*. V. **"em anexo"** e **"em suspenso"**.

"em anexo"

V. **anexo**.

embainhar

As formas rizotônicas (as que têm acento no radical) apresentam tonicidade no **i**: *embainho, embainhas, embainha, embainham* (pres. do ind.); *embainhe, embainhes, embainhe, embainhem* (pres. do subj.). Não se acentua nenhuma forma, porque antes de *nh*, o **i** não recebe acento: *bainha, cainho, campainha, coroinha, rainha*, etc. *Desembainhar* se conjuga da mesma forma.

embaixada / embaixador

Regem *junto a*: *A embaixada norte-americana **junto a**o Brasil tem novo titular. O embaixador do Brasil **junto à**s Nações Unidas será um diplomata de carreira.*

embaixador

Fem.: *embaixadora* (funcionária diplomática), *embaixatriz* (esposa do embaixador). V. **cônsul**.

embaixo

Numa só palavra, mas o antônimo em duas: *em cima*. Por quê? Não se sabe.

embalsamação / embalsamamento

São boas ambas as formas (do verbo *embalsamar*). Não se confundem com *embalsamento* (do verbo *embalsar*). Quando se deseja, por algum motivo, preservar um cadáver da decomposição natural, costuma-se proceder a seu *embalsamamento*. Agora, se quisermos colocar um cadáver numa *balsa*, para transportá-lo para algum lugar, aí, sim, procederemos a seu *embalsamento*. Note: a primeira palavra se relaciona com *bálsamo* (perfume ou substância que se introduz num cadáver para preservá-lo); a segunda tem relação com *balsa*.

embandeirar

Sempre com **ei** fechado: *embandeiro, embandeiras, embandeira, embandeiramos, embandeirais, embandeiram* (pres. do ind.); *embandeire, embandeires, embandeire, embandeiremos, embandeireis, embandeirem* (pres. do subj.). Há, todavia, quem "embandére" a janela de sua casa.

embaraçado

Rege *com, de, em* ou *por* (nome) e apenas *em* (verbo): *O motorista estava visivelmente embaraçado **com** o (ou **d**o, ou **n**o, ou **pel**o) trânsito paulistano. O motorista estava visivelmente embaraçado **em** dirigir nas ruas de São Paulo.*

embaraço

Rege *a* (obstáculo), *com* (perturbação, acanhamento; dificuldade financeira), *com* ou *em* (dificuldade) e *de* ou *em* (verbo): *O presidente cubano era um embaraço **à** democratização do país. Era natural meu embaraço **com** aquela linda mulher. A que se devia tamanho embaraço do Brasil **com** seus credores internacionais? O governo teve visíveis embaraços **com** a (ou **n**a) regulamentação da medida. Era compreensível o seu embaraço **de** (ou **em**) falar pela primeira vez com os pais da namorada.*

embaraçoso

Rege *a* ou *para*: *É embaraçoso **a**os (ou **para** os) críticos terem de reconhecer erros ou inépcias.*

embarque

Rege *de* (coisa)...*a* (ou *para*) e *de* (pessoa)...*em*: *O embarque **de** veículos nacionais **a**o (ou **para** o) Vietnã teve início ano passado. O embarque **de** tropas **n**o avião se deu de madrugada.*

embate

Rege *com, contra* ou *em* e *entre*: *No embate das ondas **com** os (ou **contra** os, ou **n**os) rochedos quem sofre é a sardinha, e não o tubarão. No embate **entre** as ondas e os rochedos, quem sofre é a sardinha.*

embebido

Rege *de* ou *em*: *Pano embebido **de** (ou **em**) gasolina.*

embigo

Variante popular de *umbigo*.

"embora" + gerúndio

Não é boa combinação. São comuns, no entanto, estas frases na língua cotidiana: *Embora "comendo" bastante, não engorda. Embora "sendo" pobre, é orgulhoso. Embora "gostando" do filme, não fiquei satisfeito.* Convém usar o subjuntivo: *Embora **coma** bastante, não engorda. Embora **seja** pobre, é orgulhoso. Embora **gostasse** do filme, não fiquei satisfeito.* Com gerúndio, podemos usar *mesmo* (que não é conjunção): ***Mesmo** sendo pobre, é orgulho.* ***Mesmo** gostando do filme, não fiquei satisfeito.*

embravecer

É verbo intransitivo ou pronominal [tornar-se bravo (animal, mar, etc.); enfurecer]: *Cães **embravecem** (ou **se embravecem**), quando agredidos. O mar logo **embravecerá** (ou logo **se embravecerá**), por isso temos de retornar imediatamente a terra.*

embriagado

Rege *com*, *de* ou *por* (bêbado; extasiado): *Duro mesmo de aturar é homem embriagado* **com** *(ou* ***de****, ou* ***por****) cachaça. Jogador embriagado* **com** *a (ou* ***da****, ou* ***pela****) fama logo cai do trono.*

embrião ≠ feto

Convém não confundir. **Embrião** é o corpo informe do animal, seus primeiros rudimentos, o produto imediato da concepção, o qual ainda não tem a figura correspondente à sua espécie. Quando, porém, se apresentam já claras e distintas as partes que compõem o animal, o *embrião* toma o nome de **feto**. Muitos cientistas observam que, aos trinta dias da concepção, principalmente no ser humano, está o produto suficientemente formado para poder chamar-se *feto*.

embrulhado

Rege *com* ou *em* (envolto) e apenas *com* (complicado): *Arma embrulhada* **com** *(ou* ***em****) jornal. Estar embrulhado* **com** *o pai da noiva.*

em cores

É esta a expressão correta, e não "a cores": *filme* **em** *cores, TV* **em** *cores, foto* **em** *cores, livro* **em** *cores,* etc.

em curto prazo

V. **"a" curto prazo**.

"em demasiado"

Não existe esta locução em nossa língua. Temos *demasiado* e *em demasia*:
Você acha que os deputados ganham **demasiado**? *Você se preocupa* **em demasia** *com o salário dos outros!* "Em demasiado", portanto, é demasiado.

em domicílio

É esta a locução rigorosamente gramatical, quando se usam verbos e nomes que não dão idéia de movimento: *entregar* **em** *domicílio, fazer entregas* **em** *domicílio*. Entre os que usam "a domicílio", neste caso, ainda existem os que usam acento grave no *a*: "à domicílio", cometendo dois equívocos simultaneamente. No Nordeste, onde o cuidado com a língua é uma constante, não se vê quase o emprego de "a domicílio", com verbos, nomes e expressões dinâmicos. Em Fortaleza, por exemplo, todos os donos de farmácias mandam entregar medicamentos **em** *domicílio*. Também os donos de qualquer quitanda ou mercearia de periferia fazem entregas **em** *domicílio*. É a consciência de que a língua tem sua importância. Mas há sempre inconveniência no uso de *a domicílio*? Não. Com os verbos, nomes e expressões que indicam movimento, usa-se: *Levamos suas compras* **a** *domicílio.* = *Levamos suas compras* **a** *casa. Esse médico vai* **a** *domicílio.* = *Esse médico vai* **a** *casa.* Não é bem verdade que todos levamos nossos filhos *à* escola e vamos *ao* cabeleireiro? Veja mais algumas frases em que cabe *em domicílio* mais propriamente que *a domicílio*: *Dou aulas particulares* **em** *domicílio.* = *Dou aulas particulares* **em** *casa. Esse médico faz visitas* **em** *domicílio.* = *Esse médico faz visitas* **em** *casa.* O mais curioso é que no português do Brasil se dá nítida preferência ao emprego da preposição *em*, mesmo com verbos de movimento, o que é repudiado pelo português lusitano. Então, por que a preferência por "a domicílio" em qualquer caso? É um mistério. Só para terminar: há professores eletrônicos que têm verdadeira ojeriza à expressão *em domicílio*. Dia desses vi um defendendo com unhas e dentes *a domicílio* para qualquer caso, vociferando contra os defensores da outra. Chegou às raias de afirmar que só gramáticos que não entendem nada de lingüística e muito pouco de gramática podem advogar aquele emprego. Essa gente entende mesmo é de tudo...

"eme-ele"

A abreviatura do submúltiplo do litro, o *mililitro* (mL), tem sido lida desta forma: "eme-ele".

emenda ≠ ementa

Convém não confundir. **Emenda** é, entre outros significados, mudança material ou alteração que se procede em alguma coisa, visando a modificar ou substituir o que não está inteiramente correto ou completamente claro. **Ementa** é parte do preâmbulo de lei, decreto, portaria ou parecer que sintetiza o contexto do ato, permitindo conhecimento imediato da matéria nele contida. Significa, ainda, resumo, sumário. A *ementa* de um juiz só pode sofrer *emenda* de um desembargador; a *ementa* de um desembargador só pode sofrer *emenda* de um ministro do Supremo Tribunal Federal; a *ementa* de um ministro do STF não pode sofrer *emenda* de mais nenhuma autoridade, nem de outro tribunal, porque é sempre sua a decisão final e irrecorrível.

emergir

Conj.: *emerjo* (ê), *emerges, emerge, emergimos, emergis, emergem* (pres. do ind.); *emerja, emerjas, emerja, emerjamos, emerjais, emerjam* (pres. do subj.). V. **submergir**.

emergir ≠ imergir

Convém não confundir. **Emergir** é vir à tona; **imergir** é o oposto: mergulhar, submergir. Um submarino *imerge*, depois *emerge*. V. **imergir**.

Êmerson

Note: com Ê, e não com "É": nenhum nome, ou melhor, **nem um** nome no português do Brasil tem vogal aberta antes de fonema nasal. Confira: *dilema, ema, Iracema, Moema, tema, teorema*, etc.

em face de

É a locução legitimamente portuguesa, que muitas vezes se substitui por *face a*, já admitida, a exemplo de *frente a*: **Em face d**as *dificuldades surgidas, os ministros resolveram entregar o cargo.* **Em face d**o *exposto, peço a condenação do réu.* **Face à** *crise energética, devemos economizar energia.* **Face a**os *boatos de ontem, o treinador resolveu pedir rescisão do contrato com o clube.*

em frente a / em frente de

Ambas as locuções existem: *Aguardei-a em frente **a**o* (ou *d*o) *cinema. Fiquei bem em frente **a**o* (ou *d*o) *palco*. Há quem use apenas "em frente": *Havia milhares de automóveis estacionados "em frente" o Maracanã*. V. **defronte a / defronte de**.

em função de

Locução prepositiva recente na língua; equivale a *de acordo com, na dependência de, em conformidade com*: *O preço de todos os produtos e mercadorias é fixado **em função d**a procura. Cada homem vive **em função d**o outro. A taxa do serviço é definida **em função d**o peso e da zona a que corresponde o país de destino*. Não é aconselhável, todavia, seu emprego por *em virtude de, em razão de, por causa de*, mas é justamente por essa equivalência que mais encontramos tal locução: *A sessão do senado foi suspensa "em função do" falecimento de um de seus membros. "Em função da" grande valorização cambial, devem crescer muito as exportações. A indústria automotiva entrou em crise "em função da" queda do poder aquisitivo da população. "Em função do" amor construímos uma vida ao lado de uma pessoa*. Não se pode esquecer que o servidor público existe "em função do" cidadão, e não o cidadão "em função do" servidor público.

em greve

É a única expressão que temos. Muitos, todavia, usam *"de" greve*, que não existe. Todos entramos **em** greve, estamos **em** greve, ficamos **em** greve, permanecemos **em** greve, etc. Muitos dizem: *Estamos em processo **de** greve*, frase perfeita. Mas só é aceita quando o movimento ainda não foi deflagrado ou quando está na iminência de acontecer. Foi justamente dessa frase que surgiu a impugnada locução *"de" greve*.

em hipótese nenhuma

É a única expressão que temos: *Não vou pedir perdão a ela **em hipótese nenhuma**. Não vou mais lá **em hipótese nenhuma***. No Nordeste, no entanto, usa-se muito *"de" hipótese nenhuma: Não concordo com isso "de" hipótese nenhuma!*

emigração ≠ imigração ≠ migração

Convém não confundir. **Emigração** é a saída de uma ou mais pessoas de um país para outro: *A **emigração** dos italianos aliviou os problemas econômicos da Itália*. **Imigração** é a entrada num país estranho de uma ou mais pessoas, para nele se fixar: *A **imigração** italiana ajudou muito no desenvolvimento do Brasil*. **Migração** é deslocamento de grande massa de indivíduos de um país ou região para outra, a fim de se estabelecer nela, por causas econômicas, políticas ou sociais: *A **migração** nordestina para São Paulo diminuiu muito nos últimos dez anos*.

emigrante ≠ imigrante ≠ migrante

Convém não confundir. **Emigrante** é a pessoa que sai do seu país de origem para viver em outro, geralmente em busca de melhores condições de vida. **Imigrante** é a pessoa que entra num país estranho para nele se estabelecer. *O italiano que veio morar no Brasil é emigrante* em relação a seu país, mas *imigrante* em relação ao nosso. **Migrante** é a pessoa que muda de região num mesmo país ou num mesmo Estado. *Os nordestinos migravam para o Sudeste em escala ascendente*. Col. (para os três casos): *colônia* e *leva*.

emigração / emigrado

Regem *de...para* ou apenas *para*: *A emigração **de** italianos **para** o Brasil se deu em maior número na década de 1880. A emigração **para** o Brasil era feita apenas por via marítima. O emigrado **d**a Itália **para** o Brasil ia, geralmente, direto para o trabalho nas fazendas de café*.

emigrar ≠ imigrar

Convém não confundir. **Emigrar** é sair de seu país de origem, para ir morar em outro. Rege *de...para* ou apenas *para*: *Os italianos emigraram **d**a Itália **para** o Brasil. Os decasséguis emigram **para** o Japão*. **Imigrar** é chegar a um país que não é seu, para morar. Rege *em* ou *para*: *Os portugueses que imigraram n**o* (ou **para** *o*) *Brasil geralmente se estabeleciam como padeiros, e os japoneses como pasteleiros*.

eminente ≠ iminente

Convém não confundir. **Eminente** é aquele que está acima de todos por suas qualidades intelectuais; é todo aquele que descobre, inventa, produz ou realiza algo de muito importante para a sociedade e para a humanidade, desde que tudo surja como resultado do talento, da inteligência: *Clóvis Beviláqua foi um eminente jurista; o **eminente** Carlos Chagas*. Claro está, portanto, que nenhum desses narcotraficantes que infestam a nossa sociedade pode ser visto como figura *eminente*, como já quis uma revista semanal de informação, que os estampou em suas capas. **Iminente** é que está prestes a acontecer: *É **iminente** um violento terremoto na Califórnia*. Diz-se o mesmo de *eminência* (qualidade do que é eminente ou superior, excelência: *a **eminência** do cargo de presidente da República*) e *iminência* (qualidade do que é iminente: *a **iminência** de uma guerra*).

emissário ≠ enviado

Convém não confundir. **Emissário** é o que é mandado a outro país para cumprir missão importante (geralmente sigilosa ou secreta), cujo sucesso depende muito da sua experiência. **Enviado** é o diplomata extraordinário mandado numa missão, com a incumbência de cumprir rigorosamente as ordens recebidas. O *emissário* sempre tem poderes de decisão, ao contrário do *enviado*.

emitir ≠ imitir

Convém não confundir. **Emitir** é pôr em circulação ou, então, exprimir: *emitir cheque; emitir opinião*. Subst. corresp.: *emissão*. **Imitir** é fazer entrar, investir em: *imitir posse*. Subst. corresp.: *imissão*.

em longo prazo

V. **"a" longo prazo**.

em mão

É esta a expressão que temos. Quando algo é entregue diretamente ao destinatário, a entrega é feita *em mão* (cuja abreviatura é **E.M.**). O povo, no entanto, gosta muito de entregar tudo "em mãos", da mesma forma que vai "a pés", justamente em razão de sua "lógica": quem tem duas mãos e dois pés, não pode entregar em *mão* nem ir a *pé*...

em meio a / em meio de

V. **meio**.

em nível de

É esta a locução que temos: *Reunião em nível de diretoria*. Ou seja: só participarão da referida reunião diretores do mesmo nível. Há, contudo, uma verdadeira febre de *"a nível de"* por aí. De gente sem nível, evidentemente. Iriam, esses, para uma reunião "a" todos os níveis? O mais interessante é que certas pessoas usam a expressão "a nível de" em qualquer caso: *"A nível de" casamento, eu diria que estou fora. "A nível de" besteiras, eu digo que sempre estou dentro*...

em O Globo / no Globo

Se o nome do jornal começa com o artigo *O*, não devemos, na escrita – veja bem, na escrita – contraí-lo com a preposição, porque o artigo forma com o nome próprio um conjunto indissolúvel. Por isso, pode ler suas notícias, mas sempre *em O Globo*, ou em *O Estado de S. Paulo*. Isso na escrita. Quando se fala, ocorre naturalmente a contração e dizemos: *Li a notícia no Globo, e não no Estado*. Há quem, ao escrever, use esdruxulamente: *Li a notícia nO Globo*. Não acho a prática interessante. Se não houver o artigo, não haverá problema nenhum: dá-se ao nome do jornal o gênero da primeira palavra que o compõe. Assim, podemos ler notícias tanto **na** *Folha de S. Paulo* quanto **no** *Jornal do Brasil*. No caso do nome das revistas, está oculta uma idéia (de *revista*), portanto usamos o artigo *a*. Você está autorizado, assim, a ler **a** *Veja* e **a** *ISTOÉ*. Pode apreciar, também, os anúncios **da** *Veja* e **da** *ISTOÉ*. Convém acrescentar, todavia, que os próprios jornalistas das nossas revistas – talvez orientados por escalões superiores – omitem o artigo.

empapado

Rege *com, de* ou *em*: *Lenço empapado com* (ou *de*, ou *em*) *sangue*.

empatar / empatado / empate

Uma equipe empata com outra sempre *de* (ou *por*) determinado placar, e não "em": *O Flamengo empatou com o Vasco de* (ou *por*) *2 a 2*. *Empatado* rege as mesmas preposições, porém, *empate* só aceita *de*: *O jogo terminou empatado de* (ou *por*) *2 a 2*. *O empate de 2 a 2 agradou às duas equipes. O jogo terminou em empate de 0 a 0*.

empecilho

Rege *a* ou *para*: *O presidente cubano era um empecilho à* (ou *para a*) *democratização do país*. Note a grafia: com **e** na primeira sílaba, e não com "i".

empecilho ≠ estorvo ≠ obstáculo

Convém não confundir. **Empecilho** é tudo aquilo que dificulta propositadamente, somente para causar dano. Há certos países cuja classe política é um verdadeiro *empecilho* para o seu progresso. **Estorvo** é tudo o que vem perturbar ou atrapalhar o bom andamento de alguma coisa. Uma pedra no sapato é um *estorvo*; um calçado muito apertado é um *estorvo*; um animal que cruza a pista, assustando o motorista, é um *estorvo*; uma pessoa que se interpõe entre um marido e uma mulher é um *estorvo*. **Obstáculo** é tudo aquilo que, à frente, torna impraticável o prosseguimento de uma ação. Há pessoas que lutam contra inúmeros *obstáculos* para conseguirem formar-se. Há outras que enfrentam enormes *obstáculos* para fazerem valer o seu talento.

empedrar

É verbo intransitivo ou pronominal (tornar-se duro como pedra, endurecer), indiferentemente: *Suas mãos empedraram* (ou *se empedraram*) *em pouco tempo, depois que começou a fazer esse trabalho braçal. Depois de velho, o bolo empedrou* (ou *se empedrou*). *O açúcar empedrou* (ou *se empedrou*) *rapidamente, no recipiente fechado*.

empelotar

É verbo intransitivo (endurecer, tomando a forma de pelota ou bola): *Depois de dois dias, o bolo empelotou todinho*.

emplumar

É verbo pronominal (cobrir-se de penas, empenar-se): *O gaviãozinho já se emplumou. É nesta época que os passarinhos se emplumam*.

empobrecer

É verbo intransitivo ou pronominal (tornar-se pobre), indiferentemente: *Ele empobreceu* (ou *se empobreceu*) *na política! Quando alguém empobrece* (ou *se empobrece*), *vão-se os amigos, chegam os problemas. Eu empobreci* (ou *me empobreci*), *mas continuei ajudando todo o mundo*.

empoeirar

Sempre com **ei** fechado: *empoeiro, empoeiras, empoeira, empoeiramos, empoeirais, empoeiram* (pres. do ind.); *empoeire, empoeires, empoeire, empoeiremos, empoeireis, empoeirem* (pres. do subj.).

empolgado

Rege *com* (pessoa) e *com, em* ou *por* (coisa): *Ficou empolgado com a nova namorada. Estava empolgado com o* (ou *no*, ou *pelo*) *novo emprego*.

em poucas palavras / a poucas palavras

São expressões equivalentes: *O presidente disse em* (ou *a*) *poucas palavras tudo o que desejava. Em* (ou *A*) *poucas palavras, o diretor se explicou muito claramente. Vou dizer em* (ou *a*) *poucas palavras o que pretendo*.

empregar

Este verbo só tem um particípio: *empregado*. Não há o suposto particípio *"empregue"*, que surgiu por influência de *entregue*. Portanto: *O dinheiro foi bem **empregado**. A empresa tinha **empregado** muita gente. O comércio tem **empregado** muita gente no Natal. Quanto dinheiro foi **empregado** na obra?*

emprestar

Empresta quem cede: *Emprestei a caneta a ela. O banco emprestou mil reais ao comerciante.* O beneficiado pelo empréstimo sempre pede ou toma emprestado: *Pedi mil reais emprestados a um amigo.* (E não: "Emprestei" mil reais "de" um amigo.) *Pedi uma ferramenta emprestada a um colega.* (E não: "Emprestei" uma ferramenta "de" um colega.) *Nunca tome emprestadas coisas a estranhos!* (E não: Nunca "empreste" coisas "de" estranhos!) Note que *emprestado* sempre concorda com o nome a que se refere.

empréstimo

Rege *a* ou *de* (empréstimo tomado), *a* ou *para* (empréstimo feito) e *sobre* (empréstimo garantido por): *O empréstimo **ao** (ou **do**) banco ainda não foi pago. Saiu o empréstimo **ao** (ou **para** o) Brasil. Fazer empréstimo **sobre** penhores, na Caixa Econômica.*

em que pese a

É esta a locução que temos, que equivale a *apesar de*, e não apenas "em que pese": *Em que pese **ao** temporal, chegamos bem. O Palmeiras venceu bem, em que pese **ao** árbitro. Elegeram o candidato do governo, em que pese **à** atual situação.* Apesar de a pronúncia de *pese*, em rigor, ser com *e* fechado (por ser da mesma família de *pêsames*), só se ouve na língua corrente com *e* aberto. Não convém variar a palavra, tomando-a como verbo: *Em que "pesem" os problemas, vamos evoluindo.* Há certa publicação que realiza verdadeiras mágicas em relação a esta expressão, para justificar seus empregos descabidos. E saber que tudo é tão simples!

em rigor

V. **a rigor**.

em seus "respectivos" lugares

Redundância: *respectivo* já significa *próprio, seu*. Portanto: *Coloquemos as coisas **nos respectivos** lugares!* Ou, então: *Coloquemos as coisas **em seus** lugares!*

"em suspenso"

Não é aconselhável seu emprego como equivalente de *por concluir, sem solução, suspenso* ou *em suspense*: *Quando o novo prefeito tomou posse, as obras iniciadas pelo antecessor ficaram "em suspenso". Indefinições deixam programa de emprego para jovens "em suspenso". O Conselho da Universidade decidiu manter a reunião de hoje, 25, "em suspenso" até as 8h de amanhã. O mundo estava "em suspenso", à espera do ataque.* Os jornalistas, contudo, usam e abusam da expressão diariamente, assim como usam e abusam de "em anexo".

"em termos de"

Trata-se de outra expressão condenável, mas corrente, por *com relação a*: *"Em termos de" emprego e segurança, o Brasil vai muito mal. "Em termos de" futebol, o Brasil ainda é o maior, está no Primeiro Mundo. Quais são suas necessidades "em termos de" estudos?*

em toda a parte / em toda parte

As duas expressões são boas, mas dá-se preferência à primeira: *A violência está em toda (a) parte.*

em todo o caso / em todo caso

As duas expressões são boas, mas dá-se preferência à primeira: *Seu salário vai depender da sua competência; **em todo (o) caso**, nunca será inferior a mil reais. O objetivo é conquistar o hexacampeonato mundial; **em todo (o) caso**, acho complicado, porque os europeus estão muito fortes.*

em torno a / em torno de

As duas locuções existem: *Procuramos esquentar-nos **em torno à** (ou **da**) fogueira. As mariposas voejam **em torno à** (ou **da**) luz.*

é muito, é pouco, é demais

Quando o sujeito dá idéia de preço, quantidade, peso, medida, etc., o verbo *ser* fica no singular: *Dez reais é **muito** por um jornal. Quinze metros é **pouco** para fazer um vestido para essa mulher. Trezentos quilos é **demais** para esse carrinho levar.*

emulsão "de óleo"

Visível redundância: na palavra *emulsão* já está implícita a idéia de *óleo*.

em vez de

V. **ao invés de** ≠ **em vez de**.

em via de

É esta a locução prepositiva correta: *Há muitas espécies animais **em via de** extinção. Nos países **em via de** desenvolvimento, 28% da população não tem acesso a água potável.* Mas na língua cotidiana só se vê e ouve mesmo "em vias de". Locução prepositiva sempre termina por preposição. O jornal Gazeta Mercantil (11/11/2002) conseguiu usar uma locução prepositiva sem ela. Veja: *Selecionada no 6º Venture Fórum Brasil, evento organizado pela Financiadora de Estudos e Projetos (Finep) para aproximar investidores das empresas de base tecnológica, a NetWorker está "em via" receber novo aporte e, dessa forma, acelerar ainda mais a expansão no mercado de tecnologia de informação.*

encabulado

Rege *com*, *de* ou *por*: *Ficou encabulado **com** a (ou **da**, ou **pela**) presença de estranhos.*

encadeado

Rege *a*: *Um crime encadeado **ao** outro.*

encadeamento
Rege *de...a*: *O encadeamento **de** um crime **a** outro.*

encadernar / encadernação / caderneta
São estas as palavras corretas, derivadas de *caderno*. Parece simples e corriqueiro, mas ainda há muita gente que diz "encardenar", "encardenação", "cardeneta".

encalço
V. **estar no encalço de** e **ir** (ou *sair*) **ao encalço de**.

encantado
Rege *com*, *de* ou *por*: *Os turistas ficaram encantados **com** as* (ou ***d**as*, ou ***pel**as*) *praias brasileiras. Ela ficou encantada **com** o* (ou ***d**o*, ou ***pel**o*) *rapaz.*

encantamento / encanto
Rege *com* ou *por*: *A criançada teria perdido o encantamento* (ou *encanto*) ***com** o* (ou ***pel**o*) *circo?*

encapuzar / encapuzado
Apesar de ser assim, há quem prefira se "encapuçar" e aparecer na televisão "encapuçado", fazendo ameaças a jornalistas e políticos...

encaracolar
É verbo intransitivo ou pronominal, indiferentemente: *Cabelos que **encaracolam** (ou **se encaracolam**) naturalmente.*

encarar "de frente"
Visível redundância: quem encara nunca encara de lado. Muito menos por trás. Pouco pior que esta é estoutra redundância: enfrentar "de frente".

encarcerar em
Redundância consagrada.

encargo
Rege *com* ou *para com* (nome) e *de* (verbo): *Esse é um encargo que assumi **com** (ou **para com**) meus amigos. Quer dizer que você não tem nenhum encargo **com** (ou **para com**) o Brasil? Recebeu o encargo **de** cuidar das crianças.*

encarnar
É verbo transitivo indireto ou pronominal: *Joana d'Arc **encarnou** (ou **se encarnou**) na mulher. O espírito dela **encarnou** (ou **se encarnou**) em mim.*

encarregar
Quem encarrega, encarrega alguém de alguma coisa: *A mãe encarregou a filha mais velha do serviço doméstico.* (= A mãe **a** encarregou do serviço doméstico.) Não se aceita "para" no lugar da preposição *de*: *Encarregaram uma colega "para" fazer contato com a tribo indígena.* A regência encarregar alguma coisa a alguém é arcaica e sobrevive apenas na linguagem jurídica.

encenação
Rege *de* ou *sobre*: *Será feita a encenação **d**o* (ou ***sobre*** *o*) *crime.*

encerrado
Rege *dentro de* ou *em*: *Todos os bandidos encerrados **dentro d**a* (ou ***n**a*) *prisão empreenderam fuga. Qual era exatamente a quantia encerrada **dentro d**o* (ou ***n**o*) *cofre?*

encerrar
É verbo pronominal, e não intransitivo, na acepção de ter seu termo ou fim, terminar, finalizar: *O plantio de milho **se encerra** hoje. O congresso **se encerrará** na próxima semana. As inscrições **se encerrarão** amanhã.*

encharcado
Rege *de* ou *em*: *Estômago encharcado **de*** (ou ***em***) *refrigerante. Mentes encharcadas **de*** (ou ***em***) *ódio.*

encobrir
Assim como *cobrir* e *descobrir*, tem apenas um particípio: *encoberto*.

encontrar
É transitivo direto: *Encontrei os amigos na praia.* Alguns só aceitam esta regência. Mas também pode ser transitivo indireto, embora não seja muito recomendável este emprego: *Encontrei **com** meus amigos na praia.* E pronominal: ***Encontrei-me** com meus amigos na praia.*

encontro
V. **ao encontro de** ≠ **de encontro a**.

encosta ≠ vertente
Convém não confundir. **Encosta** é o declive de morro, monte, montanha ou colina. **Vertente** é o declive ou encosta de uma montanha por onde descem as correntes pluviais.

encostado
Rege *a* ou *em*: *Fiquei ali, encostado **a**o* (ou ***n**o*) *portão. Quando a bola está no campo adversário, esse goleiro costuma ficar encostado **à*** (ou ***n**a*) *trave.*

encostar
É verbo transitivo direto e pronominal, e o adjunto adverbial pode vir antecedido de *a* ou *em*: *Encostei o guarda-chuva **a** um* (ou ***n**um*) *canto. A menina encostou a cabeça **a**o* (ou ***n**o*) *ombro da mãe e adormeceu. Não se encoste **à*** (ou ***n**a*) *parede: tinta fresca! Encostei-me **a**o* (ou ***n**o*) *fio elétrico, mas felizmente nada aconteceu.* Muitos, no entanto, usam o verbo pronominal como intransitivo: *Não "encoste" na parede! "Encostei" no fio elétrico.*

DICIONÁRIO DE DÚVIDAS, DIFICULDADES E CURIOSIDADES DA LÍNGUA PORTUGUESA

endemia ≠ epidemia

Convém não confundir. **Endemia** é doença que, freqüente em determinada região, ataca os indivíduos; comumente, tem causa local. **Epidemia** é doença acidental e passageira, que, em certo lugar, acomete concomitantemente grande número de pessoas. Em suma: a *epidemia* é a *endemia* que se tornou mais grave. A *epidemia* levada às últimas conseqüências, a proporções generalizadas, recebe o nome de *pandemia*.

endereçado

Rege *a*: *Pergunta endereçada ao presidente. Carta endereçada a um amigo.* A regência "endereçado para" deve ser desprezada.

endeusar

Sempre com **eu** fechado: *endeuso, endeusas, endeusa, endeusamos, endeusais, endeusam* (pres. do ind.); *endeuse, endeuses, endeuse, endeusemos, endeuseis, endeusem* (pres. do subj.).

endoidar

Sempre com **oi** fechado: *endoido, endoidas, endoida, endoidamos, endoidais, endoidam* (pres. do ind.); *endoide, endoides, endoide, endoidemos, endoideis, endoidem* (pres. do subj.). No Nordeste, costuma-se pronunciar *"endóido", "endóide"*, etc. É um regionalismo de pronúncia. Lembre-se também que nessa região também se diz *còração, fèlicidade*, etc.

endosso

Tanto o singular quanto o plural têm **o** tônico fechado.

endurecer

É verbo intransitivo ou pronominal (tornar-se duro ou rijo; enrijecer): *O pão endureceu (ou se endureceu) rápido. Com o tempo, a massa endureceu (ou se endureceu).*

é necessário

Esta expressão fica sempre invariável, quando há idéia de indeterminação: *É necessário atenção redobrada, ao dirigir veículos à noite. É necessário muita paciência para lidar com crianças. É necessário muitos exercícios para aprender isso. É necessário compreensão, quando se trata de crianças.* Claro está que o verbo pode sofrer variações: *Será necessário atenção redobrada nesta estrada. Seria necessário muitos exercícios para aprender isso.* Se houver artigo, o adjetivo varia: *Para inscrição ao vestibular, é necessária a documentação pedida. Para se formar, são necessários os créditos mínimos exigidos pela faculdade. Para que a cirurgia tenha pleno êxito, é necessária a mão de um experiente cirurgião, nesse caso.* Como se viu pelo segundo e terceiro exemplos, pronomes indefinidos não interferem na flexão da expressão, que continuará invariável. V. **é bom** e **é preciso**.

e nem

Só se admite esta combinação, quando equivaler a *e nem sequer*. *Susana chegou e nem me veio ver.* = *Susana chegou e nem sequer me veio ver. Não gosto dele e nem mesmo amizade lhe dispenso.* = *Não gosto dele e nem sequer mesmo amizade lhe dispenso.* Do contrário, usa-se apenas *nem*: *Ifigênia não come nem bebe. As crianças não almoçaram nem jantaram. Ele não estuda nem trabalha.*

enfarte / enfarto / infarto

As três formas são corretas, com leve preferência pela última, que nos chegou através do latim *infarctus* = cheio.

ênfase

É palavra feminina: *a ênfase, muita ênfase.*

enfeitado

Rege *com* ou *de*: *Sala enfeitada com (ou de) flores.*

enfeixar

Sempre com **ei** fechado e bem-pronunciado: *enfeixo, enfeixas, enfeixa, enfeixamos, enfeixais, enfeixam* (pres. do ind.); *enfeixe, enfeixes, enfeixe, enfeixemos, enfeixeis, enfeixem* (pres. do subj.). Há os que dizem "enféxo", "enféxa", "enféxe", etc.

enferrujar

É verbo intransitivo ou pronominal (criar ferrugem, oxidar-se): *Os carros nacionais facilmente enferrujavam (ou se enferrujavam). À beira-mar, todo metal logo enferruja (ou se enferruja).*

enfiar

É verbo intransitivo ou pronominal (embrenhar-se) e rege *em* ou *por*: *Os ladrões enfiaram (ou se enfiaram) no mato (ou pelo mato). Os bandeirantes enfiavam (ou se enfiavam) no (ou pelo) sertão, à busca de ouro e pedras preciosas. As crianças enfiaram (ou se enfiaram) no (ou pelo) meio da multidão e desapareceram.*

enfileirar

Sempre com **ei** fechado: *enfileiro, enfileiras, enfileira, enfileiramos, enfileirais, enfileiram* (pres. do ind.); *enfileire, enfileires, enfileire, enfileiremos, enfileireis, enfileirem* (pres. do subj.). Há, no entanto, quem "enfiléra", quem "enfilére".

enfoque

Rege *de* ou *sobre*: *O enfoque dessa (ou sobre essa) questão tem de ser diferente.*

enfraquecer

É verbo intransitivo ou pronominal (tornar-se fraco, frágil): *O organismo enfraquece (ou se enfraquece) com as extravagâncias. Quando o corpo enfraquece (ou se enfraquece), vêm as doenças.*

enfrentar com / fazer frente a

São expressões equivalentes: *Naquela fase da guerra, ninguém desejava enfrentar com os (ou fazer frente aos) alemães. Os jogadores brasileiros se preparam para enfrentar com os (ou fazer frente aos) argentinos.*

enfrentar "de frente"
Visível redundância, pouco pior que *encarar "de frente"*.

enfurecido
Rege *com* ou *contra*: *O leão estava enfurecido* **com** *(ou* **contra***) seu treinador. O contribuinte está enfurecido* **com** *(ou* **contra***) o excesso de impostos.*

engajado / engajamento / engajar-se
Regem *em*, a exemplo de seu sinônimo, *alistado, alistamento* e *alistar-se*: *É um jovem engajado* **n***o Exército. Estou engajado* **n***o movimento democrático. Há uma corrente dentro do governo não engajada* **n***a candidatura oficial. O engajamento dele* **n***o Exército foi ano passado. Engajei-me* **n***o movimento democrático.*

engambelar / engabelar
São boas ambas as formas. Por isso, há por aí muita gente que tenta *engambelar* (ou *engabelar*) os ingênuos. Principalmente antes das eleições...

enganar
É verbo transitivo direto: *Você engana o fisco? Cuidado, que querem enganá-lo!* No Nordeste, todavia, muitos o usam como transitivo indireto, principalmente quando acompanhado de pronome oblíquo: *Eu quis "lhe" enganar, mas não consegui. Seu amigo "lhe" enganou, rapaz!* Quem, na verdade, sai enganado dessa?

engodo
Tanto o singular quanto o plural têm **o** tônico fechado.

engolir
Conj.: *engulo, engoles, engole, engulimos, engulis, engolem* (pres. do ind.): *engula, engulas, engula, engulamos, engulais, engulam* (pres. do subj.). Não existe nenhuma razão imperiosa para a existência das formas *engulimos* e *engulis*, que, não fosse por serem oficiais, deveriam dar lugar a *engolimos* e *engolis*.

engolir "pela boca"
Visível redundância. Recentemente, um mágico, ao se apresentar num programa pela televisão, gabava-se de engolir fogo "pela boca".

engrossar
É verbo intransitivo ou pronominal: *É molho que não* **engrossa** *(ou* **se engrossa***). O cordão dos insatisfeitos cada dia mais vai* **engrossando** *(ou* **se engrossando***). A voz masculina só* **engrossa** *(ou* **se engrossa***) na adolescência. Um tronco de jabuticabeira leva anos para* **engrossar** *(ou* **se engrossar***).*

enjaular
Não tem formas com o acento no **u**: *enjaulo, enjaulas, enjaula, enjaulamos, enjaulais, enjaulam* (pres. do ind.); *enjaule, enjaules, enjaule, enjaulemos, enjauleis, enjaulem* (pres. do subj.).

enjeitar ≠ rejeitar
Convém não confundir. **Enjeitar** é recusar com desprezo; **rejeitar** é repelir o que é dado ou oferecido, é não aceitar, é recusar. Existem animais que *enjeitam* seus filhotes; existem pessoas que *rejeitam* ajuda quando mais precisam. *Enjeitar* implica desprezo por algo que já tínhamos ou estava à nossa disposição. Há presos que *enjeitam* a comida que lhes é servida. Há mendigos que *rejeitam* moedas de baixo valor.

enjoado
Rege *com* ou *de*: *Estava enjoado* **com** *(ou* **de***) tudo.*

enjoar
Conj.: *enjôo, enjoas, enjoa, enjoamos, enjoais, enjoam* (pres. do ind.); *enjoe, enjoes, enjoe, enjoemos, enjoeis, enjoem* (pres. do subj.) Há quem use "enjuo", "enjue", etc. Em frases assim, por exemplo: *É só ver dobradinha ou sarapatel, que eu "enjuo"*. Enjôo.

enjôo
Rege *de* ou *por*: *Sempre tive enjôo* **d***esse* (ou **por** *esse*) *tipo de comida. Há pessoas que têm enjôo* **de** (ou **por**) *mar.*

enlambuzar / lambuzar
São corretas ambas as formas: *A criança* **enlambuzou** *(ou* **lambuzou***) as mãos, ao comer o doce.* São também pronominais: *A criança chupava pirulito,* **enlambuzando***-se (ou* **lambuzando***-se) toda. Nunca* **me lambuzei** *(ou* **me enlambuzei***) para comer doces.*

enojado
Rege *de*: *Estava enojado* **d***a política.*

enquadrado
Rege *a* ou *com* (condizente): *Meu plano estava enquadrado* **a***o* (ou **com** *o*) *dele.*

enquadramento
Rege *de...dentro de* (ou *em*): *O enquadramento da Economia dentro* **d***as* (ou **n***as*) *ciências exatas não era preciso.*

enquadrar-se
Rege *em* (ajustar-se, adaptar-se): *Ele não se enquadra* **n***essa definição. Eu não me enquadrei* **n***o cargo.*

enquanto / enquanto que
Usa-se uma pela outra, por *ao passo que*, ou seja, em relação a fatos que se opõem: **Enquanto** (ou **Enquanto que**) *o pai trabalha como um burro, ele vive na rua gastando.* **Enquanto** (ou **Enquanto que**) *os norte-americanos se preocupam muito com a ingestão de alimentos saudáveis, os italianos são os que menos importância dão à dieta alimentar.*

enquanto ≠ em quanto?
Convém não confundir. **Enquanto** é conjunção e equivale a *quando*: **Enquanto** *há vida, há esperança.* **Em quanto** é uma expressão formada por preposição e pronome; varia normalmente: **Em quanto** *ficará a casa?* **Em quantos** *dias terminaremos isto:* **Em quanta** *falcatrua você se meteu?* **Em quantas** *corrupções eles se envolveram?*

"enquanto" a mim
Não. ***Quanto a*** mim, estou tranqüilo. ***Quanto a****o talento do compositor, não se discute.* Camilo Castelo Branco, todavia, usou *enquanto* no lugar de *quanto*.

enquanto político
Enquanto *político, ele é pouco ou nada confiável.* ***Enquanto*** *cristão, não posso aceitar o aborto.* Frases corretas, já que *enquanto* aí equivale a *como, na qualidade de*.

enquete
Rege *com* (ou *entre*)...*sobre: Fazer uma enquete* ***com*** (ou ***entre***) *populares sobre a política econômica.*

enquete ≠ pesquisa
Convém não confundir. **Enquete** é um conjunto de opiniões ou testemunhos breves acerca de uma pessoa ou coisa, geralmente reunido por veículo de comunicação de massa (jornal, revista, TV, etc.). **Pesquisa** é um estudo sistemático e investigação científica minuciosa acerca de um assunto ou campo de conhecimento, para descobrir ou estabelecer fatos, corrigir teorias, princípios, etc. A *pesquisa* sempre tem cunho científico, no que difere substancialmente da *enquete*. O que as emissoras de televisão fazem, pedindo aos telespectadores que respondam sim ou não a uma pergunta, é, portanto, simples *enquete*.

enraivecer
É verbo intransitivo ou pronominal, indiferentemente: *Ao saber da verdade, o homem* ***enraiveceu*** (ou ***se enraiveceu***).

enraizar
Conj.: *enraízo, enraízas, enraíza, enraizamos, enraizais, enraízam* (pres. do ind.); *enraíze, enraízes, enraíze, enraizemos, enraizeis, enraízem* (pres. do subj.).

enriquecer
É verbo intransitivo ou pronominal, indiferentemente: *Enquanto uns* ***enriquecem*** (ou ***se enriquecem***) *na vida pública, o trabalhador paga cada vez mais impostos escorchantes.* ***Enriquecemos*** (ou ***Enriquecemo-nos***) *trabalhando no comércio. Eu* ***enriqueci*** (ou ***me enriqueci***) *vendendo gravatas na rua.*

enriquecido
Rege *com, de, em* ou *por: Leite enriquecido* ***com*** (ou ***de***, ou ***em***, ou ***por***) *vitamina A.*

enrolado / enroscado
Regem *em: Os árabes costumam enrolar turbantes* ***na*** *cabeça. As lavadeiras usam um pano enroscado* ***na*** *cabeça, para conduzir trouxas de roupa.*

enrubescer
É verbo intransitivo ou pronominal, indiferentemente: *Mentiu descaradamente e nem* ***enrubesceu*** (ou ***se enrubesceu***). *Os envergonhados* ***enrubescem*** (ou ***se enrubescem***) *à toa.*

enrugar
É verbo pronominal: *As mãos* ***se enrugam*** *mais depressa que o rosto. Peles secas* ***se enrugam*** *mais facilmente que peles oleosas. Seu rosto* ***se enrugou*** *rápido!*

ensaio
Rege *acerca de* ou *a propósito de* ou *a respeito de* ou *de* ou *sobre: Escrever um ensaio* ***acerca d****a* (ou ***a propósito d****a*, ou ***a respeito d****a*, ou ***d****a*, ou ***sobre*** *a*) *atual música popular brasileira.*

ensebar
Sempre com **e** fechado: *ensebo, ensebas, enseba, ensebamos, ensebais, ensebam* (pres. do ind.); *ensebe, ensebes, ensebe, ensebemos, ensebeis, ensebem* (pres. do subj.).

ensejo
Rege *de* ou *para: Ela não perdeu o ensejo* ***de*** (ou ***para***) *pedir um autógrafo ao ator, no aeroporto.*

ensinar
Este verbo é transitivo direto ou transitivo indireto (instruir, educar): ***Ensinei*** (ou ***Ensinei a***) *crianças e velhos. Ele só* ***ensina*** (ou ***ensina a***) *mulheres.* Antecedido de infinitivo, constrói-se indiferentemente com objeto direto ou com objeto indireto: ***Ensinei-o*** (ou ***Ensinei-lhe***) *a tocar piano.* ***Ensinaram-no*** (ou ***Ensinaram-lhe***) *a obedecer ao regulamento.* Se, porém, o infinitivo é reflexivo ou intransitivo, melhor será empregá-lo com objeto direto: ***Ensinei-os*** *a se amarem uns aos outros.* ***Ensinei-o*** *a ler e a escrever.* Cuidado para não omitir a preposição *a*! Este verbo não exige a variação do infinitivo: *A professora ensina os alunos a* ***fazer*** *origâmis. O pai ensinou os filhos a* ***rezar***. *Já ensinei os rapazes a* ***mexer*** *no computador.*

ensopado
Rege *de* ou *em: Lenço ensopado* ***de*** (ou ***em***) *sangue.*

entender ≠ compreender
Convém não confundir. **Entender** é perceber intelectualmente não só pela palavra, mas também por gesto, senha, código, etc. Todos *entendemos* uma pergunta, uma opinião contrária à nossa, um sinal de trânsito, um olhar insinuante, uma piscada sensual e convidativa, um gesto impensado de alguém e até um texto nas suas entrelinhas. **Compreender** é perceber intelectualmente apenas pela palavra, é captar o verdadeiro significado das palavras. Todos *compreendemos* ou devemos *compreender* uma lição, um conselho, um poema.

entender "de"
Não é da norma culta, mas a língua contemporânea vai conhecendo cada vez mais a construção deste verbo com a preposição *de: Entendi "de" sair exatamente na hora do jogo. Ele entendeu "de" beijar a namorada bem na frente dos pais dela.* Retirada a preposição, a construção fica perfeita, mas não popular. O mesmo fenômeno lingüístico ocorre com *acontecer, ameaçar, dar, evitar, inventar* e *resolver*.

enterramento ≠ enterro
Convém não confundir. **Enterramento** é a ação ou o efeito de enterrar: *Não havia coveiro para fazer o **enterramento** do morto. Como o cemitério estava fechado, não foi possível fazer nenhum **enterramento** naquele dia.* **Enterro** é a ação de levar, com cortejo, um morto para o cemitério: *Não havia pessoas para fazer o **enterro** do mendigo. Você vai a **enterros**?*

enterro ≠ exéquias ≠ funeral
Convém não confundir. **Enterro**, como vimos acima, é a ação de levar, com cortejo, um morto para o cemitério. **Exéquias** são cerimônias fúnebres pomposas que se celebram na igreja, em honra de morto ilustre. **Funeral** é cerimônia fúnebre com que se faz um enterro. É mais usada no plural. Não há *funerais* se não houver cerimônias religiosas.

entesourar
Sempre com **ou** fechado e bem-pronunciado: *entesouro, entesouras, entesoura, entesouramos, entesourais, entesouram* (pres. do ind.); *entesoure, entesoures, entesoure, entesouremos, entesoureis, entesourem* (pres. do subj.).

entoação / entonação
Ambas as formas existem, na acepção de inflexão da voz de quem fala, lê ou declama.

entorse
É palavra feminina: *a entorse, **uma** entorse.*

entrada
V. **proibido**.

entrância ≠ instância
Convém não confundir. **Entrância** é categoria das circunscrições jurisdicionais, estabelecida segundo a organização judiciária de cada Estado ou do Distrito Federal. **Instância** é juízo, jurisdição, foro: *primeira **instância**, segunda **instância***. A expressão *em última instância* significa em último caso, por último recurso.

entrar "de" sócio
Esta construção, típica da língua italiana, teve boa acolhida no português do Brasil. Em português castiço se usa *como* no lugar do *de*: *Entrei **como** sócio do Palmeiras, só para votar contra aquele presidente incompetente.*

entra-e-sai
Movimento incessante de pessoas que entram e saem, vão e vêm; vaivém: *O **entra-e-sai** dos restaurantes. Com o início do campeonato brasileiro de futebol, começam os **entra-e-sai** dos técnicos.* Repare: é invariável no plural.

entrar "para dentro"
Visível redundância. Não se condena, todavia, a construção *entrar porta adentro*.

entreabrir
É verbo intransitivo ou pronominal (abrir um pouco): *Aquela doce boca, então, **entreabriu** (ou **se entreabriu**) num sorriso animador. O vento fez **entreabrir** (ou **entreabrir-se**) a porta.*

entre...e
A preposição que se correlaciona com a preposição **entre** é **e**: *Foram vacinadas todas as crianças **entre** 1 **e** 3 anos de idade. Foram dolorosos os dias que mediaram **entre** 20 **e** 30 de abril.* V. **de...a**.

entreeixos
Apesar de ser assim, há quem escreva "entre-eixos": o prefixo *entre-* só exige hífen antes de *h* (*entre-hostil*).

entre eles
V. **entre si**.

entre "eu"
V. **entre mim**.

entrega
Rege *de...a* (cessão; dedicação integral; rendição, submissão; proteção): *A entrega **da** quantia **a**o correntista foi feita pessoalmente. A entrega **da** mulher **a**o marido é virtude ou defeito? A entrega **de** uma pessoa **a**o vício é muito triste. Quando entro num avião, faço sempre a entrega **da** alma **a** Deus.*

entregar
Tem dois particípios: *entregado* (que se usa com *ter* e *haver*) e *entregue* (que se usa com *ser* e *estar*). Portanto: *Acusaram o goleiro de ter **entregado** o jogo.* (E não: *Acusaram o goleiro de ter "entregue" o jogo.*) *Eu já havia **entregado** a declaração do imposto de renda.* (E não: *Eu já havia "entregue" a declaração do imposto de renda.*) *O carteiro tem **entregado** regularmente a correspondência.* (E não: *O carteiro tem "entregue" regularmente a correspondência.*) *A quem você havia **entregado** o dinheiro?* (E não: *A quem você havia "entregue" o dinheiro?*) *As cartas ainda não haviam sido **entregues**. Muitos presentes foram **entregues** aos noivos.*

entre mim
É assim que se usa, e não *entre "eu"*, em frases como estas: ***Entre mim** e você sempre haverá muita amizade. **Entre mim** e ela nunca houve sequer uma discussão.*

entre si
Usa-se *entre si*, e não "entre eles", quando há idéia de reciprocidade, ou seja, quando o sujeito for da terceira pessoa do plural: *Os árabes brigam **entre si** mesmos. Os operários fizeram um jogo **entre si** mesmos. As mulheres trocam acusações **entre si** mesmas.* Não havendo reciprocidade, ou seja, não estando o sujeito na terceira pessoa do plural, usar-se-á, então, *entre eles*: *Não haverá mais briga **entre eles**. Nunca vi discussão **entre eles**.*

entretenimento / entretimento
Ambas as formas existem.

entreter
Conj.: segue o verbo *ter*. Assim, não existem as formas "entreti", "entreteu", "entretia", "entretiam", "entreteram", comuns na língua popular, mas apenas, respectivamente, *entretive, entreteve, entretinha, entretinham, entretiveram*.

entristecer
É verbo intransitivo ou pronominal: *Os corintianos **entristeceram** (ou **se entristeceram**) com a goleada sofrida pelo seu time do coração. O jardineiro, a cada rosa colhida, **entristecia** (ou **se entristecia**)*.

entufado / entufar
A língua popular usa essas palavras por *estufado* e *estufar*. Assim, o povo gosta muito de peito *estufado* e de barriga *estufada*, mas na verdade o peito cheio é *entufado* e a barriga inflada, *entufada*. Por isso, convém entufar o peito e dizer alto e bom som: *Eu **entufo** o peito, mas não **entufo** a barriga*.

entulhado
Rege *com* ou *de*: *Estante entulhada **com** (ou **de**) livros e discos velhos*.

entupir
É verbo pronominal (encher-se, ficar lotado) e intransitivo ou pronominal (fechar-se, tapar-se, entulhar-se): *O estádio **se entupiu** de torcedores de todos os times. O cano da pia **entupiu** (ou **se entupiu**) novamente*.

entusiasmado / entusiasmo
Regem *com* ou *por*. *Ficou entusiasmado **com** o (ou **pel**o) prêmio recebido. Era justificado seu entusiasmo **com** o (ou **pel**o) prêmio recebido*.

entusiasta
Rege *de* ou *por*: *Ele é um grande entusiasta **d**os (ou **pel**os) carros japoneses*.

envelope ou sobrescrito: preenchimento
Um envelope ou sobrescrito deve ser preenchido, de preferência, desta forma:

Luís de Morais,
Rua da Paz, 300, ap. 1900,
Caixa Postal 55,
60165-170, Fortaleza, CE.

Não há necessidade absoluta de empregar, antes do nome do destinatário, as fórmulas *Il.ᵐᵒ Sr.* (= Ilustríssimo Senhor, que corresponde ao tratamento Vossa Senhoria) e *Ex.ᵐᵒ Sr.* (= Excelentíssimo Senhor, que corresponde ao tratamento Vossa Excelência). Quem, no entanto, vê conveniência no seu emprego, pode usá-las. Fundamental é notar o uso da vírgula separando os diversos itens do endereçamento, que se encerra, obrigatoriamente, com ponto final. Poucos observam tal prática. Só o item *caixa postal* prescinde da vírgula antes do número. Não use traço nem hífen entre os itens do endereçamento, nem sublinhe o nome da cidade. No cabeçalho da carta propriamente dita, o nome da cidade e a data devem finalizar por ponto. Assim, por exemplo:

São Paulo, 20 de setembro de 2003.
Salvador, 1.º de dezembro de 2003.

Agindo assim, evita-se de o destinatário ter, logo de cara, má impressão do remetente. Note, ainda, que no cabeçalho o nome do mês não é escrito com inicial maiúscula. Não use, no envelope *"Att."* (= Em atenção), em vez de *A/C* (= Aos cuidados).

envenenado
Rege *por*: *Comprou um carro envenenado **por** kits importados. Você quer toda a população de São Paulo envenenada **por** monóxido de carbono?* A regência "envenenado com" deve ser desprezada.

envergar
É verbo intransitivo ou pronominal, indiferentemente (vergar-se, curvar-se): *A prateleira **envergou** (ou **se envergou**) ao peso dos livros. Quando bati, o prego **envergou** (ou **se envergou**)*.

envergonhado
Rege *com*, *de* ou *por* (nome), mas apenas *de* ou *por* (verbo): *Ficou envergonhado **com** o (ou **d**o, ou **pel**o) que fez. Ficou envergonhado **de** (ou **por**) fazer aquilo*.

envermelhar
É verbo intransitivo ou pronominal, indiferentemente: *Suas costas **envermelharam** (ou **se envermelharam**) instantaneamente, à primeira chicotada recebida*.

enverrugar
É verbo intransitivo ou pronominal, indiferentemente (encher-se de rugas, enrugar-se): *As mãos sempre **enverrugam** (ou **se enverrugam**) mais cedo*.

enviar
Este verbo, assim como nenhum outro, não perde o *s* final, na 1.ª pessoa do plural do presente do indicativo, quando se lhe acrescenta *lhe* ou *lhes*. Ex.: ***Enviamos-lhe** toda a documentação pedida. **Enviamos-lhes** as mercadorias no prazo solicitado*. V. **comunicar** e **informar**.

envio
Rege *de...a*: *O envio **d**a mercadoria **a**o comprador foi feito ontem*.

enviuvar
É verbo intransitivo: *Ela **enviuvou** aos 18 anos. Eu **enviuvei** há três anos. Ele e eu **enviuvamos** no mesmo ano*.

enxaguar
Conj.: *enxáguo, enxáguas, enxágua, enxaguamos, enxaguais, enxáguam* (pres. do ind.); *enxágüe, enxágües, enxágüe, enxagüemos, enxagüeis, enxágüem* (pres. do subj.).

enxame ≠ vespeiro
Convém não confundir. **Enxame** é coletivo de abelhas; é o mesmo que *colmeia*. **Vespeiro** é coletivo de vespas. Há dicionários que dão estes termos como sinônimos. Ora, mas as abelhas não entram em *vespeiro*, nem muito menos as vespas vão a *enxames*.

enxaqueca
Pronuncia-se com o **e** fechado: *enxaquêca*.

enxerga
Colchão grosseiro de palha. Pronuncia-se *enxêrga*.

enxofre
Adj. corresp.: *sulfúreo, sulfúrico* ou *sulfuroso*. Portanto, *substância de enxofre = substância sulfúrea; ácido de enxofre = ácido sulfúrico; água que contém enxofre = água sulfurosa*.

enxovia
Cárcere subterrâneo. Note: acento em *-vi-*.

enxugar
Rege *a* ou *em*: *Enxugue as mãos à* (ou *na*) *toalha, e não ao* (ou *no*) *guardanapo! Ele tem o vezo de enxugar a boca à* (ou *na*) *toalha da mesa*. É verbo intransitivo ou pronominal, indiferentemente: *As roupas já enxugaram* (ou *se enxugaram*). *Ao sol, as roupas logo enxugam* (ou *se enxugam*). *Lavou o cabelo e saiu ao vento, para que enxugasse* (ou *se enxugasse*) *rapidamente*.

enxugar ≠ secar
Convém não confundir. **Enxugar** é tirar a umidade externa e acidental a alguma coisa: *enxugar os pratos, os olhos, o rosto, as mãos, as roupas ao sol*. **Secar** é tornar seco: *As longas estiagens secam os açudes*.

enzima
É palavra feminina: *a enzima, uma enzima*. Além dos que dizem "o" enzima, há os que usam "o ênzimo"!

Epicteto
Filósofo frígio (50?-135?) cujos ensinamentos exerceram grande influência no imperador e também filósofo Marco Aurélio. Pronuncia-se *epiktéto*. Há, contudo, quem diga "epíteto", que é outra coisa!

epidemia
Só se aplica a pessoas: *epidemia de dengue*. Em sentido figurado: *Bulimia e anorexia viraram epidemia entre as jovens adolescentes, candidatas a modelo. Está havendo uma epidemia de erotismo nas telenovelas brasileiras*. V. **epizootia**.

Epifania
Dia de Reis. Note: acento em *-ni-*.

epígrafe ≠ inscrição
Convém não confundir. **Epígrafe** é a palavra, expressão ou frase usada como título no princípio de livro ou no início de um capítulo, para indicar a finalidade ou a inspiração da obra, o tema do assunto, ou declarar os sentimentos do autor. **Inscrição** são palavras escritas ou gravadas em madeira, pedra, metal, etc., para perpetuar a memória de alguém ou de algum fato. A *epígrafe* só se vê na parte superior da coisa; a *inscrição* se vê em qualquer lugar.

Epiro
Antigo país da Grécia ocidental, no mar Jônio. Quem nascia no Epiro se dizia *epirota*. Note: a palavra é paroxítona; mas há os que dizem "épiro".

epistaxe
Sangramento nasal. Pronuncia-se *epistákse*.

epítome
É palavra masculina: *o epítome,* **um** *epítome*.

epizootia
Aplica-se a animais: *epizootia de aftosa*. V. **epidemia**.

época ≠ era
Convém não confundir. **Época** é a série de anos que compreende fatos e homens notáveis: *a época dos Descobrimentos, a época dos grandes filósofos gregos*. **Era** é a série de anos ou o período de tempo cujo início se dá com um fato extraordinário, marcante, visto como base de um sistema cronológico. A história da Terra é dividida em cinco grandes *eras* geológicas, que são períodos de milhões de anos. A *era* espacial teve início na segunda metade do século XX. O nascimento de Jesus deu início à *era* cristã; o aparecimento dos mamíferos na face da Terra fez surgir a *era* cenozóica.

é preciso
Esta expressão fica sempre invariável, quando a idéia é de indeterminação: *É **preciso** atenção redobrada, ao dirigir veículos à noite. É **preciso** muita paciência para lidar com crianças. É **preciso** muitos exercícios para aprender isso*. Claro está que o verbo pode sofrer variações: *Será preciso atenção redobrada nesta estrada. Seria preciso muitos exercícios para aprender isso*. Por que a não-variação? Porque está subentendido um verbo, depois do adjetivo: *É preciso **ter** atenção redobrada, É preciso **ter** muita paciência, É preciso **fazer** muitos exercícios*. Se houver artigo, o adjetivo varia: *Para inscrição ao vestibular, é **precisa a** documentação pedida. Para se formar, **são precisos os** créditos mínimos exigidos pela faculdade. Para que a cirurgia tenha pleno êxito, é **precisa a** mão de um experiente cirurgião, nesse caso*. Como se viu pelo segundo e terceiro exemplos, pronomes indefinidos não interferem na flexão da expressão, que continuará invariável. V. **é bom** e **é necessário**.

é proibido

O adjetivo desta expressão não varia, quando o substantivo que se lhe segue vem desacompanhado de artigo ou de outro determinante: *É **proibido** entrada. É **proibido** saída sem se identificar. É **proibido** permanência de veículos neste local.* Se, porém, houver a determinação do substantivo, o adjetivo variará: *É **proibida a** entrada. É **proibida a** saída sem se identificar. É **proibida a** permanência de veículos neste local.*

equânime / equanimidade

Regem *com* ou *para com* (pessoa) e *em* (coisa): *É um juiz que procura ser o mais equânime possível **com** (ou **para com**) os réus. É um professor equânime **n**a atribuição de notas. Ele se caracteriza pela equanimidade **com** (ou **para com**) todos. Todos elogiavam a equanimidade do professor **n**a atribuição das notas.*

é que

Como locução de realce ou expletiva, não varia: *As rosas **é que** são belas, os espinhos **é que** picam, mas as rosas **é que** caem, os espinhos **é que** ficam.*

equidade / eqüidade

Ambas as pronúncias são corretas.

eqüidistante, eqüidistância

Sempre com o **u** sonoro. Portanto, não se diz "ekidistante", "ekidistância".

equilátero / eqüilátero

Ambas as pronúncias existem, mas a primeira é essencialmente lusitana.

equilíbrio

O **u** não soa, mas há os que dizem "ekuilíbrio".

equinócio

Pronuncia-se *ekinócio*, mas há os que dizem *"ecuinócio"*!

equipado

Rege *com* ou *de*: *Automóvel equipado **com** (ou **de**) toca-CDs.*

equiparação / equiparado

Regem *de...a* (ou *com*)...*em*: *A equiparação dos carros japoneses **a**os (ou **com** os) russos **em** qualidade, acabamento e design ainda é quase impossível. Os carros russos não são equiparados **a**os (ou **com** os) japoneses **em** qualidade, acabamento e design.*

equiparar

Rege *a* ou *com*: *Ela queria equiparar Teresina **a** (ou **com**) Porto Alegre! Mas como, se a capital piauiense é um forno, e a capital gaúcha é um frízer?!*

equitação

O **u** não soa, mas há os que dizem "ekuitação".

equitativo / eqüitativo

Ambas as pronúncias existem, mas a primeira é essencialmente lusitana.

equivalente / eqüivalente

Ambas as pronúncias existem, mas a primeira é a mais usual. Diz-se o mesmo de *equivalência* e *eqüivalência* e de *equivaler* e *eqüivaler*. Rege *a* (ou *de*)...*em*: *Produtos equivalentes **a**os (ou **d**os) nacionais **em** qualidade.*

equívoco

O **u** não soa, assim como em *equivocar*.

erário "público"

Redundância. *Erário* já significa tesouro público, fazenda pública.

era uma vez

É assim que todos ouvimos, em criança, o início dos maravilhosos contos da carochinha: *Era uma vez duas princesinhas muito infelizes.* Entremos, agora, na realidade: note que o verbo não variou, concordando com *duas princesinhas*. Por quê? Porque se trata de uma expressão tradicional, imutável, invariável (graças a Deus).

erguido

Rege *a* ou *para* (advérbio) e *a* (predicativo): *Mandaram-no ficar com os braços erguidos **a**o (ou **para** o) alto. O sindicalista foi erguido **a** presidente.*

Erié

É este o nome do lago existente nos Estados Unidos, mas muitos livros de Geografia insistem em trazer "Eriê". Trata-se de homenagem a um povo nativo, os eriés. Dos cinco Grandes Lagos, é o mais raso e o quarto em tamanho.

ermitão

Tem três plurais: *ermitãos, ermitães, ermitões*.

erro

Rege *contra* ou *de* e *de* ou *em*: *Cometeu vários erros **contra** a* (ou ***de***) *ortografia. Foi erro **de*** (ou ***no***) *cálculo.*

erva

Sem **h**, mas as formas eruditas se grafam sempre com **h**: *herbáceo, herbário, herbívoro, herbóreo*, etc.

esbaforido ≠ espavorido

Convém não confundir. **Esbaforido** é ofegante ou, então, apressado: *O carteiro chegou **esbaforido**, fugindo a um cão bravo. O professor, **esbaforido**, distribuía as folhas das provas.* **Espavorido** é apavorado, assustado: *Os gatos fogem **espavoridos** à presença de um cão.*

esbarrar

Rege *com* (topar algum obstáculo material) e *em* [deter-se (diante de dificuldades)]: *Esbarrei **com** o vidro da porta de entrada e machuquei a cabeça. Esbarrei **com** Jeni no calçadão da* *praia. O aeroplano esbarrou **com** o morro e caiu. Esbarrei **em** tantos problemas, que acabei desistindo do projeto. Esbarraram **n**uma dificuldade enorme, ao fazerem a mudança. O aluno esbarrou **n**a conjugação do verbo polir.*

esboço
Tanto o singular quanto o plural têm **o** tônico fechado.

esbravejar
Sempre com **e** fechado: *esbravejo, esbravejas, esbraveja, esbravejamos, esbravejais, esbravejam* (pres. do ind.); *esbraveje, esbravejes, esbraveje, esbravejemos, esbravejeis, esbravejem* (pres. do subj.).

escala
Rege *em* ou *por*: *O avião fez escala **em** (ou **por**) Salvador. Até Cuba o navio fará escala **em** (ou **por**) quantos portos?*

escalação
Rege *de...para*: *A escalação **d**os titulares **para** o jogo decisivo será fornecida pelo treinador minutos antes do início da partida.*

escalado
Rege *em* ou *para*: *O jogador foi escalado **n**a (ou **para a**) zaga, embora seja centroavante.*

escaldado
Rege *com* ou *de*: *Era uma pessoa escaldada **com** as (ou **d**as) desilusões e sofrimentos da vida.*

escancarado
Rege *a* ou *para*: *Algumas alunas fazem mesmo questão de provocar, ficando com as pernas escancaradas **a**o (ou **para** o) professor.*

escâncaras, às
Note: é proparoxítona. Existem, todavia, os que dizem "às escancaras".

escandalizado
Rege *com* ou *de*: *Estava escandalizado **com** o (ou **d**o) que vira.*

escandescer
É esta a grafia correta. Há, porém, dicionário que traz "escandecer".

escapado
Rege *a* ou *de*: *As crianças escapadas **a**o (ou **d**o) incêndio estavam sendo levadas a uma creche.*

escapar a ≠ escapar de
Convém não confundir. **Escapa a** um perigo a pessoa que se antecipa a ele e evita-o. **Escapa de** um perigo aquele que sai a salvo de um perigo em que já estava metido. Muita diferença há entre aquele que *escapa à* cadeia e o que *escapa d*a cadeia: o primeiro passou por julgamento e foi inocentado; o segundo foi condenado, já estava preso e conseguiu fugir da prisão. Quem estava em dificuldades nas águas de um rio, mas conseguiu chegar à margem, *escapou a*o afogamento; aquele que, perdendo a consciência nas águas, foi salvo, afinal, *escapou d*o afogamento. Um motorista, vítima de pavoroso acidente, pode *escapar d*a morte; o que é prudente, precavido, cauteloso, *escapa à* morte. Mas... quem *escapa à*s más-línguas, *à*s injustiças, *à*s falsidades?

escaramuça
Rege *com* ou *contra*: *Provocar uma escaramuça **com** (ou **contra**) um colega.*

escaravelho
Pronuncia-se *escaravêlho*.

escarnecer
É transitivo direto ou transitivo indireto, indiferentemente: *As crianças gostam de **escarnecer** o (ou **d**o) velho. Eles, por inveja, tentavam **escarnecer-me** (ou **escarnecer de mim**).*

escárnio
Rege *a* ou *de*: *Aquele sorriso era um escárnio **a**o (ou **d**o) meu sofrimento.*

escassez / escasso
Regem *de* ou *em*: *A escassez **de** (ou **em**) petróleo obriga o país a importar o produto. É uma região escassa **de** (ou **em**) recursos minerais.*

esclarecer
Quem esclarece, esclarece alguma coisa a alguém ou esclarece alguém *de* (ou *acerca de*, ou *a respeito de*, ou *sobre*) alguma coisa: *Quando o delegado chegou, os investigadores esclareceram-lhe toda a situação. É preciso esclarecer-lhe a verdade. O presidente queria que o ministro o esclarecesse **d**a (ou **acerca d**a, ou **a respeito d**a, ou **sobre** a) real situação da economia. O professor esclareceu os alunos **de** (ou **acerca de**, ou **a respeito de**, ou **sobre**) todas as suas dúvidas.*

esclarecido / esclarecimento
Regem *acerca de* (ou *a propósito de*, ou *a respeito de*, ou *de*, ou *em relação a*, ou *quanto a*, ou *sobre*): *O povo já está esclarecido **acerca de** (ou **a propósito de**, ou **a respeito de**, ou **de**, ou **em relação a**, ou **quanto a**, ou **sobre**) tudo. As autoridades não forneceram nenhum esclarecimento **acerca d**o (ou **a propósito d**o, ou **a respeito d**o, ou **d**o, ou **em relação a**o, ou **quanto a**o, ou **sobre** o) caso.*

Escócia
Este nome faculta o uso do artigo, quando regido de preposição. Assim, podemos empregar, indiferentemente: *Morei **em** Escócia* quanto *Morei **na** Escócia; Estive **em** Escócia* quanto *Estive **na** Escócia; Vou **a** Escócia* quanto *Vou **à** Escócia*, e assim por diante. A primeira construção é própria do português de Portugal; no Brasil, corre apenas a segunda.

escolta
Pronuncia-se *escólta*, com timbre aberto na vogal tônica: *escolta policial, escolta militar*. Há até apresentadores de telejornais que dizem "escôlta", o que, aliás, é perfeitamente normal...

escombros ≠ ruínas
Convém não confundir. **Escombros** são entulhos que formam pequenos montes ou combros, obstruindo a passagem. **Ruínas** são restos de construções que ruíram. Um prédio ou um viaduto que desmorona, causa ruínas, que, depois, podem transformar-se em *escombros*, se deixados amontoados de forma que impeçam a livre passagem.

esconder
Quando usado como transitivo direto e indireto, este verbo pode reger *a* ou *de*, indiferentemente: *Devemos esconder os remédios* **às** *(ou* **das***) crianças e as jóias* **às** *(ou* **das***) visitas. Devemos esconder-lhes os remédios. O gerente fez de tudo para esconder os desfalques* **ao***s (ou* **do***s) diretores do banco. O gerente fez de tudo para esconder-lhes os desfalques.*

escondido
Rege *a* ou *de*: *Dados escondidos* **à** *(ou* **da***) população. Namoro escondido* **a***os (ou* **d***os) pais.* Pode ser advérbio (e não varia), adjetivo ou particípio (e varia). Frases com o advérbio: *Ela viajou para ter o filho* **escondido** *dos pais. Elas saíram de casa* **escondido** *dos pais. Elas viajaram* **escondido** *da mãe. Eles fizeram tudo isso muito bem* **escondido** *do professor. A empregada fazia tudo* **escondido** *do patrão.* Frases com o adjetivo ou com o particípio: *A mãe deixou* **escondidas** *as jóias, mas mesmo assim os ladrões as acharam. As melhores praias desta região ficam* **escondidas***. As crianças foram* **escondidas** *dos verdadeiros pais.*

escorado
Rege *em*: *Encontrei-o bêbado e escorado* **n***um poste. O filho, embora já com trinta anos, vivia escorado* **n***a família.*

escorpiano
É quem nasce sob o signo de Escorpião. Há, todavia, até astrólogas que dizem "escorpiniano".

escorregar
Não é verbo pronominal: **Escorreguei** *na casca da banana. Cuidado para não* **escorregar** *na escada!*

escravista / escravocrata
Pessoa que é simpatizante da escravatura. Usa-se uma pela outra, indiferentemente. Só não vale usar "escravagista".

escravo
Adj. corresp.: *servil*. Portanto, *trabalho de escravo = trabalho servil*.

escrever
Só tem um particípio: *escrito*; "escrevido" caiu em desuso.

escrito
Rege *de* ou *sobre*: *Publicar um escrito* **de** *(ou* **sobre***) parapsicologia.*

escrivão
Fem.: *escrivã*. Pl.: *escrivães*.

esculpido e encarnado
V. **cuspido e escarrado**.

escuma / espuma
São ambas formas corretas, com leve preferência pela primeira, embora seja a segunda a mais vulgar. Também são variantes *escumadeira* e *espumadeira*.

escusa
Rege *a* ou *de*: *A escusa* **a** *(ou* **de***) explicações só o prejudicou. A escusa* **a** *(ou* **de***) dar explicações não o ajudou, só o prejudicou.*

escutar ≠ ouvir
Convém não confundir. **Escutar** é ficar atento para ouvir, é aplicar o ouvido para perceber bem os sons, é esforçar-se para ouvir. **Ouvir** é receber os sons através do ouvido. *Escutar* é uma ação reflexa que vem da curiosidade ou da desconfiança. *Ouvir* é um ato natural de todos os seres vivos que não são surdos. Em *escutar* está sempre presente a idéia de esforço, inexistente em *ouvir*. O pai que pergunta ao filho, ao final de uma repreensão: *"Escutou" bem?*, não está agindo corretamente; o filho deve, sim, *ouvir* muito bem a repreensão, o pito, o sabão. Nas passagens de nível das nossas ferrovias, vê-se uma velha e prudente advertência: PARE, OLHE E **ESCUTE**! Isto é: pare, olhe e preste atenção, esforce-se por *ouvir* algum som de locomotiva se aproximando! Essa mesma advertência seria inócua ou imprópria se estivesse assim: PARE, OLHE E "OUÇA"! Ouvir o quê?

é servido?
É esta a pergunta que se deve fazer quando se está comendo ou bebendo alguma coisa que se oferece a um homem. No dia-a-dia, todavia, se vê outra pergunta: *"Está" servido?* Esta dá a entender que a pessoa já foi servida.

esfíncter / esfincter
Ambas as prosódias existem, mas a primeira é a mais usual. Pl., respectivamente: *esfíncteres* e *esfincteres* (esta com o e tônico aberto).

esfinge
Adj. corresp.: *esfíngico* (pref.) e *esfingético*. Em sentido figurado, toma-se por *misterioso*: *Ela me olhou com olhar* **esfíngico***, enigmático, fatal. Deu-me um sorriso* **esfingético***. Fez-se um silêncio* **esfíngico** *no ambiente. Um pensador* **esfingético***.*

esfirra
É a grafia correta. Muitos, no entanto, comem e escrevem "esfiha" e até "sfiha".

esforçar-se
Rege *a*, *em*, *para* ou *por*: *As mulheres se esforçam **a** (ou **em**, ou **para**, ou **por**) manter segredo sobre esse assunto. Esforcei-me **a** (ou **em**, ou **para**, ou **por**) aprender rapidamente aquilo tudo. Os soldados governistas se esforçaram **a** (ou **em**, ou **para**, ou **por**) defender o regime.* As preposições mais usadas, no português contemporâneo, são *em* ou *para*.

esforço
Rege *a* (ou *em*) *favor de*, ou *em prol de*, ou *por* (nome) ou *contra* (nome) e *de*, *em*, *para* ou *por* (verbo): *É louvável seu esforço **a** (ou **em**) favor **do** (ou **em prol do**, ou **pelo**) bem-estar da sua família. Todo esforço é válido **contra** as injustiças. São louváveis os esforços do governo **de** (ou **em**, ou **para**, ou **por**) acabar com a inflação.* No plural, esta palavra tem **o** tônico aberto.

esfriar
É verbo intransitivo ou pronominal: *Tome a sopa antes que **esfrie** (ou **se esfrie**). O tempo **esfriou** (ou **se esfriou**) de repente. Assim que o Flamengo sofreu o gol, a torcida **esfriou** (ou **se esfriou**) no estádio. Depois daquilo, ela **esfriou** (ou **se esfriou**) com todos.*

esgotar
É verbo pronominal (vender até o último artigo ou exemplar), e não intransitivo, conforme registra o dicionário do "tira-teima": *O estoque de televisores da loja logo **se esgotou**, com a liquidação. Há livros que **se esgotam** em tempo recorde: este, por exemplo...*

esgoto
Tanto o singular quanto o plural têm **o** tônico fechado.

eslaide
É o aportuguesamento do inglês *slide*.

eslôgã
É o aportuguesamento do inglês *slogan*. Alguns dicionários ainda não o trazem. Ora, por que não trazer também *eslôgã*? Por que registrar o aportuguesamento de *slide* e não o de *slogan*?

esmero
Rege *de* ou *em*: *Trabalho feito com esmero **de** (ou **em**) pesquisa.*

esmoler
Que ou quem dá muitas esmolas: *homem esmoler; os esmoleres dos sinais de trânsito*. Como substantivo apenas, também significa tanto a pessoa que distribui esmolas quanto aquela que vive de esmolas. Pronuncia-se *esmolér*.

esnobe
É o aportuguesamento do inglês *snob*. Daí sai o verbo *esnobar*.

esôfago
Adj. corresp.: *esofágico*. Portanto, *espasmos do esôfago* = *espasmos esofágicos*.

Esopo
Célebre fabulista grego do séc. VI a.C. Pronuncia-se *ezôpo*.

esotérico ≠ exotérico
Convém não confundir. **Esotérico** é hermético, obscuro, compreensível apenas por um pequeno número de pessoas, de conhecimentos especiais: *culto esotérico, literatura esotérica*. **Exotérico** é trivial, irrestrito, dirigido a todos. A linguagem dos jornais deve ser eminentemente *exotérica*. O que dificulta o acesso à obra de Guimarães Rosa é a sua linguagem, considerada ilegível, *esotérica*. O que facilita o acesso à obra de José de Alencar é a sua linguagem simples, *exotérica*. Trata-se de um caso interessante de antonímia, porque realizada entre homônimos homófonos, mediante a troca pura e simples de uma única letra: **x** por **s**.

espaguete
É o aportuguesamento do italiano *spaghetti*, plural de *spaghetto*, diminutivo de *spago* = barbante, cordinha. Muitos restaurantes preferem manter a grafia italiana.

Espanha
Este nome faculta o uso do artigo, quando regido de preposição. Assim, podemos empregar, indiferentemente: *Morei em Espanha* quanto *Morei na Espanha*; *Estive em Espanha* quanto *Estive na Espanha*; *Vou a Espanha* quanto *Vou à Espanha*, e assim por diante. A primeira construção é própria do português de Portugal; no Brasil, corre apenas a segunda. Seu adjetivo contraído é *hispano-*: *guerra hispano-americana*.

espantado / espanto
Regem *com*, *de* ou *por*: *Ficou espantado **com** a (ou **da**, ou **pela**) reação da mulher. O espanto **com** o (ou **do**, ou **pelo**) nível de corrupção era geral.*

esparso
Rege *em* ou *por*: *A polícia encontrou roupas esparsas **no** (ou **pelo**) quarto.* Quando há idéia de superposição, ainda admite *sobre*: *Havia muitos tipos de doces esparsos **na** (ou **pela**, ou **sobre a**) mesa.*

espatifar
É verbo pronominal (reduzir-se a pedaços), e não intransitivo: *Avião, quando cai em terra, **se espatifa**. O balão subiu uns vinte metros, caiu e **se espatifou** no chão. A melancia caiu do décimo andar, **espatifando-se** na rua.*

especialista
Rege *de* ou *em* (nome), mas apenas *em* (verbo): *Médico especialista **de** (ou **em**) otorrinolaringologia. Professora especialista **em** Semiótica. Ela era especialista **em** trocar de namorados a cada semana.*

espécie ≠ gênero

Convém não confundir. **Espécie** é o grupo de seres ou indivíduos de caracteres comuns, transmissíveis por reprodução ou procriação. **Gênero** é o grupo de espécies que apresentam características comuns distintivas. O *gênero* símio compreende muitas *espécies*. Diz-se indiferentemente *gênero humano* ou *espécie humana*, porque o homem é a única *espécie* de seu *gênero*.

espelhar

Sempre com **e** fechado: *espelho, espelhas, espelha, espelhamos, espelhais, espelham* (pres. do ind.); *espelhe, espelhes, espelhe, espelhemos, espelheis, espelhem* (pres. do subj.). *A filha se* ***espelha*** *na mãe. "O teu futuro* ***espelha*** *essa grandeza."*

espelho

Adj. corresp.: *especular*. Portanto, *fragmento de espelho = fragmento especular; reflexos de espelho = reflexos especulares*.

esperança

Quem tem esperança, tem esperança *de* alguma coisa: *Tenho a esperança de ter dias melhores. Tinha a esperança de que lhe aumentassem o salário. Temos a esperança da vitória.* Nas orações reduzidas, o *de* é de rigor, mas nas desenvolvidas (que se iniciam normalmente por *que*), a preposição pode estar elíptica. Assim, a segunda frase poderia também estar assim: *Tinha a esperança que lhe aumentassem o salário.* Quando *esperança* representa o sujeito, a preposição *de* é facultativa: *A esperança era (de) que lhe aumentassem o salário.*

esperança / esperançoso

Regem *de* (infinitivo ou oração desenvolvida) e *em* (nome): *Ter esperança* ***de*** *ficar rico. Ela alimentava vivas esperanças* ***de*** *que seu filho ainda estivesse vivo. Tens esperança* ***no*** *futuro? Estar esperançoso* ***de*** *ficar rico. Ela ainda estava muito esperançosa* ***de*** *que seu filho ainda estivesse vivo. Estás esperançoso* ***no*** *futuro?* No caso das orações desenvolvidas, a preposição pode estar elíptica: *Ela alimentava vivas esperanças que seu filho ainda estivesse vivo.*

esperar

É verbo transitivo direto: *Estou esperando-o há dez minutos. Há muito tempo que estou a esperá-lo. Eu a espero para o almoço. Se você se atrasar, eu não a espero.* No Nordeste, todavia, é comum construírem este verbo com o pronome "lhe": *Há muito tempo que estou a "lhe" esperar. Eu "lhe" espero para o almoço. Se você se atrasar, eu não "lhe" espero.* Na acepção de aguardar, pode ser construído com a preposição *por*: *A futura mãe espera o* (ou ***pel****o*) *nenê com saúde. O vestibulando espera sua* (ou ***por*** *sua*) *aprovação no exame. A torcida esperava o* (ou ***pel****o*) *time com banda de música.*

esperto ≠ experto

Convém não confundir. **Esperto** é vivo, ladino: *um vendedor* ***esperto***. Em sentido pejorativo, é espertalhão: *Cuidado que esse cara é muito esperto!* (Neste caso, costuma-se carregar no **r**, que soa guturalmente.) **Experto** (aportuguesamento do inglês *expert*) é perito, bom entendedor: *ser experto em informática; um experto comandante, um experto mecânico.*

espiar ≠ espionar ≠ espreitar

Convém não confundir. **Espiar** é observar secretamente, às escondidas, por curiosidade ou algum interesse: ***espiar*** *alguém pelo buraco da fechadura,* ***espiar*** *as crianças que brincam,* ***espiar*** *a filha namorando na sala.* **Espionar** é observar secretamente, como espião ou dedo-duro, com fins legais ou não, legítimos ou não: ***espionar*** *os segredos militares do inimigo, contratar um detetive para* ***espionar*** *a mulher.* **Espreitar** é espiar ou observar às ocultas, com má intenção: *O seqüestrador* ***espreitou*** *dias e mais dias a vítima.*

espiar ≠ expiar

Convém não confundir. **Espiar** é observar às escondidas. V. item anterior. **Expiar** é remir ou pagar (crime, pecado, falta, etc.) por meio de castigo. *Os criminosos expiam os seus delitos na prisão.* Significa, ainda, sofrer as conseqüências de (alguma ação errada, injusta, impensada, etc.). *Certo ministro da Justiça expiou a inconveniência dos seus atos amorosos, justamente com uma ministra, sendo sumariamente desbancado da pasta.* Certa vez declarou um presidente de clube: *O São Paulo Futebol Clube até hoje* ***expia*** *o pecado de ter construído o estádio do Morumbi.* Casa de ferreiro, espeto de pau: enquanto o presidente do São Paulo F.C. *expia* o arrojo do empreendimento, aos outros clubes cabe apenas *espiar* o gigante que existe no elegante bairro paulistano. Coisas da vida. Ou do futebol...

espinha

É isso que algumas espécies de peixe têm. Muitos, no entanto, dizem que não comem peixe que tem "espinho". Nem tubarão come peixe que tem espinho...

espiritismo ≠ espiritualismo

Convém não confundir. **Espiritismo** é a doutrina religiosa baseada na crença da sobrevivência da alma e da comunicação entre os vivos e os mortos através de um intermediário, a que se dá o nome de *médium*. O iniciador da doutrina foi o pensador francês Allan Kardec (1804-1869); daí por que se usa *kardecismo* por *espiritismo*. **Espiritualismo** é a doutrina filosófica baseada na existência de Deus e da alma como base e ponto de partida das suas convicções doutrinárias, em oposição ao materialismo.

Espírito Santo

Abrev.: ES. Quem nasce no Espírito Santo é *espírito-santense* ou *capixaba*.

esplêndido / esplendor

Note: com **s** na primeira sílaba. Muitos, todavia, trocam essa letra por "x".

espocar

Embora seja assim, muita gente prefere "espoucar". *Na passagem de ano, **espocam** os fogos e os foguetes.*

espontâneo / espontaneidade

Note: com *s* na primeira sílaba. Muitos, todavia, trocam essa letra por "x". Há, ainda, os que preferem usar sempre de muita "espontaneidade", o que só prejudica.

esporte

Esta palavra, quando usada como adjetivo, por *esportivo*, não varia: *camisas **esporte**, roupas **esporte**, carros **esporte***. V. **areia, bomba, cassete, chave, cinza, creme, gelo, jambo, laranja, monstro, padrão, pastel, pirata, relâmpago, surpresa, tampão** e **vinho**.

esposa

Adj. corresp.: *uxório* ou *uxoriano*. Portanto, *fidelidade de esposa = fidelidade uxória; cumplicidade de esposa = cumplicidade uxoriana*.

esposo

Tanto o singular quanto o plural têm **o** tônico fechado. Adj. corresp.: *esponsal*. Portanto, *responsabilidade de esposo = responsabilidade esponsal*.

espreguiçar

É verbo pronominal, e não intransitivo, como registra o dicionário do "tira-teima": *Hortênsia saiu do quarto **espreguiçando-se**. Eu nunca **me espreguicei** na vida. Não é muito aconselhável **espreguiçar-se** em público.*

esprei

É o aportuguesamento do inglês *spray*. Há, todavia, os que preferem escrever ainda em inglês a adotar a forma aportuguesada. Estão entre esses os próprios elaboradores do Vocabulário Oficial. Por que aportuguesar *stand* e *stress* e deixar *spray* de fora? Qual o critério? Critério?!

espremer

Sempre com **e** fechado: *espremo, espremes, espreme, esprememos, espremeis, espremem* (pres. do ind.); *esprema, espremas, esprema, espremamos, espremais, espremam* (pres. do subj.).

espumadeira / escumadeira

São ambas formas corretas, mas a primeira está prevalecendo sobre a segunda, mais usada no meio rural. Também são corretas *espuma* e *escuma*.

esquartejar

Sempre com **e** fechado: *esquartejo, esquartejas, esquarteja, esquartejamos, esquartejais, esquartejam* (pres. do ind.); *esquarteje, esquartejes, esquarteje, esquartejemos, esquartejeis, esquartejem* (pres. do subj.).

esquecer

Como seu antônimo *lembrar*, admite várias construções para o mesmo significado: **1.** *Esqueci o dinheiro.* **2.** *Esqueci-me do dinheiro. As crianças se esqueceram de apagar as luzes.* **3.** *Esqueceu-me o dinheiro.* Na construção **1**, ocorre certa culpa da pessoa que esquece, ao contrário da segunda, que implica esquecimento involuntário, ou seja, é um esquecimento que provém de alguma abstração ou preocupação. De repente, o agente se dá conta de que está algo a lhe faltar e sai em busca do ser esquecido. Não assim quando a pessoa *esquece*. Note ainda a diferença, por mais estes exemplos: *Esqueci os documentos em casa. Esqueci-me da vida lá na fazenda.* Na construção **2**, antes de infinitivo, o pronome pode não aparecer: *Esqueci de trazer o dinheiro. As crianças esqueceram de apagar as luzes.* A construção **3** é eminentemente clássica e não corre na língua cotidiana. Nela, o ser esquecido exerce a função de sujeito; o verbo se classifica, então, como unipessoal. Não convém construir "Esqueci do dinheiro", "Ela esqueceu de mim", "Eles esqueceram do jogo", "Ela já esqueceu até do meu nome", isto é, usando o verbo como transitivo indireto, e não como pronominal: *Esqueci-me do dinheiro. Ela se esqueceu de mim, Eles se esqueceram do jogo, Ela já se esqueceu até do meu nome.* A omissão do pronome só é admitida quando o complemento é representado por infinitivo. Ex.: *Esqueci de pegar o dinheiro, Ela esqueceu de me levar, Eles esqueceram de ir ao estádio, Ela já esqueceu até de me ver.*

esquecido

Rege *de* ou *por* (nome), mas apenas *de* (oração desenvolvida): *Já são escândalos esquecidos **d**o (ou **pel**o) povo. Os pobres já não são pessoas esquecidas **d**o (ou **pel**o) governo. O homem destrói a floresta, esquecido **de** que ela é uma fonte de energia.* Neste caso, pode haver elipse da preposição: *O homem destrói a floresta, esquecido que ela é uma fonte de energia.*

esquilo

Adj. corresp.: *ciurídeo*. Portanto, *hábitos de esquilo = hábitos ciurídeos*.

esquistossomose

A palavra correta é *esquistossomose*, e não "esquistosomose", como muito se vê e ouve. *Precisamos erradicar a **esquistossomose**. Perfeito.*

esquivar-se

Rege *a* ou *de* (evitar, fugir de; desviar-se de): *Ao chegar ao Palácio do Planalto, o ministro se esquivou **a**os (ou **d**os) repórteres. O motorista, ao **esquivar-se a**o (ou **d**o) poste, foi de encontro ao muro. Ao **esquivar-me a** (ou **de**) um buraco, fui ter a outro bem maior, na rua.*

esquivo

Rege *a* ou *de* (arredio) e *com* ou *para com* (áspero, rude): *O ministro se mostrou esquivo **a**os (ou **d**os) repórteres. Ela já estava meio esquiva **a**o (ou **d**o) namorado. Chefe esquivo **com** (ou **para com**) seus subordinados.*

esse

V. **isso**.

essencial
Rege *a* ou *para* (nome), mas apenas *para* (verbo): *Essas máquinas são essenciais **a**o (ou **para** o) nosso desenvolvimento. Essas máquinas são essenciais **para** aprimorar nossos produtos.*

estabelecido
Rege *em* (residente, localizado): *As pessoas estabelecidas **n**esta área foram contaminadas pela radiatividade. A empresa se encontra, hoje, estabelecida **n**o interior paulista. O comerciante, estabelecido **n**a Rua da Paz, reclama providências às autoridades.*

estacionado / estacionamento
Regem *em* ou *sobre* (idéia de superposição), mas apenas *em* (sem idéia de superposição): *Carro estacionado **n**a (ou **sobre** a) calçada. Carro estacionado **em** local proibido. O estacionamento de veículos **n**as (ou **sobre** as) calçadas é proibido. O estacionamento de ônibus **n**este local é proibido.*

estadia ≠ estada
Convém não confundir. **Estadia** se usa para veículos em geral: *estadia de carro num estacionamento, estadia de moto numa garagem, estadia de avião num hangar, este hotel não cobra estadia para carros de hóspedes,* etc. **Estada** se aplica a pessoas: *Foi curta minha estada na cidade. Tenha boa estada em nosso hotel! É cara a estada neste hotel? Como foi sua estada entre nós: boa ou ruim?* Muitos escritores, alguns de nomeada, escorregaram aqui.

estádio ≠ estágio
Convém não confundir. É **estádio** que significa período (de doença ou não), fase, estado, etapa: *A política brasileira de 1930 até hoje passou por vários estádios. No estádio atual da nossa língua, a palavra Cleópatra é proparoxítona. O atual estádio das pesquisas para a cura do câncer é animador. Morreu, porque o câncer já estava em estádio avançado.* **Estágio** é período de aprendizado prático para o exercício de certas profissões; é cada uma das sucessivas fases obrigatórias por que deve passar um estudante, num curso, é etapa escolar; é, enfim preparação profissional ou escolar: *Estou no meu primeiro ano de estágio na empresa. Ainda estou no segundo estágio de inglês; faltam mais seis estágios para eu completar o curso.* Apesar de tudo, a língua cotidiana está plena de empregos de "estágio" por *estádio*.

Estado
De preferência com inicial maiúscula quando significa poder público ou algo com que se relacione: *unir o **Estado** e a igreja; chefe de **Estado**; os **Estados** socialistas; os **Estados** bálticos; o **Estado** da Bahia; os afazeres de **Estado**.*

Estados Unidos
Usa-se apenas no plural e exige verbo e determinantes também nesse número: *Os Estados Unidos **são** hoje a única potência mundial. Os Estados Unidos **conseguiram** o acordo que desejavam. Os Estados Unidos **estão atentos** aos acontecimentos na América Latina. **Todos** os Estados Unidos **foram assolados** pelo cataclismo. Os Estados Unidos **inteiros estão preocupados** com os atos terroristas. **Os próprios** Estados Unidos **reconheceram** a falha.* Não se usa apenas *"Estados Unidos"* sem o artigo, a não ser em circunstâncias especialíssimas, como em titulações (v. acima), e em mapas, onde só aparecem mesmo os nomes dos países: *Estados Unidos, Brasil, Alemanha,* etc.

estafilococo
Pronuncia-se *estafilocóco*. Muitos, todavia, dizem "estàfilocôco". V. **estreptococo**.

estagnar
Tem o *g* debilmente pronunciado durante a conjugação: *estagno, estagnas, estagna, estagnamos, estagnais, estagnam* (pres. do ind.); *estagne, estagnes, estagne, estagnemos, estagneis, estagnem* (pres. do subj.). Há quem diga "estaguino", "estaguina", "estaguine", etc. *A água aqui **estagna** com facilidade, propiciando a proliferação de mosquitos.* (E não: "estaguina".)

"estalar" ovos
V. **estrelar ovos**.

estande
É o aportuguesamento do inglês *stand*.

estar
Conj.: *estou, estás, está, estamos, estais, estão* (pres. do ind.); *estive, estiveste, esteve, estivemos, estivestes, estiveram* (pret. perf. do ind.); *estava, estavas, estava, estávamos, estáveis, estavam* (pret. imperf. do ind.); *estivera, estiveras, estivera, estivéramos, estivéreis, estiveram* (pret. mais-que-perf. do ind.); *estarei, estarás, estará, estaremos, estareis, estarão* (fut. do pres.); *estaria, estarias, estaria, estaríamos, estaríeis, estariam* (fut. do pret.); *esteja, estejas, esteja, estejamos, estejais, estejam* (pres. do subj.); *estivesse, estivesses, estivesse, estivéssemos, estivésseis, estivessem* (pret. imperf. do subj.); *estiver, estiveres, estiver, estivermos, estiverdes, estiverem* (fut. do subj.); *está* (tu), *esteja* (você), *estejamos* (nós), *estai* (vós), *estejam* (vocês) [imperativo afirmativo]; *não estejas* (tu), *não esteja* (você), *não estejamos* (nós), *não estejais* (vós), *não estejam* (vocês) [imperativo negativo]; *estar, estares, estar, estarmos, estardes, estarem* (infinitivo pessoal); *estar* (infinitivo impessoal); *estando* (gerúndio); *estado* (particípio). Como se vê, não existem as formas "esteje", "estejem", no presente do subjuntivo. Muitos usam assim: *Quero que você "esteje" aqui amanhã. Espero que vocês "estejem" com sorte hoje.* Nem tanta...

estar "em" cinco
Esta construção é da língua italiana, mas se encontra profundamente arraigada em nosso idioma, que dispensa a preposição: *Estávamos cinco no automóvel. Eles estavam dez na carroça.* O povo contudo só usa assim: *Estávamos "em" cinco no automóvel. Eles estavam "em" dez na carroça.* V. **ser "em" cinco**.

estar na moda / estar em moda
Expressões equivalentes. *A ignorância está **na** moda* (ou *está **em** moda*).

estar no encalço de
Significa perseguir, seguindo as pistas de: *A polícia **está no encalço d**os seqüestradores*. Em sentido figurado, usa-se por perseguir de perto, para alcançar: *O Flamengo **está no encalço d**o líder do campeonato*. ***Estar no encalço d**a felicidade*. V. **ir** (ou **sair**) **ao encalço de**.

estar "para"
A língua cotidiana gosta muito desta construção: *O chefe hoje está "para" Manaus. O patrão está "para" São Paulo.* Em português se usa assim: *O chefe hoje está **em** Manaus. O patrão encontra-se **em** São Paulo.* Ou: *O chefe hoje **viajou a** Manaus. O patrão **foi a** São Paulo.*

"está" servido?
É a pergunta que quase todo o mundo faz, quando oferece algo que está comendo ou bebendo a um homem que chega. A pergunta correta, no entanto, faz-se com o verbo *ser*. *É servido?* Aquela pergunta pressupõe que a pessoa já foi servida.

estático ≠ extático
Convém não confundir. **Estático** é firme, imóvel, em repouso, como uma estátua. Com um revólver encostado à nuca, qualquer homem fica *estático*, nem pisca. **Extático** é admirado, boquiaberto, pasmado, perplexo. Quando deputados e magistrados se aliam a narcotraficantes, isso nos deixa a todos *extáticos*.

este
V. **isto**.

este ano / neste ano
Usa-se indiferentemente uma ou outra expressão, pois nas expressões adverbiais de tempo, a preposição *em* é facultativa: ***Este ano*** (ou ***Neste ano***) *o Brasil vai ter uma safra recorde*. Se substituirmos a palavra *ano* por *dia*, por *semana*, por *noite* ou por *mês*, teremos a mesma faculdade: ***Esta semana*** (ou ***Nesta semana***) *o Palmeiras joga contra o Flamengo*.

esteja, estejam
Estas são as formas do presente do subjuntivo e, conseqüentemente, do imperativo do verbo *estar*. Por isso, *esteja* sempre bem-disposto, nunca *esteja* mal-humorado! Muitos, no entanto, usam "esteje", "estejem". V. **seja, sejam**.

estêncil
Pl.: *estênceis*.

estendido
Rege *a* ou *para* (ampliado), *de...a* (ou *até*) [esticado] e *em* ou *sobre* (esparramado, deitado): *O direito de voto foi estendido **às** (ou **para as**) mulheres muito recentemente no país. A estrada foi, então, estendida daquele ponto **à** (ou **até a**) entrada da fazenda do governador. Encontrei-a estendida **n**o (ou **sobre** o) sofá*.

esterçar
Cuidado, ao escrever esta palavra! Nove, entre dez pessoas, escrevem-na errado: "exterçar" ou "estersar".

esternoclidomastóideo
É este o nome do músculo flexor, inclinador e rotador da cabeça, situado na região anterolateral do pescoço. Há professores de Anatomia que dizem "esternocleidomastoideo", mudando tudo. É o mesmo músculo?

esticada
Rege *de...até*: *Uma esticada **d**a Penha **até** a Lapa demora, no mínimo, uma hora. Resolvi, então, dar uma esticada **d**a Pituba **até** Piatã*. A expressão *dar uma esticada* pode pedir apenas *em*: *Como estava de férias, dei uma esticada **n**a boate*.

estigma
É palavra masculina (***o** estigma*, ***um** estigma*): *A inflação é **um estigma** para a sociedade. **O** maior **estigma** dos governos revolucionários foi a corrupção. **O estigma** de corrupto e gatuno haverá de acompanhá-lo a vida inteira*.

estilhaçar
É verbo pronominal, e não intransitivo, como registra certo dicionário: *As vidraças do prédio **se estilhaçaram** com o terremoto. Este vidro trinca, mas não **se estilhaça***.

estima
Rege *a*, *de*, *para com* ou *por*: *Ter estima **a**o (ou **d**o, ou **para com**, ou **pel**o) idioma pátrio. Ter estima **a**os (ou **d**os, ou **para com** os, ou **pel**os) fãs*.

estimado
Rege *de* ou *por* (querido) e *em* (calculado, avaliado): *Funcionário estimado **de** (ou **por**) todos os colegas. Prejuízos estimados **em** milhões de reais. Manifestação estimada **em** cem mil pessoas*.

estimar
Usa-se assim: *ela **o** estima, eu **a** estimo, ela **os** estima, eu **as** estimo*. Ou seja, é verbo transitivo direto. No Nordeste, todavia, é comum substituir o pronome *o* (e variações) por *lhe* (e variação). Então, comumente se ouve: *Eu ainda "lhe" estimo, minha bichinha!* Na acepção de alegrar-se, folgar, não se usa com a preposição "em": *Estimo vê-lo com saúde. Estimamos ficar a seu lado, Luís.* A construção *estimar em* equivale a calcular, avaliar: *O joalheiro estimou **em** um bilhão de reais o anel, mas eu o estimei **em** dois reais*.

estimativa
Rege *de* ou *sobre*: *Fazer uma estimativa exata **d**o (ou **sobre** o) número de manifestantes*.

estímulo
Rege *a*, *de* ou *para*: *A impunidade é um estímulo **a**o (ou **d**o, ou **para** o) crime. É preciso criar maior estímulo **às** (ou **d**as, ou **para** as) exportações*.

estirado

Rege *em* ou *sobre*: *Encontrei-a com o corpo estirado **n**a (ou **sobre** a) cama.*

Estocolmo

Capital da Suécia. Pronuncia-se *estocôlmo*. Há apresentadores de telejornais, no entanto, que dizem "estocólmo". Quem nasce em Estocolmo é *holmiense*. *Holmia* é a forma latinizada de *Stockholm*.

estojo

Tanto o singular quanto o plural têm **o** tônico fechado.

estômago

Adj. corresp.: *estomacal* ou *gástrico*. Portanto, *perturbações do estômago = perturbações estomacais; suco do estômago = suco gástrico*.

estória ≠ história

Estória é uma palavra polêmica. Vamos, no entanto, dar aqui a nossa opinião sobre ela. Quem quiser acolhê-la esteja certo de que estará usando apenas o bom-senso; quem não quiser acolhê-la, seja feliz! Antes de tudo é preciso ressalvar que a palavra *estória*, que a muitos repudia, se pronuncia rigorosamente como a outra: *istória*. **Estória** é conto popular, narrativa tradicional, é o causo do caboclo, do matuto: *revista de **estória** em quadrinhos; contar **estorinhas** para crianças*. Também significa conversa mole, balela, lorota: *Não me venha com estória!* Trata-se de um estrangeirismo (ingl. *store*) absolutamente necessário, ainda que a caturrice ou o espírito purista de alguns o renegue. Rejeitar estrangeirismos, no mundo moderno, é desejar se deixar esquecido e abandonado num canto dele. A informática e a astronáutica, sem falar em outras ciências da atualidade, são fonte inesgotável de estrangeirismos. Voltar-se contra eles é dar murro em faca de ponta; ignorá-los é desejar a volta à idade das trevas. **História** é algo que jamais se inventa; é fato comprovado por documentos. Sendo assim, *estórias* jamais ganharão o *status* de *histórias*. Nenhuma *estória* faz *história*; vira conto, narrativa. Mas a *história* propicia muitas *estórias* engraçadas. Um dia alguém resolveu contar-nos passagens de bastidores da nossa *história*. Intitulou a obra assim: *As estórias da nossa história*. Absolutamente certo! *Estória*, além de ser um anglicismo, também é forma arcaica do próprio português. João Ribeiro, em 1919, já admitia o seu emprego, a par de *história*. Foi esse respeitado gramático quem sugeriu o uso da palavra. É mais do que sabido que a única grafia cientificamente defensável, no português, é *história*. Não é esse o ponto que se discute. Se as maiores autoridades em lexicografia latina já registravam *estória* por causo ou por conversa fiada, é hora de estabelecermos a distinção, para maior clareza da comunicação, por bom-senso (que não faz ciência, mas é virtude sempre indispensável). Um ladrão, à frente de um juiz, nunca jamais contará a *história*; preocupar-se-á ele com *estórias*, porque a verdade está sempre contra si. Dediquemos à palavra legítima o respeito que ela merece! E deixem de *estórias* os caturras!

estorvo

Rege *a*, *de* ou *para*: *O governador era um estorvo **à**s (ou **d**as, ou **para** as) pretensões do ministro de se candidatar à presidência*. Tanto o singular quanto o plural têm **o** tônico fechado.

estourar

Sempre com **ou** fechado e bem-pronunciado: *estouro, estouras, estoura, estouramos, estourais, estouram* (pres. do ind.); *estoure, estoures, estoure, estouremos, estoureis, estourem* (pres. do subj.). Há, no entanto, quem *"estóra" de raiva*. Eu estouro...

estragar

É verbo pronominal, e não intransitivo: *Vinho aberto **se estraga** facilmente. O leite **se estragou**, porque ficou fora da geladeira.*

estrambótico

É esta a palavra, em rigor, que significa esquisito, exótico, excêntrico, extravagante, mas o povo só usa *estrambólico*: *Esse cantor usa roupa **estrambótica***. Para o povo, *estrambólica* é a palavra *estrambótico*.

estrangeirismos

Se antes do advento da Internet, os estrangeirismos vocabulares já eram praticamente inevitáveis, que se dirá agora, quando entram no léxico milhares de palavras relacionadas com a informática e com as conquistas da tecnologia? Devemos aportuguesar, sim, mas com o cuidado de não incorrer em desatinos. Por exemplo: querer aportuguesar *ray-ban, band-aid, bungee-jump, milkshake, top less, Halloween, drag queen, catchup, waffle, wind surf, walkie talkie, chop-suey, shopping, drive thru, hardware* e *software*, ou mesmo *jeans*, não nos parece sensato. Alguns estrangeirismos, todavia, tão comuns entre nós, já merecem ser vistos com a forma portuguesa. É o caso, por exemplo, de *bacon, deficit, diesel, iceberg, sashimi, superavit, sushi* e mesmo de *pizza* (por que não?) Quem for contra o emprego dos estrangeirismos vocabulares, nos dias que correm, terá de lutar muito. E a luta será inglória. Já os estrangeirismos sintáticos ou de construção, esses devem ser evitados quanto possível, a não ser que estejam já definitivamente arraigados no idioma, como é o caso de *namorar com, passar de ano, jogar de goleiro*, etc., todos italianismos devidos, naturalmente, a fatos históricos relacionados com as imigrações ao nosso país. Se fazem parte da nossa história, têm inevitavelmente de fazerem parte do nosso idioma.

estranho

Rege *a*, *de* ou *para*: *Era um assunto estranho **à**s (ou **d**as, ou **para** as) crianças. Aquilo pareceu estranho **a**os (ou **d**os, ou **para** os) olhos do presidente. É proibido entrada a pessoas estranhas **a**o (ou **d**o, ou **para** o) ambiente.*

estratégia

Rege *contra* (desfavorável) e *para* (favorável): *Armar uma estratégia **contra** o tráfico de drogas. Usar de boa estratégia **para** a retomada do desenvolvimento. Qual foi a estratégia **para** atrair os consumidores?*

estratégia ≠ tática

Convém não confundir. **Estratégia** é a preparação intelectual da ação a ser posta em prática. **Tática** é a estratégia em ação, ou seja, é a conduta que se adota em relação a determinado objetivo. A *estratégia* está para a *tática*, assim como a teoria está para a prática. Um general estabelece sua *estratégia* para vencer o inimigo e pode mudar de *tática* no decorrer da luta. Um treinador de futebol, antes do jogo, prepara a *estratégia* para enfrentar o adversário; durante a partida, a *tática* pode revelar-se ineficaz, propiciando mudança radical na *estratégia* elaborada. A *estratégia* se concebe criteriosamente e antes da ação; a *tática* se realiza no desenvolvimento da ação.

estrato ≠ extrato

Convém não confundir. **Estrato** é a formação de nuvens de baixa altitude em camadas extensas, contínuas e horizontais, geralmente formadas ao pôr do Sol. **Extrato** é palavra mais usada no sentido de cópia, reprodução: ***extrato** bancário*.

estrear

Na conjugação, ganha um **i** nas formas rizotônicas (as que têm o acento no radical): *estréio, estréias, estréia, estreamos, estreais, estréiam* (pres. do ind.): *estréie, estréies, estréie, estreemos, estreeis, estréiem* (pres. do subj.). É verbo pronominal (*estrear-se*), e não intransitivo ("estrear"), na acepção de iniciar, começar: *Com que livro ele **se estreou** na literatura? O jogador **se estreou** ontem no time do Corinthians. Fernanda, quando você **se estreou** no teatro? Eu **me estreei** na vida pública como vereador.* Certo dicionário registra-o também como intransitivo nessa acepção. Mais uma. (Cuidado, não perca a conta!)

estrebuchar

É verbo intransitivo ou pronominal, indiferentemente (debater-se): *O homem **estrebuchou** (ou **se estrebuchou**) muito no leito, antes de morrer. Na ânsia de se verem livres das cordas com que estavam amarrados, os meninos **estrebuchavam** (ou **se estrebuchavam**).*

estrela

Adj. corresp.: *estelar*. Portanto, *brilho das estrelas = brilho estelar*.

estrelar ovos

É assim que se usa. Ovos que adquirem a forma de *estrela*, assim que são lançados à frigideira, são *estrelados* (a gema é o núcleo; a clara, a irradiação). Muitos, no entanto, "estalam" ovos, outros pedem ovos "estalados". Talvez porque o óleo "estala" na frigideira, assim que a ela são lançados.

estreptococo

Pronuncia-se *estrèptocóco*. Muitos, no entanto, dizem "estrèptocôco". V. **estafilococo**.

estresse

É o aportuguesamento do inglês *stress*. Daí saem *estressado, estressar, estressante*, etc.

estribado

Rege *em* ou *sobre* (nome concreto), mas apenas *em* (nome abstrato): *Edifício estribado **em** (ou **sobre**) pilotis. Teoria estribada **n**a razão.*

estropício ≠ estrupício

Convém não confundir. **Estropício** é prejuízo, dano, malefício e, também, pessoa indesejável: *O acidente causou vultosos **estropícios**. Essa mulher é um **estropício** na empresa.* **Estrupício** é conflito, rolo, rebu e, também, coisa complicada ou fora do comum: *o **estrupício** criado pelos parlamentares corruptos; esse **estrupício** de monumento*. Em Portugal só se conhece a primeira forma; a segunda só existe mesmo no Vocabulário da Academia Brasileira de Letras.

estudioso

Rege *de* ou *em*: *Homem estudioso **de** (ou **em**) arqueologia.*

estudo

Rege *de* ou *acerca de*, ou *a respeito de*, ou *sobre*: *Fazer estudos **de** (ou **acerca de**, ou **a respeito de**, ou **sobre**) arqueologia.*

estupefato

Rege *com* ou *de*: *Ficou estupefato **com** o (ou **d**o) que viu.*

estupidez

Pl.: *estupidezes*. *Todas as guerras se fazem por causa da ambição e outras **estupidezes** humanas.* Há, todavia, quem use "estupideza" e "estupidezes". V. **gravidez** e **invalidez**.

estúpido ≠ ignorante

Convém não confundir. **Estúpido** é aquele que nada sabe, porque é absolutamente incapaz de compreender. O povo prefere usar *burro*. **Ignorante** é o que nada sabe, porque não recebeu nenhuma instrução. Muitas vezes é até inteligente, como é o caso do caboclo. De certa forma, porém, todos somos *ignorantes*, já que não sabemos tudo. Não é dado ao ser humano conhecer toda a extensão de sua ignorância.

estupro / estuprar

Embora seja assim, há quem insista no "estrupo" e em "estrupar".

esturjão

Apesar de ser assim, há quem prefira comer "estrujão", que faz um mal danado!

esverdear
É verbo intransitivo ou pronominal, indiferentemente: *Com as chuvas, os campos voltaram a **esverdear** (ou **esverdear-se**). Seus olhos **esverdearam** (ou **se esverdearam**) ainda mais em contato com a sua blusa limão.*

esvoaçar
É verbo intransitivo ou pronominal (bater as asas para erguer vôo; flutuar ao vento): *Os patos ali **esvoaçam** (ou **se esvoaçam**) livremente. Seus longos cabelos **esvoaçavam** (ou **se esvoaçavam**) ao vento, como as bandeiras nos mastros.*

eta! / eita!
Ambas as formas existem: ***Eta!*** (ou ***Eita!***) *Meu time perdeu de goleada!*

e tantos
Não se usa esta expressão com *mais de*. Assim, por exemplo: *"Mais de" cinqüenta "e tantas" pessoas entraram sem pagar.* Usa-se uma ou outra: ***Mais de*** *cinqüenta pessoas entraram sem pagar. Cinqüenta **e tantas** pessoas entraram sem pagar.*

etc.
Abreviatura da expressão latina *et cetera* = e as outras coisas. Apesar de seu significado, aplica-se hoje também a pessoas e animais: *Recebi em casa Teresa, Juçara, Hermengarda, Hortênsia, etc.* Usa-se vírgula antes de *etc.*? Usa-se. Embora essa abreviatura signifique *e outras coisas*, o uso da vírgula é obrigatório, a ver-se como está no Pequeno Vocabulário Ortográfico da Língua Portuguesa (PVOLP) e em todos os bons dicionários. Quando o período se encerra com *etc.*, não há necessidade de empregar outro ponto, além do abreviativo (*"etc.."*). Usa-se "e" antes de **etc.**? Não.

Euler
O povo brasileiro diz "êuler", mas à luz da lógica não há como defender tal pronúncia, já que em alemão o encontro *eu* soa *ói*, conforme se ouve em *Reuters, Neubarth, Leutze, Feuerbach*, etc. Portanto, a pronúncia razoável, coerente, sensata é *óiler*. Há pessoas com este nome que fazem questão de que ele seja pronunciado como se escreve. Ora, ninguém é dono da pronúncia do nome. Já imaginou, caro leitor, se tivéssemos de dizer: *Isso "Frêud" explica?* Aos que ingenuamente sugerem e até exigem uma pronúncia portuguesa deste nome (*Euler*), cabe fazer uma pergunta singela, de resposta algo complexa: por que não pronunciarmos, então, também portuguesmente *Nike, Sprite, Washington, Miami, Renoir, Beauvoir, Romy Schneider, Shakespeare, Byron* e *Mike Tyson*? Já pensou, caro leitor, receber um direto de *Míke Tízon*?...

Europa
Este nome faculta o uso do artigo, quando regido de preposição. Assim, podemos empregar, indiferentemente: *Morei **em** Europa* quanto *Morei **na** Europa*; *Estive **em** Europa* quanto *Estive **na** Europa*; *Vou **a** Europa* quanto *Vou **à** Europa*, e assim por diante. A primeira construção é própria do português de Portugal; no Brasil, corre apenas a segunda. Seu adjetivo contraído é *euro-*: *fronteira euro-asiática*.

evadido
Rege *a* ou *de*: *Menores evadidos **à** (ou **da**) Febem.*

evadir
É verbo pronominal, e não intransitivo: *Nenhum detento **se evadiu** do presídio. Esta é uma penitenciária de segurança máxima, isto é, da qual nenhum prisioneiro poderá **evadir-se**. **Evadimo-nos** dali, em meio à confusão que se estabeleceu no local.*

evaporar
É verbo intransitivo ou pronominal: *A água do mar **evapora** (ou **se evapora**), para depois cair em forma de chuva. A gasolina **evapora** (ou **se evapora**) com facilidade.*

evitar "de"
Não é da norma culta, mas a língua contemporânea vai conhecendo cada vez mais a construção deste verbo com a preposição *de*: *Evite "de" trafegar na contramão. Ele evita "de" beijar a namorada na frente dos pais dela. As pessoas andam evitando "de" sair à noite, por causa da escalada da violência.* Retirada a preposição, a construção fica perfeita, mas não popular. O mesmo fenômeno lingüístico ocorre com *acontecer, ameaçar, dar, entender, inventar* e *resolver*.

evolução
Rege *de...a* (ou *para*): *A evolução de um sistema **a** (ou **para**) outro.*

ex-
Este prefixo se diz *êis*, e não "éks", como é hábito de alguns: ***ex**-governador, **ex**-prefeito, **ex**-presidente*.

exacerbar-se ≠ exasperar-se ≠ exaltar-se
Convém não confundir. **Exacerba-se** aquele que se torna rude, áspero, irado. O pai que fica sabendo da gravidez da filha solteira *se exacerba*. **Exaspera-se** aquele que se torna grosseiro, quase a ponto de chegar à agressão física. Há pais que, na mesma circunstância, *exasperam-se*. **Exalta-se** aquele que reage contra uma contrariedade com energia maior que a necessária. É o caso do pai que, vivendo o mesmo drama, agride a filha fisicamente. Nenhum está certo. O amor sempre compreende.

exaltação
Rege *a* ou *de*: *Essa música é uma exaltação **à** (ou **da**) Bahia.*

exame
Rege *de* (nome concreto) e *acerca de*, ou *a respeito de*, ou *quanto a*, ou *sobre* (nome abstrato): *Fazer o exame **de** um paciente. Fazer o exame **acerca d**a (ou **a respeito d**a, ou **quanto à**, ou **sobre** a) inflação.*

exangue
Que perdeu muito sangue: *A vítima, exangue, morreu a caminho do hospital*. Também significa exausto, sem forças. Pronuncia-se *ezanghe*.

exasperado
Rege *ante*, *com* ou *diante de*: *A torcida ficou exasperada **ante** as* (ou ***com** as*, ou ***diante d**as*) *seguidas derrotas do time.*

exaurir
Esgotar completamente (líquido): *exaurir a água de um reservatório*. Não tem a primeira pessoa do singular do presente do indicativo nem todo o presente do subjuntivo. Pres. do ind.: -, *exaures, exaure, exaurimos, exauris, exaurem*.

exausto
Rege *com* ou *por* (exaurido) e *de* (cansado, extenuado): *O brasileiro é um contribuinte exausto **com** a* (ou ***pel**a*) *pesada carga tributária. Exausto **d**o trabalho, logo adormeceu.*

exceção
Cuidado, ao escrever esta palavra! Sete, entre dez pessoas, escrevem-na errado: "excessão". O interessante é que dez, entre dez pessoas, escrevem *excepcional*, palavra que lhe é derivada. Por que, então, escrever "excessão"? Influência perniciosa de *excesso*? É provável. Rege *a* ou *de*: *Há muitas exceções **a** essa* (ou ***d**essa*) *regra*. Antecedida de *a*, aparece combinada com *de*; de *com*, com *a*: *Todos ali bebem, **à** exceção **d**as* (ou ***com** exceção **à**s*) *mulheres.*

exceder
É transitivo direto (pref.) ou transitivo indireto (ultrapassar): *O motorista excedeu a* (ou ***à***) *velocidade máxima permitida. Não exceda os* (ou ***a**os*) *limites de carga deste elevador! Os convidados não excediam vinte* (ou ***a** vinte*). Como se vê, não rege a preposição "de", conforme se vê em exemplo fornecido em certo dicionário.

Excelência
Forma de tratamento que pede verbo e pronome na terceira pessoa: *Vossa Excelência **sabe** que o momento é grave e a **sua** posição, delicada, por isso **lhe** sugiro que **renuncie** ao cargo*. A abreviatura correta de *Excelência* é *Ex.ª*, e não "Exa." ou "Excia.", que são, justamente, as que mais se vêem.

Excelentíssimo
Abrev.: *Ex.ᵐᵒ*

excesso
Rege *de* ou *em* (exagero) e *de...sobre* (diferença a mais): *O excesso **de** (ou **em**) exercícios físicos também é prejudicial. O excesso **de** qualquer quantia **sobre** a féria do dia ficava com o caixa.*

exceto
Não varia, porque é preposição: ***Exceto** as crianças, todos naquela casa fumam*. Com verbos e nomes relativos, exige a repetição da preposição usada: *Conversei com todo o mundo na festa, exceto **com** a anfitriã. Dei preferência aos vinhos nacionais, exceto **a**os de uma vinicultura.*

exclusivo
Rege *de*: *Elevador exclusivo **de** professores. Estacionamento exclusivo **d**a diretoria. Entrada exclusiva **de** funcionários. O presidente usou a saída exclusiva **d**as autoridades, para esquivar-se aos repórteres*. A regência "exclusivo a" deve ser desprezada.

excursão
Rege *a* ou *para* (viagem de recreio ou de estudo) e *em* (incursão, invasão): *Fazer uma excursão **a** (ou **para**) Salvador. As tropas aliadas fizeram uma excursão **n**o território inimigo*. Quando se trata de excursão (viagem) dentro de um mesmo território, rege *através de* ou *por*: *Fazer uma excursão **através d**a (ou **pel**a) Bahia.*

exegese
Pronuncia-se *ezejéze*. A pessoa que se dedica à *exegese* se diz *exegeta* (*ezejéta*).

exercício
Rege *de* (ato de exercer, prática) e *em* (atividade física): *O exercício **d**a cidadania. O exercício **de** um direito. O exercício **de** edição de um telejornalismo. Fazer muitos exercícios **em** barras.*

Exército de Salvação
É este o verdadeiro nome da organização evangélica e filantrópica fundada em 1865 por William Booth (1829-1912) em Londres, que atua hoje em mais de cem países, inclusive no Brasil. Ainda não fundaram o *Exército "da" Salvação*, embora haja muita gente por aí que se sinta um verdadeiro soldado dele...

exigência / exigente
Regem *com* ou *para com* (pessoa) e *em* (coisa): *Sua exigência **com** (ou **para com**) os funcionários é sempre a mesma. A escola quer mais exigência dos professores **n**as provas. Chefe exigente **com** (ou **para com**) os funcionários. Professor exigente **n**a disciplina.*

eximir
Quem exime, exime alguém de alguma coisa: *A lei **eximiu** os idosos de pagar passagem nos veículos urbanos. A lei os **eximiu** de pagar esse imposto.*

eximir / eximir-se
Regem *a* ou *de*: *Nada o poderá eximir **a** essa* (ou ***d**essa*) *responsabilidade. Todos agora querem eximir-se **à** (ou **d**a) responsabilidade. Há certas responsabilidades **a** (ou **de**) que ninguém pode se eximir.*

existir
O maior problema que ocorre com o emprego deste verbo se relaciona com a concordância. Como se usa quase sempre antes do sujeito, é comum encontrá-lo só no singular, independentemente do número em que se encontra o sujeito. Exemplos com seu uso correto: *Não **existem** lobisomens. Antigamente **existiam** mais mulheres encabuladas que hoje. Não **existem** rios no deserto. Acho normal que **existam** reclamações da população quanto à segurança, precariíssima, qua-

se indecente, no Brasil. Se vem acompanhado de auxiliar, este é que varia: *Não **devem** existir tantos pedidos assim. **Podem** existir muitas vítimas. **Estão** existindo muitas reclamações da população quanto à segurança. **Começam** a existir problemas de falta de energia em nosso país.*

ex-libris
Latinismo. Significa, ao pé da letra, *dos livros de*. Pronuncia-se *éks-líbris*.

ex-officio
Latinismo. Significa *por dever do cargo*. Pronuncia-se *èkzofício*.

exorbitar
Este verbo não é pronominal ("exorbitar-se"): *Não **exorbite** de suas obrigações! Os policiais **exorbitaram** de suas atribuições. Você já está **exorbitando**, ao afirmar que estou mentindo. Luísa, já estás **exorbitando**, querendo que eu case contigo! Não **exorbitem** de suas obrigações!* Significa ultrapassar os limites do justo ou do razoável.

exorcizar / exorcismar
São ambas formas corretas, mas a primeira é mais corrente.

exórdio ≠ intróito ≠ preâmbulo ≠ prefácio ≠ prólogo
Convém não confundir. **Exórdio** é a parte inicial ou introdutória de uma fala ou de um tratado. **Intróito** é o palavreado inicial e muito ligeiro com que se entra num assunto. **Preâmbulo** é o pequeno rodeio que precede discurso, narrativa, etc. **Prefácio** é a pequena introdução de livro, na qual seu autor expõe ao leitor as informações que julga necessárias, da matéria que nele vai tratar. **Prólogo** é a pequena nota ou esclarecimento ao leitor da matéria de que se vai tratar, do modo como foi concebida a obra, etc. A diferença entre *prefácio* e *prólogo* está em que no primeiro se informa; no segundo se instrui.

expectativa
Quem tem expectativa, tem expectativa *de* alguma coisa: *Tenho a expectativa **de** ter dias melhores. Tinha a expectativa **de que** lhe aumentassem o salário. Temos a expectativa **da** vitória.* Nas orações reduzidas, o *de* é de rigor, mas nas desenvolvidas (que se iniciam normalmente por *que*), a preposição pode estar elíptica. Assim, a segunda frase poderia também estar assim: *Tinha a expectativa que lhe aumentassem o salário.* Quando *expectativa* representa o sujeito, a preposição *de* é facultativa: *A expectativa era **(de) que** lhe aumentassem o salário.*

expectativa / expetativa
São ambas formas corretas, mas a primeira é a mais usual. *A **expectativa** (ou **expetativa**) é que (ou de que) a inflação fique este ano em 8%.*

expedição
Rege *a* ou *para* (grupo de exploração ou pesquisa) e *de...a* (remessa, envio): *Tomar parte em uma expedição **à** (ou **para** a) Antártica. A expedição **de** um telegrama **a** alguém.*

expedir
Diz-se para este verbo o mesmo que se disse para *despedir*.

expelir ≠ expulsar
Convém não confundir. **Expelir** (que segue a conj. de *ferir*) é lançar fora com algum esforço ou com alguma violência: *expelir cálculos renais; o vulcão expele lavas.* **Expulsar** é afastar à força e com desprezo ou indignação: *expulsar os corruptos da vida pública, expulsar os vendilhões do templo, expulsar um aluno de uma escola, expulsar um sócio de um clube, expulsar um jogador do campo.*

expensas
V. **a expensas de**.

experiência
Rege *com* (vivência), *com* ou *em* (experimento), *com*, *de* ou *em* (prática) e *sobre* (ensaio, prova): *É um profissional que tem larga experiência **com** adolescentes. Fazer experiências **com** (ou **em**) cobaias. É um mecânico que tem experiência **com** esse (ou **d**esse, ou **n**esse) serviço. Fazer experiências **sobre** o comportamento do homem no espaço.*

"experimentar" melhoras
V. **sentir melhoras**.

explicar ≠ justificar
Convém não confundir. Uma pessoa **explica** uma coisa quando tenta fazer alguém compreender as razões que o levaram a praticá-la ou cometê-la. Uma pessoa **justifica** uma coisa quando apresenta razões convincentes do fato ou de que procedeu bem. Uma guerra onde se matam crianças inocentes, se estupram mulheres e violentam velhos e moços se *explica* (v. os sérvios). Mas não se *justifica*. Todos os atos humanos, bons ou maus, têm uma *explicação*, mas só os bons são copiosos de *justificativas*.

explodir
Não tem a primeira pessoa do presente do indicativo nem todo o presente do subjuntivo. Pres. do ind.: -, *explodes, explode, explodimos, explodis, explodem.* Embora a gramática tradicional estabeleça essa regra, a língua cotidiana tem consagrado este verbo na sua conjugação completa, usando *expludo* como a primeira pessoa do singular do presente do indicativo, tendo *cobrir* por paradigma. São, portanto, equivocadas a forma "explodo" e as supostas derivadas "exploda", "explodas", etc. Assim, podemos até admitir: *Quero que ela **expluda**.* Mas não: *Quero que ela "exploda". Eu **expludo** de raiva, quando isso acontece.* E não: *Eu "explodo" de raiva, quando isso acontece.* O melhor mesmo, todavia, é substituir as formas deste verbo, condenadas pela gramática, pelas correspondentes de *estourar*.

exportação
Rege *de...para*: *A exportação **de** soja **para** a Europa aumenta.*

exportar "para fora"
Visível redundância. Não há, todavia, redundância em *exportar para o exterior*, porque exportar significa transferir para fora, e não só de um país, mas também de uma região, de um município ou de um Estado produtor. Portanto, pode haver perfeitamente exportação de suco de laranjas de Limeira para a Bahia, assim como há constante exportação de futebolistas brasileiros para o exterior.

expressar
Tem dois particípios: *expressado* (regular) e *expresso* (irregular); o primeiro se usa com *ter, haver, ser* e *estar*, o segundo, apenas com *ser* e *estar*: *Tenho **expressado** minha preocupação com a violência crescente no país todos os dias. Minha preocupação com a violência crescente no país tem sido **expressada** (ou **expressa**) todos os dias.*

exprimir
Tem dois particípios: *exprimido* (regular) e *expresso* (irregular); o primeiro se usa com *ter, haver, ser* e *estar*, o segundo, apenas com *ser* e *estar*: *Tenho **exprimido** minha preocupação com a violência crescente no país todos os dias. Minha preocupação com a violência crescente no país tem sido **exprimida** (ou **expressa**) todos os dias.*

exprobrar / exprobar
As duas formas existem. A um pobre que rouba, os jornais não hesitam em *exprobrar* ao ladrão, ao gatuno, o roubo que praticou; mas se é um colarinho-branco que comete o mesmo crime, então os jornalistas escrevem: *desvio de fundos, desfalque, fraude*, etc. O povo observou perfeitamente essa injustiça e fez sobre ela um provérbio admirável: *Quem rouba um pão, é ladrão; quem rouba um milhão, é barão.*

expropriação
Rege *de...a*: *A expropriação **de** fazendas improdutivas **a** seus donos aumentou no governo atual.*

expulsar "para fora"
Visível redundância. Nenhum árbitro expulsa "para fora" um jogador, sem ficar com dor na consciência...

extasiado
Rege *ante*, ou *com*, ou *diante de*, ou *perante*: *As crianças ficaram extasiadas **ante** a (ou **com** a, ou **diante d**a, ou **perante** a) presença de tantos palhaços.*

extensão
Rege *de...a* (ou *até*, ou *para*) [prolongamento, expansão], mas apenas *de...a* (ampliação): *O governo paulista vai cuidar da extensão **da** rodovia **a** (ou **até**, ou **para**) Mato Grosso. A extensão **do** direito de voto **às** mulheres é relativamente recente.*

extensivo
Rege *a*: *Os benefícios são extensivos **a**os aposentados.* A regência "extensivo para" deve ser desprezada.

extinguir
A exemplo de *distinguir*, o **u** não soa: *extinghir. O governo não está empenhado em **extinguir** as greves.* Aqueles que já aprenderam a distinguir o certo do errado não mais pronunciam "extingüir", "extingüindo", "extingüido". Tem conjugação regular: *extingo, extingues, extingue, extinguimos, extinguis, extinguem* (pres. do ind.); *extinga, extingas, extinga, extingamos, extingais, extingam* (pres. do subj.). Há quem use "extinguo", "extinguas", etc. Tem dois particípios: *extinguido* (regular) e *extinto* (irregular); o primeiro se usa com *ter* e *haver*, o segundo, com *ser* e *estar*: *Os bombeiros têm **extinguido** focos de incêndio nas florestas. Focos de incêndio nas florestas têm sido **extintos** pelos bombeiros.*

extorquir
O **u** não soa: *extorkir*. Não tem a primeira pessoa do presente do indicativo nem todo o presente do subjuntivo. Pres. do ind.: -, *extorques, extorque, extorquimos, extorquis, extorquem*. Rege *a* ou *de*: *Os bandidos extorquiram vultosas quantias **a**o (ou **d**o) apresentador de televisão, ameaçando-o de seqüestro. Os policiais foram presos por tentarem extorquir dinheiro aos (ou dos) narcotraficantes.* Em rigor, não se extorquem pessoas, mas coisas. Daí por que seriam impróprias as construções jornalísticas como estas: *Quadrilha é presa tentando "extorquir" médico. Foram presos os homens que tentaram "extorquir" o presidente do PT.* O próprio ministro da Justiça do governo Lula afirmou: "*Tentaram-me extorquir*". Trata-se de um fato lingüístico, portanto, plenamente aceito.

extra
Pronuncia-se *êstra*. Eis, no entanto, que surge um hipermercado, adota este nome e o divulga ao Brasil inteiro de forma errônea: "éxtra". Não existe nada "éxtra". Varia normalmente: *edições **extras**, horas **extras**, vôos **extras**, camas **extras** de hotel.* É abreviação de *extraordinário*. V. **xérox**.

extra-
Prefixo que exige hífen antes de *vogal, h, r* ou *s*: *extra-hepático, extra-abdominal, extra-escolar, extra-oficial, extra-uterino, extra-regulamentar, extra-sensorial*, etc. Exceção: *extraordinário*. Portanto, sem hífen: *extraclasse, extraconjugal, extrajudicial, extraterrestre*, etc.

extra-sensível ≠ extra-sensorial
Convém não confundir. **Extra-sensível** é que não é percebido pelos sentidos: *sons extra-sensíveis*. **Extra-sensorial** é das formas de percepção não dependentes dos cinco sentidos primários. A telepatia é uma percepção *extra-sensorial*.

extremidade ≠ fim
Convém não confundir. **Extremidade** é a parte que está mais afastada do centro, é a ponta, o extremo: *a **extre-***

midade da mesa, a **extremidade** dos dedos, a **extremidade** de uma faca. **Fim** é o ponto em que uma coisa termina, no sentido do comprimento: *o fim da estrada, o fim da linha férrea*. Assim e em verdade, ninguém se senta no "fim" da mesa nem tem um ferimento no "fim" dos dedos.

exultar "de alegria"
Visível redundância: quem exulta, já se sente muito alegre. Difícil, difícil mesmo é ver alguém exultando "de tristeza"...

F

fábrica
Adj. corresp.: *fabril*. Portanto, *zona de fábrica = zona fabril; operários de fábrica = operários fabris*.

fabricado
Rege *com* ou *de*: *Motor fabricado **com** (ou **de**) alumínio. Casa fabricada **com** (ou **de**) madeira*.

façanha ≠ proeza
Convém não confundir. **Façanha** é o feito heróico, notável, extraordinário, de grande valor, por demandar esforço, arrojo, coragem. A captura de uma onça por crianças é uma *façanha*. **Proeza** é o feito notável, extraordinário, de grande valor, por demandar saber, meditação e estratégia de ação. Um general executa *proezas*; seus comandados, porém, podem cometer *façanhas*. A *façanha* é própria dos aventureiros, já que nela está presente o componente da coragem; na *proeza* reside a virtude do intelecto, da razão, da vontade planejada de realizar para vencer. Um setuagenário que atravessa a nado o canal da Mancha, depois de se preparar adequadamente para o feito, realiza uma *proeza*, mas uma velhinha que, com sua bengala, faz fugir um ladrão, comete uma *façanha*.

face
Adj. corresp.: *facial* ou *genal*. Portanto, *região da face = região facial; músculos da face = músculos genais*.

face a
V. **em face de**.

fáceis de + infinitivo
Não se usa o infinitivo no plural, mesmo que o adjetivo esteja no plural: *Problemas fáceis de **resolver**. Livros fáceis de **ler**. Carros fáceis de **dirigir**. Empresas fáceis de **trabalhar**. Essas coisas são fáceis de **ser** provadas. Essas informações são fáceis de **ser** tiradas*. V. **fácil de**.

fácies
Expressão ou aparência da face, fisionomia. É palavra feminina, a exemplo de *face*. Muitos a usam como masculina, talvez por estar assim registrada em certos dicionários. O Vocabulário Oficial a registra em ambos os gêneros. Em latim seu gênero já era o feminino. Portanto, construiremos: *Ele é homem, sim, mas de **fácies feminina**. O assassino nato teria mesmo **uma fácies característica**?* Pronuncia-se *fáciès* (o *e* soa levemente aberto).

fácil
Rege *a* ou *para* (nome) e *de* ou *em* (verbo): *Não é fácil **a** (ou **para**) um pai conviver com um filho drogado. Criança fácil **de** (ou **em**) contentar*.

fácil de
Não se usa o pronome *se* depois da preposição. Portanto: *Problema fácil de resolver. Livro fácil de ler. Carro fácil de dirigir. Empresa fácil de trabalhar*. V. **fáceis de + infinitivo**.

facilidade
Rege *com* ou *para com* (indulgência, complacência) e *para* (aptidão): *Muitas facilidades **com** (ou **para com**) crianças são-lhes nocivas à educação. Ele tem facilidade **para** trabalhos manuais*.

faculdade
Apesar de ser assim (parece incrível!), há os que cursam "falcudade".

fada
Adj. corresp.: *feérico*. Portanto, *varinha de fada = varinha feérica; mãos de fada = mãos feéricas*.

fadado
Rege *a* ou *para*: *Empresa fadada **à** (ou **para** a) falência*.

faisão
Fem.: *faisoa* e *faisã* (raro). Pl.: *faisões* e *faisães* (raro).

falar ≠ dizer
Convém não confundir. **Falar** é simplesmente exprimir pela voz; qualquer pessoa, em não sendo muda, fala. Um papagaio *fala*; uma criança de tenra idade *fala*. A maioria dos políticos *fala* à beça!... **Dizer** é expressar por meio de palavras (faladas ou escritas), é afirmar, declarar. Daí por que não há propriedade no emprego do verbo *falar* nestas frases: *A menina "falava" que sentia dores de estômago. Elisabete "falou" que não vem à aula amanhã. Rute nunca "falaria" que você é tola. Ela não acreditou no que vocês "falaram". Anote o que o professor "fala"! Vocês não sabem o que "falam"*. Substituem-se tais formas, respectivamente, por *dizia, disse, diria, disseram, diz, dizem*, pelas razões expostas. É por esse motivo, ainda, que muitos falam, falam, mas não dizem coisa nenhuma.

falar a alguém ≠ falar com alguém

Convém não confundir. **Falar a alguém** é dirigir a palavra: *O presidente falará hoje aos jornalistas. Ele falou ontem ao povo, por uma cadeia de rádio e televisão. O Papa falou aos fiéis, na Praça de São Pedro. Susana, nunca mais lhe falarei: seu insulto me calou fundo.* **Falar com alguém** é conversar, dialogar: *Não falo com marginais. Brigaram e não se falam mais. Não somos amigos, mas nos falamos.* Repare que nos ônibus se lê a advertência: *É proibido falar **com** o motorista.* Ou seja: bater papo com o motorista. Por motivos óbvios. Mas ninguém pode ser proibido de falar **a**o motorista. De repente, um passageiro precisa descer, tem que descer. Terá de falar-lhe.

falar ao telefone
V. **ao telefone**.

falar a verdade / falar verdade
Usam-se indiferentemente: *Fale (a) verdade, não minta!* Às vezes, é mais contundente a frase sem o artigo: *Fale verdade: essa mulher não é uma loucura?!*

falência
Adj. corresp.: *falimentar*. Portanto, *risco de falência = risco falimentar; Direito de falência = Direito falimentar*.

falho
Rege *de* ou *em* (carente, desprovido): *O público presenciou no jogo de ontem um futebol falho **de** (ou **em**) emoções fortes. Era falho **de** (ou **em**) cabelos apenas no cocuruto.*

falir
Só se conjuga nas formas arrizotônicas, ou seja, aquelas que têm o acento prosódico fora do radical. Assim, no presente do indicativo existem apenas as formas *falimos* e *falis*. O presente do subjuntivo não existe. Para suprir as lacunas deste verbo, usam-se locuções ou expressões equivalentes: *Se o governo não ajudar, os microempresários **vão à falência** (ou **vão entrar em falência**)*. Por este verbo se conjugam: *adimplir, adir, aguerrir, combalir, embair, emolir, empedernir, esbaforir-se, escandir, espavorir, florir, foragir-se, garrir, rangir, reflorir, remir, renhir, ressarcir, ressequir* e *transir*. Alguns desses verbos, contudo, já se conjugam integralmente no português contemporâneo, como é o caso de *escandir* e *ressarcir*.

Falkland
Sem **s** final no nome do arquipélago britânico do Atlântico sul.

falo
Como particípio de *falar*, é inaceitável. Mas existem muitos que dizem *Eu tinha "falo" a verdade*. Mentira!

falsidade
Rege *com*, ou *para com* (pessoa), *contra* (coisa) e *sobre* (calúnia): *Não tolero falsidade **comigo** (ou **para comigo**). Cometeu uma falsidade não só **contra** o bom-senso, mas **contra** a história. Encerrado o namoro, o rapaz espalhou falsidades **sobre** a moça.*

falso
Rege *com* ou *para com* (pessoa) e *contra* (coisa): *Ela é falsa **com** (ou **para com**) os colegas e amigos. Você foi falso **contra** a história, porque os fatos não se deram assim.*

falta
Rege *a* (ausência), *contra* (transgressão, desrespeito), *de* (carência) e *com* ou *para com* (culpa): *A falta **às** aulas é punida com suspensão. Isso é uma falta **contra** as normas de trânsito. A falta **de** dinheiro é o principal problema da prefeitura. Temos muitas faltas **com** (ou **para com**) Deus.* Antecedida de *em*, aparece combinada com *com* ou *para com*: *Estou em falta **com** (ou **para com**) ela. Sinto-me em falta **com** (ou **para com**) meus amigos.*

faltar
Rege *a*: *Nunca faltei **a** um compromisso. Estudante consciente não falta **às** aulas. Funcionário responsável não falta **a**o serviço. Parlamentar sério não falta **às** sessões do congresso.* O maior problema que ocorre com o emprego deste verbo se relaciona com a concordância. Como se usa quase sempre antes do sujeito, é comum encontrá-lo só no singular, independentemente do número em que se encontra o sujeito. Exemplos com seu uso correto: ***Faltavam** dois minutos para as seis. **Faltavam** quatro segundos para o fim da aula. Quantos minutos **faltam** para as dez horas? Quando **faltarem** cinco minutos para a uma, avise-me! **Faltam** remédios para o povo, **faltam** alimentos, **falta** moradia, **falta** segurança, **falta** tudo. **Faltaram** doces no casamento. **Faltavam** carros nas revendedoras. Se **faltarem** recursos, não terminaremos a obra. Quando **faltavam** minutos para a posse, adoeceu e logo depois morreu.* Se vem acompanhado de auxiliar, este é que varia: *Não **deviam** faltar nem dois segundos para as 18h. **Estão** faltando poucos minutos para a meia-noite. **Estão** faltando remédios para o povo; **chegam** a faltar alimentos.* Este verbo exige também outros cuidados, principalmente quando seu sujeito é uma oração. Assim, por exemplo: ***Faltou** pouco para eu lhe dar um bofetão.* (O povo usa "faltei" neste caso, dando ao verbo o sujeito *eu*.) ***Faltou**-me um triz para morrer. **Faltou**-lhe quase nada para morrer esmagado entre as ferragens do carro acidentado.* Ainda quando tem como sujeito uma oração (geralmente constituída por um infinitivo ou iniciada por ele), há comumente erro de concordância com este verbo. Assim por exemplo: *São muitos os exercícios que ainda me **falta** corrigir.* (O povo pensa que o sujeito de *faltar* é o pronome *que*, representante de *exercícios*, mas seu verdadeiro sujeito é *corrigir*.) Eis outros exemplos, corretos: ***Falta** ainda votar dois deputados.* (E não: *"Faltam" ainda votar dois deputados.*) *Muitas pessoas ainda **faltava** opinarem.* (E não: *Muitas pessoas ainda "faltavam" opinar.*) ***Faltou** pronunciarem-se dois associados. **Falta** elucidar muitos pontos importantes. Os torcedores insultaram tanto o árbitro, que só lhes **faltou** dizer que ele era maricas. As fãs do cantor ficaram tão emocionadas, que só lhes **faltou** agredi-lo. Os espectadores estavam tão decepcionados, que só lhes **faltou** atirar ovos podres nos atores e atrizes. A pobreza destes meninos é tamanha, que só lhes **falta** comer terra. Nossa angústia era tão grande, que só nos **faltava** chorar. São três os jogos*

que *falta* ao Flamengo vencer para ser campeão brasileiro de futebol. Na dúvida, é só fazer a pergunta O QUE? antes do verbo para encontrar o sujeito. Este verbo rege a preposição *a*, e não "de". Portanto: *Muitos alunos faltaram **à** aula hoje. Não convém faltar **a**o serviço ou **a**o trabalho nem muito menos **a**os compromissos.* Mas há muitos que faltam **à** palavra, principalmente **à**quela empenhada em palanques...

faltar ao respeito / faltar com o respeito

As duas expressões existem: *Haroldo não sabe o que é **faltar ao** (ou **com o**) **respeito** com ninguém. Desculpe-me, cavalheiro, mas aqui ninguém lhe quis **faltar ao** (ou **com o**) **respeito**. Não admito que você falte ao (ou com o) respeito com sua mãe!* Como *respeito* é palavra que pede a preposição *com*, para que não haja repetição, a tendência é usar sempre a primeira construção.

famigerado

Em rigor, significa *de boa fama*, mas adquiriu conotação pejorativa no português do Brasil. Existe uma tendência de ser usada como palavra-ônibus, sempre com conotação pejorativa: *Os solteiros ou solitários têm de se contentar com o **famigerado** Miojo. O turista e a **famigerada** câmera a tiracolo. O **famigerado** Clube dos 13. Os clubes do **famigerado** eixo Rio-SP; nas festinhas ainda se usa o **famigerado** lança-perfume*, etc. Não se deve usá-la na acepção de *faminto*, porque nada tem que ver com *fome*.

familiar

Rege *a* ou *para* (conhecido de longa data ou de outros tempos; próprio), *com* (bem-relacionado), *de* (conhecido; íntimo) e *em* (freqüentador): *Este lugar é familiar **a** (ou **para**) mim. Nenhum assunto é tão familiar **a**o (ou **para** o) brasileiro quanto o futebol. É um escritor familiar **com** os clássicos da língua. É um apresentador familiar **d**o povo brasileiro. É um homem já familiar **d**a nossa casa. Ele era familiar **n**os cassinos de Las Vegas.*

fanático

Rege *de* (defensor intransigente; adepto) e *por* (apaixonado): *Sou um fanático **d**o lar e **d**a família. Os fanáticos **d**essa teoria não aceitam objeções. Ser fanático **pel**o Flamengo.*

fantasiado

Rege *de* ou *em*: *Saiu fantasiado **de** (ou **em**) pirata.*

fantasma

Esta palavra, usada com o valor de adjetivo, por *inexistente*, não varia nem se liga por hífen ao substantivo: *contas **fantasma**, empresas **fantasma**, eleitores **fantasma***, etc. Adj. corresp.: *espectral* ou *lemural*. Portanto, *aspecto de fantasma = aspecto espectral; visões de fantasma = visões lemurais.*

faraó "egípcio" / faraó "do Egito"

Visíveis redundâncias: faraós só existiram no Egito. *Faraó* significa morador da casa grande, ou seja, rei. Portanto, usamos ou *rei egípcio* ou *rei do Egito*. Ou, ainda, apenas *faraó*.

farejar

Sempre com **e** fechado: *farejo, farejas, fareja, farejamos, farejais, farejam* (pres. do ind.); *fareje, farejes, fareje, farejemos, farejeis, farejem* (pres. do subj.).

farelo

Adj. corresp.: *furfuráceo* ou *furfúreo*. Portanto, *mistura de farelo = mistura furfurácea; bolo de farelo = bolo furfúreo.*

faringe

Adj. corresp.: *faríngeo, faringiano* e *farígico*. Portanto, *inflamação da faringe = inflamação faríngea* (ou *faringiana*, ou *farígica*).

farinha

Adj. corresp.: *farináceo*. Portanto, *massa de farinha = massa farinácea.*

fariseu

Fem.: *fariséia* (usado em sentido figurado, por *hipócrita*).

farol ≠ sinaleira (ou semáforo)

Convém não confundir. **Farol** é a torre construída na costa de mares, lagos, etc. ou em ilhas e rochedos no meio da água, provida de poderoso foco luminoso, para a orientação dos navegantes, à noite. É também cada uma das duas lanternas dianteiras de maior poder luminoso dos automóveis. **Sinaleira** (ou **semáforo**) é o conjunto dos sinais luminosos de trânsito. Todo *farol* pressupõe foco potente de luz; no sinal luminoso de trânsito não há esse requisito básico, por absoluta desnecessidade.

farto

Rege *de* (aborrecido, enjoado) e *de* ou *em* (repleto, cheio; rico): *O povo está farto **de** promessas. O celeiro estava farto **de** (ou **em**) trigo e soja. É um país farto **de** (ou **em**) petróleo.*

fascinado

Rege *com, de* ou *por*: *São crianças fascinadas **com** a (ou **da**, ou **pela**) informática. É histórica a fascinação do povo brasileiro **com** o (ou **do**, ou **pelo**) futebol.*

fascinação / fascínio

Regem *de* ou *por*: *As garotas daquela época tinham fascinação **d**o (ou **pel**o) magistério. Esse fascínio **d**o (ou **pel**o) Flamengo tinha uma explicação.*

fascismo / fascista

Pronunciam-se, respectivamente, *facismo, facista*. Há, todavia, quem insista em pronunciar à italiana: "fachismo", "fachista".

fatal

Rege *a* ou *para*: *Uma picada de escorpião é dolorosíssima para um adulto, mas fatal **a** (ou **para**) uma criança.*

fatia ≠ naco

Convém não confundir. **Fatia** é o pedaço de pão, bolo, queijo, presunto, etc., cortado em forma de lâmina. **Naco** é o pedaço grande arrancado de qualquer alimento (pão, bolo, etc.).

fatigado

Rege *com*, *de* ou *por* (nome), mas apenas *de* (verbo): *Chegou fatigado **com** a* (ou ***da***, ou ***pela***) *viagem. Desabou na cama, fatigado **de** ter trabalhado doze horas intensamente.*

favorável

Rege *a* ou *para*: *As condições do clima são favoráveis **a**o* (ou ***para** o*) *plantio. Quantos votos no congresso há favoráveis **a**o* (ou ***para** o*) *projeto do governo?*

favorecer

É verbo transitivo direto: *Eu o **favoreci**? Eu nunca o **favoreci**!* Há quem o use como transitivo indireto: *Eu "lhe" favoreci? Eu nunca "lhe" favoreci!* Como pronominal (valer-se, servir-se), rege *de*: ***Favoreceu-se** **d**os amigos e de pistolões para fazer carreira. **Favorece-se** **d**o prestígio da família para conseguir vantagens.*

fax

Pl.: *os fax* (inv.). O pretenso plural "faxes", registrado alhures, não é aconselhável: em português, as palavras terminadas em *x* com valor de *ks* normalmente ficam invariáveis no plural. Confira: os *dúplex*, os *durex*, os *látex*, os *ônix*, os *pirex*, os *telex*, os *tórax*, etc.

fazer

Em orações temporais, só se usa na terceira pessoa do singular, porque não tem sujeito: ***Faz** dois anos que casei. **Fará** dez anos amanhã que ele morreu. **Fazia** muitos anos que não chovia. Em 2004, **fez** 450 anos que São Paulo foi fundada.* Quando aparecem auxiliares, estes também não variam: ***Vai fazer** dois anos que casei. **Estará fazendo** dez anos amanhã que ele morreu. **Ia fazer** três anos que não chovia por aqui. **Está fazendo** mil anos que isso aconteceu. Eu achava que já **fizesse** dez anos que ele tinha morrido.* Com infinitivo, usam-se os pronomes oblíquos átonos, e não os pronomes retos. Ex.: *Fizeram-**me** dormir. Fi-**la** ficar quieta.* O povo, contudo, usa assim: *Fizeram "eu" dormir. Fiz "ela" ficar quieta.* Se o pronome estiver no plural, o infinitivo não variará, ficará no singular: *Fizeram-nos **dormir**. Fi-las **ficar** quietas.* Se, no lugar do pronome, houver um substantivo, podemos variar ou não o infinitivo: *Fizeram os rapazes **dormir** (ou **dormirem**). Fiz as crianças **ficarem** (ou **ficar**) quietas.* Conj.: *faço, fazes, faz, fazemos, fazeis, fazem* (pres. do ind.); *fiz, fizeste, fez, fizemos, fizestes, fizeram* (pret. perf. do ind.); *fazia, fazias, fazia, fazíamos, fazíeis, faziam* (pret. imperf. do ind.); *fizera, fizeras, fizera, fizéramos, fizéreis, fizeram* (pret. mais-que-perf. do ind.); *farei, farás, fará, faremos, fareis, farão* (fut. do pres.); *faria, farias, faria, faríamos, faríeis, fariam* (fut. do pret.); *faça, faças, faça, façamos, façais, façam* (pres. do subj.); *fizesse, fizesses, fizesse, fizéssemos, fizésseis, fizessem* (pret. imperf. do subj.); *fizer, fizeres, fizer, fizermos, fizerdes, fizerem* (fut. do subj.); *faze* (tu), *faça* (você), *façamos* (nós), *fazei* (vós), *façam* (vocês) [imperativo afirmativo]; *não faças* (tu), *não faça* (você), *não façamos* (nós), *não façais* (vós), *não façam* (vocês) [imperativo negativo]; *fazer, fazeres, fazer, fazermos, fazerdes, fazerem* (infinitivo pessoal); *fazer* (infinitivo impessoal); *fazendo* (gerúndio); *feito* (particípio). Este verbo possui vários derivados, que por ele se conjugam: *afazer, benfazer, contrafazer, desfazer, liquefazer, perfazer, rarefazer, refazer* e *satisfazer*.

fazer bem de / fazer bem em

As duas expressões existem: *Você fez bem **de** (ou **em**) vir. Eles fizeram bem **de** (ou **em**) viajar cedo.*

fazer ciente

Rege *de*: *Faço Vossas Senhorias cientes, mediante este instrumento, **de** que não tenho interesse na renovação de meu contrato com a sua editora.*

fazer de + adjetivo / fazer-se + adjetivo / fazer-se de + adjetivo

As três expressões existem, por fingir, querer passar por: *Ela ouviu o insulto e **fez de** desentendida* (ou ***fez-se** desentendida,* ou ***fez-se de** desentendida*). *Esse rapaz é idiota ou **faz de** idiota* (ou ***faz-se** idiota,* ou ***faz-se de** idiota*)?

fazer de conta que

É assim que se constrói, e não inserindo a preposição "de" antes do *que*: ***Faça de conta que** o Brasil não deve a mais ninguém! **Façamos de conta que** a droga foi eliminada do mundo: que felicidade!*

fazer que / fazer com que

As duas expressões existem: *Esse fato **fez que** (ou **fez com que**) todos chorassem. A inflação **faz que** (ou **faz com que**) todos fiquemos mais pobres. Fazer com que* surgiu em virtude de um cruzamento sintático, fenômeno comum na língua, e superou a expressão original.

fechado

Rege *a* ou *para*: *Ela diz que seu coração está fechado **a**os* (ou ***para** os*) *pretendentes.*

fechar

Sempre com **e** fechado: *fecho, fechas, fecha, fechamos, fechais, fecham* (pres. do ind.); *feche, feches, feche, fechemos, fecheis, fechem* (pres. do subj.). Em certas regiões brasileiras, no entanto, as pessoas "fécham" todas as portas e janelas, mas não *fecham* a boca...

fecundo

Rege *de* ou *em*: *Os políticos costumam ser fecundos **de** (ou **em**) promessas.*

feder

Não tem a primeira pessoa do singular do presente do indicativo nem todo o presente do subjuntivo. Tais falhas se suprem com expressões, como *cheirar mal, estar fedendo*, etc.

fedor
Rege *a* ou *de*: *O fedor **a** (ou **de**) cigarro incomoda*. Pronuncia-se claramente o **r** final. Muitos, no entanto, dizem "fedô".

feijão
Adj. corresp.: *faseolar*. Portanto, *cálculo semelhante a feijão = cálculo faseolar*.

feio
Sup. sint.: *feíssimo*. Não existe "feiíssimo": os adjetivos que têm vogal antes da terminação *-io* fazem o superlativo com apenas um *i*; só os que têm consoante antes dessa terminação fazem o superlativo com dois *ii*: sério/*seriíssimo*, precário/*precariíssimo*, etc. O diminutivo, com valor de superlativo, também tem apenas um i: *feinho*.

felicitar
É verbo transitivo direto: **Felicito**-*o pelo seu aniversário.* **Felicitamo**-*lo pela brilhante conquista*. Há, no entanto, quem o empregue como transitivo indireto: *"Felicito-lhe" pelo seu aniversário. "Felicitamos-lhes" pela brilhante conquista*. Os nordestinos, em particular, apreciam muito esta regência equivocada.

feliz
Rege *com* (satisfeito), *em* (bem-sucedido) e *de, em* ou *por* (verbo): *Está feliz **com** o casamento. Foi feliz **n**esse empreendimento. Está feliz **de** (ou **em**, ou **por**) ter casado com esse homem*.

Félix
A pronúncia popular é "Féliks", mas a rigorosamente correta é *Félis*.

fêmur
Adj. corresp.: *femoral*. Portanto, *fratura do fêmur = fratura femoral*.

fênix
Ave mitológica dos egípcios, que acreditavam ser ela a encarnação de uma divindade; por isso era uma ave de extraordinária beleza, que vivia 500 anos. Após essa existência, punha fogo em seu ninho para ressurgir rejuvenescida de suas próprias cinzas. Tal ave, em verdade, não era outra senão o faisão, que simboliza a imortalidade. É palavra feminina: **a** *fênix*, **uma** *fênix*. A pronúncia popular é "fêniks", mas a rigorosamente correta é *fênis*.

fera
Adj. corresp.: *ferino*. Portanto, *unhas de fera = unhas ferinas*.

féretro ≠ funeral
Convém não confundir. **Féretro** é o caixão mortuário, o ataúde, o esquife; **funeral** é que é a cerimônia de sepultamento. Muitos, no entanto, continuam dizendo que compareceram ao "féretro" de Fulano de Tal. Não merecem um *féretro*?...

féria ≠ férias
Convém não confundir. **Féria** é dinheiro apurado no dia de trabalho: *Apurou a **féria** e foi para casa*. **Férias** são descanso, repouso e exige verbo e determinantes no plural: *as férias, boas férias, férias coletivas, felizes férias. Suas férias foram boas? Nas suas próprias férias ele ficava em casa, que se dirá, então, fora delas!*

ferir
Conj.: *firo, feres, fere, ferimos, feris, ferem* (pres. do ind.); *fira, firas, fira, firamos, firais, firam* (pres. do subj.). Por *ferir* se conjugam: *aderir, advertir, aferir, aspergir, assentir, auferir, compelir, competir, concernir, conferir, conseguir, consentir, convergir, deferir, desferir, desmentir, despir, diferir, digerir, discernir, dissentir, divergir, divertir, expelir, gerir, impelir, inerir, inferir, ingerir, inserir, interferir, investir, mentir, perseguir, preferir, pressentir, preterir, proferir, propelir, prosseguir, referir, refletir, repelir, repetir, ressentir, revestir, seguir, sentir, servir, sugerir, transferir, transvestir* ou *trasvestir* e *vestir*.

ferradura
Adj. corresp.: *hipocrepiforme*. Portanto *objeto semelhante a ferradura = objeto hipocrepiforme*.

ferro
Adj. corresp.: *férreo* (sentido próprio e figurado) ou *ferrenho* (sentido figurado). Portanto, *objeto de ferro = objeto férreo; vontade de ferro = vontade férrea* (ou *ferrenha*).

ferrolho
Tanto o singular quanto o plural têm **o** tônico fechado.

fértil
Rege *de* ou *em* (nome), mas apenas *em* (verbo): *Povo fértil **de** (ou **em**) crendices. Povo fértil **em** imaginar tolices*.

fervor
Rege *de* ou *em* (empenho, dedicação) e *por* (entusiasmo, ardor): *Admiro seu fervor **d**a (ou **n**a) luta pelos menos favorecidos. Esse teu fervor **de** (ou **em**) lutar pela causa do povo só te enobrece*.

fervoroso
Rege *em, para* ou *por* (ardorosamente disposto): *Saiu de casa fervoroso **em** (ou **para**, ou **por**) arrumar um bom emprego*.

festança, festão, festinha
Pronunciam-se com o **e** levemente aberto: *fèstança, fèstão, fèstinha*. Mas com o **e** fechado: *festim*.

festejar
Sempre com **e** fechado: *festejo, festejas, festeja, festejamos, festejais, festejam* (pres. do ind.); *festeje, festejes, festeje, festejemos, festejeis, festejem* (pres. do subj.).

fevereiro
Nome do segundo mês do ano. Sempre com minúscula.

fezes
Adj. corresp.: *fecal*. Portanto, *resíduos de fezes = resíduos fecais*.

fiado
É palavra invariável, na acepção de *a crédito* (por oposição a *à vista*): *comprar produtos* **fiado**, *vender mercadorias* **fiado**. Usa-se também *a fiado*: *Ela compra tudo* ***a fiado***.

ficar para recuperação
É esta a expressão correta, mas há alunos, relapsos, que ficam "de" recuperação. Merecem...

ficar fora de si
O pronome **si**, da terceira pessoa, só combina com sujeito dessa pessoa. Portanto: ***Ela*** *ficou fora de* ***si***. Se o sujeito for da primeira pessoa, usar-se-á, naturalmente, pronome dessa pessoa, e assim por diante: ***Fiquei*** *fora de* ***mim***. ***Ficamos*** *fora de* ***nós*** *por bom tempo*. ***Ficaste*** *fora de* ***ti*** *quanto tempo?* Há, no entanto, pessoas que dizem assim, sem ao menos corar: *Fiquei fora de "si". Ficamos fora de "si" por bom tempo*. Há mesmo os que dizem, orgulhosos: *Eu "se" fiz por "si" mesmo*. Merece parabéns?

Fidel
Rima com *Miguel* e *Noel*. Muitos, no entanto, dizem "Fídel".

fidelidade / fiel
Regem *a, com* ou *para com* (pessoa), mas apenas *a* (coisa) e *em* (nome derivado de verbo e verbo): *Passou toda a vida conjugal guardando absoluta fidelidade* **à** (ou **com a**, ou **para com a**) *mulher. Sempre procurou guardar fidelidade* **à** *tradição. É notória sua fidelidade* **a**o *"rock". É louvável essa tua fidelidade* **n**o *cumprimento de teus deveres. É louvável essa tua fidelidade* **em** *cumprir teus deveres. Mulher fiel* **a**o (ou **com** o, ou **para com** o) *marido. Sempre foi fiel* **à**s *tradições. Sempre fui fiel* **n**o *cumprimento dos meus deveres. Sempre fui fiel* **em** *cumprir meus deveres*. O adjetivo tem como sup. sint. erudito *fidelíssimo* (o *e* soa levemente aberto).

figadal
Profundo, intenso: *inimigo* ***figadal***. Muitos usam "fidagal".

fígado
Adj. corresp.: *figadal* (figurado) e *hepático*. Portanto, *inimigo do fígado = inimigo figadal; doença do fígado = doença hepática*.

figo
Adj. corresp.: *ficiforme*. Portanto, *objeto semelhante a um figo = objeto ficiforme*.

filantropo
Pronuncia-se *filantrôpo*. Há, no entanto, quem diz "filântropo".

filatelia
Note: a tonicidade está em *-li-*, mas há muitos que dizem "filatélia".

filé *mignon*
Em duas palavras. Um dicionário recém-publicado, no entanto, registra-a com hífen: "filé-mignon". O que nasce para bife, nunca chegará a *filé* ***mignon***.

filho
Adj. corresp.: *filial*. Portanto, *amor de filho = amor filial*.

filhote
Fem.: *filhota*.

filhote "novo", filhote "pequeno"
Visíveis redundâncias.

filial ≠ sucursal
Convém não confundir. **Filial** é a firma ou estabelecimento comercial vinculado a uma empresa matriz, de que depende e pode ter objeto diverso. **Sucursal** é também a casa comercial fundada por outra, mas de objeto idêntico ao da matriz.

filiar / filiar-se
Regem *a* ou *em* [tornar(-se) membro ou associado]: *Ele filiou a sua empresa* **a** (ou **em**) *uma rede nacional. Filiei todos os meus filhos* **a**o (ou **n**o) *PT. O senador se filiou* **a** (ou **em**) *nosso partido há muito tempo. Filiei-me de coração* **a**os (ou **n**os) *princípios democráticos. Para a Grã-Bretanha, filiar-se* **à** (ou **n**a) *moeda única européia é mais vantajoso que ficar fora dela*.

Filipe
É a forma correta deste nome próprio. Muitos, no entanto, insistem em usar "Felipe".

filo-
Não exige hífen: *filocomunista, filodramático, filorretina, filorrusso*, etc.

filtrar
É verbo intransitivo ou pronominal, indiferentemente: *A água não* ***está filtrando*** (ou ***se está filtrando***) *direito. Se o filtro está sujo, a água demora para* ***filtrar*** (ou ***filtrar-se***). *O suco, grosso, levou horas para* ***filtrar*** (ou *para* ***se filtrar***).

findar
Este verbo tem dois particípios: *findado* (que se usa com qualquer dos quatro verbos auxiliares: *ter, haver, ser* e *estar*) e *findo* (que se usa apenas com *ser* e *estar*): *O prazo para as inscrições já* ***tinha findado***. *O autor já* ***havia findado*** *o seu livro. O clube já* ***tinha findado*** *as negociações para a compra do jogador. As negociações* ***foram findadas*** (ou ***findas***) *pelo presidente do clube*.

fim-de-semana ≠ fim de semana

Convém não confundir. **Fim-de-semana** é lazer, descanso: *Há muito tempo não tenho fim-de-semana*. **Fim de semana** é final de semana: *Há muito tempo não vou ao clube a que sempre ia nos fins de semana*. Fim de semana é o que todos têm: pobres, ricos, felizes, infelizes, corruptos, corruptores, políticos, povo. Não há como fugir dele, porque todo mês tem no mínimo quatro *fins de semana*. Já *fim-de-semana* é coisa de gente rica, de gente que pode usufruir as delícias da vida; é o *week-end* dos ingleses e norte-americanos. Os parlamentares brasileiros invariavelmente "esticam" seus *fins-de-semana*, que começam na sexta-feira (de manhã) e se encerram na segunda-feira (à noite). Nem todos podemos tamanha regalia. Os paulistanos apreciam muito passar seus *fins-de-semana* em Guarujá, todos os *fins de semana*. Apesar da visível diferença, há jornais que, numa atitude simplória, resolveu adotar apenas a primeira forma de grafar.

"finérrimo"

Muito fino, finíssimo. Esta forma superlativa, no entanto, é meramente popular, não tem nenhum amparo gramatical. Há os que, no afã de exagerar ainda mais, usam "finésimo".

fineza

Rege *com* ou *para com*: *Usar de fineza com* (ou *para com*) *todos. Ele era um grosso, mas com* (ou *para com*) *a secretária era de uma fineza ímpar*.

fingir

É verbo intransitivo ou pronominal, indiferentemente [querer passar por (o que não é)]: *Ele fingia* (ou *se fingia*) *de rico. Ela fingiu* (ou *se fingiu*) *de morta*.

fino

Rege *com* ou *para com*: *Ser fino com* (ou *para com*) *todos. Ele era um grosso, mas extremamente fino com* (ou *para com*) *a secretária*.

fisco ≠ erário

Convém não confundir. **Fisco** é o setor do tesouro público encarregado da cobrança de impostos; é a Secretaria da Receita Federal. **Erário** é o próprio tesouro público, é a repartição onde se arrecadam os rendimentos do Estado.

fissão ≠ ficção

Convém não confundir. **Fissão** é divisão: *fissão nuclear*. **Ficção** é produto de imaginação, coisa imaginária: *Os contos de fada são pura ficção*.

fixação

Rege *a, em* ou *por* (apego exagerado ou psicótico) e *de... a* (ou *em*) [fixagem]: *Ele não conseguia explicar essa fixação à* (ou *na*, ou *pela*) *mãe. A fixação de cartazes aos* (ou *nos*) *muros da cidade estava proibida*.

flagrante ≠ fragrante

Convém não confundir. **Flagrante** é evidente, patente. *Tornou-se flagrante a autoria do crime, sendo flagrante o desânimo do advogado do indiciado. Em flagrante* significa no ato de cometer o delito: *O ladrão foi apanhado em flagrante*. **Fragrante** é perfumado: *flores fragrantes, lenço fragrante, mãos fragrantes*.

flamboaiã

Aportuguesamento do francês *flamboyant*. O Vocabulário Oficial já registra este aportuguesamento, mas resiste a aportuguesar outras palavras, de uso muito mais frequente, como *mignon, pot-pourri, reveillon*, etc. Por quê, ninguém sabe. É um mistério.

Flandres

Condado medieval e região histórica do Noroeste da Europa, hoje dividida entre a Bélgica, a França e a Holanda. Adj. pátrio: *flamengo* ou *flandrense*.

flamejar

Sempre com **e** fechado: *flamejo, flamejas, flameja, flamejamos, flamejais, flamejam* (pres. do ind.); *flameje, flamejes, flameje, flamejemos, flamejeis, flamejem* (pres. do subj.). Significa faiscar e se conjuga integralmente porque se usa em sentido figurado: *O diretor da escola flameja raiva pelos olhos, quando vê aluno fumando*.

flauta / frauta

Ambas as formas existem, mas a primeira é a mais usual.

flebite

Doença que se caracteriza por inflamação das veias, à qual muitos chamam "feblite" e até "febrite".

flecha / frecha

Ambas as formas existem, mas a primeira é a mais usual. V. **variantes (formas)**.

flertar

Sempre com **e** aberto, nas formas rizotônicas: *flerto, flertas, flerta, flertamos, flertais, flertam* (pres. do ind.); *flerte, flertes, flerte, flertemos, flerteis, flertem* (pres. do subj.). Há, no entanto, quem "flêrta" com Deus e o diabo. Compreende-se...

flerte

A pronúncia corrente deste anglicismo (*flirt*) é com **e** fechado (*flêrte*), mas a rigorosamente correta é com **e** aberto (*flérte*), já que todas as palavras portuguesas com essa terminação tem a vogal tônica aberta. Confira: *acerte, aperte, conserte, diverte, inerte, Laerte, solerte*, etc. A orientação equivocada de certos dicionários é que levou à generalização da pronúncia errônea.

fleuma / fleumático

Apesar de ser assim, muitos dizem que foi a "fleugma" britânica que os tornou "fleugmáticos". Existem ainda as variantes (pouco usadas) *flegma* e *flegmático*.

flexionar
É verbo pronominal (tomar a forma flexionada, variar): *A palavra padrão, assim como fantasma e chave, não **se flexiona** quando faz as vezes de um autêntico adjetivo, daí por que usamos escolas padrão, eleitores fantasma, palavras chave*, etc. *As conjunções jamais **se flexionam***.

flocos / frocos
Ambas as formas existem, mas a primeira é a mais usual.

florido
Rege *de* ou *em*: *Campo florido **de** (ou **em**) ipês. Vida florida **de** (ou **em**) sonhos.*

fluido
Como adjetivo (*óleo fluido; substância fluida*) ou como substantivo (*fluido negativo*), a pronúncia é com acento prosódico no **u**: *flúido*. Só o particípio é que tem acento no **i**: *O trânsito tem **fluído** normalmente na rodovia. A água tem **fluído** bem pelo novo cano. Na sua companhia, as horas têm **fluído** rapidamente.*

fluir ≠ fruir
Convém não confundir. **Fluir** é correr com facilidade: *o rio **flui**, o sangue **flui** nas veias.* **Fruir** é gozar, desfrutar: ***fruir** o sol da manhã, **fruir** as delícias da vida no campo.*

fluorar a água da piscina
É isto que deve fazer sempre. Mas existem os que "fluoretam" a água. Água tratada com flúor é *fluorada*, e não "fluoretada". Não existe o verbo "fluoretar".

fobia
Rege *a* ou *de* (medo mórbido; repulsa instintiva): *Essa tua fobia **a** (ou **de**) alturas era compreensível. Essa tua fobia **a** (ou **de**) fumaça de cigarro é justificável.*

foca
Na acepção de jornalista principiante, é substantivo masculino e sobrecomum: *Juçara é apenas **um foca** esforçado. Naquela época, Ifigênia ainda era **um foca**. As irmãs gêmeas eram **os focas** da redação do jornal.*

fofo
Tanto o singular quanto o plural têm **o** tônico fechado.

fofoca
Rege *de* ou *sobre*: *Essas revistas vivem de fazer fofoca **da** (ou **sobre a**) vida dos artistas.*

fogo
Adj. corresp.: *ígneo*. Portanto, *pedra de fogo = pedra ígnea*. No plural, pronuncia-se com o **o** tônico aberto: *fógos*.

foice
Adj. corresp.: *falciforme*. Portanto, *objeto semelhante a uma foice = objeto falciforme*.

folgar
Rege *com* (nome) e *de, em* ou *por* (sentir prazer, alegrar-se): *O presidente folgou **com** a rápida aprovação no congresso da reforma da Previdência. Folgo **de** (ou **em**) saber que você enriqueceu. Folgamos **de** (ou **em**) vê-la com saúde.* Com orações desenvolvidas, todavia, usa-se apenas *em*: *Folgo **em** que voltes para mim*.

folha
Podemos usar indiferentemente, *à folha, a folhas* e *na folha*: *O depoimento se encontra **à folha** (ou **a folhas**, ou **na folha**) 30.* (Só não é possível, portanto, "às folhas".) Abrev.: *f.* ou *fl.*; o plural (*folhas*) se abrevia também de duas maneiras, indiferentemente: *fs.* e *fls.* V. **página**.

fome
Pronuncia-se com **o** fechado: *fôme*. O diminutivo (*fominha*), muito usado em sentido figurado, também tem o **o** fechado, embora muitos digam "fòminha".

fomento
Rege *a* ou *de*: *É fundamental o fomento **à** (ou **da**) indústria e **ao** (ou **do**) comércio.*

Fonte Nova
Nome do estádio estadual da Bahia. É locução masculina: **o** *Fonte Nova*. Os jornalistas, no entanto, usam "a" Fonte Nova. O curioso é que esses mesmos jornalistas não usam "a" Serra Dourada. Curioso isso, não?...

fora / afora
V. **afora / fora**.

fora-da-lei
Pl.: os/as *fora-da-lei*. É, portanto, invariável.

fora-de-série
Pl.: os/as *fora-de-série*. É invariável.

foragido
Rege *a* ou *de*: *Viajavam no navio alguns foragidos **à** (ou **da**) guerra em seu país. Ele é considerado um foragido **à** (ou **da**) justiça.*

força
Rege *a* (apoio), *contra* (energia), *de* ou *para* (verbo), *em* ou *sobre* (influência, prestígio): *É importante a força **à** iniciativa privada. Mostrou ter força **contra** as adversidades da vida. Não teve força **de** (ou **para**) reagir. Fazer força **para** aprender. A mulher do presidente tem força **n**ele (ou **sobre** ele).*

forçar
Usa-se assim: *Não **o** forcei a nada. O pai da moça **o** forçou a casar?!* Há quem use o pronome "lhe" no lugar do correto **o**: *Não "lhe" forcei a nada. O pai da moça "lhe" forçou a casar?!* No Nordeste, principalmente, essa tendência é quase generalizada.

forcejar

Rege *em*, *para* ou *por*: *O presidente forcejou quanto pôde na* (ou **para** *a*, ou **pela**) *solução da crise*. Sempre com **e** fechado: *forcejo, forcejas, forceja, forcejamos, forcejais, forcejam* (pres. do ind.); *forceje, forcejes, forceje, forcejemos, forcejeis, forcejem* (pres. do subj.).

fôrma

Apesar de o Vocabulário Oficial não trazer este substantivo (*molde*) com acento, julgamos seu emprego de bom-senso. Sem o competente sinal, estas frases ficam sensivelmente prejudicadas: *A forma da forma. O calçado tem uma forma que não é da forma que eu escolhi. Essa é uma nova forma de bolo.* Trata-se de uma das escorregadelas do Vocabulário, que deve ser corrigida, assim como *sêde* (vontade de beber).

formado

Rege *com*, *de* ou *por* (estruturado), *de* ou *por* (composto, constituído), *em* (educado) e *para* (alinhado; preparado): *As palavras formadas **com** esse* (ou **desse**, ou **por** *esse*) *sufixo são femininas em português. Uma torcida formada **de*** (ou **por**) *bons e maus elementos. São pessoas formadas **n**as melhores escolas do país. A tropa está formada **para** o desfile. É um profissional formado **para** esse serviço.*

formar

É pronominal (diplomar-se): ***Formei-me*** *em direito. Nós **nos formamos** em medicina. Ela **se formou** em fisioterapia.* Há muita gente, porém, que "forma" em direito, que "forma" em medicina.

formicida

É palavra masculina: ***o*** *formicida*, **um** *formicida*.

formidável

Hoje significa excelente, extraordinário, maravilhoso, admirável, magnífico, mas seu sentido próprio é medonho, terrível, assustador. Hoje, porém, poucos usam: *guerra formidável, doença formidável, peste formidável, acidente formidável, monstro formidável*. Trata-se de um dos poucos casos de inversão semântica ocorridos em nossa língua.

formiga

Adj. corresp.: *formicular*. Portanto, *ninho de formigas = ninho formicular; labirinto de formigas = labirinto formicular*.

fornecedor / fornecimento

Regem *de...a* (ou *para*): *Os fornecedores de alimentos **a**o* (ou **para** *o*) *governo estavam emitindo notas frias. O fornecimento de livros didáticos **a**os* (ou **para** *os*) *alunos do ensino fundamental teve início em 1996.*

forno

No plural, o **o** tônico é aberto.

foro (ó) / foros (ó)

1. Praça das cidades romanas, onde se desenvolviam as atividades política, judicial, econômica e comercial. **2.** Assembléia para livre debate de um tema da atualidade por expertos, aberta ou não ao público. **3.** Esse debate: *Promoveram um **foro** sobre a economia nacional.* Nessas acepções, em que tanto o singular quanto o plural têm **o** tônico aberto, usa-se também *fórum*.

foro (ô) / foros (ó)

1. Tribunal em que se administra justiça. **2.** Jurisdição; alçada; poder: *o foro militar; o foro civil, o foro eclesiástico.* **3.** Lugar onde funcionam os órgãos do poder judiciário; local onde se desenrolam questões judiciais; fórum: *A cidade vai inaugurar seu novo foro semana que vem.* **4.** Encargo habitual; alçada; competência: *O serviço não era de meu foro.* **5.** Pagamento anual que se faz, no Nordeste, pelo arrendamento de um lote a trabalhadores rurais (os foreiros). **6.** Quantia correspondente a esse pagamento. Problema de *foro íntimo* é aquele que diz respeito ao juízo da própria consciência. No plural (*fóros*), significa direitos, privilégios, prerrogativas: *Luto por reivindicar meus foros de cidadão.* A expressão *ganhar foros de* = ganhar categoria ou condição de: *A vila ganhou foros de cidade no séc. XIX. Ele ganhou foros de doutor em 1971.*

forro

Tanto o singular quanto o plural têm **o** tônico fechado.

fortalecido

Rege *com*, *de* ou *por*: *Organismo fortalecido **com*** (ou **de**, ou **por**) *vitaminas*.

forte

Rege *de...para* ou apenas *para* (vigoroso) e *em* (versado, entendido; seguro): *É preciso ser forte **d**o coração **para** suportar tantas emoções. É preciso ser forte **para** suportar tantas emoções. O menino era forte **em** Matemática. Ela sempre foi forte **em** suas decisões, por isso nunca voltou atrás.*

fortuito

Pronuncia-se com acento no **u**: *fortúito*, rimando com *gratuito* e *intuito*.

fosforescente ≠ fluorescente

Convém não confundir. **Fosforescente** é o que desprende luz por ter absorvido radiação emitida de outra fonte. Certas algas marinhas são *fosforescentes*. **Fluorescente** é o que é dotado de fluorescência, propriedade de uma substância de se tornar luminosa quando exposta a raios ultravioleta ou a raios X: *lâmpada **fluorescente**.*

fosso

No plural, o **o** tônico é aberto.

fotografia ≠ retrato

Convém não confundir. **Fotografia** ou foto é qualquer

imagem obtida por meio de máquina fotográfica. **Retrato** é a imagem de pessoa, obtida por meio de máquina fotográfica. Ao disparar a sua câmera fotográfica para registrar a imagem de algum aspecto da natureza, você tira *fotografia*; ao fazer o mesmo disparo para registrar a imagem da sua namorada, por exemplo, eis um belo *retrato*.

fraco

Rege *com* (sem energia, frouxo), *de* (nome) [sem força, débil], *em* (deficiente), *para* (verbo) [sem força, débil] e *por* (queda, afeição, inclinação): *Professor fraco **com** os alunos. Homem fraco **do** coração. O menino era fraco **em** Português. Homem fraco **para** carregar peso. Ter um fraco **por** morenas.*

frade ≠ monge

Convém não confundir. **Frade** é o religioso de convento. Tem como feminino *freira*. **Monge** é o religioso de mosteiro, onde governa abade ou abadessa. Os *monges* vivem vida contemplativa, em total solidão. Não existem "frades" budistas, mas *monges* budistas.

fragrância

Apesar de ser assim, há os que preferem sentir "fragância".

fragrante ≠ aromático

Convém não confundir. **Fragrante** é que tem cheiro bom, agradável e transitório. *A rosa tem perfume fragrante*. **Aromático** é que tem cheiro bom e duradouro. *A cabriúva é uma madeira aromática*.

franco

Rege *com...em* (ou *sobre*), apenas *com* (pessoa) e apenas *em* (ou *sobre*) [coisa]: *Os pais têm de ser francos **com** os filhos **nesse** (ou **sobre esse**) assunto. Estou sendo franco **com** você. Nunca fui tão franco **em** (ou **sobre**) uma resposta como o fui nessa.*

franco ≠ sincero

Convém não confundir. **Franco** é todo aquele que diz claramente o que pensa, por impulso natural. Não faz muito, tivemos um presidente topetudo e *franco*, que depois foi governador de Minas Gerais. **Sincero** é todo aquele que só diz o que sente ou pensa, mais por honestidade que por impulso natural. Todo namorado e toda namorada, todo marido e toda mulher devem ser absolutamente *sinceros*. A franqueza muitas vezes provoca mágoas e arrependimentos; a sinceridade nem tanto.

franco-atirador

Pl.: *francos-atiradores* (mas vulgarizou-se o pl. *franco-atiradores*). V. **Não erre mais!**

Frankenstein

Pronuncia-se *frankinstáin*, mas muitos dizem "frankistein".

franqueza

Rege *com* (pessoa) e *acerca de* (ou *a propósito de*, ou *a respeito de*, ou *em relação a*, ou *quanto a*, ou *sobre*) [coisa]: *Sua franqueza **co**migo foi fundamental para a solução do caso. Sua franqueza **acerca d**a (ou **a propósito d**a, ou **a respeito d**a, ou **em relação à**, ou **quanto à**, ou **sobre** a) decisão tomada chocou, mas não havia outra forma de fazer a coisa.*

fraquejar

Sempre com **e** fechado: *fraquejo, fraquejas, fraqueja, fraquejamos, fraquejais, fraquejam* (pres. do ind.); *fraqueje, fraquejes, fraqueje, fraquejemos, fraquejeis, fraquejem* (pres. do subj.).

fraqueza

Rege *com* ou *para com* (pessoa), *de* (coisa) e *em* (frouxidão) [coisa]: *A fraqueza do professor **com** (ou **para com**) seus alunos repercute mal. A fraqueza **de** caráter é um estigma da personalidade. A fraqueza **n**a defesa do réu levou este à condenação.*

frase ≠ oração ≠ período

Convém não confundir. **Frase** é qualquer palavra ou grupo de palavras usadas para se efetivar a comunicação. Ex.: *Silêncio!* **Oração** é todo e qualquer enunciado que traz verbo ou expressão verbal. Ex.: *Façam silêncio!* **Período** é a frase expressa por uma ou por várias orações. Ex.: *Façam silêncio! Exijo que vocês façam silêncio!*

fraternal ≠ fraterno

Convém não confundir. **Fraternal** é próprio de irmão, é afetuoso: *dedicar um amor **fraternal** a alguém, ter vínculos **fraternais** com um colega, ter um relacionamento **fraternal** com alguém.* **Fraterno** é relativo ou pertencente a irmão(s): *Gumersindo herdou todos os bens **fraternos**. Fofocas **fraternas** são comuns e sempre perigosas. Inimizades **fraternas** costumam ser duradouras.*

fraternidade

Rege *com* ou *para com*: *A fraternidade do chefe **com** (ou **para com**) seus subordinados repercutia favoravelmente na produtividade.*

fraudado

Rege *de* (privado) e *em* (frustrado; lesado): *Uma criança fraudada **do** carinho dos pais cresce com problemas. O time foi fraudado **em** suas expectativas de conquista do título. Consumidor fraudado **em** seus direitos já tem um órgão a que recorrer.*

fraude

Rege *contra* e *em*: *Nova fraude **contra** o INSS. Constatou-se fraude **n**o peso dos pacotes de arroz.*

frear

Conj.: *freio, freias, freia, freamos, freais, freiam* (pres. do ind.); *freie, freies, freie, freemos, freeis, freiem* (pres. do subj.). Subst. corresp.: *freada* (sem "i").

freezer

Está passando da hora também de o Vocabulário Oficial trazer o aportuguesamento deste estrangeirismo: *frízer*. V. **frízer**.

frei

Forma apocopada de *freire*, usada como fórmula de tratamento antes de nome de membros de certas ordens religiosas: *frei Antão, frei Anselmo, frei Luís de Sousa.* Não se usa isoladamente. Fem.: *sóror* ou *soror: sóror* Mariana, *soror* Augusta. Abrev.: *fr.* (com o ponto).

freio

Rege *a* ou *contra* (coisa) e *para* (pessoa): *O código do consumidor é um freio* **à** *(ou* **contra** *a) fraude. O código do consumidor é um freio* **para** *os maus comerciantes.*

freire

Membro de antigas ordens religiosas e militares; frei (antes de nome). Usa-se isoladamente, ao contrário de *frei*.

frenesi

Rege *de* ou *por: Naquela época estava havendo um frenesi* **do** *(ou* **pelo***) vôlei, por causa das atletas, algumas lindas e formosas.*

frente

Antecedida da preposição *em*, esta palavra pode aparecer combinada com *a* ou *de: Ela passou* **em** *frente* **a***o (ou* **d***o) portão e me acenou com a mão. A vítima acabou morrendo* **em** *frente* **a***o (ou* **d***o) hospital.*

frente a

Tem sido usada esta locução, tanto no Brasil quanto em Portugal, por *ante, diante de* ou *perante: O Flamengo não jogou bem* **frente a***o Vasco. Ele mentiu muito* **frente a***o juiz. Os paulistas se houveram muito bem no jogo de ontem* **frente a***os cariocas.* **Frente a** *isso, ficamos meio sem alternativas. Quais seriam esses interesses dos Estados Unidos* **frente a** *uma América Latina empobrecida e combalida?* Trata-se de uso consagrado, a exemplo do que já ocorre com *face a*. Em nome da elegância, convém evitar ambas as duas.

frete ≠ porte

Convém não confundir. **Frete** é o transporte de carga em veículo ou em embarcação. **Porte** é a quantia que se tem de pagar por esse transporte. Por isso é que se usa *franco de porte*, e não franco de "frete".

frialdade ≠ frieza

Convém não confundir. **Frialdade** é qualidade de frio (no sentido próprio, material): *a* **frialdade** *da água, a* **frialdade** *do clima.* **Frieza** é qualidade de frio (no sentido figurado), é indiferença, desinteresse, insensibilidade: *a* **frieza** *de uma mulher, a* **frieza** *de um cumprimento, a* **frieza** *de um assassino, receber alguém com* **frieza.**

frieza

Rege *com* ou *para com: Mostrou muita frieza* **com** *(ou* **para com***) a ex-mulher, na audiência de conciliação.*

frigir

Este verbo se conjuga assim, no presente do indicativo: *frijo, freges, frege, frigimos, frigis, fregem*. Portanto: **Frijo** *ovos para ela todos os dias. Vocês não* **fregem** *ovos no almoço?* Trata-se de um verbo pouco usado: o povo prefere *fritar* a *frigir*. Todos os verbos regulares e irregulares se encontram em **Nossa gramática**, cujo índice, extremamente minucioso, poderá ajudá-lo a encontrar o verbo desejado.

frio

Rege *com, para* ou *para com: A mulher se mostrava cada dia mais fria* **com** *(ou* **para***, ou* **para com***) o marido.* Sup. sint.: *friíssimo* (regular) ou *frigidíssimo* (erudito).

friorento

Apesar de ser assim, muita gente se diz "friolenta".

frívolo ≠ fútil

Convém não confundir. **Frívolo** é leviano, inconseqüente: *mulher* **frívola***, de comportamento e interesses* **frívolos***.* **Fútil** é que não tem utilidade alguma, inútil: *obras* **fúteis***, gastar o tempo em atividades* **fúteis***.*

frízer

Aportuguesamento, embora ainda não oficial, de *freezer*. Pl.: *frízeres*. Convém não confundir **frízer** com **congelador**. O *frízer* é o aparelho eletrodoméstico que mantém temperaturas baixíssimas (-18ºC a 20ºC), usado para congelar alimentos ou conservar alimentos congelados; é o mesmo que frigorífico, palavra, porém, que na língua do dia-a-dia não a substitui. **Congelador** é o compartimento superior do corpo principal da geladeira, que mantém temperaturas mais baixas que ela (0ºC a 5ºC). Hoje já existem frízeres no lugar do congelador, em certas geladeiras. Se colocarmos um sorvete, por exemplo, no *congelador*, ele se derrete; no *frízer*, não. Eis a diferença. Há gramáticos, todavia, que ainda não perceberam a diferença e consideram *frízer* um anglicismo desnecessário. Como se vê, nem tanto.

frouxo

Rege *com* ou *para com* (pessoa), *de* ou *em* (coisa) e apenas *em* (verbo): *Professor frouxo* **com** *(ou* **para com***) os alunos. Professor frouxo* **de** *(ou* **n***a) disciplina. Professor frouxo* **em** *punir.*

fruir

Verbo regular: *fruo, fruis, frui, fruímos, fruís, fruem*. É transitivo direto ou transitivo indireto, indiferentemente: *Fruir umas* (ou **de** *umas*) *boas férias. Fruir a* (ou **d***a*) *liberdade reconquistada. Fruir uma* (ou **de** *uma*) *música. Fruir uma* (ou **de** *uma*) *obra de arte.* É o mesmo que *gozar, usufruir, desfrutar*.

frustrar / frustração / frustrado / frustrante
Apesar de ser assim, há muitos que "frustam" a gente, usando "frustação". Deixam-nos "frustados". É muito "frustante"...

fruta ≠ fruto
Convém não confundir. **Fruta** é todo fruto comestível, principalmente o adocicado, consumido muitas vezes mais por prazer do que para sustento; *chupar frutas no pé sempre é mais gostoso*. **Fruto** é todo ovário de uma flor, amadurecido depois de fecundado. Toda *fruta* é um *fruto*, mas nem todo *fruto* é uma *fruta*. A abóbora é um *fruto*, mas não uma *fruta*; a jabuticaba é uma *fruta*, sem deixar de ser um delicioso *fruto*.

fruta-pão
Pl.: *frutas-pães*. V. **pombo-correio**.

fuga
Rege *a* ou *de* e *de...para*: *Suas constantes fugas* **às** (ou **das**) *obrigações causou sua demissão. Essa fuga* **à** (ou **da**) *realidade não o ajuda, só o prejudica. A fuga* **de** *brasileiros* **para** *o exterior*.

fugido
Rege *a* ou *de*: *Judeus fugidos aos* (ou *dos*) *nazistas. Pessoas fugidas* **a***o* (ou **d***o*) *inverno rigoroso*.

fugir
Na acepção de evitar, pode ser transitivo direto ou transitivo indireto: *Os portugueses fogem os* (ou *aos*) *galicismos como o diabo foge a* (ou **à**) *cruz. O comandante da aeronave, experiente, fugiu a* (ou **à**) *tempestade*. Na acepção de escapar, soltar-se, é apenas transitivo indireto e rege *de*: *Três detentos fugiram* **d***a cadeia ontem*. Conj.: *fujo, foges, foge, fugimos, fugis, fogem* (pres. do ind.); *fuja, fujas, fuja, fujamos, fujais, fujam* (pres. do subj.). Por *fugir* se conjugam: *acudir, bulir, consumir, cuspir, desentupir, entupir, escapulir, sacudir, subir* e *sumir*.

fundado / fundamentado
Regem *em* ou *sobre*: *Prédio fundado* (ou *fundamentado*) **em** (ou **sobre**) *pilotis. Uma relação fundada* (ou *fundamentada*) **n***a* (ou **sobre** *a*) *hipocrisia*.

fundamental
Rege *a* ou *para*: *As exportações são fundamentais* **a***o* (ou **para** *o*) *equilíbrio do balanço de pagamentos*.

funesto
Rege *a* ou *para*: *Essas invasões de terras são funestas* **à** (ou **para** *a*) *democracia*.

furacão ≠ tufão
Convém não confundir. Ambos são ciclones tropicais violentos, com ventos entre 100 e 300km/h, geralmente acompanhados de chuvas fortes, trovões e relâmpagos, mas os *furacões* só ocorrem no Atlântico, enquanto os *tufões* acontecem apenas no Pacífico, mais precisamente na Ásia. Os *furacões* giram no sentido anti-horário e ocorrem nos trópicos, originando-se no Oeste da Índia ou na costa oeste da África. Os *tufões* atacam geralmente a Índia e a China e giram no sentido horário.

furta-cor
É invariável: *camisas* ***furta-cor***.

furto ≠ roubo
Convém não confundir. O **furto** é a ação que consiste em tomar e reter os bens de outrem, sem que este o saiba; o **roubo** é a ação que toma os bens de outrem à vista da vítima. Assim, um menino de rua quando subtrai de uma loja um tênis, sem que os vendedores percebam, *furta*; quando um indivíduo abre repentinamente a porta do seu carro, no trânsito, e exige que você desça, levando seu precioso veículo, *rouba*.

fusível ≠ fuzil
Convém não confundir. **Fusível** é o dispositivo que garante as instalações elétricas contra os excessos da corrente. Pl.: *fusíveis*. **Fuzil** é arma de fogo, um tipo de espingarda. Pl.: *fuzis*.

fustigado
Rege *de* ou *por*: *Comerciantes fustigados* **d***a* (ou **pel***a*) *ganância. São famílias e famílias que migram para o Sudeste e o Sul, fustigados* **d***a* (ou **pel***a*) *seca*.

futebol
Pl.: *futebóis*: *O Brasil ainda pratica um dos melhores* ***futebóis*** *do mundo*.

futessal
Apesar de ser assim, muitos insistem em jogar "futsal".

futevôlei
Apesar de ser assim, muitos insistem em jogar "futvôlei".

fuxico
Rege *de* ou *sobre*: *Essas revistas vivem de fazer fuxico* **d***a* (ou **sobre** *a*) *vida dos artistas*.

fuzil ≠ fusível
Convém não confundir. **Fuzil** é carabina, espingarda, de plural *fuzis*. **Fusível** é dispositivo que garante as instalações elétricas contra os excessos da corrente, de plural *fusíveis*. Quando as luzes se apagam, pode ser um *fusível* queimado, e não um "*fuzil*" queimado, como diz muita gente.

G

gabardina / gabardine
Ambas as formas existem.

gafanhoto

Adj. corresp.: *acridiano* e *acrídio*. Portanto, *nuvem de gafanhotos = nuvem acridiana* (ou *acrídia*); *infestação de gafanhotos = infestação acridiana* (ou *acrídia*).

gago ≠ tartamudo

Convém não confundir. **Gago** é aquele que sente dificuldade em articular as palavras, pronunciando-as com hesitação e repetindo as sílabas. **Tartamudo** é o que atropela as palavras, atirando-as umas sobre as outras, geralmente por efeito de emoção, comoção ou nervosismo. As pessoas normais que, em momentos de nervosismo, hesitam nas palavras, tartamudeiam, não "gaguejam".

gaguejar

Sempre com **e** fechado: *gaguejo, gaguejas, gagueja, gaguejamos, gaguejais, gaguejam* (pres. do ind.); *gagueje, gaguejes, gagueje, gaguejemos, gaguejeis, gaguejem* (pres. do subj.).

gaivota

Adj. corresp.: *larídeo*. Portanto, *hábitos de gaivota = hábitos larídeos*.

galante

Rege *com* ou *para com*: *Um homem galante com* (ou ***para com***) *as mulheres mais novas, mas indiferente às mais velhas*.

galanteio

Rege *com* ou *para com*: *Os freqüentes galanteios **com*** (ou ***para com***) *ela acabaram dando certo, e eles passaram a namorar*.

galho ≠ ramo

Convém não confundir. **Galho** é cada uma das divisões mais fortes de um caule. **Ramo** é cada uma das divisões dos galhos. Passarinhos costumam acomodar-se nos *ramos*; pumas e panteras se equilibram nos *galhos* das árvores.

galhofa ≠ gracejo

Convém não confundir. **Galhofa** é gozação: *Os palmeirenses hoje são obrigados a agüentar a galhofa dos corintianos*. **Gracejo** é a gozação inconveniente ou ofensiva. *Nenhuma mulher séria gosta de ouvir gracejos*.

galo

Adj. corresp.: *alectório*. Portanto, *canto de galo = canto alectório; esporão de galo = esporão alectório*.

gamado

Rege *em* ou *por*: *Estar gamado **n**a* (ou ***pel**a*) *vizinha*.

Gâmbia

Pequeno país africano da costa atlântica. Exige o artigo: *A Gâmbia é um país pobre*.

gana

Rege *a* (raiva, ódio), *de* (apetite), *de* ou *em* (verbo) e *por* (desejo): *Ter gana **à** ex-mulher. É um time que tem gana **de** títulos. Ter gana **de** (ou **em**) esganar alguém. Chegou cheio de gana **por** uma orgia*.

Gana

País africano da costa atlântica. Não exige o artigo, quando o nome aparece isolado: ***Gana** tem cerca de 20 milhões de habitantes*. Quando aparece modificado por um adjetivo, usa-se o artigo: *N**o** atual Gana, 40% da população é analfabeta*.

ganhar

Rege *de* ou *por* (vencer): *O Palmeiras ganhou **de** (ou **por**) 5 a 0 ontem*. Tem dois particípios: *ganhado* (regular) e *ganho* (irregular); o primeiro se usa com *ter* e *haver*; o segundo com *ter, haver, ser* e *estar*. *Eu tinha **ganhado** (ou **ganho**) uma bolada na loteria aquele dia. Muito dinheiro no jogo foi **ganho** por ele*. Muitos pensam haver erro no uso de *ganhado*.

ganhar terreno

Esta expressão rege **a**, assim como sua antônima, *perder terreno*: *Os esforçados sempre **ganham terreno a**os acomodados. O piloto brasileiro **ganha terreno a**o piloto italiano. Os que caminham **perdem terreno a**os que se apressam*. Há jornalistas que usam "sobre" no lugar da preposição **a**.

ganho ≠ lucro

Convém não confundir. **Ganho** é a vantagem financeira obtida com o trabalho ou com um reajuste de salário. Os operários podem ter *ganho*, se o seu salário é reajustado além da inflação passada. **Lucro** é a vantagem financeira obtida no mercado; é o produto da exploração do capital. Os banqueiros sempre têm *lucro*.

ganso

Adj. corresp.: *anserino*. Portanto, *hábitos de ganso = hábitos anserinos*.

garagem

Sempre com **m** final. V. **bobagem**.

garçom

Sempre com **m** final. Existe a variante *garção*, pouco usada.

garganta

Adj. corresp.: *gutural* ou *jugular*. Portanto, *som da garganta = som gutural; veia da garganta = veia jugular*.

gargarejar

Sempre com **e** fechado: *gargarejo, gargarejas, gargareja, gargarejamos, gargarejais, gargarejam* (pres. do ind.); *gargareje, gargarejes, gargareje, gargarejemos, gargarejeis, gargarejem* (pres. do subj.).

gari

A palavra *gari* vem de nome próprio: *Aleixo **Gary***, que foi o primeiro proprietário de empresa de serviços de limpeza do Rio de Janeiro, no final do século XIX. Seus funcionários eram inicialmente chamados pela população de *empregados do Gary*; posteriormente, apenas *garis*, aplicada, assim, mais uma vez, a lei do menor esforço, lei de que o povo tanto gosta, desde os tempos do latim vulgar. Daí surgiu o verbo *garibar* (= limpar) e o substantivo *garibada*, que muitos trocam para *guaribar* e *guaribada*, formas que um dicionário recém-publicado atribui a um topônimo. Por isso, *garibada* e *guaribada* e *garibar* e *guaribar* viraram formas variantes, ou seja, podem ser usadas umas pelas outras.

garibada / garibar

V. **gari**.

garoto

Tanto o singular quanto o plural têm **o** tônico fechado.

garrafa

Não varia, quando usada como adjetivo, na indicação da cor: *camisas garrafa, calças garrafa, meias garrafa*.

Garrett

Pronuncia-se *garrét* (o *t* soa debilmente), mas muitos dizem "garré" e até "garrê". Todos conhecemos o escritor português Almeida *Garrett*.

gastão ≠ castão

Convém não confundir. **Gastão** é todo aquele que aprecia gastar, é o mesmo que esbanjador. Seu antônimo é *avaro*. **Castão** é o arremate superior de bengalas. Há muita bengala com *castão* de prata.

gastar

Tem dois particípios: *gastado* (regular) e *gasto* (irregular); o primeiro se usa com *ter* e *haver*, o segundo com *ter*, *haver*, *ser* e *estar*: *Tenho **gastado** (ou **gasto**) muito dinheiro ultimamente. Muito dinheiro tem sido **gasto** por mim ultimamente*. Muitos pensam haver erro no uso de *gastado*.

A exemplo de *pagado* e *pago*, a língua cotidiana está consagrando o uso apenas do particípio irregular (*ganho*).

gastrenterite, gastrenterologia, gastrintestinal

São formas mais aconselháveis que *gastroenterite*, *gastroenterologia* e *gastrointestinal*.

gato

Adj. corresp.: *felino*. Portanto, *agilidade de gato = agilidade felina; miados de gato = miados felinos*..

gatuno ≠ ladrão

Convém não confundir. **Gatuno** é o que furta com habilidade, com sutileza. **Ladrão** é o que rouba, mas nem sempre tem a habilidade e a sutileza do *gatuno*, que é dado a furtar, e não a roubar.

gear

Usa-se apenas na terceira pessoa do singular. Só o presente do indicativo e o presente do subjuntivo tem *i*: *No Sul do Brasil **geia** muito no inverno. Espero que, quando eu for para lá, não **geie***. Há quem use, respectivamente, "gia", "gie".

gêiser

Pronuncia-se *jêizer*. Pl.: *gêiseres*. Há quem diga "guêizer" e até "gáiser".

gelar

É intransitivo ou pronominal, indiferentemente (transformar-se em gelo, congelar-se): *Com o frio intenso, até a água das torneiras **gelou** (ou **se gelou**)*.

geleira ≠ *iceberg*

Convém não confundir. **Geleira** é a extensa massa de gelo, em formato de monte, formada por neve proveniente das altas montanhas. ***Iceberg*** (pronuncia-se *aicebergue*) é massa de gelo flutuante destacada da geleira. O perigo para os navios está nos *icebergs*, e não nas *geleiras*, que são fixas, portanto previsíveis.

gelo

Adj. corresp.: *glacial*. Portanto, *zona de gelo = zona glacial*. Esta palavra, quando usada como adjetivo, na indicação da cor, não varia: *carros **gelo**, sapatos **gelo**, bolsas **gelo***. V. **areia, bomba, cassete, chave, cinza, creme, esporte, jambo, laranja, monstro, padrão, pastel, pirata, relâmpago, surpresa, tampão** e **vinho**.

gemer

Sempre com **e** fechado: *gemo, gemes, geme, gememos, gemeis, gemem* (pres. do ind.); *gema, gemas, gema, gemamos, gemais, gemam* (pres. do subj.).

geminado

É esta palavra que deriva de *gêmeo*, e não "germinado", como querem muitos. Portanto: *casas **geminadas**, letras **geminadas***.

general

Fem.: *generala*. Abrev.: *gen*. (muitos usam "gal."). O tratamento devido a *general* é *Vossa Excelência*.

general "do Exército"

Visível redundância: general só existe no Exército.

generosidade / generoso

Regem *com* ou *para com* (pessoa) e *em* (coisa): *Não esperem generosidade do governo **com** (ou **para com**) os aposentados. Não esperem generosidade do governo **no** reajuste do salário mínimo. O governo não tem sido generoso **com** (ou **para com**) os aposentados. Ser generoso **na** ração dos animais*.

gengiva

Não admite pronome possessivo, quando a idéia de posse é clara: *Estou com as gengivas inflamadas.* (E não: *Estou com as "minhas" gengivas inflamadas.*) *Quando sorri, ela mostra toda a gengiva superior.* (E não: *Quando sorri, ela mostra toda a "sua" gengiva superior.*) *Devemos estar com as gengivas sempre sadias.* (E não: *Devemos estar com as "nossas" gengivas sempre sadias.*) Quando a idéia de posse não for clara, naturalmente aparecerá o pronome: ***Minhas gengivas*** *estão inflamadas.* ***Suas gengivas*** *estão sangrando?*

gênio

É sempre nome masculino na acepção de pessoa dotada de genialidade: *Beethoven era* ***um*** *gênio. Ela é* ***um*** *gênio em matemática.* Há quem use "gênia" em referência a mulher. Gênio?

genitor ≠ progenitor

Convém não confundir. **Genitor** é o que gera, portanto, o pai. **Progenitor** é o que procria antes do pai, portanto, o avô.

gente

V. **a gente**.

gentil / gentileza

Regem *com* ou *para com*: *Ser gentil* ***com*** *(ou* ***para com****) as visitas. Demonstrar gentileza* ***com*** *(ou* ***para com****) as visitas.*

gentílico ≠ pátrio

Convém não confundir. **Gentílico** é o nome que se refere a raças e povos: latino, germânico, vândalo, israelita, semita, visigodos, etc. **Pátrio** é o nome que se refere a lugar: israelense, romano, alemão, turco, brasileiro, etc.

geral "de todos"

Visível redundância. *Para a felicidade geral "de todos", diga ao povo que isso não se faz...*

gerente-comercial

Sempre com hífen. Da mesma forma: *gerente-administrativo, gerente-financeiro, gerente-geral, gerente-industrial, gerente-jurídico, gerente-regional.*

geringonça/ gerigonça

Ambas as formas são corretas.

gerundismo

Abuso do uso do gerúndio. Ex.: *Estarei "enviando" a nota fiscal amanhã.*
Amanhã vou estar "viajando" para o Rio de Janeiro. Seu vôo vai estar "saindo" dentro de quinze minutos. Vou estar "mandando" seu dinheiro amanhã. Ela vai estar "se apresentando" neste teatro na próxima semana. É mais uma tendência do jornalismo moderno. Essas mesmas frases, em português, ficam assim: ***Enviarei*** *a nota fiscal amanhã. Amanhã* ***viajarei*** *para o Rio de Janeiro. Seu vôo* ***sairá*** *dentro de quinze minutos.* ***Mandarei*** *seu dinheiro amanhã. Ela* ***se apresentará*** *neste teatro na próxima semana.*

Gestapo

Pronuncia-se *ghestapo*, e não "gestapo". É sigla alemã de **Ge**heime **Sta**ats **Po**lizei = Polícia Secreta do Estado.

gestões

Rege *junto a...para*: *Fazer gestões* ***junto a*** *o banco* ***para*** *levantar um empréstimo.*

Getsêmani

Jardim perto de Jerusalém, ao pé do monte das Oliveiras, onde, segundo o Novo Testamento, Jesus teria passado a noite que antecedeu à traição praticada por Judas Iscariote e, conseqüentemente, à sua prisão. Pronuncia-se *ghétsêmani*, mas há quem pronuncie "ghét-semâni".

gigante

Fem.: *giganta*: *Quando começou a crescer, na adolescência, ela se tornou uma* ***giganta****. Hortênsia diz que seu sonho é ser uma* ***giganta*** *do automobilismo mundial. Essa mulher foi uma* ***giganta*** *na defesa da democracia.* Como adjetivo, é invariável: *homem* ***gigante****, mulher* ***gigante****.*

ginete

Fem.: *gineta* (ê). Pronuncia-se *ginête*.

gíria ≠ calão ≠ jargão

Convém não confundir. **Gíria** é a linguagem pitoresca do vulgo. **Calão** é a gíria de gente ordinária, configurada nos palavrões e nas expressões de baixo nível. **Jargão** é a fala popular complicada, difícil de entender. Também é a linguagem própria de certos grupos ou profissões, é a gíria profissional. No *jargão* jornalístico, *foca* é o/a jornalista novato(a).

giz

Pl.: *gizes*. *A professora usou dois* ***gizes*** *brancos e três* ***gizes*** *coloridos.*

glamour / glamor

Anglicismo que se pronuncia *glémur*, mas no Brasil se costuma dizer *glamur*, por influência do francês.

glicose

É esta a palavra que devemos usar. Não faltam doces e guloseimas, no entanto, que tragam na embalagem: *Não contém "glucose". Glucose* é forma inglesa.

globo
Tanto o singular quanto o plural têm **o** tônico fechado.

glossário ≠ dicionário
Convém não confundir. **Glossário** é obra em forma de dicionário, destinada a explicar termos obscuros, arcaicos, dialetais, técnicos, malconhecidos, etc. **Dicionário** é o conjunto das palavras e expressões de uma língua, dispostas em ordem alfabética, acompanhadas das respectivas significações; é o mesmo que *léxico*.

goianiense
Pessoa que nasce em Goiânia. Muitos usam "goianense".

Goitacás
Em rigor, é plural de *Goitacá*. Sendo assim, esdrúxula seria a forma *Goitacases*, se não estivesse consagrada. Na verdade, convém salientar, equivale a "voceses", "cafeses", etc.

gole ≠ trago
Convém não confundir. **Gole** é a porção de líquido que se bebe de uma só vez. **Trago** é o gole bebido com ânsia, com avidez.

goleada
Rege *em* ou *sobre*: *A goleada de 7 a 2 do Vitória no (ou sobre o) Palmeiras, em pleno Parque Antártica, foi historicamente humilhante*.

golfo
Tanto o singular quanto o plural têm **o** tônico fechado.

golfo Pérsico
Por que não *golfo Persa*? Porque *golfo Pérsico* é expressão consagrada, assim como consagrado é o nome do *oceano Índico*, embora todos saibamos que *índico* seja sinônimo de *indiano*, *índio* e *hindu*. Por isso é que nenhum professor de Geografia fala em golfo "Persa" nem em oceano "Hindu", que tudo isso é estrambotismo.

golpe
Rege *com* ou *de* (com nome indeterminado), mas apenas *com* (com nome determinado) e *contra* ou *em*: *Foi um golpe com (ou de) navalha. Foi um golpe com a navalha. Foi um verdadeiro golpe contra as (ou nas) liberdades individuais*.

gonococo
Pronuncia-se *gonocóco*.

gorar
É verbo intransitivo ou pronominal, indiferentemente: *Os planos da empresa goraram (ou se goraram). O projeto gorou (ou gorou-se) no nascedouro.* V. **malograr**.

gordo
Tanto o singular quanto o plural têm **o** tônico fechado.

gorjeta ≠ propina
Convém não confundir. **Gorjeta** é a paga suplementar com que a pessoa servida se mostra grata pelo serviço prestado. **Propina** é qualquer gratificação a empregados ou subalternos. Os garçons recebem *gorjeta*; os burocratas, quase sempre, são movidos a *propina*.

gorro
Tanto o singular quanto o plural têm **o** tônico fechado.

gostar
É verbo que exige sempre a preposição *de*, a menos que anteceda oração desenvolvida, caso em que ela pode aparecer elíptica: *Gosto (de) que ela me beije, ao sair. Esse é o carro de que gosto.* Como gíria, tem sido usado com pronomes oblíquos átonos: *Eu te gosto. Eles se gostam.*

gosto
Rege *a* (simpatia, afeição), *a*, *de* ou *por* (queda, inclinação) e *de* ou *em* (verbo): *A criança tomou gosto à babá. Você tem gosto a (ou de, ou por) que instrumento musical? Ela sempre teve um gostinho à (ou da, ou pela) safadeza. Ele tem gosto de (ou em) estragar a festa dos outros.* Tanto o singular quanto o plural têm **o** tônico fechado.

gostoso
No plural, o **o** tônico soa aberto. No superlativo sintético, essa vogal continua aberta: *gostòsíssimo*.

gostoso de
Não se usa o pronome *se* depois da preposição. Portanto: *Carro gostoso de dirigir. Trabalho gostoso de fazer.*

gotejar
Sempre com **e** fechado: *goteja, gotejam; goteje, gotejem,* etc.

Goulart
Pronuncia-se *goulárt* (o *t* soa debilmente), mas muitos dizem "gulár".

governante
Fem.: *a governanta* ou *a governante*.

gozar
É transitivo direto ou indireto, indiferentemente (ter, possuir) e apenas transitivo direto (desfrutar): *Gozo boa (ou de) boa saúde. Funcionário que goza muitos (ou de muitos) privilégios. Ela não goza boa (ou de boa) fama na cidade. Gozarei as férias no exterior. Gozaram a bolada da megassena por vários anos. Vamos gozar a vida?* Como transitivo direto e indireto significa caçoar, fazer chacota, tirar um sarro: *Você está gozando a (ou com a, ou da minha cara)?*

gozo
Tanto o singular quanto o plural têm **o** tônico fechado.

graça ≠ graças
Convém não confundir. **Graça** é o dom gratuito, proveniente de ente ou pessoa poderosa, por afeto, consideração ou piedade. Muitos alcançam a *graça* que pediram, quando têm fé. Também significa dito só para provocar riso: *Cruzei-me com ela e disse-lhe uma **graça**; ela gostou e nos casamos*. **Graças** são confianças, intimidades, liberdades: *Ela não gosta de **graças** consigo*.

gradação ≠ graduação
Convém não confundir. **Gradação** é aumento ou diminuição gradativa: *a **gradação** das cores, a **gradação** do vermelho para o rosa; a **gradação** de tom de voz de uma cantora*. **Graduação** é ação ou efeito de graduar ou de graduar-se, é a divisão em graus e medidas, em níveis hierárquicos, etc.: *a **graduação** da temperatura num termômetro; a **graduação** em direito, em medicina; a **graduação** de tenente; cursos de **graduação** de uma universidade*. No sumô, a **graduação**, em ordem decrescente, é: makuuchi, juryo, makushita, sandanme, jonidan e jonokuchi.

grã-fino
Apesar de ser esta a grafia oficial, existem autores que propugnam por esta: "granfino". Sem o til, no entanto, só é possível a grafia das reduções *granfa* e *granfo*.

gralha ≠ gato ≠ pastel
Convém não confundir. **Gralha** é o erro tipográfico ou de composição não percebido pela revisão (letra fora do lugar, trocada ou virada). **Gato** é o erro tipográfico que a revisão deixou escapar, com graves conseqüências, porque forma palavras escabrosas ou de sentido totalmente diferente daquelas que constam nos originais. **Pastel** é a colocação, fora de ordem, de linhas em uma composição, que não permite a seqüência lógica do texto.

grama
Na acepção de unidade de peso, é nome masculino: ***um*** *grama de ouro, **dois** gramas de cocaína, **duzentos** gramas de presunto*.

Grammy
Pl.: *Grammys*. V. **Óscar**.

grande número de / grande parte de / grande quantidade de
Estas expressões deixam o verbo no singular ou no plural, quando se lhes segue nome no plural: *Grande número de torcedores **veio** (ou **vieram**) ao estádio. Grande parte das mulheres **chorou** (ou **choraram**). Grande quantidade de víveres **foi jogado** (ou **foram jogados**) fora*.

grandessíssimo / grandíssimo
Ambos são superlativos sintéticos de *grande*, mas a primeira forma se usa pejorativamente: *Ele é um grandessíssimo sem-vergonha! Ela é uma grandessíssima vigarista!* Nunca se ouviu dizer: *Ele é um grandessíssimo honesto! Ela é uma grandessíssima amiga!*

gratidão
Rege *a* ou *para com* (pessoa) e *por* (coisa): *Mostrou gratidão **a**os (ou **para com** os) professores. Mostrou gratidão **pel**os favores recebidos*.

gratificar
Usa-se assim: *O homem não o gratificou por você ter-lhe achado a carteira perdida?* Muitos, no entanto, trocam o pronome *o* por "lhe", transformando o verbo transitivo direto em indireto.

grato
Rege *a...por* e *por* (verbo): *Foi grato **a**o policial **pel**a compreensão. Mostrou-se grato **à** platéia **pel**a atenção. Muito grato **por** se lembrarem de mim!*

gratuito
Sempre com acento no **u**, assim como *gratuitamente*: *entrada **gratuita**, violência **gratuita**; entrar **gratuitamente**; acusar **gratuitamente***. Há repórteres que insistem em dizer "gratuíto", "gratuìtamente".

gravidez
Pl.: *gravidezes*. Há mulheres que passam por duas ou mais **gravidezes** de risco. V. **estupidez**, **invalidez** e **malcriadez**.

greco-
O **e** soa aberto ou fechado, indiferentemente: ***greco**-romano, **greco**-latino*, etc.

grelha
Pronuncia-se *grélha*. V. **grelhar**.

grelhar
Sempre com **e** fechado: *grelho, grelhas, grelha, grelhamos, grelhais, grelham* (pres. do ind.); *grelhe, grelhes, grelhe, grelhemos, grelheis, grelhem* (pres. do subj.). *Quem **grelha** a carne hoje sou eu*. V. **grelha**.

grená
Não varia: *camisas grená, carros grená*.

greve
V. **em greve**.

greve ≠ locaute
Convém não confundir. Há profunda diferença semântica entre estas duas palavras, a primeira vinda do francês (*grève*), a segunda do inglês (*lockout*). **Greve**, que veio substituir a vernácula *parede*, é a recusa de trabalhadores a comparecer ao local de trabalho, ou a trabalhar, mesmo dentro da empresa ou firma, enquanto não forem atendidos em suas reivindicações. O que hoje é movimento *grevista* antigamente era movimento *paredista*. Usa-se *greve* também para paralisação de estudantes. **Locaute** é o impedimento, por parte do empregador, do acesso dos trabalhadores ao local de trabalho, com o propósito de forçá-los a aceitar as condições patronais.

grogue
É o aportuguesamento do inglês *grog*.

grosseiro / grosso
Regem *com* ou *para com* (pessoa) e *de* ou *em* (coisa): *Homem grosseiro **com** (ou **para com**) todo o mundo. Homem grosso **com** (ou **para com**) todo o mundo. Homem grosseiro **de** (ou **em**) modos. Homem grosso **de** (ou **no**) trato.*

grosseria ≠ descortesia
Convém não confundir. A **grosseria** denota falta de educação; a **descortesia**, falta de atenção. A *grosseria* é um defeito, às vezes involuntário; a *descortesia* é uma falta repreensível. Aquele que não sabe comer à mesa é *grosseiro*; pode incomodar ao homem educado, à mulher fina, de hábitos elegantes. O que não se levanta para dar lugar a uma dama é *descortês*.

grosso
No plural, tem **o** tônico aberto. O diminutivo plural também tem essa vogal levemente aberta: *gròssinhos*. V. **grosseiro / grosso**.

grosso modo
Como se trata de locução latina, dispensa a preposição, embora muitos a usem ("a" grosso modo): *A explicação foi dada **grosso modo**. O julgamento foi feito **grosso modo**.* O ex-presidente francês François Mitterrand declarou certa feita, sabiamente: *Ser presidente é como uma espécie de filósofo que diz, **grosso modo**, qual será o caminho e nada mais.*

grudado / grudar
Regem de preferência *a*: *O chiclete ficou grudado **a**os dentes. As crianças ficam com os olhos grudados **à** televisão. Meus pés pareciam grudados ao chão! Chiclete gruda **a**os dentes. Algo grudou **a**o meu sapato. Este pneu faz com que o carro fique grudado **a**o chão.* No português do Brasil mais se vê com a preposição *em*.

grumete
Aprendiz de marinheiro. Pronuncia-se *grumête*, mas o dicionário do "tira-teima" também registra a pronúncia "grumète".

guáiaco
Árvore medicinal, também conhecida como *pau-santo*. Note: é nome proparoxítono. Muitos, todavia, dizem "guaiáco".

Guantánamo
Baía do mar do Caribe, em Cuba, onde foi instalada em 1903 uma base naval dos Estados Unidos. Pronuncia-se *guantánamo* (à espanhola) ou *guantânamo* (à portuguesa).

guaraná
É palavra masculina: *o guaraná*, **um** *guaraná gelado*.

Guaratinguetá
O segundo **u** não soa: *guaratinghetá*.

guarda-
Este elemento não varia, quando se junta a substantivo: **guarda**-*chuvas*, **guarda**-*roupas*, **guarda**-*pós*. Quando se junta a adjetivo, porém, varia: **guardas**-*civis*, **guardas**-*noturnos*, **guardas**-*florestais*.

guarda-costas
Sempre com o segundo elemento no plural.

guarda-marinha
Pl.: *guardas-marinha* (preferível) e *guardas-marinhas*.

guarda-pó ≠ jaleco
Convém não confundir. **Guarda-pó** é o avental que se usa sobre a roupa, para resguardá-la de pó ou poeira, principalmente no trabalho ou em viagem. **Jaleco** é o casaco curto, usado por profissionais liberais.

guardião
Fem.: *guardiã*. Pl.: *guardiães* (pref.) e *guardiões*.

guaribada / guaribar
V. **gari**.

guarnecido
Rege *com* ou *de*: *Sala guarnecida **com** (ou **de**) cortinas de seda*.

Guarujá
Não se usa com artigo (*ir a Guarujá, morar em Guarujá*), mas na língua cotidiana aparece sempre o artigo "o" (*ir "ao" Guarujá, morar "no" Guarujá*).

guelra
Aparelho respiratório dos animais que vivem na água. Pronuncia-se *ghélra*.

Guercino / Guerino
Em ambos estes nomes o **u** não soa.

guerra
Adj. corresp.: *bélico* ou *marcial*. Portanto, *zona de guerra = zona bélica; música de guerra = música marcial*.

Guevara
Pronuncia-se *ghevara*, e não "güevara".

guia
Este nome é sobrecomum, na acepção de pessoa que guia, acompanha ou orienta visitantes de uma empresa, pessoas incapacitadas ou menos experientes, etc. e na de cicerone: *Jeni é **um bom** guia de cegos. **Meu guia turístico** se chamava Juçara.*

Guiana
Nesta palavra, o *u* é subtônico, por isso não leva trema. O ideal seria grafarmos *Gùiana*, com o acento grave, mas

este acento só existe hoje para indicar a crase. Esta omissão do Vocabulário Oficial provocou recentemente numa repórter uma reação coerente e compreensível: ela pronunciou "ghiana". Ou seja: leu rigorosamente conforme estava escrito. Quem pecou?

Guido
Pronuncia-se *ghido*, e não "güido".

guidom
Sempre com **m** final. Existe a variante *guidão*.

guincho
O aviso de advertência aos motoristas que estacionam em lugares proibidos costuma estar assim: *Sujeito a guincho*. Nenhum veículo, por mais pesado que seja, fica sujeito a *guincho*, mas a *guinchamento*.

Gúliver
Personagem de um romance do escritor satírico irlandês Jonathan Swift. Note: é nome proparoxítono. Muitos, no entanto, dizem "Gulíver".

guloso
Rege *de* ou *por*: *Os gordos são geralmente pessoas gulosas **de** (ou **por**) doces*.

gume ≠ fio
Convém não confundir. **Gume** é a parte do instrumento destinada a cortar. **Fio** é a linha finíssima, extrema, do gume; muita vez fica embotado e necessita de aguçamento. Toda faca, todo canivete, toda tesoura, têm *gume*, mas podem não ter *fio*. As navalhas geralmente já vêm com *fio*; têm, portanto, *gume* e *fio*.

H

h
Abreviatura de *hora(s)*: *2h, 3h*. Note: é minúsculo e sem ponto nem **s**. Deve vir imediatamente após o número. A fração de minuto(s) vem logo após: *2h15min* (também sem ponto nem espaço). Na língua portuguesa não se representam as horas e minutos com o uso do dois-pontos (*15:00*), prática da língua inglesa. As palavras que indicam horas exigem artigo, sem exceção: *Telefone-me antes **do** meio-dia. Estarei em casa a partir **das** nove horas. Elisa nos procurou **da** uma **às** duas. Telefonei-lhe entre **as** duas e **as** três horas. Estiveram aqui por volta **da** meia-noite. Vimos Ifigênia pouco antes **das** cinco horas. Só encontrei Neusa depois **da** uma da madrugada. O desfile começará por volta **da** meia-noite*. Quando o numeral se refere a *minutos*, evidentemente é *os* que se usa: *O telejornal começa **aos** cinco (minutos) para as oito. Cheguei **aos** quinze para a meia-noite. A reunião terá início a partir **dos** dez para as nove. O filme começou **aos** dois para as seis. O ônibus sai **aos** vinte para as nove. Cheguei por volta **dos** quinze para a uma*. A imprensa brasileira ignora tudo isso.

há..."atrás"
Redundância comum. A presença do verbo *haver* (*há*) já indica tempo passado. Portanto, ou se usa o verbo, ou se usa *atrás*, mas não ambos ao mesmo tempo: *Isso aconteceu **há** muitos anos. Isso aconteceu muitos anos **atrás***.

habeas corpus
Latinismo. Rege *a* (ou *em*) *favor de* ou *de*: *O advogado requereu habeas corpus **a** (ou **em**) **favor d**o (ou **d**o) homem preso, acusado do crime*.

habeas data
Latinismo. Rege *contra*: *Impetrar habeas data **contra** atos do governo*.

hábil
Rege *em* ou *para*: *Um jogador hábil **n**o (ou **para** o) drible. Um jogador hábil **em** (ou **para**) driblar*.

habilidade
Rege *de*, *em* ou *para*: *Ter habilidade **de** (ou **em**, ou **para**) driblar. Um jogador com muita habilidade **d**o (ou **n**o, ou **para** o) drible*.

habilitação / habilitado
Regem *a* ou *para* (nome), mas apenas *para* (verbo): *Conseguiu, enfim, habilitação **a**o (ou **para** o) cargo. Conseguiu, enfim, habilitação **para** dirigir veículos pesados. A empresa queria contratar alguém habilitado **à** (ou **para** a) função. A empresa queria contratar um motorista habilitado **para** dirigir veículos pesados*.

habilitar
Usa-se assim: *As autoridades não o habilitaram para dirigir veículos pesados*. Muitos, no entanto, substituem o pronome *o* por "lhe", transformando o verbo transitivo direto em indireto. Rege *a* ou *para*, mesmo quando pronominal: *Sua experiência o habilita **a** (ou **para**) exercer o cargo. Ele não se habilitou ainda **a** (ou **para**) dirigir veículos pesados*.

hábita
V. *habitat*.

habitação ≠ lar
Convém não confundir. *Habitação* é o lugar onde se mora, independentemente de conforto ou não. Há muita gente nas grandes cidades que tem sua *habitação* debaixo das pontes, dos viadutos, etc. **Lar** é a habitação em que uma família goza de paz, harmonia, tranqüilidade e segurança. Por isso é que as crianças devem ter um *lar*, e não apenas uma habitação; por isso também que se diz *aconchego do lar*, e não "aconchego da habitação".

habitante
Rege *de* ou *em*: *A maioria dos habitantes **de** (ou **em**) favelas não têm água encanada.*

habitar
É verbo transitivo direto ou intransitivo: *Ele habita um sobrado. Ele habita **n**um sobrado. Você acha que ninguém habita a Antártica? Você acha que ninguém habita **n**a Antártica?*

habitat
Ambiente natural. Como se trata de um latinismo com terminação incompatível com a índole da língua (-t), não deve receber acento. Pronuncia-se *ábitat*. O aportuguesamento, ainda não admitido pelo Vocabulário Oficial deste estrangeirismo (e não se sabe por quê), é *hábita*. V. **deficit** e **superavit**.

habitat natural
Como hoje a ciência soube criar *habitats* artificiais, já não há redundância na expressão *habitat natural*.

habite-se
Pl.: os *habite-se* (inv.).

habituado
Rege *a*: *Estar habituado **a** serviço pesado. Estar habituado **a** dormir cedo.* A regência "habituado com" deve ser desprezada, já que sofreu influência de *acostumado com*.

habitual
Rege *a, em* ou *entre*: *A humildade é habitual **a**os (ou **n**os, ou **entre** os) mendigos.*

habituar e habituar-se
Regem *a*: *Habitue seus filhos **a**o estudo! Habituei-os **a** levantar-se bem cedo. Já me habituei **a** isso. Quem se habitua **a** roer unhas dificilmente deixa o vício. Habituamo-nos **a**o clima de Salvador.* A regência com a preposição "com" deve ser desprezada.

haja vista
Expressão invariável no português contemporâneo. Equivale a *veja*: *O Brasil vai ser logo uma potência mundial. **Haja vista os** políticos que tem. Os bandidos vão ser varridos das ruas. **Haja vista as** promessas do governador. O Brasil vai erradicar a violência. **Haja vista o** moderno aparelhamento da polícia. O Brasil vai acabar com a incompetência. **Haja vista o** alto salário que já se paga aos professores. O Brasil está eufórico. **Haja vista que** se acabou com o desemprego, com a miséria e com a alta carga de impostos.*

E, então? Não somos um povo feliz? Haja vista o seu sorriso...

hambúrguer
Pl.: *hambúrgueres*. Há quem use "hambúrguers".

há menos de ≠ a menos de
Convém não confundir. A primeira expressão equivale a *faz menos de* e só se emprega para indicar tempo passado: *Eu a vi **há menos de** dez minutos. O jogo começou **há menos de** cinco minutos.* A segunda se usa para indicar tempo futuro ou distância: *Estamos **a menos de** vinte dias da posse do novo presidente. Ela estava **a menos de** um metro de mim.*

há mister / há mister de / há de mister
As três expressões existem (é preciso, há necessidade de): *Há mister* (ou *Há mister de*, ou *Há de mister*) *valorizar o professor, para que haja a melhoria do ensino e a erradicação da incompetência*. Todas três podem ser construídas pessoalmente (necessitar, precisar, desejar), equivalendo a verbo transitivo direto: *As crianças brasileiras **hão mister** (ou **hão mister de**, ou **hão de mister**) ajuda. **Hei mister** (ou **Hei mister de**, ou **Hei de mister**) falar sincera e desapaixonadamente.*

há muito ≠ há pouco
Estas duas expressões têm a palavra *tempo* subentendida: ***Há muito** que não vejo Beatriz.* (= Há muito *tempo* que não vejo Beatriz.) ***Há pouco** eu a vi na praia.*

handicap
Este anglicismo significa, em rigor, qualquer desvantagem que torna o sucesso mais difícil: *A seleção brasileira de futebol ganhou quatro campeonatos mundiais com o "handicap" de campo e torcida. O principal "handicap" da Hyundai é a falta de imagem da marca.* Pronuncia-se *réndikèp* (esse *r* tenta reproduzir o *h* aspirado).

happy hour
É expressão inglesa de amplo emprego entre nós. Usamo-la corretamente no gênero feminino: ***a** happy hour*, ***uma** happy hour*. Significa *hora feliz*. Toda sexta-feira é dia de ***happy hour***.

harmonia / harmônico / harmonioso
Regem *com* e *entre*: *A harmonia do poder executivo **com** o poder judiciário é importante. A harmonia **entre** os poderes da República é importante. O poder executivo deve ser harmônico (ou harmonioso) **com** os demais poderes. Os poderes da República devem ser harmônicos (ou harmoniosos) **entre** si.*

harmonizar
É verbo intransitivo ou pronominal, indiferentemente: *Nossos ideais não **harmonizam** (ou **se harmonizam**). Liberdade e marxismo nunca **harmonizaram** (ou **se harmonizaram**). Quando os gênios não **harmonizam** (ou **se harmonizam**), o casamento acaba rapidamente.*

há tempo ≠ a tempo
Convém não confundir. A primeira expressão equivale a *faz tempo*, e a segunda a *em tempo*: ***Há tempo** que não chove por aqui. Cheguei **a tempo** de assistir a todo o jogo.* A segunda sempre vem acompanhada da preposição *de*.

há uma hora ≠ à uma hora ≠ a uma hora

Convém não confundir. A primeira expressão equivale a *faz uma hora*; a segunda indica a hora do dia, e a terceira se usa nos demais casos: *Cheguei **há uma hora**. Saí **à uma hora**. Estamos **a uma hora** do início do jogo. Onde estará ela **a uma hora** destas? Daqui **a uma hora** começa o jogo. Se você chegar ao estádio **a uma hora** do início da partida, não encontrará lugar.*

Havaí

Arquipélago do Pacífico que constitui o 50º Estado norte-americano desde 21 de agosto de 1959. Em português não se escreve "Hawai" nem muito menos "Haway".

haver

No sentido de *existir, acontecer, realizar-se* e *fazer*, é invariável: *Havia poucos ingressos à venda.* (Havia = Existiam) *Já houve duas guerras mundiais. Haverá outras?* (houve = aconteceram; haverá = acontecerão) *Quantas reuniões haverá hoje?* (haverá = se realizarão) *Não a vejo há séculos!* (há = faz). Quando o verbo da oração principal está no presente ou no pretérito perfeito, usa-se *há* na oração que expressa o tempo: ***Há** muitos anos que não vejo Beatriz.* Se, porém, o verbo da oração principal estiver no pretérito imperfeito ou no mais-que-perfeito, usar-se-á *havia*: ***Havia** muitos anos que eu não via Beatriz.* É ainda *há* que se usa quando o pretérito imperfeito substitui o pretérito perfeito: ***Há** quarenta anos, Kennedy era assassinado.* (= Há quarenta anos, Kennedy foi assassinado.) Também é *há* que se usa quando o tempo é considerado a partir do momento em que se fala: ***Há** dois anos, ela era uma menina e agora já é uma moça!* (= Dois anos atrás ela era uma menina e agora já é uma moça!)

haver de haver

Correto: o verbo *haver* pode ser auxiliar de si próprio. Ex.: ***Haverá** de haver um mundo melhor. **Há** de haver outros planetas habitados.*

havido

Rege *como* ou *por* (predicativo): *Aquele rapaz é tido e havido **como** (ou **por**) bandido.*

hebraico ≠ hebreu

Convém não confundir. **Hebraico** é adjetivo que se relaciona com as coisas e com o idioma dos hebreus: *comércio hebraico, língua hebraica, política hebraica, costumes hebraicos*, etc. **Hebreu** é adjetivo que se relaciona com as pessoas judias: *cidadão hebreu, eleitor hebreu, povo hebreu.* Tem como feminino *hebréia*.

Hedviges

Apesar de ser assim, há os que usam "Hedvirges", "Edwirges" e até "Edvirgens".

hegemonia

Rege *de* ou *sobre*: *A hegemonia **da** (ou **sobre**) as Américas ainda é dos Estados Unidos.*

heliponto ≠ heliporto

Convém não confundir. **Heliponto** é qualquer porção de solo ou de espaço destinado a pouso e decolagem de helicópteros: *No meu edifício existe um **heliponto**.* **Heliporto** é o aeroporto destinado apenas a pouso e decolagem de helicópteros: *No **heliporto** da cidade se alugam helicópteros de todos os tamanhos e para todos os fins.*

Helvetia

Nome latino. Em português: *Helvécia*.

hemácia

Apesar de ser assim, oito, entre dez professores de Biologia, escrevem "hemácea". O glóbulo vermelho do sangue, no entanto, chama-se *hemácia*.

hemeroteca

Coleção de jornais e revistas. Há quem use "hemoteca".

hemorragia "de sangue"

Visível redundância.

hemorróidas / hemorróides

Ambas as formas existem, mas a primeira é a mais usual. Usam-se apenas e tão-somente no plural: *Ela sofre de **hemorróidas**. Ele tem **hemorróides**.* Há, todavia, quem usa "hemorróida" e "hemorróide".

hepatite "do fígado"

Visível redundância. Mas não falta quem diga, com certa expressão de dor, que está com hepatite "do fígado". Quando não dizem "hepatite do figo".

herdado

Rege *a* ou *de*: *Bens herdados **a** (ou **de**) um capitalista. Cultura herdada **a** (ou **de**) civilizações pré-colombianas.*

herdeiro

Rege *a* ou *de*: *No Brasil, não se sabe ao certo quem seria o legítimo herdeiro **a**o (ou **d**o) trono, se fosse reimplantada a monarquia.*

herpes

É palavra masculina e invariável no plural: ***o** herpes, **os** herpes.*

hesitação

Rege *em, em relação a, quanto a* ou *sobre*: *A hesitação do treinador **na** (ou **em relação à**, ou **quanto à**, ou **sobre a**) escolha dos onze jogadores que vão entrar em campo irritou a torcida. Ela revela muita hesitação **nas** (ou **em relação às**, ou **quanto às**, ou **sobre as**) mínimas decisões que tem de tomar.*

hesitar

Antes de infinitivo, usa-se ou não a preposição *em*: *Ele não hesitou dizer (ou **em** dizer) tudo o que sabia. O bandido não hesitou matar (ou **em** matar) a vítima.*

hetero-
Não exige hífen: *heteroinfecção, heteroinoculação, heteroinstrospecção, heterossexual*, etc. O primeiro **e** soa sempre aberto.

heterogêneo
Rege *a* e *em*: *Um fenômeno heterogêneo **a** outro. São partidos heterogêneos **n**a ideologia.*

heureca!
Interjeição que indica regozijo por um descobrimento inesperado ou pelo encontro da solução de um problema difícil: ***Heureca!** o Brasil acabou com a inflação!* A exclamação se deve ao matemático grego Arquimedes, ao descobrir a lei do peso específico dos corpos.

hexa-
Elemento grego que significa *seis*. Pronuncia-se *égza* ou *éksa*: *hexacampeão, hexacampeonato, hexaclorofeno, hexaedro, hexágono, hexassílabo*, etc.

hidro-
Não exige hífen: *hidroavião, hidroginástica, hidromassagem, hidrossanitário*, etc.

hidroavião / hidravião
São ambas formas corretas, com preferência para a segunda.

hidroelétrica / hidrelétrica
São ambas formas corretas, com preferência para a segunda.

hieróglifo / hieroglifo
São ambas formas corretas, com preferência para a segunda.

hífen / hifem
Ambas as grafias existem; a primeira é a mais usada; a segunda é a mais aconselhável. Qualquer delas faz no plural *hifens* (sem acento).

hilaridade
Apesar de ser assim, há quem use "hilariedade".

hilário
Não é sinônimo perfeito de *hilariante* (que provoca o riso). É *hilariante* quando um matuto diz que é conversa mole que o homem foi à Lua. *Hilário*, todavia, é algo bem pior: significa ridiculamente cômico; burlesco; grotesco. De fato, hilário é dizer *carro "convencível"* em vez de *carro conversível*. Hilário, ainda, é dizer *atestado de "órbita"*, em vez de *atestado de óbito*. Há muitas situações hilárias na vida: basta viver...

hímen / himem
Ambas as grafias existem; a primeira é a mais usada; a segunda é a mais aconselhável. Qualquer delas faz no plural *himens* (sem acento).

hindu = indiano
Quem nasce na Índia é *indiano* ou *hindu*, indiferentemente. Há certos autores, contudo, que só aceitam o termo *hindu* em referência à religião. Não.

hinterlândia
Região afastada ou distante do litoral; sertão; interior. Escreve-se com **h**, porque nos vem do alemão *Hinterland*.

hiper-
Quando a palavra que se segue a este prefixo se inicia por vogal, esta vogal e o **r** formam uma sílaba. Portanto, *hiperacidez* e *hiperinflação* se lêem, respectivamente, *hiperacidez, hiperin-flação*, e não "hiper-acidez", "hiper-inflação". Usa-se o hífen quando a palavra tem início por **h**: *hiper-humano*. Usado como substantivo, recebe acento e varia normalmente: *o híper, os híperes*.

hipopótamo
Fem.: *hipopótama*.

hipoteca ≠ penhor
Convém não confundir. **Hipoteca** é a garantia feita com bens imóveis, com os quais o credor pode efetuar o pagamento, no caso de não ter condições de pagar a dívida com dinheiro. **Penhor** é a mesma garantia, porém, feita com bens móveis. Os dois conceitos apresentam, todavia, exceções estabelecidas por lei.

hipótese
Rege *acerca de*, ou *a propósito de*, ou *a respeito de*, ou *de*, ou *em relação a*, ou *quanto a*, ou *sobre*: *Os cientistas estabeleceram várias hipóteses **acerca d**a* (ou ***a propósito d**a*, ou ***a respeito d**a*, ou *da*, ou ***em relação à***, ou ***quanto à***, ou ***sobre** a*) *origem do universo*.

história
Rege *acerca de*, ou *a propósito de*, ou *a respeito de*, ou *de*, ou *em relação a*, ou *quanto a*, ou *sobre*: *Os alunos queriam saber toda a história **acerca d**os* (ou ***a propósito d**os*, ou ***a respeito d**os*, ou *dos*, ou ***em relação a**os*, ou ***quanto a**os*, ou ***sobre** os*) *bandeirantes*.

história ≠ História
Convém não confundir: **história** é a ciência ou ramo do conhecimento que estuda os fatos passados de um povo, país, etc.: *É importantíssimo conhecer **história**, para aprender a viver no presente e preparar a vida para o futuro.* **História** é o nome da disciplina escolar que trata dessa ciência: *Sempre gostei de **História**, sempre fui bom aluno de História. Existem estudantes que pensam que **História** é mera decoreba. Como se enganam!*

hoje são
Nas orações indicativas de datas, o verbo *ser* concorda sempre com o numeral, se não aparecer a palavra *dia* expressa: *Hoje são vinte de abril. Ontem foram dezenove de abril. Amanhã serão vinte e um de abril.* Mas: *Hoje é dia vinte de abril. Ontem foi dia dezenove de abril. Amanhã será dia vinte e um de abril.*

"homão"
O povo tem usado esta forma como aumentativo de *homem*, assim como usa "arvão" como aumentativo de *árvore*. E ainda diz "òmão". Na norma culta se usa *homenzarrão* e *arvorezão*, respectivamente.

homem
Pronuncia-se corretamente com o **o** fechado. No português do Brasil, todo fonema nasal confere timbre fechado à vogal anterior, mormente quando esta for tônica. Confira: *nome, dome, some, tome, come, fome*, etc. Os portugueses, no entanto, abrem essa vogal. Não devemos imitá-los quanto a isso, embora seja do interesse de alguns que o façamos. Os portugueses têm lá suas peculiaridades: escrevem *António* e pronunciam *antônio*; os brasileiros, ao contrário, temos outras peculiaridades, que precisamos corrigir: escrevemos *Antônio* e dizemos "antônio", escrevemos *quilômetro* e pronunciamos "kilómetro". Dá para entender?

homenagem
V. **bobagem**.

homília / homilia
Ambas as prosódias existem, mas a segunda tem alguma preferência.

homogêneo
Rege *a* e *em*: *Um fenômeno homogêneo a outro. São partidos homogêneos na ideologia.*

honestidade / honesto
Regem *com* ou *para com* (pessoa) e *em* (coisa): *A honestidade do professor com (ou para com) os alunos na correção das provas difunde confiança entre eles. Sempre foi honesto com (ou para com) todos no exercício da profissão.*

honra
Rege *a* (homenagem) e *para* (privilégio): *Honra àqueles que lutam pela Pátria! É uma honra para mim colaborar nessa campanha.* Antecedida da preposição *em*, aparece combinada com *a* ou *de*: *Foi feita homenagem em honra aos (ou dos) mortos.*

honra ≠ honras
Convém não confundir. **Honra** é a boa fama adquirida pelo mérito e virtude numa sociedade. A *honra* pressupõe dignidade, probidade, retidão de caráter, qualidades escassas em boa parte dos homens do mundo atual. **Honras** são homenagem: *O piloto foi enterrado com honras de herói nacional. O soldado recebeu todas as honras militares.*

honrado
Rege *com* ou *por* (nome), *de* ou *em* (verbo) [dignificado, lisonjeado] e *em* (honesto): *Sinto-me honrado com o (ou pelo) seu apoio. Sinto-me honrado de (ou em) ter seu apoio. Comerciante honrado em tudo o que faz.*

honrar-se
Rege *com* ou *de*: *Honro-me com (ou de) trabalhar com você, Gumersindo. Eu me honraria com (ou de) sair com você, Susana.*

honroso
Rege *a* ou *para*: *Seu apoio é honroso a (ou para) mim.*

hora
Rege *de* (verbo) e *para* (nome e verbo): *É hora de trabalhar. Há hora para tudo. Há hora para o lazer e hora para trabalhar.*

hora ≠ ora
Convém não confundir. **Hora** é o período de tempo equivalente a sessenta minutos: *De hora em hora há um noticiário nesse canal. Ele ganhava nos Estados Unidos dez dólares por hora.* Ora é advérbio, interjeição e palavra denotativa de continuação (equivalente de *mas*): *Ela, que ora é minha mulher, era apenas uma criança. Ora, vem você agora com conversa mole! Ela queria ir à praia; ora, havia chovido muito, por isso não a acompanhei.* A expressão *por ora* equivale a por enquanto: ***Por ora** está tudo bem.*

hora(s)
V. **h**.

horror
Rege *a* ou *por* (aversão, repulsa) e *de* (medo, pavor): *O velho tinha horror a (ou por) crianças. Ele sente horror ao (ou pelo) casamento. As crianças têm horror de bicho-papão. As mulheres têm horror de baratas. Homens e mulheres têm horror de ficar velhos.*

horrorizado
Rege *com*, *de* ou *por*: *Os turistas ficaram horrorizados com a (ou da, ou pela) violência no Rio de Janeiro.*

hortelão
Fem.: *horteloa*. Pl.: *hortelãos* e *hortelões*.

horto
Tanto o singular quanto o plural têm o **o** tônico fechado.

hospedagem
Rege *a* (pessoa) e *em* (coisa): *A hospedagem aos turistas em pousadas foi a solução encontrada para a falta de vagas nos hotéis da cidade.*

hóspede
Fem.: *hóspeda* ou *a hóspede*. A primeira forma é mais usada em Portugal.

hostil / hostilidade
Regem *a, contra, para* ou *para com*: *Esse congresso é hostil **a**o* (ou ***contra** o,* ou ***para** o,* ou ***para com** o) governo. O congresso revelou desde logo hostilidade **a**o* (ou ***contra** o,* ou ***para** o,* ou ***para com** o) novo presidente.*

humanidade / humano
Regem *com* ou *para com*: *Governo que não tem humanidade **com*** (ou ***para com***) *os pobres. O carcereiro era muito humano **com*** (ou ***para com***) *os presos.*

humildade / humilde
Regem *com* ou *para com*: *Manifestar grande humildade **com*** (ou ***para com***) *os pais. É preciso ser humilde **com*** (ou ***para com***) *todos.*

humilde
Superl. sint. erudito: *humílimo*. Portanto, *presidente muito humilde = presidente humílimo*.

humilhado
Rege *com* (coisa): *Sentiu-se humilhado **com** aquela declaração*.

humo / húmus
As duas formas existem: a primeira é gramatical; a segunda, mais usada.

humorista ≠ comediante
Convém não confundir. Ambos têm o propósito de fazer rir, mas o **humorista** não é necessariamente alegre e brincalhão; o **comediante**, ao contrário, vive de promover alegria mediante brincadeiras, palhaçadas de todos os tipos e gostos. O *comediante* geralmente se apresenta risonho e, geralmente, com suas palhaçadas, faz a alegria da garotada; o *humorista* pode fazer rir absolutamente sério, além de ser mais fino, mais sutil. Costinha e Tiririca são *comediantes*; Jô Soares e Luiz Fernando Guimarães são *humoristas*.

I

i/I
A minúscula (repare) tem pingo ou ponto, mas a maiúscula não. Muitos, porém, escrevem o **i** sem pingo, ou colocam uma bolinha em seu lugar, e grafam o **I** com pingo. V. **j/J**.

ia indo
Correto: o verbo *ir* pode ser auxiliar de si próprio, assim como o verbo *vir*: *Eu ia indo, e ela não vinha vindo...*

ianque
É o aportuguesamento do inglês *yankee*.

ibero
Adjetivo contraído de *ibérico*. Pronuncia-se *ibéro*. Muitos, no entanto, usam "íbero". Os iberos foram um povo que por muito tempo dominou a península Ibérica. Ao se unirem com os celtas, surgiram os celtiberos (bé), que muitos dizem "celtíberos". Existe uma boa faculdade em São Paulo que se chama **Ibero**-*Americana*. Muitos dizem "íbero-americana". Certamente, não estudaram nela...

ibidem
Palavra latina que significa aí mesmo, no mesmo lugar. Abrev.: *ib.* ou *ibid*. Note: é vocábulo paroxítono.

ida
Rege *de...a* (para retornar breve) ou *para* (para permanecer ou ficar), ou apenas *a* e *para*: *Minha ida **de** São Paulo **a** Cuiabá foi por compromissos profissionais. Minha ida **de** São Paulo **para** Cuiabá se deveu a uma transferência solicitada por mim. Minha ida **a** Santos todos os fins de semana me faz bem. Minha ida **para** Santos talvez resolvesse de vez meu problema de saúde. Sua ida **a**o banheiro não foi percebida nem pelo namorado. Sua ida **para** a cama não foi percebida nem pelo marido.*

idade
Adj. corresp.: *etário*. Portanto, *faixa de idade = faixa etária; grupos por idade = grupos etários*.

Idade Média
Período histórico compreendido entre 476 e 1453, ou seja, entre a queda do império romano do Ocidente e a tomada de Constantinopla. Adj. corresp.: *medieval*. Portanto, *costumes da Idade Média = costumes medievais*.

idealizar ≠ idear
Convém não confundir. **Idealizar** é planejar algo sublime, da mais alta aspiração intelectual, estética, espiritual, afetiva: *idealizar a mulher amada, idealizar um projeto fantástico. Os poetas idealizam a mulher*. Também significa planejar, projetar (sempre no bom sentido): *Um grande paisagista idealizou os jardins dessa cidade*. Usa-se ainda na acepção de fantasiar, imaginar: *idealizar transas homéricas com uma atriz*. Subst. corresp.: *idealização*. **Idear** é projetar ou planejar (em todos os sentidos): *idear uma cidade, idear uma viagem, idear um seqüestro, idear um roubo, idear um assalto. Quem ideou a cruz suástica como símbolo do nazismo?* Subst. corresp.: *ideação*.

idéia
Rege *a favor de* ou *contra, de* (intenção, geralmente com verbo; lembrança), *de* ou *sobre* (conceito, noção) e *acerca de* (ou *a propósito de*, ou *a respeito de*, ou *em relação a*, ou *quanto a*, ou *sobre*) [convicção]: *Alimentar idéias **a favor d**a* (ou ***contra** a) monarquia. Não tenho idéia **de** viajar. Não tinha a mínima idéia **d**o fato. A idéia **de*** (ou ***sobre***) *Deus é muito difusa.*

*Qualquer dia eu te direi minhas idéias **acerca d**esse (ou **a propósito d**esse, ou **a respeito d**esse, ou **em relação a** esse, ou **quanto a** esse, ou **sobre** esse) projeto.* Adj. corresp.: *ideativo* (*mundo ideativo*).

idem
Palavra latina que significa o mesmo que se mencionou anteriormente ou o mesmo autor ou, ainda, da mesma forma. Abrev.: *id.* É vocábulo paroxítono.

identificado
Rege *a* ou *com*: *Ela já estava tão identificada **à**quele (ou **com** aquele) estilo de vida, que nem percebia estar sendo usada. Estou plenamente identificado **a**os (ou **com** os) interesses do meu país.*

identificar-se
Rege *com* ou *em*: *Minha alma parece identificar-se **com** a (ou **n**a) dela.*

idolatria
Rege *a*, *de* ou *por*: *Ter idolatria **a**os (ou **d**os, ou **pel**os) filhos.*

ídolo
É palavra que sempre se usa no masculino, mesmo em referência a mulher: *Camila Pitanga é seu maior ídolo.*

idoneidade
Apesar de ser assim, muita gente usa "idoniedade".

ignomínia
Apesar de ser assim, há até dicionário que traz "ignomia"!

ignorado
Rege *de* ou *por*: *Na escola, sentia-se ignorado **d**os (ou **pel**os) colegas.*

ignorância
Rege *acerca de*, ou *a respeito de*, ou *em relação a*, ou *de*, ou *quanto a*, ou *sobre*: *A ignorância **acerca d**a (ou **a respeito d**a, ou **em relação à**, ou **d**a, ou **quanto à**, ou **sobre** a) crase é geral.*

ignorante
Rege *de* ou *em*: *São pessoas completamente ignorantes **d**o (ou **n**o) assunto.*

Igreja
Adj. corresp.: *eclesiástico*. Portanto, *tribunal da Igreja = tribunal eclesiástico*.

igreja ≠ Igreja
Convém não confundir. Usa-se com inicial maiúscula, quando a palavra designa a comunidade cristã (*a Igreja Protestante*), a profissão clerical (*ele entrou para a Igreja ainda jovem*) ou a comunidade católica (*a Igreja não permite o aborto*). É praxe o emprego de apenas *a Igreja* por a Igreja Católica. Quando a palavra vem determinada, também se grafa com inicial maiúscula: *a Igreja de Santo Antônio, a Igreja da Candelária.* Com inicial minúscula se grafa esta palavra, quando se referir ao edifício para o culto cristão: *A igreja está fechada. Essa igreja foi construída no séc. XV.* Col. (de *igreja*): *igrejário*. Dim. irregular (de *igreja*): *igrejola, igrejório.* Adj. corresp. (de *Igreja*): *eclesiástico*.

igualar
Usa-se assim: *Ninguém ainda o igualou em habilidade no futebol.* Há quem use "lhe" no lugar do pronome *o*, transformando, assim, o verbo transitivo direto em indireto. Usado como transitivo direto e indireto ou como pronominal, rege *a* ou *com*: *Você quer igualar minha casa **à** (ou **com** a) sua? Minha casa não se iguala **à** (ou **com** a) sua.*

igualha
Igualdade de posição social ou de condição moral: *Ela só anda com gente de sua igualha.* Muitos usam "iguala".

iídiche / ídiche
As duas formas existem, mas há quem use uma terceira, "iidiche".

ileso
A pronúncia correta é com **e** aberto, mas no português do Brasil corre muito a pronúncia com **e** fechado. V. **leso**.

ileso ≠ incólume
Convém não confundir. **Ileso** é que saiu de um perigo sem receber nenhuma lesão ou dano. **Incólume** é são e salvo. Se um chefe de Estado escapar de um atentado apenas com alguns ferimentos leves, saiu *ileso*; se, porém, não sofreu sequer um arranhão, saiu *incólume*. No atentado ao Papa João Paulo II, em 1981, o Santo Padre saiu *ileso*, mas não "incólume", porque sofreu lesão e fratura num dos dedos da mão esquerda.

ilha
Dim. irregular: *ilhéu* (s.m.), *ilhota*. Adj. corresp.: *ilhéu* (de fem. *ilhoa*), *insular* (*homem ilhéu; população ilhoa; aves insulares*). Col.: *arquipélago*. Alguns livros de Geografia insistem na definição redundante de ilha: porção de terra cercada de água "por todos os lados".

Ilhabela
Apesar de ser assim, muitos vão para "Ilha Bela".

iludido
Rege *com* ou *por*: *Ficou iludido **com** (ou **por**) aquela promessa.*

iludir
Usa-se assim: *Ela o iludiu.* Muitos, no entanto, usam o pronome "lhe" no lugar do *o*, transformando o verbo transitivo direto em indireto.

iluminado

Rege *com*, *de* ou *por*: *O estádio era iluminado **com** (ou **de**, ou **por**) grandes e fortes holofotes. A sala estava iluminada **com** (ou **de**, ou **por**) grandes lâmpadas.*

imbróglio

É esta a forma que o Vocabulário Oficial nos apresenta como aportuguesamento do italiano *imbroglio* (que se pronuncia *imbrólho*). Trata-se de um aportuguesamento esdrúxulo, já que em português o grupo gl não forma som palatal (lh). Em rigor, a forma aportuguesada deveria ser *imbrolho*. Mas, porém, todavia, contudo...

imediato

Rege *a*: *Qual é o número imediato **a** 17? O dia imediato **a**o domingo é sempre uma triste segunda-feira.* A regência "imediato de" deve ser desprezada.

imergir

Conj.: *imerjo* (ê), *imerges, imerge, imergimos, imergis, imergem* (pres. do ind.); *imerja, imerjas, imerja, imerjamos, imerjais, imerjam* (pres. do subj.). V. **emergir** ≠ **imergir** e **submergir**.

imitir

V. **emitir** ≠ **imitir**.

impaciente / impaciência

Regem *com*, *de* ou *por*: *Estar impaciente **com** a (ou **d**a, ou **pel**a) demora no atendimento. Todos notaram sua impaciência **com** a (ou **d**a, ou **pel**a) demora no atendimento.*

impacto

Rege *em* ou *sobre*: *O aumento de combustíveis sempre causa um forte impacto **n**a (ou **sobre** a) inflação.*

imparcial / imparcialidade

Regem *com* ou *para com* (pessoa) e *em* (coisa): *Um árbitro imparcial **com** (ou **para com**) as equipes em disputa. É fundamental a imparcialidade do árbitro **com** (ou **para com**) as equipes em disputa. Ele sempre se revelou um juiz imparcial **n**as sentenças. Sua imparcialidade **n**as sentenças era de todos conhecida.*

imparcial ≠ neutro

Convém não confundir. Diz-se **imparcial** aquele que não favorece nem a um nem a outro; é o que julga sem se deixar envolver na situação. Um magistrado ou um árbitro esportivo deve ser *imparcial*. Diz-se **neutro** o que não toma partido de um nem de outro, por não querer comprar barulhos alheios. A Suíça não foi "imparcial" durante a II Guerra Mundial, mas *neutra*.

impassibilidade

Apesar de ser assim, muita gente se caracteriza pela "impassividade".

impassível / impassibilidade

Regem *a*, ou *ante*, ou *diante de*, ou *perante*: *Gente impassível **à** (ou **ante** a, ou **diante d**a, ou **perante** a) dor alheia. A impassibilidade do árbitro **à** (ou **ante** a, ou **diante d**a, ou **perante** a) tentativa de agressão foi louvável.*

impeachment

A palavra inglesa *impeachment* (pronuncia-se *impítchment*) é mais específica que a vernácula *impedimento* (que pode existir até em futebol). Daí por que tem a preferência dos juristas e jornalistas. Podem, contudo, ambas ser usadas, sem problemas. Não há como rejeitar um estrangeirismo, quando ele é necessário, mais adequado, conveniente ou apropriado que a palavra vernácula. Há algum tempo, tivemos um presidente da República que sofreu processo de *impedimento*. Muitos cientistas políticos, à época, defendiam o uso da palavra em inglês: *impeachment*, condenando o seu aportuguesamento, pois, segundo eles, a palavra *impedimento* não teria o mesmo alcance do significado jurídico do termo inglês.

impedimento

Rege *a* ou *de*, ou *para* (obstáculo): *Não havia nenhum impedimento **à** (ou **d**a, ou **para** a) sua saída do país. A alta taxa de juros era um impedimento **a**o (ou **d**o, ou **para** o) crescimento.*

impedir

Quem impede, impede alguém de alguma coisa ou impede a alguém alguma coisa: *Os guardas impediram o homem de entrar no teatro.* Ou: *Os guardas impediram ao homem que entrasse no teatro. A mãe impediu as filhas de viajar.* Ou: *A mãe impediu às filhas que viajassem.* Diz-se deste verbo o mesmo que se disse de *despedir*.

impeditivo

Rege *a* ou *de*: *Medida impeditiva **à** (ou **d**a) liberdade de expressão. Lei impeditiva **à** (ou **d**a) importação de carros.*

impelido

Rege *a* ou *para*: *Hortênsia foi impelida **à** (ou **para** a) prática do mal. Sinto-me impelido **a**os (ou **para** os) braços daquela mulher.*

imperativo ≠ imperioso

Convém não confundir. **Imperativo** é que exprime uma ordem com autoridade: *o tom imperativo do juiz; a voz imperativa da autoridade policial.* **Imperioso** é que exprime ordem com arrogância, com soberba: *o tom imperioso do sargento, o ar imperioso daquele presidente alfacinha.*

imperdoável

Rege *a*: *"Aumentar ainda mais" é uma redundância imperdoável **a** qualquer jornalista.*

imperialismo

Rege *em* ou *sobre*: *Desde há muito que Paris exerce um imperialismo **n**a (ou **sobre** a) moda, não contestado por nenhum movimento "libertador".*

império
Rege *de* ou *sobre* (domínio) e *em* ou *sobre* (ascendência): *A Inglaterra exercia, naquela época, um império* **d**os (ou **sobre** *os*) *mares de todo o mundo. O império do homem* **n***a* (ou **sobre** *a*)*mulher é o da força bruta, e o da mulher* **n***o* (ou **sobre** *o*) *homem é o da beleza.*

impertinência / impertinente
Regem *com* ou *para com*: *A impertinência do chefe* **com** (ou ***para com***) *alguns dos seus subordinados era injustificável. Era um homem impertinente* **com** (ou ***para com***) *crianças.*

impiedade / impiedoso
Regem *com* ou *para*, ou *para com* (pessoa) e *em* (coisa): *Demonstrar impiedade* **com** (ou ***para***, ou ***para com***) *os mendigos. Ditador impiedoso* **com** (ou ***para***, ou ***para com***) *os adversários políticos. Sua impiedade* **n***o julgamento já era notória. Juiz impiedoso* **n***as sentenças que proferia.*

impigem / impingem
São ambas formas corretas, mas a primeira é a mais usual.

impio ≠ ímpio
Convém não confundir. **Impio** é que não tem piedade, cruel, desumano: *Os seqüestradores costumam ser impios.* **Ímpio** é o que, não sentindo respeito a Deus nem ao que é sagrado, despreza o culto público; equivale a sem fé, herege, incrédulo, ateu: *Os ímpios devem ser muito infelizes.*

ímpio
Rege *com*, *contra* ou *para com*: *Os bolchevistas eram ímpios* **com** (ou **contra**, ou ***para com***) *qualquer tipo de religião ou de religiosidade.*

implacável
Rege *com*, *contra* ou *para com* (pessoa), mas apenas *com* ou *contra* (coisa): *Mostrar-se implacável* **com** (ou **contra** ou ***para com***) *os conspiradores. Professor implacável* **com** (ou **contra**) *os vícios de linguagem de seus alunos.*

implicância
Rege *com* (antipatia) e *em* (envolvimento): *Sua implicância* **com** *as crianças era irritante. Qual é a sua real implicância* **n***essa fraude?*

implicar
É transitivo direto (dar a entender, pressupor; produzir como conseqüência, acarretar; originar, causar, produzir; tornar indispensável ou necessário, requerer, exigir): *Um sorriso que* **implica** *certa cumplicidade. Greve ilegal* **implica** *demissões. A tecnologia* **implica** *maior conforto para a humanidade. Democracia* **implica** *responsabilidade e certa disciplina.* A língua cotidiana transforma-o em transitivo indireto, regência que o verbo não tem nessas acepções. É, sim, transitivo indireto ou pronominal, indiferentemente (ter implicância, antipatizar, ter birra): *É um vizinho que* ***(se) implica*** *com todo o mundo. Por que você* ***(se) implica*** *tanto comigo? Eu* ***(me) implico*** *com criança mal-educada.* É apenas pronominal (envolver-se): *Procure não* ***se implicar*** *em confusões!*

implorar
É transitivo direto: *A moça implorou que não lhe dessem o laxante. A vítima implorava que não a matassem.* Muitos usam "implorar para".

implume ≠ impene
Convém não confundir. **Implume** é que ainda não tem penas: *filhotes ainda implumes.* **Impene** é sem pena: *existem aves impenes?*

importância
Rege *a* ou *para* (interesse) e *em* ou *sobre* (influência): *São medidas sem nenhuma importância* **a***o* (ou ***para*** *o*) *povo. São fatos de grande importância* **à** (ou ***para*** *a*) *história. A importância da educação* **n***a* (ou **sobre** *a*) *formação da personalidade da criança. A importância de um cacique* **em** (ou **sobre**) *um partido político.*

importante
Rege *a* ou *para* (interessante) e *em*: *São fatos importantes* **à** (ou ***para*** *a*) *história. Trata-se de um fenômeno importante* **n***a linguagem.*

importar
É verbo transitivo direto (acarretar, implicar; montar, chegar a, atingir): *Esta decisão do governo poderá* **importar** *enormes sacrifícios da população. As despesas* **importam** *dois milhões de reais. Os prejuízos com o incêndio* **importaram** *alguns milhões de reais.* É verbo transitivo indireto (interessar) e unipessoal, ou seja, usado apenas nas terceiras pessoas (do singular e do plural): *Não me* **importa** *que ela sofra. Não* **importam** *aos palmeirenses as derrotas do Corinthians. Não me* **importa** *que seu time perca. Não me* **importam** *seus problemas.* É pronominal (dar importância) e rege *com* (nome) e *de* (verbo): *Ele não* **se importa** *com as derrotas do Corinthians. Nunca* **me importei** *com os defeitos dela. Ele não* **se importa de** *ficar em pé no estádio, se for para ver o Corinthians perder.*

importunação / importunado
Regem *com*, *de* ou *por*: *Sua importunação* **com** (ou ***de***, ou ***por***) *qualquer ruído o deixava cada vez mais nervoso. Homem importuno* **com** (ou ***de***, ou ***por***) *ruídos.*

importuno
Rege *a* ou *para* (chato, cacete) e *com* ou *para com...em* (inconveniente): *Criança importuna* **a***os* (ou ***para*** *os*) *pais. Rapaz importuno* **com** (ou ***para com***) *a namorada* **n***as carícias que fazia.*

imposição
Rege *de...a* (ou *sobre*): *A imposição da língua do vencedor* **a***o* (ou **sobre** *o*) *povo vencido não é boa política.*

impossibilidade
Rege *de*, *em* ou *para*: *A impossibilidade **de** (ou **em**, ou **para**) poder viajar é que o atormentava. A impossibilidade **do** (ou **no**, ou **para o**) crescimento imediato era uma das preocupações do governo.*

impossibilitado
Rege *de* ou *para*: *Estar impossibilitado **de** (ou **para**) andar. Sentiu-se impossibilitado **do** (ou **para o**) desempenho de suas funções.*

impossível
Rege *a* ou *para*: *É impossível **ao** (ou **para o**) governo baixar agora a taxa de juros. É impossível **a** (ou **para**) uma criança de cinco anos compreender isso.*

impossível de
Não se usa o pronome *se* depois da preposição: *Problema impossível de resolver. Pico impossível de escalar.* V. **impossíveis de + infinitivo**.

impossíveis de + infinitivo
Não se usa o infinitivo no plural, mesmo que o adjetivo esteja no plural: *Problemas impossíveis de **resolver**. Picos impossíveis de **escalar**. Essas informações são impossíveis de **ser** tiradas.* V. **impossível de**.

imposto
Rege *de* ou *sobre* (neste caso, exige o artigo): *Foi cobrado o imposto **de** (ou **sobre a**) renda na fonte. Quem lhe fez os cálculos para o pagamento do imposto **de** (ou **sobre a**) renda?* No plural, esta palavra tem **o** tônico aberto.

imposto ≠ taxa ≠ tarifa ≠ tributo
Convém não confundir. **Imposto** é a contribuição compulsória que a União, os Estados e os municípios cobram dos cidadãos para fazer frente às despesas públicas. É extremamente alto no Brasil, chegando a ser escorchante. **Taxa** é o pagamento por um serviço prestado pela União, pelo Estado ou pelo município. Além da *taxa* de água e esgoto, agora a população de algumas cidades brasileiras está sendo obrigada a pagar a *taxa* do lixo. **Tarifa** é o custo estipulado para o transporte de qualquer coisa, principalmente aquele fixado por órgão oficial ou estatal. Continua alta a *tarifa* postal? **Tributo** é o imposto lançado diretamente nas mercadorias e produtos, pago sem que a população perceba. A gasolina tem incluídos no seu preço vários *tributos*.

impotência / impotente
Regem *ante* ou *perante* e *contra*: *Sua impotência **ante** (ou **perante**) o congresso é que mais o incomoda. Um governo impotente **ante** (ou **perante**) o congresso. Sua impotência **contra** as forças do mal o atormentava. Era um ser impotente **contra** as forças do mal.*

impregnar
Tem o **g** debilmente pronunciado durante a conjugação: *impregno, impregnas, impregna, impregnamos, impregnais, impregnam* (pres. do ind.); *impregne, impregnes, impregne, impregnemos, impregneis, impregnem* (pres. do subj.). *Cheiro de cigarro **impregna** na roupa e nos cabelos.* Há quem diga "impreguino", "impreguina", "impreguine", etc. *O cheiro de cigarro impregna nos cabelos, na roupa, em tudo! Os automóveis impregnam o ar de monóxido de carbono.* (E não: "impreguina", "impreguinam", respectivamente.)

imprescindível
Rege *a* e *a...em* (ou *para*): *São atributos imprescindíveis **a** um craque o cabeceio, o drible e a visão de jogo. O drible é imprescindível **ao** jogador **na** (ou **para a**) sua profissão. O alumínio, hoje, é um metal imprescindível **às** montadoras **nos** (ou **para os**) seus motores sofisticados.*

impressão
Rege *em* (sensação, impacto) e *acerca de*, ou *a respeito de*, ou *quanto a*, ou *sobre* (opinião): *A impressão do novo carro **nos** consumidores foi altamente favorável. Minha impressão **acerca daquele** (ou **a respeito daquele**, ou **quanto àquele**, ou **sobre aquele**) dicionário não é nada boa.* Quem tem impressão, tem impressão de alguma coisa: *Tenho a impressão de estar sendo seguido. Tive a impressão de que havia um jato na minha cabeça, de tanta dor!* Nas orações reduzidas, o *de* é de rigor, mas nas desenvolvidas (que se iniciam normalmente por *que*), a preposição pode estar elíptica. Assim, a segunda frase poderia também estar assim: *Tive a impressão que havia um jato na minha cabeça, de tanta dor!* Quando *impressão* representa o sujeito, a preposição *de* é facultativa: *A impressão era (de) que havia um jato na minha cabeça, de tanta dor!*

impressão ≠ edição
Convém não confundir. **Impressão** é a tiragem de jornais, revistas, livros, etc. sem mudança em seu conteúdo, em relação à primeira publicação. **Edição** é a tiragem inicial de uma obra ou cada uma das tiragens subseqüentes, com mudança no conteúdo.

impressionado
Rege *com*, *de* ou *por*: *Ficou impressionado **com a** (ou **da**, ou **pela**) inteligência da menina. Não estou nada impressionado **com** isso (ou **disso**, ou **por** isso).*

impressionar
Usa-se assim: *O filme o impressionou muito. Nada a impressiona?* Muitos, no entanto, usam o pronome "lhe" no lugar do *o*, transformando, assim, o verbo transitivo direto em indireto.

imprimir
É verbo que tem dois particípios: o regular (*imprimido*, que se usa com *ter* e *haver*) e o irregular (*impresso*, que se emprega com *ser* e *estar*): *A editora já havia **imprimido** o livro. O livro já fora **impresso** pela editora.* Na acepção de co-

municar, transmitir, não é abundante e só aceita o particípio regular: *O motorista havia **imprimido** grande velocidade ao veículo. Foi **imprimida** grande velocidade ao veículo.*

ímprobo
Note: é palavra proparoxítona. Muitos, no entanto, dizem "impróbo".

impróprio
Rege *a* ou *para* (nome), mas apenas *para* (verbo): *O mar está impróprio **a**o (ou **para** o) banho. Filme impróprio **a** (ou **para**) menores. Água imprópria **para** beber.*

impugnação
Rege *a* ou *de*: *A impugnação **a**o (ou **d**o) resultado das eleições foi motivo de protesto da oposição.*

impugnar
Tem o **g** debilmente pronunciado durante a conjugação: *impugno, impugnas, impugna, impugnamos, impugnais, impugnam* (pres. do ind.); *impugne, impugnes, impugne, impugnemos, impugneis, impugnem* (pres. do subj.). Há quem diga "impuguino", "impuguina", "impuguine", etc. *Ela **impugna** todas as minhas decisões. Espero que ninguém **impugne** meu voto.* (E não: "impuguina", "impuguine", respectivamente.)

imundícia / imundície / imundice
As três formas existem, mas a segunda é a mais usada.

imune / imunidade
Regem *a* ou *de*: *Esses atletas parecem imunes **a**o (ou **d**o) cansaço. As crianças são criaturinhas imunes **a** (ou **de**) qualquer pecado. Há pessoas imunes **a**o (ou **d**o) vírus HIV. Há pessoas que apresentam imunidade **a** esse (ou **d**esse) vírus.*

inábil / inabilidade
Regem *em* ou *para*: *O rapaz mostrou inabilidade **em** (ou **para**) negócios. É um rapaz inábil **em** (ou **para**) negócios.*

inabilitado
Rege *de* ou *para*: *Foi considerado inabilitado de (ou **para**) servir o Exército.*

inacessível
Rege *a* ou *para*: *A universidade pública se tornou inacessível **à** (ou **para** a) maioria da classe pobre.*

inadequado
Rege *a*: *Traje inadequado **à** ocasião.*

inadimplemento / inadimplência
Falta de cumprimento das obrigações contratuais. Ambas são formas corretas, mas a primeira é gramatical; a segunda, mais recente na língua, é, todavia, a mais usada. Verbo corresp.: *inadimplir*, que se conjuga por *falir*. Antôn.: *adimplemento / adimplência* (cujo verbo corresp. é *adimplir*). A pessoa que não cumpre suas obrigações contratuais se diz *inadimplente*. Há quem use "inadiplência" e "inadiplente".

inalienável
Rege *de*: *A liberdade é um direito inalienável **d**o ser humano.*

inapto / inaptidão
Regem *a* ou *para* (nome), mas apenas *para* (verbo): *Presidente inapto **a**o (ou **para** o) exercício da democracia. Os índios eram inaptos **para** trabalhar como escravos. Essa inaptidão **a**o (ou **para** o) exercício da democracia quase lhe foi fatal. A inaptidão dos índios **para** trabalhar como escravos obrigou os portugueses a importar africanos.*

inapto ≠ inepto
Convém não confundir. **Inapto** é o que demonstra falta de habilidade, falta de condições para realizar algum trabalho. Existem motoristas *inaptos*, artesãos *inaptos*, professores *inaptos*, mas dificilmente existirão diplomatas *inaptos*. Subst. corresp.: *inaptidão*. **Inepto** é o que se mostra mentalmente sem capacidade, é o estúpido, o idiota. Políticos *ineptos* não podem aspirar à presidência da República. Subst. corresp.: *ineptidão, inépcia*.

inaudito
Note: é palavra paroxítona, mas alguns dizem "ináudito".

incapacitado
Rege *a, de* ou *para*: *Era um presidente incapacitado **a**o (ou **d**o, ou **para** o) exercício da democracia. Considerou-se incapacitado **a** (ou **de**, ou **para**) ocupar o cargo.*

incapaz / incapacidade
Regem *de, em* ou *para*: *Gente incapaz **de** (ou **em**, ou **para**) chorar. Essa incapacidade **de** (ou **em**, ou **para**) chorar era atávica. Homem rude, incapaz **d**e um (ou **n**um, ou **para** um) carinho.*

incendiar
Conj.: *incendeio, incendeias, incendeia, incendiamos, incendiais, incendeiam* (pres. do ind.); *incendeie, incendeies, incendeie, incendeemos, incendeeis, incendeiem* (pres. do subj.). Como se vê, as formas rizotônicas ganham um **e** epentético.

incentivo
Rege *a, de* ou *para*: *A impunidade é um incentivo **a**o (ou **d**o, ou **para** o) crime. As altas alíquotas do imposto de renda são um incentivo **à** (ou **da**, ou **para** a) sonegação.*

incerto / incerteza
Regem *acerca de,* ou *a respeito de,* ou *de,* ou *em relação a,* ou *quanto a,* ou *sobre*: *Estou incerto **acerca d**o (ou **a respeito d**o, ou **d**o, ou **em relação a**o, ou **quanto a**o, ou **sobre** o) rumo a seguir. A incerteza **acerca d**o (ou **a respeito d**o, ou **d**o, ou **em relação a**o, ou **quanto a**o, ou **sobre** o) sucesso do empreendimento o angustiava.*

incesto
Pronuncia-se *incésto*, mas há quem diga "incêsto".

inchar
É verbo intransitivo ou pronominal, indiferentemente: *De tanto caminhar, meus pés **incharam** (ou **se incharam**). Todos os rios da região **incharam** (ou **se incharam**) com as últimas chuvas.*

incidente / incidência
Regem *em* ou *sobre*: *O imposto incidente **n**esse (ou **sobre** esse) produto é alto. A maior incidência desse imposto é **n**os (ou **sobre** os) assalariados.*

incipiente ≠ insipiente
Convém não confundir. **Incipiente** é que está no início (de um processo) e também inexperiente, principiante. *Vivíamos naquela época uma **incipiente** democracia, tão vulnerável quanto um recém-nascido. Entregar o corpo a um cirurgião **incipiente** é um perigo.* Tem como antônimo, na segunda acepção, experiente, tarimbado. **Insipiente** é ignorante, insensato. *Devemos sempre perdoar aos **insipientes**, porque deles será o Reino do Céu...* Tem como antônimo *sábio*.

incitação / incitamento
As duas formas existem. Regem *de...a* ou apenas *a*: *A incitação (ou O incitamento) **d**os torcedores **a**o vandalismo era feita(o) por indivíduos já conhecidos da polícia. Esse discurso foi um incitamento (ou uma incitação) **à** violência.*

inclemente / inclemência
Regem *com* ou *para com* (pessoa), mas *em* (coisa): *Magistrado inclemente **com** (ou **para com**) os criminosos. Magistrado inclemente **n**os julgamentos. A inclemência do magistrado **com** (ou **para com**) os criminosos era conhecida de todos. Sua inclemência **n**os julgamentos era pública e notória.*

inclinação / inclinado
Regem *a* (queda, tendência), *para* (vocação, propensão), *por* (simpatia, atração) e *sobre* (curvado, dobrado): *Sentia-se no rapaz forte inclinação **à** humildade. Meu filho não tem nenhuma inclinação **para** o sacerdócio. Sua inclinação **para** o crime era atávica. Tem uma clara inclinação **por** morenas. Rapaz inclinado **à** humildade. Era gente inclinada **para** o crime. Ele é inclinado **por** morenas. Encontrei a mãe inclinada **sobre** o leito do filho.*

incluir
Tem dois particípios: *incluído* (regular) e *incluso* (irregular). O primeiro se usa com *ter, haver, ser* e *estar*; o segundo, apenas com *ser* e *estar*: *O noivo **havia incluído** vários convidados para a festa. Vários convidados para a festa **foram incluídos** (ou **foram inclusos**) pelo noivo.* Portanto, não se usa "tinha incluso".

inclusão
Rege *de...em, de...entre*, ou apenas *entre*: *A inclusão **de** meu nome **n**a lista foi feita tardiamente. A inclusão **de** meu nome **entre** os aprovados foi feita tardiamente. Ele queria saber a razão da sua inclusão **entre** os sonegadores.*

inclusive
Como advérbio, significa com inclusão do limite mencionado: *Leiam da página 10 à página 15, inclusive.* Na língua popular se usa esta palavra sem nenhuma função, como nestas frases: *Nada posso declarar, "inclusive" porque nada vi. O gol foi legítimo, "inclusive" porque os jogadores adversários não reclamaram. Eu só não morri "inclusive" porque a polícia chegou na hora certa. Hoje "inclusive" choveu muito em São Paulo, mas as inundações não ocorreram.* Basta retirá-lo das frases, para que elas fiquem perfeitas.

incluso
Concorda normalmente com a palavra a que se liga, a exemplo de *anexo*: *Está **inclusa** a gorjeta nas despesas. Já estão **inclusas** todas as despesas no orçamento.*

incluso ≠ anexo
Convém não confundir. **Incluso** é que está contido dentro; é o mesmo que *incluído*. *Já está incluso o selo para resposta, na carta que lhe envio. Já está inclusa na nota a gorjeta do garçom*. **Anexo** é que está junto ligado. *Seguem anexas as novas listas de preços. Anexos seguem os recibos. Anexa envio-lhe minha foto.* (Note: varia.) *Incluso* pressupõe a existência de um recipiente físico ou abstrato; *anexo* supõe companhia, união, ligação.

incoerente
Rege *com* ou *em*: *Discurso incoerente **com** a prática. Presidente incoerente **em** seu discurso.*

incomodar
Usa-se assim: *Qualquer ruído o incomoda.* Muitos, no entanto, usam "lhe" no lugar do *o*, transformando o verbo transitivo direto em indireto.

incomodar-se
Rege *com* (nome) e *de* ou *em* (verbo): *Não me incomodo **com** ruído. Você se incomoda **de** (ou **em**) me ceder seu lugar na fila?* Antes de orações desenvolvidas, omite-se geralmente a preposição *com*: *A juventude de hoje não se incomoda que lhe critiquem o comportamento. O pai não se incomoda que o filho viciado vá para a cadeia.*

incômodo
Rege *a* ou *para*: *Os sem-terras são um incômodo **a**o (ou **para** o) governo.*

incompetente / incompetência
Regem *em* (nome ou verbo) e *para* (verbo): *Governo incompetente **n**a solução de problemas. Governo incompetente **em** (ou **para**) solucionar problemas. A incompetência **n**o ensino não se deve aos professores. A incompetência **em** (ou **para**) fazer o serviço causou-lhe a demissão.*

incompreendido
Rege *de* (ou *por*)...*em*, ou apenas *de* ou *por*: *Cientista incompreendido de* (ou *por*) *seus colegas em sua teoria. Filhos incompreendidos dos* (ou *pelos*) *pais.*

incompreensão
Rege *acerca de*, ou *a respeito de*, ou *de*, ou *em relação a*, ou *quanto a*, ou *sobre*: *A incompreensão acerca do* (ou *a respeito do*, ou *do*, ou *em relação ao*, ou *quanto ao*, ou *sobre*) *o problema poderá ter conseqüências desagradáveis.*

incompreensível
Rege *a* ou *para* (pessoa) e *em* (coisa): *Teoria incompreensível à* (ou *para a*) *maioria da população. Professor incompreensível em suas explicações.*

incontestável ≠ inconteste
Convém não confundir. **Incontestável** é que não se pode contestar, questionar ou negar; é o mesmo que irrefutável: *provas incontestáveis, argumentos incontestáveis*. **Inconteste** é que não foi testemunhado e, também, discrepante, contrário: *acidente inconteste, depoimentos incontestes*. Apesar da sensível diferença de significado existente entre tais termos, na mídia brasileira circulou por longo tempo a frase: *A Rede Globo é líder "inconteste" no país*. Certa feita, um jornal trouxe esta notícia: *É "inconteste" que a maconha é uma porta que se abre para outras drogas*. Sem dúvida, *incontestável*...

incontinente ≠ incontinênti
Convém não confundir. **Incontinente** é adjetivo e significa que não é capaz de conter seus desejos ou paixões: *Estou impaciente para encontrá-la e demonstrar-lhe meu amor incontinente*. Também significa que padece de incontinência da bexiga e dos intestinos. **Incontinênti** é advérbio latino que significa imediatamente, sem demora, no mesmo instante, prontamente: *Elas se levantaram incontinênti e partiram. Ordens superiores têm de ser cumpridas incontinênti*. Há dicionários que não registram este latinismo, agasalhando apenas o aportuguesamento *incontinente*. Sobre o acento, v. **álibi**.

inconveniente / inconveniência
Regem *com* ou *para com* (descortês; indiscreto) e *a* ou *para* (impróprio; transtorno): *Eu não quis ser inconveniente com* (ou *para com*) *ela, mas acabei sendo. Era um rapaz inconveniente com* (ou *para com*) *as garotas, por isso nenhuma gostava dele. Filme inconveniente a* (ou *para*) *menores. O sistema apresenta sérios inconvenientes aos* (ou *para os*) *usuários.*

incorporação
Rege *de...a* (ou *em*): *A incorporação dos bancos pequenos aos* (ou *nos*) *maiores é sempre bem-vinda pelo Banco Central.*

incorporado
Rege *a* ou *em*: *Foram esses os bancos incorporados a* (ou *em*) *outros, maiores.*

incorporar / incorporar-se
Regem *a* ou *em* (pref.): *A Rússia bolchevista incorporou a Letônia e a Lituânia a* (ou *em*) *seu território. O português incorporou a* (ou *em*) *seu léxico centenas de palavras francesas.*

incorporar ≠ anexar
Convém não confundir. **Incorporar** é juntar em um só corpo: *incorporar leis, incorporar tribos para formar um país*. **Anexar** é acrescentar ou juntar a algo maior ou mais importante. *A Alemanha anexou a Polônia em 1939. O Brasil anexou o Acre em 1904, mediante tratado celebrado com a Bolívia.* Quando um país anexa outro, este conserva seu governo próprio, ainda que subordinado ao poder central. Diferente é o caso de *incorporar*, que foi o que fez Saddam Hussein com o Kuwait em 1990.

incrustação / incrustar
Apesar de ser assim, muita gente tem "incrustração" nos dentes.

Íncubo
Nas crenças populares da idade Média, entidade demoníaca que vinha sentar-se à noite no peito das pessoas que dormiam, para lhes causar pesadelos, ou, no caso específico das mulheres, para com elas manter relações sexuais, enquanto adormecidas. Com inicial minúscula (*íncubo*) se usa por pesadelo e por encargo, responsabilidade: *Não podendo suster o íncubo de alimentar a família, matou-se*. Note: é palavra proparoxítona.

inculcar-se + predicativo
Rege *como*, *de* ou *por* e significa fazer-se passar por, apresentar-se como: *Ele se inculca como* (ou *de*, ou *por*) *filósofo. Esse homem se inculca como* (ou *de*, ou *por*) *Jesus Cristo.*

incumbir
Quem incumbe, incumbe alguém de alguma coisa ou incumbe a alguém alguma coisa: *Os pais incumbiram os filhos mais velhos do trabalho*. Ou: *Os pais incumbiram aos filhos mais velhos o trabalho. O professor incumbiu um aluno de cuidar dos demais*. Ou: *O professor incumbiu a um aluno cuidar dos demais.*

incúria ≠ negligência
Convém não confundir. **Incúria** é o pouco ou nenhum cuidado que temos com o que nos diz respeito diretamente. *Quem se veste com incúria não atrai admiradores. Por incúria paterna, a menina só foi registrada um ano após o seu nascimento. A incúria no asseio afasta de nós os melhores amigos*. **Negligência** é mais que incúria; consiste em abandonarmos o préstimo de alguma coisa. Um pai que não cuida convenientemente dos filhos revela *negligência*.

incursão
Rege *a*, *em* ou *por*: *Fazer uma incursão ao* (ou *no*, ou *pelo*) *passado.*

indecente / indecoroso
Regem *a* ou *para*: *Filme indecente* (ou *indecoroso*) **a** (ou **para**) *menores e também* **a** (ou **para**) *maiores*.

indeciso
Rege *a respeito de*, ou *em*, ou *em relação a*, ou *quanto a*, ou *sobre* (nome) e *em* (verbo): *O candidato está indeciso* **a respeito d***a* (ou **n***a*, ou **em relação à**, ou **quanto à**, ou **sobre** *a*) *conveniência do debate. Está indeciso* **em** *debater com os demais candidatos*.

indefesso
Pronuncia-se *indefésso*.

indefinição
Rege *em*, ou *em relação a*, ou *quanto a*, ou *sobre*: *Essa indefinição* **n***a* (ou **em relação à**, ou **quanto à**, ou **sobre** *a*) *política de preços desestabiliza o mercado*.

indelicado / indelicadeza
Regem *com* ou *para com* (pessoa) e *em* (coisa): *Ser indelicado* **com** (ou **para com**) *as visitas. Ser indelicado* **n***o trato com as pessoas. A indelicadeza* **com** (ou **para com**) *os fregueses lhe custou o emprego. A indelicadeza* **n***o trato com os fregueses lhe custou o emprego*.

indenizar
Rege *de* ou *por*. *A empresa o indenizou* **d***os* (ou **pel***os*) *prejuízos causados. Indenizaram-me* **de** (ou **por**) *todas as despesas que tive*.

independente
É adjetivo: *país independente*. Como advérbio, usa-se *independentemente*: ***Independentemente*** *da vontade dos pais, ela casou*. ***Independentemente*** *de tudo, o Brasil vai progredindo*. Muitos usam "independente" por *independentemente*. Numa publicidade de um grande banco nacional, leu-se recentemente: *Acreditamos que todo ser humano deve ser tratado com igualdade,* ***independentemente*** *de sexo, raça, cor, credo ou saldo*. Absolutamente certo!

indez / endez
As duas formas são corretas. Diz-se do ovo que se deixa no ninho para servir de chamariz às galinhas e indicar onde se quer que ela faça a postura.

Índia
Quem nasce neste país do Sul da Ásia é *hindu* ou *indiano*. Adj. contraído: *indo-* (*relações* **indo**-*brasileiras, inimizade* **indo**-*paquistanesa*).

indicação
Rege *de...a*, *de...para* (predicativo) ou apenas *para*, e *sobre* (informação): *A indicação* **d***o rumo a seguir* **a***o motorista foi feita por um policial rodoviário. A indicação* **d***esse advogado* **para** *ministro não foi bem recebida pela população. Sua indicação* **para** *ministro foi um desastre. Ele procura uma indicação* **sobre** *um bom hotel*.

indiciado ≠ réu
Convém não confundir. **Indiciado** é o indivíduo sobre o qual há apenas indícios de ter praticado algum delito. Como indícios não são provas, pode não ser o verdadeiro praticante do delito. Ao ser instaurada contra ele ação civil ou penal, passa a ser denominado **réu** ou *acusado*.

indiferença / indiferente
Regem *a* ou *por* (coisa) e *para com* (pessoa): *Não posso compreender essa tua indiferença* **a** (ou **por**) *uma questão de tão relevante importância. Sua indiferença* **a***o* (ou **pel***o*) *sexo oposto era apenas parte da estratégia de conquista. Sua indiferença* **para com** *os parentes era justificável. Ser indiferente* **a** (ou **por**) *sexo. Não podemos ser indiferentes* **a***o* (ou **pel***o*) *passado. Era absolutamente indiferente* **para com** *os parentes*.

indigência ≠ miséria ≠ penúria
Convém não confundir. **Indigência** é a falta do necessário à vida, por impossibilidade de ganhar o pão de cada dia. Problemas mentais, acidentes ou incapacidade física podem levar uma pessoa à *indigência*. **Miséria** é a pobreza extrema, que provoca compaixão. **Penúria** é a pobreza extrema, com total falta de alimentos. Quem vive na *penúria* passa fome, mas pode não ser *miserável*.

indigesto
Rege *a* ou *para* (cansativo; complicado): *Peça teatral indigesta* **a** (ou **para**) *crianças. A maioria da obra machadiana é indigesta* **a** (ou **para**) *adolescentes*.

indignação
Rege *com*, *contra* ou *por*: *Houve indignação* **com** *o* (ou **contra** *o*, ou **pel***o*) *aumento dos combustíveis*.

indignado
Rege *com*, *contra* ou *de*: *Povo indignado* **com** *a* (ou **contra** *a*, ou **d***a*) *carestia. Os ruralistas estão indignados* **com** *o* (ou **contra** *o*, ou **d***o*) *ministro*.

indignar
Tem o **g** debilmente pronunciado durante a conjugação: *indigno, indignas, indigna, indignamos, indignais, indignam* (pres. do ind.); *indigne, indignes, indigne, indignemos, indigneis, indignem* (pres. do subj.). Há quem diga "indiguino", "indiguina", "indiguine", etc. *Toda corrupção me indigna. Não quero que você se indigne com o que lhe vou dizer*. (E não: "indiguina", "indiguine", respectivamente.)

indiscreto / indiscrição
Regem *com* (pessoa) e *sobre* (coisa): *Rapaz indiscreto* **com** *estranhos* **sobre** *assuntos de família. Sua indiscrição* **com** *estranhos* **sobre** *assuntos de família já lhe tinha valido várias repreensões*.

indispensável
Rege *a*, *em* ou *para*: *A sobriedade é virtude indispensável* **à***queles* (ou **n***aqueles*, ou **para** *aqueles*) *que vão fazer entrevista*

*de emprego. É um dicionário indispensável **a**o (ou **n**o, ou **para** o) estudo da nossa língua. O domínio da norma culta é indispensável **a**o (ou **n**o, ou **para** o) exercício do jornalismo.*

indispor / indispor-se

Regem *com* ou *contra*: *O jogador queria indispor o árbitro **com** (ou **contra**) a torcida. Ele se indispôs **com** (ou **contra**) os netos, por causa do volume alto do televisor.*

indisposto / indisposição

Regem *com* ou *contra* (pessoa) e *para* (coisa e verbo): *Era um ministro indisposto **com** (ou **contra**) o presidente, por isso tinha de sair. Sempre se mostrou indisposto **para** o casamento. Sentir-se indisposto para trabalhar. Sua indisposição **com** (ou **contra**) os vizinhos era antiga.*

"individual" de cada um

Visível redundância: se é individual, não pode ser de vários nem muito menos de todos. Recentemente, afirmou um jornalista, num programa de entrevistas, pela televisão: *A globalização não pode se guiar por leis "individuais" de cada país.*

indivíduo ≠ pessoa

Convém não confundir. **Indivíduo** é qualquer ser organizado em relação à espécie a que pertence. **Pessoa** é um ser humano que tem este ou aquele estado. *Indivíduo* é um homem, uma mulher, um cão, um gato, um boi, um leão, um peixe, etc.; *pessoa* é sempre apenas e tão-somente um ser humano.

indochinês ≠ indo-chinês

Convém não confundir. **Indochinês** é da península da Indochina, península do Sudeste asiático. **Indo-chinês** é da Índia e da China ou entre esses dois países: *as relações indo-chinesas*.

indócil / indocilidade

Rege *a*: *Os índios eram indóceis **à** escravidão. Sua indocilidade **a**os pais lhe valeu algumas palmadas.*

indulgência / indulgente

Regem *com* ou *em* (coisa) e *com* ou *para com* (pessoa): *A indulgência do professor **com** os (ou **n**os) erros dos alunos lhe trouxe problemas. A indulgência da justiça **com** (ou **para com**) os criminosos tem revoltado a população. A indulgência do juiz **n**as suas sentenças foi criticada pela população. Era uma mãe indulgente **com** os (ou **n**os) pecados de estranhos e extremamente rigorosa com os erros dos filhos. Justiça indulgente **com** (ou **para com**) os criminosos. Juiz indulgente **n**as sentenças que profere.*

indulto

Rege *a* ou *para* (nome = perdão), mas apenas *para* (verbo = concessão): *O presidente dará indulto **a**os (ou **para** os) presos, no Natal? Conseguiu indulto **para** viajar.*

industriar ≠ industrializar

Convém não confundir. **Industriar** é instruir ou orientar (alguém) antecipadamente, geralmente com fins ilegais, desonestos ou reprováveis, a se comportar ante determinada situação. *Alguns advogados costumam industriar suas testemunhas, para que não caiam em contradição no depoimento.* **Industrializar** é aplicar os métodos da indústria a uma atividade econômica: **Industrializaram** *todo o processo de produção da fábrica.*

induzido

Rege *a*: *São crianças induzidas **a** roubar. O povo foi induzido **à** revolta. Com aquelas palavras, fui induzido **a** erro.* A regência "induzido em" deve ser desprezada.

ineficaz / ineficácia

Rege *contra* ou *para* (coisa = inoperante), *em, para* ou *sobre* (pessoa = inútil, sem resultado) e *para* (verbo): *Antibiótico ineficaz **contra** (ou **para**) uma infecção. Medida ineficaz **contra** (ou **para**) o combate à inflação. Essas ameaças são ineficazes **n**os (ou **para** os, ou **sobre** os) radicais do partido. Essa medida se revelou inteiramente ineficaz **para** combater a inflação. A ineficácia do antibiótico prescrito **contra** (ou **para**) a infecção quase lhe causou complicações sérias de saúde. A ineficácia das ameaças **n**os (ou **para** os, ou **sobre** os) radicais do partido levou a atitudes mais drásticas por parte dos moderados.*

inelegível

Rege *para*: *Com a cassação, ele se tornou inelegível **para** qualquer mandato público.*

inerente

Rege *a* ou *em*: *O conceito de liberdade e de propriedade é inerente **a**o (ou **n**o) ser humano.*

inerme ≠ inerte

Convém não confundir. **Inerme** é que não tem armas (*tropas **inermes** ante ataque inimigo*); inerte é sem energia, frouxo (*o governo se mantém **inerme** ante as acusações de fraude*) ou sem reação, prostrado (*o golpe o deixou **inerte** por alguns instantes*).

inevitável

Rege *a* ou *para*: *Naquela altura, a falência era inevitável **à** (ou **para** a) empresa. Trata-se de uma doença inevitável **a**os (ou **para** os) viciados em drogas.*

inexorável

Rege *com, contra* ou *para com* (pessoa) e *a* ou *em* (coisa): *O empresariado tem sido inexorável **com** (ou **contra**, ou **para com**) os empregados, na hora de conceder aumento de salários. O empresariado se mantém inexorável **às** (ou **n**as) reivindicações dos trabalhadores.* Pronuncia-se *inezorável*, mas os pseudo-intelectuais costumam dizer "ineksorável".

inexperiente / inexperiência
Regem *de* ou *em*: *Ela casou completamente inexperiente **d**as (ou **n**as) coisas do sexo. Sua inexperiência **d**os (ou **n**os) negócios levou a firma à falência.*

inextinguível
Que não se pode extinguir (*incêndio **inextinguível***) ou que jamais cessa (*amor **inextinguível***). O **u** não soa.

infalível
Rege *a* ou *em* (que não falta, habitual) e *em* (que não erra): *Ela era infalível **a** (ou **em**) nossas festas. Cartomante infalível **n**as previsões.*

infame
Rege *com* ou *para com* (vil, desprezível, baixo): *Era um empresário infame **com** (ou **para com**) seus funcionários.* Superl. sint. erudito: *infamérrimo*.

infâmia
Rege *sobre* (dito desonroso, calúnia): *Nunca aceitou essas infâmias **sobre** seus colegas.*

infanta
Antigamente, em Portugal e na Espanha, princesa, filha do rei, mas não herdeira da coroa. Usa-se hoje apenas como feminino de *infante*. Atenção: houve reforço na definição apresentada (princesa, *filha do rei*), porque as filhas bastardas do rei também eram princesas, mas nunca "infantas".

infante
Filho dos reis de Portugal ou da Espanha, não herdeiro da coroa, ou, então, irmão do príncipe herdeiro. V. **infanta**.

infarto
V. **enfarte**.

infeccionar / infecionar
As duas formas existem, mas a primeira é a mais usual.

infeccionar ≠ infeccionar-se
Convém não confundir. **Infeccionar** é ficar infeccionado, encher-se de micróbios: *A ferida infeccionou, e o jogador esteve muito próximo de uma amputação. Essa lesão pode causar febre e infeccionar. Ela quer fazer um* pearcing *na língua, mas tem medo de que infeccione. O calo cortado a faca infeccionou.* **Infeccionar-se** é contrair infecção, contaminar-se: *Onde você se infeccionou? Os oftalmologistas não conseguiram solucionar o caso do seu olho direito, e o rapaz acabou por perder a visão dos dois olhos, pois o outro também se infeccionou.*

infelicitar
Usa-se assim: *O vício da filha o infelicitou. O namorado a infelicitava demais.* Muitos usam "lhe" no lugar do *o* ou do *a*, transformando o verbo transitivo direto em indireto.

infeliz / infelicidade
Regem *com* (pessoa) e *em* (coisa): *Mulher infeliz **com** o marido. Mulher infeliz **n**o casamento. Sua infelicidade **com** o marido era justificável. Não se conformava com sua infelicidade **n**o casamento.*

infenso
Isento, livre; contrário, hostil. Rege *a*: *Nenhum poder da República pode considerar-se infenso **à**s pressões legítimas do povo. Mostrar-se infenso **à**s mudanças sociais.*

inferior
Rege *a* e não admite "mais" nem "do que": *Por que os produtos brasileiros sempre são inferiores **a**os estrangeiros?* V. **superior**.

infidelidade
Rege *a* (falta de fidelidade no relacionamento conjugal) e *com* ou *para com* (falta de fidelidade no relacionamento amistoso ou partidário): *Sua infidelidade **a**o marido lhe custou a separação. Cometer infidelidades **com** (ou **para com**) os companheiros. Será punido com a cassação do mandato o parlamentar que cometer infidelidade **com** (ou **para com**) o partido pelo qual se elegeu.*

infinitivo
O infinitivo fica invariável nas locuções verbais: ***Conseguimos nos manter** em pé. Não **podes entrar** sem seres anunciado. Vocês **querem tomar** um chope?* O uso do infinitivo (antigamente chamado *infinito*) é algo complexo. Consulte **Nossa gramática**.

inflamação
Rege *de* ou *em* (geralmente contraída): *A inflamação **d**o (ou **n**o) apêndice. Estar com uma inflamação **de** (ou **n**a) garganta.*

inflamar
É verbo pronominal (ficar inchado, inchar-se): *A ferida se inflamou. Cuidado, que isso pode **inflamar-se**!*

inflexão
Rege *a* ou *para* (guinada), *de* ou *em* (contraída) [entonação, acento] e *em* ou *sobre* (incidência): *A qualquer momento se espera a inflexão do governo **à** (ou **para** a) esquerda. A inflexão **de** (ou **n**a) voz. A inflexão de raios solares **n**a (ou **sobre** a) piscina se dava só no período da manhã.*

inflexível
Rege *a...em*, ou apenas *a*, ou apenas *em* (coisa) e *com* ou *para com* (pessoa): *Presidente inflexível **a** apelos **em** suas decisões. Presidente inflexível **a** súplicas. Presidente inflexível **n**a disciplina. Presidente inflexível **com** (ou **para com**) os fora-da-lei.*

infligir
Aplicar (derrota, pena, castigo, etc.): *O Palmeiras infligiu dura derrota ao Corinthians.* Muitos usam "inflingir", provavelmente por influência da parônima *infringir*.

influência / influente / influxo
Regem *em* ou *sobre*: *O pai exercia influência em* (ou ***sobre***) *todos os filhos. A influência do demônio em* (ou ***sobre***) *tais seitas é evidente. É contínua a influência da literatura na* (ou ***sobre** a*) *sociedade, e vice-versa. É um político influente no* (ou ***sobre** o*) *governo. A televisão é muito influente nos* (ou ***sobre** os*) *modismos. É notável o influxo desse tipo de leitura no* (ou ***sobre** o*) *raciocínio*.

influenciado
Rege *de* ou *por*: *É um presidente muito influenciado dos* (ou ***pel**os*) *radicais do seu partido*.

influir
Rege *em* (pref.) ou *sobre*: *Esta decisão não deve influir no* (ou ***sobre** o*) *seu comportamento. O resultado das eleições poderá influir na* (ou ***sobre** a*) *posição do governo. Esse fato influiu muito em* (ou ***sobre***) *mim*. A preposição *em* tem preferência por ser a primária; a outra, além de relativamente recente, traz um ranço francês (*influer sur*). Na acepção de contribuir, concorrer, colaborar, rege *para*: *A alta do dólar sempre influi **para** o aumento da inflação*.

informação
Rege *a...de* ou apenas *a*, ou apenas *de* (comunicado, participação), *acerca de*, ou *a propósito de*, ou *a respeito de*, ou *sobre* (dados) e *para* (instrução, orientação): *Haverá informação aos lavradores da iminência de geada. Faltou informação aos agricultores, por isso a geada foi devastadora aos cafezais. O serviço de meteorologia só veio a fornecer informação da geada depois de ela ter ocorrido. Não temos maiores informações **acerca** do* (ou ***a propósito** do*, ou ***a respeito** do*, ou ***sobre** o*) *acidente. No manual, você encontrará as informações **para** a montagem do aparelho*.

informado
Rege *acerca de*, ou *a respeito de*, ou *de*, ou *sobre*: *O presidente é um homem informado **acerca de*** (ou ***a respeito de***, ou ***de***, ou ***sobre***) *tudo o que ocorre na região*.

informar
Rege *acerca de, a respeito de, de* ou *sobre*, indiferentemente: *Os jornais e as rádios informam o público diariamente **acerca de*** (ou ***a respeito de***, ou ***de***, ou ***sobre***) *tudo o que acontece no mundo*. Admite ainda esta construção: *Os jornais e as rádios informam ao público diariamente tudo o que acontece no mundo*. Ou seja: podemos informar alguém *acerca de* (ou *a respeito de*, ou *de*, ou *sobre*) alguma coisa, ou podemos informar a alguém alguma coisa. Este verbo, a exemplo dos demais, não perde o *s* final, na 1ª pessoa do plural do presente do indicativo, quando se lhe acrescenta *lhe* ou *lhes*. Ex.: *Informamos-lhe que estamos procedendo ao conserto solicitado. Informamos-lhes que já não temos interesse nos seus produtos*. V. **comunicar** e **enviar**.

informar-se
Rege *de* (pref.) ou *sobre*: *Procuro informar-me de* (ou ***sobre***) *tudo. Você já se informou do* (ou ***sobre** o*) *preço da passagem? Procurei informar-me do* (ou ***sobre** o*) *endereço dela*.

informe
Rege *acerca de*, ou *a respeito de*, ou *sobre*: *Ainda não há informes acerca do* (ou ***a respeito d****o*, ou ***sobre** o*) *preço dos ingressos para o jogo decisivo de domingo*.

infra-
Este prefixo exige hífen antes de palavra iniciada por *vogal, h, r* ou *s*: *infra-assinado, infra-estrutura, infra-hepático, infra-renal, infra-som*. Portanto, sem hífen: *infracitado, inframencionado, infravermelho, infravioleta*, etc.

infração
Rege *a, contra* ou *de*: *A infração à* (ou ***contra** a*, ou ***d****a*) *lei implica punição, de acordo com sua gravidade*.

infravermelho
Varia normalmente: *raios infravermelhos*. V. **ultravioleta**.

infringir ≠ infligir
Convém não confundir. **Infringir** é violar, transgredir, desrespeitar: *infringir as regras de trânsito; infringir as leis, os regulamentos, os estatutos do clube*. Subst. corresp.: *infração*. **Infligir** é aplicar ou impor (coisa desagradável ou dolorosa) a: *infligir castigo a um filho; infligir pesada multa a um motorista bêbado; infligir muitas baixas ao inimigo; infligir severa pena ao réu*. Subst. corresp.: *inflição*.

infundir
Usado como verbo transitivo direto e indireto, rege *a* ou *em* (inspirar; insuflar): *É um treinador que infunde muita confiança a* (ou ***em***) *seus jogadores. Deus infundiu alma a* (ou ***em***) *Adão e Eva com um sopro*.

Inglaterra
Este nome faculta o uso do artigo, quando regido de preposição. Assim, podemos empregar, indiferentemente: *Morei em Inglaterra* quanto *Morei na Inglaterra; Estive em Inglaterra* quanto *Estive na Inglaterra; Vou a Inglaterra* quanto *Vou à Inglaterra; **Em** Inglaterra a mão de direção é à esquerda* quanto ***Na** Inglaterra a mão de direção é à esquerda*, e assim por diante. (Rui Barbosa escreveu *Cartas de Inglaterra*.) A primeira construção é própria do português de Portugal; no Brasil, corre apenas a segunda. Seu adjetivo contraído é *anglo-*: *relações **anglo**-brasileiras, amizade **anglo**-americana, rivalidade **anglo**-francesa*.

Inglaterra ≠ Grã-Bretanha ≠ Reino Unido
Convém não confundir. A **Inglaterra** é o maior e mais populoso país da ilha do Reino Unido. Com a Escócia e o País de Gales, constitui a **Grã-Bretanha**. Em 1801, esta se uniu à Irlanda (também conhecida como Irlanda do Norte), formando, assim, o **Reino Unido**, cujo nome integral é *Reino Unido da Grã-Bretanha e da Irlanda*.

ingratidão
Rege *a, com* ou *para com*: *Todos comentaram a sua ingratidão **a**o (ou **com** o, ou **para com** o) chefe que o havia promovido meses antes.*

ingrato
Rege *a* ou *para* (árduo) e *a, com* ou *para com* (falto de reconhecimento ou de gratidão): *Missão ingrata **a**os (ou **para** os) agentes federais. Os ateus são criaturas infelizes por natureza, ingratas **a** (ou **com**, ou **para com**) Deus.*

ingresso
Rege *a* (admissão) e *em* (estréia): *Seu ingresso **à** escola se deu somente quando era adulto. Seu ingresso **n**a carreira se deu ainda criança.*

iniciação
Rege *a* (introdução) e *em* (entrada): *Iniciação **à** informática – é este o nome do livro. Sua iniciação **n**o vício se deu ainda jovem.*

iniciado
Rege *de* ou *em*: *Àquela época, ele era então apenas um iniciado **d**o (ou **n**o) vício.*

inicialização / inicializar
São anglicismos perfeitamente dispensáveis, mas muito usados em informática, por *iniciação* e *iniciar*.

iniciar
É pronominal (ter início, começar): *As inscrições para o vestibular **iniciam** (ou **se iniciam**) em novembro. Dizem que a vida **inicia** (ou **se inicia**) aos 40.*

inidôneo
Rege *a* ou *para*: *O candidato foi considerado inidôneo **a**o (ou **para** o) cargo.*

inigualável
Apesar de ser assim, há quem prefere ser "inegualável".

inimigo
Superl. sint. erudito: *inimicíssimo*.

inimizade
Rege *a* ou *com* e *entre*: *Era notória sua inimizade **a**o (ou **com** o) ministro. Essa inimizade **entre** parentes tem uma explicação.*

ininteligível
Rege *a* ou *para*: *Matéria ininteligível **a** (ou **para**) crianças.*

iníquo
Rege *com* ou *para com...em*: *Árbitro iníquo **com** (ou **para com**) os times pequenos **n**a aplicação das regras do futebol.*

injúria
Rege *a* ou *contra*: *Toda injúria **a** (ou **contra**) um colega será punida.*

injurioso
Rege *a* ou *para*: *Essa medida é injuriosa **a**os (ou **para** os) brasileiros.*

injustiça
Rege *a, com, para* ou *para com* (falta de justiça) e apenas *com* ou *contra* (ação injusta): *Havia na empresa injustiça **a**os (ou **com** os, ou **para** os, ou **para com** os) empregados mais antigos. Com o aumento da alíquota, o governo consegue cometer injustiça **com** (ou **contra**) os contribuintes honestos.*

injusto
Rege *com* ou *para com...em* ou apenas *com* ou *para com* e *em* (verbo): *O árbitro foi injusto **com** (ou **para com**) o meu time nesse lance. Não seja injusto **co**migo (ou **para co**migo) em seus julgamentos! As mulheres costumam ser injustas **com** (ou **para com**) os homens. Foste injusto **em** criticá-la.*

"inobstante"
Palavra inexistente, mas muito a gosto de certos advogados, que costumam escrever: *O locatário foi insultado, "inobstante" haver pago pontualmente seu aluguer. O réu tinha bons antecedentes, "inobstante" o crime que cometera.* A língua possui *não obstante*.

inocente / inocência
Regem *de* (não culpado) e *em* (ingênuo): *Ela é inocente **d**esse crime. Ela só tem treze anos, é inocente **em** tudo. A sua inocência **d**esse crime será provada.*

inocular
Quem inocula, inocula alguma coisa em alguém ou em algum animal: *Inocular vacinas em crianças. Inocular um vírus no rato.* Sendo assim, não há propriedade em construir: "*O rato foi inoculado com um vírus*". Por quê? Porque *no rato*, na primeira frase, é objeto indireto, e este tipo de complemento não pode passar a exercer função subjetiva, na voz passiva.

inócuo
Rege *a* ou *para* (pessoa) e *contra* (coisa): *Esse programa do governo se revelou, até agora, inócuo **a**os (ou **para** os) interessados, que são os pobres. Medidas inócuas **contra** a inflação.*

inofensivo
Rege *a* ou *para* (pessoa) e apenas *a* (coisa): *Os agrotóxicos são inofensivos **a**os (ou **para** os) homens? Os agrotóxicos são inofensivos **à** saúde? A picada desse escorpião é inofensiva **a**os (ou **para** os) adultos, mas pode ser fatal às crianças. Esse tipo de revistas é inofensivo **a**os bons costumes?*

inquérito
Rege *sobre*: *A polícia abriu inquérito **sobre** as irregularidades no Ministério.* Note: o **u** não soa (*inkérito*).

inquestionável
O **u** não soa: *inkestionável*.

inquirir
Usa-se como transitivo direto ou como transitivo indireto (procurar saber, informar-se, inteirar-se): *Inquiriram as (ou **acerca d**as, ou **a respeito d**as, ou **d**as, ou **sobre** as) causas do acidente.* É apenas transitivo direto na acepção de interrogar judicialmente: *O delegado inquiriu o detido, mas não conseguiu que ele revelasse nada.* É apenas transitivo direto e indireto (querer saber, perguntar) e rege *a* ou *de*: *Inquiriu à (ou **d**a) filha se ela voltaria cedo para casa. Inquiriu dela (ou Inquiriu-lhe) se voltaria cedo para casa.* É ainda verbo transitivo direto e indireto (interrogar, fazer perguntas): *Inquiri o porteiro do prédio **acerca d**os (ou **a respeito d**os, ou **quanto a**os, ou **sobre** os) últimos acontecimentos.*

insaciável
Rege *de* ou *em*: *Comerciantes insaciáveis **de** (ou **em**) lucros cada vez maiores. Gente insaciável **d**a (ou **n**a) fome de lucros.*

insatisfeito / insatisfação
Regem *com* ou *de* (nome) e *em* (verbo): *Estar insatisfeito **com** o (ou **d**o) salário que recebe. Sentindo-se insatisfeito **em** viver ali, mudou-se. Sua insatisfação **com** o (ou **d**o) salário que recebia era justa. Ao se mudar, revelou sua insatisfação **em** viver ali.*

inscrição
Rege *a* ou *para*: *Está encerrada a inscrição **a**o (ou **para** o) vestibular.*

inscrito
Rege *em* (gravado) e *em* ou *para* (matriculado): *Havia nomes de pessoas inscritos **n**as pedras. Havia muitos candidatos inscritos **n**esse (ou **para** esse) concurso.*

insegurança / inseguro
Regem *acerca de*, ou *a propósito de*, ou *a respeito de*, ou *em*, ou *em relação a*, ou *quanto a*, ou *sobre*: *A insegurança do governo **acerca d**a (ou **a propósito d**a, ou **a respeito d**a, ou **n**a, ou **em relação à**, ou **quanto à**, ou **sobre** a) eficácia da medida adotada se transmitiu ao mercado. O governo está inseguro **acerca d**a (ou **a propósito d**a, ou **a respeito d**a, ou **n**a, ou **em relação à**, ou **quanto à**, ou **sobre**) eficácia dessa medida. Havia insegurança do médico **acerca d**o (ou **a propósito d**o, ou **a respeito d**o, ou **n**o, ou **em relação a**o, ou **quanto a**o, ou **sobre** o) diagnóstico.*

insensível / insensibilidade
Regem *a* ou *ante* (indiferente) e *com* ou *para com* (frio): *Gente insensível **a**o (ou **ante** o) sofrimento alheio. Governo insensível **a** (ou **ante**) protestos. A insensibilidade **à** (ou **ante**) dor pode ser indício de problema. Pais frios **com** (ou **para com**) os filhos.*

inseto
Aum. irregular: *insetarrão*. Adj. corresp.: *entômico*. Portanto, *reprodução de insetos = reprodução entômica*.

insistência
Rege *com* (pessoa) e *em*, *para*, *por* ou *sobre* (coisa) ou apenas *para* (verbo): *A insistência **com** o marido **n**a (ou **para** a, ou **pel**a, ou **sobre** a) compra de um carro novo valeu a pena. A insistência **com** o marido **para** comprar um carro novo valeu a pena.*

insistir
É verbo transitivo indireto e rege *em*, *por* ou *sobre* (nome) e *em* (verbo): *O presidente insiste **n**a (ou **pel**a, ou **sobre** a) aprovação da reforma da Previdência. Não quis insistir **n**o (ou **pel**o, ou **sobre** o) assunto. Ela insistia **em** me telefonar dez vezes por dia.* Quando se trata de orações desenvolvidas, a preposição *em*, agora a única aceita, pode estar elíptica: *O presidente insiste (em) que o congresso aprove a reforma da Previdência. O parlamentar insiste (em) que não recebe presentes de empresários.* Podemos insistir com alguém para alguma coisa: *Insistiram comigo para jantar com eles. Ela insistiu com o namorado para que ele lhe perdoasse.* Mesmo aqui, a preposição pode ficar elíptica, desde que a oração seja desenvolvida: *Ela insistiu com o namorado que lhe perdoasse.*

insolente / insolência
Regem *com* (nome) e *em* (verbo): *Foi expulso da escola por ser insolente com o professor. A insolência do aluno **com** o professor lhe valeu a expulsão da escola. Foste insolente **em** dizer aquilo ao professor.*

insosso / insulso
Sem sabor (*comida insossa*) ou sem graça (*piada insulsa*). Ambas as formas são corretas.

inspeção
Rege *a* ou *de*: *A inspeção **a**os (ou **d**os) bares e restaurantes ficou a cargo desses fiscais.* No português contemporâneo, só existe esta forma; *inspecção* deve ser desprezada.

instância ≠ estância
Convém não confundir. **Instância** é pedido insistente, insistência: *Ela, então, cedeu às instâncias do namorado.* Em direito, equivale a jurisdição: *tribunal da primeira instância.* **Estância** é fazenda: *Comprou uma estância de mil hectares perto de Porto Alegre.*

instantaneidade
Apesar de ser assim, há quem use "instantaniedade".

instado
Rege *a* ou *para*: *Como a garota era menor de idade, o rapaz foi instado **a** (ou **para**) casar. Instado **a**o (ou **para** o) trabalho, negou-se a fazê-lo.*

instância
Rege *com* (ou *para com*) [pessoa]...*a* (ou *para*) [oração ou verbo] e *por* (nome): *Foram vãs as instâncias **com** (ou **para com**) a moça **a** (ou **para**) que aceitasse o rapaz em casamento. As instâncias **pel**a paz no Oriente Médio foram feitas várias vezes pelo Papa.*

instante ≠ momento
Convém não confundir. **Instante** é a mínima parte do tempo concebível, é a fração do tempo infinitamente pequena, o menor espaço de tempo que é possível considerar: *o instante de um relâmpago*. **Momento** é o espaço muito breve de tempo, mas não tão breve quanto o instante. Num *momento* se pode perder um grande amor; num *instante* se pode perder a vida. Pedida em casamento, toda mulher precavida deveria pedir um *momento* para pensar; há as que dão a resposta (positiva) num *instante* e é justamente aí que reside a gravidade do futuro...

instar
É verbo transitivo indireto (insistir) e rege *em* ou *por*: *Os trabalhadores instaram na* (ou *pela*) *continuação da greve. Insto demais em* (ou *por*) *entender esse crime*. Podemos construir, ainda: *A garota instou (com) o pai a* (ou ***para***) *que ao menos cumprimentasse o namorado*. Neste caso, a preposição com é facultativa.

instigação
Rege *de...a* (ou *para*) [coisa] e *de...contra* (pessoa): *A instigação de cães à* (ou ***para*** *a*) *luta entre si é crime. A instigação de cães **contra** carteiros é crime*.

instrumento
Rege *de* ou *para*: *Instrumento **de*** (ou ***para***) *transmissão de dados*.

insubmissão
Rege *a* ou *contra*: *A insubmissão dos índios à* (ou ***contra*** *a*) *escravidão provocou a importação de africanos*.

insubmisso
Rege *a*: *Os índios eram insubmissos à escravidão*.

insuportável
Rege *a* ou *para*: *Derrota insuportável à* (ou ***para*** *a*) *torcida*.

insurreição ≠ rebelião ≠ revolta ≠ sublevação ≠ levante ≠ motim
Convém não confundir. **Insurreição** é o ato de se levantar ou de se revoltar em armas contra algo superior, considerado injusto ou ilegítimo. Dela sempre participa um líder, cuja disposição constante é enfrentar a autoridade, a quem deseja derrubar e não raro tomar-lhe o posto. Se consegue o seu intento, eis a *revolução*. **Rebelião** é a desobediência ou resistência a autoridade opressora ou tida por opressora. Os presídios brasileiros e as unidades da Febem conhecem muito bem o que é *rebelião*. **Revolta** é o movimento destinado a subverter a ordem estabelecida. **Sublevação** é o levante em massa do povo, armado ou não. **Levante** é a agitação contra a autoridade constituída. **Motim** é o levante sem importância e de pouca duração, fácil de controlar, que só visa a perturbar a ordem.

insuspeito
Rege *a*: *Cidadãos insuspeitos à polícia também cometem crimes*.

intacto / intato
As duas formas existem; a primeira é mais corrente, mas a segunda é mais aconselhável.

integração / integrado / integrar
Regem *a* ou *em* (pref.): *A integração do jogador **a**o* (ou ***n**o*) *plantel se deu ainda ontem. O jogador já está integrado **a**o* (ou ***n**o*) *plantel. O treinador quer integrar o novo jogador **a**o* (ou ***n**o*) *plantel quanto antes. A integração do homem **a**o* (ou ***n**o*) *seu meio ambiente. Tal sentimento se encontra integrado à* (ou ***n**a*) *alma do brasileiro. Integrar um território **a**o* (ou ***n**o*) *país. O treinador se encarregou de integrar o jogador **a**o* (ou ***n**o*) *grupo*. A regência com a preposição *a* é relativamente nova.

íntegro
Superl. sint. erudito: *integérrimo*. Portanto, *presidente muito íntegro = presidente integérrimo*.

inteirar
Sempre com **ei** fechado: *inteiro, inteiras, inteira, inteiramos, inteirais, inteiram* (pres. do ind.); *inteire, inteires, inteire, inteiremos, inteireis, inteirem* (pres. do subj.). Há os que usam "intéro", "intéra", "intére", etc. e dizem: *Se eu não "intéro" o dinheiro das despesas, ela "intéra"! Eles querem que eu "intére" a quantia*. No mínimo, deselegante. Da mesma forma: *inteirar-se: Quando me inteiro da situação, percebo que havia sido logrado. Espero que eles se inteirem da situação também*.

intemerato ≠ intimorato
Convém não confundir. **Intemerato** é não violado, puro, íntegro: *Morreu, mas manteve intemerata sua honra*. **Intimorato** é que não sente nenhum temor, que nada teme, destemido, corajoso: *soldados intimoratos, bombeiros intimoratos*.

intenções
Rege *com* ou *para com* (pessoa), mas *a favor de* ou *contra* (coisa): *Quais são as suas intenções **com*** (ou ***para com***) *minha filha, rapaz? D. Pedro tinha intenções **a favor d**a independência, e não **contra***.

inter-
Este prefixo só exige hífen antes de palavras iniciadas por **h** e **r**: *inter-hemisférico, inter-relação*. Portanto, sem hífen: *intercontinental, interescolar, interestadual, interindustrial, intermunicipal, interoceânico, interocular, interósseo, interplanetário, intersocial, interuniversitário, interurbano, intervocálico*, etc.

intercalar entre
Redundância consagrada.

interceder / intercessão
Regem *a* (ou *em*) *favor de* ou *por*: *Em discussão entre ma-*

rido e mulher, não convém interceder ***a*** (ou ***em***) ***favor de*** (ou ***por***) nenhum deles. *A comissão de direitos humanos só intercede **a** (ou **em**) favor **d**os (ou **pel**os) criminosos, mas nunca **a** (ou **em**) favor **d**a (ou **pel**a) família da vítima. Toda comissão de direitos humanos só se esmera na intercessão **a** (ou **em**) **favor de** (ou **por**) bandidos, mas nunca se interessa na intercessão **a** (ou **em**) **favor d**a (ou **pel**a) vítima.*

interceptar

Tem o **p** debilmente pronunciado durante toda a conjugação, principalmente nas formas rizotônicas (as que têm a tonicidade no radical), em que a vogal que o antecede é tônica: *intercepto, interceptas, intercepta, interceptamos, interceptais, interceptam* (pres. do ind.); *intercepte, intercepteis, intercepte, interceptemos, intercepteis, interceptem* (pres. do subj.). *No Correio brasileiro ninguém, absolutamente ninguém, **intercepta** correspondências.*

intercessão ≠ interseção

Convém não confundir. **Intercessão** é intervenção: *Graças à **intercessão** do Papa, liberaram os reféns.* **Interseção**, de variante *intersecção*, é cruzamento: *O acidente ocorreu na **interseção** das duas ruas. A **intersecção** entre dois segmentos. A **intersecção** de dois planos é o vazio.*

interclube

Palavra malformada: o prefixo *inter-* se apõe a adjetivo (*interescolar, interestadual, interoceânico, interurbano,* etc.), e não a substantivo. Em razão dessa má formação, há quem use uma concordância esdrúxula: *campeonato mundial "interclubes"*, fazendo um adjetivo no plural modificar uma expressão no singular. Como o adjetivo *interclubista* não corre, seria de bom-senso usarem *entre clubes* no lugar da referida palavra.

interessado

Rege *em* ou *por* (nome), mas apenas *em* (verbo): *Estar interessado **em** (ou **por**) uma mulher. Estar interessado **em** comprar uma casa.*

interessar

Este é um verbo que facilmente leva a erro de concordância, quando seu sujeito é um infinitivo. Assim, é comum encontrarmos frases como esta: *Por razões que não me "interessam" agora dizer, pediu demissão do emprego,* em que seu autor está certo de que o sujeito de *interessar* é *razões* (representado pelo pronome relativo *que*). Não é. O sujeito de *interessar* é, na verdade, o infinitivo (*dizer*): afinal, o que é que não interessa? É *dizer*, portanto, o verbo deve ficar no singular.

interessar / interessar-se

Regem *em* ou *por* (nome) e *em* (verbo): *O governo tem de interessar os jovens **na** (ou **pel**a) prática de esportes. É preciso interessar a juventude **em** praticar esportes. Ninguém se interessou **no** (ou **pel**o) nosso caso. Todos se interessam **na** (ou **pel**a) exploração do petróleo brasileiro. Nunca se interessou **em** procurar um advogado.*

interesse

Pode ser substantivo e forma verbal. O substantivo tem o **e** tônico fechado; a forma verbal é que o tem aberto: *Meu **interesse** era esse. Espero que ele se **interesse** por mim.* O substantivo rege *de* ou *em* (verbo), *para* (utilidade, proveito) e *por* (atrativo): *Temos todo o interesse **de** (ou **em**) ajudar vocês. Esse assunto não é de interesse **para** crianças. Cresce o interesse **pel**as eleições. Por que tanto interesse **pel**a garota?* A regência "interesse sobre" deve ser desprezada. V. **desinteresse**.

interestadual

Pronuncia-se *inte.res.tadual*, e não "inter-estadual", ou seja, na pronúncia o **r** do prefixo se junta à sílaba da vogal posterior. Diz-se o mesmo de *interescolar, interestatal, interestelar, intereuropeu, inter-helênico, inter-hemisférico, inter-humano, interinsular, interoceânico, interocular, interósseo, interurbano,* etc.

ínterim

Note: é palavra proparoxítona. O povo, no entanto, continua dizendo "interim". Por quê? Porque a maioria das palavras terminadas em *-im* são oxítonas: *amendoim, benjamim, capim, Paim, ruim, tuim,* etc. *Nesse ínterim* = enquanto isso; nesse meio-tempo: *Desci do carro e subi ao terceiro andar para entregar a encomenda; **nesse ínterim**, roubaram o meu veículo.* Atenção: usa-se apenas e tão-somente *nesse*, em tal expressão, e não "neste", conforme se registra em certo dicionário.

intermediar

Conjuga-se por *mediar*: *intermedeio, intermedeias, intermedeia, intermediamos, intermediais, intermedeiam* (pres. do ind.); *intermedeie, intermedeies, intermedeie, intermedeemos, intermedeeis, intermedeiem* (pres. do subj.). Portanto: *Ela **intermedeia** todas as relações entre os seus vizinhos. Esperamos que o Papa **intermedeie** as partes antagônicas desse conflito. Os seqüestradores exigem que um padre e um juiz **intermedeiem** as negociações com a polícia.* Há quem use "intermedia", "intermedie", "intermediem", respectivamente.

interpor entre

Redundância consagrada: ***Interp**us o corpo **entre** os briguentos.*

interrogado

Rege *acerca de*, ou *a respeito de*, ou *sobre*: *Interrogado **acerca d**os (ou **a respeito d**os, ou **sobre** os) motivos que o levaram a romper o noivado, nada respondeu.*

interrupção

Rege *de* ou *em*: *A interrupção **d**a (ou **n**a) partida se deveu à forte chuva.*

interseção / intersecção

V. **intercessão** ≠ **interseção**.

interstício

Embora seja assim, há muita gente que usa "intertício".

intervir

Segue a conjugação de *vir*. Não **intervim** na briga, mas a polícia **interveio**. Se Luís **intervier** no caso, poderá haver confusão. Como ninguém **intervinha** na discussão, **intervim** eu. Esperava-se que a polícia **interviesse**, mas não **interveio**. Foi preciso que a polícia **interviesse** na manifestação. Portanto, não existem as supostas formas "intervi", "interviu", "intervia", "intervisse", etc.

intestino

Adj. corresp.: *intestinal* ou *celíaco*. Portanto, *cólica do intestino = cólica intestinal; pólipos do intestino = pólipos celíacos*.

intimado

Rege *a* ou *para*: *Intimado **à** (ou **para** a) rendição, negou-se a fazê-lo. Intimado **a** (ou **para**) comparecer a juízo, negou-se a fazê-lo, sendo preso.*

intimar

É verbo transitivo direto e indireto (ordenar com autoridade) e constrói-se assim: *O delegado o intimou a entregar a arma. O delegado o intimou a que entregasse a arma. O delegado lhe intimou que entregasse a arma.* Por outra: podemos intimar alguém a alguma coisa ou intimar a alguém alguma coisa.

intimidado

Rege *com* ou *por*: *Intimidada **com** a (ou **pel**a) presença do bandido na sala, a testemunha nada quis declarar.*

intimidar

Usa-se assim: *Essas ameaças não o intimidam?* Muitos, no entanto, usam "lhe" no lugar do *o*, transformando o verbo transitivo direto em indireto.

intolerante / intolerância

Regem *a* ou *contra* (coisa), *com* ou *para com* (pessoa) e *em* (coisa e verbo): *Ser intolerante **a** (ou **contra**) críticas. Todos sabiam da intolerância daquele governo **a** (ou **contra**) greves. A prefeita se mostra intolerante **com** (ou **para com**) os vendedores ambulantes. Professor intolerante **em** questões de disciplina. Era por demais conhecida sua intolerância **em** aceitar críticas.*

intoxicar

O **x** tem som dúplice (**ks**): *intoksicar*. Muitos, no entanto, dizem "intochicar". O som continua dúplice nas palavras da mesma família: *intoxicação, intoxicado, tóxico, toxicômano*, etc.

intra-

Este prefixo exige hífen antes de palavras iniciadas por *vogal, h, r* ou *s*: *intra-auricular, intra-hepático, intra-ocular, intra-sociedade, intra-uterino*. Portanto, sem hífen: *intracelular, intracraniano, intragaláctico, intramolecular, intramuros, intramuscular, intrapessoal, intratorácico, intravenoso*, etc.

intransigente / intransigência

Regem *a* (coisa), *com* ou *para com* (pessoa) e *em* (coisa e verbo): *O congresso se mostrou intransigente às reformas. Professor intransigente **com** (ou **para com**) seus alunos **na** disciplina. Sou intransigente **na** defesa da liberdade. Foi intransigente **em** aceitar a minha sugestão.*

intrincado / intricado

Ambas as formas são boas: *caso **intrincado** (ou **intricado**)*.

introdução

Rege *a, de* ou *sobre*: *É uma pequena introdução **a**o (ou **d**o, ou **sobre** o) estudo de filologia.*

introduzir "dentro"

Visível redundância.

intuito

Rima com *gratuito* e *fortuito*: *intúito*. Esta palavra pode vir antecedida de *com* ou *em*, para combinar com *de*: *Viajar **com** o (ou **n**o) **intuito** de descansar.*

intumescer

É verbo intransitivo ou pronominal, indiferentemente: *O local da pancada logo **intumesceu** (ou **se intumesceu**). Quando as artérias **intumescem** (ou **se intumescem**), causam preocupação.*

inundado

Rege *de* ou *em* (coisa) e *de* ou *por* (pessoa): *Rosto inundado **de** (ou **em**) suor. Estádio inundado **de** (ou **por**) vândalos.*

inútil

Rege *a* ou *para*: *Medidas inúteis **à** (ou **para** a) maioria da população. Conhecimentos inúteis **a**o (ou **para** o) trabalho do dia-a-dia.*

invadido

Rege *de* ou *por*: *Casa invadida **de** (ou **por**) baratas. Sentiu-se invadido **de** (ou **por**) um estranho desânimo.*

invalidez

Pl.: *invalidezes*. V. **estupidez** e **gravidez**.

invasão

Rege *de*: *Os Estados Unidos desmentem invasão **d**a Síria. Houve uma invasão **d**a Terra no século passado; seres estranhos por aqui andaram. Você conhece o episódio da invasão **d**a baía dos Porcos, em Cuba? O mundo ocidental condenou a invasão **d**a Checoslováquia pelos russos, em 1968. Os Estados Unidos não ficarão indiferentes a uma possível invasão chinesa **de** Taiwan. É crime a invasão **de** domicílio. É muito desagradável a invasão **de** privacidade.* A regência "invasão a" deve ser desprezada.

invasão ≠ incursão

Convém não confundir. **Invasão** é a entrada à força ou de modo hostil em um lugar, é a ocupação à força: *a invasão do Kuwait pelo Iraque, em 1990*. Quando os sem-terras ocupam à força uma fazenda, ocorre também *invasão*. **Incursão** é a invasão rápida. O que os Estados Unidos fizeram no Panamá em 1989, foi uma *incursão*, e não propriamente uma "invasão".

inveja
Rege *a* ou *de*: *Ter inveja **a**o (ou **d**o) irmão.*

invejar
Usa-se assim: *Eu não o invejo*. Muitos, todavia, usam "lhe" no lugar do *o*, transformando o verbo transitivo direto em indireto.

invejado
Rege *de* ou *por*: *Seu sucesso era invejado **d**os (ou **pel**os) irmãos.*

invejoso
Rege *de*: *Era invejoso **d**o sucesso do irmão.*

invenção ≠ invento
Convém não confundir. A diferença entre os dois termos é de extensão: **invenção** tem maior abrangência. O **invento** se restringe às artes. A pilha, o rádio e a televisão são *invenções*; o cinema, além de *invenção*, é um extraordinário *invento*.

invendável ≠ invendível
Convém não confundir. **Invendável** é o que já não se vende tão facilmente. *Depois do acidente, meu carro se tornou invendável, tamanhas as avarias que sofreu.* **Invendível** é o que não se pode vender. *Os bens colocados em indisponibilidade pela justiça são invendíveis.*

inventar "de"
Não é da norma culta, mas a língua contemporânea vai conhecendo cada vez mais a construção deste verbo com a preposição *de*, na acepção de ter a "brilhante" idéia ou iniciativa de, resolver, tornando a comunicação extremamente expressiva e conferindo-lhe um misto de desagrado e reprovação: *Minha filha, agora, inventou "de" ser surfista. Ele inventou "de" beijar a namorada na frente dos pais dela.* Retirada a preposição, a construção fica gramatical, mas não tão comunicativa. O mesmo fenômeno lingüístico ocorre com *acontecer, ameaçar, dar, entender, evitar* e *resolver*.

inverno
Adj. corresp.: *hibernal*. Portanto, *ventos de inverno = ventos hibernais*.

inverso
Rege *a* ou *de*: *Trilhou um caminho inverso **a**o (ou **d**o) que lhe traçaram. O procedimento é inverso **a**o (ou **d**o) daqueles que todos conhecem.*

invertível / inversível
As duas formas existem, assim como coexistem *conversível* e *conversível, reversível* e *revertível*. Quando ocorrem formas variantes como tais, a tendência popular é dar preferência a uma delas e fixá-la, provocando o arcaísmo da outra. O povo só diz *carro **conversível*** e *situação **reversível***. Os professores de Matemática usam geralmente *inversível*, mas há os que preferem *invertível*. Tudo é uma questão de estar situado no tempo...

invés
V. **ao invés de** ≠ **em vez de**.

investida
Rege *a, contra* ou *sobre* (ataque; ato de atirar-se com ímpeto ou coragem) e *em* (tentativa de entrada): *Foi um discurso de investida **à** (ou **contra** a, ou **sobre** a) democracia. Essa nova investida **a**os (ou **contra** os, ou **sobre** os) contribuintes é improfícua: quanto maior a alíquota do imposto de renda, maior a sonegação e menor a arrecadação. Apreciar as investidas dos surfistas **à**s (ou **contra** as, ou **sobre** as) ondas. A investida dessa multinacional **n**o mercado brasileiro é para valer.*

investigação
Rege *acerca de, a respeito de, de* ou *sobre*: *Começaram as investigações **acerca d**as (ou **a respeito d**as, ou **d**as, ou **sobre** as) irregularidades nesse órgão federal.*

investir
Rege *a, com, contra, para* ou *sobre* (lançar-se hostilmente, atacar com fúria), *de* [revestir (de poder)] e *em* (aplicar, empregar capital ou dinheiro; empossar): *O cão investiu **a**o (ou **com** o, ou **contra** o, ou **para** o, ou **sobre** o) carteiro. As Forças Armadas investiram o ditador **de** plenos poderes. Investimos todo o nosso dinheiro **em** imóveis. As empresas nacionais precisam investir mais **em** pesquisas e tecnologia. Ele investiu o filho mais velho **na** presidência da empresa. Há juízes e até desembargadores sem nenhum preparo profissional e psicológico para exercer tão nobre e importante função **em** que foram investidos.* Na primeira acepção, a regência com as preposições *para* e *sobre* se limita aos clássicos da língua.

invisível
Rege *a* ou *para*: *Avião invisível **a**os (ou **para** os) radares inimigos.*

invocação
Rege *a* (coisa = pedido de proteção, auxílio ou inspiração), *de* (pessoa = alegação) e *com* (coisa ou pessoa = implicância, cisma): *Fazer uma invocação **a** seu anjo da guarda. A invocação **d**a ignorância da lei não é aceita em nenhum tribunal. Ter invocação **com** ruídos e **com** criança mal-educada.*

invocação das cartas
V. **dois-pontos** ≠ **dois pontos**.

inzoneiro
V. **mulato inzoneiro**.

ioga
É palavra feminina: *a ioga*. A pessoa que pratica a ioga se diz *iogue* ou *ioguim*.

Iorque
É a forma aportuguesada de *York*. Muitos, todavia, não a adotam. V. **Nova Iorque**.

ioruba
Apesar de ser assim, muita gente continua falando em "iorubá".

Iperoígue
Praia de Ubatuba (SP), onde no séc. XVI habitavam os índios tamoios (tupis do Rio de Janeiro), aliados dos invasores franceses, chefiados por Villegagnon. Há quem escreva "Iperoig".

ipsis litteris / ipsis verbis
Trata-se de latinismos; o primeiro significa *pelas mesmas letras*. Assim, ninguém pode repetir nada ao telefone *"ipsis litteris"*, mas sim *ipsis verbis*, que significa *pelas mesmas palavras*. Portanto, quando se fala, repete-se *ipsis verbis*; quando se escreve, repete-se *ipsis litteris*: *Na carta, Manuel repetiu* ***ipsis litteris*** *o que ouvira. Ao juiz, Manuel repetiu* ***ipsis verbis*** *o que afirmara ao delegado*. A primeira se pronuncia *ípsis líteris*; a segunda, *ípsis vérbis*.

ir
Rege *a*, mas no Brasil se usa muito a preposição *em*: *Vou* ***a****o cinema. Irei* ***a****o estádio domingo. As crianças foram* ***à*** *casa da tia. Não vás* ***a*** *batizado e* ***a*** *casamento sem ser convidado!* Convém usar a preposição *em* apenas na comunicação informal, despretensiosa, familiar. V. **ir na escola.** Conj.: *vou, vais, vai, vamos, ides, vão* (pres. do ind.); *ia, ias, ia, íamos, íeis, iam* (pret. imperf.); *fui, foste, foi, fomos, fostes, foram* (pret. perf.); *fora, foras, fora, fôramos, fôreis, foram* (pret. mais-que-perf.); *irei, irás, irá, iremos, ireis, irão* (fut. do pres.); *iria, irias, iria, iríamos, iríeis, iriam* (fut. do pret.); *vá, vás, vá, vamos, vades, vão* (pres. do subj.); *fosse, fosses, fosse, fôssemos, fôsseis, fossem* (pret. imperf.); *for, fores, for, formos, fordes, forem* (fut.); *ir, ires, ir, irmos, irdes, irem* (infinitivo pessoal); *ir* (infinitivo impessoal); *indo* (gerúndio); *ido* (particípio).

ir a ≠ ir para
Convém não confundir. **Ir a** implica retorno breve. **Ir para** pressupõe permanência. Há paulistanos que *vão a Santos e a Guarujá todos os fins de semana*. Todos nós *vamos para a cama*. E também *para o céu...*

ira
Rege *contra*: *Sentir muita ira* ***contra*** *a falsidade. É grande a ira popular* ***contra*** *a falta de justiça*.

irado
Rege *com* ou *contra*: *Homem irado* ***com*** *(ou* ***contra****) a falsidade. Povo irado* ***com*** *(ou* ***contra****) a falta de justiça*.

irapuru / uirapuru
As duas formas existem, mas a segunda é a mais usual.

irascível
Apesar de ser assim, muitos ficam "irracível" quando os corrigimos.

ir "com"
V. **vir "com"** e **voar "com"**.

ir dar / ir ter
Como dão idéia de movimento, estas expressões verbais exigem a preposição *a*, embora o brasileiro aprecie o uso de *em*: *Esta rua vai dar* ***a****onde? Entramos naquela rua e fomos dar* ***a*** *um beco sem saída. Se eu seguir por aqui, vou ter* ***à*** *praia? Se você quiser ir dar* ***à*** *praia, tome esta avenida e vá sempre em frente! Tomamos uma estrada vicinal e fomos ter* ***a*** *um sítio*.

ir em / ir para
O verbo *ir*, junto de *em* ou de *para*, na referência a tempo, é impessoal; portanto, usa-se apenas na 3ª pessoa do singular: ***Vai em*** *(ou* ***para****) três anos que enviuvei.* ***Vai em*** *(ou* ***para****) vinte anos que não vejo Beatriz*.

ir indo
V. **ia indo**.

íris
Adj. corresp.: *iridiano*. Portanto, *coloração da íris = coloração iridiana*.

irmanado
Rege *a* ou *com* (pessoa)...*em* (coisa): *O presidente tem de estar irmanado* ***a****os (ou* ***com*** *os) ministros* ***n****o mesmo ideal*.

irmão
Adj. corresp.: *fraternal*. Portanto, *atitude de irmão = atitude fraternal*.

ir na escola
Trata-se de uso eminentemente brasileiro, da fala brasileira, este da preposição *em* com verbos de movimento. Nós somos muito dados a ir *na* escola, a chegar *na* escola, a voltar *na* escola, a retornar *na* escola, a regressar *na* escola, etc., enquanto os portugueses preferem (com alguma razão) ir **à** escola, voltar **à** escola, retornar **à** escola, regressar **à** escola, etc. Nós somos muito dados, ainda, a *ir na Maria* (= ir na casa da Maria), mas não queremos de jeito nenhum *ir "no" sucesso*. O torcedor brasileiro é muito dado a *ir no estádio*, mas nunca vai com muita sêde "no" pote. O brasileiro é muito dado a *ir no cinema*, mas não quer, de jeito nenhum, ir "na" caça. O brasileiro adora *ir na praia*, mas nunca diz que *devagar se vai "no" longe*. O brasileiro gosta de *ir no clube*, mas não quer ver seu lutador de boxe ir "na" lona. O brasileiro, enfim, é isso: um mar de contradições lingüísticas, quando se trata do uso do verbo *ir*. A razão dessas discrepâncias todas ainda não está muito bem clara... V. **acorrer** e **levar**.

ir (ou sair) ao encalço de

Significa seguir de perto aquele que foge ou vai à frente, perseguir, seguindo a pista: *Quando a polícia* **ia ao encalço d**os seqüestradores, houve o acidente com a viatura. Os agricultores **saíram ao encalço d**a onça que estava matando suas reses. Não convém usar aqui a preposição "em", ou seja, *ir* (ou *sair*) "*no*" *encalço de*. V. **estar no encalço de**.

ironia

Rege *a* ou *contra*: *A ironia* **a***o* (ou **contra** *o*) *presidente não foi muito bem recebida em Brasília.*

ir para

A presença da preposição *para* junto do verbo *ir* confere à expressão a idéia de permanência um tanto ou quanto longa em determinado lugar. Repare nestas duas frases: *Vou* **a** *Salvador, mas volto antes do sábado. Faz dez anos que fomos* **para** *Salvador.* A primeira frase é própria de turistas ou de executivos apressados; a segunda é própria de uma família que fixou residência em Salvador, portanto com o firme desejo de permanecer na capital baiana por longo tempo. Assim, em rigor, não convém ir "para" a praia, ir "para" a piscina, ir "para" o clube, a não ser que a intenção seja ficar por lá, o que parece pouco provável. Note que as almas, segundo a crença católica, ou vão *para* o céu, ou vão *para* o inferno. O ideal (aos pecadores, naturalmente) seria ir **a**o inferno, remir-se de todos os pecados e depois ir **para** o céu. A idéia não lhe parece interessante, caro leitor?

ir "para" aí

Não: *aí*, como *aqui*, não aceita a preposição *para*, em construção desse tipo. Por isso, convém *ir aí*? *Lá*, sim, admite a companhia da referida preposição. Então: convém *ir para lá?* V. **vir "para" aqui**.

irradiar

É verbo pronominal (propagar-se, difundir-se, espalhar-se): *A bondade do Papa* **se irradia** *aos fiéis. A violência das torcidas paulistanas* **se irradiou** *para todo o país. Sua fama* **se irradiou** *pela cidade. O fogo* **se irradiava** *furiosamente para todas as dependências da casa. Sua simpatia* **se irradiou** *por todo o ambiente. O câncer* **irradiou-se** *por todo o organismo.*

irrequieto

Apesar de ser assim, há quem continue "irriquieto".

irresponsável / irresponsabilidade

Regem *de*, *em* ou *por*: *Ser irresponsável* **de** (ou **em**, ou **por**) *seus atos. A irresponsabilidade* **de** (ou **em**, ou **por**) *seu comportamento não era assumida pelos pais.*

irreverência / irreverente

Regem *a, com, para* ou *para com* (pessoa) e *em* (coisa): *A irreverência do aluno* **a***o* (ou **com** *o*, ou **para** *o*, ou **para com** *o*) *professor lhe valeu severa pena. Sua irreverência* **n***a atitude com os colegas lhe valeu o emprego. Aluno irreverente* **a***o* (ou **com** *o*, ou **para** *o*, ou **para com** *o*) *professor é expulso da escola. Funcionário irreverente* **n***a atitude com os colegas é demitido.*

irritado / irritação

Regem *com* ou *contra* (nome) e *de* ou *por* (verbo): *O professor estava irritado* **com** (ou **contra**) *alguns alunos. A irritação do presidente* **com** (ou **contra**) *o ministro era evidente. Ficou irritado* **de** (ou **por**) *ver tudo espalhado pelo chão.*

irritar

Usa-se assim: *Ruídos não o irritam?* Muitos, no entanto, usam "lhe" no lugar do *o*, transformando o verbo transitivo direto em indireto.

írrito

Que fica sem efeito (usa-se geralmente seguida de *nulo*): *testamento írrito e nulo; contrato írrito e nulo*. Note: é palavra proparoxítona.

ir-se

O pronome *se*, neste caso, é palavra de realce, portanto não obrigatório, mas confere à ação um caráter de espontaneidade: *Ela chegou às 12h e às 13h já* **se** *foi. Deu-me um beijo e foi-**se** embora.*

isento / isenção

Regem *com* ou *para com* (pessoa)...*em* (coisa) [neutro, imparcial] e *de* (desobrigado; livre): *Professor isento* **com** (ou **para com**) *seus alunos* **n***a atribuição de notas. Rapazes isentos* **d***o serviço militar. Comerciantes isentos* **d***o pagamento de impostos.*

israelense ≠ israelita

Convém não confundir. **Israelense** é a pessoa que nasce ou habita em Israel; **israelita** é a pessoa que professa o judaísmo; é sinônimo de judeu ou judia. Há *israelenses* que não são *israelitas*, e vice-versa.

isto é

Abrev.: *i.e.*

isto posto

Nas orações reduzidas de particípio, esta forma nominal encabeça sempre a oração: **Declarado** *o imposto de renda, resta aguardar a restituição.* **Feito** *o depósito bancário, basta aguardar a mercadoria pedida em casa.* Este, no entanto, é um caso de exceção: **Isto posto***, passemos a outro assunto!* Mas podemos construir, perfeitamente: **Posto isto***, passemos a outro assunto!*

Ítaca

Nome da ilha grega que, de acordo com a tradição, foi a terra natal de Ulisses, o herói da *Odisséia*, de Homero. Note: é palavra proparoxítona.

Itália

Este nome faculta o uso do artigo, quando regido de preposição. Assim, podemos empregar, indiferentemente: *Morei **em** Itália* quanto *Morei **na** Itália*; *Estive **em** Itália* quanto *Estive **na** Itália*; *Vou **a** Itália* quanto *Vou **à** Itália*; ***Em** Itália esse costume é diferente* quanto ***Na** Itália esse costume é diferente*, e assim por diante. A primeira construção é própria do português de Portugal; no Brasil, corre apenas a segunda. Seu adjetivo contraído é *ítalo-*: *relações **ítalo**-brasileiras*, *amizade **ítalo**-americana*.

item

Sem acento, assim como o plural, *itens*.

J

j/J

A minúscula (repare) tem pingo ou ponto, mas a maiúscula não. Muitos, porém, escrevem o **j** sem pingo, ou colocam uma bolinha em seu lugar, e grafam o **J** com pingo. V. **i/I**.

já ≠ agora

Convém não confundir. **Já** exprime ação neste instante, imediatamente, sem nem um segundo de espera. **Agora** exprime ação neste momento, sem muita demora, mas com alguma espera. Assim, se alguém nos pede que façamos algo *já*, o trabalho deve ter início num piscar de olhos, dada a urgência de execução que o advérbio encerra. Se, no entanto, alguém nos pede que façamos algo *agora*, tempo haverá ainda de uma reflexão sobre o trabalho, com direito à visita até ao banheiro, para algum eventual desafogo. Explica-se, assim, a ansiedade do povo brasileiro, quando pedia *Diretas já*. Se saísse a pedir "Diretas agora", o governo talvez nem se abalançasse, como, aliás, nem se abalançou, mesmo com o pedido sendo veemente e urgente: *já*. Que seria, então, se o pedido fosse feito com *agora*? Já está para agora assim como instante está para momento. Por tudo isso é que não há redundância na frase *O Jornal Nacional está começando agora*, muito ouvida no início do famoso telejornal. De fato, o noticiário está começando *agora*, pois, após a referida leitura, vem ainda o tempo da vinheta do telejornal. Se há diferença entre *começar já* e *começar agora*, não pode haver redundância na referida frase.

Jabuticabal

É esta a verdadeira grafia do nome da cidade paulista, cujos habitantes, porém, preferem o uso da forma tradicional, *Jaboticabal*. A palavra derivada de *jabuticaba* é *jabuticabal*, mas a cidade foi fundada antes de 1943, ano em que se promoveu uma grande reforma ortográfica. Por ela, *jaboticaba* passou a ser escrita *jabuticaba*. Hoje, quem nasce na cidade se diz apenas *jabuticabalense*. Por tradição histórica secular, podemos manter inalterada a grafia original de um nome de cidade. Isso não significa dizer que somos obrigados a mantê-la. Assim, podemos grafar *Jaboticabal* (por tradição) e *Jabuticabal* (pela ortografia vigente). Como sempre me pautei pela coerência, prefiro a segunda forma. Adotada a primeira, como é que se sai um professor que tem de explicar a seu aluno que aquele que nasce em *Jaboticabal* é *jabuticabalense*? Confira outros casos semelhantes no livro **Não erre mais!**

Jaime

Pronuncia-se *jãime*. O ditongo *ai* se nasaliza, quando antecede um fonema nasal (no caso /m/). Repare como dizemos outras palavras que o trazem na mesma situação: *andaime, Elaine, faina, paina*, etc. V. **Jonas**.

já...mais

Constitui redundância o uso simultâneo de *já* e *mais*, em frases negativas, indicando cessação ou mudança de um fato. Convém usar apenas *já*: *Os ateus afirmam que Deus já não existe. Já não se faz carro como antigamente*. Na língua cotidiana, quando não se usam ambas as palavras na mesma frase, emprega-se *mais* como equivalente de *já*: *Os ateus afirmam que Deus não existe **mais**. Não se faz **mais** carro como antigamente*. Originariamente, *mais* equivale a *novamente, outra vez. Não volto lá **mais**. Não erre **mais**!* Apesar da evidente impropriedade, a língua cotidiana já consagrou o uso de *mais* por *já* e até está a consagrar o emprego simultâneo de ambas as palavras na mesma frase, em nome da ênfase: *Já não se faz **mais** carro como antigamente. Já não há **mais** motivo para discussões*.

jamais ≠ nunca

Convém não confundir. À idéia de **jamais** está associada a de indignação, despeito, enquanto à de **nunca** está ligada a idéia de dúvida, desconfiança. Repare: ***Jamais** voltarei com ela, porque fui enganado. **Jamais** transigirei com os corruptos. **Jamais** consentirei que meus direitos sejam violados.* Mas: ***Nunca** serei feliz. **Nunca** chegarei a beijar aquela doce boca. **Nunca** ela entenderá o tanto de amor que lhe dediquei. Ela **nunca** soube quanto a amei.* Repare, ainda: ***Jamais** desistirei do meu objetivo, embora saiba que **nunca** receberei nenhuma recompensa.* Quando, porém, jamais se refere ao passado, vale o mesmo que nunca, mas ainda assim tem mais força que este. Veja: ***Jamais** (ou **Nunca**) confiei nela. **Jamais** (ou **Nunca**) disse uma coisa dessas.* Há os que gostam de reforçar e empregam *nunca jamais*, que não constitui redundância. Convém acrescentar que os dois são advérbios de *tempo*, e não de negação, como queriam as antigas gramáticas e algumas até atuais (sem serem modernas).

jambo

Esta palavra, quando usada como adjetivo, na indicação da cor, não varia: *morenas **jambo**; peles **jambo***. V. **bomba, cassete, cinza, creme, esporte, gelo, laranja, monstro, padrão, pastel, pirata, relâmpago, surpresa, tampão** e **vinho**.

DICIONÁRIO DE DÚVIDAS, DIFICULDADES E CURIOSIDADES DA LÍNGUA PORTUGUESA

jantar
É esta a palavra que deve ser usada na linguagem elegante. O povo, no entanto, prefere comer a "janta" na sala de "janta". Xavier Fernandes, em suas *Questões de língua pátria*, afirma que "janta" é brasileirismo próprio de gente inculta, palavra que se ouve no Brasil só na boca de analfabetos, semi-analfabetos e pseudodoutos. De fato, essa "janta" é algo indigesta, mas nem por isso "consumida" por alguns gramáticos.

Japão
Adj. contraído: *nipo-* (relações **nipo**-russas; rivalidade **nipo**-chinesa).

jardim
Abrev.: *j.* (com o ponto). *Moro no J. Tremembé*. Muitos usam "jd.".

jarra ≠ jarro
Convém não confundir. **Jarra** é vaso para flores ou para água, usado geralmente sobre mesas. **Jarro** é vaso bojudo e alto, com asa e bico, próprio para conter água de lavagem. Não se deita água de uma *jarra* numa bacia, para lavar as mãos ou os pés, mas sim a de um *jarro*. A *jarra* é geralmente mais delicada, própria para decoração.

jazer
Este verbo é mais usado nas terceiras pessoas, do singular e do plural: *Aqui jaz meu avô. Aqui jazem os restos mortais de meu avô*.

Jesus
Sagrado nome do Filho de Deus, segundo os cristãos. Às vezes se faz referência a Jesus com as iniciais latinas J.H.S. ou JHS = *Jesus, Hominum Salvator* (Jesus, salvador dos homens). Outras vezes se usam as iniciais, também latinas, I.N.R.I. ou INRI = *Jesus Nazareno Rex Judxorum* (Jesus Nazareno, Rei dos Judeus).

jiu-jítsu / jujútsu
As duas formas existem, mas... quem no Brasil luta *jujútsu*?

joanete
Pronuncia-se *joanête*, mas há quem insista em ter "joanéte".

joão-de-barro / joão-bobo / joão-ninguém
Pl.: *joões-de-barro, joões-bobos, joões-ninguém*.

joelho
Adj. corresp.: *genicular*. Portanto, *inflamação do joelho = inflamação genicular*.

jogar de goleiro
É construção da língua italiana, mas profundamente arraigada no português do Brasil. Entre nós, de fato, ninguém joga *como* goleiro, *como* centroavante, *como* zagueiro, como fazem os portugueses. Todo o mundo por aqui joga mesmo é *de* goleiro, *de* centroavante, *de* zagueiro.

jogo
Rege *com* ou *contra*: *Num jogo com* (ou *contra*) *o Palmeiras, a arrecadação subiu*. No plural, esta palavra tem **o** tônico aberto: *jógos*. Dim. pl.: *jòguinhos*.

jogo de damas
É este o jogo, mas há quem insista em jogar *"dama"*.

joint venture
Este estrangeirismo não se grafa com hífen e, no português, é usado no gênero feminino, embora em outras línguas latinas seja masculino. Significa consórcio empresarial. Pronuncia-se *djóint vêntchâr*.

Jonas
Pronuncia-se *jônas*. A vogal **o** se nasaliza, quando antecede um fonema nasal (no caso /n/). Repare como dizemos outras palavras que a trazem na mesma situação: *dona, lona, nona, sono*, etc. V. **Jaime**.

jóquei
Fem.: *joqueta* (ê). Observação: alguns dicionários e certos gramáticos dão dois plurais de *jóquei-clube*: *jóqueis-clubes* e *jóqueis-clube*. O mais aconselhável é o primeiro, com variação de ambos os elementos. Nada há que justifique a variação, nesse composto, apenas do primeiro elemento.

Jorginho, Jorjão
Respectivamente, diminutivo e aumentativo de *Jorge*. O primeiro **o** das duas palavras soa aberto: *Jòrginho, Jòrjão*.

jornal
Dim. irregular e pejorativo: *jornaleco*. Aum. irregular: *jornalaço*. Col.: *hemeroteca*. Pl. dim.: *jornaizinhos*.

jorro
Tanto o singular quanto o plural têm **o** tônico fechado.

jovem
Superl. abs. sint.: *juveníssimo*. Portanto, *pai muito jovem = pai juveníssimo*.

jovem ≠ jovial
Convém não confundir. **Jovem** é quem está na juventude (dos 14 aos 21 anos). Seu antônimo é *velho*. **Jovial** é alegre, engraçado, espirituoso. Seu antônimo é *triste*. Da mesma forma, *jovialidade* não equivale a *juventude*, mas a *alegria*. Dizem que sexo freqüente e feliz colabora para a aparência *jovem* (e não *"jovial"*). Mas não deixa de trazer muita *jovialidade*... Não nos espantemos, portanto, se um dia ouvirmos um repórter dizer isto: *Todos se emocionaram com a jovialidade dos velhinhos do asilo*.

jovem ≠ moço

Convém não confundir. **Jovem** é quem está na juventude. **Moço** é o homem que conserva todo o vigor e a disposição próprios da juventude, que podem durar mais ou menos tempo. Um homem de 35 anos já não é *jovem*, mas é *moço*, pois ainda não se apercebeu do enorme desgaste físico que o tempo, sempre implacável, lhe proporcionou. Uma mulher de 18 anos é *jovem*; a de 25 anos é *moça*. Quantas vezes não ouvimos dizer de uma pessoa morta aos 50 anos: *Morreu **moço**!* Isto porque a palavra *moço* conserva em seu significado um valor relativo, inexistente em *jovem*.

jubilar-se ≠ aposentar-se ≠ reformar-se

Convém não confundir. **Jubilam-se** professores, educadores, pedagogos. **Aposentam-se** funcionários públicos em geral, comerciários, operários, industriais, bancários e banqueiros, etc. **Reformam-se** apenas militares. Um general não "se aposenta" nem "se jubila", mas *se reforma*.

jubileu de prata
V. **"bodas" de prata de fundação de uma empresa**.

júbilo / jubiloso

Regem *com, de* ou *por*. Havia pouco júbilo **com** a (ou **da**, ou **pela**) conquista daquele título. Era uma equipe pouco jubilosa **com** a (ou **da**, ou **pela**) conquista daquele título.

judaico ≠ judeu

Convém não confundir. **Judaico** é adjetivo que se refere às coisas e ao idioma dos judeus: *religião judaica, literatura judaica, história judaica, arte judaica*. **Judeu**, de fem. *judia*, é adjetivo que se relaciona com as pessoas dos judeus, principalmente com aqueles que professam o judaísmo: *homem judeu, eleitor judeu, povo judeu, estudante judeu, oficial judeu, oficiala judia*.

Judas Iscariote

Este é o nome do apóstolo que, por 30 patacas de prata, traiu a Jesus, identificando-O aos soldados, no Jardim de Getsêmani, com um beijo de saudação. De acordo com Mateus, mais tarde ele se arrependeu e se enforcou, roído de remorsos. Muitos usam Judas "Iscariotes".

judiar

Rege *de* (maltratar) e *com* (gozar, zombar, tirar um sarro com a cara de): *Guarde-se daquele que judia **d**os animais! Os palmeirenses judiam **com** os corintianos, quando o alviverde vence o alvinegro, e vice-versa.*

juiz

Adj. corresp.: *judicial*. Portanto, *sentença de juiz = sentença judicial*.

juízo

Rege *acerca de*, ou *a propósito de*, ou *a respeito de*, ou *em relação a*, ou *sobre*: *Ninguém quis emitir um juízo **acerca d**o (ou **a propósito d**o, ou **a respeito d**o, ou **em relação a**o, ou **sobre** o) assunto*. Esta palavra não admite pronome possessivo, quando a idéia de posse é clara: *Você perdeu o juízo*. (E não: Você perdeu o "seu" juízo.) *Perdi o juízo quando ouvi aquilo*. (E não: Perdi o "meu" juízo quando ouvi aquilo.) *Estamos com o juízo perfeito*. (E não: Estamos com o "nosso" juízo perfeito.) Quando a idéia de posse não for clara, naturalmente aparecerá o pronome: **Meu** *juízo está perfeito*. **Seu** *juízo está comprometido*. **Nosso** *juízo foi claro*.

junção

Rege *de...a* (ou *com*): *A junção **de** um cano **a** (ou **com**) outro*.

júnior

Significa o mais novo. Diz-se de categoria esportiva em que seus praticantes têm entre 14 e 18 anos: *futebol júnior*. Diz-se do campeonato disputado por essa categoria: *campeonato júnior*. Diz-se do selecionado composto por praticantes dessa idade: *seleção júnior*. Diz-se do tamanho de roupa confeccionada para pessoas de constituição física pequena ou delicada. Posposta a nome próprio, usa-se com inicial maiúscula e significa que é o mais jovem ou o menor entre duas pessoas que levam o mesmo nome: *Luís de Sousa Júnior*, assim como se faz com *Sênior*. Se vem depois de nome comum, significa menos experiente ou hierarquicamente inferior: *secretária júnior, sócio júnior*. & Pl.: *juniores* (ô), e não "júniors". & Abrev.: *jr*. Antôn.: *sênior*. V. **Júpiter, Lúcifer** e **sênior**.

junta ≠ parelha

Convém não confundir. **Junta** é par de animais de carga (sempre bois). **Parelha** também é par de animais de carga, mas sempre de cavalos ou muares. Só não há redundância na expressão *junta de bois*, porque o coletivo não é específico.

juntada

Rege *de...a*: *Fazer a juntada **de** novas provas **a**os autos*.

juntamente com / junto com

Não há redundância em nenhuma destas locuções: *O rei espanhol recebeu o presidente brasileiro **juntamente com** sua esposa. Ela só sai de casa **junto com** a mãe.*

junto

Rege *a, com* ou *de* (pessoa = ao lado), mas apenas *a* ou *de* (coisa = ao lado) e *com* (pessoa = também, inclusive): *Ficou o tempo todo junto **à** (ou **com** a, ou **da**) namorada. Elas só saem junto **à** (ou **com** a, ou **da** mãe). Junto **a** (ou **com**, ou **de**) vocês, estamos seguros. Esperei-a junto **a**o (ou **d**o) portão. Ficamos junto **à** (ou **da**) cerca. Saiu junto **com** a namorada. Elas foram **junto co**migo ao supermercado.* Note que, nesses exemplos, a palavra não varia, já que faz parte de locução prepositiva. Às vezes, se omite a preposição: *Elas foram ao supermercado. **Junto** fui eu.* (= Junto **com** elas fui eu.) *O pai saiu. **Junto** foram as filhas.* (= Junto **com** o pai foram as filhas.) Como adjetivo, varia normalmente: *Elas foram **juntas** ao supermercado. Eles sempre saem **juntos**.*

junto a

Tem sido abusivo o emprego desta locução na mídia brasileira: *Tentarei um empréstimo "junto ao" Banco do Brasil. Vou reclamar "junto à" revendedora. Prefeitos paranaenses podem promover calote "junto ao" Estado e à União.* No primeiro caso, a contração *no* a substitui com vantagem; no segundo, basta o uso da crase *à*; no terceiro, basta o emprego da combinação *ao*. É próprio seu emprego, todavia, quando há idéia de credenciamento ou de contigüidade: *A delegação do Brasil **junto à** Unesco. O embaixador brasileiro **junto à** ONU. O Procon, órgão de defesa e proteção do consumidor, passa a atender os interessados **junto a**o departamento jurídico.*

Júpiter

Pl.: *Jupíteres*. Por que não "Júpiteres"? Pela mesma razão apresentada em *júnior*. V. **Lúcifer**.

jurar

Este verbo, que é transitivo direto, admite a inserção da preposição *de* antes de orações reduzidas de infinitivo: *Jurei **de** amá-la eternamente. Jurou **de** defender a constituição. Você jura **de** dizer a verdade e somente a verdade?* Reprovável, sim, é o uso de jurar "como": *Juro "como" não fui eu quem fez isso.* A verdade está em *jurar **que***. V. **apostar "como"**.

jurisconsulto ≠ jurista ≠ legista

Convém não confundir. **Jurisconsulto** é o jurista consagrado e consumado, cuja profissão é emitir pareceres sobre altas questões jurídicas. **Jurista** é o profissional versado na ciência do direito. **Legista** é o profissional versado no conhecimento das leis. Pode até nem ser advogado.

jurisdição

Rege *em* ou *sobre*: *Os Estados Unidos têm jurisdição **n**esse (ou **sobre** esse) território.*

juriti / juruti

As duas formas existem. É palavra feminina: **a** *juriti*, **uma** *juruti*.

justiça

Rege *a*, *com* ou *para com* (pessoa) e *em* (coisa): *É preciso fazer justiça **a**os (ou **com** os, ou **para com** os) aposentados. Houve justiça **n**o julgamento.*

justiceiro

Rege *com* ou *para com*: *Foi justiceiro **com** (ou **para com**) o assassino do pai.*

justificativa

Rege *de* ou *para*: *Qual a justificativa **d**esse (ou **para** esse) atraso?*

justo

Rege *com* ou *para com* (pessoa) e *em* (coisa): *Sempre foi um pai justo **com** (ou **para com**) seus filhos. Sempre foi um pai justo **n**a aplicação dos castigos a seus filhos.*

justo hoje

Expressão própria da língua popular: *Justo hoje que estou de folga, chove. Justo você vem me criticar! Justo agora que eu ia sair, chegam visitas! Então, você vem brigar justamente comigo, Susana?!* Na norma culta se usa *justamente* ou *logo* no lugar de *justo*: ***Justamente** hoje que estou de folga, chove. **Justamente** você vem me criticar! Logo agora que eu ia sair, chegam visitas! Então, você vem brigar logo comigo, Susana?!*

L

labaredas "de fogo"

Visível redundância.

lábios

Não admite pronome possessivo, quando a idéia de posse é clara: *Abra os lábios!* (E não: Abra os "seus" lábios!) *Sinto muito frio nos lábios.* (E não: Sinto muito frio nos "meus" lábios.) *Devemos fechar os lábios, quando não queremos receber o beijo de alguém.* (E não: Devemos fechar os "nossos" lábios, quando não queremos receber o beijo de alguém.) Quando a idéia de posse não for clara, naturalmente aparecerá o pronome: ***Meus lábios** estão inchados. **Seus lábios** são sensuais.*

laborar em erro

Cometer erro sem intenção de fazê-lo, errar de boa-fé: *Não deve ser condenado quem **labora** em erro.* Há quem *"elabore"* em erro. Quem ***labora*** em erro não deve ser condenado, mas quem *"elabora"* em erro merece alguma condenação.

laço ≠ lasso

Convém não confundir. **Laço** é nó facilmente desatável (*o **laço** do tênis*), corda de couro trançado (*pegar um cavalo no **laço***) e vínculo (***laço** de sangue*). **Lasso** é cansado (*tropas **lassas***), dilatado (*estômago **lasso***). *Um animal pode ficar **lasso** de tanto fugir ao **laço**.*

lacrimejar

Sempre com *e* fechado: *lacrimeja, lacrimejam; lacrimeje, lacrimejem,* etc.

lactante ≠ lactente

Convém não confundir. **Lactante** é aquela que amamenta, que produz leite. Todas as fêmeas mamíferas são *lactantes*. **Lactente** é o que mama. Todo recém-nascido é *lactente*.

ladeado

Rege *de* ou *por*: *Empresário ladeado **de** (ou **por**) seguranças.*

ladeira ≠ encosta

Convém não confundir. **Ladeira** é a parte lateral de alguma coisa, difícil de subir ou de descer. **Encosta** também é lugar difícil de subir ou de descer, mas só existe em morro, monte, montanha, etc., ou seja, naquilo que não tem partes laterais.

lado
Adj. corresp.: *lateral*. Portanto, *entrada do lado = entrada lateral*.

lagartixa
Apesar de ser assim, muita gente continua tendo medo de "largatixa".

lagarto
Embora seja assim, muita gente insiste em comer "largato".

lago
Adj. corresp.: *lacustre*. Portanto, *porto de lago = porto lacustre*.

lago ≠ lagoa
Convém não confundir. **Lago** é a grande massa de água, doce ou salgada, cercada de terra. O mar Cáspio é um *lago*, assim como o Titicaca, que é o mais alto do mundo (3.900m). O *lago* mais baixo do mundo é o mar Morto (403m). **Lagoa** é um pequeno lago, geralmente pouco profundo, próximo de um lago maior, de um rio ou do mar. Pode ser grande (como a dos Patos, no RS) ou pequena (como a de Rodrigo de Freitas, no RJ). As águas do *lago* provêm de fontes que para lá correm, ou de nascentes que nele há; as das *lagoas* provêm de vertentes que para lá deságuam e não têm saída.

laicra
É o aportuguesamento do inglês *lycra*. Ainda não oficial. O Vocabulário Oficial já traz *náilon*, mas ainda não *laicra*. Só Deus sabe por quê.

lajotinha / lajotão
Respectivamente, dim. e aum. de *lajota*. O **o** da segunda sílaba soa aberto: *lajòtinha, lajòtão*.

lama ≠ lodo
Convém não confundir. **Lama** é a terra mais ou menos empapada em água. Vê-se nas ruas, quando chove ou jogam água em terra. Uma criança pode sujar-se brincando na *lama*. **Lodo** é o depósito terroso, misturado de restos de matéria orgânica, no fundo de águas (lago, lagoas, rios, etc.). Nenhum automóvel, portanto, atola em "lodo", mas em *lama*. Nenhum homem-rã traz objetos do fundo de um rio misturado com "lama", mas com *lodo*.

lambri / lambril
As duas formas existem; usa-se, porém, mais no plural: *os lambris*.

lambuja / lambujem
As duas formas já coexistem na língua, mas a primeira é meramente popular. Na norma culta convém usar apenas a segunda.

lambuzar-se / enlambuzar-se
As duas formas existem. Portanto, podemos *nos lambuzar* ou *nos enlambuzarmos*, que tudo isso é válido. Só não vale usar o verbo sem o pronome.

lamentar ≠ lastimar
Convém não confundir. **Lamentar** é sentir ou expressar profunda dor ou pesar por algo desagradável: ***lamentar** a perda de um ente querido*. **Lastimar** é sentir ou expressar profunda compaixão, dó ou muita tristeza também por algo desagradável: ***lastimar** a morte de um famoso ator*. Um torcedor fanático não "lamenta" a derrota do seu time, mesmo que ele perca por 2 a 7 para o Vitória da Bahia; *lastima*-a, ou seja, sente muita tristeza pelo acontecimento. Esse mesmo torcedor *lamenta* a morte de um colega numa briga entre torcidas rivais.

Da mesma forma, não se confunde *lamentável* com *lastimável*. Um acidente com mortes é sempre *lamentável*; um presidente de clube incompetente que se agarra à cadeira e não quer deixar o cargo de jeito nenhum, mesmo que está sendo fator de prejuízo moral, é sempre *lastimável*.

lançado
Rege *a* ou *em* (jogado), *contra* (arremessado), *para* (apresentado como candidato) e *sobre* (idéia de superposição): *Esgoto lançado **a**o (ou **n**o) rio. A bola foi lançada **contra** a trave. Candidato lançado **para** o governo do Estado. Mafiosos lançados **para** deputados. Roupas lançadas **sobre** a cama*.

lançamento
Rege *de...a* (ou *em*) e *de...contra* (quando há idéia de choque ou de hostilidade): *O lançamento **de** um modelo de carro **a**o (ou **n**o) mercado. O lançamento **de** esgoto **a**os (ou **n**os) rios. O lançamento **da** bola **contra** a trave. O lançamento **de** um míssil **contra** as forças iraquianas*.

lança-perfume
É palavra masculina: *o lança-perfume, **um** lança-perfume, **vários** lança-perfumes, **muitos** lança-perfumes*.

lançar / lançar-se
Regem *a* ou *em*: *O aluno lançou um aviãozinho de papel **a**o (ou **n**o) colega, em plena sala de aula. O garoto, assim que viu a mãe, se lançou **a**os (ou **n**os) braços dela*.

lanço
É esta a palavra que significa parte de uma escada compreendida entre dois patamares sucessivos. Nós, brasileiros, no entanto, usamos "lance" neste caso.

langerri
É o aportuguesamento desejável do francês *lingerie*. O

Vocabulário Oficial já traz *penhoar* e *sutiã*, mas ainda não *langerri*.

lânguido / lângüido
Ambas as pronúncias existem, mas a primeira tem preferência.

laranja
Esta palavra, quando usada como adjetivo, não varia: *camisas **laranja**, gravatas **laranja**, meias **laranja**, corretores **laranja***. V. **areia, bomba, cassete, chave, cinza, creme, esporte, jambo, gelo, monstro, padrão, pastel, pirata, relâmpago, surpresa, tampão** e **vinho**.

larápio
Segundo consta, esta palavra provém do nome de um magistrado romano pouco honesto, de nome *Lucius Antonius Rufus Appius*, que costumava vender suas sentenças; nelas, assinava-se L. A. R. Appius.

largar
É verbo pronominal (soltar-se, separar-se, afastar-se): *A criança **se largou** dos braços do pai e correu ao encontro da mãe. Você já **se largou** de sua mulher? Esse menino não **se larga** da saia da mãe!*

largo
Abrev.: *l.* (com o ponto). *Moro no L. Paiçandu*. Muitos usam "lg.".

largue mão!
Expressão muito usada no interior paulista, perfeitamente correta. Significa *deixe-se disso, abandone essa prática* ou *essa mania*: *Você adula muito seus filhos e recebe ingratidão como paga. **Largue mão!** Você não percebe que seu vício de roer unhas está deixando a ponta dos dedos todo deformada? **Largue mão!***

laringe
Em rigor, palavra masculina: *o laringe*. Por influência do gênero de *faringe*, passou a ser usada como feminina. A língua aceita ambos os gêneros, mas prefere o primeiro.

laser
É sigla inglesa de *light **a**mplification by **s**timulated **e**mission of **r**adiation* = amplificação da luz pela emissão estimulada de radiação. Já poderíamos estar usando o aportuguesamento *lêiser*. O Vocabulário Oficial, todavia, não se manifesta. V. **radar** e **sonar**.

lastimado
Rege *de* ou *por*: *Morte lastimada **de** (ou **por**) todos. Derrota lastimada **de** (ou **por**) torcedores de todos os times.*

latejar
Sempre com o **e** fechado: *lateja, latejam; lateje, latejem*, etc.

lateral-direita / lateral-esquerda
A bem da lógica, da coerência e, conseqüentemente, da correção, são estas as palavras corretas existentes no mundo do futebol, mas os jornalistas esportivos só conhecem "lateral-direito" e "lateral-esquerdo". Ora, *lateral* é palavra feminina e, se se tornou masculina, só mesmo os profissionais do esporte andam a saber do "fato". Sendo, sem dúvida, feminina, não tem cabimento usar "lateral-direito" nem "lateral-esquerdo", como cabimento ainda não tem o uso de "ponta-direito" e "ponta-esquerdo", coisa que a gente do esporte ainda não ousou usar, embora ousada seja muito. Eu não tenho dúvida em afirmar que o maior *lateral-direita* de todos os tempos foi Djalma Santos; e o maior *lateral-esquerda* foi Nílton Santos. Alguém duvida?

látex
É palavra paroxítona. O povo diz "latéks". Pl.: os *látex*. V. **fax**.

latrocida
Se *homicida* é o que mata um ser humano; se *matricida* é quem mata a mãe; se *parricida* é o que mata o pai, *latrocida* é o que mata o ladrão. Muitos pensam, todavia, que *latrocida* é o ladrão que mata a vítima para roubar. Pensar não ofende...

laureado
Rege *de*: *O escritor laureado **do** Prêmio Nobel de Literatura daquele ano foi um português. Um cientista laureado **de** tantos prêmios tem mesmo de ser respeitado por toda a comunidade científica mundial.* A regência "laureado com", criada por jornalistas, que não são autoridade, deve ser desprezada.

lavado
Rege *com* (instrumento) e *de* ou *em* (modo): *Rosto lavado **com** álcool. Banheiro lavado **com** água sanitária. Chegou com o rosto lavado **de** (ou **em**) suor. Saiu vivo do acidente, mas com o corpo lavado **de** (ou **em**) sangue.*

lavoura ≠ safra
Convém não confundir. A **lavoura** é uma plantação que dá duas ou mais vezes ao ano, enquanto a **safra** só dá uma vez. Portanto, existe *lavoura* de milho, mas *safra* de soja; existe a *lavoura* de feijão, mas a *safra* de arroz.

lavrar ≠ arar
Convém não confundir. **Lavrar** é cultivar ou beneficiar a terra, preparando-a para o plantio. **Arar** é abrir sulcos com o arado. Pode um agricultor *lavrar* a terra, sem *ará*-la.

leal / lealdade

Regem *com* ou *para com* (pessoa), *a* (coisa) e *de* (verbo): *É uma pessoa leal **com** (ou **para com**) os colegas. Ser leal **a** seus ideais, **a** sua fé. Sua lealdade **com** (ou **para com**) os colegas é de todos sabida. Ninguém o demove da lealdade **a** seus ideais, **a** sua fé. Teve a lealdade **de** consultar os colegas, antes de tomar a decisão.*

leão

Adj. corresp.: *leonino*. Portanto, *urro de leão = urro leonino.*

lebre

Adj. corresp.: *leporino*. Portanto, *rapidez de lebre = rapidez leporina; lábios fendidos, como os da lebre = lábios leporinos.*

legal ≠ legítimo

Convém não confundir. **Legal** é tudo o que está conforme à lei. **Legítimo** é tudo o que está fundado no direito, na razão e na justiça. Uma ação pode ser inteiramente *legal*, sem ser "legítima"; pode ser *legítima*, sem ser "legal".

legiferar

Legislar. Rege *em* ou *sobre* e *contra*: *Legiferar **em** (ou **sobre**) medicina legal. Legiferar **contra** os interesses da população.* Também se usa como intransitivo: *Neste país qualquer país **legifera**. Um constituinte **legifera** com altíssima responsabilidade. Veja só quem eu fui eleger para **legiferar**!* Há quem use "legisferar", justamente por influência de *legislar*.

leiaute

É o aportuguesamento do inglês *layout*. Significa esboço, projeto. Daí saem os verbos *leiautar* (fazer o leiaute de) e o substantivo comum de dois *leiautista* (pessoa que faz leiaute).

leigo

Subst. corresp.: *laicismo*. Antôn.: *eclesiástico*.

leite

Adj. corresp.: *lácteo*. Portanto, *produtos de leite = produtos lácteos.*

lembrança

Rege *a* ou *para*: *Mandei lembranças **a** (ou **para**) todos.*

lembrar

É verbo transitivo direto (fazer recordar, sugerir; não esquecer de): *Marisa lembra muito a mãe no modo de andar. Lembre o que eu lhe disse ontem!* É transitivo direto e indireto (advertir, recordar), com objeto direto de coisa e objeto indireto de pessoa: *Lembrei ao presidente os acontecimentos do ano passado. = Lembrei-lhe os acontecimentos do ano passado. Lembramos ao pessoal que já passava da meia-noite. Lembro a vocês que vivemos num país pobre.* Não se aconselha seu emprego com objeto direto de pessoa e indireto de coisa. Assim, p. ex.: "Lembrei o presidente dos acontecimentos do ano passado." = "Lembrei-o dos acontecimentos do ano passado." É verbo pronominal (ter lembrança, recordar-se): *Marisa chegou. Você **se lembra** dela? Ninguém **se lembrou** de mim!* Há uma tendência na língua cotidiana de omitir o pronome: "Você lembra dela?" "Ninguém lembrou de mim!" Essa omissão só é possível se o verbo anteceder um infinitivo. Ex.: *Você **lembra de ter** me visto ontem? Ninguém **lembrou de** me avisar. Não **lembrei de assinar** a lista de presença. Ninguém **lembrou de avisar** a polícia.* Existe ainda a construção clássica deste verbo, que dá por sujeito o ser lembrado. Por ela, o sujeito sempre se pospõe ao verbo. Ex.: *Lembra-me muito bem a fisionomia dela. Lembram-me muito bem as decepções que ela me causou. Não me lembra nem mais o nome dela. Nunca mais me lembraram aquelas malditas férias.* V. **esquecer**.

lembrete

Rege *a* ou *para* (pessoa)...*sobre* (coisa): *Deixei um lembrete **a** (ou **para**) meus filhos sobre o compromisso de amanhã.*

lenda

Rege *de* ou *sobre*: *Todos conhecem a lenda **de** (ou **sobre**) A bela e a fera.*

lenimento ≠ linimento

Convém não confundir. **Lenimento** é qualquer coisa que abranda, mitiga ou suaviza dores físicas ou morais; é o mesmo que *lenitivo* e *alívio*. **Linimento** é remédio de fricção. Pessoas há que encontram numa nova profissão um *lenimento* para os insucessos percebidos na anterior; há outras, porém, que preferem encontrar num cargo público o *lenimento* ideal para todos os males passados, presentes e, naturalmente, futuros... Toda mãe zelosa aplica *linimento* no filho, se necessário, antes de este ir para a cama.

lenitivo

Rege *a* ou *para*: *Há lenitivo **a** (ou **para**) este meu sofrimento?*

lente corretiva / lente corretória

São expressões que se equivalem.

lentejoula / lantejoula

As duas formas existem.

lento / lentidão

Regem *de* (nome) e *em* (verbo): *Homem lento **de** raciocínio. Homem lento **em** raciocinar. A lentidão **de** movimentos da preguiça.*

leque

Adj. corresp.: *flabeliforme*. Portanto, *penugem semelhante a um leque = penugem flabeliforme.*

lesão

Rege *de* ou *em* (traumatismo; dano moral): *Sofrer lesão **d**o (ou **n**o) joelho. Sofrer lesão **d**o (ou **n**o) prestígio.*

lesar / lesionar

As duas formas existem, mas a primeira forma é a rigorosamente correta. A forma *lesionar* surgiu por analogia com *questionar, sancionar*, etc., mas só se emprega no sentido de *causar lesão, contusão ou traumatismo*: *O zagueiro* **lesionou** *o atacante. Os espinhos do limoeiro o* **lesionaram**. Claro está que ninguém "lesiona" o fisco; todo o mundo faz questão é de *lesar* o fisco.

lesbianismo ≠ tribadismo

Convém não confundir. **Lesbianismo** é a prática ou relacionamento sexual entre mulheres, sem intercurso, é o mesmo que *homossexualismo feminino*. **Tribadismo** é o relacionamento sexual entre mulheres, no qual uma delas ou cada uma delas procura imitar o intercurso heterossexual.

lesivo

Rege *a* ou *de*: *As queimadas são lesivas* **à** (ou **da**) *natureza*, **a***o* (ou **d***o*) *meio ambiente*.

lesma

Adj. corresp.: *limacídeo*. Portanto, *rastros de lesma = rastros limacídeos*.

leso

É adjetivo, portanto concorda com a palavra a que se liga: *crime de* **lesa***-pátria, crime de* **leso***-idioma, crime de* **lesas***-núpcias, crime de* **lesos***-esponsais*. Pronuncia-se *iléso*. V. **ileso**.

leste

Trata-se de um galicismo (*l'est*) arraigado no idioma, assim como *sabonete, bidê, carnê, detalhe, banal*, etc. Em nossa língua, de fato, os pontos cardeais são, em rigor, *norte, sul,* ***este*** e *oeste*. V. **sudeste / sudoeste**.

leste / Leste

Com inicial minúscula, quando se trata de ponto cardeal: *As bússolas, ao apontarem o norte, orientam quanto ao* ***leste*** *e ao oeste*. Com inicial maiúscula, quando se trata de região: *Você conhece o Leste europeu?* Diz-se o mesmo em relação a *nordeste / Nordeste* e a *sudeste / Sudeste*.

letra ≠ letras

Convém não confundir. **Letra** é o símbolo gráfico elementar representativo de um fonema e componente do alfabeto; é o mesmo que *grafema*. **Letras** são literatura: *Machado de Assis é o maior nome de nossas letras*. Também *letras* são o curso superior onde se estudam línguas e suas literaturas, bem como matérias afins, como lingüística, teoria da comunicação, etc. Além, naturalmente, de plural de *letra*.

letras (plural)

O plural das letras se faz de duas maneiras, indiferentemente: os *rr* (ou os *erres*), os *ss* (ou os *esses*), os *aa* (ou os *ás*), os *hh* (ou os *agás*), os *ii* (ou os *is*), os *jj* (ou os *jotas*), etc. Certa vez, um jornalista escreveu: *Um locutor deve falar com todos os "rs" e ss*.

levado

Rege *de...a* (ou *para*), apenas *a* (ou *para*) e *de* ou *por*: *Eram carros roubados, levados* **do** *Brasil* **a***o* (ou **para** *o*) *Paraguai. Bandidos levados* **à** (ou **para** *a*) *penitenciária de segurança máxima. Levado* **d***o* (ou **pel***o*) *desejo de vingança, acabou por consumar um crime bárbaro. Levada* **d***a* (ou **pel***a*) *ambição, usava o corpo e o charme pessoal para alcançar seus objetivos*.

levantado

Rege *a* ou *para* (em direção) e *de* (saído): *A polícia pediu que as pessoas ficassem com as mãos levantadas* **a***o* (ou **para** *o*) *alto. Horário de verão: crianças e trabalhadores levantados* **d***a cama de madrugada para irem à escola ou ao trabalho*.

levantar

É verbo pronominal [pôr-se de pé (ao sair de cama, sofá, cadeira, etc.)]: *Quando* **me** *levantei, minhas calças caíram. A que horas vocês* **se levantam** *todos os dias?* **Levantamo-nos** *às seis horas. Quando* **me** *levanto, já me ponho debaixo do chuveiro*. A língua cotidiana mostra uma tendência de omitir o pronome. V. **deitar**.

levar

Usa-se melhormente com a preposição **a**, embora no português do Brasil se encontre muito a preposição *em*: *Levei as crianças* **à** *escola. Você já levou seu avô* **a***o médico para ver o que ele tem?* Levar crianças *na* escola e o avô *no* médico, positivamente, não me parece nada elegante. V. **acorrer** e **ir na escola**.

levar um tombo

Apesar de ser assim, há muita gente que insiste em "cair um tombo", cometendo redundância.

levedo / lêvedo

Ambas as prosódias existem deste substantivo; a mais aconselhável é a segunda, mas a primeira tem a preferência no português do Brasil. O adjetivo, todavia, é apenas *lêvedo* (que sofreu fermentação; fermentado; levedado: *leite lêvedo*).

leviano

Diz-se da pessoa pouco séria ou irresponsável: *mulher leviana; jornalista leviano*. Na língua cotidiana, usa-se este adjetivo por *leve*: *mala leviana; trabalho leviano*.

lhama

É palavra masculina: *o lhama,* **um** *lhama*.

lhano / lhaneza

Regem *com* ou *para com*: *Balconista lhano* **com** (ou **para com**) *os fregueses. Sua lhaneza* **com** (ou **para com**) *a freguesia só lhe trazia benefícios*.

libelo

Rege *a* ou *contra*: *A obra é um libelo* **a***os* (ou **contra** *os*) *jornalistas que mal sabem escrever*.

liberal / liberalidade

Regem *com* ou *para com* (pessoa) e *em* (coisa): *Ser liberal* **com** (ou **para com**) *os pobres. Homem liberal* **n***o comportamen-*

to, **n**o debate das idéias. Pais que demonstram muita liberalidade **com** (ou **para com**) os filhos podem ter dissabores ao longo da vida. Recebia elogios da imprensa pela sua liberalidade **n**o comportamento, **n**o debate das idéias.

liberdade

Rege *a* ou *para* (pessoa), *a*, *de*, *em* ou *para* (coisa) e *de* ou *para* (verbo): *É preciso dar liberdade* **à** (ou **para** *a*) *polícia agir contra o crime organizado. Devem os pais dar total liberdade* **a***os* (ou **para** *os*) *filhos? Na cadeia, não há liberdade* **a** (ou **de**, ou **em**, ou **para**) *movimentação. O elevado número de candidatos a uma vaga afeta a liberdade do vestibulando* **à** (ou **da**, ou **na**, ou **para** *a*) *escolha do curso universitário que deseja fazer. A prisão significa a perda da liberdade* **de** (ou **para**) *ir e vir. Você tem liberdade* **de** (ou **para**) *fazer o que quiser numa democracia, desde que responda pelos seus atos.*

liberdade ≠ liberdades

Convém não confundir. **Liberdade** é o direito e a faculdade que tem uma pessoa de agir, crer, locomover-se ou expressar-se da forma que melhor lhe convier. Exprime o maior bem já conquistado pelo ser humano; daí por que facilmente se compreende a ruína do comunismo em todo o mundo. A *liberdade* não tem preço, porque é inata ao ser humano. **Liberdades** são intimidades sensuais, falta de respeito e rege *com*: *Quem lhe deu a liberdade de tomar liberdades* **co***migo?* Também são direitos, imunidades: *liberdades individuais, liberdades democráticas.*

libido

Apesar de ser palavra feminina e paroxítona (**a** *libido*), há quem continue insistindo em ter "o líbido".

licença

Rege *de* ou *para* (verbo): *Os cubanos não obtiveram licença* **de** (ou **para**) *sair do seu país.*

liderança / líder

Regem *de* ou *em* (supremacia), *em* ou *sobre* (poder de líder): *É uma emissora cuja liderança* **de** (ou **em**) *audiência é indiscutível. O goleiro exerce liderança* **em** (ou **sobre**) *todo o time. O governador não exerce nenhuma liderança* **n***os* (ou **sobre** *os*) *deputados. A liderança de Ivã* **n***os* (ou **sobre** *os*) *companheiros é absoluta. Emissora que é líder* **de** (ou **em**) *audiência.*

ligado

Rege *a* ou *com* (que tem conexão) e *em* (concentrado; admirador; sintonizado): *Era um homem ligado* **à** (ou **com** *a*) *Máfia. Policiais ligados* **a***o* (ou **com** *o*) *narcotráfico. As crianças estão ligadas* **n***a televisão. Sou ligado* **n***essa atriz. Estar ligado* **n***a Globo.*

lilá / lilás

As duas formas existem; a primeira é até a mais aconselhável, mas é a segunda a mais corrente. Assim, podemos construir: *tecido lilá* (ou *lilás*), *tecidos lilás* (ou *lilases*). A forma com *s* final se deve à influência do francês.

limão

Adj. corresp.: *cítrico*. Portanto, *ácido de limão* = *ácido cítrico*. Pl.: *limões*. Dim. Pl.: *limõezinhos*.

limitar-se

Rege *a* ou *em*: *Ele se limitou* **a** (ou **em**) *dizer que não participara do crime. O guarda se limitou* **a** (ou **em**) *lavrar a multa.*

limítrofe

Rege *com* ou *de*: *O Brasil é limítrofe* **com** *a* (ou **da**) *Bolívia. Quais são os Estados limítrofes* **com** *o* (ou **d***o*) *Piauí?*

limpar

Rege *a* ou *em*: *Limpe os pés* **à***quela* (ou **n***aquela*) *toalha velha! Cansado, ele limpava o rosto* **à** (ou **n***a*) *manga da camisa.* Possui dois particípios, *limpado* e *limpo*, que se usam indiferentemente: *A empregada tem* **limpado** (ou **limpo**) *minha sala diariamente. O faxineiro ainda não havia* **limpado** (ou **limpo**) *o banheiro. Minha sala foi* **limpa** (ou **limpada**) *pela empregada.*

limpar / limpar-se de

Usam-se indiferentemente: *O menino caiu e, chateado, levantou-se* **limpando** *a* (ou **limpando-se d***a*) *poeira. Limpe o* (ou **Limpe-se d***o*) *suor, que lhe dá mau aspecto!*

limusine

É o aportuguesamento do francês *limousine*. Muitos preferem escrever ainda em francês, mas há ainda quem use "limusina".

"lindérrimo"

Superlativo próprio de gente superficial ou pouco escolarizada. A língua dispõe de *lindíssimo*.

lingerie

V. **langerri**.

língua ≠ linguagem

Convém não confundir. **Língua** é o código verbal de que se serve o homem para se comunicar. **Linguagem** é a faculdade que possui o homem de poder expressar seus pensamentos. Pode ser falada, escrita, mímica, etc. Quando essa faculdade passa a pertencer a um determinado povo, com o seu complexo sistema de sons e sinais, constitui a *língua*, que é, assim, uma conseqüência da evolução da *linguagem*. A *língua* é, em suma, a *linguagem* articulada, apanágio do ser humano. A função principal da *linguagem* é a comunicação.

liquefazer / liqüefazer

Aceitam-se as duas pronúncias, mas dê preferência à primeira. Da mesma forma: *liquefação* e *liqüefação*, *liquefeito* e *liqüefeito*.

líquen / liquem
Ambas as grafias existem; a primeira é a mais usada; a segunda é a mais aconselhável. Qualquer delas faz no plural *liquens* (sem acento). O **u** não soa: *líken*.

liquidar / liqüidar
Ambas as pronúncias são boas. Da mesma forma: *liquidez / liqüidez, liquidação / liqüidação, liquidificador / liqüidificador, líquido / líqüido*.

lisonja
Rege *a* ou *para com*: *É comum haver lisonja ao (ou para com o) vencedor e calúnia contra o vencido.*

lisonjeado
Rege *com, de* ou *por*: *Sentir lisonjeado com (ou de, ou por) um elogio.*

lisonjear
Usa-se assim: *Ele fica aborrecido quando ninguém o lisonjeia.* Muitos, no entanto, usam "lhe" no lugar do *o*, transformando o verbo transitivo direto em indireto.

lisonjeiro
Rege *a* ou *para* (favorável) e *com* ou *para com* (cavalheiro; adulador): *Os resultados das últimas Olimpíadas foram pouco lisonjeiros ao (ou para o) Brasil. Rapaz lisonjeiro com (ou para com) as mulheres. Secretária lisonjeira com (ou para com) o chefe.*

lista / listra
As duas formas são boas (risca, faixa): *as listas (ou listras) da zebra; as listas (ou listras) do pijama*. Diz-se o mesmo de *listado* e *listrado*: *vestido listado (ou listrado)*. Podemos usar *lista* por *listra*, mas não o inverso. Claro está que ninguém faz "listra" de roupas nem procura a "listra" de aprovados no vestibular.

lobby
Aportuguesamento desejável: *lóbi*. O Vocabulário Oficial, no entanto, não se manifesta. Se já existe o *lobista*, por que o referido Vocabulário não faz logo o registro do aportuguesamento? Ninguém sabe.

lobisomem
Pronuncia-se com o **o** tônico fechado, a exemplo de *homem: lobisômem*.

lobo
Adj. corresp.: *lupino*. Portanto, *hábitos de lobo = hábitos lupinos*.

locador ≠ locatário
Convém não confundir. **Locador** é aquele que recebe o aluguel todos os meses do **locatário**. Nem sempre são amigos; quase sempre se tornam inimigos figadais, logo depois do primeiro mês de locação. Quando o *locador* pede o imóvel de volta, indignando o *locatário*, os ânimos se acirram e se tornam muitas vezes insustentáveis. Quando vai haver paz entre *locador*, proprietário, e *locatário*, inquilino?

local ≠ lugar
Convém não confundir. **Local** exprime o ponto em que uma coisa tem existência. **Lugar** tem mais extensão e designa um ponto em que existe este ou aquele ser. *Este é o local onde eu moro, que, como se vê, fica num lugar tranqüilo. O avião caiu naquele lugar; agora, o local exato da queda ainda não se sabe.* Suponhamos que um executivo tenha viajado de São Paulo, onde reside, a Salvador, sem comunicar à secretária o hotel ou a localidade em que estará hospedado. Ela, então, questionada sobre o seu paradeiro, poderá dizer: *Sei apenas o lugar a que ele foi, mas não o local onde ele está.*

locução
Toda locução é absolutamente invariável: *animais em extinção, camisas sob medida, soldados à paisana, carros a álcool, pessoas escolhidas a dedo, elas andavam a pé, votos em branco, compras à vista, os salários estão em dia, votos em branco, porta que se abre por inteiro*, etc. Na língua cotidiana já se nota variação em algumas delas: os salários estão "em dias"; votos "em brancos", porta que se abre "por inteira", etc.

lograr
Usa-se assim: *Quem o logrou? Ninguém o logra, mas eu o lograi.* Muitos, no entanto, usam "lhe" no lugar do *o*, transformando o verbo transitivo direto em indireto.

lojinha / lojão
Respectivamente, dim. e aum. de *loja*. O **o** da primeira sílaba soa aberto: *lòjinha, lòjão: Lojão da Construção.*

Lombardia
Região do Norte da Itália que tem Milão como cidade principal. Note: é palavra paroxítona.

longa-metragem
Pl.: *longas-metragens*.

longínquo
Apesar de ser assim, muita gente prefere enveredar por caminhos mais "longíquos"...

longíssimo
Advérbios não aceitam o sufixo *-íssimo*, mas alguns constituem exceção, principalmente na língua cotidiana. Daí por que dizemos que a escola não fica longe, fica *longíssimo*, que o Japão não está longe, está *longíssimo*.

lorpa
Imbecil, boçal. Pronuncia-se *lôrpa*.

loução ≠ loção
Convém não confundir. **Loução** é gracioso, belo (*rosto loução*) e tem como feminino *louçã* (*fisionomia louçã*). **Loção** é produto líquido, usado como cosmético ou medicamento (*loção bronzeadora, loção capilar*).

louco

Rege *de* (tomado, possuído), *para* ou *por* (verbo) e apenas *por* (apaixonado; grande apreciador): *Estar louco **de** amor. Estar louco **para** (ou **por**) tirar umas férias. Estar louco **pela** vizinha. Ser louco **por** figos.*

louro / loiro

As duas formas existem.

lousa ≠ quadro-negro

Convém não confundir. **Lousa** é uma pequena lâmina retangular de ardósia, portátil, emoldurada em madeira, usada para escrita com giz ou com pincel. Apóia-se geralmente em um cavalete. **Quadro-negro** é uma superfície plana, quadrangular e fixa à parede, usada nas escolas e revestida de material próprio para se escrever com giz.

louva-a-deus

Pl.: os *louva-a-deus* (inv.). Há quem escreva "louva-deus" e até "louva-Deus".

louvor

Rege *a*: *Entoar louvores **a**os anjos.* Antecedida de *em*, aparece combinada com *de*: *Compor uma canção **em** louvor **da** mulher amada.* Adj. corresp.: *laudatório*. Portanto, *nota de louvor = nota laudatória*.

louvor ≠ elogio ≠ encômio

Convém não confundir. **Louvor** é um juízo favorável injustificado. **Elogio** é um juízo favorável justificado que se faz de alguém. **Encômio** é um discurso de aplauso ou elogio a quem adquiriu fama por prestar relevantes serviços à Pátria e à humanidade. Como se trata de juízo favorável justificado, muitos a usam por *elogio*, mas em rigor não se pode dizer que sejam sinônimos perfeitos, porque um é juízo, o outro, discurso. Como o *louvor* implica apenas admiração e estima, presta-se muito à hipocrisia; o *elogio*, ao contrário, exigindo demonstrativos, é desinteressado e pode até conter críticas, que no *louvor* são impraticáveis.

Lua / lua

Adj. corresp.: *lunar*. Portanto, *fase da lua = fase lunar; crateras da Lua = crateras lunares*. Com inicial maiúscula, quando a referência é ao astro: *A **Lua** está bonita hoje. Na **Lua** existem imensas crateras. O homem já chegou à **Lua**.* Do contrário, com inicial minúscula: ***lua** crescente, **lua** minguante*, etc.

Lúcifer

Segundo a Bíblia, chefe dos anjos rebeldes, expulso do Paraíso por liderar a revolta dos anjos, antes da sua queda. Pronuncia-se com o *e* levemente aberto: *lúcifer*. Alguns dizem até "lucifé". Pl.: *Lúciferes*. Por que não "Luciferes"? Pela mesma razão apresentada em *júnior*. V. **Júpiter**.

Luculo

*Lúcio Licínio **Luculo*** (110?-57? a.C.) foi um general e cônsul romano que comandou, antes de Pompeu, a guerra contra Mitridates. Quando se reformou, passou a viver vida extremamente luxuosa, ficando notável por seu requinte gastronômico e por sua elegância ostensiva. Deste nome surgiu o adjetivo *luculiano*, sinônimo de magnífico, suntuoso, muito rico: *banquete luculiano*. Apesar de ser nome paroxítono, há quem use "Lúculo".

lufa-lufa

Correria (geralmente do dia-a-dia). É nome feminino: *a lufa-lufa*. Pl.: *lufa-lufas*.

lugar incerto ou não sabido

É a expressão rigorosamente correta. Na linguagem forense, todavia, corre outra, um tanto ou quanto jocosa: *lugar incerto "e" não sabido*. Um réu, quando procurado e não encontrado, está, na verdade, em *lugar incerto **ou** não sabido*, já que *incerto* e *não sabido* se equivalem em significado. Àqueles que ainda têm alguma dúvida, ou seja, àqueles que ainda acham que *incerto* não pode ser tomado como sinônimo de *não sabido*, sugerimos que imaginem a expressão antônima: *lugar certo "e" sabido*. Eis outra redundância.

lugar-tenente

Pl.: *lugar-tenentes*.

lupanar ≠ alcoice ≠ bordel ≠ prostíbulo

Convém não confundir. **Lupanar** é a casa de prostituição que também serve de morada às prostitutas. **Alcoice** é a casa ou espelunca que abriga cômodos para casais manterem relações sexuais. É próprio de beira de estrada. **Bordel** é a casa de prostituição onde comumente se promovem bacanais. **Prostíbulo** é a casa de prostituição em que as mulheres se expõem, seminuas e às vezes até mesmo nuas, para atrair fregueses. É no *prostíbulo* que está a ralé da prostituição, se bem que em algumas grandes cidades haja até *prostíbulos* para pessoas de fino trato, dirigidos geralmente por uma matrona, nos quais trabalham mulheres de algum nível, como estudantes, comerciárias, etc.

lusíadas, Os

Famosa obra de Luís de Camões. Exige o verbo no plural: *Os lusíadas **notabilizaram** Camões*. O mesmo se dá com o nome de outras obras literárias clássicas, como *Os três mosqueteiros*, *Os sertões*, etc., que se iniciam com o artigo no plural. Se, porém, a obra ainda não adquiriu o *status* de clássica, convém usar o singular. Por exemplo: a obra *Os ratos*, de Dionélio Machado. Todos devemos usar: ***Os ratos** contribuiu bastante na literatura brasileira moderna. **Os ratos** está em que parte da biblioteca? **Os ratos** é muito agradável, levei-o à praia e me deliciei com ele.* Imagine todas essas frases com o verbo, adjetivo e os pronomes no plural!

lustro ≠ lustre

Convém não confundir. **Lustro** é o período de cinco anos. Há bem pouco tempo o mandato presidencial no Brasil era de um *lustro*. **Lustre** é candelabro. Na acepção de *brilho*, usa-se tanto *lustro* quanto *lustre*: *O engraxate deu bom **lustro** (ou **lustre**) a meus sapatos.*

lutulento ≠ lutuoso

Convém não confundir. Tudo o que é lamacento, cheio de barro, lama, é **lutulento**. Quem passa por caminhos *lutulentos* fica com os sapatos *lutulentos* e até com os pés *lutulentos*. Nada tem que ver com luto, como imaginam muitos, ao contrário de **lutuoso**, que significa coberto de luto: *Há viúvas que continuam **lutuosas** pelo resto da vida.* É também sinônimo de triste, fúnebre. Nos últimos quarenta anos, em Angola todos os dias têm sido *lutuosos*, marcados por confrontos, guerras e mortes sem cessar. *Lutulento* ainda significa cheio de problemas não resolvidos: *personalidade **lutulenta**.*

luz baixa ao "cruzar veículo"

É este o aviso que todos os motoristas lemos à beira das nossas rodovias. Pouco sensato. Todo motorista sensato dá *luz baixa, ao cruzar com veículo*. Nessa frase não se pode conferir a *veículo* o caráter de sujeito, como querem alguns.

luzidio

Lustroso: *calva luzidia*. Note: é palavra paroxítona.

M

maça ≠ massa

Convém não confundir. **Maça** é pau pesado, com uma extremidade mais grossa que a outra, usado como arma, ao qual os índios chamam *tacape*; é o mesmo que *clava*. **Massa** possui vários significados, e nenhum deles se assemelha a *maça*: ***massa** de pão, **massa** de tomate, **massa** de ar*, etc.

macaco

Adj. corresp.: *simiesco*. Portanto, *expressão de macaco = expressão simiesca*.

maçã do rosto

Adj. corresp.: *malar*. Portanto, *região da maçã do rosto = região malar*.

macambúzio ≠ melancólico ≠ sorumbático

Convém não confundir. **Macambúzio** é o triste carrancudo, emburrado. **Melancólico** é o triste calmo, silencioso, muito meditativo, porém, algo depressivo. Geralmente apresenta desinteresse pela vida e pode praticar o suicídio, dependendo do grau de melancolia que o acomete. **Sorumbático** é o triste e sombrio. Fica geralmente *macambúzia* a criança mimada a quem se nega alguma coisa desejada. Adulto *macambúzio* é caso clínico...

maçante ≠ chato

Convém não confundir. **Maçante** é o indivíduo que aborrece, que importuna, mas sem ser insistente. **Chato** é o indivíduo que aporrinha sem dar trégua, parecendo sentir enorme prazer em aborrecer, ainda que tudo faça inconscientemente, como se fosse a pessoa mais agradável do mundo. Poucos *chatos* têm plena consciência da sua real condição. O termo é eminentemente popular e teve origem no nome do conhecido inseto que acomete a região pubiana, a que o bichinho se apega radicalmente.

maceioense

Pronuncia-se com **o** levemente aberto: *maceiòense*.

macho

Adj. corresp.: *másculo*. Portanto, *atitude de macho = atitude máscula*. No Ceará, esta palavra é modismo entre as pessoas de baixa escolaridade, usada nos vocativos, no lugar do nome da pessoa com quem se fala: *Onde você estava, **macho**? Você viu que gata, **macho**?!* Há os que usam *macho velho*: *Por que você cometeu o crime, **macho velho**?*

maciço

Apesar de ser assim, muita gente continua insistindo no anglicismo "massivo". Ninguém tem apoio "massivo", ao menos no Brasil e em Portugal. Adj. corresp.: *macicez*.

macio

O superlativo sintético tem dois **ii**: *maciíssimo (pão **maciíssimo**)*. O povo, desconhecendo esta forma, costuma usar "maciozíssimo".

má-criação

Apesar de ser assim, muitos usam "malcriação", justamente por influência do adjetivo *malcriado*. As crianças malcriadas só cometem *más-criações*. Rege *a*, com ou *para com*: *O menino apanhou por causa da má-criação **a**os (ou **com** os, ou **para com** os) mais velhos. Sua má-criação **à** (ou **com** a, ou **para com** a) professora lhe valeu uma suspensão de três dias.*

macro-

Não exige hífen: *macrocódigo, macrocomputador, macrodesvalorização, macroeconomia, macroevolução, macrofauna, macroflora, macrofóssil, macroinstrução, macromolécula, macromutação, macronutriente, macroplâncton, macrorregião, macrossismo*, etc.

Madagáscar

É esta a prosódia legitimamente portuguesa. Há, no entanto, quem use *Madagascar*, que recebeu influência do francês e tem até registro em dicionário. Quem nasce em Madagáscar é *madagascarense* ou *malgaxe*.

madama / madame
As duas formas existem, mas a segunda tem a preferência no Brasil.

madeira
Adj. corresp.: *lígneo* ou *lenhoso*. Portanto, *dureza de madeira = dureza lígnea* ou *lenhosa*.

madrasta
Adj. corresp.: *novercal*. Portanto, *coração de madrasta = coração novercal*.

madre superiora
Superior é adjetivo invariável em gênero, assim como *anterior, inferior, interior* e *posterior*. Deus, todavia, criou a *madre superiora*, que, em rigor, deveria ser *madre superior*. Bem, mas não quero imiscuir-me demasiado nessa área santa, que sempre é muito arriscado...

Madri
Sem o **d** final ("Madrid"). Quem nasce em Madri é *madrilense, madrilês* ou *madrileno* (e não "madrilenho").

mãe
Adj. corresp.: *materno* (v.) ou *maternal* (v.).

maestria
V. **mestria**.

maestro
Fem.: *maestrina*.

má-fé
Interessante: o Vocabulário Oficial registra *boa vontade, bom humor, bom senso, má vontade, mau humor* como expressões, e não como nomes compostos, mas registra *má-fé* com hífen. Por que o privilégio? Ninguém sabe. Assim, oficialmente devemos escrever: *Eles agiram com **má-fé**.* Mas: *Eles não têm **bom senso**.* Não é interessante isso?

má-formação / malformação
As duas palavras existem, mas se deve dar preferência à primeira (de pl. *más-formações*), que é forma vernácula; a segunda é cópia do francês *malformation*. O adjetivo é apenas *malformado*.

magazine
É palavra masculina: **o** *magazine*, **um** *magazine*.

magia ≠ bruxaria (ou feitiçaria)
Convém não confundir. **Magia** é a suposta arte de submeter à vontade própria a dos poderes superiores (espíritos, gênios, demônios), evocá-los e conjurá-los por meio de sortilégios ou feitiços, de mudar as leis da natureza, de dispor dos elementos e de realizar feitos extraordinários, tais como adivinhações, aparições, curas miraculosas, doenças mortais, criação de sentimentos de amor ou de ódio, etc.

Bruxaria (ou **feitiçaria**) é a arte ou prática sobrenatural e diabólica que visa a dominar a vontade das pessoas, transtornar-lhes o juízo, privá-las da saúde e até da vida; causar-lhes, enfim, todo tipo de dano.

magma
É substantivo masculino: **o** *magma*, **um** *magma*.

magnânimo / magnanimidade
Regem *com* ou *para com* (pessoa) e *em* (coisa): *A justiça tem sido magnânima **com** (ou **para com**) os bandidos. Não se entende a razão de tanta magnanimidade **com** (ou **para com**) esses bandidos. O empresário foi magnânimo **n**a doação que fez.*

magoar-se ≠ melindrar-se
Convém não confundir. **Magoar-se** é descontentar-se por um ato de desconsideração ou injusto, ou por uma ofensa imerecida. A *mágoa*, desgosto que deixa vestígios duradouros, tende a desaparecer com o tempo, ainda que dure bastante. No espírito de alguns, todavia, ela sobrevive para todo o sempre. **Melindrar-se** é sentir-se ferido na susceptibilidade ou nos sentimentos delicados. O *melindre* tende geralmente a ter efeito passageiro, mas pode também durar por algum tempo; nunca, porém, atinge o amor-próprio e o espírito como a *mágoa*.

magro
Superl. sint. irregular ou erudito: *macérrimo* (*magérrimo* é forma eminentemente popular). Portanto, quem é ou está muito magro é ou está *macérrimo*.

maioria
Rege *sobre*: *Os negros têm maioria **sobre** os brancos na África do Sul. O governo tem maioria **sobre** a oposição no congresso.* Adj. corresp.: *majoritário*. Portanto, *partido da maioria = partido majoritário*.

maiormente
Mormente, principalmente: *Ele não admite brincadeiras, **maiormente** as de mau-gosto.*

mais ≠ a mais
Convém não confundir. **Mais** se usa nas comparações: *Carro importado no Brasil custa cem por cento **mais** que no seu país de origem.* **A mais** é o mesmo que *de mais*: *Recebi troco **a mais**.* V. **menos ≠ a menos**.

mais ≠ mas
V. **mas ≠ mais**.

mais bem- ≠ mais bem
Convém não confundir. Usa-se **mais bem-**, quando *bem-* faz parte de um adjetivo composto: *Sua casa está **mais bem**-conservada que a minha. Estou **mais bem**-disposto hoje. Nossos jornalistas são **mais bem**-informados que os desse país.* Na voz passiva, em que existe uma idéia dinâmica, prefere-se usar *mais bem* no lugar de *melhor*: *O filho dela foi **mais**

bem educado que o dele. *O presidente foi era **mais bem** informado pela sua mulher que pelos seus assessores.* V. **mais mal-** ≠ **mais mal** e **melhor**.

mais bom

Usa-se apenas quando se comparam qualidades de um mesmo ser: *Ficar calado é **mais bom** que mau. Minha empregada é **mais boa** que má.* Quando se comparam qualidades de seres diferentes, usa-se *melhor*: *Meu carro é **melhor** que o seu. Minha empregada é **melhor** que a sua.*

mais de um

Quando faz parte do sujeito, exige o verbo no singular: *Mais de um torcedor **entrou** no estádio sem pagar. Mais de uma pessoa **estava** no cinema.* É curioso, porque, do ponto de vista lógico, *mais de um* = dois ou mais. O verbo irá ao plural, todavia, se *mais de um* vier repetido ou se houver idéia de reciprocidade: *Mais de um diplomata, mais de um cientista **morreram** nesse atentado terrorista. Mais de um torcedor **se agrediram** no estádio.* V. **menos de dois**.

"mais" diferente

Esta combinação não é boa. Basta usar *diferente*: *Meu carro é **diferente** do seu. Minha letra é **diferente** da tua.*

maisena

É esta a palavra correta. *Maisena* se escreve com *s*, porque deriva de *mais*, do taino *mahisi*, nome de uma gramínea. Como em espanhol se grafa *maiz* e no inglês também aparece a letra *z* na palavra, o nome comercial foi registrado com *z* (*Maizena*). Aliás, os povos de língua inglesa apreciam muito trocar o nosso *s* com som de *z* pela própria letra. Haja vista o nome do nosso país, que, internacionalmente, é conhecido com *z*: *made in Brazil*, *Miss Brazil*, etc.

mais grande

Usa-se apenas quando se comparam qualidades de um mesmo ser: *Você é **mais grande** que inteligente. Ela é **mais grande** que pequena.* Quando se comparam qualidades de seres diferentes, usa-se *maior*: *Você é **maior** que eu. Ela é **maior** que a irmã.* V. **mais pequeno**.

mais grandioso

Expressão correta: *Foi o jogo **mais grandioso** da vida desse atleta. O Palmeiras de 1996 proporcionou os **mais grandiosos** espetáculos de futebol dos últimos tempos.*

"mais" inferior / "mais" superior

Não: basta usar apenas *inferior* e *superior*, já que a idéia de *mais* já está contida no adjetivo.

mais mal- ≠ mais mal

Convém não confundir. Usa-se **mais mal-**, quando *mal-* faz parte de um adjetivo composto e vem antes de vogal ou h: *Sua casa está **mais mal**-arrumada que a minha. Estou **mais mal**-humorado hoje. Nossos jornalistas são **mais mal**-informados que os desse país.* Quando vem antes de qualquer outra letra, não há hífen: *Seu bife está **mais malpassado** que o meu. Você foi **mais malsucedido** que ela.* Na voz passiva, em que existe uma idéia dinâmica, prefere-se usar *mais mal* no lugar de *pior*: *O filho dela foi **mais mal** educado que o dele. O presidente era **mais mal** informado pelos assessores que pela sua mulher.* V. **mais bem-** ≠ **mais bem**.

mais mau

Usa-se apenas quando se comparam qualidades de um mesmo ser: *Você é **mais mau** que bom. Ela é **mais má** que boa.* Quando se comparam qualidades de seres diferentes, usa-se *pior*: *Você é **pior** que eu. Ela é **pior** que a irmã.*

mais pequeno

Expressão correta em qualquer circunstância: *Você é **mais pequeno** que grande. A Lua é **mais pequena** que a Terra.* Em Portugal só se usa *mais pequeno*, quando se refere a tamanho; *menor* se reserva para casos de qualidade: *Ele é um pintor menor. Ela é uma escritora menor.* V. **mais grande**.

"mais" preferência / "mais" preferido

V. **a "mais" preferida / o "mais" preferido**.

mais que fazer / muito que fazer / nada que fazer

É assim que preferem os puristas que construamos, ou seja, sem o emprego do pronome "o" antes do *que*: *Vá embora, que tenho **mais que fazer**! Não havia **muito que fazer** naquela casa. Foi passear, porque não havia **nada que fazer** aqui.* E assim também: *Você ainda tem **muito que aprender**. Não tenho **muito que dar**. Ela tem **muito que contar**. Elas ainda são crianças, têm **muito que ler**.* Os puristas, todavia, são uns seres infelizes e desesperançosos: ao longo do tempo, eles perdem todas! É, de fato, uma espécie em extinção. V. **o quanto / o quanto antes / o quão**.

mais ruim

Use, mas não abuse: *Esta expressão é **mais ruim** que pior.*

maiúscula

V. **nomes de logradouros públicos**.

mal-

Prefixo que exige hífen antes de *h* (*mal-humorado*), *l* (*mal-localizado*) ou *vogal* (*mal-amado*, *mal-entendido*, *mal-intencionado*, *mal-ouvido*, *mal-união*). Portanto, sem hífen: *malcasado, malcheiroso, malcomportado, malconceituado, malconservado, malcosturado, malcozido, malcuidado, maldesenvolvido, maldormido, maldotado, malfeito, malmequer, malpago, malparado, malpassado, malquerer, malrelacionado, malremunerado, malresolvido, malsinalizado, malsucedido, maltrabalhado, malvisto*, etc.

mal ≠ mau

Convém não confundir. **Mal** é advérbio, por isso antônimo de *bem*: *dormir **mal**, escrever **mal***. Também é substantivo (de pl. *males*) e conjunção: *O **mal** do brasileiro é querer* sempre levar vantagem em tudo. Sofrer de **mal** incurável. Ele sofre do **mal** de Parkinson. O **mal** da humanidade é a falta de humanidade. **Mal** abriu a boca, já começaram a rir. **Mau** é adjetivo, antônimo de *bom*: homem **mau**, **mau** pressentimento, **mau** tempo, **mau**-humor, **mau**-caráter. O conhecimento dessa diferença evita, por exemplo, que se diga ou escreva: *O gol só saiu porque a defesa está "má postada". Sua intenção é boa, mas pode ser "má-interpretada".*

Malaca

Nome de uma cidade da Malaísia. Note: é palavra paroxítona (*Maláca*), mas há quem diga "Málaca", por influência de *Málaga*, cidade espanhola.

mal-acabado

Pronuncia-se, de preferência, unindo-se o **l** ao **a**: *mala-cabado*. A pronúncia *mau-acabado*, no entanto, não é considerada errônea. Diz-se o mesmo destas palavras: *mal-acostumado, mal-adaptado, mal-administrado, mal-afamado, mal-agradecido, mal-amado, mal-apessoado, mal-aplicado, mal-arranjado, mal-arrumado, mal-assombrado, mal-aventurado, mal-avisado, mal-educado, mal-e-mal, mal-encarado, mal-entendido, mal-estar, mal-humorado, mal-iluminado, mal-informado, mal-intencionado*, etc.

malcriadez

Pl.: *malcriadezes*. Há quem use "malcriadeza".

maldade / maldoso

Regem *com*: *Não usemos de maldade* **com** *os animais! Ela foi maldosa* **com** *o rapaz*. A regência "maldade contra", assim como "maldoso contra", deve ser desprezada.

mal-educado ≠ mal educado

Convém não confundir. **Mal-educado** é malcriado: *menino* **mal-educado**, *criança* **mal-educada**. Existe em todos os lugares. **Mal educado** é que recebeu má educação (dada, naturalmente, por alguém): *Esse menino foi muito* **mal educado** *pelos pais*. Existe apenas em casas ou em escolas.

mal e parcamente

É esta, em rigor, a expressão que significa muito mal: *assinar o nome* **mal e parcamente**; *cozinhar* **mal e parcamente**; *escrever* **mal e parcamente**. O povo, no entanto, que mal sabe o que é *parcamente*, trocou a palavra por *porcamente*, que conhece bem. E ficou.

mal-estar

Pl.: *mal-estares*. V. **bem-estar**.

malevolência / malevolente

Regem *com*, *contra* ou *para com* e *entre* (má-vontade, aversão, hostilidade): *A malevolência dos sogros* **com** (ou **contra**, ou **para com**) *o genro era justificável. A malevolência* **entre** *colegas não pode resultar em boa coisa. Ser malevolente* **com** (ou **contra**, ou **para com**) *os colegas*.

malferido

Ao contrário do que a princípio se possa pensar, significa muito ferido, ferido gravemente ou mortalmente: *A vítima foi levada* **malferida** *para o hospital e, não resistindo aos ferimentos, morreu*. O verbo *malferir* significa ferir gravemente ou mortalmente: *O pavoroso acidente* **malferiu** *todos os passageiros do ônibus, que estão em estado grave no hospital. Não lhe perdôo, Beatriz, porque você me* **malferiu** *o coração!*

malgrado ≠ mau grado

Convém não confundir. **Malgrado** é preposição e equivale a não obstante, apesar de: **Malgrado** *a chuva, fui à praia*. **Malgrado** *a goleada que sofreu, o moral do time continua elevado*. **Mau grado** entra na expressão *de mau grado*, que significa de má-vontade, a contragosto: ***De mau grado** acompanhei-a até a porta*.

malograr

É verbo pronominal (não ir avante, não vingar, fracassar, gorar): *Os planos da empresa* **se malograram**. *O projeto* **se malogrou** *no nascedouro*. Equivoca-se quem o aceita ou o emprega como intransitivo. V. **gorar**.

malquerença

Rege *a* ou *contra* e *entre*: *A malquerença* **a**o (ou **contra** o) *vizinho tinha sua explicação. A malquerença* **entre** *parentes*.

malquerer

Usa-se como verbo (querer mal, ter ojeriza a: **malquerer** *alguém*, **malquerer** *um tipo de trabalho*) e como substantivo (aversão, malquerença) e, neste caso, tem como antônimo *bem-querer*. *O* **malquerer** *ao vizinho tinha razão de ser*.

malquisto

Rege *a*, *com*, *de* ou *por*: *Era malquisto* **a**os (ou **com** os, ou **d**os, ou **pel**os) *colegas*.

maltratado

Rege *de* ou *por*: *Criança maltratada* **d**o (ou **pel**o) *padrasto. O nordestino é maltratado* **d**a (ou **pel**a) *seca*.

maltratar

Usa-se assim: *Quem o maltratou? Foi mal recebido lá, mas ninguém o maltratou*. Muitos usam "lhe" no lugar do *o*, transformando o verbo transitivo direto em indireto.

malvadez / malvadeza

Ambas as formas existem. Pl. (da primeira): *malvadezes*.

malvadez ≠ perversidade

Convém não confundir. **Malvadez** (ou *malvadeza*) é a maldade profunda, quase sempre audaciosa, praticada para todo o mundo ver, para todo o mundo tomar conhecimento ou, ao contrário, sorrateiramente. Tirar pirulito da boca de criança, por exemplo, é uma grande *malvadez*, assim como *malvadeza* é grampear telefones de adversários políticos. **Perversidade** é a maldade praticada por quem se compraz em fazer o mal ou em vê-lo praticado pelos outros. Tirar pirulito da boca de criança para passar a chupá-lo na frente dela, folgadamente, fazendo pirraça, é uma *perversidade*. Também *perversidade* é grampear telefones de adversários políticos e, no dia seguinte, publicar o objeto do delito sorrateiramente num jornal, fazendo alusões ou referências indiretas, para mostrar à vítima o seu grande poder sobre ela.

malvisto

Rege *de*, *entre*, *perante* ou *por*. Ficar malvisto **d**os (ou **entre** os, ou **perante** os, ou **pel**os) amigos.

mama ≠ teta

Convém não confundir. **Mama** é o órgão glandular dos mamíferos, atrofiado no macho e, na fêmea, capaz de segregar leite; é o mesmo que *glândula mamária*, *peito* e *seio*. **Teta** é a glândula mamária da fêmea dos animais irracionais. A cabra tem *teta*, mas a mulher tem *mama*. Dá-se o nome especial de *úbere* à *teta* da vaca. E há dicionários por aí que trazem *teta*, *mama*, *seio* e *úbere* como sinônimos!

manda-chuva

Palavra que até bem pouco tempo atrás tinha registro assim, nos dicionários: "mandachuva". Algum *manda-chuva* mandou mudar. Pl.: *manda-chuvas*.

mandado ≠ mandato

Convém não confundir. **Mandado** é ordem escrita que parte de autoridade judicial. Daí por que existe o *mandado* judicial, o *mandado* de segurança, o *mandado* de busca e apreensão, etc. **Mandato** é o poder político outorgado pelo povo, para que se governe ou legisle: o *mandato* dos deputados é de quatro anos, mas o *mandato* dos senadores é de oito anos. Há certos advogados que continuam falando em "mandato de segurança", transmitindo muita competência e absoluta segurança a seus clientes...

mandar

Com infinitivo, usam-se os pronomes oblíquos átonos, e não os pronomes retos. Ex.: *Mandaram-**me** entrar*. *Mande-**os** sair! Mandaram-**nos** ficar quietos*. O povo, contudo, usa assim: Mandaram "eu" entrar. Mande "eles" sair! Mandaram "nós" ficar quietos. Se o pronome está no plural, note: o infinitivo não varia, fica no singular. Se, no lugar do pronome, houver um substantivo, poderemos variar ou não o infinitivo: *Mande os rapazes sair* (ou *saírem*)! *Mandaram as meninas calar* (ou *calarem*) *a boca*. Se, porém, o infinitivo vier imediatamente após, ficará sempre no singular: *Mande **sair** os rapazes! Mandaram **calar** as meninas*.

maneirar

Sempre com o **ei** fechado: *maneiro*, *maneiras*, *maneira*, *maneiramos*, *maneirais*, *maneiram* (pres. do ind.); *maneire*, *maneires*, *maneire*, *maneiremos*, *maneireis*, *maneirem* (pres. do subj.). Há, no entanto, quem diga "manéro", "manéra", "manére", etc. Convém maneirar...

manejar

Sempre com **e** fechado: *manejo*, *manejas*, *maneja*, *manejamos*, *manejais*, *manejam* (pres. do ind.); *maneje*, *manejes*, *maneje*, *manejemos*, *manejeis*, *manejem* (pres. do subj.). *Ele **maneja** armas como eu **manejo**. Espero que você **maneje** a bicicleta da melhor forma possível*. Não aceite quem "manéje".

manequim

É substantivo comum-de-dois, ou seja, usa-se *o manequim* para o homem e *a manequim* para a mulher: *Luís é **um** bom **manequim**. Luísa é **uma** boa **manequim***. V. **modelo**.

manga-larga

Raça de cavalos de montaria. Pl.: os *mangas-largas*. Há quem escreva "mangalarga".

manhã

Adj. corresp.: *matinal* ou *matutino*. Portanto, *ar da manhã = ar matinal; aulas da manhã = aulas matutinas*.

mania

Rege *de* (hábito extravagante, costume estranho; desejo obcecado; costume nocivo, vício; receio obsessivo) e *por* (gosto excessivo): *Ter mania **de** derrubar um pouco da bebida, antes de tomá-la. Ter mania **de** grandeza. Ter a mania **de** mentir. Ter mania **de** segurança, **de** perseguição. Ter mania **por** videogame*.

maníaco

Rege *por* (obcecado): *É maníaco **por** videogame. É maníaca **por** limpeza*.

manicure

É um galicismo tão arraigado no português do Brasil, que darão murros em faca de ponta os que propugnarem pelas formas legitimamente portuguesas: *manicuro* (homem), *manicura* (mulher). V. **pedicure**.

manopla

Aum. pejorativo de *mão*. Usa-se também em referência à alavanca de comando manual de máquinas, veículos, etc. Pronuncia-se *manópla*.

manteigueira

Apesar de ser assim, muita gente continua pondo a mante**i**ga na "mantegueira".

manter

Conjuga-se pelo verbo *ter*. Daí por que não existem formas como "manti", "manteu", "mantia", "mantesse".

"manter a direita"

"Mantenha a direita"? é o que pedem aos motoristas as placas de sinalização das nossas rodovias. Em português: *Mantenha-**se** à direita. Mantenha-**se** na sua mão!* V. **conservar a direita**.

manter "o mesmo"
Visível redundância. Há treinadores de futebol que costumam dizer aos repórteres: *Vou manter "o mesmo" time da última partida*. **Manter o time da última partida** é mais aconselhável (até para tentar a vitória...).

manter-se
V. **"manter a direita"**.

mantilha ≠ matilha
Convém não confundir. **Mantilha** é o manto de seda ou outro tecido fino com o qual as mulheres cobrem a cabeça e parte do corpo. As vovós de antigamente gostavam muito de usar *mantilha*. **Matilha** é porção de cães de caça e, em sentido figurado, bando de vagabundos, algo muito comum hoje nas ruas das nossas grandes cidades.

mão
Não admite pronome possessivo, quando a idéia de posse é clara. Ex.: *Machuquei a mão*. (E não: Machuquei a "minha" mão.) *Vou lavar as mãos*. (E não: Vou lavar as "minhas" mãos). *Limpe a mão!* (E não: Limpe a "sua" mão!) Quando a idéia de posse não for clara, naturalmente aparecerá o pronome: **Minha** mão está suja. **Sua** mão é bonita.

mão de tinta / demão de tinta
Podemos dizer e escrever de uma ou de outra forma. *Mão* também significa demão, ou seja, cada camada de verniz, pintura, gesso, cal, etc. aplicada sobre um objeto ou superfície.

mapa-múndi
Pl.: os *mapas-múndi*.

maquiagem / maquilagem
Ambas as formas existem, assim como *maquiador* e *maquilador* e *maquiar* e *maquilar*.

maquiar
Este verbo se conjuga regularmente, ou seja, *maquio, maquias, maquia*, etc., mas volta e meia se vê gente usando "maqueio", "maqueias", "maqueia", etc.

maquinaria
É a palavra legítima, mas há dicionaristas que já registram "maquinária" e até "maquinário".

mar
Adj. corresp.: *marinho* (v.) ou *marítimo* (v.).

maraca / maracá
Chocalho. Ambas as prosódias existem. A primeira se usa melhor no gênero feminino (*a maraca*); a segunda é nome masculino (*o maracá*).

marajá
Antigamente, príncipe soberano da Índia. Título desse príncipe. Em sentido figurado, usa-se por homem muito rico. Popularmente, tem sido empregado por funcionário público de salário muito acima do normal. Fem.: *marani* (e não "marajana" ou "marajoa", como usam muitos).

maravilhado
Rege *com, de* ou *por*: *Os turistas ficaram maravilhados* **com** *as* (ou **d**as, ou **pel**as) *nossas praias*.

marcado
Rege *com, de* ou *por*: *Trazia as costas marcadas* **com** (ou **de**, ou **por**) *vergões*.

marca-passo
É nome composto, mas muitos escrevem "marcapasso". Pl.: *marca-passos*.

marcha à ré
Apesar de ser assim, há muita gente que insiste em dar "marcha a ré" e até "marcha-ré", ou seja, nunca vai para a frente...

marechal
Abrev.: *mar.*, mas muitos usam "mal." Fem. (se existisse ou existir um dia): *marechala*.

marfim
Adj. corresp.: *ebóreo* ou *ebúrneo*. Portanto, *dente de marfim = dente ebóreo; objeto de marfim = objeto ebúrneo*.

margem de rio
Adj. corresp.: *ribeirinho*. Portanto, *população das margens dos rios = população ribeirinha*.

marimbondo / maribondo
As duas formas existem, mas a primeira tem a preferência no Brasil.

marinha de guerra
Adj. corresp.: *naval*. Portanto, *escola de marinha de guerra = escola naval; engenharia de marinha de guerra = engenharia naval; batalha entre marinhas de guerra = batalha naval*.

marinho ≠ marítimo
Convém não confundir. **Marinho** é do mar (*animais* **marinhos**, *vida* **marinha**, *algas* **marinhas**, *estudos* **marinhos**, *biologia* **marinha**, *águas* **marinhas**) ou formado pelo mar, procedente do mar (*ondas* **marinhas**, *correntes* **marinhas**, *brisa* **marinha**, *monstro* **marinho**, *fosforescência* **marinha**, *sal* **marinho**, *tempestade* **marinha**). **Marítimo** é que se faz por mar (*viagem* **marítima**, *comércio* **marítimo**, *navegação* **marítima**, *correio* **marítimo**), próximo do mar, litorâneo (*povoação* **marítima**, *cidade* **marítima**, *terminal* **marítimo**), construído no mar ou adjacente ao mar (*plataforma* **marítima**, *porto* **marítimo**), que se aplica ao mar (*direito* **marítimo**, *léguas* **marítimas**, *milha* **marítima**), que se pratica no mar (*pesca* **marítima**, *pesquisas* **marítimas**) e que se situa no ultramar (*território* **marítimo**, *províncias* **marítimas**).

mariposa ≠ borboleta

Convém não confundir. **Mariposa** é o inseto de hábitos crepusculares ou noturnos, semelhante às borboletas, mas de tamanho menor e asas sem brilho. **Borboleta** é o inseto de hábitos diurnos e de asas multicoloridas e bastante brilhantes. As *borboletas*, em virtude da beleza de suas asas, tem aficionados, que as colecionam. Não existe colecionador de *mariposas*.

marmitex

É palavra feminina: **a** *marmitex*, **uma** *marmitex*.

mármore

Adj. corresp.: *marmóreo*. Portanto, *monumento de mármore = monumento marmóreo*.

maroto

O plural também tem **o** tônico fechado.

marqueteiro

É assim que se escreve este neologismo, mas ainda há "artistas" que grafam "marketeiro". Palmas para eles!...

Marrocos

Não aceita artigo: *Marrocos é um país árabe do Norte da África. Conheci Marrocos. Estive em Marrocos.* Existem até gramáticos que constroem: "O" *Marrocos foi dominado pelos árabes no século VIII*. Vê-se que não foi...

mas ≠ mais ≠ más

Convém não confundir. **Mas** é conjunção (equivale a *porém, todavia*) e palavra denotativa: *Ela é bonita,* **mas** *ordinária.* **Mas** *quem é que está gritando lá embaixo?* Só pode haver vírgula depois de *mas* quando a sua oração é interrompida. Ex.: *Mas, segundo o prefeito, nunca houve isso por aqui.* Há pessoas que usam vírgula sem que haja tal interrupção: *"Mas," eu não disse isso.* **Mais** é antônimo de *menos*: **mais** *açúcar,* **mais** *luz, falar* **mais***, trabalhar* **mais***.* **Más** é sinônimo de *ruins*: *crianças* **más***,* **más** *companhias,* **más** *condições de tráfego. Mais* e *mas* (que se pronuncia *mas*, e não "mâs") possuem origem comum: o advérbio latino *magis*. Por isso, *mas*, conjunção, escrevia-se antigamente *mais*. Por ser átono, perdeu o **i**. Hoje há muito pai que diz por aí: *Ele não anda* **mais** *em más companhias,* **mas** *não estuda* **mais***, não trabalha* **mais***, não faz* **mais** *nada.* **Mas** *que belos filhos nos saem hoje em dia!*

mascote

É palavra feminina: **a** *mascote,* **uma** *mascote*. Significa: animal ou coisa cuja presença se acredita trazer boa sorte. Ou, ainda, qualquer animal ou coisa muito querida de uma pessoa ou de um grupo de pessoas: *A* **mascote** *do parque aquático era um golfinho, que se chamava Clipper.* Numa revista de automóveis: *Picape Corsa era a* **mascote** *da turma e vendia menos que Strada, Saveiro e Courier. Agora a GM quer a liderança.*

masseter

Músculo que movimenta o maxilar inferior, durante a mastigação. Pronuncia-se *massetér*.

mata ≠ bosque ≠ selva ≠ floresta

Convém não confundir. **Mata** é a porção de terreno povoado de árvores da mesma espécie. **Bosque** é a porção de árvores que cobre terreno não muito extenso. **Selva** é a mata virgem, inculta, rude, emaranhada, inóspita, cheia de imprevistos perigosos. Quando muito extensa, cheia de árvores frondosas, a *selva* recebe o nome de *floresta*, que é sempre rústica, natural, espontânea, porquanto obra da natureza. Existe *bosque* em fazenda, e a *mata* costuma receber a visita do homem; a *selva*, ao contrário, não conhece o homem civilizado, mas pode abrigar indígenas muitas vezes ainda não descobertos.

matar

Tem dois particípios: o regular (*matado*, que se usa com os verbos *ter* e *haver*) e o irregular (*morto*, que se usa com *ser* e *estar*): *O lavrador* **tinha matado** *as formigas. As formigas* **foram mortas** *pelo lavrador.*

matar ≠ assassinar

Convém não confundir. **Matar** é dar (intencionalmente ou não) a morte a alguém, é tirar (propositadamente ou não) a vida de alguém. **Assassinar** é matar à traição ou levando enorme vantagem sobre a vítima. Pode alguém *matar* sem *assassinar*; quem assassina, contudo, sempre mata. Os seqüestradores *assassinam*; um motorista, mesmo o mais cuidadoso e experiente, pode *matar*, basta que alguém se atire à frente do seu veículo em alta velocidade. Repare que as placas de trânsito das nossas rodovias trazem: *Não corra, não mate, não morra*. Ao volante, os motoristas não assassinam, a não ser que manifestem intenção deliberada de fazê-lo.

matar a fome ≠ matar à fome

Convém não confundir. **Matar a fome** é saciá-la, é pôr alimento no estômago, é deixar de ter fome. Basta almoçar ou jantar para *matar a fome*. **Matar à fome** é matar de fome: *Quem seqüestra e não alimenta o seqüestrado mata-o à fome*. *A seca no Nordeste costuma matar à fome*. No Brasil poucos *matam* **a** *fome*; a corrupção e a incompetência continuam *matando* **à** *fome*.

Mataraia

Nome de família. Pronuncia-se com o **r** brando (o mesmo de *tara*), e não forte (como o de *raia*).

matéria

Rege *a, de* ou *para* (causa) e *de* (assunto; objeto, material): *O escândalo deu matéria* **a** *(ou* **de***, ou* **para***) muito comentário. Esse assunto é matéria* **de** *antropologia, e não* **de** *arqueologia. Isso é matéria* **de** *pesquisa.*

material

Rege *de* ou *para*: *Material* **de** *(ou* **para***) limpeza.*

maternal ≠ materno
Convém não confundir. **Maternal** é próprio de mãe, como se fosse de mãe: *A babá dispensa cuidados **maternais** à criança*. É também relativo a crianças até seis anos de idade (*escola **maternal***). **Materno** é de mãe ou próprio da mãe a quem se faz referência (*cuidados **maternos**, leite **materno***) e em que há parentesco referente à mãe (*avô **materno***). Uma mulher solteira, sem filhos, pode tratar alguém com carinho *maternal*, porque toda mulher tem instinto *maternal*. Por outro lado, podemos ter um filho que administra todos os bens *maternos*. O amor *maternal* pode não ser de mãe; o amor *materno* o é sempre e necessariamente. V. **paternal ≠ paterno**.

matinal ≠ matutino
Convém não confundir. **Matinal** é das primeiras horas da manhã (sem ser rigorosamente próprio dela): *refeição **matinal**, silêncio **matinal**, exercícios **matinais**, pessoas de hábitos **matinais**: acorda às 6h e começa a trabalhar às 7h; viagem **matinal**, relações sexuais **matinais**, o canto **matinal** dos pássaros*. **Matutino** é próprio da manhã, do que só pode acontecer de manhãzinha, ao alvorecer: *o orvalho **matutino**, a luz **matutina**, a estrela **matutina**, a beleza **matutina** do céu, o frescor **matutino***.

matinê
É palavra feminina: *a **matinê**, uma **matinê***.

Matintaperera
V. **Negrinho do "Pastoreiro"**.

matiz
É palavra masculina: *O carmim é **um** matiz do vermelho*. Em sentido figurado: *Disputaram a presidência dois políticos praticamente **do** mesmo matiz ideológico*.

Mato Grosso
Não aceita artigo: *Mato Grosso é um Estado da Região Centro-Oeste. Moro **em** Mato Grosso. Vou **a** Mato Grosso. Passei **por** Mato Grosso. Gosto **de** Mato Grosso*. V. **Mato Grosso do Sul**.

Mato Grosso do Sul
Exige artigo: *O Mato Grosso do Sul tem como capital Campo Grande. Moro n**o** Mato Grosso do Sul. Vou a**o** Mato Grosso do Sul. Passei pel**o** Mato Grosso do Sul. Gosto d**o** Mato Grosso do Sul*. V. **Mato Grosso**.

Matusalém
Patriarca hebreu, filho de Enoque e avô de Noé que, segundo o Antigo Testamento, teria vivido 969 anos. Pronuncia-se *matùzalém*, mas muitos dizem "matùçalem".

mau
Rege *com*, *para* ou *para com*: *Ser mau **com** (ou **para**, ou **para com**) os filhos. Babá má **com** (ou **para**, ou **para com**) as crianças*.

mau-caráter
Pessoa de má índole. Pl.: *maus-caracteres*. *O mundo está cheio de **maus-caracteres***. Subst. corresp. (neologismo): *mau-caratismo*.

mau-gosto / mau-humor / mau-senso
Preferimos grafar com hífen. V. **bom-gosto** e **bom-humor**.

maus tratos ≠ maus-tratos
Convém não confundir. **Maus tratos** são sevícias, tormento, flagelo, tortura, mau tratamento. Há pais que dão *maus tratos* aos filhos, não merecendo esse nome. **Maus-tratos** é termo jurídico e significa crime cometido por aquele que põe em risco a vida ou a saúde de pessoa que está sob sua autoridade, guarda ou vigilância. Os jornalistas brasileiros nunca usam o termo jurídico. Mas sempre empregam o composto *maus-tratos*, que alguns gramáticos menos avisados abonam na primeira acepção.

má-vontade
Preferimos grafar com hífen. Rege *com*, *contra* ou *para com*: *Ter má-vontade **com** (ou **contra**, ou **para com**) estrangeiros*. V. **boa-vontade**.

maxi-
Prefixo que não exige hífen. Portanto: *maxicasaco, maxidesvalorização, maxissaia, maxivestido*, etc. Usado como substantivo, varia normalmente: *as máxis*. Como falamos português, e não latim, o **x** deveria ter o valor de **ss** (*mássi*), mas dicionaristas e até gramáticos insistem em dar o valor de *ks* ou *cs* para tal letra, como se ainda falássemos latim. Não é o "máksimo"?

maxilo-
Não exige hífen: *maxilodental, maxilofacial, maxilopalatal*, etc.

máxime
Latinismo. Significa principalmente, sobretudo, mormente: *Ele gosta muito de mulheres, **máxime** as morenas*. Pronuncia-se *máksimè*, porque em latim o *x* tem o valor de *ks*, diferentemente do que ocorre em português. Eis outros exemplos com tal latinismo: *É preciso proteger a população, **máxime** os homens de bem. O Brasil não vai conseguir pagar a sua dívida, **máxime** a externa*.

Maximiano
Pronuncia-se *massìmiâno*, mas há quem diga "màksimiâno".

Maximiliano
Pronuncia-se *màssìmìliâno*, mas há quem diga "màksimìliâno".

Maximino
Pronuncia-se *màssimíno*, mas há quem diga "màksimíno".

maximização / maximizar

Assim como em *maxi-*, o *x* deveria ter apenas o valor de *ss*: *massimização, massimizar*. Mas como alguns ainda acham que falamos latim, dão-lhe o valor de *ks* (v. **maxi-**).

máximo

Pronuncia-se *mássimo*, mas há sempre aqueles que se acham o "máksimo" e dizem "máksimo"... O *x*, nesta palavra, só tinha o valor de *ks* em latim; em português, não. Em palavras que trazem o prefixo *maxi-*, o *x* deveria ter o mesmo valor. Mas alguns dicionaristas preferiram o contrário e, assim, todos dizemos *máksi*. Particularmente, achamos o "máksimo"...

meado

Apesar de ser assim, há quem insista em usar "meia-do", por influência de *meio*. Significa parte média, meio: *No meado do século XX surgiu o biquíni. Quando chega o meado do mês, o salário já foi.* Usa-se mais no plural e sem o artigo: *Em meados do século XX surgiu o biquíni. Quando chegam meados do mês, o salário já foi. Ela faz aniversário em meados de setembro.*

M'Boi Mirim

Nome de uma estrada urbana de São Paulo. Pronuncia-se *mi boi mirim*, mas o povo diz *"eme" boi mirim*.

mecânico

Fem.: *mecânica*. *Tenho uma vizinha que é excelente mecânica.*

mediar

Conj.: *medeio, medeias, medeia, mediamos, mediais, medeiam* (pres. do ind.); *medeie, medeies, medeie, medeemos, medeeis, medeiem* (pres. do subj.). Rege *de...a, desde...até* ou *entre* [decorrer (entre dois momentos)]: *Foram dolorosos os dias que mediaram de 20 a 30 de abril de 1945. Foram dolorosos os dias que mediaram desde 20 até 30 de abril de 1945. Foram dolorosos os dias que mediaram entre 20 e 30 de abril de 1945.* Na imprensa muito se vê este verbo usado como transitivo direto: *Foram dolorosos os dias que "mediaram 20 e 30 de abril de 1945".*

medicamento ≠ remédio

Convém não confundir. **Medicamento** é qualquer droga ou substância aplicada em alguém como remédio. **Remédio** é tudo o que serve para aliviar ou curar um mal. Uma boa massagem é um *remédio* para o desgaste físico, assim como um banho, depois de longa ou árdua jornada de trabalho. Todo *medicamento* é *remédio*, mas nem todo *remédio* é *medicamento*.

médico-

Grafam-se: *médico-chefe* (pl.: médicos-chefes), *médico-cirurgião* (pl.: médicos-cirurgiões ou médicos-cirurgiães), *médico-clínico* (pl.: médicos-clínicos), *médico-dentário* (pl.: médicos-dentários), *médico-hospitalar* (pl.: médicos-hospitalares), *médico-legal* (pl.: médicos-legais), *médico-legista* (pl.: médicos-legistas), *médico-residente* (pl.: médicos-residentes), *médico-veterinário* (pl.: médicos-veterinários).

medievo

Pronuncia-se *mediévo*, mas há quem diga "mediêvo".

meditar

Rege *em* ou *sobre*: *Procure meditar nesse (ou sobre esse) assunto e tome a decisão que achar melhor! Fiquei ali meditando na (ou sobre a) beleza daquela filosofia de vida.* Pode, também, ser usado como transitivo direto: *Ficou horas ali, meditando aquele assunto.*

médium

É substantivo comum-de-dois, ou seja, usa-se *o médium* para o homem e *a médium* para a mulher. Mas há quem use "a média" neste último caso. Assim: *Minha irmã é "média": recebe Joana d'Arc.*

medo

Rege *a* ou *de* (nome) e *de* (oração): *Ter medo à (ou da) morte. Ter medo a (ou de) escuro. Você tem medo de sair à noite, em São Paulo? Ele não sai de casa à noite porque tem medo de que o assaltem.* Quando se trata de oração desenvolvida (como no último exemplo), a preposição pode estar elíptica: *Ele não sai de casa à noite porque tem medo que o assaltem.* A regência *medo a* se usa mais em Portugal.

medrar

Significa crescer, prosperar: *Com o novo fertilizante, as plantas voltaram a medrar. As exportações medram a olhos vistos.* De forma nenhuma este verbo deve ser empregado na acepção de ter medo, tremer, como fazem certos jornalistas esportivos: *Na final da Copa do Mundo, o centroavante "medrou".* (Como perceberam que a invenção era tola, substituíram o verbo por *amarelar*.)

medula espinal / medula espinhal

As duas expressões existem.

medula espinhal / medula óssea

Adj. corresp.: *mielóide*. Portanto, *metaplasia da medula espinhal = metaplasia mielóide; leucemia da medula óssea = leucemia mielóide.*

mega-

Não exige hífen: *megaempresa, megaempresário, megaespaço, megaespeculador, megaestrutura, megafone, megahertz, megainvestidor, megaoperação, megaprodução, **megassena*** (que todo o mundo escreve "mega-sena"), *megassurpresa*, etc. O *e* soa aberto: *méga*. Também soa aberto o *e* de *megalomania* e *megalomaníaco*.

meia-dúzia ≠ meia dúzia

Convém não confundir. **Meia-dúzia** é pronome indefinido e equivale a alguns: *Por causa de **meia-dúzia** de bêbe-*

dos, o bar teve de ficar aberto até as 4h. Antigamente havia só **meia-dúzia** de ladrões nas ruas (e de galinhas), mas hoje... Pl.: *meias-dúzias*. **Meia dúzia** é metade de uma dúzia, ou seja, seis: *Comprei meia dúzia de laranjas*. Note que *meia-dúzia* pode equivaler a três, quatro, cinco ou mais. Por isso, comprar *meia dúzia* de laranjas não é o mesmo que comprar *meia-dúzia* de laranjas.

meia hora ≠ meia-hora

Convém não confundir. **Meia hora** é o período de trinta minutos: *ficar **meia hora** na fila*. **Meia-hora** é o ponto médio de uma hora: *O carrilhão bateu **meia-hora**, sim, mas de que horas? São ônibus que partem sempre nas **meias-horas*** (ou seja, uma e meia, duas e meia, três e meia, etc.).

meia-noite

Exige artigo, quando indica hora: **a** *meia-noite*. Em frases: *Estarei em casa a partir **da** meia-noite. Elisa nos procurou **da** meia-noite à uma. Telefonei-lhe incessantemente entre **a** meia-noite e as duas horas. Estiveram aqui por volta **da** meia-noite. Vimos Ifigênia pouco antes **da** meia-noite. Só encontrei Neusa depois **da** meia-noite.* V. **h**.

meigo / meiguice

Regem *com* ou *para com* (pessoa) e *de* (coisa): *Ser meigo **com** (ou **para com**) os filhos. Mulher meiga **de** feições. Sua meiguice **com** (ou **para com**) os filhos era de todos notada. Sua meiguice **de** feições tocava a todos.*

meio

Esta palavra, antecedida da preposição *em*, aparece combinada com *a* (pref.) ou *de*: *O jogador apareceu **em** meio **a**os (ou **d**os) torcedores. O garotinho surgiu **em** meio **a**os (ou **d**os) manifestantes*. Quando acompanha substantivo, varia (porque é adjetivo): ***meia** melancia*, ***meia** laranja*; ***meios** melões*, ***meias** abóboras*; ***meios** sorrisos*. *Não me venha com **meias** palavras!* Quando acompanha adjetivo, é invariável (porque é advérbio): *Ela ficou **meio** tonta, **meio** nervosa. As crianças estavam **meio** nuas, **meio** envergonhadas. Eram costumes **meio** antigos.*

meio ambiente

Sem hífen. *Meio*, aí, significa *lugar onde se vive*, e *ambiente* é adjetivo, está por *ambiental*.

meio de campo ≠ meio-de-campo

Convém não confundir. **Meio de campo** é o espaço físico onde atuam, num campo de futebol, sobretudo os jogadores antigamente chamados centromédios e armadores. Muita gente não sabe por que existe aquele círculo no *meio de campo*. Um jogo de futebol sempre começa com a bola no *meio de campo*. **Meio-de-campo** é o próprio atleta, o jogador que atua nesse espaço. Antigamente, tínhamos ótimos meios-de-campo: Zito, Didi, Zequinha, Chinesinho, Ademir da Guia, Gérson, Rafael, Mengálvio, Rivelino.

meio-dia

Exige artigo, quando indica hora: **o** *meio-dia*. Em frases: *Estarei em casa a partir **do** meio-dia. Elisa nos procurou **do** meio-dia à uma. Telefonei-lhe incessantemente entre **o** meio-dia e as duas horas. Estiveram aqui por volta **do** meio-dia. Vimos Ifigênia pouco antes **do** meio-dia. Só encontrei Neusa depois **do** meio-dia.* V. **h**.

meio-dia e meia

É esta a expressão correta, já que *meia* aí se refere à palavra *hora*, subentendida: *meio-dia e meia **hora***. Há quem use, no entanto, "meio-dia e meio". Meio o quê?

meio período

É meia manhã, meia tarde ou meia noite. *Período* é uma fração de tempo do dia, por isso é que dizemos *período da manhã, período da tarde, período da noite*. Assim, a pessoa que trabalha só de manhã, só de tarde, ou só de noite, trabalha *um só período*, e não "meio período". Nunca se ouviu ninguém dizer que trabalha "no meio período da tarde", mas sim no *período da tarde*. mas há muita gente que se gaba de trabalhar somente "meio período". Anda trabalhando, realmente, muito pouco. Ou seja: praticamente não contribui...

mel

Pl.: *méis* ou *meles*: *Há **méis** que açucaram e **meles** que não se açucaram.*

melhor

Quando acompanha substantivo, varia: *Obter **melhores** resultados. Aguardar por **melhores** dias*. Quando acompanha verbo, é invariável: *As meninas dançam **melhor** que os rapazes*. Antes de particípio, convém substituí-lo por *mais bem* e antes de adjetivo composto (em que o primeiro elemento é *bem-*) por *mais*: *As meninas foram **mais bem** preparadas pelos instrutores que os rapazes. As meninas estão **mais bem**-preparadas que os rapazes*. Rege *de*, *dentre* ou *entre*: *Juçara é a melhor **das** (ou **dentre** as, ou **entre** as) nossas atletas. Esta proposta é a melhor **das** (ou **dentre** as, ou **entre** as) que recebi.* V. **mais bem-** ≠ **mais bem**.

melhorar "mais"

Visível redundância.

membro

É nome sobrecomum, ou seja, usa-se tanto em referência a homem quanto a mulher: *Luís é **membro** da comitiva. Luísa é **membro** da nossa Academia.* Há quem use "membra" para mulher.

memorando

Muitos apreciam usar o latinismo *memorandum* em seu lugar. Neste caso, seu plural é *memoranda*. Melhor mesmo é empregarmos o que temos: *memorando, memorandos*.

memória

Adj. corresp.: *mnêmico* ou *mnemônico*. Portanto, *processo da memória = processo mnêmico* (ou *mnemônico*).

"menas"
Há muita gente que gosta de usar "menas" roupa e de pedir mais amor e "menas" confiança. *Menos, menos!*

menção
Rege *a* ou *de*: *Não havia menção **a** (ou **de**) meu nome no relatório.*

mencionar
Este verbo é transitivo direto, mas não admite complemento oracional. Portanto, devemos construir assim: *O bandido mencionou o nome de todos os seus comparsas, no depoimento à polícia. Não mencionei os detalhes do plano. O jornalista não é obrigado a mencionar a fonte da informação. Ele não menciona, na obra, a data do fenômeno.* E não: *O bandido mencionou "que não teve comparsas". Não mencionei "quais eram os detalhes do plano". O jornalista não é obrigado a mencionar "qual foi a fonte da informação". Ele não menciona, na obra, "quando se deu o fenômeno".*

mendicância / mendicante
Apesar de ser assim, há quem prefira a "mendigância", sendo "mendigante".

mendigo / mendigar
Há muita gente que, *mendiga* da língua, continua "mendingando", dizendo "mendingo".

meningococo
Pronuncia-se *menìngocóco*.

menos
É palavra absolutamente invariável: *Ela sente **menos** cócegas na sola do pé que eu. Mais amor e **menos** confiança.* Há, no entanto, quem exija "menas" confiança...

menos ≠ a menos
Convém não confundir. **Menos** se usa nas comparações: *Televisor no Paraguai custa um terço **menos** que no Brasil.* **A menos** é o mesmo que *de menos*: *Recebi troco **a menos**.* V. **mais ≠ a mais**.

menos bem / menos mal / menos bom
São expressões corretas: *Seu filho é **menos bem**-educado que o meu. Na creche, essas crianças comem **menos mal** que nas suas casas. **Menos mal** que tenha sido você o derrotado. Entre todos os times do campeonato brasileiro, ele torce pelo **menos bom**. Das vinte equipes que disputam o torneio, essa é a **menos boa**.*

menos de dois
Quando faz parte do sujeito, exige o verbo no plural: *Menos de dois passageiros **morreram** no acidente. Menos de duas pessoas **foram presas** entre os manifestantes.* É curioso, porque, do ponto de vista lógico, *menos de dois* = um. V. **mais de um**.

menosprezo
Rege *a*, *para com* ou *por*: *Essa demonstração de menosprezo **à** (ou **para com a**, ou **pela**) natureza ainda vai custar caro ao homem.*

mercancia
Note: com tonicidade na sílaba *-ci-*. Muitos, no entanto, dizem "mercância".

meritíssimo
Apesar de ser assim, há muita gente que continua usando "meretíssimo" e até "meretríssimo", o que é um insulto sem tamanho.

mertiolate / mertiolato
As duas formas existem, mas o povo ainda usa uma terceira, "metiolato".

mesa-redonda
Rege *sobre*: *Fazer uma mesa-redonda **sobre** futebol.*

mesclado
Rege *a* ou *com*: *Vaias mescladas **a** (ou **com**) aplausos.*

meses
V. **nomes de meses**.

mesmíssimo
Em rigor, pronomes não têm grau, mas admite-se, em casos de ênfase, o uso de *mesmíssimo*: *Passei pelo **mesmíssimo** tratamento.*

mesmo
Pronuncia-se como se escreve, mas há quem diga "mêmo" e até "mêrmo", como alguns cariocas. Como pronome reforçativo, varia em gênero e número: *Ela **mesma** lava suas roupas. Elas **mesmas** lavam suas roupas. Eles **mesmos** cozinham.* Mesmo fica invariável, no entanto, quando advérbio; neste caso significa de fato, realmente: *Ela confessou **mesmo** o crime? Vocês viram **mesmo** o disco-voador?* V. **"embora" + gerúndio**.

mesmo ≠ igual
Convém não confundir. **Mesmo** se usa em referência a um só ser. **Igual** se emprega em relação a outro ser. *Se estás com a mesma namorada do ano passado, parabéns: és um homem fiel! Se, porém, estás com uma namorada igual à do ano passado, parabéns: és um conquistador! Se compraste um belo carro importado, teu vizinho não poderá ter o mesmo carro, mas (esteja certo!) fará de tudo para ter um carro igual.* Afinal, essa é a sina dos vizinhos... Não faz muito se leu num de nossos jornais: *Enquanto o Ministério da Reforma Agrária gastou dez bilhões de reais para assentar famílias de trabalhadores sem terra, o da Educação sonha com a "mesma" quantia, para construir escolas.* Não me consta que o Ministério da Reforma Agrária seja tão generoso, a ponto de querer dividir a sua verba com o da Educação. *Mesmo* porque, os objetivos não são *iguais*...

mesmo ≠ próprio
Convém não confundir. **Mesmo** significa apenas *que*

não é outro: *Ela mesma lava e passa suas roupas.* Ou seja: ela, e não outra pessoa, lava suas roupas. **Próprio** se usa também por *mesmo*, mas pode significar ainda *em pessoa*: *Ela própria* (= mesma) *lava e passa suas roupas. O ministro próprio* (= em pessoa) *veio ao rodeio.*

mês passado / no mês passado / o mês passado

Qualquer destas expressões é boa: ***Mês passado*** (ou ***No mês passado***, ou ***O mês passado***) *choveu muito por aqui.*

mesquinharia / mesquinhez / mesquinheza

As três formas existem e podem, por isso, ser usadas uma pela outra. *Mesquinhez* faz *mesquinhezes* no plural: *É preciso acabar com a guerra e com todos os tipos de **mesquinhezes** humanos.*

mesquinho

Rege *com* (pessoa = pouco generoso), *de* ou *em* (coisa = escasso, pobre): *Pai mesquinho **com** os filhos. Ministério mesquinho **de** (ou **em**) verba. Dicionário mesquinho **de** (ou **em**) estrangeirismos.*

mês sim, mês não / mês sim, outro não

É assim que se usa, sem o artigo "um" antes do substantivo *mês: Aqui chove mês sim, mês não. Ela me visita mês sim, outro não. Minha firma me paga mês sim, mês não.* V. **dia sim, dia não / dia sim, outro não** e **semana sim, semana não / semana sim, outra não**.

mesquinhez

Pl.: *mesquinhezes*. Há pessoas que cometem toda a sorte de *mesquinhezes* e não sentem, absolutamente, nenhuma vergonha na cara.

mestre

Rege *de* ou *em* (grande conhecedor, versado): *Ele é mestre **d**esse* (ou ***n**esse*) *assunto. Ser mestre **de** (ou **em**) gramática.* Fem.: *mestra*. Aum. pejorativo: *mestraço*. Adj. corresp.: *magistral*. Portanto, *golpe de mestre = golpe magistral*.

mestre ≠ professor

Convém não confundir. **Mestre** é todo aquele que se mostra perito em assunto de que dá lição. **Professor** é o que ensina ou tenta ensinar arte, ciência ou habilidade. Todo *mestre* é perito versado em arte ou ciência. Nem sempre ensina em escolas: pode ser um autodidata ou sábio que acumulou experiências na vida. Todo *professor*, hoje, é tão malremunerado, que dele um dia poderão alguns ainda sentir saudade...

mestria

É esta, em rigor, a palavra que significa grande habilidade, arte, perícia: *A **mestria** de um marceneiro. Quem não conheceu a **mestria** de Ademir da Guia ainda não sabe o que é classe na prática do futebol.* Há quem defenda "maestria" por *mestria*, atendo-se à forma do catalão antigo *maestre*.

metade de

Quando esta expressão faz parte do sujeito, o verbo pode ficar no singular ou ir ao plural, se o complemento estiver neste número: *Metade das frutas **está estragada*** (ou ***estão estragadas***). *Metade dos passageiros do ônibus **morreu*** (ou ***morreram***). V. **coletivos partitivos**.

metades "iguais"

Visível redundância. Mas não faltam pessoas que dizem ter partido a melancia em *metades "iguais"*. Na verdade, eles partem a melancia em *metades*. Ou em *partes iguais*.

meteorito

Note: é palavra paroxítona (*meteoríto*), mas muitos dizem "meteórito".

meteoro ≠ meteorito

Convém não confundir. **Meteoro** é todo corpo celeste que penetra na atmosfera terrestre sem atingir a superfície do planeta; é o mesmo que *estrela cadente*. **Meteorito** é todo corpo celeste, massa rochosa ou metálica, que penetra na atmosfera terrestre e atinge a superfície do planeta; é o mesmo que *aerólito*.

meteorologia

Apesar de ser assim, muitos continuam confiando no serviço de "metereologia", que não existe.

mezanino ≠ sobreloja

Convém não confundir. **Mezanino** é uma espécie de andar intermediário e parcial entre dois principais andares de um edifício, geralmente entre o térreo e o primeiro andar. A grafia mais coerente seria *meçanino*, já que os *zz* italianos dão *c* ou *ç* em português. **Sobreloja** é o piso baixo entre a loja e o primeiro andar. Em resumo: as residências e escritórios têm *mezanino*; as casas comerciais, *sobreloja*. Existem ainda algumas diferenças de ordem técnica, que não nos cabe tratar aqui.

mezinha ≠ mesinha

Convém não confundir. **Mezinha** (o **e** soa aberto) é remédio caseiro: *A curandeira lhe receitou uma **mezinha**. As mezinhas podem curar inocência, mas mau-olhado jamais.* **Mesinha** é mesa pequena.

micro-

Não exige hífen: *microempresa, microempresário, microimagem, microindústria, microinformática*, etc. Exceção: *micro-habitat*. Usado como substantivo, varia: *as **micros**, pequenas e médias empresas.*

mictório

Apesar de ser assim, há muita gente que continua insistindo em ir ao "mitório". Para fazer o quê?

mídia

É aportuguesamento do inglês *media* (que se pronuncia

mídia), plural de *medium* = meio, com adoção de tal pronúncia como grafia. É palavra que só existe no português do Brasil. Surgiu numa redação de jornal ou, mais provavelmente, numa sala de agência de publicidade: em ambos os locais viceja a flor da língua anglo-saxã. O ideal seria usarmos *meios de comunicação de massa*. E dessa palavra surgiram outros mostrengos: *midiateca, midiático, midiatizar*, que, naturalmente, vingaram. Afinal, no Brasil, tudo o que cheira a Tio Sam vinga.

mignon

Já passou da hora de o Vocabulário Oficial trazer o aportuguesamento *minhom*. Já se aportuguesou até *flamboyant* (flamboaiã), mas *mignon* ainda não. Por quê? Ninguém sabe.

mil

Antes de *mil* não se usa *um* nem *uma*. A razão é elementar: *mil* é palavra de plural; *um* é palavra de singular. Singular e plural são como água e vinho: não se misturam. Muita gente diz e escreve "um mil" reais e até "hum mil" reais. Ora, o Brasil foi descoberto em *mil e quinhentos* ou em "um mil" e quinhentos? No português contemporâneo, não se usa a conjunção **e** após mil, seguido de centena. Portanto: *Ano de mil novecentos e noventa. Gastei mil duzentos e cinqüenta reais. A despesa foi de mil quinhentos e um reais.* Se, porém, a centena começa por zero ou se termina por dois zeros, usa-se **e**: *Gastei mil e vinte reais.* (= Gastei R$1.020,00.) *O Brasil foi descoberto no ano de mil e quinhentos.* (= 1500). As centenas devem unir-se às dezenas e unidades pela conjunção: *Gastei mil duzentos e vinte e seis reais. A despesa foi de mil quinhentos e cinqüenta e três reais.* Note que não se usa vírgula em nenhum dos casos. Com *milhão, bilhão, trilhão*, etc., a conjunção aparece, igualmente: *Um milhão e duzentos mil reais. Dois trilhões e quatrocentos e cinqüenta bilhões e setecentos e trinta milhões de dólares.* Quem estiver habituado ao preenchimento de cheques de tais importâncias, por favor, que esteja atento!...

milênios "de anos"

Visível redundância. Certa vez, o presidente de uma central de trabalhadores, emocionado, declarou: *Há milênios "de anos" que os trabalhadores estão sendo explorados pelos empresários.* Exageros nunca jamais são aconselháveis.

milhão

É palavra masculina (*o milhão, um milhão*). Sendo assim, nunca pode haver "duas" milhões de pessoas em lugar nenhum. Muito menos "duzentas" milhões de pessoas. É preciso dizer sempre a verdade: *Mais de **dois** milhões de crianças foram vacinados ontem contra a poliomielite. **Duzentos** milhões de laranjas foram colhidos este ano em Bebedouro (SP).* Há jornalistas que usam "duas" milhões de pessoas, mas não têm coragem de usar "uma" milhão de pessoas. Por que será?... Certa vez o apresentador de um famoso telejornal anunciou a venda de "quinhentas" milhões de ações da Petrobras. Quem **os** comprou?, deveríamos ter-lhe perguntado... Outra grande novidade para jornalista é que *um milhão* exige o verbo no singular: *Um milhão de pessoas **morreu** nessa guerra. **Foi queimado** um milhão de quilos de papel. Um milhão de títulos **foi negociado** hoje na Bovespa.* É o óbvio (que, no entanto, poucos vêem): *milhão* é nome coletivo assim como *tonelada*. Ora, quem já viu alguém dizer ou escrever: *Uma tonelada de grãos "foram colhidas"*? Ou: *Uma dúzia de laranjas "estão estragadas"*? Cremos que ninguém. Pois quem diz ou escreve *Um milhão de crianças "foram vacinadas"* é vítima da mesma insanidade. V. **mil** e **milhar**.

milhar

É sempre substantivo masculino: *o milhar, **um** milhar. **um** milhar de telhas: **Dois** milhares de maçãs foram perdid**os** durante a viagem. **Duzentos** milhares de crianças sul-vietnamitas foram levad**os** para os Estados Unidos, em 1972. Qual foi **o** milhar do primeiro prêmio da loteria? **Esses** milhares de pessoas que reclamaram têm razão. **Muitos** milhares de telhas são necessári**os** para cobrir essa mansão.* Há os que usam "uma" milhar de agulhas; "duas" milhares de calculadoras; "as" milhares de pessoas; deu "uma bonita" milhar no jogo do bicho hoje. (No jogo do bicho, é só usada no feminino, por influência do gênero de *dezena* e *centena*: o povo joga n*a* dezena, perde n*a* milhar e ganha n*a* centena.)

milico ≠ meganha

Convém não confundir. **Milico** é soldado da polícia militar. **Meganha** é membro da polícia civil. *Milicos* e *meganhas* serão, em breve, companheiros de uma mesma polícia?

militares (como classe)

Adj. corresp.: *castrense*. Portanto, *atividades de militar = atividades castrenses; reivindicações dos militares = reivindicações castrenses.*

Minas Gerais

Exige o verbo no singular e os determinantes no feminino: *Quase **toda** Minas Gerais votou nesse candidato. Ele, finalmente, voltou **à sua querida** Minas Gerais.*

minguado

Rege *de* ou *em* (escasso, pobre): *Ministério minguado **de** (ou **em**) verba. País minguado **de** (ou **em**) recursos naturais. Gente minguada **de** (ou **em**) bom-senso.*

minguar

Conj.: *mínguo, mínguas, míngua, minguamos, minguais, mínguam* (pres. do ind.); *míngüe, míngües, míngüe, mingüemos, mingüeis, míngüem* (pres. do subj.). *Dizem que, depois do casamento, o amor ou **míngua**, ou estaciona.*

minha opinião "pessoal"

Visível redundância. Ora, se a opinião é *minha*, só pode ser *pessoal*.

minhoquinha / minhocão

Respectivamente, dim. e aum. de *minhoca*. O **o** da segunda sílaba soa aberto: *minhòquinha, minhòcão*.

mini-

Prefixo que, assim como *arqui-*, deveria exigir hífen antes de *h, r* e *s*: *mini-hotel, mini-restaurante, mini-saia*. Oficialmente, porém, fez-se uma bagunça com este prefixo: só se usa com hífen antes de palavras iniciadas por *h*. Então, o Vocabulário Oficial manda escrever: *minirrádio, minirrelógio, minirrestaurante, minirroda, minissaia, minissérie*, etc. Uma afronta à coerência e à inteligência das pessoas. Usado como substantivo, recebe acento e varia: as *mínis* (= as minidesvalorizações), os *mínis* (= os minicomputadores).

"mínimos" detalhes

Visível redundância. Mas há quem goste de contar tudo. Nos "mínimos" detalhes. Até alguns gramáticos.

minoria

Adj. corresp.: *minoritário*. Portanto, *partido da minoria* = *partido minoritário*.

minucioso

Rege *a respeito de, em, em relação a* ou *sobre*: *O general era minucioso **a respeito de** (ou **em**, ou **em relação a**, ou **sobre**) tudo. Procurou ser minucioso **a respeito d**a (ou **n**a, ou **em relação à**, ou **sobre** a) matéria, na palestra.*

minúscula

V. **nomes de acidentes geográficos**.

miolo

No plural, o **o** tônico soa aberto.

misantropo

Pronuncia-se *mizantrôpo*, mas há quem diga "mizântropo".

miscelânea

Apesar de ser assim, há quem ainda faça "micelânea" e até "micelânia".

misericórdia

Regem *de, com, para com* ou *por*: *Não se pode ter misericórdia **com** (ou **de**, ou **para com**, ou **por**) um bandido desses. Que Deus tenha misericórdia **com** os (ou **d**os, ou **para com** os, ou **pel**os) ateus!*

misericordioso

Rege *com* ou *para com*: *Imploraram aos vencedores que fossem misericordiosos **com** (ou **para com**) eles. Quem consegue ser misericordioso **com** (ou **para com**) um bandido desses?*

Misse

Título usado com o nome de alguma coisa, por uma garota ou mulher escolhida para determinada representação: *a **Misse** Bahia, a **Misse** Brasil*. Também: título usado com um nome que representa algum atributo ou identidade particular de uma mulher: *a **Misse** Simpatia*. Usa-se com inicial minúscula, em referência a qualquer garota bonita e formosa: *Minha namorada é uma **misse**!* Nas faixas das beldades dos concursos internacionais, a forma usada é *Miss*, inglesa, mas no Brasil, seria interessante e salutar que tivéssemos a ***Misse** Bahia, a **Misse** São Paulo, a **Misse** Goiás*, etc. A prática, garantimos, não iria afetar a beleza de nenhuma delas. Mas como qualquer concurso dessa natureza recebe enorme influência direta de Tio Sam, nas faixas só se vê *Miss* Alagoas, *Miss* Amazonas, *Miss* São Paulo. Não é hora de mudar?

mistério

Rege *de* ou *sobre* na expressão *fazer mistério*: *O governo faz mistério **do** (ou **sobre** o) pacote econômico que está preparando.*

mistério ≠ segredo

Convém não confundir. **Mistério** é uma qualidade oculta e desconhecida, é a cautela, a reserva com que manifestamos um pensamento. **Segredo** é o silêncio cuidadoso de não revelar o que convém esteja oculto. O *mistério* não é conhecido ou entendido; o *segredo* é o mistério não revelado. *Mistério* é um modo de falar; *segredo*, um modo de calar o que nos convém. Faz-se *mistério* falando; guarda-se *segredo* calando.

misterioso

Rege *com* ou *para com* (pessoa) e *em* ou *sobre* (coisa): *Governo misterioso **com** (ou **para com**) a população **n**as (ou **sobre** as) medidas econômicas. Professor misterioso **com** (ou **para com**) os alunos **n**a (ou **sobre** a) matéria que exigirá na prova.*

mistificar ≠ mitificar

Convém não confundir. **Mistificar** é tornar difícil de entender, complicar; mistificar uma teoria. **Mitificar** é transformar em mito: *Mitificam* hoje qualquer atriz bonitinha. *Mitificaram* os carros Mercedes-Benz em todo o mundo.

misto

Nove, entre dez pessoas, principalmente se forem donos de lanchonetes, escrevem-na errado: "mixto". É um tal de *"mixto" quente* pra cá, um tal de *"mixto" frio* pra lá, que mais tira que aguça o apetite. Aliás, "mixto" é sempre uma gelada...

misturar / misturar-se

Regem *a* ou *com*: *Não podemos misturar alhos **a** (ou **com**) bugalhos. Não misture camisas **a** (ou **com**) camisetas na gaveta! As gotas da chuva se misturavam **à**s (ou **com** as) suas lágrimas.*

Mitrídates

É nome paroxítono, mas muitos usam "Mitrídates". *Mitrídates* foi rei do Ponto, antigo país da Ásia Menor, na costa do mar Negro. Era inimigo figadal dos romanos, a quem chamava bárbaros. Reinou de 123 a 63 a.C.

mobiliado

Rege *com* ou *de*: *Casa mobiliada **com** (ou **de**) finas peças.*

mobiliar / mobilhar
As duas formas existem. *Mobiliar* se conjuga assim em ambos os presentes: *mobílio, mobílias, mobília, mobiliamos, mobiliais, mobíliam* (pres. do ind.); *mobílie, mobílies, mobílie, mobiliemos, mobilieis, mobíliem* (pres. do subj.). Muitos, no entanto, usam "mobilio", "mobilias", etc.

moço
Tanto o singular quanto o plural têm **o** tônico fechado.

Moçoró
Nome indígena. Note: com **ç**. O Vocabulário Oficial, todavia, em mais um de seus inúmeros equívocos, registra "Mossoró". Daí por que se vê o nome da cidade potiguar grafado dessa forma. Nosso país tem mais de 500 anos, mas muita gente que vive nele ainda não criou juízo...

modelado
Rege *por* ou *sobre* (moldada): *Personagem modelada* **por** (ou **sobre**) *Oscarito. Gente modelada* **por** (ou **sobre**) *costumes antigos.*

modelo
Assim como *manequim*, usa-se com **o** ou com **a**, conforme a referência seja a homem ou a mulher: *Luís é* **um** *bom modelo. Luísa é* **uma** *boa modelo.*

modesto / modéstia
Regem *de* ou *em*: *Ser modesto* **de** (ou **em**) *ambições. Sua modéstia* **de** (ou **em**) *ambições era de todos conhecida.*

modinha / modão
Respectivamente, dim. e aum. de *moda*. O **o** da primeira sílaba soa aberto: *mòdinha, mòdão.*

moeda
Adj. corresp.: *monetário*. Portanto, *correção da moeda = correção monetária.*

mofo
Tanto o singular quanto o plural têm **o** tônico fechado.

Moisés
Adj. corresp.: *mosaico*. Portanto, *tábua de Moisés = tábua mosaica; leis de Moisés = leis mosaicas.*

Mojiguaçu
É este o correto nome da cidade paulista, conhecida como *Mogi-Guaçu* (nome tradicional): o sufixo tupi -guaçu só vem com hífen quando a palavra anterior termina em vogal tônica nasal ou é acentuada graficamente: *maracanã-guaçu, maracajá-guaçu.*

Mojimirim
É este o correto nome da cidade paulista, conhecida como *Mogi-Mirim* (nome tradicional): o sufixo tupi -mirim só vem com hífen quando a palavra anterior termina em vogal tônica nasal ou é acentuada graficamente: *maracanã-mirim, maracajá-mirim.*

moldado
Rege *por* ou *sobre*: *Filho moldado* **pel**o (ou **sobre** o) *pai. Personagem moldada* **por** (ou **sobre**) *Rodolfo Valentino.*

moldar
É verbo transitivo direto e indireto (adaptar) e rege *a, com, em* ou *por*: *Ele moldou seu gênio* **a**o (ou **com** o, ou **n**o, ou **pel**o) *do pai.* Como verbo pronominal, rege *a* ou *com* (adaptar-se), apenas *por* (orientar-se, nortear-se) e apenas *com* (harmonizar-se): *Tive de me moldar* **a**o (ou **com** o) *novo ambiente. Ele sempre se moldou* **pel**os *hábitos do pai. Um sócio tem de se moldar* **com** *as idéias e os planos do(s) outro(s), senão a sociedade fracassa.*

mole ≠ macio
Convém não confundir. **Mole** é o que cede à compressão sem se desfazer, por ter substância no seu interior. O silicone é *mole*. **Macio** é o que, além de mole, é agradável ao tato: *travesseiro* **macio**. Significa, ainda, que não é duro: *carro* **macio**, *pão* **macio**.

molinha / molão
Respectivamente, dim. e aum. de *mola*. O primeiro **o** soa aberto: *mòlinha, mòlão.*

molhar
É verbo pronominal (receber líquido sobre si): *As fortes chuvas fizeram que entrasse muita água em casa, e todos os móveis* **se molharam**. *Ela usava uma touca, para que os cabelos não* **se molhassem**. *Ela entrou na piscina, mas tomou todo o cuidado para que os cabelos não* **se molhassem**.

molho
Com **o** tônico fechado (*môlho*), é tempero culinário: *macarrão com* **molho** *de tomate.* O plural continua com **o** fechado: *môlhos*. Com o tônico aberto (*mólho*) é pequeno feixe: **molho** *de chaves,* **molho** *de cenouras,* **molho** *de rabanetes.*

monge
Adj. corresp.: *monacal* ou *monástico*. Portanto, *hábitos de monge = hábitos monacais; vida de monge = vida monástica.*

monólito
Note: é proparoxítona. Mas há até dicionário que registra "monolito".

monopólio
Rege *de* ou *sobre*: *Ter o monopólio* **da** (ou **sobre** a) *verdade. País que tem o monopólio* **d**o (ou **sobre** o) *petróleo.*

monopólio "exclusivo"
Visível redundância.

monstrengo / mostrengo

As duas formas existem, mas a segunda tem nossa preferência. A forma *monstrengo*, na verdade é corruptela, já que o povo viu relação com *monstro*; foi usada (talvez por descuido) por alguns bons autores. Pode ser considerada uma variante popular de *mostrengo*, que é espanholismo (*mostrenco*).

monstro

Esta palavra, usada como adjetivo, por *gigantesco, grandioso, monumental*, não varia: *manifestações **monstro**, comícios **monstro**, passeatas **monstro**, pesquisas **monstro***. V. **areia, bomba, cassete, chave, cinza, creme, esporte, gelo, jambo, laranja, padrão, pastel, pirata, relâmpago, surpresa, tampão** e **vinho**.

montar

Conj.: *monto, montas, monta, montamos, montais, montam* (pres. do ind.); *monte, montes, monte, montemos, monteis, montem* (pres. do subj.). Apesar de a primeira pessoa do pres. do ind. ser *monto*, há muita gente que diz "munto": *Eu "munto" a cavalo*. E até o animal reclama... Na acepção de pôr-se sobre (cavalgadura), para cavalgar, usa-se indiferentemente: *Montei um* (ou *em um*) *belo cavalo branco e saí a galope*. Na acepção de trepar sobre (alguma coisa), abrindo as pernas, rege *em* ou *sobre*: *O moleque montou **n**o* (ou ***sobre** o*) *cabo de vassoura e saiu galopando*. Na acepção de importar, chegar a, atingir, rege *a* ou *em*: *A despesa montou **a*** (ou ***em***) *cem mil reais*. *O exército cubano monta **a*** (ou ***em***) *um milhão de efetivos*. *Os gastos do nosso país com a importação de petróleo montam **a*** (ou ***em***) *milhões de dólares*.

montão ≠ amontoado

Convém não confundir. **Montão** é grande monte de coisas mais ou menos desordenadas, ocorrido por acaso: *um **montão** de pedras*. **Amontoado** é um monte de coisas feito por alguém: *um **amontoado** de roupas sujas, postas para lavar; um **amontoado** de processos judiciais*.

monumento

Rege *a* ou *de*: *Erguer um monumento **à*** (ou ***d**a*) *honestidade na vida pública*.

Mooca

Nome de um bairro paulistano. Pronuncia-se *moóca*, mas muitos dizem "móca". Note: a palavra não tem acento.

morada ≠ moradia

Convém não confundir. **Morada** é a casa em que normalmente habitamos, é a residência. **Moradia** é o tempo durante o qual se morou ou se mora num lugar: *ter uma **moradia** cheia de imprevistos no exterior; ter **moradia** recente numa cidade*. Poucos usam hoje *morada*: prefere-se *moradia* para ambos os significados. Curioso, todavia, é notar que, quando se constroem suntuosos edifícios, seus idealizadores costumam dar-lhes nomes assim: **Morada** *dos Deuses*, **Morada** *do Sol*, **Morada** *das Flores*, **Morada** *da Paz*, **Morada** *da Felicidade*, **Morada** *da Esperança*, etc. Até hoje não conseguimos entender por que também aqui não se usa, como faz o povo, *moradia* por *morada*. Quando vamos desta para outra vida, dizemos que vamos descansar na *morada* eterna, e não na "moradia" eterna. Jesus Cristo nos disse: *Há muitas **moradas** na casa de meu pai*. O povo, contudo, continua querendo "moradias", e o governo não lhes dá *moradas*...

morador

Rege *em* ou *de*: *Sou morador **n**a* (ou ***d**a*) *Rua dos Ingleses*. *Ela sempre foi moradora **n**a* (ou ***d**a*) *Praça 15 de Novembro*. *Luís de Sousa, morador **n**a* (ou ***d**a*) *Rua da Paz, brasileiro, solteiro, ...* V. **morar**.

moral

É palavra masculina (estado de espírito, ânimo): *Faz muito tempo que os palmeirenses estão com **o moral baixo***. *É preciso levantar **o moral** da tropa*. *A confiança sempre eleva **o moral** das pessoas*.

morar

Todos moramos *em* algum lugar, e não "a" algum lugar: *Moro **n**a Rua dos Ingleses*. *Ela mora **n**a Praça 15 de Novembro*. Note que ninguém mora "a uma" rua, mas **n**uma rua; ninguém mora "a um" bairro, mas **n**um bairro. V. **morador**.

mordaz ≠ satírico

Convém não confundir. **Mordaz** é o que ataca tudo e a todos malignamente, estando sempre disposto a caluniar, a difamar ou a ofender. Um crítico *mordaz* não merece sequer respeito. **Satírico** é o que faz gozação sem ofender. O indivíduo *mordaz* se serve de termos ofensivos; o *satírico* critica construindo, e não prejudicando.

morder

Pode ser transitivo direto ou transitivo indireto: *O cão mordeu a* (ou ***n**a*) *perna do carteiro*. *Mordi a* (ou ***n**a*) *maçã com vontade!* *Que bicho o mordeu* (ou *mordeu em você*)*?* Só morde aquele que tem dente; quem não tem dente não morde nem dá mordida, *pica* (mosquito) ou *ferroa* (abelhas e vespas). Por isso, quem diz que foi "mordido" por pernilongo ou foi "mordida" por uma abelha exagera.

mordido

Rege *de* ou *por*: *Carteiro mordido **de*** (ou ***por***) *cachorro tem medo até de serpentina*. *Ficou mordida **de*** (ou ***por***) *inveja*.

morfo-

Não exige hífen: *morfopsicologia, morfossintaxe*, etc. O primeiro **o** soa aberto: *mòrfo*.

morno

Tem o tônico fechado (*môrno*), mas no plural, essa vogal se abre: *mórnos*. Já o feminino (*morna*) tem a vogal tônica aberta nos dois números.

morro

Tanto o singular quanto o plural têm **o** tônico fechado.

mortadela
Apesar de ser assim, há muita gente que continua preferindo comer "mortandela".

mortandade ≠ matança ≠ carnificina ≠ morticínio
Convém não confundir. **Mortandade** é grande número de mortes por peste, poluição, envenenamento, guerra, acidente, terremoto, etc.: *a mortandade de peixes*. **Matança** é o ato de matar grande número de irracionais. **Carnificina** é a destruição sangrenta e geralmente cruel de muitos homens e irracionais. **Morticínio** é o ato de matar muitas criaturas humanas, incapazes de se defender. Alguns povos acham normal a *matança* de focas aos montões e às bordoadas; outros parecem comprazer-se na *matança* de baleias. Uma guerra química produz *carnificina*. O bombardeio ou o incêndio propositado de um campo de concentração superlotado causa *morticínio*.

morte
Adj. corresp.: *mortal*, *fúnebre* ou *letal*. Portanto, *acidente que causa morte* = *acidente mortal*; *canto da morte* = *canto fúnebre*; *dose que leva à morte* = *dose letal*.

morte ≠ falecimento
Convém não confundir. A **morte** serve para todos, indistintamente, velhos e moços; o **falecimento** é próprio dos velhos, dos que já viveram o bastante. Só a *morte* pode ser violenta; o *falecimento*, ao contrário, exprime apenas um efeito natural. Por isso, ninguém "falece" num violento acidente de automóvel (como afirmaram alguns jornalistas quando da morte de Aírton Sena), assim como não há "falecimento" num assassinato; há, em ambos os casos, *morte*.

mosca ≠ mosquito
Convém não confundir. **Mosca** é o inseto repugnante que habita os lares de gente pouco dada ao asseio; é o mesmo que mosca doméstica. **Mosquito**, além de diminutivo de mosca, é nome genérico aplicado a pernilongos ou muriçocas, borrachudos, dengues e quejandos. Encontra-se em todos os territórios de governantes ou administradores pouco dados ao saneamento básico.

mostras de amizade ≠ testemunhos de amizade
Convém não confundir. Dá **mostras de amizade** quem se manifesta de forma agradável, quem diz palavras lisonjeiras. Em qualquer canto podemos encontrar alguém que nos possa dar *mostras de amizade*. Dá **testemunhos** (ou **provas**) **de amizade** quem prestou favores, ofereceu conselhos acertados ou socorreu em momentos difíceis. Um amigo fingido pode oferecer apenas *mostras de amizade*; o verdadeiro amigo nos dará *testemunhos* de que é sincera sua amizade.

mourisco
Apesar de ser assim, muita gente gosta de falar na arquitetura "mourística".

mouse
Anglicismo da Internet. Pronuncia-se *máus*. Os portugueses usam *rato*. Os brasileiros não os imitamos. Com alguma ou toda a razão. V. **site**.

Mozart
Pronuncia-se *môtçart'*.

muçarela
É esta a grafia correta em português deste italianismo. Mas dicionários há que registram *mozarela* e *moçarela*, enquanto outros só escrevem "mussarela".

muçulmano
Apesar de ser assim, muita gente usa "mulçumano".

mudar
É verbo pronominal (transferir residência), mas somente quando na frase aparece adjunto adverbial de lugar: *Mudei-me daquele bairro há muito tempo. Não nos mudaremos daqui tão cedo. Nossos vizinhos se mudaram para bem longe*. Não aparecendo o adjunto, usa-se como intransitivo: *Mudei há muito tempo. Não mudaremos esta semana, mudaremos só no final do mês. As pessoas mudavam, mas ninguém sabia por quê. Nossos vizinhos, enfim, mudaram*. Repare ainda, em cada um destes pares de exemplos: **1.** *Vou me mudar para Teresópolis. Vou mudar assim que criar coragem*. **2.** *Para mudar-se para o interior do Amazonas, é preciso coragem. Para mudar, é preciso coragem*. **3.** *Os mais pobres se mudavam para outras regiões, à procura de melhores condições de vida. Os mais pobres mudavam, à procura de melhores condições de vida*.

mudar a roupa / mudar de roupa
As duas expressões existem: *Esperem um minuto, que vou* **mudar a** (ou **de**) **roupa**.

mudo
Rege *a* ou *para*: *É um governo mudo* **a** (ou **para**) *negociações*.

mui
Nada há de condenável no emprego da palavra *mui* (= muito) antes de advérbio, principalmente dos que terminam em *-mente*: *mui respeitosamente, mui atenciosamente, mui cordialmente*, etc.

muita vez / muitas vezes
As duas expressões existem: ***Muita vez*** (ou ***Muitas vezes***) *eu saía de casa preocupado*. V. **toda vez que / todas as vezes que**.

muitíssimo
Em rigor, advérbios não têm grau, mas admite-se, em casos de ênfase, o uso de *muitíssimo*: ***Muitíssimo*** *obrigado por tudo! Carro que custa **muitíssimo** caro!*

"muito" embora

Combinação esdrúxula, mas muito comum na pena e na boca de jornalistas esportivos, que geralmente se saem com frases assim: *"Muito" embora o árbitro tenha dado uma mãozinha ao Flamengo, o time mereceu a vitória*. No português contemporâneo, *embora* só pode ser conjunção ou palavra denotativa, e nunca advérbio: **Embora** *seja assim, muitos acham o contrário*.

muito poucos

Existe aqui um enigma: *muito* não varia, mas não pode ser considerado advérbio (já que *poucos* é pronome substantivo), embora seja assim classificado por alguns gramáticos: *Os Lexus são carros para* **muito** *poucos.* **Muito** *poucos chegarão ao ano 2100. Todos tentaram,* **muito** *poucos conseguiram*.

muito que fazer

V. **mais que fazer / muito que fazer / nada que fazer**.

muitos de nós

Esta expressão exige concordância do verbo com o segundo pronome (*nós*): *Muitos de nós não* **chegaremos** *ao ano 2100*. Equivocam-se os gramáticos que aceitam a concordância com o primeiro pronome.

mulato inzoneiro

É este mulato que consta na letra de conhecida música brasileira. Muitos a cantam usando "izoneiro". Nesse caso, convém cantar só no banheiro (e bem baixinho)... Significa *mexeriqueiro, fofoqueiro*.

multa

Rege *a* ou *para* (pessoa) e *sobre* (coisa): *A multa* **a***os* (ou **para** *os*) *motoristas que cometerem essa infração é alta. A multa* **sobre** *atraso na mensalidade é pequena*.

multi-

Não exige hífen: *multicelular, multicolor, multiesportivo, multiétnico, multiinfecção, multiinseticida, multinacional, multiprocessador, multirracial, multirreligioso, multisserviço, multiuso, multivitamina*, etc. Há produtos de limpeza nas prateleiras dos supermercados, no entanto, que só trazem "multiuso". Educativo à beça. Usado como substantivo, varia normalmente: *Muitas múltis se instalaram no Brasil*.

multidão

Adj. corresp.: *multitudinário*. Portanto, *movimento de multidão* = *movimento multitudinário; casamento de multidão* = *casamento multitudinário*.

multifoliado

É assim que se escreve (*saco* **multifoliado**), e não "multifolhado".

munido

Rege *com* ou *de*: *Ladrão munido* **com** (ou **de**) *punhal*.

murchar

É verbo intransitivo ou pronominal (ficar murcho), mas apenas intransitivo (perder a firmeza ou a consistência): *Com o calor, todas as flores* **murcharam** (ou **se murcharam**). *O pneu* **murchou**, *impedindo a nossa viagem*. Evite dizer "muchar". O adjetivo é *murcho*, mas muitos dizem "mucho".

musgo

Usada como adjetivo, na indicação da cor, não varia: *lençóis musgo, gravatas musgo, meias musgo, tecidos musgo*. V. **areia, bomba, cassete, chave, cinza, creme, esporte, gelo, jambo, laranja, padrão, pastel, pirata, relâmpago, surpresa, tampão** e **vinho**.

músico

Fem.: *música*. *Fátima Guedes é uma grande* **música** *brasileira*.

músico ≠ musicista

Convém não confundir. **Músico** é o que toca algum instrumento musical e também o que canta ou compõe canções. Tom Jobim era um excelente *músico*. **Musicista** é o que aprecia a música, o que ama a música, sem necessariamente ser um músico. Todos somos *musicistas*, naturalmente; basta ter bom-gosto.

mutismo ≠ mudez

Convém não confundir. **Mutismo** é o estado de quem não fala porque não quer, ou porque não lhe permitem, ou por qualquer outro motivo, como um grande susto, por exemplo. O *mutismo* de um dissidente político numa ditadura é compreensível. **Mudez** é a incapacidade de usar da palavra articulada, por alguma anomalia orgânica.

N

nacionalidade

No preenchimento de formulários pessoais, após o item *nacionalidade*, escreve-se *brasileiro* (se a pessoa for homem) e *brasileira* (se a pessoa for mulher). Claro está que se a nacionalidade for outra, outro deve ser o nome pátrio. Há homens, todavia, que escrevem "brasileira", concordando com a palavra *nacionalidade*. Se a concordância tivesse que ser com o gênero da palavra ou da expressão que configurasse cada item, então, após *estado civil*, a mulher deveria escrever: *solteiro*?! Ou, o que é pior: *casado*?!...

nádegas

Adj. corresp.: *glúteo*. Portanto, *região das nádegas* = *região glútea; músculos das nádegas* = *músculos glúteos*.

náilon

Aportuguesamento do inglês *nylon*. Pl.: *náilons*.

na hora em que / na ocasião em que / no dia em que / no momento em que

São expressões que podem ter a preposição *em* elíptica: *Na hora (em) que explodiu o motor do foguete, o fogo tomou conta de tudo. Na ocasião (em) que o rei esteve no Brasil, morávamos em Brasília. No dia (em) que eu for rico, ajudarei a todos. No momento em (que) ele ia fazer o gol, escorregou e perdeu.*

na medida em que

É uma locução recente na língua. Só se usa corretamente quando substituível por *se* ou *caso: Aprender línguas estrangeiras é útil **na medida em que** possamos praticá-las constantemente. Só é possível usar a inteligência **na medida em que** ela exista.* Muitos a empregam indevidamente por *à medida que: A taxa de juros deve cair "na medida em que" a inflação diminui. A alíquota do imposto de renda sobe "na medida em que" o contribuinte recebe maior salário.* Também não se deve usar esta expressão com valor causal, como se viu no editorial de um grande jornal paulista: *No Brasil, de tempos em tempos, aparece um guru aceito por muitos. Em plantão permanente, esse guia oferece soluções geniais para alguns dos graves problemas nacionais. "Na medida em que" há muito tempo que a questão Educação não é levada a sério neste país, a lista de gurus eleitos para o setor cresceu muito.*

namorar

Em português, é transitivo direto este verbo: *namorar alguém*. Mas no português do Brasil, se usa como transitivo indireto, à moda do italiano: *namorar com alguém*. O povo percebe que se pode estar de *namoro com* alguém, também pode *namorar com* alguém. E vai namorando assim...

não-

Usado como prefixo, equivale a *in-* e deve ligar-se ao substantivo mediante hífen: *o **não-uso** de preservativos, o **não-conformismo** dos xiitas do PT, a **não-existência** de seres em outros planetas, o **não-envolvimento** em assuntos internos de outros países, a **não-variação** de um nome,* etc. Se, porém, a palavra a que esse prefixo se liga é adjetivo, não há hífen: *países **não** alinhados, nações **não** comunistas, ato **não** consumado, produtos **não** perecíveis, substantivo **não** flexionado, produto **não** descartável, problema **não** resolvido,* etc.

não brinca!

Erro comum. O imperativo negativo sai do presente do subjuntivo (que não tem essa forma). Por isso: ***Não brinque!*** *Ele renunciou?!*

não disse nada

Trata-se de negativa enfática, que reforça a declaração. Outros exemplos de negativa enfática: *Não vi ninguém. Não quero não.*

não há dúvida de que

Nesta expressão, a preposição pode ser omitida: *Não há dúvida (de) que o país melhorou de uns anos para cá.*

não obstante / nada obstante

Ambas as locuções existem: ***Não obstante*** (ou ***Nada obstante***) *a chuva, havia muita gente nas praias cariocas.*

não só...mas também

Tal correlação exige o verbo no plural: *Não só eu, mas também o motorista **pegamos** no sono. Não só o garoto, mas também a mãe **viram** o disco-voador.*

não tanto...

Como primeiro elemento de correlação, esta expressão exige *quanto* como segundo elemento: *Reclamei não **tanto** por mim **quanto** por Cristina. O namorado a beijou não **tanto** por desejo **quanto** por hábito. O jogador se contundiu não **tanto** pelo choque com o adversário **quanto** pelo mau estado do gramado. Cristina veio até aqui não **tanto** para buscar o livro **quanto** para me ver.* Muitos usam "mas" ou "mas também", que se usam como segundo elemento de não só (v. caso anterior).

"não...sempre"

Combinação espúria: *Oportunidade como essa "não" aparece "sempre".* Essa frase deve substituir-se por esta: *Oportunidade como essa **nem sempre** aparece.* Eis outros exemplos: ***Nem sempre** isso acontece.* (E não: *Isso "não" acontece "sempre".*) ***Nem sempre** se encontra garota inteligente por aí.* (E não: *"Não" se encontra "sempre" garota inteligente por aí.*) Em períodos com orações adversativas, porém, tal combinação é aceita: *Isso **não** acontece **sempre** não, mas apenas aos domingos.*

não só...como / não só...mas também

Exigem o verbo no plural: *Não só o pai como a mãe **bebiam**. Não só o professor mas também eu **ficamos** curiosos.* V. **tanto...como / tanto...quanto**.

não tem dúvida

Frase em que o verbo *ter* está por *haver*. De tanto ser usada, tornou-se fato lingüístico, não tem dúvida...

não ter nada a ver

É assim que se grafa esta frase do mundo moderno, mas muitos escrevem assim: *não ter nada "haver"*. Equivale a não ter razão de ser, não ter fundamento e até a estar uma droga, um lixo: *Sua preocupação não tem nada a ver. Esse teu brinco não tem nada a ver.*

não ter nada "para" dizer

Não é construção boa. A preposição deve ser substituída pelo pronome relativo *que: Não tenho nada **que** dizer. Não tenho nada **que** esconder. Ela tem muito **que** explicar. Não tenho nada **que** declarar.* Não se usa o pronome "o" antes do *que*.

"não...todos os dias"

Outra combinação espúria: *"Não" vou ao escritório "todos os dias".* Em português: ***Nem todos os dias** vou ao escritório.* Outros exemplos: ***Nem todos os dias** é possível ver a Lua assim tão linda!* (E não: *"Não" é possível ver a Lua assim tão linda "todos os dias"!*) ***Nem todos os dias** se fazem eleições honestas. (E não: *Eleições honestas "não" se fazem "todos os dias".*) Em períodos com orações adversativas, porém, tal combinação é aceita: *Eleições honestas **não** se fazem **todos os dias** não, mas apenas raramente.*

nariz
Adj. corresp.: *nasal*. Portanto, *fossa do nariz = fossa nasal*. Pl.: *narizes*. Não admite pronome possessivo, quando a idéia de posse é clara: *Limpe o nariz!* (E não: Limpe o "seu" nariz!) *Assoei o nariz no lenço.* (E não: Assoei o "meu" nariz no lenço.) *Nunca limpe o nariz com os dedos!* (E não: Nunca limpe o "seu" nariz com os dedos!) Quando a idéia de posse não for clara, naturalmente aparecerá o pronome: ***Meu nariz** está vermelho.* ***Seu nariz** é bonito.*

narração ≠ narrativa
Convém não confundir. **Narração** é um dos três tipos do discurso, ao lado da descrição e da dissertação, no qual se procura discorrer sobre fatos reais ou imaginários. **Narrativa** é a narração feita com arte, apanágio de talentos, como escritores, jornalistas de nomeada, etc.

narrativa
Rege *de* ou *sobre*: *Naquela longa narrativa **de** (ou **sobre**) suas aventuras, não se fez referência a isso.*

nasalizar / nasalar
As duas formas existem, assim como *nasalização* e *nasalação*.

nascença
Ser caolho de *nascença* ou ter um sinal de *nascença* é normal; anormal é ser perfeito ou não ter nenhum sinal, nem de "nascência"... V. **convalescença**.

na surdina / à surdina
As duas expressões existem: *O governo dos Estados Unidos arma, **na** (ou **à**) surdina um ataque contra o Irã. O acordo entre as empresas de telefonia foi feito **à** (ou **na**) surdina.* Um manual de redação condena equivocadamente o uso da primeira expressão.

natural
Rege *a* ou *para* (normal), *a* (peculiar, próprio) e *de* (nascido): *É natural **a**o (ou **para** o) animal reagir dessa forma, quando provocado. Esses gestos são naturais a ignorantes. Esse comportamento é muito natural a estrangeiros. Sou natural de São Paulo.*

navio
Adj. corresp.: *naval*. Portanto, *indústria de navios = indústria naval*.

navegação
Rege *em* ou *por*: *É uma embarcação própria para navegação **em** (ou **por**) igarapés.*

neblina / nebrina
Ambas as formas existem, mas a primeira é a mais usual. V. **variantes (formas)**.

necessário
Superl. sint.: *necessariíssimo*. *A reforma do ensino é **necessariíssima**. O aumento do salário dos professores é **necessariíssimo**.*

necessitar
Antes de oração reduzida, dispensa a preposição *de*: *Necessito ajudar meus filhos. Todos necessitam ganhar mais.* Antes de oração desenvolvida e de pronome relativo, a preposição pode estar elíptica: *Meus filhos necessitam (de) que eu os ajude. Esse era o emprego (de) que ele necessitava.* Antes de nome, no português contemporâneo, a preposição tem sido usada obrigatoriamente: *Necessito **de** ajuda. Necessitamos **de** verbas. É uma figura que não necessita de apresentação.* Mas já houve época em que ela era desnecessária, conferindo elegância à comunicação: *Necessito ajuda. Necessitamos verbas. É uma figura que não necessita apresentação.*

necropsia
Note: com tonicidade em *-si-*. A variante prosódica "necrópsia", embora corrente, não se justifica. Na língua popular, recuou o acento prosódico por influência de *autópsia*, que, em rigor, significa exame de si mesmo (*auto* = mesmo). *Necropsia* é a palavra rigorosamente correta para designar o exame cadavérico. V. **biópsia / biopsia**.

nefasto
Rege *a* ou *para*: *São medidas nefastas **a**o (ou **para** o) povo.*

nefelíbata / nefelibata
As duas prosódias existem, mas a segunda é a mais usual.

negação
Rege *a* ou *de*: *A adesão às drogas é uma negação **à** (ou **da**) vida.*

negativa
Rege *a* ou *de*: *A negativa **a**os (ou **d**os) pedidos de emprego era geral, nas empresas.*

negativa enfática
V. **não disse nada**.

negociante
Rege *de* ou *em*: *Ele é negociante **de** (ou **em**) carros usados.*

Negrinho do "Pastoreiro"
Na tradição popular gaúcha só existe uma personagem: *Negrinho do **Pastoreio**.* A outra personagem é mera invenção, coisa da crendice popular... Outra figura da mitologia brasileira é o *Matintaperera*, que muitos, por preciosismo,

DICIONÁRIO DE DÚVIDAS, DIFICULDADES E CURIOSIDADES DA LÍNGUA PORTUGUESA

usam "Matintapereira", forma que até já se abona, mas não é aconselhável. Note: é de gênero masculino, embora haja registros da palavra como feminina.

negro
Superl. abs. sint. erudito: *nigérrimo*. Portanto, *homem muito negro = homem nigérrimo*.

nem ≠ e nem
Convém não confundir. **Nem** equivale a *e não*, por isso usa-se geralmente após outra negação: *Elisa não comeu **nem** (= e não) bebeu nada. Juçara nunca veio aqui **nem** telefonou*. **E nem** equivale a *e nem sequer*: *Creusa chegou **e nem** (= e nem sequer) quis ver a mãe. Jeni passou **e nem** me deu bom-dia*.

nem...nem
Quando faz parte do sujeito composto, exige o verbo no plural: *Nem o pai nem a mãe **sabiam** do namoro. Nem ela nem eu **ficamos** satisfeitos*. Quando há idéia de exclusão, porém, o verbo fica no singular: *Nem Júlio César nem Dida **jogará** no gol do Brasil hoje*.

nem um nem outro
Exige o substantivo no singular, mas o adjetivo e o verbo no plural: *Não conheço **nem um nem outro** rapaz **argentinos**. **Nem um nem outro** contrato **serão aprovados***. V. **um e outro**.

nenê / neném
As duas formas existem. São sempre nomes masculinos: *o nenê, o neném*. Portanto: *Que nenê **lindo** é sua filha! Meu neném se chama Isadora*. Não se admite o uso "a nenê", "nenê linda", "minha neném", etc., porque se trata de nome sobrecomum, a exemplo de *criança*. O diminutivo carinhoso, da mesma forma, é sempre *nenezinho* (e nunca "nenezinha"). V. **bebê**.

nenhum
Concorda normalmente com o substantivo a que se refere e deve ser usado sempre anteposto: *Não sobrou **nenhum** dinheiro. Não temos **nenhuns** recursos para investir. Não sinto **nenhumas** cócegas. Não tínhamos **nenhuns** trocados. Nunca precisei usar **nenhuns** óculos*. Quando posposto, usa-se apenas no singular, caso em que podemos substituí-lo por *algum*: *Não tenho dinheiro **nenhum**. Ninguém ali possuía cultura **nenhuma**. Ela não tem condição **nenhuma** de vencer. Você não tem razão **nenhuma** de reclamar*. Portanto, não se usa: *Não sinto cócegas "nenhumas". Não tínhamos trocados "nenhuns". Nunca precisei usar óculos "nenhuns"*.

nenhum ≠ nem um
Convém não confundir. **Nenhum** se usa quando se deseja dar apenas uma idéia de indefinição; é o oposto de *algum*; seu plural é *nenhuns*: ***Nenhum** político gosta de mentir. Eis aí uma mentira que **nenhum** ser humano vai engolir*. **Nem um** é expressão que traz numeral (*um*), por isso é mais enfática, mais forte que *nenhum* e se substitui por *nem sequer um*: ***Nem um** político cumpre as promessas que faz*. E se fez a verdade...

nenhum de
Quando faz parte do sujeito, mesmo seguida de nome no plural, esta expressão exige o verbo no singular: *Nenhum de nós **chegará** ao ano 2200. Nenhum de vocês **reagiu**? Nenhuma das mulheres **chorou***.

néon / neônio
Ambas as formas e prosódias existem, mas alguns usam uma terceira "neon". Um dicionário recém-publicado registra "neon" e dá *néon* como forma "menos correta" que *neônio*. Nele, normal.

"nesse" país
Se a referência é ao país em que está a pessoa que fala, não é esta a contração que se deve usar, mas *neste*: *É preciso acabar com a violência e a corrupção **neste** país*, disse o presidente Lula. Também é a contração que se usa, quando se faz referência à vida que ora estamos vivendo: ***Nesta** vida tudo pode acontecer. **Desta** vida nada se leva*.

"neste" domingo
Nos anúncios de programas da televisão, feitos pela própria emissora, ouve-se diariamente: *"Neste domingo" assista a um filme inédito. "Nesta quarta-feira", assista a mais um capítulo de... "Neste sábado", grande jornada esportiva* e assim por diante. Ora, para que o uso da contração? Quando se diz *Domingo vou ao cinema*, já não fica entendido que se trata do próximo domingo? É preciso dizer *"Neste" domingo*? Esse critério asinino ainda vai fazer aparecer qualquer dia destes algum locutor de televisão dizendo: *"Neste" amanhã veja o videoteipe do jogo entre o Vasco e o Flamengo. "Neste" hoje não exibiremos o capítulo da telenovela*. Quem gosta de inventar, faz de tudo, não é mesmo?

Nestlé
Empresa suíça que atua no ramo de uma série de alimentos. O nome tem acento agudo, mas em francês o **e** final com esse acento soa fechado, e não aberto. Note que na língua francesa *René* soa *renê*. Os franceses, ao verem a grafia *Pelé*, lêem *pelê*, justamente porque tal sinal gráfico sobre o e, para eles, quer dizer som fechado.

netinho / netão
Respectivamente, dim. e aum. de *neto*. O **e** soa aberto: *nètinho, nètão*. Diz-se o mesmo do **e** de *netinha* e *netona*.

neuro-
Não exige hífen: *neuroalergia, neurocirurgião, neuroendocrinologia, neuroimunologia, neuroipófise, neurolingüística, neurorradiologia, neurorreação, neurossensitivo, neurossensorial*, etc.

neve
Adj. corresp.: *níveo*. Portanto, *blocos de neve = blocos níveos*. Col.: *alude* (massa de neve) e *avalancha* (neve que rola).

nhoque
Embora seja assim, muita gente insiste em comer "inhoque".

Niágara
Apesar de ser assim, há quem diga "Niagara".

niteroiense
Pronuncia-se com o **o** ligeiramente aberto: *niteròiense*.

nível
É palavra que só deve ser antecedida de *em*, para combinar-se com *de*: *Reunião em nível de diretoria*. Há, todavia, uma febre de "a nível de", que, com o tempo, naturalmente, deverá baixar.

nivelado
Rege *a*, *com* ou *por*: *Um piso nivelado ao* (ou *com o*, ou *pelo*) *outro. Salário nivelado aos* (ou *com os*, ou *pelos*) *demais funcionários da empresa*.

nivelar / nivelar-se
Regem *a* ou *com*: *Não podemos nivelar o ensino de antigamente ao* (ou *com o*) *de hoje. Não podemos nivelar a pujança do Japão à* (ou *com a*) *letargia desse país africano. Machado de Assis se nivela a* (ou *com*) *Eça de Queirós*.

"no" aguardo
V. **aguardo**.

Nobel
Pronuncia-se *nobél*, rimando com *Miguel* e *Fidel*. Muitos, todavia, dizem "nóbel", à inglesa. V. **Prêmio Nobel**.

nobre
Superl. sint. erudito: *nobilíssimo*.

nó-cego
É nome sobrecomum, ou seja, usa-se tanto para o homem quanto para a mulher *o nó cego*: *Sua irmã é um nó-cego mesmo: vai à praia de saia!* Há, no entanto, quem use "uma nó-cega" em referência a mulher.

nocivo
Rege *a* ou *para*: *Medidas nocivas aos* (ou *para os*) *interesses do país*.

no dia que / no dia em que / o dia em que
As três maneiras de construir são corretas: **No dia que** (ou **No dia em que** ou **O dia em que**) *passar um furacão por Brasília, pouca coisa sobrará*. A inconveniência está em usar "o dia que".

no entretanto
Não convém usar "no entretanto" por *no entanto*. Assim, por exemplo: *Choveu, "no entretanto" não refrescou. Trovejou, "no entretanto" não choveu*. Devemos usar: *Ele prometeu com a mão aberta, **no entanto** não cumpriu nenhum item correspondente a cada dedo. Brincou com o eleitorado brasileiro. No entretanto* é expressão que só se usa corretamente quando equivale a *neste ínterim*: *Saí para comprar um analgésico na farmácia;* **no entretanto**, *assaltaram minha casa*.

noivar
Sempre com **oi** fechado: *noivo, noivas, noiva, noivamos, noivais, noivam* (pres. do ind.); *noive, noives, noive, noivemos, noiveis, noivem* (pres. do subj.).

nojento
Rege *a* ou *para*: *Alimento nojento aos* (ou **para** *os*) *brasileiros, mas não aos* (ou **para** *os*) *asiáticos. Ele fazia questão de ser nojento a* (ou **para**) *os vizinhos*.

nojo
Rege *a* ou *de*: *Ter nojo a* (ou **de**) *fígado. Ter nojo a* (ou **de**) *gente suja*.

nomear
Pede a preposição *para*: **Para** *a vaga do secretário nomearam Ivã. Nomearam* **para** *a minha vaga o decano da escola. O presidente nomeou* **para** *a vaga do ministro um de seus secretários*. Muitos usam "em" no lugar de *para*. Nos predicativos, rege *como*, *para* ou *por*: *Nomearam-no* **como** (ou **para**, ou **por**) *governador*.

nomes de acidentes geográficos
Escrevem-se com inicial minúscula: **s**erra *do Mar*, **r**io *Amazonas*, **i**lha *de Marajó*, **e**streito *de Magalhães*, **l**agoa *Rodrigo de Freitas*, **o**ceano *Pacífico*, **g**olfo *Pérsico*, **p**enínsula *Ibérica*, **p**ico *da Neblina*, **c**abo *Canaveral*, **p**antanal *Matogrossense*, **m**ata *Atlântica*. Existe, contudo, uma tendência de usar tais nomes com inicial maiúscula.

nomes de bairros
Exigem o adjetivo e outros determinantes no masculino, se o nome do bairro não vem com artigo: *O tiroteio foi em* **pleno** *Copacabana. O assalto foi em* **pleno** *Santa Cecília. O crime aconteceu em* **pleno** *Santa Teresa.* **O meu** *Ipanema continua produzindo garotas belíssimas! Até que enfim voltamos a morar* **no nosso querido** *Santana. Moro no* **tranqüilo** *Itapuã*. Se o nome do bairro já se usa com artigo, porém, o adjetivo e os determinantes com ele concordam: *O tiroteio foi em* **plena** *Lapa. O assalto foi em* **plena** *Penha.* **A minha** *Tijuca continua* **linda**. *Até que enfim voltamos a morar n***a nossa querida** *Pituba*.

nomes de horas
Todos os nomes de horas exigem o artigo: *Estarei lá entre* **a** *uma e* **as** *duas horas. Estive lá por volta d***a** *meia-noite. Vimos o pessoal pouco antes d***as** *cinco horas. Só a encontrei depois d***a** *uma da madrugada. Cheguei aqui a***o** *meio-dia, e não* **à** *meia-noite*. (A crase comprova a existência do artigo.) Não há quem faça os jornalistas usarem o artigo também neste caso. Alguns deles até se insurgem contra esta exigência da língua. São os "insurgentes emergentes", que mal sabem o que falam, que se dirá do que escrevem!

nomes de logradouros públicos
Escrevem-se com inicial maiúscula: *Avenida da Felicidade*, *Rua da Paz*, *Beco do Amor*, *Alameda da Saudade*, *Largo da Solidariedade*, *Praça da Amargura*.

nomes de meses
Escrevem-se com inicial minúscula: *janeiro, fevereiro, março,* etc. A inicial maiúscula só aparece em nomes de logradouros públicos e em datas históricas: *Rua 2 de Julho. O 7 de Setembro*.

nomes de títulos de obras
Segundo a ortografia oficial, usam-se iniciais maiúsculas nos títulos de obras literárias ou artísticas, mas há hoje uma tendência ao uso da maiúscula apenas na primeira palavra. Assim, grafamos: *Os lusíadas, Os três mosqueteiros, Sete homens e um destino, ...E o vento levou.*

nomes de tribos indígenas
Devem variar normalmente no plural, ser adaptados ao português e escritos com inicial minúscula: os *ianomâmis* (e não: os "Yanomami"), os *caingangues* (e não: os "Kaingang"), os *guaicurus* (e não: os "Guaykuru"), etc.

nomes e sobrenomes de pessoas
Variam normalmente: os *Luíses*, os *Joões*, as *Esteres*, as *Raquéis*; os *Serras*, os *Matarazzos*, os *Dinizes*, os *Alencares*. Se o nome ou o sobrenome é composto, só varia o primeiro elemento: os *Luíses Antônio*, as *Marias Ester*, os *Machados de Carvalho*. Se os elementos vêm ligados por *e*, ambos variam: os *Costas e Silvas*, os *Gamas e Silvas*. Se o nome ou o sobrenome é estrangeiro, com terminação estranha à língua, acrescenta-se apenas um *s*: os *Walts*, os *Johns*; os *Disneys*, os *Kennedys*, os *Malufs*. Essas são as regras. Equivocam-se, portanto, os que ensinam (e existem gramáticos envolvidos) que os nomes e sobrenomes estrangeiros podem não variar. A mídia brasileira ignora tais regras. Talvez seja por que seus integrantes nunca tenham passado pela Rua dos *Gusmões* ou pela Rua dos *Andradas*. Pior: talvez seja por que boa parte de seus integrantes nunca tenha lido *Os Maias*...

no momento que / no momento em que
Ambas as expressões são corretas: **No momento que** (ou **em que**) *o viaduto ruiu, muitos carros estavam passando pelo local.* **No momento que** (ou **em que**) *se discutem as reformas, é um erro esquecer que o grande objetivo delas é aliviar as finanças dos lares e das empresas brasileiros.* Da mesma forma: *no instante que / no instante em que* e *na hora que / na hora em que*.

nonilhão / nonilião
As duas formas existem: *Ele disse que tem um **nonilhão** de reais no banco!*

norte / Norte
Com inicial minúscula, quando se trata do ponto cardeal: *A bússola aponta o **norte***. Com inicial maiúscula, quando se trata de região: *Você conhece o **Norte** do Brasil?*

Norte
Adj. corresp.: *boreal* ou *setentrional*. Portanto, *região do Norte = região boreal; zona do Norte = zona setentrional.*

norteado
Rege *a* ou *para*: *É um governo norteado **a**os* (ou ***para** os*) *pobres*.

Nosso Senhor / Nossa Senhora
Abrev.: *N.S.* (Nosso Senhor), *N.S.ª* (Nossa Senhora).

nostalgia
Rege *de* ou *por*: *Sentir nostalgia **d**a* (ou ***pel**a*) *adolescência*.

notícia
Rege *acerca de, a respeito de, de* ou *sobre*: *Não foi permitida a publicação da notícia **acerca d**a* (ou ***a respeito d**a,* ou ***d**a,* ou ***sobre** a*) *morte do presidente*.

noticiário
Rege *de* ou *sobre*: *Ouvi o noticiário **d**a* (ou ***sobre** a*) *guerra*.

Nova Iorque
É assim que devemos escrever o nome da cidade norte-americana, mas os jornalistas brasileiros só escrevem *Nova "York"*, aportuguesando parcialmente uma locução substantiva. O mais interessante é que o adjetivo correspondente eles escrevem direitinho: *nova-iorquino*. Por que não escrevem também "nova-yorkino", ninguém sabe.

novecentos
Ordinal corresp.: *noningentésimo* ou *nongentésimo*. Portanto, *ser o 900º da fila = ser o **noningentésimo*** (ou ***nongentésimo***) *da fila*. V. **ordinais**.

noventa
Ordinal corresp.: *nonagésimo*. Portanto, quem está no *90º* distrito policial, está no *nonagésimo* DP. V. **ordinais**.

novidade "inédita"
Visível redundância.

novo
No plural, o *o* tônico é aberto. Dim. pl.: *nòvinhos*.

"no" volante
V. **ao volante**.

nuança
É a forma portuguesa. Muitos, no entanto, preferem usar a forma francesa: *nuance*. É palavra feminina: *a nuança*.

nuca
Adj. corresp.: *occipital*. Portanto, *região da nuca = região occipital*.

nucléico
No Brasil, acentua-se este nome; em Portugal, todavia, se usa *nucleico*, mas não podemos esquecer que, em termos de pronúncia, estamos um pouco distantes dos portugueses, que dizem *nóvo, sóma, dóna, cóma, tambáim* (também), etc. Por isso, para nós, só existe mesmo o *ácido* **nucléico**. Deixemos o outro ácido com os lusitanos! É preciso notificar os biólogos brasileiros disso. Caso contrário, qualquer dia destes ainda começarão a dizer "diarrêico", "piorrêico", "seborrêico", ou seja, só coisa muito boa... V. **protéico**.

numeral (concordância)
O numeral deve concordar com o substantivo que ele modifica: *O livro tem* **trezentas** *e vinte páginas. Enviamos convite para* **quatrocentas** *e oitenta pessoas. Inscreveram-se para o concurso* **duzentas** *e doze garotas. Compramos* **quinhentas** *e onze folhas de papel.*

numeral (uso)
Na sucessão de papas, reis, anos, séculos, capítulos, etc., usam-se os numerais ordinais de 1 a 10; de 11 em diante se empregam os cardinais: Pio X (décimo), Luís IX (nono), ano III a.C. (terceiro), século VIII (oitavo), capítulo V (quinto); Luís XV (quinze), século XX (vinte), etc. Nossos jornalistas simplesmente ignoram o assunto. Chegam até a escrever Pio "10", século "1", ou seja, obrigando o leitor, assim, a igualar-se a eles.

numerar / enumerar
As duas formas existem: *A Prefeitura ainda não* **numerou** (ou **enumerou**) *as casas desta rua. Já foram* **numerados** (ou **enumerados**) *todos os carros da competição.*

número
Abrev.: *nº*, mas muitos usam um tracinho no lugar do ponto: "nº-".

números e pontuação
A parte inteira de todos os números vem separada por ponto, em classe de três algarismos, da direita para a esquerda: 13.049, 50.815, 9.212.874, etc. Podemos deixar também apenas o espaço correspondente ao ponto: 13 049, 50 815, 9 212 874, etc. Os números que identificam o ano não têm ponto nem intervalo: 1999, 2005, etc.

números (plural)
O nome dos números varia normalmente: *Manuel fez três* **cincos** *quase ilegíveis. Faça dois* **quatros** *aí, que eu quero ver! Você fez dois* **setes**; *agora pinte os* **setes**! *Os melhores* **onzes** *do mundo já jogaram no Maracanã. Você sabe fazer a prova dos* **noves**?

números fracionários (concordância)
Os números fracionários exigem concordância normal: **Um** *terço dos nossos bens* **ficou** *com o advogado.* **Dois** *terços dos nossos bens* **ficaram** *com o advogado. Somente* **um** *quarto das nossas terras é fértil.* **Dois** *quartos da plantação* **foram dizimados** *pela nuvem de gafanhotos.*

número tantos
Na indicação do número de casa, telefone, etc., quando não se sabe exatamente o número, usamos *tantos* (no plural), e não "tanto": *Elisa me disse que morava na Rua da Paz, número* **tantos**. *Teresa me disse o telefone, número* **tantos**, *e partiu. Mora na Avenida tal, número* **tantos**.

nunca jamais
Não há redundância nesta combinação, como imaginam muitos. Trata-se de uma negativa pleonástica literária. Escritores clássicos, brasileiros e portugueses, usaram-na, entre os quais Machado de Assis e Camilo Castelo Branco.

nutrido
Rege *com, de, em* ou *por*: *Crianças nutridas* **com** (ou **de**, ou **em**, ou **por**) *leite de cabra. Pessoas nutridas* **com** *o* (ou **d**o, ou **n**o, ou **pel**o) *ódio ao capitalismo.*

nutrir ≠ alimentar
Convém não confundir. **Nutrir** é prover de alimentos vigorosos (o organismo): *Depois de meses doente, procura agora* **nutrir** *o organismo, a fim de se restabelecer completamente.* **Alimentar** é prover de alimentos: *alimentar os passarinhos*. Uma pessoa que come qualquer coisa (pão, doce, biscoito, etc.) se *alimenta*, mas não se *nutre*. Os sertanejos também se *alimentam* (senão, morreriam): comem farinha com caldo de feijão todos os dias. Quando não passam a palma. *Nutrem*-se? Não é sem razão que aos profissionais encarregados da boa alimentação chamamos *nutricionistas*.

O

O / o
Lê-se aberta (ó) esta vogal, quando usada isoladamente. Em português não existe letra "ô", vogal "ô", mas letra *ó*, vogal *ó*. Assim, a palavra bolo é formada por quatro letras: bê, **ó**, ele, **ó**, e não: bê, "ô", ele, "ô". Portanto, dizemos sempre com som aberto o **O** destas siglas ou fórmulas químicas: **O**AB, **O**EA, C**O**2, H2**O**, CP**O**R, B**O** (boletim de ocorrência), S**O**S, I**O**F, **O**DD, **O**K, **O**VNI, etc. V. **E / e**.

ó ≠ oh!
Convém não confundir. **Ó** se usa antes de vocativo: *Ó Deus, quando me apresentarás a mulher amada?* No Brasil, na comunicação informal, costuma-se usar *ô*: *Ô Teresa, por que*

essa tristeza? **Oh!** é interjeição e se emprega para indicar um sentimento ou emoção repentina: *Oh! que mulher linda! Oh! que praia maravilhosa!*

obedecer

É sempre verbo transitivo indireto: *obedecer **a**os pais, obedecer **às** ordens, obedecer **a**os sinais de trânsito, obedecer **a**o regulamento*. Este tipo de verbo, normalmente, não admite seu emprego na voz passiva, mas este constitui uma das poucas exceções à regra. Portanto, esta construção é perfeita: *O pai foi obedecido pelo filho. No Brasil, algumas leis não são obedecidas.* V. **desobedecer**.

obediência / obediente

Regem *a*: *É fundamental a obediência **à** lei. Sempre fui obediente **à** lei.* O substantivo, quando antecedido da preposição *em*, aparece combinado com *a*: *O mercado se comporta em obediência **à** lei da oferta e da procura.*

obeso

Em Portugal se diz *obéso*. No Brasil, também deveríamos dizer assim, mas a influência de palavras com a mesma terminação, com *e* fechado (*peso, preso, surpreso, teso,* etc.), determinou a vulgarização da pronúncia *obêso*, que ficou.

obliquar

Conj.: *obliquo, obliquas, obliqua, obliquamos, obliquais, obliquam* (pres. do ind.); *oblique, obliques, oblique, obliquemos, obliqueis, obliquem* (pres. do subj.). Como se vê, este verbo não tem nenhuma forma com acento prosódico na sílaba *bli*.

óbolo

Embora seja assim, muita gente insiste em dar "óbulo".

obra

Rege *acerca de*, ou *a respeito de*, ou *sobre*: *Saiu mais uma obra **acerca de** (ou **a respeito de**, ou **sobre**) Hitler.*

obrigação

Rege *a* ou *de* (coisa), *com* ou *para com* (pessoa) e *de* (verbo): *A obrigação **a**o (ou **d**o) pagamento desse imposto é inconstitucional. Não ter obrigação **de** pagar pedágio. O governo tem muita obrigação **com** (ou **para com**) o povo, mas só consegue cumprir uma ou outra, às vezes muito mal. Um jornal ou uma revista tem tantas obrigações **com** (ou **para com**) seus leitores quanto um eleito **com** (ou **para com**) seus eleitores.*

obrigado

Homem agradece com *obrigado*, mas mulher deve dizer *obrigada*. *Obrigado* significa *agradecido pelo que me fez*. Rege *por*: *Obrigado **por** tudo.* A resposta a um *obrigado* ou a um *obrigada* deve ser, portanto: **Por nada.** Ou: *Não há de quê.* Ou: *Não seja por isso!* Muitos, no entanto, usam "de nada", à espanhola.

obrigatório

Rege *a* ou *para*: *O exame psicotécnico será obrigatório **a** (ou **para**) todos os candidatos à carteira de habilitação.*

observação

Abrev.: *ob.* (observação), *obs.* (observações). Rege *acerca de*, ou *a propósito de*, ou *a respeito de*, ou *de*, ou *em relação a*, ou *quanto a*, ou *sobre*: *Foi interessante essa tua observação **acerca d**a (ou **a propósito d**a, ou **a respeito d**a, ou **d**a, ou **em relação à**, ou **quanto à**, ou **sobre** a) maneira de agir dos corruptos.*

observância

Rege *a* ou *de*: *A observância **às** (ou **d**as) regras da ortografia é requisito básico a qualquer jornalista. Agiu em observância **à** (ou **d**a) lei.*

obsessão

Rege *de*: *Ter obsessão **d**a fama.* A regência "obsessão por" deve ser desprezada.

obsoleto

O **e** soa fechado no Brasil, mas aberto em Portugal. A propósito, pronunciamos no Brasil com **e** aberto: *completo, concreto, dileto, discreto, quieto, repleto, reto, secreto, seleto, teto,* etc., porém, *obsoleto* (ê). Não deixa de ser uma incoerência.

obstáculo

Rege *a* ou *para* (nome), mas apenas *para* (verbo): *Não encontrou nenhum obstáculo **a** (ou **para**) essa nomeação dentro do congresso. Não encontrou nenhum obstáculo **para** satisfazer seus instintos.*

obstar

Pode ser transitivo direto ou transitivo indireto (pref.): *A chuva obstou a (ou **à**) viagem deles. O governo, afinal, conseguiu obstar o (ou **a**o) avanço da inflação.* Conj.: *obsto, obstas, obsta, obstamos, obstais, obstam* (pres. do ind.); *obste, obstes, obste, obstemos, obsteis, obstem* (pres. do subj.). As formas rizotônicas têm acento no **o** da primeira sílaba: *óbsto, óbstas,* etc.

obter

Conjuga-se por *ter*. Daí por que não existem as formas "obti", "obteu", "obtia", "obtiam", "obtesse", que muito se encontram aqui e ali.

occipício / occipital

A primeira (parte ínfero-posterior da cabeça) se pronuncia *òkcipício*; a segunda, seu adjetivo correspondente, *òkcipital*.

Oceania / Oceânia

Ambas as prosódias existem, mas a segunda é a mais aconselhável, embora a primeira seja a mais vulgar.

oceano ≠ mar

Convém não confundir. **Oceano** é o mar por inteiro, tomado como um todo, fazendo oposição aos mares compreendidos entre terras. **Mar** é a vasta extensão de água que ocupa grande parte do globo que habitamos, fazendo oposição a *terra*. Não viajamos por "oceano", mas por **mar**; da terra não vemos o "oceano", vemos o *mar*. O *oceano* banha continentes; há *mares* encerrados em certos espaços de terra, aos quais não cabe o nome "oceano". Ao oceano se pode chamar *mar*; porém, ao Mediterrâneo, ao Báltico, ao Morto, não se pode chamar "oceano".

oco ≠ vazio

Convém não confundir. **Oco** é o que não é compacto, o que não tem solidez. O bambu é *oco*. Todo cano é *oco*. A bexiga, quando cheia de ar, é *oca*, assim como uma bola de futebol ou de vôlei é *oca*. Opõe-se a *maciço* (uma bola de bilhar é *maciça*). **Vazio** é o que se acha sem aquilo que costuma ou pode conter: *piscina vazia, panela vazia, estômago vazio, lata vazia*.

ocorrer

Rege *a*, mas no português do Brasil se vê muito com a preposição *com*: *Ocorreu* **a***os pais da criança sofrer um grave acidente*. (= Ocorreu-lhes sofrer um grave acidente.) Se a verdadeira preposição fosse *com*, não seria possível a substituição do objeto indireto por *lhe*. Na acepção de vir à lembrança, lembrar, não varia quando tem como sujeito uma oração reduzida: *São idéias que só agora me ocorre pôr em prática. Eram pensamentos que ocorria vir à mente nas horas mais erradas*. V. **acontecer**.

octilhão / octilião

As duas formas existem. *Existirá um* **octilião** *de estrelas no universo?*

octingentésimo

Ordinal correspondente a oitocentos. O **o** inicial soa aberto: *óc*. V. **ordinais**.

octogenário

Apesar de ser assim, muitos querem ser "octagenário". O **o** inicial soa aberto: *óc*.

octogésimo

Apesar de ser assim, muitos usam "octagésimo". O **o** inicial soa aberto: *óc*. V. **ordinais**.

octogonal

O **o** inicial soa aberto: *óc*.

óculos

Palavra só usada no plural: *os óculos, meus óculos, óculos novos, seus óculos*. Há sempre alguém, todavia, que vive a procurar "o" óculos e não acha. Pudera!...

ocultar ≠ esconder

Convém não confundir. **Ocultar** é evitar que alguém veja ou saiba, matreiramente ou não, é encobrir dissimuladamente, disfarçadamente: *ocultar a calvície, ocultar a banguela, ocultar a verdade, ocultar rendimentos*. **Esconder** é pôr em lugar onde ninguém possa ver ou achar: *esconder dinheiro, esconder jóias*. Os cães têm o costume de *esconder* ossos na terra.

ocupação

Rege *de...com* (ou *em*), ou apenas *com* (ou *em*): *A ocupação do tempo* **com** (ou **em**) *leitura é sempre gratificante. A ocupação* **com** (ou **em**) *futilidades não traz nenhum benefício.*

ocupar-se

Rege *com* ou *de* (nome) e *em* (verbo): *O ministro ainda não se ocupou* **com** *esse* (ou **d***esse*) *assunto. Enquanto a mãe se ocupava* **com** *o* (ou **d***o*) *almoço, as crianças traquinavam no quintal. Enquanto a mãe se ocupava* **em** *fazer o almoço, ela se ocupava* **em** *arrumar a casa.*

odiado

Rege *de* ou *por*: *Jogador odiado* **d***a* (ou **pel***a*) *torcida.*

odiar

Conj.: *odeio, odeias, odeia, odiamos, odiais, odeiam* (pres. do ind.); *odeie, odeies, odeie, odiemos, odieis, odeiem* (pres. do subj.). Portanto, não existe a forma verbal "odio", mas muita gente costuma dizer *"Odio" gente falsa!* Eu, de minha parte, *odeio* quem só diz asneiras...

ódio

Rege *a, para com* ou *por*: *A menina cresceu com ódio* **à** (ou **para com** *a*, ou **pel***a*) *babá. Nunca senti ódio* **a** (ou **para com**, ou **por**) *ninguém. Ele não sente* **a** (ou **para com**, ou **por**) *seus irmãos nenhum tipo de ódio, mas não quer mais vê-los.* A regência "ódio de", comum na língua cotidiana, deve ser desprezada.

odioso

Rege *a* ou *para*: *Comportamento odioso* **a***os* (ou **para** *os*) *mais velhos.*

odontolando

Palavra formada por analogia com *bacharelando* (de bacharelar-se) *doutorando* (de doutorar-se), *formando* (de formar-se) e *graduando* (de graduar-se). Como não existe o verbo "odontolar-se", não há como aceitar esta palavra que, no entanto, vai se firmando, assim como *agronomando* e *farmacolando*. A propósito, a forma *vestibulando* já está consagrada. O uso generalizado causa o fato lingüístico.

oeste / Oeste

Com inicial minúscula, quando se trata de ponto cardeal: *As bússolas, ao apontarem o norte, orientam quanto ao leste e ao* **oeste**. Com inicial maiúscula, quando se trata de região: *Você conhece o* **Oeste** *americano?* Diz-se o mesmo em relação a *noroeste / Noroeste* e a *sudoeste / Sudoeste*.

ofender

Usa-se assim: *Quem o ofendeu? Ninguém o ofendeu?* Muitos, no entanto, usam "lhe" no lugar do *o*, transformando o verbo transitivo direto em indireto.

ofensa

Rege *a, contra* ou *de*: *Foi punido por ofensa* **à** (ou **contra** *a,* ou **d**a) *autoridade.*

ofensivo

Rege *a, de, para* ou *para com* (pessoa), mas apenas *a* ou *de* (coisa): *Foram declarações ofensivas* **a**o (ou **d**o, ou **para** *o,* ou **para com** *o) povo brasileiro. São trajes ofensivos* **à** (ou **d**a) *moral e* **a**os (ou **d**os) *bons costumes.*

oficial

Fem.: *oficiala*. Nas nossas Forças Armadas já existem *oficialas*.

ofuscado

Rege *com, de* ou *por*: *Teve a visão ofuscada* **com** *o* (ou **d**o, ou **pel**o) *farol do veículo que vinha em sentido contrário.*

oitenta

Ordinal corresp.: *octogésimo* (e não "octagésimo"). Portanto, quem está no *80º* distrito policial, está no *octogésimo* DP. V. **ordinais**.

oitocentos

Numeral corresp.: *octingentésimo*. Portanto, *ser o 800º da fila = ser o octingentésimo da fila*. V. **ordinais**.

ojeriza

Rege *a, contra* ou *por*: *Ter ojeriza* **a** (ou **contra**, ou **por**) *corruptos. Ter ojeriza* **a** (ou **contra**, ou **por**) *pessoas falsas.*

oleaginoso

Apesar de ser assim, muita gente fala em sementes "oleoginosas".

olhar

É verbo transitivo indireto (dirigir ou voltar os olhos; cortejar, paquerar) e rege *para*: *Olhe* **para** *mim: não estou elegante? Ela olhou* **para** *mim, e eu olhei* **para** *ela: começamos a namorar.* É transitivo indireto (levar em conta, atentar, importar-se com) e rege apenas *a*: *Quem ama não olha* **a** *defeitos. Quando o rico vai às compras, não olha* **a** *preços. Embora não olhasse* **a**os *gastos mensais da casa, o velho queria que tudo fosse anotado, para seu controle. Nunca olhei* **a** *esses detalhes em mulher nenhuma.* Não rege "para" nesta acepção, ao contrário do que preceituam certos gramáticos.

olhar ≠ ver ≠ enxergar

Convém não confundir. **Olhar** é dirigir os olhos, movimentá-los de um lado ao outro. *Ela* **olhou** *para mim, e eu* **olhei** *para ela: casamos.* **Ver** é perceber pelo sentido da visão. *Um cego não pode ver. Não* **vi** *o cometa.* **Enxergar** é ver com dificuldade, é perceber com os olhos o objeto sem distinguir suas partes. *Um quase cego enxerga. A claridade fazia que os alunos não* **enxergassem** *o que estava escrito no quadro-negro.* Quando movimentamos os olhos para os lados, *olhamos*; quando fazemos uso do órgão da visão, *vemos*; quando nos esforçamos para perceber visualmente, *enxergamos*. Repare que, nas passagens de nível das ferrovias, vê-se uma advertência: *Pare,* **olhe** *e escute.* Isto é, pare, dirija seus olhos para ambos os lados e esforce-se por ouvir algum som de locomotiva se aproximando. Essa mesma advertência seria aberrante, se estivesse assim: Pare, "veja" e "ouça". Ver o quê? Ouvir o quê?

olhar-se ao espelho / olhar-se no espelho

As duas expressões são corretas, mas a primeira é legitimamente portuguesa: *Ele já não gosta de se olhar* **a**o *espelho, porque se acha muito velho.* A segunda é a preferida dos brasileiros, que também usam o verbo como intransitivo, mas não corretamente: *Ela vive "olhando no espelho".*

olheiras

Palavra sempre usada no plural (*as olheiras*): *Juçara amanheceu com* **olheiras**. *Quando aparecem* **olheiras** *numa pessoa, creia: algo não vai bem. Amanheci com profundas* **olheiras**: *minha mulher, com acentuadas* **olheiras**.

olho

Adj. corresp.: *ocular*. Portanto, *globo do olho = globo ocular*. No plural o *o* tônico soa aberto: *ólhos*. Não admite pronome possessivo, quando a idéia de posse é clara: *Abra os olhos!* (E não: Abra os "seus" olhos!) *Quando pressenti o acidente, fechei os olhos.* (E não: Quando pressenti o acidente, fechei os "meus" olhos.) *Devemos abrir os olhos contra certo tipo de gente.* (E não: Devemos abrir os "nossos" olhos contra certo tipo de gente.) Quando a idéia de posse não for clara, naturalmente aparecerá o pronome: **Meus olhos** *estão ardendo.* **Seus olhos** *estão vermelhos.*

Olimpíadas

É este o nome dos jogos olímpicos modernos, realizados desde 1896, de quatro em quatro anos, em países diferentes. Sempre usada no plural e com inicial maiúscula: *as Olimpíadas*. Quem usa *Olimpíada*, nessa acepção, ainda está no tempo do Onça, pois levava esse nome o conjunto de competições esportivas realizadas na Grécia nos anos antes de Cristo. Seus resultados (imagine!) eram transmitidos apenas por pombos-correios. Deixou de existir em 396 a.C. A *Olimpíada* era dedicada a Zeus; *as Olimpíadas* ? ao que parece ? não. Servem como uma espécie de confraternização esportiva mundial. Na *Olimpíada* havia provas em que os atletas competiam com armaduras. Nas *Olimpíadas* ? ao que parece ? não há competições desse tipo. À época da *Olimpíada*, o mundo era pagão. No tempo das *Olimpíadas*, é um pouquinho pior... Quando serão *as próximas Olimpíadas*? Quando serão realizadas *as XXX Olimpíadas*? (Lê-se trigésimas Olimpíadas). Em vez de *Olimpíadas*, podemos usar *Jogos Olímpicos*. A palavra *Olimpíada*, hoje, só tem sentido quando aplicada a uma competição esportiva específica (de natação, p. ex.), ou competição científica, cultural, disciplinar (de Matemática, p. ex.). Trata-se de uso especial da palavra. Ah, mas um manual de redação traz *Olimpíada*? Esqueça: há certos manuais que trazem de tudo!

oliva

Usada como adjetivo, na indicação da cor, não varia: *ternos oliva, uniformes oliva, calças oliva*. V. **areia, bomba, cassete, chave, cinza, creme, esporte, gelo, jambo, laranja, padrão, pastel, pirata, relâmpago, surpresa, tampão** e **vinho**.

o mais...possível

É expressão invariável: *Traga cervejas **o mais** geladas **possível**! Encontrei pessoas **o mais** esforçadas **possível***. Se, porém, o artigo variar, a expressão toda varia: *Traga cervejas **as mais** geladas **possíveis**! Encontrei pessoas **as mais** esforçadas **possíveis***.

ombrear

É verbo transitivo indireto (equiparar-se, igualar-se) e rege *com*: *Até hoje nenhum jogador conseguiu ombrear **com** Pelé. Nenhum poeta contemporâneo foi capaz de ombrear **com** Fernando Pessoa, na literatura luso-brasileira*. A regência "ombrear-se a" deve ser desprezada.

o mesmo

Podemos usar *o mesmo* no lugar de um nome ou de um pronome? Não é aconselhável. Volta e meia vemos frases assim: *A casa de D. Maria caiu, para o desespero "da mesma". O fenômeno foi visto por Luísa e Manuel, e "os mesmos" não quiseram dar entrevistas sobre "o mesmo"*. Em português, essas frases ficam assim: *A casa de D. Maria caiu, para o **seu** desespero. O fenômeno foi visto por Luísa e Manuel, **que** não quiseram dar entrevistas sobre **ele***. Às vezes nem é preciso usar *o mesmo* ou uma de suas flexões. Repare nesta frase: *Haverá maneira de consumir frutas e hortaliças sem que "as mesmas" percam as suas propriedades nutritivas?* Retire-se a excrescência, e a frase ficará absolutamente correta. V. **mesmo**.

omoplata

É palavra feminina: ***a** omoplata, **uma** omoplata*.

Onça

V. **tempo do Onça**.

onde ≠ aonde

V. **aonde ≠ onde**.

onerado

Rege *com, de* ou *por*: *Contribuinte onerado **com** (ou **de**, ou **por**) impostos escorchantes*.

ônix

É palavra masculina: ***o** ônix*. Pronuncia-se *ôniks*, mas muitos dizem "ônis" e até "oníks".

onomatopaico / onomatopéico

As duas formas existem.

ontem

V. **bobagem**.

opinião

Rege *acerca de*, ou *a propósito de*, ou *a respeito de*, ou *de*, ou *em relação a*, ou *quanto a*, ou *sobre*: *Manifestei minha opinião **acerca d**o (ou **a propósito d**o, ou **a respeito d**o, ou **d**o, ou **em relação a**o, ou **quanto a**o, ou **sobre** o) desmatamento da Amazônia*. Quem tem opinião, tem opinião *de* alguma coisa, mas a preposição pode vir elíptica: *Tenho a opinião (de) que tudo vai dar certo*. Quando *opinião* representa o sujeito, a preposição *de* também é facultativa: *Minha opinião é (de) que você não deve viajar. A opinião geral era (de) que a agressão à camada de ozônio poderia causar uma catástrofe na Terra*. V. **ser de opinião**.

opor

Como verbo transitivo direto ou como transitivo indireto, significa apresentar em oposição, como objeção ou obstrução: *O pai da moça **opunha** toda a sorte de dificuldades, para que o casamento não saísse. Nossas tropas **opuseram** forte resistência ao inimigo. A polícia **opôs** barreira humana ao público*. Apenas como transitivo indireto, significa pôr em paralelo, contrapor, confrontar, cotejar: ***Opor** uma bandeira a outra. **Opor** um LP a um CD. **Opor** as vantagens de morar em São Paulo às desvantagens*. Muitos usam "pôr" nesses casos.

opressão

Rege *contra, de* ou *sobre*: *A opressão **contra** os (ou **d**os, ou **sobre** os) fracos e oprimidos é histórica*.

opróbrio

Apesar de ser assim, muita gente comete "opróbio". Rege *a* ou *de*: *Essa acusação constitui opróbrio **à** (ou **d**a) família. Essa afirmação é um opróbrio **a**os (ou **d**os) brasileiros*.

optar

Tem o **p** debilmente pronunciado durante toda a conjugação, principalmente nas formas rizotônicas (as que têm a tonicidade no radical), em que a vogal que o antecede é tônica: *opto, optas, opta, optamos, optais, optam* (pres. do ind.); *opte, optes, opte, optemos, opteis, optem* (pres. do subj.). *Não sei se **opto** por Medicina ou se **opto** por Direito. Espero que ela **opte** pela carreira por que toda a família **optou***. O povo, no entanto, costuma dizer "opito", "opita", "opite", "opitem", etc.

óptica / ótica

Existem as duas formas. É a parte da física que trata da luz e da visão. Por extensão: loja em que se aviam receitas de oculistas. Em sentido figurado significa ponto de vista: *Na óptica marxista, o capitalismo está em decadência há duzentos anos*.

óptico ≠ ótico

Convém não confundir. **Óptico** se relaciona com a visão. Para usarmos óculos, fazemos exame *óptico*. Numa boa *óptica* se encontram todos os tipos de armação. Neste caso, todavia, podemos usar também *ótica*, como se viu no caso anterior. Ressalve-se que, mesmo grafando *óptico*, o *p* não soa. **Ótico** se refere a ouvido: *nervo ótico, acuidade ótica*.

opulento

Rege *de* ou *em*: *Biblioteca opulenta **de*** (ou ***em***) *livros raros. Região opulenta **de*** (ou ***em***) *pinheiros. Pessoas opulentas **de*** (ou ***em***) *idéias*.

o qual

Este pronome relativo e suas variações substituem *que* nos casos de possíveis ambigüidades ou duplos sentidos. Por exemplo: *Eram promessas e homens desonestos, **as quais** ninguém levava a sério*. Se usássemos *que* no lugar de *as quais* (que se refere a *promessas*), teríamos uma frase de sentido duplo ou ambíguo: *Eram promessas de homens desonestos, **que** ninguém levava a sério*. As preposições de duas ou mais sílabas e as locuções prepositivas exigem *o qual* (e variações), e não "que". Ex.: *Não vou a casamento **para o qual** não sou convidado. Chamou a mulher, **perante a qual** confessou tudo. Esse foi o tema **sobre o qual** dissertei. Esse é o poste **contra o qual** o automóvel bateu. Foi chamado o pai, **diante do qual** o filho confessou o crime. Essa é a garota **sobre a qual** lhe falei ontem. O presidente, **para o qual** a eliminação do crime organizado é uma questão de honra nacional, foi enfático ao tratar do tema*. Há jornalistas que usam, mormente quando se trata de pessoas: "para quem", "sobre quem", etc.

o quanto / o quanto antes / o quão

Os puristas não aceitam esse *o* inicial, mas ele existe e já está consagrado: *Ela não sabe **o** quanto a amo. Diga isso a ela **o** quanto antes. Você não imagina **o** quão tolo fui!* Houve época em que os puristas também condenavam o emprego do *o* inicial nas orações interrogativas do tipo: *O que você achou no lixo?* Queriam que construíssemos: *Que achou você no lixo?* Como dar murro em faca de ponta é mesmo algo bem dolorido, os puristas são espécies em extinção. V. **mais que fazer / muito que fazer / nada que fazer**.

oração ≠ prece

Convém não confundir. **Oração** é a súplica religiosa, é o rogo. Todas as manhãs devemos fazer nossas *orações*, agradecendo a Deus por mais um novo dia, por poder gozar a luz do sol outra vez. **Prece** é a oração humilde, confiante e perseverante, que se faz nos momentos de grande necessidade. Quando alguém se encontra soterrado, aguardando socorro humano, esteja certo de que faz *preces*. E *preces* de todos os tipos! Quando pais têm filho na guerra, fazem também *preces*, para que o tenham logo de volta, são e salvo.

oral ≠ verbal

Convém não confundir. **Oral** é da boca: *exame oral, via oral, sexo oral*. **Verbal** é do verbo (palavra), que compreende boca e pena: *comunicação verbal, depoimento verbal, ordem verbal*.

orangotango

Adj. corresp.: *pitecóide*. Portanto, *hábitos de orangotango = hábitos pitecóides*.

orbe

Terra, globo terrestre, mundo. É palavra masculina (*o orbe*) e a vogal tônica é aberta: *órbe*. Pouca gente sabe que a maior parte d*o orbe* se compõe de água (78%). Trata-se de palavra que, no português contemporâneo, só é usada mesmo por preciosistas, pois caiu totalmente em desuso.

ordem

V. **bobagem**.

ordenança

Praça que está sob as ordens de um superior hierárquico. É palavra sempre feminina, a exemplo de *criança, criatura, pessoa*, etc.: *A ordenança naquela dia era o soldado Persival. O presidente chegou acompanhado de **sua ordenança**, o soldado Aristeu*.

ordinais

São numerais que muito pouca gente conhece, principalmente depois de *quadragésimo* (quarenta). Convém saber: *qüinquagésimo* (cinqüenta), *sexagésimo* (sessenta), *setuagésimo* (setenta), *octogésimo* (oitenta), *nonagésimo* (noventa), *centésimo* (cem), *ducentésimo* (duzentos), *trecentésimo* (trezentos), *quadringentésimo* (quatrocentos), *qüingentésimo* (quinhentos), *sexcentésimo* ou *seiscentésimo* (seiscentos), *setingentésimo* (setecentos), *octingentésimo* (oitocentos), *noningentésimo* ou *nongentésimo* (novecentos). Note: *setuagésimo* e *setingentésimo* (sem *p*). Note, ainda: octogésimo (octo). Os repórteres de hoje, como desconhecem totalmente esses originais, dizem (pode notar): No "setenta e oito" DP, no "oitenta e cinco" DP, etc. Consideram-se totalmente incapazes de dizer corretamente: *No **setuagésimo oitavo** distrito policial, no **octogésimo quinto** distrito policial*, etc. É o jornalismo moderno, todo cheio de maravilhas...

orelha

Adj. corresp.: *auricular*. Portanto, *pavilhão da orelha = pavilhão auricular*. Não admite pronome possessivo, quando a idéia de posse é clara: *Machuquei a orelha*. (E não: Machuquei a "minha" orelha.) *Você fez quantos furos na orelha?* (E não: Você fez quantos furos na "sua" orelha?) Quando a idéia de posse não for clara, naturalmente aparecerá o pronome: *Minha orelha está vermelha. Suas orelhas são de abano*.

orgulho

Rege *de* ou *por* (pessoa), *de* ou *por* (coisa) e *de* ou *em* (verbo): *Ter orgulho **dos** (ou **pelos**) filhos. É compreensível seu orgulho **dos** (ou **pelos**) filhos. Ter orgulho **do** (ou **pelo**) trabalho que fez. Ter orgulho **de** (ou **em**) ser brasileiro*.

orgulhoso
Rege *com*, *de* ou *por*: *Povo orgulhoso **com** o* (ou ***do***, ou ***pelo***) *presidente que tem*.

Orinoco
Nome de um grande rio da Venezuela, de 2.575km. Note: com **i** na segunda sílaba. Livros de Geografia costumam trazer "Orenoco".

Órion
Constelação de estrelas de primeira grandeza, três das quais são chamadas Três-Marias. Note: é proparoxítona. Muitos, no entanto, dizem "ori**om**".

ornejar
Sempre com **e** fechado: *orneja, ornejam; orneje, ornejem*, etc.

ortodontista
Embora seja assim, muita gente anda consultando o "ortodentista".

ortoépia / ortoepia
Ambas as prosódias existem, mas a primeira é preferível. Quem diz "kinkuagésimo", em vez de *kuinkuagésimo* (qüinquagésimo) comete erro de **ortoépia**, assim como quem diz "subli-nhar", em vez de *sub-linhar*. Trata-se, de fato, de uma ironia da língua portuguesa: reservou dúvidas até para a pronúncia de uma palavra sobre a qual não deveria haver nenhuma. V. **cacoépia / cacoepia**, que é seu antônimo, e **ortoépia ≠ prosódia**.

ortoépia ≠ prosódia
Convém não confundir. **Ortoépia** é a correta pronúncia das palavras em relação às vogais, semivogais, consoantes, encontros consonantais, sílabas, etc. Assim, pronunciamos: *escrever* (e não "escrevê"), *fórnos* (e não "fôrnos"), *suór* (e não "suôr"), *estouro* (e não "estóro"), *Roráima* (e não "roráima"), etc. **Prosódia** é a correta acentuação tônica das palavras. Quem diz "récorde", "rúbrica", "interim", comete erro de *prosódia*.

ortomolecular
O primeiro **o** soa aberto: *ór*. V. **osteoporose**.

Óscar
O nome do famoso troféu do cinema tem plural (*Óscares*) tanto quanto *Grammy*, troféu que corresponde ao *Óscar*, para os melhores músicos e intérpretes: *Grammys*. Convém acrescentar, todavia, que esse plural (*Óscares*) só é válido se a palavra for escrita com acento, o que define seu aportuguesamento. Se escrita sem acento, tratar-se-á, naturalmente, de um nome inglês (*Oscar*), de plural *Oscars*. Como falamos português, e não inglês, prefiro ganhar *Óscares*... A estatueta foi criada pela Academia de Artes Cinematográficas de Hollywood em 1927, para premiar filmes, diretores, artistas e técnicos. Quatro anos depois, em 1931, a secretária da Academia, sobrinha do pioneiro Oscar Pierce, olhando para a estátua, exclamou: *Nossa, parece o meu tio Óscar!* O troféu, então, já tinha nome. Há, todavia, outra versão, segundo a qual a atriz Bette Davis, então no começo da carreira em Hollywood, teria achado o traseiro da estátua parecido com a de seu marido, Harmon *Oscar* Nelson.

Oslo
Capital da Noruega. Pronuncia-se *óslo*, mas há quem insista em dizer "ôslo".

osso
No plural, o **o** tônico soa aberto. Dim. pl.: *òssinhos*.

osteoporose
O primeiro **o** soa aberto: *ós*. V. **ortomolecular**.

ou (concordância)
Quando a conjunção **ou** possui caráter de exclusão, o verbo fica no singular, concordando com o elemento mais próximo: *O Brasil ou a Argentina **será** o novo campeão mundial de futebol. Eu ou Filipe **casará** com Ifigênia. Virgílio ou eu **casarei** com Beatriz. Teu pai ou tu **irás** dirigindo o automóvel? Aguinaldo ou eu **serei** eleito presidente do clube.*

ou ≠ e
Convém não confundir. **Ou** é conjunção que pode ser usada por **e**, quando as ações não se excluem entre si, mas esta não pode substituir aquela, em nenhuma circunstância. *O presidente se expressa bem em inglês ou espanhol* (isto é: em inglês *e* em espanhol). Quando as ações se excluem entre si, não há como fugir ao emprego de *ou*: *assobiar ou chupar cana, ir a pé ou a cavalo*.

ouro
Adj. corresp.: *áureo*. Portanto, *época de ouro = época áurea*.

ou seja
Como expressão explicativa que é, não varia: *Comprei várias frutas, **ou seja**, uvas, melões, mamões e laranjas. Possuía algumas espécies de passarinhos, **ou seja**, canários, sabiás, curiós e andorinhas. Neste clube praticam-se várias modalidades de esporte, **ou seja**, futebol, natação, tênis, basquetebol e volibol.*

outorgar
Apesar de ser assim, muita gente insiste em "otorgar" tudo.

ouve ≠ houve
Convém não confundir. **Ouve** é forma do verbo *ouvir*: *Há pessoas que não **ouvem** nem enxergam nada*. **Houve** é forma do verbo *haver*: *Que **houve**? Por que estás chorando?* Por incrível que possa parecer, há quem confunda tais formas verbais, empregando uma pela outra. V. **Não erre mais!**

ouvido
Adj. corresp.: *auditivo* e *ótico*. Portanto, *nervo do ouvido =*

nervo auditivo; exame do ouvido = exame ótico. Não admite pronome possessivo, quando a idéia de posse é clara: *Limpe o ouvido!* (E não: Limpe o "seu" ouvido!) *Quando pressenti o acidente, tapei o ouvido.* (E não: Quando pressenti o acidente, tapei o "meu" ouvido.) *Devemos estar com o ouvido atento.* (E não: Devemos estar com o "nosso" ouvido atento.) Quando a idéia de posse não for clara, naturalmente aparecerá o pronome: **Meus ouvidos** estão doendo. **Seus ouvidos** são bons?

ouvir

Conj.: *ouço, ouves, ouve, ouvimos, ouvis, ouvem* (pres. do ind.); *ouça, ouças, ouça, ouçamos, ouçais, ouçam* (pres. do subj.). Com infinitivo, usam-se os pronomes oblíquos átonos, e não os pronomes retos: *Ouvi-o chorar baixinho. Ouvi-os chorar baixinho.* O povo, contudo, usa assim: *Ouvi "ele" chorar baixinho. Ouvi "eles chorarem" baixinho.* Se o pronome está no plural, note: o infinitivo não varia, fica no singular. Se, no lugar do pronome, houver um substantivo, poderemos variar ou não o infinitivo: *Ouvi os rapazes* **chorar** (ou **chorarem**)! *Ouvi portas e janelas* **bater** (ou **baterem**). Se, porém, o infinitivo vier imediatamente após, ficará sempre no singular: *Ouvi* **chorar** *os rapazes! Ouvi* **bater** *portas e janelas.*

ovo

No plural, tem **o** tônico aberto. Dim. pl.: *òvinhos*.

ovinos

Refere-se a ovelhas: *exposição de bovinos, caprinos e* ***ovinos***. *Oviário* é curral de ovelhas; *ovinocultor* é o que cria ovelhas. Há quem pense que *ovino* se refere a ovos.

ovos estrelados

Ovos que adquirem a forma de estrela, assim que são lançados à frigideira (a gema é o núcleo; a clara, a irradiação). Muitos usam ovos "estalados", em razão dos estalos que o óleo quente dá na frigideira, assim que a ela são lançados. Na verdade, a cozinheira (quando é boa) *estrela* ovos, e não "estala" ovos.

oxidar

É verbo pronominal (criar ferrugem, enferrujar-se): *O cromo ajuda o ferro a não* **se oxidar**. *Antigamente, a lata dos automóveis nacionais facilmente* **se oxidava**. O **o** soa aberto: *óksi*.

oxigênio

Pronuncia-se de preferência com o **o** inicial aberto: *òksigênio*. Diz-se o mesmo de todas as palavras da mesma família: *oxigenar, oxigenado*, etc.

oximoro

Figura de linguagem. Note: é paroxítona. Muitos, no entanto, dizem "oksímoro". O **o** inicial soa aberto: *òksimóro*.

oxítono

Pronuncia-se de preferência com o **o** inicial aberto: *òksítono*.

P

"pa" (por pra)

Muitos reduzem *para a* para *pra*, o que é correto: *ir pra cama*. Outros, todavia, querem redução ainda maior e dizem "pa": *ir "pa" cama*. É vontade de mais! Houve uma época no Brasil que corria a frase: *Este é um país que vai pra frente*, em que se ouvia o malsinado "pa". Note: *pra* não tem acento.

paciência

Rege *com* ou *para com* (pessoa), *em* (coisa) e *de* ou *para* (verbo): *É preciso ter paciência* **com** (ou **para com**) *crianças. É preciso ter paciência* **n***as adversidades da vida. É preciso ter paciência* **de** (ou **para**) *ficar duas horas na fila de um banco.*

paciência ≠ resignação

Convém não confundir. **Paciência** é a virtude que consiste em suportar todos os males, sem lamentar-se. Um pai que pede à filha que retorne antes da meia-noite, ao não ser atendido, pode ter paciência ou não. Se a tiver, cala-se; se não, são muitas as possibilidades... **Resignação** é a aceitação sem queixas de uma situação adversa, pelo convencimento da inutilidade de lutar contra ela. Um pai que proíbe a filha de namorar certo rapaz, e não é atendido, aceita, por fim, *resignado*, ter o homem como seu genro, mesmo porque, quase sempre, não há mesmo outro jeito...

paciencioso

Apesar de ser assim, há quem não é "pacencioso".

paciente

Rege *com* ou *para com* (pessoa) e *em* (coisa e verbo): *Guarda paciente* **com** (ou **para com**) *os motoristas nas explicações destes. Pessoas pacientes* **em** *aguardar a sua vez, na fila.*

paço ≠ passo

Convém não confundir. **Paço** é o palácio de soberanos, governadores, prefeitos, bispos e arcebipos: ***paço*** *real,* ***paço*** *episcopal,* ***paço*** *municipal*. **Passo** é o ato de avançar ou recuar um pé, andando: *Se eu desse um* ***passo*** *adiante, morreria.*

padecer ≠ sofrer

Convém não confundir. **Padecer** é ser vítima de (males físicos): ***padecer*** *dores violentíssimas,* ***padecer*** *fome,* ***padecer*** *mal incurável*. **Sofrer** é ser vítima de (mal que nos acontece, que nos fazem ou que imaginamos que nos fazem). Aquele que tem desgostos domésticos, é pobre, insultado ou desrespeitado por colegas, *sofre*. Aquele que pensa não ser amado de ninguém, também *sofre*. O que fica doente por causa disso, *padece*. Muitas vezes, o homem *padece* males que nem sequer sabe *sofrer*.

padrão

Esta palavra, quando usada como adjetivo, por *modelar*,

exemplar, não varia nem se liga por hífen ao substantivo: *escolas* **padrão**, *operários* **padrão**, *casas* **padrão**, *produtos* **padrão**. V. **areia, bomba, cassete, chave, cinza, creme, esporte, gelo, jambo, laranja, monstro, pastel, pirata, relâmpago, surpresa, tampão** e **vinho**.

padre-nosso
Antigo nome do *pai-nosso* (v.). Hoje, portanto, ninguém ensina o "padre-nosso" ao vigário.

pãezinhos
Pl. dim. de *pão*. Nunca: *pãozinhos*.

pagado / pago
Particípios de *pagar*, respectivamente regular e irregular. O segundo se usa em qualquer caso; o primeiro apenas com *ter* e *haver*. *Tenho* **pagado** (*ou* **pago**) *minhas contas em dia. Minhas contas foram* **pagas** *em dia*. A língua cotidiana dá nítida preferência ao particípio irregular (*pago*), tendendo o outro ao arcaísmo.

pagão
Fem.: *pagã*. Pl.: *pagãos*.

pagar
É verbo transitivo direto e indireto, com objeto direto para coisa e objeto indireto para pessoa, ou seja, quem paga, paga alguma coisa a alguém. Portanto: *Paguei um guaraná a ela.* = *Paguei-lhe um guaraná. Paguei todos os prejuízos ao dono do carro. Venha amanhã, para que eu* **lhe** *possa pagar a minha dívida*. Omitindo-se o objeto direto, temos: *Paguei ao dono do carro. Venha amanhã, para que eu* **lhe** *possa pagar!* Muitos, no entanto, usam: *Paguei "o" dono do carro. "Paguei-o" ontem*, em referência a pessoa. Quem paga bem, diz ou escreve: *Paguei-lhe ontem*. V. **perdoar**.

pagar na mesma moeda
É esta a frase rigorosamente correta, mas o povo prefere pagar de outro jeito, ou seja, "com a" mesma moeda.

página
Podemos usar, indiferentemente, *à página, a páginas* e *na página*: *Meu nome aparece* **à página** (ou **a páginas**, ou **na página**) *20 da obra*. (Só não é possível, portanto: "às páginas".) Alguns autores portugueses ainda usaram *em páginas*: *Meu nome aparece* **em páginas** *20 da obra*. Abrev.: *p*. ou *pág*. Pl.: *pp*. ou *págs*. V. **folha**.

pai
Adj. corresp.: *paternal* (v.) ou *paterno* (v.).

Paiçandu
Nome de origem guarani, portanto indígena. Note: com **ç** e sem acento no **u**.

pai-nosso
Pl.: *pais-nossos* e *pai-nossos* (pref.).

paisinho ≠ paizinho
Convém não confundir. **Paisinho** é diminutivo de *país*; **paizinho**, de *pai*. Há, ainda diferença de pronúncia: na primeira, existe hiato, portanto se diz *pa-i-si-nho*; na segunda existe ditongo, portanto se pronuncia *pai-zi-nho*. *Ele vivia com o velho* **paizinho** *num* **paisinho** *da América Central*.

paixão
Adj. corresp.: *passional*. Portanto, *atitude motivada por paixão* = *atitude passional*; *torcedor caracterizado pela paixão* = *torcedor passional*. Rege *a, de, para* ou *por*: *A paixão do brasileiro* **a***o* (ou **d***o*, ou **para** *o*, ou **pel***o*) *futebol*.

pajem
V. **bobagem**.

palácio
Esta palavra dispensa o artigo, quando significa sede do governo: *O governador está* **em** *palácio. Cheguei agora* **de** *palácio, mas não falei com o presidente. O secretário da Educação vai* **a** *palácio, sai* **de** *palácio, chega* **de** *palácio, volta* **a** *palácio, e não traz a solução para o problema da baixa remuneração dos professores. O presidente recebeu representantes do MST* **em** *palácio*. Quando, porém, ela vem determinada, o artigo é obrigatório, e a inicial é maiúscula: *O governador está* **no P***alácio dos Bandeirantes. Cheguei agora* **do P***alácio do Planalto, mas não falei com o presidente*. V. **até / até o, casa** e **terra**.

palato
Note: é palavra paroxítona. Há médico que diz "pálato". Que loucura! Se, durante uma consulta médica, caro leitor, seu médico disser "pálato", saia correndo: sua saúde é o mais importante!

palavra
Rege *a respeito de, em relação a*, ou *sobre* (considerações): *Os repórteres querem uma palavra do presidente* **a respeito d***o* (ou **em relação a***o*, ou **sobre** *o*) *incidente*.

palavra ≠ termo ≠ vocábulo
Convém não confundir. **Palavra** é a representação escrita ou impressa de uma unidade lingüística independente, por letras ou símbolos. É a unidade lingüística formal associada a um caráter semântico. **Termo** é a unidade lingüística num contexto oracional. **Vocábulo** é o elemento lingüístico de autonomia formal, sem valor semântico; é o elemento lingüístico considerado apenas como combinação de fonemas e grafemas, sem ligação com o seu significado. Assim, *inadimplente* é apenas um *vocábulo* para aquele que lhe desconhece o significado; é uma *palavra*, sem deixar de ser *vocábulo*, para o que saiba ser sinônimo de devedor(a) impossibilitado(a) de cumprir seu compromisso ou obrigação contratual. É comum o emprego de *palavra* por *vocábulo*, não constituindo a troca nenhuma impropriedade; não se pode dizer o mesmo, contudo, do inverso. Na oração *O professor ganha pouco*, temos três termos: *o professor* (sujeito), *ganha* (verbo intransitivo) e *pouco* (adjunto adverbial). Em rigor,

portanto, diremos: o *vocábulo professor* tem três sílabas; a *palavra professor* é um substantivo; o *termo professor* é o sujeito dessa oração. É comum o emprego de *termo* por *palavra*; o uso inverso, porém, caracteriza impropriedade.

palavra de honra

Esta expressão pede *em: Deu sua palavra de honra **em** que voltaria logo. O presidente deu sua palavra de honra **em** que erradicaria a fome. Dê sua palavra de honra **em** que não vai cobrar isso dele!*

paletó

Note: o **o** tônico é aberto. Muitos, no entanto, continuam dizendo "paletô".
Dim. pl.: *paletòzinhos*.

palhaço

Fem.: *palhaça*. A palavra *palhaço* é um italianismo (*pagliaccio*) e se formou de *palha* (*paglia*). Tinha este nome um artista popular do teatro napolitano, que vestia fantasia confeccionada com tecido de forrar colchão de palha.

Palmeiras

Pronuncia-se claramente o fonema final: *Palmeiras*. Há quem diga que torce pelo "Palmeira", quando não pelo "Parmeira"... Quem torce pelo Palmeiras é *palmeirense* ou *esmeraldino*, e não "palmeirista". V. o livro **Não erre mais!** Embora *Palmeiras* seja redução da locução feminina *Sociedade Esportiva Palmeiras*, usa-se *o Palmeiras* (no masculino), porque em 1942, quando houve a mudança do nome, o clube já era conhecido como *o Palestra*.

palpite

Rege *sobre* (opinião baseada na intuição): *Quero um palpite **sobre** o jogo 3 da loteca. Você pode me dar um palpite **sobre** o jogo de amanhã? Nunca dê palpite **sobre** o que não é da sua conta! **Sobre** isso não vou dar palpite.* Muitos usam a preposição "em" ou "para".

pan-

Prefixo que exige hífen antes de palavra iniciada por *vogal* ou *h*: *pan-americano, pan-arábico, pan-asiático, pan-eslavismo, pan-helênico, pan-islamismo*, etc. Portanto, sem hífen: *pangermanismo, pantrópico*, etc. Todas as palavras que trazem este prefixo + vogal inicial, na pronúncia têm o *n* ligado à vogal. Portanto, dizemos corretamente: *pana-mericano, pana-rábico, pana-siático, panes-lavismo, pane-lênico, panis-lamismo*, etc., e não "pan-americano", "pan-islamismo", etc.

panarício / panariz

Infecção aguda ou crônica das estruturas marginais da unha. As duas formas existem, mas a segunda é meramente popular, corruptela da primeira.

pancada

Rege *em* ou *sobre: Levou uma pancada **n**o (ou **sobre** o) tornozelo.*

pâncreas

Adj. corresp.: *pancreático*. Portanto, *suco do pâncreas = suco pancreático*.

Pandora

Na mitologia grega, a primeira mulher na Terra, a Eva dos gregos. Zeus ordenou sua criação como uma vingança aos homens. Os deuses lhe deram uma caixa (a que os portugueses chamam *boceta*, termo que os brasileiros evitamos, por razões óbvias) que ela nunca deveria abrir, porque nela estavam encerrados todos os males do mundo. Incapaz, porém, de conter a curiosidade (afinal, ela era uma mulher), abriu-a e libertou todas as doenças, pragas e males da vida humana. Quando fechou a tampa, a única coisa que não escapara fora a esperança, que ficara no fundo da caixa. A expressão **caixa** (ou **boceta**) **de Pandora** passou a significar, então, em sentido figurado: causa de muitos problemas imprevisíveis ou fonte de todos os males. Assim, podemos afirmar, sem receio de errar, que o jornalismo brasileiro parece ser hoje, de fato, *a caixa de Pandora* da língua portuguesa e também que a reforma do judiciário brasileiro é outra *caixa de Pandora*. Pronuncia-se *pandóra*, mas muitos insistem em dizer "pândora".

pane

É palavra feminina: ***a** pane, **uma** pane*.

panorama

Esta palavra traz os elementos gregos *pan-* (tudo) e *-orama* (visão, espetáculo), portanto já significa *visão total, vista de tudo, espetáculo total*. Sendo assim, nenhum *panorama* pode ser "parcial" nem muito menos "geral", o que caracteriza respectivamente contra-senso e redundância. Redundância maior ainda ocorre na combinação "panorama geral visto", como se viu na página de um jornal: *Um "panorama geral visto" de helicóptero tornava possível localizar os pontos de congestionamento no centro da cidade*.

pantalonas

Palavra usada sempre no plural: *as pantalonas*.

pântano

Adj. corresp.: *palustre*. Portanto, *plantas de pântano = plantas palustres*.

pantomima

Apesar de ser assim, muita gente insiste em usar "pantomina".

pão

Pl.: *pães*. Dim. pl.: *pãezinhos*. Nunca "pãozinhos".

pão-duro

É adjetivo e nome sobrecomum, portanto não varia nunca: *Sua irmã é muito **pão-duro**! Mas que turma **pão-duro** é esta! Não gosto de gente **pão-duro**.* Há, no entanto, quem use "pão-dura".

papa

Adj. corresp.: *papal*. Portanto, *bula do papa = bula papal*. Trata-se de uma palavra de origem grega que inicialmente se usava em referência a qualquer bispo. Depois, só os bispos de Roma passaram a ser chamados *papas*. Em 385, o pontífice São Sirício tornou o nome privativo do chefe supremo da Igreja Católica Romana. Quando acompanha o nome do Sumo Pontífice, convém usar esta palavra com inicial maiúscula. Quando ela se refere ao atual Santo Padre, é também aconselhável usá-la dessa forma. Por exemplo: *O **Papa** Pio XII foi um dos mais importantes da Igreja. O presidente brasileiro se encontrará com o **Papa** no Vaticano*. Do contrário, usa-se com inicial minúscula: *Gostaria de conhecer todos os **papas**. É um dicionário enciclopédico que traz todos os **papas***. O tratamento devido ao Papa é *Vossa Santidade* (V. S.). Quando a ele nos dirigimos por escrito, usamos no envelope: *A Sua Santidade o Papa* ...; no cabeçalho da carta, usamos *Santíssimo Padre*; no texto: *Vossa Santidade* (sempre por extenso).

papada ≠ papeira

Convém não confundir. **Papada** é o grande acúmulo de matéria adiposa na base do rosto e do pescoço. **Papeira** é a inchação determinada pela hipertrofia da tireóide; é o mesmo que *papo* e *bócio*. A *papada* surge por excesso de gordura; a *papeira*, por efeito de doença.

papagaio

Fem.: *papagaia*. Muitos, no entanto, preferem usar este nome como epiceno: *papagaio macho, papagaio fêmea*.

Papai Noel ≠ papai-noel

Convém não confundir. **Papai Noel** é a lendária personagem, representada por um velhinho de barbas brancas, que na noite de Natal traz num grande saco presentes para todas as crianças do mundo, principalmente as boazinhas e obedientes: *Ela tem trinta anos e ainda acredita em **Papai Noel**!* Em sentido figurado, é a figura fantasiada dessa personagem ou figura que *representa esse velhinho: No Natal abundam os **Papais Noéis** nos shopping centers da cidade. Ela bordou muitos **Papais Noéis** na toalha da filha*. Já **papai-noel** é presente de Natal: *Ganhaste muitos **papais-noéis** ano passado?* Repare no plural.

papel almaço

É assim que se escreve, sem hífen: *almaço* é contração de *a lo maço*, que deveria dar normalmente *ao maço*. Também sem hífen: *papel carbono, papel crepom, papel cuchê, papel de parede, papel kraft, papel machê, papel ofício* e *papel sulfite*.

papel "título"

Isto não existe em nossa língua. Temos, sim, *papel principal*, coisa bem mais simples e verdadeira, legítima. Há críticos de cinema por aí que vivem dizendo que este ou aquele filme tem Julia Roberts no *papel "título"*. Nunca teve.

papos-de-aranha / palpos de aranha

Pode ser usada uma expressão pela outra, mas a primeira, popular, deve ser obrigatoriamente hifenizada. Significa estar em situação difícil, em apuros: *O rapaz se viu em **papos-de-aranha*** (ou em ***palpos de aranha***), *quando o pai da moça chegou*.

para ≠ pára

Convém não confundir. **Para** é preposição: *As crianças já foram **para** a cama*. Pode aparecer contraída: *As crianças já foram **pra** cama*. Note que, mesmo aqui, não há acento. **Pára** é forma verbal do verbo *parar*: *A Terra gira e não **pára**. **Pára** quieto, menino!*

para cá / para lá

É assim que se usa: *Olhe para cá! Olhe para lá!* Muitos inventam, usando "para aqui", "para ali".

paraestatal / parestatal

Ambas as formas existem.

para eu fazer / para eu ler

É assim que se usa, e não trocando o pronome *eu* por "mim": *Ela deixa tudo para **eu** fazer. Você trouxe quantos livros para **eu** ler?* "Mim" nunca faz nada nem muito menos lê coisa alguma (a não ser que seja índio, naturalmente)...

parágrafo

Em sentido jurídico, subdivisão de artigo, na qual se exemplifica ou modifica a disposição principal. Quando um artigo tem só uma disposição secundária desse tipo, chama-se *parágrafo único*. O sinal gráfico que indica tal subdivisão é §.

paraíso

Adj. corresp.: *paradisíaco*. Portanto, *produto do paraíso = produto paradisíaco*.

paralelepípedo

Apesar de ser assim, muita gente continua pisando em "paralepípedo".

paralelo

Rege *a* (semelhante) e *entre* (cotejo; analogia): *As exportações devem superar as importações ou no máximo ser paralelas **a** estas. Trata-se de uma revolução paralela **à** Francesa. Vamos estabelecer um paralelo **entre** Eça de Queirós e Machado de Assis. Observei curioso paralelo **entre** o seu caso e o meu*. Antecedida de *em*, aparece combinada com a preposição **com** e equivale a *a par de*: *A economia brasileira já cresce **em** paralelo **com** o seu crescimento populacional*.

paralelogramo

Nove, entre dez professores de Matemática, escrevem esta palavra errado: "paralelograma", por influência de *grama*. Que tem a ver, contudo, uma coisa com outra?

paralisar

É verbo intransitivo ou pronominal [tornar-se imóvel (de pasmo, admiração, terror, etc.), petrificar-se; parar, estacionar, não progredir, não prosseguir]: *Seus olhos **paralisaram*** (ou ***se paralisaram***) *de assombro. Na década de 1980, o Brasil simplesmente **paralisou*** (ou ***se paralisou***). *A coleta de lixo **paralisará*** (ou ***se paralisará***) *amanhã, com a greve dos garis.*

paraninfo

Fem.: *paraninfa*.

pára-quedas

Sempre com **s** final; alguns, no entanto, insistem em pular de "pára-queda". Não deixa de ser um risco.

para "quem"

V. **quem**.

pára-raios

Sempre com **s** final; muitos, no entanto, evitam raios com "pára-raio". É perigoso: pode não funcionar...

parasita ≠ parasito

Convém não confundir. **Parasita** se usa para vegetais: *plantas parasitas. A orquídea parece, mas não é uma parasita. O hortelão e o jardineiro se encarregaram de erradicar todas **as parasitas** do nosso quintal*. Em sentido figurado, aplica-se a pessoas e, nesse caso, é nome sobrecomum: *Sua irmã é um parasita*. **Parasito** se usa para animais: a pulga é um *parasito*, assim como o micuim. Do ponto de vista etimológico, a forma preferida é *parasito*, para todos sentidos, mas o uso acabou consagrando a diferença: *parasita* para vegetais e pessoas; *parasito* para animais. Não há, contudo, impropriedade em empregar *animal parasita* ou *vegetal parasito*. O nome sobrecomum, no entanto, nos parece bem melhor localizar-se em *parasita* que em *parasito*.

parco

Rege *de* ou *em*: *Ministério parco **de*** (ou ***em***) *verba*.

parecer

Este verbo admite duas construções: *As crianças **parecem** gostar da festa* (formando locução verbal; nesse caso, é verbo auxiliar) e *As crianças **parece** gostarem da festa* (como verbo intransitivo, com sujeito oracional) = *Parece gostarem da festa as crianças*. Se, porém, ao verbo *parecer* seguir-se infinitivo pronominal, somente este varia: *As crianças **parece** queixarem-se do colchão duro*. Usa-se indiferentemente: *As crianças **parece** que estão contentes* e ***Parece** que as crianças estão contentes*. Na primeira construção, a inversão da ordem dos termos pode levar à errônea interpretação de que haja erro de concordância, prontamente desfeita na segunda, que lhe equivale. Assim, estas frases estão absolutamente corretas, mas à primeira vista ao leigo pode parecerem que não: *Quando eu estava com ela, as horas **parecia** que voavam. Os meninos **parece** que brincam, mas na verdade brigam. Nós **parecia** que estávamos tranqüilos, mas não estávamos*. Essas frases equivalem a estas: *Quando eu estava com ela, **parecia** que as horas voavam. **Parece** que os meninos brincam, mas na verdade brigam. **Parecia** que nós estávamos tranqüilos, mas não estávamos*. Como pronominal, rege *a* ou *com* (assemelhar-se, ser parecido no aspecto fisionômico ou no temperamento): *Ela se parece muito **à*** (ou ***com*** *a*) *mãe. Você não se parece em nada **a*** (ou ***com***) *sua irmã. Dizem que eu me pareço **com*** (ou ***a***) *Brad Pitt! Ela não se parece **com*** (ou ***a***) *Julia Roberts? Você acha que eu me pareço **com*** (ou ***a***) *esse sujeito?* A exemplo de *ser*, o verbo *parecer* concorda de preferência com o predicativo, quando este figura no plural: *Aquilo **parecem** estrelas, mas são planetas*. Se, porém, o sujeito for pessoa, o verbo com ele concordará obrigatoriamente: *Com aquela roupa, ela **parece** muitas coisas, menos gente*.

parecer

Este nome rege *acerca de*, ou *a respeito de*, ou *em relação a*, ou *quanto a*, ou *sobre*: *Já dei meu parecer **acerca d***a (ou ***a respeito d****a*, ou ***em relação à***, ou ***quanto à***, ou ***sobre*** *a*) *questão*.

parecido

Rege *a* ou *com* (pessoa) e *de* ou *em* (coisa): *Menino parecido **a***o (ou ***com*** *o*) *pai. Irmãos nada parecidos **de*** (ou ***em***) *gênio*.

parede-meia / paredes-meias

Usa-se uma pela outra, indiferentemente (parede comum, contiguamente): *Moro **parede-meia** com Daniela Cicarelli! Você não imagina o que significa morar **paredes-meias** com uma deusa!* Além de advérbio, pode ser adjetivo (intimamente ligado ou associado): *O ódio sempre esteve **parede-meia** com o amor. O jogo do bicho estaria mesmo **paredes-meias** com o tráfico?*

paredro

É palavra paroxítona e a vogal tônica soa aberta: *parédro*. Muitos dizem "páredro".

parente

Fem.: *parenta* e *a parente*. Col.: *parentada, parentela, parentalha*.

parêntese / parêntesis

As duas formas existem. Assim, podemos usar *o parêntese, um parêntese* ou *o parêntesis, um parêntesis*, mas nunca "o parênteses", "um parênteses". Se o primeiro parêntese for aberto sem que o período anterior tenha sido encerrado, o ponto ficará fora do segundo parêntese. Em caso contrário, dentro. Ex.: *Ela olhou para mim maliciosamente (e eu também a ela). Ela olhou para mim maliciosamente. (Eu correspondi da mesma forma.)* Nas citações, o nome do autor pode aparecer entre parênteses ou não, com pontuação ou não, preferindo-se, todavia, o uso dos parênteses com a pontuação: *"A maioria dos heróis são como certos quadros: para estimá-los não devemos olhá-los muito de perto." (La Rochefoucauld.)* ou apenas *(La Rochefoucauld)* ou *La Rochefoucauld.*, ou apenas *La Rochefoucauld* (sem o ponto).

parir

Conj.: *pairo, pares, pare, parimos, paris, parem* (pres. do ind.); *paire, paires, paire, pairemos, paireis, pairem* (pres. do subj.). *Ela saiu do consultório médico, dizendo: Não sei se **pairo** amanhã ou depois de amanhã. Espero que ela **paire** quanto antes, disse o marido. Hoje a gata **pare**, tenho certeza.*

pároco ≠ cura

Convém não confundir. **Pároco** é o sacerdote a quem foi confiada uma paróquia; é o mesmo que *vigário*. **Cura** é o sacerdote que doutrina e dirige espiritualmente os fiéis.

paródia

Rege *a* ou *de*: *A peça é uma paródia **a**o (ou **d**o) ensino público.*

parque

Abrev.: *pq*. *O ônibus não passa pelo Pq. São Domingos.*

parte de

Quando faz parte do sujeito, o verbo pode ficar no singular ou ir ao plural, se o complemento estiver neste número: *Parte dos passageiros **morreu** (ou **morreram**) no acidente. Apenas parte das crianças **foi vacinada** (ou **foram vacinadas**) hoje.*

parte...parte

V. **coletivos partitivos**.

Pártenon

O mais famoso templo grego, situado no ponto mais elevado da Acrópole, em Atenas. Note: é nome proparoxítono. Existe ainda a variante gráfico-prosódica *Partenão*.

Partênope

Nome da sereia que se esforçou por iludir Ulisses com suas canções e, em vez disso, atirou-se ela própria ao mar, perecendo. Era, também, o antigo nome da cidade de Nápoles, na Itália. Nomeia ainda o menor planeta entre Júpiter e Marte, descoberto em 1850 por M. de Gasparis, de Nápoles. Note: é palavra proparoxítona.

participar

Rege *de* ou *em*: *Quem participar **d**o (ou **n**o) concurso de Misse Brasil deste ano vai ganhar um Lexus. Há pessoas que gostam de participar **de** (ou **em**) todos os movimentos grevistas. Você participou **d**aquelas (ou **n**aquelas) manifestações? Os sócios participarão **de** (ou **em**) todos os lucros da empresa. É preciso que todos os brasileiros participem **d**essa (ou **n**essa) campanha.*

particular

Rege *a* ou *de* (peculiar): *A emoção é um sentimento particular **a**o (ou **d**o) ser humano.*

partido

Rege *a* ou *por*: *Uma melancia partida **a**o (ou **pel**o) meio.*

partilhar

É verbo transitivo direto ou transitivo indireto (compartilhar): *O pai e a mãe partilham a (ou **d**a) responsabilidade de educar os filhos. Quero partilhar momentos (ou **de** momentos) bons e maus a seu lado.*

partir ao meio / partir pelo meio

As duas expressões existem: *O homem partiu **a**o (ou **pel**o) meio a melancia. O homenzarrão partiu o tronco **a**o (ou **pel**o) meio.*

parvovirose

Apesar de ser assim, muita gente continua tendo cão que morre de "pavirose".

Pasárgada

Lugar mítico, onde só se gozam delícias e prazeres, segundo Manuel Bandeira. Pronuncia-se *pazárgada*, mas muitos dizem "paçárgada".

Páscoa

Adj. corresp.: *pascal*. Portanto, *festa da Páscoa = festa pascal*.

pasmado

Rege *com* ou *de* (nome), mas apenas *de* (verbo): *Estou pasmado **com** a (ou **d**a) sua reação! Estou pasmado **de** ver sua reação!*

pasmo

Embora *pasmo* seja substantivo, tem sido usado por *pasmado* na língua cotidiana. Não recomendamos tal emprego na linguagem elegante ou mais bem-cuidada, ainda que venha com o abono de alguns bons escritores, que também vacilaram e ainda vacilam. Rege *ante, diante de* ou *perante* (nome) e *de* (verbo): *Foi grande nosso pasmo **ante** aquela (ou **diante d**aquela, ou **perante** aquela) cena. É compreensível seu pasmo **de** presenciar aquela cena.*

passagem

Rege *por*: *A passagem de aviões **por** nosso território está proibida. Os cubanos não permitem a passagem de aviões norte-americanos **pel**o seu espaço aéreo. A passagem dos bandeirantes **por** esta região consta nos anais do nosso município.* A regência "passagem sobre" deve ser desprezada. V. **bobagem**.

passar

Rege *como* ou *por* (predicativo): *Era um vigarista e queria passar **como** (ou **por**) homem de bem. Não é uma vergonha homens quererem passar **como** (ou **por**) mulheres?*

passar / passar-se

Na acepção de ocorrer; transcorrer; suceder, usa-se indiferentemente um ou outro: *Ninguém ainda sabe o que real-*

mente **passou** (ou **se passou**) *ali. Já* **passaram** (ou **se passaram**) *muitos anos desde que ela se foi. O que* **passa** (ou **se passa**) *lá, que ninguém atende ao telefone?*

passar de + horas
O verbo fica sempre no singular: *Ao acordar,* **passava** *das oito horas. Quando ela chegou,* **passava** *das dez horas.*

passar de ano
Construção própria da língua italiana que se arraigou na língua portuguesa do Brasil. Em Portugal se usa *passar o ano.*

passar em revista / passar revista a
As duas expressões existem: *O presidente* **passou em revista** a (ou **passou revista à**) *tropa formada em sua honra. Os fiscais* **passaram em revista** os (ou **passaram revista a** os) *documentos da firma.*

pastel
Esta palavra, quando usada como adjetivo, na indicação da cor, não varia: *tons* **pastel**, *tecidos* **pastel**, *lenços* **pastel**. V. **areia, bomba, cassete, chave, cinza, creme, esporte, gelo, jambo, laranja, monstro, padrão, pirata, relâmpago, surpresa, tampão** e **vinho**.

pátena
Prato, geralmente de ouro, em que se coloca a hóstia na missa. Esta é a prosódia oficial, mas nos meios litúrgicos corre como paroxítona: *patena*.

patente
Rege *de* ou *sobre*: *Tirar patente* **de** (ou **sobre**) *uma invenção.*

paternal
Rege *com* ou *para com*: *Professor paternal* **com** (ou **para com**) *seus alunos.*

paternal ≠ paterno
Convém não confundir. **Paternal** é próprio de pai (*carinho paternal*) ou que age como pai (*amigo paternal*). **Paterno** é do pai (*responsabilidade paterna*), pertencente ao pai da pessoa de quem se trata (*seus traços paternos são fortes*) ou por parte de pai (*tia paterna*). V. **maternal ≠ materno**.

patinar ≠ patinhar
Convém não confundir. **Patinar** é mover-se com patins sobre uma superfície, é deslizar sobre patins, algo que muita criança e hoje até muito adulto faz com alguma habilidade pelas nossas calçadas e parques. **Patinhar** é mover-se numa superfície qualquer à semelhança dos patos, de modo tal, que o movimento não resulte em deslocamento, por falta de aderência: *Os carros patinham muito na neve. As rodas do caminhão patinhavam no atoleiro, impedindo a continuação da viagem.* Em sentido figurado, podemos dizer também que um jogador de futebol *patinhou* no momento de fazer o gol, isto é, escorregou. Figuradamente, ainda, podemos dizer que a economia mundial *patinhou* no ano passado, ou seja, não progrediu, não evoluiu. Na língua popular, todavia, usa-se o verbo *patinar* nesta acepção. O uso de *patinar* por *patinhar* é tão descabido, que nenhuma palavra da mesma família de *patinar* tem ligação semântica com *patinhar*.

patrão
Adj. corresp.: *patronal*. Portanto, *sindicato dos patrões = sindicato patronal*.

patrocínio
Rege *a* ou *de*: *É preciso incentivar o patrocínio* **a**o (ou **d**o) *esporte amador por parte das empresas, mediante descontos no imposto de renda.*

patrulha ≠ ronda
Convém não confundir. **Patrulha** é um pequeno destacamento militar, geralmente ambulante, que serve para impor sua força de repressão a qualquer desordem. Uma passeata ou manifestação ilegal pode pôr a *patrulha* em ação. É o mesmo que *tropa de choque*. **Ronda** é um pequeno grupo de soldados que, à noite, percorre locais bem-definidos, para zelar pela tranqüilidade pública. Ladrões costumam ser apanhados por *rondas*. A *patrulha* é um destacamento ostensivo; a *ronda*, preventivo.

pautado
Rege *em* ou *por* (baseado): *Conclusão pautada* **em** (ou **por**) *premissas equivocadas.*

pavor
Rege *a* ou *de*: *As mulheres têm pavor* **a** (ou **de**) *baratas. Ter pavor* **à** (ou **da**) *morte.*

pé
Não admite pronome possessivo, quando a idéia de posse é clara: *Machuquei o pé.* (E não: Machuquei o "meu" pé.) *Vou lavar os pés.* (E não: Vou lavar os "meus" pés.) *Tire os pés do sofá!* (E não: Tire os "seus" pés do sofá!) Quando a idéia de posse não for clara, naturalmente aparecerá o pronome: **Meu** *pé está sujo.* **Seu** *pé é bonito.* V. **de pé / em pé**.

peão
Fem.: *peoa, peona*. Pl.: *peões*. Col.: *peonada* (e não "peãozada"). O coletivo de *peões* (infantes) é *peonagem*.

peão ≠ pedestre
Convém não confundir. **Peão** é, entre outros significados, o homem que anda a pé (por oposição a *cavaleiro*). **Pedestre** é o que, nas cidades, anda a pé (por oposição a*o que anda em veículo*). Há dicionários que registram-nos como sinônimos. São?

peculiar
Rege *a* ou *de*: *Essa pronúncia é peculiar* **a**os (ou **d**os) *gaúchos. Riso peculiar* **a**os (ou **d**os) *tolos.*

pedicure

É um galicismo tão arraigado no português do Brasil, que dará murros em ponta de faca os que propugnarem pelas formas legitimamente portuguesas: *pedicuro* (homem), *pedicura* (mulher). V. **manicure**.

pedido

Rege *a* ou *para*: *O pedido **a** (ou **para**) Deus foi atendido. Farei novo pedido **a**o (ou **para** o) patrão.*

pedir

Quem pede, pede alguma coisa a alguém: *Pedimos carona ao motorista. Zósimo não pediu dinheiro ao pai. Pedi que me trouxessem um analgésico. Pedi que eles fizessem silêncio. Pedi que ela me desse um autógrafo. Os alunos pediram licença ao professor para sair. Pedi permissão a ela para dar-lhe um beijo.* Quando há idéia de licença ou permissão, podem estar omissos os objetos: *Os alunos pediram para sair. Pedi para dar-lhe um beijo.* Só neste caso se admite a combinação *pedir para*. Há, no entanto, quem construa: *Pedi "para" me trazerem um analgésico. Pedi "para" eles fazerem silêncio. Pedi "para" ela me dar um autógrafo.*

pedras preciosas

Adj. corresp.: *gemológico*. Portanto, *museu de pedras preciosas = museu gemológico*.

pedrinha / pedrão

Respectivamente, dim. e aum. de *pedra*. O **e** soa aberto: *pèdrinha, pèdrão*.

Pedroso

Pl.: os *Pedrosos* (ô). V. **Cardoso**.

pê-efe

Nome das letras iniciais das palavras da expressão *prato feito*. Pl.: os *pê-efes*.

pê-eme

Nome das letras que foram a sigla PM (= Polícia Militar). Pl.: os *pê-emes*.

pé-frio

É nome sobrecomum e sempre masculino: *Sua irmã é o maior pé-frio que conheço!* Há, no entanto, quem use "pé-fria".

pedir

Conj.: *peço, pedes, pede, pedimos, pedis, pedem* (pres. do ind.); *peça, peças, peça, peçamos, peçais, peçam* (pres. do subj.). Este verbo só aceita a companhia da preposição *para*, quando está subentendida a idéia de *licença* ou *permissão*. Assim, p. ex.: *O aluno pediu para ir ao banheiro.* (Isto é: pediu *licença*.) *O namorado pediu para dar um beijo à namorada.* (Isto é: pediu *permissão*.) Não havendo essa idéia, constrói-se *pedir que*: *Peça que ela me traga um copo de água bem gelada! Pedi que me trouxessem um analgésico. Peçam que seus filhos parem de gritar!* Na língua cotidiana, todavia, encontram-se estas frases: *Peça "para" ela me trazer um copo de água bem gelada! Pedi "para" eles me trazerem um analgésico. Peçam "para" seus filhos pararem de gritar!* Além de *para*, este verbo não aceita, ainda, a conjunção *se*, mas muitos usam: *Peça a sua mãe "se" ela deixa você ir comigo ao cinema!* Neste caso, devemos substituir o verbo *pedir* por *perguntar*.

pegada

É palavra paroxítona, mas há muita gente ainda que diz "pégada": *seguir as "pégadas" do assassino*.

pegado

Rege *a*, *com* ou *em* (contíguo): *Moro numa casa pegada **à** (ou **com** a, ou **n**a) igreja matriz. Tenho um terreno pegado **a**o (ou **com** o, ou **n**o) seu.*

pegar

É verbo pronominal (colar, aderir) e rege *a* ou *em*: *O chiclete **pegou-se à** (ou **n**a) lataria do carro. Piche é coisa que **se pega** facilmente. O arroz **pegou-se a**o (ou **n**o) fundo da panela.* No sentido de agarrar-se, prender-se, é *apegar-se* que se usa: *Carrapichos **apegam-se à**s (ou **n**as) calças e meias. A manga da minha camisa **se apegou à** (ou **n**a) maçaneta da porta, rasgando-se. As pernas do garoto se apegaram **a**o (ou **n**o) aro da bicicleta.* Em rigor, este verbo só tem um particípio, o regular, *pegado*, mas a língua cotidiana já vai firmando a forma *pego*, cujo uso só se admite na voz passiva, ou seja com o verbo *ser* ou *estar*: *O ladrão foi **pego** em flagrante. Ela foi **pega** de surpresa.* (Diz-se *pêgo, pêga*, embora haja os que dizem "pégo", "péga".) Na voz ativa (com o verbo *ter* ou *haver*), ainda se usa apenas *pegado*: *Tenho **pegado** muito resfriado ultimamente. A carrocinha tem **pegado** muitos animais vadios.*

pegar selo

É assim que as pessoas normais fazem, quando postam uma carta. Há, no entanto, alguns que, em vez de *pegar selo* no envelope, preferem "pregar" *selo*, o que, naturalmente, faz que a carta não siga seu destino, já que o prego não vai deixar...

Pégaso

Constelação do hemisfério boreal. Na mitologia, cavalo alado que nasceu do tronco da Medusa, quando Perseu a decapitou. Note: é nome proparoxítono.

peixe

Adj. corresp.: *písceo* e *ictíico*. Portanto, *escamas de peixe = escamas písceas; fazer uma avaliação dos recursos representados por peixes dos nossos rios = fazer uma avaliação dos recursos ictíicos dos nossos rios*.

pejado

Rege *com* ou *de*: *Chegou com os bolsos pejados **com** (ou **de**) bolinhas de gude. Tinha a cabeça pejada **com** (ou **de**) preocupações.*

pele

Adj. corresp.: *cutâneo* e *epidérmico*. Portanto, *melanoma de pele* = *melanoma cutâneo*; *manchas da pele* = *manchas epidérmicas*.

pelejar

Sempre com **e** fechado: *pelejo, pelejas, peleja, pelejamos, pelejais, pelejam* (pres. do ind.); *peleje, pelejes, peleje, pelejemos, pelejeis, pelejem* (pres. do subj.). *Eu pelejo contra o aborto e espero que você também peleje. Ela peleja para arrumar um emprego.* Há, contudo, quem "peléje".

Pelezão

Nome de um estádio de futebol, do Nordeste. O segundo **e** soa aberto: *pelèzão*.

pelinha

Dim. de *pele*. Pronuncia-se *pèlinha*.

pelo ≠ pêlo

Convém não confundir. **Pelo** é contração da preposição *per* com o artigo *o*. **Pêlo** é substantivo (cabelo): *Havia pêlos pelos corredores do prédio.*

Peloponeso

Península do Sul da Grécia. Pronuncia-se *peloponézo*. A Guerra do *Peloponeso* foi a primeira das grandes lutas internas gregas, travada entre Esparta e a Confederação do *Peloponeso*, liderada por Atenas. A vitória, depois de três anos de lutas, coube aos espartanos. Muitos dizem "peloponêzo".

pena

Rege *a* ou *contra* (punição) e *a, de* ou *por* (dó): *Um dia ainda haveremos de ter em nosso código penal penas mais severas aos* (ou *contra os*) *bandidos. Ter pena aos* (ou *dos*, ou *pelos*) *pobres de espírito.*

penalizar

Significa, em rigor, atormentar, afligir, causar desgosto, dor ou aflição a: *Uma vitória simples do Palmeiras já penaliza os corintianos; uma goleada, então, é de matar! O suicídio do presidente penalizou toda a população brasileira.* Na língua cotidiana tem aparecido por apenar, punir, ou por prejudicar: *Fui "penalizado" por algo que não cometi. A inflação "penaliza" mais os assalariados.* Aliás: *Fui apenado* (ou *punido*) *por algo que não cometi. A inflação prejudica mais os assalariados.*

pendor

Rege *a, para* ou *por* (queda, inclinação): *os meninos brasileiros que vivem na periferia já nascem com um natural pendor à* (ou *para a*, ou *pela*) *prática do futebol.*

pendurar / pendurar-se / pendurado

Regem *a* ou *em*: *Pendurei o chapéu a um* (ou *num*) *prego. Pendure essa folhinha à* (ou *na*) *parede! Pendurei-me ao* (ou *no*) *galho mais grosso da árvore. As fãs se penduravam ao* (ou *no*) *muro do hotel, para tentar ver o ator. Tinha um cordão pendurado ao* (ou *no*) *pescoço. Havia gaiolas penduradas à* (ou *na*) *sacada e roupas penduradas ao* (ou *no*) *varal.*

peneirar

Sempre com **ei** fechado: *peneiro, peneiras, peneira, peneiramos, peneirais, peneiram* (pres. do ind.); *peneire, peneires, peneire, peneiremos, peneireis, peneirem* (pres. do subj.). *Enquanto eu peneiro a farinha, ela peneira o café. Querem que ela peneire mais rápido que todos peneiram.*

penhoar

Aportuguesamento do francês *peignoir*. Pl.: *penhoares*.

penhora

Rege *em* ou *sobre*: *A penhora em* (ou *sobre*) *algumas de suas jóias lhe trazia algum alívio nos meses mais apertados.*

pênis

Adj. corresp.: *peniano*. Portanto, *veias do pênis* = *veias penianas*.

penitência

Rege *de* ou *por*: *Fazer penitência de* (ou *por*) *todos os pecados.*

penoso

Rege *a* ou *para* (nome) e *de* (verbo): *Trata-se de uma missão penosa a* (ou *para*) *qualquer agente. Missão penosa de cumprir.*

pensão ≠ pensionato

Convém não confundir. **Pensão** é uma espécie de hotel muito simples, que fornece refeições a seus hóspedes, geralmente mensalistas. **Pensionato** é a pensão destinada só para mulheres, geralmente estudantes.

pentear

Conj.: *penteio, penteias, penteia, penteamos, penteais, penteiam* (pres. do ind.); *penteie, penteies, penteie, penteemos, penteeis, penteiem* (pres. do subj.). Na língua popular, contudo, se encontra "pentio", "pentia": *Eu "pentio" sempre os cabelos, mas ela não "pentia".*

penugem

V. **bobagem**.

"pequena" parcela

Redundância: em *parcela*, diminutivo de *parte*, já existe a idéia de *pequeno*.

pequenez ≠ pequinês

Convém não confundir. **Pequenez** é qualidade de pequeno: *a pequenez de um anão*. **Pequinês** é o que nasceu em Pequim, China e também nome de uma raça de cães pequenos, de olhos salientes e longas franjas, originária da China.

pequeno
Rege *de* ou *em*: *Árbitro pequeno **de** (ou **em**) tamanho, mas grande na disciplina dos jogadores. Gente pequena **de** (ou **em**) sentimentos.*

pêra
Fruto da pereira. Com acento no singular, mas no plural não: *a pêra, as peras.*

perante
Não se usa *a* depois desta preposição: *Perante Deus, todos somos iguais. Perante um juiz é quando mais se mente. És um homem responsável perante Deus?* V. **ante**.

perca
É forma do verbo *perder* e se diz *pêrca*, embora muitos pronunciem "pérca" (por causa da recomendação do Vocabulário Oficial): *Espero que você não **perca** esta oportunidade.* Alguns usam esta palavra pelo substantivo *perda* e, ainda aqui, muitos dizem "pérca": *Nunca vi tanta **perda** de gols quanto nesse jogo.*

percentagem / porcentagem
As duas formas existem, com leve preferência pela primeira.

percentagem ≠ taxa
Convém não confundir. Números como 10%, 15%, 37%, 82%, etc. indicam a **taxa** de incidência de um fato qualquer. Assim é que temos uma alta *taxa* de juros, uma alta *taxa* de mortalidade infantil e, agora, uma baixa *taxa* de inflação (resta saber até quando). Se calcularmos, numa população de mil pessoas, por exemplo, a **percentagem** com uma determinada característica, cuja *taxa* de incidência seja de 10%, teremos como resultado 100 pessoas. Assim, no exemplo, 10% é a *taxa*, e não a *percentagem*. Tornou-se praxe, contudo, falar-se em *percentagem de 10%, percentagem de 15%,* etc.

percentual / porcentual
As duas formas existem, com leve preferência pela primeira.

percentual / percentagem
Regem *de, em* ou *sobre*: *O percentual (ou A percentagem) de comissão **da** (ou **na**, ou **sobre a**) venda de um carro é de dez por cento. Qual é o seu percentual (ou a sua percentagem) **dos** (ou **nos**, ou **sobre os**) lucros da empresa?*

pescoço
Adj. corresp.: *cervical.* Portanto, *região do pescoço = região cervical.*

perder
Todas as formas deste verbo devem ter o **e** fechado: *perco, percas, perca, percam,* etc. O Vocabulário Oficial, todavia, recomenda timbre aberto para a vogal tônica, nas formas rizotônicas. Rege *para*: *O Fluminense perdeu **para** o Botafogo.* O adjunto adverbial de quantidade vem antecedido de *de* ou *por*: *O Fluminense perdeu para o Botafogo **de** (ou **por**) 0 a 2.* Ninguém perde nada "de" ninguém; perde-se, na verdade, *para* alguém. Assim, um time não perde "do" outro, mas *para* o outro. Por falar nisso, o Palmeiras perdeu *para* quem no fim de semana?...

perder "a direção"
Quem perde "a direção" perde o rumo, não sabe ao certo onde se encontra; quando um motorista já não consegue controlar o veículo que dirige, perde *o controle* do veículo, às vezes indo ribanceira abaixo.

perder terreno
V. **ganhar terreno**.

perdigoto
Tanto o singular quanto o plural têm **o** tônico fechado.

perdoar
É verbo transitivo direto e indireto, com objeto direto para coisa e objeto indireto para pessoa, ou seja, quem perdoa, perdoa alguma coisa a alguém. Portanto: *Perdoei uma dívida a meu amigo.* = *Perdoei-lhe uma dívida. O pai nunca perdoou àquele filho.* = *O pai nunca lhe perdoou.* Muitos, no entanto, usam: "Eu *o* perdôo", em referência a pessoa. Quem perdoa mesmo, diz ou escreve: *Eu lhe perdôo.* Apesar de transitivo indireto para pessoa, pode aparecer na voz passiva: *O filho foi perdoado pelo pai.* V. **pagar**.

perdoável
Rege *a* ou *em* (pessoa) e *em* (coisa): *Erros perdoáveis **a** (ou **em**) um novato. Erros perdoáveis **em** redação de crianças.*

perfilar ≠ perfilhar
Convém não confundir. Quem deseja pôr em fila, **perfila**: *perfilar um grupo de pessoas,* para serem atendidas em ordem; *perfilar uma turma de alunos,* para a entrada em sala de aula. Quem deseja adotar por filho ou defender uma teoria, princípio, etc., **perfilha**. Podemos, assim, tanto *perfilhar* um órfão quanto *perfilhar* as idéias socráticas e platônicas.

perfume
Rege *a* ou *de*: *Sinto um forte perfume **a** (ou **de**) sândalo. Seus cabelos exalavam um suave perfume **a** (ou **de**) xampu.*

perguntado
Rege *acerca de*, ou *a respeito de*, ou *por* ou *sobre*: *Perguntado **acerca de** (ou **a respeito de**, ou **por**, ou **sobre**) seu estado civil, respondeu que era solteiro.*

perífrase
Note: a palavra é proparoxítona; muitos, no entanto, dizem "perifrase".

perigo ≠ risco

Convém não confundir. **Perigo** é o mal iminente, com possível perda de vida. Quem anda num automóvel, nas estradas brasileiras, a 200km/h corre *perigo*, assim como *perigo* também corre o que pratica o chamado "surfe ferroviário". **Risco** é apenas o mal possível, com possibilidade até de êxito. Numa paquera, o paquerador corre o risco de levar um bofetão, mas também pode ganhar a simpatia da garota. Trata-se de um *risco* sempre muito bom de correr. Os bombeiros, ao tentarem apagar um incêndio, correm *perigo*; quem aposta corre o *risco* de perder o dinheiro, mas também tem uma chance de ganhar.

perigoso

Rege *a* ou *para* (nome) e *de* (verbo): *Amizade perigosa **a**os* (ou ***para** os*) *filhos. Clima perigoso **à*** (ou ***para** a*) *saúde. Lugar perigoso **de** morar.*

período

V. **meio período**.

périplo

Navegação ou longa viagem à volta de um país ou de um continente: *O presidente eleito iniciará um **périplo** internacional amanhã, só retornando um mês antes da posse. O atual presidente encerrou neste mês o seu **périplo** pelo mundo, buscando investidores.* Também significa diário de navegação que relata uma dessas navegações ou viagens. Note: a palavra é proparoxítona.

permissão

Rege *a...de* (ou *para*) [nome] ou apenas *de* (ou *para*) [verbo]: *Nesse país não há permissão **a**os cidadãos **de*** (ou ***para***) *viagens ao exterior. Qualquer pessoa no Brasil obtém permissão **de*** (ou ***para***) *viajar ao exterior, se não tiver problemas com a justiça.*

perna

Não admite pronome possessivo, quando a idéia de posse é clara: *Machuquei a perna.* (E não: Machuquei a "minha" perna.) *Vou esticar as pernas.* (E não: Vou esticar as "minhas" pernas). *Ela não rapa as pernas!* (E não: Ela não rapa as "suas" pernas!) Quando a idéia de posse não for clara, naturalmente aparecerá o pronome: ***Minha** perna está suja. **Sua** perna é grossa.*

pernicioso

Rege *a* ou *para*: *Esse acordo é pernicioso **a**o* (ou ***para** o*) *Brasil.*

pernoitar

Sempre com **oi** fechado: *pernoito, pernoitas, pernoita, pernoitamos, pernoitais, pernoitam* (pres. do ind.); *pernoite, pernoites, pernoite, pernoitemos, pernoiteis, pernoitem* (pres. do subj.).

pernoite

É palavra masculina: *o pernoite, um pernoite, ter **bom** pernoite num hotel; **aquele** pernoite foi ótimo; como foi **seu** pernoite aqui?* Significa *permanência durante a noite para dormir*. Como (ainda) carros não dormem, fica claro que a palavra não é usada com pertinência nos estacionamentos, que costumam trazer um aviso mais ou menos assim: *"Pernoite": R$10,00*. Num hotel ou numa pousada há *pernoite*; num estacionamento, existe apenas *estadia por noite*.

perônio

Apesar de ser assim, muita gente prefere fraturar o "perôneo".

perpetrar

Embora seja assim, muita gente continua "prepetando" barbaridades, principalmente no Rio de Janeiro e em São Paulo...

perpétuo ≠ perene

Convém não confundir. **Perpétuo** é o que há de durar até o fim, determinado pela Providência, pela lei, pelos costumes, etc.: *prisão **perpétua***. **Perene** é o que continua ou não cessa durante o ano todo. Há rios *perenes* no Nordeste que estão com seus níveis muito baixos. Os movimentos dos planetas são *perpétuos* e *perenes*; *perpétuos*, porque hão de durar até o fim determinado pelo Criador; *perenes*, porque se movem contínua e incessantemente há muito tempo e assim continuarão. Uma fonte é *perene*, e não "perpétua", por causa do fluxo contínuo da água, que não cessa nem mesmo em tempo de secas, e não em virtude da *perpetuidade* de sua duração. Convém acrescentar, ainda, que nenhum desses conceitos se confunde com o de *eterno*, que pressupõe início, princípio, começo, ainda que nunca vá ter fim: *vida **eterna***.

perplexo / perplexidade

Regem *ante*, ou *com*, ou *diante de*, ou *em face de*, ou *perante* (nome): *Ficou perplexo **ante** a* (ou ***com** a*, ou ***diante** da*, ou ***em face** da*, ou ***perante** a*) *reação da moça. Sua perplexidade **ante** aquela* (ou ***com** aquela*, ou ***diante** daquela*, ou ***em face** daquela*, ou ***perante** aquela*) *ignorância era compreensível.*

perseguição

Rege *a* ou *contra* (pessoa) e *de* (coisa): *Aquilo já era perseguição **a*** (ou ***contra***) *mim. Foi nessa época que começou a perseguição **a**os* (ou ***contra** os*) *cristãos. Apesar de muito limitado, o time continua na perseguição **d**os pontos que possam fazê-lo retornar à divisão principal do futebol brasileiro.*

perseguido

Rege *de* ou *por*: *Ela se acha perseguida **de*** (ou ***por***) *fantasmas. Era, agora, um homem perseguido **d**a* (ou ***pel**a*) *polícia.*

persiana ≠ veneziana

Convém não confundir. As duas palavras designam caixilho de tabuinhas horizontais que se coloca em portas e janelas, para deixar passar o ar sem entrar o sol. A diferença está em que a **persiana** é móvel; a **veneziana**, fixa.

persignar-se
Tem o **g** debilmente pronunciado durante a conjugação: *persigno-me, persignas-te, persigna-se, persignamo-nos, persignais-vos, persignam-se* (pres. do ind.); *persigne-me, persignes-te, persigne-se, persignemo-nos, persigneis-vos, persignem-se* (pres. do subj.). Há quem diga "persiguino-me", "estaguina", "estaguine", etc. *A água aqui **estagna** com facilidade, propiciando a proliferação de mosquitos.* (E não: "estaguina".)

personagem
É nome sobrecomum e sempre feminino (**a** *personagem,* **uma** *personagem*): *Lima Duarte fez **uma personagem** engraçada naquela telenovela.* Muitos, no entanto, usam "o" personagem, "um" personagem, copiando o gênero da língua francesa, de onde vem a palavra (*personage*). Em português, todavia, toda palavra terminada em *-gem* é feminina, com exceção de *selvagem*, que é substantivo comum-de-dois: *bobagem, clonagem, dosagem, folhagem, garagem, linguagem, ramagem, sondagem,* etc. Àqueles que usam "o personagem" convém perguntar por que também não usam "o vernissagem", que é também palavra francesa. Ou "o garagem", que também é palavra francesa. A resposta, naturalmente, não vem; e se vier, não vem boa... V. **bobagem**.

perspicácia ≠ sagacidade
Convém não confundir. **Perspicácia** é a agudeza de espírito que consiste em ver ou observar atentamente as coisas. *Se eu não fosse dotado de alguma **perspicácia**, não teria percebido a manobra contra mim.* **Sagacidade** é a agudeza de espírito que consiste em descobrir o que é mais difícil, o que está oculto nas coisas. *Há pessoas que acumulam riqueza graças à **sagacidade** nos negócios.* Uma criança pode ser *perspicaz*, todo bom advogado é *sagaz*. Ao indivíduo *perspicaz* se contrapõe o bronco; ao *sagaz*, o ingênuo.

persuadir
Rege *a* ou *de* (infinitivo), mas apenas *de* (nome): *Persuadi-o **a** (ou **de**) não cometer o crime. Ninguém conseguiu persuadi-los **a** (ou **de**) não ir ao estádio. Foi difícil persuadir o matuto **d**essa verdade.*

persuadir ≠ convencer
Convém não confundir. **Persuadir** é levar alguém a aceitar coisa diversa daquela que inicialmente desejava. Um pai pode *persuadir* a filha, já levemente apaixonada, de não namorar certo rapaz, por esta ou aquela razão, assim como o bom político *persuade* o eleitor do seu adversário a nele votar, pela palavra, pela competência e quase sempre pelas promessas. **Convencer** é levar alguém a reconhecer uma verdade mediante provas cabais e terminantes. *Foi difícil, mas acabei **convencendo** o matuto de que o homem, realmente foi à Lua.* Um raciocínio exato, rigoroso (p. ex.: 2 + 2 = 4) produz a *convicção*; uma boa conversa, um bom orador, uma afinada lábia produzem *persuasão* nas almas sensíveis (ou ingênuas).

pertinho
V. **anãozinho**.

pertíssimo
Advérbios não aceitam o sufixo *-íssimo*, mas alguns constituem exceção, principalmente na língua cotidiana. Daí por que dizemos que a escola não fica perto, fica *pertíssimo*, que a Argentina não está perto, está *pertíssimo*.

perturbado
Rege *com* ou *por* (desorientado, embaraçado; incomodado) e *de* (transtornado das faculdades mentais): *O presidente ficou visivelmente perturbado **com** (ou **por**) aquela pergunta do repórter. Sentir-se perturbado **com** o (ou **pel**o) barulho. Rapaz perturbado **d**os nervos.*

pesado
Rege *a* ou *para* (pessoa) e *de* (coisa): *Mala pesada **a** (ou **para**) uma criança, mas leve a um adulto. Estar pesado **de** sono. Morar num bairro pesado **de** crimes.*

pêsames ≠ condolências
Convém não confundir. Apresenta **pêsames** quem manifesta dor ou profundos sentimentos pela morte de alguém. Apresenta **condolências** quem manifesta dor ou profundos sentimentos não só pela morte de alguém, mas também por quaisquer circunstâncias desafortunadas ou desfavoráveis. Por ocasião da falência de uma firma ou empresa, podemos apresentar a seus diretores nossas *condolências*. A família de um morto recebe *pêsames* ou *condolências*; um diretor falido só recebe *condolências*, jamais "pêsames".

pesaroso
Rege *com* ou *de*: *Ficou pesaroso **com** a (ou **d**a) falta de reconhecimento do chefe.*

pesca
Rege *a* ou *de*: *Está proibida a pesca **a** (ou **de**) lagostas nesta época do ano.*

pescoço
Adj. corresp.: *cervical*. Portanto, *região do pescoço = região cervical*. Tanto o singular quanto o plural têm **o** tônico fechado.

"pés cúbicos"
Esta medida não é nossa; em português temos *litros*. Os refrigeradores brasileiros têm *litros*, e não "pés cúbicos". V. **polegadas**.

pese
Elemento que entra na locução prepositiva *em que pese a*. Pronuncia-se *pêze*, já que a palavra se relaciona com *pêsames*: ***Em que pese a**o temporal, chegamos bem a casa. O Palmeiras venceu bem, **em que pese a**o árbitro paraguaio. Elegeram o candidato do governo, **em que pese à** atual situação.* Muitos usam apenas "em que pese", esquecendo-se de que toda locução prepositiva termina por uma preposição.

pessoal
Exige o verbo no singular: *O pessoal já chegou. O pessoal ainda não veio. O pessoal não gostou do resultado.* Há certo tipo de pessoas que faz a concordância não com o que fala, mas com a idéia que a palavra representa: *O pessoal já "chegaram". O pessoal ainda não "vieram". O pessoal não "gostaram" do resultado.* V. **turma**.

pestana
Adj. corresp.: *ciliar*. Portanto, *depilação das pestanas = depilação ciliar*.

pestanejar
Sempre com **e** fechado: *pestanejo, pestanejas, pestaneja, pestanejamos, pestanejais, pestanejam* (pres. do ind.); *pestaneje, pestanejes, pestaneje, pestanejemos, pestanejeis, pestanejem* (pres. do subj.).

petulância
Rege *com* ou *para com* (pessoa) e *de* (verbo): *Sua petulância com* (ou ***para com***) *o professor lhe valeu uma suspensão. Ele teve a petulância de querer ensinar o pai-nosso ao vigário.*

petulante
Rege *com* ou *para com*: *Por ter sido petulante **com** (ou **para com**) o patrão, foi despedido.*

pezinho / pezão
Respectivamente, dim. e aum. de *pé*. O **e** soa aberto: *pèzinho, pèzão*.

pichação / pichar
São as formas corretas. Quem *picha* suja os muros limpos e as paredes alvas ou limpas dos edifícios; *pichação* é para desocupado, para vagabundo. Usa-se também em sentido figurado: *Ele **pichou** a ex-namorada para todos os rapazes da cidade, e a **pichação** fez com que ela nunca se casasse.*

picles
Palavra que só se usa no plural (*os picles*): *Comprei uns **picles** importados. São gostosos esses **picles**.*

picuinha
Rege *a* ou *contra*: *Ele gosta de fazer picuinha **a**os (ou **contra** os) vizinhos.*

piedade
Rege *com*, ou *de*, ou *para com*, ou *por*: *Ter piedade **com** os (ou **d**os, ou **para com** os, ou **pel**os) pobres. Os conquistadores espanhóis não tiveram nenhuma piedade **com** os (ou **d**os, ou **para com** os, ou **pel**os) nativos, principalmente no México.*

piedoso
Rege *com* ou *para com*: *Ser piedoso **com** (ou **para com**) os pobres.*

pierrô
Homem com fantasia carnavalesca, feita de calças e casaco bem-largos, enfeitados com pompons e gola franzida. Fem.: *pierrete* (o povo, no entanto, usa "a pierrô", por não ter aprovado tal forma).

pigarro
Note: rima com *cigarro*, mesmo porque cigarro provoca *pigarro*. Muita gente, no entanto, diz que está com "uma incômoda pigarra". Ora, *pigarra* é algo próprio de galináceos.

piloro
Orifício inferior do estômago pelo qual passam os alimentos para o duodeno, após a digestão gástrica. Pronuncia-se *pilóro*, embora haja quem diga e até recomende "pilôro".

piloti
Em português, sem *s* final: *o piloti, um piloti*. Muitos, no entanto, imitando o francês diz "o pilotis", "um pilotis".

piloto
Tanto o singular quanto o plural têm **o** tônico fechado. Fem.: *pilota*.

pintado
Rege *com*, *de* ou *em*: *Antigamente, só saíam das fábricas carros pintados **com** (ou **de**, ou **em**) preto. As mulheres usam hoje os cabelos pintados **com** (ou **de**, ou **em**) cores extravagantes.*

Pio X
Lê-se *Pio décimo*, embora haja quem diga *Pio "dez"*. V. **ordinais**.

pioneiro
Rege *de* ou *em*: *Freud foi o pioneiro **d**a (ou **n**a) psicanálise. Os pioneiros **d**o (ou **n**o) movimento ecológico devem ser enaltecidos.*

piorar "mais"
Visível redundância. Há quem, não satisfeito, piora "ainda mais"... V. **Não erre mais!**

pirambeira / perambeira
As duas formas existem.

pirata
Adj. corresp.: *predatório*. Portanto, *atos de pirata = atos predatórios*. Esta palavra, quando usada como adjetivo, por *falsificado* ou *fraudulento*, não varia: *fitas **pirata**, produtos **pirata**, edições **pirata***. V. **areia, bomba, cassete, chave, cinza, creme, esporte, gelo, jambo, laranja, monstro, padrão, pastel, relâmpago, surpresa, tampão** e **vinho**.

pirata ≠ corsário
Convém não confundir. **Pirata** era aquela pessoa aven-

tureira, que viajava pelos mares somente com o objetivo de roubar e pilhar outros navios. Hoje praticamente não existem *piratas*. **Corsário** era o comandante de navio, armado por particulares, com autorização do governo, para caçar navios mercantes de nações inimigas; era o *pirata* legal.

Pireneus
Cordilheira entre a França e a Espanha, que separa a península Ibérica do resto da Europa. Livros de Geografia costumam trazer "Pirineus". Adj. corresp.: *pirenaico* ou *pireneu* (de fem. *pirenéia*): *montes pirenaicos; paisagem pirenéia*.

pirraça
Rege *a* ou *contra*: *É um deputado que gosta de fazer pirraça* **a***o* (ou **contra** *o*) *governo. Não fazer pirraça* **a***os* (ou **contra** *os*) *vizinhos: eis um mandamento prudente*.

pisado
Rege *de* ou *por*: *Este é um solo pisado* **d***o* (ou **pel***o*) *Papa*.

pisar
No português contemporâneo, é verbo transitivo direto ou transitivo indireto, indiferentemente (passar ou andar por cima de): *É proibido pisar a* (ou **n***a*, ou **sobre** *a*) *grama. Cuidado para não pisar o* (ou **n***o*, ou **sobre** *o*) *meu calo!*

piso "mínimo"
Expressão muito usada em economia, mas redundante: em *piso* já existe a idéia de *mínimo*. V. **teto "máximo"**.

pista
Rege *de* (encalço) e *acerca de*, ou *a respeito de*, ou *em relação a*, ou *quanto a*, ou *sobre* (informação): *A polícia está na pista* **d***os seqüestradores. Não há por enquanto nenhuma pista* **acerca d***os* (ou **a respeito d***os*, ou **em relação a***os*, ou **quanto a***os*, ou **sobre** *os*) *assaltantes*.

píteça
Aportuguesamento legítimo (embora não oficial) do italiano *pizza*. A forma *piteçaria* corresponde a *pizzaria*. V. **Não erre mais!**

pituíta
Humor branco e viscoso que vem do nariz e dos brônquios. Note: com acento no segundo **i**.

pivô
É sempre nome masculino (atleta que arma as jogadas para a conclusão dos companheiros, no futebol de salão e no basquete), ou seja, usa-se *o pivô* tanto para o homem quanto para a mulher: *Paula era* **o** *pivô da equipe*.

placar
Pl.: *placares*. Evite escrever "placard".

plágio / plagiado
Regem *a* ou *de*: *Aumentam cada dia mais os plágios* **a** (ou **de**) *certos autores. Ele usa uma didática plagiada* **a** (ou **de**) *outro professor*.

plancha / prancha
As duas formas existem. V. **variantes** (**formas**).

planejar
Sempre com **e** fechado: *planejo, planejas, planeja, planejamos, planejais, planejam* (pres. do ind.); *planeje, planejes, planeje, planejemos, planejeis, planejem* (pres. do subj.).

planejar "primeiro" / planejar "antes"
Visíveis redundâncias. Muita gente, no entanto, vive dizendo que é preciso planejar "primeiro", para depois agir, que é preciso planejar "antes", para não quebrar a cara. Que mal lhe pergunte, caro leitor: Pedro Bó ainda existe?...

plano ≠ projeto
Convém não confundir. **Plano** é a linha de conduta precisa, traçada por etapas, a fim de se atingir um objetivo: *um* **plano** *de fuga, um* **plano** *do governo para erradicar a fome*. **Projeto** é a intenção vaga, relacionada com coisas afastadas no tempo. A pessoa que tem um *plano* de viagem, viaja e goza as suas delícias; a que tem um *projeto* de viagem, sabe-se lá quando vai poder realizá-la. Mulheres casadoiras gostam de ouvir *planos*, e não "projetos".

planos "para o futuro"
Visível redundância: alguém já fez planos "para o passado"?

plantel
Há certos jornalistas esportivos que acham (eles sempre "acham") e andam divulgando (com que autoridade?) que esta palavra não pode ser aplicada a jogadores de futebol, mas apenas a cavalos. Raciocínio eqüino. A palavra pode ser usada para designar grupo de atletas profissionais de alto nível técnico. Houve um tempo, lá pelos idos de 1996, que o Palmeiras tinha um *plantel* de respeito.

Platão
Adj. corresp.: *platônico*. Portanto, *filosofia de Platão* = *filosofia platônica*.

plebiscito
Rege *sobre*: *Por que o Brasil não faz um plebiscito* **sobre** *a pena de morte?*

plebiscito "popular"
Visível redundância. A palavra *plebiscito* já traz a idéia de povo (*plebs, pleb-*). Há quem use "plesbicito".

plebiscito ≠ referendo
Convém não confundir. **Plebiscito** é uma consulta que se faz ao povo, para que se pronuncie sobre uma questão de interesse nacional, antes da elaboração de qualquer re-

solução ou lei acerca da matéria. **Referendo** é a consulta que se faz ao povo para que aprove ou não a efetivação de uma resolução, tornando-se lei, em caso de aprovação. A um *referendo* corresponde uma resolução ou lei a ser aprovada ou rejeitada; o *plebiscito* supõe um propósito, uma intenção de adotar uma resolução ou de elaborar uma lei, segundo a expressão da vontade popular.

pleito ≠ preito

Convém não confundir. **Pleito** é controvérsia judicial, é litígio. Também eleição para cargos públicos, sufrágio eleitoral: *No último **pleito**, muitos deputados não se reelegeram.* **Preito** é homenagem: *O Palmeiras precisa render **preito** a Ademir da Guia para todo o sempre, em razão da mestria e conquistas do jogador e, sobretudo, do caráter do homem.*

pletora

Pronuncia-se *pletóra*.

plural de modéstia

Emprego da primeira pessoa do plural (*nós*) no lugar da correspondente do singular (*eu*), por modéstia da parte de quem fala ou escreve: *Estamos conscientes de nossa responsabilidade perante a população, disse o prefeito. Fomos **recebido** pelo presidente. Ficamos-lhe **grato** pelo seu esforço.* Note que o particípio ou o adjetivo pode ficar no singular.

plural majestático

Uso do pronome *nós* por *eu* ou de *vós* por *tu* por autoridades, para denotar respeito em relação ao interlocutor: *Brasileiros, estamos aqui para ouvir suas reivindicações.* (Quando fala o presidente da República.) *Quem sois vós, que me abordastes de forma tão carinhosa?*

pluri-

Não exige hífen: *plurianual, pluripartidário, plurissecular, plurisseriado*, etc.

pneu

No português do Brasil, apesar do *p* não ser apoiado em vogal, todos dizemos *peneu*. Os portugueses, contudo, dizem *p'neu*. (Mas também fura...)

pneumático / pneumonia

Convém dizer sempre *p'neumático, p'neumonia*, mas muitos preferem mesmo comprar "peneumático" e sofrer de "peneumonia".

pó

Adj. corresp.: *pulveroso, pulverulento* ou *poeirento*. Portanto, *chão cheio de pó = chão **pulveroso** (ou **pulverulento** ou **poeirento**).* Existe ainda *pulvéreo*, usado mais em poética: *No chão **pulvéreo** pôs ela seus delicados pés.*

pó ≠ poeira

Convém não confundir. **Pó** é o estado de um corpo reduzido a tenuíssimas partículas de terra seca, ou de qualquer outra substância em suspensão ou depositada sobre os corpos: *o **pó** dos móveis, o **pó** dos livros.* Por analogia, também se usa ***pó** de café, canela em **pó***, etc. **Poeira** é a terra seca pulverizada, levantada pelo vento ou por algum veículo que passa, geralmente em rua ou estrada de terra. Quando um prédio rui, a *poeira* toma conta da paisagem. Quando um ônibus nos ultrapassa numa estrada rural, levanta muita *poeira*. O *pó* faz mal à saúde, porque contém microrganismos de todos os tipos; a *poeira* nem tanto, faz mais sujar a roupa, os cabelos, o rosto e tudo o que por ela é alcançado.

pobre

Rege *de* ou *em*: *País pobre **de** (ou **em**) petróleo. Organismo pobre **de** (ou **em**) vitaminas. Pessoa pobre **de** (ou **em**) idéias.*

pobretão

O primeiro **o** soa aberto: *pòbretão*.

poça

Pronuncia-se *pôça*: *enfiar o pé na **poça** d'água*. Mas há quem prefira dizer "póça", pronúncia que recebeu influência da forma verbal *possa* e tem até registro em dicionários. Se a palavra tem origem em *poço* (com alteração da vogal temática), a pronúncia mais coerente é mesmo aquela que dá ao *o* timbre fechado.

poça d'água / poça de água / poça dágua

As três formas de escrever são aceitas, assim como *copo d'água, copo de água* e *copo dágua*.

poço

No plural, o **o** tônico é aberto. Dim. pl.: *pòcinhos*.

pôde

Acentua-se esta forma do pretérito perfeito, para diferençar da forma correspondente do presente: *Ontem ela **pôde** vir, mas hoje ela não pode.*

poder

Conj.: *posso, podes, pode, podemos, podeis, podem* (pres. do ind.); *podia, podias, podia, podíamos, podíeis, podiam* (pret. imperf.); *pude, pudeste, pôde, pudemos, pudestes, puderam* (pret. perf.); *pudera, puderas, pudera, pudéramos, pudéreis, puderam* (pret. mais-que-perf.); *poderei, poderás, poderá, poderemos, podereis, poderão* (fut. do pres.); *poderia, poderias, poderia, poderíamos, poderíeis, poderiam* (fut. do pret.); *possa, possas, possa, possamos, possais, possam* (pres. do subj.); *pudesse, pudesses, pudesse, pudéssemos, pudésseis, pudessem* (pret. imperf.); *puder, puderes, puder, pudermos, puderdes, puderem* (fut.); *poder, poderes, poder, podermos, poderdes, poderem* (infinitivo pessoal); *poder* (infinitivo impessoal); *podendo* (gerúndio); *podido* (particípio). Em razão do seu próprio significado, não tem imperativo.

poeta

Fem.: *poetisa*. Há certo tipo de pessoas que anda usando *poeta* em referência à mulher que faz poemas de alto nível. É a geração da cruzinha no vestibular chegando ao mercado de trabalho, para desespero de todos nós. V. **Não erre mais!**

polegada
Assim como *pés cúbicos*, não é medida nossa. No Brasil se usará de preferência *centímetros*: *Seu televisor é de quantos **centímetros**?*

poleiro
Apesar de ser assim, muitos ainda querem que as galinhas durmam no "puleiro".

pólen / polem
Ambas as grafias existem; a primeira é a mais usada; a segunda é a mais aconselhável. Qualquer delas faz no plural *polens* (sem acento). Adj. corresp.: *polínico*. Portanto, *saco de pólen = saco polínico*.

poli-
Não exige hífen: *poliacústico, policelular, policultura, poliencefalite, poliinfecção, polirrítmico, polissacarídeo*, etc. Recomenda-se abrir o **o**: *póli*.

polido / polidez
Regem *com* ou *para com* (pessoa) e *de* ou *em* (em contração; pessoa): *Ser polido **com** (ou **para com**) as visitas. Homem polido **de** (ou **n**as) maneiras. Mulher polida **de** (ou **n**o) trato. Sua polidez **com** (ou **para com**) as visitas era de todos notada. A polidez **de** (ou **n**as) maneiras de um cavalheiro. A polidez **de** (ou **n**o) trato de uma dama.*

pólipo
Note: é palavra proparoxítona.

polir
Conj.: *pulo, pules, pule, polimos, polis, pulem* (pres. do ind.); *pula, pulas, pula, pulamos, pulais, pulam* (pres. do subj.). ***Pulo** o carro com boa massa, você não **pule**? **Pula** meu carro com algodão, e não com estopa! Disseram que vocês **pulem** seus objetos de prata diariamente. É verdade?*

político
Fem.: *política*.

pólo / pólos
Com acento: ***pólo** Norte, **pólo** negativo, **pólos** de desenvolvimento.*

pomar "de frutas"
Visível redundância.

pombo / pomba
Adj. corresp.: *columbino*. Portanto, *arrulhos de pombo = arrulhos columbinos; excrementos de pomba = excrementos columbinos*.

pombo-correio
Pl.: *pombos-correios* (tem preferência, no português contemporâneo a *pombos-correio*). A regra para a formação de compostos formados de substantivo + substantivo preceitua o seguinte: quando o segundo elemento aparecer com a função de limitar a idéia do primeiro, indicando qualidade, finalidade, semelhança, etc., pode ser flexionado apenas o primeiro elemento. Daí termos: **bananas**-*maçã* (o segundo substantivo indica qualidade), **papéis**-*moeda* (o segundo substantivo indica finalidade), **homens**-*rã* (o segundo substantivo indica semelhança). Ocorre que, às vezes, se torna muito difícil, mesmo para os mais abalizados estudiosos, saber se o segundo elemento exerce ou não a função de limitação da idéia contida no primeiro elemento. Sempre se recomendou, p. ex., o plural *couves-flores* ou *porcos-espinhos*. Mas como não ver nesses segundos elementos um termo limitador? Por isso, preferimos flexionar, nesse caso, ambos os elementos, evitando dessa forma querelas insignificantes e inúteis.

poncã
Apesar de ser assim, há muita gente que continua chupando "pocã" e também "ponkan".

ponte levadiça
Apesar de ser assim, muitos passam por ponte "elevadiça".

pontiagudo
Apesar de ser assim, há muita gente que prefere não remover gelo do congelador com objetos "ponteagudos".

ponto
Os títulos devem terminar por ponto? Não necessariamente. Assim, manchetes de jornais e revistas podem vir assim: *Tempestade no Pacífico.* Ou apenas *Tempestade no Pacífico* (sem o ponto). *Regência verbal.* Ou apenas *Regência verbal* (sem o ponto). Sobre o uso de ponto ou não nos números, v. **números e pontuação**. V., ainda, **ao ponto de** e **CEP**.

ponto abreviativo
V. **ponto final**.

ponto de exclamação
Sem hífen.

ponto de interrogação
Sem hífen.

ponto-de-venda
Com hífen. Pl.: *pontos-de-venda*.

ponto de vista

Sem hífen. Rege *acerca de*, ou *a respeito de*, ou *a propósito de*, ou *de*, ou *em relação a*, ou *quanto a*, ou *sobre*: *Todos conhecem meu ponto de vista **acerca d**essa* (ou ***a respeito d**essa*, ou ***a propósito d**essa*, ou *dessa*, ou ***em relação a** essa*, ou ***quanto a** essa*, ou ***sobre** essa*) *questão*.

ponto-e-vírgula

Com hífen. Pl.: *ponto-e-vírgulas*. Há que se distinguir *ponto e vírgula* (.,) de *ponto-e-vírgula* (;), assim como distintos são *dois pontos* (..) e *dois-pontos* (:).

ponto final

Não se usa ponto final quando o período termina por ponto abreviativo: *Comprei lápis, caneta, borracha, caderno, etc.* (E não "etc..") *Isso aconteceu no séc. I a.C.* (E não: "a.C..") *Existem animais que mudam de cor, como o camaleão, p. ex.* (E não: "p. ex..")

popeline / popelina

As duas formas existem, mas a língua cotidiana tem dado preferência à primeira, que é galicismo puro.

popular ≠ popularesco

Convém não confundir. **Popular** é do povo ou que tem popularidade: *voto popular; político popular*. **Popularesco** é do povo, mas no sentido vulgar; é o mesmo que ordinário, de mau-gosto: *A música sertaneja é **popularesca***.

pôr

Conj.: *ponho, pões, põe, pomos, pondes, põem* (pres. do ind.); *punha, punhas, punha, púnhamos, púnheis, punham* (pret. imperf.); *pus, puseste, pôs, pusemos, pusestes, puseram* (pret. perf.); *pusera, puseras, pusera, puséramos, puséreis, puseram* (pret. mais-que-perf.); *porei, porás, porá, poremos, poreis, porão* (fut. do pres.); *poria, porias, poria, poríamos, poríeis, poriam* (fut. do pret.); *ponha, ponhas, ponha, ponhamos, ponhais, ponham* (pres. do subj.); *pusesse, pusesses, pusesse, puséssemos, pusésseis, pusessem* (pret. imperf.); *puser, puseres, puser, pusermos, puserdes, puserem* (fut.); *põe* (tu), *ponha* (você), *ponhamos* (nós), *ponde* (vós), *ponham* (vocês) [imperativo afirmativo]; *não ponhas* (tu), *não ponha* (você), *não ponhamos* (nós), *não ponhais* (vós), *não ponham* (vocês) [imperativo negativo]; *pôr, pores, pôr, pormos, pordes, porem* (infinitivo pessoal); *pôr* (infinitivo impessoal); *pondo* (gerúndio); *posto* (particípio). Este verbo possui muitos derivados, que por ele se conjugam: *apor, compor, depor, dispor, expor, impor, opor, propor, repor, sobrepor, supor, transpor*, etc.

por cada

Podemos evitar, muitas vezes, esta cacofonia; outras vezes não. Evitável: *Paguei dez reais por cada limão.* (Basta retirar "cada".) Inevitável: *Vou lutar por cada centavo que me cabe por direito.* Não nos devemos preocupar, contudo, com as cacofonias, mas sim com os cacófatos. V. **cacófato**.

"por causa que"

É comum encontrarmos esta "locução" na língua popular; preferível será usar *porque, visto que* ou *porquanto*: *Não saí **porque** estava chovendo. Não casei com ela **visto que** não me inspirava confiança. Não comprei o livro **porquanto** não tinha dinheiro.* (Tudo sem vírgula, porque se trata de orações causais.) Há gente mais corajosa que, além de "por causa que" usa "por causo que". Um dicionário recém-publicado registra ambas as "locuções". Ainda que o tenha feito com a ressalva de *informal*, merece reparos. Não se elabora dicionário para registrar todas as sandices da língua popular. Fosse assim, por que não registrar também "questã", "menas", "mendingo", "mortandela", etc.? Leia, caro leitor, o que afirmamos sobre esse dicionário no **Não erre mais!**, precisamente no item *Um "tira-teima"*.

porco

Adj. corresp.: *suíno* e *porcino*. Portanto, *carne de porco = carne suína; criação de porcos = criação porcina*. No plural, o **o** tônico é aberto: *pórcos*. No dim. pl.: *pòrquinhos*.

pôr do Sol

É assim que se grafa esta expressão, ou seja, sem hífen e com **S** maiúsculo. Admite-se, ainda, o **s** minúsculo. Quem escreve, registra ou recomenda a grafia "pôr-do-sol" tem de ser coerente e escrever, registrar e recomendar também a grafia "nascer-do-sol". Quem o faz?

porejar

Sempre com **e** fechado: *porejo, porejas, poreja, porejamos, porejais, porejam* (pres. do ind.); *poreje, porejes, poreje, porejemos, porejeis, porejem* (pres. do subj.). Significa, como transitivo direto: expelir ou verter pelos poros: *Ele **poreja** suor fétido*.

por isso

Não existe "porisso". Por isso, escreva sempre *por isso*.

por nada

V. **obrigado**.

por ora ≠ por hora

Convém não confundir. **Por ora** é por agora, por enquanto: *Chega, **por ora**, de viagens*. **Por hora** é por sessenta minutos: *trabalhar **por hora**, ganhar **por hora***.

por oportuno

Expressão legítima, que tem o verbo *ser* oculto (*por ser oportuno*): ***Por oportuno**, comunico meu novo endereço: Rua da Paz, 300*.

por procuração

Abrev.: *p.p.*, e não "pp.".

por que ≠ por quê

Convém não confundir. **Por que** equivale a pelo qual (*esse é o motivo **por que** o demiti*), a por que motivo (*não sei **por que** ela fez isso; **por que** estás triste?*), a por qual (*não sei **por que** estrada eles foram*) e quando a preposição *por* é uma exigência de um nome relativo (*estar ansioso **por que** chegue o final do ano*). Quando *por que* se substitui por *pelo qual* (e variações) ou *razão pela qual*, também são duas as palavras que se usam: *Não sei o motivo **por que** eles se separaram. Ela chorou; daí **por que** o filho não gostou.* Quando em final de frase, usa-se *por quê*: *Eles o demitiram **por quê**? Ela fez isso, não sei **por quê**.* Nas interrogações, usa-se *por que*: ***Por que** você fez isso?* Na resposta, emprega-se *porque*: ***Porque** eu quis.* V. **porque ≠ porquê**.

porque ≠ porquê
Convém não confundir. **Porque** é conjunção ou palavra denotativa de realce: *Estou triste, **porque** perdi o emprego. Quando todos pensam da mesma forma, é **porque** nenhum pensa grande coisa.* **Porquê** é substantivo e equivale a motivo, razão: *Não sei o **porquê** de ela ter feito isso. As crianças gostam de saber o **porquê** de tudo.* V. **por que ≠ por quê**.

porta-aviões
Sempre: *o porta-**aviões**, um porta-**aviões***. Nunca: "o porta-avião", "um porta-avião".

porta-escovas
Sempre: *o porta-**escovas**, um porta-**escovas***. Nunca: "o porta-escova", "um porta-escova".

porta-guardanapos
Sempre: *o porta-**guardanapos**, um porta-**guardanapos***. Nunca: "o porta-guardanapo", "um porta-guardanapo".

porta-jóias
Sempre: *o porta-**jóias**, um porta-**jóias***. Nunca: "o porta-jóia", "um porta-jóia".

porta-jornais
Sempre: *o porta-**jornais**, um porta-**jornais***. Nunca: "o porta-jornal", "um porta-jornal".

porta-lenços
Sempre: *o porta-**lenços**, um porta-**lenços***. Nunca: "o porta-lenço", "um porta-lenço".

porta-luvas
Sempre: *o porta-**luvas**, um porta-**luvas***. Nunca: "o porta-luva", "um porta-luva".

porta-malas
Sempre: *o porta-**malas**, um porta-**malas***. Nunca: "o porta-mala", "um porta-mala".

porta-moedas
Sempre: *o porta-**moedas**, um porta-**moedas***. Nunca: "o porta-moeda", "um porta-moeda". Da mesma forma: *porta-níqueis*.

porta-retratos
Sempre: *o porta-**retratos**, um porta-**retratos***. Nunca: "o porta-retrato", "um porta-retrato".

porta-revistas
Sempre: *o porta-**revistas**, um porta-**revistas***. Nunca: "o porta-revista", "um porta-revista".

porta-seios
Sempre: *o porta-**seios**, um porta-**seios***. Nunca: "o porta-seio", "um porta-seio".

porta-toalhas
Sempre: *o porta-**toalhas**, um porta-**toalhas***. Nunca: "o porta-toalha", "um porta-toalha".

porta-trecos
Sempre: *o porta-**trecos**, um porta-**trecos***. Nunca: "o porta-treco", "um porta-treco". *Porta-trecos* é a peça da lateral interna inferior da porta dos automóveis, destinada a conter pequenos objetos, flanelas, etc.

porto
No plural, tem **o** tônico aberto. Dim. pl.: *pòrtinhos*.

Porto
Nome de família. Pl.: os *Portos* (ô).

português ≠ Português
Convém não confundir: **português** é apenas o nome de um idioma, assim como *inglês, francês, alemão, japonês,* etc. **Português** é nome de disciplina escolar: *Aprendi muito **português** com aquele professor de **Português***.

portuguesmente
Todos os adjetivos que recebem o sufixo *-mente* devem estar no feminino, com exceção dos que terminam em *-ês* e em *-or*. Portanto: *portuguesmente, cortesmente, superiormente*, etc.

porventura
É assim que se grafa esta palavra, mas alguns escrevem "por ventura". Significa *por acaso*: *Se, **porventura**, ela aparecer por aqui, diga que parti, que não lhe quero mais, por isso não a quero mais. **Porventura**, sabias disso?*

por via de regra
É esta a expressão que devemos usar como equivalente de *em geral, geralmente, normalmente, de maneira geral*: ***Por via de regra**, a economia só sente os efeitos de uma redução da taxa de juros depois de seis meses. O vinho, **por via de regra** fruto da fermentação do suco de uva, era a principal bebida dos bárbaros. Os taurinos por via de regra têm bom físico, propensão a dores de cabeça e de estômago, são de estatura mediana e mostram tendência à obesidade. A responsabilidade civil estabelece em nosso país, **por via de regra**, que aquele que causar dano a outrem deve ressarci-lo por estes prejuízos.* Todas essas frases foram colhidas em periódicos com a condenável redução "via de regra" que, por via de regra, tem uso apenas na pena e na boca de incautos.

possível

Quando acompanha *o mais, o menos, o maior, o menor*, etc., não varia: *Traga cervejas o mais geladas **possível**. Ela queria filhos o menos problemáticos **possível**. Os cambistas compram o maior número de ingressos **possível**. Quero ver essas pessoas o mais distantes **possível** de meus filhos.* Se o artigo estiver no plural, ocorrerá variação: *As notícias são **as** melhores **possíveis**. Procurei trazer da feira **os** maiores melões **possíveis**. Quero beber cervejas **as** mais geladas **possíveis**.* V. **quanto possível**.

possível ≠ provável

Convém não confundir. Algo é **possível** quando pode acontecer ou quando pode ser praticado. Algo é **provável** quando apresenta probabilidade de acontecer. Um terremoto de grandes proporções, no Brasil, é *possível* acontecer, mas não "provável". É *possível* que a água dos oceanos cubra toda a superfície terrestre, mas não é "provável" que isso venha a ocorrer. *Possível* é até os nossos jornalistas escreverem razoavelmente...

possuído

Rege *de* ou *por*: *Rapaz possuído **de** (ou **por**) boas intenções. Garota possuída **d**o (ou **pel**o) demônio.*

possuir ≠ ter

Convém não confundir. **Possuir** é estar de posse daquilo de que se pode dispor a qualquer momento. **Ter** é ser proprietário ou senhor legítimo da coisa, é ter o completo domínio da coisa. Podemos *ter* muito dinheiro no banco, mas de repente não *possuir* nenhum sequer para tomar um café. Os sem-terras não *têm* quinhão, mas vivem *possuindo* terras. *Possuir* tem mais a ver com posse do que com propriedade. Como o povo confunde os dois conceitos, usa um pelo outro.

postar-se ≠ prostrar-se

Convém não confundir. **Postar-se** é colocar-se, permanecer por muito tempo: *postar-se à direita de alguém*. **Prostrar-se** é curvar-se ou humilhar-se: *prostrar-se ante uma imagem santa; prostrar-se aos pés da mulher amada, pedindo perdão.*

pôster

Pl.: *pôsteres*.

posterior ≠ seguinte ≠ subseqüente ≠ ulterior

Convém não confundir. **Posterior** é que vem ou está depois de algo: *O telejornal era sempre posterior e anterior a novelas*. **Seguinte** é que vem depois de coisa da mesma espécie ou natureza: *dia seguinte, página seguinte, programa seguinte*. **Subseqüente** é o seguinte que aparece como conseqüência ou efeito do anterior: *O soco que ele deu no rapaz foi a causa do **subseqüente** direto de direita que o levou a nocaute*. **Ulterior** é que há de vir: *Continuaremos este assunto na aula **ulterior**. No capítulo **ulterior** da telenovela haverá ainda mais emoções*.

posto

No plural, tem **o** tônico aberto. Dim. pl.: *pòstinhos*.

posto isto

V. **isto posto**.

posto que

Esta locução conjuntiva equivale a *embora, apesar de que*, e não a "porque": *Viajei, **posto que** chovesse. O preço dos automóveis subiu, **posto que** não houvesse nenhuma razão para tal. Ortografia correta é uma combinação aceitável, **posto que** redundante*. Há quem construa assim, principalmente advogados malformados: *Não viajei, "posto que" choveu. O preço dos automóveis subiu, "posto que" a inflação continua alta.*

postulante

Rege *a*: *Os postulantes **a** cargos públicos deveriam passar por um crivo de competência.*

postura

Rege *ante*, ou *diante de*, ou *em face de*, ou *perante*, ou *sobre*: *A postura do governo **ante** o (ou **diante d**o, ou **em face d**o, ou **perante** o, ou **sobre** o) escândalo é incompreensível.*

pouca-vergonha

Pl.: as *poucas-vergonhas*.

pouco-caso

Pl.: os *poucos-casos*.

poupado

Rege *a* ou *de*: *É um governo poupado **a** (ou **de**) críticas por certo setor da imprensa.*

poupar

Sempre com **ou** fechado: *poupo, poupas, poupa, poupamos, poupais, poupam* (pres. do ind.); *poupe, poupes, poupe, poupemos, poupeis, poupem* (pres. do subj.). Há quem diga "pópo", "pópa". Este verbo rege *a*, e não "de": *Ele poupou o pai **a** mais um desgosto. O presidente queria poupar o país **a** mais um vultoso empréstimo externo. O destino, infelizmente, não quis me poupar **a** mais essa desgraça*. Podemos construir, ainda: *Ele poupou **a**o pai mais um desgosto. O presidente queria poupar **a**o país mais um vultoso empréstimo externo. O destino, infelizmente, não quis me poupar mais essa desgraça.* Ou seja: podemos poupar alguém a alguma coisa ou poupar a alguém alguma coisa.

pouquíssimo

Em rigor, pronomes não têm grau, mas admite-se, em casos de ênfase, o uso de *pouquíssimo*: *Você tem **pouquíssimas** chances de vencer.*

pousado

Rege *em* ou *sobre*: *Avião pousado **em** (ou **sobre**) território inimigo. Galinhas pousadas **n**o (ou **sobre** o) poleiro.*

pousar

Sempre com **ou** fechado: *pouso, pousas, pousa, pousamos, pousais, pousam* (pres. do ind.); *pouse, pouses, pouse, pousemos, pouseis, pousem* (pres. do subj.). *Este avião **pousa** suavemente. **Pousa** ou não **pousa**? Espero que essa mosca não **pouse** na minha sopa.*

povo

No plural, o **o** tônico soa aberto. Dim. pl.: *pòvinhos*.

povo ≠ nação

Convém não confundir. **Povo** é o conjunto dos habitantes de um país, que vivem sob a mesma lei e o mesmo governo: *o **povo** brasileiro, o **povo** alemão*. **Nação** é o conjunto de pessoas de mesma origem, mesma língua, mesmos costumes, mesmas tradições, etc. Pode existir sem mesmo ter território, ou seja, sem ter Estado. Não podemos falar, hoje, 2004, em "povo" palestino nem muito menos em "povo" curdo, mas apenas em *nação* palestina, em *nação* curda.

povoado

Rege *de* ou *por*. *Arquipélago povoado **de** (ou **por**) aves raras.*

pra

Redução de *para* e contração de *para a*. Sempre sem acento, por se tratar de monossílabo átono: *Eu vou **pra** Maracangalha, eu vou. A promessa foi **pras** calendas gregas.* V. **"pa"** (por pra) e **pro**.

praça

Logradouro público. Abrev.: *pç.* (com o ponto). *Moro na **Pç.** da Árvore*. Na acepção de policial ou soldado(a) é nome comum de dois gêneros: **Um** *praça PM morreu na operação de ontem. **A** praça PM Luísa de Sousa está de plantão.*

praça ≠ largo

Convém não confundir. **Praça** é o logradouro público espaçoso, cheio de edifícios, geralmente ajardinado, no qual desembocam várias ruas: **Praça** *Quinze*, **Praça** *da Sé*, **Praça** *da República*. **Largo** é a pequena praça, formada às vezes pelo alargamento de uma rua ou qualquer de seus trechos: **Largo** *do Paiçandu*, **Largo** *da Carioca*, **Largo** *2 de Julho*.

prado

Adj. corresp.: *pratense*. Portanto, *vegetação do prado = vegetação pratense*.

praga

Rege *a* ou *contra*: *Rogar praga **a** (ou **contra**) um ex-namorado*.

praguejar

Sempre com **e** fechado: *praguejo, praguejas, pragueja, praguejamos, praguejais, praguejam* (pres. do ind.); *pragueje, praguejes, pragueje, praguejemos, praguejeis, praguejem* (pres. do subj.).

prata

Adj. corresp. (fig.): *argênteo* e *argentino*. Portanto, *luar de prata = luar argênteo; voz de prata = voz argentina*. O primeiro é mais usado em poética.

prazer

Rege *com* ou *por* (nome) e *de* ou *em* (verbo): *Sentir prazer **com** (ou **por**) uma visita. Sentir prazer **de** (ou **em**) conhecer alguém.*

prazeroso / prazerosamente

Apesar de ser assim, há muita gente que, "prazeirosa", continua usando "prazeirosamente".

pre- / pré-

A forma inacentuada se usa nas palavras mais antigas do idioma, quase sempre sem o auxílio de hífen, enquanto a outra se emprega não só nas palavras mais recentes, como também para diferençar certas palavras homógrafas, como *prejuízo* e *pré-juízo*, *preocupado* e *pré-ocupado* (distinção não reconhecida oficialmente) e sempre com hífen. Eis alguns exemplos do primeiro caso: *precondição, predeterminar, predisposição, preexistente*. Eis alguns exemplos do segundo caso: *pré-adolescente, pré-amplificador, pré-antepenúltimo, pré-aposentadoria, pré-aquecimento, pré-barroco, pré-burguês, pré-cálculo, pré-câncer, pré-carnaval, pré-científico, pré-clássico, pré-coital, pré-colombiano, pré-colonial, pré-coma, pré-consciente, pré-contrato, pré-cozido, pré-cristão, pré-datar, pré-elaboração, pré-eleitoral, pré-encolhido, pré-erupção, pré-escola, pré-escolhido, pré-escrito, pré-estréia, pré-excitação, pré-fabricado, pré-fala, pré-fixar* (fixar com antecipação); *pré-formar, pré-frontal, pré-glacial, pré-gravar, pré-habilitar, pré-história, pré-humano, pré-ignição, pré-imperial, pré-inaugural, pré-industrial, pré-juízo* (juízo falso); *pré-lançamento, pré-latino, pré-lavagem, pré-leitura, pré-letrado, pré-literário, pré-matrícula, pré-maxilar, pré-médico, pré-metrô, pré-militar, pré-misturado, pré-modernismo, pré-molar, pré-moldado, pré-montado, pré-natal, pré-nupcial, pré-ocupado* (ocupado antecipadamente: edifício *pré-ocupado*), *pré-olímpico, pré-operatório, pré-oral, pré-palatal, pré-palato, pré-parto, pré-primário, pré-produção, pré-profissional, pré-programar, pré-puberdade, pré-publicação, pré-qualificação, pré-reformista, pré-renal, pré-renascentista, pré-republicano, pré-requisito, pré-retal, pré-romano, pré-romântico, pré-saber, pré-selecionar, pré-seletor, pré-senil, pré-seriar, pré-simbolista, pré-socialista, pré-socrático, pré-temporada, pré-tensionador, pré-teste, pré-traçar, pré-venda, pré-vertebral, pré-vestibulando, pré-vestibular, pré-vocacional, pré-vocálico*, etc. Não sendo tônico o **e** do prefixo, não haverá a hifenização: *preadaptar, preadivinhar, prealegar, preamar, preanunciar, preaquecedor, precessão, precogitar, preconceito, precondição, precordial, predefinição, predefunto, predeterminar, predizer, preeminente, preespírito, preestabelecer, preestipulado, preexcelência, preexcelso, preexistir, preformação, prejulgar, prenoção, prenome, prenominar, prenotar, preordenar, pressupor, pressurizador* e *previver*. Antôn.: *pos-* e *pós-*.

preá

Havia antigamente muita vacilação acerca do gênero

deste nome, mas acabou fixando-se o masculino: *o preá*. Trata-se de substantivo epiceno: a distinção de sexo do animal se faz mediante o emprego das palavras macho e fêmea (*o preá macho, o preá fêmea*).

preamar

Pronuncia-se *preamár* (com **e** fechado): não há prefixo nesta palavra.

preâmbulo ≠ prefácio ≠ prólogo

Convém não confundir. **Preâmbulo** é um pequeno rodeio que precede discurso, narrativa, livro, etc. **Prefácio** é uma pequena introdução de livro na qual seu autor expõe ao leitor as informações que julga necessárias, da matéria que nele vai tratar. **Prólogo** é uma pequena nota ou esclarecimento ao leitor da matéria de que se vai tratar, do modo como foi concebida a obra, etc. A diferença entre *prefácio* e *prólogo* está em que no primeiro se informa; no segundo se instrui.

precário

Superl. sint.: *precariíssimo*. *Todo o mundo sabe das condições* **precariíssimas** *das estradas brasileiras. Foi removido para a capital, em razão do seu* **precariíssimo** *estado de saúde.* Equivocam-se os gramáticos que aceitam a forma "precaríssimo", que não mereceu registro nem mesmo no dicionário do entulho e dos equívocos.

precaver

No presente do indicativo só possui as formas *precavemos* e *precaveis*. Como lhe falta a primeira pessoa do singular do presente do indicativo, por conseqüência, falta-lhe também todo o presente do subjuntivo, que deriva daquela pessoa. Portanto, não existem as supostas formas "precavejo", "precaveja", "precavejam", "precavenho", "precavenha", "precavenham", etc. Daí por que não tem cabimento usar: *Espero que você se precaveja* (ou *se precavenha*) *desse mal*. Suprem-se suas falhas com as formas dos sinônimos *prevenir* e *precatar*. Sobre verbos e seus segredos, consulte **Nossa gramática**.

precavido

Rege *contra* e *de* (nome ou pronome) e *para* (verbo ou pronome substantivo): *A juventude está mesmo precavida* **contra** *a* (ou **da**) *sida? Estamos precavidos* **contra** (ou **de**) *qualquer contratempo. Estou precavido* **contra** *isso* (ou **disso**). *Povo precavido* **para** *enfrentar furacões. Estar precavido* **para** *o que der e vier. Estamos precavidos* **para** *tudo*.

precedente ≠ antecedente

Convém não confundir. **Precedente** é que vem anteriormente e imediatamente, sem idéia de influência ou causa: *O número 3 é* **precedente** *de 4. Sábado é* **precedente** *de domingo*. **Antecedente** é que vem anteriormente, mas influindo, sendo causa: *A droga* **antecedente** *é que lhe causou problemas*.

preceder

É transitivo direto ou transitivo indireto, indiferentemente: *O artigo precede o* (ou **a**o) *substantivo. A tempestade precede a* (ou **à**) *bonança. A tristeza precede o* (ou **a**o) *tédio. Não sei quem o* (ou **lhe**) *precedeu na direção da empresa*.

precedido

Rege *de* ou *por*: *A comitiva presidencial chegou precedida* **de** (ou **por**) *batedores*.

precificar

Neologismo. Significa principalmente atribuir preço a (aquilo que por natureza não tem ou aquilo que, por alguma circunstância, já não tem): *Não há como precificar a dignidade. Depois do descobrimento de grandes poços de petróleo na bacia amazônica, não há como precificar as ações da Petrobras*. Subst. corresp.: *precificação*.

precioso

Rege *a* ou *para*: *As crianças são vida preciosa* **a**o (ou **para** *o*) *futuro do país*.

precipitar-se

Rege *a* ou *em*: *O caminhão se precipitou* **à** (ou **na**) *ribanceira. O aeroplano quase se precipita* **a**o (ou **no**) *mar*.

precisar

É transitivo direto ou transitivo indireto (necessitar), indiferentemente: *Preciso ajuda* (ou **de** *ajuda*). *O que mais preciso é paz* ou *O* **de** *que mais preciso é paz* ou *D*o *que mais preciso é paz*. *As crianças precisam carinho* (ou **de** *carinho*). No português contemporâneo, este verbo só se usa como transitivo indireto, quando o complemento é um substantivo; do contrário, dá-se preferência ao verbo transitivo direto, que antes de infinitivo funciona como auxiliar: *Preciso que você esteja aqui amanhã bem cedo. Preciso sair urgentemente*.

precisa-se de empregados

Frase perfeita: o verbo não varia, por ser transitivo indireto. V. **alugam-se apartamentos**.

preço

Rege *a* ou *para*: *O preço do papel* **a** (ou **para**) *um grande consumidor é um;* **a** (ou **para**) *um pequeno consumidor é outro*. O preço pode ser *baixo* ou *alto*, e nunca "caro" ou "barato": *O preço da gasolina sempre foi alto no Brasil. Você está vendendo sua casa por um preço muito baixo! Quer comprar meu carro? Vendo por preço bem baixinho. Com esse preço tão alto do arroz, o custo de vida sobe*. As coisas é que são *caras* ou *baratas*: *A gasolina sempre foi cara no Brasil. Sua casa está barata por esse preço. Meu carro está bem barato. Com esse arroz tão caro, o custo de vida sobe. Caro* e *barato* podem ainda ser advérbios e, neste caso, não variam: *Você vendeu* **caro** *sua moto. Você está vendendo* **barato** *sua casa. Custam* **caro** *esses carros? Não, custam* **barato**. Portanto, são condenáveis frases assim: *O preço deste livro é "barato". Como está "caro" o preço do chuchu!*

precoce ≠ prematuro

Convém não confundir. **Precoce** é o que, por sua exuberância de força vital, amadurece física ou mentalmente antes do tempo próprio. Sempre se toma em bom sentido. Uma criança que, com cinco anos de idade, lê e escreve corretamente é *precoce*. Uma garota de dez anos que pinta como os grandes mestres é *precoce*. **Prematuro** é o que chega antecipadamente e pressupõe algum despreparo ou inconveniência para o fato ocorrido. Sempre se toma em mau sentido. Uma garota que, aos treze anos de idade, engravida, é uma gestante *prematura*. Um menino que, aos dez anos de idade, trafica drogas e maneja armas de grosso calibre nas favelas é um indivíduo *prematuro*. O povo usa o primeiro pelo segundo, ao dizer "velhice precoce".

preconceito

Rege *contra*, *em relação a* ou *sobre*: *Não devemos ter preconceito* **contra** *o* (ou **em relação a** *o*, ou **sobre** *o*) *capital estrangeiro. Nunca tive preconceito* **contra** (ou **em relação a**, ou **sobre**) *coisa alguma.*

preconceito ≠ racismo

Convém não confundir. Tem **preconceito** o indivíduo que forma conceito antecipado de um assunto, por isso mesmo sem fundamento razoável. Uma pessoa pode ter *preconceitos* sexuais, *preconceitos* conjugais, *preconceitos* sociais, *preconceitos* econômicos, *preconceitos* políticos e até *preconceitos* raciais. Manifesta **racismo** aquele que apregoa a superioridade de uma raça humana e o direito de sua supremacia, sempre em detrimento de outra(s). O indivíduo racista é em geral ativo e simplesmente não tolera o convívio das pessoas que fazem parte da raça humana desprezada. O preconceituoso não alimenta ódio, a exemplo do racista. No Brasil não há *racismo*, mas algum *preconceito* social.

predestinado

Rege *a* ou *para*: *São homens predestinados* **a***o* (ou **para** *o*) *sucesso em tudo o que fazem. Sinto-me predestinado* **a** (ou **para**) *casar com ela.*

predileção

Rege *a*, *com*, *para com* ou *por* (pessoa) e *a* ou *por* (coisa): *Ter predileção* **a** (ou **com**, ou **para com**, ou **por**) *um dos filhos. Sempre tive predileção* **a** (ou **com**, ou **para com**, ou **por**) *morenas. Ter predileção* **a** (ou **por**) *um tipo de comida. Vocês têm predileção* **a** (ou **por**) *um tema em particular?*

predileto

Rege *a* ou *de*: *O tema predileto* **a***os* (ou **d***os*) *alunos é ecologia. O ator predileto* **a***o* (ou **d***o*) *presidente era Ricardo Montalban.*

prédio ≠ edifício

Convém não confundir. **Prédio** é qualquer construção de alvenaria, rural ou urbana, pequena ou grande. **Edifício** é a construção elevada, de grande porte, com mais de três andares. Assim, todo *edifício* é um *prédio*, mas nem todo *prédio* é um "edifício". Uma casa, uma igreja, uma capela, são *prédios*, e não "edifícios".

predispor

Rege *a* ou *para*: *O narrador predispôs o espírito dos telespectadores* **às** (ou **para** *as*) *cenas fortes que iriam ver.*

predisposto

Rege *a* ou *para*: *Espírito predisposto* **à** (ou **para** *a*) *rebeldia. Instinto predisposto* **a***o* (ou **para** *o*) *crime. É um presidente predisposto* **a** (ou **para**) *dialogar.*

preeminente ≠ proeminente

Convém não confundir. **Proeminente** é saliente (no aspecto físico): *barriga proeminente, testa proeminente, olhos proeminentes, dentes proeminentes*. **Preeminente** é célebre, notável: *autor preeminente, médico preeminente, cientista preeminente*. A maioria dos dicionários não estabelece a competente distinção.

prefácio

Rege *a* ou *de*: *O prefácio* **a** *essa* (ou **d***essa*) *obra foi feito por um grande filósofo.*

preferência

Rege *a*, ou *para*, ou *para com* ou *por* (nome): *A preferência do eleitorado* **a***o* (ou **para** *o*, ou **para com** *o*, ou **pelo**) *candidato da oposição era facilmente percebida. O ministro pede aos brasileiros preferência* **a***os* (ou **para** *os*, ou **para com** *os*, ou **pelos**) *produtos nacionais*. Sobretudo com o verbo *ter*, rege ainda *em* (coisa) e *sobre* (pessoa): *As gestantes têm preferência* **na** *fila. As gestantes têm preferência* **sobre** *as demais pessoas no embarque.*

preferido

Rege *a* (nome), *de* ou *por* (pessoa) e *para* (coisa e verbo): *Aqui, o cinema é a diversão preferida* **a** *todas as outras. Todos os pais têm um filho preferido* **a***os demais? Ele é o candidato preferido* **d***a* (ou **pel***a*) *população. O candidato preferido* **para** *o cargo era ele. Era sempre eu o aluno preferido* **para** *ir ao quadro-negro.*

preferido ≠ predileto

Convém não confundir. **Preferido** é o que foi escolhido por um motivo qualquer. Todos os torcedores têm o seu time *preferido*. **Predileto** é o preferido por uma questão de amizade, por ser querido antes dos demais, igualmente queridos. Todos os pais não teriam seu filho *predileto*? Os professores nunca têm, em cada classe, seu aluno *predileto*?

preferir

Este verbo não admite modificadores (*mil vezes, milhões de vezes, muito mais, antes*, etc.) nem admite a regência *do que* ou *que*, comuns na linguagem vulgar. Quem prefere, prefere alguma coisa *a* outra; no prefixo *pré-* já existe a idéia de anterioridade desejada, o que torna dispensável o uso de qualquer modificador. Portanto: *Prefiro escrever **a** falar. As crianças preferem praia **a** piscina, calor a frio. Preferimos comer chuchu **a** comer jiló. Prefiro doces **a** salgados. A equipe preferiu perder o jogo **a** apanhar.*

preferível

Rege *a*: *É preferível praia **a** piscina, calor **a** frio. Era preferível comer chuchu **a** comer jiló.* Na língua cotidiana se usa: *preferível "do que"* por influência do emprego *melhor do que*.

pré-fixar ≠ prefixar

Convém não confundir. **Pré-fixar** é fixar com antecipação: ***pré-fixar** os juros;* ***pré-fixar** os rendimentos de uma aplicação financeira*. **Prefixar** é usar prefixo em, prover de prefixo: ***prefixar** um radical*. Trata-se, como se vê, de palavra de uso eminentemente gramatical. A grafia *pré-fixar* não é oficial, mas, como se vê, absolutamente necessária. V. **pré-juízo** ≠ **prejuízo** e **pré-ocupar** ≠ **preocupar**.

pregado

Rege *a* ou *em* (fixado): *As crianças estão com os olhos pregados **à** (ou **na**) televisão. Cristo teve braços e pés pregados **à** (ou **na**) cruz.*

prejudicar

Usa-se assim: *ela **o** prejudicou, eu não **a** prejudico, ela **os** prejudica, eu **as** prejudico*. No Nordeste, todavia, é comum substituir o pronome *o* (e variações) por "lhe" (e variação). Então, comumente se ouve, geralmente em tom de ameaça: *Eu nunca "lhe" prejudiquei, mas já estou pensando em "lhe" prejudicar, seu cabra-da-peste!*

prejuízo

Rege *a* ou *para* e *em*: *Esse imposto acarreta prejuízo **às** (ou **para as**) exportações. Causou enorme prejuízo **ao** (ou **para o**) país essa medida. Os lavradores tiveram prejuízo **na** colheita, em razão da longa estiagem.* Antecedida de *em*, aparece combinada com *de*: *É uma medida que sai **em** prejuízo **de** todos os brasileiros.*

pré-juízo ≠ prejuízo

Convém não confundir. **Pré-juízo** é a opinião antecipada ou juízo falso, geralmente adverso e sem conhecimento de causa, sem exame prévio dos fatos; é o mesmo que prejulgamento: *Não devemos fazer pré-juízos contra ninguém.* Significa ainda preconceito: *povo de muitos pré-juízos.* **Prejuízo** é dano, mal: *causar prejuízos ao país: os prejuízos que o fumo causa à saúde.* A grafia *pré-juízo* não é oficial, mas, como se vê, absolutamente necessária. Não há como usar *prejuízo* nas acepções que lhe cabem. V. **pré-fixar** ≠ **prefixar** e **pré-ocupar** ≠ **preocupar**.

preleção

Rege *acerca de*, ou *a respeito de*, ou *sobre*: *Fazer uma preleção **acerca da** (ou **a respeito da**, ou **sobre**) a inflação.*

prelúdio

Rege *a* ou *de*: *Aquele pacto foi um prelúdio **à** (ou **da**) guerra.*

premiar

Conj.: *premio, premias, premia, premiamos, premiais, premiam* (pres. do ind.); *premie, premies, premie, premiemos, premieis, premiem* (pres. do subj.). Vez por outra aparecem as formas "premeio", "premeias", etc., por ser assim o verbo conjugado em Portugal.

Prêmio Nobel

Só tem plural em sentido figurado: *Eis aí dois **Prêmios Nobéis** de Literatura, conversando animadamente.* Para o prêmio propriamente dito, usamos: *prêmios Nobel.* Assim, por exemplo: *Ele queria ganhar dois **prêmios Nobel**: um de Química e outro de Física!* V. **Nobel**.

prender

Rege *a* (de preferência) ou *em*: *Prendeu o cavalo **ao** (ou **no**) poste e veio até nós. Prenda seu cão **à** (ou **na**) corrente, senão eu não entro! Prendi o anzol **à** (ou **na**) linha em segundos. Prenda este varal **àquele** (ou **naquele**) prego.* Este verbo tem dois particípios (*prendido* e *preso*), mas o primeiro se usa com *ter* e *haver*, e o segundo, com *ser* e *estar*. *A polícia tem **prendido** muitos bandidos. Os vizinhos haviam **prendido** os cães. Os bandidos foram **presos** pelos policiais. Os cães já estão **presos**.* Sempre se encontra, porém, aquele que usa *"tem preso", "haviam preso"*.

prenhe / prenha

São formas variantes, mas a segunda convém usar apenas para animais: *a mulher dele estava **prenhe**; a cadela está **prenhe** (ou **prenha**).*

preocupação

Rege *com* ou *para com* (pessoa), *com, de* ou *por* (coisa) e *de* ou *em* (verbo): *A preocupação **com** (ou **para com**) os filhos era uma constante. A preocupação **com** o (ou **do**, ou **pelo**) lucro caracteriza o sistema capitalista. É natural sua preocupação **de** (ou **em**) resolver logo esse caso.*

preocupado

Rege *com* ou *para com* (pessoa), *com, de, em* ou *por* (coisa) e *em* (verbo): *Os pais de hoje são muito mais preocupados **com** (ou **para com**) os filhos. Artista preocupado **com** a (ou **da**, ou **na**, ou **pela**) perfeição do seu trabalho. É um marido preocupado **em** agradar à mulher.*

preocupar

É verbo transitivo direto: *Nada **o** preocupa.* Muitos, no entanto, usam "lhe" no lugar do *o*, transformando o verbo transitivo direto em indireto. Numa revista de carros se leu recentemente: *O Toyota Corolla deixou para trás o concorrente que mais "lhe" preocupa: o Honda Civic.* Rege *com* (nome) e *em* (verbo): *O brasileiro deixou de preocupar-se **com** a inflação, para se preocupar **com** o desemprego e a violência. O brasileiro, hoje, preocupa-se **em** sobreviver.*

pré-ocupar ≠ preocupar

Convém não confundir. **Pré-ocupar** é ocupar antecipadamente, geralmente por precaução: *Os proprietários do prédio em construção, temendo uma invasão dos sem-tetos, **pré-ocuparam** todas as suas unidades, mesmo sem instalações hidráulicas.* **Preocupar** é causar preocupação a: *A inflação já **preocupa** novamente os brasileiros.* A grafia *pré-ocupar* não é oficial, mas, como se vê, absolutamente necessária. V. **pré-fixar ≠ prefixar** e **pré-juízo ≠ prejuízo**.

preparativo

Rege *de* ou *para*: *Já começaram os preparativos **d**o (ou **pa**ra o) casamento.*

preparatório

Rege *a*, *de* ou *para*: *Já começaram os trabalhos preparatórios **a**o (ou **d**o, ou **para** o) casamento. Os estudantes fazem hoje os estudos preparatórios **à**s (ou **d**as, ou **para** as) faculdades nos chamados cursinhos.*

preposto

Representante, delegado: *O presidente do sindicato enviou **preposto** para a reunião com os empresários.* No plural, o **o** tônico é aberto: *prepóstos*.

prepúcio do pênis

Ao contrário do que muita gente pensa, não há redundância nesta combinação, já que existe ainda o prepúcio do clitóris.

prescrever ≠ proscrever

Convém não confundir. **Prescrever** é determinar, receitar: *O médico lhe **prescreveu** antibiótico, para o combate à infecção.* Também perder o efeito, caducar: *O prazo **prescreve** em trinta dias. A pena ainda não **prescreveu**.* Subst. corresp.: *prescrição*. **Proscrever** é expulsar: *O governo americano está **proscrevendo** todos os imigrantes ilegais.* Também suprimir: *Proscrever um artigo de um estatuto.* Subst. corresp.: *proscrição*.

presente / presença

Regem *em* (nome concreto), *a* [nome abstrato (que assiste ou comparece)] e *em* (existente ou que ocorre): *Estive presente **n**o hospital. Muita gente estava presente **n**a casa dela. A polícia esteve presente **n**o local do crime. Estive presente **à** reunião. Muita gente estava presente **à** festa. Estive presente **a**o embarque dela. Havia cocaína presente **n**o sangue da vítima. Há vários compostos químicos presentes **n**a atmosfera. O psicólogo está presente **em** todo o romance, na pessoa do narrador. Sua presença **n**o hospital era importante. Faço questão de sua presença **à** minha festa. A presença de cocaína **n**o sangue da vítima revelou a causa da morte.*

preservado

Rege *contra* ou *de*: *Quando a Amazônia se tornará preservada **contra** (ou **de**) incêndios?*

preservativo

Rege *contra*: *O pensamento positivo é um bom preservativo **contra** a depressão. Usar preservativo **contra** doenças sexualmente transmissíveis.*

presidente

Fem.: *a presidenta* ou *a presidente*.

presidente da República

O tratamento devido é *Vossa Excelência* (sempre por extenso). Quando a ele nos dirigimos por escrito, usamos no envelope: *Ao Excelentíssimo Senhor Presidente ...*; no cabeçalho da carta, usamos *Excelentíssimo Senhor Presidente*.

presidir

É verbo transitivo direto ou transitivo indireto, indiferentemente: *Era eu quem **presidia** a (ou **à**) reunião. A lei do menor esforço é a que **preside** as (ou **às**) manifestações coletivas. São estes os princípios que **presidem** a (ou **à**) minha vida. Quem **presidirá** a (ou **à**) sessão de amanhã? Um ex-sindicalista **preside** os (ou **a**os) destinos do Brasil, e isso é uma conquista gloriosa da democracia.* Como transitivo indireto, não admite "lhe" nem "lhes" como complemento, mas apenas *a ele* (e variações): *A reunião foi conturbada, mas não fui eu quem **presidiu a ela**.* (E não: *fui eu quem "lhe" presidiu*.)

preso

Rege *a* (de preferência) ou *em* e *de* ou *por* (envolvido moralmente, emocionalmente, etc.): *O cão estava preso **a** (ou **em**) uma corrente. Estive por um bom tempo preso **d**os (ou **pel**os) encantos daquela mulher.*

preso ≠ prisioneiro

Convém não confundir. **Preso** é aquele que perdeu a liberdade, geralmente por crime; é o mesmo que detento, presidiário. **Prisioneiro** é o que perdeu a liberdade na guerra. O *prisioneiro*, portanto, é vítima, e não criminoso.

pressa

Rege *de* ou *em* (verbo) e apenas *em* (nome): *Ter pressa **de** (ou **em**) chegar. Pediu pressa **n**a execução do trabalho.*

pressa ≠ urgência

Convém não confundir. **Pressa** é rapidez, velocidade. *A **pressa** é inimiga da perfeição. Quem tem **pressa** sempre come cru.* **Urgência** é a necessidade sem demora: *ter **urgência** de uma consulta médica; ter **urgência** de um material, para poder continuar o trabalho.*

pressão

Rege *contra*, *em* ou *sobre*: *O vento fazia pressão **contra** a* (ou ***na***, ou ***sobre*** *a*) *janela. Os ruralistas fazem pressão **contra** o* (ou ***no***, ou ***sobre*** *o*) *governo pela paz no campo. A pressão popular **contra** os* (ou ***nos***, ou ***sobre*** *os*) *parlamentares surtiu efeito.*

pressuroso

Rege *de* ou *em*: *Os jogadores estão pressurosos **de*** (ou ***em***) *disputar logo a partida decisiva do campeonato. O ministro, pressuroso **de*** (ou ***em***) *defender o governo, rebateu a crítica.*

prestes

Rege *a*: *Os soldados estão prestes **a**o combate. O ministro está prestes **a** pedir demissão. O mundo estava prestes **a** entrar em guerra.* Qualquer outra regência deve ser desprezada, pois foi empregada por este ou aquele autor, esporadicamente.

prestígio

Rege *junto a* ou *perante* e *entre*: *É um governo que tem lá seu prestígio **junto à*** (ou ***perante** a*) *comunidade internacional. É um deputado cheio de prestígio **entre** seus colegas.*

presumido

Rege *com* ou *de*: *É um ministro notoriamente presumido **com** o* (ou ***do***) *cargo, por isso costuma colocar os pés pelas mãos em muitas de suas declarações.*

pretejar

Sempre com **e** fechado: *pretejo, pretejas, preteja, pretejamos, pretejais, pretejam* (pres. do ind.); *preteje, pretejes, preteje, pretejemos, pretejeis, pretejem* (pres. do subj.). *Ela **preteja** as unhas de sujeira quando trabalha. Os galhos da jabuticabeira **pretejam** de frutas.*

pretendente

Rege *a* ou *de* (coisa) e apenas *de* (pessoa): *Já há pretendentes **a**o* (ou ***do***) *cargo vago. Também eu era um dos pretendentes **d**a filha do general.*

pretensão

Rege *a* ou *de* (nome), mas apenas *de* (verbo): *Era legítima sua pretensão **a**o* (ou ***d**o*) *cargo. Nunca tive a pretensão **de** casar com ela.*

pretensioso

Apesar de ser assim, dez, entre dez pessoas, escrevem "pretencioso".

preterição

Rege *de...em favor de* (ou *por*): *A preterição de um coronel **em favor de*** (ou ***por***) *um major nesse comando foi comentada pela imprensa.*

preterido

Rege *em favor de* ou *por*: *O coronel foi preterido **em favor de*** (ou ***por***) *um major nesse comando.*

preterir

É verbo transitivo direto: *O Alto Comando das Forças Armadas **preteriu** um general, para promover um coronel. O partido **preteriu** o senador e indicou o deputado para concorrer ao governo de São Paulo.* Sofre influência da regência de *preferir*. Daí por que muitos constroem assim: *O Alto Comando das Forças Armadas **preteriu** um general "a" um coronel. O partido **preteriu** o senador "ao" deputado.*

pretexto

Antecedida da preposição *a* (ou *com*, ou *sob*), aparece combinada com *de*: ***A*** (ou ***Com***, ou ***Sob***) *pretexto de ver a filha, foi até a casa da ex-mulher. Voltei lá, **a** (ou **com**, ou **sob**) pretexto de buscar um documento.*

prevalecer

Rege *a* ou *sobre*: *A opinião do árbitro sempre prevalece **à*** (ou ***sobre** a*) *do seu auxiliar. A autoridade do presidente prevalece, naturalmente, **à*** (ou ***sobre** a*) *dos ministros.*

prevalência

Rege *a* ou *sobre*: *A prevalência do direito **à*** (ou ***sobre** a*) *força é apanágio das sociedades evoluídas. A prevalência do talento **à*** (ou ***sobre** a*) *mediocridade sempre produz prodígios.*

prevenção

Rege *a*, *contra* ou *de* (cautela) e *com* ou *contra* (implicância): *Medida de prevenção **a*** (ou ***contra***, ou ***de***) *acidentes. O professor estava de prevenção **com*** (ou ***contra***) *alguns alunos.*

prevenido

Rege *com* (munido, abastecido), *contra* (acautelado), *de* (avisado, precavido) e *para* (preparado): *Fui ao supermercado prevenido **com** bastante dinheiro, mas não foi suficiente. Os israelenses andam prevenidos **contra** os palestinos. Os astronautas estavam prevenidos **do** perigo que a missão representava. Devemos estar sempre prevenidos **para** o pior.*

prevenir

Quem previne, previne alguém de alguma coisa. É, portanto, transitivo direto e indireto (avisar ou informar com antecedência, advertir), rege *de* e usa-se com objeto direto de pessoa e objeto indireto de coisa: *Os salva-vidas preveniam os banhistas de que o mar estava perigoso. O serviço de meteorologia preveniu os motoristas do mau tempo. Já me preveniram do mau-humor do chefe. O diretor gostava de prevenir os pais da férrea disciplina de sua escola.* Não convém a sua construção com objeto direto de coisa e indireto de pessoa. Assim, p. ex.: *Previna "ao pessoal que estou chegando". O diretor gostava de prevenir "aos pais que a disciplina de sua escola era férrea".* Rege *contra* (tomar medidas antecipadas ou acautelatórias, a fim de estar preparado para, acautelar, precaver, pôr de sobreaviso): *Preveniram-nos contra represálias. Já preveni a turma contra todos os imprevistos que poderemos enfrentar na escalada do pico.* Rege *contra* ou *em favor de* [inclinar o ânimo de uma pessoa ou de um grupo de pessoas a favor ou contra (pessoa ou coisa), predispor], quando o complemento é pessoa, mas *sobre*, quando o complemento é coisa: *O bom desempenho do promotor preveniu imediatamente o júri contra o réu. A franqueza do acusado preveniu o delegado em seu favor. Suas palavras agressivas durante a entrevista já me preveniram sobre a sua conduta na empresa.* O verbo pronominal (tomar precauções; precaver-se) rege **contra** ou *de*: *Previna-se contra a* (ou *da*) *gripe, vacinando-se!*

previsão
Quem tem previsão, tem previsão *de* alguma coisa, mas a preposição pode vir elíptica: *Tenho a previsão (de) que vai chover.* Quando *previsão* representa o sujeito, a preposição *de* também é facultativa: *Minha previsão é (de) que vai chover. A previsão era (de) que haveria uma safra recorde.*

previsto
Rege *de* ou *por* (deduzido antecipadamente) e *para* (marcado, aprazado): *Foi um fenômeno previsto dos* (ou **pel**os) *astrônomos. O congresso está previsto **para** janeiro.*

prezados senhores:
Na invocação das correspondências, usa-se melhormente o dois-pontos, em vez da vírgula. V. **dois-pontos** ≠ **dois pontos**.

primário
Superl. sint.: *primariíssimo*. *Você cometeu um erro **primariíssimo**!* Equivocam-se os gramáticos que aceitam a forma "primaríssimo". V. **precário**.

primavera
Adj. corresp.: *primaveral, primaveril* e *vernal*. Portanto, *época da primavera = época primaveral* (ou *primaveril* ou *vernal*); *festa da primavera = festa vernal* (ou *primaveral* ou *primaveril*).

primeiranista
Apesar de ser assim, há quem diga que tem um filho que é "primeiroanista" de Direito.

primeira vez que / segunda vez que / terceira vez que...
É assim que se usam tais expressões, ou seja, sem a intercalação de um "em" intruso: *É a **primeira vez que** o presidente fala por cadeia de rádio e televisão. Essa foi a **segunda vez que** fui a um estádio. A **terceira vez que** você cometer um erro já é sinal de problema...* V. **toda vez que / todas as vezes que**.

primeiríssimo
Primeiro, como numeral que é, não aceita sufixo, mas na linguagem cotidiana esse acréscimo já se tornou fato lingüístico. Daí por que dizemos que alguém faz parte do *primeiríssimo* time de uma empresa, que um artigo é de *primeiríssima* qualidade, que uma notícia foi dada em *primeiríssima* mão, etc.

primeiro
Rege *a* ou *em* (verbo), *de* ou *entre* (nome): *Ela era sempre a primeira **a** (ou **em**) chegar. Foi ele o primeiro **d**os (ou **entre** os) jornalistas a noticiar o fato.*

primeiro de todos / primeiro que todos
Ambas as expressões existem: *Ele chegou primeiro **de** (ou **que**) todos.*

primeiro de janeiro, de fevereiro, etc.
Os meses do ano têm início sempre com o dia *primeiro*, e não com o dia "um". Portanto, não existe "um" de janeiro, "um" de fevereiro, "um" de março, etc., mas *primeiro* de janeiro, *primeiro* de fevereiro, *primeiro* de março, etc. Note que nunca se ouviu ninguém dizer que passou "um" de abril em ninguém. Também nunca se ouviu nenhum trabalhador dizer que gosta do dia "um" de maio.

primeiro de tudo / primeiro de que tudo / primeiro que tudo
As três expressões existem: *Primeiro **de** (ou **de que**, ou **que**) tudo, temos que pagar nossa dívida.*

princípio
Rege *de* ou *sobre*: *Enunciar seu princípio geral **d**o (ou **sobre** o) uso do acento da crase.*

prioridade
Rege *a* ou *para* (importância maior), *de* ou *em* (preferência) e *sobre* (prevalência, supremacia): *A prioridade **à** (ou **para** a) lei é própria da democracia. As gestantes têm prioridade **de** (ou **n**o) embarque. Numa democracia verdadeira, a lei tem prevalência **sobre** a força.*

priorizar
Neologismo. Significa dar prioridade a: *O treinador declarou que vai priorizar uma das competições. O governo tem de priorizar a educação. Lula prorroga reforma tributária, para priorizar a reforma da Previdência.* Atenção: não existe "priorização". O substantivo é *prioridade*.

prisma
Pede *por* ou *através de*: *Visto **por** esse (ou **através d**esse) prisma, o caso me parece bem mais sério. A luz se decompõe passando **pel**o (ou **através d**o) prisma.* Muitos, no entanto, usam: *Visto "sob" esse prisma, o caso me parece bem mais sério.* Ora, mas a luz não se decompõe passando "sob" o prisma!

privativo
Rege *a* ou *de* (próprio, peculiar) e apenas *de* (exclusivo): *Acessar é um termo privativo **à** (ou **d**a) informática. Esse estacionamento é privativo **d**a diretoria.*

privilegiado
Rege *de* ou *por* (favorecido, beneficiado) e *em* (superior ao normal): *O Brasil é um país privilegiado **d**a (ou **pel**a) natureza. Os cães são animais privilegiados **n**o olfato.*

privilégio / privilegiar
Note: com **i** na primeira sílaba. Quem tem pr**i**vilégio tem pr**i**mazia, é sempre é o pr**i**meiro.

pro
Contração legítima, a par de *pra*: *Vá **pro** diabo que o carregue! Vá **pros** quintos dos infernos!*

pró
Varia, quando usado como substantivo: *os **prós** e os contras das reformas*. Usado como adjetivo não varia: *Foram muitos votos **pró** e poucos votos contra*.

pró-
Prefixo que significa *em favor de* e exige hífen antes de qualquer letra: *pró-aborto* (*manifestação **pró-aborto***), *pró-americano* (*manifestantes **pró-americanos***), *pró-arte*, *pró-britânico*, *pró-labore*, *pró-natalismo*, *pró-paz*, etc.

problema
Não são poucos os que não conseguem (ou não sabem) pronunciar direito esta palavra. Muitos só dizem "poblema", enquanto outros só sabem dizer "pobrema". Usada como adjetivo, não varia: *filhos problema, funcionários problema*. V. **areia, bomba, cassete, chave, cinza, creme, esporte, gelo, jambo, laranja, padrão, pastel, pirata, relâmpago, surpresa, tampão** e **vinho**.

probo
Diz-se da pessoa que é reta de caráter, honesta, íntegra, honrada. Pronuncia-se *próbo*: *Até que enfim temos um presidente **probo***. Antôn.: *ímprobo*. Subst. corresp.: *probidade*.

proceder
Rege *a* (levar a efeito, realizar, efetuar): *Fui eu quem procedeu **a**o sorteio. O médico procederá **a**o exame de corpo de delito. Quantos professores procederão **à** correção das provas? A disponibilidade do depósito em cheque ocorrerá após a respectiva cobrança **a** que procederemos por sua conta e risco. Será rigorosa a inspeção sanitária **a** que se **procederá** nos bares e restaurantes da cidade*. Não admite seu emprego na voz passiva, como neste exemplo: *O exame de corpo de delito "foi procedido" em tempo hábil*. Corrija-se: *Procedeu-se ao exame de corpo de delito em tempo hábil*.

procedimento
Rege *com* ou *para com*: *Seu procedimento era o mesmo tanto **com** (ou **para com**) os brasileiros como **com** (ou **para com**) os estrangeiros*.

procrastinar
Apesar de ser assim, não são poucos os que "procastinam" casamento.

procura
Rege *de* ou *por*: *É grande a procura **de** (ou **por**) postos de combustíveis com preços mais baixos. A procura **de** (ou **por**) emprego é maior ainda*.

procurar
Usa-se assim: *Ninguém o procurou? Ela o procura há horas*. Muitos, todavia, principalmente no Nordeste, substituem o pronome *o* por "lhe", transformando o verbo transitivo direto em indireto.

procurar / procurar por
São corretas ambas as construções: *Os pais procuram o (ou pelo) filho perdido na praia*. O complemento iniciado pela preposição não é objeto indireto, mas objeto direto preposicionado. Confere à comunicação o interesse de quem procura. Quem procura simplesmente pode não achar; quem procura *por* tem de achar de qualquer maneira. A motorista que teve um pneu furado numa movimentada avenida, *procura* alguém que a ajude a trocar o pneu. Já aquele que está perdido na mata procura *por* alguém que o tire dali.

pródigo / prodigalidade
Regem *com* ou *para com* (pessoa) e *de* ou *em* (coisa): *A natureza foi pródiga **com** (ou **para com**) ela. O ministro foi pródigo **de** (ou **em**) elogios ao governador. Um balconista pródigo **de** (ou **em**) atenções **com** (ou **para com**) todos os fregueses da loja. Sua prodigalidade **de** (ou **em**) atenções **com** (ou **para com**) os fregueses da loja lhe valeu uma promoção*.

proeminente ≠ preeminente
Convém não confundir. **Proeminente** é saliente (no aspecto físico): *barriga proeminente, nariz proeminente, testa proeminente, dentes proeminentes*. **Preeminente** é notável, célebre: *escritor preeminente, médico preeminente, político preeminente*. Há dicionários que não registram tal distinção.

profecia
Rege *acerca de*, ou *a propósito de*, ou *a respeito de*, ou *de*, ou *em relação a*, ou *sobre*: *As profecias **acerca d**o (ou **a propósito d**o, ou **a respeito d**o, ou **d**o, ou **em relação a**o, ou **sobre** o) final dos tempos foram feitas há séculos por Nostradamus*.

professor
Adj. corresp.: *docente* e *professoral*. Portanto, *greve de professores = greve docente; falar com ar de professor = falar com ar professoral*. Rege *de* (mestre) e *em* (instrutor): *Ser professor **de** Língua Portuguesa. Ele foi meu professor **em** informática*.

professora
Abrev.: *prof.ª*, mas muitos usam "profa."

programa
Apesar de ser assim, há muita gente que gosta de fazer "pograma".

programar "primeiro"
Redundância: quem programa já faz primeiro.

progresso
Rege *em* [avanço, evolução (sem comparação, absoluto)] e *sobre* [avanço, evolução (com comparação, relativo)]: *Ele já fez grandes progressos **na** informática. Esse método de ensino representa já um progresso **sobre** o anterior.*

proibição
Rege *a* ou *de* (coisa) e *de...a* (coisa...pessoa): *A proibição **à** (ou **da**) propaganda de cigarros foi uma medida muito acertada. A proibição **de** trabalho **a** crianças não é observada em alguns Estados.*

proibido
Rege *a* (nome) e *de* (verbo): *Filme proibido **a** menores. Ele está proibido **de** viajar ao exterior.* Este adjetivo não varia quando o substantivo que se lhe segue não está determinado: *É proibido entrada. É proibido permanência de veículos neste local.* Se houver a determinação do substantivo, deverá acontecer a flexão: *É proibida a entrada de estranhos. É proibida a permanência de veículos neste local.* Construímos indiferentemente: *É proibido entrada **de** (ou **a**) estranhos. É proibido entrada **a** (ou **de**) mulheres.*

proibir
Quem proíbe, proíbe alguém de alguma coisa ou proíbe a alguém alguma coisa: *O pai proíbe a filha de namorar.* Ou: *O pai proíbe à filha namorar.* *** *O pai a proíbe de namorar.* Ou: *O pai lhe proíbe namorar.* Como se vê, ninguém proíbe a alguém "de" alguma coisa, como nesta frase, colhida num de nossos jornais: *O presidente proibiu a seu vice "de" dar quaisquer declarações sobre economia.*

proibir ≠ vedar
Convém não confundir. **Proibir** é impedir (a lei, a autoridade), impondo sanção: *O governo **proibiu** a importação de eletroeletrônicos. O pai **proibiu** a filha de se encontrar com o rapaz.* **Vedar** é impedir, por ato de arbítrio: ***Vedaram** meu ingresso no recinto, porque sou parente do ex-governador. É **vedada** a entrada de homens naquele clube. Foi **vedado** o uso de fio-dental na piscina do clube.*

proibitivo
Rege *a*: *Com essa taxa de câmbio, as viagens internacionais estão proibitivas **a**os brasileiros.*

projétil / projetil
Ambas as prosódias existem, mas a segunda é a mais aconselhável. Pl. (da primeira): *projéteis*; (da segunda): *projetis*. A prosódia *projétil* surgiu por influência de *réptil*, que também admite a forma e prosódia *reptil*.

projetil ≠ bala
Convém não confundir. **Projetil** é tudo o que possa ser arremessado com força, por meio de armas ou não. Assim, uma pedra, uma bola e até uma tampa de panela pode ser um *projetil*, quando lançadas com força. **Bala** é projetil metálico, lançado por arma de fogo. Costuma tirar a vida de culpados e inocentes.

projeto "para o futuro"
Redundância. No dia que se fizer projeto "para o passado", o mundo estará realmente sem futuro...

prol
Esta palavra, antecedida de *em*, aparece combinada com *de*, equivalendo a *em favor de*: *Todos devemos trabalhar **em** prol **do** Brasil. Os viciados em drogas atuam **em** prol **da** saúde?*

pró-labore
Pl.: *os pró-labores*.

prólogo
Rege *a* ou *de*: *O prólogo **à** (ou **da**) obra foi escrito por mim.*

prometer de
Antes de infinitivo, podemos usar a preposição de com este verbo: *Os sem-terras **prometeram de** invadir novas fazendas. Ela **prometeu de** retornar no dia seguinte.*

promover a / foram promovidos a
Depois da preposição, deve aparecer palavra no singular e no masculino: *O presidente as promoveu a **capitão**. Os secretários foram promovidos a **ministro**. Cinco jogadores juniores foram promovidos a **titular** da equipe principal. Elas foram promovidas a **monitor** da turma.* V. **candidatos a**.

promovido
Rege *de...a*: *Ele foi promovido de soldado **a** cabo.*

pronto
Rege *a* ou *para* (verbo; preparado), *em* (nome; rápido) e *para* (nome; preparado): *Ela está pronta **a** (ou **para**) esquecer o passado e recomeçar. Balconistas prontos **no** atendimento. Ele é muito pronto **no** gatilho. Seja pronto **nas** respostas! A terra já está pronta **para** o plantio. Estou pronto **para** o que der e vier. Estás pronta **para** outra?*

pronto-socorro
Pl.: *prontos-socorros*, sendo aberto o **o** tônico do último elemento: *socórros*.

pronunciar ≠ proferir
Convém não confundir. **Pronunciar** é expressar com clareza e precisão, por meio da voz: ***pronunciar** um discurso, **pronunciar** uma frase interessante.* **Proferir** é pronunciar alto e bom som: ***proferir** palavrões, **proferir** blasfêmias.*

propender
Rege *a* ou *para*: *O rapaz propendia **à** (ou **para** a) subversão e **ao** (ou **para** o) vício. O governo peruano, por fim, propendeu **ao** (ou **para** o) regime democrático.*

propensão
Rege *a* ou *para*: *Ele tem propensão **à** (ou **para** a) música. Teriam os países sul-americanos uma propensão natural **ao** (ou **para** o) regime ditatorial?*

propenso
Rege *a* ou *para*: *Personalidade propensa* **à** (ou **para** *a*) *depressão. Ele é propenso ao* (ou *para o*) *alcoolismo, por questões genéticas.*

propício
Rege *a* ou *para* (nome) e apenas *para* (verbo): *Lugar propício* **à** (ou **para** *a*) *meditação. Ocasião propícia* **para** *fazer as reformas.*

própolis
É palavra feminina: *a própolis.*

proporção
Antecedida de *em*, aparece combinada com *a*, *com* ou *de*: *O salário dos servidores não aumentava* **em** *proporção* **à** (ou **com** *a*, ou **da**) *taxa de inflação. A matéria sempre irá atrair a matéria,* **em** *proporção* **à** (ou **com** *a*, ou **da**) *massa e* **à** (ou **com** *a*, ou **da**) *distância. As orelhas do gato siamês são notavelmente grandes, mas* **em** *proporção* **à** (ou **com** *a*, ou **da**) *cabeça. O compromisso do governo é diminuir o endividamento público* **em** *proporção* **ao** (ou **com** *o*, ou **do**) *PIB.* V. **à proporção de / na proporção de**.

proporcional
Rege *a*: *A pena tem de ser rigorosamente proporcional* **a***o crime praticado. Minha contribuição será proporcional* **às** *minhas posses.* A regência "proporcional com" deve ser desprezada.

propor-se
Usa-se com a preposição *a* ou sem ela, antes de infinitivo (manifestar firme propósito; dispor-se): *Eu me propus (a) deixar de fumar. Nós nos propusemos (a) não permitir aquela arbitrariedade. Ele se propôs (a) colaborar.*

propositado / proposital
As duas formas existem, mas a melhor é a primeira: *O pisão foi propositado. A falta foi propositada e merecia cartão amarelo.* Diz-se o mesmo em relação a *propositadamente / propositalmente*: *Ela me pisou* **propositadamente**.

propriedade
Rege *de* ou *para* (verbo; faculdade) e *sobre* (nome; direito de propriedade): *Alguns animais têm a propriedade* **de** (ou **para**) *emitir luz. É minha a propriedade* **sobre** *essa invenção.* Cuidado para não usar "propiedade"!

proprietário
Apesar de ser assim, muita gente há por aí que luta para ser "propietário".

próprio
Superl. sint.: *propriíssimo. O momento era* **propriíssimo** *para fazer as reformas que o país tanto reclamava. Esse apelido lhe é* **propriíssimo!** Como palavra de reforço, concorda com o nome a que se refere: *Ela* **própria** *disse isso. Eles* **próprios** *lavavam suas roupas. Elas* **próprias** *confessaram o crime. Ela fala consigo* **própria**. Rege *a* (apropriado), *de* (peculiar) e *para* (conveniente; convidativo): *Vista uma roupa própria* **à** *ocasião! A emoção é própria* **do** *ser humano. Esta revista não é própria* **para** *crianças. O dia era próprio* **para** *ir à praia.* Cuidado para não usar "própio"!

propugnar
Tem o **g** debilmente pronunciado durante a conjugação: *propugno, propugnas, propugna, propugnamos, propugnais, propugnam* (pres. do ind.); *propugne, propugnes, propugne, propugnemos, propugneis, propugnem* (pres. do subj.). Há quem diga "propuguino", "propuguina", "propuguine", etc. **Propugno** *o direito de defender a natureza e as baleias contra o bicho-homem. Espero que todos* **propugnem** *o mesmo direito.* (E não: "propuguino", "propuguinem", respectivamente.) É um verbo que pode ser usado com a preposição *por* ou sem ela: *Propugno os* (ou **pel***os*) *meus direitos. Os jogadores propugnavam melhores* (ou **por**) *melhores salários.* A regência *propugnar por*, embora redundante, está consagrada.

Prosérpina
Na mitologia romana, rainha dos Infernos. Note: é nome proparoxítono.

prosseguimento
Rege *de* ou *em*: *O que incomodava o governo era o prosseguimento* **d***as* (ou **n***as*) *manifestações.*

prosseguir
Pode ser transitivo direto ou transitivo indireto, indiferentemente: *Prosseguiremos a* (ou **n***a*) *campanha contra o tabagismo. Prossiga o* (ou **n***o*) *seu discurso! O governo não prosseguiu as* (ou **n***as*) *obras iniciadas na administração anterior. A polícia prossegue as* (ou **n***as*) *investigações.*

próstata
Apesar de ser assim, muito homem tem horror a fazer exame de "prosta".

prostrar / prostração / prostrado
Apesar de ser assim, muita gente gosta de "prostar" outras, de vê-las "prostadas".

protagonista
Apesar de ser assim, há os que só usam "protogonista".

proteção
Rege *a* ou *de* (defesa) e *contra* (precaução): *É preciso promover a proteção* **às** (ou **d***as*) *nossas florestas e* **a***os* (ou **d***os*) *nossos recursos hídricos. O uso da camisinha nada mais é que uma proteção segura* **contra** *doenças sexualmente transmissíveis.*

proteger
Na acepção de favorecer, beneficiar, é verbo transitivo direto: *Que Deus o proteja!* Muitos, no entanto, usam "lhe" no lugar do *o*, transformando-o em transitivo indireto. É transitivo direto e indireto (defender, resguardar) e rege *contra* ou *de*: *São leis que protegem a indústria nacional* **contra**

o (ou ***d****o*) *capital estrangeiro. Um muro alto protege a nossa casa* **contra** (ou ***de***) *olhares indiscretos. A atmosfera terrestre nos protege* **contra** *os* (ou ***d****os*) *meteoros.*

protegido

Rege *contra* ou *de* (resguardado) e *de* ou *por* (favorito, valido): *Nenhum cidadão, hoje, está protegido* **contra** (ou ***de***) *bandidos. Vacinou-se, portanto estava protegido* **contra** *a* (ou ***d****a*) *doença. Era o homem protegido* ***d****o* (ou ***pel****o*) *presidente.*

protéico

Adj. corresp. de *proteína*. No português do Brasil é esta a acentuação; em Portugal é que se diz e escreve *proteico*. Mas em Portugal também se diz *tambáim*... Qualquer dia destes ainda vai aparecer alguém querendo que pronunciemos *assemblêia, Cananêia, gelêia, idêia, coronêis, papêis,* etc. V. **nucléico**.

protestar a favor da paz

Perfeito. Muitos pensam que só se protesta *contra*. Enganam-se. O verbo *protestar* significa *levantar-se, insurgir-se, clamar, bradar*. Assim, todos podemos (e devemos) *protestar a favor* da paz, do amor, da alegria e, sobretudo, da moralização dos nossos costumes.

protesto

Rege *contra* (oposição): *São muito justos todos esses protestos* **contra** *a matança de baleias,* **contra** *os incêndios criminosos na Amazônia e* **contra** *o contrabando de nossos animais silvestres. Os juízes resolveram fazer greve em protesto* **contra** *a reforma da Previdência*. A regência "protesto a" deve ser desprezada. No plural, significa *testemunho* e rege *de*: *Receba os meus protestos* **de** *estima e consideração!*

proto-

Prefixo que exige hífen ates de palavras iniciadas por *vogal, h, r* e *s: proto-ariano, proto-histórico, proto-revolução, proto-satélite*. Portanto, sem hífen: *protolíngua, protomártir, protomédico, protonauta, protopatriarca, protovértebra,* etc.

protocolar / protocolizar

As duas formas existem. Podemos empregar, portanto, um pelo outro, em qualquer sentido: *Acho melhor* **protocolizar** (ou **protocolar**) *todos os contratos e documentos*. Na voz passiva, todavia, parece preferível *protocolar: Creio que o contrato do jogador já foi* **protocolado** *na Federação.*

protótipo

Não são poucos os que dizem "prototipo".

prova dos noves

É este o verdadeiro nome da prova. Há, no entanto, quem tenha aprendido na escola a fazer uma prova estranha, que nunca bate, porque não existe: a prova dos "nove".

proveitoso

Rege *a* ou *para: Lição proveitosa* **a** (ou **para**) *crianças e adultos*.

provento ≠ renda

Convém não confundir. **Provento** é todo dinheiro que faz parte da receita, qualquer que seja a sua proveniência. *Meu atual provento não me permite fazer extravagâncias*. No plural, significa honorários: *Os proventos advocatícios são de dez por cento do valor da causa, embora alguns cobrem vinte por cento*. **Renda** é o dinheiro proveniente de juros, aluguéis, dividendos, etc., o qual não exige trabalho. *Quantos brasileiros não há que vivem de renda?*

prover

Conjuga-se pelo verbo *ver*, menos nestes tempos e modos: **pretérito perfeito do indicativo** (*provi, proveste, proveu, provemos, provestes, proveram*), **pretérito mais-que-perfeito do indicativo** (*provera, proveras, provera, provêramos, provêreis, proveram*); **pretérito imperfeito do subjuntivo** (*provesse, provesses, provesse, provêssemos, provêsseis, provessem*) e **futuro do subjuntivo** (*prover, proveres, prover, provermos, proverdes, proverem*). Por ele se conjuga *desprover*.

provir

Conjuga-se pelo verbo *vir*.

provisório

Super. sint.: *provisoriíssimo. A solução é* **provisoriíssima**.

provocação / provocado

Regem *a* ou *para: A provocação* **à** (ou **para** *a*) *revolta era feita por meia dúzia de inconformados com o regime. Provocado* **à** (ou **para** *a*) *luta, nunca se acovardava.*

proxeneta

Pessoa que vive à custa de prostitutas. Pronuncia-se *proksenêta,* mas muitos dizem "prochenêta", que é, justamente a maneira de dizer própria de quem vive no meio...

próximo

Rege *a* ou *de: Morar próximo* **à** (ou ***d****a*) *praia. Ele queria estar mais próximo* **a***o* (ou ***d****o*) *povo. As ruas próximas* **a***o* (ou ***d****o*) *centro estão interditadas ao tráfego. Os filhos estão próximos* **a***os* (ou ***d****os*) *pais*. Nestes dois últimos exemplos, *próximo* exerce função adjetiva; poderia, igualmente, exercer função adverbial e, nesse caso, não variaria: *As ruas* **próximo** *ao* (ou *do*) *centro estão interditadas ao tráfego. Os filhos estão* **próximo** *aos* (ou *dos*) *pais*. A tendência, no português contemporâneo, é para o emprego do adjetivo.

prurido

Comichão. Note: é palavra paroxítona. Muitos, todavia, dizem "prúrido".

pseudo-

Prefixo que só exige hífen antes de palavra iniciada por *vogal* (pseudo-amigo, pseudo-irregularidades), *h* (pseudo-herói), *r* (pseudo-reta) ou *s* (pseudo-sábio). Portanto, sem hífen: *pseudobispo, pseudociência, pseudocristão, pseudoculto, pseudodoutor, pseudogravidez, pseudoliderança, pseudolíder, pseudomembrana, pseudoparasita, pseudopenalidade, pseudopoeta, pseudoprofeta, pseudotumor*, etc. Há quem o use como adjetivo: *"pseuda" penalidade, "pseudos" árbitros*. Pronuncia-se *p'sêudo*; muitos, todavia, dizem "pissêudo".

psico-

Não exige hífen: *psicobiologia, psicoistória, psicomotor, psicossensorial, psicossexual, psicossocial*, etc. Pronuncia-se *p'síco*, mas há quem diga "pissíco". O dicionário do entulho ou dos equívocos registra "psico-história", mas também registra *imunoistoquímica*. E a coerência que vá para o espaço!

psique

A alma, o espírito, a mente. A *psique* é, na literatura grega, a personificação da alma. Não são poucos os que escrevem e dizem "psiquê", além de "pissiquê", naturalmente.

psiquiatria / psiquiatra

Pronunciam-se *p'siquiatria, p'siquiatra*. Muitos, contudo, dizem "pissiquiatria", "pissiquiatra".

Ptolomeu / Ptolemeu

Astrônomo, matemático e geógrafo grego. Ambas as grafias são boas. Pronuncia-se *p'tolomeu* ou *p'tolemeu*. Há, todavia, quem diga "pitolomeu", "pitolemeu".

púbis / pube

As duas formas existem. É palavra masculina: *o púbis, o pube*.

pudico

Que tem ou revela pudor (sentimento de vergonha ou de timidez, causado pelas coisas contrárias à honestidade ou à decência): *mulher pudica; olhar pudico*. Superl. sint.: *pudicíssimo*. Note: é paroxítona. Muitos, no entanto, dizem "púdico". Explica-se: a maioria das palavras em português com a terminação *-ico* é proparoxítona. Repare: *bélico, benéfico, cântico, céptico, democrático, heróico, histórico, óptico, patético, poético, tétrico*, etc.

pugnar

Tem o **g** debilmente pronunciado durante a conjugação: *pugno, pugnas, pugna, pugnamos, pugnais, pugnam* (pres. do ind.); *pugne, pugnes, pugne, pugnemos, pugneis, pugnem* (pres. do subj.). Há quem diga "puguino", "puguina", "puguine", etc. *Ela pugna por seus direitos. Espero que todos pugnem por seus direitos.* (E não: "puguina", "puguinem", respectivamente.)

pular

Rege de preferência **a** ou **para**: *O garoto pulou a os* (ou *para os) braços do pai, assim que o viu*. No português do Brasil, todavia, é comum encontrarmos a preposição *em*.

pulmão

Adj. corresp.: *pulmonar*. Portanto, *doença do pulmão = doença pulmonar*.

pulôver

Pl.: *pulôveres*.

pulso

Adj. corresp.: *cárpico*. Portanto, *ruptura do pulso = ruptura cárpica*.

puma

É palavra masculina: *o puma, **um** puma*.

punir ≠ castigar

Convém não confundir. **Punir** é impor com autoridade um sofrimento a (pessoa que cometeu crime ou falta grave): ***punir** um criminoso, **punir** um corrupto*. **Castigar** é impor com autoridade um sofrimento a (quem cometeu falta leve, omissão ou descuido): ***castigar** um filho; **castigar** um funcionário relapso*. No *castigar* está a intenção de melhorar, aperfeiçoar; no *punir* só se visa a corrigir um ato ou ação ilegal.

pupurri

É o aportuguesamento, embora não oficial, do francês *pout-pourri*.

puro-sangue

Pl.: *puros-sangues*.

pus

Adj. corresp.: *purulento*. Portanto, *urina com pus = urina purulenta*.

putativo

Comumente considerado, suposto: *São José é o pai **putativo** de Jesus*. Diz-se também do casamento contraído indevidamente, mas de boa-fé, por ignorarem os nubentes os motivos que se opunham à sua união. A palavra nos chegou através do latim *putativus* (que se calcula, imaginário, suposto). Nada tem que ver com a palavra *puta*, que vem do latim vulgar *putta, por puta (menina), porque as putas, antigamente, começavam ainda meninas.

puxa!

Interjeição consagrada com **x**, por falsa relação com o verbo *puxar*. A grafia rigorosamente correta seria *pucha!*, já que provém do espanhol platino *pucha*, forma eufemística de *puta*.

puxa-puxa

É nome feminino: *a puxa-puxa, **uma** puxa-puxa*. Há certos dicionários, todavia, que o registram como de gênero masculino.

puxar

É transitivo indireto (sair semelhante ou parecido) e rege *a* ou *por*: *Puxei **à** (ou **pela**) família de meu pai. Hersílio puxou mais **à** (ou **pela**) mãe que **a**o (ou **pel**o) pai*. Na acepção de coxear, mancar, capengar, rege *de*: *Por que você está puxan-*

do *de* uma perna? *O jogador saiu do campo puxando **d**a perna esquerda*. Há narradores de futebol que só usam "puxar a perna": *O jogador saiu do campo puxando "a perna esquerda"*. É de se perguntar: com cordinha, barbante ou cabo de aço?

puxar / puxar de
Na acepção de lançar mão de, sacar, usam-se indiferentemente: *Puxar o* (ou ***d**o*) *revólver. Puxar uma* (ou ***de** uma*) *nota de cem reais para pagar o cafezinho. Puxou um* (ou ***de** um*) *cigarro e deixou-o na boca, sem acendê-lo*.

puxa-saco
É nome comum-de-dois: *Filipe é **o** maior puxa-saco do patrão. Hortênsia é **a** maior puxa-saco da patroa*. Há corajosos, que usam até "puxa-saca" em referência a mulher.

Q

quadriênio / quatriênio
Espaço ou período de quatro anos: *O mandato presidencial no Brasil se renova a cada **quadriênio** (ou **quatriênio**)*. As duas formas existem, mas a língua só agasalha *quadrienal*, e não "quatrienal".

quadril
Adj. corresp.: *ciático*. Portanto, *nervo dos quadris = nervo ciático*.

quadringentésimo
Numeral ordinal correspondente ao cardinal *quatrocentos*: *Eu era o **quadringentésimo** da fila*. V. **ordinais**.

quadrúmano
Que tem quatro mãos: *Os símios são **quadrúmanos***. Note: é palavra proparoxítona.

quais de nós? / quaisquer de nós
Quando fazem parte do sujeito, o verbo concorda com o segundo pronome: *Quais de nós **estaremos** vivos em 2100? Quais de nós **resistiríamos** a uma doença dessas? Quaisquer de nós **cairíamos** nesse conto-do-vigário*.

qual de nós? / qualquer de nós
Quando fazem parte do sujeito, o verbo concorda com o primeiro pronome: *Qual de nós **estará** vivo em 2100? Qual de nós **resistiria** a uma doença dessas? Qualquer de nós **cairia** nesse conto-do-vigário*.

qual é?
Melhor dizer *qualé?* que *quau é?*, sem que esta constitua erro. ***Qual é** mesmo teu nome?* E, no linguajar de alguns: *Que que é isso, mano? 'Tá me tirando? **Qual é?***

qualificado
Rege *como*, *de* ou *por* (considerado) e *para* (classificado): *Governo qualificado **como** (ou **de**, ou **por**) incompetente. Equipe qualificada **para** a próxima fase do campeonato*.

qualquer
Pl.: *quaisquer*. É a única palavra da língua portuguesa cujo plural se faz no seu interior, e não no final.

qualquer ≠ nenhum
Convém não confundir. Ambos são pronomes indefinidos, mas **qualquer** se usa nas frases declarativas afirmativas, enquanto **nenhum** (e variações) se emprega nas negativas. Portanto: ***Qualquer** brasileiro gosta de futebol. Não tenho **nenhum** interesse nessa negociação. Ninguém via **nenhuma** virtude nele. Não estão abertas **nenhumas** inscrições para o Banco do Brasil*.

qual seja / como seja
Quando qualquer destas expressões vem antecedida e posposta por palavras no plural, deve estar também no plural: *Possuo algumas propriedades, **quais sejam** dois apartamentos e um carro. Trouxe da Europa várias mercadorias, **como sejam** três máquinas e um televisor*. Se não houver plural, naturalmente, a expressão ficará no singular: *Possuo uma propriedade, **qual seja** (ou **como seja**) um apartamento*.

quando de
Expressão correta, equivalente de *por ocasião de*: ***Quando de** sua vinda ao Brasil, fez declarações bombásticas*.

quantia ≠ quantidade
Convém não confundir. **Quantia** é soma ou importância em dinheiro: *Trago sempre pequena **quantia** no bolso. Vultosa **quantia** foi gasta nessa obra*. Como se refere sempre a dinheiro, há visível redundância na expressão "quantia de dinheiro". **Quantidade** se usa para quaisquer outros casos. Houve época no Brasil em que se levava grande *quantidade* de dinheiro para pequena *quantia*; hoje (ufa!) é o inverso.

quanto a
V. **"enquanto" a mim**.

quanto possível
É expressão invariável: *Bebi guaranás gelados **quanto possível**. Procure melões maduros **quanto possível**. As invasões tinham que ser rápidas **quanto possível***. V. **possível**.

quantos de nós?
Quando faz parte do sujeito, o verbo concorda com o segundo pronome: *Quantos de nós já não **comemos** tanta comida estragada em restaurantes, sem sabermos?*

quantos são duas vezes dois?
Quase todo o mundo sabe *quantos são duas vezes dois*, porém, quase todo o mundo pergunta: "Quanto é dois vezes

dois?". Ora, se *vezes* é palavra feminina e se *dois* é plural, não há como fugir àquela pergunta. Portanto, da próxima vez, todos vão perguntar: *Quantos são duzentas vezes quatro? Quanto é uma vez dois?*

quantos são hoje?
Eis aqui uma pergunta que deve sempre ser feita no plural, assim como fazemos quando desejamos saber as horas. Nunca se pergunta "que hora é?", nem muito menos "que hora tem aí?", mas *que horas são?* E assim também: *Quantos são hoje? São cinco ou seis? Quantos foram ontem? Foram três ou dois? Quantos serão amanhã? Vinte ou vinte e um?* Mesmo que seja o dia primeiro, a pergunta deverá estar no plural, porque aquele que pergunta naturalmente desconhece a verdadeira data: *Quantos são hoje?* A resposta deve vir: *Hoje é primeiro*. Note que também, ao desejarmos saber as horas, perguntamos: *Que horas são?* Se for uma hora, a resposta virá assim: *É uma hora*.

quá-quá-quá!
Interjeição imitativa de gargalhada. Há quem escreva "quá! quá! quá!". Não é de quá-quá-quá!, caro leitor?

quarar / corar
As duas formas existem; a primeira é popular. Significa tornar branca, com a exposição ao sol (a roupa ensaboada). Da mesma forma, coexistem *quarador* e *corador*, *quaradouro* e *coradouro* (lugar onde se põe a roupa a corar).

quarenta
Ordinal corresp.: *quadragésimo*. Portanto, quem está no *40º* distrito policial, está no *quadragésimo* DP. V. **ordinais**.

quarentena
V. **de quarentena**.

quarta da capa
Todo livro tem apenas e tão-somente uma capa, dividida em quatro partes: a primeira parte da capa ou parte frontal da publicação, na qual estão o título da obra e o nome do autor; a contracapa, cada uma das duas faces internas, a primeira também chamada *segunda da capa*, e a segunda a *terceira da capa*; e a quarta parte da capa ou, simplesmente, *quarta da capa*, onde normalmente estão o código de barras, o logotipo da editora e muitas vezes um comentário sobre os aspectos gerais da obra. Nenhum livro tem "segunda capa", "terceira capa" ou "quarta capa".

quartanista
Há quem diga que tem um filho "quartoanista" de Medicina.

quasar
Pl.: *quasares*. A melhor prosódia seria *quásar*, mas o Vocabulário Oficial a rejeitou.

Quasímodo
Personagem muito feia, monstruosa, do romance *Notre-Dame de Paris*, ou *Corcunda de Notre-Dame* (1831), de Victor Hugo. Em sentido figurado, usa-se com minúscula por indivíduo deformado, monstruoso; mostrengo: *A professora era um quasímodo, mas ensinava muito bem.*

quati
É nome masculino: *o quati, um quati*.

quatorze / catorze
V. **catorze / quatorze**.

quatrilhão / quatrilião
As duas formas existem. *Não há no mundo quem tenha um quatrilião de dólares.*

quatrocentos
Ordinal corresp.: *quadringentésimo*. Portanto, *ser o 400º da fila = ser o quadringentésimo da fila*.

que / do que
Nas comparações, usa-se indiferentemente: *A Lua é mais pequena que* (ou *do que*) *a Terra*.

que ≠ quê
Convém não confundir. **Que** se usa geralmente no meio ou no início da frase, sendo palavra átona (por isso, soa *qui*): *Feliz do homem que chora; fatal a mulher que ri*. **Quê** se usa no fim ou no início da frase, sendo palavra tônica (por isso, soa *quê* mesmo, e não "qui"): *Afinal, ela veio aqui para quê? E vocês? Fizeram o quê, até agora? O quê?! Joana d'Arc morreu?!* Essa tonicidade é que faz com que alguns defendam o uso do acento ainda em *além do quê* (= além disso). É também usado como substantivo no sentido de alguma coisa, um componente: *Ifigênia tem um quê que me agrada. Heli tem um quê do pai*. Quando fazemos referência ao próprio vocábulo, não há necessidade do uso do acento: *Vamos estudar hoje a palavra que. O que tem várias classificações em português. Na frase* A fruta de que eu mais gosto é a pinha, *qual a função desse que?*

quebra
Rege *de* (ruptura; violação, infração) e *em* (redução; interrupção): *A quebra de qualquer peça era cobrada da cozinheira. Se for comprovada quebra de juramento, ele será preso. A quebra de disciplina, nas Forças Armadas, é algo grave. Houve quebra na safra agrícola deste ano. A quebra no fornecimento de energia não foi explicada pela companhia.*

quebra-cabeça
Sempre: *o quebra-cabeça, um quebra-cabeça*. Nunca: "o quebra-cabeças", "um quebra-cabeças".

quebra-gelos
Sempre: *o quebra-gelos, um quebra-gelos*. Nunca: "o quebra-gelo", "um quebra-gelo".

quebra-molas
Sempre: *o quebra-**molas**, um quebra-**molas***. Nunca: "o quebra-mola", "um quebra-mola".

quebra-nozes
Sempre: *o quebra-**nozes**, um quebra-**nozes***. Nunca: "o quebra-noz", "um quebra-noz".

quebranto
Apesar de ser assim, muita gente ainda toma chá de "quebrante". Como é amargo!

queda
Rege *de* (caída; perda ou diminuição), *em* (incidência), *para* (inclinação natural) e *por* (atração, simpatia): *A queda **de** Muro de Berlim foi histórica. A queda **de** credibilidade do governo é uma realidade. A queda **de** tantos impostos nas costas do contribuinte reduz até mesmo a arrecadação. Ter queda **para** a dança. Ele sempre teve forte queda **por** morenas.*

quedê? / quéde?
V. **cadê?**

que dirá eu!
V. **que se dirá de mim!**

que horas são?
É assim que se pergunta, sempre. Há quem goste de variar e pergunta: "Que horas tem aí?" Tolice. V. **quantos são hoje?**

queijo
Adj. corresp.: *caseoso*. Portanto, *consistência de queijo = consistência caseosa*.

queijo prato
Apesar de ser este o queijo saudável, há quem insista em comer o "queijo prata".

queimado
Rege *de* (bronzeado) e *de* ou *por* (ressequido): *Garotas queimadas **de** (ou **do**) sol. De manhã, encontrou todo o cafezal queimado **da** (ou **pela**) geada.*

queimar
É verbo pronominal (tornar-se queimado), mas intransitivo ou pronominal (tornar-se inútil ou imprestável): *Todos os meus documentos **se queimaram** no incêndio. Duas lanternas do meu carro **queimaram** (ou **se queimaram**). O fusível já **queimou** (ou **se queimou**) novamente?! Ele queria saber por que **queimavam** (ou **se queimavam**) tantas lâmpadas na sua casa.*

queixa
Rege *a...acerca de* (ou *a respeito de*, ou *contra*, ou *de*, ou *quanto a*, ou *sobre*) e *de...a* (pessoa): *Os moradores da rua fizeram queixa **à** polícia **acerca do** (ou **a respeito do**, ou **contra o**, ou **do**, ou **quanto ao**, ou **sobre o**) barulho infernal da boate. A criança fez queixa **da** babá **à** mãe.*

queixar-se
É verbo rigorosamente pronominal: *Ela **se queixa** de tudo. Eu não **me queixo** de nada.* Há, no entanto, quem construa: Ela "queixa" de tudo. Eu não "queixo" de nada.

queixo
Não admite pronome possessivo, quando a idéia de posse é clara: *Quebrei o queixo.* (E não: Quebrei o "meu" queixo.) *Que você tem no queixo?* (E não: Que você tem no "seu" queixo?) Quando a idéia de posse não for clara, naturalmente aparecerá o pronome: ***Meu queixo** está doendo. **Seu queixo** está sujo.*

quem
É o pronome que se refere a pessoas: *Essa é a pessoa de **quem** eu mais gosto. Rosana é a pessoa em **quem** mais confio. Não era mulher de **quem** se pudesse desconfiar. Você é chefe a **quem** todos obedecem.* Com palavras dissílabas em diante, deve ser substituído por *o qual* (e variações): *Acusaram de corrupto o governador, **segundo o qual** tudo não passa de intriga da oposição. A notícia **segundo a qual** o presidente renunciaria foi veiculada por todos os jornais. O presidente, **para o qual** tudo não passa de mal-entendido, falou aos jornalistas.* Os jornais, todavia, continuam trazendo "segundo quem", "para quem", etc. Este pronome exige o verbo na terceira pessoa do singular: *Não fui eu quem **fez** isso. Foram eles quem **cometeu** o crime. Não fomos nós quem **comeu** o doce.* Embora seja possível a concordância com o pronome reto, é preferível sempre construir assim. Até por uma questão de coerência, já que todas essas frases equivalem a estas: *Quem fez isso não fui eu. Quem cometeu o crime foram eles. Quem comeu o doce não fomos nós.* Usada a concordância com o pronome reto, teríamos: *Não fui quem fiz isso.* Na equivalência, nota-se a impropriedade: Quem "fiz" isso não fui eu. Repare nesta: *Não fomos nós quem comemos o doce.* E agora nesta: Quem "comemos" o doce não fomos nós.

que nem
Só se usa quando há idéia consecutiva na segunda oração. Assim, p. ex.: *Juçara ficou vermelha **que nem** pimentão.* Ou seja: *que nem pimentão é tão vermelho. O moleque trepava às árvores **que nem** macaco novo.* Isto é: *que nem macaco novo trepa.* Não havendo tal idéia, usa-se *como, feito* (apenas na linguagem coloquial) ou *igual a*: *Minha mulher é **como** (ou **feito** ou **igual a**) minha sogra: implicante e rabugenta! Você é **como** (ou **feito** ou **igual a**) seu pai: metido a conquistador.*

Quéops
Um dos grandes faraós, construtor da grande pirâmide de Gizé, encontrada em 1954. Note: é nome paroxítono. Há, no entanto, quem diga "Queóps".

quer...quer
As conjunções alternativas deste tipo sempre trazem os elementos repetidos: *seja...seja, quer...quer, ou...ou*, etc.: *Preciso de ajudantes, **quer** mulheres, **quer** homens. Estávamos cansados de radicalismos, **quer** de esquerda, **quer** de direita. Você vai*

trabalhar e estudar, **quer** *queira,* **quer** *não.* Muitos, no entanto, usam assim: *Preciso de ajudantes, quer mulheres "ou" homens. Estávamos cansados de radicalismos, quer de esquerda, "ou" de direita. Você vai trabalhar e estudar, quer queira "ou" não.* V. **seja...seja**.

querer

É transitivo direto (desejar) e transitivo indireto (amar; estimar): *Não* **quero** *esse rapaz aqui em casa. O menino não* **queria** *balas, queria sorvete.* **Quero**-*o já aqui, seu pilantra!* **Quero** *muito a essa mulher. Os pais normalmente* **querem** *muito a seus filhos. Você nem tem idéia de quanto eu* **lhe quis***, Beatriz! Despede-se este seu amigo que muito* **lhe quer***: Persival.* Conj.: *quero, queres, quer, queremos, quereis, querem* (pres. do ind.); *queria, querias, queria, queríamos, queríeis, queriam* (pret. imperf.); *quis, quiseste, quis, quisemos, quisestes, quiseram* (pret. perf.); *quisera, quiseras, quisera, quiséramos, quiséreis, quiseram* (pret. mais-que-perf.); *quererei, quererás, quererá, quereremos, querereis, quererão* (fut. do pres.); *quereria, quererias, quereria, quereríamos, quereríeis, quereriam* (fut. do pret.); *queira, queiras, queira, queiramos, queirais, queiram* (pres. do subj.); *quisesse, quisesses, quisesse, quiséssemos, quisésseis, quisessem* (pret. imperf.); *quiser, quiseres, quiser, quisermos, quiserdes, quiserem* (fut.); *querer, quereres, querer, querermos, quererdes, quererem* (infinitivo pessoal); *querer* (infinitivo impessoal); *querendo* (gerúndio); *querido* (particípio). Não tem imperativo, em razão do seu próprio significado. Usa-se apenas em frases que denotam gentileza. Ex.: *Queira sentar-se.* Note: não existem formas deste verbo com a letra *z*.

querido

Rege *a, de* ou *por*: *Era um professor muito querido* **a***os* (ou **d***os,* ou **pel***os*) *alunos. Assunto mais querido* **à***s* (ou **d***as,* ou **pe***las*) *mulheres: homem.*

que se dirá de mim!

Embora deva ser assim, há quem diga, despretensiosamente: *Se ela, que é mulher, não gosta de homem, "que dirá eu"! Se Calasãs, que é professor, escreve errado, "que dirá eu"!* Na linguagem mais bem-cuidada, esta expressão deve ser substituída por *que se dirá de mim!* ou então por *quanto mais eu!* ou *muito menos eu!*

questão

Rege *acerca de,* ou *a propósito de,* ou *a respeito de,* ou *quanto a,* ou *relativo a, sobre* (discussão) e *com* (demanda): *A questão* **acerca d***a* (ou **a propósito d***a,* ou **a respeito d***a,* ou **quanto à***,* ou **relativo à***,* ou **sobre** *a*) *reforma agrária é importante. Ele tem questão* **com** *o governo.* A expressão *fazer questão* pede *de* ou *por*: *Ela fazia questão* **de** (ou **por**) *receber um beijo do namorado. Não faço questão* **de** (ou **por**) *luxo.* Pronuncia-se *kestão.* Da mesma forma, sem o **u** sonoro: *questionar, questionário, questionável, questiúncula.* Eis sobre o assunto o que comenta o Pequeno Dicionário Brasileiro da Língua Portuguesa: **Qüestão** *é pronúncia pedante, usada apenas por alguns, e pouco justificável.* A pronúncia "kuestão" é comum no Rio Grande do Sul, onde se nota maior influência castelhana. O Vocabulário da Academia Brasileira de Letras, no entanto, registra a pronúncia "kuestão", justamente por causa dessa influência; o Vocabulário da Academia das Ciências de Lisboa nunca admitiu tal modo de dizer, justamente porque isso não é português.

questor

Magistrado que, na antiga Roma, era responsável pelas finanças do Estado ou pela administração da justiça criminal. Pronuncia-se *kestôr,* mas muitos dizem "kuestôr".

que tal?

Varia normalmente, na linguagem culta: *Que tal minha filha? Que* **tais** *minhas filhas? Que tal meu novo carro, Ifigênia? Que* **tais** *meus novos óculos, Hortênsia?*

quibe

Apesar de ser assim, há quem engula "kibe".

quíchua / quéchua

Aborígine do altiplano andino, do qual os incas eram uma classe dominante. Também: idioma falado por esse aborígine. As duas formas existem, mas a primeira é a mais usual.

Quilimanjaro

Vulcão extinto e a mais alta montanha da África (5.898m), no Nordeste da Tanzânia. Há quem escreva "Quilimandjaro".

quilo

Abrev.: *kg* (sem s nem ponto). Portanto: 1kg, 2kg, 3kg, etc.

quilômetro

É uma das palavras que, no português do Brasil, se escrevem com **ô** e normalmente se pronunciam como se fossem escritas com **ó**. Outra é *Antônio* (quase todo o mundo diz "antónio", como se estivéssemos em Portugal). Outra é *Êmerson,* que, apesar do acento, as pessoas pronunciam "émerson".

quinhentos

Ordinal corresp.: *qüingentésimo.* Portanto, *ser o 500º da fila = ser o qüingentésimo da fila.* Note: o **u** soa (*kuin*). Em Portugal, todavia, esse **u** não soa. Em se tratando de pronúncia, todavia, como já se viu, o português do Brasil é algo diferente do lusitano. V. **ordinais**.

qüinquagenário

Aquele que está na casa dos 50 anos. Note: os dois **uu** soam: *kuin-kua.* Em Portugal o primeiro **u** não soa. Mas os brasileiros também não dizemos *dóna* nem *tambáim*...

qüinquagésimo
Numeral ordinal correspondente a *cinqüenta*. Note: o **u** soa (*kuin*). Em Portugal o primeiro **u** não soa. Mas os brasileiros também não dizemos *sóma* nem *tambáim*...V. **ordinais**.

qüinqüenal
Que dura cinco anos ou um qüinqüênio. Note: os dois **uu** soam (*kuin-kue*).
Em Portugal se diz *kinkènal*.

qüinqüênio
Espaço de cinco anos; lustro. Note: os dois **uu** soam (*kuin-kuê*). Em Portugal se diz *kinkénio*, porque os lusitanos escrevem *quinquénio*.

qüinqüídio
Espaço ou período de cinco dias. Note: os dois **uu** soam (*kuin-kui*). Em Portugal se diz e *kinkídio*. Mas os brasileiros também não dizemos *Róma* nem *kinkénio*...

quintanista
Há quem diga que tem um filho "quintoanista" de Medicina.

quintilhão / quintilião
As duas formas existem. *Ela disse que tinha no cofre um **quintilião** de reais!*

qüiproquó
Erro, engano que faz tomar uma pessoa ou uma coisa por outra. Pronuncia-se *kuiprokó*.

quiromancia
Há quem diga "kiromância".

quite
É palavra que concorda com o nome a que se refere: *Estou **quite** com o serviço militar. Estamos **quites** com o serviço militar. Ela está **quite** comigo. Elas estão **quites** comigo.*

quitinete
É palavra feminina: *a quitinete, uma quitinete*.

quórum
Aportuguesamento (pronuncia-se *kórum*) do latinismo *quorum* (que se pronuncia *kuórum*). O dicionário dos equívocos não registra o aportuguesamento, apenas o latinismo (*quorum*), mas traz *fórum, pia-máter, vade-mécum*, etc.

Quo vadis?
Nome de um romance histórico (1895), do escritor polonês Henryk Sienkiewicz. Animado por forte emoção épica, trata da perseguição aos cristãos em Roma, no tempo de Nero. O título foi tirado da frase latina *Quo vadis, Domine?* = Aonde vais, Senhor? Pronuncia-se *kúo vádis?*

R

rã
Existe a *rã macho* e a *rã fêmea*. Muitos pensam que *rã* é "feminino" de *sapo*, cuja fêmea é a *sapa*.

rachar
É verbo intransitivo ou pronominal, indiferentemente: *Com o sol, a madeira **rachou** (ou **se rachou**) toda. Com o calor intenso, o asfalto **rachou** (ou **se rachou**). As romãs geralmente **racham** (ou **se racham**) ainda no pé.*

racionalizar ≠ racionar
Convém não confundir. **Racionalizar** é tornar racional ou mais eficiente (trabalho, operação, processo). **Racionar** é reduzir e controlar o uso de (alimentos e bens de consumo): **racionar** *combustível,* **racionar** *energia*. Também significa economizar, poupar: **racionar** *o 13º salário*.

radar
Assim como *laser* e *sonar*, é sigla inglesa, de **ra**dio **d**etection **a**nd **r**anging.

radiatividade / radioatividade
As duas grafias existem, assim como *radiativo* e *radioativo*.

rádio
É palavra masculina (aparelho transmissor ou receptor de sinais radiofônicos): *Ouvi a notícia pe**lo meu** rádio*. É palavra feminina (estação emissora de tais sinais; conjunto dessas estações de determinado local, região, país, etc.): *Ele trabalha n**a** rádio Cultura. **A** rádio argentina estava presente ao acontecimento.*

radio-
Não exige hífen: *radioamador, radioatividade, radioemissora, radiopatrulha, radiorreceptor, radiorrelógio, radiorrepórter, radiossonda, radiotáxi, radioteatro, radiouvinte, radiovitrola*, etc.

raio-X
Fotografia ou exame feito por meio de raios X, radiografia: *tirar um **raio-X** dos pulmões*. Pl.: *raios-X*. V. **raios X.**

raios X
Radiação eletromagnética não luminosa, capaz de atravessar quase todos os sólidos e radiografá-los internamente. Usa-se sempre no plural. Não confunda com *raio-X*.

raiva (hidrofobia)
Adj. corresp.: *rábico*. Portanto, *vírus da raiva = vírus rábico*.

raiva / rancor

Regem *a, contra, de* ou *por*: *A menina cresceu com raiva à* (ou *contra a*, ou *da*, ou *pela*) *babá. Ela tem rancor **a**o* (ou ***contra** o*, ou ***d**o*, ou ***pel**o*) *ex-namorado.*

Ramsés

Nome de vários faraós. Pronuncia-se *ram'ssés*, mas muitos dizem "ram'zés".

rapar ≠ raspar

Convém não confundir. **Rapar** é cortar até à raiz: *rapar o bigode, **rapar** a barba, **rapar** a cabeça, **rapar** a perna, rapar as axilas, **rapar** todos os pêlos do corpo*. **Raspar** é gastar pelo atrito, desgastar: *raspar o taco do assoalho, **raspar** a parede, raspar o bilhete de loteria, para ver se ganhou algum prêmio*. Rapar só equivale a raspar no sentido de tirar tudo o que restou a (um recipiente): *O menino rapou* (ou *raspou*) *a lata de leite condensado.*

rápido / rapidez

Regem *de* ou *em* (nome) e *em* (verbo): *Ser rápido **de*** (ou ***em***) *raciocínio. Ele foi rápido **em** responder às questões. Admiro sua rapidez **de*** (ou ***em***) *raciocínio. Para que tanta rapidez **em** resolver o caso?*

raposa

Adj. corresp.: *vulpino*. Portanto, *esperteza de raposa = esperteza vulpina.*

rapsódia

Pronuncia-se *rap'sódia*. Muitos, no entanto, dizem "rapizódia".

raptar

Tem o **p** debilmente pronunciado durante toda a conjugação, principalmente nas formas rizotônicas (as que têm a tonicidade no radical), em que a vogal que o antecede é tônica: *rapto, raptas, rapta, raptamos, raptais, raptam* (pres. do ind.); *rapte, raptes, rapte, raptemos, rapteis, raptem* (pres. do subj.). *Quem **rapta** seqüestra. Ela reza para que não **raptem** seus filhos, quando vão à escola.* O povo, no entanto, costuma dizer "rapita", "rapitem", etc.

raquiano / raquidiano

As duas formas existem. A forma "raqueano" merece a mesma censura que "acreano": a vogal de ligação para palavras terminadas em *-e* é *-i-*: Iraque/iraquiano, Goethe/goethiano, Acre/acriano, raque/raquiano, etc.

rasgar

É verbo pronominal (romper-se; separar-se): *A camisa que você me deu **se rasgou** à primeira lavada. O papel **se rasgou** em vários pedaços. Não faça muito esforço, que suas calças podem **rasgar-se** nos fundilhos!*

rasgar o "verbo"

O povo usa esta expressão que, em verdade, não existe na língua. Na verdade, quem fala francamente, sem rodeios, rasga o **véu**: *O deputado paraense rasgou o **véu**, declarando que não votaria com a sua bancada.*

raspagem

V. **bobagem**.

rastejar

Sempre com **e** fechado: *rastejo, rastejas, rasteja, rastejamos, rastejais, rastejam* (pres. do ind.); *rasteje, rastejes, rasteje, rastejemos, rastejeis, rastejem* (pres. do subj.).

rastelo

Pronuncia-se *rastêlo*, mas no Brasil só se ouve "rastélo".

rasto / rastro

As duas formas existem, mas a segunda é a mais usual. Podemos, assim, trazer uma pessoa *a rastos* ou *de rastos, a rastros* ou *de rastros*. Os verbos correspondentes são, respectivamente, *rastejar* ou *rastear* e *rastrear*.

ratificar ≠ retificar

Convém não confundir. **Ratificar** é confirmar, corroborar e, também, repetir categoricamente (o que se afirmou), declarando definitivo: *O Superior Tribunal de Justiça **ratificou** a decisão do primeiro grau. O presidente **ratificou** as declarações feitas ontem.* **Retificar** é corrigir, consertar, emendar: *retificar o rumo, retificar a trajetória de uma nave espacial, retificar uma declaração infeliz, retificar um erro.*

rato

Adj. corresp.: *murino*. Portanto, *chiado de rato = chiado murino.*

razão

Rege *de, em* ou *para* (verbo) e *para* (nome): *Ela tem razão **de*** (ou ***em***, ou ***para***) *reclamar. Não tenho razões **de*** (ou ***em***, ou ***para***) *estar contente. Há razões **para** tanto festejo?* Antecedida da preposição *em*, aparece combinada com *de*: *A crise só não foi maior **em** razão **d**a safra, que foi recorde.*

reação

Rege *a* ou *contra* (resposta), *ante*, ou *diante de* ou *perante* (comportamento) e *entre...a* (ou *em*) *favor de* (mudança): *O linchamento é uma reação **à*** (ou ***contra** a*) *impunidade e **a**o* (ou ***contra** o*) *excesso de violência de que o povo é vítima. Qual foi a reação do presidente **ante*** (ou ***diante d**o*, ou ***perante** o*) *fato? Já há uma reação **entre** os jornalistas **a*** (ou ***em***) *favor **d**o vernáculo.*

reacionário

Superl. sint.: *reacionariíssimo*. *De **reacionariíssimo** ele se tornou revolucionariíssimo.*

readaptar

Conjuga-se por *adaptar*.

reajuste
Rege *de*, *em* (em contração) ou *sobre*: *O reajuste **de** (ou **n**os, ou **sobre**) preços não se justifica, em época de recessão. Novo reajuste **de** (ou **n**as, ou **sobre**) tarifas bancárias?!*

real
Nome de uma antiga moeda portuguesa e também brasileira. Em Portugal, seu plural era *reais* (do latim *regalis*, de *rex, reg-* = rei); no Brasil, *réis*. Em 1994, implantou-se uma nova moeda no Brasil, a que deram esse nome, mas não mais com base em *regalis*, mas em *realis*, de *res* = coisa, sinônimo de verdadeiro, real, autêntico.

reaver
Derivado de *haver*, por este se conjuga, a não ser nas formas em que não aparece a letra **v**: *Eu ainda não **reouve** as fotos que dei a ela. Você **reouve** tudo o que perdeu? Não ficarei satisfeito enquanto não **reouver** tudo o que perdi. Se vocês **reouverem** os bens perdidos, dêem-se por satisfeitos! Se eu **reouvesse** o dinheiro que perdi, pagar-lhe-ia*. Portanto, não existem as formas "reavi", "reaveu", "reavesse", etc.

rebaixamento / rebaixado
Rege *de...a* (ou *para*): *O rebaixamento **d**o Palmeiras **à** (ou **para** a) segunda divisão do campeonato brasileiro foi uma humilhação e um atestado incontestável da incompetência de seus dirigentes. O Palmeiras foi rebaixado **d**a primeira **à** (ou **para** a) segunda divisão do campeonato brasileiro de futebol.*

rebelar-se
Rege *contra*: *Alguns regimentos se rebelaram **contra** o regime. O poder judiciário se rebelou **contra** a reforma da Previdência.*

rebelde / rebeldia
Regem *a*, ou *ante*, ou *contra*, ou *diante de*, ou *perante* (nome) e *em* (verbo): *Mostrar-se rebelde **à** (ou **ante** a, ou **contra** a, ou **diante d**a, ou **perante** a) vontade dos pais. Revelou-se rebelde **em** cumprir a ordem. A rebeldia da população **a** esse (ou **ante** esse, ou **contra** esse, ou **diante d**esse, ou **perante** esse) novo imposto é bastante compreensível. Sua rebeldia **em** se submeter à disciplina militar acarretou sua expulsão da corporação.*

reboco
Tanto o singular quanto o plural têm **o** tônico fechado.

reboco ≠ reboque
Convém não confundir. **Reboco** é a argamassa de cal e areia, com ou sem cimento, com que se revestem paredes, muros, etc., para lhes dar superfície lisa e uniforme. **Reboque** é a ação ou efeito de rebocar: *O **reboque** da parede foi malfeito.* É, ainda, o nome que se dá ao veículo sem tração própria, puxado por outro: *O **reboque** estava todo amassado.*

rebojo
Tanto o singular quanto o plural têm **o** tônico fechado.

reboliço ≠ rebuliço
Convém não confundir. **Reboliço** é que rebola: *mulher de quadris **reboliços**. Cantinflas tinha um andar **reboliço**.* **Rebuliço** é confusão, rolo, rebu (de que é redução): *A festa acabou em **rebuliço**.*

rebolo
Tanto o singular quanto o plural têm **o** tônico fechado.

rebordo
No plural, o **o** tônico soa aberto.

recear / receoso
Apesar de ser assim, muita gente não se sente nada "receiosa" de usar "receiar".

receio
Quem tem receio, tem receio *de* alguma coisa, mas a preposição pode vir elíptica: *Tenho receio (de) que algo dê errado.* Quando *receio* representa o sujeito, a preposição *de* também é facultativa: *Meu receio é (de) que algo dê errado. O receio dos ecologistas é (de) que a mãe Terra não suporte as agressões que o homem lhe inflige e sucumba.*

receio / receoso
Regem *de* ou *por* (nome) e *de* ou *em* (verbo ou oração desenvolvida): *Ter receio **d**o (ou **pel**o) futuro. Ter receio **de** (ou **em**) sair à noite. Estar receoso **d**o (ou **pel**o) futuro. Estar receoso **de** (ou **em**) viajar de avião. Tinha receio **de** (ou **em**) que o avião caísse.*

recém
Não são poucos os que dizem "récem". V. **refém**.

recepção
Rege *a* ou *de* (pessoa) e *de* (coisa): *A recepção **a**o (ou **d**o) novo acadêmico se dará na próxima semana. A recepção **d**a mercadoria foi feita pelo zelador do prédio.*

recheado / recheio
Rege, *com* ou *de*: *Biscoito recheado **com** (ou **de**) chocolate. Um delicioso recheio **com** (ou **de**) chocolate foi adicionado ao confeito.*

Recife
Nome que se usa com o artigo ou sem ele, indiferentemente, mas os recifenses fazem questão de usar apenas *o* Recife.

reclamação
Rege *de...a* ou apenas *a* (exigência) e *contra* (protesto): *Adianta reclamação **de** providências **à**s autoridades? Partiu dos vizinhos a reclamação **contra** o barulho da boate.*

reclamar
Rege *contra* ou *de* (queixar-se, protestar) e apenas *de* (exigir; reivindicar): *Ela reclama **contra** a (ou **d**a) comida do hospital. O povo reclama **contra** a (ou **d**a) falta de segurança, e*

*o governo não faz nada. Reclamar **contra** o (ou **d**o) barulho. O namorado reclamou **d**ela todos os presentes que lhe havia dado. O presidente reclamou **d**o ministro as providências necessárias. O eleitorado reclama agora **d**o deputado as promessas feitas durante a campanha. Os trabalhadores reclamam **d**a empresa o pagamento das horas extras.*

reclinado

Rege *a*, *em* ou *sobre*: *Encontrei-o com o corpo reclinado **à** (ou **n**a, ou **sobre** a) cama.*

recoberto

Rege *com*, *de* ou *por*: *Sorvete recoberto **com** (ou **de**, ou **por**) calda de chocolate.*

recolhimento

Rege *de...a* (ou *em*) [ação de recolher] e *de...sobre* ou *a...sobre* ou apenas *sobre* (retirada de circulação): *Quando se deu o recolhimento **d**os mendigos **a**o (ou **n**o) abrigo? Haverá recolhimento **de** imposto **sobre** essa quantia. O ministro quer um maior percentual de recolhimento **a**o Banco Central **sobre** os depósitos à vista. O Banco Central vai aumentar o percentual do recolhimento **sobre** os depósitos à vista.*

recomendar

Quem recomenda, recomenda alguma coisa a alguém: *Recomendei-lhe que não saísse à chuva. Recomende a todos que não digam nada a ninguém. Recomendaram-me que tomasse um analgésico e fosse me deitar.* Há quem recomende a alguém "para" que: *Recomendei-lhe "para" que não saísse à chuva. Recomende a ela "para" que não diga nada a ninguém. Recomendaram-me "para" que chegasse cedo amanhã.* Retirando-se o *"para"*, faz-se a luz... É verbo pronominal (merecer crédito ou respeito): *Pelo seu passado, esse rapaz **se recomenda** muito. O lutador vem ao Brasil com um cartel que muito **se recomenda**.*

recompensa

Rege *a*, *de* ou *por*: *Quanto lhe deram como recompensa **a**os (ou **d**os, ou **pel**os) serviços prestados?* Antecedida de *em*, rege as mesmas preposições: *Em recompensa **a**os (ou **d**os, ou **pel**os) meus serviços me deram boa quantia.*

recompensado

Rege *de* ou *por*: *Ao ver os filhos todos médicos, sentiu-se recompensado **d**o (ou **pel**o) sacrifício que fez ao longo da vida para estudá-los.*

reconciliação

Rege *de...com* ou *entre*: *Não foi fácil a reconciliação **d**o marido **com** a mulher. Não foi fácil a reconciliação **entre** o marido e a mulher.*

recondução

Rege *de...a* (ou *em*, ou *para*): *A recondução **d**o funcionário **a**o (ou **n**o, ou **para** o) cargo se deu por mandado judicial.* É preferível *em* como segunda preposição.

reconduzido

Rege *a*: *Depois de tudo, viu-se ainda reconduzido **a**o cargo. O deputado queria ser reconduzido **à** liderança do partido.*

reconhecer

Usa-se assim: *Eu não o reconheci. Ele está tão bronzeado, que nem o reconheci!* Muitos, no entanto, princ. no Nordeste, usam "lhe" por *o*, transformando o verbo transitivo direto em indireto.

reconhecido

Rege *a...por* e *para com...por*: *Fico reconhecido **a** todos **pel**a homenagem. Ela se mostrou reconhecida **para com** o rapaz **pel**o esforço que ele fez, a fim de que a festa se realizasse.*

reconhecimento

Rege *a* ou *para com* (pessoa) e *a*, *de* ou *por* (coisa; agradecimento, gratidão ou recompensa material): *Meu reconhecimento **a**os (ou **para com** os) policiais que salvaram meu filho será eterno. Houve reconhecimento meu **a**os (ou **d**os, ou **pel**os) serviços que ele me prestou. Este prêmio é um reconhecimento **a**o (ou **d**o, ou **pel**o) seu trabalho e **à** (ou **d**a, ou **pel**a) sua dedicação.* Antecedida de *em*, aparece combinada com *por*: *Levantei as mãos aos céus **em** reconhecimento **pel**a salvação de meu filho.*

recorde

Note: é paroxítona (*recórde*). Muitos, no entanto, insistem em dizer "récorde", à inglesa. Ora, mas em português a palavra não é proparoxítona! Em São Paulo existe a Rede *Record* de Televisão. (Embora a forma seja inglesa, ninguém lê "récord".) Certos repórteres e apresentadores de telejornal – pode notar! – não conseguem dizer em português: *recórde*. O que mais se sabe é bater o recorde. Em sandices.

recorrer

Rege *de* ou *de...para* (interpor agravo ou recurso judicial, apelar): *O advogado vai recorrer **d**a sentença. Meus advogados recorrerão **d**essa decisão. O réu foi condenado, mas o advogado vai recorrer **d**a sentença **para** o Superior Tribunal de Justiça. Meus advogados recorrerão **d**essa decisão **para** o Supremo Tribunal Federal.* Não aceita o pronome *lhe(s)*, mas apenas *a ele* (e variações): *Se você tem um advogado de confiança, recorra **a ele**!*

recostado

Rege *a*, *em* ou *sobre*: *Encontrei-a recostada **a**o (ou **n**o, ou **sobre** o) sofá.*

recosto

Tanto o singular quanto o plural têm **o** tônico fechado.

recreio

Rege *a* ou *para*: *A beleza feminina será sempre um recreio **a**os (ou **para** os) olhos dos homens bem-intencionados...*

recriminação
Rege *a*, *contra* ou *de* (censura, reprovação): *Houve recriminação **a** essa* (ou ***contra** essa*, ou ***d**essa*) *medida do governo.*

recriminar
Usa-se assim: *Eu não o recrimino por isso. Quem o recriminou?* Muitos, no entanto, usam "lhe" no lugar do *o*, transformando o verbo transitivo direto em indireto.

recuar "para trás"
Visível redundância.

recuo
Rege *a*, *em* ou *para*: *O recuo do governo **à** (ou **na**, ou **para** a) proposta original de reforma foi um avanço, e não um retrocesso. O recuo da mente **à** (ou **na**, ou **para** a) infância pode ajudar a solucionar muitos problemas psicológicos. Houve um recuo **ao** (ou **no**, ou **para** o) passado, quando o país resolveu adotar esse regime.*

recusa
Rege *a* ou *de* (nome) e *a* ou *em* (verbo): *A recusa **ao** (ou **do**) prêmio se deveu à proibição do governo soviético. A recusa **a** (ou **em**) receber o prêmio era por razões políticas.*

redargüir
Responder no mesmo tom: *O padre redargüiu que não tinha explicação para o fato.* Note o trema no **u**, porque no português do Brasil, tal vogal soa; em Portugal, não. Daí por que lá só se ouve *redarguir*.

redator-chefe
Com hífen. Pl.: *redatores-chefes*. Evite o galicismo "redator-em-chefe", muito a gosto de certos focas da língua.

redemoinho / remoinho / rodamoinho
As três formas existem, mas a segunda é preferível, já que as outras duas são apenas suas corruptelas. A terceira é a menos aconselhável, já que nem verbo correspondente possui; *redemoinhar* e *remoinhar* são os verbos correspondentes, respectivamente, à primeira e segunda formas.

redução
Rege *de*, *de...a*, *de...a* (ou *em*) [conversão, troca]: *Os trabalhadores não aceitam redução de salários.* [Neste caso, quando há contração, admite-se também a preposição *em*: *Os trabalhadores não aceitam redução **d**os (ou **n**os) salários.*] *A redução **d**as vinte e cinco regras de crase **a** duas é uma conquista pedagógica. A redução **de** reais **a** (ou **em**) dólares era relativamente fácil naquele país.*

redutor
Rege *de* ou *sobre*: *Os trabalhadores não admitem redutor **de** (ou **sobre**) salários, mas aceitam redutor **de** (ou **sobre**) preços.*

reduzido
Rege *a* (rebaixado) e *a* ou *em* (transformado): *O homem se vê reduzido **a**o estado de barbárie, quando mata baleias, incendeia florestas e extermina os animais silvestres em nome de alguma vantagem ou da ganância. O palácio foi reduzido **a** (ou **em**) cinzas.*

reeleição
Rege *de...para* ou apenas *para*: *Só é permitida a reeleição **d**o presidente **para** apenas um mandato. A partir do próximo ano, não haverá reeleição **para** nenhum cargo público.*

reembolsar
Quem reembolsa, reembolsa alguém de alguma coisa ou reembolsa a alguém alguma coisa: *Reembolsei o rapaz de todos os seus prejuízos.* (= *Reembolsei-o de todos os seus prejuízos.*) *Reembolsei ao rapaz todos os seus prejuízos.* (= *Reembolsei-lhe todos os seus prejuízos.*)

reembolso
Rege *de...a*: *O reembolso **d**as despesas **a**o funcionário que viajava era sempre feito no final do mês.*

refeição ≠ repasto
Convém não confundir. **Refeição** é a porção de alimentos que tomamos de cada vez, a certas horas do dia ou da noite. **Repasto** é a refeição abundante, daí por que nenhum repasto pode ser frugal, a menos que se queira fazer ironia. Em suma: o miserável não tem *refeição* nenhuma; o pobre se contenta com lanches; a classe média faz *refeições* normais, ou seja, se alimenta cinco vezes por dia; os ricos se deliciam nos seus *repastos*, e os milionários se locupletam em seus banquetes. E assim seguirá a vida para todo o sempre.

refém
Não são poucos os que dizem "réfem". V. **recém**.

referir
É transitivo direto e indireto (narrar, contar) e pronominal (fazer referência, aludir): *O jornalista **referiu** o acontecido a todos os presentes. O avô tinha o hábito de **referir** estórias de fadas aos netos. Referi o fato ao diretor. Ninguém **referiu** o acontecimento aos pais da moça. Refiro-me à dívida interna, e não à dívida externa. Não **nos referimos** ao incidente. Essa é justamente a questão a que **me refiro**.*

refestelado
Rege *em* ou *sobre*: *Encontrei-a refestelada **n**o (ou **sobre** o) sofá.*

reflexão
Rege *acerca de*, ou *a propósito de*, ou *a respeito de*, ou *em relação a*, ou *em torno de*, ou *quanto a*, ou *relativo a*, ou *sobre*: *Fazer uma reflexão **acerca d**a (ou **a propósito d**a, ou **a respeito d**a, ou **em relação à**, ou **em torno d**a, ou **quanto à**, ou **relativa à**, ou **sobre** a) morte.*

reforço
Rege *a* ou *de*: *Esse é mais um reforço **à** (ou **d**a) minha tese.*

Antecedida de *em*, aparece combinada com *a* ou *de*: *Em reforço à* (ou *da*) *minha tese, falou o diretor*. No plural, o **o** tônico é aberto. Dim. pl.: *refôrcinhos*.

refrão
Pl.: *refrãos* e *refrães*.

refrega
Encontro violento entre duas forças rivais ou inimigas. Luta entre essas duas forças. Pronuncia-se *refréga*. Muitos, no entanto, dizem "refrêga" e até "réfrega".

regado
Rege *a*, *com* ou *de*: *Eram banquetes regados **a*** (ou ***com***, ou ***de***) *finos champanhas*.

regar ≠ irrigar
Convém não confundir. **Regar** é aguar o suficiente para refrescar, manter o viço, fertilizar, geralmente com o uso de um regador. **Irrigar** é regar por meio de aparelhos apropriados, que lançam águas em fios.

regido
Rege *de* ou *por*: *O sujeito não pode aparecer regido **de*** (ou ***por***) *preposição*.

registrar / registar
As duas grafias existem, mas a primeira é a mais vulgar.

regozijo
Rege *com* ou *por*: *É compreensível o regozinho da torcida **com*** (ou ***por***) *essa conquista da equipe*.

regra
Rege *acerca de*, ou *a respeito de*, ou *quanto a*, ou *sobre*: *Na gramática, há apenas duas regras **acerca d****a* (ou ***a respeito d****a*, ou ***quanto à***, ou ***sobre a***) *crase*.

regressar
Rege *a*: *regressar à escola, regressar ao escritório, regressar a casa, regressar ao ponto de partida*. Na língua cotidiana, contudo, usa-se *em*.

rei
Adj. corresp.: *real* ou *régio*. Portanto, *coroa de rei = coroa real* (ou *régia*).

reidratante
Apesar de ser assim, há muita gente por aí usando "rehidratante".

reincidir "de novo"
Visível redundância.

reincorporação / reincorporado / reincorporar
Regem *a* ou *em* (de preferência): *A reincorporação do associado **a****o* (ou ***n****o*) *clube dependerá de decisão da diretoria. O associado só será reincorporado **a****o* (ou ***n****o*) *clube depois da decisão da diretoria. A diretoria resolveu reincorporar o associado **a****o* (ou ***n****o*) *clube*.

reinserção
Rege *de...em*: *O novo governo tomou medidas para a reinserção **d****o país **n****o comércio mundial. A reinserção **d****o pênis **n****o organismo foi um sucesso*.

reintegração / reintegrado / reintegrar
Regem *a* ou *em* (de preferência): *A reintegração do jogador **a****o* (ou ***n****o*) *plantel foi feita a pedido do treinador. O jogador já está reintegrado **a****o* (ou ***n****o*) *plantel. O treinador pediu ao presidente do clube que reintegrasse o jogador **a****o* (ou ***n****o*) *plantel*. A regência com a preposição *a* é relativamente nova e deve até ser desprezada.

reivindicação
Rege *de* ou *por*: *A reivindicação **de*** (ou ***por***) *melhores salários era inoportuna, porque o país estava em crise*. Note que a primeira sílaba não termina por "-n" ("rein").

reivindicar
Apesar de ser assim, há quem insista em "reinvindicar".

rejeição
Rege *a* ou *de*: *A rejeição **a****os* (ou ***d****os*) *juros altos é geral. A rejeição **a****o* (ou ***d****o*) *tabaco não é só um ato de vontade, mas sobretudo um ato de inteligência*.

rejuvenescer
É verbo intransitivo ou pronominal, indiferentemente: ***Rejuvenesci*** (ou ***Rejuvenesci-me***), *tomando vitaminas. Ninguém **rejuvenesce*** (ou ***se rejuvenesce***) *na cadeia*.

relação
Rege *com* ou *para com* e *entre*: *A relação do executivo **com*** (ou ***para com***) *o judiciário não estava nada boa. A relação **entre** o executivo e o judiciário passava por uma crise*.

relacionado
Rege *com*: *O crime está relacionado **com** drogas. A incidência de câncer nos pulmões está relacionada **com** o tabagismo. Sua demissão não estava relacionada **com** o escândalo*. Por influência da regência *relativo a*, tem ocorrido o uso *relacionado a*, regência que deve ser desprezada.

relâmpago
Adj. corresp.: *fulgural*. Portanto, *brilho de relâmpago = brilho fulgural*. Esta palavra, quando usada como adjetivo, por *rapidíssimo*, *brevíssimo*, não varia: *promoções **relâmpago***, *seqüestros **relâmpago***, *gols **relâmpago***. V. **areia, bomba, cassete, chave, cinza, creme, esporte, gelo, jambo, laranja, monstro, padrão, pastel, pirata, surpresa, tampão** e **vinho**.

relampejar
Sempre com **e** fechado: *relampeja, relampeje*, etc. Existem, ainda, as formas *relampear, relampadar, relampadejar, relampagar* e *relampaguear*, algumas delas só usadas em Portugal. V. **variantes (formas)**.

relativo
Rege **a**: *Problemas relativos **a**o câmbio*. Esta regência influenciou outra, *relacionado "a"*, que deve ser evitada.

relato
Rege *de* ou *sobre*: *O delegado ouviu todo o relato **d**o* (ou ***sobre** o*) *crime*.

relatório
Rege *de* ou *sobre*: *O árbitro, no relatório **d**o* (ou ***sobre** o*) *jogo, registrou a agressão que sofreu*.

relé
Aparelho que serve para abrir ou fechar um circuito elétrico. Em algumas regiões do Brasil se diz "relê".

relegado
Rege *a* ou *para* (deixado) e *de* (repelido): *Minha sugestão foi relegada **a*** (ou ***para***) *segundo plano. Ele se sentiu relegado **d**aquele meio, sem razão aparente*.

relevante
Rege *a* ou *para*: *São questões relevantes **à*** (ou ***para** a*) *economia do país*.

religião ≠ seita
Convém não confundir. **Religião** é qualquer sistema específico de crença, culto, conduta, etc., que envolve geralmente um código de ética e uma filosofia. O cristianismo e o budismo são *religiões*. **Seita** é a doutrina religiosa que se desvia da tradicionalmente aceita, abraçada por um grupo que se une em torno de um líder ou chefe. A Igreja Universal do Reino de Deus é uma *seita*, e não uma "religião".

relutante / relutância
Regem *a* ou *contra*: *Mostra-se relutante **a*** (ou ***contra***) *qualquer inovação. Sua relutância **à*** (ou ***contra** a*) *inovação caracteriza o que chamamos conservadorismo*.

rematado
Rege *com, em* ou *por*: *O discurso foi rematado **com*** (ou ***em***, ou ***por***) *estrepitosa vaia. Esse coquetel geralmente vem rematado **com*** (ou ***em***, ou ***por***) *uma cereja*.

remediar
Conj.: *remedeio, remedeias, remedeia, remediamos, remediais, remedeiam* (pres. do ind.); *remedeie, remedeies, remedeie, remedeemos, remedeeis, remedeiem* (pres. do subj.).

remédio
Rege *a, contra* ou *para*: *O melhor remédio **à*** (ou ***contra** a*, ou ***para** a*) *tristeza é o pensamento positivo*.

remessa
Rege *de...a* (ou *para*): *A remessa de lucros **a**o* (ou ***para** o*) *exterior*.

remição ≠ remissão
Convém não confundir. **Remição** é ação ou efeito de remir ou redimir: *a remição dos pecados, a remição dos erros, a remição das faltas*. **Remissão** é a ação ou efeito de remeter ou a ação ou o efeito de remitir, indultar, perdoar, dar como pago: *a **remissão** de rodapé de uma obra; a **remissão** da dívida, a **remissão** dos pecados, a **remissão** da pena*.

remir
É verbo defectivo, que se conjuga por *falir*. As formas inexistentes deste verbo são substituídas pelas correspondentes de *redimir*.

remoçar
É verbo intransitivo ou pronominal, indiferentemente: *Depois que foi viver no campo, ele **remoçou*** (ou ***se remoçou***).

remorso
Rege *de* ou *por*: *O assassino declarou não sentir remorso **de*** (ou ***por***) *ter praticado o crime. Ela não tem nenhum remorso **d**o* (ou ***pel**o*) *que fez*.

renegar
É verbo transitivo direto ou transitivo indireto (descrer; abandonar): *Ele acabou renegando todo* (ou ***de** todo*) *o amor dela. Nunca renegue seus* (ou ***de** seus*) *princípios religiosos!*

rente
Rege *a, com* ou *de*: *Estacionar o veículo rente **a**o* (ou ***com** o*, ou ***d**o*) *meio-fio*.

renúncia
Rege *a* ou *de* (desistência; abdicação; abjuração): *A renúncia **a**os* (ou ***d**os*) *bens materiais. A renúncia **a**o* (ou ***d**o*) *cargo de presidente. A renúncia **a*** (ou ***de***) *uma crença*.

renunciar
Pode ser transitivo direto ou transitivo indireto (pref. no português contemporâneo): *O presidente renunciou o* (ou ***a**o*) *cargo. Ela renunciou o* (ou ***a**o*) *teu amor sem mais nem menos?!*

reparação
Rege *a* ou *de* (desagravo; indenização) e *de* (conserto; emenda): *A reparação **a*** (ou ***de***) *uma ofensa. A reparação **a**os* (ou ***d**os*) *danos sofridos. A reparação **de** uma estrada. A reparação **de** inúmeros erros cometidos numa obra*.

reparar
Pode ser transitivo direto (consertar; corrigir, remediar)

e transitivo indireto (observar, notar): *reparar uma fechadura, uma máquina, uma ponte, uma estrada; reparar um mal, reparar um dano, um erro. Repare **n**as belas pernas daquela garota! Repare **n**o jeito dela! Não repare **n**a bagunça de minha casa!* Quando o objeto é oracional, a preposição pode estar elíptica: *Repare (em) que belas pernas tem aquela garota! Ela reparou (em) que brincávamos.* Na acepção de olhar, rege *para*: *Repare **para** aquela paisagem! Repare **para** mim: não estou elegante?*

reparar ≠ restaurar

Convém não confundir. **Reparar** é consertar (o que foi danificado em certas partes, melhorando-as ou substituindo-as): *reparar uma fechadura, reparar uma ponte, reparar uma estrada*. **Restaurar** é recuperar o brilho, a beleza ou o vigor de (algo valioso): *restaurar um quadro de Van Gogh, restaurar uma escultura de Michelangelo, restaurar um objeto de arte, restaurar uma jóia*.

repercutir

É verbo intransitivo ou pronominal [reproduzir-se (som, luz, etc.), refletir-se]: *A explosão **repercutiu** (ou **se repercutiu**) a quilômetros dali*. É apenas intransitivo (causar impressão): *Sua atitude **repercutiu** muito mal*. Um dicionário recém-publicado, no entanto, registra-o como pronominal ainda nesta acepção. Isso já está repercutindo muito mal... Aliás, repercutindo mal também está o uso deste verbo como transitivo direto, na acepção de explorar os acontecimentos ou as notícias de (um evento). Assim, p. ex.: *O jornal "repercutiu" esse fato com grande estardalhaço. Os repórteres vão "repercutir" daqui a pouquinho os vestuários dos dois times.* É a mais nova invenção do sempre muito competente jornalismo brasileiro.

repetir

É verbo intransitivo ou pronominal (suceder ou ocorrer novamente): *O fenômeno **repetiu** (ou **se repetiu**) várias vezes. Dificilmente uma derrota com tamanha goleada (7 a 2) **repetirá** (ou **se repetirá**) em pleno Parque Antártica. A história nunca **repete** (ou **se repete**): ela se vinga!*

repetir de ano

Construção da língua italiana que foi incorporada à língua portuguesa do Brasil. Os portugueses preferem *repetir o ano*. Os brasileiros preferem não repetir nunca...

repetir "outra vez" / repetir "novamente"

Visíveis redundâncias. Já não há redundância, todavia, em *repetir várias vezes, repetir muitas vezes*.

réplica

Rege *a* ou *de*: *Esse carro é uma réplica **a** (ou **de**) um modelo de 1959*.

repolho

Tanto o singular quanto o plural têm **o** tônico fechado.

reportagem

V. **bobagem**.

repousar

Sempre com **ou** fechado: *repouso, repousas, repousa, repousamos, repousais, repousam* (pres. do ind.); *repouse, repouses, repouse, repousemos, repouseis, repousem* (pres. do subj.).

represália

Rege *a* ou *contra* (coisa) e *com*, ou *contra*, ou *para com* ou *sobre* (pessoa): *A guerra é uma represália **a**os (ou **contra** os) atos terroristas. O governo agora promove uma represália **com** (ou **contra**, ou **para com**, ou **sobre**) os grevistas*.

repressão

Rege *a*, ou *contra* ou *de*: *A repressão **a**os (ou **contra** os, ou **d**os) manifestantes foi violenta. A repressão **a**o (ou **contra** o, ou **d**o) tráfico vai ser intensificada*.

reprimenda ≠ pena

Convém não confundir. **Reprimenda** é repreensão, admoestação, pito, ralho. **Pena** é sanção prevista na lei para o autor de crimes ou delitos. Na linguagem forense, muito se encontra o emprego de *reprimenda* por *pena*.

réprobo

Aquele que, por ser bandido, é banido da sociedade, sendo odiado ou detestado por ela: *Um dos mais conhecidos **réprobos** brasileiros é esse tal de Fernandinho Beira-Mar*. Note: é palavra proparoxítona.

reprovação

Rege *a* ou *de*: *A reprovação **a** essa (ou **d**essa) greve é geral*.

reprovado

Rege *de* ou *por* (pessoa) e *em* (coisa): *Essa greve foi reprovada **de** (ou **por**) toda a população. Ele foi reprovado **em** português*.

réptil / reptil

As duas prosódias existem, mas a primeira é melhor, de pl. *répteis*; a segunda, que faz no pl. *reptis*, surgiu justamente por analogia com *projetil*, que é melhor prosódia que *projétil*.

repúdio

Rege *a*, ou *de*, ou *por*: *Manifeste repúdio **às** (ou **das**, ou **pelas**) drogas!*

repugnância

Rege *a*, ou *de*, ou *por* (nome) e *de* ou *em* (verbo): *Ter repugnância **a** (ou **de**, ou **por**) certos alimentos. Sentir repugnância **de** (ou **em**) ter de comer um alimento*.

repugnar

Tem o **g** debilmente pronunciado durante a conjugação: *repugno, repugnas, repugna, repugnamos, repugnais, repug-

nam (pres. do ind.); *repugne, repugnes, repugne, repugnemos, repugneis, repugnem* (pres. do subj.). Há quem diga "repuguino", "repuguina", "repuguine", etc. *Isso tudo me repugna. Essas coisas não te repugnam?* (E não: "repuguina", "repuguinam", respectivamente.)

repulsa / repulsão
Regem *a*, ou *contra*, ou *de*, ou *por*: *Havia entre os próprios trabalhadores uma repulsa* (ou *repulsão*) **à** (ou **contra** *a*, ou **d***a*, ou **pel***a*) *greve. Os petistas manifestaram, com razão, repulsa* (ou *repulsão*) ***a*** (ou ***contra***, ou ***de***, ou ***por***) *certas privatizações.*

reputado
Rege *como*, ou *de*, ou *por*: *É um político reputado **como*** (ou ***de***, ou ***por***) *honesto.*

requebro
Pronuncia-se *rekêbro*: *Os **requebros** de Michael Jackson.* Há, no entanto, repórter de televisão que diz "rekébro". A forma verbal é que se diz assim.

requestar
Sem trema no **u**, porque a melhor pronúncia é esta, embora muito se ouça "rekuestar".

réquiem
Não são poucos os que dizem "rekiém".

reserva
Rege *a*, ou *com*, ou *contra* ou *para com* (cautela, cuidado) [pessoa ou coisa] e *de* (coisa): *É bom ter reserva **a*** (ou ***com***, ou ***contra***, ou ***para com***) *estranhos. Tenho reservas **a*** (ou ***com***, ou ***contra***, ou ***para com***) *esse plano econômico. Não é permitido reserva **de** lugares no cinema.*

reservado
Rege *a* ou *para* (que está em reserva, exclusivo), *com* ou *para com* (discreto, recatado) [pessoa] e *acerca de, a respeito de, em relação a, quanto a* ou *sobre* (coisa): *Estacionamento reservado **a*** (ou ***para***) *autoridades. Moça reservada **com*** (ou ***para com***) *as colegas **acerca d**os* (ou ***a respeito d****os*, ou ***em relação a****os*, ou ***quanto a****os*, ou ***sobre*** *os*) *assuntos relacionados com o seu trabalho.*

resfolegar / resfolgar
As duas formas existem, mas a mais usada é a primeira. Significa tomar ar ou fôlego: *As baleias resfolegam de tempos em tempos.* Embora o verbo *resfolegar* possa ser conjugado integralmente (*resfólego, resfólegas,* etc.), é preferível substituir suas formas rizotônicas pelas correspondentes de *resfolgar*. Assim, no presente do indicativo, temos: *resfolgo, resfolgas, resfolga, resfolegamos, resfolegais, resfolgam*. No presente do subjuntivo: *resfolgue, resfolgues, resfolgue, resfoleguemos, resfolegueis, resfolguem*.

resfriar
É verbo intransitivo ou pronominal (tornar-se frio; adquirir resfriado, constipar-se): *No inverno, tudo **resfria*** (ou ***se resfria***) *mais fácil. Tomei chuva e **resfriei*** (ou ***me resfriei***).

resgate
Rege *a* ou *de*: *Foi frustrado um resgate **a*** (ou ***de***) *presos hoje na penitenciária do Estado. Quando foi feito o resgate **à*** (ou *da*) *dívida?*

resguardado
Rege *contra* ou *de*: *Ser resguardado **contra*** (ou ***de***) *mau-olhado.*

residente / residir
Regem *em*, a exemplo de *morador* e *morar*: *Filipe, residente **n****a Rua da Paz, separou-se da mulher. Resido **n****a Rua da Paz.* Muitos usam "a".

resignação / resignado
Regem *a* ou *com* (nome) e *a* (verbo): *É compreensível sua resignação **a****os* (ou ***com*** *os*) *golpes do destino. Ser resignado **a****os* (ou ***com*** *os*) *golpes do destino. Já estamos resignados **a** retornar.*

resignar
Tem o **g** debilmente pronunciado durante a conjugação: *resigno, resignas, resigna, resignamos, resignais, resignam* (pres. do ind.); *resigne, resignes, resigne, resignemos, resigneis, resignem* (pres. do subj.). Há quem diga "resiguino", "resiguina", "resiguine", etc. ***Resigno****-me em Deus, sempre que alguma contrariedade me advém. Espero que ela se **resigne** à tua vontade.* (E não: "resiguino", "resiguine", respectivamente.)

resistência
Rege *a* ou *contra*: *A resistência **à*** (ou ***contra*** *a*) *invasão foi feroz.*

resistente
Rege *a* (nome) e *em* (verbo): *Porta resistente **a** fogo. Povo resistente **em** se deixar dominar.*

respaldo
Rege *a*: *Não há nenhum respaldo **a** essa teoria.* A regência "respaldo para" deve ser desprezada.

respectivo
Significa seu, próprio: *Colocar as coisas nos respectivos lugares.* Comete, pois, redundância aquele que constrói: *Colocar as coisas nos "seus" respectivos lugares.* Ou se usa *seus*, ou se usa *respectivos*, mas não ambos ao mesmo tempo. Existe a variante *respetivo*, pouco usada.

respeitado
Rege *de* ou *por*: *Trata-se de um autor respeitado **de*** (ou ***por***) *todos.*

respeito
Rege *a, com, de, para com* ou *por* (pessoa) e *a, de* ou *por* (coisa): *O respeito aos* (ou ***com*** *os,* ou ***d****os,* ou ***para com*** *os,* ou ***pel****os) pais é uma obrigação dos filhos. O respeito **às** (ou **d**as, ou **pel**as) leis é uma obrigação do cidadão.*

respeitoso
Rege *a, com* ou *para com* (pessoa) e *a* ou *de* (coisa): *Sempre foi um rapaz respeitoso **a**os (ou **com** os, ou **para com** os) mais velhos. Sempre se mostrou respeitoso **às** (ou **d**as) leis.*

responder
Este verbo é transitivo direto apenas na acepção de dar respostas grosseiras ou mal-educadas: *Ele costumava responder o professor. Nunca responda os mais velhos!* Em qualquer outra acepção, ou é transitivo indireto ou é transitivo direto e indireto: *responder **a** uma pergunta, responder **a** uma carta, responder **a** um processo, responder **a** um questionário, responder **a** uma acusação, responder **a** uma ofensa, responder **a** uma agressão; respondi-lhe que não podia; responderam-me que não havia verba.* Não aceita o pronome *lhe* ou *lhes* como complemento, mas apenas *a ele, a ela, a eles, a elas*: *O questionário chegou faz tempo, mas ainda não tive tempo de responder **a ele**.* (E não: "responder-lhe" nem muito menos "respondê-lo".) *As questões da prova foram muito bem formuladas pela banca; procurem responder **a elas** no tempo estipulado!* (E não: "procurem responder-lhes" nem muito menos "procurem respondê-las".) A exemplo de *obedecer* e de outros verbos transitivos indiretos, usa-se na voz passiva: *O questionário ainda não **foi respondido** por mim. Já **foram respondidas** todas as questões da prova?*

responsabilidade
Rege *com* ou *para com* (condição ou estado do que está sujeito a responder por certos atos e sofrer-lhes as conseqüências), *de* ou *por* (obrigação de responder pelos próprios atos ou de outrem, arcando com as conseqüências) [coisa] e *ante* ou *perante* (pessoa): *O presidente tem grandes responsabilidades **com** (ou **para com**) o povo. Os índios não têm responsabilidade **d**os (ou **pel**os) seus crimes **ante** (ou **perante**) a sociedade civilizada.*

responsável
Rege *de* (ou *por*)...*ante* (ou *perante*) [pessoa] e apenas *de* ou *por* (coisa): *A pessoa responsável **d**as (ou **pel**as) crianças sou eu. Os pais são os responsáveis **d**os (ou **pel**os) filhos **ante** (ou **perante**) as autoridades. Quem é o responsável **d**a (ou **pel**a) limpeza aqui?*

resposta
Rege *a, para* ou *sobre* (coisa) e *a* (coisa e pessoa): *Procuro respostas **a** (ou **para**, ou **sobre**) minhas dúvidas. O governo ficou sem resposta **a**o (ou **para** o, ou **sobre** o) escândalo. Na resposta **à** carta, disse tudo. Na resposta **a**os repórteres, disse tudo. Em resposta **à** agressão, houve tiros. Em resposta **à** oposição, tiros.*

ressabiado
Rege *com* (pessoa) e *com, de* ou *por* (coisa): *O ministro anda ressabiado **com** os repórteres. Estou ressabiado **com** esse (ou **d**esse, ou **por** esse) pedido de entrevista.*

ressarcir
Em rigor, só se usa este verbo nas formas arrizotônicas, ou seja, aquelas que têm o acento prosódico fora do radical. Assim, no presente do indicativo só existem duas formas: *ressarcimos* e *ressarcis*. O presente do subjuntivo não existe, pois deriva inteiro da primeira pessoa do singular do presente do indicativo. Como esta não existe, não existirá por conseqüência o que dela derivaria. Substituem-se as formas inexistentes deste verbo por equivalentes sinônimos: *indenizar, compensar*, etc. Apesar de tudo, às vezes se encontra na língua cotidiana: *Pode ficar tranqüilo, que eu "ressarço" você de todos os prejuízos. A empresa o "ressarce" das despesas.* Tudo conversa mole.

ressentido
Rege *com, contra* (pessoa) e *de* ou *por* (coisa): *Ela está ressentida **com** (ou **contra**) o marido. Ela está ressentida **d**as (ou **pel**as) grosserias do marido.*

ressentimento
Rege *com, contra* ou *para com* (pessoa) e *de* ou *por* (coisa): *Nunca teve ressentimento **com** (ou **contra**, ou **para com**) nenhum jornalista. Não guardou ressentimento **d**as (ou **pel**as) ofensas que recebeu.*

restabelecido
Rege *de* (convalescido, recuperado) e *em* (reconduzido): *Estar restabelecido **d**a gripe. O presidente venezuelano foi restabelecido **n**o cargo poucas horas de haver sido deposto.*

restabelecimento
Rege *de* (recuperação) e *de...em* (recondução): *Trata-se de um clima em que o restabelecimento **d**a saúde ocorre muito rapidamente. O restabelecimento **d**o presidente venezuelano **n**o cargo se deu poucas horas de o haverem deposto.*

restar
Assim como *faltar*, este é um verbo que facilmente leva a erro de concordância, quando seu sujeito é um infinitivo. Assim, é comum encontrarmos frases como esta: *São cinco os jogos que "restam" ao Palmeiras fazer, para ser o campeão brasileiro de futebol,* em que seu autor está certo de que o sujeito de *restar* é *jogos* (representado pelo pronome relativo *que*). Não é. O sujeito de *restar* é, na verdade, o infinitivo (*fazer*): afinal, o que é que resta ao Palmeiras? É *fazer*, portanto, o verbo deve ficar no singular. Não aparecendo o infinitivo, naturalmente o verbo varia: *São cinco os jogos que **restam** ao Palmeiras, para ser o campeão brasileiro de futebol.* V. **caber**, **competir** e **faltar**.

restituído
Rege *a* (retornado) e *a* ou *em* (reconduzido, reempossado): *Com o divórcio, viu-se restituído **à** liberdade. O presidente venezuelano foi restituído **a**o (ou **n**o) cargo poucas horas de haver sido deposto.*

restolho
Tanto o singular quanto o plural têm **o** tônico fechado.

restrição
Rege *a* (ressalva), *de* (redução) e *em* (limitação): *A obra foi aprovada, porém, com restrição **a** alguns de seus tópicos. É imperiosa a restrição **d**os gastos públicos. Haverá restrições **n**a importação de certos produtos.*

resultar
Rege *de* (ser conseqüência; nascer, provir) e *em* (redundar): *A briga resultou **d**o desacordo entre as partes. **D**o primeiro casamento resultaram três filhos. A imperícia do motorista resultou **em** acidente. Brincadeiras de mão quase sempre resultam **em** brigas.* Este verbo tem sido usado, na língua cotidiana, sobretudo na linguagem forense, como verbo de ligação, na acepção de *ser* ou *tornar-se*, à espanhola, com grande força expressiva: *Os esforços para a paz **resultaram** inúteis. A prova **resulta** nula no seu nascedouro. As investigações **resultaram** infrutíferas. O tecido **resultou** insuficiente para fazer duas camisas.*

resumir
Como verbo transitivo direto e indireto (limitar, reduzir; transformar, converter) rege *a* ou *em*: *Resumimos todas as regras de crase **a** (ou **em**) apenas duas. As bombas atômicas podem resumir o mundo **a** (ou **em**) pó.* Como pronominal (limitar-se) também rege as mesmas preposições: *Sua biblioteca se resume **a** (ou **em**) dez volumes.*

retaliação
Rege *a*, *contra* ou *sobre*: *Com a oposição da França à Guerra do Iraque, começou nos Estados Unidos a retaliação **a**os (ou **contra** os, ou **sobre** os) vinhos franceses.*

retinha / retão
Respectivamente, dim. e aum. de *reta*. O **e** soa aberto: *rètinha*, *rètão*.

retornar
Rege de preferência *a*, mas na língua cotidiana se encontra mais *em*: *Retornamos **a**o supermercado para reclamar. Retornei **a** casa cedo. Retornaremos **a**o estádio domingo.*

retorno
Rege *a*: *O retorno dos dissidentes **a**o país se deu sob condições.*

retorquir / retorqüir
Ambas as prosódias existem. Significa responder contestando, ou à altura da ofensa; retrucar: *Quando lhe perguntei o que sabia da vida pregressa daquela moça, ele **retorquiu** (ou **retorqüiu**) que não sabia nada.* Conjuga-se por *abolir*.

retreta
Formatura de soldados ao fim do dia, para verificação de ausências. Também: concerto popular de uma banda em praça pública. Pronuncia-se *retrêta*.

retroceder ≠ recuar
Convém não confundir. Todo aquele que volta para trás no que tinha andado, **retrocede**. Todo aquele que volta para trás, por alguma conveniência muito forte ou por um perigo iminente, **recua**. O que, seguindo seu caminho, encontra um obstáculo que não o deixa prosseguir, *retrocede*; o que no seu caminho ouve o rugir de um tigre ou o miado de uma onça, *recua*. Há gente, todavia, que, por muito menos, *recua* mais do que depressa...

retrocesso
Rege *a* ou *para*: *O partido evoluiu e já não admite um retrocesso **a**o (ou **para** o) passado.*

réu
Rege *ante* ou *perante*: *Todo criminoso de guerra é réu **ante** (ou **perante**) a história.*

revanche
Rege *a* ou *contra*: *Agir dessa forma não deixa de ser uma revanche **a**o (ou **contra** o) governo.*

réveillon
O Vocabulário Oficial já registra o aportuguesamento de *flamboyant*, *soutien* e *peignoir*, mas ainda não se dignou fazê-lo em relação a *réveillon*. Os brasileiros bem que mereciam melhor *reveiom*...

revelação
Rege *de...a* (pessoa) e *sobre* (coisa): *A revelação **de** um segredo **a** um amigo pode ser o início de uma inimizade. Fazer revelações **sobre** os bastidores da televisão.*

revérbero
Reflexão de luz ou fogo. Brilho, resplendor, chama. Note: é palavra proparoxítona. Muitos, no entanto, dizem "reverbéro", que é como se diz a forma verbal, e não o substantivo.

reverência
Rege *a*, *para com* ou *por* (pessoa) e *a*, *de* ou *por* (coisa): *Essa tua reverência **a**o (ou **para com** o, ou **pel**o) chefe pode não surtir nenhum efeito. Sua reverência **a**os (ou **d**os, ou **pel**os) cabelos brancos daquele homem o impedia de ofendê-lo.*

reverencioso / reverente
Regem *com* ou *para com*: *Alunos reverenciosos (ou reverentes) **com** (ou **para com**) o professor. Sempre fui reverencioso (ou reverente) **com** (ou **para com**) as imagens sagradas.*

reverso ≠ verso
Convém não confundir. **Reverso** é o lado posto ao anverso (parte onde está a efígie ou o emblema). Toda medalha tem anverso e *reverso*. **Verso** é o lado oposto ao reto. Uma folha de papel impressa tem reto e *verso*.

reverter

Este verbo tem sido muito mal empregado na língua cotidiana, que o quer por *modificar, alterar, inverter* e como transitivo direto: *É preciso "reverter" o quadro da economia brasileira. O governador não soube "reverter" o escândalo a seu favor.* Em português, *reverter* é regressar (**reverter** *ao local de partida*), voltar para a posse de alguém (*o quadro roubado re**verteu** a seu legítimo dono*), redundar (*o lucro da empresa re**vertia** em investimentos na própria empresa*).

revezar

É verbo intransitivo ou pronominal, indiferentemente: *Os goleiros **revezavam** (ou **se revezavam**) no decorrer dos jogos. Em razão da viagem longa, era preciso que os motoristas **revezassem** (ou **se revezassem**) ao volante. Nos Estados Unidos, os dois principais partidos políticos **revezam** (ou **se revezam**) no poder.*

revidar

É transitivo direto ou transitivo indireto: *Revidei o (ou **a**o) pontapé. Você costuma revidar as (ou **às**) ofensas?*

revide

Rege *a* (coisa) e *contra* (pessoa): *Houve revide **a**o ataque israelense. Houve revide **contra** os palestinos.*

revigorar

É verbo intransitivo ou pronominal: *No retiro, sua fé **revigorou** (ou **se revigorou**). No novo clima, ele revigorou (ou **se revigorou**).*

revista

V. **passar em revista / passar revista a**.

revolta

Rege *com, contra* ou *para com* (pessoa) e *com* ou *por* (coisa): *É grande a sua revolta **com** (ou **contra**, ou **para com**) a mãe. A revolta da torcida **com** a (ou **pela**) humilhante derrota redundou em pancadaria no estádio.*

revoltado

Rege *com* ou *contra* (nome) e *por* (verbo): *Os servidores ficaram revoltados **com** (ou **contra**) o governo, por causa da reforma previdenciária. Ele está revoltado **por** ter aguardado tanto tempo inutilmente.*

rezar

Rege *a*: *Ela reza sempre **a** Santo Antônio. Reze **a** Nossa Senhora Aparecida!* A regência "rezar para" deve ser desprezada.

rico

Rege *de* ou *em*: *País rico **de** (ou **em**) petróleo. O jogo foi rico **de** (ou **em**) lances emocionantes. É um dicionário rico **de** (ou **em**) empréstimos.*

rico ≠ milionário

Convém não confundir. **Rico** é aquele que possui bens ou haveres que excedem as suas necessidades. Aquele que mora em casa própria de no mínimo 400m², tem mais de três carros e pode arcar, sem causar nenhum problema à sua receita, com uma despesa mensal de quinze mil reais (cinco mil dólares), é *rico*. **Milionário**, em rigor, é o que possui mais de um milhão em dinheiro. Esse tipo de *milionário* teórico não tem, porém, poder de compra para consumir produtos desenvolvidos para os milionários privilegiados (leia-se com mais de cem milhões de reais ou trinta e cinco milhões de dólares). Diz-se que um milionário modesto tem no mínimo trinta milhões de reais (dez milhões de dólares); os milionários privilegiados têm pelo menos três vezes mais que isso. De fato, só os milionários privilegiados podem comprar um iate de 105 pés, um helicóptero de 15 milhões, ou um apartamento de três milhões de reais.

ridicularizar / ridiculizar

As duas formas existem; a primeira é popular, a segunda é a gramaticalmente mais correta, já que se forma de *ridículo* + *-izar*, mas não corre.

rigidez / rígido

Regem *com* ou *para com* (pessoa) e *de* (coisa): *Por que tanta rigidez **com** (ou **para com**) os filhos? Pai rígido **com** (ou **para com**) os filhos. Personalidade que se caracteriza pela rigidez **de** princípios. Homem rígido **de** princípios.*

rigor / rigoroso

Regem *com* ou *para com* (pessoa) e *em* (coisa): *O diretor exigia rigor dos professores **com** (ou **para com**) os alunos **n**os deveres escolares. Professor rigoroso **com** (ou **para com**) seus alunos **n**o cumprimento dos seus deveres.*

rim

Adj. corresp.: *renal*. Portanto, *cólica de rim = cólica renal*.

rio

Adj. corresp.: *fluvial*. Portanto, *navegação por rio = navegação fluvial*.

Rio de Janeiro

Quem nasce no Estado do Rio de Janeiro se diz *fluminense*; quem nasce na cidade do Rio de Janeiro chama-se *carioca*.

Rio Grande do Norte

Abrev.: RN. Muitos, no entanto, usam "RGN". Quem nasce no Rio Grande do Norte se diz *norte-riograndense, riograndense-do-norte* ou *potiguar*.

Rio Grande do Sul

Abrev.: RS. Muitos, no entanto, usam "RGS". Quem nasce no Rio Grande do Sul se diz *sul-riograndense, riograndense-do-sul* ou *gaúcho*.

rir

É intransitivo ou pronominal, indiferentemente: *Dada a notícia, Humberto riu* (ou *se riu*). *Ao dizermos isso, ele replicou rindo* (ou *se rindo*) *a bandeiras despregadas*.

rir ≠ sorrir

Convém não confundir. **Rir** é demonstrar alegria (o que pressupõe algum ruído). O riso geralmente chama a atenção de pessoas próximas. Ainda assim, é bem mais elegante *rir* que gargalhar, que pressupõe algum escândalo ou certa deselegância. **Sorrir** é demonstrar satisfação, limitando-se apenas ao movimento dos músculos faciais. O sorriso, sempre delicado, não faz estardalhaço nem ruído algum; contenta-se em mostrar-se, sem se fazer ouvir. Por isso, é elegante.

Riritiba

Era este o verdadeiro nome da cidade capixaba onde faleceu José de Anchieta. Hoje se chama Anchieta. Nos livros didáticos costuma aparecer "Reritiba".

risco

Rege *a* ou *para*: *As estradas brasileiras são um risco* **à** (ou **para a**) *vida. Trabalhar com amianto é um risco* **à** (ou **para a**) *saúde*.

ríspido / rispidez

Regem *com*, *para* ou *para com*: *Pais ríspidos* **com** (ou **para**, ou **para com**) *os filhos. Não se justifica tanta rispidez* **com** (ou **para**, ou **para com**) *os filhos*.

rissole

Apesar de ser assim, muita gente continua engolindo "risólis".

ritmar

Todas as formas rizotônicas deste verbo têm acento no **i**: *ritmo, ritmas, ritma, ritmam; ritme, ritmes, ritme, ritmem*. Há, no entanto, quem diz "ritímo", "ritímas", etc.

ritmo

O **t** soa debilmente. Alguns, no entanto, dizem "rítimo".

rival

Rege *de* (igual, semelhante) e *em* (concorrente, competidor): *O ministro considera nossos produtos rivais* **d***os melhores do mundo. Eram pessoas rivais não só* **n***o amor como* **n***os negócios, não só* **n***o valor como* **n***a esperteza*.

rival ≠ concorrente

Convém não confundir. **Rival** é o que compete com outro nos objetivos, tentando igualar-se a ele ou ultrapassá-lo; é o mesmo que *competidor*: *políticos* **rivais**, *times* **rivais**, *famílias* **rivais**. **Concorrente** é o que compete com outro geralmente no aspecto comercial ou industrial. Sem a *concorrência* não pode existir a economia de mercado.

rivalidade

Rege *com* (pessoa) e *entre...em* (coisa): *Essa rivalidade* **com** *a irmã vinha desde a infância. A rivalidade* **entre** *eles* **n***os negócios vinha de longa data*.

rixa

Rege *com* e *entre*: *O professor de Matemática tinha rixa* **com** *o rapaz, por isso o reprovava todos os anos. A rixa* **entre** *eles era antiga*. Cuidado para não usar "rinxa"!

robustecer

É verbo intransitivo ou pronominal, indiferentemente: *Com caminhadas diárias vigorosas, o músculo cardíaco* **robustece** (ou **se robustece**). *O caráter* **robustece** (ou **se robustece**) *nas adversidades*.

rocha

Adj. corresp.: *rupestre*. Portanto, *plantas de rocha = plantas rupestres*.

rocha ≠ rochedo

Convém não confundir. **Rocha** é massa compacta de pedra muito dura. **Rochedo** é grande rocha, elevada, de difícil ou perigoso acesso, em terra ou no mar.

rocio

Orvalho. Pronuncia-se *rocío*, mas há quem diga "rócio".

rodagem

V. **bobagem**.

rodeado

Rege *de* ou *por*: *Casa rodeada* **de** (ou **por**) *palmeiras*.

rodinha / rodão

Respectivamente, dim. e aum. de *roda*. O **o** da primeira sílaba soa aberto: *ròdinha, ròdão*.

rodo

Tanto o singular quanto o plural têm **o** tônico fechado.

rodopio

Este é o único substantivo correspondente do verbo *rodopiar*, mas muita gente por aí vive dizendo que a bailarina deu uma "rodopiada" a mais, que o carro deu uma "rodopiada" e capotou. A língua, naturalmente, foi atrás...

rogo

Rege *a*: *Não adiantaram seus freqüentes rogos* **a** *Santo Antônio: ficou solteira*. No plural, o **o** tônico soa aberto.

roído

Rege *de* ou *por*: *Queijo roído* **de** (ou **por**) *rato. Roída* **de** (ou **por**) *remorso, pediu perdão*.

rolimã

Apesar de ser assim, muitos continuam brincando com carrinho de "rolemã" e até de "roleimã".

rolo
Tanto o singular quanto o plural têm **o** tônico fechado.

Romênia ≠ Románia
Convém não confundir. **Romênia** é o país latino da Europa oriental, de regime comunista desde 1945 a 1989. **Románia** é o nome que se deu à área geográfica conquistada pelos romanos, na qual se radicou o latim, tomando o lugar das línguas vigentes antes da romanização, no território hoje ocupado pela França, Portugal, Espanha, Itália e Romênia.

romeno ≠ romaico
Convém não confundir. **Romeno** é o que nasce na Romênia. **Romaico** é o idioma grego moderno.

Roraima
Pronuncia-se *rorâima*, assim como todos pronunciamos *andâime*, *Bâima*, *Elâine*, *fâina*, *Rifâina*, etc. Há, contudo, quem insista em pronunciar "roráima", que é, justamente, pronúncia de índio. Existem até certos gramáticos envolvidos. V. **Não erre mais!**

rosto
Tanto o singular quanto o plural têm **o** tônico fechado.

rosto ≠ rostro
Convém não confundir. **Rosto** (ô) é a parte anterior da cabeça dos seres humanos. **Rostro** (ó) é o bico das aves.

Rotary
Organização internacional. No Brasil se diz *rótari*, mas a pronúncia em inglês é *rôtari*.

roubar
Sempre com **ou** fechado: *roubo*, *roubas*, *rouba*, *roubamos*, *roubais*, *roubam* (pres. do ind.); *roube*, *roubes*, *roube*, *roubemos*, *roubeis*, *roubem* (pres. do subj.). Sempre há, todavia, aquele que "róba" e aqueles que "róbam". Eu não "róbo"...

rouxinol
Apesar de ser assim, muitos insistem em ouvir o canto do "roxinol" e até do "rochinol".

Rubinstein
Nome de família polonês. Pronuncia *rùbinstain*.

rubrica
Assinatura abreviada. Note: é paroxítona. Muitos, todavia, insistem em dizer "rúbrica".

ruço ≠ russo
Convém não confundir. **Ruço** é feio, grave, sério: *A situação está ruça no Parque Antártica. A situação sempre fica ruça, quando um time perde, em seu próprio estádio, por goleada (p. ex. 2 a 7)*. **Russo** é da Rússia: *Como tanto a situação política quanto a situação econômica estavam ruças, os russos acabaram com o comunismo em seu país*.

rude / rudeza
Regem *com* ou *para com* (pessoa) e *em* (coisa): *Ele foi rude com (ou para com) o empregado, mas logo depois lhe pediu desculpas. Não devemos ser rudes com (ou para com) as crianças. A rudeza com (ou para com) as crianças tem, mais tarde, um preço elevado. Homem rude no trato.*

rufar ≠ ruflar
Convém não confundir. **Rufar** é produzir som surdo de percussão: *Rufam os tambores, soam as trombetas: começa o carnaval*. **Ruflar** é agitar (asas) para alçar vôo, fazendo ruído abafado: *O pato fugiu, ruflando as asas*. É, ainda, agitar-se muito, produzindo rumor: *Os toldos ruflam, com o forte vento*. Muitos, no entanto, aguardam ansiosamente o "ruflar" dos tambores, para o início do carnaval.

ruim
Rege *com* ou *para com*: *Um pai ruim com (ou para com) os filhos é imperdoável*. Cuidado com a pronúncia: *ru-im*.

ruína
Não são poucos os que usam "rúina" e dizem: *Esse governo vai levar o país à "rúina"*. Nem tanto...

ruins de + infinitivo
Não se usa o infinitivo no plural, mesmo que o adjetivo esteja no plural. Portanto: *Trabalhos ruins de fazer. Livros ruins de ler. Carros ruins de dirigir. Empresas ruins de trabalhar. Essas coisas são ruins de suportar.*

rumo
Rege *a*, *de* ou *para*: *Quando a tropa de choque começou a marchar rumo aos (ou dos, ou para os) manifestantes, eles se dispersaram. Os viajantes tomaram rumo ao (ou do, ou para o) Sul.*

rumor
Rege *de* ou *sobre*: *Há um certo rumor de (ou sobre) golpe de Estado. Havia rumores de (ou sobre) renúncia de ministros.*

ruptura
Rege *com* ou *entre*: *A ruptura com o bom-senso sempre redunda em desastre. Havia uma ruptura entre os servidores e o governo*. Cuidado para não usar "rutura"!

rusga
Rege *com* ou *entre*: *A rusga do governador com o presidente era antiga. Havia rusga entre o governador e o presidente.*

rústico / rusticidade
Regem *com* ou *para com*: *Ele não foi rústico apenas com (ou para com) você; ele é rústico com (ou para com) todo o mundo. A rusticidade com (ou para com) crianças é imperdoável.*

S

Saara
É assim que grafamos em português, e não "Sahara". Adj. corresp.: *saariano*.

sabão
Adj. corresp.: *saponáceo*. Portanto, *polidor que se usa como sabão = polidor saponáceo*.

Sabe você o que é o amor? Não sabe, eu sei. Sabe o que é um trovador? Não sabe, eu sei.
Este é um trecho da letra de uma linda canção da bossa nova, de autoria do inesquecível Vinícius de Morais. Reproduzido aqui só para mostrar que é elegante, nas orações interrogativas, colocar o sujeito sempre depois do verbo. Note a diferença para pior nesta colocação: "Você sabe o que é o amor?" Portanto, é sempre melhor construirmos, ao menos na linguagem elegante ou formal: *Como vai você, meu amigo? Quando viajaram vocês para a Europa? Onde trabalha seu pai?* Na língua popular, todavia, o sujeito aparece antes do verbo, nas interrogativas.

sabiá
É palavra masculina: *o sabiá*. No Nordeste, contudo, corre como feminina.

sabido
Rege *de* ou *por* (pessoa; conhecido) e *em* (coisa; entendido, versado): *Segredo sabido de (ou por) todo o mundo. Ela é muito sabidinha no amor*.

sábio
Rege *em* (entendido, versado): *Ser sábio em matemática*.

sabor
Rege *a* ou *de*: *Cosmético com sabor a (ou de) quiuí*.

saca ≠ saco
Convém não confundir. **Saca** é um saco grande e cheio, geralmente de cereais: *saca de arroz, saca de soja, saca de feijão*. **Saco** é um receptáculo, geralmente retangular, com um dos lados menores aberto (boca), destinado a conter provisoriamente diversas miudezas, com o fim de proteção ou de transporte: *saco de feijão, saco de laranjas, saco de cimento, sacos de supermercado*. O *saco*, além de ter vários tamanhos, é o termo que serve para definir o tecido ou material: *saco de pano, saco de lona, saco de plástico*, etc. Sendo assim, ninguém costura uma "saca", porque o que recebe linha e agulha é o *saco*. Podemos ter um *saco* vazio, mas a *saca* estará sempre cheia. Ninguém limpa o chão com uma "saca", tarefa reservada ao *saco*.

sacar
Na acepção de fazer saque (de título de crédito), rege *contra* ou *de*: *Você sacou contra (ou sobre) que banco?*

sacar / sacar de
Usa-se indiferentemente: *Ele sacou um (ou de um) cigarro e colocou na ponta da boca, sem acendê-lo*. O complemento regido de preposição não é objeto indireto, mas objeto direto preposicionado.

saca-rolha / saca-rolhas
Usa-se uma ou outra, indiferentemente: *o saca-rolha(s)*.

sacolejar
Sempre com **e** fechado: *sacolejo, sacolejas, sacoleja, sacolejamos, sacolejais, sacolejam* (pres. do ind.); *sacoleje, sacolejes, sacoleje, sacolejemos, sacolejeis, sacolejem* (pres. do subj.). *Espero que seu ônibus não sacoleje quanto o meu sacoleja*.

sacolinha / sacolão
Respectivamente, dim. e aum. de *sacola*. O **o** da segunda sílaba soa aberto: *sacòlinha, sacòlão*.

sacristão
Fem.: *sacristã*. Pl.: *sacristães* ou *sacristãos*. Cuidado para não escrever "sancristão"!

sacudido
Rege *de* ou *para*: *Houve vários edifícios sacudidos do (ou pelo) tremor de terra. Viajou e, ao retornar, encontrou o país sacudido de (ou por) violentas manifestações*.

sadio ≠ são
Convém não confundir. **Sadio** é o que tem boa saúde, é saudável: *ter filhos sadios*. **São** é o que não está doente nem privado de nenhuma de suas qualidades físicas ou intelectuais. Uma pessoa pode ser *sadia*, mas não ter saído *sã* de um acidente. Ninguém sai "sadio" de um acidente, mas *são*.

safra "agrícola"
Visível redundância: *safra* significa conjunto de toda a produção *agrícola* de um ano.

sagrado
Rege *a* ou *para*: *Trata-se de imagem sagrada aos (ou para os) católicos*.

"sagrar-se campeão"
Não existe isto. Mas os jornalistas esportivos continuam afirmando que esta ou aquela equipe "sagrou-se campeã". O verbo a ser empregado aí é outro: *tornar-se*.

saída
Rege *a* ou *para* (saimento), *a* ou *para* (solução) e *contra* (remédio): *Toda saída à (ou para a) rua, à noite, no Rio de Janeiro ou em São Paulo, é um risco. O governo não soube encontrar saída às (ou para as) reivindicações dos servidores. A saída contra a inflação é a taxa de juros alta*.

sair

Rege, de preferência, a preposição *a* (deslocar-se), embora no Brasil muito se use *em*: *sair **a**o terraço, sair **à** janela, sair **à** varanda, sair **a**o portão, sair **à** porta, sair **à** sacada*. Também rege a (parecer-se, puxar): *Ele saiu **a**o pai. Ela saiu **à** mãe*. É verbo pronominal (agir ou dizer alguma coisa inesperada; reagir; desempenhar-se): *Essa menina **sai-se** às vezes com cada uma! O menino ouviu o insulto e **saiu-se** com um palavrão. Ao ouvir aquilo, procurei **sair-me** com uma resposta qualquer. O ministro **saiu-se** da pergunta com uma resposta zombeteira. Intrometeu-se onde não devia e **saiu-se** mal: levou um bofetão. **Saí-me** bem na prova de Português*.

sair "para fora"

Visível redundância, assim como sair "fora". Nem mesmo quando vem acompanhada do lugar de onde se sai é aceitável tal pleonasmo vicioso: *Se o proprietário do veículo "sair fora" da rede credenciada, durante o período de garantia, deixará de fazer jus a ela*. *"Saia fora" da agenda, mude sua rotina!* Por isso, há impropriedade nesta passagem bíblica, quando se atribui a Jesus Cristo a frase: *Lázaro, sai "para fora" do túmulo!* O ideal seria que Lázaro *saísse do túmulo*, simplesmente. A 16ª regra do futebol preceitua: *O goleiro não pode receber nas mãos a bola de um tiro de meta. Se a bola não "sair fora" da grande área, será repetida a cobrança*. O mundo do futebol é sempre aquele que aceita coisas do arco-da-velha!

sal

Adj. corresp.: *salino*. Portanto, *depósito de sal = depósito salino*.

salafrário

Apesar de ser assim, muita gente continua sendo "salafralho".

salário ≠ vencimentos ≠ subsídio ≠ soldo

Convém não confundir. **Salário** é o pagamento em dinheiro a que faz jus o funcionário de empresas privadas ou públicas (contratado pela CLT), é o mesmo que ordenado. **Vencimentos** (palavra sempre usada no plural, neste caso) é o pagamento em dinheiro a que fazem jus todos os servidores públicos, inclusive os militares e os magistrados, é o mesmo que ordenado. **Subsídio** é o pagamento em dinheiro a que fazem jus os políticos com mandatos públicos, ou seja, vereadores, deputados e senadores). **Soldo** é, especificamente, a remuneração básica dos oficiais militares.

saldar ≠ saudar

Convém não confundir. **Saldar** é pagar dívida, é liquidar débito: *Ele **salda** todas as suas dívidas antes do prazo de vencimento*. **Saudar** é cumprimentar ou ovacionar: ***Saúde** os presentes! Os torcedores **saudaram** os pentacampeões nas ruas*. V. **saudar**.

salobra / salobre

As duas formas existem, mas há muita gente que continua preferindo beber água "saloba".

Salonica

Cidade da Grécia, antigamente conhecida por Tessalonica. Note: é nome paroxítono. Muitos, todavia, dizem "salônica".

salpicado

Rege *com* ou *de*: *Chegou com a roupa salpicada **com** (ou **de**) lama*.

Salto "de Itu"

Assim como Aparecida "do Norte" é outra cidade paulista que não existe. Os saltenses ficam furiosos quando alguém se refere à sua cidade como Salto "de Itu".

salubre ≠ salutar

Convém não confundir. **Salubre** (de superl. sint. irregular *salubérrimo*) é tudo o que é benéfico ou favorável à saúde: *ar **salubre**, clima **salubre**, trabalho **salubre***. **Salutar** é tudo o que se mostra salubre em determinada ocasião, em determinada circunstância: *fazer um regime salutar*, uma viagem de descanso é sempre *salutar*, e uma boa conversa com os filhos se mostra quase sempre muito útil e *salutar*, principalmente nos tempos de hoje.

salvação ≠ salvamento

Convém não confundir. **Salvação** é remição: *Cristo morreu na cruz para a **salvação** dos homens*. **Salvamento** é resgate: *o **salvamento** de um náufrago, o **salvamento** da natureza exige vigilância constante, o **salvamento** da carga de um navio*.

salvaguarda

Rege *a* ou *de*: *Trata-se de uma medida de salvaguarda **a**os (ou **d**os) interesses do país. Haverá uma reunião de cúpula para a salvaguarda **à** (ou **d**a) paz*.

salvar

Tem dois particípios: o regular (*salvado*, que se usa com *ter* e *haver*) e o irregular (**salvo**, que se usa com *ter*, *haver*, *ser* e *estar*): *Os médicos **têm salvado** (ou **salvo**) muitos doentes. O presidente **havia salvado** (ou **salvo**) o país da crise. Muitos doentes **têm sido salvos** pelos médicos*. A língua cotidiana prefere usar sempre *salvo*.

Salvador

Quem nasce na capital baiana é *salvadorense* ou *soteropolitano* (tê). Este adjetivo pátrio se explica pelo fato de o nome erudito de Salvador ser *Soterópolis*, que se forma do grego *Soter* = Salvador + *polis* = cidade. Assim, Soterópolis = cidade do Salvador.

salvatagem / salvamento

São sinônimos, porém, *salvatagem* se refere mais especificamente ao *salvamento marítimo*. Trata-se de uma adaptação do francês *sauvetage* (ato de salvar uma embarcação em perigo, sua tripulação, passageiros e carga). Por isso, da próxima vez que sair por esse mar fora, verifique se a sua embarcação contém todo o material de *salvatagem* exigido pela Marinha. Não se pode, portanto, dizer ou escrever que o governo destinou bilhões de dólares para "salvatagem" de um banco. Isso pode ser mentira grossa...

salva-vidas
Sempre: *o salva-**vidas**, um salva-**vidas***. Nunca: "o salva-vida", "um salva-vida". Usa-se também como adjetivo: *bóia salva-vidas*.

salve!
Trata-se de uma interjeição. Depois de uma interjeição aparece vocativo, que não tolera artigo. Daí por que devemos usar: *Salve, presidente!* (E não: Salve "o" presidente!); *Salve, brasileiros!* (E não: Salve "os" brasileiros!). Na oração católica, temos: *Salve, Rainha, Mãe de misericórdia*, e não Salve "a" Rainha. No Hino à Bandeira, temos: *Salve, lindo pendão da esperança, salve, símbolo augusto da paz!* Onde está o artigo? O hino do glorioso São Paulo F.C. começa assim: *Salve "o" tricolor paulista!* O hino do não menos glorioso Corinthians Paulista tem início assim: *Salve "o" Corinthians, o campeão dos campeões!* Salve, mizifiu!...

salve-rainha
Pl.: as *salve-rainhas*.

salvo
É preposição quando equivale a *exceto* e, portanto, invariável: **Salvo** *as crianças, todos naquela casa são alcoólatras. Todos os bombeiros que entram no prédio morreram,* **salvo** *dois.* **Salvo** *o meu caso, todos ali no hospital eram desesperadores.* Há jornalistas que usam "salvo no".

salvo-conduto
Pl.: os *salvo-condutos*. Há quem use, ainda, *salvos-condutos*.

samambaia / sambambaia
As duas formas existem.

samba-enredo
Pl.: *sambas-enredos* (preferível a *sambas-enredo*). V. **pombo-correio**.

sanar ≠ sanear
Convém não confundir. **Sanar** é restabelecer a saúde de (pessoa), é curar: *Os médicos trabalham incessantemente para* **sanar** *seus pacientes.* **Sanear** é dar condições higiênicas a (coisa), é higienizar: *A prefeitura está* **saneando** *os córregos da cidade. Sanar* e *sanear* são sinônimos, porém, na acepção de reparar, remediar, corrigir: *É preciso* **sanar** *(ou* **sanear***) essas injustiças. O ministro, a tempo,* **sanou** *(ou* **saneou***) o erro.*

sanção
Rege *a* ou *contra*: *Serão aplicadas sanções comerciais a os (ou **contra** os) países que não respeitarem tais normas internacionais.*

sandália
É esta a palavra, mas alguns querem usar "sandálio".

sandeu
Que ou aquele que se caracteriza pelas sandices que diz ou comete; tolo; tonto; mentecapto. Fem.: *sandia*.

sangue tipo "ó"
Muita gente pensa ter este tipo de sangue. Não tem. Na verdade, existe o sangue tipo *zero* (0), e não O (ó). Maiores informações? Consulte seu médico!

sanguinário / sangüinário
As duas prosódias existem, assim como *sanguíneo* e *sangüíneo*. A língua só aceita, contudo, *sanguinolência* e *sanguinolento*. Durma-se com um barulho destes! Alô, Vocabulário Oficial!

sanha
Rege *contra*: *Havia uma explicação para aquela sanha* **contra** *os parentes.*

Santander
Cidade espanhola. Pronuncia-se *santandér*. Muitos, no entanto, dizem "santânder".

Santo / São
Usa-se *Santo* antes de nome começado por *vogal* ou *h*: **Santo** *Antônio,* **Santo** *Henrique*. Usa-se *São* antes de nome iniciado por consoante: **São** *Paulo,* **São** *João,* **São** *Luís*. Exceções: *Santo Cristo, Santo Tirso, Santo Tomás* (que coexiste com *São Tomás*).

são-paulino
Que ou aquele que torce pelo São Paulo F.C. Há quem escreva "sãopaulino" e até "sampaulino". Pl.: *são-paulinos*.

São Vicente de Paulo
É este o verdadeiro nome do santo. Muitos, no entanto, rezam para São Vicente de "Paula", que pouco ou nada adianta, já que esse "santo" nem mesmo o Vaticano conhece. O santo para quem todos devemos rezar (se quisermos receber graças) nasceu em 1581, na França, e foi canonizado por Clemente XII em 1737. Chama-se *São Vicente de Paulo*. Os católicos "só-de-nome" fazem confusão entre esse santo e outro, São Francisco de Paula, que assim se chama por ter nascido na cidade italiana de Paula. Pelo país inteiro existem maus católicos que batizam cemitérios, asilos e orfanatos de São Vicente de "Paula". Não é pecado?

sapé / sapê
As duas pronúncias são boas.

sapinho ≠ sapinhos
Convém não confundir. **Sapinho** é sapo pequeno. **Sapinhos** são aftas na mucosa bucal dos bebês, especialmente na fase de amamentação. Beijar recém-nascido provoca-lhes *sapinhos*.

sapo
Fem.: *sapa*. Muitos professores por este Brasil afora dão "rã" como feminino de *sapo*. Não. Existe a rã macho e a rã fêmea. Sapo não cruza com rã.

Saragoça
Cidade espanhola. Pronuncia-se *saragôça*. Muitos, porém, dizem "saragóça". Em espanhol se grafa *Zaragoza*, que se lê também *saragôça*.

Sardanapalo
Lendário rei da Assíria que viveu entre 669 e 626 a.C., conhecido entre os romanos por Assurbanipal. Note: é nome paroxítono. Muitos, no entanto, dizem "sardanápalo".

sargento
Fem.: *sargenta*.

SARS ou sars
É a sigla inglesa de *severe acute respiratory syndrome* = síndrome respiratória aguda grave, causada pelo coronavírus, mais conhecida por *pneumonia asiática*. A sigla portuguesa é **SRAG** ou **srag**. Os jornalistas usam com inicial maiúscula, "Sars", assim como já fazem há algum tempo com "Aids". Nunca se soube, porém, que nome de síndrome seja próprio.

sashimi
Embora o aportuguesamento legítimo deste estrangeirismo seja *saximi*, ninguém (por enquanto) o usa. V. **sushi**.

sassafrás
Pl.: *sassafrases*.

satélite
Quando usada como adjetivo, não varia nem aceita hífen anteposto: *países satélite, Estados satélite, nervos satélite, veias satélite*. O que fica difícil entender é o fato de o Vocabulário Oficial registrar *cidade-satélite* com hífen. Para que o hífen? Só para provar incoerência?

sátira
Rege *a* ou *contra*: *Isso é uma sátira a*os (ou ***contra*** *os*) *políticos*.

satisfação
Rege *a* ou *de* (realização) e *de, em* ou *por* (verbo): *Na família ele encontrava muitos obstáculos para a satisfação **a** (ou **de**) seus desejos. Era grande minha satisfação **de** (ou **em**, ou **por**) vê-la novamente*.

satisfazer
É verbo transitivo direto ou transitivo indireto, indiferentemente (agradar a, contentar; corresponder às expectativas de): *O pai satisfaz os (ou **a**os) filhos com doces. A peça não satisfez a (ou **à**) platéia: ouça as vaias! A explicação não o (ou **lhe**) satisfez*. No português contemporâneo, a preferência é pela transitividade direta, seja porque os escritores modernos assim o querem, seja porque na sua formação entra o verbo *fazer*, que é apenas e tão-somente transitivo direto: *satis* (bastante) + *facere* (fazer). Além do quê, o pronome oblíquo mais aconselhável para complementar este verbo é *o* (ou uma de suas variações), e não "lhe" (e variação). Assim, convém construir: *O povo pediu, mas o novo presidente **o** satisfará? Exigências foram feitas, mas o rapaz não **as** satisfez*.

satisfazer-se
Rege *com* ou *de* (saciar-se, fartar-se), mas apenas *de* (aproveitar-se fisicamente, saciando-se): *As crianças se satisfizeram **com** os (ou **d**os) doces da festa. O estuprador se satisfez **d**a garota e deixou-a*. Na acepção de contentar-se, dar-se por satisfeito, rege *com* (nome) e *em* (verbo): *Ela se satisfaz **com** pouco. Ele se satisfaz **em** estar na companhia dela*.

satisfeito
Rege *com* (nome) e *de, em* ou *por* (verbo): *Estás satisfeito **com** o desempenho do governo? Mostrava-se satisfeito **de** (ou **em**, ou **por**) estar ao lado dela*.

saudade / saudades
Usa-se uma pela outra: *Tenho **saudade** (ou **saudades**) de tudo. Minha **saudade** (ou Minhas **saudades**) é enorme! (ou são enormes!)*. Muitos, no entanto, vivem pensando que esta palavra só se usa no singular. Os maiores clássicos da língua, entre os quais Machado de Assis e Camilo Castelo Branco, já a usaram no plural no séc. XIX.

saudar
Conj.: *saúdo, saúdas, saúda, saudamos, saudais, saúdam* (pres. do ind.); *saúde, saúdes, saúde, saudemos, saudeis, saúdem* (pres. do subj.). Há quem faça orações assim: *Ó Virgem Santíssima, eu vos "saúdo"*...

saudoso
Rege *de* ou *por*: *Estar saudoso **d**os (ou **pel**os) filhos. O ex-presidente declarou estar saudoso **do** (ou **pelo**) helicóptero e **da** (ou **pela**) piscina do Palácio da Alvorada*.

Sauer
Nome de família alemão. Pronuncia-se *záuer*. No Brasil trabalhou um executivo alemão com este sobrenome (Wolfgang *Sauer*). Os repórteres pronunciavam "sáuer", porque ignoram que, no alemão o **s** tem o som de **z**. V. **Siemens** e **Sönksen**.

sax
Pl.: os *sax* (inv.). V. **fax**.

se ≠ si
Convém não confundir. **Se** é quase sempre conjunção ou pronome: ***Se** chover, não sei **se** vou. Eles **se** amam*. **Si** é pronome que sempre se faz acompanhar de uma preposição: *Cada um por **si**, e Deus para todos! Ela costuma falar de **si***

mesma. Não deve ser empregado por *você*: *Não tenho nada contra "si", Jeni. Todo o mundo falou mal de "si", Gumersindo.*

se + "o"

Não se usa o pronome *se* com o pronome *o* (e suas variações), como nestas frases: *A mala está vazia; "carrega-se-a" com facilidade. Os quadros de Picasso? Não "se os" adquirem por menos de uma fortuna!* Retire-se o segundo pronome, e a frase ficará perfeita.

se acaso

É esta a combinação perfeita, equivalente de *se porventura*, e não "se caso" (redundância), comum na língua popular: *Se acaso eu não puder ir, irá meu filho. Se acaso você vir minha filha, dê-lhe o recado! Se acaso chover, tire a roupa do varal! Acaso*, aqui, equivale a por acaso, porventura.

se bem que / bem que

São locuções equivalentes: *Gosto de ler, se bem que* (ou *bem que*) *tenha muito pouco tempo para isso. Eles vieram, bem que* (ou *se bem que*) *não os tenhamos convidado.*

seção / secção

As duas formas existem. V. **sessão ≠ cessão ≠ seção**.

secar

É verbo intransitivo ou pronominal, indiferentemente: *A fruta-do-conde, ata ou pinha seca* (ou *seca-se*) *no pé, mas não cai. Todas as plantas secaram* (ou *se secaram*)*, com o calor.*

se "caso"

V. **se acaso**.

seco

Rege *de* (desprovido), *em* (grosseiro, ríspido) e *por* (desejoso, sedento): *Filme seco de ação. Chefe seco no trato com os subordinados. Estar seco por uma cama.*

secretário / secretária

Abreviaturas: secr.º, secr.ª

seda

Adj. corresp.: *sérico* e *seríceo*. Portanto, *fios de seda = fios séricos* (ou *seríceos*).

sêde

O Vocabulário Oficial não manda acentuar esta palavra, mas o acento nela é uma questão de bom-senso. Assim como *fôrma* e *forma*, devemos distinguir *sêde* (inclusive a forma verbal imperativa) de *sede* (prédio, edifício), para evitar mal-entendidos em frases como *É conhecida de todos a sede desse candidato ao governo do Estado.* Ou também nesta: *Não tenho sede.* O Vocabulário Oficial haverá de, brevemente, reparar a falha, porque, afinal, bom-senso é fundamental.

sedento

Rege *de* ou *por*: *Juventude sedenta de* (ou *por*) *riscos à saúde e à vida.*

sediar

Servir de sede a: *Nossa cidade vai sediar os Jogoas Abertos do Interior deste ano. Quando é que o Brasil sediará as Olimpíadas?* Há quem condene o uso deste verbo, porque "inexiste no idioma". Existe.

sedução

Rege *de* (ato de seduzir), *por* (deslumbramento, encanto) e *sobre* (atração, fascínio): *É um crime de sedução de menores. Os turistas sentem forte sedução pelas nossas praias. Essa mulher exerce estranha sedução sobre mim.*

se eu "ver"

Não existe isso. Se você **vir** isso outra vez, condene!

segredo

Rege *acerca de*, ou *a respeito de*, ou *de*, ou *em relação a*, ou *quanto a*, ou *sobre* (coisa) e *para* (pessoa): *Guardar segredo acerca da* (ou *a respeito da*, ou *da*, ou *em relação à*, ou *quanto à*, ou *sobre a*) *verdadeira identidade de alguém. Pedi-lhe segredo acerca do* (ou *a respeito do*, ou *do*, ou *em relação ao*, ou *quanto ao*, ou *sobre o*) *meu paradeiro. Ela nunca teve segredos para mim.*

segredo ≠ sigilo

Convém não confundir. **Segredo** é aquilo que não se diz ou não se deve revelar; é o silêncio que nos impõe a obrigação ou a necessidade: *segredo de justiça, segredo profissional*. **Sigilo** é o segredo absoluto, ligado à ética, o qual não deve ser revelado nem veiculado em nenhuma hipótese: *sigilo confessional, sigilo bancário*.

seguida

Antecedida de *em*, aparece combinada com *a*: *A equipe viajou em seguida ao jogo.*

seguido

Rege *de* ou *por* (voz passiva): *O caminhão era seguido de* (ou *por*) *uma viatura da polícia rodoviária. Costume seguido de* (ou *por*) *todos.*

seguimento

Antecedida de *em* (perseguição) ou da contração *no* (continuação), aparece combinada com *de*: *A polícia partiu em seguimento dos seqüestradores e os prendeu. No seguimento da viagem, tudo transcorreu normalmente.*

seguimento ≠ segmento

Convém não confundir. **Seguimento** é seguido: *o seguimento da conversação, o seguimento da negociação, o seguimento da apuração dos votos*. **Segmento** é cada uma das partes em que um todo pode ser dividido; é o mesmo que seção, divisão: *os segmentos da sociedade, os segmentos de um telejornal, os segmentos de uma laranja*.

segundanista
Há quem diga que tem um filho "segundoanista" de Medicina.

segundo "quem"
V. **quem**.

segurança
Rege *contra* (precaução), *de* (certeza) e *em* (firmeza): *As vacinas são uma segurança **contra** várias doenças. Ter segurança **da** hora exata em que ocorreu o terremoto. A testemunha mostrou segurança **no** depoimento.*

segurar
É pronominal (agarrar-se, apoiar-se) e rege de preferência *a*: *Se não **me segurasse a**o corrimão, despencaria da escada. Procure **segurar-se à** corda, senão você cai! Tivemos de nos segurar **a**o galho para não cair.* No português do Brasil, também se usa a preposição *em*. Tem dois particípios: o regular (*segurado*, que se usa com *ter* e *haver*) e o irregular (*seguro*, que se usa com *ser* e *estar*): *Os especuladores **têm segurado** o feijão nos armazéns, visando a melhores preços. No momento de saltar para a morte, o suicida **foi seguro** pelo policial.*

seguro
Rege *acerca de*, ou *a respeito de*, ou *em relação a*, ou *quanto a*, ou *sobre* (convencido), *contra* (protegido), *de* (certo, convicto), *em* (firme, decidido; cauteloso) e *para* (prudente): *Os astrônomos estão seguros **acerca d**as (ou **a respeito d**as, ou **em relação à**s, ou **quanto à**s, ou **sobre** as) causas do fenômeno. Na caverna sentia-se seguro **contra** as intempéries e **contra** as feras. Ele está seguro **de** sua aprovação no concurso. A equipe está segura **da** vitória. É uma pessoa segura **em** tudo o que faz. O mais seguro **para** todos é aguardar o desenrolar dos acontecimentos.*

seguro-desemprego / seguro-saúde
Pl.: *seguros-desempregos, seguros-saúdes.* V. **pombo-correio**. O dicionário dos equívocos só traz um plural: *seguros-desemprego, seguros-saúde.* Nele, porém, tudo é normal.

seiscentos
Ordinal corresp.: *sexcentésimo* ou *seiscentésimo*. Portanto, *ser o 600º da fila* = *ser o sexcentésimo* (ou *seiscentésimo*) *da fila.* V. **ordinais**.

seja...seja
Como conjunção alternativa, não varia: *Preciso de ajudantes, seja mulheres, seja homens.* As conjunções alternativas desse tipo sempre trazem os elementos repetidos: *seja...seja, quer...quer, ou...ou*, etc. Muitos, no entanto, usam assim: *Preciso de ajudantes, seja mulheres "ou" homens.* Quando se trata de leigos, ainda se compreende, mas que se dirá de dicionário que traz essa mistura esdrúxula? Eis a definição de termeletricidade, num deles, acepção 2: *Geração de energia elétrica em usinas que utilizam algum tipo de combustível, seja do tipo convencional "ou" nuclear.* Estamos bem de dicionários? V. **quer...quer**.

seja / sejam
Estas são as formas do presente do subjuntivo e, conseqüentemente, do imperativo do verbo *ser*. Por isso, *seja* feliz, nunca *seja* deselegante! Muitos, no entanto, usam "seje", "sejem". V. **esteja, estejam**.

selo
Adj. corresp.: *filatélico*. Portanto, *exposição de selos* = *exposição filatélica.*

selva
Adj. corresp.: *silvestre*. Portanto, *flores da selva* = *flores silvestres.*

selvagem ≠ silvestre
Convém não confundir. **Selvagem** é o que vive nas selvas, não está domesticado ou não é civilizado, por isso é rude ou bravio: *animal **selvagem**, tribo **selvagem***. **Silvestre** é o que se cria no mato ou na selva, ou o que cresce de forma natural, dando flor ou fruto sem nenhuma cultura: *cabras **silvestres**, flores **silvestres**, frutos **silvestres***.

sem-
Prefixo. O segundo elemento varia sempre, por se tratar de um nome (geralmente substantivo): *os sem-amores, os sem-cerimônias, os sem-dinheiros, os sem-famílias, os sem-justiças, os sem-graças, os sem-lares, os sem-luzes, os sem-nomes, os sem-pães, os sem-pulos, os sem-razões, os sem-sais, os sem-terras, os sem-tetos, os sem-trabalhos, os sem-vergonhas*, etc. Há dicionários que dão o plural apenas de alguns desses compostos. Por que não dão de todos, ninguém sabe dizer. Mas por algo haverá de ser...

semana passada / na semana passada / a semana passada
Usa-se indiferentemente uma pela outra: **Semana passada** (ou **Na semana passada**, ou **A semana passada**) *choveu muito por aqui.*

semana sim, semana não / semana sim, outra não
É assim que se usa, sem o artigo "um" antes do substantivo *semana*: *Aqui chove semana sim, semana não. Ela me visita semana sim, outra não.* V. **dia sim, dia não / dia sim, outro não** e **mês sim, mês não / mês sim, outro não**.

sem dúvida alguma / sem dúvida nenhuma
As duas expressões se equivalem.

semelhança
Rege *com* e *entre*: *Este fenômeno não tem nenhuma semelhança **com** o anterior. Não há semelhança **entre** esses fatos.* Antecedida de *à*, aparece combinada com *de*: *Ele pensa e age à semelhança do pai.* A regência "semelhança a" deve ser desprezada.

semelhante
Rege *a* (similar, análogo) e *em* (indicando limitação): *Produtos semelhantes **a**os nacionais. Irmãos semelhantes **em** gênio.*

sem-graça ≠ sem graça
Convém não confundir. **Sem-graça** é cheio de embaraço, embaraçado, desconcertado, sem jeito: *Ela ficou sem-graça, quando lhe perguntei se era casada. Risos sem-graça. Olhares sem-graça.* Note: não varia. Também significa de certa forma impedido, inibido, sem jeito: *Emprestei um disco a ela, e agora estou sem-graça de pedi-lo de volta.* Como substantivo comum de dois gêneros, usa-se por pessoa desagradável, cacete, inconveniente: *As sem-graças estão chegando.* Subst. corresp.: *sem-gracice.* **Sem graça** é uma expressão que equivale a sem atrativo, sem emoção (*vida sem graça, festa sem graça, automóvel sem graça*) e a desinteressante, sensabor, sem-sal: *garota sem graça; que piada mais sem graça!*

semi-
Prefixo que exige hífen antes de *vogal, h, r* e *s*: *semi-aberto, semi-acabado, semi-analfabeto, semi-aquático, semi-árido, semi-eixo, semi-encoberto, semi-escuridão, semi-histórico, semi-homem, semi-inconsciente, semi-interno, semi-oculto, semi-oficial, semi-racional, semi-úmido*, etc. Portanto, sem hífen: *semibárbaro, semibreve, semicírculo, semiconsciente, semicozido, semideus, semidocumentário, semifinal, semiletrado, semilunar, semimole, semimorto, seminovo, seminu, semiplano, semiporcelana, semiprofissional, semitransparente, semitropical, semivogal*, etc.

seminário
Rege *sobre* (congresso): *Participar de um seminário **sobre** a ocupação da Amazônia.*

sem...nem
A correlação de uma negativa se faz, de preferência, com *nem*. Confira: *sem eira **nem** beira, sem mais **nem** menos, sem atar **nem** desatar, sem tom **nem** som, sem pé **nem** cabeça.* Em frases: *Não vou lá **nem** quero que você vá. Não estou aborrecido **nem** muito menos irritado contigo.* Muitos repetem, no primeiro caso a preposição: *sem pé "e sem" cabeça* e, no segundo, usam "e também não": *Não vou lá "e também não" quero que você vá.*

sem-nome
Não varia, quando usada como adjetivo, por anônimo ou inominável: *São livros de autores **sem-nome**. São bandidos que já praticaram crimes **sem-nome**.*

sem número ≠ sem-número
Convém não confundir. **Sem número** é uma expressão que equivale a sem marcação numérica: *Ela mora numa casa sem número.* **Sem-número** é um nome composto que equivale a número grande e indeterminado: *Ela disse um sem-número de tolices.* Como adjetivo, equivale a inúmeros e não varia: *Ele já sofreu assaltos sem-número no Rio de Janeiro e em São Paulo.*

sem-par
Não varia no plural: *As praias **sem-par** do nosso litoral.*

sem "quem"
A preposição *sem* só se usa com o pronome *o qual* (e variações): *O congresso tem um presidente, **sem o qual** não pode haver sessões. Beatriz era a pessoa **sem a qual** já não conseguia viver. Ele ama os netos, **sem os quais** já não vive.*

sem-sal
Não varia no plural: *Ela não gosta de sair com amigas sem-sal. Estou cansado de ouvir conversas sem-sal.*

sem-terra ≠ sem terra
Convém não confundir. **Sem-terra** é a pessoa que não tem chão em que morar e/ou trabalhar. Pl.: *sem-terras* (a imprensa brasileira usa *os "sem-terra"*, um plural trogloditá). V. **sem-**. Usada como adjetivo, a palavra não varia: *crianças sem-terra; líderes sem-terra.* **Sem terra** é uma expressão formada de preposição + substantivo, mas não é um nome composto. Temos, assim, o Movimento dos Trabalhadores Rurais *sem Terra*. Há muita gente *sem terra* no Brasil e no mundo inteiro.

sem-vergonha
Usada como adjetivo, não varia: *políticos sem-vergonha.* Usada como substantivo, varia normalmente: *O mundo está cheio de sem-vergonhas.* Subst. corresp.: *sem-vergonheira* (sem-vergonhice extrema), de pl. *sem-vergonheiras*, e **sem-vergonhez**, **sem-vergonheza**, **sem-vergonhice** ou **sem-vergonhismo** (qualidade, ato, dito ou comportamento de sem-vergonha), todos com variação do segundo elemento, no plural. V. **sem-terra**.

senado
São três os substantivos que podem corresponder a este nome, como equivalente de cargo ou atividade de senador, ou como mandato de senador: senadoria, senatoria e senatória. A senadoria (ou senatoria ou senatória) é de oito anos. São dois os adjetivos que podem relacionar-se com senado ou com senadores: senatorial e senatório: Sessão senatorial. Votação senatória.

senador
Rege *por*: *senador **por** Goiás, senador **pel**o Ceará, eleger-se várias vezes senador **pel**a Bahia.* Muitos usam "de". V. **deputado**.

senão ≠ se não
Convém não confundir. **Senão**, numa só palavra, é substantivo, equivalente de erro, falha: *Não cometi sequer um **senão** neste trabalho.* É conjunção coordenativa, equivalente a *como também* ou *mas também*: *Não só foi perseguida, **senão** roubada.* É palavra denotativa de exclusão, equivalente de *exceto, a não ser*: *Por que será que, ao lado dela, não sinto **senão** felicidade? Você nada faz **senão** reclamar! Marisa jamais amou outra pessoa, **senão** a mim. A quem, **senão** meu pai, devo*

recorrer? Quando equivale a *do contrário*: *Não me amole, senão eu grito! Ninguém te viu, senão todos já saberiam.* Quando equivale a *mas sim*: *Não fiz isso com a intenção de magoá-lo, senão de adverti-lo.* Quando equivale a *sem que*: *Elisa não diz duas palavras senão cometa dois erros.* **Se não**, em duas palavras, é a combinação de conjunção + advérbio: *Se não pagar, não entra.* É a combinação de pronome + advérbio: *Você disse justamente o que se não deve dizer.* Usa-se, ainda, por *ou*: *Deu dois milhões a cada filho, se não mais (= ou mais).*

senão a
Depois de *senão a* se usam pronomes oblíquos tônicos (a mim, a ti, a ele, a nós, a eles): *Ela nunca beijou outra pessoa senão a **mim**. Não tenho ninguém no mundo senão a **ti**, Beatriz. Ela não cumprimentava ninguém no elevador, senão a **nós**.* Há quem use pronomes retos ou sem a preposição: *Não tenho ninguém no mundo senão "tu". Não tenho conhecidos aqui nos Estados Unidos, "senão eles".*

sendo "que"
Não existe esta combinação em nossa língua, mas ela aparece muito na mídia. Na maior parte das vezes, basta substituí-la por *mas, porém, todavia*, para que a frase fique perfeita: *Dos 42 milhões de pessoas infectadas, 19,2 milhões são mulheres, "sendo que" o grosso dos doentes se encontram na África (mais de 29 milhões). Compareceram à câmara apenas trinta parlamentares, "sendo que" alguns deles saíram antes de a sessão ter início.* V. **como "sendo"** e o livro **Não erre mais!**.

senhor / senhora / senhorita
Abrev.: *sr., sr.ª, srta*. Antes de nome próprio, usam-se com inicial maiúscula: *Sr. Antunes, Sr.ª Ifigênia, Srta. Susana.*

senhora
A pronúncia original deste feminino de *senhor* era *senhôra*, que conhecido político e ex-presidente brasileiro não se cansava de usar, na ânsia de mostrar erudição. No português contemporâneo a única pronúncia aceitável é a que todo o mundo conhece: *senhóra*. Observe que, das palavras terminadas em -or, a única que faz o feminino com **o** aberto é justamente *senhor*. Confira: autor, autora; compositor, compositora; diretor, diretora; inspetor, inspetora; professor, professora; revisor, revisora; tutor, tutora; etc.

sênior
Significa o mais velho. Assim como *júnior*, faz no plural *seniores*, com mudança do acento prosódico: *seniôres*. No Brasil, todavia, já organizaram uma Copa de "Sêniors" do futebol. Posposta a nome próprio, usa-se com inicial maiúscula e significa que é o mais velho ou o maior entre duas pessoas que levam o mesmo nome: *Luís de Sousa Sênior*, assim como se faz com *Júnior*. Se vem depois de nome comum, significa mais experiente ou hierarquicamente superior: *secretária sênior, investigador sênior*. Pl.: *seniores* (ô), e não "sêniors". Abrev.: *sr.*

sensação
Esta palavra, usada como adjetivo, por *espetacular, fora-de-série*, não varia: *atletas **sensação**, produtos **sensação***. V. **areia, bomba, cassete, chave, cinza, creme, esporte, gelo, jambo, laranja, padrão, pastel, pirata, relâmpago, surpresa, tampão** e **vinho**.

sensibilidade
Rege *a* ou *para* (incômodo) e *por* (compadecimento): *Animal que apresenta grande sensibilidade **a**o (ou **para** o) frio. É um governo que manifesta maior sensibilidade **a**o (ou **para** o) social. Ter grande sensibilidade **pel**a miséria.*

sensível
Rege *a* ou *para* (coisa) e *para* (pessoa): *Ter ouvido sensível **a** (ou **para**) música. A ausência do pai era sensível **para** toda a família.*

sentar
É pronominal e rege *a*, quando há idéia de proximidade: *Pedi que ela **se sentasse** junto de mim. Pedi que ela **se sentasse à** mesa comigo. O governo quer **sentar-se à** mesa com os representantes sindicais, para fazer um pacto social. Quando **me sentei a**o piano, notei que o instrumento estava desafinado. Não havia mesa lá **a** que **nos sentarmos**.* No Brasil também se usa como intransitivo (*sentar*) e com a preposição *em*: *Pedi que ela **sentasse n**a mesa comigo.* Mas é algo um tanto ou quanto deselegante. A preposição *em* só tem cabimento quando há idéia de superposição: *Sentei-me **n**a mesa e me chamaram de troglodita. Os grevistas entraram na sala da diretoria da empresa, sentaram **n**a mesa do diretor, pisaram nos documentos que havia em cima dela, fizeram o diabo!* Tudo isso é, como se vê, coisa de gente muito civilizada...

sentido
Adj. corresp.: *semântico*. Portanto, *mudança de sentido = mudança semântica*. Rege *com* ou *de* (magoado, melindrado, ressentido) e *em* (atenção, pensamento): *Estar sentido **com** a (ou **da**) repreensão que recebeu. Estar todo o tempo com o sentido **n**a pessoa amada.* **No sentido de** = com o fim de: *O governo se esforça **no sentido de** acabar com a fome.*

sentimento
Rege *contra* (ressentimento, mágoa), *de* (noção, senso), *em relação a, para com* ou *por* (estima, afeição): *Agiu movido por um sentimento **contra** a mãe. Morreu com o sentimento **do** dever cumprido. O bom discípulo sempre tem sentimentos **em relação a** (ou **para com**, ou **por**) seus mestres.*

sentinela
É sempre palavra feminina (*a sentinela, **uma** sentinela*): *Aguinaldo se revelou **boa** sentinela. Falamos com **a sentinela**, de nome Araújo, mas foi inútil: não pudemos entrar. Gumersindo, **a sentinela**, estava preocupado. **A sentinela**, Persival, estava **nervosa**. As noites, para **as sentinelas**, são sempre iguais..*

sentir

Com infinitivo, usam-se os pronomes oblíquos átonos, e não os pronomes retos: *Senti-o chorar baixinho. Senti-os chorar baixinho.* O povo, contudo, usa assim: *Senti "ele" chorar baixinho. Senti "eles chorarem" baixinho.* Se o pronome está no plural, note: o infinitivo não varia, fica no singular. Se, no lugar do pronome, houver um substantivo, poderemos variar ou não o infinitivo: *Senti os rapazes **chorar*** (ou ***chorarem***)*! Senti portas e janelas **bater*** (ou ***baterem***). Se, porém, o infinitivo vier imediatamente após, ficará sempre no singular: *Senti **chorar** os rapazes! Senti **bater** portas e janelas.*

sentir melhoras

Paciente que se recupera de algum mal, *sente melhoras*. Muitos, no entanto, usam "experimentar melhoras" e até "sofrer melhoras", o que piora muito o quadro do paciente...

sequer

Não convém usar esta palavra sem a negativa *não* anteposta. Assim, p. ex.: *Se eles tivessem "sequer" o endereço, poderiam encontrar a pessoa que procuravam. Se ela "sequer" tivesse me dado um beijo, eu não estaria assim tão triste.* O uso de *sequer* isolado só se justifica na omissão da negativa *nem*, adquirindo *sequer* toda a carga negativa, a exemplo do que se dá com *absolutamente* (= absolutamente não): *Ela **sequer** sabia meu nome = Ela **nem sequer** sabia meu nome.*

sequioso

Rege *de* ou *por*: *Estar sequioso **de*** (ou ***por***) *vingança.*

séquito / séqüito

Ambas as prosódias e grafias existem.

sequóia

Pronuncia-se *sekuóia*.

ser

Conj.: *sou, és, é, somos, sois, são* (pres. do ind.); *era, eras, era, éramos, éreis, eram* (pret. imperf.); *fui, foste, foi, fomos, fostes, foram* (pret. perf.); *fora, foras, fora, fôramos, fôreis, foram* (pret. mais-que-perf.); *serei, serás, será, seremos, sereis, serão* (fut. do pres.); *seria, serias, seria, seríamos, seríeis, seriam* (fut. do pret.); *seja, sejas, seja, sejamos, sejais, sejam* (pres. do subj.); *fosse, fosses, fosse, fôssemos, fôsseis, fossem* (pret. imperf.); *for, fores, for, formos, fordes, forem* (fut.); *sê* (tu), *seja* (você), *sejamos* (nós), *sêde* (vós), *sejam* (vocês) [imperativo afirmativo]; *não sejas* (tu), *não seja* (você), *não sejamos* (nós), *não sejais* (vós), *não sejam* (vocês) [imperativo negativo]; *ser, seres, ser, sermos, serdes, serem* (infinitivo pessoal); *ser* (infinitivo impessoal); *sendo* (gerúndio); *sido* (particípio). A segunda pessoa do plural do imperativo afirmativo, segundo o Vocabulário Oficial, não deve receber acento; como o bom-senso o recomenda, utilizamo-lo. Este verbo concorda sempre com o pronome reto: *O dono da casa **sou eu** mesmo. O culpado de tudo isso **és tu**. O responsável por isso não **somos nós**. Quem fez isso **fui eu**. Quem deu as ordens **fomos nós**; quem as cumpriu **foram eles**.* Redobrada atenção devemos ter com as locuções verbais: *Não **posso ser eu** esse da foto; está muito feio! Não **vou ser eu** o escolhido, aposto! **Devo ser eu** o responsável por isso?* Sobretudo na língua falada, é comum encontrarmos este verbo imprimindo realce ou ênfase à comunicação, sem nenhuma função. Assim, p. ex.: *Ela quer **é** meu dinheiro! O Atlético queria **era** perder de pouco. Frio faz **é** na Sibéria. Eu quero **é** dormir: estou exausto! O avião subiu **foi** para o céu ? com todos os passageiros...*

Será que isto está certo?

Está. Depois do verbo *ser* subentende-se a palavra *possível: Será **possível** que isto está certo?* Outros exemplos: *Será que ela vai me telefonar? Será que um dia pagaremos a dívida externa?*

ser "de" maior / ser "de" menor

Convém *ser maior* e *ser menor*.

ser de opinião

Esta expressão não aceita a preposição "de". Portanto: *Sou de opinião que essa política está errada. Ela era de opinião que o homem brasileiro é sexy. Você é de opinião que ele se reeleja? Eles são de opinião que devemos diversificar a alimentação.* V. **opinião**.

ser "em" cinco

Italianismo arraigado em nosso idioma, que dispensa a preposição: *Somos cinco lá em casa. Éramos quinze na caminhonete. Fomos dez para o cinema.* V. **estar "em" cinco**.

serenar

É verbo intransitivo ou pronominal, indiferentemente: *O mercado financeiro só **serenou** (ou **se serenou**) com o discurso do presidente. Os passageiros só **serenaram** (ou **se serenaram**) quando o avião pousou. Depois de muita chuva e vento, o tempo **serenou** (ou **se serenou**).*

Sergipe

Nome que não admite artigo: *Sergipe é um Estado pequeno. Já passei por Sergipe, mas nunca morei em Sergipe.* Já existem repórteres que dizem "o" Sergipe, "no" Sergipe, "pelo" Sergipe.

série

Vai ao plural somente quando, numa seqüência, não se repete o artigo: *Alunos da quinta e sexta **séries**.* Se houver repetição do artigo, podemos também usar o singular: *Alunos da quinta e da sexta **série*** (ou ***séries***). V. **andar**.

sério

Superl. abs. sint.: *seriíssimo*. Portanto, *caso muito sério = caso seriíssimo; pessoa muito séria = pessoa seriíssima.* Há certos gramáticos que admitem a forma equivocada "seríssimo".

sério / seriedade

Regem *com* ou *para com* (pessoa) e *em* (coisa): *Professor sério com* (ou *para com*) *seus alunos. Professor sério no relacionamento com os alunos. A seriedade do pai com* (ou *para com*) *os filhos. Todos conheciam a seriedade do pai no relacionamento com os filhos.* Superl. sint. de *sério: seriíssimo. Esse é um caso* **seriíssimo!**

ser servido

É servido? (ou *É servida?*) É assim que devemos perguntar a um homem (no primeiro caso) ou a uma mulher (no segundo caso), quando estamos comendo ou bebendo alguma coisa, que lhe oferecemos educadamente. Na língua popular, todavia, encontramos o verbo *estar* no lugar de *ser*: *"Está" servido?* (ou *"Está" servida?*)

serviço

Estar a serviço de alguém = servi-lo como criado ou como profissional: *É um agente que está a serviço da rainha. Estar a serviço do chefe.*

servido

Rege *a* (pessoa), *com* ou *de* (coisa) e *de* ou *por* (voz passiva): *Era um bufê servido apenas a convidados. De repente, ele se viu servido com* (ou *de*) *finos doces e bebidas. A primeira-dama é servida de* (ou *por*) *várias pessoas.*

servir

Como transitivo direto, significa prestar serviço a, ajudar a, ou pôr sobre a mesa: *O presidente que não serve o seu povo, e apenas o seu povo, deve ser destituído. Este elevador não serve o último andar. Os militares servem a Pátria. Gosto de servir os amigos. Não desejo outra coisa senão servir meu país. Sirva o almoço, querida! Ainda não serviram o jantar?* Como transitivo indireto, significa ser útil, convir: *Compramos esta máquina, mas ela não serve a nosso tipo de trabalho. Embora o criado os servisse com precisão e presteza, Virgílio e sua mulher diziam que ele não lhes servia; por isso, despediram-no. Esse rapaz não lhe serve, Manuela; esqueça-o!* Como transitivo direto e indireto, significa trazer ou fornecer (comida ou bebida): *O garçom serviu bebida aos convidados. Sirva uísque às visitas! Quem lhes serviu filé a cavalo? Ninguém lhe serviu champanha? Servir à mesa* equivale a atender aos que estão sentados à mesa: *Os garçons estavam orientados para só servirem à mesa.* Na frase *Que isto lhe sirva de lição ou de exemplo*, o verbo *servir* significa prevenir (de mal futuro). Nestas, porém, significa ser útil: *O pai lhe serviu de exemplo. O fato lhe servirá de lição.* Na acepção de prestar serviços militares, usa-se: *Servir no Exército, servir na Marinha, servir na Aeronáutica.*

sessão ≠ cessão ≠ seção (ou secção)

Convém não confundir. **Sessão** é palavra que se aplica a pessoas que se reúnem para um determinado fim: *sessão de cinema, sessão espírita.* **Cessão** é ato de ceder: *a cessão de um lugar para uma senhorita; a cessão de direitos autorais.* **Seção** (ou **secção**) é repartição, setor: *a seção de camisas de uma loja, a secção de perfumes.*

sessenta

Ordinal corresp.: *sexagésimo*. Portanto, quem está no *60º* distrito policial, está no *sexagésimo* DP. V. **ordinais**.

sesta

Da expressão *dormir* ou *tirar a sesta* = dormir depois do almoço. Pronuncia-se *sésta*. *Cesta* (utensílio) e *sexta* (numeral) têm o **e** fechado.

sestra / sestro

As duas têm o **e** aberto: *séstra, séstro*. A primeira significa a mão esquerda; a segunda, vício, mau hábito.

setecentos

Ordinal corresp.: *setingentésimo*. Portanto, *ser o 700º da fila* = *ser o setingentésimo da fila*.

setenta

Ordinal corresp.: *setuagésimo* (sem "p"). Portanto, quem está no *70º* distrito policial, está no *setuagésimo* DP. A forma "septuagésimo", que muitos dicionários insistem em trazer, é arcaica, assim como "septuagenário". V. **ordinais**.

setilhão / setilião

As duas formas existem. As formas com **p** no final da primeira sílaba devem ser desprezadas.

setuagenário

Aquele que já chegou à casa dos 70 anos. Note: sem **p** ("septuagenário").

seus "respectivos"

Redundância. V. **respectivo**.

severidade / severo

Regem *com* ou *para com* (pessoa) e *de*, ou *em* (em contração) ou *em relação a*, ou *no tocante a*, ou *quanto a* (coisa): *A severidade do professor com* (ou *para com*) *os alunos era de todos conhecida. A severidade de* (ou *na*, ou *em relação à*, ou *no tocante à*, ou *quanto à*) *disciplina era o tom marcante dos internatos, antigamente. Professor severo com* (ou *para com*) *os alunos. Professor severo de* (ou *na*, ou *em relação à*, ou *no tocante à*, ou *quanto à*) *disciplina. Devemos ser severos em relação a* (ou *no tocante a*, ou *quanto a*) *nossos defeitos.*

sextanista

Ninguém tem filho "sextoanista" de Medicina.

sextilhão / sextilião

As duas formas existem.

sexy

Este anglicismo, um adjetivo que significa *que desperta a libido* ou *sexualmente atraente*, não varia em português: *Quem são os dez homens mais sexy do Brasil? As garotas mais sexy do Brasil já posaram para essa revista.*

shampoo
É palavra inglesa. A forma portuguesa é *xampu*, mas nenhuma indústria brasileira ainda criou coragem de ser autenticamente nacional, grafando na embalagem de seus produtos essa forma.

shopping
O aportuguesamento desta palavra inglesa, assim como o de *shorts* e de *show*, é meio esdrúxulo: *xópin*. Por que estranhamos? Porque, justamente, estamos por demais habituados à escrita estrangeira.

short ≠ *shorts*
Convém não confundir. Os dois são vocábulos ingleses: o primeiro equivale a curta-metragem; o segundo, a calças curtas esportivas. (Um manual de redação "ensina" que devemos usar *short* nesta segunda acepção.) Ambos deveriam já estar aportuguesados: *xorte*, *xortes*. V. item seguinte.

shorts
Aportuguesamento: *xortes*. O Vocabulário Oficial, todavia, ainda não se dignou acatá-lo. O grupo *sh* do inglês dá *x* em português. Confira: *sheriff* deu *xerife*, *shilling* deu *xelim*, *shopping* dá *xópin*, etc., com exceção única, talvez, de *shoot*, que deu *chute*. Por isso, em praias brasileiras, por que não usar apenas *xortes*? Ou vamos eternamente usar o que é dos outros (*shorts*)? Há os que dizem "um xortes", "meu xortes", misturando singular com plural. Esses estão prontos para também tomar "um chopes" e comer "um pastéis"... V. **show**.

show
Aportuguesamento: *xou*. O Vocabulário Oficial, todavia, ainda não se dignou acatá-lo. Muitos só usam *show*, talvez por acharem que a outra é um *xou* à parte... A Academia Brasileira de Letras já aportuguesou *nylon*, *checkup*, *copirraite*, e centenas de outros estrangeirismos, mas ainda não se manifestou sobre *show*, *shorts*, *iceberg*, *habitat*, *bacon*, *sashimi*, *sushi*, *deficit*, *superavit* e inúmeros outros. Por quê, ninguém sabe. Ou sabe, mas não diz...

si
V. **entre si** e **se ≠ si**.

sic
Latinismo que significa textualmente, assim mesmo. Vem entre parênteses, depois de palavra ou citação, para indicar que foram reproduzidas fielmente, conforme se encontra no original, embora mereçam reparos. *O rapaz escreveu à namorada que gostava mesmo é de pão com xalxixa (sic).*

Sicília ≠ Cecília
Convém não confundir. **Sicília** é o nome da maior ilha do mar Mediterrâneo, pertencente à Itália. **Cecília** é nome de mulher.

Sicrano
Apesar de ser assim, muita gente fala em Fulano, em Beltrano e em "Siclano" e até em "Ciclano", como fez certa feita uma famosa rede de televisão.

SIDA ou sida
É a sigla portuguesa e dos latinos correspondente à inglesa *AIDS* ou *aids*. O adjetivo é *sidético*. Os jornalistas brasileiros simplesmente a desprezam. Em todos os países latinos, todavia, com exceção do Brasil, ela é usada.

Sídnei
Este nome é paroxítono, mesmo que apareça sem o acento (por um lapso de quem o escreve). Já houve repórter esportivo que se referiu a certo jogador como "sidnêi".

Siemens
Nome de família alemão e de uma conhecida empresa da Alemanha. Pronuncia-se *zímens*. V. **Sauer** e **Sönksen**.

sigilo
Rege *de* ou *sobre*: Manter sigilo **de** (ou **sobre**) uma negociação.

sigla
Maneira prática de grafar as siglas: até três letras se usam letra maiúsculas: SP, EUA. A única exceção me parece ser *Ita* (Instituto Tecnológico da Aeronáutica). A partir daí, salvo as siglas dos partidos políticos, usa-se apenas a inicial maiúscula: *Dersa, Sunab, Varig, Petrobras, Proalcool*, etc. Convém acrescentar, todavia, que a escrita com todas as letras em maiúsculo é perfeitamente correta: ITA, DERSA, VARIG, etc.

As siglas nunca devem trazer acento gráfico: *Petrobras, Telebras, Eletrobras, Proalcool, Sesi,* etc.

significativo
Rege *a* ou *para* (importante) e *de* (denotativo): *Essa conquista é muito significativa **a**o* (ou **para** *o*) *clube. Gesto significativo **de** apreço.*

silenciar
É verbo transitivo indireto (não revelar, não comentar, não tornar público) e rege *acerca de*, ou *a respeito de*, ou *em relação a*, ou *quanto a*, ou *sobre*): *No gabinete do ministro, todos silenciam **acerca de** (ou **a respeito de**, ou **em relação a**, ou **quanto a**, ou **sobre**) qualquer escândalo no governo.* É verbo intransitivo (e não pronominal), na acepção de ficar calado, calar-se: *Uma traição de seu próprio guarda-costas, uma bala e Indira Gandhi **silencia** para sempre.*

silêncio
Rege *a* (falta de reação ou de resposta) e *acerca de*, ou *a respeito de*, ou *em relação a*, ou *quanto a*, ou *sobre* (falta de manifestação): *O silêncio **às** invasões de terra é um sinal de fraqueza do governo. Preferiu manter silêncio **acerca d**a (ou **a respeito d**a, ou **em relação a**, ou **quanto a**, ou **sobre**) sua vida íntima.* O adjetivo *silencioso* usa-se da mesma forma.

sílex
Variedade grosseira de quartzo, de cor ruiva ou parda e às vezes negra. O homem pré-histórico fazia as suas armas com o sílex. Pronuncia-se *síleks*.

sílica
Note: é palavra proparoxítona. Muitos, no entanto, dizem "silíca".

silvícola
Apesar de ser assim, há quem use e até registre "selvícola". Tanto o dicionário do século XXI quanto o dicionário dos equívocos trazem "selvícola" como forma variante. Ora, por que também não trazem as variantes de *silvicultor* e *silvicultura*? Esses dicionários nos transmitem uma confiança!!!

sim?
O emprego do sim interrogativo, no final de frases da língua cotidiana, é um autêntico brasileirismo: *Dona Susana, venha até a minha sala, sim?* Tem o valor de uma ordem ou de um pedido mais ou menos com esse valor. É um sim inteiramente nosso, já que em Portugal ninguém o usa da mesma forma, pois não?

símbolo
Esta palavra, quando usada como adjetivo, por *representativo*, não varia: *partidos símbolo, clubes símbolo.* V. **areia, bomba, cassete, chave, cinza, creme, esporte, gelo, jambo, laranja, padrão, pastel, pirata, relâmpago, surpresa, tampão** e **vinho**.

similar
Rege *a*: *Os produtos nacionais são similares a os estrangeiros?*

simonia
Tráfico criminoso de coisas sagradas. Note: com acento em *-ni-*. Muitos, no entanto, dizem "simônia", talvez por influência do nome próprio *Simone*, que nada tem a ver.

simpatia
Rege *com, para com* ou *por* (pessoa) e *a* ou *por* (coisa): *Minha turma não tinha simpatia à*quela (ou *com* aquela, ou *para com* aquela, ou *por* aquela) *gente. É um governo que não esconde sua simpatia a*os (ou *com* os, ou *para com* os, ou *pel*os) *pequenos. Não nutro nenhuma simpatia a* (ou *por*) *essa causa. Sempre tive profunda simpatia a* (ou *por*) *esse partido.*

simpático
Rege apenas *a*: *Ela é simpática a todo o mundo. São medidas pouco simpáticas a o povo, mas necessárias.*

simpatizante
Rege *de* (pessoa) e *com* ou *de* (coisa): *Ser simpatizante do duque de Caxias. Ser simpatizante com* (ou *de*) *uma causa.*

simpatizar
Não é verbo pronominal: *Simpatizei com ela à primeira vista. Não simpatizo com essa causa.* O povo, no entanto, usa: *"Simpatizei-me" com ela à primeira vista. Não "me simpatizo" com essa causa.* V. **antipatizar**.

simples
Superl. sint.: *simplíssimo* (regular) e *simplicíssimo* (irregular ou erudito). Apesar de haver duas formas corretas, ainda há quem use "simplérrimo", que é de um mau-gosto formidável!

simulacro
Note: é palavra paroxítona. Há, no entanto, quem diz "simúlacro".

simultaneamente / simultâneo
Regem *a* ou *com*: *O maremoto ocorre quase que simultaneamente a*o (ou *com* o) *terremoto. O maremoto é simultâneo a*o (ou *com* o) *terremoto. Simultaneidade*, no entanto, só rege *com*.

sinalizar
É neologismo muito empregado por prometer, mediante indícios, acenar com a possibilidade de, indicar, dar a entender, fazer supor: *O novo governo sinaliza que vai mexer no câmbio. O novo governo sinaliza uma nova política para o país.* Não há que condenar. Um manual de redação, todavia, condena.

sinceridade / sincero
Regem *com* ou *para com* (pessoa) e *em* (coisa ou verbo): *Use de sinceridade co*migo (ou *para co*migo)! *Seja sincero co*migo (ou *para co*migo)! *A sinceridade n*o *arrependimento é importante. Seja sincero n*as *declarações! Fui sincero em dizer o que penso.*

sindicância
Rege *acerca de*, ou *a respeito de*, ou *de*, ou *no tocante a*, ou *sobre*: *Abrir uma sindicância acerca de* (ou *a respeito de*, ou *de*, ou *no tocante a*, ou *sobre*) *irregularidades numa empresa estatal.*

sine die
Locução latina que significa por tempo indeterminado, indeterminadamente: *A reunião foi adiada* sine die. *O congresso foi dissolvido* sine die. Pronuncia-se *síne díe*, mas já houve quem dissesse "sáine dái", como se a expressão fosse inglesa.

sine qua non
Expressão latina que significa condição indispensável ou apenas indispensável: *A presença de um farmacêutico é, por lei,* **sine qua non** *numa farmácia ou drogaria. É condição* **sine qua non** *que ela venha. Esta é uma cláusula* **sine qua non***, para assinatura do contrato.* Pronuncia-se *síne kuá non*. Pl.: *sine quibus non* (*síne kuíbus non*). O plural desta expressão só tem guarida na linguagem formal ou na jurídica.

sintaxe

Pronuncia-se hoje *sintásse*, mas a pronúncia *sintákse* tem lá seu fundamento, já que todas as outras palavras com a mesma terminação (*-taxe* = ordenação, arranjo) têm o *x* com o valor de *ks*, caso de *hipotaxe* e *parataxe*. Está se dando com esta palavra o que já se deu com *máximo*, em que o *x* passou a ter apenas o valor de *ss*, embora em latim, língua de origem da palavra (*maximus*), o *x* sempre tenha o valor de *ks*.

síntese

Usada como adjetivo, não varia: *fórmulas síntese*. V. **areia, bomba, cassete, chave, cinza, creme, esporte, gelo, jambo, laranja, padrão, pastel, pirata, relâmpago, surpresa, tampão** e **vinho**.

sirena / sirene

Aparelho que emite sons agudos, estridentes e prolongados, usado como aviso para abrir caminho no tráfego para as ambulâncias e viaturas policiais, marcar os horários em fábricas, indústrias, etc. Ambas as formas existem.

Sísifo

Um dos heróis mais populares da mitologia grega. Recebeu nos Infernos o castigo de rolar montanha acima uma pedra que, atingido o topo, tombava novamente pela encosta, obrigando-o a recomeçar a tarefa, que, assim, se tornava infindável. Note: é nome proparoxítono. Muitos, no entanto, dizem "sizífo".

Sistina

Nome da capela do Vaticano construída pelo Papa Sisto IV em 1473. Nela se encontram pinturas memoráveis de Leonardo da Vinci, Michelangelo, Botticelli e outros gênios da época. Note: com **s**. Muitos, no entanto, escrevem "Sixtina".

site

Anglicismo da Internet. Pronuncia-se *sáit*. Os portugueses usam *sítio*. Os brasileiros não os imitamos. V. ***mouse***.

sítio

Rege *a* ou *de*: *O sítio **a** (ou **de**) Leningrado durou meses*.

sito / situado / situar-se

Regem *em*: *O edifício, sito **n**a Rua da Paz, foi construído ano passado. A casa está situada **n**a Rua da Felicidade. O Brasil se situa **n**a América do Sul*. Alguns tabeliães e jornalistas se encarregaram, porém, de difundir a regência com a preposição "a". O mais interessante nisso tudo é que em certos contratos se lê: *O vendedor é proprietário e legítimo possuidor do imóvel, situado **n**esta capital, "à" Rua...* Ora, como um nome pode reger duas preposições distintas ao mesmo tempo? E por que não constroem tabeliães e jornalistas *situado "a" esta capital*?

só

Varia quando equivale a *sozinho*: *A mãe deixou os filhos **sós** em casa. **Sós** enfim ficaram noivo e noiva. Deixe-os **sós** um minuto!* Quando equivale a *somente*, não varia: ***Só** os pais vieram, os filhos ficaram em casa. Eles **só** não morreram por pura sorte*.

soar

Concorda normalmente com o sujeito, quando indica horas: ***Soou** dez horas **o relógio** da matriz*. ***Soaram dez horas** no relógio da matriz. Quando **soavam seis horas**, saíamos do trabalho. Quando **o despertador soava** seis horas, levantávamo-nos*. V. **bater** e **dar**.

sob encomenda / por encomenda

As duas são boas, com preferência pela segunda: *artigo redigido **por** encomenda*. A bem da verdade, nunca se ouviu ninguém afirmar que um crime tenha sido cometido *"sob" encomenda*.

soberbo

Rege *com* ou *de* (orgulhoso) e *com* ou *para com* (arrogante): *Presidente soberbo **com** a (ou **d**a) sua eleição. Uma elite soberba **com** (ou **para com**) os pobres*.

sob medida

Como locução que é, não varia: *ternos **sob medida**, camisas **sob medida***. Alguns preferem usar a expressão *por medida*: *ternos **por medida**, camisas **por medida***.

"sob" o fundamento de

Esta expressão aceita melhor a preposição *sobre*. Tudo o que se levanta (ou afirma) faz-se *sobre* fundamento (apoio, sustentáculo), e não "sob". Portanto: *Ele nega a existência de Deus **sobre** o fundamento de que existe o mal no mundo*. A negação se faz *sobre* o argumento da existência do mal no mundo, e não "sob" esse argumento. Da mesma forma, dá-se preferência à preposição *sobre* quando há idéia de valor (de qualquer natureza, física ou moral): ***sobre** palavra de honra, **sobre** hipoteca, **sobre** penhor, **sobre** juros*. Ex.: *Ela me garantiu, **sobre** sua palavra de honra, que me ligará assim que chegar*.

"sob" o meu ponto de vista

V. **do meu ponto de vista**.

"sob" o prisma

V. **prisma**.

sobranceiro

Rege *com* ou *para com* (pessoa) e *a* (coisa): *Não seja tão sobranceiro **com** (ou **para com**) seus subordinados! Quando jovem, ela sempre foi sobranceira **com** (ou **para com**) todos os homens. Resultado: ficou solteira. É um grande jequitibá, sobranceiro **a** todos os prédios da cidade*.

sobrancelha

Adj. corresp.: *superciliar*. Portanto, *região da sobrancelha = região superciliar*. Há quem use "sombrancelha", imaginando, talvez que é assim porque faz "sombra" para os olhos...

sobrar

O maior problema deste verbo se relaciona com a concordância. Como se usa quase sempre antes do sujeito, é comum encontrá-lo só no singular, independentemente do número em que se encontra o sujeito. Exemplos com seu uso correto: **Sobraram** muitos ingressos. *Se* **sobrarem** *alguns trocados, dê ao mendigo! Não* **sobraram** *sequer dois reais dos mil que levei para fazer a feira*. Se vier acompanhado de auxiliar, este é que varia: *Quando* **vão** *sobrar dois minutinhos para você me atender? Esta semana* **podem** *sobrar muitos frutos e legumes na feira.*

sobre

É elegante o emprego desta preposição por além de: **Sobre** *ser feia, é burra.*

sobreaviso

Rege *com* ou *contra*: *Estar de sobreaviso* **com** *(ou* **contra***) certos movimentos ditos sociais.*

sobrecarregado

Rege *com* ou *de*: *Estar sobrecarregado* **com** *(ou* **de***) preocupações.*

sobreloja

Abrev.: *slj.* (com o ponto).

sobrescrever ≠ subscrever

Convém não confundir. **Sobrescrever** é escrever sobre, sobrescritar ou, então, endereçar, enviar: *sobrescrever uma carta* (preencher um envelope); *sobrescrever uma carta ao presidente*. **Subscrever** é escrever embaixo de, subscritar, assinar. Ninguém deve esquecer-se de *subscrever* as cartas, que isso revela falta de educação. Assim, um envelope (que é uma sobrecarta, um sobrescrito) só pode estar *sobrescrito* ou *sobrescritado*, e não "subscrito" ou "subscritado", como usam muitos.

sobrescritado

Rege *a* (nome de pessoa) e *para* (nome de lugar): *A carta estava* **sobrescritada** *a Beatriz, mas quem a recebeu, abriu e leu foi a mãe. A carta foi* **sobrescritada** *para Curitiba (PR), mas inexplicavelmente foi ter a Lajes (SC).*

sobrescritado ≠ subscritado

Convém não confundir. **Sobrescritado** é que recebeu sobrescrito: *Envie envelope selado e* **sobrescritado**, *para receber mais informações sobre os nossos produtos!* **Subscritado** é assinado: *Deixei um contrato* **subscritado** *e viajei. Nunca deixe subscritado nenhum documento em branco!*

sobrescritar ≠ subscritar

Convém não confundir. **Sobrescritar** é sobrescrever: *Sobrescrite a carta à máquina! Sobrescritei uma carta à atriz, felicitando-a pelo seu desempenho no filme*. **Subscritar** é subscrever, assinar: *Não se esqueça de* **subscrever** *a carta, antes de encerrá-la no envelope!*

sobressair

Não é verbo pronominal, apesar de seus sinônimos (destacar-se, distinguir-se, notabilizar-se, salientar-se): *Ela* **sobressai** *pela simpatia. A misse que mais* **sobressaiu** *no concurso foi a representante da Bahia. Existem pessoas que* **sobressaem** *pela esperteza. Os brasileiros* **sobressaímos** *pela paciência*. Um dicionário recém-publicado, no entanto, entre tantos outros equívocos, registra este verbo como pronominal. Nunca foi, apesar de aparecer assim neste ou naquele escritor mal-avisado. V. **Não erre mais!** Rege *a* ou *entre*: *No futebol brasileiro, esse jogador é o que sobressai* **a***os (ou* **entre** *os) seus colegas. A cidade que sobressai* **à***s (ou* **entre** *as) da região é Ribeirão Preto. Disseram que sobressaí* **a** *(ou* **entre***) todos os competidores.*

sobressalente / sobresselente

Ambas as formas existem, mas a primeira é a mais vulgar.

sobressaltado

Rege *com, de* ou *por*: *Viver sobressaltado* **com** *(ou* **de***, ou* **por***) preocupações.*

sobretaxa

Rege *sobre*: *A Unidade Européia impôs uma sobretaxa elevada* **sobre** *o aço importado.*

sobrevoar

Usa-se com ou sem a preposição *a*: *O avião* **sobrevoou** *o (ou* **a** *o) Pão de Açúcar. Vários caças* **sobrevoaram** *a (ou* **à***) baía de Guanabara.*

sóbrio

Rege *de* ou *em* (sem luxos, excessos ou exageros; discreto): *Se quiseres viver muito e bem, sê sóbrio* **de** *(ou* **em***) garfo e copo! Apontem-me aqui aquele que for sóbrio* **de** *(ou* **em***) cerveja, que eu os apontarei aquele sóbrio* **d***a (ou* **n***a) verdade!*

social-cristão / social-democrata

Pl.: *social-cristãos, social-democratas.*

social-democrata ou socialdemocrata ≠ social-democrático ou socialdemocrático

Convém não confundir. As duas primeiras formas se referem a **pessoas**; as duas últimas a **coisas**: *Presidente social-democrata. Políticos socialdemocratas. Teorias social-democráticas. Filiações socialdemocráticas.*

social-democracia / socialdemocracia / social democracia / democracia social

Todas existem e se equivalem.

sociedade
Rege *com*: *Fazer sociedade **com** vizinhos*. Antecedida de *de* ou *em*, aparece combinada com a preposição *com*: *Comprou o carro **de** (ou **em**) sociedade com o amigo*.

Sociedade Anônima
Abrev.: *S.A.* (pref.) ou *S/A* (sem ponto). Na verdade, esta última abreviatura foi uma invenção de algumas empresas, que se acabou difundindo.

socio-
Não exige hífen. Portanto: *sociobiologia, sociocultural, socioeconômico sociolingüística, sociopolítico, sociopsicológico, sociorreligioso*, etc. Exceção: *sócio-gerente* (cujo primeiro elemento, a bem da verdade, não é redução de *social*, como se tem nos exemplos citados).

soco
Tanto o singular quanto o plural têm **o** tônico fechado.

socorrer
Usa-se assim: *Ninguém o socorreu? Quem o socorreu fui eu. Por mais que tentasse, não o pude socorrer*. Muitos, no entanto, usam "lhe" no lugar do *o*, transformando o verbo transitivo direto em indireto.

socorro
No plural, o **o** tônico soa aberto.

soer
Significa costumar, ser comum ou ter por hábito: *Eles **soem** vir aqui aos domingos. Seus amigos **soíam** pedir-lhe dinheiro emprestado. Neste lugar **sói** acontecerem coisas estranhas. No inverno, **sói** nevar na serra gaúcha. Nossa família **soía** viajar nas férias*. Sói ser usado apenas nas terceiras pessoas e unicamente nestes tempos e modos: *sói, soem* (pres. do ind.), *soía, soíam* (pret. imperf. do ind.). Conjuga-se por *moer*.

Sófia
Capital da Bulgária. *Sofia* (fi) é nome de mulher, mas muitos usam esta prosódia em referência à cidade búlgara.

"sofrer" melhoras
V. **sentir melhoras**.

sogro
Assim como *avô*, tem no plural **o** tônico aberto, quando se aplica aos homens e mulheres; em referência apenas aos homens, o **o** tônico é fechado. Portanto: *Luís e Luísa, sogros* (ó) *de Susana, vieram ao aniversário. Luís e Filipe, sogros* (ô) *de Hortênsia, cumprimentaram o casal*.

Sol / sol
Com inicial maiúscula, quando se refere ao astro: *O **Sol** é a nossa estrela. O **Sol** reaparece todos os dias. O homem chegou à Lua, mas jamais chegará ao **Sol**. Haverá hoje a eclipse do **Sol***. Em qualquer outro caso, usa-se com minúscula: *O **sol** está insuportável hoje! Quando faz **sol**, vou à praia. Tomar **sol** ao meio-dia não é bom*.

solão
Na língua popular, equivale a grande calor: *Aqui faz um **solão** daqueles!* Pronuncia-se *sòlão*.

solfejar
Sempre com **e** fechado: *solfejo, solfejas, solfeja, solfejamos, solfejais, solfejam* (pres. do ind.); *solfeje, solfejes, solfeje, solfejemos, solfejeis, solfejem* (pres. do subj.).

solicitado
Rege *de* ou *por* (procurado): *É um balconista muito solicitado **d**os (ou **pel**os) fregueses, por sua simpatia*.

solicitar
Rege *a* ou *de*: *O aluno solicitou **a**o (ou **d**o) professor licença para sair. O jogador solicitou **a**o (ou **d**o) árbitro mais rigor na disciplina. Solicitamos **a** (ou **de**) Vossa Excelência urgência no deferimento*.

solícito / solicitude
Regem *com* ou *para com* (pessoa), *de* ou *por* (coisa) e *em* (verbo): *Todos os funcionários desta empresa devem ser solícitos **com** (ou **para com**) seus chefes. Pai solícito **d**o (ou **pel**o) bem-estar dos filhos. O brasileiro é um povo sempre solícito **em** ajudar flagelados. A solicitude dos atendentes da loja **com** (ou **para com**) os turistas só aumenta as vendas. A solicitude de uma família **d**o (ou **pel**o) bem-estar de todos os seus membros. A solicitude **em** ajudar flagelados é uma das características do povo brasileiro*.

solidariedade / solidário
Regem *a, com* ou *para com* (pessoa) e *em* (coisa): *É notável a solidariedade de todos os brasileiros **a**os (ou **com** os, ou **para com** os) flagelados. Posso contar com sua solidariedade **n**este trabalho? Ser solidário **a**os (ou **com** os, ou **para com** os) flagelados. Ela é solidária **a**o (ou **com** o, ou **para com** o) marido tanto **n**a tristeza quanto **n**a alegria*.

solilóquio ≠ monólogo
Convém não confundir. **Solilóquio** é a fala de uma pessoa a si mesma, para não ser ouvida por ninguém. As crianças, quando brincam sozinhas, fazem longos *solilóquios*, penetram num mundo desconhecido dos adultos: é a pureza d'alma. **Monólogo** é a mesma fala, porém, para ser ouvida por alguém. Trata-se de uma forma dramática para extravasar pensamentos e emoções. Há inúmeras peças teatrais que apresentam *monólogos*. Famoso é o *Monólogo das mãos*.

Sólon
É nome paroxítono, mas muitos dizem "so**lom**".

soltar
Tem dois particípios: o regular (*soltado*, que se usa com

ter e *haver*) e o irregular (*solto*, que se emprega com *ter*, *haver*, *ser* e *estar*): *As crianças tinham soltado* (ou *solto*) *os passarinhos das gaiolas. Os passarinhos foram soltos da gaiola pelas crianças.*

som
Adj. corresp.: *fonético*. Portanto, *característica do som = característica fonética*.

somado
Rege *a* ou *com*: *Seu esforço, somado à* (ou *com a*) *sua inteligência, levá-lo-á fatalmente a grandes conquistas.*

somali
Pessoa que nasce na Somália ou língua deste país. Note: a palavra é oxítona. Muitos repórteres dizem "somáli".

somatório
Apesar de ser assim, muita gente continua insistindo numa "somatória" de vícios.

sombreado
Rege *com*, *de* ou *por*: *Ruas sombreadas com* (ou *de*, ou *por*) *árvores.*

sonar
Assim como *laser* e *radar*, é sigla inglesa, de *sound navegation ranging*.

sonho
Adj. corresp.: *onírico*. Portanto, *mundo de sonhos = mundo onírico*.

Sönksen
Nome de família alemão e de uma famosa fábrica de chocolates da Alemanha. Pronuncia-se *zônkzen*. V. **Sauer** e **Siemens**.

soprano
A mais aguda das vozes femininas, ou a própria pessoa que possui essa voz. O nome é comum-de-dois, ou seja, usa-se *o soprano* para o homem e *a soprano* para a mulher: *Filipe é o soprano da orquestra. Cassilda é uma excelente soprano.* V. **contralto**.

sopro
Tanto o singular quanto o plural têm **o** tônico fechado.

sordidez
Pl.: *sordidezes*. *Certas pessoas são capazes de todos os tipos de sordidezes*.

soro
Tanto o singular quanto o plural têm **o** tônico fechado.

sóror / soror
Tratamento dado às freiras. Usa-se sem artigo e obrigatoriamente antes de nome: *sóror* (ou *soror*) *Lúcia*. Ambas as prosódias existem.

sorrir / sorrir-se
Usa-se um pelo outro, indiferentemente: *A cada pergunta dos jornalistas, o ministro sorria* (ou *se sorria*). *Cármen fechou o cenho, e eu sorri* (ou *me sorri*). *A cada palhaçada dele, sorríamos* (ou *nos sorríamos*) *muito.*

sorriso "nos lábios"
Visível redundância. Não basta receber um amigo ou uma amiga com um sorriso?

sósia
É nome sobrecomum e sempre masculino: *o sósia*, *um sósia*. Os dicionários brasileiros, no entanto, insistem em registrar este substantivo como comum-de-dois, que não é nem nunca foi. Não é assim em nenhuma língua latina. Por isso, convém construir: *Todos queriam ver o sósia da rainha, que era uma brasileira. Minha filha é um sósia perfeito de Daniella Cicarelli. Os diretores de Hollywood estavam procurando um sósia para Julia Roberts. Minha vizinha se candidatou...*

sossegar
É verbo intransitivo ou pronominal, indiferentemente: *O coração do apaixonado nunca sossega* (ou *se sossega*). *Vê se sossegas* (ou *te sossegas*), *senta-te aqui um pouco! Só sosseguei* (ou *me sosseguei*), *quando vi meu filho são e salvo. Os brasileiros nunca sossegamos* (ou *nos sossegamos*) *se não ganhamos todas as Copas do Mundo.*

sótão
Note: é palavra paroxítona. Muitos, no entanto, dizem "sotão", rimando com *porão*. Pl.: *sótãos*.

soteropolitano
Salvadorense. Pronuncia-se *sotèropolitâno*, ou seja com o **e** levemente aberto. V. **Salvador**.

soube
Forma do verbo *saber*. Pronuncia-se *sôube*. *Eu não soube da passagem dela por aqui.* Muitos, no entanto, dizem "sube".

suã / assuã
Carne da parte inferior do lombo do porco. Só em São Paulo corre a variante *assuã*.

suador / suadouro
Usa-se uma pela outra (grande dificuldade; canseira, muito trabalho): *Foi um suador* (ou *suadouro*) *vencer o Corinthians ontem. O advogado tomou um suador* (ou *suadouro*) *daqueles nesse processo! Esse rapaz me deu um suador* (ou *suadouro*) *quando era criança!*

suar

Conj.: *suo, suas, sua, suamos, suais, suam* (pres. do ind.); *sue, sues, sue, suemos, sueis, suem* (pres. do subj.). Há, no entanto, quem use *eu "sôo" muito, ela "soa" demais, não quero que você "soe" tanto*.

suar ≠ transpirar

Convém não confundir. **Suar** é lançar suor pelos poros da pele. **Transpirar** é exalar transpiração pelos poros da pele. O suor é abundante, copioso; a transpiração, insensível, invisível. A transpiração, maior ou menor, é permanente nos animais; o suor é resultado do calor, do exercício, do trabalho corporal ou de remédios sudoríficos. A transpiração chega a ser fétida; o suor jamais cheira mal.

suave

Rege *a* (macio) e *com* ou *para com* (pessoa) e *em* (coisa): *O veludo é um tecido suave **a**o tato. Pessoa suave **com** (ou **para com**) todos na fala, mas safado nas ações*.

suavidade

Rege *de* (graça), *com* ou *para com* (pessoa) e *em* (coisa): *Pessoa de muita suavidade **de** olhar. Pai de grande suavidade **com** (ou **para com**) os filhos. Essa suavidade **n**a fala esconde um caráter de safado*.

sub-

Prefixo que exige hífen apenas antes de **b** (*sub-bloco*) e de **r** (*sub-raça*). Portanto, sem hífen: *subchefe, subclasse, subcomissão, subcontinente, subcutâneo, subdiretor, subdiretoria, subgerente, subgrupo, sublacustre, sublegenda, sublenhoso, subliminar, sublingual, subliteratura, sublocação, sublocar, submundo, subnutrido, subpolar, subprefeito, subprefeitura, subprocurador, subproduto, subsecretário, subtenente, subtítulo, subtotal, subvinte*. Como não exige hífen antes de vogal, junta-se o *b* à vogal na pronúncia, formando sílaba. Ex.: *subabitar* (lê-se *suba-bitar*, e não "sub-abitar"), *subafluente* (lê-se *suba-fluente*, e não "sub-afluente"), *subalterno* (todos lemos *subal-terno*, e não "sub-alterno"), *subestimar* (todos lemos *subes-timar*, e não "sub-estimar") e assim também com *subagência, subagudo, subalimentado, subalugar, subaquático, subarbusto, subárido, subarmônico, subarrendar, subártico, subatômico, subauricular, subavaliar, subaxilar, subeditor, subemenda, subemisférico, subemprego, subenredo, subentender, subentrada, subepático, subepidérmico, subequatorial, subespécie, subestação, subesterçante, subestimar, subestrutura, subidratar, subíndice, subindústria, subióide, subirrigar, subitem, suboccipital, suboceânico, subocular, suboficial, subomem, suborbital, subordem, subósseo, subóxido, submano, submbilical, subungueal, suburetral, subutilizar*, etc. Diz-se o mesmo quando a palavra tem início por *h*: *submano*, que se diz *su-bu-mano*, e não "sub-umano". Quando o *b* antecede consoante –note– o *b* não se liga na pronúncia à mesma sílaba da consoante. Por isso, *sublinhar* se pronuncia corretamente *sub-linhar*, e não "su-blinhar".

subalterno

Rege *a* ou *de*: *Todo coronel é subalterno **a** (ou **de**) um general*.

subalterno ≠ subordinado

Convém não confundir. **Subalterno** é o que está sob as ordens de alguém que lhe é superior hierarquicamente: *oficial **subalterno**, militar **subalterno***. **Subordinado** é o que está sob as ordens de alguém que lhe é apenas superior. Numa empresa, existem funcionários *subordinados* a um chefe.

subestimação

Rege *a* ou *de*: *A subestimação **a**o (ou **d**o) adversário já é um prenúncio de fracasso*.

subida

Rege *a* e *de...a* (ou *para*) [ato de subir], *de* ou *em* (aumento) e *para* (ladeira): *Durante a subida **a**o morro do Pão de Açúcar, o bondinho parou três vezes. A subida **d**o primeiro **a**o (ou **para** o) último andar foi rápida. Quem é a favor da subida **d**o (ou **n**o) custo de vida? A subida **para** o morro do Pão de Açúcar será repavimentada*. A regência "subida em", para o primeiro caso, deve ser desprezada. Usa-se ainda *a* quando *subida* equivale a *que subiu*: *O teatro abrigava até pessoas subidas **a** cadeiras e mesas*.

subida honra

Significa elevada honra: *Tive a **subida honra** de conhecer o presidente. Tenho a **subida honra** de, neste instante, apresentar-lhes o rei da Suécia e sua esposa*. Há, no entanto, quem use "súbita" por *subida*. É preciso muito cuidado, porque o homenageado ou apresentado pode sofrer até mal súbito...

subir

Rege *a* ou *por* (trepar), *a, até* ou *para* (estabelecer comunicação com lugar mais alto, dar acesso) e apenas *para* (entrar em veículo): *Quando criança, eu subia **a** (ou **por**) todas as árvores do quintal. Este elevador só sobe **a**o (ou **até** o, ou **para** o) terceiro andar. Subi **para** o ônibus errado. Não subo **para** um avião desses de jeito nenhum! Ela não sobe **para** carro de estranhos*. Na língua cotidiana, porém, usa-se *subir em*. O interessante, porém, é que o povo sobe **n**o muro, sobe **n**a árvore, sobe **n**o elevador, sobe **n**o ônibus, **n**o avião, **n**o carro, mas só quer subir **a**o céu, **a**o poder, **a**o trono. Isso não acaba subindo **à** cabeça?...

subir ≠ trepar

Convém não confundir. **Subir** é ir a lugar mais alto, para cima, de qualquer maneira. **Trepar** é subir com a ajuda de mãos e pés. *Subimos* um degrau, uma escada, uma ladeira, um morro, mas *trepamos* a um muro, a um poste, a uma árvore.

subir "para cima"

Visível redundância.

sublinhar

Pronuncia-se *sub-linhar*, e não *su-blinhar*. Repare que, na pronúncia, também separamos o *b* do *l* em *sublegenda, subliminar* e *sublocar*.

submergir

Pode ser intransitivo ou pronominal, indiferentemente: *A barcaça **submergiu** (ou **se submergiu**), morrendo todos os seus ocupantes.* Conj.: *submerjo* (ê), *submerges, submerge, submergimos, submergis, submergem* (pres. do ind.); *submerja, submerjas, submerja, submerjamos, submerjais, submerjam* (pres. do subj.). Como se vê, conjuga-se por *emergir* e *imergir*. Há muitos que usam "submirjo": *Eu "submirjo" nessa lagoa todos os dias. Não deveria cometer a extravagância de voltar à tona...*

submissão / submisso

Regem *a*: *A submissão **às** leis é uma das prerrogativas da democracia. Marido submisso **à** mulher.*

suborno

Tanto o singular quanto o plural têm **o** tônico fechado.

subsídio

Rege *a* (subvenção) e *para* (dados, informações): *O governo vai desenvolver um programa de subsídio **a**o transporte escolar. Cortaram o subsídio **a**o trigo e **a**o cinema nacional. Reunir subsídios **para** um arquivo de música de língua portuguesa.* Pronuncia-se *subssídio*. Também assim: *subsidiar* e *subsidiária*. Há quem diga "subzídio", mas não há quem diga "subzolo", "subzecretária", etc. A palavra vem do latim *subsidium*: *sub-* + *sedere* = sentar-se.

subsistir

Pronuncia-se *subssistir*. Também assim: *subsistência*. Há, entretanto, quem diga "subzistir", "subzistência", por influência de *existir* e *existência*. A palavra vem do latim *subsistere*: *sub-* + *sistere* = ficar, permanecer, sobrar, ou seja, sobreviver.

substância

V. **sustância / substância**.

substituição

Rege *de...por* (troca): *A substituição **de** uma palavra **por** outra, mais enfática, num discurso.* Antecedida de *em*, aparece combinada com *a* ou *de*: *Usar uma palavra **em** substituição **a** (ou **de**) outra.*

substituir

Usa-se assim: *Quem o substituiu? Qual dos filhos o substitui no comando da empresa?* Muitos, no entanto, usam "lhe" no lugar do o, transformando o verbo transitivo direto em indireto.

substitutivo

Rege *a* (ou *de*)...*sobre* ou apenas *a* ou *de*: *O congresso analisa o substitutivo **a**o (ou **d**o) projeto de lei **sobre** crimes hediondos. O PC do B decidiu aprovar o substitutivo **a**o (ou **d**o) sistema financeiro.*

substituto

Rege *de* ou *para*: *O treinador procura um substituto **d**o (ou **para** o) goleiro, que se machucou. A banha de porco é um bom substituto **d**o (ou **para** o) óleo de soja?*

subtraído

Rege *a* ou *de*: *A filmadora subtraída **a**o (ou **d**o) turista foi recuperada.*

subvenção

Rege *a*: *Haverá subvenção **a**os consumidores de energia elétrica.*

sucatar / sucatear

As duas formas existem, mas a primeira tem leve preferência, assim como leve preferência tem *sucatamento* a *sucateamento*. Existe, porém, apenas a forma *sucatagem*, que equivale a *sucatamento*.

sucedâneo

Rege *a* ou *de*: *Desenvolveram um sucedâneo **a**o (ou **d**o) pão de forma isento de glúten. Utilização de proteína de soja como sucedâneo **a** (ou **de**) ovos em bolos.*

suceder

É transitivo indireto (vir em seguida; acontecer; substituir, por eleição, direito natural, etc.), pronominal (acontecer sucessivamente) e intransitivo (acontecer): *A república **sucedeu à** monarquia. Dizem que **à** tempestade sempre **sucede** a bonança.* ** *Sucedeu **a** (ou **com**) meu amigo um fato interessante. Essas coisas só sucedem mesmo **a** (ou **com**) pessoas como você. O que **lhe sucedeu** (ou **sucedeu com você**)? Sinto-me culpado do que **lhe sucedeu**.* ** *Lula **sucedeu a** Fernando Henrique. O filho **sucedeu a**o pai no trono. Morto Costa e Silva, não **lhe sucedeu** o vice, Pedro Aleixo. João Paulo I era o papa e **sucedeu-lhe** João Paulo II. Já faz vinte dias que o Papa morreu e ainda não se sabe quem vai **suceder-lhe**.* ** ***Sucediam-se** as festas no palácio real. **Sucederam-se** anos e anos até que um dia ela voltou.* ** *Acidentes são coisas que **sucedem**. **Sucede** que ela não queria casar.*

sucessão

Rege *a* ou *de*: *A sucessão **a**o (ou **d**o) cargo de presidente, num regime democrático de direito, é regular e absolutamente normal.*

sudeste / sudoeste

As formas rigorosamente corretas seriam *suleste* e *suloeste*. Por que, então, usamos *sudeste* e *sudoeste*? Porque houve influência do espanhol (*sud* + *este*, *sud* + *oeste*). V. **leste**.

suficiente

Rege *a* ou *para* (nome) e apenas *para* (verbo): *Existirá água potável suficiente **a** (ou **para**) todo o mundo no futuro? Ele tem dinheiro suficiente **para** viajar?*

sufocado

Rege *de*, *em* ou *por*: *Encontrei-a sufocada **de** (ou **em**, ou **por**) soluços.*

sugestão
Quem é de sugestão, é de sugestão alguma coisa: *Sou de sugestão que eles sejam punidos.* Quando *sugestão* representa o sujeito, a preposição *de* é facultativa: *Minha sugestão é (de) que provoquemos um flagrante no corrupto. A sugestão do senador era (de) que se desse mais uma chance aos culpados.* V. **opinião**.

suíças ≠ costeleta
Convém não confundir. **Suíças** são a porção de barba que se deixa crescer nos lados da face, até a altura do queixo. **Costeleta** é a porção de barba que se deixa crescer nos lados da face até a altura do nariz. Na época imperial, era comum os homens usarem *suíças*; a *costeleta* está fora de moda há algum tempo, mas alguns "espécimes" ainda resistem. Recentemente, tivemos um presidente argentino que se caracterizou pelo ridículo de ainda usá-las.

suicidar-se
Em rigor, o pronome *se* é redundante aqui, porquanto em *suicidar* já existe o elemento latino *sui* (= de si próprio, se), não havendo assim, em princípio, a necessidade do pronome *se*. Portanto, *suicidar-se*, rigorosamente, equivale a *se suicidar-se*. Nossa língua traz inúmeros outros casos de redundâncias consagradas, além dessa, entre os quais **an**tí**doto contra**, **con**cordar **com**, **inter**por **entre**, **con**viver **com**, etc. O pronome *comigo* é um exemplo claro de redundância. Nele se vê *cum* + *mi* + *cum* (novamente). Inicialmente, o pronome era *me*, que, combinando com a preposição com, possibilitou o vocábulo composto *mecum*, mais tarde transformado em *megum*, já que o *c* normalmente passa a *g*, do latim para o português. De *megum* passou a *mego*, que só se transformou em *migo* por influência de outro pronome: *mi*. Sendo assim, o pronome já estaria completo: *migo*, em que *go* já estaria representando *com*. O povo, contudo, esquecido disso, anexou novamente a preposição, agora no início do vocábulo (*commigo*, que ao longo do tempo passou à forma atual: *comigo*). A forma *comigo* é, pois, em rigor, redundante, como também redundantes são *conosco* (de *nobiscum* passou a *noscum* e daí a *nosco*) e *convosco* (de *vobiscum* passou a *voscum* e daí a *vosco*). Não há, portanto, por que se assustar com a redundância existente em *suicidar-se*. O povo, responsável por todas essas associações impertinentes, é redundante por excelência. Justamente por isso é que a língua o toma, muitas vezes, por Excelência...

sujar
É verbo pronominal (ficar sujo): *De um dia para o outro, os cabelos **se sujam**. O chapéu **se sujou** logo ao primeiro uso.*

sujeito
É nome sobrecomum e sempre masculino: *Minha vizinha é **um sujeito** estranho.* Há muita gente que usa no diminutivo e no feminino, ao referir-se a mulher: *Minha vizinha é "uma sujeitinha" à-toa. Suas amigas são "umas sujeitinhas falsas".* Não. Todos temos vizinha que é *um sujeitinho* à-toa e amiga que é *um sujeitinho falso*.

sujeito a "guincho"
Nenhum veículo está sujeito a "guicho", mas a guinchamento. As placas de trânsito, no entanto, advertem todos os motoristas de forma equivocada. Qual é a multa prevista no código para quem comete asneiras nas placas de sinalização? Nenhuma?!

sujeito composto
Tipo interessante de sujeito composto são estes, que também exigem o verbo no plural: *Luís de Sousa & Cia. **desejam** a seus amigos e fregueses feliz Natal. Edgar Calasãs & Filhos **comunicam** o novo endereço da empresa. Virgílio Sintra & Neto **enviam**-lhe cordiais saudações.* Não é possível fazer a concordância com a idéia subentendida (de firma, empresa, etc.).

sul-
Convém que as palavras que se seguem a esta, se iniciadas por vogal, tenham esta vogal ligada na pronúncia ao *l*. Assim, *sul-africano* e *sul-americano* se pronunciam melhormente *sula-fricano* e *sula-mericano*. V. **super**-.

sul / Sul
Com inicial minúscula, quando se trata do ponto cardeal: *As bússolas, ao apontarem o norte, acabam também apontando o **sul**.* Com inicial maiúscula, quando se trata de região: *Você conhece o churrasco, o vinho e o frio do **Sul** do Brasil?*

Sul
Adj. corresp.: *austral* ou *meridional*. Portanto, *região do Sul* = *região austral*; *zona do Sul* = *zona meridional*.

sulfeto / sulfureto
As duas formas existem.

sultão
Pl.: *sultãos* e *sultões*. Fem.: *sultana*. Não existe o pl. "sultães", que tem registro tanto no dicionário dos equívocos quanto num manual de redação.

sumariar / sumarizar
Ambas as formas existem, a par de *sumariação* e *sumarização*.

sumário
Superl. sint.: *sumariíssimo*. *Julgamento **sumariíssimo***. Não são poucos, todavia, os que usam "sumaríssimo", principalmente na linguagem forense.

sumir
É verbo intransitivo ou pronominal (desaparecer): *O dinheiro do povo **sumiu** (ou **se sumiu**). Aos poucos o avião foi **sumindo** (ou **se sumindo**) no céu. O presidente afirmou que, ante tantos problemas, dava vontade de **sumir** (ou de **se sumir**).* Em Portugal, usam-no mais como pronominal; no Brasil, apenas como intransitivo.

suor

Pronuncia-se *suór*. O povo diz "suôr", porque em português a maioria das palavras terminadas em -or têm o **o** fechado: *amor, bolor, calor, condor, fedor, flor, teor, torpor, valor*, etc. O plural também tem a vogal tônica aberta: *suóres*.

super-

Este prefixo só exige hífen quando a palavra seguinte começa com **h** ou com **r**: *super-homem, super-radical*. Portanto, sem hífen: *superácido, superagitado, superalimentação, superaquecer, superaquecimento, superbomba, supercanhão, superclasse, superdose, superdotado, superego, superestimar, superexagero, superexaltar, superfino, superinfecção, superloja, supermãe, supermercado, supernatural, supernormal, superocupado, superorgânico, superoxidar, superpopulação, superprodução, superquadra, supersafra, supersaturado, supersecreção, supersecreto, supersensível, supersom, supersônico, superviolento*, etc. Quando a palavra que se segue a este prefixo se inicia por vogal, esta vogal e o **r** formam uma sílaba. Portanto, *superalimentado* e *superinteressante* se lêem, respectivamente, *supera-limentado, superin-teressante*, e não "super-alimentado", "super-interessante". Diz-se o mesmo quando a palavra tem início por **h**: *super-homem*. V. **sul-**.

superavit

Este latinismo não deve ter acento ("superávit"), embora seja desta maneira que tenha registro aqui e ali. Os latinismos só deverão receber acento na língua portuguesa quando sua grafia não for incompatível com a índole do idioma. *Álibi, álbum, grátis, vírus*, etc., todos latinismos, recebem acento, por essa razão: possuem terminações comuns à língua portuguesa. Já *superavit* não se enquadra entre eles, porque em português não existe palavra terminada em *t*. O ideal seria o seu aportuguesamento (*superávite*), mas o Vocabulário Oficial, não se sabe por quê, resiste. V. **deficit** e **habitat**.

superior

Rege *a* e não admite "mais" nem "do que": *O vinho alemão é* **superior a***o francês. Meu time é* **superior a** *o seu. Por que os produtos estrangeiros sempre são* **superiores a***os brasileiros? Só há um produto brasileiro* **superior** *– disparado –* **a** *todos os outros do mundo inteiro: o charme, a sensualidade e a beleza da mulher brasileira*. V. **inferior**.

superstição

Rege *contra* e *sobre*: *A superstição* **contra** *o número 13. Há quem propague a superstição pagã* **sobre** *a reencarnação*. Não são poucos os que usam "supertição", que, na verdade, é um tição gigante.

supersticioso

Rege *de*: *Ele não é supersticioso* **d***o número 13, mas é supersticioso* **de** *gato preto*.

suplantar

Usa-se assim: *Ninguém ainda o suplantou em talento. Por mais que tentassem, não o conseguiram suplantar*. Muitos, todavia, usam "lhe" no lugar do *o*, transformando o verbo transitivo direto em indireto.

suplementar

Rege *a*: *Receber um crédito suplementar* **a***o anterior. Fazer um trabalho suplementar* **a***o ordinário*.

suplemento

Rege *a* ou *de*: *Editou-se um suplemento* **à** (ou **d***a*) *edição do jornal*. Antecedida de *em*, aparece combinada com *a* ou *de*: *Esta é uma publicação mensal,* **em** *suplemento* **a** (ou **de**) *jornais diários nacionais*.

suplente ≠ substituto

Convém não confundir. **Suplente** é o que assume o lugar de outra pessoa, no caso de impedimento ou falta desta: *deputado suplente, senador suplente, jogador suplente*. **Substituto** é aquele que assumiu o lugar de outra pessoa em caso de vacância de cargo. Um professor *substituto* não é "suplente", assim como um juiz *substituto*.

supremacia

Rege *sobre...em* ou apenas *sobre*, ou apenas *em*: *A supremacia dos Estados Unidos* **sobre** *a Coréia do Norte* **em** *qualquer terreno é incomensurável. Tecer considerações acerca da supremacia dos tratados internacionais* **sobre** *a legislação tributária brasileira. O Brasil ainda não perdeu a supremacia* **n***o futebol*.

supurado

Não são poucos os que usam *apêndice "suporado"* e até *apêndice "estuporado"*. *Apêndice* **supurado** é o que está com muito pus e exige cuidados médicos imediatos.

surdina

V. **na surdina / à surdina**.

surdo

Rege *a* ou *para* (insensível) e *de* (pouco ou nada audível): *É um governo surdo* **a***os* (ou **para** *os*) *reclamos populares. Ser surdo* **de** *um ouvido*.

surdo-mudo

Fem.: *surda-muda*. Pl.: *surdos-mudos*. Subst. corresp.: *surdo-mudez* (e não "surdo-mutez").

surpreender

Usa-se assim: *Eu quase o surpreendo beijando minha filha. Quem o surpreendeu roubando?* Muitos, todavia, usam "lhe" no lugar do *o*, transformando o verbo transitivo direto em indireto.

surpreendido / surpreso

Regem *com, de* ou *por*: *Ficar surpreendido* (ou *surpreso*) **com** *a* (ou **d***a*, ou **pel***a*) *reação de alguém. A torcida, surpreendida* (ou *surpresa*) **com** *a* (ou **d***a*, ou **pel***a*) *goleada sofrida pelo time, pediu a contratação de jogadores*.

surpresa

Esta palavra, quando usada como adjetivo, na acepção de *repentino*, não varia: *festas **surpresa**, fiscalizações **surpresa**, comandos **surpresa**, ataques **surpresa***. V. **areia, bomba, cassete, chave, cinza, creme, esporte, gelo, jambo, laranja, monstro, padrão, pastel, pirata, relâmpago, tampão** e **vinho**.

surrealismo / surrealista

Estas palavras nos vêm diretamente do francês *surréalisme* e *surréaliste*. Passaram à nossa língua muito malformadas, já que o prefixo francês *sur-* equivale a *sobre-* ou a *supra-* em português (cf. *surtout* = sobretudo; *surrénal* = supra-renal). Assim, as formas rigorosamente de acordo com a língua portuguesa são *supra-realismo* e *supra-realista*, que existem, mas apenas como variantes.

surripiar / surrupiar

As duas formas são corretas. No Brasil, isto é algo que se faz de qualquer forma, sem preferência...

sursis

Pronuncia-se *sürsí* (este *ü* equivale ao *u* do francês *fondue*). Palavra francesa e da linguagem jurídica, significa dispensa, no todo ou em parte, da execução da pena.

susceptível / suscetível

As duas formas existem.

sushi

Embora o aportuguesamento legítimo deste estrangeirismo seja *suxi*, ninguém (por enquanto) o usa. V. **sashimi**.

suspeição ≠ suspeita

Convém não confundir. **Suspeição** é a desconfiança leve, pequena evidência, mas sem prova. Um advogado de defesa pode alegar *suspeição* da testemunha, se algo, no íntimo, lhe diz alguma coisa. **Suspeita** é a desconfiança forte, mais ou menos fundada, mas sem prova; é o mau juízo causado por fortes indícios. Há *suspeita* de corrupção em todos os setores da vida pública.

suspeitar

É verbo transitivo direto ou indireto (desconfiar): *Em romance de Agatha Christie, quando ocorre um crime, de cara já se suspeita o (ou **do**) mordomo. Suspeito muito a (ou **da**) sua sinceridade. Ela suspeitava (**de**) que a seguiam.*

suspender

Tem dois particípios: o regular (*suspendido*, que se usa com *ter* e *haver*) e o irregular (*suspenso*, que se usa com *ser* e *estar*): *Eu havia **suspendido** a encomenda. A encomenda havia sido **suspensa** por mim.* Portanto, não existe a combinação "tenho suspenso" nem "sido suspendida".

sustância / substância / sustança

Equivalem-se (propriedades altamente nutritivas). A primeira e a terceira são meras corruptelas da segunda, mas de enorme vigor.

sustar cheque

Embora muitos façam exatamente assim, ou seja, corretamente, há os que preferem *"assustar" cheque*, o que certamente compromete muito...

sustentação / sustentáculo

Regem *a* ou *de*: *Quais são os partidos que dão sustentação **a**o (ou **d**o) governo? O congresso e a imprensa livre são o sustentáculo **à** (ou **d**a) democracia.*

sustentado

Rege *em* ou *sobre*: *Edifício sustentado **em** (ou **sobre**) pilotis.*

sustentar

Usa-se assim: *Quem o sustenta sou eu. Ela promete que o sustentará até o fim da vida.* Muitos, no entanto, principalmente no Nordeste, usam "lhe" no lugar do *o*, transformando o verbo transitivo direto em indireto.

sustentar ≠ alimentar

Convém não confundir. **Sustentar** é prover diariamente de todas as necessidades básicas. Há mulher que *sustenta* marido. Os pais têm a obrigação de *sustentar* os filhos, até a maioridade. **Alimentar** é apenas dar alimento. Quem *sustenta* não só alimenta todos os dias, como também provê de todas as necessidades básicas e indispensáveis para bem viver (roupa, escola, clube, carinho, etc.). Quem apenas *alimenta* não "sustenta". Quando crianças vão em visita a um zoológico, *alimentam* os bichos. *Sustentam*-nos?

sustento

Rege *a* ou *de*: *Ele está comprometido com o sustento **a** (ou **de**) muitas crianças. Esse negócio garante o sustento **à** (ou **d**a) família há mais de uma década.*

susto

Rege *a* ou *em*: *Pregue um susto **a** (ou **em**) seus amigos: mostre-lhes sua mulher! Vou dar um susto **a** ela (ou **n**ela): vou mostrar-lhe meu contracheque.*

susto ≠ espanto

Convém não confundir. O **susto** pressupõe medo, sentimento que implica a idéia de perigo. O **espanto** supõe admiração ou horror, mas sem estar implícita a idéia de perigo. Um pesadelo espanta qualquer pessoa, mesmo aquela que de nada tem medo. Uma baixa significativa na cotação do dólar também espanta (o mundo inteiro, principalmente o Japão). Um pequeno ruído, à noite, a um covarde causa *susto*. Uma simples bombinha junina, que apenas faça treque, pode causar *espanto* a um homem desprevenido, mas não "susto", porque seria vergonhoso. Aos indígenas causou *susto* ver uma galinha pela primeira vez, pois a seu cacarejar eles associaram a idéia de algo macabro, agressivo ou perigoso.

sutil
Superl. sint. irregular ou erudito: *sutílimo*.

suvenir
Aportuguesamento do francês *souvenir*. Pl.: *suvenires*.

T

tabaréu
Caipira, jacu. Fem.: *tabaroa* (ô).

tabelião
Fem.: *tabeliã* e *tabelioa* (ô). Pl.: *tabeliães*.

tacanho
Rege *com* ou *para com* (pessoa) e *em* (coisa): *Pai tacanho **com** (ou **para com**) os filhos **n**as mesadas*.

tacha ≠ taxa
Convém não confundir. **Tacha** é, entre outras coisas, prego de cabeça larga e chata. **Taxa**, entre outros significados, é percentagem e pagamento feito por um serviço público prestado: *a **taxa** de juros, a **taxa** de mortalidade infantil; a **taxa** de água e esgoto; a **taxa** do lixo*.

tachado
Rege *como* ou *de*: *Governo tachado **como** (ou **de**) incompetente*.

tachar ≠ taxar
Convém não confundir. Ambos os verbos significam qualificar, classificar, mas só **tachar** (que vem de *tacha* = mancha, defeito moral) se emprega em sentido negativo ou pejorativo. Por isso, *tachamos* alguém de ignorante, de analfabeto, de burro, de subversivo, de vagabundo e até de corrupto, algo tão difícil num país como o nosso... **Taxar** significa estabelecer a taxa de (*é um governo que **taxa** escandalosamente os produtos importados*) e qualificar, classificar, assim como *tachar*, mas se usa em qualquer caso, tanto para os casos meliorativos quanto para os pejorativos. Por isso, pode *taxar* seu amigo de narcisista e de intelectual ao mesmo tempo. Pode *taxar* seu colega de incompetente ou de gênio, caso ele seja uma ou outra coisa. Os políticos? *Taxe*-os de honestos ou de picaretas, conforme a vontade ou a realidade!

tal
V. **que tal?**

talento / talentoso
Regem *para*: *Ter talento **para** pintura. Ter talento **para** atuar na televisão. Pessoa talentosa **para** a pintura*.

talhado
Rege *em* (cortado em partes proporcionais), *para* (apropriado, certo) e *por* (ajustado, moldado): *Melancia talhada **em** várias fatias. É o homem talhado **para** o cargo. Personalidade talhada **pel**a do pai*.

talharim
Embora seja assim, muita gente continua comendo "talharíni".

tal qual / tal e qual
São expressões equivalentes, mas a primeira tem preferência. Seus elementos devem concordar com o nome a que se referem, o que nem sempre é observado até por escritores abalizados: *Esse rapaz é **tal quais** seus irmãos. Esses rapazes são **tais qual** seu irmão. Esses rapazes são **tais quais** seus irmãos*. Na letra de uma conhecida e linda canção popular, todavia, se tem: *Teus olhos são duas gotas pequeninas, "qual" duas pedras preciosas*. Uma pena!

talvez
Exige o verbo no subjuntivo: *Amanhã talvez eu **vá** lá. Talvez o pessoal **chegue** ainda chove*. Se aparecer depois do verbo, não interfere no emprego do modo: *Irei lá talvez amanhã. O pessoal chega talvez ainda hoje*. Muitos usam: *Amanhã talvez eu "irei" lá*. V. **caso**.

tamanduá
É nome masculino: *o tamanduá, **um** tamanduá*.

também
Pronuncie corretamente esta palavra, evitando dizer "tamém", vício generalizado.

Tâmisa
Nome do principal rio da Inglaterra (338km de extensão). Adj. corresp.: *tamisino* (*as claras águas tamisinas*). Nome: é palavra proparoxítona.

tampão
Esta palavra, quando usada como adjetivo, não varia: *países **tampão**, funcionários **tampão***. V. **areia, bomba, cassete, chave, cinza, creme, esporte, gelo, jambo, laranja, monstro, padrão, pastel, pirata, relâmpago, surpresa** e **vinho**.

tampar ≠ tapar
Convém não confundir. **Tampar** é fechar usando tampa ou qualquer outra peça movediça própria: *tampar panelas, garrafas, caixas, bueiros, vidros de remédio*, etc. **Tapar** é fechar, encobrir, vedar, vendar, sem necessidade do uso de tampa: *tapamos a boca, o ouvido, os olhos, o nariz, um buraco qualquer*, etc. Sendo assim, ninguém dorme com o nariz "tampado", porque desse jeito, positivamente, nem dá pra dormir...

tampouco ≠ tão pouco

Convém não confundir. **Tampouco** equivale a também não, nem sequer: *Elisa não me cumprimentou nem eu **tampouco** a ela. O pessoal não veio **tampouco** avisou que não vinha. Ao chegar de viagem, ela **tampouco** me telefonou.* **Tão pouco** equivale a muito pouco, de tal forma pouco: *Dormi **tão pouco** hoje, que nem tive tempo de sonhar. Ganho **tão pouco**, que mal consigo sobreviver. Sua filha é **tão pouco** estudiosa, que deve repetir o ano. Viajo **tão pouco**, que não conheço quase nada.* Usa-se também *tão pouco* por tão pouca gente e, se no plural, por tão poucas pessoas: *Nunca tantos enganaram **tão pouco**. Nunca tantos enganaram **tão poucos**.*

Tanganhica

É este o verdadeiro nome do grande lago africano (31.900km²). Os livros de Geografia costumam trazer "Tanganica", mas isso não chega a ser assim tão surpreendente.

tantíssimo

Em rigor, pronomes não têm grau, mas admite-se, em casos de ênfase, o uso de *tantíssimo*: *Naquela época, enfrentávamos **tantíssimos** problemas, que nem nos demos conta desse detalhe. Passei por lá **tantíssimas** vezes e não vi isso.*

tanto

V. **números tantos**.

tanto...como / tanto...quanto

Exigem o verbo no plural: *Tanto eu como o motorista **pegamos** no sono. Tanto o garoto quanto a mãe **viram** o disco-voador.* V. **não só...como / não só...mas também**.

tanto faz... como / tanto faz... quanto

Usa-se uma pela outra, indiferentemente. São expressões invariáveis: *Para mim **tanto faz** cem **como** (ou **quanto**) duzentos reais. Para nós **tanto fazia** oito **como** (ou **quanto**) oitenta. Para Judite e Rute **tanto faz** três presentes **como** (ou **quanto**) quatro.* Subentende o verbo *dar* ou *receber* depois da forma verbal.

tapa

É palavra masculina (sopapo): *o tapa, um tapa*.

tapa-olho / tapa-olhos

Existem ambas as formas.

tara / tarado

Tara é o peso de um veículo sem a carga ou de uma embalagem sem o conteúdo. **Tarado** é pesado com desconto de tara. Ao comprarmos, na feira, uma caixa de uvas, *tara* é a caixa; *taradas*, as uvas. Como foi possível terem passado, *tara* e *tarado*, a significar fúria sexual e desequilibrado sexual, respectivamente? Conta-se que um rapaz teria, certa vez, atacado e matado três lindas garotas, para satisfazer seus instintos sexuais. Descoberto o crime, seu autor foi condenado à morte por enforcamento. Chegado o dia da execução, o algoz deparou um problema: o rapaz estava tão magro, tão esquelético, que não iria ter morte instantânea, como é de desejo de todo algoz generoso. Não teve dúvida: amarrou uma barra de ferro ao peito do rapaz, para que não ficasse agonizante por muito tempo. Cumprida a sentença, quiseram – só por mera curiosidade – saber o peso do rapaz. Descontou-se, assim, o peso da barra de ferro (que era a *tara*) e se obteve o peso do morto (que era o *tarado*). Daí por diante – é o que dizem – os termos começaram a correr já com o sentido que conhecemos hoje.

tardar

Rege *a* (pref.) ou *em*: *Tardei **a** (ou **em**) perceber a intenção dela. O árbitro não queria tardar **a** (ou **em**) iniciar o jogo. Por que você tardou **a** (ou **em**) chegar, querida?*

tarefa

Rege *de* ou *para*: *Isso não é tarefa **d**o (ou **para** o) governo.*

Tarqüínio

O **u** soa.

Tarzã

É esta a forma aportuguesada de *Tarzan*.

tataraneto / tataravô

São formas muito comuns na língua cotidiana, mas devem ser substituídas respectivamente por *tetraneto* e *tetravô*.

taxa

Rege *sobre*: *Vai aumentar a taxa **sobre** os empréstimos bancários.*

taxação

Rege *de* ou *sobre*: *Vai haver taxação **d**os (ou **sobre** os) rendimentos da caderneta de poupança.*

"tchau"

V. **chau**.

"tcheco"

V. **checo**.

tecelão

Fem.: *tecelã* (pref.) e *teceloa* (ô). Pl.: *tecelões*.

tecido

Adj. corresp.: *têxtil*. Portanto, *indústria de tecido = indústria têxtil*.

tecni-, tecno-

Todas as palavras que assim se iniciam têm o **e** aberto: *tecnicalidade, tecnicidade, tecnicismo, tecnicista, tecnicizar, tecnicólor, tecnicolorido, tecnocracia, tecnocrata, tecnocrático, tecnografia, tecnográfico, tecnologia, tecnológico, tecnologista*, etc.

técnico
Rege *de* ou *em*: *Ser técnico **de** (ou **em**) eletrônica*. Fem.: *técnica*. *A seleção brasileira de basquete feminina tem uma **técnica***.

técnico-eletricista / técnico-eletrônico
Sempre com hífen.

tecnicólor
Um dicionário recém-publicado traz "*tecnicolor*". O outro, mais velho, já evoluiu: registra *tecnicólor*. Ora, "*tecnicolor*"! O caro leitor já teve a paciência de se deslocar de seu lar para ir a um cinema ver filme em "*tecnicolor*"?! Um filme em *tecnicólor* é sempre bom de ver; um filme em "*tecnicolor*" é bonde...

tédio
Rege *a*, *de* ou *por*: *Todos sentem tédio **à** (ou **d**a, ou **pel**a) Hora do Brasil e **a**os (ou **d**os, ou **pel**os) programas partidários, mas eles continuam*.

téflon
Apesar de ser assim, muita gente continua comprando panela de "teflon". É marca registrada (*Téflon*), portanto nome próprio que se tornou comum, a exemplo de *bombril*, *fórmica*, *gilete*, etc.

teima / teimosia
Regem *de* ou *em*: *A teima do homem **de** (ou **em**) buscar a felicidade será eterna? A teimosia do homem **de** (ou **em**) destruir a natureza ainda lhe custará muito caro*.

teima ≠ teimosia
Convém não confundir. **Teima** é a insistência caprichosa e às vezes acintosa em fazer ou dizer alguma coisa, apesar das dificuldades e obstáculos que a coisa oferece: *Sua teima o levou a ser um excelente piloto de corridas*. **Teimosia** é a teima habitual, tomada sempre à má parte, por isso mesmo aborrecida, cacete, quando não danosa: *Apanhou da mãe por causa da sua teimosia. Até onde o homem levará sua teimosia em destruir a natureza?* A *teima* é salutar e quase sempre leva a bons objetivos; a *teimosia* é irritante e não leva absolutamente a coisa nenhuma, a não ser a satisfazer o ego do teimoso, ou a causar danos a terceiros.

teimar
Este verbo é transitivo direto (sustentar com teimosia, manter uma cisma com tenacidade e obstinação): *Até hoje ela **teima** que eu estava com outra, naquele dia*. Nesta acepção, só aceita como complemento oração desenvolvida. É verbo transitivo direto e também transitivo direto e indireto [insistir em (por burrice ou ignorância), manter (opinião ou ponto de vista) com tenacidade e obstinação]: *Ela **teima** que o homem não foi à Lua. Ela **teimou** comigo que o homem não foi à Lua*. É verbo transitivo indireto (insistir teimosamente, querer continuar uma ação com insistência, ser teimoso, obstinar-se): *É um empresário que teima em sair sem seguranças. Ele teimava em querer mover aquela enorme rocha. O menino teimou em sair sem agasalho e acabou apanhando um resfriado*. Nesta acepção, só aceita como complemento oração reduzida. Conclui-se disso tudo que há impropriedade em construir: *Ela teima "em" que o homem não foi à Lua*. Por quê? Porque o verbo não é transitivo indireto em tal acepção.

teimoso
Rege *com* (pessoa) e *em* (coisa e verbo): *Ela sempre foi teimosa **com** a mãe. O homem se revela teimoso **na** destruição da natureza. O homem se revela teimoso **em** destruir a natureza*.

Tejo
O maior rio da península Ibérica (1.120km). Adj. corresp.: *tágico* ou *tejano* (*as límpidas águas tágicas*).

telatendente
Apesar de ser assim, muitos escrevem "tele-atendente".

tele-
Não exige hífen: *telecomunicações, teledifusão, telejornal, teleator, teleatriz, telenovela, teleteatro, telecine, telecurso, teleobjetiva, Telemar, telemarketing, telerresposta, telerrecado, telerromance, telespectador, telessena, telesserviço, telessexo, teleteatro, televendas*, etc. O primeiro *e* soa aberto: *tè*. Todas essas palavras são de formação recente. As formadas já há algum tempo têm esse mesmo elemento com o primeiro *e* fechado. Repare: *televisão, televisor, telepatia, telefone, telescópio, teleférico, telegrama, telégrafo*. V. **telatendente** e **telentrega**.

telentrega
Apesar de ser assim, muitos escrevem "tele-entrega".

telefonema
É palavra masculina: *o telefonema, **um** telefonema*. Rege *a* ou *para* e *de...para*: *Deu telefonemas **a** (ou **para**) todas as amigas. Quem fez telefonemas **a**o (ou **para** o) exterior? Fiz apenas um telefonema **de** Manaus **para** Salvador*.

televisar / televisionar
Ambas as formas são corretas, mas dá-se alguma preferência à segunda. Todos dizem que uma emissora vai *televisionar* o jogo. Poucos usam *televisar*. Também se prefere *televisionamento* a *televisamento*. As formas preferidas têm razão de ser: note que temos *impulsionar, inspecionar, questionar, sancionar* e não "impulsar", "inspeçar", "questar", "sançar".

televisor ≠ televisão
Convém não confundir. **Televisor** é o aparelho, o receptor, que todos compramos nas lojas especializadas. **Televisão** é a emissora, a estação, o canal, que nem todos podemos comprar. *Uma **televisão** argentina pode ser captada no meu **televisor**. Ele tem **televisor** em cores. A **televisão** brasileira está precisando urgentemente de bons programas*. O povo usa *televisão* por *televisor*, mas incompreensivelmente não emprega visão por visor, refrigeração por refrigerador, aspiração por aspirador, ventilação por ventilador, etc.

telex
Sigla inglesa de **tel**eprinter **ex**change (service) = serviço de troca de textos impressos a distância. É marca registrada. Em português, é palavra oxítona (*teléx*); em espanhol é paroxítona (*télex*). Pl.: os *telex* (inv.). V. **fax**.

telinha / telão
Respectivamente, dim. e aum. de *tela*. O **e** soa aberto: *tèlinha*, *tèlão*.

temente
Rege *a* ou *de*: *Ser temente **a** (ou **de**) Deus*.

temerário ≠ temeroso
Convém não confundir. **Temerário** é ousado, corajoso. **Temeroso** é medroso. Os bombeiros e os salva-vidas são pessoas *temerárias*; *temerosos* ficamos todos ante um fanático religioso, também terrorista. Alguns ficam *temerosos* ante uma frágil e poderosa figura feminina; outros se revelam *temerários*; estes são amados; aqueles, rejeitados...

temeridade
Rege *de* ou *em*: *Era natural aquela sua temeridade **de** (ou **em**) viajar sozinho*.

temeroso
Rege *a* (que inspira temor) e *de* (medroso): *O bicho-papão é um ser fantástico, mas sempre temeroso **a** todas as crianças. Estar temeroso **d**o futuro*.

temido
Rege *de* ou *por*: *O bicho-papão é temido **de** (ou **por**) todas as crianças*.

temível
Rege *a* ou *para*: *É uma organização terrorista temível **a**os (ou **para** os) Estados Unidos*.

temor
Rege *a*, *de* ou *por*: *Sentir temor **a**o (ou **d**o, ou **pel**o) futuro. Sentes temor **à** (ou **d**a, ou **pel**a) morte?*

temperado
Rege *com* ou *de*: *Salada temperada **com** (ou **de**) vinagre*.

tempestivo ≠ tempestuoso
Convém não confundir. **Tempestivo**, de antônimo *intempestivo*, é que vem, se faz ou chega no tempo adequado, portanto, equivale a oportuno: *A chegada **tempestiva** da polícia evitou o crime. O advogado fez um recurso **tempestivo**. Fazer o recolhimento **tempestivo** de um imposto*. **Tempestuoso** é, entre outros significados, que traz tempestades: *Vento **tempestuoso***.

templo ≠ igreja ≠ basílica
Convém não confundir. **Templo** é o lugar sagrado e público, onde se realizam cultos religiosos, cristãos ou não: *o templo evangélico, o templo de Apolo, o templo de Diana*. Os *templos* cristãos chamam-se igrejas; os *templos* judaicos, sinagogas; os *templos* muçulmanos, mesquitas. Fala-se em *templo* também na época em que Cristo viveu: *Jesus expulsou os vendilhões do templo*. **Igreja** é o edifício consagrado ao culto católico apostólico romano. **Basílica**, que significa rei, é a igreja majestosa, magnífica. A igreja de São Pedro, no Vaticano, assim como a de Aparecida, em São Paulo, é uma *basílica*.

tempo
Rege *de* ou *para* (oportunidade) e apenas *de* (época): *Não tive tempo nem **de** (ou **para**) almoçar. Chegou o tempo **d**as festas*.

tempo do Onça
Sempre com inicial maiúscula (*Onça*), porque se trata da alcunha de um antigo administrador da cidade do Rio de Janeiro, chamado Luís Vahia (com V mesmo) Monteiro, que começou o seu governo em 1725. Como era muito temperamental, violento e entrava em conflito com tantos quantos se lhe aproximassem, deram-lhe aquele cognome. Hoje a expressão *tempo do Onça* serve para significar *tempos muito remotos, que não trazem saudade nenhuma*. Equivale pouco mais ou menos a *tempo em que se amarrava cachorro com lingüiça*. Esta frase ainda traz outro componente de significado: o da ingenuidade. Sim, porque o ingênuo que amarrasse cachorro com lingüiça estaria sempre fadado a ficar sem o cachorro nem a lingüiça, comida pelo animal. Daí por que um treinador da nossa seleção brasileira de futebol declarou certa feita que nos tempos atuais já não se podia praticar um futebol do tempo em que se amarrava cachorro com lingüiça, ou seja, dos tempos bons (e ingênuos) do nosso futebol.

temporão
Diz-se do que vem antes do tempo normal: *filho temporão, fruto temporão*. Fem.: *temporã* (evite a forma "temporona"): *filha temporã, chuvas temporãs, fruta temporã*. Pl.: *temporãos* e *temporões*.

tenaz
Superl. abs. sint. erudito ou irregular: *tenacíssimo*. Portanto, *substância muito tenaz = substância tenacíssima*.

tenção ≠ tensão
Convém não confundir. **Tenção** é leve intenção: *Ela chorava à menor **tenção** minha de partir. Ele não tinha a mínima **tenção** de casar com aquela moça*. **Tensão** é, entre outros significados, estado rígido manifestado em certas partes do corpo: ***tensão** muscular*.

tendão de Aquiles ≠ tendão-de-aquiles
Convém não confundir. **Tendão de Aquiles** é o nome do maior e mais forte tendão do corpo humano, situado na parte ínfero-posterior de cada perna. **Tendão-de-aquiles** é ponto fraco: *O **tendão-de-aquiles** desse time é a defesa*.

tendência
Rege *a* ou *para* (nome) e *a, de, em* ou *para* (verbo): *Homem com tendência **a**o (ou **para** o) homossexualismo. Há uma tendência na economia capitalista **a** (ou **de**, ou **em**, ou **para**) sempre favorecer os banqueiros.*

tensão
Rege *com* ou *entre*: *A tensão **com** (ou **entre**) vizinhos será sempre algo natural.*

tentação
Rege *a* ou *para*: *Brinquedos sempre serão uma tentação **às** (ou **para as**) crianças. Há uma tentação latente nesse governo **de** (ou **para**) quebrar a ordem das coisas.*

tentado
Rege *a* (dado, inclinado; levado) e *de* ou *por*: *Ser tentado **a** extravagâncias. Fui tentado **a** comprar o carro. Sentir-se tentado **pel**o capeta.*

tentativa
Rege *de* (nome) e *de* ou *para* (verbo): *Houve uma tentativa **de** assalto ao supermercado. Essa foi uma tentativa sua **de** (ou **para**) recuperar o tempo perdido.*

tênue
Subst. corresp.: *tenuidade*.

teoria
Rege *acerca de*, ou *a respeito de*, ou *de*, ou *relativo a*, ou *sobre*: *Você conhece a teoria **acerca d**o (ou **a respeito d**o, ou **d**o, ou **relativa a**o, ou **sobre** o) bigue-bangue?*

ter à mão ≠ ter na mão
Convém não confundir. **Ter à mão** é ter ao alcance da mão. **Ter na mão** é ter a posse de (alguma coisa), na mão. *Convém **ter** sempre **à mão** um bom dicionário. Os passageiros que **tinham** a passagem **na mão** embarcaram.*

terceiranista
Há quem diga que tem um filho "terceiroanista" de Medicina.

terçol
Apesar de ser assim, há quem amanheça com um "tressol" daqueles!

ter de / ter que
No português contemporâneo, usa-se uma expressão pela outra, indiferentemente, quando há idéia de necessidade, mas a primeira é mais aconselhável: ***Tenho de** (ou **Tenho que**) ir. **Tive de** (ou **Tive que**) viajar às pressas.*

terebintina
Apesar de ser assim, há quem use "terebentina".

termelétrica / termoelétrica
As duas formas existem, assim como *termeletricidade* e *termoeletricidade*.

terminação / terminado
Regem *em* ou *por*: *A terminação de uma palavra **em** (ou **por**) consoante. Palavra terminada **em** (ou **por**) consoante.*

terminar
Rege *em* ou *por* (dizendo-se de desinências e terminações de palavras): *A palavra talvez termina **em** (ou **por**) z, e não **em** (ou **por**) s.*

ter por haver
A língua popular consagrou o uso do verbo *ter* por *haver*: *Não **tinha** ninguém na festa. Não **tem** mais ingresso. **Tem** alguém aí? Aos sábados não **tem** aula. Hoje **tem** espetáculo? **Tem**, sim senhor!* Neste caso, o verbo *ter* é também impessoal, o que contraria todos os preceitos gramaticais: *Não **tinha** muitas pessoas na festa. Não **tem** ingressos à venda. **Tem** pessoas vivas neste mundo.* É uma grande novidade gramatical. Recentemente ouvimos isto de um indivíduo pela televisão: *Na feira deste ano "vai ter" mais novidades do que "tiveram" ano passado.* Não deixa de ser uma evolução...

terno / ternura
Terno rege *com, para* ou *para com*: *Pai terno **com** (ou **para**, ou **para com**) os filhos.* **Ternura** rege também *por*: *Sempre tive grande ternura **com** (ou **para**, ou **para com**, ou **por**) crianças.*

terra
Adj. corresp.: *terrestre* ou *terreno*. Portanto, *prazeres da terra = prazeres terrestres* ou *terrenos*. Esta palavra, quando usada em oposição a bordo, não aceita artigo: *Estamos novamente **em** terra. No convés, o capitão do navio perguntava se não havia ficado ninguém **em** terra.* Sendo assim, não pode haver "à" antes dela: *Estamos novamente de volta **a** terra. Quando chegamos **a** terra, percebemos que se tratava de indígenas.* V. **até / até o**, **casa** e **palácio**.

Terra
Adj. corresp.: *terráqueo* ou *terrestre* e *telúrico*. Portanto, *seres da Terra = seres terráqueos* (ou *terrestres*); *força da Terra = força telúrica*. Com inicial maiúscula, quando se refere ao astro: *A **Terra** tem milhões de anos.* Com inicial minúscula, em outros casos: *Não existe na **terra** homem perfeito.*

terra-nova
Raça de cães enormes. Pl.: os *terra-novas*. Há quem registre e use "terras-novas". Trata-se de um plural especial, a exemplo de *manga-largas*.

terraplenagem / terraplenar
São as formas existentes, mas o povo aprecia muito a "terraplanagem", porque gosta de "terraplanar".

terras (bens imóveis)
Adj. corresp.: *fundiário*. Portanto, *patrimônio de terras municipal* = *patrimônio fundiário municipal; cadastro de terras* = *cadastro fundiário*.

terremoto
Adj. corresp.: *sísmico*. Portanto, *região sujeita a terremotos* = *região sísmica*.

terremoto ≠ tremor de terra
Convém não confundir. **Terremoto** é a vibração ou o movimento violento de alguma parte abaixo da superfície terrestre, seguido geralmente de ruínas, mortes e maremoto; é o mesmo que *sismo* (termo científico). **Tremor de terra** é movimento semelhante, mas leve, de conseqüências insignificantes. No Brasil já houve vários *tremores de terra* e até alguns *terremotos*, principalmente em João Câmara (RN), que só não causaram estragos e vítimas, por se tratar de região pouco habitada. No Japão, ocorrem mais de mil *tremores de terra* por dia, mas só vez que outra acontecem *terremotos*, geralmente devastadores.

terreno ≠ terrestre
Convém não confundir. **Terreno** é do mundo material (por oposição ao espiritual), é o mesmo que mundano: *paixões terrenas, extravagâncias terrenas*. **Terrestre** é da terra ou por terra (por oposição ao mar ou ao céu): *animal terrestre, veículo terrestre, planta terrestre*. Também significa da Terra: *crosta terrestre, superfície terrestre*.

terrível
Rege *com, contra, para* ou *para com*: *Átila era terrível* **com** (ou **contra**, ou **para**, ou **para com**) *os inimigos*.

terror
Rege *de* (pavor), *por* (temor, receio) [coisa] e *sobre* (pessoa): *Ele sentiu muito forte o terror* **da** *morte. Há entre as adolescentes um certo terror* **pela** *gravidez. Alguns militares argentinos ainda exercem certo terror* **sobre** *os militantes comunistas*.

terso ≠ terço
Convém não confundir. **Terso** (ê) é puro, muito limpo (*alma tersa, pensamentos tersos, as tersas pétalas de uma rosa branca*) ou correto, escorreito (*um jornalista de texto terso, o estilo terso do padre Manuel Bernardes*). **Terço** (ê) é equivalente de a terça parte: *Recebeu um terço da herança*.

tertius
Latinismo. Significa o terceiro candidato, a terceira força, numa disputa antes travada entre dois indivíduos ou candidatos. Pronuncia-se *tércius*.

tesão
É palavra masculina, sempre: *o tesão,* **um** *tesão*. O curioso é que esta palavra, hoje chula, tem origem no latim *tensione* (= tensão) e era termo clássico, sem nenhum sentido pejorativo. Até que o povo acabou vendo que tudo o que estava em *tensão* (ou *tesão*) ficava rijo, duro, esticado, ereto. Pronto: estava criado o termo chulo.

tese
Rege *de* ou *sobre*: *Apresentar uma tese* **d**a (ou **sobre** a) *vida depois da morte*.

testa
Adj. corresp.: *frontal*. Portanto, *osso da testa* = *osso frontal*.

testemunho
Rege *acerca de*, ou *a respeito de*, ou *de*, ou *sobre*: *Dar um testemunho* **acerca d**os (ou **a respeito d**os, ou **d**os, ou **sobre** os) *verdadeiros propósitos de um movimento dito social*.

testinha / testão
Respectivamente, dim. e aum. de *testa*. O **e** soa aberto: *tèstinha, tèstão*.

teto "máximo"
Expressão muito usada em economia, mas redundante: a noção de *máximo* já existe em *teto*. V. **piso "mínimo"**.

tetraneto / tetravô
São as formas corretas, que devem usar-se no lugar de "tataraneto" e "tataravô".

tétrico
Superl. sint. irregular ou erudito: *tetérrimo*.

têxtil / têxteis
Note: as duas palavras levam acento circunflexo, que indica som fechado. Pois há gente que só diz "téstil", "tésteis".

tíbio / tibieza
Regem *de* ou *em* (em contração): *Ser tíbio* **de** (ou **n**as) *iniciativas. Sua tibieza* **de** (ou **n**as) *iniciativas já lhe trouxe grandes prejuízos*.

tido
Rege *como* ou *por* (predicativo): *Político tido* **como** (ou **por**) *corrupto. Estátua tida* **como** (ou **por**) *sagrada*.

tigre
É nome epiceno: *o tigre macho, o tigre fêmea*. A forma *tigresa* se usa melhormente em sentido figurado: *Daniella Cicarelli é a grande* **tigresa** *brasileira do início do século XXI*. Adj. corresp.: *tigrino*. Portanto, *presas de tigre* = *presas tigrinas*.

tijolo
No plural, o **o** tônico é aberto: *tijólos*. Dim. pl.: *tijolinhos* (ò).

til

Pl.: *tis*. Não há em português palavra que tenha dois *tis*.

tilintar ≠ tiritar

Convém não confundir. **Tilintar** é soar metalicamente: *As moedas **tilintam** quando caem no chão*. **Tiritar** é tremer de frio, geralmente batendo os dentes, ou de medo: *As crianças **tiritavam** de frio, e os adultos **tiritavam** de medo*.

tímido / timidez

Regem *em* (coisa) e *com* ou *para com* (pessoa): *Ser tímido **n**as iniciativas. Criança tímida **com** (ou **para com**) estranhos. Sua timidez **n**as iniciativas já lhe trouxe muitas chances de ouro perdidas. A timidez dessa criança **com** (ou **para com**) estranhos tem uma explicação.*

tingido / tinto

Regem *de* ou *em*: *Estar com as mãos tingidas* (ou *tintas*) ***de*** (ou ***em***) *sangue*.

tintim por tintim

Apesar de ser assim, há muita gente (até jornalista) que nos quer contar tudo "tim-tim por tim-tim".

tio / tia

Adj. corresp.: *avuncular*. Portanto, *conselho de tio ou de tia = conselho avuncular*.

tíquete

Aportuguesamento de *ticket*.

tira

É sempre palavra masculina (agente de polícia): *Sua mulher é **um tira**? Deise, aquele mulherão, agora é **um tira**?! Você, Ricardão, foi se apaixonar logo por **um tira**?!*

tirado

Rege *a* ou *de* (retirado), *a*, *de* ou *por* (puxado) e *a* (predicativo): *Fez um cocar com plumas tiradas **a** (ou **de**) várias aves. Carruagem tirada **a** (ou **de**, ou **por**) fogosos cavalos brancos. Ele sempre foi tirado **a** filósofo.*

tira-dúvidas

Sempre: *o tira-**dúvidas**, um tira-**dúvidas***. Nunca: "o tira-dúvida", "um tira-dúvida".

tirania

Rege *contra* ou *sobre*: *É um governo que exerce uma tirania **contra** (ou **sobre**) o seu povo há mais de quarenta anos*.

tirante

Rege *a*: *É uma cor tirante **a** azul*. Como preposição, equivalente de *exceto, salvo*, naturalmente não varia: ***Tirante** as crianças, todos naquela casa são alcoólatras*. Não é aconselhável o uso de *tirante* como adjetivo, equivalente de *excetuado*. Assim, p. ex.: "*Tirantes*" *as crianças, todos naquela casa são alcoólatras*.

tira-teimas

A exemplo de *tira-dúvidas*, sempre: *o tira-**teimas**, um tira-**teimas***. Nunca: "o tira-teima", "um tira-teima". Um dicionário recém-publicado, no entanto, parece ter-se curvado a forças ocultas e registrado "tira-teima". Como é um repositório de senões e equívocos (v. **Não erre mais!**), mais um não fez diferença. Por causa desse equívoco é que volta e meia lemos em revistas e jornais: *"Tira-teima": Chevrolet S10 2.8 4x4 ou Ford Ranger 2.8 4x4?*

tireóide

É esta a grafia oficial, mas todo o mundo no Brasil diz *tiróide*, que haverá brevemente de ser considerada uma variante correta. Note que em inglês se grafa *thyroid*; em francês, *thyroïde*; em espanhol, *tiroides*. A palavra nos vem do grego *thyreos* = escudo, broquel + *eidos* = forma; portanto, significa *em forma de escudo, broquel*.

tiro

Rege *contra, em* ou *sobre*: *Foram disparados tiros **contra** os* (ou ***n**os*, ou ***sobre** os*) *manifestantes mais exaltados*.

Titanic

Todo o mundo, no Brasil, pronuncia "titaník", mas a verdadeira pronúncia desta palavra inglesa é *taiténik*. O que mais me amofina é o fato de todos pronunciarem direitinho Nike, Sprite, Hilux, Renault, Chrysler, etc. e, quando aparecem palavras inglesas com essa terminação, lêem-nas à francesa: "classík", "titaník", etc. Nunca é demais repetir: palavras estrangeiras devem ser lidas de acordo com a sua língua de origem. Não fosse assim, como iríamos pronunciar Richard Gere, Romy Schneider, Winona Ryder, Renault, Washington, Eisenhower, etc.?

toalete

É palavra masculina (lavabo; instalação sanitária, w.c.): *o toalete, **um** toalete*.

tobogã

Há quem insista em escrever "tobogan".

toca-discos

Sempre: *o toca-**discos**, um toca-**discos***. Nunca: "o toca-disco", "um toca-disco".

tocado

Rege *de* ou *por*: *Sentiu-se tocada **d**o* (ou ***pel**o*) *remorso e me pediu perdão*.

toca-fitas

Sempre: *o toca-**fitas**, um toca-**fitas***. Nunca: "o toca-fita", "um toca-fita". Interessante é que um dicionário recém-publicado registra também "toca-fita", mas se recusa a trazer "toca-disco". A coerência, ainda que asinina, deve prevalecer, ao menos entre os racionais. Não prevalece.

Tocantins
Estado brasileiro da Região Norte. Sempre com o artigo: *o Tocantins, Estado do Tocantins, governo do Tocantins*.

toco
Tanto o singular quanto o plural têm **o** tônico fechado.

toda vez que / todas as vezes que
São expressões equivalentes, a exemplo de *muita vez* e *muitas vezes*: **Toda vez que** *o presidente discursa, o mercado fica atento*. **Todas as vezes que** *há eleições no Brasil, renovam-se as esperanças*. Condenável é usar "toda vez em que", "todas as vezes em que". V. **primeira vez que / segunda vez que / terceira vez que...**

todo
Em função adverbial, na acepção de *totalmente*, pode variar ou não: *As atrizes se apresentaram na peça **todo** (ou **todas**) nuas. Ela chegou **todo** (ou **toda**) molhada. Os homens ficaram **todo** (ou **todos**) boquiabertos*.

todo ≠ todo o
Convém não confundir. **Todo** equivale a *qualquer*: *Todo homem é mortal. Toda guerra é muito triste. Todo dia é bom para amar*. **Todo o** equivale a *inteiro*: *Todo o Brasil festejou a conquista do tetracampeonato mundial de futebol. Ele felizmente não se feriu durante **toda a** guerra. Ele amou **todo o** dia e não se cansou*. Repare nesta frase, ainda mais esclarecedora: *O marido queria **todo o** dia, mas a mulher só aceitava **todo** dia*. Daí a separação.

todo o mundo
Sempre com o artigo, em qualquer acepção. Mas todo o mundo no Brasil escreve "todo mundo". É impressionante! Existem até certos gramáticos que abonam a expressão sem o artigo, num equívoco imperdoável. Como é em francês? *Tout le monde*. Como é em espanhol? *Todo el mundo*. Por que, em português, seria "todo mundo"? V. **tudo o mais**.

"todos dois" / todos três
Esta combinação, muito usada no Nordeste, deve ser substituída por *ambos*: *Pai e filho compareceram; **ambos** são engenheiros*. **Todos** só se emprega de três em diante (sempre sem o artigo, nessa situação): *Juçara, Filipe e Virgílio chegaram; **todos três** são meus amigos. Luísa, Denise, Marisa e Maísa são minhas alunas; **todas quatro** passaram*. Se, todavia, um numeral anteceder o substantivo, emprega-se o artigo. Assim, p. ex.: **Todos os três** *convidados que chegaram são meus amigos*. **Todas as quatro** *alunas que passaram são filhas do diretor*.

todos eles
A norma culta não aceita "todos eles" como complemento verbal, ao menos na língua culta. Assim, p. ex.: *Esses homens? Conheço "todos eles"*. Prefere: *Conheço-os todos*. Essa combinação só é aceita na função de sujeito. Assim, p. ex.: *Nossa empresa começou com oito funcionários*. **Todos eles** *ainda estão conosco*.

"todos unânimes"
Combinação redundante: *unânime*, por si só, já significa relativo a todos. Portanto, quem diz ou escreve: "*Todos foram unânimes nessa opinião*", está, em suma, "subindo pra cima" e, ao mesmo tempo, "descendo pra baixo". *Todos foram concordes nessa opinião*. Ou: *Houve unanimidade de opinião*. Eis as frases substitutas da redundante.

tolerância / tolerante
Regem *com* ou *para com* (pessoa) e *a*, *de* ou *por* (coisa): *É preciso ter tolerância **com** (ou **para com**) os inexperientes. A tolerância **à** (ou **da**, ou **pela**) indisciplina levou aquele professor ao desemprego. Eram pais extremamente tolerantes **com** (ou **para com**) os filhos. Organismo tolerante **a** (ou **de**, ou **por**) anfetaminas*.

tolhido
Rege *de* (privado) e *de* ou *por* (paralisado): *Sentiu-se tolhido **dos** movimentos dos membros inferiores. Viu-se tolhido **de** (ou **por**) forte emoção*.

tolo
Rege *de* ou *em* (verbo) e apenas *em* (nome): *Fui tolo **de** (ou **em**) acreditar nela. Fui tolo **n**as boas intenções que tive com ela*. Tanto o singular quanto o plural têm **o** tônico fechado.

tomado
Rege *de* ou *por* (possuído) e *como* ou *por* (predicativo): *Sentiu-se tomado **de** (ou **por**) grande coragem e resolveu enfrentar a situação. Foi tomado **como** (ou **por**) morto*.

tomar
Convém fechar o **o** tônico nas formas rizotônicas: *tomo, tomas, toma, tomam; tome, tomes, tome, tomem*. Em Portugal é que se diz "tómo", "tóma", "tóme", "tómem", etc. Lá também se diz "dóna", "sóma", "cóma", etc.

tomara que dê certo!
Tomara que nunca mais usem "tomare"!

tombadilho ≠ convés
Convém não confundir. **Tombadilho** é a parte mais elevada do navio, entre a popa e o mastro de ré. **Convés** é a parte da cobertura superior do navio, na qual os passageiros passeiam e conversam; é o mesmo que *deque*.

tombado
Rege *a*, *em* ou *sobre*: *A polícia encontrou-o com a cabeça tombada **à** (ou **n**a, ou **sobre** a) mesa*.

tombar ≠ tombar-se
Convém não confundir. **Tombar** é capotar, cair rolando: *O carro bateu na traseira do caminhão com tamanha violência, que **tombou** na ribanceira*. **Tombar-se** é cair para o lado, ficar com uma das laterais para o chão, virar-se: *O carro, que andava acrobaticamente em duas rodas apenas, de repente **se tombou***. Veículo que *se tomba* não costuma fazer vítimas; veículo que *tomba*, normalmente, faz feridos e, não raro, mortos.

tomo ≠ volume

Convém não confundir. **Tomo** é a unidade ideológica de uma obra, feita pelo autor. **Volume** é a unidade física de uma obra. Um *tomo* pode formar mais de um *volume*, e um *volume* pode conter mais de um *tomo*. Às vezes, porém, *tomo* e *volume* coincidem; daí por que muitos tomam um pelo outro. Todavia, obra de um só *volume* não se diz que é obra de um só "tomo".

tonelada(s)

Abrev.: *t* (15 *t*), que se usa, como se vê, logo após o último algarismo.

Tonha / Tonhão / Tonho / Tôni / Toninha / Toninho

Todos estes nomes são hipocorísticos de *Antônio* ou de *Antônia*. Todos devem ser lidos com o primeiro **o** fechado. No interior paulista, corre a forma "Tone" (ó), corruptela de *Tôni*. Existe ainda a variante *Totonho*, que deve também ter o **o** tônico fechado.

topetinho / topetão

Respectivamente, dim. e aum. de *topete*. O **e** soa aberto: *topètinho, topètão*.

toque retal

É este o toque que os médicos especialistas fazem, para verificar se o paciente está com problemas de próstata. Muitos usam "toque anal", talvez porque o tão temido dedo médico passe evidentemente primeiro pelo ânus para atingir o reto, onde é feito o toque.

torácico

Apesar de ser assim, ainda há muitos professores de Biologia que escrevem "toráxico". Porque tem ligação com *tórax*. Desconhecem naturalmente o fato de que a palavra provém diretamente da forma latina *torac-*. Daí o termos a *caixa **torácica***, e não a *caixa "toráxica"*.

torcer

Rege *por* (desejar ardentemente; ser simpatizante): *Torço **por** sua felicidade. Eles torcem **pel**o Flamengo. **Por** que time torces?* Aqui, a preposição "para" não tem vez, a não ser na língua informal ou popular. Há, no entanto, gramáticos e dicionaristas que a aceitam. Quando se constrói *Tôrço para que vocês sejam felizes, para* inicia oração final, que também pode ser substituída pela preposição *por*. É verbo intransitivo ou pronominal, indiferentemente, na acepção de dobrar-se, vergar-se: *A vara de pescar **torce** (ou **se torce**), mas não quebra. Os arbustos **torciam** (ou **se torciam**) ao forte vento*.

tornar a si / tornar em si

As duas expressões existem: *A moça **tornou a** (ou **em**) **si** logo depois. Quando **tornei a** (ou **em**) **mim**, já era tarde*.

tornar-se

Não se usa com a preposição "em": *O rapaz se tornou o terror do bairro. Nosso país se tornou o maior devedor do mundo.* Há, todavia, quem use: *O rapaz se tornou "no" terror do bairro. Nosso país se tornou "no" maior devedor do mundo.*

tornar-se necessário

Esta é uma expressão que facilmente leva a erro de concordância, quando seu sujeito é um infinitivo. Assim, é comum encontrarmos frases como esta: *São exemplos que se "tornam necessários" enumerar*, em que seu autor está certo de que o sujeito de tornar-se é *exemplos* (representado pelo pronome relativo *que*). Não é. O sujeito de *tornar-se* é, na verdade, o infinitivo (*enumerar*): afinal, o que é que se torna necessário? É *enumerar*, portanto, a expressão deve ficar no singular. V. **caber**, **competir** e **faltar**.

torneio ≠ campeonato

Convém não confundir. **Torneio** é uma série de competições esportivas, oficiais ou não, de curta duração, na qual a equipe que chega em primeiro lugar ganha geralmente um troféu e recebe o título de campeã. A Copa do Mundo e a Copa do Brasil são *torneios*, e não "campeonatos". **Campeonato** é uma série de competições esportivas oficiais, mais ou menos de longa duração, na qual todas as equipes jogam entre si, uma ou mais vezes, realizadas para se chegar a um campeão, que recebe um troféu. Num *campeonato*, uma equipe tem mais chances de recuperar o terreno perdido; num *torneio*, isso é difícil ou quase impossível.

torno

Esta palavra, antecedida da preposição *em*, aparece combinada com *a* ou com *de*: *Todos permaneceram **em** torno **à** (ou **da**) mesa. A criança se postou **em** torno **a**o (ou **d**o) fogão e se queimou. Havia um belo jardim **em** torno **à** (ou **da**) casa deles.* Tanto o singular quanto o plural têm **o** tônico fechado.

toro ≠ tora

Convém não confundir. **Toro** é tronco de árvore abatida, ainda com a casca. **Tora** é grande tronco de madeira, sem a casca.

torpe

Sórdido, infame. Pronuncia-se *tôrpe*.

torrado

Rege *de* ou *por*: *Chegou com a pele torrada **d**o (ou **pel**o) sol africano*.

torrar ≠ tostar

Convém não confundir. **Torrar** é secar muito, desidratar totalmente: ***torrar** café*, ***torrar** pão*. **Tostar** é secar tanto, que chega a queimar superficialmente e escurecer. *O fogo alto geralmente **tosta** o arroz*.

torto

No plural, o **o** tônico soa aberto: *tórtos*. Dim. pl.: *tòrtinhos*.

torturado
Rege *de* ou *por*: *Estar torturado **de** (ou **por**) saudades. Povo torturado **da** (ou **pela**) fome.*

torturar
Usa-se assim: *Ele não soube dizer quem o torturou.* Muitos usam "lhe" no lugar do *o*, transformando o verbo transitivo direto em indireto.

tosco
Tanto o singular quanto o plural têm **o** tônico fechado.

totem / tóteme
As duas formas existem. A primeira faz no plural *totens*; a segunda, naturalmente, *tótemes*.

touro
Adj. corresp.: *taurino*. Portanto, *força de touro = força taurina*.

toxicidade
Há quem use "toxidade". *A **toxicidade** do monóxido de carbono.* O **x** tem o valor de **ks**.

tóxico
O **x** tem o valor de **ks**. Também: *toxicomania, toxicômano, intoxicar, intoxicação*, etc. Há quem diga "tóchico".

trabalhadeira ≠ trabalhadora
Convém não confundir. **Trabalhadeira** é a mulher que trabalha muito e com prazer. **Trabalhadora** é aquela que trabalha. Nem toda *trabalhadora* é *trabalhadeira*. Já *trabalhador* se usa nos dois sentidos.

trabalho
Rege *em* (atividade profissional), *para* ou *por* (esforço, empenho) e *sobre* (ação): *O trabalho **n**o comércio é agradável, justamente pelo contato com pessoas dos mais diferentes tipos e opiniões. O incessante trabalho da ONU **para** a (ou **pela**) manutenção da paz no mundo deve ser enaltecido. Esse monumento natural resulta de um longo trabalho da natureza **sobre** a rocha.*

tradução
Rege *de...de...a* (ou *para*) ou apenas alguns desses elementos: *Tradução **de** um romance **da** língua inglesa **a** (ou **para** a) língua portuguesa. A tradução **d**esse livro **a**o (ou **para**) o inglês foi feita por um grande escritor. É uma obra que teve perdas na tradução **a**o (ou **para** o) português.*

traduzido
Rege *de...a* (ou *para*) ou apenas *a* (ou *para*) e *em* (expresso): *Romance traduzido **d**o inglês **a**o (ou **para**) o português. Teve alguns de seus livros traduzidos **a**o (ou **para** o) russo. Foi uma intenção que, traduzida **em** atos, gerou benefícios.*

Trafalgar
Cabo a sul da Espanha. Note: é palavra oxítona (*trafalgár*). Já houve locutor de televisão, no entanto, que disse "trafálgar".

tráfego
Rege *em* ou *por*: *O tráfego **n**a (ou **pela**) Rodovia dos Imigrantes é intenso neste momento.*

tráfego ≠ tráfico
Convém não confundir. **Tráfego**, entre outros significados, é movimento de veículos, navios, aviões, pedestres, etc., numa área ou numa rota. *O **tráfego** aéreo foi interrompido por causa do mau tempo.* **Tráfico** é negócio desonesto ou fraudulento: ***tráfico** de drogas, **tráfico** de escravos, **tráfico** de influência, **tráfico** de mulheres, **tráfico** de órgãos humanos*, etc.

traficante / tráfico
Regem *de* ou *em*: *Ele é traficante **de** (ou **em**) drogas. Aumenta o tráfico **de** (ou **em**) heroína.*

traição
Rege *a* (coisa e pessoa) e *contra* ou *para com* (pessoa): *Essa medida soa como de alta traição **a**os interesses do país. Sua traição **a**o (ou **contra** o, ou **para com** o) marido já foi perdoada.*

traidor
Rege *a* ou *de*: *Foi considerado traidor **à** (ou **da**) nossa causa. Os traidores **à** (ou **da**) Pátria foram para o exílio.*

trajar
É verbo intransitivo ou pronominal, indiferentemente: *Ele sempre **trajava** (ou **se trajava**) rigorosamente na moda. Por que **trajas** (ou **te trajas**) de preto? Ela gosta de **trajar** (ou de **trajar-se**) de amazona.*

trajeto
Rege *de...a* (ou *para*): *O trajeto do meu bairro **a**o (ou **para** o) centro era feito em dez minutos de carro.*

trajetória
Rege *de...a* (ou *para*) [nomes concretos], *de...a* (nomes abstratos) e *para*: *A trajetória da Penha **à** (ou **para**) a Lapa é feita em quantos minutos? Quanto tempo durou essa trajetória **da** sanidade mental **à** loucura? Foi lenta a trajetória **para** a loucura.*

trama
Rege *contra*: *Foi abortada a trama **contra** o regime.*

trambolho
Tanto o singular quanto o plural têm **o** tônico fechado.

trâmite
Note: é palavra proparoxítona. Já houve advogado, no entanto, que disse "tramíte".

transe
Pronuncia-se indiferentemente *trance* ou *tranze*, mas entre nós se vulgarizou apenas esta última pronúncia.

transferência
Rege *de...para*, *de...de...para* e apenas *para*: *A transferência **de** um general **para** a reserva. A transferência **de** mercadorias **d**o depósito **para** as lojas. Quando se deu sua transferência **para** Manaus?*

transferido
Rege *de...a* (ou *para*) e *a* ou *para*: *As mercadorias já foram transferidas **d**o depósito **à**s (ou **para** as) lojas. A sede da empresa foi transferida **a** (ou **para**) Goiânia.*

transfigurado
Rege *de...em* ou apenas *em*: *Cidadão transfigurado **de** sindicalista **em** presidente da República. De repente, vê-se o ex-sindicalista transfigurado **em** estadista.*

trânsfuga
Pessoa que abandona a sua bandeira na guerra e passa para o lado inimigo; desertor(a). Em sentido figurado: pessoa que abandona os seus princípios, ideais, partido, etc. Note: é palavra proparoxítona. Não falta, porém, quem diga "transfuga".

transgressão
Rege *a* (pref.) ou *de*: *A transgressão **à** (ou **d**a) norma culta é uma constante nos atuais periódicos do país. A escuta telefônica é uma transgressão **à** (ou **d**a) lei.*

transigência
Rege *com* ou *para com* (pessoa) e apenas *com* (coisa): *O presidente é contrário a qualquer transigência **com** (ou **para com**) os grevistas. A transigência com o autoritarismo é que acabou prejudicando a sua imagem.*

transição
Rege *de...a* (ou *para*) ou apenas um desses elementos: *A transição do regime autoritário **a**o (ou **para** o) regime democrático se deu pacificamente. Como se deu a transição **à** (ou **para** a) democracia?*

transigente / transigência
Regem *com* ou *para com* (pessoa) e *em* (coisa): *Nossas autoridades são muito transigentes **com** (ou **para com**) bandidos **em** todos os tipos de crimes. Um professor não pode ser transigente na disciplina **com** (ou **para com**) uns e extremamente rigoroso com outros. Usar de transigência **com** (ou **para com**) bandidos não é uma forma de convivência? Ele achava normal sua transigência **com** (ou **para com**) os filhos **em** todos os erros que cometiam.*

transístor / transistor
As duas prosódias existem, mas a primeira acabou sobrepondo-se à segunda (a gramaticalmente correta), por influência da prosódia inglesa.

trânsito
Rege *de...a* (ou *para*): *O trânsito de veículos da Penha **à** (ou **para** a) Lapa está prejudicado. O trânsito da sanidade mental **à** (ou **para** a) loucura é doloroso.*

translúcido ≠ transparente
Convém não confundir. **Translúcido** é que deixa passar a luz, mas não permite perfeita visão do que está do outro lado; é o mesmo que *jateado e fosco*: *vidro **translúcido**.* **Transparente** é o corpo além do qual os objetos aparecem e podem ser vistos nitidamente, é o corpo que tem a propriedade de transmitir os raios de luz através de sua substância (em oposição a *opaco*): *plástico **transparente**.*

transmigração
Rege *de...em* (ou *para*): *A transmigração da alma **de** um corpo **em** (ou **para**) outro é um fenômeno parapsicológico?*

transmissão
Rege *de...de...a*: *A transmissão **de** informações **d**a central **a**os repórteres era feita como?*

transmitido
Rege *de...a* (ou *para*): *É uma empresa que desde a sua fundação vem sendo transmitida **de** pai **a** (ou **para**) filho.*

transplantação / transplantado
Rege *de...a* (ou *para*): *Quando foi feita a transplantação **d**a jabuticabeira **a**o (ou **para** o) meu sítio? A jabuticabeira foi transplantada **d**o meu **a**o (ou **para** o) seu sítio mês passado.*

transposição
Rege *de...para* (transferência; mudança), *para...de* (transporte) e *de...em* (mudança): *A transposição **de** um drama clássico **para** a época atual. A transposição **de** uma canção **para** um tom mais alto. A transposição **para** a poesia **de** fatos do dia a dia. A transposição **de** um poema **em** música.*

transtorno
Tanto o singular quanto o plural têm **o** tônico fechado.

transvasar ≠ transvazar
Convém não confundir. **Transvasar** é passar de um recipiente para outro: *A mãe **transvasou** o leite quente, até que esfriasse, para dar ao nenê.* **Transvazar** é entornar, derramar: *As crianças **transvazaram** muito leite na mesa.*

transversal
Rege *a*: *Ela morava numa rua transversal **à** minha.*

traquejar
Sempre com **e** fechado: *traquejo, traquejas, traqueja, traquejamos, traquejais, traquejam* (pres. do ind.); *traqueje, traquejes, traqueje, traquejemos, traquejeis, traquejem* (pres. do subj.).

traquejo
Rege *de* (nomes concretos) e *em* (nomes abstratos): *Os pistoleiros têm o traquejo **d**o revólver que o cidadão não tem. Os árabes e judeus sempre tiveram um especial traquejo **n**os negócios.*

trasladado / transladado
Ambas as formas existem. Regem *de...a* (ou *para*) [transferido] e *em* ou *para* (traduzido): *Mercadoria trasladada **d**o depósito **à** (ou **para a**) loja. Os restos mortais de Cabral foram transladados **de** Portugal **a**o (ou **para** o) Brasil? Suas obras foram transladadas **em** (ou **para**) vários idiomas.*

trasladar / transladar
Ambas as formas existem, mas a primeira tem leve preferência. Diz-se o mesmo em relação a *traslado* e *translado*: *No pacote turístico está incluído o **traslado** do aeroporto para o hotel e também deste para as praias distantes.*

traspassar / transpassar / trespassar
As três formas existem: *A bala **traspassou**-lhe o coração.* A terceira é mais usada em Portugal.

traste
É nome sobrecomum, a exemplo de *sujeito*, *ídolo* e *indivíduo*: *Sua irmã é **um traste** mesmo! É você que tem vizinhas que são **uns trastes**?*

tratado
Rege *de...com* ou apenas *com* e *de* ou *sobre* (estudo avançado ou aprofundado): *Assinar um tratado **de** cooperação científica **com** a França. Assinar um tratado **com** a França. Escrever um tratado **de** (ou **sobre**) botânica.*

tratamento
Rege *a*, *com* ou *para com* (pessoa) e *contra* (coisa): *O jornalista quis saber como era dentro de campo o tratamento desse árbitro **a**os (ou **com** os, ou **para com** os) jogadores. A diversão é o melhor tratamento **contra** a depressão.*

tratar
É transitivo direto ou transitivo indireto, na acepção de *alimentar*, *cuidar*: *Você já **tratou** os (ou **d**os) passarinhos hoje? **Trate** os (ou **d**os) dentes enquanto eles existem!* Tratamos de um assunto sempre *em* algum lugar, e não "*a*" algum lugar: *Precisa-se de empregados. Tratar **n**a Rua da Paz, 500. Os candidatos ao emprego devem tratar do assunto **n**a própria empresa. As pessoas interessadas no cargo devem tratar **n**a Avenida do Trabalho, 150.* É comum as pessoas flexionarem este verbo, quando acompanhado do pronome *se*. Assim, p. ex.: *Os turistas chegaram; "tratam-se" de alemães.* Como *tratar*, nesse caso, não tem sujeito, deve ficar sempre no singular: *Os turistas chegaram; **trata**-se de alemães.*

tratativa
Rege *com* ou *junto a*: *Como foram as recentes tratativas **com** (ou **junto a**o) FMI?*

trato
Rege *com*, *de* ou *para com* (convivência) e *com* ou *entre* (acordo): *Como é o trato **com** os (ou **d**os, ou **para com** os) doentes neste hospital? Qual foi o trato **com** (ou **entre**) vocês?*

trauma
Rege *de*: *Ter trauma **de** viagens aéreas. Ela tem trauma **de** andar por lugares escuros.*

travessa ≠ beco
Convém não confundir. **Travessa** (que se abrevia *t.* ou *trav.*) é a rua curta, estreita ou larga, transversal entre duas ou mais ruas principais. **Beco** (que se abrevia *b.º*) é a rua curta, estreita, quase sempre sem saída, imprópria para o trânsito de veículos. Pode ser apenas um elo entre vias maiores (largo e rua, rua e praça, etc.).

travessura ≠ traquinada, traquinice ou traquinagem
Convém não confundir. **Travessura** é traquinagem maldosa, que visa a prejudicar outrem. É própria de crianças irrequietas e mal-educadas e de adultos irresponsáveis. **Traquinada, traquinique** ou **traquinagem** é ato de criança traquina, irrequieta, afeita a diabruras. Toda criança comete *traquinagem*: é um ato universal.

travestido
Rege *de* ou *em*: *Ator travestido **de** (ou **em**) homossexual. Homem travestido **de** (ou **em**) mulher.*

trecentésimo / tricentésimo
As duas formas existem, mas convém dar preferência à primeira: *Esta é a **trecentésima** vez que repito isto.*

trêiler
Aportuguesamento do inglês *trailer*. Pl.: *trêileres*. Há quem use "trêilers".

treinar / trenar
Ambas as formas existem, mas convém dar preferência à primeira.

tremer
Sempre com *e* fechado: *tremo, tremes, treme, trememos, tremeis, tremem* (pres. do ind.); *trema, tremas, trema, tremamos, tremais, tremam* (pres. do subj.).

trepado
Rege *a*, *em* ou *sobre*: *Viam-se muitos torcedores trepados **a** (ou **em**, ou **sobre**) árvores, para assistir ao jogo. As fãs ficavam trepadas **a** (ou **em**, ou **sobre**) um muro, para ver os jogadores treinando.*

trepar
Em Portugal se trepa *a*; no Brasil, se trepa *em*. Na norma culta, convém seguir o uso português: *trepar **a**o muro, trepar **a**o poste, trepar **a**o telhado, trepar **à** árvore.*

tresler = ler três vezes?
Não. **Tresler** é enlouquecer por ler muito ou dizer ou praticar tolices: Alguns lêem e se tornam sábios, outros lêem e *treslêem*. Será que *tresleio*?

tresvariado
É esta a palavra correta, embora haja tantos "tresvairados" por aí (até em dicionários).

trezentos
Ordinal corresp.: *trecentésimo* ou *tricentésimo*. Portanto, *ser o 300º da fila = ser o trecentésimo* (ou *tricentésimo*) *da fila*. V. **ordinais**.

tribadismo ≠ tribalismo
Convém não confundir. **Tribadismo** é o homossexualismo feminino em que as parceiras roçam os clitóris entre si, ou no qual uma delas penetra a outra, usando alguma peça erótica. **Tribalismo** é a organização, cultura e crença de uma tribo. Também: extrema identidade e lealdade ao próprio grupo. No congresso brasileiro não há nem nunca houve o espírito de *tribalismo*.

tribuno
Fem.: *tribuna*.

tributação
Rege *de* ou *sobre*: *A tributação* **de** (ou **sobre**) *produtos supérfluos será maior*.

tricoline / tricolina
As duas formas existem.

trigo
Adj. corresp.: *tritíceo*. Portanto, *massa de trigo = massa tritícea*.

trimensal ≠ trimestral
Convém não confundir. **Trimensal** é que se faz, realiza ou publica três vezes por mês: *reuniões* **trimensais**, *pagamentos* **trimensais**. **Trimestral** é que se faz, realiza ou publica de três em três meses ou por trimestre: *exposição* **trimestral**, *revista* **trimestral**.

trinca ≠ trindade
Convém não confundir. **Trinca** é grupo de três pessoas e sempre se toma pejorativamente: *uma* **trinca** *de corruptos*, *uma* **trinca** *de bêbedos*, *uma* **trinca** *de oportunistas*, *uma* **trinca** *de picaretas*, etc. **Trindade** é grupo de três pessoas, mas sem nenhum sentido pejorativo; é o mesmo que *tríade*: Tom Jobim, Vinícius de Morais e João Gilberto formavam a *trindade* de gênios da bossa nova.

trinchar frango
É isso o que fazem os melhores cozinheiros do mundo, ou seja, cortam o frango em pedaços e com arte. Há, todavia, os que "destrincham" o frango e, neste caso, o seu consumo fica bastante prejudicado...

trinta
Ordinal corresp.: *trigésimo*. Portanto, quem está no *30º* distrito policial, está no *trigésimo* DP. V. **ordinais**.

trio elétrico ≠ trio-elétrico
Convém não confundir. **Trio elétrico** é uma formação de três músicos que tocam instrumentos elétricos, ou o conjunto de três aparelhos elétricos. **Trio-elétrico** é o veículo especialmente equipado, com potentes aparelhos de som, para reproduzir a música, quase sempre, de conjuntos que tocam na sua parte superior. Como se vê, não há como confundir *trio elétrico* com *trio-elétrico*, assim como não há como fazer confusão entre *língua de sogra* e *língua-de-sogra*. Ou entre *Maria fedida* e *maria-fedida*. Ou entre *bicho de sete cabeças* com *bicho-de-sete-cabeças*. E isto aqui até que não é nenhum bicho-de-sete-cabeças...

tríplex
Note: é palavra paroxítona. Muitos, no entanto, insistem em dizer "tripléks".

triplicar
É verbo intransitivo ou pronominal, indiferentemente: *Os votos brancos e nulos* **triplicaram** (ou **triplicaram-se**) *na última eleição. O preço da gasolina* **triplicou** (ou **se triplicou**) *naquele ano*.

trocar de roupa
É o que todos devemos fazer, mas há quem prefira "trocar-se", e é aí que se lambuza todo...

troco
No plural, com **o** tônico aberto: *tròcos*. Dim. pl.: *tròquinhos*.

troço (ô)
No plural, com **o** tônico aberto: *tròços*. Dim. pl.: *tròcinhos*.

tropo
Emprego de uma palavra em sentido figurado. Pronuncia-se *trópo*.

trouxe
Forma do verbo *trazer*. Pronuncia-se *trôusse*. *Eu não* **trouxe** *lanche hoje*. Muitos, no entanto, dizem "trússe".

trovejar
Sempre com **e** fechado: *trovejo, trovejas, troveja, trovejamos, trovejais, trovejam* (pres. do ind.); *troveje, trovejes, troveje, trovejemos, trovejeis, trovejem* (pres. do subj.). *Eu* **trovejo** *de raiva quando o meu time perde, principalmente por goleada. Embora* **troveje**, *não vai chover*.

truculência
Rege *contra*: *A polícia usou de truculência* **contra** *os manifestantes*.

trumbicar-se / trombicar-se
Apesar de haver duas formas corretas, que são estas, há os que usam "estrumbicar-se". E se trumbicam...

Tudo bom? ≠ Tudo bem?

Convém não confundir. **Tudo bom?** é pergunta de quem está interessado em saber das condições de saúde da pessoa a quem se dirige. **Tudo bem?** é pergunta própria de curiosos, já que pressupõe o desejo de saber como está a pessoa não só do ponto de vista da saúde, mas também do ponto de vista psicológico, profissional, familiar, etc. V. **Você está bom? ≠ Você está bem?**

tudo o mais

Assim como *todo o mundo*, é expressão que não dispensa o artigo: *Do prédio da ONU em Bagdá só restou um setor intacto; tudo **o** mais foi para os ares, com o ato terrorista. É uma lavadora para lavar a roupa suja e tudo **o** mais que a patroa mandar.*

Tudor

Nome de família nobre do País de Gales. Pronuncia-se *tudôr*.

tulipa

Planta ornamental. Note: é palavra paroxítona. Muitos, no entanto, dizem "túlipa".

tumor

Adj. corresp.: *tumoral*. Portanto, *crescimento de tumor = crescimento tumoral*.

tunelzinho

Pl.: *tuneizinhos*. Jamais: "tunelzinhos".

Tunes / Túnis

Capital da Tunísia. Ambas as formas existem. Quem nasce nesta cidade, portanto, é *tunesino* ou *tunisino*. Quem nasce na Tunísia se diz *tunisiano*.

tupi-guarani

Não é uma língua, mas uma família lingüística, cujo tronco é o tupi, idioma indígena que mais contribuiu para o léxico português. Há quem diga que Moji é palavra de origem "tupi-guarani". É o mesmo que dizer, *grosso modo*, que apagão é palavra de origem "luso-castelhana".

turbo-

Não exige hífen: *turboalternador, turbobomba, turbocompressor, turboélice, turbogerador, turbomáquina, turbopropulsor, turborreator*, etc.

turbo

Não varia, quando usada como adjetivo, por *turbinado*: *No futuro, todos os carros serão **turbo**.*

Turiaçu

Nome indígena. Significa *fogueira*. Note: com **ç** e sem acento no **u**.

turíbulo

Vaso onde se queima incenso, nas igrejas; incensório. Note: é palavra proparoxítona. Muitos, no entanto, dizem "turibulo".

turma

Assim como *pessoal*, exige o verbo no singular: *A turma não **gostou** do filme. A turma já **chegou**? A turma **ficou** falando mal de você lá.*

turquesa

Usada como adjetivo, na indicação da cor, não varia: *lenços turquesa, olhos turquesa, meias turquesa*. V. **areia, bomba, cassete, chave, cinza, creme, esporte, gelo, jambo, laranja, padrão, pastel, pirata, relâmpago, surpresa, tampão** e **vinho**.

turvar

É verbo intransitivo ou pronominal, indiferentemente: *Sem tratamento, a água da piscina logo **turva** (ou **se turva**).*

Tutancâmon

Faraó que viveu de 1356 a 1337 a.C. Ficou famoso por sua tumba, descoberta em Tebas, em 1922, com todos os seus tesouros intactos, hoje expostos no museu do Cairo. Note: é nome paroxítono. Muitos, no entanto, dizem "tutanca**mom**".

tutela

Rege *de* ou *sobre*: *A tutela **de** (ou **sobre**) menores deve ser exercida por pessoas responsáveis.*

TV a cabo

É a expressão generalizada, mas não há dúvida de que a expressão original, castiça, é *TV **por** cabo*, mesmo porque ninguém tem TV "a" assinatura nem vê nenhuma transmissão "a" satélite.

TV em cores

Sempre *em cores*. Quando surgiu a novidade, os jornalistas só falavam em TV "a" cores. Depois, naturalmente, evoluíram, até chegarem finalmente à TV **em** cores...

U

"u'a" mão

Prática desaconselhável esta, dos que se preocupam em demasia com as cacofonias. A cacofonia – convém dizer com ênfase – não existe senão na mente das pessoas. Ora, quando se diz "ele me deu *uma mão*", o próprio contexto em que a frase se insere nos leva a uma só compreensão, e a só uma. Querer entender "ele me deu *um mamão*" é desejar a mudança radical do contexto, fato inadmissível entre pessoas mentalmente sãs. Quando se fala em beijar na **boca dela**, só mesmo um insano pensará em *cadela*. Quando, porém, a união das sílabas provoca palavra obscena, visivelmente ridícula, ocorre o *cacófato* (p. ex.: time que não mar*ca gol*). Neste caso, sim, convém fazer algum esforço para evitar que a mente do receptor se torne fértil de imaginações indesejáveis. Não tenhamos medo, contudo, às cacofonias: afinal, quem é que na vida nun**ca co**meteu algu**ma caco**fonia?... EM TEMPO: O uso de *ua* (sem apóstrofo) é considerado correto e se encontra muito em versos, para satisfazer a métrica. Deve limitar-se a essa área.

ufano / ufania

Regem *com*, *de* ou *por* (nome) e *de* (verbo): *Ele é ufano **com** a* (ou ***da***, ou ***pela***) *grandeza do seu país. Ele ficou ufano **de** ver o filho formado. Sua ufania **com** a* (ou ***da***, ou ***pela***) *grandeza do seu país era de todos conhecida. A ufania **de** ver o filho formado.*

Uganda

Não exige o artigo, no português do Brasil: *Uganda é um país africano. Estive em Uganda. Já morei em Uganda.* V. **Gâmbia** e **Zâmbia**.

uirapuru / irapuru

As duas formas existem.

ultimanista

Há quem diga que tem um filho que é "ultimoanista" de Direito.

último

Rege *a* ou *em* (verbo), *de* ou *entre* (nome): *Ela era sempre a última **a*** (ou ***em***) *chegar. Foi ele o último **d**os* (ou ***entre** os*) *jornalistas a noticiar o fato.*

ultra-

Prefixo que só exige hífen antes de palavras que comecem por *vogal, h, r* ou *s*: ultra-estranho, ultra-higiênico, ultra-radical, ultra-sensível. Portanto, sem hífen: ultracatólico, ultracolorido, ultracompetente, ultraconservador, ultracorreção, ultrafiltração, ultrafreqüência, ultraleve, ultraliberal, ultramar, ultramaratona, ultramicroscópio, ultraminiatura, ultramoderno, ultramontanismo, ultramundano, ultranacionalismo, ultrapasteurizar, ultrapuro, ultratumular, ultravida, ultravioleta, etc.

ultraje

Rege *a*: *Foi preso por ultraje **a**o pudor.*

ultravioleta

Não varia: *raios ultravioleta*. V. **infravermelho**.

"um" de janeiro

V. **primeiro de janeiro, de fevereiro, etc.**

um(a)...que

Exige o verbo na 3ª pessoa do singular: *Sou **uma** pessoa **que** acredita em Deus. Sou **um** brasileiro **que** cumpre os seus deveres. Somos **uma** empresa **que** exporta muito.*

"umas par delas"

Expressão comum no interior de São Paulo, onde também se ouve "umas par de viagens", "umas par de vezes", etc. Trata-se, naturalmente, de brincadeira do mais refinado mau-gosto. **Par** é sempre palavra masculina: *o par, um par*. A não ser que em certas cidades paulistas tudo seja muito diferente...

umbigo

Adj. corresp.: *umbilical*. Portanto, *cordão do umbigo = cordão umbilical*. Muitos usam "embigo".

um dos que

Esta expressão leva o verbo obrigatoriamente ao plural, no português contemporâneo. Como alguns ainda não chegaram a esse estádio da língua, constroem as suas frases com o verbo no singular. *Sou **um dos que** mais **trabalham** neste país. Você é **um dos que** mais **reclamam**, porém, um dos que menos **colaboram**. Manuel foi **um dos que** mais me **incentivaram**. Fui **um dos que voltaram** nesse presidente.* Quando, porém, a expressão vier entremeada de substantivo, o verbo pode: **1.** ficar no singular, obrigatoriamente, se o sentido assim o exigir: *O Tietê é **um dos rios paulistas** que **atravessa** o Estado de São Paulo.* Note: o verbo só se refere a um ser, porque o rio Tietê é o único que atravessa o Estado de São Paulo. Outro exemplo: *O Sol é um dos astros que **dá** luz e calor à Terra*. **2.** ir ao plural: *O Tietê é **um dos rios paulistas** que **estão poluídos**.* Aqui cabe o plural, porque o rio Tietê não é o único rio paulista que está poluído. Outro exemplo: *O Sol é um dos astros que **possuem** luz própria*. **3.** ficar no singular ou ir ao plural, dependendo do sentido que se queira imprimir à frase: *Fui um dos brasileiros que **votou*** (ou ***votaram***) *nesse presidente*. Se o presidente recebeu só o seu voto, justifica-se a frase com o verbo no singular; se, porém, ele teve mais de um voto, o verbo só pode ir ao plural, obrigatoriamente. Outro exemplo: *Marcos foi um dos melhores goleiros que **passou** pela seleção brasileira*. Esta é uma frase de palmeirense fanático. O torcedor mais sossegado, que não se deixa levar pela paixão doentia, construirá: *Marcos foi um dos melhores goleiros que **passaram** pela seleção brasileira*. Dario, o famoso jogador que ficou conhecido como Dadá Maravilha, sem dúvida dirá: *Fui um dos melhores jogadores que **pisou** o Maracanã*. Todos nós, naturalmente, construiremos diferente...

um doze avo

É assim que se usa. V. **avo**.

um e meio

Verbo no singular: *Um litro e meio de cachaça **foi consumido** nesse jantar. Uma tonelada e meia **é suficiente**. Um quilo e meio de arroz não **dura** uma semana aqui.*

um e outro

Exige o substantivo no singular, mas o adjetivo e o verbo no plural: *Havia naquela escola **um e outro** aluno **aplicados**. Naquela família havia **um e outro** membro **responsáveis**.*

Um e outro fugitivo da cadeia **foram recapturados** pela polícia. *Uma e outra* pessoa **compareciam** por aqui de vez em quando. V. **nem um nem outro**. Em referência a substantivos já enunciados, *um e outro* varia em gênero e número ou, então, somente em número (o *um* se reporta sempre ao último elemento): *Tratamos de exportações e mercado; fala-se muito hoje de **um e outras** (ou de **um e outros**). Compramos cadeiras e mesa novas; não lhes vou dizer o preço de **uma e outras** (ou de **um e outros**). Vendi o carro e as motos; não posso revelar o preço de **umas e outro** (ou de **uns e outro**).* Em referência a pessoas de sexos diferentes, exprimindo reciprocidade ou não, não varia nenhum elemento: *A garota e o rapaz caminhavam juntos e, de vez em quando, dirigiam-se **um ao outro**. Luís e a irmã reconciliaram-se, depois, **um com o outro**. Adão e Eva pecaram e, depois, **um e outro** caíram aos pés do Senhor. Luís e Teresa chegaram; **um** com frio, **outro** com calor.*

"um" mil
V. **mil**.

um tanto ou quanto
É esta a expressão que significa pouco mais ou menos: *Estou um tanto **ou** quanto indeciso. O povo brasileiro anda um tanto **ou** quanto desesperançoso. A mãe está um tanto **ou** quanto angustiada com o sumiço da filha.* Muitos usam, no entanto, apenas "um tanto quanto".

um terço (concordância)
V. **números fracionários (concordância)**.

Umuarama
Trata-se de um nome consagrado, mas convém saber (só por curiosidade) que a palavra rigorosamente correta é *Umuarana* (com final *-rana*, que é o sufixo indígena). A forma *Umuarama* se consagrou graças à analogia com *Pindorama*.

unânime
V. **"todos unânimes"**.

undécimo
Numeral ordinal equivalente a onze. Ou seja, é o mesmo que décimo primeiro: *Moro no **undécimo** andar. Eu era o **undécimo** da fila.*

unha
Adj. corresp.: *ungueal*. Portanto: *manchas da unha = manchas ungueais*.

único
Rege *a* ou *em* (verbo), *de* ou *entre* (nome): *Ela era sempre a única **a** (ou **em**) chegar cedo às reuniões. Foi ele o único **d**os (ou **entre** os) jornalistas a noticiar o fato.*

urbano / urbanidade
Regem *com* ou *para com*: *Seja mais urbano **com** (ou **para com**) as pessoas! Sempre usou de muita urbanidade **com** (ou **para com**) todos.*

ureter
Cada um dos dois canais que conduzem a urina dos rins para a bexiga. É nome oxítono (*uretér*), assim como todos os que terminam em *-er*: *cateter, colher, Ester, masseter, mulher*, etc. Muitos, todavia, dizem "uréter".

urgência
Rege *em* ou *para* (nome) e *para* (verbo): *O presidente quer urgência n**a** (ou **para** a) solução desse caso. O presidente pediu urgência **para** votarem o projeto.*

urgente
Rege *a* ou *para*: *O mais urgente **a**o (ou **para** o) Brasil agora é atrair investimentos externos.*

urinol
Utensílio já em desuso em quase todo o Brasil. Muitos, no entanto, continuam dizendo "urinó", assim como insistem em dizer "fedô", "açúca", "azá", "orde", "garage", "difice", "face", "zipe", etc.

usar
Usa-se como transitivo direto ou como transitivo indireto, indiferentemente (servir-se de, fazer uso de), desde que o substantivo seja abstrato: *Vou usar (ou usar **de**) bom argumento para convencê-la. Os policiais usaram (ou usaram **de**) violência para dispersar os manifestantes.* Claro está que ninguém poderá dizer que homem que usa "de" brincos é efeminado...

uso "abusivo"
Combinação esdrúxula, já que se trata de nomes de mesmo radical. Equivale pouco mais ou menos a "combinação combinada". Deve ser substituída por *abuso* ou, então, por *uso excessivo, uso exagerado, uso imoderado*, etc.

usucapião
É palavra feminina pela origem (*a usucapião*) e masculina pelo uso aqui no Brasil (*o usucapião*). Em latim, seu gênero é o feminino; em português, é também palavra feminina, assim como no espanhol, no francês e no italiano, mas no meio jurídico tem sido usada como masculina: "o usucapião", porque assim está no código civil. A *usucapião* é um instituto jurídico pelo qual uma pessoa se torna proprietária simplesmente por ter a posse pacífica de um bem durante certo tempo.

usufruir
Por influência do sinônimo *gozar*, transitivo direto ou indireto, indiferentemente, este verbo passou a ser usado na língua contemporânea também como transitivo indireto: *Ele ainda não **usufruiu** o (ou **d**o) dinheiro que ganhou na loteria.* Convém, todavia, dar preferência à transitividade direta.

útil / utilidade

Regem *a* ou *para* (nome), *em* (coisa) e *em* ou *para* (verbo): *Utensílio útil **às** (ou **para** as) donas de casa. A utilidade desse utensílio **às** (ou **para** as) donas de casa ficou comprovada. Utensílio útil **na** cozinha. Utensílio útil **em** (ou **para**) cortar vidro.*

utilização

Rege *de...em* (ou *para*): *A utilização das horas de folga **em** (ou **para**) leitura.*

utilizado

Rege *em* ou *para*: *Horas de folga utilizadas **em** (ou **para**) leitura.*

utilizar

É verbo pronominal (servir-se, lançar mão) e rege *de*: *Ele **se utilizou d**o telefone para achincalhar a ex-mulher. Já **me utilizei d**os serviços dessa empresa. **Utilizei-me d**a caneta para assinar o documento. Podemos **nos utilizar d**o seu sabonete para tomar banho?* Sem a preposição *de*, usa-se apenas *utilizar*: *Utilizou o telefone para achincalhar a ex-mulher. Utilizei a caneta para assinar o documento. Podemos **utilizar** seu sabonete para tomar banho?* Não convém usar *utilizar* no sentido de *empregar, usar*. Assim, p. ex.: *A polícia "utilizou violência" para dispersar os manifestantes. É preciso "utilizar a inteligência" para tudo na vida. A ONU "utiliza todos os meios" para manter a paz.* Utilizar, em rigor, se usa apenas com nomes concretos: *utilizar uma ferramenta, utilizar uma pá, utilizar uma máquina*, etc. A língua cotidiana, contudo, não observa isso.

uxoricida

Pessoa que mata a própria mulher, ou seja, indivíduo que comete *uxoricídio*. O *x* tem o valor de *ks*: *uksoricida, uksoricídio*. No entanto, quase só se ouve "ussoricida", "ussoricídio".

V

vacilação

Rege *ante*, ou *diante de*, ou *em*, ou *em face de* (nome) e apenas *em* (nome e verbo): *Havia muita vacilação do governo **ante** a (ou **diante d**a, ou **n**a, ou **em face d**a) reforma da Previdência. Houve vacilação **na** escolha. Não haverá vacilação **em** decidir isso.*

vacilante

Rege *ante*, ou *acerca de*, ou *a respeito de*, ou *diante de*, ou *em*, ou *em face de*, ou *em relação a*, ou *quanto a*, ou *sobre*: *Governo vacilante **ante** (ou **acerca de**, ou **a respeito de**, ou **diante de**, ou **em**, ou **em face de**, ou **em relação a**, ou **quanto a**, ou **sobre**) um projeto.*

vadear ≠ vadiar

Convém não confundir. **Vadear** é passar ou atravessar a vau, ou seja, a pé ou a cavalo: *vadear um rio*. **Vadiar** é vagabundear: *vadiar pelas ruas*.

vadio

Superl. abs. sint.: *vadiíssimo*. *Ter filhos **vadiíssimos***.

vaga

Rege *de* ou *para*: *Ainda há vaga **de** (ou **para**) servente de pedreiro na obra?*

vagem

V. **bobagem**.

vaia

Rege *a*, *contra* ou *em*: *Ouviram-se vaias **a**o (ou **contra** o, ou **n**o) apresentador. Os torcedores gostam de dar vaias **a**o (ou **contra** o, ou **n**o) árbitro, antes de uma partida.*

vaidade

Rege *de* ou *em* (nome) e apenas *em* (verbo): *Ela tem vaidade **de** (ou **em**) sua cintura fina. Sentir vaidade **em** ter conquistado tantos títulos.*

vaidoso

Rege *de*: *Homem vaidoso **de** sua cultura.*

valer

Conj.: *valho, vales, vale, valemos, valeis, valem* (pres. do ind.); *valha, valhas, valha, valhamos, valhais, valham* (pres. do subj.). Há quem se pergunte, às vezes até olhando-se ao espelho: *Será que não "valo" nada?*

valhacouto

Significa *refúgio, proteção, guarida*. Toma-se geralmente à má parte. Ou seja, o termo se aplica a vagabundos de toda a sorte: bandidos, ladrões, seqüestradores, etc. Forma-se da terceira pessoa do presente do subjuntivo do verbo *valer* (*valha*) + o substantivo *couto* (= lugar onde um criminoso se abriga, para não poder ser alcançado pelo braço da justiça). Nos primórdios do cristianismo, a bandidagem tinha o hábito de cometer seus crimes e, depois, buscarem proteção nas igrejas contra a polícia, que era proibida de entrar para efetuar as prisões. Tais abrigos ilícitos passaram a ser conhecidos pelo nome de *valhacoutos*. Hoje, no entanto, as igrejas já não se prestam a esse tipo de proteção, longe de ser divina. Podemos dizer, em sentido figurado, que a imunidade parlamentar não pode fazer do congresso um *valhacouto* para bandidos, conforme afirmou certa vez, com muita propriedade, respeitável e conhecido articulista de um de nossos mais importantes jornais.

valido ≠ válido

Convém não confundir. **Valido** é protegido: *os **validos** do presidente*. **Válido** é sadio, vigoroso: *lei **válida**, regras **válidas***.

valioso
Rege *a* ou *para*: *Acordo valioso à (ou para a) paz na região.*

valise / valisa
As duas formas existem, mas a primeira é galicismo puro. Assim como *champanhe*, tem a preferência da mídia.

valorar ≠ valorizar
Convém não confundir. **Valorar** é emitir juízo de valor sobre, avaliar, apreciar: *Não devemos valorar o que desconhecemos. Não admito que gente como essa valore meu trabalho.* **Valorizar** é dar o devido valor a ou aumentar o valor de: *É preciso valorizar o professor, para que todos possamos ler jornais e revistas sem perder o bom-humor. Melhoramentos como asfalto e luz elétrica só valorizam um terreno.* Há muita gente por aí que, na ânsia de advogar a causa (muito justa, aliás) dos professores, diz: *Precisamos "valorar" o professor.*

vamos "se" embora
Construção tão boa quanto "eu se perdi" e "nós se amamos"...

vamo-nos amando / vamos nos amando
As duas construções são boas: a primeira é comum em Portugal; a segunda, no Brasil. Essa faculdade só se dá, todavia, quando existe verbo auxiliar. Claro está que ninguém está autorizado a usar: *"Divertimos nos" à beça.* Mesmo porque, se usar, quem se diverte é a pessoa que ouve ou lê...

vanglória ≠ bazófia
Convém não confundir. **Vanglória** é a idéia alta, o elevado conceito, porém falsos, que alguém faz de si próprio; é o mesmo que *presunção*. **Bazófia** é a ostentação escandalosa e ridícula de bens, grandezas, qualidades. É própria dos novos-ricos ou dos "emergentes". Há uma revista mensal especializada na mostra da bazófia de todos eles. Os espíritos superficiais sempre apreciam.

vantagem
V. **bobagem**.

vão
Superl. sint.: *vaníssimo*. *Políticos de ideais vaníssimos. Filósofos de teorias vaníssimas.*

vaporar ≠ evaporar
Convém não confundir. **Vaporar**, que se usa intransitiva ou pronominalmente, é exalar vapores: *Delicioso cheiro de comida vapora (ou se vapora) neste instante das panelas.* **Evaporar**, que também pode ser usado intransitiva ou pronominalmente, é passar do estado líquido para o gasoso, lentamente e sem ebulição, como se dá, em condições normais, na superfície do mar, dos rios, dos lagos, etc.: *Segundo a lenda, a água deste lago não evapora (ou não se evapora).* V. o caso seguinte.

vaporizar-se ≠ volatilizar-se
Convém não confundir. **Vaporizar-se** é passar (um líquido) ao estado de vapor, elevando-lhe a temperatura: *A água, a 100ºC, vaporiza-se.* **Volatilizar-se** (que também se usa intransitivamente) é passar diretamente ao estado gasoso, sem emitir vapores: *O éter facilmente volatiliza (ou se volatiliza).* Possui a variante *volatizar(-se)*. Um dicionário recém-publicado comete uma trapalhada daquelas na definição de *vaporar*, *evaporar*, *vaporizar* e *volatilizar*, considerando-os sinônimos, coisa que, como visto, não são.

vaquejar
Sempre com *e* fechado: *vaquejo, vaquejas, vaqueja, vaquejamos, vaquejais, vaquejam* (pres. do ind.); *vaqueje, vaquejes, vaqueje, vaquejemos, vaquejeis, vaquejem* (pres. do subj.).

varão
Homem de valor, virtuoso, de excelentes qualidades. Fem.: *virago* ou *varoa* (esta já forma arcaica).

variantes (formas)
Formas duplas ou múltiplas, todas válidas, como *assobio* e *assovio*, *flecha* e *frecha*, *neblina* e *nebrina*, *plancha* e *prancha*, *relampear*, *relampejar*, *relampadar*, *relampagar* e *relampaguear*, *sobressalente* e *sobresselente*, etc.

variar
Verbo regular: *vario, varias, varia, variamos, variais, variam* (pres. do ind.); *varie, varies, varie, variemos, varieis, variem* (pres. do subj.). Há quem use "vareia".

variedade ≠ variedades
Convém não confundir. **Variedade** é grande quantidade de seres que apresentam diversidade entre si: *variedade de produtos, variedade de padrões de tecido*. **Variedades** são grande quantidade diversificada de assuntos ou de apresentações em teatro, boates, circos, etc.: *seção de variedades de um jornal; teatro de variedades*.

varrer
É a única forma existente hoje; *barrer* se arcaizou.

vaso
Adj. corresp. (em anatomia e botânica): *vascular*. Portanto, *cirurgia dos vasos = cirurgia vascular; tecido formado por vasos = tecido vascular.*

veado
Adj. corresp.: *cervino* ou *elafiano*. Portanto, *ligeireza de veado = ligeireza cervina; pele de veado = pele elafiana.* É a palavra que se refere tanto ao animal que campeia pelas matas quanto aos seres frágeis, delicados e indefesos que desfilam pelas ruas de todas as cidades do mundo... Muitos, no entanto, ao referirem-se a estes últimos, escrevem "viado". Por quê, ninguém sabe...

vedas
Conjunto dos quatro livros sagrados que formam a base da religião bramânica. Pronuncia-se *védas*.

vedete
É sempre palavra feminina: **a** *vedete*, **uma** *vedete*. Daí por que Rui Barbosa foi **a** *vedete* em Haia, e não "o vedete" da famosa conferência, como já afirmaram alguns.

veia
Adj. corresp.: *venoso*. Portanto, *sangue da veia = sangue venoso*.

veia ≠ artéria
Convém não confundir. **Veia** é o vaso que conduz sangue venoso ou vermelho-escuro (pouco oxigenado) ao coração, exceto a veia pulmonar, que carrega sangue oxigenado. O povo usa *veia* em referência a qualquer vaso sangüíneo. **Artéria** é cada um dos vasos que conduzem sangue do coração a todas as partes do corpo. Todas as *artérias*, exceto a artéria pulmonar, carregam sangue oxigenado.

veicular
Pronuncia-se *ve-i-cular*, ou seja, existe hiato na palavra, derivada de *veículo*. Muitos dizem "vei-cular" notícias maldosas. Aliás, existem até os mais corajosos, ou mais maldosos, que dizem "vincular" notícias maldosas.

veículo ≠ viatura
Convém não confundir. **Veículo** é todo meio de transporte de pessoas ou coisas por terra, mar ou ar. Um automóvel é um *veículo*, assim como um carro de bois. **Viatura** é o veículo terrestre, geralmente pertencente a uma corporação municipal ou estadual, que serve para prestar serviços bem-definidos: **viatura** *policial*, **viatura** *do carro de bombeiros*.

velejar
Sempre com **e** fechado: *velejo, velejas, veleja, velejamos, velejais, velejam* (pres. do ind.); *veleje, velejes, veleje, velejemos, velejeis, velejem* (pres. do subj.). Há, no entanto, quem "veléje".

velhaco
Rege *com* (pessoa) e *em* (coisa): *Foi velhaco* **com** *os amigos* **n***esse negócio*.

velho / velhice
Adj. corresp.: *senil*. Portanto, *osteoporose de velho = osteoporose senil; fase da velhice = fase senil*.

velinha / velão
Respectivamente, dim. e aum. de *vela*. O **e** soa aberto: *vèlinha, vèlão*.

velocímetro ≠ hodômetro
Convém não confundir. **Velocímetro** é o instrumento do painel de um automóvel que mede a velocidade percorrida em milhas ou quilômetros por hora. **Hodômetro** é o instrumento que mede distâncias percorridas. Um atleta pode levar consigo um *hodômetro*, mas nunca um "velocímetro". Os jornalistas brasileiros grafam "odômetro", porque em inglês se escreve *odometer*. Mas... o que é que tem a ver inglês com português?

veloz
Superl. sint.: *velocíssimo*.

Vem pra caixa você também!
Frase que deixou de ser usada nas propagandas da Caixa Econômica Federal. Com razão, já que contém um equívoco primário: mistura de tratamento (*vem* é da segunda pessoa, enquanto *você* é da terceira). Os homens da Caixa preferiram retirar a frase das suas propagandas a corrigi-la. Ou seja, em vez de saltarem o abismo, acharam melhor dar a volta... É uma atitude pouco mais ou menos igual àquela do indivíduo que, não sabendo como escrever *sessenta*, emitiu dois cheques de trinta reais.

vêm ≠ vêem
Convém não confundir. A primeira forma é do verbo *vir*: *Eles* **vêm** *aqui todos os dias*. A segunda é do verbo *ver*: *Elas* **vêem** *esse programa diariamente*.

vencedor ≠ vitorioso
Convém não confundir. **Vencedor** é o que venceu, o que derrotou o seu adversário, oponente ou o seu inimigo. Um time de futebol, ao vencer, torna-se *vencedor*, ainda que o espetáculo tenha sido muito ruim. A vitória pode até ser fraudulenta. **Vitorioso** é o que venceu gloriosamente, brilhantemente. Um time de futebol, para ser chamado de *vitorioso*, deve naturalmente vencer convencendo, ou seja, proporcionando um jogo cheio de lances emocionantes, no qual as duas equipes tenham se enfrentado de igual para igual. Homem que bate em mulher, surra, é sempre *vencedor*. E daí?

vencer
Rege *de* ou *por* (competição, disputa, etc.): *O Flamengo venceu o América* **de** (ou **por**) *2 a 0*. É verbo pronominal (ter seu prazo vencido): *A prestação da casa* **venceu-se** *ontem. A promissória só* **se vencerá** *mês que vem*. Na língua cotidiana, porém, aparece como "verbo intransitivo".

vencimento ≠ vencimentos
Convém não confundir. **Vencimento** é término de prazo para pagar dívida: *O* **vencimento** *da primeira prestação da casa é só daqui a três meses. Paguei as prestações religiosamente, no seu* **vencimento**. **Vencimentos** são ordenado: *Eles pensam em reformar o ensino, em provões, em enens, e o diabo a quatro, mas não pensam nos* **vencimentos** *dos professores*.

vendaval ≠ ventania
Convém não confundir. **Vendaval** é vento forte e tem-

pestuoso, que não raro causa vultosos prejuízos a pessoas. **Ventania** é vento forte e contínuo. O *vendaval* pode durar apenas dois minutos, tempo suficiente para causar muitos estragos, arrancando árvores, destelhando casas e até matando. A *ventania* não causa mal nenhum, só tem como agravante o fato de ser prolongada, aborrecendo pedestres desavisados, mormente moçoilas de saias e vestidos.

vendável ≠ vendível

Convém não confundir. **Vendável** é o que é fácil de vender, por ter boa aceitação no mercado. Um Lexus é sempre um carro *vendável*, mas um Gordini nem tanto. **Vendível** é o que pode ser vendido, o que pode ser objeto de transação comercial: *Findo o inventário, o imóvel se tornou* ***vendível***. Um Gordini é *vendível*; será *vendável*?

vendem-se casas

V. **alugam-se apartamentos**.

vender caro "a derrota"

Esta frase é típica de jornalista esportivo, que também é dado a "correr atrás do prejuízo". É simples: aquele que saiu vencido ou derrotado não vende a derrota, coisa desprezível, mas sim a vitória, a coisa de real valor, ou seja, aquilo que ele podia alcançar, mas por ser suplantado, foi obrigado a deixá-la para o oponente. Assim, quando um time exige muito do adversário para ser vencido, constrói-se: *O Flamengo vendeu caro **a vitória***. Outros exemplos: *O Corinthians poderá vencer o Palmeiras; se derrotado, porém, certamente venderá caro **a vitória***. Fora do esporte, poderemos construir ainda: *Os alemães e japoneses venderam muito caro **as vitórias** dos aliados*. É tudo muito simples, mas para os jornalistas (principalmente os esportivos), tudo é muito complicado.

veneração

Rege *a*, *para com* ou *por*: *Ter veneração **a** (ou **para com**, ou **por**) uma atriz*.

vento

Adj. corresp.: *eólico* ou *eólio*. Portanto, *força do vento = força eólica; energia do vento = energia eólia*.

ver

Conj.: *vejo, vês, vê, vemos, vêdes, vêem* (pres. do ind.); *via, vias, via, víamos, víeis, viam* (pret. imperf.); *vi, viste, viu, vimos, vistes, viram* (pret. perf.); *vira, viras, vira, víramos, víreis, viram* (pret. mais-que-perf.); *verei, verás, verá, veremos, vereis, verão* (fut. do pres.); *veria, verias, veria, veríamos, veríeis, veriam* (fut. do pret.); *veja, vejas, veja, vejamos, vejais, vejam* (pres. do subj.); *visse, visses, visse, víssemos, vísseis, vissem* (pret. imperf.); *vir, vires, vir, virmos, virdes, virem* (fut.); *vê* (tu), *veja* (você), *vejamos* (nós), *vêde* (vós), *vejam* (vocês) [imperativo afirmativo]; *não vejas* (tu), *não veja* (você), *não vejamos* (nós), *não vejais* (vós), *não vejam* (vocês) [imperativo negativo]; *ver, veres, ver, vermos, verdes, verem* (infinitivo pessoal); *ver* (infinitivo impessoal); *vendo* (gerúndio); *visto* (particípio). Atenção para o futuro do subjuntivo. Não existe, portanto, quando eu "ver", se eu "ver". *Quando eu a **vir** novamente, falaremos sobre esse assunto. Se você **vir** o filme que eu vi, também vai chorar. Quem **vir** meu filho por aí, avise-me! Se daqui a pouco **virmos** um clarão, já saberemos do que se trata. Quando me **vires** entrar, cumprimenta-me!* O acento nas formas *vêdes* (do presente do indicativo) e *vêde* (do imperativo afirmativo) não tem respaldo oficial, mas é de bom-senso, já que serve para diferençar essas formas de outras, heterofônicas: *vedes, vede* (do verbo *vedar*). Com infinitivo, usam-se os pronomes oblíquos átonos, e não os pronomes retos. Ex.: *Vi-**o** chorar. Vi-**os** chorar*. O povo, contudo, usa assim: *Vi "ele" chorar. Ouvi "eles chorarem"*. Se o pronome está no plural, note: o infinitivo não varia, fica no singular. Se, no lugar do pronome, houver um substantivo, poderemos variar ou não o infinitivo: *Vi os rapazes **chorar** (ou **chorarem**)! Vi portas e janelas **bater** (ou **baterem**)*. Se, porém, o infinitivo vier imediatamente após, ficará sempre no singular: *Vi **chorar** os rapazes! Vi **bater** portas e janelas*. Como se trata de verbo transitivo direto, assim como *amar, conhecer, considerar, convencer* e *prejudicar*, usa-se com o pronome oblíquo *o*: *ela **o** viu, nunca **os** vi na vida, eu **a** vejo sempre, nunca mais **as** vi por aqui*. No Nordeste, todavia, é comum substituir o pronome *o* (e variações) por *lhe* (e variação). Então, comumente se ouve: *Você estava lá na festa? Como é que eu não "lhe" vi, seu cabra da peste? Vocês também foram lá comer buchada de bode? Como é que eu não "lhes" vi, seus filhos de uma égua?* Como facilmente se percebe, no Nordeste (mormente no Ceará), cabra, bode, égua e ? claro ? jegue convivem harmoniosamente...

verão

Adj. corresp.: *estival*. Portanto, *ventos de verão = ventos estivais*.

verdadeiro

Rege *com* ou *para com* (pessoa) e *em* (coisa): *Ser verdadeiro **com** (ou **para com**) o parceiro **em** tudo*.

verde-piscina

Não varia no plural: *olhos **verde-piscina***. Quando um substantivo composto indicativo de cor tiver como elemento um substantivo, ficará invariável. Portanto, use sempre: *olhos **verde-alface**, cabelos **vermelho-burro**, gravatas **amarelo-ouro***, etc.

vereador

Rege *por*: *Ele é vereador **pel**o PT. Nunca fui vereador **por** cidade nenhuma*.

vereador "municipal"

Visível redundância: todo vereador é membro de câmara *municipal*.

veredicto

Rege *de* ou *sobre*: *Ainda não saiu o veredicto **d**o (ou **sobre** o) réu*. Atenção: não existe a forma "veredito".

vergonha
Rege *de* (verbo) e *para* (pessoa): *Ter vergonha **de** rir. A corrupção é uma vergonha **para** qualquer povo.*

veridicidade
É esta a palavra correta, embora haja muita "vericidade" campeando por aí.

vernissage
Palavra do francês, em que é do gênero masculino. Em português deve ser *vernissagem*, e de gênero feminino, alterações semelhantes às observadas com *garage*, também palavra francesa.

Veronese
Nome próprio. Pronuncia-se *veronêze*.

verossimilhança
Apesar de ser assim, muita gente usa "verossemelhança".

verruga / berruga
As duas formas existem, mas a segunda é eminentemente popular; na linguagem elegante ou culta, prefira a primeira.

versar
É verbo transitivo direto (estudar; tratar) e transitivo indireto (ter por objeto, dizer respeito): *Há muito tempo que ele versa os clássicos da língua. O orador versou muito bem o assunto. Comprei um livro que versa **acerca de** (ou **em**, ou **sobre**) astronomia. Todas as questões da prova versavam **acerca de** (ou **em**, ou **sobre**) botânica.*

versejar
Sempre com **e** fechado: *versejo, versejas, verseja, versejamos, versejais, versejam* (pres. do ind.); *verseje, versejes, verseje, versejemos, versejeis, versejem* (pres. do subj.).

verso
Rege *a* ou *para*: *Fazer versos **a**o (ou **para** o) ser amado.*

vestiário ≠ vestuário
Convém não confundir. **Vestiário** é o compartimento ou local de uma escola, clube, estádio, teatro, etc., usado especialmente para guardar roupa ou para trocar a roupa comum por outras, especiais, temporariamente. **Vestuário** é traje, roupa completa, indumentária: *Use **vestuário** adequado para esquiar!*

vestibulando
Palavra já definitivamente aceita. Trata-se, na verdade, de vocábulo surgido por analogia com *bacharelando, doutorando, formando, graduando*, etc., todas palavras baseadas em verbo. Vestibulando, todavia, não se baseia em verbo, mas na criação popular. Nada, todavia, contra o povo, nada contra o *vestibulando* (princ. o bem-preparado). V. **odontolando**.

vestibular
Esta palavra vem de *vestíbulo* (entrada de edifício ou residência). Exame *vestibular* é, à luz da etimologia, exame que se presta à porta de uma faculdade, para se saber se pode entrar ou não. Com o uso freqüente e o passar do tempo, omitiu-se o substantivo *exame*, e o adjetivo se substantivou, fato lingüístico bastante comum: *o vestibular*, terror de todos os vestibulandos (princ. os despreparados).

vestido
Rege *com, de* ou *em* e apenas *de* (disfarçado): *Homem vestido **com** (ou **de**, ou **em**) terno de grife. Homem vestido **de** pirata.*

veto
Rege *a* ou *contra*: *O presidente manteve o veto **a** (ou **contra**) esse projeto.*

vexado
Rege *com, de* ou *por*: *Sentiu-se vexado **com** o (ou **d**o, ou **pel**o) que fez.*

vexame
Rege *a* ou *para*: *Aquele assassinato foi um vexame **a**o (ou **para** o) povo norte-americano.*

"via de regra"
V. **por via de regra**.

viagem
Rege *a* ou *para* (destino) e *através de, em* ou *por* (no interior de): *Fizemos várias viagens **a** (ou **para**) Salvador. Fazemos freqüentes viagens **através d**o (ou **n**o, ou **pel**o) Brasil.*

viagem / viajem
Convém não confundir. **Viagem** é substantivo (*a **viagem**; boa **viagem**); **viajem** é verbo (*espero que vocês **viajem** bem*). V. **bobagem**.

Via Láctea / Via Látea
A galáxia em que está inserido o sistema solar, a nossa galáxia, se chama *Via Láctea* ou *Via Látea* (sem hífen e com iniciais maiúsculas). Um dicionário recém-publicado registra direitinho: *Via Láctea*, no verbete **via**. De repente, usa "Via-Láctea" quatro vezes, num mesmo verbete (**galáxia**). Afinal, o correto é *Via Láctea* ou "Via-Láctea"?

víbora
Adj. corresp.: *viperino*. Portanto, *língua de víbora = língua viperina*.

vice
Quando usado como substantivo este prefixo, assim como *micro, míni* e *híper*, varia normalmente: *os vices*.

vicejar
Sempre com **e** fechado: *vicejo, vicejas, viceja, vicejamos, vicejais, vicejam* (pres. do ind.); *viceje, vicejes, viceje, vicejemos, vicejeis, vicejem* (pres. do subj.).

vidro
Adj. corresp.: *vítreo* ou *hialino*. Portanto, *brilho de vidro = brilho vítreo* ou *hialino*.

viger
Este verbo só possui formas em que aparece **e** depois do **g**: *Naquela época, o contrato ainda estava **vigendo**. O acordo **vige** até hoje. O contrato **vigeu** até ontem. O pacto social **vigerá** até quando?* Não são poucos os que usam "vigir", verbo que em nossa língua nunca existiu.

vigia ≠ sentinela
Convém não confundir. **Vigia** é a pessoa encarregada de observar o que se passa, de tomar conta de um lugar, principalmente durante a noite, precisando estar sempre desperta e atenta. **Sentinela** é o vigia militar. Existe, ainda, o *atalaia*, que é o vigia que fica em lugar alto, de onde possa ver o que se passa a distância. Um dicionário recém-publicado estabelece a maior confusão entre esses três conceitos, colocando-os todos num só balaio.

vilão
Esta palavra sofreu alteração semântica ao longo de sua existência: primeiro significou habitante de vila, camponês; depois, passou a homem vil, desprezível. Caldas Aulete registra este provérbio: *Se queres conhecer o vilão, mete-lhe a vara na mão*, ou seja, quem não possui nobreza de sentimentos revela prontamente suas baixezas, quando ocupa posição ou cargo elevado. Para a mudança de sentido da palavra, contribuíram a presença do elemento *vil* (reles, ordinário) e a concepção dos nobres, que habitavam a cidade, de que somente o homem do campo seria capaz de ações grotescas (e era justamente o oposto...). A palavra provém do latim *villanus* = do campo. Fem.: *vilã* ou *viloa*. Aum. (pejorativo): *vilanaço* ou *vilanaz*. Pl.: *vilãos, vilães* ou *vilões*. Subst. corresp.: *vilanagem* ou *vilania*.

vinagre
Adj. corresp.: *acético*. Portanto, *ácido do vinagre = ácido acético*.

vinha vindo
Correto: o verbo *vir* pode ser auxiliar de si próprio, assim como o verbo *ir*. *Eu ia indo, e ela não vinha vindo...*

vinho
Esta palavra, quando usada como adjetivo, na indicação da cor, não varia: *sapatos vinho, meias vinho, gravatas vinho*. V. **areia, bomba, cassete, chave, cinza, creme, esporte, jambo, laranja, monstro, padrão, pastel, pirata, relâmpago, surpresa** e **tampão**.

vinte
Ordinal corresp.: vigésimo. Portanto, quem está no 20º distrito policial, está no *vigésimo* DP. V. **ordinais**.

violação
Rege *a* ou *de*: *A violação **a**o (ou **d**o) tratado poderá precipitar uma crise entre os dois países.*

violência
Rege *a* (coisa) e *com* ou *contra* (pessoa) e *em* (verbo): *Essa medida é uma violência **à** liberdade de expressão. A violência **com** os (ou **contra** os) manifestantes foi justificada pelo governador. A violência **em** desalojar os sem-tetos foi plenamente justificada pelo governador.*

vir
Rege de preferência *a*, mas no Brasil se vê muito a preposição *em*, que, na medida do possível, deve ser desprezada, ao menos na linguagem elegante: *Ninguém veio **a**o teatro. Se ela vier **a**o estádio, verá um bom jogo.* Conj.: *venho, vens, vem, vimos, vindes, vêm* (pres. do ind.); *vinha, vinhas, vinha, vínhamos, vínheis, vinham* (pret. imperf.); *vim, vieste, veio, viemos, viestes, vieram* (pret. perf.); *viera, vieras, viera, viéramos, viéreis, vieram* (pret. mais-que-perf.); *virei, virás, virá, viremos, vireis, virão* (fut. do pres.); *viria, virias, viria, viríamos, viríeis, viriam* (fut. do pret.); *venha, venhas, venha, venhamos, venhais, venham* (pres. do subj.); *viesse, viesses, viesse, viéssemos, viésseis, viessem* (pret. imperf.); *vier, vieres, vier, viermos, vierdes, vierem* (fut.); *vem* (tu), *venha* (você), *venhamos* (nós), *vinde* (vós), *venham* (vocês) [imperativo afirmativo]; *não venhas* (tu), *não venha* (você), *não venhamos* (nós), *não venhais* (vós), *não venham* (vocês) [imperativo negativo]; *vir, vires, vir, virmos, virdes, virem* (infinitivo pessoal); *vir* (infinitivo impessoal); *vindo* (gerúndio e particípio). *Quem **vier** aqui hoje vai ter uma surpresa. Quando você **vier**, não se esqueça de me trazer o presente!* Pelo verbo *vir* se conjugam *avir-se, convir, desavir-se* e *sobrevir*.

virado
Rege *a* ou *para*: *Os puristas são gente virada **a**o (ou **para** o) passado.*

vir "com"
Uma criança pode *ir* ou *vir com* a mãe a um circo, um rapaz pode *ir* ou *vir com* a namorada ao cinema, um ladrão *vai* ou *vem* naturalmente *com* a polícia a uma delegacia. Tudo isso é muito normal e se vê a cada dia. O que não é normal é alguém ir ou vir "com" um avião, ir ou vir "com" um trem, ir ou vir "com" um ônibus, ir ou vir "com" o metrô, pois essa é uma missão um tanto ou quanto árdua a um ser humano normal. O Super-Homem, este sim, consegue a façanha de vir em companhia de um avião, de um trem, de um ônibus ou do metrô. Nós, simples mortais, vamos **n**o avião, **n**o trem, **n**o ônibus ou **n**o metrô. Há muita gente, no entanto, com aspirações a Super-Homem, que vive dizendo: *Eu vou "com" o trem das onze.* Será?! Pela mesma razão, ninguém voa "com" a TAP, nem mesmo os portugueses... Eles voam mesmo é **pel**a TAP. (E chegam!)

virilha
Adj. corresp.: *inguinal*. Portanto, *dor na virilha = dor inguinal*.

vir "para aqui"
Aqui e *aí* são advérbios que não aceitam a preposição *para*, que se emprega com *cá* e *lá*. Portanto, construímos: *Venha aqui!* ou *Venha para cá!*; *Vou aí* ou *Vou para lá*.

virtuose / virtuoso
As duas têm o **o** tônico fechado: *virtuôse, virtuôso*. A primeira é um galicismo puro; a segunda é um italianismo puro. Não faltam aqueles que dizem "*virtuóse*" *do piano*, "*virtuóse*" *do violino*, etc.

visão
Adj. corresp.: *óptico*. Portanto, *anomalia da visão = anomalia óptica*.

visar
É verbo transitivo direto (pôr visto em; apontar para): *visar um cheque, um passaporte; visar um alvo, uma vidraça*. É transitivo indireto (desejar ardentemente, pretender): *visar **a** um cargo, visar **a** um diploma, visar **a**o progresso do país, visar **a**o poder*. Não aceita *lhe(s)* como complemento, mas apenas *a ele* (ou variações): *O progresso era a meta do governo, e só **a ele** visavam os governantes*. Antes de infinitivo, é facultativo o emprego da preposição: *O presidente visa (a) colocar o país no Primeiro Mundo. O governo visa (a) estimular a venda de veículos*.

visita
Rege *a* ou *para*: *Depois de muito tempo, resolveu fazer uma visita **a**o (ou **para** o) pai*.

visitar
Usa-se assim: *Eu ainda não o visitei por falta de tempo. Quando você o visitará?* Muitos, no entanto, usam "lhe" no lugar do *o*, transformando o verbo transitivo direto em indireto.

vista "vermelha"
Como é um sentido, a vista não pode adquirir cor; os olhos, sim, coisa física, podem ficar vermelhos. A vista pode ficar embaçada, perturbada, curta, cansada, etc., mas colorida, nunca! Não faltam pessoas, todavia, que dizem: *Estou com a vista "vermelha" de tanto chorar!* Pois, que continue o choro!...

vistoria
Rege *a, de* ou *em*: *Fazer vistoria **a** (ou **de**, ou **em**) um prédio*.

vital
Rege *a* ou *para*: *Esse acordo é vital **a**o (ou **para** o) país*.

vitiligo
É palavra masculina: *o vitiligo, um vitiligo*. Tem a variante *vitiligem*, que é feminina: *a vitiligem, uma vitiligem*. O *vitiligo* é uma afecção cutânea caracterizada por placas de despigmentação.

vitória / vitorioso
Regem *contra* ou *sobre*: *Foi suada a vitória **contra** (ou **sobre**) os alemães. A muito custo, saímos vitoriosos **contra** (ou **sobre**) os alemães*.

vitória ≠ triunfo
Convém não confundir. **Vitória** é a vantagem obtida sobre o inimigo na guerra, sobre o adversário na disputa, sobre o concorrente na rivalidade. **Triunfo** é a exultação resultante de uma grande vitória ou sucesso; é a ostentação da vitória, a solenidade com que se honra o vencedor. *A seleção brasileira de futebol ganhou o pentacampeonato na Ásia, em 2002, e teve seu triunfo no Brasil*.

vitral ≠ vitrô
Convém não confundir. **Vitral** é a vidraça colorida ou com pinturas. As igrejas costumam trazer lindos *vitrais*. **Vitrô** é janela envidraçada, geralmente com basculantes. Trata-se de uma corruptela arrepiante, mas vingou entre nós.

vitrina
É o aportuguesamento do francês *vitrine*. Muitos, no entanto, fazem questão de usar justamente o galicismo puro. V. **cabina / cabine**, **champanha** e **valise / valisa**.

vivam os noivos!
É desta forma que todos devemos saudar os noivos. Isto, se forem desejos sinceros. Os falsos costumam desejar de outra forma: *"Viva" os noivos!* Ora, se *os noivos* é o sujeito, o verbo não pode ficar no singular.

viver juntos
É o que fazem pessoas sadias. As outras preferem "conviver juntos". Sem medo de cometer redundâncias...

vizinho
Rege *a, com* ou *de*: *No hotel, deram-me um quarto vizinho **a**o (ou **com** o, ou **d**o) de Daniella Cicarelli! Meu terreno é vizinho **a**o (ou **com** o, ou **d**o) seu*.

voar "com" a TAP
Ora, se ir ou vir "com" a TAP já é coisa para Super-Homem, que se dirá, então, de voar "com" a TAP! Só pode ser mesmo coisa de puro portunhês... Por tudo isso, o melhor mesmo é voar **pel**a Varig...

voar "pelos ares"
Visível redundância. Quem voa só pode fazê-lo mesmo pelos ares.

vocação
Rege *a, de* ou *para*: *Não ter vocação **a**o (ou **d**o, ou **para** o) sacerdócio. Ele possui a vocação **à** (ou **d**a, ou **pel**a) música*.

você
Abrev.: *v*. Pl.: *vv*.

volatilizar / volatizar
As duas formas existem, porém, dá-se preferência à primeira. São verbos intransitivos ou pronominais, indiferentemente: *O éter **volatiliza** (ou **volatiliza-se**) facilmente.*

voleibol / volibol
As duas formas existem, mas a primeira tem nítida preferência popular. Diz-se o mesmo de *voleibolista* e *volibolista*. Pl.: *voleibóis, volibóis*. *Ninguém duvida que o Brasil pratica um dos melhores **voleibóis** (ou **volibóis**) do mundo.*

Vôlnei
Nome próprio. Note: é paroxítono. Muitos, todavia, dizem "volnêi".

volta / voltar
Regem de preferência a preposição *a*, embora no Brasil muito se veja *em*: *É hoje a volta **às** aulas. A maioria dos alunos das escolas particulares volta **às** aulas hoje. Voltem **a** seus lugares, crianças! Nunca mais voltei **à** casa dele*. Repare na deselegância da construção "volta **n**as aulas"!

voltar atrás / voltar para trás
Não há redundância em nenhuma destas combinações: *Ao sentir a fúria popular, o governo acabou **voltando atrás**. Ele consegue **voltar para trás** as orelhas!* Os que se caracterizam por um gramaticalismo estreito reputam "redundância inaceitável" a segunda expressão. Mas, afinal, não se pode também *voltar para o lado*?

vontade ≠ vontades
Convém não confundir. **Vontade** é desejo: *ter **vontade** de comer*. **Vontades** são capricho: *filho cheio de **vontades***.

Vossa Excelência
Abrev.: V. Ex.ª, e não "V. Excia." Este pronome de tratamento, como todos os demais, exige o verbo e determinantes na terceira pessoa do singular: ***Receba** Vossa Excelência os cumprimentos de **seus** alunos*. Admite-se a contração *Vossência*, que mais se usa em telegramas e mensagens em que o abreviamento é imperioso.

Vossa Excelência / Sua Excelência
Usamos o primeiro pronome quando estamos tratando diretamente com a pessoa; usamos o segundo, quando estamos nos referindo a ela, falando dela: ***Vossa** Excelência vai atender Luís? Luís, **Sua** Excelência não poderá atendê-lo hoje*. E assim se procede com todos os demais pronomes de tratamento: *Vossa Senhoria / Sua Senhoria, Vossa Majestade / Sua Majestade, Vossa Santidade / Sua Santidade*, etc.

Vossa Senhoria
Abrev.: *V.Sª* (e não: "V.Sa.").

votar
Rege *em*: *Votem sempre **n**os melhores candidatos! Não votei **em** ninguém*. Só se usa a preposição *para*, quando a referência for ao cargo: *No Brasil já podemos votar **para** todos os cargos: prefeito, governador e presidente. Você votou **para** governador?*

voto
V. **desejar "votos"**.

voz
Adj. corresp.: *vocal*. Portanto, *cordas da voz = cordas vocais*.

vultoso / vultuoso
Convém não confundir. **Vultoso** é enorme, elevado, de grande vultoso: ***vultosa** quantia, **vultosa** recompensa, **vultoso** empréstimo, **vultosas** despesas*. **Vultuoso** é inchado: *lábios **vultuosos**, face **vultuosa***.

X

xampu
Aportuguesamento de *shampoo*. Não seria interessante se amanhã as empresas nacionais ou multinacionais estampassem *xampu* nas embalagens de seus produtos?

xeque / xeque-mate
Regem *a*: *Dar xeque (ou xeque-mate) **à** dama*. Pl. do composto: *xeques-mates*. V. **pombo-correio**.

xereta
É nome comum-de-dois ou seja, usa-se tanto para o homem quanto para a mulher, com mudança apenas do artigo ou dos determinantes: *o xereta, a xereta*. Portanto: *seu irmão é xereta, e sua irmã muito mais xereta ainda*. Mas no interior do Brasil existe muito homem "xereto".

xerife
É nome comum-de-dois: *o xerife, a xerife*. Mas há alguns "artistas" que usam *a "xerifa"*. O Brasil é um país excepcionalmente "artístico"...

xérox
É palavra feminina e paroxítona: *a xérox, uma xérox*. Alguns escritores de renome, no entanto, usaram "xerox", mas são desses equívocos perfeitamente compreensíveis. Nenhum escritor, nem mesmo Machado de Assis, o maior deles na literatura brasileira, foi absolutamente perfeito. Ao equipamento, à máquina, a empresa que a fabrica deu o nome *xerox* e também se autodenominou *Xerox*. Ora, ninguém, absolutamente ninguém, por ser dono de uma empresa, tem o direito de usar um nome e fixar a sua pronúncia a seu bel-prazer. No Brasil, há um hipermercado com o nome *Extra*. Seus donos querem porque querem que se diga "éstra". Ora, mas quem lhes deu o direito de

se arvorarem donos da língua? São lá eles donos do estabelecimento, mas não da palavra, da prosódia da palavra, do idioma. Ainda que seus ancestrais sejam legitimamente portugueses. Aliás, em sendo assim, deveriam é ser fiéis à origem. Não são. Voltemos, todavia, a *xérox*. Existem três verbos correspondentes: *xerografar, xerocopiar* e *xeroxar,* todos com a vogal *e* aberta. Um dicionário recém-publicado dá "xeróks" como substantivo masculino ou feminino e ainda registra um quarto verbo, só existente na pena e na boca de incautos: "xerocar". Ou seja: estamos bem de dicionários...

xou

Aportuguesamento de *show*. O Vocabulário Oficial resiste a este aportuguesamento. A maioria das pessoas não o usa, porque o considera, por si só, um verdadeiro *xou*... Mas um dia ainda todos vamos encarar esse *xou*.

Z

Zaíra

Nome de pessoa. Note: com acento no **i**. Muitos, no entanto, dizem "Záira".

Zambeze

Rio da África. Pronuncia-se *zambêze*.

Zâmbia

Exige o artigo: *A Zâmbia é um país africano. Estive n**a** Zâmbia. Morei n**a** Zâmbia. Passei pel**a** Zâmbia. Gostei d**a** Zâmbia.*

zanga

Rege *a* ou *com*: *Ele sempre teve zanga **a** (ou **com**) crianças.*

zangão / zângão

As duas prosódias existem, mas a primeira é a mais vulgar. Pl. (1): *zangões*; (2): *zângãos*.

zangar

É verbo pronominal (aborrecer-se, irritar-se, agastar-se): *Ela **se** zanga à toa. Não faça isso, que a mamãe **se** zanga!* Há muita gente, por aí, no entanto, que diz: *Não "faz" isso, que a mamãe "zanga"!* Quem é que não se zanga?

Zaratustra

Líder religioso persa, fundador do zoroastrismo e também conhecido por Zoroastro (forma grega de *Zarathustra*). Muitos usam "Zaratrusta", que nunca existiu. Nietzsche, o imortal filósofo alemão, escreveu *Assim falava Zaratustra*.

zarolho

Tanto o singular quanto o plural têm **o** tônico fechado.

zebra

Por que a palavra *zebra* passou a significar *acontecimento inesperado,* geralmente em competição esportiva? A *zebra,* como todos sabemos, não figura entre os vinte e quatro bichos do jogo do bicho. Certo dia apareceu um treinador de futebol no Rio de Janeiro, muito galhofeiro, que garantia a todos os repórteres daquele ano de 1964: *Este ano vai dar **zebra**: vocês vão ver o meu time, a Portuguesa, campeã carioca de futebol.* Os repórteres gostaram da brincadeira, porque só podia mesmo ser brincadeira. Adotaram a palavra como sinônima de *acontecimento inesperado* e se encarregaram de divulgá-la Brasil afora. Pegou.

zebu

Adj. corresp.: *zebuíno* (e não "zebuzino", como quer certo gramático). Portanto, *raças de zebu = raças zebuínas*.

zelar

É verbo transitivo direto ou transitivo indireto, indiferentemente (proteger, assistir; cuidar): *É um governo que zela os* (ou ***d**os*) *pobres. Ela zela os* (ou ***d**os*) *irmãos mais novos. Quem usa drogas não zela a* (ou ***na, ou pel**a*) *saúde. Zela a* (ou ***na**,* ou ***pel**a*) *honra da família.*

zé-ninguém

Pl.: os *zé-ninguém*.

zênite

Ponto da esfera celeste cortado pela vertical de um lugar. Em sentido figurado: auge, o ponto mais elevado, ápice: *atingir o **zênite** da glória, o **zênite** da fama*. Note: é palavra proparoxítona.

Zequinha / Zecão / Zelão

Hipocorísticos de *José*. O **e** soa aberto: *Zèquinha, Zècão, Zèlão*.

zero "graus" Celsius

Quando fica muito frio, a temperatura cai a *zero grau* Celsius. Mas muita gente quer que o frio fique ainda maior, sem sair do zero, falando em "zero graus".

zero "pontos perdidos"

Há muita equipe que, numa competição, permanece com *zero ponto perdido*, ou seja, porque não perdeu nenhum ponto, nas partidas que já disputou. Mas há jornalistas e repórteres esportivos que gostam muito do zero (mas no plural): esses estão sempre com pontos perdidos...

zero-quilômetro

Pl.: *zeros-quilômetros*. Os desavisados (e há gramáticos entre eles) estranham tal plural, misturando lógica com língua, coisas muitas vezes incompatíveis: *zero* e *quilômetro* são ambos substantivos, nomes variáveis. Assim, só mesmo quem desconhece a língua compra carros "zero-quilômetro".

zíper
 Pl.: *zíperes*. Há quem diga "zípe".

zumbido ≠ zunido
 Convém não confundir. **Zumbido** é o sussurro das abelhas, vespas, moscas e outros insetos alados. *Zumbir* é a voz dos insetos voadores. **Zunido** é o som agudo do vento que passa por alguma greta ou que por ela ecoa. *Zunir* é a voz do vento. Portanto, não existe "zumbido" de bala, mas *zunido* de bala; não há "zunido", mas *zumbido* de pernilongo ou muriçoca.

zunzum
 Rege *de* ou *sobre*: *Houve um zunzum **de** (ou **sobre**) sua separação.*

Índice auxiliar e complementar

Atenção – Só constam deste índice palavras que já não figuram em ordem alfabética na obra.

a mancheias, 33
a menos, 258
à noite, 142
a páginas, 45
a poucas palavras, 171
a semana passada, 332
à surdina, 267
à tarde, 156
a tempo, 213
à uma hora, 214
abacaxi, 5
á-bê-cê, 6
abissal, 7 (**abismo**)
ablução, 7
abobado, 7
abracar, 6, 8
abstinente, 9
absurdo, 7
acipitrino, 69 (**ave de rapina**)
acreditar, 130
advertir, 17
afastar, 46
afeto, 19
afoito, 19
aforismo, 15
agora, 237
aguçar, 20
aí, 52
ajutório, 16
alcoice, 247
além disso, 44
além do quê, 44
alfabeto, 6
ali, 5
alimentar, 271, 347
altura, 31
amainar, 10
amamentar, 27
amolar, 20
amontoado, 261
anexar, 224
anis, 5
antecedente, 298
anticárie, 42
anticaspa, 42
ao demais, 15
ao depois, 143
ao par, 45
ao sereno, 45
aos poucos, 49

aparição, 46
apelar, 23
aplacar, 10
aposentar-se, 239
apreender, 50
apurado, 14
aqui, 5
aquilo, 52
Araci, 5
arar, 242
armadilha, 53
aromático, 203
arresto, 53
arriar, 54
arrogância, 31
artéria, 366
às folhas, 21
às pressas, 50
ascender, 11
assassinar, 254
assento, 11
asseverar, 59
Assis, 5
assisti, 5
assobio, 47
associado, 20
assuar, 61
assunção, 61 (**assumir**)
ataque, 23
atazanar, 62
atenazar, 62
aterrissar, 63
aterrorizado, 63
atestar, 59
ato, 10
aturdir, 8
auferir, 20
auréola, 53
auricular, 276 (**orelha**)
aurora, 32
auto-estrada, 89
babaçu, 14 (-açu)
baguete, 76
baía, 39
baixar, 5
bala, 305
balaio, 53
banir, 8
barragem, 14
Barueri, 5

basílica, 351
baú, 53
bazófia, 365
beco, 359
bem que, 331
benzer, 7
béquer, 75
berganhar, 73
berruga, 368
biju, 75
bisturi, 5
boato, 72
bonito, 76
borboleta, 254
bordel, 247
bosque, 254
bramir, 8
brandir, 8
brigar, 74
brisa, 52
bromeliáceo, 5 (**abacaxi**)
broxa, 82
brunir, 8
burro, 58
cabaré, 78
cachaça, 23
cachoeira, 96
caderneta, 173
caixão, 62
calabouço, 86
calão, 208
calefação, 87
Cambuci, 5
camelô, 34
camião, 89
caminhar, 38
camioneiro, 89
camioneta, 89
campeonato, 356
canonizar, 75
caqui, 5
caramelo, 72
caramujo, 92
carícia, 94
carnificina, 264
carola, 75
carpetar, 10
carpir, 8
casebre, 84
caseoso, 311 (**queijo**)

cassar, 85
castão, 206
castiçal, 90
castigar, 308
castrense, 10 (**acampamento militar**)
catafalco, 85
catarata, 96
caução, 88
cavaleira, 34
cegonha, 95
celerado, marche, 11
cerco, 59
cerração, 83
cervino, 365 (**veado**)
cessão, 336
cesta, 53
cesto, 53
chacina, 94
chantili, 5
charge, 95
chassi, 5
chato, 248
cheiro, 54
chicote, 102
ciciar, 98
cilada, 53
cimento, 98
cimo, 47
civismo, 104
clamor, 81
coalizão, 29
cobiça, 34
cognome, 26
coleta, 107
colibri, 5
colorir, 8
com exceção de, 19
com muito custo, 37
com respeito a, 53
combater, 74
comediante, 217
comedir, 8
como seja, 309
compreender, 176
conclave, 114
concorrente, 325
condolências, 289
confusão, 72
conjuntura, 118
conquanto, 113
consegui, 5
conserto, 114
conspiração, 118
contente, 27
contraditório, 122
contra-senso, 7
convencer, 289

conviva, 109
coque, 106
corar, 310
cordial, 93
corsário, 290
cortejo, 110
costeleta, 345
costumar, 13
coxo, 106
cozer, 128
crestar, 100
croqui, 5
cucurbitáceo, 8 (abóbora)
cultura, 105
cumplicidade, 117
cumular, 14
cura, 283
cutucar, 97
Davi, 5
de encontro a, 44
de leve, 44
de mais a mais, 15
de maneira a, 138
de maneira geral, 138
de modo a, 138
de modo geral, 138
de noite, 40
de tarde, 62
decepar, 37
declive, 12
decrépito, 86
degolar, 136
delinqüir, 8
delir, 8
demais, 15
demão de tinta, 253
demolir, 8
dentro, 15
depois, 49
depredar, 46
desapropriação, 116
descarado, 103
descaramento, 66
descomedir, 8
descortesia, 211
desencargo, 147
deserto, 144
desmedir, 8
despautério, 146
despedir, 141
desperdiçar, 121
destituir, 143
destruir, 57
detergir, 8
detrás de, 65
dicionário, 209
difamação, 88

diferir, 138
dilação, 140
dilacerar, 153
dilapidar, 121
discípulo, 32
discrição, 149
discriminar, 149
disenteria, 158
disjungir, 8
disparate, 146
dispensa, 153
dispensar, 141
dissertar, 148
dissipar, 121
distorcer, 155
distratar, 155
divagação, 159
divisa, 161
divisar, 70
divórcio, 154
dizer, 194
domicílio, 95
dormir, 17
dromedário, 89
duvidoso, 164
edição, 221
edifício, 299
edis, 5
efeminar, 19
efervescência, 165
elafiano, 365 (**veado**)
elevador, 58
elmo, 91
elogio, 247
em (datas), 5
em cima, 12
em despeito de, 15
em favor de, 19
em férias, 138
em meu modo de ver, 35
em meu ver, 35
em meus pés, 35
em princípio, 50
em procura de, 50
em redor, 45
em redor de, 45
em segunda mão, 150
em tempo de, 62
em vez de, 44
em vista de, 70
embaixo, 5
emblema, 161
emboscada, 53
emoção, 110
empáfia, 31
encabulado, 10
enchente, 101

encômio, 247
encontrar, 12
encosta, 240
encurtar, 9
endez, 225
enfear, 19
enfim, 20
engolir, 139
enlambuzar-se, 241
enseada, 39
ensinar, 15, 166
entrada, 72
enviado, 170
enxergar, 274
epidemia, 173
episcopal, 77 (**bispo**)
epístola, 95
epíteto, 26
era, 179
erário, 200
ermida, 91
ermo, 144
esbanjar, 121
esconder, 273
esconjurar, 118
escrevi, 5
escritor, 68
esculpir, 8
espanto, 347
espargir, 8
espavorido, 180
esperar, 23
espinho, 14
espionar, 184
espírito, 30
esporte, 153
espreitar, 184
esquadra, 54
esqui, 5
estábulo, 106
estágio, 186
estância, 230
este, 52
estimar, 68
estorvo, 171
estrada, 89
estratagema, 53
estrebaria, 106
evaporar, 365
evocar, 70
exaltar-se, 190
exasperar-se, 190
exaurir, 8
exéquias, 177
exorcizar, 118
experto, 184
expiar, 184

explodir, 8
expulsar, 192
expungir, 8
extorquir, 8
extrato, 189
exumar, 150
fábula, 48
face, 92
facínora, 98
falecimento, 264
fanfarra, 100
Fani, 5
fator, 106
fazer frente a, 174
fé, 116
feiticeira, 83
feri, 5
feto, 169
ficção, 200
fim, 193
finado, 139
fingir, 161
fino, 140
fintar, 164
fio, 212
floresta, 254
fluorescente, 202
fome, 47
fora, 21
fragrância, 54
fragrante, 200
frauta, 200
frecha, 200
freguês, 105
fremir, 8
frenesi, 5
frocos, 201
fronteira, 161
frota, 54
fruir, 201
fulgir, 8
função, 93
fundir, 8
funeral, 177
funeral, 198
funis, 5
furo, 83
fútil, 204
fuzis, 5
gabar, 167
galo, 88
ganância, 34
garantir, 59
gato, 210
gênero, 184
gente, 22 (**a gente**)
gentis, 5

gibi, 5
glacial, 207 (gelo)
golfinho, 81
golfo, 39
Grã-Bretanha, 228
gracejo, 206
guarani, 5
guerrear, 74
guri, 5
há, 5
há cerca de, 11
há pouco, 49
há tempo, 62
hábito, 128
handebol, 38
haraquiri, 5
haurir, 8
haver-se com, 69
história, 188
homicida, 59
iceberg, 207
ignorante, 189
igreja, 351
igual, 258
ilidir, 167
iluminar, 32
imergir, 169
imigração, 170
imigrante, 170
imigrar, 170
iminente, 170
imitir, 170
imoral, 37
impene, 220
inabitado, 144
incidente, 12
incólume, 217
incursão, 233
indiscrição, 159
inepto, 222
infantis, 5
infarto, 174
ingerir, 139
inimigo, 18
inscrição, 179
insculpir, 8
insipiente, 223
instância, 177
instruir, 15
instruir, 166
intimorato, 231
intróito, 192
inundação, 101
inveja, 104
investigador, 156
irrigar, 318
jabuti, 5

jacá, 53
jaleco, 211
jargão, 208
javali, 5
jazigo, 129
Jeni, 5
jubilar-se, 49
juiz, 52
jumento, 58
jungir, 8
juntar, 25
Juquiri, 5
jurídico, 159 (**Direito**)
justificar, 192
ladrão, 207
lambuzar, 175
lapidar, 46
lar, 95, 212
largo, 297
legista, 240
lesionar, 243
levantar, 27
levante, 231
limite, 161
limpar, 29
lindo, 76
linimento, 243
lisonjear, 17
locação, 32
locaute, 210
lodo, 241
louvar, 167
Luci, 5
macio, 262
Madri, 5
má-fé, 78
maga, 83
malbaratar, 121
malformação, 249
mandi, 5
mar, 273
marítimo, 253
marreteiro, 34
masmorra, 86
matança, 262
matilha, 253
matrimônio, 96
mau, 250
mau grado, 251
mausoléu, 129
máxima, 15
meganha, 260
melancólico, 248
melindrar-se, 249
menti, 5
mesinha, 259

mesura, 128
migração, 170
migrante, 170
milionário, 324
miséria, 225
missiva, 95
mitificar, 261
moço, 239
modificar, 30
Moji, 5
Mojiguaçu, 14 (-**açu**)
momento, 231
monge, 203
monólogo, 341
morticínio, 264
Morumbi, 5
mosteiro, 124
mostra, 37
motim, 231
mudar, 30
muito que fazer, 250
murmúrio, 83
nação, 297
nada que fazer, 250
na época, 18
na falta de, 19
na folha, 21
na hora de, 23
na página 45
na proporção de, 51
naquela manhã, 51
na semana passada, 332
narrar, 148
neblina, 83
negligência, 224
nenhum, 309
neutro, 219
níveo, 268 (neve)
no ano passado, 40
no dia seguinte, 45
no domingo, 163
no Globo, 171
no mais das vezes, 58
no mês passado, 259
nunca, 237
núpcias, 96
o ano passado, 40
o mais das vezes, 58
o mês passado, 259
obediente, 162
oblação, 7
obrigação, 156
obsoleto, 43
obstáculo, 171
odômetro, 366
oferecido, 6

onde, 44
opor, 48
ora, 216
oração, 203
orgulho, 31
orquestra, 72
ósculo, 75
otário, 78
outrora, 42
ouvi, 5
ouvir, 182
pacificar, 46
palestra, 116
palhoça, 84
parábola, 48
Paracambi, 5
parelha, 239
Paris, 5
parti, 5
partidário, 15
passageiro, 166
pastel, 210
pátrio, 208
patriotismo, 104
pedestre, 284
pele, 133
pelo avesso, 162
pelo contrário, 43
pelo menos, 44
pelo que se, 45
pena, 162
pena, 320
penalizar, 47
pendurar, 143
penúria, 225
perdão, 39, 149
perene, 288
Peri, 5
período, 203
perpetrar, 110
persignar-se, 77
perturbar, 124
perversidade, 251
pesquisa, 176
pessoa, 226
pigmeu, 38
pilar, 107
pilastra, 107
pinga, 23
poeira, 292
por ano, 43
por detrás de, 65
por dia, 44
por encomenda, 339
por mês, 44
por trás de, 65

porte, 204
Poti, 5
pouco a pouco, 49
pranto, 102
praticar, 110
preâmbulo, 192
prece, 276
pré-datar, 41
predecessor, 41
predileto, 299
preeminente, 304
prefácio, 192
prefácio, 298
prega, 162
preito, 292
prematuro, 299
preparar, 50
preservar, 119
prever, 42
prisioneiro, 301
procrastinar, 16
procurar, 83
proeminente, 299
proeza, 194
proferir, 305
professor, 259
progenitor, 208
prognóstico, 157
projeto, 291
prolixo, 158
prólogo, 192, 298
promontório, 84
pronúncia, 142
propina, 209
próprio, 258
proscrever, 301
prosódia, 276
prostíbulo, 247
prostrar-se, 296
protelar, 16
provável, 296
pungir, 8
quadro-negro, 247
quarador, 126
quati, 5
quatorze, 97
quatriênio, 309
quociente, 106
quota, 128
quotidiano, 129
quotista, 129
quotizar, 129
racismo, 299
rebelião, 231
rebitado, 54
recessão, 143
recuar, 323

referendo, 291
reformar-se, 49, 239
refulgir, 8
Reino Unido, 228
rejeitar, 175
relho, 102
remedar, 54
remédio, 256
renda, 307
repasto, 317
resignação, 278
restaurar, 320
retificar, 314
retorquir, 8
retratar-se, 150
retrato, 203
réu, 225
reverência, 128
revolta, 231
risco, 288
rodamoinho, 317
ronda, 284
rosto, 92
roubo, 205
rouco, 21
rubi, 5
ruga, 162
ruínas, 182
ruir, 8
rumor, 72
sacarino, 14 (**açúcar**)
saci, 5
safra, 107, 242
sagacidade, 289
salobra, 24 (**água salobra**)
sapoti, 5
satírico, 261
saudar, 328
seção, 99, 336
secar, 179
secreto, 105
sedã, 132
seduzir, 29
segar, 98
segmento, 331
segredo, 261
seguinte, 296
segunda vez que, 303
seita, 319
selecionado, 109
selva, 254
selvagem, 73
senda, 62
senso, 98
sentinela, 369
separar, 46
sepulcro, 129

séquito, 110
serpente, 106
serrar, 99
sessão, 99
sesta, 99
sexta, 99
si, 330
sidra, 103
sigilo, 331
silvestre, 332
símbolo, 161
simular, 161
sincero, 203
siri, 5, 93
sírio, 104
sítio, 59
soalho, 61
sobreloja, 259
sofrer, 278
soldo, 328
soma, 16
soprar, 61
sopro, 71
sorrir, 325
sorumbático, 248
sublevação, 231
submisso, 162
subordinado, 343
subscrever, 340
subscritado, 340
subscritar, 340
subseqüente, 296
subsídio, 328
substituto, 346
subúrbio, 54
sucuri, 5
sucursal, 199
suplemento, 112
suportar, 66
surpreso, 346
sutil, 140
sutis, 5
talismã, 38
tapar, 348
tapete, 94
tarifa, 221
tartamudo, 206
tática, 189
taxa, 221, 287
tênue, 140
ter, 296
terceira vez que, 303
terço, 353
termo, 279
testemunhos de amizade, 264
teta, 252
tez, 133

Tibaji, 5
tímido, 10
tolerar, 66
tolo, 78
tombadilho, 124
Tonhão, 43 (**Antônio**)
Tonho, 43 (**Antônio**), 356
Tôni, 43 (**Antônio**), 356
toninha, 81
topo, 47
tostar, 100
tostar, 356
total, 16
Totonho, 43 (**Antônio**), 356
tragar, 139
trago, 209
transpirar, 343
traquinada, 359
traquinagem, 359
traquinice, 359
tremor de terra, 353

trepar, 343
tribadismo, 244
tributo, 221
trilha, 62
trinchar, 155
triunfo, 370
tufão, 205
tugúrio, 84
Tuiuti, 5
tumba, 129
túmulo, 129
tupi, 5
uirapuru, 235
ulterior, 296
último, 144
urgência, 301
urgir, 8
vazio, 273
vedar, 305
veia, 57
velho, 38

vencimentos, 328
vender, 29
veneziana, 288
ventania, 366
ventre, 6
ver, 61, 274
vereda, 62
verso, 323
vertente, 173
vespeiro, 179
via, 89
viatura, 366
vingança, 151
vitorioso, 366
vocábulo, 279
volatilizar-se, 365
volume, 356
vulturino, 10 (**abutre**)
xixi, 5
zinabre, 70

BIBLIOGRAFIA

ACADEMIA BRASILEIRA DE LETRAS. Pequeno vocabulário ortográfico da língua portuguesa.
ACADEMIA DAS CIÊNCIAS DE LISBOA. Vocabulário ortográfico da língua portuguesa.
ABREU, MODESTO. Regência verbal.
ALENCAR, METON DE. Os dez quebra-cabeças da língua portuguesa.
ALMEIDA, JOSÉ DE. Estudemos nossa língua.
_____. Lições práticas do idioma nacional.
ALMEIDA, RUI. Cooperemos para a boa linguagem.
AMARAL, VASCO BOTELHO DE. Cultura, defesa e expansão da língua portuguesa.
_____. Estudos vernáculos.
_____. Glossário crítico de dificuldades do idioma português.
_____. Maravilhas da língua portuguesa.
_____. Novo dicionário de dificuldades da língua portuguesa.
_____. Sutilezas, máculas e dificuldades da língua portuguesa.
ANDRADE, J. M. PAIS DE. Nos domínios do vernáculo.
AUTUORI, LUÍS. Nos garimpos da linguagem.
BARBADINHO NETO, RAIMUNDO. Sobre a norma literária do modernismo.
BARBOSA DE OLIVEIRA, ANTÔNIO RUI. Réplica às defesas da redação do projeto do Código Civil.
BARRETO, MÁRIO. Através do dicionário e da gramática.
_____. De gramática e de linguagem.
_____. Fatos da língua portuguesa.
_____. Novíssimos estudos.
_____. Últimos estudos.
BECHARA, EVANILDO. Lições de português pela análise sintática.
BERGO, VITTORIO. Erros e dúvidas de linguagem.
BRANDÃO, CLÁUDIO. Sintaxe clássica portuguesa.
CALBUCCI, ERNANI. Léxico de dúvidas de linguagem.
CALDAS AULETE. Dicionário contemporâneo da língua portuguesa.
CÂMARA JR., JOAQUIM MATTOSO. Dicionário de fatos gramaticais.
CAMPOS, AGOSTINHO DE. Glossário de incertezas, novidades, curiosidades da língua portuguesa e também de atrocidades da nossa escrita atual.
CARNEIRO, NOÊMIA. Lições de português.
CASCUDO, LUÍS DA CÂMARA. Dicionário do folclore brasileiro.
CEGALLA, DOMINGOS PASCHOAL. Dicionário de dificuldades da língua portuguesa.
CHEDIAK, ANTÔNIO J. Lições práticas de língua portuguesa.
CINTRA, ASSIS. Questões de português.
CORREIA, JONAS. Estudos de português.
COSTA, ALEXANDRE DE CARVALHO. Reflexões etimológicas.
CRUZ, JOSÉ MARQUES DA. Português prático.
CRUZ, PADRE ANTÔNIO DA. Regimes de substantivos e adjetivos.
CUNHA, CELSO. Gramática da língua portuguesa.
_____. Nova gramática do português contemporâneo.
D'ALBUQUERQUE, A. TENÓRIO. Dicionário da linguagem.
FERNANDES, FRANCISCO. Dicionário de regimes de substantivos e adjetivos.
_____. Dicionário de verbos e regimes.
FERNANDES, I. XAVIER. Questões de língua pátria, vols. I e II.
FERREIRA, AURÉLIO BUARQUE DE HOLANDA. Novo Aurélio século XXI.
FIGUEIREDO, CÂNDIDO DE. Lições práticas, vols. 1, 2 e 3.
_____. Lições práticas da língua portuguesa.
_____. Novas lições práticas da língua portuguesa.
_____. Novo dicionário da língua portuguesa.
_____. Problemas da linguagem, vols. 1, 2 e 3.
FLEURY, RENATO SÊNECA. Consultor popular da língua portuguesa.
FONSECA, ARTUR OLIVEIRA. Tudo sobre o hífen.
FONSECA, SIMÕES DA. Dicionário enciclopédico da língua portuguesa.
FREIRE, LAUDELINO. Grande e novíssimo dicionário da língua portuguesa.
GALVÃO, RAMIZ. Vocabulário etimológico, ortográfico e prosódico das palavras portuguesas derivadas da língua grega.
GONÇALVES, MAXIMIANO A. Dificuldades básicas da língua portuguesa.
_____. Questões de linguagem.
_____. Estudos da língua vernácula.
_____. Dicionário de dificuldades da língua portuguesa.
_____. Noções de português.
GRAÇA, HERÁCLITO. Fatos da linguagem.
GUÉRIOS, MANSUR. Dicionário etimológico de nomes e sobrenomes.
_____. Dicionário de etimologias da língua portuguesa.
GUIMARÃES, JOÃO. Linguagem correta.
HOUAISS, ANTÔNIO. Dicionário Houaiss da língua portuguesa.
JOTA, ZÉLIO DOS SANTOS. Dicionário de dificuldades da língua portuguesa, 2 vols.
_____. Glossário de dificuldades sintáticas.
JUCÁ (filho), CÂNDIDO. Dicionário escolar das dificuldades da língua portuguesa.
_____. Língua nacional.
KURY, ADRIANO DA GAMA. Pequena gramática.
LAGO, CÂNDIDO. O que é correto.
MACHADO, JOSÉ PEDRO. Dicionário etimológico da língua portuguesa.
MAGALHÃES JÚNIOR, R. Dicionário de provérbios e

curiosidades.
MAURER JR., THEODORO HENRIQUE. O infinito flexionado português.
MELO, GLADSTONE CHAVES DE. A língua do Brasil.
MORAIS, ORLANDO MENDES DE. Dicionário de gramática.
MORAIS SILVA, ANTÔNIO DE. Dicionário da língua portuguesa.
MOTA, OTONIEL. Lições de português.
_____. Horas filológicas.
NASCENTES, ANTENOR. Dicionário de dúvidas e dificuldades do idioma nacional.
_____. Dicionário etimológico da língua portuguesa.
_____. O idioma nacional.
_____. O problema da regência.
NOGUEIRA, JÚLIO. A linguagem usual e a composição.
_____. Indicações de linguagem.
_____. O exame de português.
NOGUEIRA, RODRIGO DE SÁ. Questões de linguagem.
_____. Subsídios para o estudo das conseqüências da analogia em português.
NUNES, J. J. Digressões lexicológicas.
OEHLMEYER, AUTOMAR. Regência verbal e nominal.
OITICICA, JOSÉ. Manual de análise.
PALHANO, HERBERT. Nos domínios da boa linguagem.
PEREIRA, EDUARDO CARLOS. Gramática expositiva (curso superior).
PINTO, PEDRO A. Nugas e rusgas de linguagem.
RIBEIRO, ERNESTO CARNEIRO. Serões gramaticais.
RIBEIRO, JOÃO. Seleta clássica.
_____. Estudos filológicos.
RIBEIRO, JÚLIO. Gramática portuguesa.
ROCHA LIMA. Gramática normativa da língua portuguesa.
RYAN, MARIA APARECIDA. Conjugação dos verbos em português.
SACCONI, LUIZ ANTONIO. Nossa gramática - teoria e prática, 27.ª ed.
_____. Dicionário Sacconi da língua portuguesa.
_____. Tudo sobre português prático.
_____. GAFITE - as gafes da atualidade, 5 vols.
_____. Dicionário de pronúncia correta.
SAID ALI, M. Dificuldades da língua portuguesa.
_____. Gramática secundária da língua portuguesa.
_____. Meios de expressão e alterações semânticas.
SAMPAIO, TEODORO. O tupi na geografia nacional.
SANTOS, DALTRO. Fundamentação da grafia simplificada.
SANTOS, JOÃO INÁCIO MIRANDA. Regras práticas de ortografia e linguagem.
SILVA, A. M. SOUSA E. Dificuldades sintáticas e flexionais.
SILVEIRA, J. FONTANA DA. Dicionário comercial.
SILVEIRA, SOUSA DA. Lições de português.
STRINGARI, JOSÉ. Regimes de verbos.
TORRES, ARTUR DE ALMEIDA. Regência verbal.
_____. Moderna gramática expositiva da língua portuguesa.
_____ e JOTA, ZÉLIO DOS SANTOS. Vocabulário ortográfico de nomes próprios.
VALE, QUINTINO DO. Da influência do tupi no português.
VIANA, GONÇALVES. Apostila aos dicionários portugueses.
_____. Palestras filológicas.
VITÓRIA, LUÍS A. P. Dicionário de dificuldades, erros e definições de português.